# RECUEIL

DES

## ACTES DU COMITÉ DE SALUT PUBLIC

AVEC LA CORRESPONDANCE OFFICIELLE

### DES REPRÉSENTANTS EN MISSION

ET LE REGISTRE

DU CONSEIL EXÉCUTIF PROVISOIRE

PUBLIÉ

PAR F.-A. AULARD

---

### TABLE ALPHABÉTIQUE

DES TOMES XVIII À XXVIII

PRÉPARÉE PAR L'INSTITUT D'HISTOIRE DE LA RÉVOLUTION FRANÇAISE

*Ouvrage publié avec le concours du Centre national de la Recherche scientifique*

## PARIS
### IMPRIMERIE NATIONALE

1964

# PUBLICATIONS
## DU
## COMITÉ DES TRAVAUX HISTORIQUES ET SCIENTIFIQUES

### EXTRAIT DU CATALOGUE

**Bibliographie générale des travaux historiques et archéologiques publiés par les sociétés savantes de France**, dressée... par René Gandilhon... sous la direction de Charles Samaran... Période 1910-1940. — Paris, Impr. nationale. — 28,5 cm.

| | |
|---|---|
| T. I. AIN-CREUSE. 1944, VIII. — 506 p. | épuisé |
| T. II. DORDOGNE-LOZÈRE. 1950, VII. — 577 p. | épuisé |
| T. III. Fasc. 1 : MAINE-ET-LOIRE-NORD. 1951, VIII. — 332 p. | épuisé |
| Fasc. 2 : OISE-BAS-RHIN. 1952, 333-588 p. | 24,00 F |
| Fasc. 3 : BAS-RHIN-HAUTE-SAVOIE. 1953, 589-832 p. | 22,50 F |
| T. IV. Fasc. 1 : SEINE. 1956, 396 p. | 33,00 F |
| Fasc. 2 : SEINE. 1958, 397-1081 p. | 90,00 F |
| T. V. SEINE-ET-MARNE-YONNE. FRANCE D'OUTRE-MER et étranger. 1961, VIII. — 583 p. | 80,00 F |

### SECTION D'HISTOIRE MODERNE (DEPUIS 1610) ET D'HISTOIRE CONTEMPORAINE

**Collection de documents inédits sur l'histoire de France.**

**Procès-verbaux du Comité d'Instruction publique de la Convention nationale** (1), publ. et annoté par M. J. Guillaume. — Paris, Impr. nationale, 1891-1907. — 6 vol., 27,5 cm.

T. VII. Table générale.

| | |
|---|---|
| Fasc. 1 (A à F). 1957, VIII, 452 p. | 34,50 F |
| Fasc. 2 (G à Z). 1957, 506 p. | 43,00 F |

**Rapports des agents du Ministre de l'Intérieur dans les départements (1793, an II)**, publ. par Pierre Caron... — Paris, Impr. nationale, 1913-1961. — 2 vol., 27,5 cm.

| | |
|---|---|
| T. I. XLIV, 535 p. | 16,00 N |
| T. II. 603 p. | 16,00 F |

**Recueil des actes du Comité de salut public avec la correspondance officielle des représentants en mission et le registre du Conseil exécutif provisoire** (1), publ. par F.-A. Aulard [et Mautouchet]. — Paris, Impr. nationale, 1889-1951. — 28 vol. + 1 fasc. d'introd., 28 cm.

T. XXIX. Supplément, 1er vol. (sous presse).

**Table alphabétique des tomes VI à XVII.** — 1955, 495 p. .................... 31,00 F
**Table alphabétique des tomes XVIII à XXVIII** (sous presse).
**Notices, inventaire et documents.** — Paris, Rieder; Hartmann; Alfred Costes. 1913-1957. — 23 vol., 24,5 cm.

**Tome XXIII.** — **Les missions du Conseil exécutif provisoire et de la commune de Paris dans l'Est et dans le Nord** (août-novembre 1792). 1er fasc. Documents publ. par Pierre Caron. — 1947, 112 p. .................... 5,00 F

Publications périodiques :

**Actes du... congrès national des sociétés savantes.** — Paris, Impr. nationale. — 24,5 cm.

| | |
|---|---|
| 77e congrès. Grenoble, 1952. — 603 p., fig., tabl., dépl. | 27,00 F |
| 78e congrès. Toulouse, 1953. — 457 p., graph., tabl. | 23,00 F |
| 79e congrès. Alger, 1954. — 389 p., graph., tabl., pl. dépl. | 20,00 F |
| 80e congrès. Lille, 1955. — 569 p., fig., tabl., pl., dépl. | 29,00 F |
| 81e congrès. Rouen-Caen, 1956. — 832 p., fig., tabl. graph., dépl. | 43,00 F |
| 82e congrès. Bordeaux, 1957. — 535 p., fig., graph., dépl. | 33,00 F |
| 83e congrès. Aix-Marseille, 1958. — 627 p., fig., graph., dépl. | 37,00 F |
| 84e congrès. Dijon, 1959. — 650 p., fig., graph., dépl. | 41,00 F |
| 85e congrès. Chambéry-Annecy, 1960. — 625 p., fig., graph., dépl. | 45,00 F |
| 86e congrès. Montpellier, 1961. — 659 p., fig., dépl. | 51,50 F |
| 87e congrès. Poitiers, 1962. | |

(1) Pour plus de précision on est prié de se reporter au Catalogue des ouvrages en vente.

# COLLECTION
## DE
# DOCUMENTS INÉDITS
### SUR L'HISTOIRE DE FRANCE

PUBLIÉS PAR LES SOINS

DU MINISTÈRE DE L'ÉDUCATION NATIONALE

---

COMITÉ DES TRAVAUX HISTORIQUES ET SCIENTIFIQUES. —

SECTION D'HISTOIRE MODERNE ET CONTEMPORAINE

EN VENTE À PARIS

À LA BIBLIOTHÈQUE NATIONALE

SERVICE DE VENTE DES CATALOGUES

58, RUE DE RICHELIEU

# RECUEIL

DES

## ACTES DU COMITÉ DE SALUT PUBLIC

AVEC LA CORRESPONDANCE OFFICIELLE

### DES REPRÉSENTANTS EN MISSION

ET LE REGISTRE

DU CONSEIL EXÉCUTIF PROVISOIRE

PUBLIÉ

PAR F.-A. AULARD

---

### TABLE ALPHABÉTIQUE

DES TOMES XVIII À XXVIII

PRÉPARÉE PAR L'INSTITUT D'HISTOIRE DE LA RÉVOLUTION FRANÇAISE

*Ouvrage publié avec le concours du Centre national de la Recherche scientifique*

## PARIS
### IMPRIMERIE NATIONALE

1964

Ont collaboré à cet ouvrage :

MM<sup>lles</sup> POUPINEL, pour le dépouillement des tomes XVIII à XXIV ;
Y. DUSSER, pour le dépouillement du tome XXVIII ;
MM. G. AUBERT, pour le dépouillement des tomes XXV à XXVII ;
M. BOULOISEAU, pour la mise au point du manuscrit.

# NOTE DES ÉDITEURS

Cette troisième Table du *Recueil des Actes du Comité de Salut public* couvre les derniers volumes de la collection (1). Elle fut commencée dès 1949, sous la direction de Georges LEFEBVRE, par M<sup>lle</sup> POUPINEL, au dévouement et à la conscience de laquelle nous tenons à rendre hommage. Disposant alors de moyens financiers particulièrement réduits, on dut, pour ne pas alourdir la tâche, se contenter d'un index alphabétique et non plus analytique.

En 1959, lors du décès de Georges LEFEBVRE, ce travail, arrêté au tome XXIV du *Recueil*, fut continué par les soins de l'Institut d'Histoire de la Révolution qui appliqua nécessairement les précédentes dispositions et s'efforça de compléter le fichier. Restait à en vérifier les mentions. Le contrôle des noms de personnes posait, en particulier, de nombreux problèmes du fait des homonymes, des variations d'orthographe, des changements de grade ou d'emploi du même individu, et des fréquentes erreurs de transcription (2).

Nous y avons été aidés par la préparation simultanée d'un Errata et d'un Supplément au *Recueil* dont le premier volume paraîtra prochainement. Nous avons aussi tiré profit de l'expérience acquise dans notre publication de la *Table des Procès-Verbaux des séances de la Convention* (3) où se retrouvent fréquemment les mêmes personnages et les mêmes lieux (4)

Marcel REINHARD,
*Professeur à la Sorbonne*

---

(1) La première partie, qui couvre les volumes I à VI du *Recueil*, parut en 1893 (1 vol. in-8°, 209 p.) et la seconde (vol. VII à XVIII) en 1955 (1 vol. in-8°, 495 p.).
(2) Dans un grand nombre de cas, nous avons cependant dû conserver l'orthographe reproduite par Aulard, l'établissement de la forme exacte s'avérant impossible.
(3) 3 vol, in-4°, t. I, 1959 (A à C) ; t. II, 1961 (D à M) ; t. III, 1963 (N à Z). En vente à Paris, au Centre national de la Recherche scientifique.
(4) Nous avons, de plus, utilisé le même système d'abréviations. Voir *ouvr. cité*, t. I, p. XI.

# RECUEIL

DES

## ACTES DU COMITÉ DE SALUT PUBLIC

AVEC LA CORRESPONDANCE OFFICIELLE

DES REPRÉSENTANTS EN MISSION

ET LE REGISTRE

DU CONSEIL EXÉCUTIF PROVISOIRE

## TABLE ALPHABÉTIQUE

### DES TOMES XVIII À XXVIII

Les noms de personnes sont en petites capitales ; les noms de lieux et de choses sont en italiques.

## A

*Aa*, rivière. — XXII, 190.
ABAFOUR, chef de b<sup>on</sup>. — XXVII, 49.
ABBADE (Ramon et Antoine), lieut. de vaisseau espagnols. — XXIV, 430. — XXV, 47.
ABBATUCCI, g<sup>al</sup> de brigade. — XX, 617 — XXVII, 466.
*Abbaye* (Prison de l'). — XVIII, 254.
*Abbaye* (ci-dev<sup>t</sup>), magasin de houille. — XIX, 44.
*Abbaye Germain* (à Paris). — XXI, 642.
ABBAYE (D'), chef vendéen. — XXII, 509.
*Abbaye-aux-Dames* (Magasin de l'), à Caen. — XXVII, 600.
*Abbeira* (Affaire d'). — XXIII, 591.
ABBEMA, envoyé batave à Hambourg. — XXVIII, 532.
*Abbeville* (Somme). — XIX, 288, 289, 714. — XX, 71, 303, 582. — XXI, 29, 263, 488, 564, 624, 629, 683, 724, 728, 824, 825. — XXII, 51, 310, 334, 344, 345, 362, 452, 453, 480, 532, 600, 784. — XXIII, 17, 92, 141, 142, 159, 255, 523, 524, 737, 742, 753, 782. — XXIV, 18, 72, 107, 108, 138, 139, 140, 141, 292, 294, 322, 433, 442, 479, 558, 743, 760. — XXV, 208, 493. — XXVI, 476, 685. — XXVII, 28. — XXVIII, 469, 565.
ABBUNA, agent de la Républ. à Altona. — XXVI, 561.
ABEILLE (Jean-Louis), agent de change. — XXIII, 269.
ABERTIERY, génois. — XXI, 254.
*Abigatl*, navire américain. — XIX, 398. — XXII, 715.
*Abilly* (I-et-L). — XIX, 548.
ABOVILLE (D'), g<sup>al</sup> de division. — XVIII, 319, 475. — XXIV, 502. — XXV, 45, 130, 213, 375, 377, 405, 407.
ABOVILLE, cap<sup>e</sup> d'artillerie. — XXV, 377.

*Abrégé d'astronomie*, de LALANDE. — XXV, 641.
ABRIÈS. — XXI, 247. — XXIV, 769.
ABROUT, sous-contrôleur à Toulon. — XXV, 409.
ABSOLUT, lieut. de vaisseau. — XX, 630.
*Abzac* (Gironde). — XVIII, 394. — XXII, 539. — XXIII, 148, 351, 475. — XXVIII, 208, 383. Voir *Gar-Dor-Isle*.
*Académie* (ci-dev<sup>t</sup>). — XVIII, 649.
— d'architecture. — XVIII, 329.
— de peinture et de sculpture. — XVIII, 329, 708.
— de Dijon. — XXIII, 114.
— de marine. — XX, 515.
— des sciences. — XIX, 634.
*Accapareurs. Accaparements.* — XVIII, 320. — XXV, 552, 565, 578. Voir *Subsistances* ; *Troubles*.
*Accolay* (Yonne). — XXVI, 24.
*Accusateur public* (L'), journal. — XXVIII, 161.
*Achille*, navire. — XX, 448.
*Acier. Aciéries.* — XXV, 209, 613. — XXVI, 59, 60, 149, 420, 533. — XXVII, 29, 143, 226, 278, 316, 391. Voir *Fer* ; *Fonderie* ; *Métaux*.
ACLOCQUE, directeur des hôpitaux militaires. — XXV, 607. — XXVIII, 618.
ACQUARONE (Ant. et J. Jiacomi), négociants génois. — XXVIII, 385.
*Acquéreurs* de biens nat. — XXV, 105. — XXVI, 494, 522. — XXVII, 13, 15, 104, 331. — XXVII, 13, 45, 104, 331. Voir *Biens nat.*
*Acqui* (Italie). — XVIII, 270. — XXVI, 192.
*Acquits* à caution. — XXV, 160, 373, 455, 729. — XXVI, 656.
*Acte de navigation.* — XIX, 658.
*Actions. Actionnaires.* — XXV, 161.
ADAM, charretier. — XXV, 126.

ADAM, lieut. — XVIII, 184.
ADAM, de Metz. — XXIII, 760.
ADAM, g<sup>al</sup> de brigade. Voir BARBAZAN.
ADAM, négociant à Boulogne-sur-Mer. — XVIII, 771. — XXVII, 422. — XXVIII, 574.
ADAM (Tito André), agent de change. — XXIII, 269.
ADAMS. — XX, 137, 184.
ADAM, sous-lieut. — XXVIII, 513.
ADAM, chef de b<sup>on</sup>. — XXVIII, 328.
*Adélaïde et Agnede*, navire danois. — XX, 757, 758. — XXI, 377. — XXVI, 150. — XXVII, 319.
ADENIS (Thomas), volontaire. — XXI, 61.
ADET, ministre plénipotentiaire. — XX, 713. — XXII, 37.
ADHÉMAR, membre de la Comm<sup>on</sup> militaire de Valenciennes. — XIX, 68.
*Adjudications. Adjudicataires.* — XXV, 2, 75, 99, 207, 211, 272, 326, 374, 403, 461, 484, 587, 676, 697, 756. — XXVI, 32, 89, 138, 194, 383, 499, 510, 720. — XXVII, 62, 63, 110, 186, 230, 312, 453, 475, 634. — XXVIII, 48. Voir *Biens nat. ; Fournisseurs de la Républ. ; Subsistances ; Transports.*
*Administrations. Administrateurs.* — XXV, 2, 34, 73, 76, 98, 108, 129, 135, 174, 207, 214, 331, 376, 387, 414, 419, 426, 437, 498, 508, 516, 529, 533, 541, 545, 593, 598, 608, 621, 655, 691, 700, 754. — XXVI, 19, 36, 89, 157, 171, 297, 403, 452, 469, 489, 506, 521, 541, 562, 593, 607, 648. — XXVII, 8, 28, 30, 55, 59, 69, 90, 103, 122, 147, 150, 201, 228, 272, 280, 296, 310, 311, 339, 369, 373, 391, 426, 559, 585, 590, 601, 615, 630, 665. Voir *Départements ; Districts ; Municipalités.*
— des assignats. — XXVIII, 188. Voir *Assignats.*
— de commerce. — XXV, 288. Voir *Commerce.*
— civiles des armées. — XXVII, 601.
— de l'Enregistr<sup>t</sup> et des Domaines. — XXV, 182. — XXVII, 630, 651.
— forestières. — XXVI, 33, 54, 209, 340, 510, 592, 705, 716. — XXVIII, 140, 640, 643. Voir *Forêts.*
— de la marine. — XXV, 76, 280, 323, 546. Voir *Marine.*
— des subsistances militaires. — XXV, 344, 393, 608, 691. — XXVIII, 396, 523. Voir *Subsistances.*
— des postes et messageries. — XXIV, 373, 821, 822. — XXV, 240, 371. — XXVII, 230, 274, 314, 475. — XXVIII, 161, 226, 255, 409, 412, 570.
ADMIRAULT aîné, de l'agence des achats à La Rochelle. — XXVIII, 437, 480.
ADOUBEDENT (P.-J.-M.), fourrier à l'École de Châlons. — XXIV, 40.
ADRIEN, ex-fermier de la forge de Bayard. — XXI, 50.
ADRIEN, sous-lieut. — XXII, 106.
*Aérostats. Aérostiers.* — XVIII, 46, 303, 628. — XIX, 277, 495. — XXI, 264. — XXV, 127, 355. — XXVI, 85, 473. — XXVII, 227. — XXVIII, 80, 81, 82, 549, 550. Voir *École d'aérostation ; Meudon.*
*Africain*, navire. — XXVI, 657. — XXVII, 184.
*Afrique.* — XVIII, 37, 38. — XX, 270, 449. — XXIII, 20.
*Agamemnon*, navire français sous pavillon suédois. — XXVII, 98.
AGAR, de l'École normale. — XIX, 427.

*Agde* (Hérault). — XVIII, 305, 306, 724. — XX, 144, 731. — XXI, 19. — XXII, 208, 355. — XXIII, 71. — XXV, 664. — XXVI, 260.
— (Le Grau d'). — XXIV, 784.
*Agen* (L.-et-G.). — XIX, 324, 490, 491. — XX, 179. — XXI, 255, 366, 412. — XXIII, 501. — XXIV, 709.
*Agence* des achats. — XIX, 321, 322, 323, 770. — XX, 437, 665. — XXII, 245, 690. — XXV, 315, 459. — XXVII, 35, 98, 301, 318, 442. — XXVIII, 1, 2, 62, 63, 102, 237, 241, 412, 437, 445, 480, 482, 486, 521, 573, 577, 589, 590, 660.
— de l'Afrique. — XVIII, 37, 136, 196. — XIX, 6, 744. — XX, 503, 538. — XXI, 710, 711. — XXII, 739.
— des approvisionnements. — XX, 332, 751. — XXII, 253, 802. — XXIII, 267. — XXVI, 411, 596, 648. — XXVII, 7, 97, 301, 382, 442. — XXVIII, 84.
— des armes portatives. — XVIII, 162. — XX, 16, 17. — XXVIII, 132.
— des campements. — XXII, 490.
— des canons de fusils. — XXIII, 54, 557.
— des cartes. — XVIII, 248. — XIX, 328.
— de commerce (de Brest). — XVIII, 254. — XX, 344. — (de Bruxelles). — XXII, 456. — (de Lorient), XXI, 255. — (de l'Hérault). — XXVI, 142. — (de Marseille). — XX, 162, 163. — (de Nice). — XX, 663, 683. — XXI, 94. — XXII, 439. — XXVI, 619.
— du commerce extérieur. — XVIII, 201, 318, 586. — XIX, 22, 138, 454, 743. — XX, 117, 118, 383.
— des constructions. — XXVII, 145.
— des domaines nationaux. — XXIV, 788, 789. — XXVI, 297, 467.
— des douanes. — XXVI, 478. — XXVII, 347, 557.
— des équipages des vivres. — XXVII. — XXVII, 97, 301.
— des étapes. — XXVII, 97, 301.
— d'extraction. — XX, 405. — XXVIII, 1.
— d'extinction des prises (de Saint-Sébastien). — XX, 449.
— des fourrages. — XX, 592. — XXIII, 280, 740, 741. — XXV, 239. — XXVII, 97, 280, 301.
— de l'habillement des troupes. — XVIII, 49, 137, 224, 318, 330, 485, 521, 707, 758. — XIX, 119, 137, 280, 310, 321, 322, 330, 362, 394, 436, 596. — XX, 95, 117, 118, 148, 339, 365, 367, 437, 592, 615. — XXI, 469, 470, 593, 679. — XXII, 46, 179, 269, 445, 451, 475, 744, 806, 807. — XXIII, 280, 325, 510, 511, 585, 741. — XXIV, 9, 177, 248, 249, 316, 335, 402, 474, 576. — XXV, 44, 102, 322, 377, 492, 637. — XXVI, 182, 345, 579, 589, 602. — XXVII, 14, 95, 97, 301, 505, 543. — XXVIII, 2, 294, 324, 410, 434, 526, 685.
— g<sup>ale</sup> des hôpitaux et hospices militaires. — XVIII, 72, 195, 250, 283, 398. — XIX, 137, 188, 329, 330, 332, 359, 657. — XX, 65, 71, 366, 543, 586, 712, 755, 774. — XXI, 509, 510. — XXII, 71, 104, 451, 464, 743. — XXIII, 741. — XXIV, 20, 280, 576, 702. — XXV, 309, 524, 633, 657. — XXVI, 508, 619. — XXVII, 4, 395. — XXVIII, 576.
— de l'Horlogerie nat. de Besançon. — XXIII, 78, 79, 80, 81. — XXVI, 743.
— de l'Hôtel des Invalides. — XXII, 490. — XXVII, 230.

AGE — 3 — AGE

— de l'envoi des lois. — XIX, 575. — XX, 669. — XXI, 106, 107. — XXIII, 271, 396, 481, 741, 742. — XXIV, 275, 582. — XXVII, 25, 275, 315. — XXVIII, 96, 432, 482, 544, 571.
— des magasins militaires. — XXII, 622.
— centrale des marchés. — XXV, 594.
— de la marine. — XXI, 412.
— des matières générales. — XVIII, 385. — XIX, 434.
— des messageries. — XVIII, 19. — XXIII, 489.
— des mines. — XVIII, 87, 105, 228, 288, 289, 423, 424, 575, 576, 679, 799. — XIX, 73, 513, 763, 764, — XX, 36, 707, 790. — XXI, 373, 374, 424, 810. — XXII, 3, 11, 353, 496, 497, 611, 644, 645. — XXIV, 57, 688. — XXV, 37, 540. — XXVI, 35. — XXVII, 138, 365, 397, 631. — XXVIII, 661, 662.
— monétaire. — XVIII, 364. — XXVIII, 1.
— de la navigation intérieure. — XVIII, 241. — XIX, 397, 706. — XX, 59, 586. — XXI, 614. — XXII, 4, 294, 743. — XXIII, 450, 798, 799. — XXIV, 61, 62, 63, 241, 247, 248, 312, 394, 395, 438, 439, 820. — XXV, 1, 316, 676. — XXVI, 5, 35, 39, 139, 195, 335, 337, 347, 458, 557, 560, 682, 683. — XXVII, 96, 97, 110, 112, 168, 224, 225, 229, 230, 252, 275, 280, 298, 316, 367, 369, 415, 443, 503, 538, 651, 664. — XXVIII, 4, 20, 77, 99, 100, 164, 256, 294, 346, 349, 433, 464, 545, 546, 572, 614, 642, 685.
— temporaire des poids et mesures. — XXIII, 222. — XXVIII, 610.
— de la poste aux lettres. — XVIII, 481. — XIX, 448. — XXI, 341, 610. — XXII, 447, 687. — XXIV, 67, 372. — XXVII, 118, 475, 648.
— de la poste aux chevaux. — XVIII, 800. — XXI, 610. — XXIII, 489. — XXIV, 372.
— des remontes. — XVIII, 47, 290. — XIX, 284. — XX, 40.
— des salpêtres et poudres. — XVIII, 321, 425, 482, 543. — XIX, 63, 64, 187, 228, 710. — XX, 63, 170, 504, 626, 754, 792. — XXI, 456, 642, 749, 750. — XXII, 103, 333. — XXIII, 71, 276, 774. — XXIV, 245. — XXV, 131, 588, 614, 633, 659, 697. — XXVI, 3, 4, 5, 37, 313, 314, 365, 745. — XXVII, 479, 541. — XXVIII, 27, 80, 128, 191, 239, 322, 323, 612, 614, 668.
— des subsistances générales. — XVIII, 18, 73, 215, 335, 765, 785. — XIX, 41, 78, 136, 197, 283, 321, 322, 404, 405, 475, 480, 562, 681, 705, 746, 766, 767, 768, 769, 770. — XX, 3, 29, 64, 65, 169, 206, 333, 337, 338, 361, 362, 372, 403, 437, 458, 489, 504, 662, 665, 709, 710, 734. — XXI, 3, 18, 47, 66, 284, 300, 323, 326, 342, 343, 358, 456, 505, 506, 588, 589, 614, 627, 656, 676, 712, 755, 803, 805, 808. — XXII, 38, 39, 68, 70, 148, 149, 150, 331, 408, 443, 468, 505, 558, 559, 649, 650. — XXIII, 35, 75, 129, 130, 583, 799. — XXIV, 6, 93, 154, 275, 353, 399, 468, 634, 699, 734, 739, 788, 789. — XXV, 67, 244, 245, 406, 439, 494, 613, 633, 664, 712, 727, 728, 744. — XXVI, 6, 44, 367, 380. 382, 437, 443, 499, 502, 507, 576, 600, 662, 728, — XXVII, 31, 167, 172, 277, 279, 335, 343, 344, 442, 630. — XXVIII, 64, 69, 187, 236, 260, 296, 321, 347, 350, 377, 609. Voir *Subsistances*.
— des subsistances militaires. — XVIII, 111, 112, 114, 119, 190, 227, 389, 391, 442. — XIX, 116, 360, 705, 706, 769, 770. — XX, 29, 64, 65, 122,

362, 371, 665. — XXI, 5, 21, 279, 456, 663, 702. — XXII, 212, 334, 641. — XXIII, 121, 197, 638, 740, 741. — XXIV, 554, 576. — XXV, 355, 524, 534, 549, 634. — XXVI, 147, 398, 538, 642, 666. — XXVII, 30, 42, 53, 145, 314, 342, 391, 442, 488. — XXVIII, 44, 78, 101, 164, 295, 347, 482, 576, 590, 591, 594, 688.
— des subsistances de Paris. — XXI, 342, 702. — XXII, 294, 691. — XXIII, 37, 158, 243, 503, 583, 740, 741, 799. — XXIV, 98, 181, 537, 579, 580, 607, 697, 698, 699, 734, 759. — XXV, 69, 183, 184, 243, 372, 403, 422, 454, 615, 633, 679, 693, 712, 728. — XXVI, 2, 57, 110, 142, 195, 196, 284, 333, 380, 383, 437, 499, 500, 557, 596, 641, 659. — XXVII, 98, 111, 113, 114, 167, 224, 276, 298, 301, 315, 316, 342, 343, 367, 391, 442, 478, 536, 537, 586, 632, 664. — XXVIII, 3, 42, 62, 98, 164, 187, 192, 195, 237, 320, 345, 346, 347, 350, 375, 433, 464, 545, 546, 571, 590, 621, 645, 646, 657, 658, 672, 673, 685. Voir *Paris*.
— des transports militaires. — XVIII, 47, 437, 677. — XX, 38, 134. — XXIII, 129, 280, 281, 740. — XXIV, 555, 740, 745. — XXV, 245, 404. — XXVI, 40, 444, 536. — XXVII, 92, 145, 393. Voir *Transports*.

**Agences** des commissions exécutives. — XXVIII, 30, 381, 590.
— militaires. — XX, 71.
— des vivres. — XXII, 469. — XXIII, 280, 281, 410. — XXIV, 125, 310, 370, 411, 418, 468. — XXV, 10, 28, 111, 167, 246, 703. — XXVI, 110, 619. — XXVII, 97, 172, 279, 301, 343, 442. — XXVIII, 410.
— supprimées. — XXVII, 53, 59, 299, 301, 579.

**Agents** des approvisionnements. — XXV, 151. — XXVI, 421, 443, 536, 575, 578, 641. — XXVII, 30, 113, 185, 461. — XXVIII, 545, 571, 657.
— de change. — XXII, 658, 659, 660. — XXIV, 213, 701. — XXV, 208.
— des comités. — XXVIII, 236.
— de la 7ᵉ comm$^{on}$. — XXVII, 94.
— de la comm$^{on}$ des armes. — XXVI, 608. — XXVII, 125, 389.
— de la comm$^{on}$ de marine. — XXVI, 151. — XXVIII, 76, 327.
— de la comm$^{on}$ des subsistances. — XXVII, 566.
— contre-révol. — XXVI, 592.
— du Directoire. — XXVIII, 662.
— de l'ennemi. — XXV, 386, 533, 703. — XXVI, 103, 393, 412, 572, 588, 762, 767.
— des fourrages. — XXVII, 20, 247.
— de l'habillement. — XXVII, 579.
— maritimes. — XXV, 77, 215, 268, 280, 281, 322, 323, 324, 350, 378, 411, 478, 482, 494, 546. — XXVI, 49, 89, 90, 107, 130, 141, 180, 206, 217, 254, 332, 359, 370, 414, 440, 468. — XXVII, 374, 544, 562. — XXVIII, 21.
— militaires. — XXVI, 623. — XXVII, 294, 644, 665.
— génér$^{x}$ de la navigation intérieure. — XXVII, 96, 298, 416. — XXVIII, 433.
— des postes. — XXVII, 648. — XXVIII, 21.
— nationaux. — XXV, 58.
— de la République. — XXV, 141, 161, 289, 343, 357, 462, 668, 739. — XXVI, 235, 400, 482, 561. — XXVII, 400, 477, 578, 607, 608. — XXVIII, 663.
— de la trésorerie. — XXVI, 578. — XXVII, 299.

1.

— des vivres. — XXVII, 285, 386, 554.
AGET, de Dunkerque. — XIX, 199.
AGET, armateur, négociant à Bordeaux. — XXVII, 319, 664.
*Agimont* (Comté d'). — XIX, 538.
*Agioteurs. Agiotage.* — XXV, 292, 461, 552, 555, 565, 578, 703, 719. — XXVI, 21, 283, 380, 412, 465, 489, 541, 562, 593, 735, 767. — XXVII, 47, 104, 296, 354, 417, 427, 435, 477, 489, 517, 581. Voir *Assignats ; Changes.*
*Agitation* contre-révol. — XXV, 446, 548, 559, 564, 623, 646. — XXVI, 732, 765. Voir *Troubles.*
AGNÈS, sous-lieut. à Saint-Domingue. — XXII, 652.
AGNOREM (Ant. et Augustin), négociants génois. — XXVIII, 385.
AGNUS, cap<sup>e</sup> au 8<sup>e</sup> hussards. — XX, 545;
*Agricole*, frégate. — XVIII, 436. — XIX, 413, 772, 773. — XXII, 527, 528. — XXIII, 611. — XXIV, 82.
*Agriculture. Agriculteurs.* — XXV, 33, 58, 208, 242, 252, 296, 347, 392, 398, 432, 462, 499, 505, 509, 514, 533, 599, 622, 625. — XXVI, 637. — XXVII, 33, 36, 39, 61, 182, 263, 309, 338, 500, 506, 536, 586, 597, 599, 637, 762. — XXVII, 69, 79, 132, 154, 257, 291, 445, 457, 462, 479, 524.
— (Chevaux pour l'). — XXVI, 178, 179, 182, 335, 344. Voir *Chevaux.*
— (Engrais pour l'). — XXV, 83. — XXVI, 339.
— (Main-d'œuvre pour l'). — XXV, 58, 285, 319. — XXVI, 36, 39, 282, 340, 506, 762. — XXVII, 103.
— (Outils pour l'). — XXV, 58, 509, 736. — XXVI, 196, 318, 339, 370, 478, 581.
— (Produits de l'). — XXV, 234, 238, 242, 260, 295, 296, 338, 360, 431, 558, 565, 625, 730. — XXVI, 75, 181, 200, 233, 339, 448, 464, 470, 506, 558, 637, 662, 686, 762. — XXVII, 19, 158, 167, 199, 379, 381, 441, 500, 517. Voir *Céréales ; Grains.*
— (Sociétés d'). — XVIII, 290, 752.
AGUETON, de Bois-Guillaume. — XX, 491.
*Agullana* (Espagne). — XVIII, 187, 188, 222.
AGUT. — XVIII, 254.
*Ahuillé* (Mayenne). — XX, 516.
*Aide-mémoire*, par GASSENDI. — XXV, 640.
*Aigle*, navire américain. — XX, 764.
*Aigle*, navire de Jersey. — XXI, 734.
AIGNIER, off. aux Iles-du-Vent. — XIX, 241.
*Aigrefeuille* (Loire-Inf<sup>re</sup>). — XXVI, 164.
*Aigueperse* (Puy-de-Dôme). — XIX, 622. — XXII, 262.
*Aigues-Mortes* (Gard). — XXII, 416.
*Aiguilles* (Fabrication d'). — XVIII, 472. — XXV, 403.
*Aiguillon-sur-Mer* (L') [Vendée]. — XXVIII, 112.
AILE (Georges), volontaire. — 598.
AILHET, émigré. — XXIII, 86.
*Aillant* (Yonne). — XXII, 619.
AILLAUD, lieut. — XVIII, 760.
*Ailly-sur-Noye* (Fabrique de papiers d'). — XXII, 295.
*Aimable-Elise*, navire. — XVIII, 708.
*Aimée*, aviso. — XXVI, 18.
*Ain* (Départ<sup>t</sup> de l'). — XVIII, 58, 241, 361, 378, 388, 403, 404, 559, 595, 596, 622, 702. — XIX, 462, 464, 629, 639. — XX, 55, 197, 320, 399, 431, 477, 678. — XXI, 59, 87, 243, 277, 338, 389, 473,
486, 605, 688, 697, 714, 800, 807, 808. — XXII, 63, 139, 232, 401, 487, 555, 569, 711, 728, 822. — XXIII, 55, 119, 150, 226, 242, 360, 400, 430, 446, 448, 495, 496, 541, 623, 612, 692, 750, 764, 781, 808, 827. — XXIV, 33, 122, 237, 270, 354, 381, 403, 478, 494, 531, 689, 723, 728, 753, 755, 783, 837. — XXV, 87, 155, 178, 203, 236, 444, 516, 563, 585, 609, 654, 752. — XXVI, 25, 76, 102, 219, 308, 332, 352, 356, 376, 411, 412, 427, 433, 435, 478, 491, 528, 553, 568, 594, 613, 674, 675, 676, 792. — XXVII, 15, 38, 127, 143, 183, 211, 268, 296, 309, 310, 312, 339, 385, 415, 426, 434, 465, 497, 512, 556, 580. — XXVIII, 95, 388, 490, 508, 617.
*Ainhoa* (B.-P.). — XXIV, 52.
*Aire* (P.-de-C.). — XIX, 154, 549. — XXII, 362. — XXIV, 350, 498, 512, 610, 618. — XXV, 291, 730. — XXVI, 740. — XXVII, 2, 137.
*Airel* (Manche). — XXVIII, 635.
*Aisne* (Départ<sup>t</sup> de l'). — XVIII, 146, 200, 256, 293, 390, 509, 529, 582, 632, 725, 733, 734, 736, 737, 738. — XIX, 67, 102, 207, 339, 514. — XX, 104, 455, 503, 525, 571, 618, 629, 707. — XXI, 58, 65, 101, 439, 461, 521, 523, 562, 566, 691, 704. — XXII, 267, 307, 362, 469, 619, 620, 643, 748, 749. — XXIII, 16, 86, 219, 362, 482, 506. — XXIV, 38, 39, 210, 476, 478, 502, 539, 765. — XXV, 213, 407. — XXVI, 143, 631, 659. — XXVII, 444. — XXVIII, 141, 377, 547, 548, 575, 659.
*Aisne*, rivière. — XXII, 620. — XXV, 220.
*Aix* (Ile d'). — XIX, 553. — XX, 248. — XXI, 411. — XXIII, 416. — XXVI, 685.
*Aix-les-Bains* (Savoie). — XXVIII, 684.
*Aix-la-Chapelle* (Rhénanie). — XVIII, 259, 260, 309, 472, 495. — XIX, 34, 69, 242, 255. — XX, 325, 352, 725. — XXI, 9, 79, 114, 133, 166, 289, 290, 491, 651, 687, 732. — XXII, 15, 129, 243, 282, 284, 313, 597. — XXIII, 135, 333, 412, 413, 529, 557, 570, 587, 671, 672, 712, 713, 750. — XXIV, 23, 24, 37, 56, 174, 298, 326, 366, 367, 485, 488, 587, 718, 793, 801, 803. — XXV, 140, 198, 253, 289, 356, 390, 404, 462, 469, 503, 531, 581, 666, 701, 741. — XXVI, 99, 122, 137, 153, 157, 257, 298, 319, 326, 328, 457, 590, 652, 715. — XXVII, 83, 107, 134, 262, 307, 322, 577, 608. 663. — XXVIII, 37, 155, 170, 248, 282, 501, 560, 561, 639.
*Aix-en-Provence* (B-du-R). — XVIII, 176, 343. — XIX, 391, 426, 693. — XX, 263, 264, 754. — XXI, 742. — XII, 66, 520, 521, 588. — XXIII, 36, 70, 545, 795. — XXIV, 33, 58, 346. — XXV, 51, 481, 592. — XXVII, 270, 473. — XXVIII, 503, 548.
*Aix-en-Othe* (Aube). — XXIV, 64.
*Aizy* (Yonne). — XVIII, 574. — XIX, 706.
*Aizenay* (Vendée). — XXVI, 164.
*Ajaccio* (Corse). — XXIV, 319.
*Alais* (Gard). — XX, 91. — XXII, 496.
ALAIS. — XVIII, 345.
ALAIS père, inspecteur des remontes au dépôt de Moulins. — XIX, 784. — XXI, 630.
ALAIS fils, inspecteur des corps de garde de Paris. — XXIII, 702.
ALARDET, canonnier à Dijon. — XXI, 450.
*Alassio* (Italie). — XXI, 586. — XXV, 341. — XXVI, 620, 636, 679, 705, 768. — XXVII, 135, 164, 165, 273, 451, 466.

*Alava* (Province d') [Espagne]. — XXII, 517. — XXV, 450, 533, 627. — XXVI, 132, 253, 269. — XXVII, 413.
*Alba* (Italie). — XXI, 513.
*Alban* (Tarn). — XIX, 63. — XX, 365. — XXVI, 111.
*Albanie*. — XIX, 237.
ALBARÈDE, de la comm$^{on}$ du commerce. — XVIII, 417, 520. — XXVIII, 477, 478.
ALBE (Duc d'). — XX, 623.
*Albenga* (Italie). — XXIV, 849. — XXV, 239, 759. — XXVII, 137.
ALBERT (Jean-Bernard), repr. — XIX, 501, 608, 740, 788. — XX, 48, 54, 55, 83, 132, 236, 251, 252, 261, 304, 429, 430, 442, 477, 528, 559, 572, 577, 620, 657, 767, 798. — XXI, 61, 74, 200, 203, 231, 257, 300, 311, 386, 488, 604, 640, 696, 741, 769, 823. — XXII, 63, 117, 118, 189, 202, 203, 224, 232, 251, 289, 322, 350, 371, 398, 399, 461, 486, 508, 518, 530, 540, 541, 548, 568, 585, 586, 622, 632, 635, 669, 710, 724, 755, 813, 822. — XXIII, 15, 53, 105, 107, 108, 136, 229, 250, 290, 316, 338, 384, 417, 444, 455, 456, 493, 576, 577, 669, 709, 748, 790, 791. — XXIV, 15, 73, 101, 102, 368.
ALBERT, médecin. — XXVII, 476.
*Albi* (Tarn). — XVIII, 419, 594, 702, 767, 795. — XX, 686, 707. — XXII, 805. — XXIII, 697. — XXV, 221. — XXVI, 638. — XXVIII, 25.
*Albion*. — XIX, 161. Voir *Angleterre*.
ALBITTE (Ant.-Louis), repr. — XVIII, 273, 527. — XIX, 411, 619, 477. — XXI, 56. — XXVI, 190. — XXVII, 532.
ALBON, commissaire des Guerres. — XVIII, 724. — XXV, 390.
ALBOUYS, repr. décédé (Enfants et sœur d'). — XXV, 370. — XXVI, 1.
ALBRÉ, dit Rouy. — XXI, 337.
ALCAN, fournisseur de la Républ. — XXVI, 6, 202.
*Alceste*, frégate. — XX, 747. — XXI, 91, 151, 208. — XXIII, 217. — XXV, 72, 439.
*Alcida* (L'), navire français sous pavillon neutre. — XXVI, 390.
*Alcide*, navire. — XXIII, 217. — XXV, 439, 483. — XXVIII, 504.
ALCUDIA (Duc de la), ministre espagnol. — XX, 451. — XXI, 143, 335, 420. — XXII, 384. — XXIII, 393, 554, 598. — XXIV, 125, 126, 303.
*Aldudes* (B-P.). — XXIV, 570.
ALÈGRE (André), sergent. — XXII, 610.
*Alençon* (Orne). — XVIII, 166, 168, 169, 187, 283, 716. — XIX, 34, 35, 186, 233, 234, 263, 264, 265, 266, 316, 343, 344, 368, 389, 417, 547, 556, 680, 713. — XX, 194, 220, 279, 280, 281, 374, 427, 472, 512, 513, 514, 593. — XXI, 98, 99, 177. — XXII, 292, 336, 474, 504, 805. — XXIII, 99, 123, 144, 547. — XXIV, 4, 30, 193, 246, 522, 671, 748, 800, 804, 805. — XXV, 6, 39, 52, 95, 111, 114, 170, 191, 235, 354, 360, 363, 364, 391, 430, 466, 557, 578 n., 624. — XXVI, 46, 155, 278, 285, 694. — XXVII, 203, 226, 379, 380, 381, 382, 432, 458, 491, 515, 518, 519, 537, 547, 551, 593. — XXVIII, 434, 457, 498, 500, 589.
*Alep* (Syrie). — XX, 91.
*Alerte* (Brick L'). — XVIII, 473. — XIX, 138. — XX, 27, 624. — XXIII, 217.

*Alexander*, navire américain. — XVIII, 57, 90, 99, 127, 130, 131, 203, 467. — XIX, 32, 364. — XXI, 556. — XXII, 180, 181, 808, 809.
ALEXANDRE, commissaire ordonnateur en chef. — XVIII, 254. — XIX, 202. — XX, 674. — XXI, 648, 649, 650. — XXII, 20, 21, 107, 158. — XXIV, 135, 321. — XXVII, 34.
ALEXANDRE, directeur des subsistances militaires de Strasbourg. — XX, 241. — XXIII, 656. — XXV, 56.
*Alexandre*, navire français. — XXI, 441. — XXII, 765.
*Alexandrie* (Italie). — XXVI, 192.
*Alfort* (Seine). — XXI, 591. — XXIII, 507. — XXV, 8. — XXVI, 180, 503, 579. — XXVIII, 237.
*Algèbre*, de CLAIRAUT. — XXV, 641.
*Algèbre*, d'EULER. — XXV, 641.
*Alger*. — XVIII, 136, 631. — XX, 503, 624. — XXI, 557, 710. — XXVI, 274.
— (Dey d'). — XIX, 5. — XXI, 557, 585. — XXII, 739.
*Algériens*. — XXI, 394.
ALIAMET, musicien. — XXI, 176.
*Alicante* (Espagne). — XX, 624. — XXI, 41. — XXVI, 560. — XXVIII, 30, 150.
ALIX (Dominique), hussard. — XXIII, 670. — XXIV, 167.
*Alizay* (Eure). — XIX, 747.
*Alkmaar* (Hollande). — XXIV, 297.
ALLAIN, cap$^e$ au b$^{on}$ de Maine-et-Loire. — XX, 617.
ALLAIN. — XXV, 165.
ALLAIN, chef du bureau à l'Agence de l'habillement des troupes. — XXVIII, 98.
ALLAIS, dessinateur. — XIX, 119.
ALLARD, chef de b$^{on}$. — XXVII, 318.
ALLARD, chef vendéen. — XXV, 307. — XXVI, 387.
ALLARD, chef de division. — XXIV, 685.
ALLARD, garçon de bureau. — XXIV, 60.
ALLARET, adjoint du génie de 1$^{re}$ classe. — XXII, 639.
ALLEGRO, sergent. — XXV, 639.
*Allemagne*. — XVIII, 290, 495. — XIX, 154, 260. — XX, 208, 418, 561. — XXI, 597. — XXII, 189, 216, 246, 284, 335, 349, 537, 750, 774, 788. — XXIII, 20, 51, 91, 168, 387, 389, 517, 579, 753. — XXIV, 189, 669. — XXV, 225, 226, 265, 345, 745. — XXVI, 420, 457. — XXVII, 267, 337, 404, 405, 529, 610. — XXVIII, 18, 53, 185, 407, 632.
*Allemagne* (Mers d'). — XIX, 772. — XXI, 283, 307, 517, 765.
*Allemands*. — XX, 563. — XXI, 211. — XXIII, 413. XXV, 317.
*Allemond* (Isère). — XIX, 563. — XXVI, 419.
*Allevard* (Forges d'). — XXI, 399, 400. — XXV, 344. — XXVI, 63.
ALLIER (Dominique), suspect. — XXV, 19.
*Allier* (Départ$^t$ de l'). — XVIII, 43, 58, 319, 361, 378, 379, 559, 595, 596, 622, 700, 701, 747. — XX, 199. — XXI, 48, 213, 373, 549, 817. — XXII, 74, 75, 176, 768. — XXIII, 55, 119, 178, 220, 236, 262, 263, 390, 448, 495, 541, 558, 579, 598, 623, 641, 690, 692, 734, 750, 826. — XXIV, 163, 218, 661, 711, 780, 837. — XXV, 108, 437, 501, 601, 609, 620, 663. — XXVI, 25, 68, 186, 313, 551, 592, 595, 696. — XXVII, 69, 139, 483. — XXVIII, 553, 554.

ALLIOT, aide de camp du g<sup>al</sup> Barbazan. — XXVIII, 263.
*Alliquerville* (S-I). — XXII, 725. — XXIII, 52.
ALLIX, adjud<sup>t</sup> g<sup>al</sup> d'artillerie. — XXIV, 183, 216.
*Allobroge* (Légion). — XXII, 809.
*Alluets* (Ferme des) [S-et-O]. — XX, 523.
*Almanach des bizarreries humaines*. — XXI, 761.
ALMÉRAS, adjud<sup>t</sup> g<sup>al</sup>. — XXIII, 401.
*Alost* (Belgique). — XXI, 227. — XXV, 350.
*Alpes* (Massif des). — XX, 628. — XXI, 485. — XXIII, 395. — XXV, 383. — XXVI, 583.
*Alpes* (Basses-) [Départ<sup>t</sup> des]. — XVIII, 152, 153, 669, 670, 747. — XIX, 241, 251, 449, 476, 510. — XX, 222, 313. — XXI, 176, 486. — XXII, 191. — XXIII, 70, 82, 85, 545, 627. — XXIV, 614, 729. — XXV, 59, 708. — XXVI, 360, 413, 725. — XXVII, 161, 184, 199. — XXVIII, 390.
*Alpes* (H<sup>tes</sup>.) [Départ<sup>t</sup> des]. — XVIII, 152, 153, 669, 747. — XIX, 258, 449. — XX, 19, 91, 222, 617. — XXI, 486, 615, 616. — XXII, 191. — XXIII, 360, 627. — XXIV, 378, 728, 732, 769. — XXV, 437, 516. — XXVII, 199. — XXVIII, 390.
*Alpes-Maritimes* (Départ<sup>t</sup> des). — XVIII, 198. — XIX, 449, 488. — XX, 392. — XXI, 485, 486. — XXII, 271, 801. — XXIV, 90, 655, 729. — XXV, 66, 181, 222, 655. — XXVI, 79, 241, 353, 572, 582, 704. — XXVII, 161, 166, 282. — XXVIII, 74.
ALPHONSE, vendéen. — XXVI, 386.
ALPHONSE, directeur des subsistances à Châlons-sur-Marne. — XXI, 426, 427.
ALQUIER, repr. — XVIII, 682. — XIX, 173, 484, 735, 740. — XX, 185, 187, 188, 212, 355, 423, 425, 464, 465, 558, 559, 655, 656. — XXI, 8, 9, 34, 35, 36, 37, 161, 162, 184, 185, 187, 188, 285, 364, 365, 532, 533, 569, 780, 781, 820. — XXII, 55, 58, 77, 85, 116, 129, 221, 247, 395, 417, 422-424, 538, 552, 576, 675, 705, 760. — XXIII, 23, 58, 59, 60, 61, 191, 203, 233, 302, 410-412, 437, 438, 439, 440, 515, 569, 815. — XXIV, 12, 22, 324, 325, 326, 365, 643. — XXVI, 294.
*Alresford* (Angleterre). — XXII, 504.
ALRICK et KERMAN, armateurs. — XXVIII, 384.
*Alsace*. — XXV, 584. — XXVI, 13, 549. — XXVII, 530. — XXVIII, 682.
*Abilly* (I-et-L). — XIX, 548.
ALTAZIN (Bertrand), armateur. — XX, 101, 102.
*Altkirch* (H-R). — XX, 58. — XXVI, 540.
*Altona*. — XVIII, 759, 762. — XX, 6. — XXI, 217, 304, 646. — XXII, 37. — XXIII, 254, 324. — XXIV, 95, 590, 657. — XXVI, 561, 579.
*Altona* (Navire danois *L*'). — XX, 226, 227.
*Alun*. — XVIII, 305, 510, 677. — XXI, 489, 819. — XXIII, 697.
ALVERÈS, employé. — XIX, 667.
*Alvignac* (Lot). — XVIII, 403.
*Alzey* (Allemagne). — XVIII, 816. — XX, 507. — XXI, 654. — XXII, 260.
AMAN, commissaire des Guerres. — XXIV, 612. — XXV, 573.
AMAND, sous-lieut. — XXIV, 497.
AMAR, repr. — XXI, 462. — XXIV, 295.
*Amaranthe*, corvette. — XXIII, 820. — XXIV, 719. — XXV, 80.
*Amay* (Belgique). — XX, 136.
*Amazone*, navire. — XXI, 442.

*Ambassadeurs*. — XXV, 195, 379. — XXVI, 378. — XXVII, 351, 581, 592. — XXVIII, 233, 505, 632.
*Ambert* (P-de-D). — XX, 159. — XXIII, 365. — XXVII, 434.
AMBERT, g<sup>al</sup> de division. — XX, 214, 236. — XXI, 10, 839. — XXII, 171.
*Ambleteuse* (Port d'). — XIX, 497. — XXIV, 47.
*Amboise* (I-et-L). — XIX, 337. — XX, 250. — XXI, 179. — XXV, 693. — XXVI, 707.
AMBROISE (Jean), fils et neveu. — XVIII, 143.
AMBROISE, fournisseur d'habillement. — XIX, 281.
AMÉ, palefrenier du C. de S. P. — XXVI, 57, 303.
AMEIL, cap<sup>e</sup> adjud<sup>t</sup>-major. — XX, 149.
AMELIN et C<sup>ie</sup>. — XIX, 310.
*Amendes*. — XXV, 421, 533, 692. — XXVI, 168.
*America*, navire. — XVIII, 450. — XX, 336. — XXII, 181, 339, 614.
*Américains*. — XIX, 739. — XX, 212. — XXII, 465, 485, 666, 675, 746. — XXIV, 82, 566, 581, 778. — XXV, 171, 177, 554 n. — XXVII, 409. — XXVIII, 244.
*Amérique*. — XVIII, 313. — XIX, 154, 562. — XX, 218. — XXII, 123, 337, 505, 746. — XXIV, 141. — XXV, 324. — XXVI, 22. — XXVII, 35, 60, 131, 399. — XXVIII, 586, 632, 662, 663.
*Amersfoord* (Hollande). — XIX, 542. — XXII, 376.
AMET et C<sup>ie</sup>. — XX, 626. — XXVII, 376.
AMEY, g<sup>al</sup>. — XVIII, 456.
*Ami du peuple* (*L*'), journal. — XX, 23.
AMIEL, employé à la sect<sup>on</sup> de la Guerre. — XXVIII, 417.
*Amiens* (Somme). — XVIII, 41, 140, 330, 562, 563, 564, 736, 809. — XIX, 289, 325, 696. — XX, 28, 45, 128, 249, 504, 569, 753, 754. — XXI, 29, 101, 250, 251, 252, 291, 292, 293, 312, 313, 314, 315, 316, 348, 349, 350, 351, 360, 361, 378, 380, 381, 464, 487, 488, 521, 522, 552, 554, 557, 558, 559, 563, 564, 565, 566, 643, 644, 683, 715, 724, 727, 728, 729, 762, 772, 773, 804, 824, 825, 826. — XXII, 14, 50, 51, 52, 126, 127, 150, 157, 162, 194, 195, 196, 224, 235, 236, 238, 239, 253, 254, 255, 273, 274, 275, 298, 308, 310, 344, 345, 362, 375, 376, 394, 411, 418, 419, 420, 452, 453, 480, 481, 507, 509, 510, 511, 532, 533, 547, 548, 551, 566, 567, 595, 599, 600, 622, 623, 624, 667, 687, 700, 701, 723, 739, 749, 784. — XXIII, 15, 16, 17, 56, 90, 91, 92, 93, 141, 142, 159, 190, 200, 201, 254, 255, 295, 296, 324, 342, 343, 404, 405, 431, 484, 523, 524, 560, 563, 567, 601, 637, 644, 670, 705, 710, 711, 712, 742, 752, 753, 772, 781, 782, 804, 805. — XXIV, 11, 12, 18, 19, 72, 95, 100, 106, 107, 138, 139, 140, 141, 142, 161, 166, 167, 184, 292, 293, 294, 295, 322, 358, 359, 360, 382, 384, 410, 411, 441, 442, 446, 471, 478, 512, 560, 561, 562, 583, 617, 677. — XXV, 282, 518, 615. — XXVI, 229, 538, 740. — XXVII, 123. — XXVIII, 469, 703.
AMIET, ex-curé. — XXV, 213.
AMIOT. — XVIII, 549.
AMIOT, négociant à Cherbourg. — XXVII, 557.
*Amiral Stromfels*, navire suédois. — XXVI, 274.
*Amitié*, navire. — XX, 150.
*Amis de la paix* (Les). — XXVIII, 161.
*Amizade*, navire portugais. — XIX, 618.

*Amnistie.* — XVIII, 779. — XIX, 17, 19. 36, 71, 107, 215, 216, 218, 219, 249, 265, 267, 293, 294, 342, 400, 431, 432, 446, 462, 465, 466, 473, 503, 508, 516, 518, 543, 585, 587, 622, 625, 628, 667, 716, 719. — XX, 131, 168, 195, 287, 377. — XXI, 28, 39, 269, 790. — XXII, 320, 513, 561. — XXVI, 214, 220, 269, 350, 433, 649, 721. — XXVII, 63, 119, 191, 315, 435, 472, 514.
*Amor parentum,* navire luxembourgeois. — XVIII, 451.
*Amphion,* navire suédois. — XXII, 183.
*Ampouran* (Espagne) [Plaine de l']. — XIX, 21. — XX, 681.
*Ampurdan,* navire. — XX, 804.
*Amsterdam* (Hollande). — XVIII, 261, 309. — XIX, 358, 570, 582, 600, 601, 603, 604, 640, 641, 643, 786. — XX, 144, 153, 322, 324, 348, 352, 353, 356, 412, 415, 422, 448, 540, 551, 618, 633, 656, 696, 699. — XXI, 8, 32, 183, 184, 221, 304, 330, 365, 381, 532, 533, 569, 683, 773, 774, 777, 781, 820. — XXII, 16, 53, 55, 56, 57, 83, 85, 129, 247, 249, 279, 280, 281, 311, 312, 376, 395, 420, 422, 423, 516, 530, 535, 538, 551, 574, 576, 705, 757, 759, 762. — XXIII, 20, 21, 48, 60, 61, 202, 203, 408, 409, 411, 412, 426, 437, 438, 439, 462, 463, 569, 712, 814, 815. — XXIV, 13, 22, 38, 141, 227, 228, 246, 326, 408, 450, 469, 563, 705, 706. — XXV, 140, 388, 389, 618, 645. — XXVI, 110, 400, 424, 602, 608. — XXVII, 103, 187, 400. — XXVIII, 38, 75, 76, 278, 279, 452, 453, 600.
*Amsterdam* (Banque d'). — XXIII, 814, 815. — XXV, 322, 357, 660.
*Amsterdam,* navire hollandais. — XXII, 576.
AMYOT, payeur. — XX, 383. — XXII, 589.
AMYOT, fournisseur. — XXVI, 259.
*Anabaptistes.* — XXIV, 703.
*Anarchistes. Anarchie.* — XXI, 644, 646, 840. — XXII, 129, 392, 630, 700. — XXIII, 179, 210, 292, 350, 358, 359, 369, 402, 453, 536, 589, 610, 617, 650, 692, 724, 821, 828. — XXIV, 59, 90, 124, 126. — XXV, 104, 123, 236, 292. — XXVI, 78, 517, 551, 767. — XXVII, 250, 259, 489, 552. — XXVIII, 270. Voir *Troubles.*
*Anastasion,* navire. — XXVIII, 209.
ANCELIN. — XIX, 103.
ANCELIN, de l'École centrale des Travaux publics. — XIX, 455. — XXI, 49.
ANCELIN (J.-B.), cultivateur à Longchamps (Meuse). — XXIII, 68.
*Ancenis* (L-I). — XVIII, 534. — XIX, 18, 665. — XX, 642. — XXI, 15, 16, 133, 134, 222, 271, 272, 297. — XXIII, 6. — XXV, 262, 397, 467 n., 477, 626, 670. — XXVI, 74, 425, 749. — XXVIII, 362, 366.
ANCIAN, mal des logis de gendarmerie, membre de la common militaire de Bordeaux. — XXIV, 596.
ANCRE, fournisseur de viande. — XX, 296. — XXV, 661.
*Ancres.* — XXVI, 665.
*Andalousie, Andalouses.* — XXII, 193, 277.
ANDELLE, serrurier. — XXIV, 2.
*Andelys* (Les) [Eure]. — XVIII, 209. — XX, 38, 39, 656. — XXI, 99, 829. — XXII, 47, 106. — XXIII, 139, 584, 605, 774, 807. — XXIV, 212, 404, 415, 762. — XXVI, 384.

*Andernach* (Allemagne). — XVIII, 309. — XX, 209, 278, 673. — XXI, 164, 204, 383, 490. — XXIII, 94, 141, 530, 531, 569, 646, 802, 805. — XXIV, 261, 298, 366, 367, 564. — XXV, 584.
ANDLAU (D'). — XXIII, 351.
ANDOUILLÉ, de Paris. — XXVII, 586.
*Andouillé* (Mayenne). — XXV, 256.
ANDRÉ, proc. syndic du distr. de Mende. — XXV, 19.
ANDRÉ (Jean), brigadier au 8e régt d'artillerie légère. — XXVI, 286.
ANDRÉ (Louis), patron de la chaloupe *Marie-Noël.* — XXV, 218.
ANDRÉ, requis par les bureaux d'approvisiont de Brest. — XXV, 556.
ANDRÉ (Julien), chef chouan. — XVIII, 460.
ANDRÉ, employé du bureau du personnel de l'infanterie. — XIX, 567.
ANDRÉ, administrateur. — XXI, 59.
ANDRÉ, lieut. de gendarmerie. — XXIII, 31.
ANDRÉ, élève d'artillerie à Châlons. — XVIII, 120.
ANDRÉ (F.), banquier à Paris. — XXI, 128.
ANDRÉ, de Strasbourg. — XXIII, 656.
ANDREI (Ant.), repr. — XIX, 537. — XXIV, 641. — XXVI, 334.
ANDREOSSY, chef de brigade du génie. — XXVIII, 485.
ANDRÉOSSY (F.), cape d'artillerie. — XXI, 397. — XXII, 81, 718. — XXIII, 267.
ANDRIEU (Augustin), off. de santé. — XXIV, 377.
ANDRIEU, propriétre de la forge de Montreuil. — XXVI, 366.
ANDRIEU, négociant à Bordeaux. — XXVII, 256.
*Andromaque,* navire. — XXI, 695. — XXII, 344. — XXIV, 82, 200, 201.
ANÈRE l'aîné, tanneur. — XXV, 457.
ANET et RONUS. — XXV, 230.
*Anet* (E-et-L). — XVIII, 75.
ANFRYE, ingénieur des mines. — XXII, 496.
*Ange,* navire danois. — XXII, 592.
ANGELUCCI, consul à Majorque. — XXVI, 690.
*Angelus,* navire. — XIX, 509.
*Angely-Boutonne* (C-I). — XX, 171, 754. — XXII, 110, 287, 780. — XXIV, 208, 700.
ANGELY (Texier Angely et Massac), mds de grains. — XXII, 129, 423. — Voir TEXIER.
*Angers* (M-et-L). — XVIII, 33, 42, 100, 101, 149, 283, 284, 298, 314, 343, 373, 454, 477, 511, 540, 664, 686, 687, 688, 713, 736. — XIX, 72, 228, 229, 294, 316, 445, 467. — XX, 42, 195, 242, 377, 378, 445, 446, 447, 455, 464, 595, 642, 650, 694. — XXI, 15, 138, 169, 198, 268, 269, 270, 272, 296, 410, 676, 706, 707. — XXII, 2, 136, 137, 153, 320, 321, 380, 396, 397, 568, 583, 726, 727. — XXIII, 136, 147, 148, 157, 166, 195, 227, 313, 314, 472, 492, 509, 535, 682. — XXIV, 134, 440, 637, 665, 805. — XXV, 191, 213, 397, 435, 437, 446, 477, 642. — XXVI, 112, 147, 389, 397, 539, 552, 593, 642, 714, 749. — XXVII, 42, 105, 133, 145, 189, 191, 216, 239, 245, 291, 353, 379, 382, 432, 433, 449, 450, 469, 493, 515, 564, 604, 642. — XXVIII, 36, 137, 177, 202, 358, 360, 367, 457, 535, 587, 636, 703.
ANGERVILLE, négociant à Rouen. — XXVIII, 591.
*Anglais.* — XVIII, 56, 79, 96, 128, 219, 262, 269, 297, 313, 338, 500, 542, 557, 618, 640. — XIX, 48, 74, 204, 205, 286, 303, 304, 305, 400, 470,

485, 488, 517, 525, 626, 635, 718, 735, 737, 738, 739, 755, 786. — xx, 152, 154, 156, 212, 324, 353, 422, 450, 466, 480, 511, 518, 624, 625, 631, 632, 633, 712, 722. — xxi, 81, 82, 83, 118, 145, 217, 253, 274, 290, 294, 379, 406, 440, 454, 475, 489, 520, 524, 525, 526, 527, 528, 532, 556, 571, 608, 618, 619, 711, 732, 766, 777, 780. — xxii, 17, 46, 53, 60, 84, 130, 131, 228, 230, 256, 315, 339, 377, 455, 505, 509, 545, 565, 631, 679, 746, 761. — xxiii, 45, 48, 49, 74, 99, 232, 233, 309, 310, 340, 341, 379, 393, 412, 431, 439, 492, 555, 563, 696, 715, 779, 785, 795, 824. — xxiv, 58, 59, 82, 105, 140, 141, 172, 176, 226, 245, 328, 329, 333, 359, 374, 469, 566, 587, 639, 643, 647, 668, 687, 745, 749, 750, 758, 759, 802, 807, 808, 810, 830, 831, 841. — xxv, 11, 27, 29, 52, 84, 85, 112, 114, 120, 143, 144, 149, 178, 190, 223, 225, 228, 232, 234, 256, 260, 262, 295, 301, 322, 328, 334, 336, 337, 365, 380, 395, 397, 412, 417, 431, 445, 466, 497, 499, 507, 555, 576, 599, 622, 649, 667, 683. — xxvi, 18, 21, 52, 70, 95, 155, 161, 172, 263, 265, 269, 305, 320, 323, 355, 366, 401, 403, 404, 406, 463, 487, 549, 591, 617, 747, 759. — xxvii, 76, 130, 131, 158, 185, 240, 321, 330, 339, 454, 499, 594, 597. Voir *Angleterre; Flotte; Navires; Prisonniers.*

*Angleterre.* — xviii, 31, 79, 218, 286, 460, 636, 766, 792. — xix, 129, 211, 295, 314, 400, 466, 517, 589, 601, 711, 716, 717, 735, 737, 739. — xx, 27, 45, 108, 185, 187, 210, '212, 227, 257, 348, 353, 397, 450, 579, 624, 633, 634, 635, 655, 720, 721, 758. — xxi, 34, 83, 84, 144, 145, 161, 183, 186, 190, 234, 235, 402, 420, 438, 517, 518, 533, 556, 594, 600, 712, 719, 732, 764, 765, 767, 774, 798, 812, 816, 821. — xxii, 53, 55, 60, 79, 84, 85, 108, 152, 180, 181, 193, 222, 248, 448, 480, 535, 536, 614, 652, 662, 682, 769. — xxiii, 20, 52, 58, 135, 160, 172, 232, 233, 286, 339, 389, 393, 431, 498, 661, 812. — xxiv, 140, 141, 303, 305, 306, 324, 374, 435, 451, 513, 738, 810. — xxv, 72, 217, 223, 265, 305, 329, 379, 541, 573, 652, 703, 753. — xxvi, 231, 268, 276, 290, 475, 522, 548. — xxvii, 131, 176, 305, 345, 353, 398, 419. — xxviii, 9, 36, 112, 114, 179, 199, 200, 201, 206, 207, 211, 337, 361, 368, 395, 400, 404, 406, 426, 428, 459, 460, 462, 467, 468, 492 n., 586, 632, 640, 641, 656, 676, 677. Voir *Anglais.*

*Anglo-américains.* — xxiii, 147, 289.

*Angoulême* (Charente). — xix, 449. — xx, 485, 685. — xxii, 27, 28, 539, 542. — xxiii, 475, 573, 808. — xxv, 213. — xxvi, 623. — xxviii, 646.

Anisson fils, de la légation des États-Unis. — xxii, 46.

*Anjou.* — xxi, 445. — xxii, 230. — xxvi, 163. — xxvii, 595.

Anjubault, consul à Carthagène. — xxvi, 119.

*Anna-Antonius,* navire hollandais. — xviii, 581.

*Anna-Élisa,* navire anglais. — xix, 497.

*Anna-Suzanna,* navire français. — xxvii, 214, 263.

Anne, employé au magasin de la Marine, à Toulon. — xxvii, 489.

*Annecy* (Hte-Savoie). — xviii, 303. — xxi, 243, 419, 689. — xxii, 644, 645. — xxv, 539. — xxvi, 478. — xxviii, 568.

*Anne-Marie,* navire danois. — xix, 618.

*Anne-Marguerite,* navire hambourgeois. — xix, 618.

*Annonay* (Ardèche). — xxv, 264.

*Annweiler* (Gorges d'). — xxii, 260.

Anquetil, garde d'artillerie. — xviii, 475.

Anquetil, élève de l'École nat$^{le}$ aérostatique. — xx, 6. — xxvii, 541.

Anselme (D'), g$^{al}$. — xix, 8. — xxii, 8.

*Anti-Barbets* (C$^{ie}$ des). — xviii, 794.

*Antibes* (A.-M.). — xviii, 326, 772. — xix, 8. — xxii, 232, 302. — xxv, 656. — xxvi, 535, 666.

*Anti-fédéraliste,* navire français. — xx, 604.

*Antilles* (Les). — xxii, 339, 766. — xxv, 72, 491, xxvii, 395.

*Antioche* (Pertuis d'). — xxi, 238, 281, 553. — xxiii, 84.

*Antiques* (Salle des), au Louvre. — xviii, 708.

Antoine, g$^{al}$ de brigade. — xx, 225.

Antoine, de Lorient. — xx, 340.

Antoine, médecin-chef à l'A. des Côtes de Cherbourg. — xxvii, 416.

*Antoine* (Atelier de coupe à la ci-dev$^t$ Abbaye). — xix, 118.

*Antonio Hendrick,* navire hollandais. — xviii, 508.

*Anvers* (Belgique). — xviii, 186, 235, 236, 260, 262. — xix, 144, 395. — xx, 554, 653. — xxi, 76, 240, 307, 316, 405, 484, 517, 765. — xxii, 78, 79, 512, 561, 591, 662. — xxiii, 18, 19, 21, 22, 61, 344, 463, 592, 638, 776. — xxiv, 159, 449, 736, 745. — xxv, 333, 347, 350, 360, 443, 552, 574, 664. — xxvi, 71, 88, 632. — xxvii, 282, 286, 409, 562. — xxviii, 67, 104, 575.

*Anzin* (Mines d'). — xviii, 575. — xx, 267, 268, 437, 610. — xxi, 713. — xxiv, 244, 245. — xxvi, 195.

*Apollo,* navire français. — xviii, 436.

*Apollon* (Galerie d'). — xxiii, 245.

*Apollon,* navire américain. — xxiii, 822.

*Appoigny* (Yonne). — xxvi, 740.

*Appointements.* — xxv, 135, 334, 518, 519, 573. — xxviii, 130. Voir *Salaires; Soldes; Traitements.*

*Apremont* (Cher). — xxii, 175.

*Approvisionnement* des armées. — xxv, 15, 20, 28, 65, 214, 234, 239, 249, 250, 259, 424, 428, 433, 460, 490, 541, 542, 572. — xxvi, 16, 21, 158, 188, 297, 339, 575, 684, 696, 762. — xxvii, 7, 65, 66, 97, 180, 184, 210, 247, 262, 299, 300, 308, 342, 354, 381, 382, 386, 395, 406, 424, 441, 451, 452, 460, 468, 477, 496, 515, 516, 529, 534, 535, 546, 575, 578, 585, 599, 676.

— des places fortes. — xxvii, 149, 182, 247, 285, 395, 566.

— des magasins de fourrages. — xxvii, 281. Voir *Subsistances.*

*Approvisionnement* des marchés. — xxvi, 500, 643. — xxvii, 79, 170, 177, 257, 343, 386, 476.

*Approvisionnement* de Paris. — xxvi, 63, 66, 91, 92, 125, 140, 146, 166, 195, 212, 218, 228, 242, 263, 273, 295, 308, 332, 335, 347, 355, 380, 392, 395, 403, 440, 450, 470, 499, 500, 528, 553, 556, 576, 580, 593, 681, 682, 685, 711, 728. — xxvii, xii, 2, 51, 82, 96, 97, 112, 113, 114, 123, 138, 159, 168, 186, 189, 225, 226, 232, 275, 277, 288, 289, 300, 316, 326, 329, 342, 368, 391, 401, 441, 443, 453, 457, 477, 478, 485, 496, 537, 539, 552, 568, 602, 623, 647, 660, 670. Voir *Paris.*

— (Transports pour l'). — xxvii, 112, 123, 138, 168, 180, 224, 225, 278, 342, 367, 478, 502, 632, 660. Voir *Paris; Subsistances; Transports.*
*Apt* (Vaucluse). — xix, 669, 722. — xxiv, 88, 730. — xxv, 105. — xxvi, 224. — xxviii, 82.
AQUETA, garçon du Bureau de commerce. — xx, 789.
*Aquila,* navire. — xix, 66, 191, 499.
*Aquilon,* navire. — xxiii, 217, 498.
*Aragon.* — xix, 178.
*Aramon* (Gard). — xxvi, 171.
*Aran* (Val d'). — xxii, 192. — xxiii, 392, 704.
ARANDA (D'), ministre espagnol. — xx, 451.
ARBEL, canonnier. — xxvi, 85.
ARBINET (Fr.). — xviii, 232.
*Arbitres.* — xxv, 215. — xxvi, 150, 239, 275, 469. — xxvii, 655.
ARBOGAST, repr.. — xviii, 327, 506, 754.
*Arbois* (Jura). — xix, 581.
ARBOIS (D'), cap<sup>e</sup> réintégré. — xxvii, 561.
*Arbres* de la Liberté. — xxiv, 301, 412. — xxv, 154, 156. — xxvii, 372, 455. — xxviii, 693.
*Arcachon* (Gironde). — xxvi, 135.
ARCAMBAL, commissaire ordonnateur des hôpitaux. — xx, 504. — xxii, 414. — xxiv, 18, 106, 293.
ARCAMBAL, vice-consul de France. — xxi, 551. — xxiii, 547.
ARCHAMBAUX (J.), fournisseur de fourrages. — xxviii, 262.
ARCHIER, commissaire ordonnateur en chef de l'A. de la Moselle. — xxii, 261. — xxiv, 462. — xxv, 583.
*Archipel* (Mers de l'). — xxvii, 621.
*Architecture,* de BÉLIDOR. — xxv, 640.
*Architecture militaire,* de CORMONTAIGNE. — xxv, 640,
*Archives de* l'artillerie. — xxv, 405.
— du commerce. — xxvi, 139.
— nationales. — xxiii, 402.
*Arcis-sur-Aube* (Aube). — xix, 81, 82, 83. — xx, 527, 528. — xxi, 769, 807. — xxii, 446, 447, 518. — xxiii, 126 — xxiv, 60. — xxv, 214.
ARÇON (D'), col<sup>el</sup> — xxiv, 157.
*Arçonniers* de Paris. — xxv, 102.
*Arcueil* (Seine). — xxiii, 800. — xxv, 247, 658.
ARCY (D'), aide de camp. — xxi, 359.
*Arcy* (Moulin d'). — xxii, 68.
*Ardèche* (Départ<sup>t</sup> de l'). — xviii, 9, 239, 299, 342, 419, 468, 575, 604, 684, 709, 727, 810. — xix, 64, 91, 258, 259, 298, 299, 424, 460, 539, 565, 668, 703. — xx, 78, 291, 346, 411, 456, 470, 495, 497, 508, 706, 768. — xxi, 486, 501, 502, 633, 823. — xxii, 30, 94, 140, 290, 353, 391, 609. — xxiii, 152, 153, 181, 214, 236, 479, 494, 558, 630, 731, 732, 766. — xxiv, 44, 70, 175, 204, 239, 308, 341, 343, 371, 574, 728, 781. — xxv, 86, 153, 237, 264, 343, 457, 418, 451, 753. — xxvi, 372, 447, 489, 656. — xxviii, 386, 683.
ARDELIN, cap<sup>e</sup>. — xx, 45.
*Ardennes* (Départ<sup>t</sup> des). — xviii, 145, 200, 304, 371, 384, 725, 770. — xix, 83, 151, 240, 260, 261, 285, 328, 343, 362, 439, 478, 549, 614. — xx, 42, 124, 404, 499, 516, 569, 798. — xxi, 280, 300, 329, 358, 667, 749, 813. — xxii, 9, 741. — xxiii, 140, 141, 510, 753. — xxiv, 5, 75, 137, 470, 661. — xxv, 96, 425. — xxvi, 339, 385. — xxviii, 63, 311, 487.
ARDOUIN (Louis), chef de b<sup>on</sup>. — xxiv, 501. — xxvi, 287.
*Ardres* (P-de-C). — xxi, 263. — xxvii, 614.
ARENBERG (Prince d'). — xx, 324.
ARENA (Barthélemy), de Corse. — xx, 394.
ARENGER, fabricant de cuirs à Strasbourg. — xxiv, 173.
*Argenson* (Atelier de coupe supprimé d'). — xix, 119.
*Argentan* (Orne). — xviii, 656. — xix, 54, 107, 344, 681, 713. — xx, 313, 314. — xxiv, 38. — xxviii, 589.
*Argentat* (Corrèze). — xviii, 476.
*Argenterie.* — xxv, 174. — xxvi, 118, 194, 296, 330, 566, 714. — xxviii, 2.
*Argenteuil* (S-et-O). — xxv, 485. — xxvi, 196, 500. — xxvii, 114. — xxviii, 546.
*Argentière* (L') [H-A]. — xxvi, 364.
*Argenton* (Indre). — xx, 19, 363.
*Argentré* (Mayenne). — xxii, 166.
ARGOT, off. sur le vaisseau *La Victoire.* — xxvi, 529.
ARGOUD, g<sup>al</sup>. — xviii, 616. — xix, 235. — xxiii, 317.
— xxv, 426. — xxvii, 58. — xxviii, 679.
*Argouges* (Manche). — xxvii, 455.
*Ariège* (Départ<sup>t</sup> de l'). — xix, 449. — xx, 568. — xxi, 216, 486. — xxiii, 422. — xxiv, 5, 217, 435, 501. — xxv, 205, 661. — xxvi, 372, 495. — xxvii, 308. — xxviii, 259, 275, 536.
*Aristocrates, Aristocratie.* — xxv, 236, 328, 431, 702. — xxvi, 451, 493, 496. — xxvii, 104, 373, 671.
*Arles* (B-du-R). — xviii, 175, 176, 343, 720. — xx, 383, 385, 479, 500, 501, 643. — xxi, 45, 395. — xxii, 355, 356, 519, 520, 638, 695. — xxiv, 127, 817. — xxv, 88, 327, 452, 480, 592. — xxvi, 14, 180, 267, 284. — xxviii, 209.
*Arleux* (Nord). — xxvii, 543.
*Arlon* (Belgique). — xviii, 568. — xix, 53.
*Armainvilliers* (S-et-M). — xxvii, 35.
*Armance,* rivière. — xxii, 619.
*Armançon,* rivière. — xxiii, 619. — xxv, 219.
ARMAND (Régis), off. aux îles du Vent. — xix, 241.
ARMAND, accusé dans la conspiration des prisons. — xxiii, 32, 33.
*Armée* des Alpes et d'Italie. — xviii, 89, 90, 123, 136, 137, 152, 173, 190, 240, 254, 270, 271, 287, 326, 382, 387, 475, 543, 551, 556, 557, 603, 669, 670, 674, 675, 693, 723, 726, 751, 773, 783, 794. — xix, 6, 15, 40, 50, 104, 139, 171, 251, 252, 254, 287, 303, 305, 318, 320, 367, 376, 383, 425, 438, 514, 546, 562, 593, 594, 651, 652, 693, 759, 760, 780, 781, 794. — xx, 37, 75, 115, 216, 254, 361, 367, 373, 414, 532, 617, 671, 680, 681, 682, 683, 689, 747. — xxi, 5, 92, 95, 102, 109, 126, 146, 151, 158, 172, 207, 237, 244, 245, 273, 330, 345, 380, 396, 419, 427, 436, 463, 513, 615, 616, 689, 802. — xxii, 12, 66, 94, 95, 140, 220, 302, 409, 450, 452, 518, 521, 558, 569, 598, 599, 605, 610, 617, 651, 711, 718, 722, 729, 743, 771, 775, 780, 781, 801, 821, 826. — xxiii, 45, 118, 136, 155, 178, 180, 182, 183, 237, 241, 266, 272, 279, 280, 281, 291, 318, 358, 360, 399, 400, 420, 423, 448, 480, 521, 545, 559, 598, 634, 642, 643, 658, 695,

752, 770, 771, 794, 796, 801, 928. — xxiv, 1, 58, 88, 89, 128, 135, 136, 137, 149, 140, 159, 160, 162, 164, 165, 166, 209, 221, 249, 250, 272, 273, 282, 309, 310, 320, 348, 349, 422, 425, 427, 430, 463, 473, 476, 503, 510, 534, 572, 573, 576, 577, 614, 651, 653, 676, 690, 691, 692, 696, 697, 726, 727, 730, 732, 740, 757, 759, 769, 782, 783, 784, 785, 786, 796, 798, 799, 814, 815, 827, 838, 840, 848, 849, 850. — xxv, 19, 43, 57, 64, 65, 107, 135, 157, 168, 179, 239, 250, 251, 270, 310, 311, 331, 341, 384, 387, 440, 444, 502, 516, 530, 551, 564, 566, 567, 571, 590, 609, 638, 674, 706, 708, 743, 760. — xxvi, 15, 31, 62, 104, 115, 167, 169, 192, 193, 194, 219, 220, 227, 254, 268, 284, 300, 325, 349, 352, 362, 368, 377, 428, 433, 487, 490, 496, 497, 519, 531, 532, 546, 566, 571, 581, 587, 595, 636, 647, 652, 657, 665, 670, 677, 679, 696, 704, 716, 721, 724, 733, 757, 768. — xxvii, xviii, 22, 23, 24, 33, 34, 36, 48, 65, 107, 108, 128, 141, 164, 165, 174, 178, 199, 200, 231, 256, 258, 259, 272, 273, 312, 313, 324, 385, 457, 465, 466, 468, 480, 497, 533, 534, 568, 582, 618, 629. — xxviii, 72, 89, 121, 128, 140, 144, 160, 233, 234, 316, 322, 324, 331, 332, 356, 372, 396, 478, 542, 568, 606, 617, 640, 641, 675, 684, 698, 706. Voir *Armée* d'Italie.

*Armée* des Ardennes. — xviii, 6, 54, 475, 755. — xix, 82, 83, 116, 260. — xx, 31, 37, 41, 174. — xxi, 17, 426, 432, 604. — xxii, 651.

— des Antilles. — xviii, 545.

— austro-sarde. — xxiv, 696. — xxv, 568. — xxvi, 80, 192, 221, 255, 269, 573, 617. — xxvii, 135, 166, 473. — xxviii, 656.

— autrichienne. — xxvi, 70. 126, 221, 269, 306, 591, 761. — xxvii, 266, 336, 388, 405, 529, 576.

— de la Belgique. — xx, 174.

— des bords de la Loire. — xx, 64. — xxi, 591. — xxii, 175, 651.

— catholique et royale. — xx, 378, 576, 598. — xxi, 224, 269, 445, — xxiii, 313, 602, 755. — xxv, 330, 433. — xxvi, 406, 525, 649, 747, 756, 765. — xxvii, 430. — xxviii, 403.

— de Charette. — xxvii, 101, 189, 191, 239, 354, 449, 504, 509, 517, 518, 548, 593, 595, 643, 672.

— de Condé. — xxvii, 38, 266, 336.

— des côtes de Brest et de Cherbourg. — xviii, 7, 64, 75, 76, 78, 98, 100, 138, 146, 148, 149, 168, 236, 253, 256, 277, 279, 280, 283, 284, 295, 302, 314, 315, 338, 348, 350, 352, 355, 374, 411, 413, 426, 435, 438, 444, 445, 446, 447, 459, 460, 463, 466, 473, 477, 478, 496, 511, 512, 513, 514, 518, 531, 533, 535, 551, 556, 578, 590, 591, 592, 593, 656, 658, 659, 660, 661, 664, 666, 667, 711, 712, 715, 739, 740, 742, 764, 766, 774, 777, 778, 793, 802. — xix, 19, 36, 37, 40, 57, 58, 71, 72, 87, 99, 107, 108, 125, 128, 130, 139, 142, 143, 149, 161, 162, 185, 186, 211, 214, 215, 220, 244, 247, 249, 262, 266, 283, 290, 294, 295, 296, 312, 314, 316, 333, 338, 344, 373, 390, 399, 402, 409, 463, 467, 471, 495, 497, 503, 508, 516, 518, 520, 534, 542, 545, 550, 554, 555, 556, 573, 578, 579, 580, 582, 588, 605, 607, 622, 626, 644, 645, 646, 661, 663, 666, 714, 715, 719, 753, 755, 756, 757, 758. — xx, 11, 12, 23, 25, 37, 50, 51, 52, 67, 130, 131, 147, 164, 166, 168, 188, 189, 190, 194, 197, 216, 229, 233, 269, 282, 289, 306, 309, 318, 344, 358,

359, 376, 377, 397, 410, 428, 443, 444, 446, 472, 498, 499, 515, 516, 517, 550.

— et de Lorient. — xx, 559, 576, 577, 594, 595, 598, 626, 628, 639, 641, 651, 677, 678, 690, 691, 694, 716, 717, 739, 764, 776, 784, 785, 786, 802. — xxi, 15, 25, 26, 27, 29, 37, 40, 57, 85, 86, 119, 166, 168, 176, 194, 198, 213, 221, 222, 223, 230, 239, 241, 242, 253, 255, 269, 295, 296, 347, 351, 353, 408, 433, 434, 438, 439, 468, 471, 492, 494, 495, 509, 538, 539, 559, 576, 578, 579, 580, 595, 596, 599, 600, 620, 641, 658, 659, 660, 679, 694, 699, 734, 756, 768, 785, 787, 790, 791, 792, 801, 814, 822, 823, 833. — xxii, 17, 18, 24, 26, 27, 60, 61, 62, 72, 89, 90, 91, 102, 107, 130, 131, 134, 165, 166, 167, 223, 227, 228, 229, 230, 238, 256, 258, 259, 268, 284, 286, 287, 292, 304, 315, 321, 336, 349, 379, 380, 425, 458, 504, 539, 567, 579, 580, 581, 583, 592, 604, 606, 611, 627, 651, 670, 676, 677, 680, 706, 708, 725, 726, 727, 764, 796. — xxiii, 13, 52, 101, 172, 193, 204, 229, 259, 260, 311, 335, 442, 443, 483, 607, 648. — xxiv, 9, 14, 27, 29, 113, 172, 263, 334, 335, 336, 368, 369, 405, 416, 417, 443, 458, 544 à 554, 592, 614, 616, 648, 707, 805, 806, 807, 808, 830, 832. — xxv, 29, 30, 52, 80, 85, 115, 116, 145, 146, 149, 170, 178, 190, 201, 232, 258, 301, 302, 303, 329, 364, 428, 435, 470, 472, 477, 555, 556, 579, 581, 599, 601, 605, 606, 619, 668, 717, 718, 719.

— des Côtes de Brest (séparée de l'A. des Côtes de Cherbourg). — xxii, 424, 458, 727, 763, 796, 811, 816 à 819, 821. — xxiii, 83, 145, 147, 148, 160, 166, 195, 226, 287, 310, 314, 362, 470, 517, 518, 535, 596, 631, 648, 651, 666, 667, 677, 679, 707, 708, 714, 716, 718, 720, 735, 745, 746, 756, 757, 758, 779, 785, 789, 821. — xxiv, 28, 29, 30, 31, 78, 80, 110, 111, 115, 192 à 197, 198 à 200, 231, 232, 331, 334, 335, 406, 437, 507, 514, 515, 517, 523, 544 à 554, 565, 625, 626, 645, 671, 685, 748, 749, 750, 751, 773, 774, 804, 806, 807, 810, 811. — xxv, 27, 28, 53, 68, 80, 114, 146, 186, 199, 245, 246, 255, 260, 274, 296, 298, 300, 334, 360, 391, 392, 393, 396, 410, 413, 415, 433, 434, 465, 466, 470, 497, 498, 504, 508, 510, 512, 514, 548, 556 n., 557, 582 n., 598, 620, 624, 645, 649, 651, 670, 679, 696, 698, 746. — xxvi et xxvii. Voir *A. des Côtes de Cherbourg*. — xxviii, 36, 67, 106, 111, 136, 149, 158, 166, 172, 173, 177 à 179, 199 à 202, 218, 219, 238, 239, 263, 264, 292, 395, 401, 402, 403, 405, 408, 531, 558.

— des Côtes de Cherbourg. — xxii, 424, 458, 763, 810, 811, 816 à 819. — xxiii, 26, 27, 97, 139, 148, 165, 309, 310, 380, 414, 470, 484, 518, 555, 631, 640, 652, 666, 667, 677, 679, 714, 745, 746, 755, 756, 757, 811, 816, 821. — xxiv, 24, 25, 27, 28, 29, 44, 46, 77, 111, 187, 194, 198 à 200, 277, 329, 365, 402, 406 415, 455, 458, 544 à 554, 593, 625, 627, 645, 669, 671, 748, 773, 804, 805. — xxv, 26, 27, 52, 68, 80, 101, 114, 170, 244, 245, 246, 255, 260, 274, 276, 296, 334, 354, 360, 391, 392, 396, 402, 412, 413, 415, 434, 436, 465, 466, 497, 498, 504, 521, 578 n., 582, 598, 620, 624, 645, 649, 651, 664, 670, 679, 746. — xxvi, 7, 46, 62, 72, 74, 92, 159, 183, 186, 196, 207, 233, 235, 248, 260, 278, 287, 290, 292, 316, 322, 323, 330, 343, 350, 351, 442, 462, 502, 506, 514, 518, 520, 521, 523, 524, 525, 544, 551, 567, 579, 584, 592,

600, 602, 610, 624, 630, 639, 655, 656, 669, 673, 688, 694, 698, 700, 713, 719, 731, 741, 748, 754, — xxvii, xx, 103, 126, 214, 229, 298, 305, 331, 359, 471, 492, 520, 522, 523, 525, 549, 553, 602, 634, 643, 645. — xxviii, 36, 67, 106, 111, 136, 149, 158, 166, 173, 177 à 179, 199 à 202, 218, 219, 238, 239, 263, 264, 273, 292, 299, 310, 367, 368, 392, 393, 401, 416, 457, 461, 558, 587, 593, 699.

Armée des Côtes de La Rochelle. — xx, 37, 64, 65. — xxii, 651.
— des Côtes de l'Ouest. — xxv, 68, 80, 274, 296, 334, 360, 396, 413, 434, 606, 624, 748.
— d'Espagne. — xxv, 193.
— des Indes Orient. — xx, 794. — xxi, 216, 475, 634. — xxii, 11, 12, 108, 120, 121, 298, 765, 766. — xxiv, 93. — xxv, 246, 321, 352. — xxvii, 480.
— des Indes Occident. — xxi, 511, 758. — xxii, 340, 653, 765, 766, 777, 809. — xxiii, 218. — xxiv, 719. — xxvii, 33, 317, 318.
— de l'Intérieur. — xxii, 103, 177, 242, 268. — xxv, 347, 487, 574, 594, 595, 638, 716. — xxvi, 2, 32, 145, 210, 231, 243, 286, 448, 490, 509, 600, 605, 623, 742, 752, 754. — xxvii, 33, 77, 113, 114, 157, 229, 255, 302, 315, 395, 418, 540, 558, 633, 666. — xxviii, 11, 50, 67, 124, 141, 166, 189, 190, 194, 195, 196, 208, 236, 237, 240, 242, 248, 293, 294, 300, 303, 319, 336, 337, 351, 352, 355, 372, 373, 410, 440, 441, 446, 481, 518 à 523, 634, 648, 688, 699.
— d'Italie. — xviii, 38, 46, 89, 96, 97, 122, 175, 176, 240, 270, 271, 287, 288, 327, 382, 475, 499, 542, 543, 556, 557, 669, 670, 674, 675, 693, 696, 698, 709, 723, 749, 751, 759, 763, 783, 793, 794.
— xix, 15, 73, 137, 139, 140, 149, 171, 204, 205, 254, 302, 303, 305, 319, 320, 367, 376, 383, 425, 426, 480, 514, 533, 546, 593, 594, 636, 640, 651, 652, 692, 694, 712, 751, 754, 759, 760, 780, 794.
— xx, 37, 44, 75, 103, 115, 203, 216, 217, 254, 368, 373, 380, 390, 394, 400, 414, 433, 439, 481, 482, 483, 496, 498, 506, 510, 525, 532, 533, 545, 565, 603, 643, 671, 680, 681, 682, 683, 684, 712, 747, 772, 787, 788. — xxi, 5, 45, 63, 88, 91, 92, 94, 95, 109, 121, 126, 146, 151, 158, 172, 176, 207, 209, 223, 237, 243, 244, 245, 259, 260, 265, 273, 277, 310, 311, 330, 336, 367, 368, 380, 396, 419, 422, 427, 436, 452, 453, 463, 474, 477, 513, 546, 547, 586, 615, 616, 633, 642, 698, 719, 726, 743, 802. — xxii, 12, 31, 66, 81, 94, 95, 96, 97, 119, 140, 141, 142, 143, 172, 173, 220, 232, 240, 252, 264, 269, 290, 302, 303, 304, 328, 330, 357, 368, 370, 374, 385, 386, 393, 404, 405, 407, 408, 409, 439, 450, 452, 465, 518 à 521, 522, 541, 550, 555, 558, 564, 569, 588, 590, 598, 599, 610, 617, 635, 637, 639, 651, 671, 685, 695, 711, 718, 722, 723, 729, 771, 775, 780, 781, 790, 801, 823, 826. — xxiii, 36, 45, 69, 119, 120, 125, 127, 136, 154, 155, 178, 182, 183, 192, 199, 215, 237, 241, 266, 267, 268, 279, 280, 281, 291, 318, 358, 368, 394, 399, 400, 420, 422, 423, 440, 448, 480, 513, 521, 543, 545, 558, 598, 634, 643, 658, 695, 733, 752, 770, 771, 776, 794, 796, 801, 828, 829. — xxiv, 1, 35, 58, 88, 89, 91, 100, 128, 135, 136, 137, 149, 150, 151, 159, 160, 162, 164, 165, 166, 209, 221, 249, 250, 270, 272, 273, 282, 309, 310, 320, 346, 348, 349, 372, 422 à 425, 427 à 430, 463, 473, 496,

503, 510, 534, 572, 574, 576, 577, 586, 605, 614, 631, 651, 653, 676, 689, 690 à 692, 696, 697, 724, 725, 730, 732, 755, 757, 758, 759, 769, 782, 784, 785, 796, 798, 799, 814, 815, 827, 840, 846, 848, 849, 850. — xxv, 13, 21, 45, 57, 60, 72, 91, 92, 101, 102, 158, 159, 172, 178, 180, 193, 206, 214, 222, 238, 239, 311, 340, 381, 385, 402, 491, 520, 529 n., 550, 573, 591, 602, 630, 655, 675, 687, 688, 690, 707, 743, 744, 758. — xxvi, 15, 79, 80, 81, 174, 175, 181, 192, 221, 224, 225, 241, 284, 287, 301, 303, 325, 369, 372, 410, 414, 436, 445, 450, 452, 453, 529, 555, 557, 563, 587, 588, 602, 615, 617, 619, 636, 647, 664, 665, 696, 717, 728, 736, 761. — xxvii, 36, 74, 102, 134, 135, 154, 162, 173, 184, 199, 206, 213, 222, 223, 231, 235, 314, 324, 325, 356, 386, 388, 402, 415, 427, 451, 473, 480, 481, 484, 486, 497, 500, 513, 514, 535, 542, 561, 582, 587, 648, 668. — xxviii, 29, 66, 72, 73, 74, 79, 80, 110, 121, 143 à 145, 160, 164, 230, 233, 234, 249, 264, 290, 331, 332, 365, 372, 479, 502 à 504, 607, 617, 650, 656, 692, 697.
— de Mayence. — xxiii, 7.
— du Midi. — xxiii, 654. — xxvii, 65, 66, 128, 668. — xxviii, 484, 536.
— de la Moselle. — xviii, 7, 23, 24, 54, 90, 123, 144, 145, 152, 184, 185, 240, 242, 258, 285, 307, 339, 356, 362, 417, 433, 474, 475, 490, 492, 494, 515, 516, 530, 550, 555, 556, 566, 572, 578, 583, 584, 605, 611, 616, 617, 635, 653, 667, 669, 675, 730, 746, 761, 781, 790, 803, 811, 813, 814, 817. — xix, 30, 32, 53, 66, 75, 94, 122, 139, 149, 158, 188, 192, 193, 234, 235, 243, 259, 277, 278, 297, 298, 375, 422, 423, 444, 498, 555, 588, 590, 636. — xx, 12, 13, 14, 15, 37, 73, 74, 145, 146, 163, 180, 209, 210, 212, 214, 236, 260, 323, 366, 370, 371, 393, 507, 522, 550, 559, 560, 563, 584, 681, 782. — xxi, 382, 383, 426, 509, 755. — xxii, 171, 178, 260, 261, 365, 389, 649, 651. — xxiii, 31, 317, 413. — xxiv, 144, 145, 183, 312, 462. — xxv, 289. Voir Armée de Rhin et Moselle.
— navale. — xviii, 90, 91, 501. — xxii, 368.
— de la Méditerranée. — xviii, 135. — xix, 751. — xx, 217, 368, 380, 394, 400, 433, 481, 482, 483, 510, 532, 533, 565, 603, 643, 747, 748, 787. — xxi, 89, 158, 207, 208, 209, 223, 259, 368, 452, 474, 584, 698, 816, 817, 840. — xxii, 31, 66, 75, 81, 97, 119, 120, 143, 264, 291, 328, 357, 385, 404, 405, 438, 465, 590, 635, 637, 639, 684, 824. — xxiii, 69, 216, 339, 418, 498. — xxiv, 100, 614, 693, 826, 842. — xxv, 89, 92, 138, 265, 269, 312, 367, 438, 482, 566, 630. — xxviii, 40, 396.
— navale du Nord. — xx, 126, 546, 683.
— navale de Toulon. — xxiii, 589. — xxiv, 104. — xxvi, 30, 54, 56, 80, 106, 222, 268, 301, 310, 325, 332, 361, 377, 394, 413, 434, 435, 452, 453, 468, 529, 554, 571, 590, 614, 631, 736, 753. — xxvii, xix, 39, 50, 74, 128, 162, 163, 250, 436, 437, 438, 498, 647.
— de l'Océan. — xx, 511. — xxi, 217. — xxiii, 208. — xxvii, 553.
— du Nord. — xviii, 6, 9, 21, 23, 27, 28, 29, 54, 64, 65, 66, 92, 95, 102, 104, 124, 126, 144, 146, 168, 185, 186, 195, 197, 199, 200, 202, 203, 212, 217, 233, 234, 235, 238, 259, 260, 261, 262, 294, 304, 307, 308, 309, 310, 312, 332, 333, 334, 336,

337, 349, 370, 400, 405, 407, 432, 433, 434, 442, 443, 444, 451, 458, 459, 475, 478, 483, 484, 492, 495, 509, 510, 517, 520, 529, 552, 553, 556, 557, 558, 559, 561, 568, 569, 570, 571, 582, 583, 585, 588, 589, 605, 610, 612, 632, 634, 635, 657, 684, 685, 686, 739, 763, 772, 774, 800, 810. — xix, 9, 15, 16, 34, 40, 47, 48, 49, 52, 53, 67, 69, 70, 86, 89, 92, 102, 106, 109, 122, 124, 141, 143, 157, 158, 160, 172, 173, 174, 175, 193, 206, 207, 233, 242, 261, 262, 263, 286, 329, 338, 339, 358, 362, 364, 365, 366, 383, 408, 415, 416, 440, 442, 443, 444, 445, 455, 483, 484, 485, 489, 501, 502, 516, 518, 529, 532, 538, 539, 541, 542, 556, 569, 570, 582, 600, 640, 663, 687, 697, 698, 735, 739, 776, 786, 787, 790. — xx, 12, 14, 21, 22, 37, 45, 46, 47, 72, 80, 107, 118, 130, 131, 133, 153, 163, 170, 180, 181, 182, 183, 188, 208, 209, 210, 212, 228, 229, 232, 254, 274, 276, 278, 305, 318, 322, 324, 326, 327, 348 à 358, 359, 369, 373, 394, 410, 411-425, 459, 461, 464, 465, 495, 505, 506, 545, 550, 554, 555, 558, 575, 588, 607, 608, 609, 616, 618, 627, 628, 634, 635, 636, 652, 670, 672, 673, 681, 696, 698, 722, 724, 725, 759, 760, 761, 779, 783, 799, 800, 801. — xxi, 8, 9, 11, 22, 23, 24, 30, 31, 51, 70, 71, 75 à 77, 79, 101, 114, 133, 160, 161, 164, 165, 166, 182, 183, 191, 192, 225, 238, 239, 240, 266, 267, 268, 279, 285, 286, 290, 291, 302, 303, 307, 316, 317, 334, 346, 347, 361, 363, 379, 381, 382, 399, 404, 406, 408, 427, 462, 463, 465, 466, 467, 489, 490, 491, 510, 516, 518, 527, 566, 569, 570, 596, 598, 618, 634, 636, 637, 646, 647, 651, 670, 676, 687, 725, 729, 730, 731, 732, 758, 763, 764, 766, 770, 774, 801, 813, 819, 820, 821, 822, 827, 828. — xxii, 9, 15, 20, 22, 56, 57, 67, 77, 78, 82, 83, 85, 88, 109, 113, 116, 117, 129, 158, 190, 196, 197, 199, 219, 221, 226, 242, 273, 275, 276, 278, 279, 280, 282, 304, 306, 309, 311, 313, 341, 347, 348, 349, 362, 376, 377, 395, 420, 421, 422, 423, 455, 462, 504, 512, 513, 515, 516, 534, 537, 538, 547, 551, 552, 561, 562, 570 à 576, 594, 595, 596, 597, 601, 603, 606, 625, 651, 663, 665, 668, 695, 701, 703, 704, 705, 723, 740, 750, 752, 785, 791, 814. — xxiii, 6, 17, 18 à 23, 47, 50, 51, 94, 112, 127, 134, 141, 163, 164, 168, 193, 201, 220, 229, 252, 257, 258, 277, 283, 284, 301, 302, 303, 310, 332, 333, 344, 345, 348, 407, 409, 412, 429, 435, 436, 440, 441, 458, 460, 462, 463, 502, 516, 524, 530, 531, 533, 551, 555, 557, 568, 569, 570, 591, 594, 630, 638, 645, 646, 647, 662, 667, 671, 706, 712, 738, 750, 754, 776, 803, 811, 814, 815, 817, 825. — xxiv, 1, 8, 12, 13, 21, 23, 24, 35, 56, 92, 121, 145, 159, 160, 169, 170, 174, 185, 186, 189, 190, 191, 223, 228, 230, 254, 257, 260, 262, 296, 297, 298, 299, 300, 323, 324, 353, 362, 363, 364, 365, 366, 367, 406, 411, 414, 437, 447, 448, 455, 472, 473, 481, 484, 504, 513, 559, 560, 562, 563, 564, 583, 613, 620, 624, 648, 666, 668, 669, 670, 681, 682, 719, 745, 746, 747, 764, 767, 770, 772, 800, 803, 829. — xxv, 10, 13, 50, 51, 78, 103, 110, 141, 166, 186, 189, 191, 220, 223, 224, 226, 244, 248, 249, 253, 276, 284, 287, 289, 292, 321, 333, 352, 357, 359, 388, 389, 390, 408, 420 n., 430, 444, 449, 467, 470, 497, 529, 531, 546, 552, 553, 580, 584, 596, 600, 621, 673, 682, 702, 716, 741, 744, 745. — xxvi, 8, 69, 87, 126, 156, 208, 245, 246, 273, 276, 293, 305, 317, 354, 355, 392,

393, 400, 421, 428, 476, 477, 481, 484, 513, 543, 548, 564, 602, 607, 609, 629, 646, 715, 730

*Armée* du Nord, Hollande et Belgique. — xxvii, xvii, 17, 54, 58, 93, 101, 102, 124, 125, 208, 231, 238, 240, 274, 282, 288, 357, 358, 395, 408, 464, 477, 512, 527, 579, 606, 608, 609, 624, 647, 658, 663, 664. — xxviii, 14, 19, 30, 47, 67, 87, 133, 138, 157, 158, 176, 201, 206, 216, 217, 279, 283, 311, 323, 373, 374, 381, 398, 416, 450, 484, 501, 513, 582, 597, 618, 630.

— du Nord et de Sambre-et-Meuse. — xxvi, 8, 71, 99, 127, 184, 187, 233, 244, 256, 262, 265, 276, 294, 305, 306, 307, 317, 327, 392, 400, 401, 420, 457, 490, 520, 563, 590, 604, 605, 607, 608, 609, 628, 632, 633, 710, 718, 753. — xxvii, xvii, 13, 40, 54, 82, 83, 107, 117, 125, 134, 181, 186, 217, 237, 379, 395, 402, 403, 404, 463, 470, 596, 622, 635, 636, 673.

— de l'Ouest. — xviii, 33, 54, 64, 99, 100, 101, 149, 198, 254, 258, 283, 284, 293, 298, 338, 343, 350, 351, 400, 410, 446, 447, 452, 453, 455, 458, 460, 473, 477, 478, 479, 480, 496, 507, 511, 535, 536, 540, 554, 570, 593, 603, 613, 664, 665, 677, 686, 687, 688, 713, 731, 742, 766, 772, 779. — xix, 17, 35, 40, 58, 108, 202, 220, 233, 283, 294, 313, 315, 328, 333, 342, 362, 401, 410, 431, 432, 438, 445, 446, 471 à 474, 495, 498, 515, 535, 550, 556, 565, 626, 647, 664, 695, 734. — xx, 65, 103, 139, 195, 196, 220, 224, 256, 257, 373, 377, 442, 445, 446, 447, 448, 576, 577, 588, 595, 598, 613, 630, 639, 641, 642, 651, 686, 695, 712, 716, 741, 776, 789, 797. — xxi, 15, 40, 57, 120, 135, 169, 198, 200, 213, 222, 223, 266, 268, 270, 271, 273, 296, 297, 299, 308, 345, 384, 409, 444, 446, 483, 496, 546, 576, 596, 676, 686, 706, 734, 735, 736, 756, 785, 792, 802, 811, 814, 815. — xxii, 133, 134, 136, 137, 138, 154, 166, 188, 230, 231, 268, 271, 284, 285, 315, 320, 321, 322, 380, 396, 410, 449, 458, 545, 568, 582, 583, 606, 629, 669, 680, 707, 708, 726, 727, 805, 811. — xxiii, 52, 136, 145, 147, 149, 160, 166, 172, 195, 205, 206, 226, 227, 260, 277, 289, 311, 312, 314, 315, 324, 342, 349, 362, 382, 383, 415, 492, 518, 535, 573, 597, 630, 631, 635, 650, 662, 666, 667, 669, 681, 682, 745, 746, 756, 785, 787, 789, 821. — xxiv, 1, 47, 73, 81, 89, 198, 200, 280, 289, 290, 335, 406, 437, 443, 458, 466, 544 à 554, 565, 592, 595, 614, 637, 645, 671, 685, 707, 708, 748, 750, 765, 772, 775, 804, 805, 833, 835. — xxv, 11, 55, 79, 111, 113, 117, 120, 121, 137, 149, 187, 190, 191, 193, 212, 233, 245, 250, 258, 260, 261, 305, 306, 336, 364, 391, 392, 397, 415, 416, 417, 428, 434, 435, 446, 465, 467, 477, 498, 500, 503, 504, 556, 581, 598, 619, 620, 626, 632, 645, 649, 662, 670, 746. — xxvi, 46, 72, 74, 92, 155, 159, 160, 183, 186, 198, 207, 233, 248, 263, 277, 278, 285, 290, 292, 293, 322, 323, 350, 351, 372, 462, 485, 502, 506, 514, 517, 518, 521, 524, 525, 551, 564, 567, 584, 592, 601, 610, 630, 648, 655, 656, 673, 695, 698, 700, 713, 714, 719, 731, 741, 742, 748, 754. — xvii, xx, 10, 11, 33, 37, 41, 42, 54, 56, 57, 72, 80, 101, 103, 105, 119, 126, 133, 150, 152, 159, 188, 189, 204, 209, 216, 231, 239, 242, 243, 245, 253, 279, 290, 291, 298, 304, 330, 331, 353, 379, 380, 381, 382, 394, 395, 396, 406, 410, 417, 419, 421, 425, 426, 430, 432, 433, 448, 449, 450, 458, 469, 480,

ARM — 13 — ARM

481, 491, 493, 504, 509, 510, 515, 518, 519, 520, 522, 523, 525, 547, 548, 550, 551, 564, 573, 587, 593, 594, 604, 633, 642, 645, 661, 671. — xxviii, 36, 45, 66, 67, 106, 111, 129, 134, 136, 149, 158, 172, 177, 178, 179, 186, 199, 200, 201, 202, 212, 218, 220, 238, 239, 264, 292, 366, 367, 394, 395, 401, 402, 405, 406, 417, 426, 428, 445, 457, 458 à 461, 527, 558, 587, 650.

*Armée* des Pyr. occident. — xviii, 58, 59, 81, 82, 120, 131, 213, 238, 239, 255, 256, 257, 258, 375, 376, 377, 400, 431, 475, 485, 540, 542, 573, 607, 615, 655, 726, 732, 801. — xix, 15, 45, 58, 93, 94, 131, 143, 172, 176, 178, 179, 232, 233, 278, 279, 397, 419, 438, 481, 576, 578, 608, 636, 668, 740, 754. — xx, 37, 112, 235, 259, 322, 336, 362, 491, 526, 527, 544, 658, 659, 663, 728, 803, 805, 806. — xxi, 6, 7, 126, 157, 220, 221, 234, 242, 255, 257, 319, 320, 366, 376, 412, 415, 427, 433, 446, 447, 472, 482, 483, 497, 498, 499, 508, 541, 660, 677, 695, 722, 723, 725, 736, 737, 738, 797, 802, 813, 836. — xxii, 48, 63, 192, 250, 274, 303, 305, 325, 344, 359, 360, 388, 398, 427, 429, 459, 463, 476, 477, 516, 526, 539, 554, 607, 631, 651, 655, 681, 682, 683, 688, 708, 709, 737, 754, 767, 775, 819, 820, 821. — xxiii, 14, 66, 67, 84, 103, 132, 149, 173, 209, 210, 234, 242, 243, 261, 289, 290, 315, 335, 337, 350, 383, 417, 427, 457, 475, 477, 520, 539, 550, 574, 614, 653, 685, 686, 687, 704, 709, 721, 808, 822. — xxiv, 1, 17, 51, 83, 99, 100, 143, 176, 187, 202, 203, 220, 233, 234, 265 à 268, 303 à 307, 387 à 389, 402, 418, 419 à 421, 459, 486, 487, 490, 491, 501, 524, 568, 597, 598, 611, 614, 616, 629, 648, 649, 677, 687, 721, 765, 776, 778, 811, 826. — xxv, 6, 18, 81, 107, 122, 134, 171, 186, 202, 233, 235, 242, 274, 279, 307, 308, 330, 339, 348, 354, 365, 383, 384, 399, 401, 428, 450, 478, 530, 533, 538, 541, 543, 548, 600, 627, 628, 652, 653, 671, 685, 704, 721, 750, 751. — xxvi, 10, 11, 27, 28, 62, 67, 79, 98, 116, 123, 132, 135, 149, 165, 188, 189, 217, 250, 266, 278, 281, 287, 324, 330, 331, 372, 449, 455, 466, 486, 492, 525, 544, 564, 565, 567, 586, 601, 651, 663, 709, 720, 760. — xxvii, xix, 11, 34, 40, 54, 73, 81, 101, 118, 133, 190, 192, 201, 217, 222, 256, 265, 322, 332, 359, 360, 384, 387, 406, 410, 450, 473, 479, 510, 518, 546, 547, 565, 573, 584, 593, 595, 605, 616, 631, 633, 641, 643, 644, 659. — xxviii, 34, 88, 219, 339, 426, 427, 428, 581.

— des Pyr. orient. — xviii, 8, 33, 70, 102, 103, 123, 153, 172, 173, 187, 188, 221, 222, 268, 269, 323, 326, 339, 341, 342, 359, 360, 361, 393, 415, 419, 441, 475, 485, 488, 499, 531, 557, 572, 573, 596, 607, 617, 630, 642, 668, 670, 671, 672, 694, 720, 722, 760, 766, 768, 793, 794, 804, 805. — xix, 21, 45, 51, 59, 66, 132, 146, 149, 178, 179, 188, 202, 222, 223, 235, 242, 249, 250, 344, 345, 352, 353, 383, 425, 447, 448, 481, 498, 499, 509, 523, 527, 557, 571, 576, 650, 671, 675, 677, 678, 722, 779, 785, 794. — xx, 10, 27, 37, 56, 57, 68, 108, 133, 142, 223, 292, 329, 449, 455, 499, 518, 522, 531, 544, 553, 554, 563, 564, 578-581, 602, 603, 679, 680, 681, 689, 715, 717, 730, 731, 745, 746, 778, 789, 806. — xxi, 6, 7, 41, 45, 64, 142, 180, 220, 221, 231, 282, 237, 285, 318, 335, 336, 339, 390, 391, 420, 427, 451, 482, 483, 498, 502, 503, 636, 663, 689, 690, 722, 736, 737, 802. — xxii, 9, 19, 45, 64, 105, 172, 178, 191, 192, 250, 262, 263, 277, 325, 328, 357, 372, 383, 398, 404, 426, 434, 435, 464, 479, 487, 488, 521, 530, 531, 541, 554, 564, 651, 682, 683, 769 à 771, 799, 821, 822. — xxiii, 33, 34, 35, 149, 209, 214, 224, 239, 242, 243, 263, 280, 322, 361, 390, 394, 396, 422, 457, 479, 480, 483, 484, 496, 543, 553, 598, 599, 625, 635, 643, 657, 694, 709, 738, 751, 767, 791, 804, 827. — xxiv, 1, 67, 87, 124, 146, 162, 208, 233, 268, 269, 283, 284, 290, 308, 344, 345, 346, 355, 379, 381, 389, 392, 393, 394, 426, 438, 440, 473, 495, 502, 511, 600, 614, 692, 728, 729, 756, 783, 819, 828, 841, 846. — xxv, 59, 82, 126, 157, 195, 214, 279, 310, 340, 406, 408, 418, 438, 501, 517, 538, 629, 653, 706. — xxvi, 14, 15, 16, 26, 28, 41, 62, 78, 80, 123, 149, 156, 220, 224, 268, 282, 283, 301, 309, 310, 326, 358, 372, 409, 451, 453, 459, 492, 493, 495, 537, 563, 566, 583, 587, 618, 663, 677, 703, 709, 716. — xxvii, xix, 4, 33, 34, 38, 46, 47, 54, 65, 81, 101, 106, 150, 195, 197, 201, 221, 222, 234, 235, 249, 265, 270, 308, 322, 361, 387, 395, 406, 436, 493, 542, 584, 627, 628, 668. — xxviii, 143, 354, 566, 567, 615, 699.

— révolutionnaire. — xxv, 521. — xxvi, 695.
— du Rhin. — xviii, 7, 8, 25, 54, 60, 63, 90, 114, 122, 125, 145, 151, 152, 183, 184, 228, 248, 254, 285, 307, 309, 335, 339, 356, 362, 400, 417, 443, 470, 490, 492, 515, 516, 530, 550, 555, 556, 557, 572, 578, 583, 584, 605, 611, 616, 617, 667, 669, 709, 730, 746, 761, 779, 781, 790, 803, 811, 812, 813, 814, 816, 817. — xix, 31, 94, 102, 122, 136, 149, 158, 172, 192, 193, 195, 234, 235, 243, 259, 275, 280, 287, 297, 298, 375, 382, 395, 411, 422, 423, 444, 498, 555, 578, 588, 590, 620, 628. — xx, 12, 13, 14, 15, 37, 38, 68, 73, 74, 113, 163, 169, 180, 208, 210, 212, 214, 226, 236, 241, 242, 260, 278, 312, 323, 366, 370, 371, 393, 399, 431, 459, 460, 490, 507, 550, 559, 560-563, 681, 695, 793. — xxi, 12, 50, 104, 108, 160, 204, 219, 220, 238, 264, 267, 268, 278, 310, 345, 360, 431, 510, 511, 621, 633, 653, 758, 804. — xxii, 35, 71, 105, 119, 153, 240, 261, 304, 525, 547, 592, 649, 651, 686, 717, 728, 804. — xxiii, 128, 129, 163, 188, 192, 197, 219, 278, 317, 401, 408, 413, 440, 483, 504, 550, 629, 665, 709, 816. — xxiv, 1, 8, 55, 101, 133, 216, 255, 320, 354, 390, 462, 534, 571, 586, 610, 651, 659, 725, 742, 755, 782, 796, 814, 835, 840. — xxv, 13, 57, 66, 101, 150, 162, 179, 284, 331, 343, 378, 386, 406, 414, 444, 520, 527, 534, 550, 569, 592, 609, 657, 668, 695, 706, 709, 743. — xxvi, 116, 216, 255, 326, 344, 477, 487, 527, 583, 756. — xxviii, 595, 678.

— de Rhin et Moselle. — xx, 695, 696, 699, 783, 793. — xxi, 8, 10, 11, 13, 108, 192, 204, 205, 218, 219, 267, 319, 320, 373, 379, 381-383, 386, 388, 389, 417, 428, 432, 463, 466, 467, 472, 490, 491, 520, 609, 631, 648, 652, 663, 687, 715, 716, 801, 837. — xxii, 13, 118, 119, 171, 189, 260, 261, 276, 549, 594, 602, 617, 742, 751, 787. — xxiii, 31, 32, 50, 68, 110, 134, 163, 167, 168, 174, 184, 196, 198, 213, 214, 235, 283, 284, 317, 338, 385, 386-390, 441, 531, 578, 579, 598, 619, 665, 687, 690, 724, 749, 761, 806, 823. — xxiv,

15, 31, 33, 55, 56, 98, 101, 102, 159, 162, 187, 221, 249, 256, 290, 299, 312, 366, 390, 391, 411, 444, 461, 462, 493, 494, 508, 509, 525, 527, 598, 613, 630, 672 à 674, 703, 704. — xxv, 18, 138, 150, 152, 192, 227, 235, 286, 347, 355, 414, 415, 417, 478, 479, 494, 519, 527, 536, 583, 608, 667, 686, 700, 706, 726, 738, 742. — xxvi, 6, 12, 22, 53, 67, 202, 209, 242, 260, 261, 279, 296, 298, 299, 312, 368, 374, 375, 378, 411, 432, 450, 519, 526, 548, 584, 588, 589, 611, 641, 647, 668, 680, 701, 711, 730, 756, 761. — xxvii, xviii, 14, 19, 20, 30, 42, 44, 45, 54, 84, 85, 90, 107, 117, 126, 154, 155, 157, 159, 178, 182, 193, 194, 199, 210, 219, 231, 233, 246, 247, 259, 260, 266, 285, 292, 293, 295, 298, 308, 334, 335, 336, 337, 345, 347, 350, 355, 362, 363, 387, 404, 415, 420, 434, 447, 451, 458, 460, 463, 473, 485, 503, 528, 532, 542, 550, 555, 559, 566, 575, 576, 595, 596, 599, 600, 611, 625, 632, 638, 641, 676, 685. — xxviii, 8, 10, 16, 19, 21, 29, 37, 47, 53, 58, 86, 87, 108, 114, 115, 116, 121, 128, 129, 133, 171, 172, 180 à 186, 203, 204, 284, 307, 309, 334, 335, 363, 408, 424, 444, 472 à 478, 493, 494, 526, 527, 537, 556, 557, 567, 568, 591, 592, 597, 599, 600, 621, 624 à 628, 637 à 639, 677 à 682, 690, 705.

*Armée* du Salut du Midi. — xxiv, 427.
— de Saint-Domingue. — xviii, 631, 681, 761. — xix, 30, 162, 581. — xx, 218, 465, 491, 494, 667, 669, 721. — xxi, 56, 68, 103, 618, 814, 815. — xxii, 108, 123, 155, 184, 192, 339, 415, 446, 477, 531, 613, 614, 652. — xxiii, 76, 550.
— de Sambre-et-Meuse. — xviii, 6, 9, 20, 21, 22, 23, 24, 27, 28, 29, 46, 54, 65, 66, 92, 95, 121, 124, 125, 126, 144, 166, 184, 186, 195, 199, 200, 202, 203, 212, 217, 233, 234, 235, 259, 262, 294, 304, 307, 308, 309, 310, 312, 333, 334, 336, 337, 349, 367, 369, 370, 405, 407, 432, 433, 434, 442, 443, 444, 451, 458, 459, 471, 478, 488, 492, 493, 494, 495, 510, 517, 520, 552, 553, 556, 557, 558, 559, 561, 569, 570, 571, 583, 585, 588, 589, 590, 605, 610, 612, 628, 635, 657, 684, 685, 686, 739, 763, 774, 800, 810, 812. — xix, 9, 15, 16, 34, 40, 47, 48, 49, 53, 67, 68, 69, 70, 89, 92, 106, 122, 124, 140, 141, 143, 144, 157, 158, 160, 174, 175, 193, 202, 206, 207, 242, 261, 262, 263, 284, 286, 327, 329, 338, 339, 364, 365, 366, 383, 415, 416, 440, 442, 443, 444, 445, 455, 484, 485, 495, 501, 502, 516, 518, 529, 538, 541, 542, 576, 569, 570, 582, 589, 600, 617, 636, 640, 663, 697, 798, 735, 739, 776, 786, 787, 790. — xx, 12, 14, 21, 22, 37, 46, 71, 72, 107, 118, 130, 131, 133, 153, 163, 180, 181, 182, 183, 208, 209, 210, 212, 228, 229, 232, 254, 269, 274, 276, 278, 305, 322, 324, 326, 327, 348-358, 365, 373, 393, 394, 411, 414, 425, 464, 465, 495, 496, 550, 554, 558, 560, 561, 562, 588, 589, 592, 607, 608, 609, 617, 618, 628, 634, 635, 636, 652, 670, 673, 674, 689, 696, 697, 698, 722, 724, 725, 737, 759, 760, 761, 762, 779, 783, 793, 799, 800, 801. — xxi, 8, 9, 11, 12, 13, 23, 24, 30, 31, 51, 58, 70, 71, 73, 75, 77, 78, 79, 85, 114, 133, 160, 161, 164, 166, 182, 191, 192, 193, 204, 225, 227, 228, 240, 264, 266, 267, 268, 279, 282, 285, 286, 289, 290, 291, 302, 303, 307, 316, 317, 319, 322, 334, 345, 346, 347, 361, 363, 379, 381, 382, 383, 384, 387, 399, 404, 406, 407, 408, 427, 431, 435, 462, 463, 465, 466, 467,

489, 490, 491, 516, 527, 566, 569, 570, 596, 598, 618, 624, 634, 636, 637, 646, 648, 651, 670, 687, 725, 729, 730, 731, 732, 763, 764, 766, 770, 778, 779, 801, 804, 819, 820, 821, 822, 827, 828, 837. — xxii, 9, 15, 20, 22, 56, 57, 67, 82, 83, 85, 88, 107, 119, 129, 158, 190, 196, 197, 203, 219, 225, 260, 261, 273, 275, 276, 278, 282, 309, 311, 313, 333, 342, 343, 347, 348, 349, 350, 362, 377, 379, 395, 455, 462, 478, 512, 513, 516, 552, 561, 562, 570-576, 586, 594, 597, 601, 603, 625, 626, 651, 668, 670, 701, 746, 751, 752, 753, 785, 791, 807, 814. — xxiii, 13, 18-23, 47, 50, 51, 94, 96, 112, 127, 134, 141, 163, 164, 201, 229, 252, 257, 258, 283, 284, 297, 301, 303, 332, 333, 344, 345, 348, 407, 412, 429, 433, 435, 440, 441, 458, 460, 483, 516, 524, 530, 531, 533, 555, 556, 557, 568, 569, 570, 591, 594, 638, 645, 646, 647, 660, 671, 672, 706, 712, 738, 750, 754, 802, 803, 805, 811, 814, 816, 817, 825. — xxiv, 1, 21, 23, 24, 35, 55, 56, 92, 120, 121, 144, 145, 159, 160, 169, 170, 174, 177, 186, 190, 191, 223, 228, 230, 254, 257, 258, 260, 262, 286, 297, 298, 299, 300, 324, 353, 362, 363, 365, 366, 367, 390, 405, 408, 411, 414, 422, 436, 438, 447, 448, 455, 470, 473, 481, 504, 506, 513, 542, 559, 563, 586, 613, 620, 624, 648, 669, 672, 673, 682, 719, 746, 747, 763, 767, 771, 772, 800, 803, 829. — xxv, 7, 43, 50, 51, 78, 110, 136, 141, 220, 223, 224, 227, 249, 253, 276, 284, 287, 292, 321, 329, 345, 347, 352, 357, 359, 378, 389, 390, 402, 420 n., 430, 444, 449, 470, 494, 495, 497, 521, 529, 553, 580, 584, 595, 600, 673, 674, 682, 702, 739, 741, 744. — xxvi, 6, 8, 10, 16, 41, 101, 181, 202, 244, 265, 346, 354, 432, 444, 450, 543, 594, 609, 730, 753. — xxvii, 54, 68, 100, 117, 180, 217, 231, 236, 287, 311, 320, 335, 349, 377, 402, 404, 407, 418, 423, 494, 505, 528, 550, 561, 574, 575, 596, 597, 598, 599, 609, 611, 625, 628, 638, 663, 675. — xxviii, 10, 14, 15, 19, 42, 52, 57, 70, 86, 114, 115, 117, 118, 119, 120, 133, 142, 155, 157, 158, 170, 180 à 182, 184, 185, 216, 217, 220 à 223, 252 à 254, 272, 274, 275, 280, 281, 283 à 285, 305, 306 à 308, 309, 334, 335, 369, 370, 398, 407, 408, 423 à 425, 444, 471 à 476, 492, 494, 526, 529, 530, 555 à 558, 559, 582, 587, 588, 592, 597, 601 à 604, 623, 624 à 628, 651, 678, 690, 699, 702, 703.

*Armées*. — xxv, 241, 376, 386, 465, 544, 600. — xxvi, 16, 21, 158, 188, 258, 297, 298, 339. — xxvii, 280, 492, 587. — xxviii, 449, 450, 603.
— prussiennes. — xxviii, 305, 306, 307, 500.
— des Pyrénées. — xxv, 13, 125, 607. — xxvii, 587. — xxviii, 111, 112, 114, 406, 461, 466 n. Voir *Approvisionnement* des...
*Armement* de la flotte. — xxvii, 66, 540, 546, 588, 627.
— des patriotes. — xxvi, 163, 186, 232, 366, 394.
— des troupes. — xxvii, 66, 540, 546, 588, 627. — xxviii, 154.
ARMENGAUD, chirurgien-major. — xviii, 678.
*Armentières* (Nord). — xxi, 210. — xxiii, 4, 504, 660.
*Armes*. — xxv, 40, 51, 60, 70, 83, 147, 175, 234, 246, 276, 300, 304, 324, 328, 337, 345, 405, 428, 444, 445, 448, 456, 464, 501, 560, 589, 622, 632, 660, 678, 713, 746. — xxvi, 5, 25, 36, 38, 59, 98, 118, 130, 180, 201, 273, 316, 366, 370, 385, 419,

442, 457, 472, 474, 480, 516. — XXVII, 27, 28, 67, 118, 228, 279, 395, 396, 479, 493, 524, 617, 653. — XXVIII, 6, 28, 64, 79, 80, 162, 165, 188, 191, 194, 208, 240, 261, 293, 298, 299, 310, 323, 414, 415, 465, 482, 506, 582 à 584, 592, 613, 665, 666, 667, 668. Voir *Ateliers* d'... ; *Fonderies* ; *Forges*.
Armes blanches. — XXV, 60, 70, 74, 130, 165, 315, 418, 589, 660, 678, 713, 731. — XXVI, 5, 84, 180, 201, 385, 457, 535, 567, 577, 581, 600, 640. — XXVII, 30, 298, 393, 444, 586, 617, 653. — XXVIII, 414. Voir *Ateliers* d'...
— à feu. — XXV, 39, 40, 70, 71, 86, 155, 175, 254, 315, 326, 349, 375, 427, 456, 466, 484, 488, 552, 578, 589, 660, 671, 678, 713, 720, 731, 736, 740. — XXVI, 38, 84, 98, 113, 118, 130, 132, 197, 285, 321, 349, 361, 366, 369, 370, 442, 567, 577, 581, 600, 640, 658, 672, 685, 728. — XXVII, 30, 178, 228, 278, 298, 316, 393, 396, 412, 540, 586, 632, 672. — XXVIII, 84, 132, 415. Voir *Canons*.
ARMFELD (Comtesse d'). — XXVII, 592.
*Armistice*. — XXVII, 676. — XXVIII, 54.
ARNAL, agent de la Comm$^{on}$ des Armes et Poudres. — XXI, 511. — XXII, 498. — XXVI, 197.
*Arnage* (Sarthe). — XXVIII, 500.
ARNAUDOT, g$^{al}$ de brigade. — XXVI, 41.
ARNAULD, de Blois. — XXI, 248.
ARNAULT (V$^{ve}$), fournisseur d'huiles. — XIX, 532.
*Arnay-le-Duc* (C-d'O). — XIX, 252, 439, 490. — XX, 312. — XXI, 344, 808. — XXIII, 272, 653.
*Arnhem* (Hollande). — XVIII, 28, 94, 124, 308. — XIX, 286, 517, 787. — XX, 209, 673. — XXI, 429, 779. — XXIV, 323. — XXV, 226, 539, 584, 744. — XXVIII, 306.
ARNHEITER. — XVIII, 290.
ARNOFFE, concessionnaire de mines. — XIX, 150.
ARNOL, de S$^t$-Étienne. — XXIV, 308.
ARNOULD, cap$^e$ d'artillerie. — XVIII, 90.
ARNOULD (François). — XIX, 355.
ARNOULD, command$^t$ de Dax. — XIX, 597.
*Aron* (Bois d'). — XXII, 383.
*Aron*, rivière. — XXII, 383. — XXIII, 175.
*Arpajon* (S-et-O). — XXIII, 223.
*Arras* (P-de-C). — XVIII, 105, 292, 400. — XIX, 549. — XX, 68, 128, 135, 243, 315, 316, XXI, 103, 269, 618, 623, 634, 637, 710, 811. — XXII, 36, 50, 55, 82, 155, 342, 362, 482, 643. — XXIII, 74, 89, 172, 201, 343, 344, 405, 406, 407, 567, 594, 635. — XXIV, 399, 437, 554, 617, 646, 678, 679, 714, 766. — XXV, 15, 67, 110, 252, 291. — XXVI, 271, 280, 596, 684. — XXVII, 3, 123, 137, 179, 521. — XXVIII, 365, 454, 469, 513, 515, 591, 611.
*Arreau* (Vallée d') [H-P]. — XIX, 178. — XXVII, 361.
*Arroux*, rivière. — XIX, 259, 439, 490. — XX, 312. — XI, 344, 808. — XXII, 272.
*Ars-sur-Moselle* (Moselle). — XX, 243.
ARSANT, de Nancy. — XX, 275.
*Arsenal* de Paris. — XVIII, 470, 626. — XIX, 153. — XXII, 103, 499. — XXIII, 582. — XXIV, 152, 240, 665. — XXV, 130, 131, 375, 405, 454, 520, 735. — XXVI, 318, 536. — XXVII, 444, 503. — XXVIII, 129, 441, 513, 670.
*Arsenaux*. — XIX, 136, 181. — XXV, 8, 648. — XXVI, 84, 152, 230, 423, 506, 666, 709. — XXVII, 58, 170, 177. — XXVIII, 293, 358.
— de la marine. — XXVII, 63. — XXVIII, 267.

— d'Autun. — XXV, 131.
— d'Auxonne. — XIX, 617, 649. — XXII, 389. — XXVI, 480.
— de Boulogne-sur-Mer. — XXVI, 640.
— de Brest. — XIX, 437.
— de Caen. — XXV, 176.
— de Douai. — XXVI, 506.
— de La Fère. — XVIII, 488, 601, 737. — XIX, 230, 689. — XX, 649. — XXV, 127, 130, 186, 375.
— de Landau. — XIX, 104, 105. — XXVI, 115.
— de Lille. — XXI, 552. — XXVI, 302.
— de Lyon. — XXIV, 651, 652, 724, 727.
— de Marsal. — XX, 243, 707. — XXI, 227. — XXII, 389.
— de Melun. — XXVI, 63.
— de Meudon. — XXVII, 260.
— de Meulan. — XVIII, 770. — XXI, 426. — XXII, 493, 611, 641. — XXIII, 188. — XXIV, 665. — XXV, 35, 406, 520, 524. — XXVI, 3, 62. — XXVIII, 4, 368, 541. — XXVIII, 57, 77.
— de Perpignan. — XXVII, 235.
— de Rennes. — XXI, 749. — XXVI, 466.
— de Strasbourg. — XXI, 360. — XXVII, 506.
— de Toul. — XXVI, 577.
— de Toulon. — XXIII, 396, 397, 398. — XXVI, 333, 615, 665. — XXVII, 499.
— de Toulouse. — XXV, 123. — XXVI, 493. — XXVII, 106, 197.
— de Valence. — XXI, 759. — XXIV, 530.
ARSONVAL. — XXI, 258.
*Art de la guerre*, de PUYSÉGUR. — XXV, 640.
*Art de communiquer ses idées*, de LA CHAPELLE. — XIX, 512.
ARTAUX, volontaire. — XXVII, 186.
*Arthémise*, frégate. — XXI, 89. — XXIII, 217.
*Arthez-d'Asson* (B-P) [Fonderies d']. — XVIII, 702. — XXVI, 472.
ARTIGAUD, chef de brigade. — XVIII, 255.
*Artillerie*. — XVIII, 393. — XXV, 167, 213, 222, 227, 300, 325, 343, 349, 358, 375, 405, 407, 427, 431, 449, 454, 472, 484, 515, 544, 552, 584, 596, 601, 736. — XXVI, 3, 53, 84, 85, 145, 172, 197, 244, 272, 302, 443, 497, 580, 601, 603, 613, 642, 644, 666, 763. — XXVII, 4, 36, 58, 106, 155, 197, 227, 263, 387, 462, 554, 610, 614, 645. — XXVIII, 68, 77, 260, 440, 464, 475, 482, 518, 603. Voir *Caissons* d' ; *Comité* d' ; *Officiers*.
*Artillerie nouvelle*. — XXV, 639.
*Artistes*, *Arts*. — XXV, 132, 264. — XXVII, 69. — XXVIII, 2.
— graveurs. — XXV, 424, 445, 660.
— musiciens. — XVIII, 156. — XIX, 166, 709. — XXI, 478. — XXIII, 156, 157, 581. — XXVI, 82, 621.
— des théâtres. — XXVI, 336, 658.
— vétérinaires. — XXVI, 503.
ARTOIS (Comte d'). — XXIII, 307. — XXVI, 671. — XXVII, 595, 662. — XXVIII, 111, 201, 332, 333, 337, 459.
*Arve*, rivière. — XVIII, 573.
*Arvillers* (Somme). — XXIII, 169, 170.
*Arz* (Île d') [Morbihan]. — XXVII, 526.
*Arzeu* (Algérie). — XX, 502.
ARZUR, meunier. — XXVIII, 166.
*Ascain* (B-P). — XXIV, 52.
*Aschaffenbourg* (Allemagne). — XXVIII, 16, 120, 185, 186, 407, 408.

*Ascoytia* (Espagne). — XVIII, 541. — XIX, 93.
*Ashburton* (Angleterre). — XXIII, 778.
*Asnières* (Seine). — XXIV, 3.
ASPE (D'), col[el]. — XXVI, 451, 452.
*Assassinats, Assassins.* — XXV, 57, 87, 88, 155, 203, 297, 360, 363, 398, 415, 444, 480, 505, 508, 537, 559, 564, 651, 748, 753. — XXVII, 203, 207, 243, 249, 254, 270, 307, 332, 379, 383, 448, 455, 491, 672, 677. Voir *Massacres*.
ASSEGOND, fabricant à Bernay. — XXII, 109.
ASSELIN, adjoint aux adjud[ts] génér[x]). — XIX, 438.
ASSELIN, lieut. de vaisseau. — XXII, 652.
ASSELINE (Jacques-Nicolas). — XVIII, 198.
*Assemblée* coloniale. — XXIII, 777.
— de commune. — XXV, 629.
— de La Martinique. — XIX, 482.
— législative. — XXII, 620. — XXIII, 377, 778.
*Assemblée nationale*, frégate. — XIX, 121.
*Assemblées* primaires. — XXV, 125. — XXVI, 541, 732, 767. — XXVII, 22, 130, 183, 198, 200, 202, 219, 234, 248, 296, 310, 326, 327, 328, 337, 340, 372, 385, 410, 432, 558, 569, 594. — XXVIII, 11, 12, 22, 147, 152, 153, 270, 397, 416, 478, 516, 534, 537, 544, 564, 575, 583, 629, 630.
— religieuses. — XXV, 200.
— des sections. — XXVIII, 667.
*Assignats.* — XVIII, 58, 163, 246, 247, 327, 433, 516, 587, 599, 610, 629, 669, 690, 727, 778, 790. — XIX, 9, 10, 11, 14, 15, 16, 34, 70, 128, 129, 132, 192, 209, 216, 217, 220, 237, 252, 273, 274, 295, 309, 324, 326, 353, 371, 379, 393, 394, 399, 400, 448, 476, 478, 482, 490, 502, 510, 511, 519, 528, 545, 547, 560, 562, 576, 595, 603, 613, 614, 633, 642, 643, 678, 686, 708, 716, 739, 762. — XX, 1, 5, 6, 16, 30, 33, 34, 60, 77, 78, 83, 91, 92, 110, 113, 117, 125, 135, 147, 150, 154, 157, 177, 184, 196, 215, 219, 241, 255, 266, 267, 277, 281, 295, 299, 309, 312, 313, 314, 315, 324, 325, 326, 333, 334, 344, 356, 357, 359, 363, 369, 371, 373, 387, 388, 404, 407, 455, 485, 486, 489. 502, 529, 537, 549, 591, 692. — XXI, 4, 19, 22, 29, 30, 32, 33, 64, 80, 81, 84, 95, 122, 128, 154, 185, 227, 228, 245, 257, 267, 277, 362, 363, 407, 408, 419, 465, 473, 480, 491, 534, 563, 594, 600, 605, 606, 689, 704, 786, 792, 820. — XXII, 15, 30, 44, 55, 67, 70, 73, 81, 93, 96, 124, 143, 144, 177, 199, 200, 201, 207, 216, 224, 243, 244, 259, 271, 278, 288, 319, 325, 352, 368, 378, 381, 407, 430, 462, 473, 474, 515, 552, 555, 576, 577, 581, 592, 613, 628, 638, 661, 673, 674, 676, 689, 738, 752, 758, 772, 797, 800. — XXIII, 18, 20, 21, 26, 31, 32, 61, 69, 113, 118, 146, 152, 192, 197, 208, 211, 235, 260, 288, 306, 311, 344, 353, 358, 378, 381, 383, 384, 388, 390, 415, 420, 443, 444, 472, 473, 474, 479, 486, 492, 502, 513, 524, 533, 558, 611, 619, 638, 639, 641, 669, 686, 688, 691, 700, 706, 715, 720, 747, 748, 749, 757, 765, 770, 785, 811, 812, 813, 826, 829. — XXIV, 27, 29, 37, 38, 42, 44, 57, 77, 79, 123, 146, 147, 167, 169, 175, 191, 192, 193, 194, 207, 224, 232, 239, 246, 249, 291, 292, 297, 346, 352, 362, 366, 375, 408, 409, 418, 428, 445, 449, 450, 451, 453, 503, 520, 521, 523, 524, 526, 537, 573, 575, 592, 605, 614, 620, 621, 630, 646, 666, 683, 684, 685, 691, 692, 705, 706, 719, 721, 769, 785, 812, 814, 822. — XXV, 26, 45, 53, 56, 62, 63, 71, 109, 114, 148, 161, 172, 174, 181, 184, 189, 201, 237, 253, 263, 270, 288, 291, 296, 300, 302, 303, 310, 322, 329 n., 336, 348, 360, 363, 385, 388, 393, 394, 401, 414, 419, 424, 444, 445, 454, 459, 462, 465, 474, 478, 502, 509, 514, 531, 549, 552, 555, 557, 558, 561, 569, 591, 606, 608, 616, 620, 642, 666, 671, 684, 706, 710, 718, 719, 734, 736, 737, 747, 751, 757. — XXVI, 17, 21, 26, 49, 50, 51, 64, 67, 76, 93, 106, 107, 113, 133, 151, 157, 202, 239, 247, 267, 277, 278, 281, 283, 300, 332, 406, 411, 423, 430, 439, 455, 463, 464, 488, 491, 511, 512, 522, 540, 549, 562, 569, 594, 602, 608, 612, 617, 620, 641, 651, 667, 697, 702, 711, 720, 721, 735, 745, 747, 766. — XXVII, 13, 16, 25, 30, 32, 38, 41, 47, 63, 85, 104, 132, 158, 175, 176, 193, 231, 235, 246, 248, 260, 272, 285, 294, 295, 311, 319, 331, 333, 338, 345, 354, 357, 358, 375, 376, 381, 392, 399, 408, 424, 426, 427, 451, 452, 461, 468, 477, 524, 531, 537, 543, 553, 569, 572, 601, 640, 654, 655, 666, 673. — XXVIII, 128, 156, 159, 188, 237, 251, 265, 266, 289, 429, 505, 517, 543, 576, 586, 604, 626, 631, 658, 705. Voir *Change; Dépenses* publiques; *Finances; Trésorerie*.
*Assomption* (Magasin de l'). — XXII, 492.
*Astrée*, navire. — XXVII, 666.
*Astronomes*. — XXIII, 133, XXIV, 543.
*Astronomie ancienne et moderne*, de BAILLY. — XIX, 512.
ASTRUC, *dit* Fiot, caporal de grenadiers. — XXVIII, 363.
*Atalante*, corvette. — XX, 448.
*Ateliers* d'armes. — XVIII, 9, 140, 210, 304, 364, 368, 396, 425, 470, 476, 479, 546, 547, 548, 610, 628, 680, 755. — XIX, 152, 202, 236, 259, 328, 364, 365, 433, 454, 513, 552, 660, 689, 727, 765. — XX, 6, 32, 62, 63, 69, 135, 160, 204, 226, 236, 295, 318, 411, 439, 622, 623, 648. — XXI, 50, 52 à 54, 157, 175, 178, 212, 213, 374, 377, 511, 623, 624, 634, 660, 723. — XXII, 201, 236, 299, 412, 459, 498, 499, 501, 583, 639, 646, 647, 680, 780. — XXIII, 55, 152, 234, 482, 494, 609, 682, 683, 687, 858, 700. — XXIV, 31, 67, 175, 308, 375, 471, 515, 530, 537, 541, 558, 661, 726, 737, 753, 776, 811, 812, 813, 837. — XXV, 16, 60, 83, 131, 132, 135, 209, 264, 275, 343, 367, 374, 375, 437, 444, 451, 500, 539, 632, 643, 694, 736, 742. — XXVI, 36, 59, 60, 113, 186, 197, 272, 313, 349, 385, 419, 442, 445, 480, 505, 535, 536, 565, 727. — XXVII, 14, 28, 118, 256, 351, 392, 396, 540, 541, 559.
— de cordonnerie. — XXV, 68, 132. — XXVII, 666.
— des équipages du gouver[nt]. — XXVII, 111, 167, 314.
— d'habillement. — XXV, 102, 425, 486. — XXVI, 88, 619.
— d'imprimerie. — XXVII, 275.
— mécaniques. — XXV, 68.
— monétaires. — XXVII, 651.
— de perfectionnement. — XXV, 68, 132, 133.
— révol. de fabrication du salpêtre. — XVIII, 509, 704.
*Ath* (Belgique). — XVIII, 495. — XXV, 350.
*Athéniens.* — XXIV, 461.
*Atlas*, par R. de VAUGONDY. — XIX, 279.
ATTAZIN (Bertrand), command[t] de la *Rencontre*. — XX, 714.

*Aubagne* (B-du-R). — XXIII, 545.
AUBAN, médecin de la marine à Toulon. — XXII, 303. — XXV, 409.
*Aube* (Départ$^t$ de l'). — XVIII, 327, 683, — XIX, 82, 501, 608, 695, 740, 744, 788. — XX, 48, 53, 83, 132, 236, 251, 252, 260, 290, 304, 327, 328, 428, 429, 430, 442, 469, 476, 527, 528, 559, 572, 577, 584, 620, 657, 658, 744, 764, 765, 766, 798. — XXI, 42, 60, 86, 200, 201, 203, 231, 257, 311, 385, 386, 438, 604, 696, 726, 739, 740, 769, 823. — XXII, 63, 117, 189, 202, 224, 232, 251, 288, 322, 350, 371, 398, 461, 485, 486, 517, 518, 530, 540, 548, 568, 585, 586, 620, 622, 632, 634, 669, 709, 724, 755, 789, 813, 822. — XXIII, 15, 53, 104, 114, 116, 229, 250, 290, 316, 338, 384, 417, 444, 445, 456, 477, 478, 493, 576, 669, 748, 759, 760, 790. — XXIV, 15, 101, 312, 313, 368. — XXV, 220. — XXVI, 60, 471, 501. — XXVIII, 429.
*Aube*, rivière. — XXV, 613. — XXVI, 60.
AUBÉ, boucher à Paris. — XXVIII, 8.
*Aubenas* (Ardèche). — XIX, 91. — XXIV, 205.
— (Collège d'). — XXVII, 110, 149.
*Aubenton* (Aisne). — XXVIII, 61.
AUBERGER. — XVIII, 229.
AUBERLIQUE, médecin. — XXIV, 739, 740.
AUBERNON. — XXVI, 620.
AUBERT, de la Comm$^{on}$ des Transports. — XXIV, 373.
AUBERT, commissaire des Guerres. — XVIII, 143, 254.
AUBERT, lieut. de cavalerie. — XX, 606.
AUBERT (Ch.), adjud$^t$ g$^{al}$ à la Guadeloupe. — XIX, 203.
AUBERT-TAQUIER (André), de Lyon. — XX, 197.
AUBERT (Joseph), son fils. — XX, 197.
AUBERT, lieut-col$^{el}$. — XXII, 654.
AUBERT-DUBAYET, g$^{al}$ de division. — XX, 61, 67, 248, 391, 794. — XXI, 216, 237, 331, 359. — XXII, 11, 12, 102, 108, 164, 177, 182, 183, 242, 266, 292, 336, 337, 424, 445, 504, 819. — XXIII, 7, 97, 144, 161, 166, 366, 367, 630, 652. — XXIV, 25, 40, 246, 282, 331, 522, 591, 593, 626, 748, 804, 805, 806. — XXV, 26, 39, 52, 79, 111, 114, 214, 229, 302, 361, 391, 432, 467, 471, 504, 553, 679. — XXVI, 73, 155, 186, 320, 351, 426, 466, 592, 671, 694, 742, 752, 754, 755. — XXVII, 95, 188, 242, 328, 330, 380, 431, 449, 484, 491, 515, 518, 548, 550, 593, 643, 661, 672. — XXVIII, 177, 202, 218, 292, 299, 315, 366, 367, 393, 400, 499, 679.
AUBERT-DUBAYET (C$^{ne}$). — XXI, 237.
AUBERTIN, sous-comite de misaine. — XXVII, 634.
*Auberville* (S-I). — XXIII, 677.
*Aubervilliers* (Seine). — XXII, 175. — XXIV, 699, 759. — XXV, 679, — XXVI, 256.
*Aubevoie* (Eure). — XXI, 99.
AUBIGÉS, cap$^e$ suspendu. — XXVI, 310, 660.
*Aubigny-sur-Nère* (Cher). — XX, 771. — XXI, 4, 64, — XXV, 319.
AUBIGNY (D'), chef de brigade. — XXII, 537. — XXIV, 502.
AUBIN, employé extraordinaire à Toulon. — XXV, 409.
*Aubin* (Aveyron). — XX, 537. — XXIII, 152.
AUBIN, cap$^e$ de gendarmerie à Tours. — XXIII, 328.
AUBRIET (Marie Antoine), quartier-maître trésorier. — XXV, 403.
AUBRIT, maire de Poulay. — XXI, 195.
*Aubrometz* (P-de-C). — XX, 795.

AUBRY (Fr.). — XIX, 454. — XXI, 503, 513, 748, 802. — XXII, 424, 445, 561, 640. — XXIII, 120, 144, 155, 182, 407, 429, 476, 477, 480, 585, 636, 701, 710, 827. — XXIV, 1, 17, 118, 442, 458, 461, 527, 674, 677. — XXV, 93, 185, 193, 290 n., 456, 495, 594, 676, 701 n. — XXVI, 167, 169, 211, 240, 527, 562, 649, 763. — XXVII, XI. — XXVIII, 408.
AUBRY (C$^{ne}$). — XIX, 454.
AUBRY, gendarme. — XX, 629.
AUBRY, cultivateur à Vémars. — XXII, 42, 43.
AUBRY-DECOUGES. — XXIII, 298, 299.
AUBRY, g$^{al}$ d'artillerie. — XXV, 407.
AUBRY, fournisseur. — XXVII, 600. — XXVIII, 580.
AUBUGEOIS, g$^{al}$. — XVIII, 123. — XXV, 347.
AUBUSSON, secrétaire g$^{al}$ du C. de S. P. — XIX, 376, 427. — XXIV, 497. — XXV, 160.
*Aubusson* (Creuse). — XVIII, 622. — XIX, 325, 357, 765. — XX, 199. — XXI, 506, 747.
AUBUSSON, agent en chef des fourrages de l'A. de l'Ouest. — XXI, 676.
*Auch* (Gers). — XIX, 143. — XXII, 91, 169.
*Auchy-les-Mines* (P-de-C). — XIX, 189. — XX, 795.
AUCKLAND, ministre anglais. — XX, 552.
AUCLAIR, off. près le trib. milit. de l'A. de Sambre-et-Meuse. — XXV, 136.
*Audacieux*, navire français. — XXI, 441. — XXII, 765; *Aude* (Départ$^t$ de l'). — XVIII, 673, 701. — XIX, 449. — XX, 95, 589. — XXI, 485, 486, — XXIII, 734. — XXIV. 379, 511. — XXVI, 30, 372, 409, 446, 469, 495, 677, 703. — XXVII, 106, 195, 221, 249, 265, 308, 361, 436, 493, 628.
*Audeberg* (Camp de prisonniers d'). — XXVI, 600.
AUDIBERT-CAILLE, consul à Amsterdam. — XX, 353. — XXV, 389. — XXVI, 424.
AUDIBERT (Pierre), enseigne entretenu. — XX, 796.
AUDIBERT (D'), payeur. — XXII, 590.
*Audierne* (Finistère). — XXV, 116.
AUDIGÉ, sergent instructeur. — XVIII, 607. — XXII, 654.
AUDIN, charpentier. — XXIV, 559.
*Audincourt* (Forges d'). — XX, 80.
AUDONIN (P.-J.). — XVIII, 605. — XXIV, 295.
AUDRAN, imprimeur à Brest. — XVIII, 612.
*Audruicq* (P-de-C). — XVIII, 544.
AUDRY, factrice à la Halle aux grains, de Paris. — XXVIII, 545.
AUERSPERG (C$^{te}$ d'), prisonnier de guerre. — XXII, 774. — XXVI, 535.
AUFRAY, pompier. — XXI, 426.
AUGEL (Gabriel). — XIX, 462.
AUGER, off. de santé à l'A. des Pyr.-Occident. — XXVI, 455.
AUGER, repr. — XVIII, 102, 480, 540, 593, 615, 667. — XIX, 58, 221, 445. — XX, 641. — XXIII, 2.
AUGER, commissaire à Bailly. — XXIII, 361.
AUGEREAU, g$^{al}$. — XVIII, 222, 268. — XIX, 526, 794. — XXII, 530.
AUGIAS (Ch.), lieut. au 9$^e$ rég$^t$ de dragons. — XXIII, 241.
AUGIER, lieut. de gendarmerie, en fuite. — XXVI, 170, 396.
AUGIER, g$^{al}$. — XXVII, 56.
AUGIER, lieut. — XXVII, 465.
AUGINEAU, cap$^e$ de gendarmerie. — XIX, 31.
AUGUIER, à Mayence. — XIX, 321. — XX, 489.

Auguis, repr. — XVIII, 239, 299, 342, 343, 469, 584, 684. — XIX, 268, 305, 306, 693. — XX, 433, 479. — XXI, 333, 515, 682. — XXIII, 36, 99. — XXIV, 394, 402, 614, 657, 776. — XXV, 202, 234, 339, 400, 402, 464, 478, 534, 573, 607, 628, 653, 672, 704. — — XXVI, 27, 67, 98, 133, 135, 165, 189, 217, 331, 449, 474, 486, 568, 586, 650, 760. — XXVII, XIX, 73, 81, 82, 133, 201, 217, 265, 360, 410, 450, 565, 644. — XXVIII, 137, 219, 220, 339, 406, 426.
*Aujeux* (Forges d'). — XIX, 381.
AULIGÉ (J.). — XVIII, 597.
AULIGEON, adjoint aux adjud$^{ts}$ génér$^x$. — XXV, 583.
*Aumale* (S.-I.). — XXVIII, 534.
*Auneau* (E.-et-L.). — XXIII, 46. — XXVIII, 78.
*Aunis* (B$^{on}$ de l'). — XXI, 469. — XXIII, 710.
*Aups* (Vallée d') [Var]. — XXVIII, 144.
AURANGE, inspecteur de l'Arsenal. — XVIII, 244.
*Auray* (Morbihan). — XVIII, 31, 68, 149, 218, 350. — XIX, 246, 247, 315, 400, 507, 544, 583, 605, 623. — XX, 250, 284, 285, 286. — XXII, 706, 707. — XXIII, 678. — XXIV, 172, 231, 750. — XXV, 144, 146, 201, 261, 300, 394. — XXVI, 19, 48, 50, 196. — XXVII, 521, 525.
— (Rivière d'). — XXVII, 526.
*Aurillac* (Cantal). — XVIII, 92, 267. — XIX, 528. — XX, 663. — XXV, 187. — XXVII, 478. — XXVIII, 671.
*Aurore*, navire suédois. — XXII, 183.
*Aurore*, navire hambourgeois. — XVIII, 581.
*Aurore*, navire belge. — XXVI, 644.
*Aurore*, navire américain. — XXIV, 566.
*Auteuil* (Seine). — XXII, 35.
AUTICHAMP (Comte Charles d'). — XXII, 512, 561, 562. — XXIII, 279. — XXVII, 518.
AUTIÉ, adjoint près l'adjud$^t$ g$^{al}$ Ménard. — XX, 225.
AUTIER, lieut. — XXII, 425.
*Autorités* constituées. — XXV, 2, 46, 58, 76, 105, 123, 124, 154, 169, 170, 200, 207, 214, 215, 229, 232, 236, 240, 245, 256, 320, 328, 329, 347, 372, 387, 422, 545, 556 n., 563, 602, 621, 684, 691, 694, 698, 710, 748, 749, 753, 758. — XXVI, 20, 104, 124, 168, 196, 221, 241, 300, 315, 340, 364, 389, 396, 397, 409, 440, 462, 482, 486, 495, 500, 515, 521, 524, 541, 552, 562, 587, 598, 626, 638, 659, 677, 682, 683, 686, 695, 739, 765. — XXVII, 2, 8, 9, 80, 95, 97, 99, 105, 113, 147, 149, 211, 244, 254, 280, 290, 310, 312, 328, 332, 390, 391, 413, 467, 475, 484, 488, 524, 557, 580, 590, 671. — XXVIII, 33, 60, 215, 265, 266, 422, 494. Voir *Départements*; *Districts*; *Municipalités*.
*Autriche*. — XVIII, 286, 408, 517, 531, 606, 668. — XIX, 235, 339, 590. — XX, 134, 633, 654, 712. — XXI, 567, 597, 766. — XXII, 190, 279, 787. — XXIII, 111, 112, 168, 235, 387, 389, 591, 604. — XXIV, 6, 102, 450. — XXV, 284, 386, 490. — XXVI, 192, 376, 378, 379, 548, 583, 669, 734. — XXVII, 406, 596, 675. — XXVIII, 15, 53, 54, 94, 95, 104, 115, 116, 181, 222, 332, 370, 424, 677, 682, 698.
— (Haute-). — XX, 328.
— (Maison d'). — XXVII, 596.
*Autrichiens*. — XVIII, 41, 270, 271, 356, 739. — XIX, 67, 68, 485, 517, 740. — XX, 208, 324, 326, 354, 519, 673, 698, 765. — XXI, 78, 192, 303, 406, 473, 490, 730, 755, 764. — XXII, 540, 787. — XXIII, 74, 112, 280, 319, 529, 559, 579, 658, 753. — XXIV, 164, 251, 259, 261, 296, 338, 359, 453, 505, 563, 647, 696, 697, 731, 757, 758, 816, 849,

850. — XXV, 64, 65, 141, 175, 180, 254, 289, 317, 357, 524, 550, 568. — XXVI, 473, 535, 636. — XXVII, 45, 60, 87, 406, 407, 427, 471, 494, 529, 559, 596.
*Autun* (S-et-L.). — XVIII, 388, 447. — XIX, 152. — XX, 252. — XXI, 419, 582. — XXIII, 221. — XXV, 131. — XXVI, 417, 480. — XXVIII, 140.
*Auvergne* (Hôtel d'), à Paris. — XXI, 650.
*Auvers* (Sarthe). — XVIII, 171.
AUVRAY, cap$^e$. — XX, 460.
AUVRAY, lieut. d'infanterie. — XXII, 340, 654.
AUXCOURTEAUX, receveur du distr. de Beauvais. — XXVIII, 21.
*Auxerre* (Yonne). — XVIII, 19, 560. — XIX, 8, 547, 576. — XX, 146, 612, 703. — XXI, 330, 705, 747. — XXII, 619, 698. — XXIII, 176, 616. — XXIV, 57, 239. — XXV, 373. — XXVI, 34, 136, 166, 332, 337, 593, 739. — XXVII, 115, 652.
— (Coche d'). — XXVII, 586, 651.
*Aux Malheureux*, placard. — XXIV, 817.
*Auxonne* (C-d'O). — XIX, 617, 649. — XXII, 389. — XXIV, 659. — XXV, 458. — XXVI, 480.
AUZA et sa f$^e$. — XVIII, 216.
AUZA, chargé des charrois. — XXII, 702.
*Auzebosc* (S-I). — XXIII, 675.
AUZIÈRES, chef horloger à Besançon. — XXIII, 80. — XXVI, 743. — XXVIII, 672.
AUZOT. — XVIII, 60.
*Aval* (Bailliage d'). — XXII, 183.
*Avallon* (Yonne). — XXII, 290. — XXIII, 735, 736. — XXV, 126, 128. — XXVI, 505, 720, 764. — XXVII, 82, 257. — XXVIII, 517.
*Avant* (Aube). — XX, 559, 744.
AVELINE (Emmanuel). — XVIII, 92.
AVENEAUX, négociant à Paris. — XIX, 679, 788.
*Avesnes* (Nord). — XVIII, 806. — XIX, 614. — XX, 102, 134, 335, 350. — XXII, 235, 474, 570. — XXIV, 274, 431, 513, 643, 700, 704. — XXV, 16. — XXVI, 384. — XXVII, 29. — XXVIII, 378, 548.
AVET (Michel-Nicolas), juge du trib. du distr. de Mer. — XXV, 647.
AVEY (D'), command$^t$ à Cambrai. — XXIII, 44.
*Aveyron* (Départ$^t$ de l'). — XVIII, 34, 349, 392, 393. — XIX, 150, 449, 576, 577. — XX, 261, 262, 263, 317, 432, 455, 508. — XXI, 430, 486, 502. — XXII, 140, 391, 802. — XXIII, 153, 181, 479, 510, 511, 664, 697, 730, 732, 734, 766. — XXIV, 41, 42, 44, 70, 205, 239, 341, 689, 710. — XXV, 32, 48, 58, 153, 356, 488, 495. — XXVI, 136, 308, 320, 358, 410, 411, 447, 489, 656, 733, 764. — XXVII, 14, 46, 248, 249, 323, 378, 435, 676. — XXVIII, 535.
AVICE, chef de brigade. — XX, 7.
AVIGNEAU (D'), chef de brigade. — XXV, 246.
*Avignon* (Vaucluse). — XVIII, 35, 706, 810. — XIX, 328, 668, 670. — XX, 158, 291, 497, 746, 754, 768. XXII, 38, 48, 98, 99, 232, 269, 332, 519, 520. — XXIII, 153, 154, 181, 479, 695, 731, 732. — XXIV, 127, 239, 347, 348, 463, 464, 465, 531, 817. — XXV, 88, 105, 537, 630, 708, 752, 755. — XXVI, 62, 77, 136, 137, 170, 171, 175, 180, 220, 227, 397, 467, 489, 519, 546, 666, 735, 766. — XXVII, 88, 127, 220, 228, 258, 270, 323, 473, 484. — XXVIII, 60, 164, 226, 227, 229, 260, 286, 289, 386, 503.
*Avillers* (M-et-M). — XXI, 741.

*Avis aux bons Français*. — XXVI, 496, 497. — XXVII, 74.
*Avranches* (Manche). — XIX, 125, 386, 387, 502, 643, 644, 790, 791. — XX, 137, 762. — XXII, 163, 255, 392, 424, 457, 577, 578, 603, 647, 763. — XXIII, 143, 306, 381, 640, 714, 744. — XXIV, 110, 374, 513, 591, 644, 682, 683, 772. — XXV, 51, 79, 83, 84, 353. — XXVI, 186, 321. — XXVII, 457. — XXVIII, 311, 352.
*Avray* (Maison d'). — XIX, 332.
AVRIL fils (Pierre J.-B.). — XVIII, 760.
AVRIL, g<sup>al</sup> de brigade. — XIX, 535. — XX, 794. — XXI, 40, 401, 596. — XXII, 246.
*Avrillé* (Camp d'). — XVIII, 665.
*Ax-les-Thermes* (Ariège). — XXV, 419. — XXVIII, 608.
*Axel* (Hollande). — XIX, 44. — XX, 424, 452, 627. — XXIV, 736.

*Ayes* (Isère). — XXIII, 695.
AYMARD, de Saint-Léger (D-S). — XXVI, 98.
AYMÉ, maire de Cette. — XXIV, 495.
AYMÉ fils, commissaire des Guerres. — XXIV, 495.
AYNEZ. — XVIII, 758.
AYRAL, repr. — XXI, 56.
*Ayroue*, navire irlandais. — XXVIII, 244.
*Ayzanville* (Forges d'). — XIX, 382.
AZARD, opticien. — XXV, 453.
*Azé* (Mayenne). — XXII, 266.
AZÉMA (D'), adjud<sup>t</sup> g<sup>al</sup>. — XXII, 421. — XXIV, 189, 484.
AZEMA et C<sup>ie</sup>, concessionnaires des mines de La Voulte. — XXIII, 221. — XXV, 343.
*Azpeitia* (Espagne). — XVIII, 540, 541. — XXIII, 574. — XXIV, 420, 490.
*Azy-le-Vif* (Nièvre). — XX, 81.

## B

BABEUF (Gracchus). — xx, 23.
BABEY, repr. — xx, 271.
BABILLE, chef de demi-brigade. — xviii, 253.
BABISE, de Rochefort. — xx, 26.
BABO, grenadier. — xix, 532.
BABUT, sous-lieut. — xxi, 105.
*Bacharach* (Allemagne). — xx, 209.
BACHE, command$^t$ à Sisteron. — xix, 636.
BACHELET, off. de santé. — xxviii, 595.
BACHELIER, enseigne. — xx, 369.
BACHELLERYE, courrier du C. de S. P. — xxv, 39.
BACHELOT, command$^t$ la corvette *Mercury* de *Sodon*. — xxiv, 592. — xxv, 79.
BACHER, agent à Bâle. — xviii, 491, 516, 519, 530, 667, 730, 731, 761, 813. — xix, 123, 243, 244, 259, 260, 590. — xx, 360, 696. — xxii, 527, 594 — xxiii, 111, 385, 386, 388, 389, 664. — xxiv, 296. — xxv, 317. — xxvi, 378, 551, 764.
BACHOD, agent du distr. de Chaumont. — xxi, 745.
BACLAY, chef du bureau des Dépêches. — xxv, 68.
BACOT et C$^{ie}$, de Tours. — xix, 679.
BACQUEVILLE, adjud$^t$ g$^{al}$. — xviii, 772.
BACQUEVILLE, command$^t$ à Carcassonne. — xix, 230.
BACQUEVILLE, command$^t$ amovible de Hesdin. — xx, 439.
BACRY (Jacob Coën), négociant algérien. — xxvii, 184.
*Bade* (Margraviat de). — xviii, 527.
BADAUD, de Nantes. — xx, 34.
BADIN, volontaire. — xxv, 653.
*Badine*, corvette. — xx, 27, 624. — xxiii, 217. — xxv, 313.
BAGELÈS, command$^t$ la corvette *Incendiaire*. — xviii, 715.
BAGET, g$^{al}$ de brigade. — xx, 459. — xxv, 430.
*Bagne*. — xviii, 32, 274.
*Bagnères-de-Bigorre* (H-P). — xviii, 206. — xix, 136. — xxiii, 613. — xxvi, 62, 362, 567.
*Bagnères-de-Luchon* (H-G). — xix, 358.
*Bagnolet* (Seine). — xxii, 804.
*Bagnols* (Gard). — xxvi, 175. — xxviii, 227.
BAIGNEUX (Louis), conducteur de travaux publics. — xxiv, 539.
*Baïgorry* (B-P). — xviii, 213.
*Baihard* (?) comm. de. — xix, 701.
BAIL, curé d'Arvillers. — xxiii, 169, 170.
BAILE, commis à l'hôpital militaire de Tarbes. — xxiv, 763.
BAILLANTE, voiturier. — xxiv, 580.
BAILLARD-BEAUREVOIR, g$^{al}$ de brigade. — xxi, 345.
BAILLAT (N.), bouvier. — xxvii, 186.
BAILLAUD, commissaire des Guerres. — xix, 566.
BAILLE (Norbert), adjud$^t$ g$^{al}$. — xxvi, 192.
BAILLE, transporteur par eau. — xix, 235, 236
BAILLE, repr. — xx, 491.
BAILLET, inspecteur des mines. — xix, 512, 513.
*Bailleul* (Nord). — xxv, 333, 387, 443, 468, 496.
BAILLEUL (Jacques Ch.), repr. — xxi, 760, 761. — xxii, 73, 724, 764. — xxiii, 52, 171, 307, 308,
535, 757. — xxiv, 13. — xxv, 207. — xxviii, 553, 629.
BAILLEUL (Ant.), libraire. — xix, 499.
BAILLEUL, négociant au Havre. — xxi, 552.
BAILLEUL. — xxiii, 407.
BAILLEUL, adjud$^t$ g$^{al}$. — xxv, 276.
BAILLEUX, négociant à Paris. — xxv, 714.
BAILLIENCOURT, vétéran invalide. — xviii, 292.
BAILLO, cap$^e$. — xix, 139.
BAILLON, maire du Quesnoy. — xxiv, 646. — xxv, 15.
BAILLON, commissaire des Guerres. — xxvii, 482.
BAILLOUD. — xviii, 120.
*Bailly* (S-et-O). — xxii, 361.
BAILLY, canonnier instructeur. — xxv, 683.
BAILLY (Edme Louis Barthélemy), repr. — xviii, 198. — xix, 267, 638, 682, 758. — xx, 55, 89, 90, 345, 452. — xxi, 43. — xxv, 11, 366, 459. — xxvii, 25. — xxviii, 207, 495, 509, 553.
BAILLY, cap$^e$ au 8$^e$ hussards. — xx, 544.
BAILLY, adjoint de l'adjud$^t$ g$^{al}$ Roberjot. — xx, 68.
BAILLY, employé à Compiègne. — xx, 65.
BAILLY, garde d'artillerie à Tours. — xxi, 5. — xxii, 415.
BAILLY, adjud$^t$ g$^{al}$ à l'A. du Rhin. — xxii, 525.
BAILLY, astronome. — xix, 512. — xxiv, 158. — xxiv, 158. — xxv, 641.
BAILO (Dom.), médecin à l'A. des Pyr.-Occident. — xxvi, 116.
*Bains* (I-et-V). — xviii, 280. — xix, 400. — xxi, 211. — xxii, 693. — xxiii, 736, 737. — xxiv, 514.
*Bains d'Ussat* (Les) [Ariège]. — xxv, 418.
*Bains médicinaux*. — xxvii, 476.
*Baïonnettes*. — xxv, 375. — xxvi, 38, 130, 259, 285, 366, 369, 535, 581, 658. — xxvii, 540, 586.
*Bais* (Mayenne). — xx, 640. — xxii, 217.
BAISIEUX, du bureau des Douanes. — xxv, 388.
BAJOT (Charles Philippe), négociant. — xviii, 487.
BALCARA (Lord). — xix, 400.
BALDRAN (André), cap$^e$. — xxi, 300.
BALDUC (Mathieu), agent de change. — xxiii, 270.
*Bâle* (Suisse). — xviii, 49, 231, 491, 516, 527, 530, 731, 813. — xix, 204, 259, 500, 599, 619. — xx, 339, 360. — xxi, 229, 473, 504, 597, 662, 700, 763, 765, 822. — xxii, 82, 246, 247, 250, 309, 527, 594, 752, 788. — xxiii, 21, 31, 50, 111, 112, 190, 191, 192, 252, 324, 385, 386, 387, 388, 458, 484, 488, 517, 553, 663, 664, 665, 751. — xxiv, 42, 303, 352, 495, 700, 729. — xxv, 161, 195, 318, 450, 536, 590, 616, 637. — xxvi, 155, 202, 260, 261, 375, 379, 411, 432, 526, 543, 548, 668, 703, 761. — xxvii, 45, 85, 107, 154, 159, 259, 266, 319, 336, 385, 391, 405, 458, 528, 555, 567, 641, 676. — xxviii, 58, 59, 185, 307, 308, 309, 407, 530, 558, 663.
*Bâle* (Traités de). — xxiii, 162, 189. — xxvi, 10, 11, 14, 15, 70, 91, 166, 189, 220, 262, 305, 325, 376, 525, 543, 545, 582, 677, 703, 721. — xxviii, 274, 275, 556.
BALE (Vincent), matelot. — xix, 702.

*Baléares* (Îles). — XVIII, 37. — XIX, 639. — XX, 27.
BALLA-MATURIO (André), chirurgien de l'A. d'Italie. — XXVI, 287.
BALLARD, imprimeur à Paris. — XXVIII, 97.
BALLAYER (Julien). — XIX, 384.
BALLET, cap$^e$. — XXVI, 7.
BALLON (N.), volontaire. — XXVI, 721.
*Ballons* d'observation. — XXVI, 713.
BALLYET, command$^t$ à S$^t$-Omer. — XXVII, 482.
BALMAIN (Jacques Ant.), repr. — XXIV, 599.
BALMONT, chef de brigade. — XVIII, 474.
BALOUZET, transporteur à la Comm$^{on}$ des Armes. — XXII, 151.
BALP, écuyer. — XXIII, 321.
BALTARD, architecte. — XVIII, 329.
BALTH, GRIMM et C$^{ie}$. — XXVII, 531.
BALTHAZAR (Bernard), employé à l'entretien des chemins. — XXII, 657.
BALTIN (Louis-Marie), grainetier. — XXI, 18, 19.
*Baltique* (Mer). — XX, 635. — XXI, 307, 776. — XXII, 129, 535, 662.
BAMBOZ, accusateur à l'A. de Rhin et Moselle. — XXVII, 259.
BANAL, agent de la Trésorerie. — XXI, 261.
BANCAL-SAINT-JULIEN, chef de b$^{on}$ du génie. — XX, 613.
BANCELIN, présid. du distr. de Segré. — XX, 596, 597.
*Bannalec* (Finistère). — XXV, 512.
BANNEL. — XXII, 530.
BANNEL, g$^{al}$ de brigade. — XXVII, 619.
BANQUETTI (C$^n$), directeur de la fonderie de Ruelle. — XXVII, 374.
*Banyuls* (P-O). — XVIII, 223. — XXIV, 308, 677.
*Bapaume* (P-de-C). — XIX, 549. — XX, 135, 315, 335, 582, 702. — XXI, 19, 618. — XXII, 2, 362. —XXIV, 607. — XXVI, 421. — XXVII, 137. — XXVIII, 313, 469, 514, 562, 563, 584, 585.
BAQUET. — XVIII, 120.
BAQUE, ex-curé de Loupiac. — XIX, 318.
BAR, repr. — XVIII, 307, 789. — XIX, 39, 298, 337, 338, 413, 414, 422, 573, 755. — XX, 89, 90.
*Bar-sur-Aube* (Aube). — XVIII, 683. — XIX, 83. — XXI, 371.
*Bar-sur-Ornain*, ci-dev$^t$ Bar-le-Duc (Meuse). — XIX, 548. — XX, 404. — XXI, 277, 321. — XXII, 69, 768. — XXIII, 31, 68, 290. — XXIV, 650. — XXVI, 375.
*Bar-sur-Seine* (Aube). — XIX, 83, 566. — XX, 527, 577. — XXI, 300. — XXII, 189, 517, 518, 620, 822. — XXIII, 250.
BARADIN, lieut. — XXIV, 792.
BARAGUEY D'HILLIERS, chef d'état-major de l'A. de l'Intérieur. — XXVIII, 351.
BARAILLER, de l'Aisne. — XXII, 748.
BARAILON (J. Fr.), repr. — XXI, 760, 761. — XXIII, 609. — XXIV, 339, 587.
BARANGER, député extraord. du Maine-et-Loire. — XXVI, 397.
BARAT, brigadier. — XXVII, 444.
*Barault* (Fort). — XXV, 541.
BARAZER-KERMORVAN, g$^{al}$. — XVIII, 74, 709.
*Barbade* (La). — XVIII, 337. — XX, 448.
BARBAL, command$^t$ la sect$^n$ des Invalides. — XXII, 266.

*Barbarie* (Région de). — XVIII, 37, 197. — XX, 222, 229, 502. — XXI, 816. — XXII, 739. — XXVI, 549. — XXVIII, 40, 276.
BARBAROUX, député. — XXV, 565.
BARBAT, adjud$^t$ g$^{al}$. — XVIII, 288.
BARBAT, directeur de l'hôpital du Val-de-Grâce. — XXVIII, 618.
BARBAZAN (Adam), g$^{al}$ de brigade. — XXI, 104. — XXII, 503. — XXVII, 633. — XXVIII, 263.
*Barbe* (Usine de la) [H$^{te}$-Saône]. — XVIII, 650.
*Barbentane* (B-du-R). — XXVI, 171. — XXVIII, 227, 228.
BARBEREUX fils. — XXVI, 625.
*Barbets*. — XXV, 688. — XXVI, 256, 301, 571, 574, 652, 657, 696. — XXVII, 166, 236, 259.
BARBEYTO (Vincent), aumônier espagnol. — XXI, 156.
*Barbezieux* (Charente). — XVIII, 339. — XIX, 375, 545. — XX, 485. — XXIV, 570, 571. — XXVIII, 409.
BARBIER, commissaire des Guerres. — XVIII, 398. — XXV, 167. — XXVIII, 264.
BARBIER, brigadier au 13$^e$ dragons. — XXIII, 463. — XXIV, 13.
BARBIER, agent pour les grains de l'étranger. — XXI, 153.
BARBIER, agent de la Comm$^{on}$ des Armes. — XXI, 511, 633.
BARBIER-DUFAY, chef d'escadron. — XXI, 814.
BARBIER, cap$^e$ de vaisseau. — XXII, 245.
BARBIER, sous-off. de gendarmerie. — XXVI, 52.
BARBIER, employé à la levée des contributions. — XXVI, 320.
BARBIER-LASSAUX, cap$^e$ de gendarmerie. — XXVIII, 149.
BARBO, de l'atelier de baïonnettes de Tartas. — XIX, 598.
*Barbonne-Fayel* (Marne). — XVIII, 400.
BARBOT (J. Ant.), sous-lieut. de cavalerie. — XXII, 386.
BARBOTIN, prêtre vendéen. — XXVI, 165.
BARBOU (Pierre). — XVIII, 601.
BARBOUY, command$^t$ la c$^{ie}$ des Corses. — XVIII, 794.
BARBUAT, aide de camp du g$^{al}$ Menou. — XXIII, 161.
BARBULEY, fournisseur aux armées. — XXI, 626.
BARBUSSE, inspect$^r$ des transports militaires. — XXVII, 162.
BARBUT, cap$^e$ au 20$^e$ dragons. — XXIII, 241.
*Barcelone* (Espagne). — XVIII, 37, 360. — XIX, 351, 352, 525, 526. — XX, 143, 144, 257, 624, 804, 805. — XXI, 181, 209, 220, 421. — XXII, 488. — XXIII, 34, 240, 734. — XXVI, 106, 119, 359. — XXVIII, 150.
*Barcelonnette* (B-A). — XIX, 241. — XXI, 605. — XXII, 191. — XXIII, 673.
BARD, g$^{al}$. — XXVII, 56.
BARDEAU, adjoint du génie. — XIX, 120.
BARDENET, chef de brigade d'artillerie. — XXIV, 10.
BARDEWICH, négociant à Bayonne. — XXVI, 746.
BARDON, adjud$^t$ g$^{al}$. — XXI, 199, 409, 410, 445.
*Barèges* (H-P). — XVIII, 275.
*Barentin* (S-I). — XXII, 605, 705. — XXIII, 24, 676.
BARÈRE, command$^t$ la corvette *Lazowski*. — XXIV, 307.
BARÈRE, repr. — XIX, 181, 307. — XX, 522. — XXI, 462, 560, 561, 835. — XXVI, 210.

*Barfleur* (Manche). — XXV, 228.
*Barghetto* (Italie). — XXV, 759.
BARIL-ST-SULPICE, command$^t$ temporaire à Mortagne. — XXVIII, 671.
BARILLON, négociant à Bordeaux. — XX, 705.
BARIZON, commissaire des Guerres. — XXV, 617.
BARIZON, lieut. à la 59$^e$ demi-brigade. — XXVIII, 465.
BARJAVEL, accusateur public à la Comm$^{on}$ d'Orange. — XVIII, 35.
*Barjols* (Var). — XVIII, 239. — XIX, 722. — XX, 110. — XXVII, 22.
BARNEY, cap$^e$ de vaisseau. — XXI, 4, 555.
BARNIER, de la sect$^{on}$ des hôpitaux de la marine, à Brest. — XXI, 556.
BARON, juge à Amiens. — XXIV, 560.
*Baron* (Oise). — XXVII, 325.
*Barra*, navire. — XXII, 217.
BARRAL (Paulin), propr$^{re}$ des forges d'Allevard. — XXI, 399, 400. — XXV, 344. — XXVI, 63, 344.
BARRAL aîné, négociant. — XX, 156.
BARRAL, chef de division de la garde nat. de Grenoble. — XXVIII, 259.
BARRALÈRE. — XXI, 611.
BARRAS, repr. — XIX, 8. — XX, 441, 510. — XXI, 216, 437, 515. — XXII, 13, 33, 34, 187, 292, 330, 446, 524, 544, 579, 580, 600, 782. — XXIII, 13, 121, 141, 158, 159, 324, 407, 431, 437, 482, 660. — XXIV, 108, 512, 554, 607, 614, 618. — XXV, 292, 679. — XXVI, 89, 125, 208, 243, 275, 280, 391, 502, 711.— XXVIII, 146, 169, 194, 195, 196, 212, 213, 236, 237, 248, 265, 299, 352, 372, 446, 507, 512, 513, 553, 628, 633, 650, 674.
BARRAS (Ant.), sous-chef des bureaux civils de la marine. — XXI, 216.
*Barras*, navire. — XXIV, 201.
*Barras* (Chaloupe du). — XX, 384.
BARRAUD, chirurgien à Mâcon. — XXIV, 610.
*Barraux* (Isère) [Hôpital militaire de]. — XXIV, 280.
BARRE (Ant.), négociant à Nîmes. — XXVIII, 84.
*Barre-des-Cévennes* (Lozère). — XXIV, 710.
BARRÉ, vendéen. — XXVI, 386.
BARRÉ (Louis), fabricant d'armes. — XX, 160.
BARRÉ, commissaire des Guerres. — XXII, 268.
BARRÉ, courrier du C. de S. P. — XXV, 40.
BARREAU, procureur de la commune de Chartres, élu dép. d'Eure-et-Loir. — XXVIII, 516.
*Barreaux* (Fort). — XVIII, 794.
BARRI, fournisseur de chevaux. — XVIII, 668.
*Barricades* (Les) [H$^{te}$-Savoie]. — XXI, 244.
BARRIER (Barthélemy), conservat$^r$ des bâtiments militaires à Nîmes. — XXVII, 615.
BARRIÈRE, cap$^e$. — XXIII, 45.
BARROIS, adjoint du génie au Havre. — XX, 221.
BARRUEL (Et.), examinateur à l'École centrale des Travaux publics. — XVIII, 39, 74, 328, 798. — XIX, 532. — XX, 317.
BARRUEL, aide-chimiste à l'École centrale des Travaux publics. — XVIII, 649, 770.
BARRY, m$^d$ de bois. — XIX, 182, 612. — XXIV, 312. — XXVIII, 4.
BARRY et CORNISSET, frères. — XIX, 707. — XX, 771.
BART (J.-B.). — XVIII, 600.
BARTHE, adjud$^t$ g$^{al}$. — XVIII, 488.
BARTHÉLEMY (Fr.), ambassadeur en Suisse. — XVIII, 197, 273, 274, 319, 730. — XIX, 258, 259, 375, 500, 619, 692. — XX, 74. — XXI, 56, 57, 177, 406, 504, 647, 700, 765. — XXII, 244, 247, 309, 441, 538, 723, 752, 787. — XXIII, 111, 162, 167, 189, 191, 385, 386, 388, 389, 438, 457, 483, 484, 663, 724, 751. — XXV, 195, 282. — XXVI, 79, 102, 188, 189, 195, 282, 526, 545, 703. — XXVII, 266, 336, 529, 567, 584. — XXVIII, 184, 275, 663.
BARTHÉLEMY, avocat de Bruxelles. — XXII, 196. — XXIII, 706.
BARTHÉLEMY, de Landau. — XXIII, 110, 521.
BARTHÉLEMY, chimiste. — XX, 171.
BARTHÉLEMY, médecin. — XXII, 365.
BARTHÉLEMY. — XXII, 183.
BARTHÉLEMY. — XXVI, 313, 625.
BARTHELON, inspecteur de la navigation. — XIX, 86.
BARTHET (Jacques). — XVIII, 121.
BARTHOLOMÉE (L. A.), de Rochefort. — XXVII, 538.
BARUCH (Joseph). — XX, 407.
BARVAY, cap$^e$. — XX, 650.
*Barville* (Creuse). — XXVII, 505.
*Bascara* (Pont de). — XXIV, 392.
*Basques*. — XXIV, 51, 52, 54, 83, 597. — XXVI, 266, 650.
— (Internement des). — XXVII, 605.
BASCHER, de Falaise. — XXVI, 287.
BASIN. — XXVIII, 676 n.
BASQUIAT, chef de brigade. — XXVI, 41.
BASS, conseiller de commerce de Prusse à Bâle. — XXI, 504.
BASSAL, repr. — XX, 506.
BASSAL, inspecteur des subsistances à Paris. — XXIV, 511.
BASSAUD, gendarme. — XXV, 732.
*Bassée* (La) [P.-de-C]. — XXVII, 395.
*Basse-Ham* (Moselle). — XXV, 390.
*Basse-Terre* (La). — XXI, 556.
BASSET, ex-curé de Noyers. — XXI, 298.
BASSET, chargé d'affaires des villes hanséatiques. — XXIII, 60.
BASSET, garde d'artillerie. — XXIII, 71.
BASSEY, négociant à Amiens. — XXVIII, 528.
*Bassillac* (Dordogne). — XX, 728.
BASSOU, lieut. instructeur. — XXI, 815.
BASSUEL, commissaire des Guerres. — XXI, 215.
*Bassy* (Moulin de). — XXII, 68.
*Bastia* (Corse). — XIX, 335. — XX, 382. — XXI, 328. — XXV, 135, 173. — XXVI, 471, 595. — XXVII, 213.
BASTIA, de l'atelier de baïonnettes de Tartas. — XIX, 598.
BASTIAT fils aîné, lieut. de hussards. — XXVII, 633.
BASTIEN, maître de poste. — XXIV, 460, 710.
BASTIEN (Dominique), propr$^{re}$ des relais de poste de Solgne. — XXIV, 630.
*Bastille* (La). — XVIII, 789. — XXIII, 55.
*Bastogne* (Belgique). — XIX, 53.
BASTON, bibliothécaire du C. d'Instruction publique. — XXVIII, 506.
BASTOUL, g$^{al}$. — XIX, 440.
BATAILLARD, concierge. — XVIII, 700.
BATAILLON, chef de Chouans. — XX, 596.
*Bataillon* de 1789. — XXVIII, 256.
*Batave* (République), *Bataves*. — XVIII, 3, 94. — XIX, 138, 286, 338, 601, 602, 604, 704. — XX, 152, 154, 402, 414, 555, 653, 654, 695. — XXI, 35, 70, 183, 184, 186, 236, 286, 304, 305, 404, 428, 483, 516, 518, 519, 520, 683, 765, 766, 767,

820. — XXII, 77, 78, 79, 109, 112, 113, 114, 117, 221, 222, 280, 536, 661, 662, 663, 664, 665. — XXIII, 62, 502, 514, 516, 517, 591, 700. — XXIV, 22, 227, 228, 282, 286, 408, 483, 622, 624, 681, 718. — XXV, 24, 25, 248, 278, 716. — XXVI, 70, 208, 276, 289, 290, 305, 353, 393, 429, 430. — XXVII, 17, 125, 288, 357, 359, 408, 527, 607, 608, 624. — XXVIII, 134, 138, 611. Voir *Hollande ; Hollandais*.
*Batavia*. — XIX, 363.
*Bâtiments* militaires. — XXV, 210, 294, 405. — XXVII, 139, 144, 588, 615.
BATOT-DUMÉNIL, chef de brigade. — XXV, 519.
BATTELLIER, repr. — XVIII, 121. — XIX, 381. — XXI, 515.
BATTELIER fils, hussard. — XXII, 586.
*Batteries* côtières. — XXVII, 137, 208.
*Batz* (Île de). — XXI, 439, 440, 443, 801. — XXII, 320.
BAUTARD, lieut. — XIX, 667.
BAUBREY, command$^t$ amovible à Laval. — XXVII, 229.
BAUCHÉ, employé à la sect$^n$ de la Guerre. — XXVIII, 417.
BAUCHÊNE, m$^d$ de bois. — XIX, 271.
*Baud* (Morbihan). — XIX, 216, 219, 315, 400. — XX, 190, 191, 192.
BAUDE-MALLIÉ, cap$^e$. — XXIV, 378.
BAUDE, adjud$^t$ g$^{al}$. — XVIII, 276. — XXIV, 378, 473.
BAUDECOURT, commissaire des Guerres. — XXII, 475. — XXIV, 665. — XXVI, 62.
BAUDELOT, imprimeur. — XVIII, 426.
BAUDENON. — XVIII, 680.
BAUDENBACH, fermier des forges de Vierzon. — XIX, 564.
BAUDESSON, chef de brigade d'artillerie. — XXI, 436.
BAUDESSON (C$^{ns}$). — XXVIII, 367, 368.
BAUDET (Guill.), command$^t$ de la place de Saint-Venant. — XXVII, 346.
BAUDEUR, commissaire. — XXVIII, 162.
BAUDIN (Fr.), de S$^t$-Martin-de-Ré. — XIX, 5.
BAUDIN, repr. — XIX, 261. — XXIII, 453.
BAUDIN-SAINT LAURENT (J.-B. Philibert). — XVIII, 449.
BAUDINOT, aide-major. — XXVI, 63.
BAUDOIN, prêtre, prisonnier Chouan. — XX, 597.
BAUDOUIN, armateur. — XXI, 6.
BAUDOUIN, agent maritime à Cherbourg. — XXII, 675.
BAUDOUIN, des transports militaires. — XXI, 458.
BAUDOT, quartier-maître de cavalerie. — XXI, 593.
BAUDOT (M. A.), repr. — XVIII, 79, 81, 82, 102, 103, 123, 376, 542, 616. — XIX, 59, 94, 177, 419, 513, 608, 668, 740. — XX, 322, 797. — XXI, 318, 412, 541, 695. — XXII, 19, 775. — XXIII, 539. — XXIV, 17, 538, 837. — XXVI, 30, 728.
BAUDOT (J. Marcel), volontaire. — XXVI, 528.
BAUDOT, négociant. — XXV, 459.
BAUDOUIN (Laurent), m$^d$ de bois et charbons. — XXIV, 752.
BAUDOUIN, imprimeur. — XXVII, 650. — XXVIII, 97, 658.
BAUDOUR, de Bruxelles. — XXVIII, 281.
BAUDRAN (Mathias), repr. — XIX, 554. — XX, 168, 233, 234, 307, 309, 499, 516, 517, 559, 628, 641, 678, 694, 764, 784. — XXI, 39, 85, 119, 120, 167,
168, 198, 240, 296, 347, 471, 495, 539, 540, 580, 581, 660, 767, 768, 790, 791, 792, 834. — XXII, 18, 26, 27, 59, 62, 89, 91, 134, 167, 168, 229, 250, 258, 287, 738. — XXIII, 424, 425.
BAUDRE, g$^{al}$ de brigade. — XVIII, 551.
BAUDRY, off. du génie. — XIX, 764.
BAUDRY, chef de b$^{on}$. — XX, 225.
BAUDRY, command$^t$ temporaire à Amiens. — XXI, 564.
BAUDRY, cap$^e$ d'artillerie de marine. — XXII, 415.
BAUDRY, ex-cap$^e$ de cavalerie. — XXVII, 19, 212.
BAUDRY (Victoire), v$^{ve}$ du repr. Buzot. — XXVII, 206.
BAUDRY, BOULOGNE et fils, négociants au Havre. — XXVIII, 79.
BAUDRY, charretier des convois militaires. — XXVIII, 324.
BAUDUIN, lieut. — XX, 390.
BAUER (J.-Joseph), cap$^e$ de l'*Aquila*. — XIX, 499.
BAUFRANCOURT, g$^{al}$. — XVIII, 400.
*Baugé* (M-et-L). — XVIII, 42. — XIX, 229. — XX, 520. — XXIII, 147, 166, 313. — XXV, 746. — XXVI, 398. — XXVII, 383, 517.
BAUGEARD, ci-dev$^t$ trésorier des États de Bretagne. — XXVI, 237.
BAUGEMOID, soldat. — XXVI, 85.
BAUJARD, négociant. — XX, 92.
*Baume-les-Dames* (Doubs). — XVIII, 692. — XX, 74, 403, 404, 529. — XXVIII, 259.
BAUN. — XXV, 390.
BAUROT, d'une c$^{ie}$ d'infanterie. — XXIV, 41.
BAUVILLET. — XXII, 461.
BAUWENST, fournisseur de toile à sacs. — XX, 21.
BAUX, inspecteur des subsistances g$^{ales}$, fournisseur. — XXVI, 361.
BAUZAMY, novice. — XXI, 56.
*Bavière*. — XVIII, 287, 517, 668. — XXII, 788, 789. — XXIII, 111, 112, 113, 386, 387, 389. — XXVII, 267, 336.
BAVOILLET (Marie-Adélaïde). — XIX, 413.
BAYARD (Louis), agent. — XIX, 322. — XXII, 215.
BAYARD, command$^t$ la force armée de la sect$^n$ du Contrat social. — XXIII, 373, 374.
BAYARD, f$^e$ Guillardé. — XXVIII, 529.
*Bayard* (Forge de) [H-M]. — XXI, 50.
BAYERMANN, aide de camp du g$^{al}$ Kléber. — XXVII, 404. Voir BEYERMANN.
*Bayeux* (Calvados). — XIX, 401, 618. — XXI, 4. — XXII, 604. — XXIII, 414, 810. — XXIV, 242. — XXV, 114, 143, 144, 445, 554, 596, 677, 683. — XXVI, 65, 273, 697. — XXVII, 126, 316, 330. — XXVIII, 465, 693.
BAYEUX, agent pour le salpêtre. — XIX, 63.
BAYLE (Moyse), repr. — XXII, 142. — XXVII, 347.
BAYOL et son fils, employés aux classes de la marine à Toulon. — XXVIII, 489.
*Bayona* (Îles de). — XXII, 248.
*Bayonne* (B-P). — XVIII, 58, 91, 102, 264, 374, 375, 376, 402, 436, 488, 508, 615, 638, 641, 642, 689, 726, 732, 743, 755, 756, 779. — XIX, 58, 59, 93, 124, 130, 131, 176, 177, 179, 230, 445, 449, 480, 615, 660, 668, 740, 793. — XX, 119, 257, 258, 316, 322, 359, 362, 448, 463, 740. — XXI, 41, 138, 242, 265, 300, 318, 337, 338, 411, 412, 415, 446, 471, 472, 496, 497, 541, 601, 639, 661, 694, 695, 736, 737, 738, 797, 806, 813, 834, 837. — XXII, 18, 46, 63, 168, 274, 287, 325, 344, 383, 429,

430, 459, 460, 554, 607, 681, 708, 755, 767. — xxiii, 66, 67, 103, 149, 173, 208, 315, 316, 380, 384, 416, 417, 457, 472, 475, 476, 477, 520, 537, 610. — xxiii, 683, 685, 721, 722, 808, 822. — xxiv, 48, 81, 200, 202, 220, 233, 265, 266, 267, 268, 339, 371, 387, 388, 418, 459, 490, 491, 492, 524, 568, 569, 570, 596, 629, 648, 687, 709, 721, 722, 778, 779, 826. — xxv, 195, 235, 307, 308, 339, 354, 365, 399, 400, 401, 428, 451, 463 n., 530, 539, 542, 548, 600, 607, 628, 653, 671, 750, 751. — xxvi, 27, 58, 62, 123, 165, 188, 206, 217, 250, 252, 254, 266, 278, 281, 330, 467, 486, 493, 565, 601, 650, 720, 746, 760. — xxvii, 40, 73, 81, 82, 133, 138, 192, 201, 217, 265, 359, 360, 384, 411, 413, 450, 511, 547, 645, 659. — xxviii, 179, 193, 461, 609.
*Bayonnaise*, frégate. — xx, 448.
BAZANE, du 1er bon de Franciade. — xviii, 651.
*Bazièges* (H-G). — xxii, 110.
BAZIN, de Paris. — xxii, 210.
BAZIN, lieut. réintégré. — xxv, 638.
BAZIRE, adjoint aux commissaires des Guerres. — xix, 567.
*Bazoche-lès-Bray* (S-et-M). — xviii, 118, 119, 608. — xix, 377, 378. — xxi, 704. — xxiii, 317.
*Bazoches* (Aisne). — xxviii, 659.
*Bazouge-de-Cheméré* (La) [Mayenne]. — xxii, 166, 286.
BÉARD (Richard), cape d'un navire neutre. — xxv, 216.
BEAU (Sébastien), charretier d'artillerie. — xxii, 399.
BEAU père, cultivateur. — xxii, 399.
*Beaubigny* (Manche). — xviii, 574.
*Beaucaire* (Gard). — xviii, 419. — xix, 91. — xx, 231, 563, 578. — xxiii, 542. — xxv, 438, 537, 654, 668, 754. — xxvi, 169, 267. — xxvii, 271, 486, 668. — xxviii, 542.
*Beauce* (Plaine de la). — xxi, 535. — xxviii, 498.
BEAUCHAMP (Jos.), repr. — xviii, 559. — xx, 56.
BEAUCHAMP, du quartier gal de l'A. des Indes orientales. — xxi, 216.
BAUCLAIR, de la Sarthe. — xxviii, 534.
BEAUCOURT, cape adjudt de place à l'Île de la Liberté. — xx, 69.
BEAUDELOT, imprimeur à Paris. — xxviii, 97.
BEAUDESSON, agent des vivres à Saumur. — xxi, 580.
BEAUDOUIN, chef de bon. — xxiv, 10.
BEAUDRY, maître de forges. — xxiv, 470.
BEAUFILS. — xix, 241.
*Beaufort* (M-et-L). — xviii, 42. xix, 228, 229. — xx, 42. — xxi, 676. — xxiii, 682. — xxvi, 389, 539. — xxviii, 358.
BEAUFORT, gal de division. — xix, 345. — xxiv, 637. — xxvi, 260, 497, 480. — xxvii, 323.
BEAUFRANCHET D'AYAT, gal. — xviii, 143. — xxi, 758.
BEAUFRANCHET, commissaire des Poudres et Salpêtres. — xviii, 482.
BEAUGARD, chef d'escadron. — xxv, 678.
*Beaugency* (Loiret). — xxi, 159, 811.
BEAUGRAND, adjudt de place. — xxii, 656.
BEAUHARNAIS, gal en chef. — xxv, 713.
BEAUHARNAIS (Vve du gal). — xxv, 713.
BEAUJARDIN, vice-consul au Ferrol. — xxvi, 560.
BEAUJARD, volontaire. — xxviii, 527.
BEAUJOUR, sous-chef de division. — xxiv, 821.

BEAULIEU, commandt amovible. — xviii, 474.
BEAULIEU, gal de brigade. — xxiii, 512.
*Beaulieu* (Forêt de) [M-et-L]. — xviii, 687.
*Beaulieu* (Hôpital militaire de). — xix, 750. — xxii, 71.
*Beaulieu* (Vendée). — xxv, 190. — xxvi, 164.
BEAUMANOIR, cape au 11e hussards. — xxiv, 217.
BEAUMARCHAIS, fournisseur de fusils. — xxi, 161, 533, 766, 780.
BEAUMARCHAIS. — xxii, 506.
*Beaumont* (Ardennes). — xxiv, 274.
BEAUMONT, cape de hussards. — xxviii, 670.
BEAUMIER, vice-consul à St-Sébastien. — xxvi, 119.
*Beaumont* (Nord). — xxvi, 384.
*Beaumont-de-Lomagne* (T-et-G). — xxi, 419. — xxi, 614, 615.
*Beaumont* (Abbaye de), près de Tours. — xix, 332. — xx, 792, 793. — xxviii, 415.
BEAUMONT. — xviii, 507.
*Beaumont* (Oise). — xix, 761. — xxii, 4. — xxiii, 253. — xxv, 34. — xxviii, 4.
*Beaumont-du-Gâtinais* (S-et-M). — xxiii, 43.
*Beaumont-en-Véron* (I-et-L). — xix, 156.
*Beaumont-sur-Grosne* (S-et-L). — xxv, 371. — xxviii, 96.
*Beaumont-sur-Vesle* (Marne). — xxviii, 376.
BEAUMONT (Élie), employé dans les transports militaires. — xxiii, 662.
BEAUMONT, cape de hussards. — xxvii, 447.
*Beaune* (C-d'O). — xix, 38, 490. — xxi, 344.
BEAUPOIL, administrateur de la Côte-d'Or. — xviii, 133.
BEAUPOIL, chef de brigade. — xxvii, 481.
BEAUPRÉ, surveillant à l'A. des Pyr.-Orient. — xix, 456.
*Beaupréau* (M-et-L). — xxi, 445.
BEAUPREY (P. Fr.-Nicolas Plet-), repr. — xix, 460, 479, 496, 547, 548, 680, 795. — xxiv, 3. — xxvi, 178, 260. Voir PLET-BEAUPREY.
BEAUPUY, gal de division. — xix, 498. — xxi, 385, 445.
BEAUREGARD, gal. — xix, 734. — xxi, 270. — xxiv, 437, 637. — xxvii, 33, 191. — xxviii, 285.
BEAUREVOIR, gal. — xxiv, 765.
*Beau-Site*, ci-devt St-Georges-sur-Loire (M-et-L). — xxi, 273.
BEAUSSET, garde-magasin des fourrages à Évreux. — xxviii, 207.
*Beausset* (Le) [Var]. — xix, 391, 426. — xxiii, 768. — xxiv, 423, 496.
BEAUSSIER. — xviii, 120.
BEAUSSIER-MATHON, commissaire de Lille. — xx, 315.
*Beauvais* (Oise). — xviii, 15, 293, 294, 425, 734, 737. — xix, 111, 274, 289, 729. — xx, 249, 674. — xxi, 24. — xxii, 295. — xxiii, 86, 549, 602, 627. — xxiv, 396. — xxv, 2. — xxviii, 79, 164.
BEAUVAIS, repr. — xx, 491.
BEAUVALLET, sous-chef de division. — xxiv, 821.
BEAUVERT (Quintin), adjudt gal. — xxii, 217.
BEAUVOISIN, cape de cavalerie. — xxii, 8.
BEAUVOISIN. — xxiii, 404.
BEAUZÉE, commissaire des Guerres. — xxv, 7.
*Bec*, navire parlementaire. — xxi, 436.
*Bec* (Remontes du) [Eure]. — xxii, 38. — xxvi, 178, 520. — xxviii, 297, 298.

Bec-d'Ambèz (Départ$^t$ du). — XVIII, 51, 182, 232, 233, 285, 395, 398, 430, 497, 727. — XIX, 45, 134, 162, 173, 221, 225, 296, 317, 373, 402, 449, 484, 508, 607, 656, 700, 720, 753, 776, 789, 794. — XX, 25, 86, 151, 179, 224, 267, 297, 410, 620. — XXI, 109, 366, 640, 794. — XXII, 48, 69, 168, 231, 324, 417, 460, 484, 670, 754. — XXIII, 426. — XXVII, 356, 422. Voir *Gironde*.
Bec-de-Mortagne (S-I). — XIX, 137. — XXVII, 129, 255, 262, 279, 432, 490.
BECCUN, chef de b$^{on}$. — XXIV, 612.
BECHTOLD, lieut., prisonnier de guerre. — XXII, 302.
BECKER (Joseph), repr. — XIX, 232, 759. — XX, 141. — XXI, 141, 142, 447, 448, 500, 501. — XXII, 49, 171, 260, 822. — XXIII, 110, 520. — XXIV, 480. — XXV, 657. — XXVI, 144. — XXVII, 297. — XXVIII, 325.
BECKER. — XXV, 731.
BECKER, sous-off. du génie. — XIX, 141.
BECKER, adjud$^t$ g$^{al}$, chef de b$^{on}$. — XIX, 551. — XXVI, 6.
BÉCOURT. — XXII, 210.
BECQUEMONT, employé au C. de S. P. — XXV, 678.
Becquet (Manufact. du) [Oise]. — XVIII, 14.
BÉCU, command$^t$ d'artillerie à Sedan. — XXIII, 275, 276.
BÉCU, médecin. — XIX, 255. — XXI, 126. — XXVIII, 618.
BÉCUS, du Mans. — XX, 275, 276.
BÉCUS (Fr.), chef de b$^{on}$. — XIX, 166.
BÉDÉE, lieut. de vaisseau. — XXII, 73.
Bedène (Forge de). — XX, 706.
BEDERWITH (Louis), prisonnier anglais. — XXIII, 482.
Bedford, navire. — XXI, 369.
Bédoin (Vaucluse). — XVIII, 34, 37. — XIX, 669, 670. — XXII, 204. — XXIII, 153, 154. — XXVI, 22.
BEDOS, lieut. — XX, 564. — XXIV, 177.
BEDOS, g$^{al}$ de brigade. — XVIII, 613.
BEER (Max), entrepreneur des transports militaires. — XXII, 215. — XXIV, 246. — XXVI, 70, 305.
BEFFROY (L. E.). — XIX, 694, 712, 750. — XX, 368, 770. — XXI, 95, 121, 245, 310, 396, 397, 422, 423, 454, 477, 546, 586, 698, 699. — XXII, 81, 143, 159, 173, 310, 330. 374, 386, 393, 407, 439, 541, 550, 555, 587, 590, 599, 639, 685, 729, 756, 771, 790, 826. — XXIII, 46, 69, 241, 267, 268, 368, 399, 521, 643, 659, 733, 829. — XXIV, 9, 135, 409, 423, 496, 576, 632, 655, 785, 786, 815. — XXV, 19, 63, 64, 65, 66, 159, 180, 181, 182, 206, 222, 529, 551, 602, 656. — XXVI, 81, 124, 241, 436, 532, 557. — XXVII, XVIII, 102, 314, 618.
BEFFROY, g$^{al}$. — XVIII, 320. — XXIV, 134.
Bégé (Haras de). — XIX, 547, 548.
BEGEN (Alex) et C$^{ie}$. — XXVIII, 385.
BEGG (Georges), chef de b$^{on}$. — XVIII, 217.
BEGUERIE, off. de santé. — XXVI, 669.
BÉGUIN, secrétaire. — XVIII, 368.
BÉGUINOT, g$^{al}$ de brigade. — XVIII, 801. — XXVIII, 264, 484.
BEHAIGUE, directeur de l'hôpital militaire de Rulsheim. — XX, 366.
BEHIN, courrier du C. de S.P. — XXV, 39.
BEHMER, otage à Deux-Ponts. — XVIII, 635.
BEHMER, imprimeur. — XXIII, 710.

Behoust (S-et-O). — XVIII, 502.
BEISSELANCE, de l'École centrale des Travaux publics. — XX, 95.
BÉJARRY, lieut. de Charette. — XXV, 118, 191, 415. — XXVI, 93. — XXVIII, 703, 704.
BEKERS (V$^{ve}$). — XIX, 201.
Bel-Air (Étang de). — XXI, 456.
BELAIR, g$^{al}$. — XVIII, 725. — XX, 521.
BELAIR, proposé pour une sous-lieutenance. — XVIII, 760.
BELAIR, aide de camp. — XXV.
BELBEDER (J. P.), aide-chimiste à l'École centrale des Travaux publics. — XVIII, 770. — XIX, 309.
BELCHAMP, conducteur g$^{al}$ d'artillerie. — XX, 225.
BELESTA, chargé de mission à Malte. — XVIII, 759.
BELFIS, fournisseur de viande. — XX, 586.
BELFORT. — XVIII, 425.
BELFORT, chef de brigade de cavalerie. — XIX 597., Belfort (Territoire de). — XVIII, 471. — XIX, 688, — XX, 771. — XXII, 592. — XXIII, 85. — XXIV. 438, 835, 836. — XXV, 31, 55, 56, 172. — XXVI, 395, 475, 762. — XXVII, 37.
Belfort (Arsenal de). — XX, 222.
BELGE (P. J. F.), volontaire. — XX, 81.
Belges. — XVIII, 3, 201, 310, 349, 408, 409, 583, 633, 794. — XIX, 15, 123, 137, 138, 514, 642. — XX, 135, 355, 416, 591, 592, 631, 654, 723, 724, 765, 779, 781. — XXI, 226, 405, 568, 725, 729, 765, 766, 767, 782. — XXII, 198, 199, 279, 311, 456, 514, 515, 669, 702, 792. — XXIII, 230, 432, 434, 524, 525, 816. — XXIV, 24, 185, 224, 286, 287, 363, 589, 705, 706. — XXV, 360, 445.
Belgique. — XVIII, 23, 93, 164, 200, 201, 202, 233, 240, 300, 304, 306, 323, 348, 349, 361, 370, 478, 510, 520, 557, 558, 559, 561, 562, 576, 577, 585, 586, 598, 599, 611, 634, 676, 790, 806. — XIX, 14, 15, 68, 69, 86, 102, 122, 150, 208, 227, 233, 285, 339, 340, 395, 528, 529, 538, 539, 569, 641, 679, 787, 788. — XX, 17, 21, 35, 46, 76, 177, 295, 305, 325, 350, 351, 354, 355, 395, 396, 408, 415, 416, 422, 425, 540, 541, 549, 554, 590, 591, 592, 616, 633, 634, 635, 637, 654, 723, 733, 779, 780, 781. — XXI, 30, 51, 70, 75, 101, 125, 126, 161, 175, 186, 227, 228, 306, 316, 327, 334, 344, 346, 408, 484, 491, 512, 517, 518, 520, 527, 567, 570, 670, 730, 766, 779, 782, 809, 821, 828, 829. — XXII, 6, 21, 67, 69, 109, 114, 197, 200, 201, 219, 235, 278, 284, 347, 395, 411, 456, 513, 570, 571, 626, 668, 702, 704, 738, 740, 758, 793. — XXIII, 18, 20, 21, 22, 47, 124, 164, 184, 230, 232, 257, 300, 301, 344, 348, 434, 435, 440, 459, 460, 461, 482, 483, 504, 524, 525, 532, 555, 556, 584, 591, 592, 639, 646, 660, 674, 699, 706, 772, 773, 812, 816. — XXIV, 21, 22, 35, 76, 169, 185, 221, 223, 224, 244, 252, 257, 275, 286, 297, 323, 325, 363, 365, 447, 449, 450, 451, 452, 453, 454, 455, 507, 527, 560, 608, 613, 615, 646, 659, 669, 674, 680, 705, 794. — XXV, 23, 83, 93, 110, 151, 183, 289, 293, 298, 349, 359, 420 n., 430, 445, 460, 521, 587, 621, 648. — XXVI, 42, 45, 71, 122, 184, 276, 294, 297, 378, 431, 458, 459, 476, 478, 482, 490, 510, 549, 604, 605, 606, 620, 629, 632, 659, 710, 718, 745, 759. — XXVII, 6, 35, 71, 187, 218, 231, 238, 261, 284, 297, 338, 399, 423, 453, 477, 553, 564, 577, 623, 624, 674. — XXVIII, 75, 105, 108, 114, 157, 158,

216, 217, 280, 281, 304, 329, 420, 452, 453, 470, 501, 548, 579, 583, 622, 696, 697.
BELIDOR, auteur de l'*Architecture hydraulique*. — XXIV, 157. — XXV, 640.
BELIEU, commis à la boulangerie de la Marine à Toulon. — XXVIII, 489.
BELIN, du comité d'inspection du Palais national. — XX, 95.
BELIN père. — XXII, 486.
BELIN fils, cavalier. — XXII, 486.
BELIN, sergent instructeur. — XXII, 654.
BELIN, imprimeur à Paris. — XXVIII, 97.
BELLA, envoyé des repr. près l'A. de Rhin et Moselle. — XXVIII, 638.
BELLA, employé des domaines dans le Bas-Rhin. — XXVI, 296, 299.
BELLAC (H-V). — XX, 241. — XX, 4. — XXI, 218.
BELLAMI (Jacques Marie). — XX, 676.
BELLANGER (Louis Frédéric). — XVIII, 92.
BELLANGER, l'aîné, chef de bureau civil à Toulon. — XXV, 410.
BELLARCHET. — XVIII, 170.
BELLAY, chef de b$^{on}$. — XXII, 613.
*Bellay* (Ain). — XXVII, 170, 346.
*Bellechasse* (Magasins de), à Paris. — XXIV, 582. — XXV, 74, 100. — XXVI, 344.
*Belle-Défense* ci-dev$^t$ S$^t$-Jean-de-Losne (C-d'O). — XIX, 252, 655. — XX, 313.
*Bellefontaine* (Forges de). — XVIII, 319.
BELLEGARDE, repr. — XVIII, 28, 66, 234, 260, 308, 589, 686. — XIX, 92, 143, 175, 210, 338, 366, 415, 442, 485, 502, 540, 542, 603, 605, 735, 740. — XX, 182, 185, 187, 188, 212, 352, 355, 358, 464, 608. — XXI, 239. — XXVI, 420. — XXVII, XVII. — XXVIII, 507.
*Bellegarde* (Place de). — XIX, 672.
*Belle-Isle* (Morbihan). — XVIII, 32. — XIX, 254. — XX, 51, 198. — XXI, 221, 511, 600, 693. — XXII, 17, 24, 679. — XXIII, 66. — XXIV, 29, 30, 78, 114, 115, 194, 231, 242, 264, 386, 418, 458, 516, 742, 749, 786, 808, 809, 810. — XXV, 102, 121, 148, 178, 201, 249, 259, 263, 301, 306, 413, 477, 555, 557. — XXVI, 97, 183, 248, 465. — XXVII, 333, 661. — XXVIII, 361, 403, 404.
— (Command$^t$ à). — XXV, 148, 178, 201, 301.
*Bellême* (Orne). — XIX, 160, 382. — XX, 513. — XXI, 433. — XXIV, 467. — XXVIII, 47.
BELLEMONTRE (André), g$^{al}$ de brigade. — XXII, 811. — XXIV, 742.
BELLET, adjud$^t$ g$^{al}$. — XVIII, 551.
BELLET, ingénieur. — XXIII, 734.
BELLET (Augustin), chirurgien. — XXVI, 62.
BELLET, command$^t$ temporaire de Port-Malo. — XXV, 650.
*Belleville* (Seine). — XX, 703. — XXII, 361. — XXVI, 739. — XXVIII, 293, 300.
*Belleville* (Vendée). — XXIV, 685. — XXVI, 162, 406. — XXVIII, 111, 112.
*Belleville* (L-I). — XXVIII, 460.
BELLÈVRE. — XXVI, 387.
*Bellevue-les-Bains*, ci-dev$^t$ Bourbon-Lancy (S-et-L). — XX, 221. — XXI, 719. — XXIV, 279, 612.
*Bellevue* (Établissement nat$^l$ de). — XVIII, 249. — XXI, 456.
BELLEVUE, vendéen. — XVIII, 659. — XIX, 400.

BELLEVUE, arrêté pour correspondance avec les Chouans. — XXV, 477. — XXVI, 159.
*Belley* (Ain). — XIX, 762. — XX, 485.
BELLIARD, adjud$^t$ g$^{al}$. — XXIV, 133. — XXVII, 419.
BELLIER VILLIERS. — XIX, 90.
BELLOMME (Paul), lieut. de vaisseau. — XXI, 719.
BELLON (Pierre) dit La Pisse, chef de b$^{on}$. — XXV, 517. — XXVII, 498.
*Bellone*, navire. — XXI, 442.
BELLORD (ou BELLOY), gendarme. — XXVII, 371.
*Bellver* (Espagne). — XXVI, 26.
*Belmont*, navire anglais. — XIX, 497.
*Belon* (Finistère). — XXV, 510.
BELOT, cap$^e$. — XXI, 699. — XXIII, 161.
*Belva* (Cerdagne). — XXVI, 105.
*Belvès* (Dordogne). — XXIII, 103.
BENACH-GÉ (Ossian), négociant tunisien. — XXVII, 184.
BÉRARD, command$^t$ de corsaire. — XX, 738.
BÉNAULT, cap$^e$ de gendarmerie. — XXVI, 172.
BENAUT, commissaire des Guerres. — XXV, 10, 592.
BENAVEN, négociant à Paris. — XIX, 679. — XXVII, 261. — XXVIII, 278.
BENAVENT. — XVIII, 10.
BENDER, g$^{al}$. — XXI, 567. — XXII, 261, 602. — XXIV, 121, 259, 261, 412.
BENDER, sous-lieut. — XXV, 725.
BENDER (Baron de), maréchal autrichien. — XXVII, 266, 336.
*Bendorff* (H-R). — XXII, 190.
*Bénédictins* (Église des ci-dev$^t$). — XXI, 137.
*Bénédictins* (Maison des ci-dev$^t$), à Besançon. — XXIII, 80.
BENEZECH, commissaire pour les ateliers d'armes. — XXI, 624. — XXII, 499. — XXIV, 557, 558. — XXVI, 198. — XXVII, 389, 614. — XXVIII, 191, 356, 380.
*Benfeld* (B-R). — XIX, 189, 451.
BENIÉ (Bertrand). — XVIII, 305.
BENJAMIN (Fr.). — XXIV, 701.
BENOIST, inspecteur des convois militaires. — XIX, 408.
BENOIST DE LA COMBE. — XIX, 384.
BENOIT, traiteur à la Porte Maillot. — XIX, 62.
BENOIT, employé au télégraphe. — XXIV, 352.
BENOIT, attaché aux hôpitaux de Lille. — XXVI, 234.
BENOIT (Isaac), de la Martinique. — XIX, 482.
BENOIT, charron. — XXVII, 591.
BÉNOVERS, fournisseur. — XXIV, 352.
BENQUEY, cap$^e$ de la marine de commerce. — XXII, 505.
BENTABOLE, repr. — XIX, 312. — XX, 575. — XXVI, 144. — XXVIII, 387 n.
BENTABOLE, chef de service des vivres. — XXV, 401 n.
*Bentheim* (Fort de). — XXI, 133, 165, 317.
BENTINK (De), adjud$^t$ du Stathouder. — XX, 187. — XXII, 538, 723.
BÉQUIN, adjud$^t$ g$^{al}$. — XXVII, 249.
BÉRAIL (Louis), de Montpellier. — XX, 169.
BÉRAL, armurier. — XXV, 74.
BÉRANGER, employé aux trains de bois. — XXVI, 25.
BÉRANGER (Alexandre et Louis). — XVIII, 400.
BÉRARD, directeur des fortifications à Fontarabie. — XX, 260.

BÉRARD, chef de b<sup>on</sup> en Corse. — XXI, 127.
BÉRAT, cultivatrice. — XXIV, 368.
BÉRAUD, chirurgien. — XIX, 149.
BERBIGIÉ, employé au cadastre. — XXVIII, 6.
BERCHER (Et. Ph.), cultivateur à Bruyères. — XXVIII, 100, 101.
BERCHY, courrier. — XXIII, 814.
*Bercy-lès-Paris* (Seine). — XIX, 283, 307. — XX, 266. — XXII, 100. — XXIII, 584. — XXVIII, 417.
BERDOT, volontaire. — XXII, 242.
BÉRÉ (Jos.), aérostier. — XVIII, 347.
BÉRENGER, matelot de la *Diligente*. — XXV, 650.
BÉRENGER, novice de la marine. — XXVI, 369.
BÉRENGER, ex-commissaire g<sup>al</sup> des fontes d'artillerie à Douai. — XXVII, 272. — XXVIII, 61.
BERENT SOLMS, cap<sup>e</sup> du navire danois *Hartigi Haga*. — XXVI, 729.
BERFF, cultivateur à Quesnay (Calvados). — XXV, 636.
BERG, cap<sup>e</sup> danois. — XXV, 323.
*Berg* (Duché de). — XXIII, 283, 284. — XXIII, 168. — XXIV, 673. — XXVII, 218, 349, 405, 574, 610, 636, 641. — XXVIII, 14, 41, 51, 220, 221, 284, 305, 307, 501, 533, 560, 651, 679.
*Berg-op-Zoom* (Hollande). — XVIII, 66, 261, 334, 518. — XIX, 735, 787. — XX, 186, 357, 422, 637. — XXI, 306, 484, 530. — XXII, 78, 377, 662, 664, 665, 775. — XXIII, 63, 431. — XXIV, 170, 482. — XXV, 294. — XXVI, 373, 393. — XXVII, 607.
*Bergame* (Italie). — XXVI, 287.
*Bergara* (Espagne). — XVIII, 377, 541.
*Bergen* (Norvège). — XVIII, 581. — XX, 526. — XXI, 41. — XXII, 653.
BERGER. — XXII, 390.
BERGER, agent de la Comm<sup>on</sup> des Armes et Poudres. — XIX, 153. — XXII, 498, 499.
BERGER, portefaix belge. — XX, 782.
*Bergerac* (Dordogne). — XVIII, 69, 86, 87, 496. — XX, 411, 706. — XXI, 255, 256, 337, 660, 723, 795. — XXII, 459, 682, 797. — XXIII, 492, 537, 609, 682, 683, 684. — XXIV, 471, 667. — XXV, 586.— XXVI, 197. — XXVIII, 660.
— (Manufacture de). — XX, 411. — XXI, 157, 660, 723. — XXII, 459, 498, 499, 583, 680. — XXIII, 55, 234, 609, 682, 683, 758. — XXIV, 667, 776. — XXVII, 559.
BERGERAT, command<sup>t</sup>. — XXII, 356.
BERGERAT, off. de santé. — XXIV, 377.
BERGEREN, command<sup>t</sup> à Arles. — XXV, 452.
*Bergères* (Marne). — XXI, 61.
BERGERET, pharmacien. — XIX, 750.
BERGERON. — XVIII, 564.
BERGERON, command<sup>t</sup> à Arles. — XX, 500. — XXI, 395 — XXIV, 127, 702. — XXVI, 14.
BERGEROT, commissaire à la liquidation des dettes des émigrés. — XXII, 475. — XXVII, 56.
BERGEVIN (Mathieu), cap<sup>e</sup> de vaisseau. — XIX, 311.
BERGEVIN, commissaire de la Marine à Rochefort. — XXI, 22.
BERGOEING, repr. — XXII, 616. — XXIII, 451. — XXVI, 442. — XXVIII, 28, 30, 463, 465.
*Bergstrass*, rivière. — XXVIII, 115.
*Bergues* (Nord). — XVIII, 74, 392. — XXI, 59, 803. — XXIII, 246. — XXIV, 7. — XXVI, 280. — XXVII, 501, 558. — XXVIII, 93, 314, 384, 610, 687.
BERIATS, cap<sup>e</sup>. — XXI, 216.

BERLAND, boulanger du C. de S. P. — XXI, 370.
BERLAUD, instructeur d'artillerie. — XXVII, 4.
*Berles-au-Bois* (P.-de-C). — XXI, 811.
BERLIER, repr. — XVIII, 105, 201, 202, 491, 790. — XIX, 609. — XX, 323. — XXI, 80. — XXIII, 54. — XXIV, 56. — XXVII, 50, 68. — XXVIII, 86, 109, 207, 234, 531, 647.
BERLIER, off. d'artillerie. — XXV, 714.
*Berlin* (Allemagne). — XVIII, 731. — XIX, 243, 259. — XX, 654. — XXI, 597. — XXIII, 824. — XXIV, 296. — XXV, 25. — XXVI, 144.
BERLING, cap<sup>e</sup> suédois. — XXVI, 274.
*Berlinga* (Portugal). — XXII, 248.
BERLIOZ, cap<sup>e</sup> d'infanterie légère. — XXIII, 328.
BERLU, mathématicien. — XXIV, 63.
BERLY, lieut. de gendarmerie à Mornay. — XXVIII, 700.
BERMONT, juge de police à l'A. d'Italie. — XX, 788.
BERNADOTTE, g<sup>al</sup> de division. — XXIV, 828. — XXVIII, 651.
BERNARD-SAINT-AFRIQUE, repr. — XXII, 802. — XXV, 456. — XXVI, 182. — XXVII, 523.
BERNARD, de l'Agence du commerce extérieur. — XVIII, 318.
BERNARD, sous-lieut. — XXI, 247.
BERNARD, chirurgien. — XXI, 510.
BERNARD, directeur des fourrages. — XXII, 694.
BERNARD, commissaire des Guerres à Brignoles. — XXIV, 763. — XXVII, 325.
BERNARD, cap<sup>e</sup> au 23<sup>e</sup> chasseurs. — XXIV, 612.
BERNARD, cap<sup>e</sup> de gendarmerie à Toulon. — XXV, 409.
BERNARD, command<sup>t</sup> du 3<sup>e</sup> b<sup>on</sup> des Côtes du Nord. — XXVII, 253.
BERNARD (Camille), dit Campferrand, volontaire. — XXVII, 226.
BERNARD jeune, négociant à Brest. — XXVII, 653.
BERNARD. — XIX, 721.
BERNARD, command<sup>t</sup> de la place de Nice. — XXII, 393.
BERNARDI. — XXV, 755.
BERNARD, STÉVENOTTE et C<sup>ie</sup>, propriétaires des forges de Neupont. — XXVIII, 27.
BERNARDIN DE SAINT-PIERRE, d'Essonnes. — XXVIII, 432, 433.
BERNARDOU, adjud<sup>t</sup>-cap<sup>e</sup> de Marsal. — XXII, 389.
BERNARDY, présid<sup>t</sup> du trib. criminel du Vaucluse. — XXVI, 137.
*Bernay* (Eure). — XIX, 510, 511. — XX, 6, 583, 584, 612, 670, 752, 802. — XXI, 49, 254, 398, 617, 707. — XXII, 109. — XXIV, 607. — XXV, 423. — XXVIII, 348.
*Berne* (Suisse). — XVIII, 480. — XIX, 535. — XXI, 177. — XXVIII, 640.
BERNELLE. — XXIII, 376, 404.
BERNETZ (Chevalier de). — XXI, 240. — XXII, 512, 561, 562. — XXIII, 279. Voir GILLET.
BERNIER, inspecteur de la manufact. de fusils de Paris. — XVIII, 610.
BERNIER, fournisseur. — XX, 392.
BERNIER (Louis Toussaint Cécile), repr. — XIX, 786. — XX, 200, 323, 498, 575, 656, 657, 670, 752, 802. — XXI, 49, 124, 250, 288, 398, 537, 617, 707, 829, 832. — XXII, 58, 75, 76, 187, 206, 207, 343. — XXIII, 46, 139, 379, 464, 595, 754. — XXIV, 356, 686, 794. — XXV, 283, 382.

BERNIER, ex-curé de Saint-Laud, d'Angers. — XXI, 137, 138. — XXV, 746. — XXVI, 75, 165, 386, 426, 585, 649. — XXVII, 72, 191.
BERNIER. — XXIII, 314.
BERNOUILLY (Œuvres de Jean). — XXIV, 158. — XXV, 641.
BERNSTORF (De), Danois. — XXI, 185, 186.
BERNY, cap$^e$ du navire *La Marguerite*. — XXVII, 655.
BÉROT, brigadier des charrois. — XXIV, 570.
BERQUEN, chef de b$^{on}$ d'artillerie. — XXIII, 223.
BERRIAT, de l'état-major de l'A. des Côtes de Cherbourg. — XXV, 101.
BERROYER, agent des subsistances de Paris. — XXII, 493.
*Berru* (Fonderie de). — XVIII, 363.
BERRUYER, cap$^e$ de hussards. — XXII, 477.
BERRUYER, g$^{al}$ de division. — XXVIII, 58. — XXVIII, 67, 162, 163, 242, 373, 415.
BERSOLLE, de Brest. — XVIII, 59. — XXVIII, 5.
BERSUY (César-Gabriel). — XXIV, 473.
BERTA, consul à Alassio. — XXI, 586.
BERTAU, volontaire. — XXV, 687.
BERTE, du bureau de Commerce. — XX, 789.
BERTÈCHE, g$^{al}$. — XIX, 47. — XXII, 269.
BERTEUIL, pharmacien en chef à l'A. de l'Ouest. — XXVIII, 149.
BERTHAUD, géographe. — XXI, 65.
BERTHAULT (Fr.), chirurgien. — XXV, 101.
BERTHE, lieut. — XXV, 617.
BERTHELET, consul à Livourne. — XXII, 11.
BERTHELET, meunier à Jony. — XXII, 361.
BERTHELIN, enseigne de vaisseau. — XXI, 14.
BERTHELMY, g$^{al}$ de brigade. — XXV, 590.
BERTHELOT, lieut. de vaisseau. — XX, 795, 796.
BERTHELOT, maîtresse de la poste aux chevaux de Lucy-le-Bois. — XXIII, 735, 736.
BERTHIER, g$^{al}$ de brigade. — XVIII, 121, 254. — XXI, 5, 330, 331, — XXII, 801. — XXIII, 599. — XXIV, 759. — XXV, 13, 66 n. — XXVIII, 73.
BERTHIER, propr$^{re}$ des forges et fourneaux de Bizy. — XX, 486, XXI, 809. — XXV, 70, 163.
BERTHIER, employé aux chasses du roi. — XIX, 750.
BERTHIER ou Berluy-Berthier, (César Gabriel), adjud$^t$ g$^{al}$. — XXI, 674. — XXII, 218, 219. — XXVI, 156.
BERTHIER, commissaire ordonnateur. — XXII, 526. — XXIII, 635.
BERTHIER, chef d'état-major de l'A. d'Italie. — XXVII, 224, 427.
BERTHIER, chroniqueur près de l'A. de Sambre-et-Meuse). — XXII, 807. — XXIV, 178, 473, 612.
BERTHOLLET, professeur à l'École centrale. — XVIII, 328.
BERTHOLET, off. de santé. — XX, 571. — XXVII, 344.
BERTHOLIER, direct$^r$ de l'hôpital militaire de Meaux. — XXVII, 613.
BERTHOLON, juge au trib. de commerce de la Conservation de Lyon. — XXV, 810.
BERTHOMIEU, fournisseur aux armées. — XIX, 281.
BERTHOMME aîné, marin du Havre. — XX, 204.
BERTHOUT (Aug.), aspirant élève des mines. — XXVI, 35.
BERTIN, chef des classes à Dax, — XIX, 335.
BERTIN (Nicolas), g$^{al}$ de brigade. — XX, 44, 367.
BERTOLIO, directeur des hôpitaux militaires. — XXVIII, 576.

BERTOLOSI, command$^t$ de la place de Toulon. — XXVI, 222.
BERTRAND, voiturier. — XXVI, 417.
BERTRAND, de Marennes. — XIX, 6.
BERTRAND, off. de santé. — XXI, 279.
BERTRAND, cap$^e$ des chasseurs. — XXII, 154.
BERTRAND, commis sur la *Foudroyante*. — XX, 101.
BERTRAND, cap$^e$ adjud$^t$ de place. — XXII, 390, 809.
BERTRAND, de Langres. — XVIII, 88.
BERTRAND, off. du génie. — XIX, 228.
BERTRAND, chef d'escadron de gendarmerie. — XVIII, 603.
BERTRAND, cap$^e$ de gendarmerie. — XIX, 104, 410. — XXV, 458.
BERTRAND (J-B Marie), volontaire. — XVIII, 801.
BERTRAND, chasseur. — XXVII, 15.
BERTRAND, chef de b$^{on}$. — XXIV, 297. — XXV, 493. — XXVII, 29.
BERTRAND, de Lyon (?). — XXVIII, 39.
BERTRAND-LA HOSDINIÈRE, ex-repr. — XXIII, 204.
BERTRÈS, cap$^e$. — XXIV, 68.
BERVILLE, caissier en Suisse. — XIX, 285. — XXII, 246.
BERWICK (Maréchal de). — XXI, 220.
*Berwick*, navire anglais. — XX, 747, 748, 749, 787, 788. — XXI, 208, 260, 369. — XXIV, 847. — XXV, 91, 268.
*Besançon* (Doubs). — XVIII, 26, 300, 437. — XIX, 88, 131, 145, 193, 195, 222, 272, 273, 287, 374, 375, 461, 545, 591, 592, 617, 649, 721. — XX, 18, 159, 241, 296, 322, 387, 463, 464, 528, 529, 567, 568, 699, 754. — XXI, 43, 155, 359, 448. — XXII, 10, 434, 586, 655, 798. — XXIII, 38, 39, 44, 77, 80, 81, 109, 114, 356. — XXIV, 526, 570, 571, 650, 659. — XXV, 376, 455. — XXVI, 318, 477, 478, 743, 744. — XXVIII, 329, 494, 672.
BESNARD, médecin. — XXII, 304.
BESOUT (Cours de). — XXIV, 159.
BESSE (Martial), g$^{al}$ de brigade. — XXI, 815. — XXII, 477. — XXVIII, 662.
BESSE-DUMAS, chef d'escadron de gendarmerie. — XXI, 103.
*Bessé-sur-Braye* (Sarthe). — XIX, 461.
BESSEYTE, chirurgien à l'hôpital de Perpignan. — XXVII, 54.
BESSIÈRE, g$^{al}$. — XVIII, 362. — XXI, 604. — XXIII, 161.
BESSIÈRE (Bertrand), sous-lieut. — XIX, 567.
BESSOLE, brigadier. — XX, 798.
BESSON, commissaire des Guerres. — XVIII, 448. — XXII, 55.
BESSON, repr. — XVIII, 11, 152, 480, 808. — XIX, 163, 592. — XX, 431, 752. — XXII, 48, 55, 244, 584, 587, 631, 797, 812. — XXIII, 14, 102, 444, 474, 747, 759, 790. — XXIV, 117, 233. — XXV, 38, 97, 109, 123, 216, 250, 448, 485. — XXVII, 170, 366.
BESSON, aide de camp. — XVIII, 474.
BESSON, rue Pierre-au-Poisson. — XXII, 210.
BESSONNEAU, off. aux Îles-du-Vent. — XIX, 241.
BESSONIER SAINT-HILAIRE, cap$^e$. — XXVI, 234. — XXVII, 480.
*Bétail*. — XVIII, 43. — XIX, 356. — XXV, 234, 289, 358, 388, 509, 536, 558, 626. — XXVI, 44, 61, 258, 327, 339, 482. — XXVII, 309. Voir *Bœufs* ; *Subsistances* ; *Viande*.
BETBEDO (Irène), aérostier à Meudon. — XX, 488.
BETEMS (Fr.), cap$^e$ suisse. — XXI, 785.

BETEMPS, command$^t$ du fort Saint-Jean, à Marseille. — XXIV, 665, 822.
BÉTHENCOURT, g$^{al}$. — XXII, 477. — XXIV, 16.
Béthizy (Laminage de la rue). — XX, 456.
Béthizy-la-Butte (Oise). — XXII, 780.
Béthune (P.-de-C.). — XIX, 257, 549. — XX, 315, 366. — XXI, 263, 728, 825. — XXII, 50, 51, 157, 362. — XXIV, 243, 468. — XXV, 143, 359, 464. — XXVI, 557. — XXVII, 137, 395.
BÉTISY, lieut. — XXIII, 248.
BETREMIEUX. off. de paix. — XXVIII, 318.
Betsy, navire. — XXVIII, 296.
BETTON, canonnier instructeur. — XXV, 683.
Bétuwe (Île de). — XIX, 416, 444, 542.
BETZINGER, sous-off. — XXI, 427.
BEUGÉ, de Joigny. — XXVII, 651.
BEUNAT, command$^t$ temporaire d'Armentières. — XXI, 210.
BEURARD, adjoint du c$^n$ Schreiber. — XX, 169. — XXII, 10. — XXV, 37.
BEURET. — XXVII, 157.
BEURNONVILLE, ministre plénipotentiaire en Hollande. — XX, 424, 552. — XXV, 456.
BEUSCHER, chirurgien de l'A. navale. — XXVIII, 353.
Beuvron (Calvados). — XIX, 46.
Beuvron, rivière. — XX, 700. — XXVII, 309, 485.
BEVIÈRES, fabricant d'acier à Rive-de-Gier. — XX, 438.
BEXSON (Scipion), accusateur public près le trib. militaire de Caen. — XXII, 553. — XXIII, 674. — XXIV, 44. — XXV, 521. — XXVII, 10, 187.
Bey de Constantine. — XVIII, 196, 197. — XX, 35, 538.
— de Tunis. — XVIII, 136.
BEYERMANN, aide de camp du g$^{al}$ Kléber. — XXVII, 561.
Beynat (Corrèze). — XXIV, 777.
BEYRAND, g$^{al}$ de brigade. — XIX, 794. — XXII, 530.
BEYSSAC, g$^{al}$ de brigade. — XX, 460, 571. — XXVII, 298.
BEZANÇON (J. M. Noël Robert). — XXV, 432.
BÉZARD, repr. — XVIII, 33, 101, 149, 283, 284, 298, 343, 351, 358, 511, 535, 540, 666, 688, 713. — XIX, 58, 221, 471. — XX, 196, 446, 447, 448, 598, 599, 639, 694. — XXI, 138, 169, 200, 224, 266, 269, 271, 297, 385, 410, 676, 686, 790. — XXII, 136, 137, 138, 166, 188, 230, 321, 322, 381, 382, 397, 449, 568, 583, 629, 727. — XXIII, 509, 518. — XXV, 503.
BEZIER, entrepreneur. — XVIII, 724.
Béziers (Hérault). — XVIII, 419, 601, 767. — XIX, 170, 633, 782. — XX, 156, 451. — XXII, 19, 150, 208, 355. — XXIII, 549. — XXIV, 711. — XXVI, 226. — XXVIII, 553, 554.
BEZOUT. — XXVIII, 553, 554.
BIANCHI (Ch.), off. piémontais. — XVIII, 772.
BIARNOIS-DEBAIN, aide de camp du g$^{al}$ Giraud. — XX, 546.
BIARNOIS, cap$^e$ de chasseurs. — XXIV, 403.
BIART, cap$^e$ de dragons. — XXII, 91.
BIAUNIÉ, cap$^e$ de chasseurs à cheval. — XIX, 436.
BIAUMÉ jeune, lieut. de chasseurs à cheval. — XX, 490.
BIBAULT, off. de grenadiers à l'A. du Nord. — XXVIII, 30.
Bibliothécaires. — XXIII, 89, 114, 115, 567.

Bibliothèque nationale. — XIX, 634. — XX, 9. — XXVI, 139. — XXVIII, 164.
Bibliothèques. — XXII, 432. — XXIII, 89, 114, 567.
Bicêtre (Maison de force de). — XXII, 210, 211, 717. — XXIV, 617. — XXV, 727. — XXVI, 425, 444, 471, 685.
Bicêtre (Maison d'arrêt de), à Amiens. — XXIII, 296.
BIDERMANN (Jacques et André), de Winterthur. — XX, 705.
BIDOIT, g$^{al}$ de brigade. — XVIII, 7.
BIDON-GRANGÉ, commissaire des Guerres. — XVIII, 292.
Bieberich (Allemagne). — XXIII, 235. — XVIII, 516. — XXI, 490.
Bien-Aimé, slopp. — XX, 735.
Biesbosch (Hollande). — XVIII, 261, 334.
Bienfaisante, navire français. — XXVII, 64.
BIENFAIT, de la direction des fonderies. — XXI, 328.
Bienne (Suisse). — XVIII, 197. — XIX, 599.
Biens domaniaux en Belgique. — XXVII, 477.
— nationaux. — XIX, 13, 16, 247. — XXIV, 788, 789. — XXV, 19, 26, 105, 196, 309, 545, 711. — XXVI, 494, 502, 549, 621. — XXVII, 13, 45, 76, 104, 132, 187, 237, 335, 457, 585, 654. — XXVIII, 289, 478, 70. Voir Domaines nat.; Émigrés.
— communaux. — XXV, 67.
— confisqués. — XXV, 37, 420, 545. — XXVI, 205, 296, 345, 373, 393, 416, 484, 494, 550, 622, 662, 685, 707. — XXVII, 6, 62, 180, 536, 560.
Biermes (Ardennes). — XX, 7.
Bien Venu, navire. — XXVIII, 383.
Bienville (H-M) [Forges de]. — XXVI, 420.
Biéville (Calvados). — XXII, 719.
BIGARDAT (Ét.), lieut. prisonnier. — XXIV, 374.
BIGAULT, command$^t$ de la place de La Flèche. — XVIII, 662, 663.
Bignan (Morbihan). — XIX, 584, 715, 717. — XXIV, 750.
Bigny [Forges de] (Ardennes) — XXIV, 661.
BIGOT et sa f$^e$. — XVIII, 554.
BIGOT, lieut. de vaisseau. — XX, 714.
BIGOT, caporal. — XXIV, 430.
BIGOT, chasseur à cheval. — XXVII, 664.
BIGOT DE MOROGUES, auteur de l'Essai sur la poudre à canon. — XXIV, 157. — XXV, 639.
BIGOURDAN, fournisseur de viande. — XX, 296.
Bilbao (Espagne). — XVIII, 79, 258. — XIX, 177, 178. — XX, 757, 758. — XXI, 139, 498. — XXIII, 254. — XXIV, 779. — XXV, 450, 533, 627, 652, 653, 671, 704. — XXVI, 132, 190. — XXVII, 412. — XXVIII, 34, 427, 428.
BILLARD, maître de forges. — XXVI, 558.
BILLARD, volontaire. — XXI, 520.
BILLARDELLE (J. B.), forgeron de canons aux Invalides. — XXVI, 471.
BILLAUD. — XIX, 447.
BILLAUD (Jean), de l'École centrale des Travaux publics. — XX, 16.
BILLAUD, de Rochefort. — XXI, 139.
BILLAUD-VARENNE, repr. — XIX, 181, 307. — XXI, 462, 536, 561, 835. — XXIII, 329, 330, 611, 825. — XXIV, 81. — XXVI, 210.
BILLELARD, commissaire des Guerres. — XXII, 242.
BILLIAUX, surveillant des fonderies de canons du Centre. — XXV, 279.
Billighem (Palatinat). — XXI, 141.

*Billom* (P.-de-D). — XIX, 621.
BILLON, command¹ temporaire du Port-Fidèle. — XXI, 214.
BILLON, capᵉ. — XXIV, 319.
BILLON, employé aux armements de la Marine, à Toulon. — XXVIII, 489.
BILLOT, command¹. — XXV, 11.
BILLY, mᵈ de chevaux. — XXVI, 337.
BILLY, chef de bᵒⁿ. — XVIII, 518, 572.
BINARD. — XXI, 641. — XXVI, 132.
BINARD frères, négociants à Brest. — XXVIII, 5, 419.
*Binche* (Belgique). — XXI, 810.
BINELLY, ingénieur des mines. — XXVI, 419.
BINET, de Corvol. — XXV, 687. — XXVI, 156.
BINET (Jean Nicolas). — XVIII, 550.
BINET (Cⁿ). — XXVII, 416.
*Bingen* (Allemagne). — XVIII, 816. — XX, 562. — XXI, 319, 320, 383, 490. — XXII, 349, 688. — XXIV, 525. — XXVI, 374. — XXVII, 293, 363. — XXVIII, 637.
*Binic* (C-du-N). — XIX, 583.
BINQUE (J.), prisonnier anglais. — XXIII, 482.
BION (Jean Marie), repr. — XXII, 110. — XXIV, 35, 462, 535, 574, 600, 743.
BIORSTROEM, armateur de Hambourg. — XX, 399.
BIOT, de l'École centrale des Travaux publics. — XIX, 455. — XXI, 49.
BIOT, adjud¹ gᵃˡ. — XXII, 72.
*Birmingham* (Angleterre). — XXV, 265.
*Biron* (Maison de), à Paris. — XXVIII, 619, 648, 674.
BIRONNEAU. — XVIII, 211.
BISCART, expéditionnaire. — XXIII, 71.
*Biscaye* (Espagne). — XVIII, 79, 80, 82, 83, 258, 377, 378. — XIX, 177, 178. — XX, 527, 805. — XXII, 359, 517. — XXIII, 14, 67, 83, 614, 704. — XXIV, 51, 53, 54, 84, 420, 486. — XXV, 533, 627. — XXVI, 132, 253, 269. — XXVII, 412. — XXVIII, 34, 427.
— (Mer de). — XXII, 709. — XXIV, 779.
*Biscayens* (Les). — XVIII, 540. — XX, 658. — XXIII, 316. — XXIV, 51. — XXV, 652.
BISCUIT, ouvrier d'atelier d'armes. — XX, 80.
*Biscuits*. — XXIII, 583. — XXVI, 21, 99, 129, 263, 311, 333, 338, 507, 615, 666, 698. — XXVII, 103, 553, 635, 671.
BISERAYE (Vᵛᵉ). — XVIII, 238.
*Bislée* (Meuse). — XXIII, 68.
BISSON (Jac.), de Paris. — XXVIII, 608, 609.
BISSY, repr. — XIX, 247, 645.
BISTON (Pierre), agent gᵃˡ des hôpitaux militaires. — XIX, 383. — XX, 755.
BISTON, agent gᵃˡ des hôpitaux militaires. — XXVIII, 29.
BISTON, chirurgien militaire. — XXIV, 155.
*Bitche* (Moselle). — XVIII, 150, 315. — XX, 145, 146. — XXI, 106. — XXII, 517. — XXIII, 31, 824. — XXV, 636.
BIZANELLO, négociant à Strasbourg. — XXV, 536.
BIZANET, gᵃˡ. — XXI, 147, 148, 150, 158, 333. — XXII, 97. — XXIII, 368. — XXIV, 271, 846. — XXV, 90.
BIZEMONT, propriétaire à Faveraye. — XXVIII, 660.
BIZOS, fermier de la Muette. — XXII, 442.
BIZOT-CHARMOY, chef de bᵒⁿ du génie. — XXII, 656, 657. — XXIV, 299, 403.

BIZOT, command¹ temporaire de la place de Salins. — XXV, 11.
BIZOT, repr. — XVIII, 145.
BIZY, gᵃˡ de division. — XXVIII, 87.
*Bizy* (Forges de). — XX, 69, 486. — XXI, 809. — XXV, 70.
BIZY, directeur des fortifications de Strasbourg. — XXIV, 118.
BLACHARD, gendarme. — XXI, 811.
BLACHE (Ant. et Louis Joseph), sous-chefs à Toulon. — XXV, 409.
BLACHÈRE, lieut. — XVIII, 709.
BLACHETTE père, juge au trib. révol., payeur à l'A. des Vosges. — XXV, 674.
BLAD, repr. — XXII, 306. — XXIV, 1, 11. — XXV, 32, 33, 46, 93, 103, 106, 113, 115, 191, 249, 258, 296, 301, 302, 305, 336, 360, 393, 394, 396 n., 397, 416, 433, 435, 472, 476, 497, 498, 499 n., 506, 513, 597, 599 n., 606, 625, 646, 651. — XXVI, 18, 47, 52, 73, 94, 95, 109, 120, 129, 215, 246, 290, 293, 322, 323, 404, 405, 406, 426, 464, 516, 521, 537, 552, 688, 698. — XXVII, 12, 50, 103, 152, 153, 215, 304. — XXVIII, 245.
*Blagnac* (H-G). — XXVI, 494.
BLAHAY, du service des hôpitaux. — XIX, 359. — XX, 792.
*Blain* (L-I). — XXV, 397.
BLAIN, capᵉ de gendarmerie. — XXIII, 248.
BLAINVILLE, ouvrier. — XX, 38.
BLAIZEL, greffier. — XIX, 197.
*Blamont* (M-et-M). — XVIII, 72. — XXIV, 472.
BLAIN ou BLEIN. — XVIII, 19, 569.
*Blaise* (H-M). — XX, 399.
BLAISOT (Pierre), courtier. — XXIII, 269.
*Blamont* (M-et-M). — XXVII, 368.
*Blanc* (Le) [Indre]. — XIX, 31. — XX, 363. — XXV, 738.
BLANC, charretier. — XXVI, 175, 308.
BLANC, command¹ des guides à l'A. des Alpes. — XVIII, 123. — XIX, 6, 255.
BLANC, entrepreneur de la manufact. d'armes de Roanne. — XVIII, 755.
BLANC, chef d'escadron. — XVIII, 551.
BLANC, capᵉ. — XXII, 614.
BLANC, employé ordinaire à Toulon. — XXV, 409.
BLANC fils, tanneur à Coulommiers. — XXII, 44.
BLANCHARD (Pierre). — XVIII, 326, 449.
BLANCHARD (Guillaume), tanneur. — XVIII, 449.
BLANCHARD, de l'Agence des armes à Bruxelles. — XX, 17.
BLANCHARD, inspecteur à la fonderie d'Indret. — XX, 667.
BLANCHARD, directeur de l'hôpital de la Montagne, à Strasbourg. — XXII, 242.
BLANCHARD (Cl.), commissaire ordonnateur. — XVIII, 254. — XXI, 155. — XXII, 746. — XXIV, 40. — XXVI, 762. — XXVII, 575.
BLANCHARD, arquebusier. — XXVIII, 238.
BLANCHET, fournisseur. — XVIII, 680. — XXV, 274.
BLANCHET, déporté de la Guadeloupe. — XXII, 12.
BLANCHET, payeur gᵃˡ. — XXIII, 655.
BLANCHET, inspecteur gᵃˡ. — XXVII, 501.
BLANCHET, fabricant de pièces de fusils. — XXVIII, 27.
BLANCHON, commissaire des Guerres. — XXII, 46. — XXIV, 636. — XXV, 214.

BLANCHOT, élève du génie à l'École centrale de Paris. — xxv, 103.
BLANCHY, MESSINE et C$^{ie}$, fournisseurs de viande. — xxiv, 39.
BLANCOCK, américain. — xxvi, 120.
BLANDIN, lieut. de vaisseau. — xx, 630.
*Blankenheim* (Pays de). — xxv, 288, 358. — xxvi, 298.
BLANMONT, cap$^e$. — xxv, 11.
BLANQUET (Armand), cap$^e$ de vaisseau. — xix, 384.
BLANQUI, repr. — xxi, 485, 486. — xxii, 478. — xxiv, 35, 654, 729. — xxv, 248, 574. — xxvi, 279. — xxvii, 120, 161. — xxviii, 46.
*Blansecques* (P.-de-C). — xxvi, 420.
*Blanzey* (H$^{te}$.Saône). — xx, 610.
BLANZY, dit Épernay, aide de camp du g$^{al}$ Magallon. — xxi, 511.
*Blanzy* (Mines de). — xviii, 447. — xix, 28. — xxvi, 682.
BLAUX, repr. — xix, 106. — xxi, 69, 252, 293, 314, 316, 350, 351, 361, 377, 378, 381, 489, 521-523, 557, 558, 559, 565, 566, 644, 645, 724, 727, 728, 729, 763, 773, 824-826. — xxii, 14, 51, 52, 53, 127, 150, 157, 163, 195, 196, 236, 254, 255, 273, 308, 310, 345, 346, 370, 375, 376, 394, 411, 417, 418, 419, 420, 452, 453, 454, 480, 507, 510, 511, 512, 547, 551, 566, 567, 595, 600, 623, 624, 625, 663, 701, 723, 749, 784. — xxiii, 15, 82, 91, 92, 93, 141, 142, 169, 190, 201, 255, 256, 296, 297, 324, 325, 343, 405, 431, 482, 523, 524, 560, 562, 563, 601-603, 637, 645, 670, 705, 711, 712, 742, 752, 782, 804, 805. — xxiv, 11, 12, 18, 19, 39, 72, 100, 106, 107, 109, 141, 142, 166, 167, 168, 184, 292, 295, 318, 320, 322, 323, 358, 359, 360, 382-384, 410, 411, 441, 442, 446, 471, 512, 560, 561, 588, 617, 642, 667, 742, 743, 793. — xxvii, xvi, 206.
BLAUZOT, concessionnaire de mines. — xviii, 229.
BLAVET, command$^t$ du *Juste*. — xxi, 556.
BLAVET, traducteur. — xxviii, 659.
BLAVIER, directeur de l'hôpital militaire de Caen. — xix, 729.
BLAUW, ministre plénipotentiaire hollandais. — xix, 92. — xx, 653. — xxi, 404, 517, 765. — xxii, 83, 617, 661, 675. — xxiii, 23, 62, 514, 592. — xxvi, 373, 481, 730. — xxviii, 247.
*Blaye* (Gironde). — xviii, 771. — xix, 154, 325, 383, 607, 700, 701. — xx, 257. — xxiii, 208, 209. — xxiv, 48. — xxvii, 510.
BLAZE, d'Avignon. — xxviii, 231.
BLEADON (Elisa), anglaise — xxi, 566.
BLECH, de Mulhouse. — xx, 58.
BLED, employé principal à Toulon. — xxv, 409.
*Bléneau* (Yonne). — 688.
BLESCHAMPS (Jacob), chef des bureaux civils à Rochefort. — xxi, 156.
*Bliescastel* (Moselle). — xviii, 611. — xxii, 260.
BLIGNY, de Paris. — xix, 726.
BLIN, médecin en chef de l'A. des Côtes de Brest. — xix, 550.
BLIN, lieut. de gendarmerie. — xxi, 176.
BLIN, adjud$^t$ g$^{al}$. — xxii, 475.
BLIN, chef d'escadron. — xxii, 697.
BLIN, cap$^e$ de hussards. — xxvii, 317.
*Blocus* maritime. — xxvii, 597. Voir *Marine*.

*Blois* (L-et-C). — xviii, 20, 560, 565. — xix, 337, 577. — xx, 510, 638. — xxi, 248, 430, 496, 560, 561, 591, 638, 818. — xxii, 178, 506. — xxiii, 94, 289, 350, 415, 464, 536, 595, 730, 743. — xxiv, 58, 288, 337, 504, 627, 825. — xxv, 441, 442. — xxvi, 503. — xxvii, 120. — xxviii, 509, 510.
BLOK. — xviii, 347.
BLOMAERT, fournisseur. — xxv, 45. — xxvi, 745.
BLONDÉ, cultivateur à Boussy-sous-Sénart. — xxi, 372.
BLONDEAU, off. de police de sûreté militaire. — xxv, 134.
BLONDEAU, g$^{al}$. — xxii, 516. — xxv, 279. — xxvi, 601.
BLONDEAU, adjud$^t$ g$^{al}$. — xxiv, 97. — xxvi, 627. — xxviii, 128.
BLONDEAU, commis au bureau de la cavalerie. — xviii, 241.
BLONDEAU, adjoint aux adjud$^{ts}$ génér$^x$ à l'A. de l'Intérieur. — xxviii, 552.
BLONDEL. — xxvi, 714.
BLONDEL, chef du bureau des transports militaires. — xxvi, 622.
BLONDEL, exploitant des forêts de la Tournelle. — xxi, 799.
BLONDY (Michel), lieut. de gendarmerie à Toulon. — xxv, 409.
BLOT, volontaire. — xviii, 763.
BLOTTEFIÈRE, g$^{al}$ de brigade. — xx, 505.
*Blotzheim* (H-R). — xxvi, 376.
BLOU, cap$^e$ de chasseurs. — xviii, 75, 551. — xxii, 336, 475.
BLOUCOTTE, administrateur du distr. de Sarreguemines. — xxiii, 562.
BLUGET, commissaire des poudres à Châlons. — xxviii, 322.
BLUMENSTEIN, exploitant des mines de plomb de la Goutte. — xxiii, 447, 448. — xxviii, 646.
BLUMOT, volontaire. — xxiv, 164.
BLUNT (G. Fr.), cap$^e$ du navire le *Héros*. — xxvii, 61.
BLUTEL, repr. — xviii, 91, 141, 436, 640, 745. — xix, 124, 130, 176, 446, 660, 661, 793. — xx, 26, 251, 258, 449. — xxi, 42, 139, 337, 338, 411, 446, 471, 496, 600, 639, 661, 835. — xxii, 18, 159, 187, 287, 288, 382, 460, 670, 743. — xxiii, 208, 383, 416, 472, 520, 611, 683, 708, 722. — xxiv, 82, 202, 220, 340, 357, 371, 394, 490, 709. — xxvi, 58. — xxvii, 653.
Bo, repr. — xviii, 348, 795. — xix, 597, 693. — xx, 263, 304, 469, 797. — xxi, 318, 447, 737, 738, 797, 836. — xxii, 325, 427, 607, 608, 681, 683, 709, 767, 821. — xxiii, 103, 149, 169, 173, 250, 315, 316, 335, 427, 428, 477, 575, 614, 653, 687. — xxiv, 143, 187, 233, 235, 307, 420, 460, 490, 561, 598, 611, 826. — xxvi, 30, 330. — xxvii, 478.
*Bocage* vendéen. — xxii, 669.
BOCAGE (Jean Louis). — xx, 323.
BOCCARDI, de Gênes. — xviii, 427.
BOCHET, commissaire. — xxiv, 632.
BOCHONNIÈRE, command$^t$ la force armée à Craon. — xxi, 295.
*Bockenheim* (Allemagne). — xx, 563.
*Bockholt* (Allemagne). — xxii, 190.
*Bockoven* (Palatinat). — xxvii, 607.

BOCLET (J. F.), ingénieur géographe. — XIX, 578.
BOCQUEAUX, garde d'artillerie à Marsal. — XXI, 277.
BOCQUET, conducteur de travaux. — XXI, 65.
BOCTEY, ex-command$^t$. — XXII, 593.
BODAYS, cap$^e$ d'artillerie. — XXV, 279.
BODÉ, émigré. — XXII, 586, 587.
BODET-LAVALADE, cap$^e$ démissionnaire. — XXVI, 303.
BODIMENT (Guill. Ph.). — XXIII, 270.
BODIN, repr. — XXI, 179. — XXII, 321. — XXIV, 401, 405, 406, 507, 552, 614, 645, 748, 773, 805. — XXV, 27, 53, 68, 80, 170, 259, 300, 363, 364, 391, 397, 436, 437, 477, 497, 498, 529, 558, 582, 605, 619, 625, 626, 671, 699, 717, 721, 748. — XXVI, 46, 73, 74, 75, 155, 159, 160, 232, 246, 263, 277, 278, 291, 292, 485, 521, 525, 544, 551, 584, 592, 610, 656, 673, 695, 719, 755. — XXVII, XX, 37, 42, 101, 105, 133, 191, 209, 216, 241, 245, 353, 379, 380, 381, 382, 425, 432, 449, 450, 458, 469, 491, 515, 518, 519, 547, 548, 551, 593, 594, 620, 671. — XXVIII, 70, 177, 202, 273, 292, 355, 360, 361, 366, 367, 368, 406, 457, 458, 511, 512, 535, 558, 587, 605, 606, 636, 637, 704.
BODIN fils, chirurgien au Gros Caillou. — XXIV, 401.
BODIN jeune, chirurgien à l'hôpital militaire de Soissons. — XXIV, 401.
BODIN, canonnier de Rennes. — XXVI, 45.
BODIN. — XXI, 179.
BODIN, grenadier. — XXI, 538.
BODSON. — XXI, 700.
BOËNIER, ingénieur en chef du départ$^t$ de l'Orne. — XXV, 437.
BŒRLY (William), prisonnier anglais. — XXIII, 482.
BŒRSCH, commissaire ordonnateur de la division du H$^t$-Rhin. — XXI, 344.
Boësse (Sarthe ou Loiret). — XXII, 414.
BOESSE, imprimeur à Paris. — XXVIII, 97.
Bœufs. — XVIII, 43, 45, 484. — XIX, 728, 744, 745. — XX, 38, 60, 116, 661. — XXI, 17, 21, 22, 273, 505, 506, 613, 659, 804, 805. — XXII, 63, 153, 244, 331, 399, 710. — XXIII, 60, 61, 176, 185, 209, 350, 419. — XXIV, 69, 81, 95. — XXV, 397, 494. — XXVI, 167, 233, 324, 335. — XXVII, 367, 445. Voir *Bétail; Subsistances; Viande.*
BOFFIER, administrateur du distr. d'Abbeville. — XX, 303.
BOGNERIS, chef de c$^{te}$. — XXIV, 792.
BOHAN, repr. — XX, 298.
BOHL et C$^{ie}$. — XXVIII, 385.
BOHUSAK, négociant suédois. — XXII, 482. — XXVI, 271.
BOIDEAU, lieut. — XXI, 538.
BOIDON, fournisseur de viande. — XXIV, 477.
BOIENVAL, enseigne. — XX, 796.
BOIGUEVILLE fils (Marie). — XVIII, 137.
BOILLE (Fr.), novice de la marine, de Bordeaux. — XXVIII, 528.
BOILLEAU (Jacques), repr. — XXIV, 218.
BOILLNEAU aîné, député suppléant. — XXVI, 218.
BOIN, courrier du C. de S. P. — XXV, 40. — XXVIII, 96.
BOINET, commissaire des Guerres. — XIX, 64.
BOIRON, repr. — XXVI, 472.
Bois, fournisseur. — XXII, 744.
*Bois* (Île de Ré). — XXI, 411.
*Bois* de chauffage. — XVIII, 397, 501, 602, 619, 620, 621, 781, 782. — XIX, 6, 24, 79, 80, 270, 271, 272, 308, 323, 376, 391, 392, 403, 405, 437, 475, 481, 489, 538, 558, 559, 575, 576, 612, 617, 653, 655, 689, 707, 723, 744, 761, 762, 781. — XX, 4, 29, 59, 69, 105, 157, 240, 332, 333, 362, 403, 535, 536, 567, 582, 586, 661, 771. — XXI, 5, 21, 47, 63, 113, 277, 356, 357, 371, 398, 412, 551, 590, 612, 613, 701, 702, 799, 805. — XXII, 38, 68, 198, 199, 289, 290, 293, 294, 331, 469, 525, 619, 688, 690, 696, 710, 752, 791. — XXIII, 15, 121, 176, 377, 419, 450, 502, 506, 507, 508, 581, 627, 797, 798, 799, 800. — XXIV, 57, 61, 62, 64, 174, 190, 247, 248, 341, 350, 374, 394, 438, 466, 542, 616, 656, 657, 729, 737, 751, 817. — XXV, 1, 126, 219, 263, 267, 286, 403, 414, 417, 478, 556, 580, 592, 612, 628, 653, 672, 682, 699, 751. — XXVI, 5, 7, 34, 66, 91, 125, 166, 195, 199, 212, 213, 264, 336, 395, 417, 463, 505, 553, 593, 681, 682, 683, 684, 685, 692, 716, 740. — XXVII, XII, 7, 43, 91, 96, 112, 275, 276, 295, 315, 370, 427, 453, 503, 552, 557, 571, 580, 647. — XXVIII, 4, 20, 32, 48, 77, 88, 99, 100, 152, 249, 344, 346, 441, 444, 517, 521, 572, 642, 643, 683.
— canards. — XXVI, 218. — XXVII, 82, 309.
— de construction, et divers. — XIX, 678. — XX, 59, 172, 383, 685. — XXI, 20. — XXIII, 734, 803. — XXV, 455, 648, 672, 691. — XXVI, 33, 83, 180, 181, 199, 213, 280. — XXVII, 82, 92, 365.
— pour la marine. — XVIII, 263, 264, 265, 528, 640. — XIX, 179, 622, 699. — XX, 59, 523, 606, 607. — XXI, 316, 752. — XXII, 630. — XXIII, 702, 703, 819. — XXV, 8, 324, 350, 460, 592, 648. — XXVI, 8, 510, 710. — XXVII, 445, 535, 539, 674.
— (Marchands de). — XXIII, 186. — XXIV, 60, 61, 62, 64. — XXV, 126, 402, 451, 460, 534, 601, 628, 691. — XXVI, 32, 54, 83, 138, 139, 194, 199, 210, 212, 233, 332, 510, 580, 593, 710, 721, 764. — XXVII, 32, 112, 186, 195, 252, 275, 288, 367, 368, 453, 496, 629.
— (Transport de). — XXV, 8, 126, 153, 286, 316, 349, 402, 417, 438, 563, 592, 653, 682, 687, 691, 752. — XXVI, 136, 167, 199, 324, 335, 347, 525, 556, 580, 594, 643, 682, 721, 764. — XXVII, 82, 445, 660. Voir *Charbon; Forêts; Flottage* des.
BOIS-GAUTHIER, ex-consul en Espagne. — XXVIII, 20.
*Bois-Guillaume* (S-I). — XX, 491.
*Bois-le-Duc* (Hollande). — XVIII, 28, 95, 203, 261, 292, 588. — XIX, 158, 175, 208, 485, 501, 598, 739. — XX, 212, 225, 357, 417, 418, 637, 654. — XXI, 7, 365, 533, 534. — XXII, 16, 280. — XXIV, 170, 171, 482, 715, 716, 717. — XXVI, 245, 477. — XXVII, 358, 408, 623.
BOISBRANU, cap$^e$. — XXI, 176.
BOISBAUDRAN (Chevalier de). — XX, 443.
BOISCLERC, commissaire ordonnateur de la 10$^e$ division. — XIX, 104.
BOISDAN et C$^{ie}$, fournisseurs de viande. — XX, 586.
BOISDENEMETZ, aide de camp. — XXI, 359.
BOISGÉRARD, off. du génie. — XVIII, 183, 309, 336, 443. — XXVI, 288.
BOISGUY (Aimé et Louis PICQUET du). — XVIII, 98, 278.
BOISHARDY, chef de Chouans. — XIX, 71, 142 n., 162, 214, 217, 248, 296, 401, 468, 469, 585, 664. — XX, 50. — XXIII, 472. — XXIV, 514.
*Boismandé* (H-V). — XXI, 628.

BOISMARD, employé aux vivres à l'A. de Sambre-et-Meuse. — XIX, 617.
BOISNEUF (Henry Pierre), ingénieur. — XVIII, 724.
BOISSAY, commissaire ordonnateur. — XX, 102.
BOISSAUVEUR, off. de marine. — XX, 630.
BOISSEAU (Jérôme), cultivateur à Vanves. — XXVI, 228.
BOISSEAU, quartier-maître gendarme. — XXIII, 248, 512.
BOISSEAU (Marie Joseph), négociant de Paris. — XXIV, 213.
BOISSEAU, quartier-maître des grenadiers de la Conv. — XXVIII, 553.
BOISSELIER, agent à Brême. — XVIII, 19. — XXIV, 408.
BOISSET, repr. — XVIII, 59, 142, 361, 379, 560, 596, 622. — XIX, 397, 613. — XXI, 460. — XXII, 139, 392, 402, 403, 568, 695, 711, 714, 822. — XXIII, 118, 119, 151, 179, 237, 250, 291, 422, 448, 455, 494, 495, 541, 542, 624, 657, 692, 732, 750, 764, 765, 766, 780, 827. — XXIV, 33, 123, 250, 270, 284, 355, 439, 494, 509, 531, 572, 652, 676. — XXV, 712, 752. — XXVI, 229, 594. — XXVII, 497. — XXVIII, 456.
BOISSETTE, commissaire des Guerres. — XXV, 534, 562. — XXVI, 318.
BOISSET (Valérian), g$^{al}$ de brigade. — XVIII, 292. — XIX, 636. — XX, 544.
BOISSET, de Bordeaux. — XX, 25.
BOISSIER, adjud$^t$ g$^{al}$. — XVIII, 603.
BOISSIER (Pierre Bruno), repr. — XXI, 157, 468, 493, 494, 685. — XXII, 22, 23, 248, 372, 378, 425, 483, 579, 605, 706. — XXIII, 13, 348, 534, 817, 820. — XXIV, 27, 47, 78, 187, 255, 458, 489, 719, 769, 824. — XXV, 52, 80, 145, 177, 221, 232, 285, 414, 664.
BOISSIEU, repr. — XXIII, 321. — XXIV, 164. — XXVI, 685.
BOISSIEU, lieut. de gendarmerie. — XXVIII, 527.
BOISSON, dit Quincy, adjud$^t$ g$^{al}$. — XXI, 814. — XXII, 301.
BOISSY D'ANGLAS, repr. — XVIII, 529. — XIX, 269, 311, 364, 365. — XX, 106, 179, 255, 280, 325, 330, 450, 578, 659. — XXI, 80, 190, 411, 436, 513. — XXIII, 453. — XXIV, 105. — XXV, 70, 93, 104, 598, 731. — XXVI, 109, 668. — XXVII, 51. — XXVIII, 109, 208, 235, 274, 275, 351, 492.
*Boissy-Saint-Léger* (S-et-O). — XXVII, 630, 664. — XXVIII, 22, 411.
BOISTARD. — XVIII, 276.
BOIVIN (Martin et Laurent), d'Orléans. — XXVI, 177.
BOIVIN, adjud$^t$ g$^{al}$. — XXI, 352. — XXV, 299.
*Boixe* (Forêt de). — XXII, 696.
*Bolbec* (S-I). — XXII, 725. — XXIII, 699. — XXVI, 684.
*Bolhard* (Le) [S-I]. — XXIII, 677.
BOLLE, courrier de Cormatin. — XXVI, 448. — XXVII, 448.
BOLLE, contre-amiral. — XXI, 512.
BOLLE, adjoint aux adjud$^{ts}$ génér$^x$ des A. des Alpes. — XXVII, 497.
BOLLEMONT, g$^{al}$ d'artillerie. — XVIII, 125, 336, 434. — XXIV, 413. — XXV, 228, 407. — XXVI, 491.
BOLLERELLE, de Liège. — XXIII, 814.
BOLLET, repr. — XVIII, 64, 146, 148, 277, 354, 355, 426, 446, 456, 460, 461, 466, 512, 513, 514, 527, 658, 659, 718, 766, 774, 775. — XIX, 36, 37, 55,

71, 110, 128, 214, 219, 266, 387, 401, 467, 468, 469, 505, 506, 519, 555, 587, 755, 756. — XX, 12, 24, 164, 165, 257, 287, 289, 304, 379, 397, 577, 642, 716. — XXI, 29, 214, 222, 225, 266, 308, 353, 385, 578, 689, 786, 790. — XXII, 90, 165, 228, 229, 285, 424, 606, 607, 726. — XXIII, 167, 227, 259, 308, 361, 518, 608, 714, 720. — XXIV, 28, 29, 194, 198, 335, 337, 441. — XXV, 302, 470. — XXVII, 188. — XXVIII, 149.
BOLMONT, de Compiègne. — XXIV, 40.
BOLMONT, adjud$^t$ g$^{al}$. — XXIV, 69.
BOBAN, chirurgien à l'A. du Nord. — XXVII, 345.
*Bologne* (Forges de). — XVIII, 707.
*Bombes*. — XXVII, 215. Voir *Artillerie*.
*Bommel* (Île de). — XVIII, 261, 334, 685, 686. — XIX, 159, 286, 366, 415, 442, 443.
BOMPAIX, charpentier. — XVIII, 60.
BOMPARD, cap$^e$ du vaisseau *Montagnard*. — XXV, 626.
BONAFOUSSE, lieut. au 8$^e$ hussards. — XXVII, 172.
BONAPARTE, g$^{al}$ de brigade. — XXI, 345. — XXV, 278, 378. — XXVI, 421. — XXVII, 370, 417. — XXVIII, 194, 479.
BONAPARTE (Joseph), commissaire des Guerres. — XXIII, 120, 182.
BONARDEL, cap$^e$. — XXII, 809.
BONARDO (Ant.) et BANCALARI, négociants génois. — XXVIII, 385.
BONSIRTA (Joseph), g$^{al}$ de brigade. — XXI, 279.
BONCARANDE (Louis), courtier. — XXIII, 270.
BONCOURT, de la Comm$^{on}$ de la Marine. — XIX, 191, 311. — XX, 391.
BOND (André), chirurgien. — XXI, 436.
BONDI (Marie), courrier du C. de S. P. — XXV, 40.
*Bondy* (S-et-O). — XVIII, 620. — XIX, 617. — XXI, 668. — XXV, 490. — XXVIII, 99, 278.
*Bône* (Algérie). — XVIII, 136.
BONELLY, de l'A. d'Italie. — XXIII, 776.
BONET (Joseph Balthazar), repr. — XXI, 722, 723. — XXIII, 152, 214, 357, 447, 494, 495, 522, 542, 657, 780, 801, 826. — XXIV, 123, 175, 176, 308, 371, 488, 530, 572, 710, 753, 781, 712, 837. — XXV, 155, 221, 265, 367, 418, 451, 415, 545, 610, 663 n., 742. — XXVI, 26, 492, 505, 569. — XXVIII, 415.
BONHOMME, inspecteur de la Comptabilité. — XXIV, 434.
BONHOURE (Ant.), conservateur des bâtiments militaires à Saint-Hyppolyte. — XXVIII, 380.
BONIFACE, garde-magasin à Saint-Lô. — XXVIII, 636.
BONIÈRE, command$^t$ amovible de Ganesheim et Ollendorf. — XX, 546.
BONIFACE, lieut. — XIX, 550.
*Bonifacio* (Corse). — XXIV, 319.
BONIN, cap$^e$. — XVIII, 122.
BONIN, inspecteur. — XIX, 276.
BONIN, courrier du C. de S. P. — XXV, 371.
BONIS, cap$^e$. — XIX, 498.
BONJOUR (oncle et neveu), employés. — XIX, 552.
*Bonn* (Allemagne). — XVIII, 259, 495. — XIX, 174, 611. — XX, 208, 496, 562, 618. — XXI, 204, 590, 646, 647, 648, 730, 828. — XXII, 20, 85, 309, 342, 348, 552, 601, 602, 752. — XXIII, 135, 225, 252, 284, 338. — XXIV, 23, 472, 746. — XXV, 224, 225, 227, 228, 449, 470, 553, 584, 600, 673, 682 702, 739, 741. — XXVI, 44, 187, 306, 307, 392, 607,

COMITÉ DE SALUT PUBLIC. — TABLE. (XVIII-XXVIII.)

608, 609, 633, 652, 653. — xxvii. — 125, 231, 262, 307, 350, 404, 407, 453, 470, 535. — xxviii, 587, 588, 651.
BONNAFAUX, courrier du C. de S. P. — xxv, 40.
BONNAIRE, g$^{al}$ de division. — xx, 103. — xxv, 120, 192.
BONNAIRE-JOUBERT et C$^{ie}$, fabricants de toile à voiles à Angers et Beaufort. — xxi, 676.
BONNAL (Fr.), commissaire des Guerres. — xxviii, 596.
BONNAMY, g$^{al}$. — xxiv, 773. — xxviii, 690.
BONNARD, g$^{al}$. — xviii, 120, 336, — xx, 399. — xxi, 136. — xxiv, 746. — xxv, 225.
BONNARD, inventeur. — xviii, 73.
BONNARD, lieut. de cavalerie. — xx, 775. — xxvi, 204.
BONNARD, cap$^e$. — xviii, 568.
BONNARD, de Lyon. — xxii, 712.
BONNARD, sous-lieut. au 11$^e$ rég$^t$ de chasseurs à cheval. — xxviii, 465.
BONNARDEL, gendarme. — xx, 224.
BONNAT, de Fontans. — xx, 347.
BONNAUD, g$^{al}$, — xix, 159, 532, 735. — xxi, 165, 532. — xxii, 537. — xxiii, 303. — xxiv, 702. — xxv, 459. — xxvi, 748. — xxvii, 105, 216, 382, 516, 564. — xxviii, 36, 112, 404.
BONNAUD (André Jacques), cap$^e$ au 19$^e$ chasseurs à cheval. — xx, 660.
BONNAURE, command$^t$ de poste sur le Rhin. — xx, 459.
BONNAUS, sous-lieut. — xxiv, 496.
BONNAVOIS (J. B.), canonnier. — xxvi, 62.
BONNAY, direct$^r$ de l'artillerie à Cherbourg. — xxvii, 13.
BONNAY-NONANCOURT, chef de b$^{on}$. — xviii, 321.
BONNE (Fr.), aérostier à Meudon. — xix, 783.
Bonne-Espérance (Cap de). — xix, 738. — xx, 248, 370, 440. — xxii, 317, 528, 582.
Bonne-Union, brigantin. — xxv, 493.
Bonneau (Ardennes). — xxi, 329.
BONNEFON, aide de camp du g$^{al}$ Fontbonne. — xxv, 679.
BONNEFONS, off. de marine. — xx, 630.
BONNEFOUS aîné, membre du Bureau de commerce. — xxviii, 570.
BONNEFOUS aîné, négociant à Marennes. — xxviii, 573.
BONNEL-LARDOISE, f$^e$ d'émigré. — xxv, 19.
BONNEMAIN, commissaire ordonnateur des Guerres. — xxiv, 787.
BONNEMAIRE, cap$^e$ de gendarmerie. — xix, 597.
BONNEMANT, accusateur militaire. — xviii, 427.
BONNET (Esprit), réfugié corse. — xxvi, 595.
BONNET, sous-chef des bureaux de la 9$^e$ comm$^{on}$. — xxvi, 444.
BONNET, g$^{al}$ de brigade. — xxii, 348. — xxiii, 739.
BONNET. — xxii, 390.
BONNET (Nicolas), cultivateur à Combles. — xxiii, 68.
BONNET, lieut. — xxiv, 702.
BONNET, sergent-major. — xxviii, 553.
BONNET, de Bastia, fournisseur. — xxvii, 213.
BONNET LOUVAT-CHAMPOLLON (Gaspard-Adrien), g$^{al}$ de division. — xxiii, 511.
BONNET-MEAUTRY, repr. — xxvi, 288, 559.
Bonnet rouge. — xxvi, 568.
BONNETY, fournisseur. — xviii, 46, 560.

Bonneval (Filatures de) [E.-et-L]. — xxii, 12. — xxvii, 343.
Bonnevaux (Doubs). — xxiii, 727.
BONNEVIE, lieut. — xxii, 416.
Bonneville (La) [Eure]. — xviii, 564. — xxi, 278.
Bonneville (H$^{te}$-Savoie). — xxii, 519.
BONNEVILLE, adjud$^t$-g$^{al}$. — xxi, 531, 532. — xxviii, 329.
BONNIEU, garde du cabinet des estampes. — xviii, 708.
BONNOT l'aîné. — xix, 383.
BONOSON (Fr.), fusilier. — xxv, 153.
BONPAS. — xxvi, 171.
Bon Secours (Magasins de ), à Paris. — xxiv, 583. — xxv, 74, 100. — xxvi, 344.
BONTEMS, off. du génie. — xix, 326.
BONTEMPS, m$^d$ de bois. — xxiv, 60.
BONTEMPS, voiturier. — xxvi, 594.
BONVALLET, fournisseur. — xix, 99. — xxii, 481, 723. — xxiii, 90, 91.
BONVOUST, g$^{al}$. — xviii, 321. — xxv, 11.
BOOG (Robert), Américain, prisonnier libéré. — xxv, 493.
BOQUEAU, garde d'artillerie. — xx, 243.
BOQUET, caporal-fourrier des grenadiers de la Conv. — xxviii, 441.
BOQUILLON, courrier du C. de S. P. — xxv, 40.
BORCHON. — xx, 406.
BORCKE (Rég$^t$ de). — xviii, 286.
BORDA, de l'Agence de l'habillement. — xix, 322. — xxiii, 511.
BORDA, cap$^e$ de vaisseau, directeur de l'École des élèves ingénieurs constructeurs de la marine. — xxii, 155.
BORDAS, repr. — xviii, 232, 233. — xix, 131, 163, 173, 225, 296, 317, 318, 373, 374, 403, 484, 720, 753, 776, 789. — xx, 26, 87, 251, 728. — xxi, 109, — xxii, 584. — xxiv, 41, 116, 536. — xxviii, 509, 554, 628, 629.
BORDE, de Nice. — xxi, 422.
BORDEAU, en mission pour les subsistances. — xxi, 611.
Bordeaux (Gironde). — xviii, 42, 91, 107, 130, 141, 158, 191, 204, 254, 270, 271, 285, 330, 347, 402, 430, 436, 477, 487, 488, 497, 636, 638, 641, 678, 708, 743, 771, 786, 801. — xix, 124, 130, 162, 176, 181, 198, 203, 221, 242, 270, 275, 296, 317, 318, 323, 325, 326, 373, 374, 390, 398, 402, 412, 430, 445, 449, 484, 508, 536, 607, 660, 679, 720, 726, 753, 762, 776, 793. — xx, 25, 26, 86, 95, 119, 127, 205, 251, 257, 270, 274, 313, 316, 335, 336, 448, 463, 519, 520, 539, 705, 754. — xxi, 3, 20, 41, 64, 138, 139, 275, 337, 338, 366, 411, 446, 460, 471, 496, 499, 541, 554, 601, 639, 640, 661, 677, 678, 694, 695, 794, 795, 796, 809, 834. — xxii, 18, 69, 168, 169, 231, 237, 287, 288, 315, 316, 324, 344, 383, 411, 417, 418, 459, 460, 461, 473, 484, 485, 525, 553, 554, 584, 630, 631, 636, 638, 666, 670, 681, 743, 754, 755, 797. — xxiii, 14, 84, 102, 149, 208, 217, 351, 382, 416, 417, 443, 472, 473, 474, 476, 519, 520, 537, 610, 612, 683, 747, 758, 759, 789. — xxiv, 48, 64, 81, 82, 116, 117, 200, 202, 232, 233, 281, 339, 371, 380, 444, 459, 490, 567, 587, 595, 596, 598, 709, 721, 751, 776, 778, 779, 786, 821. — xxv, 3, 10, 17, 81, 98, 116, 167, 171, 190, 202, 208, 233, 281,

354, 380, 446, 448, 542, 548, 559, 560, 642, 645, 683, 684, 738, 797. — xxvi, 38, 57, 58, 63, 97, 98, 109, 123, 206, 216, 217, 250, 318, 656. — xxvii, 51, 60, 63, 133, 245, 256, 265, 276, 366, 375, 399, 410, 422, 482, 538, 543, 562, 565, 644, 664. — xxviii, 5, 9, 79, 102, 126, 137, 193, 409, 487, 528.
*Bordelais.* — xxiii, 612.
BORDÈRES, cap^e du génie. — xxiii, 656.
BORDÉRU (Comtesse de). — xx, 282.
BORDES, repr. — xxvii, 265.
BORD-GRANPONT, cap^e de gendarmerie à Bourges. — xxvi, 627.
BORDIEU, sergent-major. — xix, 535.
BOREL, repr. — xx, 320, 679. — xxi, 59, 88, 243, 390, 461, 620, 621, 697, 801, — xxii, 64, 139, 159, 392, 401, 403, 487, 711, 822. — xxiii, 118, 119, 150, 151, 179, 236, 250, 291, 360, 422, 455, 642, 692, 693, 781, 793, 808. — xxiv, 223, 783. — xxv, 329. — xxvi, 594.
BOREL, de Neuchâtel. — xx, 584.
BORESDIN, maître de forges. — xix, 548.
BORET. — xxiii, 249.
BORETTE. — xxiv, 310, 311.
BORGELLA, médecin-chef à l'A. des Pyr. Occident. — xxi, 508. — xxiii, 427, 428.
BORGIA (Cardinal). — xxv, 461.
*Borgomaro* (Hôpital militaire de). — xxii, 775.
BORIE-CAMBORT, repr. — xxvi, 421.
BORKÉ (Guillaume), prisonnier anglais. — xxiii, 482.
*Borken* (Allemagne). — xxii, 190.
BORNE (De), off. de hussards, suspendu. — xxvii, 245, 450.
BORNET. — xx, 168.
BORNOT, élève de l'École d'artillerie de Châlons. — xviii, 120.
BORODI, brigadier de chasseurs à cheval. — xxvii, 278.
BOROT, ingénieur des Ponts-et-Chaussées, à Semur. — xxviii, 610.
*Borscheid* (Allemagne). — xix, 495.
BORSON, de l'École d'artillerie de Châlons. — xix, 617.
BORTHON. — xx, 202, 686. — xxii, 7.
BORTHON (Jean), chef de brigade d'artillerie. — xxii, 368.
BORVILLE (Paul Pierre), chef du bureau des transports militaires. — xxvi, 622.
BORVILLE (Jean-Pierre), off. de police militaire et de santé. — xxv, 632.
BOSNE, m^d de bois à Joigny. — xix, 612.
*Bossay* (L-et-L.). — xxvii, 445.
BOSSE CADET. — xxiii, 404.
BOSSÈGE, cap^e. — xix, 30.
BOSSERT, examinateur des élèves du génie. — xxvi, 112.
BOSSET, négociant à Nantes. — xviii, 634.
BOSSU, étapier à Clamecy. — xxvi, 721.
BOSSUT (Cours complet de). — xxiv, 158. — xxv, 3, 641.
BOSSUT, fournisseur. — xxv, 402.
BOSTAY (Louis-Joseph), employé à la Comm^on des Armes et Poudres. — xxiii, 510.
*Boston* (U.S.A.). — xix, 431, 535, 656. — xxi, 42. — xxv, 198.
BOTENTUIT, cap^e. — xxiv, 329, 330.
BOTHEREL, volontaire du Doubs. — xx, 667.

BOTIDOUX, chef de Chouans. — xviii, 77, 78, 277, 278, 280, 354, 460, 463, 464. — xix, 716.
BOTOT. — xxii, 71.
BOTOT-DUMESNIL, command^t de gendarmerie. — xxii, 240.
BOUARD, sous-lieut. de chasseurs à cheval. — xxviii, 577.
BOUBENDORFF, lieut. — xx, 224.
BOUBENNEC, cap^e de vaisseau. — xx, 630.
BOUBERS, g^al de brigade. — xxviii, 596.
BOUCARD. — xxv, 319.
BOUCAULT, direct^r de l'hôpital militaire de Caen. — xix, 729.
*Bouchain* (Nord). — xxii, 362. — xxiii, 61. — xxvi, 658.
BOUCHARD, cap^e. — xxi, 5.
BOUCHÉ (Alexis), volontaire. — xxvi, 528.
BOUCHER, volontaire. — xviii, 399.
BOUCHER-SAUVEUR, repr. — xxiii, 453. — xxv, 244.
BOUCHEREAU (Aug. Fr.), repr. — xx, 95, — xxii, 620. — xxiii, 342, 554. — xxiv, 445, 642. — xxv, 219. — xxvi, 681, 685. — xxvii, xii, 453, 496, 623, 660.
*Boucherie* de Paris. — xxv, 94. — xxvi, 686, 727, 738.
— militaire. — xxv, 94.
BOUCHER, salpêtrier. — xxviii, 612.
BOUCHER, chef du secrétariat du C. des Financ.s. — xxviii, 579.
*Bouches-du-Rhône* (Départ^t des). — xviii, 53, 176, 232, 239, 299, 342, 468, 481, 584, 600, 655, 684, 685, 695, 697, 749. — xix, 91, 183, 190, 224, 268, 305, 390, 426, 448, 474, 516, 572, 656, 683, 684, 693, 694, 722. — xx, 83, 90, 91, 110, 113, 155, 171, 236, 263, 264, 320, 331, 471, 478, 480, 500, 573, 624, 681, 700, 704, 768, 786. — xxi, 146, 151, 160, 170, 172, 205, 333, 367, 391, 395, 476, 486, 546, 607, 663, 698, 742, 840. — xxii, 66, 96, 97, 209, 232, 233, 271, 328, 355, 373, 416, 556, 565, 569, 685, 748, 783, 799. — xxiii, 70, 82, 85, 495, 497, 544, 545, 767, 797. — xxiv, 88, 100, 125, 126, 128, 160, 164, 176, 208, 253, 291, 346, 496, 511, 575, 614, 655, 729. — xxv, 59, 60, 88, 169, 205, 236, 327, 438, 452, 480, 517, 537, 592, 668, 742, 744. — xxvi, 14, 92, 124, 240, 266, 284, 310, 360, 410, 413, 724, 757, — xxvii, 20, 39, 47, 108, 120, 161, 184, 198, 250, 356, 365, 366, 496, 535. — xxviii, 46, 226 à 232, 285 à 291, 325, 357, 372, 390, 502 à 504, 505.
BOUCHET, chef du bureau de cavalerie. — xxv, 36, 441. — xxvi, 503. — xxviii, 523.
BOUCHET, direct^r des mouvem^ts du port de Brest. — xxvii, 215, 263.
BOUCHET, sous-lieut. — xx, 102.
BOUCHOTTE, ministre de la Guerre. — xviii, 544. — xix, 92. — xx, 20, 21. — xxi, 650. — xxii, 446. — xxiii, 754. — xxiv, 118,.222, 223, 295. — xxv, 112, 283, 456. — xxvi, 317. — xxviii, 106.
BOUCHOTTE, fils aîné. — xxiv, 295.
BOUCHET, graveur. — xix, 553.
BOUCRET, g^al de division. — xviii, 32. — xxiv, 810. — xxv, 201, 263, 301, 558. — xxvi, 182, 465. — xxviii, 304, 404.
BOUDAN, commissaire des Guerres. — xix, 667.
BOUDET (C^ne), fermière des forges de Stenay. — xxv, 168. — xxviii, 243.

*Boudeuse*, frégate. — XXIII, 214, 322, 525.
BOUDIER-FONTAINE, adjud$^t$ g$^{al}$ de la garde nat. de Mayenne. — XX, 640.
BOUDIN, repr. — XXVII, 25.
BOUDIN, sous-chef de bureau aux forges de la Chaussade. — XVIII, 772. — XXI, 555.
BOUDIN, d'Orléans. — XX, 347.
BOUDOU, secrétaire de Massot. — XX, 499.
BOUFFRAY, employé à l'arsenal de Rouen. — XXIV, 368.
BOUGAINVILLE (Calcul intégral de). — XXIV, 158. — XXV, 641.
BOUGAUD, de Saint-Aubin. — XXIII, 403.
BOUGAULT. — XVIII, 549.
*Bougival* (Moulin de). — XXIII, 548, 549.
BOUGON-DUCLOS, chef de brigade de hussards. — — XVIII, 603. — XIX, 202.
*Bouguen* (Fort), à Brest. — XXV, 472.
BOUGUERO, entrepreneur de la fonderie de Douai. — XXII, 497.
BOUILHAC, inspecteur des remontes. — XXIII, 247, 775.
BOUILLAUD, de Monaco. — XX, 683.
*Bouillé-Loretz* (Deux-Sèvres). — XXII, 47.
BOUILLEROT, repr. — XVIII, 268, 351, 404, 441, 509, 594. — XIX, 318, 346, 347, 390, 571, 574. — XXIV, 202, 404.
BOUILLIER, maître des forges à Druy. — XIX, 563. — XXV, 4.
*Bouillon* (Duché de). — XVIII, 305, 587. — XIX, 260, 328. — XX, 364. — XXII, 609, 740.
— (Maison de), à Paris. — XIX, 95, 459.
— (Prince de). — XIX, 400.
BOUILLY, adjoint du génie de 1$^{re}$ classe. — XXII, 639.
*Bouin* (Île de). — XXII, 136.
BOUIS, père et fils. — XXII, 98. — XXVI, 227.
BOULAINVILLIERS. — XIX, 71, 245, 504, 624, 626, 716, 717.
BOULANGER, command$^t$ amovible à Louvain. — XXVII, 208.
BOULANGER, volontaire. — XXVI, 693.
BOULANGER, chef de b$^{on}$. — XXI, 127.
BOULANGER, g$^{al}$. — XX, 171.
*Boulangers*. — XXI, 668. — XXIII, 243, 269, 443, 444, 551, 554. — XXIV, 202, 607, 698, 699. — XXV, 67, 315, 373, 454, 524, 536. — XXVI, 285, 596, 659. Voir *Farines ; Grains ; Pain*.
BOULARD, g$^{al}$. — XXVI, 163.
BOULARD, du bureau des renseignements du C. de S. P. — XVIII, 507.
BOULARD (André), voiturier. — XXIV, 57. — XXVIII, 44.
BOULET l'aîné, de Saumur. — XXI, 700.
*Boulets*. — XXI, 131, 132. — XXV, 527. — XXVI, 313, 490, 558, 581. — XXVII, 58, 215. Voir *Artillerie*.
BOULIETTE (Philippe), de Marines. — XXI, 331.
BOULLAND, adjud$^t$ g$^{al}$. — XVIII, 550. — XXVII, 209.
BOULLAND. — XXVI, 24, 167, 324.
BOULLAY, ex-inspect$^r$ au magasin du Traincl. — XVIII, 275.
BOULLAY, chef du bureau des dépêches. — XIX, 553. — XXI, 299. — XXIV, 240, 655. — XXVI, 725. — XXVII, 202.
BOULLET (Joseph Henri), aspirant de la marine. — XIX, 691.

BOULOCHE, lieut. de gendarmerie. — XVIII, 165.
*Boulogne-sur-Mer* (P.-de-C). — XVIII, 304, 347, 379, 397, 409, 494, 513, 549, 551, 539, 735. — XIX, 678. — XX, 733, 734. — XXI, 65, 67, 525, 732, 804. — XXII, 37, 151, 254, 342, 376, 394, 454, 455, 481, 482, 510, 534, 566, 777, 779. — XXIII, 76, 200, 201, 254, 255, 324, 325, 343, 405, 548, 584, 637, 644, 701, 711. — XXIV, 47, 95, 108, 140, 141, 142, 155, 432, 468, 538, 581, 609, 638, 735, 770, 790. — XXV, 83, 97, 139, 315, 455, 730. — XXVI, 44, 244, 275, 441, 640, 658, 759. — XXVII, 158, 185, 422. — XXVIII, 126, 130, 391, 562, 573, 585, 586, 630, 631, 696.
*Boulogne-sur-Gesse* (H.-G.). — XIX, 365.
*Boulogne* (Bois de). — XVIII, 620. — XIX, 76, 250, 405, 546, 559, 611, 655, 781. — XXI, 277, 667, 745, — XXVII, 503.
*Boulogne* (Seine). — XXII, 99. — XXVI, 143.
BOULOGNE. — XXI, 619.
*Boulou* (Le) [P.-O.]. — XXVIII, 64, 608.
*Boulonnais*. — XXI, 752.
BOUQUEAU, maître de poste. — XXIV, 341.
*Bouquenom* (B-R). — XIX, 298.
BOUQUERO, direct$^r$ de la fonderie de Douai. — XXVI, 272.
BOUQUET, commissaire des Guerres. — XXVIII, 159.
BOUQUET, g$^{al}$ de division. — XXI, 758.
BOUQUET (Ch. Benjamin), chef de brigade de chasseurs à cheval. — XXVIII, 102.
BOUR, chasseur. — XXVII, 229.
*Bourbe* (Maison de la), à Paris. — XXVIII, 128.
BOURBOLON, interprète. — XXV, 556.
*Bourbon* (Île). — XXVI, 511. — XXVII, 656.
BOURBON (Famille de). — XIX, 572. — XXIII, 394. — XXVI, 379, 416. — XXVII, 35.
BOURBON-CONTI (Louis Fr. Jos.). — XXVI, 416.
BOURBON-PENTHIÈVRE (Louise Marie Adélaïde), v$^{ve}$ d'Orléans. — XXVII, 34.
*Bourbon-Lancy* (S-et-L). — XX, 221. — XXI, 719. — XXIV, 279, 612. Voir *Bellevue-les-Bains*.
*Bourbon-l'Archambault* (Allier). — XXIII, 178. Voir *Burges-les-Bains*.
BOURBONNE, cap$^e$ de gendarmerie. — XXVI, 509.
BOURBONNE, lieut. de gendarmerie à Auxerre. — XXVII, 115.
*Bourbonne-les-Bains* (H.-M.). — XXVII, 591.
BOURBOTTE, repr. — XVIII, 24, 126, 211, 335, 358, 518. — XX, 686. — XXII, 593. — XXIII, 404. — XXVI, 185, 218. — XXVIII, 561.
*Bourbourg* (Nord). — XXVII, 614.
BOURBRÉE, brigadier. — XXIV, 455.
BOURCALE, cap$^e$. — XXVIII, 82.
BOURCELLES-DAMIEN, fournisseur. — XIX, 99.
BOURCERET, brigadier de dragons, déserteur. — XXVI, 146.
BOURCIER, g$^{al}$. — XIX, 261, 422. — XXVI, 118.
BOURDAIS, chef de b$^{on}$. — XX, 225.
BOURDAIS, médecin à l'A. d'Italie. — XXII, 303. Voir BOURDOIS.
BOURDAIS, soldat. — XIX, 359.
BOURDET, cap$^e$ d'artillerie. — XIX, 201. — XXVIII, 64.
BOURDIER, médecin-militaire. — XIX, 354.
BOURDILLON, négociant à Genève. — XXVII, 537.
BOURDILLOUX, cap$^e$ de gendarmerie. — XXVIII, 149.
BOURDIN (V$^{ve}$). — XXII, 780.

BOURDOIS, médecin à l'A. d'Italie. — XXI, 152. — XXVII, 93. — XXVIII, 416, 699.
BOURDON, employé à la Comm$^{on}$ de la Marine. — — XIX, 311.
BOURDON (Robert), fabricant de drap à Elbeuf. — XVIII, 400.
BOURDON, chef de bureau à la Comm$^{on}$ de la Marine. — XIX, 19.
BOURDON (Clément), fabricant d'armes blanches à Sedan. — XIX, 327.
BOURDON-GRAMONT, cap$^e$ de vaisseau. — XIX, 449.
BOURDON, fournisseur de chevaux. — XVIII, 245, 484, 520, 529. — XIX, 396.
BOURDON, sous-chef de la 5$^e$ Comm$^{on}$. — XX, 391.
BOURDON (Léonard), repr. — XXI, 462. — XXIV, 204, 295.
BOURDON (de l'Oise), repr. — XX, 465, 506, 510. — XXI, 68, 103, 300, 462. — XXII, 717, 746. — XXIII, 453, 550. — XXIV, 40, 648, 719, 831. — XXVII, 511, 540, 545, 546, 603, 670. — XVXIII, 7, 57, 75, 86, 90, 91, 92, 105, 137, 176, 326, 333, 359, 360, 365, 397, 398, 455, 456, 467, 496, 516, 564, 605.
BOURDY, chirurgien au Mans. — XXVI, 62.
BOURELLY, hussard. — XVIII, 292.
BOURET, repr. — XVIII, 32, 57, 67, 68, 166, 220, 221, 236, 313, 314, 315, 325, 337, 350, 375, 410, 435, 440, 531, 612, 778, 792. — XIX, 214, 368, 373. — XX, 138. — XXI, 514. — XXII, 163, 255, 256, 392, 424, 456, 479, 579, 603, 763, 795. — XXIII, 98, 99, 143, 164, 171, 250, 259, 285, 382, 455, 490, 595, 606, 640, 549, 744, 754, 784, 785, 807, 809. — XXIV, 25, 46, 77, 110, 111, 132, 172, 186, 192, 255, 262, 263, 329, 374, 384, 409, 443, 456, 514, 587, 654, 684, 773. — XXV, 51, 79, 84, 86, 145, 229, 328, 334, 353, 413. — XXVII, 188.
BOURET, contre-amiral. — XX, 248.
*Bourg* (Ain). — XVIII, 73, 388, 389, 559. — XIX, 324. — XXI, 808. — XXII, 306, 401, 434, 569. — XXIII, 118, 447, 692. — XXIV, 494, 651, 676, 689, 725, 782, 840. — XXV, 57, 203. — XXVI, 326. — XXVII, 246. — XXVIII, 508, 509.
*Bourg-Achard* (Eure). — XXII, 505.
*Bourg-Beaudoin* (Eure). — XXII, 257, 392, 553. — XXIII, 572. — XXIV, 467, 747, 748.
*Bourg-l'Abbé* (Eure). — XXI, 802.
*Bourganeuf* (Creuse). — XVIII, 5. — XIX, 325. — XXII, 150.
BOURGEAU, chef d'escadron de hussards. — XXVIII, 595.
*Bourg de l'Égalité* (Seine). — XVIII, 427. — XIX, 404, 490. — XX, 5, 520. — XXI, 3, 154, 402, 456, 515, 724. — XXII, 159, 252, 341, 393, 470, 506. — XXIII, 136, 159, 253, 294, 300, 331, 600, 800. — XXV, 404, 693. — XXVI, 683. — XXVIII, 168. — XXVIII, 125, 259, 572.
*Bourg Libre* (H.-R.). — XVIII, 26. — XIX, 688. — XXII, 335, 593. — XXIX, 433. — XXV, 515. — XXVI, 378, 588. — XXVIII, 59, voir Saint-Louis.
*Bourg-sur-Gironde* (Gironde). — XIX, 325.
BOURGEOIS frères, maîtres de forges. — XVIII, 707. — XXV, 588.
BOURGEOIS, du comité d'inspection du Palais national. — XX, 95.
BOURGEOIS, adjoint à l'adjud$^t$ g$^{al}$ Mortier. — XX, 225.
BOURGEOIS, contrôleur des outils. — XXI, 175.

*Bourges* (Cher). — XVIII, 5, 143, 172, 300. — XIX, 436, 437, 528. — XX, 19, 173, 334, 350, 351. — XXI, 289, 591, 817. — XXII, 92, 138, 290, 350, 351, 399, 400, 426, 549, 550, 683, 803, 805, — XXIII, 291, 415, 730. — XXIV, 279, 391, 795. — XXV, 693. — XXVI, 627. — XXVII, 393.
BOURGES, requis. — XXVI, 701. — XXVII, 127.
*Bourget* (Le) (Seine). — XXV, 95.
*Bourgfelden* (H.-R.). — XXVI, 378.
*Bourgidou* (Canal de) [Gard]. — XXVII, 27.
BOURGINE, chirurgien militaire à Gênes. — XXI, 152, 246.
BOURGNEUF, cap$^e$ au b$^{on}$ d'Afrique. — XVIII, 429.
*Bourgneuf-en-Retz* (L-I). — XX, 196, 789. — XXIII, 787. — XXV, 433. — XXVIII, 113, 180, 199, 395, 549, 460.
*Bourgogne*. — XVIII, 481. — XXI, 701.
BOURGOIN, chasseur. — XX, 226.
BOURGOING (J-Fr de), ambassadeur à Madrid. —XX, 714, 715, 718, 719, 803. — XXI, 7, 143, 145, 180, 233, 234, 235, 285, 335, 390, 420, 663. — XXII, 65, 193, 372, 384, 435, 487, 488, 541, 688, 720, 755, 770, 771, 799. — XXIII, 33, 66, 390, 391, 477, 653. — XXIV, 187.
BOURGUIGNON, inspecteur des vivres. — XXIII, 110, 521.
BOURGUILLAUT, chirurgien de la marine. — XXVIII, 9.
*Bourg-Saint-Andéol* (Ardèche). — XXVIII, 227.
BOURILLOU, contrôleur de la marine à Saint-Pierre et-Miquelon. — XXVI, 747.
BOURKE, adjoint de l'adjud$^t$ g$^{al}$ Meade. — XIX, 87.
*Bourmont* (Château de) [M-et-L.] — XXVIII, 704.
BOURMONT, rebelle. — XXVIII, 261.
*Bourmont* (H.-M.). — XIX, 381. — XX, 457, 568. — XXVIII, 435.
BOURNET, g$^{al}$. — XXVII, 56.
BOURNONVILLE, cap$^e$. — XXII, 614.
BOUROTTE, commissaire des Guerres. — XIX, 189. 456, 653. — XXI, 758.
*Bourret* (T-et-G). — XXI, 615.
BOURRON, aide de camp du g$^{al}$ Dumuy. — XXI, 815.
BOURROUL, garde d'artillerie. — XXVI, 644.
BOURRY, entrepreneur d'ateliers de construction d'artillerie. — XXV, 343.
BOURSAULT, repr. — XVIII, 55, 68, 76-78, 130, 171, 280, 295, 355, 456, 460, 462, 463, 464, 465, 466, 512, 513, 514, 551, 554, 594, 660, 661, 711, 715, 716, 718, 741, 742, 777, 793, 802. — XIX, 7, 36, 37, 55, 72, 110, 130, 161, 162, 211, 213, 215, 217, 218, 264, 291, 296, 314, 402, 466, 467, 470, 471, 505, 506, 520, 543, 544, 588, 624, 646, 716, 755, 756. — XX, 25, 165, 287, 304, 408, 309, 376, 397, 444, 474, 559. — XXI, 28, 308, 470, 540, 541. — XXV, 69, 470, 474, 621, 758. — XXVI, 78, 136, 137, 170, 171, 220, 397, 467, 489, 519, 546, 614, 735, 766. — XXVII, XIV, 75, 38, 127, 173, 220, 228, 234, 258, 270, 323, 401, 484. — XXIII, 632. — XXVIII, 60, 216, 226 à 232, 290, 386.
*Boursault* (Marne). — XXII, 732.
*Bourse* de Paris. — XXIII, 245. — XXIX, 451.
BOURSEAUX, grenadier des Vosges, prisonnier évadé. — XXV, 136.
*Bourses* des valeurs. — XXII, 658, 659, 660. — XXVIII, 63. Voir *Change*.
BOURSIER, requis. — XXVII, 195.

BOURSIER (Jeannet), agent des subsistances militaires. — XIX, 102, 103.
BOURSIER-SABIN, commissaire ordonnateur. — XX, 607, 674. — XXII, 570, 571, 572, 573, 703. — XXII, 793, 814. — XXIII, 300. 569. — XXIV, 437. — XXV, 696.
BOURSIER-BOISSELIER, chimiste. — XX, 503.
BOURSIEU (Amy), off. — XIX, 120.
*Bourth* (Fonderie de) [Eure]. — XVIII, 564. — XXIII, 379. — XXIX, 470.
BOURSOFF (Jean), de Strasbourg, fournisseur. — XXVII, 347.
BOURY, entrepreneur à Valence. — XX, 607.
BOURZOLLES (J.B), novice. — XX, 81.
BOUSCAULT, dit Camplan. — XVIII, 144.
BOUSQUET, lieut. de chasseurs. — XVIII, 551.
BOUSQUET, secrétaire dessinateur près le g$^{al}$ Perron. — XXII, 242.
BOUSQUET, repr. — XIX, 122. — XXI, 689, 690. — XXI, 722. — XXIII, 210, 685, 709. — XXIV, 233, 265, 269, 418, 419, 524, 614, 629. — XXV, 171, 309, 607. — XXVI, 27, 28, 123, 492, 496, 677, 703. — XXVII, XIX, 38, 46, 160, 222, 322. — XXVIII, 567.
BOUSQUET, négociant à Cette. — XXV, 618.
*Boussac* (Creuse). — XVIII, 622. — XIX, 357. — XX, 16, 146, 199, 309.
*Boussang* (Fort de). — XX, 672.
BOUSSART, g$^{al}$. — XIX, 471. — XXI, 199, 200. — XXVIII 178.
BOUSSEIGNON, employé extraord. à Toulon. — XXV, 409.
BOUSSIER, agent en Belgique. — XXIII, 433.
BOUSSIÈRE, sergent déserteur. — XXI, 42.
BOUSSION, repr. — XX, 179. — XXI, 366, 640. — XXII, 168, 169, 231, 250, 324, 417, 460, 461, 485, 553, 584, 631, 670, 754, 755, 797. — XXIII, 14, 103, 149, 173, 207, 228, 250, 417, 492, 519, 537, 684, 747. — XXIV, 116. — XXV, 749.
*Boussy-sous-Sénart* (S-et-O). — XXI, 372.
*Boutancourt* (Forges de). — XXIII, 512.
BOUTARD, direct$^r$ de la sellerie de Versailles. — XX, 587.
BOUTARELLE, cap$^e$. — XXVII, 581.
BOUTET, direct$^r$ de la manufac. de carabines de Versailles. — XXVIII, 665, 666, 667.
BOUTIBONNE, brasseur à Quimper. — XXI, 612.
*Boutigny-sur-Essonnes* (S-et-O). — XXVII, 225. — XXVIII, 508.
BOUTILLIER (Athanase), commis à la manufact. d'armes de Libreville. — XX, 606.
BOUTIN, inspecteur de la fonderie de Douai. — XVIII 626.
BOUTIRON, cap$^e$ du génie. — XXII, 656.
*Bouton de Rosas* (Fort de) [Espagne]. — XIX, 345, 350. — XX, 56, 143.
BOUTRY, soldat. — XXVI, 85.
BOUTTEQUOY, réformé. — XXIV, 319.
BOUVARD, adjud$^t$ g$^{al}$. — XVIII, 78, 410, 411. — XXIV, 110. — XXV, 506. — XXVII, 173.
BOUVET, dit Maréchal, de Saint-Pierre (Jura). — XXVI, 196.
BOUVET, de l'École centrale des Travaux publics. — XIX, 455. — XXI, 49.
BOUVET, contre-amiral. — XX, 369. — XXI, 301.
BOUVET père, cap$^e$ de vaisseau. — XX, 630.
BOUVET fils, enseigne de vaisseau. — XX, 630.

BOUVIER-LA MOTTE, off. au 36$^e$ rég$^t$ d'infanterie. — XVIII, 449.
BOUVIER (Ch. Noël Fr.), chimiste. — XVIII, 649.
BOUVIER, commissaire ordonnateur. — XXIII, 439.
*Bouviers*. — XXIII, 575. — XXIV, 60. — XXVII, 370. Voir *Agriculture; Bœufs*.
BOUVINET (V$^{ve}$). — XXVI, 469.
*Bouxwiller* (B-R). — XXIII, 352. — XXIV, 86.
BOUYGUES, repr. — XXIII, 501.
BOUZAU, hussard. — XX, 95.
BOUZINGEN, cap$^e$. — XXVII, 481.
*Bouzonville* (Moselle). — XIX, 501. — XXI, 106.
BOVERAT, sous-chef de division. — XXIV, 821.
BOVIER (Pierre Henry Scipion), enseigne. — XXII, 184.
BOY chirurgien-chef de l'A. du Rhin. — XXII, 240.
BOYER, chef du bureau. — XXVI, 472.
BOYER, chef de brigade du 6$^e$ hussards. — XXIII, 132. — XXVI, 556. — XXVII, 215, 450, 635.
BOYER, de l'A. des Pyr. Occident. — XXIV, 722.
BOYER (Claude), commissaire aux fonderies de canons. — XVIII, 179, 242. — XIX, 536. — XXII, 30, 31, 609. — XXIII, 494, 495.
BOYER, de l'École d'artillerie de Châlons. — XXI, 155.
BOYER (Philippe), chirurgien-major. — XXII, 215.
BOYER, agent des Fourrages. — XIX, 322.
BOYER, éditeur de musique à Paris. — XIX, 380.
BOYER (Ant.-Alexandre), adjud$^t$ g$^{al}$. — XXII, 539, 820, 821.
BOYER, chef de b$^{on}$. — XIX, 134.
BOYER, off. destitué du 3$^e$ b$^{on}$ de Saône-et-Loire. — XXVII, 92.
BOYER, off. au 7$^e$ b$^{on}$ des fédérés. — XXVIII, 508.
BOYVIN DE LA MARTINIÈRE, g$^{al}$ d'artillerie. — Voir LA MARTIGNIÈRE.
BOZIO, dessinateur de l'École centrale. — XVIII, 328.
BOZIO, entrepreneur à Bastia. — XXI, 328.
*Brabant* (Belgique). — XVIII, 241, 495, 517, 577. — XIX, 12, 102, 310, 514, 654. — XX, 762, 763. — XXI, 101. — XXIII, 776. — XXIV, 159. — XXVIII, 6, 104.
*Brabant* wallon. — XXIV, 159.
*Brabançons*. — XX, 765. — XXI, 36. — XXII, 785. — XXIII, 232.
BRACK, directeur des douanes à Marseille. — XXIV, 791.
BRACHÉE, père et fils. — XVIII, 561.
BRACHET, artiste à la manufact. d'armes de Versailles. — XXVIII, 669.
*Braconne* (Forêt de). — XXVI, 199.
BRACQ, prof. à l'École de boulangerie. — XXVIII, 168.
*Bracque* (Moulin de). — XXIII, 276.
BRAD, ex-chef de légion à Mortagne. — XXVIII, 592.
BRADELET, agent des vivre. — XIX, 322.
BRAGARD, chef de brigade. — XXIV, 574.
BRAIMONT. — XX, 735.
BRAIMENT, négociant à Cologne. — XXI, 127.
*Braisnes* (Aisne). — XVIII, 118, 119, 608. — XIX, 377, 378. — XXI, 704. — XXII, 105. — XXIII, 317. — XXVIII, 659.
BRANCART (Pierre), de l'École normale. — XIX, 527.
BRANCAS, adjud$^t$ g$^{al}$. — XX, 506.
BRANCAS (Duc de). — XXIV, 17.
*Branche du Pont-Saint-Maur* (La) [S-et-M]. — XX, 362. — XXV, 404. Voir *Joinville-le-Pont*.

BRANCQ (Joseph Louis). — XXII, 2.
BRANGET, gendarme. — XXV, 732.
*Brandebourg* (Allemagne). — XX, 699.
BRANTZEN, commissaire des Provinces-Unies. — XIX, 485, 582. — XX, 402. — XXI, 185.
BRAQUEBAIS, du bureau militaire. — XXI, 63.
BRASDOR, chasseur à cheval. — XIX, 327.
*Brassac* (P-de-D.). — XVIII, 229.
BRASSARD (L.), volontaire. — XXVI, 721.
*Brasseries*. — XXIII, 122.
*Brassy* (Nièvre ou Somme). — XXVI, 469.
*Brave*, frégate. — XVIII, 129, 130. — XIX, 774. — XXII, 528, 765.
BRAU (P.), cultivateur à Mouilleron. — XXVI, 86.
BRAUN (Sébastien), laboureur. — XXIII, 213.
*Bray* (Forêt de) [S-I]. — XXVI, 194.
*Bray-sur-Seine* (S-et-M). — XXI, 762. — XXII, 374. — XXIV, 60, 274. — XXVII, 444.
BRAYER, adjud<sup>t</sup> g<sup>al</sup> à l'A. de Sambre-et-Meuse. — XXVI, 346.
BRÉA (J.-B.), courtier. — XXIII, 270.
BRÉANT-LANEUVILLE (Fr.), courtier. — XXIII, 269.
BRÉARD, repr. — XVIII, 529. — XIX, 269. — XX, 398, 659. — XXI, 503. — XXII, 667.
BRÉARD. — XXIII, 230.
BRÉAU, off. municip. de Gontaud. — XXIV, 508. — XXV, 140.
BRÉCHARD, vendéen. — XVIII, 659.
*Bréda* (Hollande). — XVIII, 261, 334. — XIX, 159, 286, 735, 787. — XX, 137, 183, 186, 357, 415, 418, 422, 637, 484. — XXIII, 61. — XXIV, 482. — XXVI, 481. — XXVII, 358.
BREGEON, entrepreneur du phare de Groix. — XXIV, 556.
BRÉHAND. — XXII, 817.
BREILING (Ét.), de Landau. — XXII, 802.
*Brême* (Allemagne). — XX, 127, 631. — XXI, 72. — XXIII, 408. — XXIV, 226, 407, 408. — XXVI, 70, 305. — XXVIII, 114.
BREISTROFF, garde des fortifications à Sierck. — XXIII, 248.
BRÉMONT, commissaire des Guerres. — XVIII, 322.
BREQUIN, off. de police militaire. — XXVI, 600.
*Brescou* (Fort). — XXVI, 260.
BRÉSILLON (Jean Nicolas), courtier. — XXIII, 270.
*Bresle*, rivière. — XXVII, 621.
BRESSON, repr. — XIX, 516. — XXIII, 357.
*Bressuire* (D-S). — XVIII, 624. — XXI, 445. — XXII, 136. — XXVI, 163.
*Brest* (Finistère). — XVIII, 20, 32, 57, 75, 85, 91, 92, 99, 127, 128, 182, 185, 199, 203, 237, 263, 264, 265, 274, 281, 283, 297, 338, 364, 374, 375, 400, 418, 424, 436, 444, 445, 460, 467, 479, 527, 532, 571, 612, 626, 636, 637, 643, 714, 715, 726, 732, 752, 763, 764, 803, 804. — XIX, 35, 36, 37, 54, 90, 93, 127, 129, 144, 161, 162, 169, 170, 210, 211, 212, 214, 230, 231, 232, 248, 257, 258, 291, 314, 341, 353, 354, 371, 412, 417, 418, 437, 438, 449, 466, 497, 516, 520, 542, 553, 566, 581, 646, 699, 740, 753, 763, 774. — XX, 7, 18, 61, 66, 85, 124, 155, 165, 189, 193, 218, 245, 302, 307, 343, 382, 390, 397, 410, 435, 463, 473, 475, 476, 482, 491, 492, 498, 511, 512, 515, 526, 547, 575, 626, 630, 667, 668, 740, 754, 759, 764. — XXI, 14, 15, 20, 68, 85, 139, 157, 194, 217, 250, 254, 260, 280, 281, 353, 359, 369, 370, 439, 441, 442, 443, 452, 475, 480, 494, 518, 556, 578, 585, 607, 618, 619, 638, 641, 657, 658, 659, 692, 693, 781, 801, 814, 816. — XXII, 24, 32, 33, 44, 60, 61, 130, 131, 180, 181, 184, 245, 248, 265, 267, 288, 315, 318, 319, 329, 339, 340, 368, 410, 458, 475, 483, 484, 539, 567, 582, 613, 648, 653, 677, 679, 717, 746, 747, 748, 764, 794, 796, 808. — XXIII, 26, 45, 66, 76, 84, 209, 218, 455, 538, 539, 550, 572, 596, 679, 778, 803. — XXIV, 40, 68, 111, 112, 193, 195, 196, 197, 201, 231, 263, 281, 370, 385, 416, 417, 458, 584, 645, 707, 719, 768, 779, 830, 832. — XXV, 6, 29, 30, 85, 115, 116, 165, 298, 303, 304, 322, 410, 418, 472, 473, 474, 475, 509, 526, 555, 556, 579, 599, 605, 606. — XXVI, 19, 21, 129, 155, 206, 236, 237, 296, 330, 366, 405, 408, 442, 444, 485, 604, 698, 713, 754. — XXVII, 32, 63, 131, 214, 263, 264, 318, 359, 371, 374, 399, 421, 471, 480, 492, 511, 549, 553, 562, 602, 603, 604, 634, 651. — XXVIII, 5, 9, 49, 85, 198, 214, 251, 263, 264, 339, 436, 458, 553, 597, 617, 662.
*Bretagne*. — XVIII, 30, 32, 56, 57, 78, 218, 220, 279, 295, 792. — XIX, 40, 48, 333, 400, 465, 466, 507, 606, 646, 791. — XX, 23, 378, 397, 443, 596. — XXI, 28, 459, 467, 763. — XXII, 54, 539. — XXIII, 26, 27, 306, 342, 715, 784. — XXIV, 28, 192, 327, 333, 514, 516, 549, 550, 668. — XXV, 143, 176, 190, 201, 249, 274, 297, 302, 416, 504, 507. — XXVI, 18, 46, 161, 170, 238, 249, 322, 350, 466. — XXVII, 185, 595, 642. — XXVIII, 172, 173, 193, 201, 402.
*Bretagne* (Basse-). — XXIV, 687.
BRÉTÈCHE, cap<sup>e</sup> de vaisseau au Havre. — XXV, 471 n.
*Breteuil* (Oise). — XVIII, 141, 734. — XIX, 111, 453, 632. — XX, 9, 127, 751. — XXI, 19, 20, 309. — XXII, 37, 471. — XXV, 423, 633. — XXVIII, 165.
*Breteuil* (Eure). — XVIII, 484, 564, 578. — XIX, 657. — XX, 389. — XXI, 251. — XXV, 423.
BRETON (Pierre), de Monteaux. — XIX, 337.
*Bretons*. — XVIII, 56. — XXIII, 727. — XXV, 49.
*Bretonne*, frégate. — XIX, 120.
*Bretonvilliers* (Hôtel de). — XIX, 599, 727.
*Bretteville* (S-I). — XXI, 761.
*Bretzenheim* (Allemagne). — XXI, 653.
*Breuil* (Camp du). — XVIII, 535. — XX, 195, 196. — XXI, 199, 409, 445.
BREUILLE, command<sup>t</sup> de mineurs. — XX, 504.
*Breuray-les-Sorans* (H-S). — XXVI, 558.
BREZIN, entrepreneur de bouches à feu. — XIX, 654.
BRIANÇON, aide-chirurgien à Toulon. — XXV, 409.
*Briançon* (H-A). — XX, 320. — XXIII, 360, 642. — XXIV, 783. — XXVI, 721, 722, 733. — XXVII, 48, 107, 199, 258, 268, 269, 312, 313, 568. — XXVII, 606.
*Briançonnais*. — XXVII, 668.
BRIANCOURT. — XVIII, 50.
BRIAND (Joseph). — XVIII, 57, 126. — XIX, 716.
BRIARD, de l'Agence des remontes. — XVIII, 47, 290. — XXIV, 821.
*Briare* (Canal de). — XVIII, 241. — XIX, 186. — XX, 219, 266. — XXI, 614, 668. — XXII, 620, 688, 710. — XXV, 219. — XXVI, 34, 139, 312, 314, 438, 596. — XXVIII, 356, 438, 597.

*Briare* (Loiret). — XIX, 762. — XX, 219, 311. — XXI, 614.
BRIBAULT, dit La France, conduct{r} en chef de l'ambulance de l'A. du Nord. — XXVII, 93.
BRIBES, chef de b{on}. — XX, 225.
BRICE, de Nancy. — XX, 275.
BRICHAUD, vétérinaire. — XIX, 748, 749. — XXIV, 95, 96, 155. — XXV, 241, 453.
*Bricquebec* (Manche). — XVIII, 574. — XX, 276.
BRICQUEBEC fils. — XIX, 609.
BRIDART, de Gray. — XXIII, 544.
BRIDEL (Alexandre), commerçant. — XXIII, 187.
BRIDOT, employé extraord. à Toulon. — XXV, 409.
*Brie* (Plaine de la). — XXI, 549.
*Brie-Comte-Robert* (S-et-M). — XXVII, 391.
BRIEL. — XIX, 735.
*Bricqueville* (Calvados). — XVIII, 355, 356.
*Brienne-le-Château* (Aube). — XVIII, 683. — XXI, 371. — XXIII, 549. — XXV, 613. — XXVI, 59, 61, 533.
*Brienon-sur-Armançon* (Yonne). — XXIV, 61.
BRIÈRE-MONSIGNY, g{al} de brigade. — XXIV, 216.
BRIÈRES frères, maîtres de forges. — XX, 243. — XXII, 5.
*Briey* (M-et-M). — XVIII, 211. — XX, 454, 455.
BRIEZ, repr. — XVIII, 147, 186, 200, 202, 217, 236, 295, 371, 410, 433, 444, 459, 510, 559, 570, 571, 588, 589, 605, 612, 634, 635, 657, 739, 763, 774, 800. — XIX, 17, 53, 92, 206, 208, 340, 441, 442, 484, 540, 541, 556, 641, 642, 643, 653, 699, 776, 790. — XX, 23, 73, 136, 325, 355, 395, 464, 592, 608, 800. — XXI, 126, 485, 670. — XXV, 420. — XXVII, XVII, 83. — XXVIII, 281.
*Brigands. Brigandage*. — XXV, 26, 112, 118, 123, 138, 143, 147, 190, 201, 230, 236, 254, 256, 258, 262, 361, 384, 477, 582, 599, 603, 625, 688, 748. — XXVI, 40, 49, 50, 71, 96, 142, 161, 232, 246, 267, 284, 292, 293, 302, 359, 386, 405, 409, 411, 517, 524, 552, 567, 569, 574, 586, 591, 630, 632, 635, 652, 656, 657, 695, 696, 715, 716, 747, 750, 756, 764. — XXVII, 15, 207, 236, 239, 249, 254, 259, 379, 435, 455, 469, 517. Voir *Chouans; Émeutes; Rebelles; Troubles*.
BRIGAULT (Jacques), dit le Franc. — XIX, 86.
*Brignoles* (Var). — XVIII, 505. — XIX, 722. — XXIV, 763. — XXVI, 194, 566. — XXVII, 22, 23, 484.
BRIGNON, volontaire. — XVIII, 367.
BRIGODE, secrétaire à l'A. du Nord. — XXI, 22.
BRILLIARD (Cosme Procope), dragon. — XXVI, 145.
BRILLIAT, cavalier. — XVIII, 170.
*Brillant*, lougre. — XXV, 306.
*Brillant*, navire. — XIX, 358.
BRILLON, caporal. — XIX, 134.
BRIN, vendéen. — XXVI, 386.
BRIOIS, juge de paix de Beaumont. — XXIII, 253.
*Brion-du-Gard* (Gard). — XX, 261. — XXI, 636. Voir *Saint-Jean-du-Gard*.
*Brionne* (Eure). — XXIV, 607.
BRIOT, imprimeur à Besançon. — XX, 18, 463, 464, 588. — XXI, 155.
*Brioude* (H-L). — XVIII, 229, 756, 757. — XX, 601.
*Briouse* (Sarthe). — XXVIII, 500.
*Brisach* (H-R). — XXIII, 283. — XX, 585. — XXVI, 762.
*Brisgau* (Allemagne). — XVIII, 493. — XX, 278, 561.
— XXIII, 50. — XXIV, 120. — XXVII, 405. — XXVIII, 10, 309, 473.
BRISION (Tristan), adjud{t} g{al}, chef de brigade. — XXVII, 229, 345.
BRISON, pharmacien à l'hôpital militaire de Caen. — XXVIII, 565.
*Brissac* (M-et-L). — XVIII, 100, 101, 687. — XXI, 135, 802.
BRISSAC (Gabriel), fournisseur de viande. — XXI, 553.
BRISSAUD, off. d'artillerie. — XXV, 222.
BRISSET. — XVIII, 469.
BRISSON (Mathurin-Jacques). — XVIII, 485. — XXIV, 158. — XXV, 641.
BRISSON, agent des subsistances. — XXIV, 58, 720.
BRISSON, off. destitué. — XXVII, 92.
BRISSOT, ex-repr. — XIX, 420. — XXV, 566. — XXVII, 300.
*Bristol* (Angleterre). — XX, 449.
BRISTOW (George), cap{e}, prisonnier de guerre. — XXI, 812.
*Britannia*, navire. — XXI, 369.
BRIVAL, repr. — XVIII, 69, 205, 565. — XIX, 000. — XX, 509. — XXI, 248, 811. — XXVI, 341.
*Brive* (Corrèze). — XX, 742, 743. — XXI, 546. — XXII, 5, 680. — XXIII, 55, 234. — XXIV, 31, 567, 776, 777, 825. — XXV, 53.
*Broc* (Le) [P-D]. — XIX, 258.
BROCHAIN, élève des Mines. — XVIII, 679.
BROCHARD. — XVIII, 211.
BROCHETON, palefrenier du C. de S. P. — XX, 644. — XXVI, 57, 303.
BROCK, directeur de l'École de boulangerie. — XVIII, 752. — XXV, 67. — XXVII, 2.
BRODE, maître de la poste aux chevaux d'Avallon. — XXIII, 735, 736.
BRODERMAN (Jean Hendrick). — XXVIII, 384.
*Broglie* (Maison de), à Paris. — XXVII, 648, 650, 674.
BROHÉ (Bernardine), v{ve} Dufriche-Valazé. — XXV, 12. — XXVII, 205. — XXVIII, 151.
BROMAGE (Richard). — XXII, 46.
BROUDES (J. Ant.), commissaire des Guerres. — XXVI, 445. — XXVIII, 552.
BRONGNIART (Alexandre), chimiste, médecin militaire. — XXII, 414.
BRONGNIART (Ant. Louis), pharmacien militaire. — XXII, 414. — XXV, 491, 542.
BRONION, courrier du C. de S. P. — XXV, 39.
*Bronze*. — XXVII, 118. — XXVIII, 15. Voir *Cuivre; Métaux*.
*Broons* (C-du-N). — XVIII, 776. — XXVIII, 149.
BROQUIER, sous-chef civil de la marine. — XX, 630.
BROSSELIN, caporal. — XIX, 497.
BROSSET. — XVIII, 88.
BROSSETTE, tanneur à Coulommiers. — XXII, 44.
*Brouage* (C-I). — XVIII, 217.
BROUARD (Ét.), adjud{t} g{al} à l'A. du Nord. — XXII, 504. — XXIV, 402, 555.
BROUDES, commissaire des Guerres. — XXVII, 58.
BROUET (Charles Louis), sous-lieut. élève à Châlons. — XXIV, 217.
BROUILLARD, maître d'équitation. — XIX, 238, 334, 531.
BROUQUENS, agent des subsistances g{ales}. — XIX, 321.

BROUSIER, caporal-tambour. — XXIV, 217.
BROUSSARD, fournisseur aux armées. — XXII, 178.
BROUSSE, command¹. — XIX, 87.
BROUSSONEIX, de Nontron. — XXIII, 149. — XXVI, 118. — XXVIII, 8, 126, 127.
BRUAT, caissier. — XXI, 57. — XXII, 246, 247.
BRUC, chef chouan. — XXI, 15.
BRÜE (Louis Urbain), repr. — XVIII, 256, 289, 300, 355, 460, 461, 465, 466, 496, 590, 591, 658, 766. — XIX, 37, 57, 71, 72, 126, 128, 214, 220, 248, 249, 316, 401, 467, 508, 544, 586, 625, 665, 716, 719, 758. — XX, 24, 52, 164, 165, 190, 289, 359, 443, 444, 577, 599, 786, 802. — XXI, 230, 353, 408, 600, 657, 658, 787, 822. — XXII, 17, 25, 26, 223, 425, 458, 567, 629, 677, 707, 708, 726, 819. — XXIII, 172, 191, 250, 311, 470, 471, 677, 679, 707, 758, 821. — XXIV, 14, 30, 31, 80, 81, 115, 172, 212, 232, 337, 369, 416, 417, 441, 515, 517, 592, 625, 749, 750, 768, 808, 810, 830. — XXV, 27, 85, 146, 149, 171, 201, 232, 255, 259, 260, 261, 381, 396, 435, 513, 514, 579, 597, 652, 668, 718. — XXVI, 74, 121, 155, 292, 523, 544. — XXVIII, 525, 527.
BRUEBANT, directeur de la poste aux lettres de Strasbourg. — XXV, 724.
BRUGER, du 14ᵉ régᵗ d'infanterie. — XX, 587.
Bruges (Belgique). — XVIII, 484. — XIX, 106. — XX, 22. — XXII, 571, 572. — XXIV, 481, 483, 505, 736. — XXV, 349. — XXVII, 608. — XXVIII, 104.
BRUGUIÈRE, chirurgien en chef de l'armée, à Gênes. — XXI, 152.
BRUEL (Gustave), lieut. hanovrien prisonnier. — XXIV, 587.
BRUIX, capᵉ. — XVIII, 131.
BRULATOUR, capᵉ. — XXVI, 537.
BRULEY, de l'École centrale. — XIX, 228.
BRULLEY, lieut. du génie. — XXII, 368.
BRUMAUD-VILLENEUVE, capᵉ d'artillerie. — XXV, 458.
Brumpt (Affaire de). — XXVI, 202.
BRUN (Anne Jean), chirurgien. — XXVI, 116.
BRUN (Constantin). — XIX, 27.
BRUN, de la forge de Colabaçon (?). — XIX, 548.
BRUN. — XX, 456.
BRUN, commandᵗ le 1ᵉʳ bᵒⁿ de la Charente. — XXVII, 173.
BRUNAU, chef de bᵒⁿ, nommé à la sous-direction de l'I. de France. — XXVII, 420.
BRUNCK, commissaire des Guerres. — XXIV, 665. — XXV, 214.
Brune navire. — XXIII, 217.
BRUNE, gᵃˡ. — XXII, 446. — XXIV, 2, 40. — XXV, 103.
BRUNE, capᵉ. — XXIII, 401.
BRUNEAU, de Douai. — XVIII, 383.
BRUNEAU, entrepreneur des armes portatives. — XXV, 254, 521.
Brunehamel (Aisne). — XVIII, 725.
BRUNEL, capᵉ de gendarmerie. — XX, 224.
BRUNEL, repr. — XX, 299, 384. — XXI, 158, 771. — XXII, 97, 121, 145, 147, 209, 264, 265, 291, 329, 357, 385, 405, 407, 438, 450, 466, 590, 598, 639, 684, 698, 756, 799, 800, 808, 824, 825. — XXIII, 70, 183, 215, 218, 266, 322, 397, 398, 423, 455, 589. — XXIV, 34. — XXVI, 225. — XXVII, 500.

BRUNEL, directeur des Postes et Messageries. — XXIV, 373.
BRUNEL, cultivateur. — XXV, 230.
BRUNET, commissaire à l'approvisionnement de Brest et Lorient. — XXVI, 237.
BRUNET, employé au magasin gᵃˡ de la marine à Toulon. — XXVIII, 489.
BRUNET, employé des repr. en mission. — XXVIII, 49.
BRUNET, gᵃˡ. — XIX, 8.
BRUNET, capᵉ de gendarmerie à Lyon puis à Vienne. — XXII, 181. — XXIV, 741.
BRUNET, de Tours, candidat à l'École polytechnique. — XXVIII, 238.
BRUNETEAU-SAINTE-SUZANNE, gᵃˡ de brigade. — XXII, 710. — XXIII, 224. — XXVIII, 408, 526.
BRUNIER (Mathieu), canonnier. — XXV, 83.
BRUNINGS, inspecteur des rivières de Hollande. — XXI, 115.
BRUNO, gᵃˡ. — XXVIII, 300.
BRUNO, hussard, ci-devᵗ élève de l'École d'artillerie. — XXV, 103.
BRUNOT, cultivateur. — XIX, 310.
BRUNOT, élève timonier, prisonnier de guerre. — XXII, 180.
Brunoy (Château de) [S-ct-O]. — XXVIII, 694.
BRUNSWICK (Duc de). — XXII, 35, 358.
Brunswickois. — XXI, 406.
BRUNVILLE, lieut.-colᵉˡ prisonnier. — XXIII, 431.
BRUNY, capᵉ. — XXVIII, 47.
BRUSLÉ, chef de brigade à l'École centrale des Travaux publics. — XIX, 455. — XXI, 49.
BRUSLÉ, secrétaire du repr. Richard. — XXVI, 157.
BRUSLÉ (Michel), 1ᵉʳ médecin de la marine. — XXV, 320.
Brutus, navire. — XX, 795. — XXI, 442.
Bruxelles (Belgique). — XVIII, 93, 143, 146, 152, 164, 195, 196, 199, 200, 212, 217, 233, 259, 260, 294, 309, 323, 333, 370, 385, 407, 432, 444, 458, 478, 493, 495, 510, 520, 553, 557, 570, 585, 612, 634, 635, 657, 684, 739, 763, 774, 800. — XIX, 16, 50, 52, 58, 70, 89, 92, 120, 122, 144, 193, 206, 207, 227, 228, 242, 258, 261, 262, 339, 415, 440, 442, 484, 539, 540, 541, 556, 569, 640, 641, 663, 687, 698, 750, 776, 790. — XX, 17, 21, 22, 45, 46, 72, 136, 163, 183, 232, 305, 306, 324, 325, 352, 373, 394, 395, 396, 554, 588, 589, 590, 607, 608, 616, 618, 722, 723, 762, 779, 780, 781, 782, 799. — XXI, 30, 32, 75, 76, 114, 133, 221, 225, 226, 240, 290, 291, 302, 316, 323, 334, 346, 361, 404, 459, 465, 466, 489, 527, 566, 567, 596, 618, 703, 725, 729, 763, 779, 781, 827, 828. — XXII, 15, 22, 67, 82, 196, 197, 198, 199, 201, 202, 278, 311, 347, 348, 395, 455, 456, 475, 512, 513, 570, 571, 572, 573, 621, 625, 668, 701, 703, 785, 791, 814. — XXIII, 12, 18, 47, 225, 229, 257, 297, 298, 300, 344, 345, 346, 407, 418, 426, 432, 434, 435, 436, 440, 458, 459, 460, 461, 483, 524, 525, 526, 529, 555, 556, 590, 591, 592, 594, 638, 646, 664, 671, 706, 707, 811, 815, 817. — XXIV, 22, 35, 76, 159, 169, 170, 185, 186, 223, 257, 286, 287, 323, 353, 360, 363, 406, 447, 448, 450, 454, 481, 506, 513, 542, 615, 679, 680, 705, 736. — XXV, 7, 110, 223, 283, 349, 359, 387, 420 n., 430, 444, 552, 580, 595, 615, 621, 659. — XXVI, 71, 317, 400, 456, 478, 605, 629, 632, 718. — XXVII, 40, 180, 185, 208, 231, 237 à 257, 284,

286, 358, 423, 673. — XXVIII, 3, 58, 84, 104, 166, 251, 281, 390, 420, 563, 582.
*Bruyères* (Vosges). — XX, 662. — XXIII, 324.
*Bruyères-de-Sèvres* (S-et-O). — XXI, 456.
*Bruyères-sur-Oise* (S-et-O). — XXVIII, 100, 101.
BUACHE, géographe. — XIX, 553.
*Bubry* (Morbihan). — XVIII, 218.
BUCHÈRE, fondé de pouvoirs de Fouscuberte. — XXI, 635.
*Bû* (E-et-L). — XVIII, 384. — XXVIII, 75.
BUCHET, chef de brigade d'artillerie. — XXVIII, 578.
BUCHT, suédois, cap$^e$ d'infanterie. — XXI, 376.
BUCOURT, gendarme de la marine. — XVIII, 282.
*Budenheim* (Allemagne). — XXVIII, 637.
*Büderich* (Hollande). — XVIII, 66.
BUESSARD, enseigne de vaisseau. — XX, 630.
BUFFANIER, cap$^e$ déporté de Sainte-Lucie. — XXIV, 475.
BUFFAULT fils, employé dans la marine. — XXI, 815.
BUFFET (C$^{ne}$), fournisseur. — XXVII, 635.
BUFFET-REYRE. — XVIII, 366, 708.
BUFREUIL, enseigne entretenu. — XX, 796.
*Buges* (Manufact. de papier-assignat de) [Loiret]. — XX, 549, 612. — XXII, 213, 214. — XXIV, 349, 375. — XXVI, 69, 208, 264, 353, 394, 455. — XXVII, 505. — XXVIII, 80, 127, 574.
BUGGE, cap$^e$ de navire, danois. — XX, 758. — XXVI, 150.
BUHOT, commissaire ordonnateur. — XXV, 378.
*Buis* (Le) [Drôme]. — XIX, 461.
BUISAIN, préposé des douanes à Nord-Libre. — XXVIII, 165.
*Buisses* (Quartier des), à Lille. — XXIII, 783.
BUISSON (Benoît), m$^d$ à Paris. — XXVI, 64.
BUISSON, acheteur de grains. — XXIV, 302, 578.
BUISSON, off. au 7$^e$ b$^{on}$ des fédérés. — XXVIII, 508.
*Buisson* (Fonderie du). — XIX, 382. — XXV, 420.
BUISSON (Du), membre du bureau du commerce. — XXIII, 500.
BUISSON, de Troyes. — XX, 54.
BUISSON, lieut. de gendarmerie. — XX, 40.
BUISSON, agent de l'habillement. — XX, 332. — XXVII, 505.
BUISSON fils, de Quessigny. — XXII, 207.
BUISSON père. — XXII, 207.
BULGER, cap$^e$. — XXI, 457.
BULLEMONT, cap$^e$ de gendarmerie à Amiens. — XXIV, 677.
*Bulletin* de la Convention. — XVIII, 615, 638, 668, 782. — XIX, 573. — XX, 77. — XXI, 142, 388, 790, 839. — XXII, 76, 159, 236, 259, 457, 479, 594, 620. — XXIII, 2, 24, 67, 260, 311, 600, 636, 724, 743. — XXIV, 168, 183, 214, 244, 271, 340, 387, 416, 456, 492, 504, 509, 594, 614, 803. — XXV, 23, 113, 359, 369, 429, 605, 656, 698, 740. — XXVI, 187, 189, 353, 388, 394, 407, 598, 752. — XXVII, 100, 422, 596, 667. — XXVIII, 560.
— de correspondance. — XVIII. — 604, 810. — XX, 77. — XXI, 548, 636. — XXII, 236, 285, 304, 359, 361, 594, 615, 811. — XXIII, 2, 9, 67, 500, 670, 699, 801, 826. — XXIV, 244, 657. — XXV, 74, 131, 164, 209, 374. — XXVI, 37. — XXVII, 218, 234. — XXVIII, 12, 13, 594.

— de l'enseignement de l'École centrale des Travaux publics. — XXIV, 275.
— des lois. — XVIII, 592, 593, 604, 628, 661, 785. — XXI, 548, 581. — XXII, 236, 359, 361, 366, 442, 594, 615, 748, 783. — XXIII, 9, 67, 271, 699, 801, 804. — XXV, 131, 164, 183, 208, 209, 241, 243, 372, 374, 439, 530. — XXVI, 37, 177, 579. — XXVII, 650.
BULLIOD, agent des subsistances de Paris. — XXII, 493. — XXVII, 536.
BULLY, sous-lieut. — XXV, 391.
BUNEL, chef de Chouans. — XXIV, 194. — XXV, 303.
BUNKER, exportateur américain. — XIX, 226.
BUONARROTI (Philippe). — XX, 394, 682. — XXII, 386. — XXVI, 81.
*Buquet* (Port du) [Manche]. — XXVIII, 167.
BURAC, g$^{al}$ de brigade. — XXIII, 662.
BUREAU, cap$^e$. — XXII, 182.
BUREAU, fermier des messageries de la Saône. — XVII, 19. — XXVIII, 412, 413, 437.
BUREAU, chef de brigade. — XVIII, 75.
BUREAU (Fr.), charretier de rivière. — XXVIII, 186.
*Bureau* du commerce. — XX, 461, 462, 645, 646. — XXI, 479, 810. — XXIII, 271. — XXV, 67, 94, 209, 374. — XXVI, 176, 362, 384. — XXVII, 557, 613. — XXVIII, 3, 244, 448, 656.
— central des commissaires des Guerres. — XXV, 210.
— du chiffre. — XIX, 751.
— des coches, à Paris. — XXIII, 328.
— de comptabilité. — XXV, 182.
— de la Guerre. — XXV, 61.
— central des subsistances. — XXVII, 441.
— de correspondance des subsistances. — XXVII, 149.
— des dépêches. — XXVIII, 700.
— de recensement des bois et charbons. — XXVII, 252.
— des subsistances, à Bordeaux. — XXVIII, 5, 9.
— d'agences. — XXV, 575. — XXVII, 650.
— d'amirauté. — XXV, 715.
— du cadastre. — XXVI, 312.
— civils de la Marine. — XXV, 546. — XXVIII, 479.
— du C. de S. P. — XXVII, 274. — XXVIII, 698, 700.
— de la Convention. — XXVII, 202.
— de surveillance des passeports. — XXIV, 433.
BUREVILLERS, inspecteur des dépôts de cavalerie. — XXVI, 147.
*Buren* (Hollande). — XIX, 443.
*Burges-les-Bains*. — XXIII, 178. Voir *Bourbon-l'Archambault*.
BURGEVIN, chef de bureau civil à Toulon. — XXV, 410.
BURÉ (Clément), voiturier par eau. — XXI, 175.
*Burgh* (Allemagne). — XVIII, 309, 492.
*Burkheim* (Allemagne). — XX, 561.
BURKLI, lieut. — XXVI, 369.
BURG, liégeois. — XIX, 141.
BURNEL, liquidateur des comptes de l'ex-Agence des armes. — XXVIII, 582, 583.
*Burscheid* (Allemagne). — XIX, 242.
BURTIN, adjud$^t$-cap$^e$ de Rochefort. — XXII, 389.
*Bus* (Rivière de). — XVIII, 574.
BUSCAILLE (Jacques), lieut. — XXIII, 241.
BUSCH, entrepreneur des bois et lumières de Strasbourg. — XXII, 38.

Bussani, interprète puis sous-lieut. instructeur. — xxi, 815. — xxii, 654.
Bussay, chirurgien. — xxviii, 255.
Busselot, détenu à Aix-la-Chapelle. — xxvi, 716. — xxvii, 307. — xxviii, 639.
Bussier fils, patron de pêche à Blaye. — xix, 701.
*Bussière* (Écluse de La). — xxvii, 429.
Bussy, maréchal expert du 8e hussards. — xx, 651.
*Bussy-Saint-Georges* (S-et-M). — xxiv, 2.
Buteaud (Jean Robert). — xix, 149.
Butar, médecin à Boulogne, et sa fe. — xxiii, 201.
Butel, agent de la Common des approvisionnements à Boulogne. — xxiii, 343.

Butet, fabricant de toile à voiles à Bourges xix, 436.
Butler (Antoine), négociant à Philadelphie xxv, 737.
Butor, off. de santé à l'A. du Nord. — i, 455, 701.
Butschal, cape. — xxiii, 739.
*Buxière-la-Grue* (Allier). — xx, 361.
*Buxy* (S-et-L). — xx, 253. — xxi, 620.
Buys, commandt le fort Nieulay, près Calais. - xx, 650.
Buzelet, chef de bon. — xx, 587.
Buzoni et Cie, banquier à Paris. — xxii, 99.
Buzot, repr. — xxv, 565. — xxvii, 206.
Byers (Thomas), anglais, tanneur. — xxvii, 112.

2 A.

# C

CABAR, tonnelier. — XIX, 411.
CABARRUS. — XX, 391.
CABIEU, garde-côtes. — XXVI, 280.
*Cabinet* des estampes nationales. — XVIII, 329.
— topographique du C. de S. P. — XXVI, 664.
— scientifique. — XXV, 68. — XXVIII, 2.
CABOCHE, administrateur des Postes et Messageries. — XXIV, 373.
*Cabrespine* (Aude). — XX, 491.
*Cabrières* (Gard). — XVIII, 10, 251.
CABROL, aide de camp du g$^{al}$ Deprez-Crassier. — XXVI, 6.
CACAULT, agent en Italie. — XXII, 11.
CACHARD, employé. — XVIII, 568.
CACHET (Philippe), voiturier par eau. — XXV, 662.
CACHIN, ingénieur. — XVIII, 801. — XX, 295.
*Caden* (Morbihan). — XXIV, 750.
CADES, employé aux vivres. — XIX, 321.
CADET-BOSSE, cap$^e$ au 31$^e$ rég$^t$ de chasseurs à cheval. — XXIV, 612. — XXVIII, 318, 445. — Voir BOSSE-CADET.
CADET DEVAUX, vétérinaire. — XXVIII, 5.
CADET DE VAUX (Alexis), chimiste et pharmacien, prof. à l'École de boulangerie. — XVIII, 290. — XX, 221. — XXVII, 27. — XXVIII, 16.
CADET DE VAUX, lieut. — XXVI, 661.
*Cadillac* (Gironde). — XIX, 198, 325. — XX, 313. — XXVIII, 463.
CADIOU, condamné aux fers. — XX, 740.
*Cadix* (Espagne). — XVIII, 508. — XXII, 85, 248. — XXIII, 733, 803. — XXIV, 303. — XXV, 732. — XXVI, 560. — XXVII, 175. — XXVIII, 49. — 150, 384, 676.
CADIX (Jean), caporal. — XIX, 134.
CADIX, quincailler à Lyon. — XX, 363.
CADRONNES, cordonnier à Falaise. — XXVII, 172.
CADROY, repr. — XVIII, 232, 305, 342, 584, 684, 696, 698. — XIX, 183, 184, 347, 390, 426, 474, 694. — XX, 83, 114, 237, 264, 368, 480, 701, 731. — XXI, 45, 150, 171, 206, 392, 395. — XXII, 142, 271, 355, 543, 544, 569, 617, 722. — XXIII, 36, 46, 119, 181, 239, 291, 293, 319, 321, 360, 420, 421, 422, 494, 546, 624, 657, 696, 765, 768, 770, 828. — XXIV, 125, 238, 284, 291, 348, 355, 424, 427, 430, 463, 466, 531, 534, 572, 651. — XXV, 15, 453, 621. — XXVI, 334, 594, 657. — XXVII, XVIII, 89, 184, 535. — XXVIII, 164.
CADY, vendéen. — XXVI, 386.
*Cadzand* (Île de) — XXII, 495. — XXIII, 5.
*Caen* (Calvados). — XVIII, 20, 63, 70, 138, 148, 169, 214, 247, 520, 566, 658. — XIX, 103, 107, 149, 361, 449, 499, 503, 680, 729. — XX, 37, 753. — XXI, 52, 240, 241, 253, 254, 365, 656, 692, 822, 833. — XXII, 164, 179, 256, 314, 349, 553, 579, 604, 675, 753, 764, 815. — XXIII, 83, 170, 259, 305, 308, 379, 380, 381, 414, 490, 491, 518, 633, 640, 648, 714, 737, 744, 754, 755, 756, 779. — XXIV, 25, 26, 27, 46, 300, 301, 329, 330, 415, 467, 489, 589, 590, 591, 610, 657, 658, 659, 671, 747, 772. — XXV, 68, 84, 114, 143, 144, 176, 254, 337, 431, 432, 445, 470, 521, 532, 539, 553, 554,
578, 596, 622, 649, 662, 667, 669, 677, 683, 703, 717, 728, 736, 746. — XXVI, 18, 46, 65, 71, 122, 128, 139, 154, 209, 214, 215, 262, 265, 266, 285, 320, 321, 349, 404, 600, 634, 671, 697, 712. — XXVII, 10, 18, 101, 126, 129, 187, 284, 288, 303, 321, 327, 328, 377, 386, 400, 430, 432, 469, 484, 518, 552, 557, 573, 600, 628, 661, 671. — XXVIII, 213, 297, 298, 315, 316, 348, 398 à 400, 465, 565, 587, 595, 688.
CAEN (Jacob Vita). — XVIII, 527.
*Café Anglais*, à Paris. — XIX, 122.
*Café*. — XXII, 69, 70. — XXV, 3. — XXVI, 540. — XXVII, 368, 538.
CAFFARELLI-DUFALGA (Maximilien), chef de brigade du génie. — XIX, 779. — XXI, 552. — XXIII, 223. — XXV, 347. — XXVIII, 475, 485, 623, 626.
CAFFE, command$^t$ de c$^{ie}$. — XIX, 734.
CAFFIN, g$^{al}$. — XVIII, 101, 687. — XXI, 409, 445. — XXII, 381.
CAFFIN, fabricant de toiles. — XIX, 436.
CAGANIQUE (C$^{ne}$), ex-noble. — XIX, 236.
*Cagliano* (Torrent de). — XXIV, 731, 732.
*Cagliari* (Sardaigne). — XX, 20.
CAHEN (Jacob), de Metz. — XX, 17. — XX, 456. — XXII, 774. — XXIII, 6.
*Cahors* (Lot). — XVIII, 770. — XIX, 395. — XX, 241, 521, 537, 646. — XXI, 255, 256. — XXII, 184. — XXVI, 1.
CAHOURS, secrétaire du g$^{al}$ Morgan. — XXIV, 217.
CAILHAVA. — XIX, 39.
CAILLARD (J.-B. Thimothée), ex-directeur des *Révolutions de France et de Brabant*, vice-présid$^t$ du trib. de la 17$^e$ division. — XXV, 589.
CAILLARD, chargé d'affaires à La Haye puis en Prusse. — XIX, 704. — XXI, 303. — XXII, 53, 423. — XXV, 352. — XXVI, 91.
CAILLE (Ch. René Marie), gendarme. — XX, 299.
CAILLASSON, vice-consul à Palamos. — XXVI, 690.
CAILLAUD, négociant en vins. — XXI, 3.
*Caillaudière* (Forges de La). — XX, 201. — XXIII, 274. — XXIV, 659.
CAILLAUX (Pierre), prisonnier de guerre évadé. — XXV, 319.
CAILLE, cultivateur à Servon. — XXI, 372, 479.
CAILLET, lieut. — XVIII, 475.
CAILLETTE, sous-lieut. — XVIII, 760.
CAILLOUX (Jean Louis), cap$^e$. — XVIII, 474. — XX, 491.
CAILLY, commissaire des Guerres. — XXV, 10. — XXVII, 428. — XXVIII, 293, 300.
CAINVOL, off. de tirailleurs. — XXVIII, 533.
*Ça ira* (chant). — XX, 153. — XXII, 381.
*Ça ira*, navire. — XXI, 89, 90, 260, 274, 369, 454. — XXIV, 59, 694.
CAIRE, chef de b$^{on}$. — XXI, 376. — XXIV, 437.
CAIRE, chef de poste des convois militaires. — XXVI, 172.
CAISNES (C$^{te}$ de). — XXVII, 288.
*Caissons*. — XXV, 210, 613. — XXVI, 59, 601. — XXVII, 4, 145, 293, 600. Voir *Artillerie*.
*Cajes* (?) [Var]. — XXIV, 496.

*Calais* (Nord). — XVIII, 42, 46, 90, 91, 303, 304, 306, 347, 545, 790. — XIX, 139, 241, 549, 551, 688, 773. — XX, 105, 136, 542, 545, 650, 738. — XXI, 117, 212, 263, 283, 293, 301, 512, 525, 557, 566, 594, 597, 752, 818. — XXII, 601, 614, 652, 674, 777. — XXIII, 93, 200, 254, 637. — XXIV, 95, 275, 432, 498, 512, 542, 617, 766. — XXV, 72, 459. — XXVI, 35, 41, 275, 502, 628, 759. — XXVII, 76, 123, 158, 255, 256, 391, 422, 614, 664. — XXVIII, 66, 126, 450, 451, 573, 585, 586, 630, 631, 632.
*Calais-sur-Anille* (Sarthe). — XVIII, 139, 140. — XIX, 409, 410. — XXII, 351. Voir *Saint-Calais*.
CALAN, dit Louis de Plumeliau, dit le g$^{al}$ Salomon. — XX, 282, 284, 285, 286. Voir PLUMELIAU ; SALOMON.
CALASTE fils, de Blaye. — XIX, 701.
CALAU (Fr.), bouvier. — XXIV, 493.
*Calcul intégral*, de BOUGAINVILLE. — XXV, 641.
*Calcutta* (Inde). — XXVI, 512.
*Caledonia*, navire anglais. — XXV, 463.
CALENDINI, chef de brigade. — XXII, 656. — XXV, 102.
CALÈS, repr. — XVIII, 134, 414. — XIX, 20, 88, 90, 145, 221, 591-592. — XX, 18, 296, 313, 387. — XXI, 611, 666. — XXIII, 77, 78. — XXVIII, 451, 452, 494, 509, 512, 553, 672.
CALÈS, brigadier de chasseurs à cheval. — XXVIII, 553.
CALISANNE, avocat g$^{al}$ au Parlement d'Aix. — XXVIII, 285.
CALLAGHAN (Luc), négociant à Bordeaux. — XXVII, 60.
CALLENDER, adjudicataire. — XXVII, 63.
CALLIER, de l'École centrale des Travaux publics. — XIX, 455. — XXI, 49.
CALIGNON, off. de santé. — XX, 799, 800. — XXI, 126.
CALLOT DE LAISBRE, m$^d$ de vins et eaux de vie. — XIX, 763.
CALMET-BEAUVOISIN, cap$^e$, adj$^t$ à l'état-major de l'A. du Rhin. — XXII, 105. — XXIV, 637. — XXVI, 203.
CALON, repr., directeur du dépôt de la Guerre. — XVIII, 63, 760. — XIX, 363. — XX, 608. — XXI, 5, 593, 626. — XXII, 262. — XXIV, 177, 543, 821. — XXV, 159. — XXVI, 57, 83. — XXVII, 139, 615. — XXVIII, 41.
CALONNE, ex-ministre. — XXIV, 647.
*Calvados* (Départ$^t$ du). — XVIII, 214, 526, 710. — XIX, 449, 460, 496, 547, 618. — XX, 8, 267, 320, 465, 539, 716. — XXI, 241, 253, 365, 435, 638, 656, 692, 822, 833. — XXII, 49, 102, 164, 179, 256, 314, 349, 474, 538, 553, 579, 604, 675, 719, 753, 795, 812, 815. — XXIII, 75, 96, 164, 170, 203, 226, 305, 308, 367, 379, 380, 381, 414, 490, 519, 521, 522, 547, 640, 648, 674, 714, 742, 744, 754, 779, 810. — XXIV, 25, 46, 300, 329, 415, 485, 489, 589, 610, 614, 657, 658, 671, 683, 747, 772. — XXV, 40, 84, 143, 176, 254, 337, 431, 432, 445, 466, 470, 521, 532, 553, 554, 578, 596, 622, 644, 649, 662, 667, 669, 677, 680, 683, 703, 717, 728, 737, 746. — XXVI, 18, 46, 71, 122, 128, 154, 178, 209, 214, 260, 262, 263, 265, 266, 280, 320, 321, 349, 404, 634, 671, 697. — XXVII, 10, 18, 41, 78, 79, 101, 126, 129, 187, 262, 288, 303, 321, 327, 377, 430, 432, 484, 486, 490, 507, 515, 520, 573, 583, 600, 628, 661, 672. — XXVIII, 197, 310, 336, 348, 377, 398.
*Calvaire* (Mont du) [Manche]. — XXVII, 456.
CALVET, aubergiste à Pouzols. — XXVI, 469.
*Camaret* (Finistère). — XVIII, 804. — XIX, 35.
*Camaret-sur-Aigues* (Vaucluse). — XXVIII, 230.
*Camargue*. — XXI, 395.
CAMAS, chef de brigade d'artillerie. — XXI, 330. — XXIII, 246.
CAMBACÉRÈS, repr. — XVIII, 711. — XIX, 193, 269, 312. — XX, 55, 360, 569. — XXI, 23, 80, 180, 190, 503, 504, 513. — XXII, 141, 347, 348, 621, 640, 814. — XXIII, 300, 337, 514, 780, 827. — XXIV, 1, 2, 103, 105, 185, 643, 815. — XXV, 93, 292, 503, 598, 713. — XXVII, 50, 51, 68, 218. — XXVIII, 14, 86, 106, 109, 137, 169, 173, 207, 234, 235, 248, 271, 272, 274, 275, 304, 310, 351, 392 à 394, 492, 495, 558, 581, 622, 624 à 628, 674, 689, 701.
CAMBACÉRÈS (Pierre, Hubert), sous-lieut. au 23$^e$ chasseurs à cheval. — XX, 68. — XXII, 105.
CAMBERLAUD, hussard. — XVIII, 568.
CAMBIER (Pierre Amant Guilain), canonnier. — XXV, 98.
CAMBIS (Joseph) et sa famille. — XX, 629.
CAMBON, repr. — XVIII, 53. — XIX, 174. — XXI, 161. — XXII, 96. — XXIV, 632. — XXVII, 333.
CAMBOULAS, emigré. — XXVI, 452.
CAMBOULAS (Simon), repr. — XXII, 139. — XXV, 589. — XXVIII, 613.
CAMBOURNAC, courrier du C. de S. P. — XXV, 39.
*Cambrai* (Nord). — XVIII, 507, 509, 510. — XIX, 368, 549, 620. — XX, 147, 201, 569. — XXI, 350, 634, 637, 646, 728. — XXII, 76, 85, 273, 275, 342, 348, 361, 362, 443, 671, 674. — XXIII, 44, 61, 74, 297, 343, 344, 348, 462, 554, 564, 567, 594, — XXIV, 5, 13, 588. — XXV, 423. — XXVI, 195. 577, 658, 684. — XXVIII, 133, 205, 297, 548.
CAMBRAI, boulanger. — XXIII, 554.
CAMBRAY, g$^{al}$. — XIX, 471. — XXIV, 685.
*Cambremer* (Calvados). — XVIII, 143.
CAMILLE, employé au C. de S. P. — XIX, 95.
CAMIN, chef de brigade. — XVIII, 550.
CAMINADE, employé aux harnais militaires. — XIX, 225.
CAMION (Pierre), fabricant d'armes. — XIX, 495.
*Camors* (Forêt de). — XXIII, 678. — XXIV, 515, 625.
CAMOY. — XXIV, 625.
CAMPAN, cap$^e$ dans l'expédition des Indes Occident. — XXII, 340.
CAMPANS, adjud$^t$ g$^{al}$. — XXVIII, 596.
CAMPBELL (Archibald), lieut. des troupes de la marine anglaise, prisonnier. — XXI, 402. — XXIII, 160.
*Campigny* (S-I). — XXVIII, 534.
*Campine* (Belgique). — XX, 418. — XXVI, 153, 605. — XXVII, 71, 83.
CAMPMARTIN, repr. — XXVII, 265.
CAMPMAS, repr. — XXV, 221.
CAMPORA, cap$^e$ piémontais, prisonnier. — XXVI, 626.
CAMPOURCY, directeur de la fabrique de Pont-de-Buis. — XXVI, 37.
CAMPOURCY, employé de la Trésorerie. — XXVIII, 518.

*Camps* militaires. — XXVI, 35, 103, 145, 146, 202, 220, 231, 272, 342, 434, 533, 621, 631, 664, 717, 725, 748, 759. Voir *Casernes; Troupes.*
CAMUS, repr. — XVIII, 120. — XXII, 285. — XXV, 648.
CAMUS, commissaire. — XXIII, 246.
CAMUS fils aîné, fabricant de couvertures de laine. — XXI, 67. — XXVI, 742.
CAMUS, command$^t$ à Laval. — XXI, 295.
CAMUS, lieut., adj$^t$ aux adjud$^{ts}$ génér$^x$ de l'A. des Indes Occident. — XXV, 321. — XXVII, 317.
CAMUS, lieut. de gendarmerie. — XXVIII, 102.
CAMUS (V$^{ve}$), commerçante. — XXVIII, 324.
CAMUZET, salpêtrier. — XIX, 549.
*Canada*, navire. — XVIII, 204.
*Canada.* — XXII, 54.
CANAPLE (J. Fr. Esprit). — XXVII, 27.
CANAPLES (Ch.), command$^t$ de Chandernagor. — XXVI, 512.
*Canaries* (Îles). — XXVI, 560. — XXVIII, 150.
*Canaux.* — XVIII, 651, 652. — XXIII, 590. — XXIV, 770, 828. — XXV, 39, 197, 219, 316, 349. 404, 411, 429, 456, 580, 589, 654, 666. — XXVI, 34, 139, 196, 301, 311, 312, 314, 364, 438, 577, 589, 596, 609, 638, 730, 738, 753. — XXVII, 27, 124, 139, 161, 224, 369, 370, 429, 442, 458, 464, 501, 540, 558, 571, 615, 631. — XXVIII, 7, 25, 47, 356, 438, 520, 597.
*Cancale* (I-et-V). — XVIII, 372. — XX, 491. — XXV, 327.
CANCEL, g$^{al}$. — XXVII, 240.
CANCLAUX, g$^{al}$. — XVIII, 100, 283, 350, 351, 511, 533, 556. — XIX, 465, 466, 469, 471, 519, 588. — XX, 794. — XXI, 16, 40, 359, 445, 472, 814, 815. — XXII, 545, 669, 726. — XXIII, 148, 366, 367, 787, 788. — XXIV, 194, 806, 835. — XXV, 27, 113 n., 121, 190, 261, 305, 398, 433, 557, 626. — XXVI, 52, 73, 198, 246, 322, 351, 406, 426, 552, 694, 741, 755. — XXVII, 42, 190, 240, 332, 418. — XXVIII, 66, 264, 366, 484.
*Candé* (M-et-L). — XIX, 400, 519. — XX, 195, 599. — XXV, 746. — XXVII, 517.
*Candel*, ci-dev$^t$ Rilzheim (Allemagne). — XIX, 760.
CANEL. — XVIII, 159.
CANISY, m$^d$ de chevaux. — XX, 539. — XXII, 332, 333.
CANNEBOTIN, aide pour la mesure du méridien. — XXIII, 734.
*Cannes* (A-M). — XXIII, 480. — XXV, 159.
CANOIS, off. de police militaire. — XXII, 8.
*Canny* (Oise). — XXVIII, 696.
CANON, des Vosges, émigré. — XXVII, 4.
CANON, receveur des douanes en Belgique. — XXVIII, 305.
*Canonniers. Canons.* — XXV, 149, 155, 170, 184, 349, 360, 437, 471, 520, 606, 671. — XXVI, 25, 36, 91, 113, 119, 145, 198, 200, 244, 272, 313, 525, 560, 567, 580, 664, 704. — XXVII, 4, 29, 93, 106, 178, 228, 235, 263, 271, 350, 412, 497, 562, 577, 654, 671. — XXVIII, 135, 586. Voir *Armes* à feu; *Artillerie; Ateliers* d'armes: *Fonderies; Forges.*
CANTAGRELLE, chef de brigade. — XXIII, 463. — XXIV, 13.
*Cantal* (Départ$^t$ du). — XVIII, 92, 266. — XIX, 87, 449, 621. — XXI, 814. — XXII, 110, 139, 473. —
XXIII, 664, 734. — XXIV, 390, 689, 710. — XXV, 32, 58, 153, 356. — XXVI, 136, 358, 447, 489, 570, 656, 676. — XXVII, 69, 483. — XXVIII, 32.
CANTEL, command$^t$ d'artillerie. — XXII, 478.
CANTOBRE, adjud$^t$ g$^{al}$. — XXII, 217.
CANTON, receveur à Barcelonnette. — XXII, 191.
CANUEL, g$^{al}$ de division. — XX, 597. — XXI, 136. — XXVI, 406, 700.
*Cany* (S-I). — XVIII, 609. — XIX, 452. — XXI, 571, 574, 626. — XXII, 610, 816. — XXIII, 309, 310. — XXIV, 154, 350, 432, 591, 768, 786, 829. — XXV, 184, 586.
*Cap* (Le). — XXIV, 476. — XXVII, 666.
CAPELLE (J. P.). — XXVII, 442.
CAPET (Le petit). — XVIII, 606. Voir LOUIS XVII.
CAPET (Louis). — XIX, 607. — XX, 57, 742. — XXII, 697, 698. — XXV, 151, 179, 476.
*Cap-Français*, à Saint-Domingue. — XIX, 30. — XXVII, 102.
CAPIN, courrier du C. de S. P. — XXV, 40.
CAPITAIN, adjud$^t$ g$^{al}$. — XXV, 664. — XXVI, 235.
CAPITAIN, inspecteur. — XXVII, 368.
CAPITAIN, lieut. de gendarmerie de l'Aisne. — XXIV, 210.
CAPITAINE, lieut. du génie. — XXVII, 485.
*Capitaine*, navire. — XXI, 369.
CAPON, rapporteur de la Comm$^{on}$ des Armes et Poudres. — XXVI, 198, 201. — XXVII, 389, 397.
CAPON (Fr.), concessionnaire des mines de plomb de Martin-Saussenac. — XVIII, 10, 251.
CAPON (Joseph), en mission à Saint-Sébastien. — XVIII, 162, 576. — XXIV, 818.
CAPON, caporal, requis pour la fonderie de Clermont-Ferrand. — XVIII, 242, 259.
*Capoue* (Italie). — XX, 552.
CAPPELL (Ch-M), cap$^e$ de l'*Harmonie*. — XXII, 483.
*Cappy* (Dépôt de). — XXIII, 40, 41.
CAPRIAL, directeur d'artillerie. — XXI, 104.
CAPRIOL SAINT-HILAIRE, cap$^e$ d'artillerie. — XXIII, 739.
*Capucins* (Maison des ci-dev$^t$), caserne. — XXII, 490.
*Capucins* (Couvent des), à Luxembourg. — XXIV, 300.
*Capucins* (Jardin et couvent des), à Strasbourg. — XXV, 515.
CAQUÉ, médecin. — XXIII, 276.
CAQUERAY (C$^{se}$), ex-noble. — XVIII, 511.
*Caraman* (Séminaire de). — XVIII, 190.
CARAUT, lieut. de gendarmerie à Étain. — XXII, 415.
CARAZOLE. — XXVII, 441.
CARBONNEL, ex-noble, cap$^e$ d'artillerie. — XXVIII, 485.
CARBONNEL, inspecteur de la fonderie de Douai. — XVIII, 626.
CARBONNEL CANISY. — XXI, 813.
CARBONNEL, chef de brigade d'artillerie. — XXVII, 371.
*Carcassonne* (Aude). — XVIII, 396, 397, 419, 673. — XIX, 136, 236, 496. — XX, 267, 491. — XXI, 681. — XXII, 505, 506. — XXIII, 812. — XXIV, 474. — XXV, 215. — XXVI, 496.
*Cardelan* (Baie de) [Morbihan]. — XXVII, 526.
CARDELLE. — XXI, 758.
CARDIN, sous-lieut. — XVIII, 759.
*Cardinaux* (Les), dans la baie de Quiberon. — XXIV, 749. — XXVI, 95.
CARDOT, ouvrier. — XX, 38.

CAREIRAC (C$^{ne}$). — XXV, 105.
CARENET, munitionnaire. — XVIII, 212. — XIX, 710. — XXI, 699. — XXVI, 116.
*Carentan* (Manche). — XVIII, 426, 580. — XIX, 388, 610. — XXI, 98, 474. — XXII, 473. — XXIII, 99. — XXVII, 455.
*Carhaix* (Finistère). — XXI, 693. — XXIV, 625. — XXV, 147.
*Carismont* (L-et-C). — XX, 110. — XXII, 80, 150. Voir *Saint-Aignan*.
CARLENC, g$^{al}$ de division. — XX, 506.
CARLE, FASSIER, RIVAUD et C$^{ie}$, drapiers à Lyon. — XIX, 596.
CARLES (Mathieu), agent de la Comm$^{on}$ du commerce. — XXIV, 212.
CARLETON, anglais, inventeur. — XXII, 73. — XXVII, 654.
CARLETTI (De), envoyé du grand-duc de Toscane. — XIX, 703. — XX, 254. — XXII, 99.
CARLIER, commissaire des Guerres. — XXIV, 42.
*Carlsbad* (Autriche). — XXVII, 267.
CARMAGNOLE, frégate. — XXII, 794. — XXIII, 468. — XXVIII, 383.
*Carmagnole*, aviso. — XXIII, 794.
*Carmagnole* (Chant de la). — XX, 153, 428.
*Carmagnoles*. — XXIII, 299.
*Carmaux* (Tarn). — XVIII, 319, 702, 795. — XIX, 42, 43. — XX, 686.
CARMOY, médecin. — XXV, 43.
*Carnac* (Morbihan). — XXIV, 809. — XXV, 114, 259, 392. — XXVII, 521.
*Carnet* de bourse. — XXII, 659.
CARNEVILLIERS (J. F.), hussard. — XXII, 184.
CARNEVILLIERS (J. B.), meunier à Lardy. — XXII, 184.
CARNOT, repr. — XIX, 269, 419. — XX, 551, 637, 669. — XXI, 160, 224. — XXIII, 825. — XXVII, 404. — XXVIII, 441.
CARNY, fabricant de soude. — XVIII, 93, 626, 627. — XXVIII, 239.
CAROILON, maître de forges. — XXV, 70.
*Caroline*, navire américain. — XXII, 108. — XXVII, 51.
*Caroline du Nord* (U.S.A.). — XIX, 722. — XX, 506. — XXIV, 703.
CAROLLE, off. — XXIII, 401.
*Caromb* (Vaucluse). — XIX, 669.
CARON, maître de poste à Souchez. — XVIII, 806. — XIX, 528.
CARON (Pierre Nicolas). — XXIII, 269.
CARON, chef de b$^{on}$. — XXIII, 401.
CARON, m$^{al}$ des logis de dragons. — XXVIII, 633.
*Carouge* (Suisse). — XVIII, 747. — XIX, 119. — XX, 81, 393. — XXI, 299, 419, 689. — XXII, 519, 720, 721. — XXIV, 574. — XXVI, 219, 318. — XXVII, 20, 88, 160, 248, 309, 339.
CARPENTIER (Martin), chirurgien. — XXVII, 121.
*Carpentras* (Vaucluse). — XVIII, 34. — XIX, 868, 669. — XX, 346. — XXV, 105. — XXVIII, 231.
CARPENTRAS, sergent-major. — XIX, 410.
CARRA, repr. — XIX, 67.
CARRA SAINT-CYR, g$^{al}$ de brigade. — XX, 794. — XXVIII, 299.
CARRÉ, fabricant de baïonnettes. — XVIII, 626, 627. — XXVI, 688.

CARRÉ jeune, régisseur de forges dans les Côtes-du-Nord. — XXI, 784.
CARREAU (William), cap$^{e}$ américain. — XXI, 815.
CARREAU (Marius). — XXIV, 751.
CARRÈRE, chef de b$^{on}$ d'artillerie. — XXIII, 223.
CARRET père et fils, employés à la comptabilité de la Marine à Toulon. — XXVIII, 488, 489.
*Carreterie* (La), à Avignon. — XXV, 755.
CARRIÉ DE BOISSY, g$^{al}$ de cavalerie. — XXVIII, 230.
CARRIER, repr. — XVIII, 293, 307, 457. — XX, 88, 308. — XXI, 170. — XXIV, 547. — XXV, 415, 671. — XXVI, 247, 593, 742. — XXVII, 243.
CARRIER, commissaire des Guerres. — XXVIII, 671.
CARRIER, hussard. — XXVIII, 528.
CARRIÈRE, chef de b$^{on}$. — XXIII, 551.
*Carrières*. — XXV, 273, 658, 659, 677. — XXVIII, 2. Voir *Mines*.
CARROUGE (Joseph), lieut. de vaisseau. — XIX, 121.
CARROUGE père, lieut. de vaisseau. — XX, 714.
*Carrouges* (Orne). — XIX, 265.
*Carrousel* (Place du), à Paris. — XXIII, 323. — XXIV, 377.
CARROWÉ, chef de brigade de cavalerie. — XXIII, 452.
CARTE, cap$^{e}$. — XXIV, 702.
CARTEAU, g$^{al}$ de division. — XVIII, 348, 726. — XIX, 139. — XXI, 156, 241, 253. — XXII, 164, 538, 795. — XXIII, 99, 379. — XXIV, 330, 513, 555, 591, 772, 773. — XXVII, 33. — XXVIII, 195, 260, 382, 445, 527.
CARTER (Alexis) et C$^{ie}$, négociants génois. — XXVIII, 385.
*Carteret* (Manche). — XVIII, 574.
CARTERON, prisonnier. — XXIV, 532.
*Cartes* géographiques. — XIX, 279. — XXV, 160, 345. — XXVI, 57, 83, 513. — XXVII, 588. — XXVIII, 41.
— de Cassini. — XVIII, 109, 703. — XXVII, 139.
— de pain. — XXIV, 153. — XXV, 728.
— de ravitaillement. — XXVI, 381, 738.
— de viande. — XXIV, 153.
CARTES (Charles), lieut. de vaisseau anglais, prisonnier. — XXII, 181.
CARTES. — XXIII, 404.
*Carthage* (Tunisie). — XVIII, 606. — XIX, 178. — XXIII, 388.
*Carthagène* (Espagne). — XX, 435. — XXVI, 119. — XXVIII, 150.
CARTIER, command$^{t}$ de la sect$^{n}$ des Gardes-Françaises. — XXIII, 219. — XXVI, 315.
*Cartouches*. — XXV, 175, 363. — XXVI, 132, 231, 442, 567. — XXVII, 632. Voir *Munitions; Troupes*.
CARVILLON, maître de forges. — XX, 389.
CASABIANCA, repr. — XXIV, 742.
CASABIANCA, g$^{al}$ de division. — XVIII, 287. — XXIV, 153, 638, 742. — XXV, 135, 586, 724. — XXVII, 324, 480, 591. — XXVIII, 647.
CASALTA, g$^{al}$. — XXVI, 620.
*Cascastel* (Mines de) [Aude]. — XVIII, 701.
CASENAVE, repr. — XXI, 514, 595, 833. — XXII, 164, 187, 257, 273, 275, 370, 392, 396, 457, 482, 483, 553, 579, 604, 605, 626, 676, 705, 724, 796, 816. — XXIII, 13, 25, 52, 64, 100, 101, 139, 169, 191, 250, 305, 469, 492, 519, 534, 571, 572, 606, 640, 649, 675, 676, 677, 708. — XXIV, 43, 302, 331, 368, 384, 409, 415, 432, 443, 486, 489, 561, 587, 646, 738, 747, 829. — XXV, 137, 145, 177, 229,

230, 254, 294, 295, 354, 391, 414, 427, 432, 445, 504, 529, 579, 581, 624, 644, 645, 649, 681. — xxvi, 84, 181, 329, 373, 401, 402, 447, 484, 520, 591, 648, 692, 693, 696, 754, 760. — xxvii, xiv, 19, 79, 212, 213, 257-306, 329, 409, 431, 515, 547, 551. — xxviii, 85, 196, 197, 198, 328, 517, 533, 565, 609, 675, 703.
*Casernes.* — xxv, 485. — xxvi, 250. — xxvii, 140, 144, 666. — xxviii, 15, 670. Voir *Troupes.*
Casin, secrétaire de repr. à Bruxelles. — xxiv, 287.
Casquet, commissaire des Guerres. — xxiii, 297.
*Cassandria* (Île de) [Belgique]. — xxiv, 736. — xxvii, 379.
Cassanyès, repr. — xviii, 173, 240, 326, 693, 723, 773, 783. — xix, 50, 594, 652. — xx, 75. — xxi, 158, 244, 245, 419, 689. — xxii, 290. — xxiv, 280. — xxvi, 391, 488, 509. — xxvii, xiv, xviii, 582. — xxviii, 478.
*Cassel* (Allemagne). — xx, 466. — xxi, 205. — xxvii, 675. — xxviii, 38, 117, 120, 185, 408.
*Cassel* (Fort de) [Allemagne]. — xxiii, 235.
*Cassel* (Nord). — xix, 103. — xx, 466. — xxii, 337, 362. — xxvi, 707.
Cassigny, artiste. — xxvi, 315.
Cassin, négociant à Nantes. — xxviii, 84.
Cassini, cartographe. — xviii, 109, 703. — xxvii, 139. — xxviii, 41.
Cassius. — xix, 522.
Castagliole, subrécargue sur les *Deux Frères.* — xx, 340.
Castagnoux, pharmacien en chef à l'A. des Alpes. — xxv, 43.
Castaing, député de l'Orne. — xx, 276.
Castaing, employé dans les colonies occidentales. — xxii, 184.
Castel, chef des gardes-magasin à Bruxelles. — xxviii, 3.
Castel, off. de santé et major du b$^{on}$ de Bercy. — xxviii, 417.
Castel (C$^{ne}$). — xxviii, 3.
Castelan (Claude), chirurgien militaire. — xxiv, 155 n.
Castellane, présid$^t$ de la sect$^n$ Le Peletier. — xxviii, 293, 326, 365.
Castelbert de Castelverd (J.), g$^{al}$ de brigade. — xviii, 216, 378. — xxviii, 577.
Castelein, secrétaire de Mathis, command$^t$ de l'artillerie à Dunkerque. — xviii, 184.
Castelet (Pierre), maréchal. — xxi, 467.
Castelet, du distr. de Toulon. — xxi, 476.
*Casteljaloux* (L-et-G). — xix, 324.
Casteleyn, distillateur. — xxvii, 538.
Casteleyn, négociant à Dunkerque. — xxviii, 521.
Castellan (Jos. Léon), g$^{al}$. — xxvii, 56.
*Castellane* (B-A). — xviii, 240, 794.
Castellane (Comtesse de). — xviii, 351.
Castellant, de l'École aérostatique de Meudon. — xxv, 694.
*Castelnaudary* (Aude). — xviii, 419. — xx, 704. — xxi, 485. — xxv, 642.
Castelport, g$^{al}$ de brigade. — xxvii, 620.
*Castelsarrasin* (T-et-G). — xviii, 419. — xxi, 615. — xxii, 438.
Castera (Louise), f$^e$ Lacoste. — xix, 318.
Castera, adjud$^t$ de place à Rochefort. — xx, 737.
Castera, agent de Delamarre. — xxi, 20.

Castilhon (Pierre), repr. — xx, 550. — xxi, 573, 833. — xxii, 544, 579, 610, 772. — xxiii, 13, 99, 172, 285, 309, 382, 414, 534, 571, 572, 607. — xxiv, 43, 78. — xxvi, 236.
Castillan (Comte de), chef chouan. — xxvii, 383.
*Castille.* — xxv, 534, 627.
Castille, commissaire. — xxviii, 162.
*Castillon* (Ariège). — xviii, 341, 721.
Castillon-Crespo, g$^{al}$ espagnol. — xx, 658.
*Castor*, frégate. — xxii, 504.
*Castres* (Tarn). — xix, 390. — xxii, 45. — xxiv, 142.
*Castries* (Hérault). — xviii, 703.
*Castries* (Hôtel de), à Paris. — xx, 58.
Casthies (De), ex-ministre. — xx, 608.
*Catalans.* — xix, 526. — xx, 722.
*Catalogne.* — xix, 178, 351, 525. — xx, 57, 143, 217, 451, 681, 715, 804, 805. — xxi, 146, 421. — xxii, 488. — xxiii, 240, 394, 395, 483, 484. — xxiv, 841. — xxvi, 253.
Caté, pharmacien. — xxvii, 509.
*Catherina*, navire danois. — xviii, 451, 729. — xix, 140.
Catherine II. — xxv, 223.
*Catillon* (Nord). — xxvi, 509.
Catoire, chef de b$^{on}$ du génie. — xxii, 656, 657. — xxviii, 671.
*Caton*, navire. — xviii, 130, 204. — xxi, 441.
Cattois, commissaire de police. — xxiv, 331.
*Catuelan* (Château de), près Moncontour. — xviii, 715, 740.
Cauby, employé au séquestre des biens nat. à la Guadeloupe. — xxiv, 476.
*Caudan* (Chantier de), à Lorient. — xviii, 772. — xix, 506. — xxii, 678, 679.
*Caudebec* (S-M). — xix, 402. — xxiv, 700.
Caudron, envoyé à Saint-Domingue. — xxi, 56.
Caulaincourt (Armand), aide de camp du g$^{al}$ Aubert-Dubayet. — xxi, 331. — xxii, 445. — xxiv, 246.
Caumaire, g$^{al}$. — xx, 737.
Caumont, en mission pour les subsistances. — xxi, 611.
*Caumont* (Calvados). — xxiii, 64.
*Caumont-sur-Durance* (Vaucluse). — xxviii, 230.
Caupenne l'aîné, ex-militaire. — xx, 259, 359.
Caupert. — xviii, 2.
Causeret (Jean), dragon. — xxv, 130.
*Caussade* (T-et-G). — xxiii, 209.
Caussade (J. et Fr.), de Nuces. — xxvi, 308. — xxviii, 46.
Causse, g$^{al}$. — xxviii, 230.
Causse (J.-B.), cultivateur. — xxiv, 709.
Caussin, du 14$^e$ rég$^t$ d'infanterie. — xx, 587.
Cauterac, chef de b$^{on}$. — xxiii, 551.
Cauterat-Saint-André, chef de b$^{on}$. — xxi, 127.
Cauteret, secrét$^{re}$ p$^{al}$ du Comité d'artillerie. — xxv, 405.
*Cautionnement.* — xxv, 77, 272, 326, 591. — xxvii, 635.
Cauvert, employé aux trains de bois. — xxvii, 195.
Cauvet, cap$^e$. — xxviii, 66.
Cauvin, aérostier. — xxviii, 416.
*Cauvin* (Forges de). — xxi, 749.
Cavaignac, repr. — xviii, 102, 367, 655. — xix, 59, 555. — xx, 223, 236, 323, 696, 699. — xxi, 6,

13, 205, 218, 379, 388, 389, 418, 432, 467, 473, 653, 655, 687, 837, 839. — xxii, 98, 118, 276, 549. — xxiii, 32, 69, 213, 338, 504, 505, 506, 687, 825. — xxiv, 83, 84. — xxv, 70. — xxvi, 197.

*Cavaillon* (Vaucluse). — xxviii, 229.

*Cavalerie*. — xxv, 22, 100, 126, 296, 300, 334, 394, 446, 520, 547, 596, 610, 660, 718, 719, 743, 747, 754. — xxvi, 143, 147, 173, 182, 216, 220, 265, 293, 299, 334, 346, 353, 379, 433, 458, 531, 543, 546, 673, 695. — xxvii, 80, 141, 142, 143, 148, 158, 173, 178, 212, 216, 220, 235, 334, 361, 379, 387, 433, 485, 543, 546, 554. — xxviii, 91, 92, 413, 457, 500, 602, 603, 677, 690. — Voir *Armée; Chasseurs; Dragons; Hussards; Troupes.*

CAVALIER, de l'état-major de l'A. des Côtes de Cherbourg. — xxv, 101.

CAVALIER, ex-chirurgien major. — xxii, 104.

CAVALIER, consul à Smyrne. — xxiii, 513.

CAVALLIER (Edme Charles Martin), tourneur. — xviii, 755.

CAVALLON (Pierre), conservateur des bâtiments militaires à Ostende. — xxviii, 379.

CAVAZZA, imprimeur à Bordeaux. — xxiii, 790.

CAVAZZA (Vve). — xxv, 559 n.

*Cave* (Port de la) [Marne]. — xxii, 732, 734.

CAVEIRAC, (Cue). — xxv, 757.

CAVELIER, sous-lieut. de hussards. — xix, 411.

CAVELIER, caporal. — xxii, 179.

CAVELLIER. — xviii, 185. — xxi, 332.

CAVESNE, de l'École centrale des Travaux publics. — xix, 455. — xxi, 49.

CAVILLIER, ingénieur des mines. — xxiii, 548.

*Cayenne*. — xviii, 312, 313. — xx, 738. — xxi, 682. — xxiii, 329, 330, 538. — xxiv, 81, 95.

*Cayes* (Les), à Saint-Domingue. — xxiv, 476.

*Cayeux* (Somme). — xxiv, 107, 108, 141, 742, 743. — xxvi, 119.

CAYROL, adjoint aux commissaires des Guerres. — xxiv, 69.

CAZE, commis principal. — xxviii, 519.

CAZENAVE jeune. — xviii, 224.

CAZES, ex-accusat<sup>r</sup> du trib. criminel militaire à l'A. des Pyr.-Orient. — xxvi, 268, 587.

CAZIN, de l'École centrale. — xix, 228.

CAZIN frères et Cie, exploitants des houillères d'Hardinghen. — xix, 493. — xxiv, 97, 735.

CAZIN, aide de camp du gal Leclaire. — xx, 545.

CAZOT, dit Blainville, adjud<sup>t</sup> gal des Cayes, à St-Domingue. — xxiv, 476.

CEBE, charpentier de marine. — xxvi, 196.

CECCONI, cap<sup>e</sup> de navire. — xxvi, 616.

*Cécile*, brick. — xxv, 116.

*Céleste*, navire. — xxv, 518. — xxviii, 62.

CELLA, transporteur. — xxvi, 308.

CELLIER, inspect<sup>r</sup> gal du mouvement des approvisionnements de Paris. — xxv, 575. — xxvii, 478, 502.

*Cellier* (Forêt nat. du). — xxi, 255. — xxv, 262.

CELLOT, imprimeur à Paris. — xxviii, 97.

*Cenis* (Mont). — xix, 652. Voir *Mont-Cenis.*

CENSBRAI, boulanger militaire. — xxiii, 342.

*Centurion*, navire. — xxi, 552.

*Censeur*, navire. — xxi, 89, 90, 260, 273, 274, 369, 454. — xxiv, 59.

*Cercanceaux* (Abbaye de) [S-et-M]. — xxviii, 642.

*Cerdagne*. — xxvi, 26, 78, 105, 191, 495.

*Céréales*. — xxiii, 2, 3, 7, 184, 192, 194, 196, 198, 202, 223, 235, 382, 482, 485, 572, 806, 825. — xxiv, 30, 55, 172, 174, 202, 219, 221, 225, 229, 246, 247, 263, 274, 275, 276, 281, 289, 298, 300, 301, 312, 331, 346, 349, 350, 351, 354, 360, 371, 374, 383, 390, 395, 396, 399, 408, 410, 432, 433, 439, 440, 446, 451, 454, 455, 457, 458, 463, 466, 467, 468, 469, 481, 482, 486, 487, 492, 493, 498, 500, 511, 512, 514, 522, 525, 530, 538, 554, 556, 558, 562, 569, 578, 579, 580, 581, 588, 589, 590, 607, 610, 618, 627, 634, 657, 658, 672, 677, 678, 683, 693, 694, 699, 700, 709, 734, 735, 738, 749, 750, 763, 764, 765, 770, 772, 786, 787, 788, 789, 809, 810, 824, 831, 843, 844. — xxv, 160, 184, 189, 206, 268, 295, 338, 372, 422, 431, 459, 462, 463 n., 477, 485, 517, 533, 538, 554, 565, 714, 728, 732. — xxvi, 177, 181, 233, 557, 273, 338, 364, 384, 411, 470, 472, 596, 631, 656, 683, 686, 707, 708, 739. — xxvii, 8, 19, 86, 124, 158, 168, 225, 247, 344, 368, 391, 395, 416, 442, 500, 502, 517, 537, 538, 539, 557, 575, 576, 586, 610, 614, 630, 651, 653, 604. — xxviii, 84. Voir *Commerce; Farine; Grains; Pain; Subsistances; Transports.*

*Cérès*, navire américain. — xxiii, 822.

*Céret* (P-O). — xviii, 795, 804. — xix, 577. — xx, 91. — xxviii, 607, 608.

*Cerf*, aviso. — xx, 756. — xxiii, 329, 611.

CERF-BERR, entrepreneur gal des convois militaires. — xxv, 492, 616. — xxvi, 27, 53, 171, 279.

CERF-ZACHARIAS BERR, fournisseur. — xviii, 245, 246, 247. — xx, 241, 370, 371, 507. — xxi, 12, 13, 431. — xxv, 13. — xxvi, 6, 202. — xxvii, 308. — xxviii, 55.

*Cérilly* (Allier). — xx, 646. — xxv, 663.

CÉRIS, chef chouan. — xxiv, 595.

*Cerisi* (Orne). — xxiii, 204.

*Cerizay* (D-S). — xxi, 445.

CERIZIAT, gal. — xxvi, 76, 613. — xxvii, 15.

CÉRIZIER, cultivateur. — xxiii, 662.

*Cernay* (H-R). — xxviii, 537.

*Céron* (Le). — xviii, 795.

*Certificats* de civisme. — xxiv, 381, 382. — xxvi, 514.

— médicaux. — xxvi, 473, 598. — xxvii, 384, 414.

— de résidence. — xxv, 139, 196, 327, 577.

— de réforme. — xxvi, 598. — xxvii, 53, 99. — xxviii, 37.

— (Faux). — xxvii, 414.

CERVELLERO (J.-B.) et fils, armateurs et m<sup>ds</sup> génois. — xviii, 367. — xx, 456. — xxi, 102.

CERVONI, gal de brigade. — xxviii, 89.

CÉSAR (Joseph). — xviii, 198.

CÉSAR (*Commentaires* de). — xxiv, 158.

CÉSAR, inspecteur gal vétérinaire. — xxii, 806. — xxiv, 131. — xxv, 36, 441.

CESBRON, vendéen. — xxvi, 386.

CESBRON l'aîné, négociant à Angers. — xxiv, 440.

*Cestona* (Hospice militaire de). — xxiii, 574.

*Cette* (Hérault). — xviii, 62, 91, 183, 188, 393, 654, 679, 697, 747. — xix, 339, 448, 594, 633, 673. — xx, 144, 169, 550, 731. — xxi, 19, 102, 367, 718. — xxii, 10, 208, 800. — xxvii, 249, 422, 498. — xxviii, 63, 103.

*Ceva* (Italie). — xviii, 97. — xix, 205.

*Cévennes.* — XIX, 300. — XXII, 132. — XXV, 753.
CÉZAR, g$^{al}$ de brigade. — XXII, 712, 822. — XXIII, 250.
CÉZARD, command$^t$ la place de Lyon. — XXIV, 795.
*Chabanais* (Charente). — XVIII, 215.
CHABANNEL, commis à l'hôpital de Narbonne. — XXII, 71.
CHABERT, chef d'escadron. — XXVI, 41.
CHABERT, du Puy, commissaire. — XXVIII, 542.
CHABERT, employé au magasin g$^{al}$ à Toulon. — XXVIII, 489.
CHABEUF, secrétaire au C. de S. P. — XXIII, 403. — XXV, 660.
*Chablis* (Vin de). — XVIII, 560.
CHABOLIER fils aîné, de Villefort. — XXV, 19.
CHABOT, g$^{al}$. — XVIII, 338. — XXIV, 515, 626, 665, 809, 830, 831. — XXV, 146. — XXVI, 330, 754. — XXVII, 298.
CHABOT, repr. — XXI, 643. — XXII, 2, 453. — XXIII, 712. — XXIV, 167.
CHABOUD, garde de fortifications à Grenoble. — XXIII, 247.
CHABRAN. — XXIII, 692.
CHABROUD (J.), secrétaire de la comm$^{on}$ militaire de la Mayenne. — XXI, 168.
CHADELAS, adjud$^t$ g$^{al}$, otage à Mayence. — XXII, 416. — XXIV, 156.
*Chagny* (S-et-L). — XXI, 620.
CHAIGNEAU, cap$^e$ du génie. — XVIII, 764. — XIX, 232.
CHAILAN, cap$^e$ de grenadiers. — XIX, 636.
CHAILLIOU, conducteur de charrois d'artillerie. — XX, 459.
CHAILLON (Ét.), repr. — XVIII, 477, 478. — XIX, 19, 58, 342, 628, 667. — XX, 373, 379, 577, 741. — XXI, 40, 120, 385, 578, 786, 790. — XXII, 90, 136, 165, 285, 606. — XXIII, 573, 681, 787, 789. — XXIV, 81, 200, 441, 565, 567, 592, 775. — XXV, 47, 79, 150, 233. — XXVI, 198.
CHAILLON, chef de brigade. — XIX, 667. — XXII, 458.
CHAILLON, maître du fourneau de Chatay. — XIX, 7.
*Chaillot* (Barrière de). — XXI, 746. — XXIII, 9. — XXVI, 621.
*Chaintreaux* (S-et-M). — XXVIII, 642.
*Chaize* (Forêt de la) [Vendée]. — XXVI, 162.
*Chalabre* (Aude). — XXIV, 212.
CHALANDE, meunier à Jouy. — XXII, 361.
CHALANT, pharmacien. — XIX, 3950.
CHALAURIER, émigré. — XXI, 755.
CHALAUZET, volontaire. — XVIII, 291.
CHALBOS, g$^{al}$. — XIX, 498.
CHÂLES, repr. — XX, 23, 602. — XXI, 462.
CHALET-RICHEMONT, cap$^e$ démissionnaire. — XXVI, 602.
CHALIER. — XXIII, 179.
CHALLAN, entrepreneur. — XXVIII, 67.
*Challans* (Vendée). — XVIII, 665. — XIX, 325, 471, 472. — XX, 196. — XXII, 136, 508, 509, 595, 669. — XXIII, 787. — XXVI, 232, 406, 749. — XXVII, 37, 240, 643. — XXVIII, 112, 159, 240, 461.
CHALLÉ, secrétaire du g$^{al}$ Dulauloy. — XXVI, 7.
CHALMETTES, fournisseur. — XXVI, 318.
CHÂLON, Vendéen. — XXVI, 386.
*Chalon-sur-Saône* (S-et-L). — XVIII, 18. — XIX, 170, 200, 251, 253. — XX, 745. — XXI, 43, 620,

808. — XXII, 471, 472. — XXIII, 119, 364, 365, 455, 623. — XXIV, 33, 821. — XXV, 101, 371, 634, 712. — XXVII, 225.
*Chalonnes* (M-et-L). — XVIII, 284. — XXI, 120, 135, 136, 169, 198, 199, 273, 296. — XXII, 727.
*Chalons* (Mayenne). — XXI, 119, 195.
CHALONS, commis au bureau topographique du C. de S. P. — XXV, 165.
CHALONS, payeur g$^{al}$ du Finistère. — XXV, 715.
*Châlons-sur-Marne* (Marne). — XVIII, 255, 399. — XIX, 83, 257. — XX, 48, 66, 83, 124, 251, 304, 442, 754, 764. — XXI, 42, 60, 61, 74, 231, 257, 311, 346, 426, 604, 640, 696, 739, 741, 769, 823. — XXII, 202, 203, 461, 518, 526, 540, 646. — XXIII, 104, 565, 566, 615, 661. — XXIV, 40, 238, 269, 341, 582, 764. — XXV, 186, 458, 615, 635. — XXVII, 227. — XXVIII, 527, 577, 617.
*Chaloupes* canonnières. — XXV, 477. — XXVI, 666. — XXVII, 517. — XXVIII, 468.
CHAMBARON, chirurgien à Toulon. — XXV, 409.
CHAMBAUD, adjud$^t$ g$^{al}$. — XXIII, 399, 400, 401.
CHAMBELLAN, command$^t$ temporaire du Fort Français. — XXII, 306.
*Chambéry* (Savoie). — XVIII, 557. — XIX, 385, 449, 652. — XX, 223, 243. — XXI, 380, 419, 689. — XXII, 729. — XXIII, 399, 400, 659, 693. — XXIV, 163, 422, 598, 599, 600. — XXV, 157, 444, 616. — XXVI, 509, 723. — XXVII, 269. — XXVIII, 356, 478, 641, 642.
*Chambières* (Fours à munitions de). — XIX, 153.
*Chambly* [Canton de] (Oise). — XXVII, 325.
*Chambon* (Creuse). — XXI, 761. — XXIII, 609. — XXIV, 339.
CHAMBON-LATOUR, repr. — XVIII, 355, 460, 462, 554. — XIX, 693, 694. — XX, 500, 501, 731, 770, 786. — XXI, 151, 170, 173, 333, 367, 368, 393, 395, 663, 688, 743. — XXII, 66, 96, 159, 223, 328, 356, 373, 392, 520, 521, 555, 558, 587, 588, 799. XXIII, 37, 70, 208, 265, 589, 705, 767, 768, 770, 797. — XXIV, 127, 128, 208, 253, 291, 347, 348, 423, 424, 427, 430, 463, 496, 614, 714, 769, 845. — XXV, 59, 89, 369, 438, 452, 481, 537, 621, 668, 708, 754. — XXVI, 14, 137, 225, 240, 266. — XXVII, VIV. — XXVIII, 285, 286, 287, 505.
CHAMBON, commissaire des Guerres. — XX, 68, 307. — XXVI, 215. — XXVII, 521.
CHAMBON (P.), volontaire. — XXVI, 721.
CHAMBORD, gendarme. — XX, 224.
*Chambord* (Dépôt de chevaux de). — XXI, 591. — XXII, 805, 806. — XXIV, 131. — XXV, 36, 441. — XXVI, 61, 503.
CHAMBREUIL, direct$^r$ des hôpitaux de l'intérieur. — XIX, 383.
CHAMERLAT (J.-B.). — XXVII, 505.
CHAMILLY. — XVIII, 336.
CHAMOND, off. aux Îles-du-Vent. — XIX, 241.
*Chamouilley* (H-M). — XIX, 595, 681. — XXIV, 470.
*Chamoux* (Port de) [Nièvre]. — XX, 157.
*Champ de la Réunion*, à Paris. — XVIII, 437.
*Champ de Mars*, à Paris. — XX, 543. — XXI, 754. — XXV, 185, 524. — XXVIII, 619.
CHAMPAGNE, caporal de la garde du roi. — XXIV. 829.
CHAMPAGNE (ci-dev$^t$ Decius), ex-chef de b$^{on}$. — XXVII, 146.

*Champagnolles* (Forges de) [Ch-I]. — XIX, 28. — XX, 438.
CHAMPAUHET, entrepreneur de blanchisserie à Lyon. — XXIV, 790.
*Champcevrais* (Étang de) [Yonne]. — XXII, 688.
CHAMPEAUX, repr. — XXI, 510. — XXII, 458. — XXIV, 416, 417, 720. — XXV, 85. Voir PALASNE-CHAMPEAUX.
CHAMPEAUX (A.-Palasne), adjud$^t$ g$^{al}$. Voir PALASNE-CHAMPEAUX (A).
CHAMPEAUX (J. B. G.-Palasne), enseigne de vaisseau. Voir PALASNE-CHAMPEAUX (J. B. G.).
CHAMPEAUX, adjoint du génie. — XX, 267. — XXII, 496.
*Champeaux* (district de Grandvilliers) [Oise ou Eure]. — XXIII, 710.
CHAMPINEUL (Jacques), maître de poste de la Horgue. — XXIV, 688.
CHAMPIONNET, g$^{al}$. — XVIII, 475. — XXVII, 218, 404. — XXVIII, 222.
CHAMPLAN, de Dijon, émigré. — XXIII, 114.
CHAMPMORIN, g$^{al}$ de brigade. — XXII, 9. — XXIII, 367. — XXIV, 177. — XXV, 696.
CHAMPOULOT, économe de l'hospice de Charenton. — XXIII, 735.
CHAMPRÉAUX, adjoint du génie. — XX, 68, 267.
*Champrosay* (S-et-O). — XXIII, 270.
CHAMPROUET, chef de brigade. — XXIII, 223.
*Champroux* (Verrerie de). — XXI, 212.
*Champs* (S-et-M). — XXIV, 467. — XXV, 653.
*Champsecret* (Forges de) [Orne]. — XVIII, 755.
*Champs-Élysées* (Conservatoire végétal des). — XXVII, 556.
*Champtocé* (M-et-L). — XXI, 273.
CHAMPY (J. P.), de l'Agence des Poudres et Salpêtres. — XVIII, 212, 771. — XXII, 46.
CHANCELÉE, cap$^e$ de gendarmerie à Agen. — XXVII, 170.
*Chandai* (Fonderie de) [Orne]. — XVIII, 363.
*Chandelle. Cire.* — XXV, 97. — XXVI, 336, 381, 382, 577, 658, 727. — XXVII, 91, 114, 298, 315, 479, 488, 532. — XXVIII, 61, 62, 237, 320, 347, 375, 464, 617.
*Chandernagor* (Inde). — XXVI, 512.
*Chandey* (?). — XX, 548.
CHANEIL, cap$^e$ démissionnaire. — XXVIII, 356.
CHANET, aide de camp de Roset. — XXIV, 822.
*Change* des monnaies. — XXV, 161, 189, 322, 357, 378, 380, 390, 459, 551, 590, 616, 618, 660, 678, 714, 719. — XXVI, 22, 63, 151, 251, 274, 423, 464, 478, 479, 511, 512, 602, 641, 745. — XXVII, 30, 86, 87, 103, 175, 176, 319, 345, 375, 376, 399, 468, 477, 537, 562, 654, 655, 663, 666. Voir *Trésorerie*.
CHANNOY-DUCLOS (Ch. Fr.), lieut. de vaisseau. — XXII, 339.
CHANOINE-ROCMONT, g$^{al}$ de brigade. — XXIV, 222, 321.
CHANOIS (Colomban), cap$^e$ de la *Jeune Eulalie*. — XXIII, 778.
*Chanorier* (Maison) à Croissy. — XXIII, 546.
CHANTCLAIR, chef de b$^{on}$. — XXIII, 550.
CHANTECLAIR, nommé à la sous-direction de l'Ile-de-France. — XXVII, 420.
CHANTEPIE-DESBALANCES, cap$^e$ de gendarmerie. — XVIII, 655. — XIX, 566.

CHANTERAINE, consul des États-Unis à Cherbourg. — XXV, 216.
*Chantilly* (Oise). — XVIII, 41, 301. — XIX, 433. — XX, 545, 568. — XXI, 125, 174. — XXII, 532. — XXIII, 74. — XXVII, 325, 541. — XXVIII, 609, 660.
*Chantonnay* (Vendée). — XVIII, 322. — XXVI, 164.
CHANTREL, adjoint de l'adjud$^t$ g$^{al}$ Champeaux. — XX, 50, 288.
CHANUEL, adjoint aux adjud$^{ts}$ génér$^x$. — XVIII, 578.
*Chanvre.* — XVIII, 241, 265, 272, 340, 488, 771. — XIX, 189, 190, 281, 282, 394, 412, 456. — XX, 92, 316, 383, 388, 389, 643, 689. — XXI, 247. — XXII, 106, 502, 780. — XXIV, 452, 453. — XXV, 267, 652. — XXVI, 333, 414, 668. — XXVII, 631.
CHANVRE, commissaire de Gonesse. — XX, 338.
CHANY (ou CHASSY), secrét. des repr. à Bruxelles. — XXIV, 287.
CHAPART, maître de forges à Saarbrück. — XXVII, 226.
CHAPEAUROUGE (J. de), négociant à Hambourg. — XIX, 326, 711. — XX, 125, 126, 227, 228, 546. — XXI, 711.
CHAPEAUROUGE, dit Peters Corsoes, négociant. — XXVII, 8.
CHAPEL, propriétaire des forges de Neupont. — XXVIII, 665.
CHAPELAIN, fournisseur. — XXVII, 600. — XXVIII, 580.
CHAPELLE, chef de brigade. — XXIV, 703. — XXV, 736.
*Chapelle-sur-Dun* (La) [S-I]. — XXV, 96.
*Chapelle* (La) [Dordogne]. — XXIII, 173.
*Chapelle* (Poudrerie de La). — XXV, 730.
*Chapelle-S$^t$-Mesmin* (La) [Loiret]. — XVIII, 249.
CHAPELLE, chef de brigade d'artillerie. — XXIII, 368.
CHAPIOTIN, aérostier. — XXII, 39.
CHAPOT, réfugié de Vendée. — XXIII, 208.
CHAPOTEAU, commissaire des Guerres. — XXVI, 520. — XXVII, 14, 371.
CHAPPE (Cl.), directeur des télégraphes. — XVIII, 103, 142, 165, 365. — XXII, 475. — XXIII, 582. — XXIV, 351, 498. — XXVI, 181, 235. — XXVII, 146, 423.
CHAPPE (P. F.). — XXVII, 237.
CHAPPUI, présid$^t$ du départ$^t$ du Vaucluse. — XXV, 736. — XXVIII, 230.
CHAPROL, g$^{al}$. — XXVI, 651.
CHAPSAL, g$^{al}$, command$^t$ la place de Lyon. — XXVI, 433. — XXVIII, 225, 540, 684.
CHAPTAL. — XVIII, 328. — XIX, 494, 710. — XXIV, 158. — XXV, 641.
CHAPUIS-TOURVILLE, g$^{al}$ de division. — XXIII, 483. — XXVII, 180. — XXVIII, 83, 84, 390, 470.
CHARAUX, cultivateur et pharmacien. — XIX, 729.
*Charbons.* — XVIII, 2, 241, 303, 304, 306, 333, 345, 363, 366, 391, 487, 490. — XIX, 41, 68, 72, 184. — XX, 79. — XXI, 64, 65, 255, 668, 681. — XXII, 152, 198, 469, 470, 731, 735, 736, 758. — XXV, 1, 37, 38, 219, 264, 286, 316, 374, 417, 423, 478, 539, 557, 580, 612, 628, 653, 682, 687, 699. — XXVI, 36, 111, 195, 199, 219, 480, 595, 682, 683, 720, 740. — XXVII, 133, 168, 321, 364, 367, 429, 443, 538, 557, 647. Voir *Bois; Commerce; Mines; Transports*.
CHARBONIÉ ou CHARBONNIER (Louis), g$^{al}$. — XXVI, 41. — XXVIII, 6.

CHARBONNIER, repr. — XXIII, 398, 424, 669. — XXIV, 270, 271, 309. — XXV, 91.
CHARBONNIER, recherché à Toulon. — XXIV, 209.
*Charbonnière* (Verrerie de La) [Nièvre]. — XXVII, 122.
*Charbonnières* (Doubs). — XXIII, 727.
*Charbonnières* (P-de-D). — XXV, 153.
CHARDAN, lieut. de gendarmerie. — XX, 788.
CHARDBŒUF, chef de brigade. — XXII, 656.
CHARDIN, maire d'Ivry-le-Temple. — XXIV, 374.
CHARDIN, m$^d$ à Paris. — XXIV, 374.
CHARDON, élève à l'École de construction de Paris. — XIX, 412.
CHARDRON, sous-lieut. au 8$^e$ hussards. — XXVII, 172.
*Charentais*. — XXIII, 573. — XXIV, 14.
*Charente*, rivière. — XVIII, 375. — XXV, 520.
*Charente* (Départ$^t$ de la). — XVIII, 142, 215, 232, 233, 398, 600. — XIX, 131, 162, 221, 225, 296, 317, 373, 402, 449, 472, 484, 508, 720, 753, 776, 789. — XX, 25, 86, 161, 410, 485. — XXI, 109, 394, 482, 497, 620. — XXII, 27, 185, 305, 539, 780. — XXIII, 148, 149, 351, 384, 426, 475, 573, 720, 808. — XXIV, 14, 202, 418, 478, 559, 578, 687. — XXVI, 435. — XXVIII, 126.
*Charente*, navire. — XXI, 442.
*Charente-Inférieure*, frégate. — XXII, 765.
*Charente-Inférieure* (Départ$^t$ de la). — XVIII, 142, 217, 398, 600. — XIX, 131, 252, 358, 449, 511. — XX, 16, 171, 267, 465, 716. — XXI, 482. — XXII, 110, 305, 780. — XXIII, 42, 149, 208, 384. — XXIV, 14, 202. — XXV, 494. — XXVI, 601. — XXVII, 383, 604. — XXVIII, 31, 466, 547.
*Charenton* (Seine). — XVIII, 300, 560. — XIX, 75, 80, 376, 635, 688. — XX, 30, 520. — XXI, 613, 669. — XXII, 150, 471. — XXIII, 735. — XXIV, 607. — XXV, 490. — XXVI, 179. — XXVII, 168. — XXVIII, 125, 571.
*Charenton* (Forges de) [Cher]. — XX, 243.
CHARETTE, chef vendéen. — XVIII, 455, 457, 535, 592, 593, 656, 742. — XIX, 401, 465, 473, 586, 587, 588, 645. — XX, 165, 196, 377, 378, 379, 576, 577, 589, 595, 596, 597, 598, 599, 642, 693, 785. — XXI, 15, 27, 38, 120, 135, 137, 197, 409, 577. — XXII, 60, 137, 256, 285, 286, 509, 669. — XXIII, 165, 173, 287, 349, 470, 592, 787. — XXIV, 199, 566, 685, 833. — XXV, 117, 150, 190, 307, 336, 363, 398, 433, 626, 671. — XXVI, 73, 161, 232, 406, 426, 521, 525, 567, 649, 747, 756. — XXVII, 42, 101, 190, 191, 239, 354, 380, 449, 504, 509, 517, 518, 548, 593, 595, 672. — XXVIII, 36, 111, 112, 113, 178, 199, 366, 367, 392, 394, 400, 401, 460, 461. Voir *Armée de Charette*.
*Charité-sur-Loire* (La) [Nièvre]. — XXIII, 187, 481. — XXIV, 177.
CHARLAC (Arnaud), ferblantier à Bayonne. — XXI, 265.
CHARLARD le jeune. — XXVII, 194, 434.
CHARLEMAGNE (Armand), auteur du *Souper des Jacobins*. — XXII, 702.
CHARLEMAGNE, de Bordeaux, courrier. — XXVIII, 461.
*Charleroi* (Belgique). — XVIII, 494. — XIX, 119. — XX, 755. Voir *Charles-sur-Sambre*; *Libre-sur-Sambre*.
CHARLES, de Marseille. — XXII, 252.
CHARLES, off. de police militaire. — XX, 457.
CHARLES, de Bordeaux. — XXIV, 116.
CHARLES, secrétaire des Chouans. — XXIV, 686.
CHARLES (Jean), lieut. de gendarmerie. — XXVIII, 323.
CHARLES, garçon de bureau du C. de S. P. — XXV, 585.
CHARLES, off. de tirailleurs. — XXVIII, 533.
CHARLES-PHILIPPE, frère de Louis XVI (Domaines de). — XXVII, 35. Voir ARTOIS (Comte d').
*Charles-sur-Sambre*, ci-dev$^t$ Charleroi (Belgique). — XIX, 44.
CHARLESMAGNE, dit Perrigny, cap$^e$ de vaisseau. — XX, 270.
*Charlestown* (U.S.A.). — XXVI, 63.
*Charleville* (Ardennes). — XVIII, 304, 368, 470, 479, 546, 552, 553. — XIX, 433. — XX, 62, 648. — XXI, 175, 813. — XXII, 201, 235, 395, 741. — XXIII, 248, 584. — XXIV, 4, 8. — XXV, 694. — XXVIII, 6. Voir *Libreville*.
CHARLET, g$^{al}$ de division. — XXV, 126, 630. — XXVI, 26, 54, 309.
CHARLIER, gendarme surnuméraire. — XXV, 186.
CHARLIER, repr. — XVIII, 75, 381.
CHARLOT, membre du distr. d'Amboise. — XXI, 179.
*Charlotte-Marie*, navire. — XXI, 711.
CHARON, directeur de l'hôpital de Metz. — XVIII, 757.
CHARON, négociant à Provins. — XXII, 149.
CHARON, de Commercy. — XXII, 768.
CHARPENTIER, adjud$^t$ g$^{al}$. — XXIV, 261, 299.
CHARPENTIER, cap$^e$. — XXVI, 235.
CHARPENTIER (V$^{ve}$), cultivatrice. — XXI, 439.
CHARPENTIER, meunier à Chartres. — XXVII, 277.
CHARPENTIER, direct$^r$ des subsistances milit$^{res}$ à Lyon. — XXVII, 170.
CHARPENTIER, ex-command$^t$ de la garde nat. de Mortagne. — XXVIII, 592.
CHARPENTIER, imprimeur à Paris. — XXVIII, 97.
CHARREAU, transporteur de bois. — XX, 403. — XXIV, 241.
CHARREAU, g$^{al}$. — XXI, 631.
CHARREZ, adjud$^t$ g$^{al}$ de la garde nat. parisienne. — XXVI, 210, 274.
CHARRÈGRE (Louis), chirurgien de la Marine. — XXVIII, 617.
CHARRIER (M. A.), ex-Constituant. — XX, 261. — XXVI, 410.
CHARRIER, lieut. — XXI, 68.
CHARRIER, chef de brigade. — XXI, 814, 815. — XXII, 654.
CHARRIER, machiniste du théâtre de Bourges. — XXIV, 391, 795.
*Charrois*. — XVIII, 14, 19, 43, 50. — XX, 160. — XXIV, 62, 63, 64, 243, 246, 249. — XXV, 183, 384, 394, 496, 501. — XXVI, 136, 167, 199, 244, 324, 335, 528, 580, 594, 686, 721, 764. — XXVII, 55, 228, 542. — Voir *Transports*.
CHARRON, maire de Marcilly (Marne). — XXI, 726.
CHARRON jeune, négociant à Marennes. — XXVIII, 573.
CHARRON, ex-commissaire à la Martinique, prisonnier rapatrié. — XXVII, 176.
*Chars* (S-et-O). — XVIII, 735.
CHARTIER (Fr. Simon). — XXI, 802.
CHARTIER, médecin. — XXII, 304.
CHARTIER, juge à Craon. — XXIII, 287.
CHARTIER (André Ét.), tanneur. — XXIII, 416.

CHARTON, adjud$^t$ g$^{al}$. — XXIII, 768, 769.
CHARTONGNE, g$^{al}$. — XXVI, 538.
CHARTRAIN, garde dans la forêt de Perseigne. — XXVI, 705.
*Chartrain* (Pays). — XXVIII, 113.
*Chartres* (E-et-L). — XVIII, 814, 815. — XIX, 111, 112, 114, 404, 734. — XX, 29, 84, 85, 498, 575, 656, 657, 802. — XXI, 181, 199, 263, 433, 492, 549, 613, 704, 747, 784, 809. — XXII, 1, 59, 88, 163, 222, 361, 426, 576, 577, 622, 721, 722, 794, 814. — XXIII, 38, 46, 137, 158, 159, 233, 250, 348, 464, 600, 601. — XXIV, 210, 211, 212, 278, 337, 557, 558, 667. — XXV, 95, 242. — XXVI, 119, 143, 177, 418, 727. — XXVII, 169, 277, 278, 467, 488, 540, 545, 546, 669. — XXVIII, 56, 86, 105, 277, 332, 359, 360, 397, 456, 467, 516, 564, 604, 605, 609.
*Chartreuse* (Camp de la). — XIX, 69. — XXI, 387. — XXIII, 441.
*Chartreux* (Atelier des ci-dev$^t$), à Paris. — XIX, 727.
CHARVES, direct$^r$ de la poste aux lettres à Lons-le-Saulnier. — XXVIII, 519.
CHARVET, chirurgien militaire. — XXV, 276.
CHARVILLAC, off. de gendarmerie. — XIX, 567.
CHASLES, ingénieur. — XXV, 127.
*Chasseur*, navire anglais. — XXI, 139.
*Chasseur*, aviso français. — XXVIII, 384.
CHASSELOUP, chef de b$^{on}$. — XVIII, 19, 443, 518. — XXIII, 825. — XXIV, 661.
CHASSELOUP, chef d'escadron de gendarmerie. — XIX, 283.
*Chasseurs* à cheval. — XXV, 71, 74, 85, 377, 458, 521, 525, 591. — XXVI, 547, 692. — XXVIII, '146, 485, 487. — XVIII, 94, 116, 356, 542, 562, 628.
— de la légion de police g$^{le}$. — XXV, 679. Voir *Légion de*.
— de la Montagne. — XVIII, 58, 142, 179.
— de montagne. — XXVII, 645.
— de Mortagne. — XXV, 308.
*Chassenard* (Allier). — XVIII, 623.
*Chassey* (Forges de) [H$^{te}$-Saône]. — XX, 80.
CHASSI, secrétaire des repr. à Bruxelles. — XXII, 703.
CHASSIEUX, armurier à Lyon. — XXV, 197.
*Chassy* (Yonne). — XXII, 619. — XXV, 54.
CHASTANIER DE BURAC, g$^{al}$ de brigade. — XXIV, 280, 475.
CHASTEL, chef de brigade. — XVIII, 442.
*Châtaigneraie* (La) (Vendée). — XXII, 136. — XXV, 118, 192. — XXVI, 86, 163.
*Chatay* (Fourneau de) (S-et-L). — XIX, 7.
*Château-sur-Aisne*, ci-dev$^t$ Château-Porcien (Ardennes). — XVIII, 724.
*Château-Chinon* (Nièvre). — XXI, 799. — XXV, 126. — XXVII, 464, 496. — XXVIII, 140, 517.
*Château-d'Eau* (Vendée). — XVIII, 665.
*Château-Gaillard* (Ain). — XXIV, 580.
*Château-Gontier* (Mayenne). — XIX, 343, 400, 467, 578, 586. — XX, 165, 309, 498, 499, 516, 642, 693, 764. — XXI, 38, 195, 269, 308, 469, 540, 579, 659, 787, 790. — XXII, 27, 90, 131, 132, 134, 790, 791. — XXV, 746. — XXVII, 517.
*Château-du-Loir* (Sarthe). — XX, 447, 102. — XXIV, 337, 338, 339. Voir *Mont-sur-Loir*.
*Château-Salins* (Meurthe). — XIX, 359. — XX, 266, 773, 792. — XXII, 742. — XXV, 639, 691. Voir *Salins-Libre*.

*Château-Thierry* (Aisne). — XVIII, 318, 608, 609, 737. — XIX, 111, 112, 113, 377, 378, 610. — XX, 361. — XXI, 755. — XXII, 122, 124, 126, 160, 250, 619, 734. — XXIV, 203. — XXV, 314. Voir *Égalité-sur-Marne*.
*Château Trompette*, à Bordeaux. — XXVI, 98.
*Châteaubriant* (Loire-Inf$^{re}$). — XIX, 400, 469, 512, 519, 753. — XX, 231. — XXI, 434. — XXIII, 275, 532, 788. — XXV, 397, 467 n. — XXVI, 558.
*Châteaudun* (E-et-L). — XIX, 612. — XX, 29, 64, 242. — XXI, 455, 705, 706. — XXII, 100, 622. — XXIII. 323, 349, 379, 644, 595, 629, 682. — XXV, 382. — XXVI, 177. — XXVII, 343. — XXVIII, 455, 516, 608. Voir *Dun-sur-Loir*.
*Châteaulin* (Finistère). — XXIV, 515. — XXV, 29. — XXVI, 21. Voir *Ville-sur-Aulne*.
*Châteaumeillant* (Cher). — XVIII, 5. — XX, 45.
*Châteauneuf* (E-et-L). — XX, 64, 314. — XXI, 117. — XXIII, 322, 334. — XXV, 272. — XXVII, 372, 467. — XXVIII, 90, 105, 176, 326, 333, 397.
*Châteauneuf* (M-et-L). — XVIII, 42. — XIX, 343, 586. — XX, 195, 445, 502, 642. — XXI, 38, 269. — XXIII, 147, 166, 314. — XXV, 112. — XXVI, 397. — XXVII, 517.
CHÂTEAUNEUF-RANDON, repr., et g$^{al}$ de division à l'A. de l'Intérieur. — XXVIII, 688.
*Châteaurenard* (B-du-R). — XXVIII, 227.
CHÂTEAURENAUD (Marquis de). — XXII, 183. Voir MAILLY.
*Châteauroux* (Indre). — XVIII, 5, 243. — XIX, 362, 466. — XX, 91, 568. — XXII, 694, 766. — XXIV, 70. — XXVII, 120. Voir *Indre-Libre*.
*Châteauvieux* (Rég$^t$ de). — XXIV, 360.
*Châteauvillain* (H-M). — XIX, 381. Voir *Ville-sur-Aujon*.
CHATEL, fondeur de bombes. — XXII, 74.
CHÂTELAIN, chargé de mission pour la 7$^e$ Comm$^{on}$. — XXVIII, 263.
*Châtelain* (près de Genève). — XXVI, 569. — XXVII, 38.
*Châtelaudren* (C-du-N). — XXVII, 472.
*Châtelet* (Le), à Paris. — XXII, 210.
*Châtelet* (Maison du), rue de Grenelle, à Paris. — XXVIII, 619.
*Chatellerault* (Vienne). — XVIII, 322. — XIX, 202, 680. — XX, 64, 754. — XXIV, 96, 97.
CHÂTENET, direct$^r$ des fonderies de Ruelle. — XXII, 564.
CHATENET, cap$^e$. — XXII, 778. — XXIII, 161.
CHATILLON, cap$^e$ réintégré. — XXVI, 6.
*Châtillon-sur-Chalaronne* (Ain). — XVIII, 388. — XIX, 252. — XXI, 808. — XXIV, 203.
*Châtillon* (Clouterie de). — XIX, 382.
*Châtillon-sur-Loing* (Loiret). — XX, 311.
*Châtillon-sur-Indre* (Indre). — XXII, 150, 620, 766, 767.
*Châtillon* (Allier). — XXII, 768.
*Châtillon-sur-Seine* (C-d'O). — XVIII, 70, 73, 787. — XXI, 803.
*Châtillon-sur-Thouet* (D-S). — XXVI, 86, 163.
*Châtillon-sur-Sèvre* (D-S). — XXI, 445. — XXVIII, 460.
*Châtillon* (Forges de) [H-M]. — XXV, 313.
CHATON, cap$^e$ adjoint de la légion Allobroge. — XXII, 809.
*Châtre* (La) [Indre]. — XIX, 32. — XX, 91, 335.
CHATRI-LAINÉ. — XXV, 338.

CHATRY. — XXVIII, 273.
CHAUDEAU, chef de division. — XXIV, 821.
*Chaudeau* (Forges de la) [H^te-Saône]. — XXII, 12.
CHAUDONNÉ, agent des transports militaires. — XXIII, 188.
CHAUDRON-ROUSSEAU, adjud^t g^al. — XIX, 397.
CHAUDRON-ROUSSEAU repr. — XVIII, 367, 754. — XIX, 232, 233, 413, 419. — XX, 26. — XXI, 242, 318, 412, 415, 472, 541, 695, 737, 748, 797. — XXII, 19, 343, 430, 517, 539, 554, 632, 683, 775, 820, 821, 822. — XXIII, 289, 335, 520, 539, 653, 687. — XXIV, 17, 54, 98, 462, 187, 203, 233, 234, 266, 267, 303, 304, 389, 419, 420, 421, 460, 486, 569, 597, 616, 649, 792. — XXV, 107, 308, 381, 383, 600, 628. — XXVI, 330, 466, 494. — XXVII, 659.
CHAUDRONT, off. de gendarmerie. — XIX, 567.
CHAULET, négociant à Lyon. — XXVI, 735.
CHAUMAT, aide de camp du g^al Macors. — XXI, 436.
CHAUMEIL (Jean), volontaire. — XXIV, 501, 503.
CHAUMETTE, de la Nièvre. — XIX, 741.
CHAUMETTE (P.G.). — XXI, 416.
CHAUMONT, g^al de division. — XVIII, 655. — XXVIII, 264, 298, 468.
*Chaumont* (H-M). — XVIII, 450, 734, 738. — XIX, 111, 112, 113, 272, 273, 381. — XX, 5, 168, 309, 399. — XXI, 263, 298, 309, 415, 417, 686, 745. — XXII, 434. — XXVIII, 648.
*Chaumont* (Oise). — XX, 441, 524. — XXI, 309, 655, 714, 745. — XXII, 253, 310, 375, 393, 508, 509, 595, 791. — XXIII, 487. — XXIV, 374.
*Chaumont-sur-Loire* (L-et-C). — XX, 110.
*Chaumont* (Tourbières de). — XXVIII, 391.
CHAUMAL, commissaire ordonnateur à Lyon. — XXIV, 438.
*Chauny* (Aisne). — XVIII, 212, 318, 737, 771. — XIX, 111, 689. — XXI, 358, 480, 521. — XXII, 620, 717. — XXV, 39, 314, 587. — XXVII, 496, 623. — XXVIII, 27, 495, 613.
*Chaussade* (Forges de la). — XVIII, 772.
CHAUSSETÉ jeune, ouvrier à la manufact. de Versailles. — XXVIII, 667.
CHAUSSIER (Fr.), conservateur des manuscrits de Vicq d'Azir. —XXVI, 470. — XXVII, 584. — XXVIII, 659.
CHAUSSIER (Marat), prêtre. — XVIII, 134.
CHAUSSIER, médecin. — XIX, 749. — XX, 453, 464. — XXII, 293. — XXIII, 797. — XXV, 518. — XXVI, 470.
CHAUSSIER, maître de forges en Côte-d'Or. — XXVIII, 322.
CHAUVELIN. — XXII, 99.
CHAUVET, direct^r de l'hospice militaire de Dinan. — XXI, 214.
CHAUVET (Ch.), contrôleur à l'A. du Nord. — XXIII, 6.
CHAUVET, commissaire ordonnateur à l'A. d'Italie. — XXIII, 154. — XXIV, 693, 844. — XXV, 59. — XXVII, 33. — XXVIII, 242.
CHAUVETON, cap^e — XXVII, 205.
CHAUVIER, repr. — XIX, 312. — XX, 730, 744. — XXI, 17, 337, 412. — XXII, 19, 27, 28, 63, 305, 397, 427, 598, 621, 681. — XXIII, 102, 206. — XXIV, 777.
CHAUVIN, repr. — XVIII, 429.
CHAUVIN, lieut. — XXVIII, 48.
*Chauvin-Dragon* (B-P). — XVIII, 238. — XIX, 188. — XX, 336. — XXI, 41, 139, 238, 553. — XXII, 388,
516, 539, 554, 631, 681, 682. — XXIII, 14, 261, 477, 539, 540, 653, 686, — XXIV, 48, 83, 84, 100, 162, 187, 203, 233. Voir *Saint-Jean-de-Luz*.
CHAUX, détenu transféré à Angers. — XXIII, 157.
*Chaux-de-Fonds* (La) [Suisse]. — XXV, 455.
*Chavaignes* (M-et-L). — XVIII, 101.
CHAVANNE (Germain), chaudronnier aux hôpitaux de Porrentruy. — XXIV, 68.
CHAVANNES, cap^e. — XIX, 66. — XXIV, 41.
*Chavannes* (Forges de). — XX, 119.
*Chavanon* (Forges de). — XXI, 508.
*Chavignon* (Aisne). — XXVIII, 575.
CHAVEHEID, luxembourgeois. — XXIII, 429.
CHAVIGNY, adjudicataire de coupes de bois à Montargis. — XXVIII, 344.
*Chaville* (S-et-O). — XXI, 211.
CHAZAL (J.P.), repr. — XIX, 230, 258, 269, 703. — XX, 659. — XXI, 112, 503, 504, 609. — XXII, 667. — XXIII, 376. — XXIV, 343, 558, 614, 689, 710. — XXV, 18, 32, 58, 153, 154, 285, 329, 356, 441 n., 610, 655. — XXVI, 136, 300, 358, 410, 447, 489, 570, 656, 676. — XXVII, XV, 212, 565. — XXVIII, 149, 386, 535, 540, 541, 542, 654.
CHAZAUD-DUTREIL, chef de brigade. — XXIII, 76.
CHAZAUD-DUTHEIL, repr. — XXIII, 76.
CHAZOT, g^al de division. — XXII, 183.
CHEDANEAU, repr. — XXV, 58.
CHEDEHOUX, inventeur. — XXIII, 73. — XXIV, 217. — XXVII, 58.
CHEFFONTAINE, cap^e. — XX, 618.
CHÉGARAY, négociant à La Rochelle. — XX, 78. — XXVII, 562, 631.
*Chelles* (S-et-O). — XVIII, 620. — XXVI, 213. — XXVIII, 99.
*Chemillé* (M-et-L). — XXI, 410, 445. — XXII, 380, 381. — XXVIII, 177.
CHEMITE, ouvrier d'artillerie. — XXI, 126. — XXV, 731.
CHENAILLE aîné et jeune, courriers du C. de S. P. — XXV, 40.
CHENAUD, aide de camp. — XIX, 636.
CHENELL, marin. — XIX, 636.
CHENET, de Morat (Suisse). — XXVIII, 640.
CHENEZENDE père et fils, de Rouen. — XXVIII, 9.
CHÉNIER (C.X.), vice-consul à Alicante. — XXVI, 560. — XXVIII, 30.
CHÉNIER (Louis Sauveur), adjud^t g^al. — XVIII, 772, — XX, 546. — XXVII, 255. — XXVIII, 688.
CHÉNIER (Marie Jos.), repr. — XXI, 587, 762. — XXII, 168. — XXIII, 453. — XXIV, 651, — XXV, 88 n., 480. — XXVI, 614. — XXVII, 221. — XXVIII, 234, 245, 274, 275.
CHENNETIER (Thomas), voiturier par eau. — XXI, 264.
*Chennevières* (S-et-O). — XVIII, 576.
*Chenoise* (S-et-M). — XVIII, 522.
CHENOT, fabricant d'espadrilles. — XX, 666. — XXIV, 248.
CHENY, cap^e de canonniers. — XXII, 412.
CHÉPY. — XVIII, 349, 800. — XIX, 89.
CHÉPY, vice-consul à Rhodes. — XXIII, 513. — XXV, 345.
*Cher* (Départ^t du). — XVIII, 5, 172, 474, 758. — XIX, 529, 598. — XX, 19, 690, 48, 64, — XXI, 213. — XXII, 92, 93, 138, 290, 344, 350, 383,

399, 426, 529, 597, 683, 766. — XXIII, 30, 94, 289, 350, 415, 464, 536, 595, 730, 743. — XXIV, 58, 288, 302, 504, 508. — XXV, 541, 647. — XXVI, 504. — XXVII, 168.
Cher, rivière. — XXIII, 40.
Chérac (Ch-I). — XXII, 287.
Cherbourg (Manche). — XVIII, 91, 574, 703. — XIX, 120, 125, 149. — XIX, 186, 197, 212, 213, 335, 386, 387, 388, 411, 516, 634. — XX, 52, 53, 61, 267, 368, 426, 459, 473, 548, 712, 754. — XXI, 241, 402, 433, 692, 806. — XXII, 165, 217, 237, 456, 629, 660, 661, 742, 794. — XXIII, 27, 28, 29, 99, 136, 310, 366, 466, 467, 468, 492, 608, 713, 783, 874. — XXIV, 3, 24, 25, 46, 77, 95, 109, 110, 172, 186, 191, 192, 194, 195, 262, 263, 498, 514, 700, 773. — XXV, 145, 216, 217, 322, 362, 412, 497, 499, 548, 586, 625, 642. — XXVI, 155, 206, 259, 289, 470, 559, 560, 640. — XXVII, 6, 13, 61, 130, 279, 557, 671. — XXVIII, 24, 167, 355, 419, 554.
Chéreau, adjudicataire de sucre. — XXIV, 584.
Chérel (Alex.), sous-lieut. à l'École de Metz. — XXVII, 506.
Chérin, chef d'E.M. à l'A. des Côtes de Brest. — XIX, 498. — XXV, 28, 29, 394, 504.
Chermont, chef du génie. — XVIII, 292.
Chéron, adjud$^t$ g$^{al}$. — XIX, 87.
Chérou, ouvrier. — XX, 38.
Cherrer, lieut. employé à l'arsenal de Paris. — XXVI, 318.
Cherrier, repr. — XVIII, 172. — XX, 652, 690. — XXI, 60, 289. — XXII, 351, 399, 426, 529, 549, 597, 683, 694, 766. — XXIII, 30. — XXIV, 302, 508. — XXV, 370.
Chéron, négociant. — XXIV, 440.
Chesnon, de Chinon. — XX, 509.
Chessebrard, armurier. — XXIII, 274.
Chessy (Mines de). — XVIII, 422, 423, 700. — XIX, 781.
Cheval, fournisseur aux armées. — XXI, 625.
Chevalier. — XXVI, 398.
Chevalier, g$^{al}$ de brigade. — XVIII, 551.
Chevalier, lieut. adjoint du 11$^e$ chasseurs à cheval. — XXII, 545.
Chevalier, adjoint aux adjud$^{ts}$ génér$^x$ de l'A. de la Moselle. — XIX, 30.
Chevalier, agent des hôpitaux à l'A. des Alpes. — XIX, 383.
Chevalier, sous-lieut. — XIX, 497.
Chevalier, fournisseur de l'hôpital de Lisieux. — XXI, 625.
Chevalier, inventeur de fusées incendiaires. — XXI, 751.
Chevalier, acquéreur de prises. — XXIII, 209.
Chevalier, volontaire au 2$^e$ b$^{on}$ des chasseurs de l'Isère. — XXIV, 164.
Chevalier, m$^d$ à Provins. — XXVII, 630.
Chevallier, cap$^e$ de gendarmerie. — XXV, 187.
Chevallier (Louis Ch. Fr.), employé du C. de S. P. — XXI, 68.
Chevallier, ex-desservant. — XXV, 213.
Chevalot. — XVIII, 183.
Chevals, direct$^r$ des subsistances militaires. — XXIII, 243.
Chevannes-Montenaude, chef de b$^{on}$. — XXIV, 403.

Chevaux de Coustou (Installations des). — XXV, 35, 524.
Chevaux. Mulets. Ânes. Haras. — XVIII, 63, 146, 147, 162, 233, 245, 246, 247, 301, 491. — XIX, 71, 30, 45, 64, 65, 139, 150, 154, 155, 156, 171, 177, 195, 227, 228, 233, 271, 284, 310, 322, 333, 348, 396, 409, 460, 480, 528, 534, 547, 548, 589, 590, 680, 729, 743, 749, 771. — XX, 40, 66, 81, 121, 210, 221, 226, 236, 266, 278, 360, 361, 408, 438, 483, 522, 539, 614, 634, 635, 661, 680, 681, 687, 688, 710, 711, 801, 806. — XXI, 3, 5, 12, 30, 42, 73, 102, 125, 143, 152, 173, 191, 192, 205, 220, 221, 237, 320, 360, 371, 372, 375, 458, 459, 478, 512, 552, 553, 581, 592, 593, 613, 620, 629, 630, 631, 674, 675, 677, 717, 747, 748, 756, 757, 758. — XXII, 41, 105, 153, 154, 164, 166, 179, 216, 240, 253, 257, 269, 277, 295, 310, 332, 333, 335, 336, 367, 368, 389, 397, 415, 443, 451, 489, 490, 500, 501, 503, 507, 519, 538, 541, 551, 592, 502, 621, 641, 650, 661, 682, 685, 686, 687, 695, 708, 717, 725, 730, 743, 744, 776, 777, 780, 781, 782, 795, 802, 805, 806, 807. — XXIII, 2, 5, 8, 17, 19, 38, 41, 42, 61, 62, 69, 75, 76, 121, 128, 130, 133, 136, 149, 161, 176, 177, 185, 188, 197, 198, 209, 214, 218, 223, 242, 246, 273, 274, 377, 289, 323, 370, 379, 406, 448, 491, 506, 507, 508, 524, 563, 568, 647, 734, 738, 767, 774, 775, 776, 777, 788, 791, 806, 825. — XXIV, 9, 64, 66, 67, 68, 93, 97, 120, 121, 131, 175, 176, 177, 191, 214, 215, 126, 218, 246, 247, 249, 280, 282, 293, 312, 314, 315, 341, 352, 377, 394, 400, 401, 402, 411, 437, 472, 477, 500, 502, 527, 555, 568, 583, 584, 588, 611, 612, 627, 630, 634, 735, 636, 637, 638, 639, 657, 659, 665, 674, 680, 682, 688, 700, 702, 703, 710, 726, 730, 738, 740, 741, 745, 764, 790, 818, 819, 820, 822, 829, 835, 849. — XXV, 7, 8, 10, 22, 40, 42, 43, 86, 100, 101, 102, 166, 185, 186, 187, 202, 205, 214, 227, 239, 240, 245, 246, 262, 271, 276, 278, 291, 298, 311, 320, 333, 339, 346, 347, 358, 365, 377, 384, 391, 393, 394, 402, 404, 406, 425, 430, 441, 445, 453, 457, 466, 470, 477, 478, 490, 492, 496, 501, 504, 514, 525, 538, 542, 543, 558, 553, 557, 570, 575, 579, 584, 586, 590, 595, 596, 608, 609, 616, 617, 621, 636, 661, 662, 664, 679, 682, 696, 713, 719, 747, — XXVI, 6, 7, 8, 9, 15, 26, 40, 61, 62, 86, 87, 117, 139, 167, 172, 178, 179, 181, 182, 195, 199, 202, 219, 233, 243, 244, 261, 272, 287, 300, 303, 318, 331, 335, 337, 343, 344, 368, 369, 374, 400, 411, 415, 416, 421, 422, 433, 442, 443, 444, 470, 475, 476, 481, 484, 490, 496, 503, 504, 508, 514, 520, 525, 531, 536, 547, 560, 572, 578, 579, 580, 601, 602, 613, 623, 623, 626, 640, 642, 643, 645, 651, 658, 661, 673, 675, 681, 682, 686, 687, 708, 733, 738, 741, 753, 760. — XXVII, 5, 19, 27, 32, 44, 54, 55, 65, 80, 85, 91, 93, 94, 95, 121, 122, 129, 141, 142, 145, 158, 162, 166, 178, 199, 204, 228, 247, 255, 262, 265, 270, 279, 280, 288, 293, 298, 316, 317, 323, 328, 336, 345, 346, 358, 365, 368, 370, 387, 390, 395, 401, 415, 418, 433, 445, 451, 452, 459, 461, 462, 475, 478, 479, 480, 484, 505, 520, 523, 532, 533, 542, 543, 554, 560, 574, 583, 592, 601, 610, 617, 628, 632, 633, 638, 644, 645, 652, 654, 660, 662, 666, 670. — XXVIII, 5, 7, 28, 47, 64, 65, 88, 118, 133, 134, 138, 144, 148, 149, 155, 162, 164, 179, 208, 236, 297, 298, 345, 371, 417,

425, 433, 457, 462, 465, 474, 483, 484, 490, 493, 507, 523, 524, 526, 551, 576, 588, 595, 602, 654, 680, 681, 690.
Cheveru, m<sup>d</sup> de bois pour Paris. — xxi, 97.
Chevigné (De), g<sup>al</sup> — xviii, 143.
Chevillard, cap<sup>e</sup> de vaisseau. — xix, 553.
Chevillard, ex-cap<sup>e</sup> de volontaires. — xxv, 137.
Chevreuil, prisonnier à Landrecies. — xx, 80.
*Chevrières* (Loire). — xxvi, 412, 491, 569.
Chevrin, fourrier au 7<sup>e</sup> hussards. — xxvi, 270. — xxviii, 255.
Chevrolat. — xxi, 42.
Chevritz, cap<sup>e</sup>. — xxvi, 275.
Chézeaux, consul à Bergen. — xviii, 581. — xx, 126, 456.
Chézy (Louis), de Calix. — xxiii, 733.
Chiappe (Ange-Marie). repr. — xxi, 513. — xxiii, 120, 182, 423, 424, 480, 659, 767, 769, 770. — xxiv, 88, 89, 126, 127, 128, 129, 151, 208, 209, 271, 310, 423, 424, 428, 430, 463, 488, 614, 655, 784, 785, 786, 815, 816. — xxv, 47, 64, 65, 66, 90, 92, 180, 181, 182, 238, 271, 313, 340, 402, 571, 572, 656, 675, 687, 689, 690, 743, 759. — xxvi, 80, 81, 174, 222, 225, 243, 254, 302, 352, 353, 371, 587, 619, 680, 705, 735, 768. — xxvii, xviii, 36, 109, 135, 164, 165, 268, 273, 427, 466, 497, 513, 535, 560. — xxviii, 233, 234. 249, 322, 606, 655.
Chicard, garde-magasin à Coutances. — xxviii, 636.
Chicheret, m<sup>d</sup> de vins. — xviii, 560. — xix, 635.
Chicou, agent des subsistances de Paris. — xxii, 493, 641.
Chidoille, commissaire des Guerres. — xxiv, 107.
*Chilleurs* (Loiret). — xxi, 536.
Chimay (Pays de) [Belgique]. — xxiv, 261. — xxvi, 659.
Chinon (I-et-L). — xviii, 330. — xix, 153, 680. — xx, 64, 509, 471. — xxii, 69, 648. — xxiii, 682. — xxviii, 368.
Chipault, chef d'escadron. — xx, 225.
Chirreau, commis des hôpitaux militaires. — xx, 65.
*Chirurgiens*. — xxv, 6, 376, 406, 491. — xxvi, 600. — xxvii, 32, 53, 54, 123.
Chivaille. — xviii, 736.
Chivalle, fonctionnaire à Amiens. — xxiv, 18.
*Chizé* (Forêt de). — xxiv, 466.
Choderlos-Laclos, g<sup>al</sup> de brigade. — xx, 318, 390.
Chohart, direct<sup>r</sup> de la fonderie de Ruelle. — xxvii, 374.
Choiseul. — xviii, 636.
*Choiseul-Praslin* (Maison de), à Paris. — xxii, 743.
*Choisy-sur-Seine* (Seine). — xx, 369. — xxvi, 624. — xxviii, 300, 301.
Choizeau (Pierre Amant), cap<sup>e</sup> d'infanterie. — xxii, 340.
*Cholet* (M-et-L). — xx, 464. — xxi, 16, 445, 735. — xxii, 134, 136, 137, 166, 230, 286, 321, 396. — xxiii, 313, 314, 647. — xxiv, 47, 48, 198, 458, 595, 833. — xxvi, 163, 397, 748. — xxviii, 177, 367, 460.
Chollet, ex-g<sup>al</sup>. — xxv, 247.
Cholsen, de l'Agence des subsistances militaires. — xxviii, 590, 591.
Chomey, cap<sup>e</sup> instructeur. — xxi, 815.

Chompré, consul à Malaga. — xxvi, 119.
Chopin (Hilarion), cap<sup>e</sup>. — xxviii, 671.
Chouard. — xx, 391.
Choquéel (Jean Benoît Louis), élève à l'École de Santé. — xxi, 803.
Chorier. — xx, 81.
*Chouannerie*. — xviii, 277. — xx, 167, 215, 376, 427, 514. — xxi, 169, 492. — xxii, 160, 256, 676. — xxiii, 522. — xxiv, 806. — xxv, 145, 228, 296, 362, 651. — xxvi, 231, 232, 286, 397, 463, 585, 695, 700, 714. Voir *Troubles*.
*Chouans* (Contre-). — xviii, 353, 554, 659, 741. — xix, 291. Voir *Gardes* territoriales.
*Chouans*. — xviii, 77, 78, 99, 170, 171, 218, 314, 352, 353, 354, 411, 413, 456, 464, 477, 512, 513, 514, 515, 533, 554, 555, 592, 612, 658, 661, 664, 665, 688, 716, 717, 741, 775, 776, 777, 802. — xix, 18, 35, 48, 57, 58, 106, 107, 108, 125, 129, 143, 160, 211, 212, 214, 233, 247, 263, 264, 315, 316, 343, 344, 368, 370, 371, 372, 387, 389, 399, 400, 464, 465, 466, 468, 469, 470, 502, 503, 508, 516, 519, 543, 556, 587, 588, 627, 644, 645, 667, 713, 719, 753, 755, 756, 792. — xx, 23, 24, 139, 160, 165, 166, 168, 191, 193, 194, 195, 196, 214, 220, 231, 233, 234, 279, 280, 289, 307, 308, 309, 374, 375, 376, 377, 378, 397, 427, 443, 445, 446, 471, 472, 498, 499, 514, 515, 516, 577, 589, 593, 594, 596, 597, 598, 699, 639, 640, 642, 677, 691, 693, 694, 717, 764, 777, 784, 785, 786. — xxi, 15, 16, 25, 26, 27, 28, 38, 39, 40, 81, 82, 83, 84, 85, 119, 120, 166, 167, 168, 169, 196, 197, 223, 225, 241, 268, 269, 271, 296, 307, 308, 347, 351, 352, 353, 365, 385, 408, 409, 410, 469, 470, 471, 492, 493, 518, 538, 539, 540, 541, 559, 576, 577, 578, 579, 595, 600, 657, 659, 706, 734, 767, 785, 786, 788, 789, 790, 791, 833. — xxii, 24, 27, 59, 61, 62, 89, 90, 91, 132, 133, 134, 166, 167, 228, 230, 256, 259, 284, 285, 314, 320, 321, 351, 396, 479, 515, 577, 578, 580, 583, 604, 627, 628, 677, 679, 706, 754, 762, 763, 816, 817, 818, 819. — xxiii, 7, 27, 143, 145, 146, 147, 165, 166, 173, 194, 195, 196, 206, 227, 260, 287, 288, 306, 307, 308, 309, 312, 314, 334, 340, 341, 342, 349, 364, 366, 381, 414, 470, 471, 484, 519, 522, 532, 533, 555, 596, 608, 631, 632, 640, 647, 648, 649, 650, 667, 668, 678, 682, 714, 717, 718, 719, 755, 756, 757, 784, 787, 788, 810. — xxiv, 24, 25, 28, 30, 31, 46, 47, 172, 173, 187, 191, 192, 197, 198, 200, 298, 301, 332, 333, 334, 337, 338, 369, 513, 514, 517, 518, 519, 520, 521, 545, 546, 547, 550, 552, 553, 557, 590, 625, 626, 668, 686, 687, 750, 761, 773, 774, 804, 805, 806, 807, 809, 831, 832. — xxv, 26, 29, 52, 79, 84, 111, 118, 120, 144, 149, 154, 201, 230, 256, 259, 261, 262, 296, 299, 301, 302, 303, 304, 306, 335, 361, 363, 392, 395, 396, 415, 435, 437, 466, 477, 499, 505, 507, 555, 558, 578, 599, 622, 625, 626, 649, 652, 670, 719, 746, 753. — xxvi, 9, 19, 37, 46, 48, 72, 73, 76, 83, 95, 187, 247, 286, 291, 323, 398, 405, 406, 444, 462, 501, 514, 516, 520, 527, 551, 579, 580, 586, 591, 593, 635, 655, 699, 747, 767. — xxvii, 41, 78, 105, 133, 150, 224, 229, 241, 289, 291, 306, 330, 332, 354, 379, 382, 410, 455, 469, 472, 492, 518, 526, 548, 549, 564, 593, 652, 662, 665, 671. — xxviii, 106, 136, 201, 219, 250, 261, 310, 341, 366 à 368, 392,

401, 498, à 500, 534, 535, 537, 566, 604, 624, 649, 676, 702.
*Chouans* (de Paris). — XXVIII, 92, 203, 270, 333, 342, 629.
CHOUDIEU, repr. — XXI, 462, 629.
CHOULET, de Lyon. — XXVII, 401.
CHOUËLLER, off. de chasseurs. — XXIV, 473.
CHOUET, conducteur des charrois d'artillerie à l'A. du H$^t$-Rhin. — XXIII, 188.
CHOULX-TILLEMONT, agent de service des équipages. — XIX, 321. — XX, 331, 332.
CHRÉTIEN. — XXIV, 295.
CHRÉTIEN-LACOMBE (Pierre), des relais de Sarrebourg. — XXIV, 630.
CHRÉTIEN, de Perpignan, ex-g$^{al}$ de brigade. — XXVIII, 567.
CHRÉTIEN, ex-adjud$^t$ de la garde nat. de Mortagne. — XXVIII, 592.
CHRISTIAN (Thémis), cap$^e$ du navire l'*Étoile du Nord*. — XXVII, 175.
CHRISTIAN JETTER et C$^{ie}$, d'Erzingen. — XXVI, 44.
*Christian Jonathan*, navire hollandais. — XX, 18.
*Christiansund* (Danemark). — XIX, 412, 413. — XXI, 283.
CHRISTIE (Richard), cap$^e$ de la *Polly*. — XXVII, 175.
*Christine*, navire suédois. — XXI, 401.
CHRISTOPHE. — XXV, 371.
CHRISTOPHE, chef d'escadron au 8$^e$ hussards. — XX, 544.
CHUFART, dit Florenval, adjud$^t$ g$^{al}$. — XIX, 104.
CHUMIRS (Fr.), courtier. — XXIII, 269.
CHUPIET, commissaire aux séquestres. — XXIII, 433.
CIAVALDINI, command$^t$ temporaire d'Oneglia. — XXV, 526.
CIBARD-GOUGUET, g$^{al}$ de brigade. Voir GOUGUET.
CIESSET, négociant à Boulogne. — XXVIII, 129.
CIÉTER, chef de division des transports militaires. — XXVIII, 47.
*Cinglais* (Forêt de) [Calvados]. — XXV, 98. — XXVII, 78.
*Cinq-Frères*, navire pris à Ostende. — XIX, 363.
CINQPEYRES (J.), de Prades, brigand. — XXVI, 764.
*Ciotat* (La) [B-du-R]. — XIX, 353, 656. — XX, 401. — XXI, 394. — XXIII, 398. — XXV, 592. — XXVIII, 268.
*Cirague* (B-du-R). — Voir *Eyragues*.
CIRET, direct$^r$ des fourrages à l'A. de l'Ouest. — XXI, 676.
*Cirey* (Forges de). — XIX, 381.
CIRIS, détenu. — XXVI, 387.
CISREVILLE, adjudicataire de bois. — XXVI, 194.
*Citoyen-Français*, navire. — XXII, 765.
*Civray* (Vienne). — XXI, 506, 747.
*Cize*, rivière. — XIX, 509.
CIZOS-DUPLESSIX, agent de la Comm$^{on}$ des armes. — XXIV, 559.
CLAINCHAMP (Nicolas), exploitant des forges d'Haironville. — XX, 610.
CLAIRAC, auteur de l'*Ingénieur de campagne*. — XXIV, 157. — XXV, 640.
CLAIRAUT (*Algèbre* de). — XXIV, 158. — XXV, 641.
*Clairvaux* (Forge de). — XIX, 381.
*Clairvaux* (Bibliothèque de). — XXII, 432.
*Clairvaux* (Aube). — XXIII, 104, 105, 290.
*Clamecy* (Nièvre). — XVIII, 122, 384, 781, 782. —
XIX, 72, 520, 522, 576. — XX, 157, 684, 700. — XXI, 97, 612. — XXII, 289, 293, 294, 352, 383, 487, 620, 642, 710. — XXIII, 175, 176, 377, 378, 419, 502, 669. — XXIV, 57, 117, 174, 204, 350, 688. — XXV, 54, 126, 153, 286, 309, 451, 534, 563, 580, 601, 654, 672, 687, 727, 751. — XXVI, 24, 53, 54, 66, 136, 156, 167, 209, 218, 242, 324, 332, 395, 450, 528, 653, 720. — XXVII, 159, 195, 295, 309, 364, 365, 427, 485, 629. — XXVIII, 88, 606, 706.
CLARMORGAN, imprimeur à Cherbourg. — XXIV, 110.
*Clar* (Cap). — XXII, 316.
CLARENTHAL, g$^{al}$. — XVIII. 527.
*Clarisse*, navire américain. — XXIII, 822.
CLARK, de Boston. — XIX, 431.
CLARKE, g$^{al}$ de brigade. — XVIII, 550. — XX, 295, 459. — XXV, 617. — XXVI, 303. — XXVII, 171.
CLARO, aide de camp du g$^{al}$ Picot-Bazus. — XXIV, 40.
*Clarques* (P-de-C). — XXII, 443. — XXVI, 684.
CLARY. — XXVI, 665.
CLASSE (Jean), courrier. — XXVIII, 454.
CLAUDEL, chef de b$^{on}$. — XXIII, 551.
CLAUSADE, chef de brigade du génie à Nice. — XXII, 393. — XXV, 687. — XXVIII, 485.
CLAUSEL, adjud$^t$ g$^{al}$. — XXII, 240.
CLAUSEL, procureur syndic à Limoux. — XXIV, 763.
CLAUZEL, repr. — XXI, 587. — XXIII, 453. — XXIV, 283, 379, 394, 511, 614, 657. — XXV, 158, 311, 312, 340, 419, 438, 517, 538, 630, 707. — XXVI, 26, 29, 79, 156, 188, 191, 220, 268, 283, 301, 309, 310, 358, 409, 446, 451, 494, 495, 566, 587, 605, 660, 677, 703, 715. — XXVII, xv, xix, 106, 195, 197, 221, 234, 249, 258, 265, 308, 361, 436, 493, 627, 628. — XXVIII, 173, 174, 259, 275, 536, 576.
CLAUZEL, fabricant de drap à Mirepoix. — XX, 242. — XXIV, 212.
CLAVAUD, commerçant. — XIX, 284.
CLAVEAU-DUGRAVIER, cap$^e$ de gendarmerie. — XVIII, 662, 663.
CLAVEL (C$^{ie}$), munitionnaire. — XIX, 277. — XXVII, 316.
CLAVEL, administr. du départ$^t$ du Vaucluse. — XXVI, 736.
CLAVERIE, commissaire ordonnateur. — XXVII, 601.
*Clavières* (Forges de). — XVIII, 243, 758. — XIX, 564. — XXVII, 278.
*Claye-Souilly* (S-et-M). — XXIII, 219.
*Claye* (La) [Vendée]. — XXVI, 165.
CLAYRBROOCK (Haumer). — XVIII, 552, 739.
CLÉDEL, repr. — XXIII, 403, 429. — XIX, 38. — XX, 309, 601, 652, 776. — XXI, 60, 628. — XXIV, 60.
CLÉMENCE, détenu. — XXIV, 295.
CLÉMENDOT, cap$^e$. — XVIII, 475. — XXIV, 703.
CLÉMENT, vétérinaire. — XXIV, 800.
CLÉMENT, agent chef des vivres à l'A. des Pyr-Or$^{les}$. — XIX, 222. — XX, 332.
CLÉMENT, pharmacien à Landau. — XX, 735. — XXI, 424.
CLÉMENT, examinateur à l'École centrale des Travaux publics. — XIX, 680.
CLÉMENT, off. de marine. — XX, 630.
CLÉMENT, charbonnier. — XXI, 549.
CLÉMENT, ex-adjud$^t$ g$^{al}$. — XXVI, 627.
CLÉRAMBOUST, détenu libéré. — XXVI, 570.
CLERC, de Chalabre. — XXIV, 212.

CLERFAYT, g<sup>al</sup> autrichien. — XVIII, 28. — XIX, 735. — XX, 697, 698. — XXII, 787. — XXIV, 190, 258. — XXVIII, 115, 120, 222, 307, 309, 407, 423, 424, 473, 627.
CLERGET, consul aux Canaries. — XXVI, 560.
CLÉRICY, colonel. — XX, 408.
*Clermont* (Oise). — XVIII, 141, 184, 734, 657. — XIX, 111, 112, 113, 404. — XXIII, 2, 602. — XXVII, 664. — XXVIII, 149, 165, 572.
*Clermont-l'Hérault* (Hérault). — XIX, 633. — XXII, 695. — XXVIII, 354.
*Clermont* (Salpêtre de). — XX, 754.
*Clermont-Ferrand* (P.-de-D). — XVIII, 242, 243, 259, 291. — XIX, 449, 762. — XX, 223, 299. — XXI, 723. — XXIV, 689. — XXV, 32, 58, 153, 285, 356.
*Clèves* (Duché de). — XVIII, 66, 308. — XIX, 516. — XX, 609. — XXII, 190, 309, 552, 752. — XXIII, 94, 531, 646, 815, 816. — XXIV, 21, 23, 185, 771.
*Clichy* (Seine). — XVIII, 13.
CLIFFORD (C<sup>ne</sup>). — XXIV, 352.
*Clion* (L-I). — XXVIII, 199.
CLIQUET, serrurier à Clamecy. — XXII, 383.
*Clisson* (L-I). — XX, 642. — XXII, 136. — XXIII, 314. — XXIV, 685, 708. — XXV, 398. — XXVI, 163.
*Cloches.* — XXIV, 608, 817. — XXV, 113. — XXVI, 219, 313. — XXVII, 75.
*Clohars* (Finistère). — XXV, 510.
CLOLEIL (Jean), lieut. de gendarmerie. — XX, 736. — XXII, 777. — XXIII, 6.
*Clos-Pontet* (I-et-V). — XXVI, 73.
CLOSQUINEL, chef de b<sup>on</sup>. — XXII, 45.
*Clothier,* navire américain. — XIX, 615. — XX, 119.
CLOUARD (Thomas Richard), chef de b<sup>on</sup>. — XXII, 654.
CLOUET, filateur de coton. — XXII, 12.
CLOUET, professeur de langues étrangères. — XVIII, 700.
CLOUET, adjoint du génie. — XIX, 120.
CLOUET, inventeur. — XX, 36, 37.
*Closter-Seven* (Hanovre). — XXVIII, 16, 17.
CLOUZIER, imprimeur à Paris. — XXVIII, 96.
CLOZEL, quartier-maître. — XIX, 239, 240.
*Club de Marseille,* vaisseau. — XXVI, 657. — XXVII, 184.
*Clubs.* — XXV, 248. — XXVI, 430.
CLUNY (Jean), volontaire. — XIX, 190.
*Cluses* (H<sup>te</sup>-Savoie). — XXVIII, 568.
*Cobalt.* — XXII, 644, 696.
*Coblentz* (Allemagne). — XVIII, 24, 246, 408, 492, 495, 675, 812, 813, 816. — XIX, 44, 444, 517, 549. — XX, 14, 73, 209, 278, 389, 561, 562, 673, 697, 698, 801. — XXI, 11, 12, 77, 164, 192, 204, 319, 320, 387, 466, 467, 490, 653, 731, 837. — XXII, 190, 350. — XXIII, 284, 441, 461, 802, 805, 825. — XXIV, 56. — XXV, 584, 669. — XXVI, 184, 187, 297. — XXVII, 317, 320, 405, 453, 471, 506, 578. — XXVIII, 14, 35, 282, 561.
*Cocarde nationale,* navire. — XXI, 659.
*Cocardes.* — XXV, 253. — XXVI, 412, 492, 569. — XXVII, 229.
COCHELET, ex-Constituant, commissaire aux subsistances. — XXIV, 608. — XXV, 3.
*Cochers* du C. de S. P. — XXV, 1, 208. — XXVI, 681.
*Coches* d'eau. — XXVI, 34, 35, 139, 140, 172, 336, 437, 438, 440. — XXVII, 96, 298, 586, 651. Voir *Navigation* fluviale; *Transports.*

COCHET, arcchitecte à Lyon. — XXVIII, 40.
COCHET, maître de poste à Ham. — XXIV, 634.
COCHIN, ingénieur. — XX, 126. — XX, 295.
*Cochinchine* (Côtes de). — XIX, 384.
COCHOIS, commissaire des Guerres. — XVIII, 527. — XX, 491. — XXI, 105. — XXV, 149.
COCHON, repr. — XVIII, 410, 529. — XIX, 712, 752. — XX, 137, 152, 170, 184, 185, 187, 188, 352, 355, 421-425, 464, 465, 552, 557, 632-638, 653, 656, 782, 799. — XXI, 9, 23, 34, 35, 36, 37, 161, 162, 163, 184, 185, 187, 188, 190, 228, 285, 364, 365, 528, 554, 569, 646, 764, 780, 781, 784, 820. — XXII, 55, 58, 77, 85, 116, 221, 226, 247, 281, 312, 395-422, 424, 516, 538, 552, 576, 675, 705, 758-762, — XXIII, 23, 58, 59, 60, 61, 191, 202, 203, 233, 302, 408, 410, 412, 437, 438, 439, 440, 515, 557, 569, 815. — XXIV, 12, 23, 171, 481, 771. — XXVI, 183, 208, 232, 233, 291, 294, 351, 393, 426, 447, 518, 525, 567, 584, 585, 586, 630, 634, 648, 649, 670, 700, 714, 731, — XXVII, XX, 190, 191, 239, 291, 417, 432, 449, 510, 516, 518, 548, 550, 593, 594, 604, 642. — XXVIII, 36, 111, 137, 158, 159, 178, 179, 199, 200, 261, 366, 369, 394, 405, 406, 457, 458 à 461, 466, 512, 580.
COCHON, march<sup>d</sup> de vins. — XX, 663.
*Cochons* (Réquisition des). — XIX, 655. — XXI, 711, 712. — XXII, 487, 613. — Voir *Porcs.*
COCHU (André), prisonnier de guerre. — XXII, 505.
COCU (Philippe), agriculteur à Biermes. — XX, 7.
COCU, gendarme. — XXIII, 760, 761, 790, 791. — XXIV, 73.
*Code* de commerce. — XXI, 810.
— criminel de la marine. — XXVI, 530.
CODRON, commissaire des Guerres. — XXVIII, 552.
*Coesfeld* (Allemagne). — XXII, 190.
CŒUR, commissaire des Guerres. — XXV, 149, 255. — XXVI, 292.
CŒURET, de l'école d'artillerie de Châlons. — XVIII, 120. — XXVI, 644.
COFFIN, g<sup>al</sup>, commd<sup>t</sup> à Cholet. — XXVIII, 367, 512.
COGNON, chef de b<sup>on</sup> d'artillerie. — XXI, 681.
COHIÈRE (Justin), caporal. — XXIV, 297, 587.
COHORN, auteur de *Fortification.* — XXV, 640.
COINTEMENT, chef d'escadron au 8<sup>e</sup> hussards. — XXII, 585, 586. — XXVI, 235.
COIT (William). — XVIII, 320, 801.
COL, chef d'escadron. — XVIII, 217, 508.
COL (Ét.). — XX, 331.
*Colabançon* (?) [Forge de]. — XIX, 548.
COLAS, commissaire à la levée du 1/25<sup>e</sup>. — XIX, 86.
COLAS, cultivateur. — XXII, 203.
COLAUD, g<sup>al</sup> de division. — XIX, 636. — XXII, 697. — XXIV, 638. — XXVIII, 305, 306, 307.
COLAUD-LA-SALCETTE, repr. — XX, 439.
COLAUD-LA-SALCETTE (Bernardin), adjud<sup>t</sup> g<sup>al</sup>. — XXI, 215.
COLET, commissaire. — XXIII, 245.
COLIN, commissaire à l'approvisionnement de Paris. — XXIV, 432.
COLIN, sous-lieut. au 13<sup>e</sup> dragons. — XXIV, 501.
COLIN, sous-command<sup>t</sup> d'arrond<sup>t</sup>. — XIX, 144.
COLIN (Thomas), cultivateur à Longchamps (Meuse). — XXIII, 68.
COLINET, chef de b<sup>on</sup>. — XIX, 498.
COLIN, sous-comite de misaine. — XXVII, 264, 634.
COLIN, voiturier. — XXVII, 226.

COLINET, ex-adjud$^t$ g$^{al}$. — XXVII, 57, 58.
COLINET (Louis), prisonnier de guerre évadé. — XXVII, 617.
COLINS, g$^{al}$. — XXVII, 56.
COLLE, g$^{al}$. — XVIII, 321. — XXIV, 18. — XXVIII, 534.
*Colledo* (Bois de). — XIX, 717.
*Collemier* (Yonne). — XXIII, 575.
COLLENEL, ex-militaire. — XXI, 153.
COLLET, commissaire des Guerres. — XVIII, 209, 302. — XIX, 62, 99, 709. — XX, 405. — XXI, 455, 456. — XXII, 177. — XXIV, 501, 539, 540. — XXVI, 687.
COLLET, maître de forges à Champsecret. — XVIII, 755.
COLLET-DECOSTIL, novice. — XIX, 358. — XX, 369.
*Collets* noirs. — XXVI, 552.
COLLEVILLE, commis des hôpitaux militaires. — XX, 65.
*Collier* (Le) [?] (L-I). — XXV, 416.
COLLIGNON, entrepreneur en chef des charrois. — XXVI, 601.
COLLIN, adjud$^t$ g$^{al}$. — XXII, 446. — XXIII, 702. — XXIV, 68. — XXV, 111. — XXVI, 273, 440. — XXVII, 515, 551.
COLLIN, cap$^e$. — XXIII, 739.
COLLIN, employé à la section de la Guerre. — XXVIII, 418.
COLLIN (Romain), ex-administrat$^r$ de l'hôpital de l'île de Ré. — XXVII, 665.
COLLINET, brigadier de gendarmerie. — XXVI, 601.
COLLINET, commissaire des Guerres. — XXI, 436.
COLLINI, off. de tirailleurs. — XXVIII, 533.
*Collioure* (P-O). — XVIII, 188. — XIX, 136, 525. — XXI, 127. — XXIII, 657. — XXIV, 308, 677. — XXVIII, 668.
COLLIQUET, aide de camp du g$^{al}$ Favart. — XXIV, 40.
COLLOCHE, enseigne de vaisseau. — XVIII, 402.
COLLOMB et C$^{ie}$, concessionnaires de la mine d'Entrevernes. — XXV, 539.
COLLOMBEL (de la Meurthe), repr. — XIX, 501. — XX, 26, 47, 327, 572. — XXII, 91, 169. — XXIII, 354. — XXIV, 202. — XXVII, 536. — XXVIII, 146, 169, 387 n., 450, 509, 510, 512, 553, 554.
COLLOMBIER, inventeur d'obus et fusées. — XXV, 5.
COLLOT D'HERBOIS, repr. — XVIII, 475. — XIX, 54, 181, 307. — XXI, 462, 535, 561, 835. — XXIII, 179, 329, 330, 359, 611, 764. — XXIV, 81, 529. — XXVI, 210.
COLLOT, chef d'escadron. — XX, 793.
COLLOT, chirurgien en chef. — XXI, 246. — XXII, 302, 303.
COLLY, employé au C. de S. P. — XXIV, 19.
*Colmar* (H-R). — XIX, 501. — XX, 336, 464, 585. — XXI, 360. — XXIII, 53. — XXIV, 235, 308, 371, 461, 493, 629, 650, 675, 768. — XXV, 55, 366. — XXVII, 88, 107, 159, 459, 355, 555. — XXVIII, 117, 185, 408.
*Cologne* (Allemagne). — XVIII, 126, 240, 259, 260, 286, 434, 495, 588. — XIX, 174, 263. — XX, 134, 208, 276, 389, 496, 627, 725, 735, 801. — XXI, 127, 192, 268, 347, 381, 382, 404, 417, 431, 466, 467, 490, 567, 770, 821. — XXII, 219, 284, 310, 313, 462, 463, 594. — XXIII, 135, 284, 440, 489, 825. — XXV, 288, 318, 449. — XXVI, 652, 653, 654, 655. — XXVII, 236, 237, 250, 350, 423, 574, 575, 611. — XXVIII, 57, 588, 601, 651, 702.
COLOMB, chef de brigade. — XXV, 247. — XXVII, 591.

COLOMB, g$^{al}$. — XVIII, 122. — XIX, 750.
COLOMB, cap$^e$ d'artillerie à Nice. — XXII, 393.
COLOMB, cap$^e$ du *Superbe*. — XX, 189.
COLOMB, des Vans. — XX, 456.
COLOMB (Christophe), enseigne. — XXI, 56.
COLOMB, chef de b$^{on}$ d'artillerie. — XXIII, 223.
COLOMB (Henry), secrétaire du repr. Perrin. — XXVII, 274.
COLOMBEL, salpêtrier. — XXVIII, 324.
*Colombes* (Seine). — XVIII, 13. — XXIII, 186.
COLOMBET, aide de camp. — XIX, 280.
*Colombier*, navire. — XVIII, 320.
COLOMBIER, inspecteur des fonderies. — XIX, 152. — XXI, 583.
COLOMBIER, fournisseur de viande pour les hôpitaux. — XIX, 154.
COLOMBIER (C$^{ne}$), fabricant de draps. — XXII, 695.
COLOMBIÈRES, juge de paix à Gourdon. — XXII, 767.
COLONGE, cap$^e$ de la *Pauline*. — XXVI, 628.
*Colonies*. — XX, 272, 273, 409, 410, 440. — XXV, 167. — XXVI, 580, 627. — XXVII, 490.
*Colonnes* mobiles. — XXV, 720, 748. — XXVI, 695. — XXVII, 150, 332, 411, 456, 472, 492.
COLRAT, artiste. — XXV, 614.
COLUET (Georges et Louis), adjudicataires de bois. — XXVIII, 642.
COLUS. — XXVII, 40.
*Combat* naval. — XXV, 116, 438, 483.
COMBE (Georges), commissaire de l'Agence des achats. — XXII, 690. — XXIV, 94. — XXV, 459.
COMBE, adjoint de l'adjud$^t$ g$^{al}$ Grubal. — XXIV, 40.
COMBE, négociant à Dunkerque. — XXVII, 664.
*Combeaufontaine* (H$^{te}$-Saône). — XXII, 387.
COMBERTAUD, chasseur. — XVIII, 184.
COMBES fils aîné, commerçant à Dunkerque. — XVIII, 141.
COMBES, de la Comm$^{on}$ des approvisionnements. — XIX, 312, 321.
COMBETTE, employé du bureau des émigrés. — XVIII, 292.
COMBETTE, lieut. — XXVII, 465.
COMBETTES, chef de b$^{on}$. — XXVI, 602.
*Combles-en-Barrois* (Meuse). — XXIII, 68.
*Combleux* (Loiret). — XXI, 614.
*Combourg* (I-et-V). — XX, 24.
COMBRET, dit Marsillac. — XVIII, 808.
*Comédiens* français. — XXIV, 449, 450.
COMEYRAS, commissaire pour l'échange des prisonniers. — XXI, 801.
COMEYRAS, agent près l'A. des Pyr.-Occident. — XXI, 813. — XXV, 751.
COMEYRAS. — XXII, 440.
*Comines* (Nord). — XVIII, 587.
COMINGE, lieut. — XVIII, 255.
*Comité* d'Agriculture et des Arts. — XX, 69, 539. — XXI, 16, 125. — XXII, 277, 332, 444. — XXIII, 78, 79, 80, 81, 184, 339, 506. — XXIV, 69. — XXV, 132, 244, 373, 442. — XXVI, 38, 39, 178, 179, 180, 260, 503, 639, 743, 744. — XXVII, 490.
— anglo-chouan. — XXV, 476.
— des Approvisionnements. — XXV, 560. — XXVII, 601.
— des Assignats. — XX, 1. — XXVIII, 574.
— central de l'Artillerie. — XXV, 45, 404, 405, 576, 736.

*Comité* de Commerce. — xviii, 45, 119, 137, 138, 157, 158, 159, 197, 215, 319, 346, 395, 396, 397, 398, 418, 447, 501, 510, 560, 561, 637, 698, 756. — xix, 224, 238, 311, 436, 635, 658. — xx, 106. — xxi, 569, 639, 632, 681, 713. — xxii, 108, 109, 151, 154, 178, 505, 560, 581, 780. — xxiv, 473. — xxv, 215, 420, 584. — xxvi, 13, 229, 236, 303, 362, 639. — xxvii, 51.
— de Correspondance. — xxii, 120. — xxvi, 13, 353, 394.
— des Décrets. — xxi, 105, 377. — xxii, 300, 301. — xxiii, 804. — xxiv, 43, 506. — xxvi, 122, 523, 604. — xxvii, 234, 248, 251, 269, 329, 385, 627.
— des Domaines nat. — xix, 499. — xxii, 260. — xxv, 615. — xxvi, 522. — xxvii, 589. — xxviii, 648, 689.
*Comité* des Finances. — xviii, 10, 53, 61, 157, 158, 159, 197, 200, 243, 244, 247, 253, 320, 361, 413, 486, 549, 580, 581, 610, 632, 681, 747, 801, 810. — xix, 37, 60, 120, 241, 306, 326, 398, 399, 448, 483, 513, 528, 541, 615, 653, 707, 708, 776, 789. — xx, 81, 96, 100, 105, 110, 127, 150, 162, 203, 248, 295, 299, 345, 373, 507, 542, 543, 546, 547, 549, 680, 714, 740, 754, 757, 780. — xxi, 8, 9, 46, 56, 128, 161, 214, 227, 228, 247, 253, 328, 335, 360, 376, 399, 434, 455, 465, 480, 594, 604, 622, 634, 639, 739, 754. — xxii, 11, 16, 33, 37, 73, 76, 143, 149, 173, 177, 201, 246, 252, 271, 367, 368, 473, 527, 550, 552, 555, 581, 609, 653, 658, 660, 705, 738, 783, 786, 796. — xxiii, 11, 81, 89, 172, 175, 184, 197, 202, 234, 245, 250, 257, 275, 378, 390, 411, 442, 444, 456, 497, 502, 513, 555, 557, 558, 563, 597, 605, 641, 662, 669, 700, 734, 748, 749, 788, 807, 809, 811. — xxiv, 10, 13, 42, 69, 72, 91, 92, 98, 112, 123, 173, 179, 213, 250, 260, 273, 291, 313, 317, 331, 344, 345, 375, 378, 379, 385, 439, 440, 447, 485, 486, 496, 497, 543, 559, 614, 630, 632, 637, 640, 658, 664, 692, 743, 769, 798, 808, 827. — xxv, 13, 16, 78, 103, 157, 161, 172, 182, 188, 276, 291, 314, 345, 348, 378, 379, 381, 385, 388, 414, 426, 438 n., 460, 465, 524, 528, 531, 532 n., 547, 550, 576, 587, 590, 592, 593, 618, 623, 633, 641, 660, 662, 673, 677, 703, 714, 736, 739, 740. — xxvi, 27, 31, 36, 40, 44, 53, 63, 87, 113, 118, 139, 147, 150, 237, 239, 243, 259, 274, 281, 325, 364, 367, 387, 389, 401, 422, 423, 445, 447, 470, 478, 487, 506, 510, 511, 512, 538, 539, 557, 566, 603, 628, 637, 645, 656, 667, 676, 709, 710, 724, 725, 727, 729, 741, 743, 744, 745. — xxvii, 6, 7, 8, 16, 35, 53, 92, 97, 110, 119, 124, 127, 144, 145, 147, 149, 172, 175, 176, 224, 229, 230, 231, 275, 279, 280, 291, 299, 300, 317, 318, 319, 342, 347, 358, 370, 372, 373, 375, 398, 400, 484, 512, 540, 562, 573, 585, 603, 620, 621, 622, 626, 631, 634, 642, 655, 656, 666. — xxviii, 8, 9, 10, 30, 42, 44, 45, 48, 49, 83, 128, 130, 140, 152, 167, 188, 244, 302, 345, 358, 359, 383, 403, 412, 419, 465, 480, 482, 486, 505, 521, 579, 608, 620, 643, 648, 663, 674, 698, 700.
*Comité* des fortifications. — xx, 569.
— de la Guerre. — xx, 213. — xxi, 232, 233, 437. — xxv, 495. — xxvi, 603.
— des inspecteurs du Palais nat. — xxi, 376, 377. — xxiv, 163, 295, 825. — xxv, 58. — xxvii, 281,

347, 501. — xxviii, 131, 151, 191, 608, 613, 643.
— d'instruction publique. — xviii, 60, 74, 213, 289, 327, 328, 329, 347, 506, 621, 632, 648, 676, 677, 703, 707, 753, 753, 770, 797, 798, 799. — xix, 38, 120, 135, 149, 151, 184, 185, 269, 276, 285, 307, 326, 354, 449, 455, 494, 509, 527, 531, 533, 563, 680, 749, 782. — xx, 79, 198, 205, 293, 317, 436, 454, 648, 773, 789, 792. — xxi, 4, 14, 49, 173, 263, 376, 546, 609, 635, 636, 739, 803, 819. — xxii, 7, 297, *431*, 649. — xxiii, 39, 40, 59, 83, 86, 114, 157, 170, 245, 274, 348, 534, 564, 609, 734, 756. — xxiv, 275, 277, 351, 581, 656. — xxv, 452, 696. — xxvii, 584. — xxviii, 348, 349, 520, 658, 659.
*Comité* de législation. — xviii, 75, 120, 149, 150, 221, 268, 281, 282, 294, 307, 337, 350, 430, 440, 479, 496, 497, 509, 523, 559, 582, 595, 682, 683, 710, 711, 733, 739, 789, 791, 802, 803. — xix, 33, 38, 54, 68, 90, 95, 140, 181, 206, 298, 307, 337, 340, 386, 390, 403, 413, 415, 417, 420, 458, 459, 515, 537, 554, 567, 568, 571, 581, 668, 721, 752, 754. — xx, 8, 18, 22, 48, 49, 51, 55, 69, 72, 83, 90, 110, 125, 128, 132, 149, 151, 175, 176, 198, 213, 228, 232, 251, 252, 267, 270, 271, 272, 286, 297, 298, 299, 303, 304, 327, 331, 340, 341, 346, 347, 373, 392, 409, 430, 439, 442, 452, 468, 469, 470, 498, 509, 510, 539, 548, 549, 572, 573, 589, 620, 625, 656, 657, 670, 671, 676, 727, 739, 740, 763, 777, 782. — xxi, 16, 22, 23, 27, 46, 56, 58, 59, 60, 69, 86, 108, 109, 110, 139, 151, 152, 158, 159, 160, 168, 178, 181, 201, 248, 250, 259, 288, 298, 333, 337, 385, 403, 438, 499, 515, 544, 605, 638, 686, 688, 726, 739, 762. — xxii, 2, 73, 76, 80, 138, 156, 186, 190, 287, 290, 307, 427, 449, 461, 479, 485, 507, 529, 553, 580, 591, 615, 616, 633, 634, 657, 767, 812. — xxiii, 11, 46, 52, 55, 85, 93, 105, 107, 108, 164, 212, 213, 228, 229, 256, 261, 268, 269, 289, 311, 312, 338, 351, 384, 431, 457, 478, 492, 493, 540, 576, 602, 613, 637, 662, 673, 683, 710, 826. — xxiv, 15, 54, 56, 57, 86, 92, 119, 137, 164, 173, 188, 269, 285, 288, 378, 381, 442, 477, 493, 507, 508, 511, 523, 628, 640, 644, 698, 704, 709, 710, 711, 751. — xxv, 88 n., 103, 107, 109, 139, 142, 145, 178, 221, 222, 427, 444, 502, 527, 545, 573 n., 647, 655, 675, 680, 686, 704, 749, 752 n. — xxvi, 20, 45, 86, 98, 124, 128, 187, 205, 241, 243, 308, 402, 411, 454, 467, 547, 549, 611, 648, 655, 663, 674, 675, 689, 692, 745, 746, 762. — xxvii, 45, 46, 75, 86, 121, 155, 174, 205, 206, 300, 310, 340, 420, 422, 425, 486, 514. — xxviii, 8, 30, 126, 127, 151, 374, 597, 636, 689.
*Comité* de la marine et des colonies. — xix, 658. — xxi, 6, 399, 720. — xxii, 667. — xxiii, 330. — xxvi, 603. — xxvii, 51, 58.
— militaire. — xviii, 13, 300. — xix, 3, 41, 238, 269, 270, 579, 611, 653, 748, 749, 771, 776. — xxi, 174, 210, 246, 385, 478, 687, 702. — xxii, 265, 292, 321, 439, 440, 490, 526, 542, 801. — xxiii, 219, 223, 325, 368, 369, 370, 371, 372, 373, 374, 375, 376, 377, 402, 404, 449, 454, 473, 480, 484, 533, 636, 749, 809. — xxiv, 216, 380, 388, 461, 495. — xxv, 165, 495, 642. — xxvi, 178, 210, 260, 330, 751. — xxvii, 432, 490, 664. — xxviii, 523, 687.
— militaire des Provinces-Unies. — xxviii, 611.

*Comité* des pensions. — xxvi, 281.
— des neutres. — xxv, 3.
— des Postes. — xxvi, 83, 138, 228, 522.
— des Procès-verbaux. — xxviii, 690.
— de salubrité navale de Toulon. — xxii, 33.
*Comité de Salut public* (on a seulement noté les références au C. de S. P. lorsqu'il agissait de concert avec un autre comité). — xviii, 1-3, 10-20, 39-50, 53, 59, 60, 61, 119, 137, 138, 157, 158, 197, 213, 243, 244, 253, 288, 289, 294, 319, 320, 327, 328, 329, 330, 332, 346, 347, 395, 396, 397, 398, 411, 418, 430, 447, 472, 486, 497, 501, 506, 523, 560, 561, 580, 581, 582, 637, 643, 648, 654, 676, 677, 681, 682, 683, 698, 703, 710, 733, 753, 754, 755, 770, 789, 791, 797, 798, 801, 810. — xix, 1, 33, 95, 120, 140, 151, 181, 184, 185, 238, 276, 307, 311, 326, 394, 403, 413, 420, 436, 455, 458, 459, 490, 494, 531, 533, 537, 554, 567, 568, 581, 615, 635, 653, 658, 680, 749, 776, 782. — xx, 8, 18, 69, 72, 79, 81, 96, 100, 106, 124, 127, 128, 149, 150, 162, 175, 176, 198, 203, 204, 228, 248, 270, 271, 272, 295, 297, 298, 299, 316, 317, 340, 341, 345, 392, 409, 439, 454, 461, 503, 504, 507, 542, 546, 547, 548, 549, 551, 572, 573, 648, 652, 664, 665, 714, 754, 757, 773. — xxi, 4, 6, 14, 23, 46, 47, 49, 56, 94, 95, 107, 108, 125, 128, 129, 130, 151, 152, 210, 232, 233, 246, 247, 298, 323-326, 327, 328, 333, 343, 360, 376, 399, 424, 433, 434, 435, 465, 480, 484, 485, 513, 542, 547, 548, 571, 587, 594, 605, 611, 622, 631, 632, 634, 666, 681, 702, 712, 720, 732, 733, 739, 754, 762, 782. — xxii, 2, 7, 11, 57, 73, 92, 108, 109, 138, 139, 149, 151, 154, 156, 177, 178, 201, 246, 265, 271, 292, 297, 370, 386, 439, 440, 441, 473, 489, 490, 499, 500, 505, 527, 560, 581, 591, 615, 616, 618, 619, 640, 653, 657, 658, 660, 666, 738, 780, 783. — xxiii, 1-2, 10, 11, 12, 39, 40, 89, 184, 202, 223, 226, 245, 250, 257, 264, 268, 269, 274, 275, 325, 328, 329, 330, 339, 351, 363, 368, 369, 370, 371, 372, 373, 374, 375, 376, 377, 402, 404, 416, 449, 454, 480, 502, 513, 533, 544, 590, 605, 662, 665, 704, 705, 730, 734, 748, 752, 809, 811. — xxiv, 1, 10, 11, 28, 42, 43, 50, 69, 71, 92, 98, 102, 106, 118, 179, 180, 181, 208, 213, 216, 240, 244, 245, 250, 273, 275, 277, 313, 317, 344, 351, 372-375, 378, 387, 388, 404, 405, 418, 423, 424, 434, 435, 439, 440, 447, 473, 477, 480, 517, 527, 543, 558, 559, 572, 576, 581, 606, 612, 613, 614, 637, 640, 651, 656, 658, 664, 666, 667, 692, 769, 798, 808. — xxv, 13, 15, 17, 58, 65 n., 73, 88 n., 103, 106, 120, 127, 129, 132 157, 161, 188, 215, 221, 222, 230, 276, 281, 314, 318, 321, 323, 345, 346, 348, 352, 376, 378, 379, 381, 383, 385, 402, 403, 408, 412, 420, 426, 442, 452, 459, 460, 465, 495, 520, 524, 527, 528, 541, 545, 547, 550, 576, 578, 587, 590, 592, 593, 597, 615, 618, 621, 623, 631, 632, 633, 641, 642, 644, 660, 662, 673, 677, 692, 699, 700, 706, 711, 714, 728, 730, 736, 739. — xxvi, 86, 436, 664, 706. — xxvii, 276. — xxviii, 12, 152, 211, 234, 245, 269, 270, 387.
— (1re division du). — xxv, 47, 93, 138, 170, 172, 222 n., 255, 283, 328, 333 n., 390 n., 428, 443, 470 n., 503, 553, 566 n., 579, 595, 596, 600, 619, 622 n., 630, 666, 681, 727, 741, 742. — xxvi, 31, 67, 68, 76, 91, 123, 209, 210, 242, 263, 292, 295, 309, 334, 350, 352, 396, 446, 447, 448, 483, 484, 485, 520, 548, 585, 587, 588, 629, 646, 648, 650, 651, 652, 676, 687, 716, 717, 755, 757, 758. — xxvii, 13, 15, 39, 107, 126, 129, 182, 188, 229, 258, 303, 322, 323, 324, 325, 353, 402, 427, 450, 484, 547, 551, 566, 568. — xxviii, 70, 72, 85, 89, 110, 138, 140, 154, 155, 156, 173, 174, 216, 234, 250, 283, 327, 329, 363.
— (2º division du). — xxiv, 262, 307, 325, 743. — xxv, 80, 93, 428, 681, 742. — xxvi, 292, 565. — xxvii, 305, 378. — xxviii, 85, 135, 234, 462 n.
— (3e division du). — xxv, 93, 138, 176 n., 197 n., 428, 443, 552 n., 621, 731. — xxvi, 26, 91, 186, 490, 728. — xxvii, 14, 29, 125, 256, 485, 651. — xxviii, 234, 235, 415.
— (4º division du). — xxv, 93, 109, 138, 173 n., 249, 292, 294 n., 295 n., 333 n., 356, 388 n., 417 n., 428, 443, 477 n., 478, 492, 563 n., 580, 596, 609 n., 645, 736. — xxvi, 13, 15, 46, 65, 66, 98, 117, 124, 136, 209, 213, 263, 288, 301, 324, 396, 400, 409, 411, 467, 484, 490, 512, 547, 593, 605, 648, 650, 716, 753. — xxvii, 39, 84, 108, 124, 184, 257, 259, 288, 355, 378, 379, 452, 512, 566, 623. — xxviii, 57, 70, 76, 85, 88, 110, 137, 140, 155, 156, 235, 247, 252, 327, 329, 330, 658.
— (5e division du). — xxiv, 296, 643. — xxv, 83 n., 93, 110 n., 388 n., 702 n. — xxvi, 109, 455, 565, 584, 716. — xxvii, 18, 38, 259, 322, 623, 663. — xxviii, 86, 170, 215, 235, 283.
— des Secours publics. — xviii, 436. — xix, 105, 251, 342. — xx, 575, 652. — xxi, 130, 293. — xxii, 425. — xxiii, 250, 573, 654. — xxiv, 179, 480, 484, 567, 671, 676. — xxv, 17, 402, 551, 608, 690, 743. — xxvi, 220, 243, 352, 522, 657, 760. — xxvii, 347, 654.
*Comité* de sûreté g$^{ale}$. — xviii, 75, 133, 134, 281, 282, 294, 299, 332, 351, 355, 371, 403, 404, 410, 411, 413, 430, 441, 480, 497, 498, 559, 582, 594, 604, 610, 612, 643, 654, 682, 683, 710, 733, 744, 746, 762, 789, 790, 791, 802, 803, 811. — xix, 8, 33, 38, 41, 50, 90, 91, 95, 105, 107, 121, 122, 123, 124, 132, 140, 146, 173, 181, 191, 192, 244, 258, 264, 268, 292, 297, 305, 307, 308, 312, 335, 367, 371, 386, 390, 399, 413, 413, 417, 418, 420, 426, 458, 459, 462, 463, 474, 483, 490, 496, 515, 520, 537, 554, 567, 568, 571, 581, 582, 615, 620, 621, 637, 638, 661, 662, 693, 713, 723, 753, 760, 776, 777, 786, 792. — xx, 8, 18, 25, 47, 48, 69, 72, 77, 83, 86, 88, 89, 90, 110, 124, 128, 129, 132, 149, 155, 175, 176, 179, 228, 230, 231, 232, 237, 238, 249, 250, 251, 252, 253, 270, 271, 272, 274, 291, 297, 298, 299, 302, 303, 340, 341, 346, 347, 392, 394, 409, 431, 432, 439, 469, 470, 479, 508, 517, 529, 531, 548, 549, 573, 620, 621, 657, 671, 677, 762, 773. — xxi, 42, 82, 118, 151, 152, 153, 172, 218, 246, 249, 254, 257, 289, 298, 311, 333, 343, 355, 356, 374, 380, 385, 415, 419, 430, 435, 451, 461, 466, 476, 486, 494, 537, 542, 544, 549, 571, 575, 587, 595, 605, 611, 639, 642, 666, 683, 686, 689, 723, 726, 729, 732, 739, 762, 769, 770, 796, 835. — xxii, 2, 3, 18, 19, 27, 47, 48, 52, 73, 89, 92, 95, 110, 117, 118, 138, 139, 152, 156, 158, 164, 185, 194, 205, 207, 210, 211, 255, 288, 292, 301, 308, 345, 370, 371, 386, 391, 399, 401, 402, 420, 427, 428, 429, 439,

440, 453, 465, 466, 489, 507, 529, 533, 540, 547, 548, 556, 566, 567, 568, 569, 579, 589, 591, 609, 615, 616, 622, 624, 630, 633, 634, 657, 667, 698, 711, 712, 724, 748, 749, 786, 799, 801, 813. — XXIII, 11, 12, 15, 32, 53, 54, 55, 82, 85, 92, 93, 109, 142, 150, 163, 168, 169, 170, 174, 188, 212, 226, 229, 245, 250, 264, 268, 269, 283, 290, 295, 296, 303, 328, 329, 330, 368, 369, 370, 371, 372, 373, 374, 375, 376, 377, 382, 402, 404, 416, 430, 449, 454, 455, 456, 457, 469, 480, 484, 493, 514, 519, 533, 534, 538, 540, 544, 552, 557, 576, 595, 600, 602, 611, 613, 637, 656, 665, 677, 683, 705, 710, 730, 749, 752, 753, 782, 795, 804. — XXIV, 12, 28, 43, 70, 71, 92, 100, 102, 103, 106, 116, 117, 118, 119, 120, 122, 128, 138, 161, 163, 179, 205, 208, 223, 237, 253, 293, 294, 295, 307, 322, 341, 356, 378, 379, 384, 387, 388, 398, 406, 418, 423, 424, 437, 440, 441, 446, 477, 485, 513, 517, 531, 560, 570, 571, 572, 590, 596, 599, 614, 616, 640, 651, 684, 711, 727, 755, 777, 794, 827, 836, 847. — XXV, 15, 17, 56, 71, 77, 88 n., 91, 92, 94, 103, 104, 108, 113, 122, 129, 139, 143, 162, 169, 196, 202, 221, 222, 276, 287, 327, 366, 382, 383, 412, 427, 452, 477 n., 495, 496, 527, 535, 545, 560, 561, 576, 578, 601, 602, 611, 629, 642, 643, 644, 647, 656, 674, 698, 706, 711, 724, 726, 752. — XXVI, 103, 121, 124, 144, 175, 205, 210, 240, 241, 353, 352, 376, 386, 391, 395, 403, 411, 416, 424, 437, 446, 447, 448, 488, 489, 495, 523, 540, 547, 553, 556, 562, 568, 591, 592, 635, 640, 662, 663, 668, 686, 689, 691, 735, 745, 746, 751. — XXVII, 6, 25, 34, 38, 40, 59, 78, 89, 121, 174, 205, 206, 220, 275, 278, 282, 300, 302, 311, 320, 341, 372, 401, 420, 439, 448, 467, 483, 506, 508, 509, 515, 536, 545, 546, 573, 659, 667, 668, 669. — XXVIII, 1, 11, 12, 30, 33, 39, 50, 51, 59, 60, 106, 125, 132, 146, 147, 148, 151, 152, 153, 154, 160, 161, 162, 163, 165, 166, 188, 189, 190, 191, 194, 195, 204, 205, 206, 207, 208, 211, 212, 215, 236, 246, 256, 257, 259, 261, 265, 266, 277, 293, 299, 300, 301, 318, 323, 325, 340, 341, 357, 364, 377, 386, 387, 388, 389, 390, 413, 418, 420, 446, 450, 451, 462, 463, 490, 494, 495, 496 à 500, 508, 509, 512, 538, 553, 554, 555, 575, 597, 628, 629, 630, 689, 694.

*Comité* de Surveillance g$^{ale}$. — XXVIII, 462 n.
— des Transports, Postes et Messageries. — XVIII, 481. — XXI, 291, 771. — XXII, 99. — XXIII, 83, 274, 519. — XXIV, 35. — XXV, 86. — XXVI, 13, 138. — XXVII, 475, 629. — XXVIII, 409, 412.
— des Travaux publics. — XVIII, 60, 74, 213, 289, 327, 328, 329, 330, 347, 481, 506, 621, 648, 676, 677, 703, 707, 753, 754, 770, 797, 798, 799. — XIX, 151, 184, 185, 276, 285, 326, 455, 494, 531, 533, 563, 680, 749, 782. — XX, 79, 317, 648. — XXI, 4, 49, 74, 257, 485. — XXII, 297. — XXIII, 39, 40, 274, 360, 406, 590, 604. — XXIV, 162, 275, 277, 351, 480, 581, 649, 655, 714, 722. — XXV, 107, 129, 412.

*Comités* civils et de bienfaisance des sect$^{ns}$ de Paris. — XIX, 78, 79, 136, 251, 558. — XX, 4, 28, 662, 702. — XXI, 343, 358, 588, 701, 702. — XXII, 148, 331, 505, 559. — XXIII, 583. — XXIV, 153, 180, 698, 699. — XXV, 44, 71, 525, 591. — XXVI, 380, 382, 509, 556, 658, 739. — XXVII, 315. — XXVIII, 667.

*Comités* de la Convention. — XXIII, 402. — XXV, 119, 264, 385, 564, 569, 577, 624, 655, 705. — XXVI, 128, 415, 492, 553, 592, 604, 646, 662. — XXVII, 59, 104, 129, 211, 320, 323, 348, 514, 559. — XXVIII, 65, 68, 134, 146, 148, 152, 161, 169, 215, 241, 246, 381, 446, 463, 608, 674.
— militaires. — XXII, 757.
*Comités* révolut$^{res}$. — XVIII, 315, 324, 583, 656, 657, 692, 732, 744. — XIX, 9, 34, 41, 66, 92, 95, 126, 247, 417, 620, 622, 623, 661, 662. — XX, 110, 177, 275, 302, 357, 426, 564, 701, 740, 744. — XXI, 60, 110, 230, 246, 357, 362, 433, 434, 437, 631, 697, 702. — XXII, 159, 307, 308, 453, 571. — XXIII, 677, 730, 790, 826. — XXIV, 83, 352. — XXVIII, 636.
COMMEDON (V$^{ve}$). — XX, 244.
*Commentaires* de César. — XXV, 640.
*Commentry* (Mines de). — XXIV, 780.
*Commerce*. — XXV, 22, 243, 373, 379, 461, 485, 492, 517, 558, 574, 711, 737. — XXVI, 22, 44, 107, 143, 149, 195, 196, 205, 229, 248, 253, 263, 296, 311, 318, 378, 413, 419, 450, 557, 558, 561, 580, 604, 617, 620, 657, 677, 714, 724. — XXVII, 8, 9, 26, 35, 60, 69, 98, 111, 124, 131, 133, 163, 226, 252, 298, 316, 321, 366, 367, 368, 379, 391, 409, 441, 444, 449, 538, 558, 631. — XXVIII, 43, 63, 102, 141, 149, 193, 244, 245, 296, 321, 346, 350, 357, 396, 413, 437, 438, 458, 480, 497, 519, 534, 660, 686. Voir *Denrées; Prix; Transports.*
*Commerce* de Liverpool, navire anglais. — XXI, 41.
*Commercy* (Meuse). — XXI, 762. — XXII, 171, 308, 493, 692, 768.
COMMIREY (Fr.), chapelier. — XVIII, 439.
*Commis* des douanes. — XXVI, 219.
— des hôpitaux. — XXV, 341, 491, 678, 707.
— de la Comm$^{on}$ des Armes. — XXV, 557. — XXVII, 36, 389.
— des Agences. — XXVI, 53, 415, 444, 536.
— de la Marine. — XXV, 268, 279, 350, 557.
— aux Vivres. — XXV, 103, 333. — XXVI, 506.
— aux Relais. — XXV, 55.
— aux Remontes. — XXV, 244.
COMMISSAIRE, propriétaire du moulin de Bracque. — XXIII, 276.
*Commissaires* du Commerce. — XXVIII, 76, 149, 327.
— distributeurs de viande. — XXVIII, 98.
— des épreuves de Meudon. — XXVII, 653. — XXVIII, 549.
— génér$^{x}$ des Armées. — XXVII, 193, 324, 479, 644. — XXVIII, 262, 263.
— aux Indes orient. et occident. — XXV, 30.
— de la Marine. — XXV, 216, 218, 281, 324, 379, 411, 460, 576. — XXVI, 150, 152, 239, 512. — XXVII, 90, 505, 654. — XXVIII, 62, 176, 207, 209, 327, 510.
— dans le Midi. — XVIII, 246.
— de l'organisation des armées. — XXV, 8, 484, 616, 678, 714. — XXVI, 85, 272. — XXVII, 145, 299, 324, 479. — XXVIII, 262, 263.
— de police. — XXVI, 403.
— des poudres. — XXVII, 227.
— près les prisonniers anglais. — XXV, 322.
— des Relations extérieures. — XXV, 660. — XXVI, 560, 690.
— de la Républ. — XXVI, 637.

COM — 63 — COM

*Commissaires* des revenus nat. — XXVII, 314.
— des sect<sup>ns</sup> de Paris. — XXVI, 118, 738.
— de la Trésorerie. — XXVIII, 3, 518.
— vérificateurs. — XXVII, 659.
*Commissaires* des Guerres. — XXIV, 396, 397, 398, 403, 806. — XXV, 10, 22, 44, 72, 75, 76, 99, 103, 149, 167, 187, 188, 210, 241, 277, 322, 346, 390, 405, 440, 466, 486, 490, 491, 516, 520, 525, 544, 615, 713. — XXVI, 40, 180, 257, 272, 335, 362, 363, 374, 481, 503, 508, 520, 534, 538, 558, 597, 620, 717, 762. — XXVII, 5, 13, 53, 95, 98, 116, 120, 139, 155, 224, 231, 414, 417, 552, 587. — XXVIII, 158, 159, 265, 379, 380, 535, 604.
*Commissaires* ordonnateurs. — XXIII, 125. — XXIV, 247. — XXV, 41, 42, 43, 44, 65, 67, 76, 151, 188, 211, 244, 246, 277, 298, 322, 346, 377, 487, 491, 544, 617, 636, 646, 732. — XXVI, 224, 303, 344, 525, 535, 641. — XXVII, 30, 31, 113, 150, 417, 433, 488, 587. — XXVIII, 294, 588.
*Commission* des Administrations civiles, Justice, Police et Tribunaux. — XVIII, 13, 275, 404, 523, 562. — XIX, 3, 42, 79, 320, 490, 553. — XX, 28, 129, 339, 705. — XXI, 156, 277, 701. — XXII, 339. — XXIII, 157, 160, 373, 374, 452, 481, 660, 697. — XXIV, 792. — XXV, 14, 94, 492, 586, 712. — XXVI, 8, 363, 370, 437, 557, 686, 729, 730. — XXVII, 6, 268, 559. — XXVIII, 209, 235, 257.
*Commission* d'Agriculture et des Arts. — XVIII, 394, 456, 472. — XIX, 88, 227, 228, 229, 337, 434, 440, 454, 457, 482, 616, 724, 763, 785. — XX, 45, 204, 239, 392, 608. — XXI, 6, 7, 64, 65, 68, 69, 015, 265, 754, 806. — XXII, 243, 270, 307, 492, 644, 690, 696, 714, 715, 719, 803. — XXIII, 37, 78, 79, 80, 81, 222, 242, 249, 546, 550, 551, 767. — XXIV, 3, 4, 69, 152, 536, 658. — XXV, 68, 132, 136, 664. — XXVI, 38, 39, 61, 148, 149, 179, 196, 318, 477, 597, 621, 743, 744. — XXVII, 318, 556, 620. — XXVIII, 549, 550, 644, 645, 648.
*Commission* des Approvisionnements. — XIX, 309, 311, 320, 321, 323, 324, 329, 358, 391, 393, 394, 396, 403, 404, 405, 406, 407, 408, 410, 431, 435, 436, 437, 438, 450, 452, 453, 454, 456, 457, 476, 478, 479, 480, 481, 482, 490, 491, 492, 495, 496, 497, 510, 511, 512, 514, 528, 529, 534, 547, 549, 551, 558, 559, 560, 561, 562, 564, 574, 575, 576, 577, 578, 595, 610, 611, 612, 613, 614, 617, 631, 632, 633, 635, 639, 655, 656, 657, 660, 673, 678, 679, 682, 685, 686, 687, 688, 689, 690, 695, 705, 706, 707, 708, 710, 712, 724, 725, 728, 729, 730, 731, 743, 744, 748, 761, 762, 765, 766, 768, 769, 770, 771, 781, 782, 787. — XX, 2, 3, 4, 5, 6, 7, 16, 28, 29, 30, 31, 32, 33, 34, 35, 36, 37, 40, 41, 42, 43, 58, 59, 60, 63, 64, 65, 67, 73, 77, 78, 90, 91, 92, 95, 96, 97, 100, 105, 116, 117, 118, 121, 122, 127, 136, 145, 146, 147, 148, 149, 150, 157, 158, 162, 168, 169, 172, 199, 200, 201, 204, 219, 220, 221, 227, 228, 239, 240, 241, 242, 266, 267, 268, 293, 294, 295, 296, 297, 310, 311, 312, 313, 314, 315, 316, 332, 333, 334, 335, 336, 338, 339, 340, 341, 344, 355, 361, 362, 363, 364, 365, 366, 367, 369, 385, 387, 388, 392, 399, 402, 403, 404, 405, 407, 436, 437, 438, 454, 455, 456, 457, 458, 484, 485, 488, 489, 492, 502, 503, 504, 507, 520, 535, 537, 538, 549, 566, 567, 568, 581, 582, 583, 584, 585, 586, 587, 608, 612, 614, 615, 616, 626, 644, 646, 648, 660, 662, 663, 664, 665, 666, 667, 675, 685, 686, 687, 689, 701, 702, 703, 706, 707, 708, 710, 711, 712, 713, 733, 735, 750, 751, 753, 756, 771, 772. — XXI, 2, 3, 4, 5, 7, 17, 19, 20, 21, 22, 46, 47, 48, 49, 50, 51, 63, 64, 66, 67, 74, 75, 94, 97, 98, 99, 100, 101, 102, 103, 122, 123, 124, 127, 128, 153, 154, 174, 177, 210, 227, 246, 247, 261, 262, 265, 275, 276, 277, 279, 299, 300, 311, 323, 327, 328, 339, 340, 341, 342, 344, 356, 357, 358, 360, 372, 380, 398, 408, 426, 431, 433, 434, 455, 456, 479, 480, 493, 501, 504, 505, 506, 507, 549, 550, 551, 552, 556, 588, 590, 591, 594, 611, 612, 613, 614, 615, 616, 617, 618, 619, 625, 626, 627, 628, 631, 632, 633, 656, 664, 665, 670, 671, 672, 673, 674, 675, 678, 679, 680, 681, 682, 694, 699, 700, 701, 703, 704, 705, 706, 707, 712, 715, 717, 718, 745, 746, 747, 749, 754, 796, 803, 804, 805, 806, 807, 809. — XXII, 26, 34, 36, 37, 41, 42, 43, 44, 67, 68, 69, 70, 72, 100, 101, 106, 107, 108, 109, 147, 149, 150, 151, 154, 155, 168, 171, 174, 175, 176, 178, 180, 214, 215, 233, 234, 235, 236, 238, 239, 241, 243, 244, 266, 267, 269, 270, 271, 272, 288, 293, 294, 295, 319, 332, 333, 334, 336, 337, 360, 361, 364, 365, 368, 378, 387, 389, 408, 409, 410, 411, 412, 413, 425, 442, 443, 445, 446, 447, 452, 469, 470, 471, 472, 473, 476, 477, 489, 492, 493, 494, 495, 500, 501, 504, 505, 506, 525, 544, 545, 558, 563, 581, 625, 641, 643, 644, 648, 649, 650, 651, 654, 655, 666, 684, 686, 687, 690, 691, 692, 693, 694, 695, 696, 697, 715, 718, 730, 731, 737, 738, 740, 742, 744, 745, 772, 776, 777, 780, 802, 804, 806, 807, 808. — XXIII, 2, 3, 7, 38, 39, 64, 75, 83, 93, 121, 122, 123, 124, 125, 126, 127, 128, 129, 130, 131, 132, 133, 158, 159, 160, 185, 186, 187, 194, 195, 219, 224, 240, 246, 254, 273, 318, 324, 325, 350, 363, 364, 365, 366, 424, 425, 426, 450, 451, 502, 503, 504, 510, 511, 512, 542, 580, 582, 583, 599, 627, 629, 633, 634, 701, 702, 737, 740, 797, 798, 799. — XXIV, 3, 6, 7, 8, 9, 32, 38, 39, 41, 42, 60, 61, 66, 93, 95, 98, 129, 132, 156, 177, 178, 184, 210, 211, 214, 215, 222, 241, 242, 243, 244, 248, 250, 274, 279, 280, 281, 310, 316, 317, 349, 350, 352, 354, 360, 382, 385, 386, 394, 395, 396, 397, 398, 399, 400, 401, 402, 433, 435, 436, 438, 439, 458, 466, 467, 468, 469, 470, 471, 472, 473, 474, 475, 477, 506, 526, 537, 554, 579, 580, 581, 610, 634, 642, 666, 698, 699, 701, 733, 734, 738, 741, 764, 769, 786, 787, 788, 789, 790, 791, 822, 831. — XXV, 3, 13, 20, 34, 35, 40, 42, 43, 44, 67, 69, 71, 94, 96, 97, 98, 100, 102, 128, 130, 167, 183, 184, 188, 189, 202, 207, 212, 213, 215, 216, 242, 243, 244, 245, 314, 315, 316, 321, 323, 371, 373, 374, 379, 422, 423, 424, 425, 454, 455, 457, 458, 459, 473, 479, 489, 492, 524, 525, 528, 541, 557, 574, 591, 592, 612, 614, 615, 616, 632, 633, 634, 636, 637, 641, 660, 673 n., 676, 677, 678, 685, 693, 695, 711, 712, 713, 714, 727, 728, 729, 730, 734, 744. — XXVI, 5, 6, 34, 35, 38, 39, 56, 57, 64, 75, 84, 109, 110, 141, 143, 148, 180, 181, 183, 194, 195, 202, 205, 233, 236, 237, 258, 271, 273, 277, 279, 285, 288, 303, 316, 318, 333, 335, 336, 338, 341, 342, 343, 345, 347, 361, 362, 367, 382, 388, 411, 413, 417, 421, 437, 470, 499, 500, 501, 505, 537, 539, 557, 577, 596, 600, 618, 622, 623, 642, 643, 648, 682, 683, 684, 685, 688, 708, 710, 726, 727, 740. — XXVII, 5, 7, 9, 28, 29, 30, 32, 35, 51, 52, 57,

COM — 64 — COM

95, 96, 97, 108, 111, 112, 115, 120, 145, 148, 171, 229, 245, 280, 281, 299, 300, 301, 538, 606, 650. — xxviii, 187, 353, 419, 435, 523, 619, 643.

*Commission* des Armées. — xviii, 3, 41, 318, 473, 500, 562. — xix, 256. — xx, 706. — xxi, 481, 482. — xxii, 305. — xxiii, 698, 699, 740, 741, 771, 773. — xxiv, 65, 240. — xxvi, 184, 638. — xxvii, 479. — xxviii, 354, 381.

— des Armes et Poudres. — xviii, 12, 41, 42, 73, 85, 86, 87, 88, 105, 106, 121, 159, 176, 177, 178, 179, 181, 210, 211, 224, 227, 228, 230, 241, 242, 244, 245, 251, 253, 275, 276, 289, 290, 302, 304, 316, 330, 355, 363, 364, 365, 366, 394, 395, 399, 402, 422, 423, 424, 425, 470, 478, 482, 486, 487, 523, 524, 543, 544, 546, 547, 548, 549, 564, 565, 569, 574, 576, 577, 587, 602, 610, 621, 625, 626, 627, 628, 629, 634, 650, 653, 668, 677, 680, 700, 701, 702, 705, 706, 707, 724, 725, 727, 732, 755, 769, 770, 771, 788, 795, 797, 807, 808. — xix, 7, 8, 28, 43, 44, 62, 63, 64, 68, 103, 117, 119, 136, 151, 152, 153, 156, 169, 182, 184, 186, 187, 197, 200, 231, 254, 276, 277, 327, 328, 337, 358, 381, 382, 395, 397, 433, 438, 439, 451, 454, 455, 457, 493, 499, 512, 513, 514, 533, 536, 549, 552, 562, 570, 595, 598, 615, 616, 618, 660, 681, 710, 726, 727, 763, 764, 765, 782. — xx, 17, 20, 21, 36, 37, 61, 62, 63, 79, 80, 95, 120, 159, 171, 201, 202, 204, 221, 222, 226, 242, 243, 245, 268, 270, 273, 274, 296, 316, 317, 318, 332, 365, 389, 406, 407, 438, 439, 486, 487, 488, 491, 521, 541, 542, 569, 603, 605, 606, 607, 627, 648, 649, 651, 668, 686, 687, 706, 707, 713, 735, 753, 754, 773, 781, 790, 791, 792. — xxi, 5, 50, 52, 53, 54, 55, 64, 65, 66, 68, 80, 126, 154, 175, 178, 210, 212, 213, 214, 216, 247, 263, 265, 278, 280, 281, 328, 329, 331, 359, 360, 373, 374, 375, 377, 424, 433, 434, 455, 456, 457, 506, 507, 508, 511, 552, 558, 584, 621, 622, 623, 634, 642, 713, 748, 749, 750, 751, 759, 760, 769, 810, 811, 812, 815. — xxii, 3, 4, 5, 6, 7, 8, 9, 10, 11, 38, 39, 46, 103, 104, 151, 202, 211, 236, 237, 238, 253, 254, 298, 299, 300, 301, 333, 387, 388, 390, 400, 412, 463, 491, 496, 497, 498, 499, 543, 559, 560, 564, 588, 609, 611, 612, 615, 644, 645, 646, 647, 648, 715, 716, 723, 741, 771, 777. — xxiii, 5, 6, 39. 71, 72, 73, 81, 152, 221, 275, 276, 280, 325, 351, 451, 494, 495, 504, 505, 506, 509, 510, 546, 547, 548, 582, 585, 700, 773, 774, 801, 802. — xxiv, 4, 67, 152, 213, 214, 219, 240, 245, 277, 313, 374, 375, 376, 399, 434, 470, 471, 557, 558, 559, 582, 586, 608, 609, 612, 658, 659, 660, 661, 667, 735, 736, 737, 743, 753, 766, 780, 812, 817, 823. — xxv, 4, 5, 12, 33, 35, 37, 38, 39, 41, 45, 70, 130, 131, 161, 162, 163, 164, 165, 168, 209, 210, 273, 275, 276, 279, 327, 343, 344, 345, 349, 374, 375, 378, 404, 424, 427, 437, 440, 487, 527, 539, 540, 541, 552, 587, 588, 592, 593, 612, 613, 614, 633, 659, 677, 678, 695, 697, 730. — xxvi, 3, 4, 36, 37, 38, 111, 112, 113, 118, 119, 148, 198, 313, 314, 315, 364, 365, 370, 419, 420, 441, 472, 480, 558, 608, 625, 638, 640, 645, 728, 741, 745. — xxvii, 36, 64, 116, 117, 118, 122, 125, 139, 227, 252, 278, 364, 389, 391, 392, 393, 396, 444, 479. — xxviii, 24, 660, 663, 668, 669.

*Commission* des Cinq. — xxviii, 196, 351.

— du Commerce et des Approvisionnements. — xviii, 1, 15, 16, 17, 18, 42, 45, 46, 48, 49, 53, 61, 63, 70, 73, 84, 85, 87, 110, 113, 118, 119, 120, 122, 137, 138, 139, 140, 141, 142, 159, 160, 162, 164, 168, 174, 175, 176, 181, 182, 189, 190, 191, 193, 196, 197, 205, 211, 215, 224, 225, 227, 228, 229, 231, 237, 241, 248, 249, 250, 251, 252, 253, 265, 266, 272, 273, 374, 275, 291, 292, 299, 300, 302, 317, 318, 319, 320, 323, 330, 331, 344, 345, 346, 357, 358, 362, 363, 365, 366, 383, 384, 385, 386, 387, 388, 389, 390, 391, 392, 396, 397, 398, 417, 418, 419, 421, 423, 427, 438, 447, 469, 470, 485, 489, 500, 503, 506, 507, 520, 521, 524, 525, 526, 527, 552, 556, 560, 561, 563, 566, 569, 573, 574, 578, 585, 586, 587, 588, 600, 601, 607, 608, 609, 619, 620, 621, 622, 623, 624, 625, 629, 639, 672, 673, 677, 678, 696, 699, 702, 704, 706, 707, 708, 724, 727, 752, 753, 754, 755, 756, 758, 783, 784, 785, 786, 795, 797, 800, 801, 807, 808, 809. — xix, 1, 2, 3, 5, 6, 7, 25, 26, 27, 28, 30, 31, 41, 42, 43, 46, 47, 61, 63, 65, 70, 76, 77, 78, 80, 81, 82, 83, 87, 88, 89, 99, 101, 110, 115, 116, 118, 135, 136, 138, 167, 168, 169, 171, 182, 183, 184, 189, 190, 198, 199, 201, 226, 228, 229, 237, 238, 240, 250, 251, 252, 253, 254, 255, 270, 271, 272, 273, 274, 275, 277, 278, 279, 280, 281, 282, 283, 309, 310, 311, 317, 324, 325, 326, 333, 347, 353, 356, 357, 361, 362, 364, 367, 377, 378, 379, 380, 381, 382, 384, 388, 392, 396, 397, 403, 405, 409, 428, 429, 434, 453, 479, 491, 528, 534, 576, 577, 614, 688, 707, 723, 729, 748, 762. — xx, 67, 96, 97, 98, 100, 135, 200, 242, 456, 460, 534, 568, 644, 734, 757, 771. — xxi, 49, 292, 319, 335, 363. — xxii, 34, 36, 408, 559, 567, 772, 824, 825. — xxiii, 187, 798.

— du Commerce. — xix, 428, 429, 434, 479, 561, 575, 615, 672, 673, 724, 725, 732, 768, 782. — xx, 32, 63, 77, 92, 96, 97, 100, 280, 296, 335, 455, 485, 502, 557, 567, 587, 663, 703, 705, 731, 750, 751. — xxi, 4, 103, 340, 473, 546, 618, 619, 700, 701, 780, 810. — xxii, 175, 211, 408, 455, 631, 780. — xxiii, 128, 187, 550. — xxiv, 152, 326, 394, 698, 701. — xxv, 490, 556, 657, 693, 719, 747. — xxvi, 35, 303, 400. — xxvii, 122, 246, 297, 436, 579.

*Commission* des Constructions de Saint-Étienne. — xxv, 515, 731. — xxvi, 25.

*Commission* des Dix. — xxviii, 513.

— des Domaines nat. — xviii, 42, 487. — xix, 334. — xx, 430, 431. — xxi, 507. — xxii, 260.

— des échanges. — xxii, 448.

— de l'équipement. — xxii, 259.

— de la Grosse artillerie. — xxii, 502.

— de la Guerre. — xxvii, 98, 301.

— d'habillement. — xviii, 355. — xxii, 230. — xxv, 20.

*Commission* d'Instruction publique. — xviii, 240, 482, 544, 708. — xix, 275, 428, 710. — xx, 684, 775. — xxi, 346. — xxii, 243. — xxiii, 90, 481. — xxiv, 159. — xxvi, 110, 139, 336, 470, 603, 709. — xxviii, 348, 520, 571, 700.

*Commission* municipale de Lyon. — xxii, 779.

— de Toulon. — xxiv, 603, 693, 695, 714, 826, 827, 843.

— des Onze. — xxii, 618, 666. — xxvi, 541. — xxvii, 22, 25, 594.

*Commission* de la Marine et des colonies. — xviii, 7, 70, 85, 110, 158, 159, 182, 184, 185, 198, 224, 225, 232, 275, 303, 304, 365, 366, 368, 369, 400, 402, 418, 427, 439, 440, 450, 451, 476, 485, 489, 528, 549, 566, 580, 581, 621, 628, 630, 631, 677, 680, 681, 728, 729, 760, 761, 772, 773, 801. — xix, 47, 61, 120, 121, 140, 169, 170, 182, 191, 203, 204, 211, 228, 229, 231, 232, 241, 254, 257, 327, 333, 336, 337, 358, 361, 363, 364, 382, 398, 411, 412, 413, 458, 481, 499, 535, 536, 553, 554, 637, 654, 655, 656, 659, 682, 683, 690, 691, 710, 711, 712, 772, 773, 774, 775, 782, 783. — xx, 8, 15, 43, 46, 81, 98, 99, 100, 101, 102, 104, 124, 125, 126, 158, 162, 171, 178, 202, 222, 226, 229, 245, 248. — xx, 268, 270, 318, 319, 331, 336, 337, 340, 343, 367, 368, 369, 370, 385, 391, 405, 408, 439, 462, 463, 488, 489, 502, 505, 512, 523, 546, 547, 548, 606, 607, 630, 631, 664, 668, 669, 705, 713, 735, 738, 739, 754, 756, 757, 794, 796. — xxi, 55, 69, 103, 216, 217, 238, 265, 280, 282, 283, 332, 402, 403, 468, 493, 512, 553, 554, 555, 556, 557, 707, 719, 720, 721, 751, 804, 815, 817. — xxii, 3, 7, 11, 22, 73, 74, 108, 143, 147, 156, 168, 180, 181, 218, 231, 243, 245, 246, 248, 270, 317, 324, 328, 337, 338, 339, 448, 476, 477, 478, 504, 528, 546, 576, 612, 613, 614, 648, 652, 653, 654, 660, 661, 666, 682, 718, 745, 794, 808, 809, 824. — xxiii, 42, 43, 45, 46, 59, 76, 77, 83, 125, 131, 132, 134, 173, 215, 322, 340, 401, 410, 500, 550, 551, 697, 704, 777, 778, 803, 818, 819, 820. — xxiv, 156, 178, 179, 476, 481, 583, 605, 639, 640, 811, 817. — xxv, 6, 8, 20, 72, 75, 76, 136, 215, 218, 247, 269, 280, 281, 322, 323, 324, 326, 350, 351, 352, 368, 370, 378, 379, 407, 408, 410, 461, 462, 463, 472, 475, 493, 494, 528, 546, 576, 593, 606, 618, 619, 635, 664, 665, 679, 714, 715, 737, 738. — xxvi, 8, 40, 44, 63, 90, 119, 150, 151, 152, 206, 274, 289, 319, 348, 369, 370, 371, 389, 390, 422, 423, 511, 512, 539, 581, 627, 644, 665, 666, 667, 689, 690, 710, 711, 746. — xxvii, 8, 9, 35, 60, 61, 62, 63, 64, 97, 122, 171, 175, 176 (177), 299, 301, 318, 319, 359, 374, 375, 376, 398, 399, 421, 505, 506, 541, 544, 562, 563, 592, 621, 634, 635, 654, 655, 656, 666. — xxviii, 9, 10, 21, 31, 32, 49, 68, 103, 130, 152, 168, 208, 209, 210, 211, 243, 244, 245, 267, 268, 302, 354, 358, 359, 383 à 386, 410, 419, 447, 448, 449, 481, 528, 549, 607, 668.

*Commission* de l'Organisation et du Mouvement des armées. — xviii, 75, 78, 104, 107, 109, 110, 121, 168, 183, 209, 227, 243, 275, 300, 304, 317, 319, 320, 321, 323, 368, 370, 394, 423, 427, 428, 445, 471, 475, 476, 481, 488, 502, 528, 629, 705, 725, 759, 772. — xix, 29, 46, 61, 68, 152, 186, 197, 199, 253, 261, 277, 333, 334, 337, 338, 498, 512, 533, 549, 563, 578, 580, 617, 636, 654, 709, 776. — xx, 34, 100, 178, 179, 270, 296, 389, 391, 392, 457, 488, 521, 522, 628, 631, 668, 708, 739, 771, 794. — xxi, 49, 50, 65, 103, 212, 239, 249, 265, 301, 359, 360, 427, 527, 557, 604, 625, 668, 675, 721, 722, 751, 812, 815, 836. — xxii, 2, 103, 107, 172, 176, 177, 203, 218, 239, 241, 301, 335, 339, 364, 367, 368, 425, 439, 467, 501, 503, 526, 542, 560, 594, 612, 613, 614, 654, 701, 717, 773. — xxiii, 5, 10, 42, 43, 74, 125, 132, 134, 162, 163, 219, 223, 226, 280, 281, 317, 325, 362, 368, 452, 463, 500, 521, 543, 548, 590, 629, 630, 663, 676, 701, 734, 737, 739, 740, 741, 742, 771. — xxiv, 7, 16, 151, 216, 240, 246, 278, 282, 314, 318, 351, 384, 434, 440, 473, 489, 542, 601, 613, 632, 633, 664, 734, 760, 763, 787, 820, 822, 823. — xxv, 4, 9, 14, 29, 40, 43, 44, 70, 72, 73, 76, 98, 99, 101, 129, 130, 134, 165, 166, 188, 197, 210, 212, 228, 241, 255, 274, 277, 282, 315, 318, 320, 344, 404, 405, 408, 424, 425, 440, 460, 484, 519, 520, 523, 541, 542, 574, 587, 589, 649, 664, 673, 730, 731, 732. — xxvi, 5, 36, 39, 40, 59, 62, 84, 89, 112, 113, 135, 145, 146, 166, 176, 197, 204, 230, 235, 259, 270, 272, 274, 285, 286, 313, 316, 317, 342, 363, 370, 385, 441, 444, 450, 472, 505, 534, 535, 536, 580, 598, 600, 627, 639, 640, 642, 650, 685, 728, 741. — xxvii, 3, 4, 28, 31, 34, 53, 56, 66, 84, 97, 112, 115, 118, 139, 140, 141, 142, 143, 144, 145, 147, 169, 171, 172, 174, 177, 216, 227, 253, 274, 279, 280, 281, 299, 300, 301, 315, 347, 369, 370, 373, 392, 394, 396, 419, 432, 443, 487, 504, 541, 558, 561, 588, 617, 620, 641, 648, 652, 653. — xxviii, 8, 22, 26, 45, 47, 62, 64, 80, 82, 83, 84, 131, 132, 148, 149, 151, 168, 191, 194, 239, 240, 242, 255, 260, 262, 265, 267, 293, 299, 318, 323, 348, 351, 352, 356, 357, 379, 380, 381, 410, 416, 431, 432, 434, 439, 481, 491, 521, 526, 527, 554, 555, 576, 594, 608, 612, 614, 615, 617, 619, 622, 665, 668, 670, 687, 698, 699.

*Commission* de police administrative. — xxiii, 373. — xxiv, 62. — xxv, 73.
— de la Commune de Paris. — xxviii, 685.
— secrète des Postes. — xxii, 34.
— des Poudres. — xxv, 404. — xxviii, 667.
— des prises. — xxvi, 20, 698. — xxvii, 602. — xxviii, 76.
— des receveurs nat. — xxviii, 320.

*Commission* des Relations extérieures. — xviii, 156, 159, 248, 332, 369, 448, 549. — xix, 238, 450, 451, 536, 619, 704, 785. — xx, 18, 76, 107, 226, 492, 534. — xxi, 22, 56, 557, 683, 812. — xxii, 112, 152, 203, 246, 247, 302, 370, 441, 506, 644, 696, 719, 720, 760. — xxiii, 76, 81, 224, 455, 555. — xxiv, 404, 405. — xxv, 166, 205, 282, 294 n., 348, 407, 497, 499. — xxvi, 119, 424, 662, 664. — xxvii, 559. — xxviii, 30, 149, 150, 612, 656, 661.

*Commission* de réquisition en Vendée. — xxv, 558.

*Commission* des Revenus nationaux. — xviii, 224, 227, 243, 244, 291, 300, 366, 417, 418, 487, 565, 619, 620, 621, 634. — xix, 47, 239, 283, 323, 403, 481, 538, 599, 600, 727, 748, 760, 772. — xx, 37, 47, 58, 100, 334, 462, 543, 646, 704. — xxi, 2, 99, 377, 604, 613, 745, 755. — xxii, 35, 37, 68, 268, 295, 299, 301, 331, 413, 456, 487, 501, 502, 523, 527, 565, 647, 661, 686, 687, 696, 715, 721, 730, 742, 808. — xxiii, 124, 127, 459, 584, 627. — xxiv, 96, 244, 247, 274, 372, 373, 431, 433, 467, 479, 475, 541, 542, 657, 733, 789. — xxv, 33, 213, 403, 407, 420, 454, 492, 515, 524, 575, 588, 613, 618, 656, 694. — xxvi, 4, 32, 34, 59, 83, 87, 115, 138, 139, 176, 228, 229, 235, 236, 270, 273, 303, 314, 335, 362, 378, 436, 499, 533, 643, 667, 687. — xxvii, 51, 56, 88, 95, 110, 111, 187, 230, 279, 313, 347, 370, 400, 440, 475, 505, 535, 539, 551. — xxviii, 21, 27, 48, 99, 100, 103, 128, 163, 208, 255, 263, 444, 381, 396, 409

410, 412, 413, 481, 570, 579, 589, 607, 608, 612, 613, 642, 643, 667.
Commission de Santé. — XVIII, 2, 63, 70, 250, 306, 477, 484, 545, 621. — XIX, 29, 101, 188, 255, 358, 729. — XXIII, 427.
Commission des Secours publics. — XVIII, 72, 194, 195, 212, 213, 222, 347, 425, 426, 544, 545, 677, 807. — XIX, 29, 124, 170, 187, 188, 189, 199, 200, 240, 327, 329, 330, 332, 342, 359, 360, 361, 383, 395, 480, 591, 657, 724, 728, 731. — XX, 65, 202, 296, 332, 366, 454, 490, 543, 586, 712, 754, 755, 774, 792, 793, 795. — XXI, 6, 61, 101, 101, 278, 509, 510, 701, 756. — XXII, 71, 104, 174, 178, 218, 240, 304, 385, 414, 467, 775. — XXIII, 7, 242, 513, 586, 738, 797. — XXIV, 8, 20, 279, 280, 377, 400, 472, 489, 500, 610, 611, 702, 739. — XXV, 41, 42, 101, 244, 320, 377, 406, 489, 491, 494, 518, 524, 542, 679, 688, 696. — XXVI, 116, 317, 368, 470, 475, 578, 639, 691. — XXVII, 4, 5, 7, 93, 230, 255, 278, 279, 315, 482, 503, 584, 613, 654. — XXVIII, 9, 128, 349, 465, 496 n., 579, 621, 648, 674.
Commission des Six. — XX, 237. — XXII, 447.
Commission des Subsistances. — XVIII, 151, 227, 237, 300, 343, 545, 796. — XX, 60, 474. — XXI, 7, 167, 426, 659, 708. — XXII, 49, 154, 320, 458. — XXIII, 384, 740. — XXIV, 492. — XXV, 316, 684. — XXVI, 612. — XXVII, 316, 502.
— des subsistances militaires. — XXIII, 160, 221. — XXIV, 481, 576. — XXV, 223, 614.
Commission temporaire des Arts. — XVIII, 74, 213, 394, 649, 676, 703, 708, 799. — XIX, 275, 276, 337. — XXV, 452.
Commission des Transports, Postes et Messageries. — XVIII, 84, 142, 189, 241, 242, 248, 291, 302, 303, 304, 332, 485, 610, 651. — XIX, 6, 28, 46, 65, 79, 80, 155, 250, 251, 252, 255, 269, 270, 271, 323, 381, 382, 390, 396, 404, 481, 496, 534, 547, 584, 558, 559, 560, 609, 612, 678, 680, 706, 723, 787. — XX, 3, 4, 81, 158, 202, 239, 244, 266, 311, 331, 332, 388, 458, 462, 488, 566, 644, 661, 750, 771, 792. — XXI, 5, 7, 96, 152, 167, 478, 505, 508, 552, 610, 677, 805. — XXII, 4, 39, 110, 111, 244, 293, 294, 467, 468, 731. — XXIII, 186, 798, 799. — XXIV, 93, 214. — XXVI, 41, 91, 421, 578, 682, 759. — XXVII, 94, 150, 317. — XXVIII, 381.
Commission des Transports et convois militaires, Postes et Messageries. — XVIII, 15, 43, 44, 85, 114, 138, 145, 162, 182, 217, 224, 225, 227, 302, 345, 392, 420, 421, 425, 437, 470, 485, 502, 524, 525, 545, 565, 566, 573, 576, 676, 679, 706, 781, 810. — XIX, 86, 169, 170, 171, 200, 228, 229, 279, 281, 321, 361, 377, 380, 384, 551, 566, 710, 724, 728. — XX, 38, 121, 156, 160, 174, 222, 226, 268, 407, 490, 541, 586, 664, 680, 736, 750. — XXI, 55, 67, 152, 265, 360, 552, 553, 556, 591, 630, 634, 675, 756, 757. — XXII, 4, 5, 210, 331, 365, 367, 442, 445, 451, 562, 609, 651, 756, 768. — XXIII, 129, 130, 405, 582, 702, 739, 740, 741. — XXIV, 214, 218, 219.
Commission des Transports militaires. — XXIV, 282, 302, 401, 508, 555, 576, 740, 753, 755, 790, 820. — XXV, 31, 71, 346, 520, 662. — XXVI, 279, 368, 651.
Commission des Travaux publics. — XVIII, 10, 11, 13, 60, 74, 87, 88, 107, 108, 109, 110, 178, 183, 184, 209, 210, 211, 212, 224, 231, 248, 273, 275,
289, 328, 334, 364, 365, 371, 418, 419, 422, 437, 470, 501, 506, 525, 565, 566, 569, 573, 621, 677, 702, 703, 704, 707, 708, 753, 754, 770, 771, 789, 797, 798, 799. — XIX, 43, 44, 119, 136, 137, 151, 156, 184, 185, 228, 232, 239, 275, 277, 279, 328, 394, 404, 408, 434, 435, 494, 497, 531, 533, 548, 549, 563, 615, 616, 688, 706, 749, 750, 782. — XX, 18, 79, 119, 158, 171, 172, 222, 229, 295, 296, 317, 389, 429, 488, 489, 503, 504, 505, 539, 540, 541, 569, 570, 613, 627, 628, 664, 773. — XXI, 50, 67, 100, 174, 333, 425, 426, 427, 456, 457, 486, 508, 748, 751, 753, 754. — XXII, 214, 267, 268, 269, 368, 475, 543, 570, 615, 656. — XXIII, 124, 125, 134, 467. — XXIV, 275, 276, 313, 469, 476, 542, 543, 658, 737, 761. — XXV, 36, 39, 243, 278, 316, 345, 516, 658, 660, 731. — XXVI, 114, 115, 311, 312, 367, 623, 638. — XXVII, 27, 28, 52, 138, 226, 277, 442, 503, 540, 641. — XXVIII, 5, 6, 25, 26, 350, 438, 611, 659, 661, 663, 664, 673.
Commission des travaux révol. — XXIV, 781.
— de la Trésorerie nat. — XXVIII, 384.
Commissions. — XXV, 480, 570. — XXVII, 59, 225, 653.
— de change. — XXII, 448.
Commissions exécutives. — XXV, 59, 188, 271, 403, 426, 480, 593, 662, 663. — XXVI, 180, 252, 383, 415. — XXVII, 94, 252, 367, 502. — XXVIII, 381, 590.
Commissions d'évacuation. — XVIII, 519. — XXII, 260. — XXV, 45, 657. — XXVI, 81. — XXVII, 297.
Commissions militaires. — XXII, 286. — XXIII, 514, 660, 697. — XXIV, 48, 164, 271, 309, 348, 430, 604, 694, 696. — XXV, 151, 236, 258, 267, 303, 435, 483, 529, 748. — XXVI, 2, 32, 49, 52, 95, 176, 246, 249, 323, 405, 475, 514, 530, 572. — XXVII, 12, 105, 152, 153, 207, 236, 242, 290, 384, 470, 491, 519.
Commissions pour le salpêtre. — XX, 119, 120. — XXIII, 72, 773. — XXIV, 375, 376.
Commissions du C. de S. P. (4e). — XXV, 207, 245. — XXVI, 230, 347, 499.
— (7e). — XXV, 9, 36, 71, 441, 575. — XXVI, 86, 421, 443, 508, 578, 686, 687. — XXVII, 54, 94, 252, 345, 504. — XXVIII, 263, 524, 525.
— (9e). — XXV, 8, 36, 41, 82, 85, 102, 128, 134, 135, 136, 162, 167, 213, 314, 317, 318, 319, 371, 406, 420, 441, 492, 520, 522, 541, 594, 635, 694, 719, 731, 739. — XXVI, 85, 86, 112, 117, 146, 182, 230, 231, 259, 286, 287, 312, 322, 341, 343, 344, 372, 419, 420, 444, 445, 450, 474, 476, 480, 533, 558, 560, 599, 602, 626, 639, 644, 664, 665, 687, 738, 742. — XXVII, 3, 10, 27, 29, 32, 44, 56, 92, 141, 170, 172, 177, 178, 203, 204, 205, 212, 227, 229, 256, 278, 284, 314, 317, 342, 356, 366, 389, 392, 395, 417, 419, 420, 421, 444, 446, 479, 480, 505, 541, 542, 543, 546, 559, 562, 584, 589, 615, 617, 619, 653, 665. — XXVIII, 3, 26, 28, 29, 45, 63, 67, 159, 190, 194, 207, 242, 258, 260, 264, 293, 299, 323, 324, 442, 445, 481, 486, 526, 575, 586, 593, 594, 611, 649, 697.
— (Génie et artillerie). — XXVIII, 6, 22, 79, 80, 129, 194, 239, 240, 261, 415, 464, 465, 479, 505, 517, 592, 593, 613, 614, 666, 667, 696, 697.
— (Désertions). — XXVIII, 88, 158, 585.

*Commissions* (Transports et remontes). — XXVIII, 7, 134, 138, 148, 162, 490, 550, 668.
*Commune-Affranchie* (Rhône). — XVIII, 181. — XXVII, 582. Voir *Lyon*.
*Commune-d'Armes* (Loire). — XVIII, 9, 73, 176, 177, 178, 179, 180, 181, 380, 387, 569. — XIX, 200, 276. — XX, 253, 411, 431, 486, 791. — XXI, 212, 501, 511, 622, 723, 748, 823. — XXII, 7, 8, 30, 94, 151, 290, 353, 498, 499, 609. — XXIII, 152, 214, 236, 357, 358, 447, 494, 495, 542, 558, 657, 780, 826. — XXIV, 97, 175. — XXV, 643. Voir *Saint-Étienne*.
*Communes* allemandes. — XIX, 106.
— françaises. — XXV, 691, 692.
COMOY (Fr.), employé du C. de S. P. — XXIII, 697.
*Compagnie* d'Afrique, à Marseille. — XXII, 173.
— des Indes (Nouvelle). — XVIII, 395. — XXII, 412. — XXVIII, 532.
— des Indes (Ancienne). — XVIII, 637, 638. — XIX, 688. — XX, 456. — XXII, 412.
— anglaise des Indes. — XXII, 53.
— de Jésus. — XXIII, 764, 795. — XXIV, 532, 585, 753. — XXVI, 23, 103, 625. — XXVIII, 232.
— de Marat. — XXVI, 593, 742. — XXVII, 243.
— du Soleil. — XXV, 753.
— suisse des Provinces-Unies. — XXVI, 730.
COMPANS, adjud<sup>t</sup> g<sup>al</sup>. — XXV, 214.
COMPÈRE, g<sup>al</sup>. — XIX, 443.
COMPÈRE, aide de camp du g<sup>al</sup> Haquin. — XX, 545.
COMPÈRE, lieut. — XX, 667.
*Compiègne* (Oise). — XVIII, 291, 301, 734. — XIX, 111, 188, 562, 567, 662. — XX, 65, 120. — XXI, 125. — XXII, 301, 304, 305, 560, 620. — XXIII, 74, 188, 342, 507, 508, 554. — XXIV, 40, 445, 587, 642. — XXV, 220. — XXVII, 53, 173, 442, 505, 660. — XXVIII, 47, 99, 240, 241, 590, 591.
*Compiègne* (Clos de). — XVIII, 620.
COMPTA (Joseph). — XVIII, 50.
*Comptes* décadaires. — XXVI, 723.
*Comtat* (ci-dev<sup>t</sup>). — XVIII, 810. — XXII, 98. — XXV, 756. — XXVI, 137. — XXVII, 88. — XXVIII, 226 à 232.
COMTE (Pierre), chef de b<sup>on</sup>, employé comme adjud<sup>t</sup> g<sup>al</sup>. — XXV, 437.
COMTE (J.-B.), chirurgien. — XXVI, 7.
*Concarneau* (Finistère). — XIX, 213. — XXV, 218, 511, 512, 555, 556, 681. — XXVI, 485. — XXVII, 472.
*Conches* (Fourneaux de). — XVIII, 288. — XX, 389.
*Conches* (Eure). — XXI, 537.
*Concise* (Forêt de). — XX, 290.
CONCORDANT, off. de marine du commerce. — XVIII, 802.
*Concorde*, navire suédois. — XXVI, 644.
*Concourson* (Camp de). — XXI, 268, 270, 410.
*Condamine* (Ferme de la) [Allier]. — XX, 361.
*Condat-la-Montagne* (Jura). — XIX, 116, 355. — XXIII, 729. Voir *Saint-Claude*.
*Condé* (Nord). — XVIII, 144, 473, 494, 495, 509, 582. — XIX, 106, 201. — XXV, 640. — XXVIII, 60, 344, 423. — XXVIII, 165. Voir *Nord-Libre*.
CONDÉ (Armée de). — XXI, 491. — XXVI, 569, 589. — XXVII, 38, 266, 336. — XXVIII, 96, 640. Voir *Armée* de...
CONDÉ (Campagnes de). — XXIV, 158.
*Condé-sur-Marne* (Marne). — XXII, 734, 735, 736.

*Condé-sur-Noireau* (Calvados). — XXII, 604, 754. — XXIII, 203, 308, 414. — XXIV, 610, 772. — XXVII, 672. — Voir *Noireau*.
*Condès* (H-M). — XXII, 620.
*Condom* (Gers). — XXVII, 514.
*Condrieu* (Rhône). — XVIII, 59. — XXIV, 215.
*Confédération* germanique. — XXVIII, 95.
*Conférence* de Nantes. — XXVI, 73, 426, 466, 521, 630, 755. — XXVII, 42.
*Confiscations*. — XXV, 160, 230, 325, 372, 403, 421, 461. — XXVII, 189, 368, 440, 441. Voir *Prises; Séquestre*.
*Conflans* (Savoie). — XXII, 693. — XXVI, 190. — XXVII, 88.
*Conflans-Charenton* (Seine). — XXIII, 123. — XXVII, 502. — XXVIII, 259.
*Confolens* (Charente). — XIX, 187.
*Congés*. — XXV, 10, 45, 73, 74, 101, 136, 164, 165, 167, 182, 186, 213, 246, 279, 286, 321, 347, 364, 368, 378, 392, 407, 417, 426, 434, 437, 456, 458, 493, 526, 544, 575, 583, 592, 597, 617, 639, 655, 664, 667, 679, 694, 696, 730, 732, 735, 741. — XXVI, 295, 528, 597, 607, 644, 651, 693, 720, 741, 762, 764. — XXVII, 4, 6, 10, 19, 32, 33, 52, 54, 56, 57, 58, 65, 95, 98, 103, 120, 121, 129, 146, 169, 172, 173, 204, 205, 216, 229, 247, 252, 255, 283, 298, 317, 318, 346, 347, 371, 414, 418, 419, 420, 421, 435, 447, 463, 465, 478, 480, 481, 485, 541, 561, 562, 582, 591, 617, 618, 628, 633, 635, 646, 654, 666. — XXVIII, 7, 29, 47, 67, 83, 102, 108, 265, 300, 595, 621.
*Coni* (Italie). — XXIII, 658. — XXVIII, 656.
CONNABERT, juge de paix à Morée. — XXIV, 628.
CONNAN (Joseph), des îles Seychelles. — XXI, 6.
CONNER, matelot américain. — XVIII, 529.
CONNERAD (Jean Pierre). — XX, 658.
CONNÉTABLE, carreleur. — XXIII, 231.
*Conquérant*, navire. — XXIV, 843, 846. — XXV, 268, 482.
*Conquet* (Côte du). — XXIII, 45.
*Conscienso*, navire portugais. — XIX, 445, 660.
*Conseil* des Anciens. — XVIII, 477, 478. — XIX, 33, 233, 258, 365, 501, 695. — XX, 465. — XXI, 761, 762. — XXII, 47, 48, 110, 274, 619, 620, 667. — XXIII, 226, 377, 705, 778. — XXIV, 70.
*Conseil* des Cinq Cents. — XVIII, 477, 683. — XIX, 33, 67, 121, 258, 312, 365, 460, 461, 501. — XX, 464, 524. — XXI, 157, 159, 218, 485, 723, 761, 817. — XXII, 47, 110, 157, 619, 620. — XXIII, 226, 590, 664. — XXIV, 70, 614. — XXVIII, 434.
*Conseil* des colonies des États de Hollande. — XX, 494.
— de Commerce. — XX, 461. — XXI, 479. Voir *Bureau* de...
— exécutif. — XXV, 216, 218, 522. — XXVII, 94.
— des Inspecteurs du Palais nat. — XXVIII, 608.
— de justice. — XXVI, 529.
— martial de Brest. — XXIII, 45.
— militaire. — XXVIII, 615.
*Conseil* de Santé. — XX, 296, 490, 504, 543, 570. — XXI, 6, 101, 102, 126, 508, 509, 510, 755, 756. — XXII, 33, 71, 178, 215, 240, 302, 303, 304, 648, 649. — XXIII, 7, 277, 427, 428, 429, 586, 817. — XXIV, 67, 499, 500, 610, 650, 739, 818. — XXV, 5, 42, 43, 320, 341, 376, 525. — XXVI,

3.

62, 181, 287, 363, 507. — xxvii, 7, 53, 255, 345.
— des Mines, à Paris. — xxviii, 662.
Conseil (Jacques Louis), professeur à Compiègne. — xxviii, 350.
*Conservateurs* des bâtiments militaires. — xxvii, 139, 140, 144, 615.
*Conservatoire* des Arts et Métiers. — xxv, 132.
— végétal des Champs Élysées. — xxvii, 556.
— du Muséum des Arts. — xxvii, 700.
*Conseils* d'administration militaire. — xxvi, 40, 597. — xxvii, 3, 98, 117, 414, 615, 665.
— génér$^x$ des communes. — xxiii, 586, 601 à 603, 608, 641, 699, 759. — xxiv, 95, 107, 161, 442, 616, 710, 711, 737. — xxvi, 648.
— de guerre. — xxvi, 249, 309, 486. — xxvii, 105, 333, 470, 491, 519, 593, 598, 625, 637, 641, 664. — xxviii, 253.
Constans (Michel). — xviii, 7.
Constant, fournisseur aux armées. — xviii, 214. — xxii, 179.
Constant, employé aux remontes. — xxiii, 161, 277, 278, 774.
Constant. — xix, 462.
Constant, envoyé d'Harmand. — xxiv, 196.
Constant, cap$^e$. — xxii, 655. — xxiv, 489. — xxv, 255.
Constant, chef du 3$^e$ b$^{on}$ de sapeurs. — xxvi, 644.
Constantin, de Metz. — xxviii, 2.
*Constantine* (Algérie). — xviii, 196, 197. — xx, 35.
*Constantinople* (Turquie). — xviii, 787, 801. — xx, 126, 655. — xxiii, 513. — xxiv, 404. — xxvi, 512. — xxvii, 621.
*Constitution*, navire. — xxviii, 598.
*Constitution* (Rue de la), à Toulouse. — xviii, 755.
*Constitution.* — xxvii, 22, 78, 108, 161, 183, 194, 196, 217, 219, 238, 245, 248, 250, 261, 289, 306, 337, 338, 362, 377, 381, 385, 409, 569.
— (Acceptation de la). — xxvi, 541, 542, 633, 760, 765. — xxvii, 22, 34, 52, 76, 105, 106, 109, 164, 183, 193, 194, 200, 202, 217, 220, 223, 245, 248, 250, 262, 269, 270, 289, 290, 303, 305, 308, 309, 325, 326, 328, 337, 373, 385, 409, 426, 431, 432, 437, 438, 456, 558, 645.
— (par l'armée). — xxvi, 541, 633, 669, 719, 760. — xxvii, 52, 75, 106, 109, 133, 158, 185, 186, 193, 196, 198, 200, 214, 217, 219, 220, 222, 223, 234, 238, 248, 250, 251, 261, 262, 265, 269, 286, 287, 289, 291, 303, 308, 312, 321, 328, 329, 334, 335, 337, 356, 361, 362, 363, 380, 383, 385, 401, 402, 410, 415, 431, 466, 489, 490, 493, 535, 547, 550, 552, 555, 566, 602, 627, 628, 642, 645.
*Constitution* de 1793. — xxiv, 461, 529, 596. — xxvii, 221, 500.
*Constitution* de 1795. — xxiv, 529, 596, 696, 805. — xxv, 125, 238, 647. — xxvi, 23, 73, 269, 412, 416, 488, 541, 694, 723, 767. — xxviii, 13, 176, 338, 387, 388, 405, 565, 629, 636, 690, 693.
*Constructions* métalliques. — xxv, 613.
*Consulat.* — xxii, 157. — xxiii, 778. — xxiv, 70.
*Consulats.* — xxviii, 150.
*Consuls* de Paris (Tribunal des). — xxi, 810.
*Consuls* de la Républ. — xxii, 739. — xxv, 369, 378, 738.
— étrangers. — xxvii, 375.
Contamin, gendarme à Crémieu (Isère). — xxvii, 203. Voir Coutamin.

Contant. — xxviii, 207.
Contant fils, chirurgien à Toulon. — xxv, 409.
Contat, gardien. — xxiii, 693.
Conté, directeur des aérostiers de Meudon. — xviii, 347, 526, 549, 652, 653. — xix, 28, 277, 309, 434, 616. — xx, 6. — xxi, 264, 278. — xxii, 302. — xxiii, 222. — xxiv, 356, 357, 376. — xxvi, 5, 316, 473. — xxviii, 80, 614.
Conté, fabricant de crayons. — xviii, 394.
Conté (Jacques), enseigne. — xix, 536.
Conté, off. de tirailleurs. — xxviii, 533.
*Contenville* (Eure). — xxiii, 736.
Conti. — xix, 572.
Contour, du 1$^{er}$ b$^{on}$ de Franciade. — xviii, 651.
*Contrebande.* — xviii, 158. — xxvii, 396.
*Contre-révolutionnaires.* Voir *Troubles.*
*Contributions.* — xxv, 140, 174, 220, 287, 289, 356, 381, 432, 462, 463, 580, 701, 739. — xxvi, 42, 52, 134, 153, 154, 157, 184, 256, 318, 320, 327, 338, 457, 459, 479, 500, 501, 634, 637, 652, 654, 702. — xxvii, 8, 71, 83, 87, 104, 150, 154, 156, 247, 262, 285, 295, 354, 357, 409, 424, 441, 462, 525, 531, 532, 575, 585, 597, 598, 599, 605, 608, 609, 610, 622, 630, 636, 640, 657, 663. — xxviii, 42, 52, 54, 55, 57, 58, 118, 220, 221, 533, 561, 602, 703. Voir *Trésorerie.*
*Contrôleur* de la marine. — xxv, 77, 323, 324, 326.
*Contumace.* — xxvi, 662.
Convelaire-Rougeville, cap$^e$ de gendarmerie. — xxiv, 41.
*Convention*, navire. — xxiii, 65, 778.
*Convention* batave (La). — xxiv, 297.
*Convention* nationale. — xxiv, 446, 504, 521, 528, 572, 574, 614, 643, 654, 695, 707, 796, 797, 802. — xxv, 53, 57, 58, 70, 87, 88, 103, 104, 108, 113, 115, 121, 127, 146, 169, 175, 184, 197, 205, 219, 233, 236, 240, 247, 253, 260, 278, 287, 292, 311, 314, 341, 352, 359, 367, 369, 376, 395, 400, 411, 428, 431, 464, 475, 480, 484, 488, 495, 505, 507, 513, 517, 518, 530, 532 n., 537, 545, 551, 562, 565, 569, 573, 582, 583, 587, 593, 597, 598, 602, 605, 608, 610, 623, 628, 631, 642, 643, 644, 654, 655, 689, 690, 692, 700, 702, 716, 721, 749, 753, 758, 760. — xxvi, 22, 94, 97, 100, 105, 138, 144, 218, 230, 385, 505, 603, 609, 675, 740, 751. — xxvii, 106, 114, 117, 202, 219, 289, 349, 399, 400, 414, 430, 437, 438, 466, 507, 508, 533, 563, 571, 667. — xxviii, 9, 12, 13, 22, 29, 50, 56, 73, 129, 137, 147, 152, 162, 165, 176, 188, 206, 211, 246, 252, 269, 270, 287, 289, 290, 292, 325, 332, 334, 338, 342, 343, 344, 386, 387, 397, 405, 406, 420, 426, 430, 437, 446, 459, 468, 478, 495, 501, 502, 503, 506, 512, 535, 537, 566, 569, 570, 581, 583, 586, 605, 608, 617, 620, 623, 631, 633, 642, 655, 673, 674, 693.
*Convoyeur*, navire. — xxi, 369.
Cookman, prisonnier anglais et sa f$^e$. — xxiv, 435.
Coppal, fournisseur. — xxv, 45. — xxvi, 745.
Cooper, off. de marine. — xviii, 772.
*Copenhague* (Danemark). — xix, 27. — xx, 227. — xxi, 185. — xxii, 11, 144, 761. — xxiii, 48. — xxiv, 69, 229, 324. — xxv, 202. — xxvi, 561.
Copman (Francis) et C$^{ie}$, négociants. — xxviii, 10, 244.
Coppel, négociant à Bordeaux. — xxi, 809.
Coppi, orfèvre. — xviii, 625.

Coquart, pâtissier, rue des Martyrs. — XXIII, 503.
Coquereau, chef de chouans. — XIX, 400. — xx, 596. — XXI, 308. — XXII, 90. — XXIII, 334. — XXV, 112, 361, 391 n.
Coqueret, fabricant d'armes et canons. — XIX, 200. — xx, 203. — XXI, 811. — XXII, 7, 8.
Coquille (Marie Aimée et Antoinette). — XIX, 199, 200.
Coquillon, négociant à Rouen. — XXVIII, 609.
Corbé, enseigne de vaisseau. — xx, 630.
Corbeau, chef de b$^{on}$ d'artillerie. — xx, 7.
Corbeaux père et fils, de Bordeaux. — xxv, 738.
Corbel, repr. — xx, 191. — XXII, 165, 228, 229, 285. — XVIII, 143. — XXVI, 523.
*Corbeil* (S-et-O). — XVIII, 487. — XIX, 111, 404, 612, 746. — xx, 40, 334, 703. — XXI, 372, 479, 613, 704, 745, 772. — XXII, 234, 332. — XXIII, 186, 271, 774, 797. — XXIV, 241, 579. — XXVI, 181. — XXVII, 113. — XXVIII, 433, 435, 506.
— (Moulins de). — XXVII, 113.
*Corbeny* (Aisne). — XXIV, 203. — XXVIII, 445.
Corbett (Jean Gabriel). — XIX, 722.
*Corbie* (Somme). — XVIII, 809. — XXII, 624.
*Corbigny* (Nièvre). — XVIII, 48. — XXIII, 176, 272, 419, 800. — XXIV, 236, 487. — XXVIII, 517.
Corbigny (Vérité), commissaire à Lorient. — XIX, 295. — XXVI, 151.
Corbineau, aide de camp du g$^{al}$ Harville. — XXIV, 703.
Cordange. — XXIII, 81.
*Cordeliers* (Maison des ci-dev$^t$), à Paris. — XIX, 395.
*Corderie* du Manège neuf, à Versailles. — XXII, 502.
*Cordes*. — XIX, 149.
Cordier, élève vétérinaire à Alfort. — XVIII, 367.
Cordier, adjud$^t$ major au 7$^e$ b$^{on}$ du Jura. — XXII, 707.
Cordier, d'Abbeville. — xx, 303.
Cordier, adjud$^t$ sous-lieut. — xxv, 168.
Cordonbleu, chef de chouans. — XXIV, 750.
*Cordonniers*. — xxv, 44, 509, 614. — XXVI, 345, 509. — XXVII, 121, 566.
Coren-Fustier, repr. — XXIII, 376.
Corlet. — XXVII, 614.
Cormatin, chef de chouans. — XIX, 465, 467, 468, 469, 505, 519, 543, 555, 585, 587, 588, 645, 661, 665. — xx, 24, 378, 595, 599, 785, 786. — XXI, 83, 576. — XXII, 817, 818, 819. — XXIII, 193, 194, 470, 472, 608, 677, 679, 707, 716, 717. — XXIV, 25, 46, 77, 80, 110, 113, 114. — xxv, 258. — XXVI, 448. — XXVIII, 448.
Cormier, inspecteur temporaire des mines. — XXII, 10.
Cormontaigne (*Architecture militaire* de). — XXIV, 157. — xxv, 640.
*Cornelia Maria*, vaisseau. — XIX, 358.
Cornette, gendarme à cheval. — XVIII, 728.
Cornevalini, sous-lieut. au 16$^e$ chasseurs à cheval. — XXIII, 76.
Cornic (fils). — XVIII, 185.
Cornic, cap$^e$ de vaisseau. — XXI, 254. — XXVIII, 359.
Cornic ou Cornick, contre-amiral. — XXI, 301. — XXVII, 642.
Cornisset frères, m$^{ds}$ de bois. — XIX, 182, 271, 707. — xx, 771, XXIV, 312. — XXVIII, 4.
Cornu, propr$^{re}$ du navire *Thérèse Isabelle*. — XXI, 760.

Cornu, chirurgien-major sur le *Sans-Pareil*. — XXII, 504.
Cornuau, agent des vivres de la marine. — XIX, 322.
Cornudet, négociant à Clermont. — XIX, 40.
*Corogne* (La) [Espagne]. — XXVI, 560. — XXVIII, 150.
Coroller, chef de b$^{on}$. — XXVIII, 507.
Coronelli (Globes de). — XVIII, 703.
*Corps législatif*. — XIX, 121, 258, 501. — XXI, 723, 739, 761. — XXII, 157. — XXIII, 179, 248, 590. — XXIV, 453.
Corre-Villeson, père. — xx, 124.
*Correspondance avec Voltaire sur l'existence du feu central*, de M. de Maryan. — xxv, 641.
*Corrèze* (Départ$^t$ de la). — XVIII, 92, 266, 398, 478. — XIX, 116, 312, 621, 656. — xx, 102, 119, 622, 623, 728, 729, 741, 742, 743. — XXI, 16, 256, 274, 337, 412. — XXII, 19, 63, 397, 426, 598, 621, 681. — XXIII, 55, 149, 503, 504, 682, 683, 734. — XXIV, 202, 501, 503, 567, 776, 825. — xxv, 53, 500. — XXVII, 28, 479.
Corric-Le Frapper, enseigne de vaisseau. — xx, 630.
*Corsaires* français. — XXIV, 845. — xxv, 72, 247, 281, 410. — XXVI, 44, 284, 555, 616.
— anglais. — xxv, 3, 72. — XXVI, 452, 616.
— austro-sardes. — XXVII, 135, 166, 388.
*Corse* (Île de la). — XVIII, 38, 47, 96, 97, 269, 382, 499, 500, 556, 698, 699, 746. — XIX, 74, 75, 204, 205, 302, 358, 754. — xx, 254, 400, 404, 532, 682, 747, 787. — XXI, 91, 109, 127, 328, 336, 391, 513, 756. — XXII, 447, 477. — xxv, 573. — XXVI, 725. — XXVII, 591.
*Corses*. — XVIII, 270, 794. — xxv, 269, 743.
Corté, du Havre. — XIX, 456.
Cortez, g$^{al}$. — XXIV, 834, 835. — XXVI, 714.
*Cortheim* (Îles de) [Allemagne]. — XXVIII, 222.
Corton. — XXVI, 585.
*Cortoni* (Italie). — XXVI, 192.
*Corvol* (Nièvre). — XXVI, 156.
Cosnard, repr. — XXIII, 522.
*Cosne* (Nièvre). — XVIII, 762. — XIX, 91, 520, 522. — XXII, 294, 652, 653. — xxv, 665.
Cossard, cap$^e$. — XXIV, 68.
Cosse, aide-pharmacien à Toulon. — xxv, 409.
*Cossé* (Mayenne). — xx, 584.
Cossigny, cap$^e$, ex-prisonnier de guerre. — XXVI, 183, 559.
Cossin et C$^{ie}$. — XXVIII, 209.
Cosson (Antoine Alexandre), chef de brigade. — XVIII, 728. — XXIII, 793.
Cosson, de Lille. — XXI, 69.
Coste, membre du Conseil de Santé. — XXVII, 7.
Coste, vainqueur de la Bastille. — XVIII, 789.
Costé, chef d'escadron. — XXII, 182.
Costaz, agent de la Comm$^{on}$ d'Agriculture. — XXVI, 478.
Cot (Jacques), agent des subsistances militaires. — XIX, 102, 103, 321.
Cot (Ét.), agent de l'Approvisionnement de Paris. — XIX, 322.
Cotes (James), command$^t$ d'une frégate anglaise. — XXII, 181.
Coté, déserteur. — XXVII, 430.
*Côte-d'Or* (Départ$^t$ de la). — XVIII, 43, 133, 388, 414, 481, 770. — XIX, 20, 88, 90, 145, 221, 251,

591, 600, 637. — xx, 52, 611, 700. — xxi, 127, 153, 344, 435, 448, 514, 661, 697, 747, 761, 807, 808. — xxii, 118, 298, 620, 698. — xxiii, 38, 114, 400, 403, 427, 615, 616, 653. — xxiv, 203. — xxv, 220, 417, 752. — xxvii, 143.
Cotentin, cap<sup>e</sup> du navire *Barras*. — xxiv, 201.
*Cotentin*. — xxvi, 465. — xxvii, 455.
*Côtes de France*. — xxv, 26, 27, 32, 52, 84, 114, 145, 149, 177, 190, 199, 228, 231, 234, 249, 295, 307, 334, 338, 365, 412, 414 n., 428, 433, 466, 471, 472, 504, 513, 553, 556 n., 594, 683. — xxvi, 19, 129, 154, 161, 232, 263, 265, 280, 349, 414, 427, 466, 561, 563, 671, 705, 748, 754. — xxvii, 18, 76, 77, 131, 158, 185, 208, 331, 395, 454, 617, 642, 643. — xxviii, 76, 359.
*Côtes-du-Nord* (Départ<sup>t</sup> des). — xviii, 68, 76, 78, 218, 404, 438, 462, 792. — xix, 36, 37, 71, 126, 129, 142, 207, 219, 314, 399, 400, 449, 464, 465, 505, 543, 544, 583, 606, 665, 695, 757, 790. — xx, 50, 80, 95, 129, 165, 193, 230, 308, 345, 410, 475, 524, 598, 690, 691, 784. — xxii, 130, 256, 298, 581, 679. — xxiii, 17, 173, 349, 366, 490, 744. — xxiv, 501, 503, 539, 625, 809. — xxv, 201, 298, 361, 651. — xxvi, 78. — xxvii, 304, 443, 472. — xxviii, 149.
*Coton*. — xx, 150. — xxiv, 701. — xxvi, 380, 658. — xxvii, 114, 298, 655.
Cotte (Paulin). — xxii, 668.
Cottin, chef de b<sup>on</sup>. — xx, 588. — xxvii, 147.
Cottois, commissaire de police. — xxiv, 486.
Coube, chasseur à cheval. — xix, 411.
Coubladon, inspecteur des forges. — xx, 95.
Coubladot, maître du fourneau de Foucherans. — xviii, 523. — xx, 767. — xxi, 216.
Coucinet, agriculteur à Villeurbanne. — xxiii, 151.
Coudres (Eure). — xx, 249.
Couetres, g<sup>al</sup> vendéen. — xx, 378.
Couëtu, chef chouan. — xxi, 15. — xxv, 307.
Couhin fils, sergent canonnier. — xix, 66.
Couhin, sous-chef de division. — xxiv, 821.
Couiret, conducteur de transports militaires. — xix, 169.
Couland, brigadier de gendarmerie à Montbrison. — xxiii, 328.
*Coulanges-en-Tardenois* (Aisne). — xviii, 608. — xix, 377. — xxviii, 659.
Coulomb-Thévenet (*Méthode tachygraphique* de). — xviii, 807.
*Coulommiers* (S-et-M). — xix, 746. — xxii, 43, 44. — xxiv, 275.
Coulon, ouvrier platineur. — xix, 618.
Coulon, pharmacien. — xxii, 304.
Coulon, garde-moulin. — xxviii, 366.
Couloumy, sous-lieut. — xviii, 254.
Counu, dragon. — xxvii, 488.
Coupart, chef de b<sup>on</sup>. — xxv, 526.
Coupé, instructeur en chef du manège nat. de Versailles. — xxv, 456.
Coupé, son fils, cap<sup>e</sup> des charrois. — xxv, 456.
Coupé, de l'Oise, repr. — xxii, 432, 434. — xxiii, 115.
*Coupes de bois*. — xxv, 1, 2, 33, 272, 478, 484. — xxvi, 32, 54, 83, 138, 139, 194, 210, 212, 233, 332, 336, 510, 580, 593, 710, 721, 764. — xxvii, 112, 275, 367. — xxviii, 48. Voir *Bois; Flottage des; Forêts*.

Couppé, lieut. de vaisseau. — xx, 630.
Couppé des Côtes-du-Nord, repr. — xxiii, 665. — xxiv, 384, 768, 804, 829, 830. — xxv, 96, 111, 170, 295. — xxvii, xii, 123, 179, 329. — xxviii, 312, 487.
*Cour martiale de Toulon*. — xxv, 408.
*Courageuse*, frégate. — xxii, 265. — xxiii, 214, 215, 322. — xxv, 158, 311.
*Courageuse*, autre frégate. — xxii, 265, 516.
*Courageux*, brick anglais. — xx, 391. — xxi, 454. — xxiv, 145.
Courand, médecin à l'hôpital militaire d'Aire. — xxiv, 610.
Courand, cap<sup>e</sup> de vaisseau, prisonnier de guerre. — xxi, 719.
Courbe, off. de police et juge militaire. — xxviii, 360.
Courbeville, cap<sup>e</sup> de gendarmerie. — xxii, 560. — xxiv, 41.
*Courbevoie* (Seine). — xix, 189. — xx, 408. — xxi, 667. — xxii, 213. — xxiii, 247, 482. — xxv, 326, 733. — xxvi, 624. — xxvii, 502.
Courbis. — xxiii, 497. — xxiv, 16.
Courby. — xviii, 88.
Courcelles, chef de brigade. — xxi, 156.
*Courcité* (Mayenne). — xx, 193.
Couret-Villeneuve, imprimeur. — xviii, 327.
Couret et fils, négociants à S<sup>t</sup>-Geniez. — xix, 333.
Coureur, ouvrier imprimeur à Paris. — xxviii, 544.
Courier, inspecteur des forges. — xxiv, 217.
Courivaut, off. de santé. — xxi, 173.
Courlet-Vrégilles, chef de b<sup>on</sup> d'artillerie. — xviii, 216. — xxii, 778.
Courmes frères, fabricants de savon à Grasse. — xviii, 623.
Cournier, adjoint du génie de 1<sup>re</sup> classe. — xxii, 639.
Courouble (André), cocher. — xviii, 383. — xxi, 610. — xxv, 690. — xxvi, 681, 726.
Couroux, aide de camp du g<sup>al</sup> Morlot. — xxii, 746.
*Courrier*, navire. — xxv, 218.
*Courrier du Bas-Rhin* (Le). — xxiv, 800.
*Courrier extraordinaire* (Le). — xxv, 753.
*Courrier français* (Le). — xxvii, 202.
*Courrier Républicain* (Le). — xxv, 753. — xxvii, 202. — xxviii, 161.
*Courrier universel de l'Europe* (Le). — xxii, 510, 566, 567.
*Courrier de l'Égalité* (Le). — xxiv, 199.
*Courrier de Londres* (Le). — xxiii, 824. — xxvii, 319, 490, 623.
*Courrier universel* (Le). — xxiii, 763. — xxv, 151, 753 n. — xxviii, 161.
*Courrier universel extraordinaire* (Le). — xxviii, 502.
*Courriers du C. de S. P*. — xxv, 39, 240, 505, 580, 660, 748. — xxvi, 411, 680, 695, 735. — xxvii, 25, 81, 201, 218, 328, 401, 627, 636.
*Cours complet*, de Bossut. — xxv, 641.
Coursault, inspecteur g<sup>al</sup> des équipages d'artillerie. — xxii, 164.
*Course*. — xxvii, 131. Voir *Marine; Navigation*.
Coursol (Division de), à l'A. du Rhin. — xx, 140.
Coursot, inspecteur des relais. — xxiii, 101.
*Courtalain* (E-et-L). — xxvi, 689.
*Courthezon* (Vaucluse). — xxvi, 137.
Courtier, fermier. — xxi, 275.

COURTIN. — XXII, 210.
COURTIN, employé des postes. — XXIII, 407.
COURTIS, off. de santé à l'A. d'Italie. — XXI, 152.
COURTOIS, chef de bureau. — XIX, 201.
COURTOIS (Claude), m$^d$ de fer à Dijon. — XIX, 552, 564.
COURTOIS, off. de santé. — XX, 755.
COURTOIS. — XXII, 80.
COURTOIS, repr. — XXIII, 463.
COURTOIS, cap$^e$ au 24$^e$ rég$^t$ de cavalerie. — XXV, 128.
*Courtonne-la-Ville* (Calvados). — XXVII, 5.
COURTOT, direct$^r$ de l'usine de Morvillars. — XXVII, 391.
COURTOU, RAVEL et C$^{ie}$, négociants à Paris. — XXV, 76.
*Courtrai* (Belgique). — XVIII, 728. — XXII, 648. — XXIII, 61. — XXIV, 453, 736. — XXVIII, 381.
COURTY, maître de forges. — XVIII, 486.
COURVILLE, adjud$^t$ g$^{al}$. — XXIV, 319.
COURVOISIER, chef du dépôt de la Pépinière. — XXVI, 738. — XXVII, 505.
*Cousances* (Forges de) [Meuse]. — XXI, 68. — XXIII, 244.
COUSICOT, cap$^e$ de la marine marchande. — XVIII, 293.
COUSIN, lieut. — XVIII, 254.
COUSIN, examinateur à l'École centrale. — XX, 648. — XXIV, 159. — XXV, 641.
COUSIN, cultivateur à Épernay. — XXI, 258.
COUSINERI, négociant à Marseille. — XXVIII, 448.
COUSTARD-SAINT-LÔ (Guy), g$^{al}$ de division. — XVIII, 400.
COUSTOU, sculpteur. — XXV, 35, 524. — XXVII, 138, 584.
COUTAMIN, gendarme. — XXVI, 651.
*Coutances* (Manche). — XVIII, 426, 577. — XIX, 125, 610, 775. — XX, 612, 762. — XXII, 100, 579, 762, 763, 795. — XXIII, 25, 97, 99, 143, 165, 171, 250, 285, 714, 784. — XXIV, 262, 328, 384, 455, 513, 610, 644. — XXV, 83, 84, 144, 228, 338, 413. — XXVII, 305, 330, 409, 454, 642. — XXVIII, 107, 445, 634, 636.
COUTANT (Pierre). — XVIII, 189.
COUTAUD. — XIX, 715.
COUTAUD, de Rouen. — XIX, 715.
COUTAUSSE, commissaire. — XVIII, 398.
COUTEAU. — XIX, 50.
COUTELLE, constructeur d'aérostats. — XVIII, 652. — XIX, 242, 495. — XX, 365. — XXI, 264, 265. — XXII, 333.
COUTENOT, maître de forges à Montreuil. — XXII, 497.
COUTEROT, inventeur. — XXII, 7.
COUTHAUD, adjud$^t$ g$^{al}$. — XXVII, 201.
COUTHON, repr. — XIX, 66. — XXIII, 359, 488, 764.
COUTIER, sous-lieut. de grenadiers. — XIX, 343.
COUTISSON, repr. — XXVI, 640.
COUTOIS, cocher. — XXV, 457.
COUTURIER fils. — XVIII, 240.
COUTURIER (Jean Michel), lieut. d'infanterie. — XXIII, 223.
COUTURIER (Pierre), courtier. — XXIII, 269.
COUTURIER, commissaire des Guerres. — XXIV, 56.
COUTURIER D'ARMENONVILLE, g$^{al}$ de brigade. — XVIII, 551.

*Couvains* (Manche). — XXI, 328. — XXVIII, 634, 693.
*Couvin* (Ardennes). — XXI, 70. — XXII, 235, 395. — XXIII, 140, 753. — XXIV, 274, 431. — XXV, 96. — XXVII, 29.
COWELL, cap$^e$ de *The Jane*. — XXIII, 415.
*Cowes* (Angleterre). — XXIV, 668.
COYALLET, chef de brigade. — XXI, 482.
COZE, médecin militaire. — XIX, 149.
*Cozes* (Société révolut$^{re}$ de). — XX, 442.
COZETTE, prof. de dessin. — XXV, 213.
*Crach* (Baie de). — XXV, 149, 234.
*Craches* (S-et-O). — XXII, 440.
*Cracovie* (Pologne). — XXI, 186.
CRACY, directeur de l'atelier de la Montagne. — XIX, 514, 660.
*Crannou* (Forêt de). — XIX, 437.
*Cransac* (Mines de). — XXII, 152.
CRAON (Marquis de). — XXVIII, 642.
*Craon* (Mayenne). — XX, 233, 584, 639, 642, 677. — XXI, 85, 295, 469. — XXII, 90. — XXIII, 287. — XXIV, 580, 699, 700. — XXV, 746. — XXVII, 517, — XXVIII, 642.
*Craponne* (H-L). — XXII, 561. — XXVIII, 541.
CRASSOUS, repr. — XXII, 255.
CRATS, sergent-major. — XIX, 86.
*Crau* (Plaine de la). — XXI, 395.
*Crécy* (S-et-M). — XIX, 786.
*Crefeld* (Allemagne). — XIX, 157.
*Creil* (Oise). — XXII, 2, 333, 532. — XXVII, 325.
*Crémieu* (Isère). — XIX, 554. — XXVII, 203.
CRÉMIEU frères, d'Avignon. — XXII, 98, 99. — XXVI, 227.
CRÉPEL, des Ardennes. — XXVIII, 63.
CRÉPIN (Augustin), fermier du domaine nat. de S$^t$-Lambert. — XXVIII, 27.
CRÉPIN, off. de santé à l'A. du Nord. — XXIV, 406.
*Crépy* (Oise). — XVIII, 734. — XIX, 111, 112, 113, 404, 695. — XXI, 708, 709, 710. — XXII, 643, 780. — XXIII, 2, 74. — XXIV, 512. — XXV, 468. — XXVI, 623.
CRÉPY, ex-entrepreneur des fortifications de Valenciennes. — XXVIII, 697.
CRÉQUI (De), g$^{al}$. — XXIV, 261.
CRÉSIAT, commis à l'hôpital de la Fraternité, à Strasbourg. — XXIV, 280.
CRESPIN (Alexandre), employé du Génie militaire à Metz. — XIX, 726.
CRESPIN, pharmacien. — XXII, 304.
CRESPO, g$^{al}$ espagnol. — XXV, 704.
CRESPON frères, verriers à Penne. — XXII, 151, 152.
CRESSENT, agriculteur. — XVIII, 65.
*Crest* (Drôme). — XXIII, 479, 732. — XXIV, 44.
CRESTE, sous-lieut. — XXVIII, 76.
CRESTIN, présid$^t$ du district de Gray. — XXV, 364.
*Crête* (Forge de la). — XIX, 381.
*Crête* (Parti de la). — XVIII, 606. — XXIV, 151.
*Créteil* (Seine). — XX, 30, 520. — XXII, 409. — XXV, 490.
CRETHET, prisonnier de guerre. — XXVI, 475.
CRETOT, imprimeur à Paris. — XXVIII, 97.
CRETTÉ (Hector). — XXVI, 115.
*Cretteville* (Manche). — XIX, 609.
*Creuse* (Départ$^t$ de la). — XVIII, 6, 43, 403, 429. — XIX, 38, 90, 325, 357. — XX, 60, 92, 309, 600, 601,

652, 776. — xxi, 4, 60, 549, 761. — xxiii, 734. — xxiv, 587.
Creusot (Le) (S-et-L). — xxi, 582. — xxii, 30, 81, 400, 463. — xxiii, 623.
— (Fonderie du). — xviii, 577. — xix, 28. — xx, 20, 328, 610, 611, 700. — xxi, 42, 216, 418, 584. — xxii, 30, 559, 560, 587. — xxiii, 221. — xxvi, 111, 682.
— (Mines du). — xviii, 447, 577. — xx, 610, 611, 700, 744, 745, 767. — xxi, 418, 605, — xxii, 30, 400, 463, 559, 560.
Creuznach (Allemagne). — xviii, 516. — xxviii, 639.
CREUZÉ (Augustin), payeur de rentes. — xxii, 242.
CREUZÉ-LATOUCHE, repr. — xxi, 174, 447, 503, 513. — xxii, 197, 618, 667.
CREUZÉ-PASCAL, repr. — xviii, 437.
CREUZOT, grenadier de la Conv. — xxvii, 586.
Crevant (Moulin de). — xxii, 68.
Crèvecœur (Pays-Bas). — xviii, 95.
CREVEL, père et fils, cultivateurs. — xxviii, 696.
Crevelt (Allemagne). — xviii, 126, 186, 202, 307, 309, 310, 312, 336, 405, 433, 434, 442, 443, 492, 494, 495, 571, 589. — xx, 208, 254, 276, 278, 326, 618, 670, 673, 696, 699, 725, 759, 761, 800. — xxi, 77, 78, 79, 191, 192, 204, 228, 268. — xxiii, 94. — xxv, 226, 584, 704. — xxvi, 187, 244, 265, 327, 457, 490, 520, 628, 654, 655. — xxvii, 13, 82, 217, 377, 470.
Criel (S-I). — xxi, 804.
CRILLON (Duc de). — xix, 525. — xx, 108, 450, 451, 452.
CRILLON fils, prisonnier de guerre. — xx, 108, 109, 330, 449, 450, 451, 452, 518, 519.
Criquebœuf-sur-Seine (Eure). — xix, 762.
CRISSOT, enfants. — xxvii, 298.
Cristallographie, de ROMÉ DE LISLE. — xxv, 641.
Croates. — xxvii, 473.
Crochot (Usine du). (H$^{te}$-Saône). — xviii, 650.
CROCQUOISON, off. municip. d'Amiens. — xxi, 521.
Croisic (Le) (L-I). — xx, 78, 257. — xxv, 190, 305, 395. — xxvi, 90, 729. — xxvii, 433, 525. — xxviii, 574, 609, 696.
Croisières. — xxv, 269, 630. — xxvi, 452, 512, 530, 736. Voir Marine; Navigation.
Croissy (S-et-O). — xxi, 755. — xxii, 714, 715. — xxiii, 546. — xxv, 373.
Croix-Chapeau (C-I). — xxi, 471, 472.
Croix-sur-Meuse (La) (Meuse). — xxiii, 68.
CROIZIER, imprimeur. — xviii, 327.
CRONIER, ingénieur. — xviii, 725.
Crotoy (Le) (Somme). — xxiv, 742.
CROUTELLE, chef de brigade. — xxiv, 501.
CROUZAT, g$^{al}$ de brigade. — xix, 734.
CROUZET, direct$^r$ de l'École de Liancourt. — xxvii, 479.
CROY (De), émigré. — xix, 475, 476.
Crozat (Canal de). — xxvii, 540.
CRUBLIER, inspecteur des fonderies de l'Indre. — xxi, 593.
CRUBLIER-OPTERRE, chef de b$^{on}$. — xx, 102. — xxv, 544, 638.

Cruz (Cap). — xxi, 475.
Cubzac (Gironde). — xxviii, 409. Voir Saint-André-de-Cubzac.
CUDORGE, maréchal des logis. — xviii, 368.
CUELDIHUEH (Thomas). — xviii, 166, 440.
Cuers (Var). — xxiv, 423.
Cuges (B-du-R). — xxiii, 768.
CUGNOT, négociant à Paris. — xxi, 703.
Cuirs et peaux. — xviii, 45. — xix, 480, 766. 787. — xx, 37, 41, 42, 148, 149, 172, 338, 392, 453, 634, 635, 681, 685, 701, 702, 779. — xxi, 51, 468, 469, 470, 471, 494, 551, 679, 680, 702. — xxii, 43, 44, 67, 95, 180, 261, 267, 319, 337, 522, 726, 745, 764, 807, 808. — xxiii, 130, 172, 257, 333, 360, 547, 555, 599, 633, 634, 642, 676, 687, 812. — xxiv, 173, 317, 352, 353, 474, 585, 604, 656, 657, 684. — xxv, 457, 717. — xxvi, 64, 91, 233. — xxvii, 112, 115, 175, 252, 258, 308, 309. — xxviii, 44.
CUISINIER (J.-C.), ouvrier en fer. — xxi, 156.
Cuivre. — xviii, 63, 306, 357, 362, 396. — xx, 59, 61, 136, 163, 164. — xxi, 174, 281, 282, 443. — xxiv, 5, 174, 214. — xxiv, 452, 602. — xxv, 288. — xxvi, 149, 581. — xxvii, 63, 118, 584. — xxviii, 80. Voir Métaux ; Mines.
CULET, off. — xxiii, 634.
CUMBERLAND (Duc de). — xxviii, 16.
CUMELLE, adjud$^t$ g$^{al}$. — xxvi, 428.
CUMÈRE. — xix, 197.
CUNEZ (Henry), cultivateur à Bislée. — xxiii, 68.
Curaçao (Île de). — xx, 494.
Cure (La) (Nièvre). — xxii, 69. — xxii, 290. — xxiii, 175, 178. — xxiv, 57. — xxvii, 82.
Cure, rivière. — xxvi, 24, 167.
CUSQUET, commissaire des Guerres. — xxv, 425.
CUSSAC, ingénieur hydrographe. — xxv, 302.
Cusset (Allier). — xviii, 361, 379, 565, — xx, 733. — xxii, 36,, 697. — xxiii, 390, 641, 690, 826.
CUSSET, repr. — xxvi, 577.
CUSSY, ex-Constituant. — xxvi, 281.
Cussy-les-Forges (S-et-L). — xxvii, 416. — xxviii, 695.
CUSTIME. — xxiv, 541.
CUSTINE (Robert Gaspard), aide de camp du g$^{al}$ Custine. — xviii, 254. — xxi, 401. — xxiii, 7. — xxiv, 9.
CUSTINE, g$^{al}$ en chef. — xx, 562. — xxi, 401. — xxiv, 802. — xxv, 459 n.
CUSTINE DE LANGNION (Antoine-Joseph-Philippe), dragon. — xxi, 596.
CUSTINE, neveu du g$^{al}$, dragon. — xxvii, 618.
CUSTINE (Ant.), sous-chef du bureau des transports militaires. — xxvi, 622.
Cuxhaven (Port de). — xxii, 377, 761. — xxiii, 48, 59, 408. — xxiv, 226.
CUZIN, sous-comite, — xxvii, 264, 634.
Cygnes (Île des). — xx, 437.
Cygne, navire. — xxi, 718.
CHANCEL, commissaire des Guerres. — xxii, 369. — xxviii, 596.

# D

DABBADIE, lieut. de chasseurs. — XIX, 567.
DABBAYE, ou DABBÉ, g$^{al}$ de l'armée de Charette. — XXII, 669. — XXIII, 784.
DABONVAL, chef de brigade adjoint au 10$^e$ rég$^t$ de hussards. — XXVIII, 65.
DABRAY, repr. — XX, 409, 525. — XXII, 801. — XXV, 222, 384. — XXVI, 124, 241, 353.
DACHON, cap$^e$. — XXVII, 481.
DACOSTA jeune, négociant, agent de la sect$^n$ des Achats. — XX, 332. — XXII, 690. — XXV, 459.
DAENDELS, g$^{al}$. — XVIII, 685, 686. — XIX, 159, 172, 362. — XXI, 35. — XXII, 56, 57, 78, 110, 117, 279, 312. — XXIII, 502.
DAGOBERT, g$^{al}$. — XXVIII, 567.
DAGOREAU, secrétaire de la Comm$^{on}$ du Mouvement des armées. — XXIV, 821.
DAGOUT, chef de brigade d'artillerie. — XXIII, 224.
DAGROS, employé aux transports militaires. — XXIII, 623.
DAGUE. — XVIII, 507.
DAGUILHE, inspecteur des verreries. — XXV, 319.
DAGUIN, command$^t$ de la garde nat. de Langres. — XXIII, 502.
DAIDE, commissaire des Guerres. — XXVI, 346.
DAIGLANCEY, chef du quartier général de l'A. des Indes Orient. — XXI, 216.
DAIGNAN, médecin. — XXIV, 610. — XXVI, 368.
*Daigny* (Forges de). — XVIII, 565. — XX, 36, 37, 542.
DAIGREFEUILLE, ex-curé de Guebwiller. — XXV, 366.
DAILLY, sous-chef de la 4$^e$ division du C. de S. P. — XXVIII, 76.
DAIMÉ ou DAINÉ, sous-chef civil de la marine. — XX, 630. — XXIII, 782.
*Dainville* (Forge de). — XIX, 381.
DAIROLANT, fournisseur de fusils. — XX, 569.
DAIX, maître de poste. — XVIII, 300.
DALBARADE, ministre. — XX, 398. — XXIV, 843. — XXV, 369.
DALBON, commissaire des Guerres. — XXV, 600.
DALE, ex-adjud$^t$ de place à Calais. — XX, 545.
DALESME, hussard. — XVIII, 64.
DALIBON, chirurgien à l'A. du Nord. — XXIV, 499.
DALLÉ-CLAVINCOURT (Ant. Pierre), ag$^t$ de change ou courtier. — XXIII, 269.
DALLEMAGNE, g$^{al}$ de brigade. — XXVI, 481.
DALMAS (Rose). — XX, 683.
DALMAS, garçon au Bureau de commerce. — XX, 789.
DALMASSIS, de Rians. — XX, 348.
DALONS, adjud$^t$ g$^{al}$, chef de b$^{on}$. — XVIII, 474. — XIX, 598.
DALSANTE, off. de santé à Saarbruck. — XXVIII, 595.
DALTON, aide de camp du g$^{al}$ Hédouville. — XXII, 810. — XXV, 101.
DALVE (Jos. Fr.), cap$^e$ prisonnier. — XXIV, 374.
DALVIMARE (Martin Pierre). — XX, 436.
DAMANT, invalide. — XVIII, 558.
DAMAS, émigré. — XXIII, 175, 176.

*Damasée* (Maison, rue de Choiseul). — XXI, 35.
DAMBRECOURT, volontaire. — XVIII, 348.
*Dame Anne-Marguerite*, navire hambourgeois. — XXVI, 289.
*Dame Alida*, navire hollandais. — XXV, 218.
*Dame Cornelia et Isabella*, navire hollandais. — XVIII, 306.
*Dame Élisabeth-Gérarde*. — XX, 448.
DAMESNE (Gabriel) et C$^{ie}$, acheteur de draps en Suisse. — XX, 336, 367.
DAMIANI (Ant.), adjud$^t$ du génie. — XVIII, 601. — XXII, 268.
DAMIN, aérostier de Meudon. — XIX, 616. — XXV, 694.
*Dammartin-en-Goële* (S-et-M). — XXV, 693.
DAMMEVILLE, pharmacien. — XXV, 6.
DAMNEY, procureur-syndic du distr. du Mans. — XXVIII, 649.
DAMOISEAU, volontaire. — XIX, 740.
DAMOISEAU, chef chouan. — XXVII, 383.
DAMONT, de Morienval. — XXIV, 511.
DAMOTTE, voiturier. — XIX, 550.
*Dampierre* (Forge de) [E-et-L]. — XVIII, 578. — XX, 792.
*Damps* (Les) [Eure]. — XX, 772.
DAMPS-FLAMAND, cap$^e$. — XXII, 809.
DAMUY frères. — XXVI, 259.
*Danaé*, frégate. — XX, 85. — XXI, 442, 594. — XXVI, 130.
DANCOURT, chef d'escadron de hussards. — XXII, 526.
DANDENAC aîné, repr. — XVIII, 458.
DANEAUX, employé. — XIX, 182.
DANEL, commissaire des Guerres. — XIX, 481.
DANEL, aide de camp du g$^{al}$ Vimeux. — XXVI, 203.
DANELLE, garde-magasin à Arras. — XXVII, 278.
*Danemark*. — XVIII, 369, 439, 578, 759. — XIX, 154, 735, 739. — XXI, 64, 185, 189, 406, 780. — XXII, 216. — XXIII, 62. — XXIV, 226, 383. — XXV, 202, 461, 738. — XXVI, 90, 238.
DANGEL, de Strasbourg. — XXIII, 212.
DANGER (Nicolas et Pierre), fournisseurs de fourrages. — XXI, 672.
DANGLADE, commissaire des Guerres. — XXVIII, 597.
DANGLEMONT, cap$^e$ d'artillerie près la fonderie de Pont-de-Vaux. — XXII, 463, 464.
DANGLETERRE, inspecteur des chevaux des Comités. — XXIII, 323. — XXVII, 390.
DANGLETERRE père, préposé des douanes à Nord-Libre. — XXVIII, 165.
DANICAN, g$^{al}$. — XVIII, 765. — XIX, 216, 219, 245, 757, 758. — XXII, 396. — XXIII, 101. — XXVII, 431, 515, 547, 551. — XXVIII, 207.
DANJOU (J. P.), repr. — XX, 249.
*Danjeux* (Forges de). — XIX, 381.
*Danois* (Les). — XIX, 739. — XX, 212. — XXI, 406. — XXII, 653, 666. — XXIII, 454. — XXIV, 172, 438. — XXIV, 82, 383, 410, 433. — XXV, 281, 493.
DANQUEUR (Constant), patron de pêche à Blaye. — XIX, 701.

COMITÉ DE SALUT PUBLIC. — TABLE. (XVIII-XXVIII.)     3 A

DANTHOUARD, cap$^e$ d'artillerie. — XXVII, 506.
DANTIGNATE (J. P.), aspirant de marine. — XXII, 243.
*Dantzig*. — XX, 357. — XXI, 780. — XXII, 54, 129, 750, 761. — XXIII, 48, 438.
*Danube*, fleuve. — XXIII, 112. — XXVII, 405. — XXVIII, 17, 54, 121, 473.
*Danvou* (Forges de) [Calvados]. — XX, 610. — XXIII, 492.
DAOUST (Joseph Eustache Guislain). — XXIII, 224.
DAOUST, père, de Paris. — XXIII, 224.
*Daphné*, frégate. — XXI, 556.
DAQUIN, employé aux vivres à Anvers. — XXV, 333, 443.
DARADES, chef de brigade. — XXI, 814.
DARANCEY, chef de brigade. — XXIII, 551.
DARBOUX, administrateur. — XX, 468.
DARC (J.-B.). — XIX, 495.
DARCET, ingénieur chargé d'expériences pour le traitement du fer et de l'acier. — XXVII, 29.
DARCET, commissaire pour les expériences sur le sel marin. — XVIII, 626, 627. — XX, 16.
DARCHE. — XVIII, 231.
DARD, fondeur, requis. — XVIII, 140.
DARDARD (Fr.), cultivateur à Fresnes-au-Mont. — XXIII, 68.
DARDENNE, officier de police. — XXVI, 359.
DARDELLE, volontaire. — XXIII, 132.
DARGENT, propriétaire à Corbeny. — XXVIII, 445.
DARLANGE, chef d'escadron. — XX, 737.
DARLINDE, adjud$^t$ à Valence. — XXI, 502.
DARMAING. — XIX, 307.
*Darmay* (?) [Doubs]. — XXIII, 727.
*Darmstadt* (Duché de). — XXVII, 266, 336, 638. — XXVIII, 17, 109, 171, 221, 222, 284, 334, 424, 472, 473, 557.
DARNAUDAT, adjud$^t$ g$^{al}$. — XIX, 172.
DARNAUD, g$^{al}$. — XVIII, 801. — XXIII, 473. — XXV, 250, 448.
*Darnétal* (S-I). — XXVIII, 573, 609.
DARODES, chef de brigade d'artillerie. — XXIII, 8.
DARRACOTT (J.), lieut$^t$ de vaisseau anglais. — XXII, 181.
DARRAS, command$^t$ de b$^{on}$. — XVIII, 400.
DARRAS (Sulpice), cultivateur. — XXV, 484. — XXVIII, 643.
DARROUX, aide-chimiste à l'École centrale des Travaux publics. — XXVII, 770.
DARRY (L.), des Ardennes. — XXVIII, 63.
DARTHEIM, entrepreneur de la fonderie de Strasbourg. — XXII, 38.
DARTIGOEYTE, repr. — XXVI, 459.
DARTIGUES (Jacques), agent de change ou courtier. — XXIII, 269.
DARTIN, gardien des archives du C. de S. P. — XXVIII, 485.
DARTUS, chef de b$^{on}$. — XXI, 815. — XXII, 777, 809.
DARU, commissaire des Guerres. — XIX, 598. — XXII, 107, 379, 380, 670. — XXV, 465, 620.
DARNU, quartier-maître. — XX, 736. — XXI, 376.
DARU, quartier-maître destitué. — XXVII, 92.
DASPREMONT, chef du 2$^e$ b$^{on}$ d'inf. légère. — XXVII, 313, 568.
DASSIER, adjud$^t$ g$^{al}$. — XVIII, 568. — XXII, 746.
DASSIEU, médecin à Tarbes. — XXIV, 499.
DAST, cap$^e$ de chasseurs. — XIX, 567.

DATIN, négociant à Boulogne-sur-Mer. — XXVIII, 696.
DAUBENTON (Antoine), substitut de l'accusateur militaire du trib. de la 17$^e$ d$^{on}$. — XXV, 589.
DAUBIGNY, g$^{al}$. — XIX, 334. Voir AUBIGNY (D').
DAUBIGNY, chargé de l'approvision$^t$ de Paris. — XXVIII, 538.
DAUBREMÉ (C$^{ne}$), belge. — XIX, 310, 514.
DAUBRESNE (Charlotte). — XVIII, 196.
DAUBRIN, papetier à Paris. — XXIV, 396.
DAUCHY, employé à la Trésorerie. — XXVIII, 518.
DAUCHY, négociant-armateur à Dunkerque. — XVIII, 191. — XXVIII, 391, 482.
DAUDEL, chef de b$^{on}$. — XXIV, 10.
DAUDET, chargé de mission par la Comm$^{on}$ des Approvisionnements. — XX, 92, 388, 389.
DAUDIM, ingénieur en chef des travaux publics du Tarn. — XX, 707.
DAUGIER, cap$^e$ de vaisseau. — XX, 630. — XXI, 178.
DAUKER (Paul Herman), cap$^e$ de la *Diane*. — XXVIII, 383.
DAUMEANIO, pharmacien. — XVIII, 63.
DAUMY, frères. — XVIII, 63. — XXVII, 98.
DAUNOU, repr. — XXII, 667. — XXVII, 50, 68, 89. — XXVIII, 14, 72, 74, 88, 146, 234, 269, 351, 391, 531.
DAUDIBERT-CAILLE, consul à Amsterdam. — XXVI, 424. — XXVII, 103, 187. — XXVIII, 38. Voir AUDIBERT-CAILLE.
*Dauphin royal*, navire suédois. — XX, 548.
DAUPHIN (Le), fils de Louis XVI. — XVIII, 154, 155. — XXIV, 105. — XXVI, 378, 416. — XXVII, 35.
*Dauphine* (Porte), à Paris. — XVIII, 620.
DAURANGE, commissaire des Guerres. — XXIV, 741.
DAURIÈRE, chef de brigade. — XXII, 705.
DAUSSERRE (Pierre Vincent), pharmacien, officier de santé. — XX, 629.
DAUSSURE, chef d'escadron. — XXI, 758.
DAUTHIL, émigré. — XXIV, 812.
DAUTICHOU, affréteur. — XXIII, 209.
DAUTRICHE (Jacques Sébastien), repr. — XXII, 110. — XXIII, 190, 525, 526, 790. — XXIV, 35, 134, 269, 320, 341, 422, 460, 630, 688, 710. — XXV, 47, 86.
DAUVERGNE, cap$^e$. — XVIII, 552.
DAUVET (Claude), volontaire. — XXII, 399.
DAUVET mère. — XXII, 399.
DAUVIN, négociant à La Rochelle. — XXVIII, 578.
DAUZOT, commissaire de l'Agence de l'habillement à Toulouse. — XXVI, 182.
DAUZY, cap$^e$ de grenadiers. — XXIV, 403.
DAVANNES, cap$^o$. — XXIV, 403.
DAVERDOING, receveur des finances à Bois-le-Duc. — XXIV, 171, 717, 718.
DAVERICHE jeune, négociant. — XXVIII, 521.
DAVID, GRAVÉE et fils, armateurs à Bordeaux. — XXVI, 628.
DAVID, commissaire des Guerres. — XXIV, 612.
DAVID, conducteur des charrois d'artillerie. — XXV, 186.
DAVID, adjud$^t$ major à la 104$^e$ demi-brigade. — XXV, 92, 529.
DAVID (Ph.), sous-lieut. — XXVI, 681, 687, 728.
DAVID (Jac. Phil.), sous-lieut. au 16$^e$ chasseurs. — XXVII, 5, 171.
DAVID, g$^{al}$ de brigade. — XXVIII, 143, 228.

DAVID, peintre et repr. — XXVIII, 131, 151, 260.
DAVID (Augustin), employé à la Marine à Toulon. — XXVIII, 549.
DAVID (René), salpêtrier. — XXVIII, 593.
DAVID, médecin. — XVIII, 545.
DAVID, constructeur d'une forerie à Saint-Gervais (Isère). — XX, 707.
DAVID (Jacques). — XXIII, 240.
DAVILLIER. — Voir GROS.
DAVIS (Thomas), anglais, tanneur. — XXVII, 112.
DAVIS (Robert), prisonnier anglais. — XXVI, 287.
DAVOIS, lieut. de gendarmerie. — XVIII, 664.
DAVOIS, de Mézières-en-Drouas. — XX, 173.
DAVOUT, g$^{al}$ de division. — XX, 695. — XXI, 10. — XXVIII, 679.
DAVOUT (Alexandre), cap$^e$, frère du g$^{al}$. — XX, 522.
DAVY, médecin. — XXVIII, 670.
*Dax* (Landes). — XVIII, 508. — XIX, 325, 335. — XXIII, 315.
DAYMAY (Th.), négociant génois. — XXVIII, 385.
DEBANQUE frères, négociants. — XXV, 326.
DEBAR, g$^{al}$ de brigade. — XIX, 256. — XXIV, 476. — XXV, 519, 696. — XXVI, 742. — XXVII, 57, 617. — XXVIII, 195, 212.
DE BARAY et NAHON, négociants à Bruxelles et Liège. — XXVIII, 102.
*Débarquements* (Projets ou menaces de). — XXV, 26, 27, 29, 32, 52, 84, 85, 114, 143, 144, 149, 190, 228, 231, 232, 259, 260, 299, 329, 337, 361, 365, 392, 395, 396, 412, 417, 432, 433, 466, 471, 477, 497, 499, 505, 507, 510, 532, 555, 557, 599, 662, 667, 719. — XXVI, 73, 154, 155, 161, 403, 406, 426, 465, 567, 630, 671, 694, 700, 705, 718, 754, 759, 768. — XXVII, 76, 77, 101, 136, 158, 239, 330, 331, 339, 433, 504, 509, 520, 522, 525, 594, 595, 617, 643, 661. Voir *Croisières*; *Marine*; *Navires*.
DEBARE (Louis Thomas Maris), aide-chimiste à l'École centrale des Tr. publ. — XVIII, 770.
DEBARING, receveur des domaines des princes d'Orange. — XXV, 430.
DEBATS, agent des étapes. — XIX, 322. — XXII, 225.
*Debatz* (Maison). — XX, 331.
DEBAUDRE ou DEBANDRE de l'École centrale des Tr. publ. — XIX, 455. — XXI, 49.
DEBELLE, g$^{al}$. — XVIII, 144.
DEBERN. — XXIII, 163.
DEBERNES, sous-lieut. — XXVI, 369.
DEBERRY frères, négociants en farine à Saint-Germain-en-Laye. — XXIII, 123.
DEBESTÉ, de La Rochelle. — XXI, 411, 412.
DEBETTE, lieut. — XXV, 638.
DEBIERRE, sergent-major. — XXIII, 661.
DEBILLY, adjud$^t$ g$^{al}$, chef de brigade. — XX, 203.
DEBONNE-DABONVAL (Ch.), chef de brigade adjoint. — XXVI, 601.
DEBOUR, g$^{al}$ de brigade, chef de la Légion de police g$^{ale}$. — XXV, 662.
DEBOUT (J.), enseigne. — XXIII, 322, 643.
DE BRESSE, agent de l'Agence de l'habillement. — XIX, 322.
DE BRIE, boulanger militaire. — XXIII, 342, 554.
DEBRIGE, cap$^e$ de dragons. — XXII, 108.
DE BRUC, chef vendéen. — XXVI, 747. — XXVIII, 366.
DEBRUGES, cap$^e$ des pompiers. — XXI, 175.

DEBRUILLE, command$^t$ de la place de Landrecies. — XXVII, 558.
DEBRUN, g$^{al}$ de division. — XXI, 10.
DE BRY (Jean), repr. — XVIII, 2, 604, 727, 810. — XIX, 301, 302, 425, 460, 539, 545, 586, 671. — XX, 292, 346, 470, 478, 495, 497, 508, 746, 768. — XXI, 502. — XXII, 139, 141, 520. — XXIII, 154, 181, 479, 730, 733. — XXIV, 44, 465, 582. — XXV, 93, 104. — XXVI, 5, 109, 137. — XXVII, 51. — XXVIII, 235.
*Début*, navire de l'Île de Ré. — XX, 547.
*Décadi*. — XXV, 127. Voir *Fêtes*.
DECAEN, adjud$^t$ g$^{al}$. — XXVI, 527. — XXVIII, 408, 527.
DECAISNE, entrepreneur de charrois. — XIX, 284. — XXIII, 506, 507, 508. — XXIV, 580.
DECAMP, cap$^e$. — XXII, 593.
DECAUX, sous-lieut. du génie. — XXI, 552.
DECAVELEZ, invalide. — XXIV, 44.
*Decemvirat*. — XXIII, 106. — XXV, 565.
DECHANTREAU, chouan. — XXIII, 472.
DECHARGEY-DAMPIERRE, chef de brigade. — XXII, 9.
DECHEZEAUX, armateur. — XX, 547.
DECHIZELLE, chirurgien. — XXVII, 54.
DECIRE (Fr.), m$^{al}$ des logis. — XXVII, 126.
*Decize* (Nièvre). — XIX, 563. — XXI, 656. — XXI, 714. — XXII, 151. — XXIII, 272, 800. — XXIV, 236, 487. — XXV, 309.
DECLERCQ, terroriste. — XXV, 387.
DECOMBLES (Jacques Louis Marie), négociant. — XVIII, 560.
DÉCOULES DE ROCHE (Charles). — XVIII, 244.
DECRESSAC (Jean Barthélémy Eutrope), aspirant-élève des Mines. — XXII, 611.
DECROIX, drapier à Lyon. — XXIV, 270.
DECOURCHAUT ou DUCOURCHAUT, expéditionnaire à la sect$^n$ de la Guerre. — XXVI, 334.
*Décret* des Deux-Tiers. — XXVII, 25, 130, 309, 325 326, 334, 338, 373, 381, 385, 386, 409, 489, 555 568, 602, 642, 670.
*Décrets* (Collection g$^{ale}$ des). — XXVIII, 20.
DEDAN, cadet, sous-direct$^r$ de l'arsenal de Rennes. — XXV, 199.
DEDON. — XVIII, 184, 3.
DEDON, cap$^e$. — XVIII, 305.
DÉDOU aîné, chef de b$^{on}$. — XXIV, 10.
DÉDOU cadet, chef de b$^{on}$. — XXIV, 10.
DEDOUVE, cultivateur à Gentilly. — XXII, 691. — XXVIII, 572.
DEFER, garde-magasin à Cherbourg. — XVIII, 707.
DEFERMON, repr. — XVIII, 90. — XXI, 578, 748, 786. — XXII, 90, 165, 285, 640, 667, 818. — XXIII, 23, 372. — XXIV, 1, 99. — XXV, 58, 93, 285, 547, 598. — XXVI, 109, 535, 580. — XXVII, 68.
*Défiance* (La), navire américain. — XIX, 431.
DEFLANDRE (Ch. Fr.), aérostier. — XX, 488.
DEFLOYES (Ch. Fr.), ag$^t$ de change ou courtier. — XXIII, 270.
DEFONTENAY et fils (V$^{ve}$), négociants à Rouen. — XXIV, 10, 242.
DEFORGES (Pierre), lieut. — XVIII, 208.
DEFORGES, gendarme. — XX, 629.
DEFORGUES, ex-ministre. — XVIII, 274.
DEFOURNEAU, chef de division. — XVIII, 681.
DEFOSSE, inspect$^r$ civil de la marine à Toulon. — XXV, 410.
DEFRANCE, cap$^e$. — XIX, 566.

*Degermes*, élève d'artillerie. — XVIII, 120.
DEGERSE, fournisseur de fontes. — XXIII, 149.
*Dego* (Italie). — XVIII, 270.
DEGOUGES (C$^{ne}$). — XXIII, 298, 299.
DEGRAS, ex-noble. — XVIII, 5, 11.
DEGRAS, g$^{al}$ de brigade. — XIX, 410.
DEGROS, employé aux convois militaires. — XIX, 200.
DEGUEST, agent nat. — XXVIII, 638.
DÉGUILLON (Stanislas Louis), lieut. — XXII, 219.
DEHADÉ, inspecteur des messageries. — XXIV, 373.
DEHARMI, écrivain des colonies. — XXVI, 422.
DEHARGUE. — XVIII, 176.
DEHAUNE (J.-P.), canonnier. — XXIII, 310.
DEHAUSSY, administrateur du district de Péronne. — XVIII, 49. — XXIV, 293.
DEHOU, en mission dans les mines. — XXIII, 547, 548.
DÉJEAN, cap$^e$. — XXIV, 217.
DEJEAN. — XIX, 50.
DEJEAN, lieut. réintégré. — XIX, 550.
DEJEAN, g$^{al}$ de division. — XXIV, 771. — XXV, 50, 51, 225, 226, 531, 584, 745. — XXVIII, 484.
DEJEU, adjud$^t$ g$^{al}$, chef de b$^{on}$. — XX, 317.
DEJU, adjud$^t$ g$^{al}$. — XXV, 29.
DELAAGE, g$^{al}$ de division. — XXII, 656.
DE LA BARRE, aide de camp du g$^{al}$ Champmorin. — XXV, 696.
DELABORDE (Henri Fr.), g$^{al}$. — XVIII, 400. — XIX, 6, 178, 255. — XXIV, 10.
DELACOULDRE (Henri), soldat de la 1$^{re}$ réquisition. — XXV, 177.
DELACROIX (Charles), repr. — XVIII, 371, 384, 682, 683, 684, 710, 733, 761, 774, 791, 796, 802. — XXI, 34, 51, 52, 123, 139, 260, 385, 439, 632, 789. — XX, 334, 573, 574, 666, 703, 741, 798, 799. — XXI, 403, 426, 643, 684, 691, 772. — XXII, 20, 768. — XXIV, 137, 138, — XXV, 632. — XXVI, 349, 385, 566, 626, 727. — XXVII, XIII, 14, 16, 256, 429. — XXVIII, 196, 240, 271, 276 à 278, 304, 364, 541, 698, 699.
DELACROIX, de Mézières. — XX, 486.
DELACROIX, fabricant de drap à Elbeuf. — XVIII, 400.
DELACROIX ou LACROIX, professeur de droit public au Lycée. — XIX, 341, 418, 419.
DELACROIX, agent nat. en Belgique. — XXVIII, 420.
DELADRÊNE frères. — XXII, 674.
DELAGARDE, propriétaire de la manufact. de papier du Marais. — XX, 625. — XXVII, 397.
DELAGE, chef de b$^{on}$. — XVIII, 630.
DELAGUETTE, imprimeur à Paris. — XXVIII, 97.
DELAHAIS, commissaire des Guerres. — XVIII, 450.
DELAHAYE (Charles), ex-repr. — XVIII, 355, 660. — XIX, 401. — XX, 150. — XXIII, 376.
DELAHAYE, négociant en farines. — XXIII, 271.
DELAHAYE, employé à la Commission des armées. — XXIII, 771, 772.
DELAHAYE, ex-administrateur. — XXIV, 74, 75.
DELAHAYE, écrivain de l'agent comptable de Lille. — XXVIII, 482.
DELAIGNE, brigadier de gendarmerie. — XXII, 561.
DELAITRE, filateur. — XVIII, 304, 809. — XX, 484.
DELAÎTRE, g$^{al}$ de division. — XIX, 497, 636.
DELALANDE ou LALANDE, administrateur de la Manche — XXI, 792.
DELALOGE père et fils, requis pour l'exploitation des bois. — XXV, 126.

DELAMAÏDE, major. — XX, 54.
DELAMARQUE, cap$^e$ de navire. — XXI, 682.
DELAMARRE (Ant.), repr. — XXI, 684. — XXII, 330, 342, 455, 481, 482, 534, 600, 601, 674, 784. — XXIII, 93, 163, 201, 250, 254, 255, 282, 283, 297, 324, 343, 437, 455, 554, 568, 594. — XXIV, 11, 12, 43, 68, 106, 107, 108, 322, 360, 361, 393, 479, 498, 505, 512, 513, 617, 618, 646, 714, 733, 766, 770. — XXV, 15, 47, 50, 83, 109, 137, 142, 173, 197, 222, 248, 252, 328, 333, 353, 359, 387, 443, 444, 464, 469, 496, 588, 595, 645, — XXVII, 123, 137, 179, 572. — XXVIII, 93, 297, 314, 321, 328, 365, 421 à 423, 584, 675.
DELAMARRE, de Copenhague. — XX, 226. — XXII, 11. — XXVI, 561.
DELAMARRE, fournisseur de bois et fers. — XXI, 20.
DELAMBRE, commissaire pour la mesure de l'arc du méridien. — XXIII, 734.
DELANCE, imprimeur à Paris. — XXVIII, 97, 192.
DELANGE, employé au C. de Législation. — XX, 625.
DELANNE, (Esprit François), cap$^e$ instructeur. — XXII, 654.
DELANNOY frères. — XXII, 70.
DELAOUTRE, fabricant à Roubaix. — XVIII, 448.
DELARBRE. — XVIII, 288.
DELARCHE, préposé des douanes à Nord-Libre. — XXVIII, 165.
DELARUE, agent des Fourrages. — XIX, 322.
DELARUE, g$^{al}$. — XXII, 315. — XXIII, 483.
DELATRE. — XXVIII, 395.
DELÂTRE frères, négociants à Abbeville. — XXV, 493. — XXVI, 476.
DELATTRE, chef des vivres de la marine à Dunkerque. — XXIII, 158.
DELATTRE, administrateur du départ$^t$ du Nord. — XXIV, 393.
DELAUNAY (P.-M.), repr. — XVIII, 458, 477, 507, 687. — XIX, 58, 221, 471. — XX, 257, 379, 577, 642. — XXI, 138, 214, 222, 224, 225, 308, 353, 578, 785, 790. — XXII, 136, 137, 166, 322, 381, 397, 583, 727. — XXIII, 52, 148, 166, 195, 226, 227, 250, 315, 334, 382, 472, 492, 536, 682. — XXIV, 134, 637. — XXVI, 389. — XXVII, 25. — XXVIII, 450, 629.
DELAUNAY, chef chouan. — XXI, 15.
DELAUNAY, d'Angers. — XXII, 2. — XXVII, 567.
DELAUNAY, g$^{al}$. — XX, 460, 737. — XXII, 504. — XXV, 167, 458. Voir LAUNAY.
DELAUNOIS, vérificateur des assignats. — XXVII, 556.
DELAUNOY (Joseph), négociant à Paris. — XXV, 494.
DELAVIGNE frères, de Bordeaux. — XVIII, 678. — XIX, 456.
DELAVIGNE (Fortuné), du Havre. — XX, 6.
DELAVILLE-BAUGÉ, chef vendéen. — XXI, 224.
DELBARD. — XXVII, 126, 443.
DELBASSÉ (Jean). — XIX, 232.
DELBÉE, g$^{al}$ de brigade. — XXIII, 162.
DELBOUT, lieut. — XXIV, 68.
DELBREL, repr. — XVIII, 153, 173, 187, 188, 223, 269, 326, 342, 360, 416, 419, 572, 618, 642, 671, 673, 674, 695, 722, 794, 805. — XIX, 135, 146, 148, 149, 163, 224, 235, 250, 345, 353, 509, 526, 527, 650, — XX, 57, 144, 329, 499, 553, 578, 732. — XXI, 45, 143, 336, 615, 636, — XXII, 404. — XXIV, 495, 820. — XXVIII, 615.
DELCAMBRE, chef de division. — XXIV, 821.
DELCER, commissaire. — XVIII, 398.

DELCHER, repr. — XVIII, 58, 239, 378, 431, 542, 607. — XIX, 59, 131, 608, 754. — XX, 112, 260, 527, 659, 797. — XXI, 318, 447, 541, 736, 737, 738, 797. — XXII, 48. — XXXII, 69, 483, 508, 627. — XXVIII, 266.
DELCHET, constructeur de voitures. — XIX, 45.
DELEAGE, cap$^e$ de gendarmerie à Moulins. — XXIII, 328.
DELEAGE, caporal. — XXV, 487.
DELEAGE père, repr. — XXV, 487 n.
DELEBRET-LACHARME, off. — XVIII, 450.
DELLEBRET, lieut. — XX, 544.
DELFAU, chasseur à cheval. — XVIII, 680.
DELECLOY, repr. — XXI, 466. — XXIII, 142, 163, 562. — XXVI, 480.
*Delémont* (Suisse). — XXIII, 109, 110, 540. — XXIV, 738, 739. — XXV, 202, 203. — XXVI, 540.
DELERY, employé dans les bureaux du C. de S. P. — XXVIII, 700.
DELETRÉ, adjoint du génie de 1$^{re}$ classe. — XXII, 639.
DELESCHEUX, négociant à Paris. — XXVI, 509.
DELEYRE, repr. — XXI, 133, 687.
DELEZYL. — XXI, 266.
DELGAS, cap$^e$. — XIX, 32.
DELGAS, adjud$^t$ de la place du Havre. — XX, 43.
DELHOMME, command$^t$ à Angers. — XX, 650.
DELIE, f$^e$ Lamont, maréchal ferrant à Paris. — XXIV, 657.
DELIÈCE, juge au Trib. revol. de Sainte-Menehould. — XXIII, 760.
DELIONS, postillon. — XIX, 139.
DELISLE. — XVIII, 401.
DELISLE, cap$^e$. — XX, 650. — XXII, 779.
DELISLE, lieut. de gendarmerie. — XVIII, 475.
DELISLE (Victor), command$^t$ à Yvetot. — XXIII, 64. — XXVI, 440.
DE LISLE, cap$^e$ du génie. — XXIII 43. — XXIII, 157, 247, 248, 278. Voir ROUGET DE LISLE.
DELISLE, employé à l'approvisionnement de Paris. — XXIV, 432.
DELISLE, direct$^r$ des fourrages de l'A. des Alpes. — XXVII, 313.
DELISLE (Léonce), propriétaire de la papeterie de Buges. — XXVIII, 80.
DELLARD, SWAN et C$^{ie}$, fournisseurs de coton. — XX, 150.
DELLEAU. — XXVIII, 404.
DELMART, garde d'artillerie. — XX, 243.
DELMAS, g$^{al}$. — XXIII, 568. — XXIV, 188. — XXVIII, 679.
DELMAS, cap$^e$ de chasseurs. — XXIV, 637.
DELMAS, lieut.-colonel. — XXVI, 204.
DELMAS, dragon. — XIX, 411.
DELMAS (J.-F. Bernard). — XIX, 258. — XXI, 161. — XXIII, 377, 402, 429, 636. — XXIV, 188, 541. — XXV, 185, 495, 594, 603, 644. — XXVI, 212, 243, 425, 490, 547, 560, 605, 621, 624, 631, 692. — XXVII, XI, 77, 157, 302, 668, 669. — XXVIII, 12, 64, 141, 153, 154, 156, 157, 174, 175, 193, 212, 303.
DELMAS, employé à la section de la Guerre. — XXVIII, 417.
DELMESTRE. — XXVI, 35.
DELMASSE. — XVIII, 133.
DELMON, commissaire des Guerres. — XXVIII, 29, 356.
DELMOTTE, contre-amiral. — XVIII, 131.
DELOMEL, cap$^e$ de gendarmerie. — XXI, 818.
DELOMERGUE, négociant à Rochefort. — XXVIII, 103.
DELON, aide de camp du g$^{al}$ Bessières. — XXIII, 161.
DELORIER, patron de barque à Blaye. — XIX, 701.
DELORME (Louis Bazin). — XVIII, 328.
DELORME, canonnier. — XVIII, 580.
DELORME, direct$^r$ de la manufact. de potasse de Grizelles. — XIX, 274, 275.
DELORME, cap$^e$. — XXI, 127.
DELORT, adjud$^t$ g$^{al}$. — XXVII, 256.
DELOUCHE. — XVIII, 104.
DELOUCHE, cap$^e$. — XXII, 614.
*Delphin* (Le), navire suédois. — XIX, 598.
DELPUECH, cap$^e$. — XXVI, 203.
DELTROIRE, lieut. — XX, 223.
DELUC, chef de b$^{on}$. — XXIV, 316.
DELUNEL, pharmacien en chef de l'A. de l'Intérieur. — XXV, 347.
DELUNS, grenadier. — XIX, 785.
DELVINCOURT, sous-lieut. — XXVII, 556.
DEMAGNY. — XXVI, 507.
DEMAISONS, juge. — XXII, 698.
DEMANDRE, des fabriques du Crochot et de la Barbe. — XVIII, 650.
DEMANGE, employé de la poste. — XXVI, 270.
DEMANGEAT. entrepreneur de fonderie à Indret. — XXII, 5. — XXV, 162, 349.
DEMARÇAY, chef de b$^{on}$. — XXIII, 551.
DEMARET, employé à la surveillance des routes. — XXI, 65.
DEMARQUE, préposé des douanes à Nord-Libre. — XXVIII, 165.
DEMARS, agent g$^{al}$ des hôpitaux. — XXIV, 702.
DEMARS (Odon Nicolas Loeilliot), g$^{al}$ de brigade. — XX, 44. — XXI, 376.
DEMBARÈRE, g$^{al}$. — XXIII, 162.
DEMEAUX, employé à la section de la Guerre. — XXVIII, 417.
DEMEAUX, commissaire des Guerres. — XXI, 401.
*Demerara*, colonie hollandaise des Indes occidentales. — XX, 494.
DEMERVILLE, chef du bureau des hôpitaux militaires. — XXIV, 818. — XXVIII, 618.
DE MESLE (Fr. Ours). — XIX, 449.
DEMIMUID (Armand), d'Hervilliers. — XXIII, 68.
DÉMIOT. — XVIII, 520.
*Démocrate* (Navire Le). — XVIII, 185. — XXII, 265. — XXIII, 217.
*Demoiselle Jeanne* (La), navire hambourgeois. — XX, 8.
DEMONDÉSIR, de Paris. — XXII, 814.
DEMONT, lieut. des grenadiers. — XIX, 343.
DEMONT, adjud$^t$ g$^{al}$. — XX, 125.
DEMONVILLE, imprimeur à Paris. — XXVIII, 97.
DEMORAINE, imprimeur à Paris. — XXVIII, 97.
DEMORE, employé à l'hôpital de la Marine, à Toulon. — XXVIII, 488.
DEMUY (Félix), g$^{al}$. — XXII, 613. — XXVII, 33. Voir DUMUY.
*Den Jongen Heinrick*. — XXIII, 584.
DENAYER, command$^t$ de gendarmerie. — XXI, 50. — XXV, 519. — XXVI, 624.
DENAYSE, off. d'administration des hôpitaux au Cap. — XXIV, 476.

DENEGRY, consul de Toscane. — XXI, 422.
DENEUX, commissaire des Guerres. — XXII, 542.
DENICÉ ou DENNIÉ, commissaire ordonnateur à l'A. des Alpes. — XVIII, 254. — XXIV, 691. — XXV, 616. — XXVII, 534.
DENIOT, agent à Bruxelles. — XIX, 228.
DENIOT, agent de service des équipages. — XIX, 321.
DÉNIOT, agent des subsistances g$^{ales}$. — XXVII, 445.
DENIS, de l'administration des postes. — XVIII, 276.
DENIS, cartographe. — XIX, 279.
DENISSE, aide de camp. — XXI, 323.
DENIZARD, garçon de bureau du C. de S. P. — XXV, 586. — XXVI, 533. — XXVII, 474, 501.
DENNEZEL, chef de brigade d'artillerie. — XXV, 576.
DENNIÉE, enseigne de vaisseau. — XX, 630.
DENORMANDIE, liquidateur g$^{al}$ de la Dette publique. — XXVIII, 465.
DENOT (Fr.). — XIX, 531.
DENTZEL, repr. — XIX, 365, 366, 758. — XXIII, 70, 71, 424. — XXIV, 284, 351, 352, 723, 752, 753. — XXV, 17, 129, 534, 560, 734. — XXVI, 144, 691, 728. — XXVII, XVI, 305, 330, 409, 454, 642. — XXVIII, 107, 310, 352, 392, 393, 451, 634, 635, 636, 693, 701.
DENUCÉ, g$^{al}$ de brigade. — XXIII, 739.
DEPLANE, direct$^{r}$ des hôpitaux de la 17$^{e}$ division. — XXIV, 583. — XXVII, 560. — XXVIII, 715.
DEPIERRE (Jean Marie), élève à l'École de Mars. — XX, 68.
DEPIERRE, requis pour l'agriculture. — XXI, 562.
*Déportés.* — XXI, 462, 560, 561. — XXIII, 329, 330, 331, 359, 559. — XXIV, 90. — XXVI, 104, 488, 491, 540, 549, 563, 763. — XXVII, 130, 296, 327, 603. Voir *Prêtres.*
*Dépôt* des cartes et plans. — XXV, 159, 166. — XXVI, 513, 660, 667.
— de la Guerre. — XVIII, 63. — XXVI, 73.
— des voitures nat$^{les}$. — XXV, 37. — XXVI, 421.
*Dépôts* des chevaux. — XXV, 7, 441, 504, 664. Voir *Haras.*
— d'infirmerie des chevaux. — XXV, 8, 492.
— de la Légion de Police g$^{ie}$. — XXVI, 624.
— militaires. — XXV, 331. — XXVII, 142.
— des prisonniers. — XXVI, 65, 69, 223, 286, 287, 386. — XXVII, 203, 204, 312, 303.
— des remontes. — XVIII, 63. — XXV, 42, 100, 101, 102, 391, 430, 538, 713.
DEPREZ-CRASSIER, g$^{al}$. — XVII, 532. — XIX, 230. — XXI, 345. — XXII, 717. — XXIII, 739. — XXIV, 118, 502. — XXVI, 6. Voir DESPREZ-CRASSIER.
DÉPRÉ (Charles). — XIX, 495.
DÉPRÉ, commissaire des Guerres. — XX, 160.
DEPUCHE. — XVIII, 105.
DEPUECH, chef de b$^{on}$. — XVIII, 431.
DEQUET, cap$^{e}$. — XXVI, 41.
DEQUET, aide de camp du g$^{al}$ Sabouroux. — XXVI, 204.
DEQUEUX, cap$^{e}$. — XIX, 750.
DERAISMES commissaire des Guerres. — XXII, 217.
DERANTIE, marin. — XIX, 636.
DERAUD, chef de b$^{on}$. — XXIII, 772.
DERAZEY, repr. — XX, 548.
DERBIGNY, instituteur, préposé aux salpêtres dans le Nord. — XIX, 750.

DERECQ et C$^{ie}$, négociants en vins. — XXVIII, 594.
DEREUSSE (L. J. M.), commis principal au C. de S. P. — XXVIII, 506.
DERIVIÈRE, de Beauvais. — XVIII, 15.
DERMESIN, hussard. — XXI, 654.
DERNAIS (Fr. Pierre), d'Ensisheim, fournisseur. — XXVII, 347.
DERMONCOURT, du 3$^{e}$ b$^{on}$ de l'Aisne. — XXIV, 476.
DEROCHE, de la manufacture du Creusot. — XXI, 582, 583. — XXII, 30.
DEROIRE (Louis), ag$^{t}$ de change ou courtier. — XXIII, 270.
DEROME, aide de camp. — XVIII, 400.
DEROQUE, g$^{al}$ de division. — XXVII, 511. — XXVIII, 220.
DEROSNE, fournisseur pour la confection d'habillement. — XXI, 679.
*Déroute* (Passage de la). — XXIII, 28.
DEROZIERS, courrier. — XVIII, 104. — XXIV, 633.
DERVILLÉ (Clément), commissaire des Guerres. — XXIII, 476.
DESACY, cap$^{e}$. — XXVIII, 129.
DESACY, repr. — XXIII, 590.
DESAINT. — XX, 391.
DESAIX, g$^{al}$. — XVIII, 518. — XIX, 422. — XXVIII, 627.
DÉSAGE, maître marinier à Montereau. — XXVI, 336.
DESANDRIEUX. — XVIII, 20.
DÉSANDROIN, employé aux mines d'Anzin. — XX, 267, 268. — XXIV, 244, 245.
DESART, cap$^{e}$. — XXIII, 188.
DESAUDRAY. — XXVII, 620.
DESBAN, aide de camp du g$^{al}$ Randon-Dulauboy). — XXII 746.
DESBARRES, auteur du *Neptune américain.* — XX, 608.
DESBORDELIERS, chef de brigade. — XXIV, 822.
DESBRETZ, adjoint de l'adjud$^{t}$ g$^{al}$ Granet. — XXIV, 765.
DESBRIÈRES, imprimeur à Paris. — XXVIII, 97.
DESBRULYS, g$^{al}$ de brigade. — XXI, 593. — XXII, 306, 376. — XXVI, 430.
DESCABANES, g$^{al}$ de brigade d'artillerie. — XXV, 408.
DESCAMPS, repr. — XX, 298.
DESCHAMPS, papetier. — XVIII, 143.
DESCHAMPS, m$^{al}$ des logis chef. — XVIII, 507.
DESCHAMPS DE LA PORTE, adjoint de l'adjud$^{t}$ g$^{al}$ Fortin. — XXII, 810.
DESCHAMPS, lieut. de cavalerie. — XXVIII, 265.
DESCHAMPS, employé au distr. de Niort. — XXVI, 346.
DESCHAMPS (Jacques), administrat$^{r}$ de l'Enregistrement. — XXVII, 651.
DESCHAPELLES, agent des fourrages. — XIX, 322.
DESCHAUDELLIERS, gendarme. — XXV, 731.
DSCHETS, commissaire des Guerres. — XXVIII, 671.
DESCLANCHES, de Valenton. — XXVIII, 347.
DESCLAUX DE LA COSTE, négociant à Bordeaux. — XXVIII, 5.
DESCLOZEAUX, g$^{al}$ de brigade. — XIX, 473. — XX, 775. — XXVIII, 355.
DESCLOSETZ, hussard au 3$^{e}$ rég$^{t}$ à Reims. — XXVIII, 548.
DESCORCHES (Marie), envoyé près la Porte Ottomane. — XXIV, 404. — XXVIII, 448.
DESCORMIER, lieut. de vaisseau. — XX, 630.

DES — 79 — DES

*Description du cabinet de physique*, de SIGAUD DE LA FOND. — XXV, 640.
DESCROIZILLES, chimiste. — XX, 542.
DÉSEGRAY, chargé de la caisse des Invalides de la marine. — XXVI, 237.
DESENFANS, g$^{al}$. — XXVII, 56.
*Déserteurs. Désertion.* — XX, 429, 435. — XXI, 253, 259, 330, — XXII, 24, 25, 32, 223, 329, 385, 405, 554, 601, 602, 606, 607, 612, 635, 636, 671, 729, 817, 819, 824. — XXIII, 75, 147, 179, 180, 188, 199, 216, 239, 240, 288, 306, 320, 333, 420, 421, 559, 792, 793. — XXIV, 52, 90, 136, 148, 164, 195, 198, 206, 259, 302, 346, 347, 428, 557, 572, 573, 574, 575, 604, 653, 686, 687, 692, 693, 695, 730, 758, 783, 798, 814, 815, 828, 846. — XXV, 24, 49, 60, 90, 119, 125, 134, 147, 153, 155, 178, 179, 201, 237, 251, 254, 262, 266, 268, 303, 310, 313, 327, 330, 347, 384, 386, 418, 419, 436, 444, 450, 479, 483, 496, 501, 507, 557, 558, 568, 571, 621, 631, 669, 680, 707, 710, 732 n., 733, 753, 754. — XXVI, 26, 36, 78, 85, 131, 146, 162, 167, 168, 170, 188, 198, 214, 220, 221, 255, 266, 281, 286, 300, 302, 324, 350, 357, 367, 411, 414, 420, 433, 452, 469, 473, 474, 487, 488, 490, 495, 497, 506, 515, 519, 530, 540, 562, 564, 566, 569, 571, 588, 591, 631, 649, 660, 670, 689, 704, 716, 762, 767. — XXVII, 1, 50, 63, 65, 88, 90, 119, 122, 128, 157, 163, 169, 223, 233, 270, 275, 283, 302, 315, 359, 384, 394, 414, 430, 431, 435, 436, 448, 453, 456, 507, 559, 565, 567, 574, 590, 641, 645, 647. — XXVIII, 82, 88, 329, 514, 515, 550, 561, 562, 563, 564, 576, 585, 593, 632, 633, 677, 704. Voir *Officiers* ; *Troupes* (Indiscipline des).
*Desescoutes* (Chantier de bois de). — XX, 4.
DESFORGES, chef des bureaux civils de la marine à Rochefort. — XXI, 68.
DESFORGES, volontaire, à Rochefort. — XXI, 281.
DESFORGUES, administrateur au C. de S.P. — XXIV, 19.
DESFOURNEAUX (Et.), g$^{al}$ de division. — XVIII, 631, 761. — XIX, 162. — XXIV, 68.
DESFOURNEAUX, concessionnaire des mines de Marimont. — XXI, 810. — XXV, 541.
DESFRANE, chef de brigade. — XXV, 617.
DESGRANGES, g$^{al}$. — XXVII, 56.
DESGRANGES frères, fabricants de papier à Luxeuil. — XXVII, 26.
DESGRAVIERS (P.) aîné, négociant à Dunkerque. — XXVIII, 574.
DESGRÉAUX, employé extraord. à Toulon. — XXV, 409.
DESGENETTES, médecin. — XXII, 302.
DESHAYES (Pierre Arnault), lieut. de vaisseau. — XIX, 412.
DESHAYES, g$^{al}$ de brigade. — XXI, 317.
DESHAYES (Charles), lieut. de vaisseau. — XXII, 46.
DESILLES, tué à Grandchamp. — XXIV, 751.
DESILLES, son frère. — XXIV, 115, 750.
*Désirable Elizia*, navire. — XXIII, 584.
DÉSIRAT, commissaire des Guerres. — XX, 367, 522.
DÉSIRÉ (C$^{ne}$), contre-révolut$^{re}$. — XXVI, 47. — XXVII, 78.
DESJARD, enseigne de vaisseau. — XX, 630.
DESJARDIN, g$^{al}$. — XXI, 331. — XXIV, 259.
DESLANDES. — XVIII, 564. — XIX, 230.
DESLANDES, commissaire du C. de S. P. à Meudon. — XX, 365. — XXVII, 229.

DESLANDES, cap$^e$. — XXV, 617.
DESLANDES. — XXVI, 536.
DESLIARDS, propriétaire des forges de Hurtaut. — XXI, 280.
DESLOGES (Chrétien), du Valais. — XVIII, 319.
DESLOGES, agent des Vivres de la marine. — XIX, 322. — XXVIII, 21.
DESLORD, lieut. de cavalerie. — XXII, 614.
DESMARET. — XVIII, 143.
DESMARQUETS, command$^t$ temporaire. — XIX, 241.
DESMONTILS, entrepreneur. — XVIII, 290.
DESMONTRUEUX, commissaire des Guerres. — XVIII, 475. — XIX, 256.
DESMOULINS, garde-magasin. — XVIII, 140.
DESMOULINS (Camille). repr. — XXV, 589.
DESMOUTIERS père et fils, cultivateurs aux Vallons. — XXVIII, 575.
DESNAUX et C$^{ie}$, march$^d$ de fer. — XVIII, 548, 786.
DESNOYEL, étapier. — XXVI, 644.
DESNOYERS, sous-garde à l'arsenal de La Fère. — XXV, 186.
DESNOYERS, g$^{al}$. — XXII, 821.
DESOLE, off. de marine. — XXIV, 751.
DÉSOLINES, chef de b$^{on}$. — XXII, 330, 790.
DESOLLE, adjud$^t$ g$^{al}$. — XXVII, 620.
DESORGUES, cap$^e$. — XXII, 654.
DESOUCHES, secrétaire de Villaret. — XXI, 427.
DESOUCHES, ex-command$^t$ temporaire du fort Français. — XXII, 306.
DESOUDINS, off. de santé à l'hôpital de Saarbrück. — XXVIII, 595.
DESPEAUX, g$^{al}$. — XXV, 283.
DESPECHER frères, adjudicataires de suere. — XXIV, 584.
DESPERAMONS (Bernard), aide de camp du g$^{al}$ Monchoisy. — XXVIII, 484.
DESPERIÈRES, g$^{al}$ de brigade. — XIX, 120. — XXVII, 33, 396, 480, 633. — XXVIII, 166, 195.
DESPIE, quartier-maître trésorier de la police g$^{ale}$. — XXVIII, 699.
DESPIERRES, ex-prisonnier. — XXVI, 475.
DESPINASSY, chef de brigade. — XXIII, 223.
DESPINASSY, repr. — XXIII, 226, 430, 705, 709, 732, 766, 827. — XXIV, 33, 102, 123, 208, 209, 237, 272, 284, 348, 355, 427, 430, 463, 478, 531, 534, 602, 606, 614, 651, 675 712, 713, 726, 781, 795, 796, 814. — XXV, 47, 139, 203, 238, 266, 369, 383, 464, 516, 550, 564, 654, 743, 752. — XXVI, 13, 25, 76, 102, 219, 222, 308, 322, 352, 356, 376, 411, 412, 433, 491, 528, 545, 546, 547, 553, 568, 594, 605, 613, 651, 652, 676, 732. — XXVII, XIII, 15, 38, 118, 127, 183, 203, 211, 268, 296, 309, 310, 312, 339, 385, 386, 415, 426, 434, 452, 497, 512, 556, 580, 581, 626. — XXXIII, 38, 39, 40, 59, 95, 142, 186, 215, 223 à 226, 316, 344, 386, 430, 538, 654.
DESPINOY, g$^{al}$. — XVIII, 305.
DESPONCHES, g$^{al}$ de brigade. — XXVI, 318.
DESPORTES, résident auprès de la République de Genève. — XVIII, 448. — XXVII, 348.
DESPORTES, lieut. de gendarmerie à Vic. — XX, 44.
DESPORTES, sergent des volontaires de Paris. — XXII, 794.
DESPRÈS, employé à l'Agence de l'habillement. — XIX, 322. — XX, 331.
DESPREZ, chef d'escadron. — XX, 439.

DESPREZ (Médard), agent de change ou courtier. — XXIII, 269.
DESPREZ, chef de brigade du distr. de Mortain. — XXVIII, 393.
DESPREZ (Constant), maître de forges. — XXIV, 470. — XXVI, 85.
DESPREZ-CRASSIER, g$^{al}$ de division. — XXVIII, 374, 682. Voir DEPREZ-CRASSIER.
DESPUECH et LAPENNE (Maison). — XXVIII, 231.
DESRIVIÈRES, ex-prêtre. — XXIII, 173.
DESROCHES, adjud$^t$ g$^{al}$. — XXVII, 249.
DESRUELLES (V$^{ve}$). — XVIII, 680.
DESRUES, répr. — XVIII, 127, 436, 612, 638. — XIX, 211, 212, 341, 418, 542, 647, 700, 740. — XX, 155, 164, 165, 182, 307.
DESRUES, cultivateur à Bussy-Georges. — XXIV, 2.
DESSANC (Auguste). — XVIII, 505.
DESSEIN, g$^{al}$ de division. — XXII, 683. — XXIV, 779. — XXV, 533. — XXVII, 510. — XXVIII, 219.
DESSOLLE, acquéreur d'une partie du parc du château de Brunoy. — XXVIII, 694.
DESTAING, adjud$^t$ g$^{al}$. — XXV, 214.
DESTANSEAU, (V$^{ve}$ du g$^{al}$). — XXI, 628.
DESTOUET, commis. — XVIII, 476.
DESTREU, envoyé de Toulouse. — XVIII, 623.
DESTOUVELLES, chef de division. — XXIV, 821.
DESTOZ, candidat de la Légion de police. — XXVI, 320.
DESVERNAY père et fils, fabricants de savon. — XXI, 473.
DESVOISINS, — XX, 775.
DESVAUX, candidat à la Légion de police. — XXVI, 312.
DESVRIGNY, g$^{al}$. — XXIV, 437.
*Détenus*. — XXV, 236, 314, 527, 545. — XXVII, 508, 605.
DÉTERRER, cap$^e$. — XIX, 202.
DETOURS, adjud$^t$ g$^{al}$. — XXVII, 634.
DETREMIEUX, préposé des douanes à Nord-Libre. — XXVIII, 165.
DESTROYES. — XVIII, 19.
DETTMAR BASSE, fournisseur, de Westphalie. — XXVI, 318, 348.
*Deux amis*, navire, de Boston. — XIX, 535.
*Deux Frères*, navire danois. — XX, 340.
*Deux-Frères*, navire hollandais. — XXI, 128.
*Deux-Frères*, transport. — XVIII, 802.
*Deux-Frères*, sloop. — XIX, 702. — XX, 101. — XXII, 448. — XXVIII, 9.
*Deux-Frères*, navire de Hambourg. — XXI, 711.
*Deux-Mers* (Canal des). — XXI, 511. — XXVI, 196, 301, 311.
*Deux-Nèthes* (Départ$^t$ des). — XXVIII, 104.
*Deux-Ponts* (Duché de). — XVIII, 611, 635. — XX, 180, 242, 370. — XXII, 260. — XXIII, 504, 647, 709. — XXV, 161, 342. — XXVI, 420. — XXVIII, 325.
DEUX-PONTS (Duc de). — XXII, 788, 789. — XXIII, 112.
*Deux-Sœurs*, sloop. — XIX, 702.
*Deux Sœurs Créoles*, navire. — XXII, 425. — XXIII, 818. — XXVIII, 449.
*Deva*, rivière (Espagne). — XXI, 498.
DEVACQUEZ (Aug. Louis), volontaire. — XXI, 811.
DEVAL, adjud$^t$ de place. — XIX, 362. — XX, 43.
DEVALLON, voiturier. — XXVI, 228.
DEVAR, sculpteur flamand. — XVIII, 631.
DEVAULT, commissaire des Guerres. — XXI, 755.

DEVAUT (Du), ex-administrateur de Nérac. — XXII, 812.
DEVAUX, juge au trib. d'Amiens. — XXIV, 384, 560.
DEVAUX, serrurier. — XXVI, 601.
DEVAUX, inspecteur des transports militaires. — XXVIII, 550.
DEVAUX, cap$^e$. — XVIII, 168.
DEVAUX, adjud$^t$ g$^{al}$. — XIX, 362.
DEVAUX, instructeur à l'École de Mars. — XXII, 779.
DEVEAU, de Colmar, espion. — XXVII, 555.
DEVEAUX (Jacques), lieut. républ. à l'affaire de Monistrol. — XXVIII, 541.
DEVEAUX. — XVIII, 185.
DEVEDEL, cap$^e$. — XVIII, 322.
*Deventer* (Hollande). — XX, 208.
DEVERCHIN, g$^{al}$ de brigade. — XXII, 718. — XXVI, 41.
DEVÉRITÉ, repr. — XIX, 288, 289, 714. — XX, 70. — XXIII, 453. — XXIV, 477, 558. — XXVI, 685.
DEVÈZE, direct$^r$ du bureau de correspondance des subsistances de l'intérieur. — XXVII, 149. — XXVIII, 30.
DEVILLE, repr. — XIX, 696.
DEVILLY, m$^d$ de chevaux. — XVIII, 448.
DEVIN, inspecteur de la navigation. — XIX, 86.
DEVINCK (Fr.), armateur à Dunkerque. — XIX, 168, 679. — XX, 78, 367, 404. — XXIV, 393. — XXV, 378. — XXVI, 667.
DEVISME, négociant à Caudebec. — XXVI, 176.
DEVISMES, maire d'Amiens. — XXII, 533.
DEVISMES, agent nat. à Laon. — XXIII, 661.
DEVISMES ou DEVAINES, membre du Bureau de commerce. — XXVIII, 292, 656.
*Devonshire* (Comté du). — XXIII, 778.
DÉVOUT (Jean), enseigne. — XXIII, 214.
DEVOUX, chef de la 7$^e$ division. — XXV, 574.
DEVOUX fils, employé à la sect$^n$ de la Guerre. — XXV, 573.
DEVOYE. — XXV, 315.
DEVOYO. — XXVI, 316.
DEVRAUX, cap$^e$ du *Glorieux*. — XXI, 618.
DEVRIGNY, g$^{al}$ de brigade. — XX, 650. — XXII, 389. — XXIV, 740, 741.
*Deweren* (Hollande). — XIX, 159.
DEWINS, g$^{al}$ anglais. — XXVII, 135, 513. Voir DEVINZ.
DEWINTER, g$^{al}$. — XIX, 443. — XX, 425.
DE WITT, ministre de Hollande en Suisse. — XXIII, 592. — XXVIII, 696.
DEWONSER, receveur des douanes en Belgique. — XXVIII, 305.
DEYDIER, repr. — XVIII, 628. — XIX, 186, 538. — XX, 243. — XXI, 625. — XXII, 236. — XXVII, XII.
DEYRIS, off. de santé. — XX, 789.
DEYSSAUTIER, chef de brigade. — XXIII, 223.
DEZ, gendarme. — XXII, 20.
DÈZE. — XXVII, 557.
DHALANCOURT ou DALANCOURT, adjud$^t$ g$^{al}$. — XIX, 283.
DHANGEST, g$^{al}$ de division. — XIX, 32.
D'HELIX, chef de brigade. — XXIII, 223.
DHENIESELE, chef de brigade d'artillerie. — XXIII, 224.
DHENIN, de l'état-major de l'A. des Côtes de Cherbourg. — XXV, 101.
DHERMANT, consul de France à Cadix, puis chargé d'affaires à Madrid. — XXVIII, 49, 103.
D'HILAIRE, g$^{al}$ de brigade. — XX, 571.

DHILLERIN, commissaire des Guerres. — XXII, 526.
D'HIRIS, de la Guadeloupe. — XXI, 682.
DIACRE, adjud$^t$ g$^{al}$. — XXVI, 388.
*Diane*, navire hambourgeois. — XXVIII, 383.
*Diarville* (Meurthe). — XIX, 133.
DIBAR, off. de marine. — XXV, 747.
*Dictionnaire de chimie*, de MACQUER. — XXV, 641.
*Dictionnaire de physique*, de BRISSON. — XXV, 640.
DIDELOT-DANCOURT, chef d'escadron. — XVIII, 322, 399, 808.
DIDIER (Ét.), voiturier. — XIX, 383.
DIDIER (P.), canonnier à Strasbourg. — XXVI, 385.
DIDON. — XXVI, 7.
DIDOT, aîné, imprimeur à Paris. — XVIII, 327. — XXVIII, 97.
DIDOT jeune, imprimeur à Paris. — XXVIII, 97.
*Diebolsheim* (B-Rhin). — XX, 459.
DIÈCHE, g$^{al}$. — XVIII, 709.
*Diederica Eleonora*, navire. — XVIII, 507.
*Dieppe* (S-I). — XVIII, 91, 121, 476, 609, 790. — XIX, 109, 118, 197, 362, 452. — XX, 105, 256, 502, 752, 797, 798. — XXI, 116, 293, 467, 482, 571, 574, 597, 626, 681, 801, 804, 818. — XXII, 320, 339, 483, 772, 811. — XXIII, 64, 348, 380, 469, 492, 640, 676, 782, 817. — XXIV, 27, 95, 108, 130, 131, 140, 141, 242, 383, 396, 456, 700, 768. — XXV, 160, 188, 230, 613. — XXVI, 35, 236, 418, 693, 727. — XXVII, 227, 422, 551, 552, 621. — XXVIII, 85, 126, 468.
DIEPPE, chargé d'affaires de l'ambassadeur de Venise à Paris. — XIX, 398.
*Dierdorff* (Seigneurie de) [Allemagne]. — XXVIII, 530.
DIERSTIN, cavalier au 10$^e$ rég$^t$. — XXVII, 169.
DIETRICH, lieut. de cavalerie. — XIX, 658. — XXI, 759.
DIETRICH, de Strasbourg. — XXII, 217.
DIETRICH, ex-receveur des douanes de Candel, émigré. — XIX, 760.
DIETRICH (Pierre), cap$^e$, prisonnier de guerre. — XXIII, 160. — XXVIII, 382.
DIETRICH, ex-maire de Strasbourg. — XXIV, 765.
DIETRICH (Jean Albert Frédéric), son fils, command$^t$ de chasseurs. — XXIV, 765.
DIETRICH (Gustave Albert) son fils, lieut. — XXIV, 765.
DIETTMANN, g$^{al}$. — XXVIII, 71.
DIETTMANN, fils. — XXVIII, 71.
DIETZ, fournisseur aux armées. — XX, 585. — XXI, 715.
DIEUDÉ, g$^{al}$ de brigade. — XVIII, 90.
DIEUSIE (Comte de). — XX, 446, 596. — XXI, 268, 269.
*Dieuze* (M-et-M). — XXI, 106, 107. — XXII, 742. — XXV, 691.
DIEY, adjoint du génie de 1$^{re}$ classe. — XXII, 639.
DIGARD, commissaire ordonnateur en chef. — XXII, 137. — XXV, 422.
*Digne* (B-A). — XXII, 519.
*Digoin* (S-et-L). — XXV, 207.
DIJON, fabricant de salpêtre. — XXVIII, 612.
*Dijon* (C-d'O). — XVIII, 133, 439, 481, 770. — XIX, 252, 427, 552, 564. — XX, 95, 313, 454, 754. — XXI, 216, 448, 449, 450, 584, 661, 697. — XXII, 71, 118, 434, 594, 648. — XXIII, 114, 445. — XXIV, 203, 476. — XXVI, 505. — XXVIII, 445.

DIJONT, employé aux bureaux civils de la marine. — XXI, 634.
*Dilapidations*. Voir *Vols*.
DILLAT (J. Fr.), agent de change ou courtier. — XXIII, 269.
*Dimanche*. — XXV, 127, 176. Voir *Prêtres*; *Troubles*.
*Dîme*. — XIX, 14. — XXV, 360. — XXVI, 75, 585, 649. — XXVII, 570.
*Dinan* (C-du-N). — XVIII, 659, 660, 775, 776, 802. — XIX, 92, 170, 400, 464. — XX, 160. — XXI, 214. — XXII, 757. — XXIV, 197. — XXV, 302. — XXVII, 443. — XXVIII, 435 à 437.
DINARON père et fils, tailleurs de limes à Tours. — XIX, 616.
DIOT (Jean), adjudicataire de sucre. — XXIV, 584.
*Directeurs* des étapes. — XXVII, 30, 147.
— des fourrages. — XXVII, 280.
— des fortifications. — XXVI, 534. — XXVII, 621.
— des voitures nat. — XXVII, 560, 583, 590.
— des subsistances. — XXVII, 187, 417, 585.
*Direction* des Affaires diplomatiques. — XXI, 128, 129.
— du génie. — XXVIII, 696, 697.
— des voitures de la Républ. — XXVII, 590.
*Directoire* exécutif. — XVIII, 477. — XXV, 376, 698. — XXVI, 597. — XXVII, 632. — XXVIII, 330, 338, 387, 449, 581, 620.
*Directoires* de départ$^{ts}$ et de distr. — XXIV, 711. — XXVI, 578, 637. — XXVII, 7, 31, 392. Voir *Administrations*.
*Disette*. — XXV, 62, 338, 431, 432, 555, 565, 623, 710, 747. — XXVI, 71, 75, 99, 125, 142, 172, 229, 236, 247, 263, 285, 295, 333, 393, 399, 413, 448, 554, 593, 615, 620, 656, 659, 678, 762, 767. — XXVII, 39, 105, 120, 185, 291, 296, 327, 344, 381, 409, 438, 452, 460, 500, 517, 553, 581, 603, 604, 605. Voir *Céréales*; *Grains*; *Indigents*; *Ouvriers*; *Pain*; *Subsistances*.
DITTE, agent des vivres. — XXVI, 620.
DITTLIN, chef de b$^{on}$. — XX, 68.
*Divan* (Le). — XX, 655.
DIVERNOIS, sous-chef de division. — XXIV, 821.
*Dix-Août*, navire. — XXIII, 65.
Dô, courrier du C. de S. P. — XXV, 40.
DOBENHEIM, élève de l'École centrale. — XVIII, 328. — XXVIII, 318.
DOBRAI, affréteur de la *Clarisse*. — XXIII, 822.
DOBRÉE, vice-consul des États-Unis au Havre. — XXIII, 822.
DOBOYS (René Marie), lieut. sur la *Jeune Eulalie*. — XXIII, 778.
DODUN, aide de camp de l'ex-g$^{al}$ Menou. — XXVIII, 527.
DOESBORGH. — XX, 208, 673.
DOFFRUIT, ouvrière à la manufact. d'armes de Versailles. — XXVIII, 667.
DOGIER, secrétaire commis du C. de S. P. — XXVIII, 431.
DOIDET, commissaire des Guerres. — XIX, 45.
DOIN, agent de la Comm$^{on}$ d'approvisionnement, à Calais. — XXI, 294.
DOIRÉ, g$^{al}$. — XX, 224.
*Doische* (Douane de). — XXIV, 274.
DOISY, administrateur des fourrages. — XVIII, 241. — XX, 73.
*Dol* (I-et-V). — XIX, 662, 791. — XX, 24. — XXII, 26, 214. — XXIV, 774. — XXVI, 49.

*Dôle* (Jura). — xviii, 480, 486, 523. — xix, 279, 477, 478. — xx, 490, 551, 767. — xxii, 434. — xxiii, 403.
DOLHABARATZ (Pierre), enseigne. — xxii, 246.
DOLIGÉ, cap$^e$. — xxiii, 380.
*Dollars*. — xxv, 378. — xxvi, 63. — xxvii, 375. Voir *Change*.
DOLL (Zacharie), fournisseur à Colmar. — xx, 336.
DOLLE. — xviii, 362.
DOLOMIEU, inspecteur temporaire des mines. — xxii, 10, 496.
*Dom-le-Mesnil* (Ardennes). — xxi, 300.
*Domaine national* (Bureau du). — xx, 492.
*Domaines nationaux*. — xxi, 612. — xxiii, 345, 354. — xxv, 665, 756. — xxvi, 33, 53, 158, 654, 662, 689. — xxvii, 6, 104, 585. Voir *Biens nationaux*.
DOMAIN, pharmacien. — xxii, 304.
*Domart-en-Ponthieu* (Somme). — xxii, 532.
DOMBES (Ardennes). — xxiii, 753.
DOMBRE, officier prisonnier. — xxv, 456.
DOMECK, de Landau. — xxvi, 144.
*Domfront* (Orne). — xviii, 664, 718. — xix, 264, 368, 547, 661, 713, 792. — xx, 280, 594. — xxiii, 204, 519. — xxv, 622. — xxvii, 517.
DOMINÉ, adjud$^t$ des transports militaires. — xx, 658.
*Dominique Terry*, navire américain. — xxviii, 437, 480.
*Dommartin* (Forges de) [H-M]. — xxvi, 313.
DOMMANGET, brigadier fourrier. — xix, 598.
*Dommerville* (E-et-L). — xxiv, 537, 538.
*Dompcevrin* (Magasin de) [Meuse]. — xxvii, 368.
DONAUD, chef de brigade. — xxvi, 117.
DONDON, cultivateur à Rue. — xxi, 629.
DONNET, juge militaire à Rouen. — xxvi, 329, 447.
DONI, commissaire des Guerres. — xxii, 563.
DONIS. — xviii, 478.
*Donjon* (Le) [Allier]. — xix, 357. — xx, 199.
DONNEUX, élève d'artillerie. — xviii, 120.
DONOP, élève de l'École centrale des Tr. publ. — xix, 455. — xxi, 49.
DONZAN, off. mun. de Bourges. — xxvi, 264, 394.
DONZELOT, adjud$^t$ g$^{al}$. — xviii, 401.
DONZENELLE, f$^e$ Goy, maîtresse de la poste aux chevaux à Doullens. — xxvi, 558.
DONY, ordonnateur. — xxv, 378, 408.
*Doornenburg* (Hollande). — xix, 443.
DOPPET, g$^{al}$. — xix, 6. — xx, 68. — xxii, 593.
*Dorade*, corvette. — xxii, 395, 516.
DORAISON, g$^{al}$ de brigade. — xxiv, 703. — xxviii, 264, 597.
DORANGE, volontaire. — xxvii, 186.
*Dorat* (Le) [H-V]. — xx, 241, 309, 600. — xxi, 4, 218, 628.
DORBAY, g$^{al}$. — xx, 45.
*Dordogne* (Départ$^t$ de la). — xviii, 69, 182, 232, 233, 371, 372, 398, 496, 655. — xix, 162, 221, 225, 296, 317, 312, 373, 402, 484, 508, 656, 720, 753, 776, 789. — xx, 25, 45, 86, 179, 297, 410, 541, 706, 728, 729, 741. — xxi, 16, 17, 109, 199, 337, 366, 412, 640, 794, 795. — xxii, 19, 27, 63, 157, 168, 231, 305, 324, 381, 382, 397, 417, 426, 427, 460, 484, 539, 553, 584, 598, 621, 630, 670, 715, 737, 754, 796. — xxiii, 55, 102, 148, 149, 173, 206, 208, 350, 351, 417, 426, 475, 492, 519,
520, 537, 683, 683, 684, 720, 747, 808. — xxi$^v$, 559, 567, 825. — xxv, 53, 242, 500, 520, 585, 749. — xxvi, 112, 372. — xxvii, 28. — xxviii, 126.
*Dordogne*, rivière. — xviii, 375.
*Dordrecht* (Hollande). — xxi, 429, 778, 779. — xxiv, 681, 682, 771. — xxvi, 429.
DORÉ, cap$^e$ de vaisseau. — xix, 231. — xxi, 442. — xxii, 248, 317, 484.
DOREIL, commissaire des Guerres. — xx, 461. — xxiii, 243.
DORFEUILLE, cap$^e$. — xx, 125.
DORIA, doge de Gênes. — xxviii, 233.
DORIGNY, agent des ateliers monétaires. — xxvii, 651.
DORLODOT, chef de b$^{on}$. — xviii, 121.
*Dormans* (Marne). — xviii, 184. — xxiii, 776.
DORMENANT ou DORMENAINS, adjud$^t$ g$^{al}$. — xxi, 176. — xxvi, 88.
DORNAC, canonnier. — xxv, 165.
*Dornach* (Suisse). — xx, 1, 58.
DORNIER, repr. — xviii, 102, 343, 454, 480, 540, 593, 615, 665, 667, 779. — xix, 58, 221, 471, 472, 473. — xx, 196, 257, 379, 448, 577, 642, 716. — xxi, 120, 138, 224, 266, 385, 445, 676, 736, 785, 790. — xxii, 136, 137, 166, 321, 397, 606, 607. — xxiii, 52, 148, 167, 195, 227, 314, 315, 361. — xxiv, 47, 198, 200, 320, 441, 458, 595, 686, 833, 835. — xxvi, 161.
DORSET (William). — xviii, 473.
DORSNER, g$^{al}$. — xix, 422. — xxv, 407. — xxvii, 462.
DOTTÉ (Ant.), novice. — xxii, 298.
*Douai* (Nord). — xviii, 74, 186, 235, 236, 292, 383, 384, 474, 501, 523, 626, 759. — xix, 678. — xx, 134, 502, 542, 592. — xxi, 291, 398, 399, 525, 646. — xxii, 76, 362, 497, 591, 674, 742. — xxiii, 10, 61, 74, 509. — xxiv, 168, 185, 257, 318, 454, 542, 588, 744, 745, 800. — xxv, 4, 47, 48, 49, 291, 318, 419. — xxvi, 143, 272, 644, 659. — xxvii, 124, 557. — xxviii, 61.
DOUANCE, chef de b$^{on}$. — xx, 794. — xxi, 331.
*Douanes*. — xviii, 151, 190, 417, 418, 436, 801. — xix, 183. — xx, 58, 570. — xxi, 2. — xxiii, 184. — xxiv, 274, 431, 433, 706, 836. — xxv, 374, 388, 421, 455, 656, 686. — xxvi, 219, 230, 236, 362, 378, 478, 708. — xxvii, 108, 160, 189, 198, 347, 379, 476, 557, 656, 686. — xxviii, 3, 165, 193, 396, 470, 573, 579, 607, 608. Voir *Employés des...*
DOUARD, inspecteur g$^{al}$ des transports militaires. — xxiii, 130.
*Douarnenez* (Finistère). — xxv, 395.
DOUAY, directeur d'artillerie. — xxi, 105.
DOUBEY, soldat au b$^{on}$ du Jura. — xxiii, 8.
DOUBLET, fabricant à Bernay. — xxii, 109.
*Doubs* (Départ$^t$ du). — xviii, 26, 150, 319, 339, 361, 480, 691, 787. — xix, 38, 88, 105, 131, 145, 193, 194, 195, 221, 258, 259, 272, 273, 279, 287, 312, 374, 462, 545, 546, 562, 591, 592, 648, 649, 702, 721, 763, 764. — xx, 74, 75, 95, 112, 322, 403, 441, 463, 464, 528, 529, 567, 667, 773. — xxi, 155, 156, 213, 545, 604, 683. — xxii, 118, 586, 798. — xxiii, 38, 39, 54, 79, 109, 114, 168, 229, 242, 352, 408, 446, 447, 619, 725, 727, 728. — xxiv, 45, 143, 220, 380, 570, 571, 650. —

XXV, 376, 455, 691. — XXVI, 190, 219, 743, 762. — XXVIII, 429.
*Doubs-Marat*, ci-devᵗ Saint-Hippolyte (Doubs). — XVIII, 150, 692, 727. — XXIV, 42.
Doucet, officier au 68ᵉ régᵗ d'infanterie. — XXI, 696.
Doucet, fabricant d'espadrilles. — XX, 666. — XXIV, 248.
Doucet, aide de camp. — XXIV, 822.
Doucet, chef tailleur militaire. — XXIV, 484.
Doucet, adjudᵗ gᵃˡ de la garde nat. parisienne. — XXVI, 210, 274.
Doudun, off. de police. — XIX, 206.
*Doué-la-Fontaine* (M-et-L). — XXI, 410. — XXVIII, 368.
Douesnel, agent des Vivres de la marine. — XIX, 322.
Douge (J. Cl.), repr. — XXII, 620. — XXV, 219, 417, 682. — XXVII, XII. — XXVIII, 249.
Dougin, imprimeur. — XXVIII, 192.
Douglas. — XVIII, 261.
*Doulaincourt* (Forge de). — XIX, 381.
Doulcet de Pontécoulant, repr. — XVIII, 762. — XX, 8. — XXII, 306, 397, 640, 666. — XXIII, 372, 397, 423, 453, 477. — XXIV, 1, 105, 425, 443, 507, 645, 671, 737, 824, 825, 826. — XXV, 80, 93, 190, 249, 265, 329, 332, 337, 387, 392, 412, 413, 414, 432 n., 444, 466, 503, 530, 547, 548, 549, 550, 551, 554, 599, 602, 621, 678, 721, 740, 743, 744. — XXVI, 108, 160, 208, 240, 289, 442, 563, 688. — XXVII, 68, 199, 404. — XXVIII, 387 n.
Doulet frères, de Neuchâtel. — XX, 584.
*Doullens* (Somme). — XVIII, 563, 564. — XX, 582. — XXI, 29, 251, 252, 293, 313, 314, 315, 378, 488, 564, 728, 824, 825, 826. — XXII, 52, 334, 362, 548. — XXIII, 772. — XXIV, 167. — XXV, 186. — XXVI, 558, 596. — XXVIII, 469.
Douliguen, négociant à Brest. — XXVIII, 5.
Doumeng, chef de brigade de la garde nat. de Montpellier. — XXVIII, 294.
Doumer, de Paris. — XXVIII, 551.
Doumer. — XVIII, 758. — XIX, 280.
Doumerc, de Stains. — XXI, 504.
Doumerc. — XXIII, 71.
Doumerc frères, agents de la Commᵒⁿ des approvisionnements. — XIX, 686. — XXII, 647.
Doumere, aide de camp du gᵃˡ Pichegru. — XXI, 105.
Dounne, chef de brigade. — XXIII, 551.
*Dourdan* (E-et-L). — XVIII, 229. — XIX, 357, 404. — XXI, 98, 154, 211, 643. — XXII, 505. — XXIV, 285. — XXV, 241. — XXVIII, 44.
Doussot, courrier du C. de S. P. — XXV, 40.
Douville. — XVIII, 255.
*Douvres* (Angleterre). — XXI, 295. — XXVII, 339.
Douvry, courrier du C. de S. P. — XXV, 39.
Doux, hussard. — XXV, 534.
Doyen, gᵃˡ. — XXIII, 483.
Doyré, gᵃˡ de brigade. — XXI, 176.
*Dragon* (Cutter Le). — XXI, 14.
Dragons. — XXVI, 418, 547, 592, 610, 625, 651, 660, 701. — XXVII, 143, 485, 628. — XXVIII, 91, 92, 174, 633. Voir *Troupes*.
*Dragons de la Montagne*. — XIX, 98, 99. — XXVI, 592.

*Draguignan* (Var). — XXII, 591. — XXV, 517, 742. — XXVI, 362, 724. — XXVIII, 356.
Draguin, laboureur à Montmartin. — XXVIII, 590, 591.
*Drap* (A-M). — XXI, 485.
*Drapeaux*. — XXV, 198, 253. — XXVI, 412, 492. — XXVIII, 9, 84, 103, 209, 521.
Drapeyron-David (Pierre). — XVIII, 723.
Drapparan. — XXIII, 404.
Drappier (J. J.), sergent-major. — XVIII, 679.
Drappier, chef d'escadron. — XIX, 597.
Dravenan (Georges Henri), lieut. de vaisseau. — XXII, 12.
Drays (Mahomet), de Tunis. — XXI, 394.
Dréau, prêtre. — XIX, 126.
*Dreneuc* (Maison du). — XXII, 272. — XXIV, 641, 792, 793. — XXVI, 7, 729.
*Dreux* (E-et-L). — XVIII, 347. — XIX, 111, 404, 490, 777. — XX, 5, 436, 582. — XXII, 88, 155, 223, 470. — XXIII, 137, 323, 503, 754. — XXV, 283. — XXVII, 416. — XXVIII, 56, 75, 90, 91, 105, 193, 321, 333.
Drevet, chirurgien. — XXIV, 287.
Drevon, lieut. — XXIV, 792.
*Driade*, frégate. — XXVII, 602.
Drieu (Marie-Jean-Michel), négociant, agent de change. — XXV, 208.
Drieux, lieut. de vaisseau. — XX, 630.
Drinkwater (Williams), américain. — XXII, 46.
Drion, garde-magasin des vivres à Ostende. — XXVII, 558.
Drivon, sous-lieut. — XX, 102.
*Droits* de commission. — XXVI, 502.
— de conquête. — XXVII, 358.
— d'Enregᵗ. — XXVII, 6, 132.
— d'entrée. — XXV, 459. — XXVI, 303, 708. — XXVII, 132.
— d'escale. — XXVI, 176.
— féodaux. — XIX, 14. — XXVI, 298. — XXVII, 570.
— des gens. — XXV, 166, 463. — XXVII, 388.
— de l'homme. — XVIII, 130. — XIX, 431. — XXII, 347.
— des nations. — XXVII, 154.
— de préemption. — XXVII, 199, 424.
— de propriété. — XXVI, 338, 387, 392, 474, 716, 717, 753.
— de représailles. — XXVI, 388.
— réunis. — XXI, 761.
*Droits de l'Homme*, navire français. — XXI, 441.
*Drôme* (Départᵗ de la). — XVIII, 604, 727, 794, 810. — XIX, 64, 134, 298, 299, 424, 448, 460, 461, 539, 668, 733. — XX, 291, 346, 470, 478, 495, 497, 508, 607, 768. — XXI, 485, 486, 502. — XXIII, 48, 140, 391, 728. — XXIII, 153, 181, 479, 730, 731, 732, 766. — XXIV, 44, 70, 205, 239, 341, 343, 374, 653, 728. — XXVIII, 134, 226 à 232, 265, 325, 372, 389, 390, 418.
*Droninggaard*, navire danois. — XVIII, 369.
Droua, commissaire d'artillerie. — XXVIII, 414.
Drouard-Lezey, ex-chef de bᵒⁿ, homme de lettres. — XXVI, 481.
Drouart (André), garde-magasin au Pont-Saint-Esprit. — XXIII, 543.
Drouart, chef de bᵒⁿ. — XXIV, 10.
Drouas, chargé d'examiner les machines de guerre. — XX, 406, 686.

DROUELLE, md à Neuilly. — XIX, 62.
DROUET (Fr.), laboureur. — XXII, 202.
DROUET, aide de camp du gal Lefebvre. — XXVII, 403-561.
DROUET (Louis) dit Dimanche, md de vin et charcutier à Boulogne (Seine). — XXVI, 143.
DROUET, administrateur de l'arsenal de Meulan. — XXIV, 586.
DROUILLEL, verrier. — XXVII, 122.
DROUIN, lieut. — XVIII, 400.
DROUIN, patron de barque à Blaye. — XIX, 701.
DROUOT-LA-MARCHE (Joseph), gal en chef de l'A. du Nord. — XX, 506.
DROZ. — XIX, 145.
DRULHE (Philippe), repr. — XIX, 121, 341, 663.
*Drusenheim* (B-R). — XXIV, 638 — XXV, 617.
DRUT, gal de division. — XVIII, 449. — XXV, 29. — XXVI, 742. — XXVII, 57.
*Druy-Parigny* (Forges de) [Nièvre]. — XIX, 563. — XXV, 4.
DRUYER, quincailler. — XVIII, 396, 707.
*Dryade*, frégate. — XX, 795.
DUBANNE, secrétaire du Comité de bienfaisance de la Butte-des-Moulins. — XXIV, 154.
DU BARRY, liquidateur des agents généraux des convois militaires. — XXIII, 40, 41.
DUBIGNON, négociant. — XXVI, 662.
DUBOIS (Fr. Louis Esprit), repr. — XX, 464, 495, 496, 609. — XXI, 80, 133, 290, 485, 652, 687. — XXII, 313, 314, 463, 553, 752. — XXIII, 225, 252, 258, 332, 333, 414, 432, 571, 672, 709, 750. — XXIV, 92, 251, 259, 261, 299, 412, 413, 564, 613, 620, 624, 747, 767. — XXV, 50, 51, 78, 141, 224, 225, 226, 227, 228, 284, 357, 390, 443, 450, 470, 497, 553, 581, 585, 600, 673, 682, 703, 739, 741. — XXVI, 8, 9, 44, 102, 187, 256, 306, 307, 327, 392, 590, 634, 653. — XXVII, XVII.
DUBOIS-CRANCÉ, repr. — XVIII, 76, 529, 680, 759. — XIX, 39, 256, 269, 307, 714. — XX, 310, 659. — XXI, 513, 620. — XXII, 5, 306, 421, 539, 767, 819, 820. — XXIII, 120, 155, 288, 827. — XXVII, 404.
DU BOIS DU BAIS, repr. — XIX, 258, 633, 713. — XX, 131, 279, 280, 282, 314, 376, 428, 472, 513, 514, 515, 595, 628, 667. — XXI, 492, 596. — XXII, 60, 230. — XXIII, 144, 653. — XXIV, 172, 339, 379, 441, 517, 523, 594, 627, 761. — XXV, 26, 78, 364, 437, 703. — XXVI, 66.
DUBOIS, volontaire. — XVIII, 292.
DUBOIS, commis à l'hôpital militaire de Laon. — XIX, 359.
DUBOIS (Vve). — XVIII, 523.
DUBOIS, off. de santé. — XX, 759.
DUBOIS, serrurier à Dijon. — XXI, 216.
DUBOIS, invalide. — XVIII, 368.
DUBOIS, agent des fourrages. — XXII, 702.
DUBOIS et QUILLARD. — XVIII, 600.
DUBOIS, employé des postes. — XXIII, 407.
DUBOIS, surveillant des hôpitaux militaires. — XIX, 236.
DUBOIS, de Caen. — XXIII, 674.
DUBOIS, commandt la place de La Flèche. — XXIV, 626. — XXV, 78.
DUBOIS (Alexis), gal de division. — XVIII, 185, 567. — XIX, 172. — XXV, 408. — XXVII, 423. — XXVIII, 67.

DUBOIS, cape de grenadiers. — XIX, 343, 344.
DUBOIS, de Mezières. — XXIII, 220.
DUBOIS (Jacques), chef de brigade. — XXIII, 383.
DUBOIS, arrêté dans le Pas-de-Calais. — XXVIII, 561.
DUBOSC, négociant à Paris. — XXVIII, 193.
DUBOSC, ex-commandt de la citadelle de Lille. — XXV, 388.
DU BOUCHET, repr. — XXII, 43.
DUBOUL (Arnaud), fournisseur. — XVIII, 277. — XXVII, 35.
DUBOUL, adjudt gal. — XXIII, 29.
DUBOURG, ingénieur. — XXVIII, 218, 598.
DUBOURG, gal de brigade. — XXII, 217.
DUBOUSCHÈRE, inspecteur temporaire des mines. — XXII, 10.
DUBRETON, commissaire ordonnateur en chef. — XIX, 131. — XXII, 526, 681. — XXIII, 635. — XXV, 735. — XXVII, 33, 542. — XXVIII, 264.
DUBREUIL, commandt temporaire à Landrecies. — XXIII, 297.
DUBREUIL (Merlin), négociant à Boulogne-sur-Mer. — XXVIII, 574.
DUBU, volontaire. — XIX, 597.
DUBUISSON. — XIX, 135.
DUBUISSON, agent des étapes. — XX, 332.
DUBUISSON, enseigne de vaisseau. — XX, 630.
DUBUISSON, membre du bureau de commerce. — XXII, 2. — XXV, 94. — XXVII, 613.
DUBUISSON, chef de brigade, directr de l'arsenal de La Fère. — XXV, 127, 639.
DUBUISSON (Gilles Marie), conservatr des bâtiments militaires à Valognes. — XXVII, 615.
DUBUSC, repr. — XXI, 56.
DUC (J.-B.), cape des chasseurs allobroges. — XIX, 557.
*Duc de Leeds*, navire anglais. — XIX, 793. — XXI, 41.
DUCAMP, employé à l'Agence des poudres. — XXII, 103.
DUCANGE, en mission à Copenhague. — XXIV, 229. — XXVII, 187, 400.
DUCARNE frères. — XXII, 573, 785.
DUCASSE, adjudt gal à l'A. de l'Ouest. — XXVIII, 527.
DUCASTEL. — XXII, 796.
DUCELLIER, gal de brigade. — XXIV, 612, 679. — XXV, 16. — XXVIII, 29.
*Ducey* (Manche). — XXIII, 778. — XXVI, 698.
DUCHÂTEL, membre du bureau du Domaine nat. du départt de Paris. — XXVIII, 20.
DUCHEIRON. — XVIII, 162.
DUCHEMIN (Ch.), chirurgien à l'hôpital civil de La Fère. — XXV, 696. — XXVII, 554.
DUCHEMIN, garde d'artillerie à Marseille. — XXVII, 370.
DUCHÈNE, adjudicataire de sucre. — XXIV, 584.
DUCHESNE, interprète à Nantes. — XXVI, 423.
DUCHESNE. — XVIII, 120.
DUCHESNE, de Liège. — XIX, 256.
DUCHESNE (Nicolas Benoist), aide-raffineur des salpêtres. — XXV, 127.
*Duchesse d'York*, navire. — XXI, 138.
DUCIGNÉ, chef de bon. — XXI, 104.
DUCKETT, irlandais. — XXIII, 534.
DUCLOS. — XVIII, 443, 518.
DUCLOS, commandt amovible. — XXII, 183, 270.
DUCLOS (Hugues), lieut. — XXVI, 442.

DUCLOS cadet, chirurgien à Bagnères-Adour. — XXVI, 62.
DUCLOS, ingénieur en chef du départ$^t$ du Nord. — XXVIII, 611.
DUCLOS-GUYOT, chef de b$^{on}$ du génie. — XXII, 656, 657.
DUCLOS, cap$^e$. — XXIII, 248.
DUCLOS, chirurgien. — XXIII, 550.
DUCLOS, commissaire. — XXVIII, 162.
DUCLUZEL, commissaire des Guerres à Paris. — XXV, 103.
DUCOMET, adjud$^t$ g$^{al}$. — XVIII, 475.
DUCOS (Roger), repr. — XVIII, 147, 201, 202, 509, 529, 632. — XIX, 69, 208, 254, 340, 365. — XXI, 130, 623. — XXII, 112, 129, 235, 347, 474, 548, 570, 791. — XXIII, 16, 143, 250, 297, 456, 594, 670. — XXIV, 20, 74, 142, 257, 320, 378, 480, 619, 745, 764, 765. — XXV, 129. — XXVIII, 387.
DUCOS, chef de brigade. — XXIV, 421. — XXVI, 234.
DUCOSTE (Joachim), cultivateur à S$^t$-Pierre-d'Autils. — XX, 323.
DUCOUDRAY, command$^t$ amovible à Bruxelles. — XVIII, 570. — XIX, 120.
DUCOUDRAY (Ant. Jean), aspirant de marine. — XIX, 711.
DUCOUDRAY, professeur de dessin à Besançon. — XXII, 218.
DUCRÉ (César), ex-aide de camp de l'ex-g$^{al}$ Égalité. — XXVIII, 647.
DUCRET, commissaire des Guerres. — XIX, 201.
DUCRET, prisonnier à Landrecies. — XX, 80.
DUCREUX (Jules), peintre. — XIX, 284. — XXII, 219.
DUCROC, commissaire des Guerres. — XXVII, 56.
DUCROC, employé dans les bureaux du C. de S. P. — XXVII, 110.
DUCROS (Jacques), quartier-maître. — XXII, 610. — XXIV, 9.
DUCROS-AUBERT, chef d'escadron de gendarmerie — XXVII, 216.
DUCROS, imprimeur des Administrations nat. — XXVIII, 97.
DUCRUSEL, direct$^r$ de la manufact. d'Amboise. — XIX, 599.
DUCUNCQ père et fils, entrepreneurs de transports. — XXVI, 331.
DUDEVANT, chef de brigade. — XXIV, 611, 741.
DUFAY, repr. — XVIII, 761. — XIX, 581. — XXII, 531.
DUFAY, lieut. de gendarmerie. — XIX, 104.
DUFELIX, commis à l'hôpital militaire de Luxeuil. — XXVIII, 416.
DUFFORT, administrateur au C. de S. P. — XXIV, 19.
DUFLORIN, agent des poudres et salpêtre. — XVIII, 526.
DUFOSSEY (Guy Marie), lieut. de vaisseau. — XXII, 614.
DUFOUR, employé à l'habillement des troupes. — XVIII, 385. — XXIV, 741.
DUFOUR, employé. — XXII, 268.
DUFOUR, employé à la direction de la mine de Parigny. — XXVI, 720. — XXVII, 365.
DUFOUR, g$^{al}$ de division. — XXVIII, 94.
DUFOURMANTELLE, élève à l'École normale. — XIX, 527.
DUFRAINE. — XXI, 345.
DUFRAISE, lieut. — XXII, 269.

DUFRAYER fils et C$^{ie}$. — XIX, 733. — XX, 124.
DUFRESNE, adjudicataire de sucre. — XXIV, 584.
DUFRESNE, garde d'artillerie à Caen. — XXIV, 658.
DUFRESNE, g$^{al}$ de brigade à l'A. de l'Intérieur. — XXVIII, 688.
DUFRESNE (Simon Fr.), agent de change ou courtier. — XXIII, 269.
DUFRESNOY, médecin à l'A. des côtes de Brest. — XXII, 592.
DUFRESSE, g$^{al}$. — XVIII, 122.
DUFRICHE-VALAZÉ, repr. — XXV, 12.
Dugny (Seine). — XXV, 373.
DUGOMIER, adjud$^t$ g$^{al}$. — XXVII, 619.
DUGOMMIER (Jacques Coquille dit), g$^{al}$. — XVIII, 153, 223. — XIX, 172, 199, 236. — XX, 580. — XXI, 45. — XXVIII, 567.
DUGOMMIER fils. — XXI, 45.
DUGUA, g$^{al}$. — XVIII, 223. — XXI, 237.
DUGUÉ, cap$^e$. — XVIII, 761.
DUGUÉ-DASSÉ (Claude), repr. — XX, 299.
DUGUÉ-DASSÉ, fils du repr. — XXVII, 617.
Duguay-Trouin, navire. — XIX, 774.
DUGUESCLIN. — XVIII, 458.
DUHAIS et c$^{ie}$. — XVIII, 63.
DUHAL, canonnier. — XVIII, 300.
DUHAMEL, g$^{al}$ de division. — XXV, 136.
DUHAMEL, chef d'escadron de gendarmerie. — XXVI, 288.
DUHEUR, command$^t$ de chasseurs. — XX, 283, 284.
DUHEM, repr. — XXI, 462. — XXIV, 612.
DUHESME, g$^{al}$. — XVIII, 20. — XIX, 261, 262. — XX, 472, 594, 639, 640, 677, 764, 784. — XXI, 37, 38, 39, 85, 119, 120, 167, 196, 198, 295, 469, 538, 539, 540, 790, 791, 834. — XXII, 27, 61, 90, 167, 286. — XXVII, 449, 591.
Duhort (Landes). — XX, 259.
DUHOUX, g$^{al}$. — XVIII, 760. — XIX, 597. — XX, 571. — XXVIII, 301.
Duisbourg (Allemagne). — XX, 208. — XXVII, 217, 625.
DUJARD, commissaire ordonnateur en chef. — XIX, 535. — XXII, 271. — XXIII, 625. — XXVIII, 417.
DUJARD, g$^{al}$ d'artillerie. — XXV, 407. — XXVI, 704. — XXVII, 402.
DUJARDIN (Jac. Jos.), traiteur à Paris. — XXVI, 622.
DUJON, chef de b$^{on}$. — XIX, 734.
DUJON, cap$^e$ de cavalerie. — XXVIII, 66.
DULAC, sous-inspecteur des subsistances militaires. — XX, 366.
DULAC, prisonnier piémontais. — XXIII, 279.
DULARRY. — XVIII, 448.
DULAUD-ALLEMAND (Henry), chef de division des charrois. — XXIV, 476, 556.
DULAULOY, g$^{al}$. — XXIII, 218. — XXIV, 157. — XXV, 405. — XXVI, 7, 40, 87.
DULAURE (Jacques Ant.), repr. — XXI, 723. — XXII, 156, 583, 680. — XXIII, 55, 234, 609, 682. — XXIV, 31, 471, 561, 567, 778, 825. — XXV, 54, 500. — XXVII, 28, 392.
DULAURENT, professeur de mathématiques à La Fère. — XXI, 331.
DULAUT fils, ex-agent nat. à Pau. — XX, 106. — XXII, 427, 428, 429. — XXIV, 613.
DULYS, cap$^e$. — XVIII, 256.
DUMAINE. — XVIII, 162.
DUMAINE, fournisseur de viande. — XXV, 661.

DUMAS, g<sup>al</sup>. — XVIII, 65, 507, 665.
DUMAS, directeur des vivres à Metz. — XXIII, 710.
DUMAS, de Hambourg. — XIX, 326, 708.
DUMAS, médecin militaire. — XIX, 149.
DUMAS, agent des fourrages. — XIX, 322. — XX, 332. — XXI, 609.
DUMAS, agent g<sup>al</sup> à l'A. de Rhin-Moselle. — XXVII, 193, 247.
DUMAS, employé au magasin g<sup>al</sup> de la Marine, à Toulon. — XXVIII, 489.
DUMAY (Félix), g<sup>al</sup> de division. — XX, 756. — XXVII, 418.
DUMAY, cap<sup>e</sup> de gendarmerie à Bellay. — XXVII, 346.
DUMAZ, repr. — XXI, 159. — XXII, 95, 140, 290, 521, 728, 729, 771, 826. — XXIII, 169, 183, 241, 268, 400, 448, 455, 521, 643, 659, 752, 771, 795, 796. — XXIV, 35, 59, 73, 91, 92, 151, 273, 310, 349, 372, 423, 443, 574, 577, 587, 730, 732, 757, 759, 784, 815, 850. — XXV, 21, 65, 240, 331, 341, 566. — XXVII, VVIII.
DUMBAR (Jesse), de Boston. — XIX, 535.
DUMÉNIL, de La Fère. — XXII, 125.
DUMÉNY, g<sup>al</sup>. — XXVII, 396.
DUMÉNY (V<sup>ve</sup>). — XVIII, 12.
DUMERAY, agent de l'habillement. — XX, 332.
DUMESNIL, adjud<sup>t</sup> de place à Vannes. — XIX, 93.
DUMESNIL. — XIX, 439.
DUMESNIL, cap<sup>e</sup>. — XXVIII, 403.
DUMESNY, g<sup>al</sup> de brigade. — XXIV, 319, 555. — XXVI, 672. — XXVII, 600.
DUMETZ, cap<sup>e</sup>. — XXVIII, 48.
DUMEUX, volontaire. — XXVI, 528.
DUMINY. — XVIII, 7.
DUMONCEAU, g<sup>al</sup>. — XXI, 35. — XXII, 56, 78, 110, 117, 279, 312. — XXIII, 502, 568.
DUMONT (André), repr. — XVIII, 529. — XIX, 162, 181, 269, 307, 660. — XXI, 513, 645, 677, 684, 827. — XXII, 1, 14, 20, 159, 160, 187, 270, 341, 393, 624, 686. — XXIII, 136, 189, 254, 295, 331, 522, 600. — XXIV, 94, 285, 587, 677. — XXVIII, 255.
DUMONT (Ph.), repr. — XXVI, 113, 728.
DUMONT, commissaire des Guerres. — XVIII, 232.
DUMONT, off. mun. à Amiens. — XXI, 521.
DUMONT (Guillaume), cultivateur. — XXII, 72.
DUMONT. — XXV, 677.
DUMONT, dragon. — XVIII, 291. — XX, 120.
DUMONT (Jean). —. XVIII, 574.
DUMONT, fournisseur d'habillements. — XIX, 281.
DUMONT, employé. — XXVIII, 464.
DUMONTEL. — XXV, 58.
DUMONTET, salpêtrier à Bourges. — XXVII, 393.
DUMOULIN, command<sup>t</sup>. — XVIII, 254. — XXI, 52. — XXVII, 618. — XXVIII, 648.
DUMOULIN, garde d'artillerie à Neuf-Brisach. — XXVIII, 527.
DUMOURIEZ, g<sup>al</sup>. — XVIII, 41, 558. — XIX, 14, 420. — XX, 762, 763. — XXII, 239. — XXIII, 438. — XXIV, 296, 505. — XXVII, 180.
DUMOUSSEAUX, présid<sup>t</sup> du distr. de Guingamp. — XXI, 578.
DUMOUTIER, ex-g<sup>al</sup> de brigade provisoire. — XXVI, 234.
DUMUY (Félix), g<sup>al</sup> de division. — XXI, 814, 815. — XXII, 446, 475, 477, 613, 614, 654, 777, 809. — XXIII, 218. Voir DEMUY.

Dun-sur-Loir (E-et-L). — XIX, 612. — XX, 29, 64, 242. — XXI, 455, 705, 706. — XXII, 100, 622. — XXIII, 323, 349, 379, 464, 595, 629, 682.
Dun-sur-Meuse (Meuse). — XXI, 263.
DUNAND, médecin ordinaire à l'A. des Pyr.-Orient. — XXV, 135.
Dunes (Rade des). — XXI, 295.
DUNESME, employé. — XIX, 240.
DUNGARVAN (Lord), prisonnier. — XXIII, 431.
DUNHAU, cap<sup>e</sup> américain. — XVIII, 429.
Dunkerque, navire. — XXVI, 119.
Dunkerque (Nord). — XVIII, 42, 74, 91, 141, 190, 191, 202, 330, 392, 402, 708, 724, 786, 790. — XIX, 6, 138, 197, 199, 326, 456, 535, 551, 616, 637, 679, 688, 773. — XX, 61, 78, 92, 101, 105, 136, 316, 340, 404, 505, 547, 605, 606, 606, 661, 754. — XXI, 117, 217, 283, 295, 301, 316, 317, 332, 524, 525, 566, 597, 598, 606, 616, 748, 752, 753, 818, 826. — XXII, 1, 3, 74, 150, 158, 254, 330, 342, 343, 361, 455, 475, 482, 532, 574, 599, 623, 674, 741, 777. — XXIII, 5, 33, 81, 121, 141, 158, 200, 297, 324, 380, 414, 415, 554, 584, 637, 734, 752. — XXIV, 7, 38, 47, 95, 108, 213, 243, 362, 432, 433, 472, 498, 512, 538, 542, 558, 580, 581, 607, 634, 668, 700. — XXV, 42, 49, 100, 134, 142, 208, 242, 247, 291, 292, 293, 322, 326, 349, 371, 389, 455, 459, 485, 615, 618, 694. — XXVI, 34, 35, 125, 178, 183, 206, 243, 275, 280, 311, 391, 502, 667, 729, 746, 759. — XXVII, 123, 146, 158, 179, 303, 329, 391, 399, 421, 664. — XXVIII, 67, 75, 210, 311, 345, 410, 412, 487, 521, 573, 574, 632.
DUNOIS, quartier-maître. — XIX, 567.
DUNOYER, employé d'administration à Liège. — XXIII, 461.
DUPAER, cap<sup>e</sup> prisonnier. — XXVI, 559.
DUPAIN TRIEL, ingénieur géographe. — XXVII, 138.
DUPARC, agent des Vivres de la marine. — XIX, 322.
DUPATY, dessinateur géographe. — XVIII, 367. — XXI, 427.
DUPERREAU, chef des bureaux civils de la marine. — XVIII, 440. — XIX, 336. — XXI, 55.
DUPERRET. — XXIV, 249.
Du PERROT, agent du service des équipages. — XIX, 321.
DUPERRIER. — XXIV, 155.
DUPERRON, enseigne de vaisseau. — XX, 630.
DUPERRON, défenseur du présid. de la Convention. — XXVIII, 464.
DUPEUX, fabricant de fours à pain. — XX, 437.
DUPHOT, adjud<sup>t</sup> g<sup>al</sup>. — XVIII, 415. — XIX, 132, 133.
DUPILLE (Florentin Yves), aide chimiste à l'École centrale des Tr. publ. — XVIII, 770.
DUPIN, cap<sup>e</sup>. — XXI, 103.
DUPIN-TRIEL, cartographe. — XIX, 279.
DUPIRE, dragon. — XXI, 759.
DUPLAIN (Pierre Jean). — XXIV, 19.
DUPLAISSET, command<sup>t</sup>. — XVIII, 568. — XX, 44.
DUPLAN, concessionnaire de la mine de Marimont. — XXI, 810. — XXV, 541.
DUPLEIX, chef de b<sup>on</sup>. — XXV, 544.
DUPLEIX, fournisseur de la Républ. — XXVI, 219.
DUPLESSIS (Jean). — XVIII, 486.
DUPOIRIER, garde-magasin militaire. — XXV, 376.
DUPONT (Pierre), juge de paix. — XVIII, 215.

Dupont, de Rouen. — xxi, 572.
Dupont, employé aux subsistances des troupes. — xxiii, 510.
Dupont, chirurgien. — xviii, 250, 550. — xix, 480. — xxiii, 127.
Dupont, imprimeur. — xx, 453. — xxiv, 817. — xxviii, 97.
Dupont, commissaire des Guerres. — xxii, 802. — xxiii, 247. — xxviii, 445.
Dupont, négociant à Angers. — xxvi, 147.
Dupont aîné, armateur à Calais. — xxvii, 256.
Dupont (Marie Catherine Félicité), v$^{ve}$ du repr. Brissot. — xxvii, 300.
Dupont, cap$^e$ adjoint à Cherbourg. — xxviii, 596.
Dupont-Chaumont, g$^{al}$. — xix, 241. — xx, 607. — xxi, 317. — xxii, 269, 376. — xxvi, 203. — xxvii, 57.
Dupont-Duchambon, commissaire ordonnateur. — xx, 125.
Duport (Bernard Jean Maurice), repr. — xix, 385, 571, 715. — xx, 10, 105, 188, 189, 256, 622, 676, 677, 726, 727, 784, 797. — xxi, 118, 119, 194, 439, 467, 486, 571-576, 595, 732-734.
Duport-Perrin. — xxvi, 229.
Duportal, gendarme à Vannes. — xx, 282, 285.
Dupouy, porte-drapeau à la sect$^n$ de l'Observatoire, à Paris. — xxv, 70.
Dupouy, chef d'escadron. — xxiv, 156.
Duprat, chef de la légion d'Avignon. — xx, 291.
Duprat, ex-g$^{al}$ de division. — xxvii, 205.
Du Prat, adjud$^t$ g$^{al}$ près les repr. à l'A. des Alpes. — xxvii, 2. — xxviii, 552.
Dupré, graveur g$^{al}$ des monnaies. — xxvi, 445. — xxviii, 597.
Dupré, membre du Bureau de commerce. — xxvi, 362.
Dupré, receveur du distr. de Dieppe. — xxi, 482.
Dupré-Geneste, off. d'artillerie. — xxii, 220. — xxiv, 473. — xxv, 13.
Duprès, chef de brigade. — xxv, 678.
Duprey, manufact. de potasse de Grizelles. — xix, 274, 275.
Duprez, cultivateur à Gentilly. — xxii, 691.
Dupuy, garde forestier. — xxvi, 705.
Duprez, dépensier de l'hôpital de Fervaques. — xviii, 72.
Duptirieux, commissaire des Guerres. — xx, 203.
Dupuch, g$^{al}$, directeur de la manufact. d'armes de Bergerac. — xxiv, 31, 667. — xxv, 407, 526.
Dupuget, auteur de l'*Essai sur l'artillerie*. — xxiv, 157. — xxv, 639.
Dupuis, tanneur à St-Maixent. — xxiv, 474.
Dupuis, commerçante à Meulan. — xxiv, 501.
Dupuis (Ch. Fr.), repr. — xxi, 760, 761. — xxii, 431 à 434. — xxiii, 114 à 118.
Dupuis, commissaire de l'Agence de l'habillement. — xviii, 330.
Dupuis, command$^t$ temporaire à Sarzeau. — xix, 93.
Dupuis, chef de brigade. — xix, 455. — xxi, 49.
Dupuis, cap$^e$ de vaisseau. — xxi, 719.
Dupuis (Martial). — xx, 346.
Dupuis, m$^d$ de bois. — xxviii, 99.
Dupuis-Rabaut, inspecteur des fonderies. — xxiii, 221.
Dupuy, commissaire des Guerres. — xviii, 488.

Dupuy frères. — xix, 135.
Dupuy, fermier des forges de Rugle et La Poultière. — xix, 710. — xxii, 236, 237. — xxv, 70.
Dupuy, cap$^e$. — xxii, 614.
Dupuy, chef d'escadron. — xxiv, 352.
Dupuy, adjudicataire de sucre. — xxiv, 584.
Dupuy père et fils, armateurs du corsaire *Passe-Partout*. — xxv, 281.
Dupuy (Dominique), chef de brigade. — xxviii, 160.
*Duquesne*, navire. — xxi, 89, 90, 209, 368. — xxii, 146. — xxiii, 217.
Duquesne (Alexandre), négociant à Valenciennes. — xx, 155.
Duquesnel, directeur du magasin de Crépy. — xxi, 709.
Duquesnoy, repr. — xviii, 90, 808. — xix, 201. — xxii, 710. — xxiii, 224, 404. — xxiv, 829.
Duquesnoy, g$^{al}$. — xxiii, 162.
Duquet, agent des transports militaires. — xxiii, 188.
*Durance*, rivière. — xxi, 150. — xxviii, 228.
Durand. — xviii, 754.
Durand et fils, de Montpellier. — xxi, 713. — xxii, 108.
Durand, sergent. — xix, 30.
Durand (J. B.), caporal-tambour. — xxii, 212.
Durand, employé. — xix, 240.
Durand, marin. — xix, 636.
Durand, dit Linois, lieut. de vaisseau. — xix, 711.
Durand (C$^{ne}$) et son fils. — xxiii, 783.
Durand, cap$^e$. — xviii, 475.
Durand, secrétaire de légation à Copenhague. — xxiv, 69.
Durand, directeur de l'Agence des transports de l'A. de l'Ouest. — xviii, 677.
Durand, volontaire. — xxiv, 341.
Durand, chef des Vivres de la marine, à Toulon. — xxviii, 487.
Durand, inventeur d'un moulin à bras. — xxviii, 672.
Durand-Maillane, repr. — xxiv, 54, 86. — xxv, 169, 327, 516, 621, 754. — xxvi, 13, 124, 737. — xxvii, xiv, 20, 50, 305, 484. — xxviii, 123, 285 à 291, 370, 371, 386, 504, 684.
*Durango* (Espagne). — xxv, 671.
Duras, secrétaire des repr. Trehouart et Faure. — xx, 526.
Durazzo, négociant à Gênes. — xviii, 348. — xx, 162, 647. — xxii, 271. — xxviii, 385, 620.
*Durdant*, rivière. — xxvii, 621.
Durécourt, cap$^e$. — xxv, 369.
Düren (Allemagne). — xxi, 650.
Duresto (Colas). — xix, 37, 56, 125, 126, 245.
Duret, chirurgien en chef au départ$^t$ de la marine, à Brest. — xxvii, 32.
Durier (V$^{ve}$). — xxi, 175.
Durieux (J. B.), industriel à Amiens. — xxii, 738.
Durieux. — xxiii, 298.
Durig (C$^{ne}$), de Longny. — xix, 657.
Durivau, élève à l'École centrale des Tr. publ. — xix, 455. — xxi, 49.
*Durkheim* (Allemagne). — xviii, 471. — xxii, 260.
Durocher, consul au Maroc. — xviii, 681.
Durosier, détenu transféré à Angers. — xxiii, 157.

DUROSNEL, aide de camp du g$^{al}$ Harville. — XXIV, 318.
DUROUX, agent g$^{al}$ des hôpitaux de l'A. des Alpes. — XIX, 383.
DUROY, repr. — XIX, 566. — XXI, 401. — XXIII, 44, 404.
DURPAIRE, g$^{al}$ de brigade. — XXIV, 437. Voir GUIOT-DURPAIRE.
DURR, chef d'escadron. — XXII, 182.
*Durs* (L-et-G). — XIX, 134.
*Durtal* (M-et-L). — XXI, 297.
DURTUBIE (Théodore), g$^{al}$ de brigade d'artillerie. — XVIII, 488, 566, 625, 680. — XIX, 432. — XX, 148, 202, 406, 686. — XXI, 433, 814. — XXII, 7. — XXIV, 556.
DURVILLE, greffier. — XVIII, 337.
DURVILLE, secrétaire de la Comm$^{on}$ de marine. — XIX, 35, 54. — XX, 189.
*Dürwist* (Pays de Juliers). — XIX, 790. — XX, 136.
DUSARD-DUCASTELET, cap$^e$. — XVIII, 568.
DUSAULX, repr. — XXIII, 453.
DUSAUTOIR, cap$^e$. — XXI, 435.
DUSIRAT, g$^{al}$ de brigade. — XXI, 758.
DUSSANT, charron. — XXVI, 601.
*Dusseldorf* (Allemagne). — XXI, 78. — XXIII, 283, 284, 645. — XXIV, 669, 800. — XXV, 223, 226. — XXVII, 217, 262, 321, 334, 350, 404, 470, 636, 638. — XXVIII, 15, 335, 476, 556, 587, 602, 625, 627, 651, 652, 677.
DUSSEUIL BEAUMONT (Nicolas), lieut. — XXIV, 475.
DUSSIEUX, rédacteur du *Journal de Paris*, dép. d'Eure-et-Loir. — XXVIII, 516.
DUSSOUB, chasseur à cheval. — XXVII, 664.
DUSSUMIER, fournisseur. — XXV, 527.
DUTAILLIS, aide de camp. — XXV, 7. — XXVII, 427.
DUTAILLY, courrier du C. de S. P. — XXV, 40.
DUTAILLY, cap$^e$. — XX, 225.
DUTERTRE, g$^{al}$ de brigade. — XX, 640. — XXV, 526.
DUTILLOY, négociant en riz. — XXII, 739.
DUTRUY, g$^{al}$. — XXIV, 511, 638, 786. — XXV, 214.
DUVAL (de la S-I), repr. — XXII, 111, 112, 425, 426. — XXIII, 95, 250, 416, 442, 450, 488, 489, 782. — XXVII, 400, 482, 546, 564. — XXVIII, 90 à 92, 137, 441, 633, 634.
DUVAL (Claude) [de l'Aube], repr. — XXII, 620. — XXV, 219, 417, 682. — XXVIII, 249.
DUVAL, sous-chef de division. — XXIV, 821.
DUVAL (Jean-Pierre), repr. — XIX, 537, 611.
DUVAL, ex-cap$^e$ du rég$^t$ suisse de Reinach. — XXI, 22.
DUVAL (Charles), repr. — XIX, 588. — XXIV, 550.

DUVAL, fermier de la forêt de Cinglais. — XXV, 98.
DUVAL (Nicolas Claude), canonnier. — XVIII, 321.
DUVAL, brigadier. — XVIII, 475.
DUVAL, off. de santé. — XX, 202.
DUVAL, brigadier de gendarmerie à Montereau. — XXVIII, 48.
DUVAL, du dépôt de cavalerie de Colmar. — XXV, 55.
DUVAL. — XXV, 474.
DUVAL, payeur particulier du Fort-Républicain. — XXVII, 635.
DUVANCEL, maire d'Évreux. — XXVI, 713.
DUVAUX fils, inspecteur des transports militaires à Agen. — XXIII, 501. — XXVIII, 238.
DUVENOIX, command$^t$ la place de Noyon. — XXVIII, 355.
DUVERDIER, de S$^{te}$-Foy. — XXIII, 492.
DUVERGER (V$^{ve}$ Lalaurencie-Lefort). — XXIV, 269.
DUVERGER, adjudicataire. — XXVI, 138.
DUVERGER, secrétaire. — XVIII, 368.
DUVERGER, g$^{al}$. — XXIV, 156.
DUVERGER, cap$^e$ du port de Blaye. — XIX, 701.
DUVERGEY, agent de la Comm$^{on}$ du commerce. — XVIII, 756, 757.
DUVERNAY, adjud$^t$ g$^{al}$ chargé du relevé historique des A. des Pyrénées. — XXIV, 473, 501.
DUVERNAY, fabricant d'acier à Rive-de-Gier. — XX, 438.
DUVERNEY, adjud$^t$ g$^{al}$, chef de brigade. — XXII, 593.
DUVERNOIS, exploitant des forêts de la Tournelle. — XXI, 799.
DUVERNOY, adjud$^t$ g$^{al}$. — XXII, 306. — XXV, 13.
DUVEYRIER, agent de Delamarre. — XXI, 20.
DUVIELLA, cap$^e$ au 41$^e$ rég$^t$ d'infanterie. — XX, 630.
DUVIELLA, négociant à Bordeaux. — XXI, 460.
DUVIGNEAU, g$^{al}$ de brigade. — XIX, 498. — XXVII, 487.
DUVIGNEAU, aide de camp du g$^{al}$ Dembarère. — XXIII, 167.
DUVIVIER. — XVIII, 255.
DUVIVIER (Gilles), commissaire des Guerres. — XVIII, 787.
DUVIVIER, directeur de la manufact. de la Savonnerie. — XIX, 785.
DUVRAS, cultivateur à Trouville. — XXIII, 464.
DU WICQUET, cap$^e$. — XXII, 778.
DYAUVILLE, élève à l'École centrale des Tr. publ. — XIX, 32.
*Dyle* (Départ$^t$ de la). — XXVIII, 104.
*Dyse* (La), rivière. — XVIII, 685.

# E

*Eagle*, navire américain. — XXI, 815.
EARLE, command¹ la *Surprise*. — XXIII, 254, 324.
*Eau-de-vie*. — XXV, 205, 373, 473, 720, 737. — XXVI, 219, 271, 272, 296, 342, 361, 612. — XXVII, 43, 256, 285, 399, 538, 552. Voir *Subsistances* militaires.
EBENER. — XXV, 722.
EBERHARD, imprimeur. — XVIII, 426.
EBLÉ, g$^{al}$ d'artillerie. — XXIV, 230, 407, 563, 746, 767, 771. — XXV, 51, 104, 189, 225, 226, 407.
*Ebre (L')*, fleuve. — XX, 526. — XXI, 366. — XXV, 685, 750. — XXVI, 132, 253. — XXVII, 412.
*Échelles* du Levant. — XXIII, 49.
*Éclairage* des rues. — XXVII, 138, 580, 653. Voir *Paris*.
*Écluse* (Fort de l'). — XVIII, 41, 209. — XIX, 44, 197. — XX, 627. — XXI, 778. — XXIV, 481, 483, 505, 736.
*Écluses, Éclusiers*. — XXV, 39, 438. — XXVI, 314. — XXVII, 540, 558. Voir *Canaux*.
*École* nat. aérostatique. — XVIII, 121, 303, 549, 653. — XIX, 277, 309, 455, 616, 620, 634. — XX, 6, 95. — XXI, 264. — XXII, 178, 301, 302. — XXIII, 222. — XXIV, 376. — XXV, 165, 488, 694. — XXVI, 5, 113, 316, 367, 442, 473, 741. — XXVII, 52, 227, 252, 261, 541. — XXVIII, 28, 64, 80, 81, 416, 614. Voir *Meudon*.
— d'artillerie de Châlons. — XVIII, 120, 125, 321. — XIX, 617. — XX, 317. — XXI, 155, 433, 718. — XXII, 241, 526. — XXIV, 40, 156, 157, 217, 585, 764. — XXV, 186, 458. — XXVI, 84. — XXVII, 227. — XXVIII, 527, 577, 617.
— de Douai. — XXI, 433. — XXVI, 644.
— de La Fère. — XXV, 587, 639.
— de Metz. — XX, 460.
— de Paris. — XX, 460.
— de Rennes. — XIX, 579, 580.
— de Valence. — XVIII, 601.
— de boulangerie. — XVIII, 752. — XXV, 67. — XXVIII, 168, 657.
— de canonnage et de navigation à Port-Malo. — XXIV, 514.
— centrale des Travaux publics. — XVIII, 2, 3, 10, 12, 39, 40, 60, 74, 89, 121, 213, 215, 228, 231, 276, 347, 506, 507, 621, 649, 676, 677, 702, 703, 704, 708, 753, 754, 770, 797, 798, 799. — XIX, 138, 151, 182, 184, 185, 228, 276, 285, 326, 427, 455, 494, 495, 531, 533, 563, 680, 749, 750. — XX, 16, 60, 79, 95, 486, 503, 540, 569, 648, 773, 774, 792. — XXI, 4, 49, 424, 455. — XXII, 295, 297, 543. — XXIII, 39, 220. — XXIV, 132, 275, 276, 277, 313, 351, 469, 581, 582. — XXV, 68, 243. — XXVII, 28, 52, 59.
— de chirurgie de Paris. — XXIII, 738.
— de construction, à Paris. — XIX, 412.
— des constructions maritimes. — XXIV, 132.
— des Élèves-trompettes. — XIX, 334. — XXVI, 342. — XXVIII, 132.
— d'équitation de Caen. — XVIII, 70.
— de Versailles. — XXII, 443, 444. — XXV, 456.
— du génie de Metz. — XVIII, 120, 125, 758, 798. — XIX, 358, 615, 726. — XX, 295, 521. — XXII, 215. — XXIV, 403. — XXV, 103, 246. — XXVI, 285. — XXVII, 144, 173, 506, 561. — XXVIII, 439, 484.
— des ingénieurs de la marine, à Paris. — XVIII, 485. — XXII, 155.
— de Mars. — XVIII, 2, 3, 12, 13, 59, 60, 84, 121, 156, 174, 184, 209, 210, 302, 347, 355, 660, 759. — XIX, 62, 99, 166, 283, 326, 358, 428, 481, 597, 637, 709. — XX, 285, 405, 406, 453, 617. — XXI, 49, 50, 455, 456, 814. — XXII, 177, 778, 779. — XXIII, 581. — XXIV, 539. — XXVII, 503.
— militaire de Paris. — XVIII, 560, 752. — XXII, 802. — XXV, 67, 185. — XXVIII, 190, 648, 650, 674.
— des Mines. — XVIII, 700. — XIX, 726.
— nationale de Juilly. — XXIV, 656.
— nationale des orphelins, à Liancourt. — XXVI, 110, 117. — XXVII, 479. — XXVIII, 348, 349, 520.
— normale de Paris. — XVIII, 789. — XIX, 182, 269, 270, 449, 509. — XX, 386, 684, 776. — XXVIII, 548.
— Pommeuse. — XIX, 533.
— de Popincourt. — XXI, 155.
— polytechnique, à Paris. — XXII, 226. — XXVIII, 6, 22, 81, 238, 350, 351, 379, 438, 548, 549, 609, 610.
— provisoire, quai Voltaire, à Paris. — XVIII, 289.
— de santé de Paris. — XIX, 149, 355, 395. — XX, 453, 789. — XXI, 173, 263, 424, 489, 547, 803. — XXII, 293, 649, 797. — XXV, 518.
— de santé de Cherbourg. — XIX, 149.
— de santé de Montpellier. — XIX, 149. — XX, 789. — XXI, 609.
— des sourds-muets. — XXVI, 372.
— vétérinaire d'Alfort. — XX, 310. — XXI, 3. — XXVI, 180, 579. — XXVIII, 237.
— de Charenton. — XXVI, 179.
— de Lyon. — XXVI, 180. — XXVII, 465.
*Écoles* centrales. — XXIII, 88, 89, 114, 115, 116, 565 à 568, 609. — XXIV, 339, 587.
— d'Amiens. — XXIII, 782.
— de Beauvais. — XXIII, 88.
— de Paris. — XXV, 103.
— de Metz. — XXV, 103.
— de Châlons. — XXIII, 88, 89, 566.
— de Reims. — XXIII, 89, 566.
— de Soissons. — XXIII, 88.
— de Troyes. — XXIII, 432, 433.
*Écoles* de la marine. — XXI, 682.
— des élèves ingénieurs constructeurs de la marine de Paris. — XXII, 155. — de Brest. — XXV, 474. — de Lorient. — XXV, 332.
— de navigation et de canonnage maritime. — XXI, 402, 493, 685. — XXII, 378.
*Écoles* normales. — XIX, 149, 197, 237, 283, 307, 528. — XXI, 123, 687.
*Écoles* primaires. — XXII, 433, 434. — XXIII, 86, 87, 88, 89, 114, 116, 171.
*Écoles* techniques. — XXV, 265.

*Écosse* (Côtes d'). — XXVII, 131.
*Écot* (Forges de l') [H-M]. — XXII, 415.
*Écouen* (S-et-O). — XXI, 97. — XXV, 95.
*Écouis* (Eure). — XXII, 580.
*Écouves* (Forêt d') [Orne]. — XXVIII, 589.
*Ecquetot* (Eure). — XXV, 591.
*Écuries.* — XXVII, 44. Voir *Chevaux*.
ÉDEN, commissaire anglais pour l'échange des prisonniers. — XXI, 440, 801. — XXII, 320.
*Eden* (Écluses d'). — XXI, 458.
EDMOND, off. d'infanterie. — XIX, 566.
EDMOND, off. de marine. — XX, 630.
ÉDOUARD, repr. — XXVI, 385.
*Édouard*, brick anglais. — XX, 257.
*Edwige Charlotte*, navire suédois. — XVIII, 292.
*Effets* civils. — XXV, 139, 174, 198, 425, 492, 532, 609. — XXVI, 229, 238. — XXVII, 43.
— précieux. — XXVI, 230. — XXVII, 6. — XXVIII, 1, 2.
— volés. — XXVI, 663, 689.
— saisis. — XXVI, 689.
*Égalité* (Place de l'), à Besançon. — XXIII, 80.
*Égalité-sur-Marne*, ci-dev$^t$ Château-Thierry. — XVIII, 318, 608, 609, 737. — XIX, 111, 112, 113, 377, 378, 610. — XX, 361. — XXI, 755. — XXII, 122, 124, 126, 160, 250, 619. — XXIV, 203. — XXV, 220.
*Égalité*, ci-dev$^t$ Bourg-la-Reine (Seine). — XVIII, 724.
*Égalité* (Maison de l'). — XIX, 120. — XX, 522.
ÉGALITÉ, ex-g$^{al}$. Voir ORLÉANS (Duc d').
*Égletons* (Corrèze). — XXII, 583. — XXVI, 480.
*Églises.* — XXIII, 552, 622, 675. — XXIV, 470, 547. — XXVI, 726. — XXVII, 76. Voir *Prêtres; Religion*.
*Egmont* (Maison d'). — XXV, 486.
EGREZ, cap$^e$. — XXV, 10, 213.
ÉGRON, chef d'escadron. — XXIV, 442.
EHRARD, garde principal d'artillerie. — XXVIII, 129.
*Ehrenbreitstein* (Forteresse d'). — XXI, 731. — XXVII, 350, 471, 575, 596, 599, 636. — XXVIII, 15, 16, 58, 115, 119, 170, 181, 185, 222, 307, 334, 407, 424, 493, 494, 556, 557.
*Eich* (Moulin d'). — XX, 695. — XXI, 10.
EICHOFF (N. G.), propriétaire des *Deux Sœurs créoles*. — XXII, 425, 483. — XXIII, 818. — XXVIII, 449.
*Eissemberg* (Allemagne). — XXVI, 245.
*Elbe*, fleuve. — XX, 698. — XXI, 72, 518. — XXII, 761. — XXVIII, 114.
*Elbe* (Île d'). — XIX, 74, 206.
*Elbeuf* (S-I). — XVIII, 400, 505. — XXI, 487, 673. — XXII, 445, 446, 457. — XXIII, 699. — XXV, 504.
*Elbeuf* (Maison d'), à Paris. — XXVIII, 414.
ELDRED (Thomas), américain. — XXII, 465, 799, 800. — XXIII, 455.
*Électeurs* d'Empire. — XXIII, 112. — XXV, 386. — XXVI, 373, 376, 393, 526. — XXVII, 267, 337, 596.
*Électeur* de Mayence. — XXIV, 102.
*Électeur* palatin. — XXVII, 415, 576, 606.
*Électricité*, de HAÜY. — XXV, 641.
*El Genezero*, brick espagnol. — XXI, 139.
*Éléments de chimie*, de FOURCROY. — XXV, 641.
*Elgoibar* (Espagne). — XXIII, 103.
ÉLIE, g$^{al}$ de division. — XVIII, 322. — XXI, 321.
ÉLIE (Pierre). — XIX, 384.
*Élisabeth-Judith*, navire. — XIX, 712.

ELLIS (Gore), irlandais. — XXI, 231, 257.
ELLISON, commodore. — XXV, 148, 201, 559 n.
ÉLOI, matelot de la *Diligente*. — XXV, 650.
ELOSCA, espagnol. — XXIV, 559.
ÉLOY, employé. — XXII, 268.
ELRED (Thomas). Voir ELDRED.
*Elst* (Hollande). — XIX, 416, 443.
ELVERT frères, de Saverne. — XXV, 722, 723.
*Éluiset* (L') [H$^{te}$-Savoie]. — XXVII, 160, 339.
*Elven* (Morbihan). — XIX, 245, 504, 718. — XXIII, 757. — XXV, 392, 394. — XXVI, 49.
*Elvoutz Cuts* [?] (Hollande). — XXV, 23.
*Embauchage.* — XXV, 25. — XXVI, 569. — XXVII, 33, 430, 507. Voir *Émigrés; Troupes*.
*Embrun* (H-A). — XX, 19, 20. — XXI, 247. — XXIV, 653. — XXV, 437, 516. — XXVI, 62.
*Embuscade*, frégate. — XIX, 130. — XXIII, 217.
*Emden* (Allemagne). — XX, 466, 696. — XXI, 407, 524, 780. — XXIII, 224, 225, 439.
*Émerainville* (S-et-M). —XXV, 518.
*Émeraude*, navire. — XXI, 442.
*Émerich* (Pont d'). — XXIV, 407.
ÉMERY (J. Ét.), de Segny. — XXI, 277.
*Émeutes.* Voir *Troubles*.
*Émigrés. Émigration.* — XIX, 105, 196, 323, 325, 337, 346, 370, 371, 375, 400, 414, 421, 452, 470, 471, 475, 481, 488, 545, 587, 621, 645, 692, 698. — XX, 74, 90, 103, 113, 134, 154, 164, 167, 176, 212, 250, 257, 271, 280, 397, 430, 443, 529, 572, 683, 692, 725, 726, 762, 763, 786. — XXI, 22, 36, 37, 56, 72, 81, 82, 83, 84, 147, 148, 153, 160, 162, 170, 184, 206, 244, 289, 362, 368, 371, 380, 394, 404, 405, 419, 529, 533, 688, 689, 713, 734, 755, 786. — XXII, 29, 40, 54, 55, 61, 69, 108, 123, 181, 186, 209, 225, 228, 230, 283, 309, 329, 359, 432, 506, 527, 552, 586, 587, 609, 617, 632, 663, 699, 711, 786. — XXIII, 148, 151, 179, 180, 205, 232, 238, 264, 282, 287, 292, 306, 320, 321, 359, 397, 398, 415, 420, 421, 423, 437, 446, 449, 502, 503, 532, 552, 559, 589, 620, 642, 658, 659, 763, 764, 765, 781, 794, 795. — XXIV, 24, 52, 59, 90, 109, 189, 193, 196, 207, 238, 266, 305, 327, 330, 342, 343, 407, 469, 509, 516, 525, 529, 533, 617, 621, 647, 653, 669, 682, 695, 727, 749, 751, 788, 789, 807, 812, 813, 838, 839, 848. — XXV, 26, 52, 57, 84, 85, 87, 88 n., 92, 112, 120, 124, 139, 144, 149, 174, 178, 190, 196, 203, 223, 228, 231, 232, 251, 254, 259, 261, 296, 300, 302, 304, 306, 327, 329, 334, 336, 365, 392, 395, 396, 415, 417, 466, 476, 477, 483, 499, 507, 510, 532, 535, 536, 556 n., 557, 562, 564, 597 n., 599, 610, 629, 649, 652, 671, 710, 719, 724, 740, 753. — XXVI, 9, 50, 51, 70, 73, 92, 102, 124, 160, 170, 172, 187, 190, 208, 247, 269, 290, 305, 321, 323, 355, 412, 452, 464, 484, 485, 487, 488, 494, 514, 527, 540, 562, 567, 570, 654, 662, 762, 765. — XXVII, 12, 45, 47, 86, 104, 151, 152, 233, 251, 266, 284, 296, 302, 311, 325, 326, 332, 336, 423, 426, 459, 472, 496, 498, 516, 569, 595, 614, 630, 631, 651. — XXVIII, 21, 42, 51, 98, 201, 255, 265, 266, 357, 387, 406, 418, 503, 509, 518, 554, 567, 579, 704.
*Émile*, ci-dev$^t$ Montmorency (S-et-O). — XXIII, 3.
*Émilie*, navire danois. — XVIII, 451.
EMLER, négociant. — XX, 92.

*Emma et Emely*, navire français sous pavillon neutre. — xxvi, 746.
*Emmanuel*, navire suédois. — xx, 714.
*Emmerich* (Pont d'). — xx, 208, 466, 609, 655, 673. — xxi, 266, 304, 317. — xxii, 83. — xxiv, 563.
EMMERY, négociant à Dunkerque. — xx, 78, 505. — xxii, 741.
*Empereur* d'Allemagne. — xviii, 286, 287. — xxii, 215, 536, 789. — xxiii, 68, 69, 111, 112, 113, 235, 318, 319, 386, 387, 388, 389, 824, 825. — xxiv, 121, 144, 190, 259. — xxv, 179, 180, 223. — xxvi, 79, 327, 479, 582.
*Empereur* (Forêt de l'). — xxiii, 12.
*Empire*. — xviii, 516, 517, 668. — xix, 258. — xx, 418. — xxi, 382. — xxii, 157, 462, 536, 788. — xxiii, 111, 113, 386, 387, 388, 389, 451, 824, 825. — xxiv, 120, 121. — xxv, 284, 386. — xxvii, 267, 336, 405, 530, 567, 596.
*Employés* du C. de S. P. — xxvii, 274, 474. — xxviii, 258. Voir *Comité de S. P.; Commis*.
— de la C$^{ie}$ Lanchère. — xxvii, 335.
— des Commissions exécutives. — xxvii, 367, 389.
— des Douanes. — xxvii, 107. — xxviii, 571. Voir *Douanes*.
— des fourrages. — xxvii, 294.
— des hôpitaux militaires. — xxvii, 587, 665.
— de la marine. — xxvii, 50, 122, 135, 378, 553, 609, 673. — xxviii, 210, 488, 489. Voir *Marine*.
— des Postes. — xxviii, 571, 656. Voir *Postes*.
— des Transports. — xxvii, 293, 431, 587. Voir *Transports*.
— des vivres. — 293, 464. Voir *Subsistances*.
*Emprunts*. — xxv, 268, 270, 517, 570, 683, 692, 742. — xxvii, 132, 413, 523. Voir *Trésorerie*.
*Ems*, fleuve. — xx, 154, 418, 672. — xxi, 279, 406, 821. — xxii, 190.
*Encyclopédie méthodique*. — xix, 512.
ÉNÉE, off. au 11$^e$ dragons. — xxii, 421.
*Enfants* de la Patrie. — xviii, 2.
*Engageante*, frégate. — xxii, 809.
ENGELBRECHK, cap$^e$ du *Henry et Georges*. — xxvii, 399.
ENGERRAN, repr. — xix, 403.
ENGELVIN, inspecteur des mines d'Excideuil. — xxii, 10.
*Enghien* (Belgique). — xxv, 350.
ENLART (Nic. Fr. Marie), repr. — xix, 538. — xxi, 111, 112, 131. — xxii, 756. — xxiii, 560. — xxvii, xii, 52, 261.
ENOULT, lieut. de gendarmerie. — xxvi, 520.
ENRION, commissaire. — xxii, 42.
*Ensisheim* (H-R). — xxvii, 347.
*Entraigues* (Vaucluse). — xxvi, 767.
*Entrammes* (Mayenne). — xx, 639.
*Entremont* (H$^{te}$-Savoie). — xix, 136.
*Entreprenant*, navire français. — xviii, 618. — xx, 631. — xxi, 441. — xxii, 765.
*Entreprise*, navire américain. — xxiii, 100. — xxv, 215.
*Entrevernes* (Mines de houille d'). — xxii, 644. — xxv, 539. — xxvi, 36, 219.
*Envermeu* (S-I). — xx, 797, 798.
*Éole*, navire. — xxi, 254, 441.
ÉON, journaliste. — xxiv, 550.
ÉPAILLY (Anatole Fr. et P. Aut), employés à l'Agence des poids et mesures. — xxviii, 610.

*Épernay* (Marne). — xviii, 386, 387. — xix, 83, 378, 379, 547. — xx, 31, 258. — xxii, 548. — xxiii, 104, 105.
*Épernon* (E-et-L). — xxi, 258. — xxii, 495, 794. — xxiii, 600. — xxv, 422. — xxvii, 537, 540.
*Épervier*, corsaire. — xxvii, 175.
*Épiais* (S-et-O). — xxvi, 560.
*Épidémies*. — xviii, 347. — xxi, 405, 422, 423.
*Épizooties*. — xix, 561.
*Épinal* (Vosges). — xxi, 176. — xxii, 804, 805. — xxiii, 4. — xxviii, 4.
*Épinay-sous-Sénart* (S-et-M). — xxi, 479. — xxviii, 411.
*Épinay* (Seine). — xxii, 691. — xxv, 439.
*Épine* (L') [S-et-O]. — xx, 484. — xxiii, 503.
*Épineu-le-Chevreuil* (Sarthe). — xviii, 512.
ERAND et C$^{ie}$, fournisseurs. — xxv, 491.
ERBEN, de Coblenz, canonnier. — xxvii, 506.
*Ercé* (Ariège). — xxviii, 259, 275.
*Erdre*, rivière. — xxvi, 720.
ERGO, lieut. de vaisseau. — xxii, 245.
ERHART, cap$^e$ d'artillerie, directeur de la fonderie de Ruelle. — xxi, 280, 281.
EHRARD, de Neuchâtel. — xx, 584.
ERHART. — xxiii, 351.
*Erigné* (Camp d'). — xviii, 100, 101.
ERMANGARD, lieut. de vaisseau. — xxi, 401.
ERMANGART (Marc Fr. Fulgence), sous-directeur de l'Enreg$^t$. — xxvii, 530.
ERMISSE, enseigne de vaisseau. — xx, 630.
*Ernani* (Espagne). — xxii, 819, 820. — xxiii, 520. — xxiv, 235, 266, 303.
*Ernans* (Moulin des). — xx, 80, 486.
*Ernée* (Mayenne). — xviii, 278, 462. — xx, 64, 90. — xxii, 738. — xxiii, 424, 425. — xxiv, 734.
ERNERT, off. suisse, prisonnier de guerre. — xxii, 565.
ERNEST, off. de tirailleurs. — xxviii, 533.
ERNON (Victor), dessinateur. — xix, 31.
ERNOUF, sous-lieut. — xxvii, 159.
ERTAULT, quartier-maître. — xxiv, 555.
*Ervy* (Aube). — xxiii, 759, 760, 790. — xxiv, 73. — xxvi, 166.
*Erzingen* (Allemagne). — xxvi, 44.
*Escames* (Oise). — xix, 536.
*Escarène* (L') [A-M]. — xxvi, 175, 572, 587.
*Escaut* (Départ$^t$ de l'). — xxviii, 104.
*Escaut*, rivière. — xviii, 94, 303. — xx, 343, 415, 417, 540, 653. — xxi, 306, 379, 485, 517, 764, 765, 820. — xxii, 74, 574, 575, 662, 665, 759. — xxiii, 20, 21, 410. — xxiv, 159, 706. — xxv, 293. — xxvi, 478, 606, 632.
ESCHASSÉRIAUX aîné, repr. — xxviii, 234, 235, 245, 274, 275, 393 à 395, 492 n., 531, 581, 599, 624 à 628.
ESCOFFON. — xxvii, 277.
ESCUDIER, repr. — xix, 693. — xxiii, 769. — xxiv, 309.
ESCUDIER, chirurgien-dentiste à Toulon. — xxv, 409.
ESNARD, off. de santé à l'hôpital de Saarbruck. — xxviii, 595.
ESNAULT, administrateur. — xix, 183.
ESNAULT, volontaire. — xxvii, 566.
ESNEAUX, adjud$^t$ g$^{al}$. — xx, 245.
*Esneux* (Belgique). — xxi, 348.
ESNÜE-LAVALLÉE, repr. — xxiv, 547.

ESNON, ex-directeur de l'hôpital militaire de Nantes. — XXVIII, 647.
*Espagne.* — XVIII, 37, 58, 79, 81, 136, 153, 154, 155, 257, 359, 360, 374, 458, 499, 541, 576, 597, 606, 642, 668, 731, 746, 805. — XIX, 178, 180, 350, 351, 352, 394, 524, 525, 527, 680, 739. — XX, 11, 57, 76, 108, 109, 110, 222, 223, 229, 329, 330, 450, 492, 519, 554, 579, 580, 581, 633, 634, 718, 720, 721, 803, 804, 805, 806. — XXI, 7, 139, 142, 143, 144, 145, 146, 156, 180, 187, 188, 190, 221, 233, 234, 235, 236, 238, 285, 335, 336, 390, 420, 421, 468, 498, 553, 784. — XXII, 22, 65, 85, 192, 193, 201, 247, 248, 249, 263, 277, 359, 372, 373, 384, 430, 435, 448, 480, 487, 488, 506, 521, 527, 531, 535, 682. — XXIII, 34, 58, 66, 68, 391, 392, 393, 394, 395, 483, 694, 704, 721, 778, 779. — XXIV, 51, 234, 235, 265, 266, 267, 290, 303, 305, 306, 453, 692, 762. — XXV, 81, 193, 195, 205, 399, 456. — XXVI, 133, 188, 253, 282, 359, 449, 526, 663, 716. — XXVII, 34, 133, 136, 176, 265, 359, 361, 412, 413, 446, 450, 479, 587, 645. — XXVIII, 20, 34, 149, 220, 354, 371, 427, 428, 579, 607, 608, 615, 658, 661, 663.
— (Côtes d'). — XXII, 527.
— (Cour d'). — XXIV, 729. — XXV, 81, 195.
— (Roi d'). — XX, 715, 720. — XXII, 719, 720. — XXIV, 305. — XXVI, 133, 326, 495, 583, 703.
— (Paix avec l'). — XXV, 81, 195, 348, 365, 399, 450, 756. — XXVI, 10, 11, 15, 28, 70, 77, 78, 80, 103, 105, 134, 156, 165, 187, 188, 193, 217, 220, 224, 248, 251, 252, 254, 268, 278, 281, 284, 324, 372, 433, 449, 453, 495, 545, 566, 580, 582, 677, 703, 721.
*Espagnols.* — XVIII, 120, 222, 228, 268, 376, 377, 601, 606, 615. — XIX, 93, 94, 136, 178, 350, 351, 526. — XX, 56, 112, 144. — XX, 292, 435, 527, 625, 680, 745, 803. — XXI, 181, 209, 234, 285, 375, 447, 468, 475, 816. — XXII, 22, 191, 193, 240, 247, 277, 327, 359, 360, 382, 430, 480, 564, 719, 769, 799. — XXIII, 392, 393, 457, 483, 484, 579, 625, 626, 721, 751, 767, 803. — XXIV, 52, 124, 265, 266, 279, 304, 392, 426, 495, 693, 759, 760, 762, 763. — XXV, 168, 308, 311, 319, 348, 399, 419, 627, 630, 652, 685. — XXVI, 156, 191, 231, 309, 359, 569, 578. — XXVII, 64, 360. Voir *Espagne.*
ESPANET, fournisseur de viande. — XVIII, 392. — XXIV, 7.
ESPAROU, voiturier par eau. — XIX, 251.
*Espelette* (B-P). — XXIV, 52.
*Espérance*, navire. — XXIII, 91. — XXIV, 350. — XXV, 326.
*Espérance*, navire danois. — XIX, 66. — XXVII, 319.
*Espérance*, navire suédois. — XIX, 618.
*Espérance*, navire espagnol. — XXIV, 82.
*Espérance* (Hospice militaire de l'), à la Rochelle. — XXIV, 280.
ESPERON, fabricant à Albi. — XXVIII, 25.
ESPERT, repr. — XVIII, 233, 300, 342, 481, 584, 684, 696, 698. — XIX, 183, 184, 224, 225, 269, 306, 347, 390, 391, 426, 474, 516, 651, 673, 683, 684, 693, 722. — XX, 90, 91, 156, 237, 471, 573, 704. — XXI, 170, 171, 206. — XXII, 151, 589. — XXV, 208, 418, 529. — XXVI, 54, 105, 106, 190, 451.
*Espions, Espionnage.* — XXIV, 576, 758. — XXV, 270, 305, 471, 477, 568. — XXVII, 555.

*Espoir*, lougre. — XXVI, 41.
*Espolla* (Espagne). — XVIII, 223.
*Esprimont*, près de Crefeld. — XIX, 157.
ESPRIT, commissaire de police de la sect$^n$ des Tuileries. — XXV, 578, 734.
*Esprit* public. — XXV, 79, 114, 123, 144, 151, 175, 228, 236, 248, 252, 296, 335, 338, 353, 392, 394, 398, 467, 483, 499, 555, 562, 601, 606, 622, 625, 626, 655, 671, 705, 747. — XXVI, 126, 223, 328, 398, 413, 424, 456, 549, 568, 572, 592, 717, 720, 766. — XXVII, 38, 40, 45, 86, 233, 249, 287, 321, 467, 486, 499, 515, 526, 568, 574, 622, 647, 669.
*Esquerdes* (Poudrerie d') [P.-de-C]. — XXVIII, 614.
*Essai sur l'artillerie*, par DUPUGET. — XXV, 639.
*Essai sur la poudre à canon*, par BIGOT DE MOROGUES. — XXV, 639.
*Essarts* (Camp des). — XXIII, 756. — XXIV, 833. — XXV, 117, 190, 191, 336. — XXVI, 161, 162.
*Esprit*, de FOLARD. — XXV, 640.
*Essonnes* (Canal d') [S-et-O]. — XIX, 493. — XXIV, 658. — XXV, 404, 635. — XXVI, 3, 685. — XXVII, 139, 224. — XXVIII, 520.
*Essonnes* (Poudrerie d'). — XX, 334, 754. — XXII, 103. — XXVI, 315.
— (Moulins d'). — XXVII, 113.
*Est* (Départ$^{ts}$ de l'). — XXIV, 400.
ESTADENS. — XIX, 581.
ESTADENS (Ant.), rep. — XXII, 110, 600. — XXIII, 525, 526. — XXIV, 35. — XXVI, 558.
ESTADIEU, commissaire des Guerres. — XXVI, 481.
ESTADINS, employé à la Comm$^{on}$ des A. de terre. — XXV, 415.
*Est-Frise* (Hollande). — XXIV, 246.
*Esther*, navire anglais. — XIX, 398.
ESTIENNE, adjud$^t$ g$^{al}$. — XX, 406, 686, 687.
ESTIENNE, agent des subsistances à Paris. — XXVIII, 657.
ESTIVAN, fournisseur aux Armées. — XX, 174.
ESTRAHAUT, lieut$^t$. — XXII, 45.
*Étain* (Meuse). — XVIII, 796. — XIX, 25, 26. — XXII, 495, 493.
*Etalans* (Doubs). — XXIII, 727.
*Etalant*, transport, de Bordeaux. — XXV, 116.
*Étamage* des fusils. — XVIII, 364. Voir *Ateliers d'armes.*
*Étampes* (S-et-O). — XVIII, 304, 348, 809. — XIX, 111, 112, 114, 404, 680, 746. — XX, 29, 30, 40, 311, 484, 612. — XXI, 403, 670, 745. — XXII, 184, 773. — XXIV, 130, 222, 537, 538, 580. — XXV, 728. — XXVI, 39, 659. — XXVII, 113. — XXVIII, 295.
*Étangs* nationaux. — XXV, 126, 396. — XXVI, 314, 596. — XXVII, 464.
*Étapes, Étapiers.* — XXV, 100, 204, 212, 230, 244, 544, 556. — XXVI, 39, 317, 342, 467, 644, 721, 760. — XXVII, 6, 30, 31, 41, 91, 93, 120, 139, 147, 200, 274, 365, 421, 475, 552, 655. — XXVIII, 46. Voir *Transports, Troupes.*
*Étaples* (P.-de-C). — XIX, 565. — XXI, 804.
*États généraux*, navire. — XXI, 531.
*États généraux* des Provinces Unies. — XIX, 485, 582, 601, 736, 738. — XX, 137, 183, 186, 211, 324, 325, 348, 353, 354, 357, 412, 414, 419, 493, 636, 653, 654. — XXI, 31, 33, 34, 35, 185, 286, 305, 364, 404, 491, 518, 520, 646, 765, 766, 775, 778, 779, 780, 782, 820, 827, 828. — XXII, 56, 57, 58,

77, 78, 79, 83, 113, 115, 117, 221, 222, 226, 227, 280, 281, 377, 422, 575, 595, 596, 618, 663, 665, 675, 758. — xxiii, 23, 61, 62, 192, 199, 302, 347, 410, 435, 436, 438, 439, 500, 502, 515, 591, 592, 593, 604, 605, 662, 663, 713, 755, 814, 815, 816, 817. — xxiv, 22, 168, 170, 229, 230 282, 283, 286, 311, 325, 364, 365, 407, 408, 469, 484, 560, 561, 563, 623, 624, 716, 718, 745, 771, 793. — xxv, 23, 24, 25, 223, 226, 248, 293, 430, 531, 716. — xxvi, 127, 354, 429, 479. — xxvii, 40, 257, 358, 477, 528.
États helvétiques. — xxiv, 435.
États de Hollande. — xix, 736, 738, 739. — xx, 211, 552, 556, 568, 656. — xxi, 183, 190, 528, 530. — xxii, 79, 757. — xxiv, 185, 326, 362. — xxvi, 479.
États du Luxembourg. — xxiv, 414.
États de Liège. — xxiv, 274.
États du Nord. — xxii, 424.
États d'Utrecht. — xxiii, 439.
États prussiens de la rive gauche du Rhin. — xxv, 702.
États-Unis d'Amérique. — xviii, 63, 157, 158, 159, 429, 499, 581. — xix, 274, 413, 497, 536, 581, 735, 739, 772. — xx, 133, 137, 148, 184, 329, 330, 344, 414, 558, 578, 713, 803. — xxi, 4, 143, 551, 555, 718. — xxii, 23, 37, 46, 373, 383, 480, 613, 666, 799, 800. — xxiii, 34, 76, 455, 547, 822. — xxiv, 95, 178, 778. — xxv, 216, 379, 493, 554 n., 737. — xxvi, 75. — xxvii, 298.
— (Consul des). — xxvii, 61.
Étel (Morbihan). — xxii, 678. Voir *Telm.*
ÉTIENNE, adjud$^t$ g$^{al}$. — xxi, 278.
ÉTIENNE, employé à la 2$^e$ d$^{on}$ du C. de S. P. — xxv, 678.
Etna, volcan. — xviii, 165.
Étoges (Marne). — xxvi, 625.
Étoile brillante, navire. — xxii, 457.
Étoile du Nord, navire danois. — xxvii, 175.
Étrangers. — xxv, 87, 155, 179. — xxvi, 25, 313, 371, 420, 488, 540, 562. — xxvii, 112, 559, 581. — xxviii, 357, 418, 632.
Être suprême (L'). — xix, 300.
Eu (S-I). — xxi, 625.
EUDER, élève de l'École centrale des Tr. publ. — xix, 455. — xxi, 49.
EUDES, gendarme. — xviii, 141.
EULER, mathématicien. — xxiv, 158, 159. — xxv, 641.
Eupen (Belgique). — xxviii, 437.
Eure (Départ$^t$ de l'). — xviii, 209, 526, 731. — xix, 186, 191, 460, 496, 547, 657, 747, 762, 786. — xx, 200, 249, 323, 498, 595, 656, 670, 676, 802. — xxi, 118, 124, 250, 288, 372, 398, 537, 620, 749, 829. — xxii, 38, 47, 58, 75, 88, 203, 207, 293, 343, 505, 538, 544, 724, 795. — xxiii, 137, 250, 305, 367, 379, 468, 572, 595, 604, 736, 739, 775, 807. — xxiv, 356, 404, 415, 467, 613, 794, 827. — xxv, 70, 100, 283, 382, 638. — xxvi, 3. — xxvii, 129, 262, 288, 377, 400, 490, 520, 546, 564, 632, 634. — xxviii, 348.
Eure-et-Loir (Départ$^t$ de l'). — xviii, 140. — xix, 786. — xx, 64, 200, 279, 314, 323, 436, 498, 568, 575, 611, 656, 670, 705, 732, 802. — xxi, 117, 177, 250, 288, 433, 537, 609, 616, 809, 829. — xxii,

58, 75, 88, 105, 157, 203, 207, 343, 470, 560, 577, 667, 721, 722. — xxiii, 38, 46, 123, 137, 144, 158, 250, 379, 416, 546, 595. — xxiv, 356, 537, 538, 587, 667, 787, 794. — xxv, 272, 283, 372, 382. — xxvi, 177, 418. — xxvii, 168, 169, 277, 348, 370, 372, 467, 488, 540, 545, 546, 563. — xxviii, 56, 75, 137, 176, 332, 333, 397, 455, 456, 498, 499, 516, 564, 604, 605, 606, 609.
EURÉ (Joseph), hussard. — xx, 651.
*Euriem*, navire danois. — xx, 8. — xxvi, 239.
Europe. — xix, 602. — xx, 349, 354, 633, 634. — xxi, 236, 304, 700, 782. — xxii, 261, 535, 536, 766. — xxiii, 20, 21, 22, 111, 113, 395, 459, 486, 517, 617. — xxiv, 299, 450, 451, 452. — xxviii, 253, 332, 492 n.
Eurville (Forges d'). — xxiv, 471.
EUSTACE (Olivier), interprète. — xix, 525.
Évaux (Creuse). — xix, 325, 614. — xxi, 549. — xxii, 36.
Éverly (Château d') [S-et-M]. — xxvi, 335.
ÉVERY, prisonnier de guerre. — xxiii, 661.
ÉVRARD, command$^t$ amovible de Port-Fidèle. — xix, 636.
ÉVRARD, g$^{al}$ de brigade d'artillerie. — xx, 544.
Èvre, rivière. — xxi, 271, 296.
Évreux (Eure). — xviii, 739, 740. — xix, 95, 120, 357, 459. — xx, 203, 323, 324. — xxi, 216, 372, 620, 625, 829, 830, 831. — xxii, 58, 76, 88, 89, 203, 204, 205, 206, 207, 343, 724, 813. — xxiii, 63, 96. — xxiv, 77, 93, 218, 684. — xxv, 100, 703. — xxvii, 206, 432, 564. — xxviii, 633.
Évron (Mayenne). — xix, 247, 343, 400. — xx, 193, 233, 446, 677. — xxi, 39, 471, 791. — xxii, 27, 90. — xxiv, 351. — xxvii, 517.
EXCELLIN, administrateur du distr. d'Excideuil. — xx, 541.
Excideuil (Dordogne). — xviii, 87. — xx, 541. — xxi, 412. — xxii, 10, 19. — xxviii, 660, 661.
Exilles (Italie). — xxi, 244.
Expédition, aviso. — xxiii, 329, 330, 611.
*Expériment*, navire. — xxvi, 711.
EXPERT, chef du 4$^e$ b$^{on}$ de l'Ariège. — xxiii, 422.
EXPERT, cap$^e$ adjoint. — xxiii, 422, son frère.
Expertises, Experts. — xxv, 539, 590. — xxvi, 140, 149, 150, 239, 336, 388, 638. — xxvii, 115, 230, 292, 652.
EXPERTON, entrepreneur à Valence. — xx, 607. — xxv, 343.
Exportations. — xviii, 6, 19, 42. — xxv, 243, 379, 485. — xxvi, 419, 489, 541, 568, 562, 725. — xxvii, 51, 226, 252, 298, 316, 366, 368, 379, 391, 417, 441, 476, 558, 631. Voir *Commerce*.
*Eyburie* (Corrèze). — xxvii, 446.
EYNARD (Ét.). — xviii, 59.
EYNARD, pilote à Blaye. — xix, 701.
Eyragues (B-du-R). — xxviii, 227.
EYRE (George), prisonnier de guerre. — xxi, 719.
EYRE (Schwebridge), prisonnier anglais. — xxiv, 374.
EYRIÈS, ex-cap$^e$ de vaisseau. — xxvii, 133, 321.
EYRIÈS fils, armateur. — xxi, 178.
Èze (A-M). — xviii, 240.
EZER, cap$^e$. — xxii, 592. — xxiii, 162.
Ézy Eure). — xxvi, 295, 392.

# F

FABERT (C$^{ie}$). — XXIV, 217.
*Fabius*, corsaire. — XXV, 410. — XXVI, 311.
FABRE, off. de santé. — XXI, 6.
FABRE (Joseph Michel), employé à la manufact. de fonte de cloches d'Avignon. — XXII, 269.
FABRE, cap$^e$ de chasseurs. — XXIII, 188.
FABRE, chef de brigade. — XXIII, 551.
FABRE, gendarme — XXIV, 654. — XXV, 172. — XXVI, 63.
FABRE. — XXVI, 724.
FABRE, repr. — XXIV, 146.
FABRE (Noël Cyprien), aide-chimiste à l'École centrale des Tr. publ. — XVIII, 770. — XXII, 648.
FABRE fils, gendarme. — XX, 506.
FABRE, commissaire aux épreuves. — XXIII, 244, 550.
FABRE, lieut. de gendarmerie. — XVIII, 774.
FABRE (Martial), chirurgien sur la *Bretonne*. — XIX, 120.
FABRE (Alexandre), négociant à Nîmes. — XXVIII, 350.
FABRE D'EGLANTINE. — XXII, 2.
FABRE-FOND, g$^{al}$ de brigade. — XIX, 256.
FABREGUETTE et C$^{ie}$, de Lodève. — XXI, 679, 680. — XXVI, 146.
FACIOTI, accusateur public de la Marne. — XX, 304.
*Factieux*. Voir *Troubles*.
FAGARD, d'Amiens. — XXI, 521.
FAGEY. — XX, 667.
FAILLET. — XVIII, 196.
FAILZ, chef de b$^{on}$. — XIX, 410.
FAIRIN, de l'état-major de l'A. des Côtes de l'Ouest. — XXVII, 80.
FAISSOLE, négociant à Marseille. — XXVII, 149.
FAISSOLLES, command$^t$ le *Républicain*. — XX, 683.
FAIVRE (Denis), fabricant d'armes. — XVIII, 244.
FAIVRE, prisonnier de guerre. — XXVII, 4.
*Falaise* (Calvados). — XVIII, 710. — XIX, 34, 35. — XX, 172, 465, 568. — XXI, 365. — XXIV, 170. — XXIV, 734, 743. — XXV, 98, 554 n., 677. — XXVI, 178. — XXVIII, 172, 432, 490. — XXVIII, 348.
FALCIOLA (Georges), off. mun. de Mayence. — XVIII, 635.
FALCK, g$^{al}$ de division. — XXI, 330.
FALCONNET frères, off. de santé. — XX, 81.
*Falkenstein* (Château de) [Rhénanie]. — XXVII, 350.
FALLOIS, brasseur à Suresnes. — XXI, 175.
FALLOPPE, négociant en vins. — XIX, 275.
*Falmouth* (Angleterre). — XX, 448.
FALQUIÈRES. — XX, 40.
FAMIN, fabricant d'espadrilles. — XX, 666. — XXIV, 248.
FAMIN, agent du chauffage. — XXII, 702. — XXIII, 298.
FAMIN, fabricant d'armes. — XXVIII, 612.
*Fanatisme*. Voir *Troubles*.
FANON, menuisier à l'Agence des canons de fusil. — XXIII, 54, 557, 558.
FANON (V$^{ve}$). — XXVI, 472.
FANTIN, cap$^e$. — XXIV, 465.
FANTON (Fr.), de Grasse. — XXI, 56.
FANVILLE, employé au C. de S. P. — XXIV, 36.

*Faouët* (Le) [Morbihan]. — XVIII, 765. — XIX, 315, 506, 623, 718, 757. — XX, 50, 51, 190, 191, 250, 282, 283, 286. — XXII, 580, 707. — XXIII, 708. — XXIV, 625. — XXV, 512, 556 n. — XXVII, 472.
FARCIN. — XXVI, 503, 579.
FARGE, command$^t$ à Douai. — XXIII, 10. — XXIV, 318.
*Farge* (Forge et moulin de La). — XX, 541, 542.
FARGUES, lieut. — XVIII, 322.
*Farine*. — XXV, 10, 22, 34, 67, 71, 95, 100, 128, 160, 167, 242, 263, 272, 304, 315, 372, 388, 422, 424, 431, 473, 477, 485, 517, 538, 612, 614, 633, 671, 677, 694, 720, 727, 728, 729, 744. — XXVI, 21, 75, 110, 129, 143, 180, 195, 196, 263, 270, 301, 311, 333, 338, 364, 417, 418, 465, 471, 472, 499, 500, 501, 536, 561, 572, 575, 617, 620, 632, 659, 666, 678, 707, 727. — XXVII, 2, 26, 35, 60, 113, 124, 130, 138, 168, 172, 224, 226, 245, 276, 279, 294, 296, 316, 342, 343, 368, 381, 390, 391, 409, 416, 460, 463, 490, 537, 553, 576, 651, 653, 664, 671. Voir *Céréales* ; *Commerce* ; *Grains* ; *Pain* ; *Transports*.
FARJEUL, lieut. — XXV, 546.
FATH, de Landau. — XXVI, 144.
FAUBERT, entrepreneur des bois et charrois au Havre — XXIII, 818.
*Faucaud* (Port de) [?]. — XXV, 438.
FAUCHE (Pierre Jacques Michel), de la Guadeloupe. — XXII, 340.
FAUCHER frères, adjud$^{ts}$ génér$^x$. — XXI, 68.
FAUCHET, envoyé de la Républ. aux États-Unis. — XXI, 551.
FAUCHEZ, inspecteur g$^{al}$ des chevaux et transports d'artillerie. — XXIV, 7.
FAUCHEUX (César), grenadier de la Conv. — XXVIII, 697.
FAUCHIER, sous-chef de la Commission des vivres de la marine à Toulon. — XXVIII, 489.
FAUCHIER fils, commis ordinaire au détail des salaisons à Toulon. — XXVIII, 489.
*Fauconnais* (Réserve de bois des) — XXV, 676.
FAUCONNET, cap$^e$. — XVIII, 579.
FAUCONNET fils, sous-lieut. — XXII, 421.
FAUJAS. — XXI, 37, 115. — XXIII, 58, 59.
FAULTHIER (Simon), chef de brigade. — XVIII, 121, 336. — XXIV, 10. — XXVIII, 58, 170.
*Faulquemont* (Moselle). — XVIII, 309, 315. — XXVI, 106. — XXV, 288.
FAUQUET, épicier à Paris. — XXVIII, 346.
*Fauraux* (Mines des). — XXVIII, 660.
FAURE (Aimable), repr. — XVIII, 33, 58, 100, 127, 131, 199, 204, 236, 281, 297, 338, 374, 467, 479, 571, 612, 637, 711, 714, 764. — XIX, 35, 54, 90, 93, 129, 144, 161, 170, 212, 231, 639. — XX, 85, 155, 189, 190, 307, 410, 475, 476, 515, 516, 526, 740. — XXI, 14, 15, 194, 250, 254, 353, 467, 494, 638, 658, — XXIII, 24.
FAURE (P. Jos. Denis G.), repr. — XX, 341, — XXVII, XX, 130. 321.
FAURE, maître de forges à Montigny. — XIX, 660.
FAURE (J. Jérôme), maître de forges à Nevers. — XXII, 175, 176.

FAURE, chef de b<sup>on</sup>. — XXII, 306.
FAURE, cap<sup>e</sup>. — XXVII, 465.
FAURE, grenadier. — XXVII, 383.
FAUTRAS (Aimable Charles), aspirant de marine. — XXI, 682.
FAUVELLE, entrepreneur. — XXVII, 111, 167, 314.
FAUVILLE (Pie. Jos.), commis à la Commission des armes. — XX, 606.
FAVART, g<sup>al</sup>. — XXII, 416. — XXIV, 40.
*Faveraye* (M-et-L). — XXVIII, 660.
FAVEREAU, surveillant des fonderies de canons du Centre. — XXV, 279.
FAVEREAU, lieut. d'artillerie. — XXVIII, 435.
FAVEREAU, de Libourne. — XXIV, 536.
FAVEREAU, g<sup>al</sup>. — XIX, 53. — XXIII, 258, 672, 750. — XXIV, 718. — XXV, 253. — XXVI, 631, — XXVIII, 141.
*Faverges* (H<sup>te</sup>-Savoie). — XIX, 385.
*Faverolles* (Somme). — XX, 567.
FAVIN, mécanicien. — XXII, 31.
FAVRE, aide de camp du g<sup>al</sup> Pouget. — XXV, 187.
FAVREUX. — XXVII, 666.
*Fay* (Oise). — XXI, 714.
FAYAU (Jos.), négociant à Marseille. — XX, 731.
FAYAU, adjud<sup>t</sup> du génie. — XXI, 654.
FAYE, repr. décrété d'accusation. — XXVII, 121.
FAYE, adjud<sup>t</sup>-major. — XVIII, 197.
FAYOLLE (J. Raymond), repr. — XXI, 485, 486. — XXII, 478. — XXIII, 360, 542, 693. — XXIV, 45, 145, 163, 374, 391, 392, 443, 728.
FAYOLLE, garde-magasin à Lorient. — XXVI, 35.
FAYOLLES, chef de brigade à l'École centrale des Tr. publ. — XIX, 455. — XXI, 49.
FAYOLS, command<sup>t</sup> à l'île de la Réunion. — XXIII, 777.
FAYS, chef de brigade d'artillerie. — XXI, 155.
*Fécamp* (S-I). — XXI, 116, 626. — XXIII, 172, 286, 309, 311, 817. — XXIV, 47, 556, 769. — XXVI, 559. — XXVII, 277, 552.
*Fédéralistes*. — XXIII, 574. — XXVI, 128. — XXVIII, 188.
FEGU, GRAMON et C<sup>ie</sup>, négociants à Bordeaux. — XXVII, 543.
*Félicité*, navire américain. — XXVI, 422.
FÉLIX, command<sup>t</sup> d'artillerie à la Guadeloupe. — XIX, 66, 203.
FÉLIX, dit Du Muy, g<sup>al</sup> de division. — XIX, 498.
FÉLIX, sous-lieut. — XXII, 181.
FÉLIX, g<sup>al</sup> de brigade. — XIX, 133. — XXVI, 203.
*Felletin* (Creuse). — XIX, 325.
*Felouques*. — XXVII, 135, 162. Voir *Navires*.
FELTZ (Baron de), Belge. — XXI, 718.
*Femme-Marie*, navire danois. — XVIII, 185.
*Femme-sans-tête* (Port de) [île Saint-Louis]. — XXII, 690.
FENAUX, aide de camp du g<sup>al</sup> Radermacher. — XVIII, 50.
FENERAUD (John), command<sup>t</sup> le navire américain *Lucis*. — XXV, 198.
FÉNEROLLES, ex-chef d'escadron. — XVIII, 439. — XIX, 241.
FENZI de Florence. — XXII, 99.
*Fer. Fonte. Acier*. — XVIII, 398, 487, — XIX, 6, 394, 783. — XX, 17, 158, 487, 521, 664. — XXI, 20, 80, 434, 494, 507, 619, 749. — XXII, 6, 62, 198, 223, 269, 319, 673. — XXIV, 213, 251, 452, 470, 471, 660, 743. — XXV, 38, 264, 274, 275, 288, 344, 358, 374, 378, 541, 552, 612, 613, 651, 677, 692. — XXVI, 60, 149, 200, 366, 441, 558, 581. — XXVII, 29, 118, 143, 226, 278, 316, 365, 369, 391, 392, 444. — XXVIII, 6, 8, 27, 46, 61, 76, 80, 103, 103, 126, 437, 448, 658, 660, 665, 681, 686. Voir *Atelier* d'armes ; *Fonderies* ; *Forges*.
— blanc. — XIX, 533. — XX, 17. — XXII, 774.
FÉRAT, médecin militaire. — XXIV, 436.
FÉRAT, ingénieur. — XVIII, 216.
FÉRAUD (J.), repr. — XVIII, 8, 184, 517, 518, 746, 781, 817. — XIX, 94, 104, 105, 172, 260, 590, 759. — XX, 13, 213, 241, 366, 563, 699. — XXI, 8, 13, 192, 193, 204, 218, 267, 382, 384, 389, 417, 418, 472, 490, 653, 655, 837. — XXII, 643, 782. — XXIII, 75, 449, 453, 465, 528, 530, 563, 580, 603, 623, 686, 694, 695, 722, 723, 761. — XXIV, 34, 149, 150, 202, 311, 388, 490, 491, 593, 629. — XXV, 53, 70, 171, 320. — XXVI, 182. — XXVII, XVIII, 210.
FÉRAUD (V<sup>ve</sup>). — XXIII, 654.
FÉRAUD, médecin à l'A. d'Italie. — XXVI, 181.
FÉRAUD (Jos. Fr.), aide de camp du g<sup>al</sup> Garnier. — XXVI, 627.
FERAY (Jean) [V<sup>ve</sup> de], armateur au Havre. — XIX, 253.
FERAY, co-propriétaire du *Jeune Auguste*. — XXI, 178.
FERCEVAL, sous-lieut. au 9<sup>e</sup> hussards. — XXVII, 216.
FERCEY, contre-amiral. — XXVI, 391.
FERCOT père et fils, fabricants d'huiles à Verberie. — XX, 342.
*Fère* (La) (Aisne). — XVIII, 488, 601, 737. — XIX, 230, 689. — XX, 649, 754. — XXII, 122, 124, 125, 362. — XXIII, 219, 342, 554. — XXIV, 38, 765, 770, 791. — XXV, 127, 430, 587. — XXVII, 654. — XXVIII, 25.
*Fère-Champenoise* (La) (Marne). — XXII, 549. — XXVI, 316, 625.
FEREY, g<sup>al</sup>. — XXVII, 56.
*Fergues* (Carrières de). — XXI, 752.
FÉRIEL (Miquel), adjud<sup>t</sup> g<sup>al</sup>, chef de b<sup>on</sup>. — XXI, 237. — XXII, 682, 683. — XXVII, 58, 506. — XXVIII, 525.
FÉRINO (Pierre Marie), g<sup>al</sup> de division. — XIX, 566. — XX, 506. — XXII, 240.
FÉRINO, agent de la Comm<sup>on</sup> du commerce. — XXI, 809.
FERLAT, allant à Saint-Domingue. — XXII, 108.
FERMÉ, cap<sup>e</sup> de gendarmerie. — XIX, 566.
FERNALE (Benjamin), cap<sup>e</sup> américain. — XXII, 23.
FERNANDEZ (Isaac), m<sup>al</sup> des logis. — XVIII, 291.
*Ferney-Voltaire* (Ain). — XXII, 277. — XXVI, 318.
FÉRON (J.-L.), courrier. — XXII, 641.
FEROUX-CAUMONT, aide de camp du g<sup>al</sup> Dorbay. — XX, 45.
FERRAND, chef de b<sup>on</sup>. — XX, 439. — XXIV, 352.
FERRAND, cap<sup>e</sup> de chasseurs à la Martinique. — XXI, 103. — XXVIII, 578.
FERRAND, cap<sup>e</sup> à la 100<sup>e</sup> demi-brigade. — XXVII, 224.
FERRAND, g<sup>al</sup>. — XVIII, 570. — XX, 723. — XXI, 324, 361. — XXII, 791. — XXIII, 299, 407, 408, 483, 646. — XXIV, 185, 287, 664. — XXVI, 89.
FERRAND, brigadier de gendarmerie. — XXVII, 90.
FERRARI (Cartes de). — XIX, 689, 750.
FERRARI, cap<sup>e</sup> de canonniers. — XXV, 159, 602.
FERRAS, élève de l'École centrale. — XIX, 228.
FERRAT, ingénieur. — XVIII, 621. — XIX, 530.

FERRAT, médecin à l'hôpital militaire de Strasbourg. — XXIII, 445.
FERRAND, de Rouen. — XXI, 572.
FERRAUDY, chef de b⁰ⁿ d'infanterie. — XXIV, 792.
FERREGEAU, ingénieur à Flessingue. — XX, 540. — XXV, 273. — XXVI, 114.
FERRÉOL, gᵃˡ. — XXVII, 56.
FERRIER (Vincent), commandᵗ de port. — XIX, 496.
FERRIER. Voir FÉRIEL.
FERRIER (Ch.), volontaire. — XXIII, 575, 748.
FERRIER, lieut. — XXVII, 543.
Ferrière-sous-Jougne (Forges de la). — XIX, 595.
Ferrière (S-et-M). — XX, 299.
Ferrière (Forêt de la) [Vendée]. — XXVI, 162.
FERRIÈRES (A.), armateur à Bordeaux. — XXVI, 390.
Ferrol (Le) [Espagne]. — XXII, 85, 248. — XXIV, 490. — XXVI, 560.
FERRON, courrier. — XXII, 90.
FERROT, de l'hôpital de Strasbourg. — XXIV, 650.
FERROUX, repr. — XXIII, 705. — XXIV, 123, 284, 355, 535, 614, 652, 675, 690, 726, 727, 755, 783, 795, 814, 840. — XXV, 57, 88, 139, 156, 178 n., 203, 383, 444 n., 464, 516, 550, 564, 566, 585, 611, 654, 743, 752. — XXVI, 13, 25, 76, 102, 219, 308, 332, 352, 356, 376, 411, 412, 433, 491, 528, 545, 546, 547, 553, 568, 594, 605, 613, 651, 652, 674, 675, 732. — XXVII, \\\\\\, 15, 38, 118, 183, 203, 211, 268, 296, 309, 310, 312, 339, 385, 386, 415, 426, 434, 452, 497, 512, 556, 580, 581, 626. — XXVIII, 38, 39, 215, 223, 254, 316, 342 à 344, 386, 430, 502, 538, 654.
FERRY, repr. — XVIII, 243, 327, 506, 754, 759. — XXII, 6, 344. — XXIII, 40. — XXV, 275.
Ferté-Alais (La) [S-et-O]. — XXVI, 364. — XXVII, 224. — XXVIII, 520.
Ferté-sur-Armance (Forges de La). — XIX, 381.
Ferté-Bernard (La) [Sarthe]. — XVIII, 139. — XXII, 59, 230, 351, 772. — XXIV, 517. — XXVI, 260. — XXVIII, 47.
Ferté-Fresnel (La) [Orne]. — XX, 612.
Ferté-Gaucher (La) [S-et-M]. — XXVIII, 43, 62.
Ferté-sous-Jouarre (La) [S-et-M]. — XVIII, 383, 384. — XXII, 619, 690, 734, 735.
Ferté-Vidame (La) [E-et-L]. — XVIII, 484. — XXVIII, 365.
FÉRU, fournisseur de fusils. — XXI, 5.
Fervaques (Hôpital de), à Saint-Quentin. — XVIII, 72.
FERVEUR, chef de brigade d'artillerie. — XXIII, 368. — XXV, 736.
FÉRY, garde-magasin de l'Agence des salpêtres à Toulon. — XXIV, 245.
Fétau (?) [Blanchisserie de]. — XXIV, 790.
Fêtes nationales. — XXV, 448, 647. — XXVI, 187, 271, 295, 306, 308, 326, 356, 374, 377, 411, 448, 493, 519, 615, 651, 709, 722. — XXVII, 49, 184. Voir Neuf thermidor.
FEU (Thomas), négociant. — XIX, 197.
Feu (Mines de houille du). — XVIII, 229.
FEUDORY, notaire. — XX, 683.
FEUGÈRE, commissaire des Guerres. — XVIII, 255, 258. — XXIV, 649.
FEUILLAND (Jean). — XVIII, 229.
FEUILLANT, adjoint aux adjudᵗ généraux. — XX, 7.
Feuillants (Magasin des). — XXIV, 586. — XXV, 163. — XXVIII, 131, 151, 260.

FEUQUIÈRES ou FRUCTIÈRES, de Croissy. — XXII, 715. — XXIII, 546.
Feurs (Bac de). — XIX, 531.
FEVELOT, consul à La Corogne. — XXVI, 560.
FÉVRIER, conducteur principal à l'A. de Sambre et Meuse. — XXVIII, 6.
FEY, employé. — XVIII, 371. — XIX, 240.
FEY, interprète. — XX, 223, 224.
FEYDIEU, gᵃˡ de brigade, commandᵗ temporaire à Toulon. — XXVI, 202.
FICHET (Jos.), adjudicataire de sucre. — XXIV, 584.
FICHOT (Léonard), volontaire. — XXIV, 689.
FIDÈLE (Aimé Constant), employé à la fabrication des armes. — XXVII, 28.
FIEDLER (Fréd.), transporteur danois. — XXVI, 238.
FIEFFÉ, adjudᵗ gᵃˡ. — XVIII, 602.
FIEFFÉ (Louis Ch.), agᵗ de change ou courtier. — XXIII, 270.
FIELD (John). — XXVII, 440.
FIÈRE (Lambert), capᵉ. — XXVII, 415.
FIET. — XX, 737.
FIEUZAL, mᵈ de vin à Paris. — XX, 119.
FIÉVÉ, aide de camp. — XIX, 532.
FIÉVET, commissaire de la commune de Lille. — XX, 315.
FIGANIÈRE, capᵉ de dragons. — XXII, 779.
Figeac (Lot). — XX, 92.
Figueras (Espagne). — XVIII, 153, 157, 339, 359, 360, 416, 499, 531, 572, 596, 607, 617, 618, 642, 793, 804, 805. — XIX, 132, 146, 147, 148, 235, 249, 350, 351, 353, 425, 447, 523, 526, 527, 557, 571, 650, 677, 779, 794. — XX, 33, 110, 144, 242, 262, 263, 292, 293, 329, 449, 451, 518, 531, 563, 564, 578, 602, 715, 717, 730, 803. — XXI, 142, 146, 180, 220, 233, 235, 282, 335, 336, 339, 340, 390, 420, 503, 609, 663. — XXII, 64, 191, 193, 239, 263, 277, 325, 328, 372, 383, 434, 435, 464, 479, 487, 488, 489, 531, 541, 769, 770, 799. — XXIII, 33, 34, 35, 240, 263, 360, 390, 396, 397, 422, 457, 543, 643, 657, 694, 751, 767, 791, 793, 794. — XXIV, 87, 124, 125, 146, 148, 149, 202, 290, 308, 344, 345, 355, 392, 426, 495, 677, 692, 728, 729, 756, 783, 828, 841, 842. — XXV, 59, 126, 157, 310, 311, 340, 438, 517, 538, 629, 707. — XXVI, 26, 29, 78, 156, 220, 268, 283, 309, 310, 358, 409, 496, 566, 587, 716. — XXVII, 201. — XXVIII, 485.
Filatures. — XVIII, 304, 809. — XIX, 655. — XX, 484. — XXII, 12. — XXIII, 503.
FILLEMIN, agent gᵃˡ de l'admᵒⁿ du canal de Briare. — XXVI, 314.
FILLETTE, maître de poste. — XIX, 610.
FILLEUL, aide-chimiste à l'École centrale des Travaux publics. — XVIII, 770.
FILLEUL-MINAIS-BOUZOT. — XXV, 421.
FILLEY, capᵉ de chasseurs à cheval. — XXVIII, 66.
FILLON (Fr.), ex-employé des équipages d'artillerie. — XXVI, 317.
FILON, gᵃˡ de brigade. — XXI, 279.
Finale (Italie). — XXIII, 733, 829. — XXIV, 696, 730, 731, 757, 815, 849. — XXV, 65 n.
FINCH (Guillaume), négociant anglais. — XXI, 594.
Finistère (Départᵗ du). — XVIII, 68, 200, 319, 338, 438, 439, 467, 612, 618, 765. — XIX, 71, 161, 258, 294, 369, 400, 449, 607, 646, 695. — XX, 191, 193, 302, 474, 475. — XXI, 157, 229, 599, 658, 692. — XXII, 4, 44, 319, 581, 653, 667. — XXIII, 173, 349,

366, 367, 443, 664. — xxiv, 113, 386, 417, 515, 625, 626, 808, 809, 830, 831. — xxv, 11, 29, 147, 201, 298, 361, 395, 473, 510, 512, 527, 555, 681, 715, 718. — xxvi, 20, 296, 442, 444, 693, 714. — xxvii, 227, 473, 492. — xxviii, 250, 251, 530.
*Finisterre* (Cap) [Espagne]. — xxii, 85.
FINLING, officier anglais. — xxii, 152.
*Fins* (Mines de) [Allier]. — xviii, 701. — xxii, 75, 768, 769. — xxiii, 236. — xxiv, 781. — xxv, 37, 437, 621.
FINTINIAC (Marquis de), chef chouan. — xxvii, 492.
FIQUET, inspecteur des dépôts de remonte. — xxviii, 297.
FIRBACH, lieut. de dragons. — xviii, 589, 590.
FIQUET, chargé de mission à Malte. — xviii, 759.
FIQUET, du Comité d'inspection du Palais national. — xx, 95.
FISCHER, chef de b$^{on}$. — xxv, 147, 201.
FISCHER, cap$^e$ du *Die Offining*. — xxvi, 183.
FISCHER (Jacques). — xxvi, 236.
FISLIER, graveur. — xxvi, 445.
*Fismes* (Marne). — xxiv, 203.
FITREMANN, cap$^e$, adjoint de l'adjud$^t$ g$^{al}$ Mignotte. — xxvii, 346, 420.
*Fitz-James* (Château de) [Oise]. — xxviii, 349, 521.
FLACH, commissaire des Guerres. — xxiii, 480.
FLACHAT et C$^{ie}$, joailliers. — xxviii, 620.
FLACHAT, chargé de mission à Malte. — xviii, 759.
FLACHERON, garde de fortifications. — xxiii, 247.
FLAMAND, pharmacien en chef à l'A. des Pyr.-Orient. — xxviii, 699.
FLAMANT, garde d'artillerie. — xix, 598.
FLAMERION, cap$^e$. — xx, 736.
FLANDIN (P. Mathieu), cap$^e$ du génie. — xxii, 541.
FLANDIN, m$^d$ de bois. — xxv, 451.
*Flandres* (Région des). — xviii, 94, 209, 241, 262, 371, 520. — xix, 44, 102, 642. — xx, 22, 343, 424, 570, 569. — xxi, 101, 306, 484, 512, 556. — xxii, 626, 662, 664, 665. — xxiii, 63, 436, 592, 593, 646. — xxiv, 22, 159, 227, 448, 736, 821. — xxv, 22, 23, 223, 253, 294, 387, 390. — xxvi, 42, 431, 478, 549, 550, 606. — xxvii, 35, 357, 379, 607, 608. — xxviii, 93, 104, 106, 379, 696.
FLANDRIN, de Lyon. — xxiv, 755.
FLAUBERT, vétérinaire à Nogent-sur-Seine. — xx, 430.
FLAYELLE. — xviii, 46, 443, 518.
*Flèche* (La) [Sarthe]. — xviii, 149, 166, 411, 413, 662, 663, 664, 688, 718, 720. — xix, 264, 316, 343, 344, 478. — xx, 428, 594. — xxi, 580. — xxiii, 485. — xxiv, 626. — xxv, 78, 436. — xxvii, 379, 516. — xxviii, 498.
FLÉCHET, commissaire. — xxii, 42.
FLEIM, garde d'artillerie. — xxv, 186.
FLENS, de Chartres. — xxviii, 456.
*Flers* (Orne). — xxi, 251. — xxiii, 204, 648.
*Flers* (Somme). — xxii, 532.
FLESSELLES, administrateur de la Somme. — xxiv, 107.
*Flessingue* (Hollande). — xix, 787. — xx, 107, 186, 321, 412, 417, 556. — xxi, 34, 307, 379, 429, 517, 518, 528, 531, 570, 764, 765, 766, 778, 821. — xxii, 78, 79, 117, 222, 575, 662, 664, 759, 775. — xxiii, 63, 409, 410, 556. — xxiv, 22, 227, 228, 325, 407, 483, 764. — xxv, 23, 253, 278, 292, 294, 389, 390. — xxvi, 114. — xxvii, 219, 338.

*Fleur de la mer*, navire français. — xviii, 630. — xix, 254, 282.
FLEURANS, salpêtrier. — xxviii, 593.
FLEURIOT, chef vendéen. — xx, 378. — xxvi, 386.
*Fleurus* (Belgique). — xviii, 495. — xix, 86. — xxi, 348, 637. — xxiv, 765. — xxv, 167, 289.
FLEURY (Honoré Marie), repr. — xx, 298, 524, 575, 732, 752. — xxi, 182, 613, 784. — xxii, 88, 163, 222, 250, 361, 576, 577, 794, 814. — xxiii, 234, 348, 464, 600. — xxiv, 211, 657. — xxv, 242, 422. — xxvi, 119. — xxvii, 540, 545, 546, 670. — xxviii, 7, 57, 75, 86, 90, 91, 92, 105, 137, 176, 326, 332, 333, 359, 360, 365, 397, 398, 455, 456, 467, 496, 516, 564, 605.
FLEURY, pharmacien. — xviii, 250.
FLEURY, secrétaire du g$^{al}$ Vialle. — xx, 732.
FLEURY, chirurgien. — xix, 186.
FLEURY, prêtre. — xix, 126.
FLEURY le jeune, marinier. — xix, 151.
FLEURY, cap$^e$. — xxiv, 611.
FLEURY, courrier du C. de S. P. — xxv, 40.
FLEURY. — xxv, 677.
*Fleury* (Rhône). — xxv, 156.
*Fleury-aux-Choux* (Loiret). — xviii, 249.
*Flibustier* (Frégate *Le*). — xviii, 580. — xix, 553. — xxii, 528.
FLINIAUX, de l'administration de Namur. — xx, 232.
*Flixécourt* (Somme). — xxii, 532.
FLOBERT (Louis Martin), maître de la poste aux chevaux de Soissons. — xxiv, 203.
*Flocelière* (La) [Vendée]. — xxv, 118.
*Flodorphe* (?). — xxv, 93.
*Flone* (Belgique). — xxi, 489.
*Florac* (Lozère). — xx, 261, 262, 263, 433, 434. — xxi, 809. — xxii, 770. — xxiv, 710.
FLORENCE (C$^{ne}$). — xviii, 63.
FLORENCE, lieut. du génie. — xxii, 639.
*Florence* (Italie). — xxi, 396. — xxii, 99, 448. — xxiii, 513. — xxvi, 664.
*Florennes* (Monastère de). — xix, 285, 539.
*Florensac* (Hérault). — xx, 156.
*Florentinus*, navire suédois. — xxii, 183. — xxviii, 385.
FLORIDA BLANCA. — xx, 451.
*Floride* (La). — xxi, 330.
FLORIN, conducteur g$^{al}$ d'artillerie. — xxviii, 578.
FLORIN, inspecteur du dépôt des canons. — xxviii, 101.
FLORINIER, de Cherbourg. — xx, 426, 427.
*Florins*. — xxvii, 103, 357, 477, 664. Voir *Change*.
FLORY, cap$^e$, de Verdun. — xxiii, 189.
FLOSSE, aide de camp du g$^{al}$ Jourdan. — xxvi, 305.
*Flottage* des bois. — xxv, 349, 402, 417. — xxvi, 54, 166, 335, 556. Voir *Bois; Coupes* de; *Forêts*.
FLOTTS (Jean Salvi), de Cordes, sous-lieut. — xix, 149.
FLOUR-SAINT-GENIS, cap$^e$ de gendarmerie à Embrun. — xxi, 247.
FLOURNOY (Gédéon), fondé de pouvoir de la Républ. de Genève. — xxv, 345.
*Fluquières* (Aisne). — xx, 177.
*Fluvia* (La). — xxiii, 525. — xxiv, 126. — xxiv, 392, 426.
FOACHE (Martin), aspirant de marine. — xix, 335.

FOCARD-CHATEAU, sous-chef de bureau au C. de S. P. — XVIII, 482.
FOCKEDEY, négociant à Paris. — XIX, 679, 788.
FOIN, command$^t$ le 8$^e$ b$^{on}$ à Rochefort. — XX, 797.
FOISSAC, g$^{al}$ de brigade. — XVIII, 601. — XXIII, 483. — XXVI, 201. — XXVII, 255, 370.
FOISSEY père et fils. — XVIII, 190.
FOISSY, commissaire à la levée du 1/25$^e$. — XIX, 86.
Foix (Ariège). — XXIII, 702. — XXVIII, 597.
FOLARD, auteur d'*Esprit*. — XXIV, 157. — XXV, 640.
*Folie* (Moulin de la), à Fontaine-Fourche. — XXVIII, 686.
FOLLEING, cap$^e$ de chasseurs. — XVIII, 655.
FOLLIE, élève de la marine, à Saumur. — XXI, 377.
FOLLIN, enseigne de vaisseau. — XXI, 760.
FOMINAYA, prisonnier de guerre espagnol. — XXV, 134.
*Fonceaux* (Etang de). — XXI, 456.
*Fonderies*. — XVIII, 2, 85, 243, 251, 259, 303, 319, 333, 363, 394, 395, 423, 476, 486, 487, 501, 523, 564, 565, 575, 577, 578, 625, 626, 702, 753, 754, 758. — XIX, 6, 8, 15, 28, 89, 136, 152, 186, 440, 536. — XX, 18, 20, 33, 61, 126, 411, 438, 521, 610, 611, 675, 700, 706, 707, 727, 741, 768. — XXI, 44, 65, 153, 216, 247, 282, 328, 418, 419, 434. — XXII, 5, 28, 30, 38, 75, 236, 282, 387, 388, 400, 426, 463, 497, 539, 559, 564, 587, 715, 779, 801. — XXIII, 40, 148, 221, 351, 379, 426, 475, 801, 808. — XXIV, 5, 67, 152, 251, 302, 331, 434, 540, 541, 559, 660, 666, 817, 818. — XXV, 4, 131, 209, 279, 349, 427, 487, 582. — XXVI, 25, 91, 111, 112, 119, 180, 198 à 200, 272, 313, 472, 490, 638, 682, 689. — XXVII, 26, 29, 63, 170 (177), 178, 319, 374, 592. Voir *Fer; Forges*.
FONDRETON. — XXV, 245.
FONDROUGE (Ant. Jos. Jean), ag$^t$ de change ou courtier. — XXIII, 270.
FONPERTUIS, vice-consul à Charlestown. — XXVI, 63.
FONROQUE, maître taillandier au port de Toulon. — XXV, 370. — XXVI, 56, 80, 325.
FONSCUBERTE, vice-consul en Hollande. — XXI, 635. — XXVI, 424.
FONTAINE (Louis), négociant à Boulogne-sur-Mer. — XVIII, 771. — XXVIII, 126.
FONTAINE (Bernard) et C$^{ie}$, de Rouen. — XX, 256.
FONTAINE, m$^d$ de chevaux à Dom-le-Mesnil. — XXI, 300.
FONTAINE (J. B.), cavalier. — XXII, 375.
FONTAINE, adjud$^t$ g$^{al}$ chef de brigade. — XXIII, 777. — XXV, 662. — XXVIII, 465.
*Fontaine* (Hospice de), [Rhône]. — XXVI, 613.
*Fontaine-Grenelle* (Atelier d'armes de). — XXVII, 540.
*Fontainebleau* (S-et-M). — XVIII, 61, 105, 301, 392, — XX, 40, 503, 617. — XXI, 112, 113, 125, 427. — XXII, 2, 38, 331, 426, 620. — XXIII, 6, 43, 219. — XXIV, 64, 469. — XXVI, 39, 233. — XXVII, 343, 505. — XXVIII, 4, 96, 99, 440.
FONTAINE-COUTURE, commissionnaire de la commune de Rouen. — XXV, 729.
*Fontaine-Fourche* (S-et-M). — XXVIII, 686.
FONTANES, de Bordeaux. — XXIV, 116.
FONTANILLE, cap$^e$ d'artillerie. — XIX, 202. — XXVI, 729.
*Fontans* (Lozère). — XX, 347.
*Fontarabie* (Espagne). — XVIII, 606. — XIX, 178. — XX, 259, 260, 336, 720. — XXI, 144, 234.

FONTBONNE, g$^{al}$ de division. — XVIII, 322. — XXIV, 248, 637, 665. — XXV, 679, 708.
*Fonte des mines*, par SCHLUTTER. — XXV, 641.
FONTEMOING, marchand de vins et eaux-de-vie à Dunkerque. — XVIII, 42.
FONTENAY, adjud$^t$ de place. — XX, 461.
*Fontenay-le-Peuple* (Vendée). — XVIII, 64, 101, 454, 479, 593, 613, 664, 666. — XIX, 325. — XX, 64, 447, 712. — XXII, 136, 410, 680. — XXIV, 371. — XXV, 191. — XXVI, 749. — XXVII, 242, 418, 565. — XXVIII, 45, 406.
*Fontenay-sous-Bois* (Seine). — XXIII, 756. — XXVIII, 434.
*Fontenay-aux-Roses* (Seine). — XVIII, 621.
*Fontenay-Torcy* (Oise). — XIX, 536.
*Fontenay-les-Louvres* (S-et-O). — XXV, 272.
FONTENEAU, patron de barque à Blaye. — XIX, 701.
FONTENOY, off. d'artillerie. — XXV, 204.
FONTENOY, chef de brigade. — XXVI, 288.
*Fonteny* (Jura). — XXV, 214.
FONTIGNY, entrepreneur des charrois pour les subsistances de Paris. — XX, 665, 666.
*Fontvannes* (Aube). — XX, 290.
*Forbach* (Douane de). — XXVI, 236.
*Forcalquier* (B-A). — XIX, 510. — XXIV, 614.
FORBES, américain. — XXVIII, 554.
*Forçats*. — XXIV, 605. — XXV, 572. — XXVII, 41, 264, 304, 318.
*Force* (Hôtel de la). — XVIII, 235. — XXIII, 616.
FORCE, chirurgien à l'A. du Nord. — XXIV, 499.
FOREST (Jean Marie), g$^{al}$ de brigade. — XVIII, 550.
FOREST, repr. — XXVI, 746.
FOREST, scieur de long à Paris. — XXVII, 276.
FORESTIER, cap$^e$. — XVIII, 216.
FORESTIER, command$^t$ temporaire de Mayence. — XX, 233.
FORESTIER, repr. — XXIII, 826.
FORESTIER, de Cusset. — XXIII, 826.
FORESTIER, ex-quartier-maître des gardes suisses. — XXVI, 684.
*Forêts*. — XX, 132, 134. — XXI, 799. — XXII, 290, 804. — XXIII, 3. — XXV, 9, 417, 588, 682. — XXVI, 5, 7, 32, 65, 83, 136, 141, 158, 162, 194, 199, 213, 233, 340, 676, 680, 705. — XXVII, 78, 112, 453, 539, 571, 674. Voir *Bois; Coupes* de ; *Flottage* des.
*Forêts* (Départ$^t$ des). — XXVIII, 104.
FORFAIT, ingénieur. — XVIII, 437.
*Forgeneuve* (Cher). — XXII, 5.
*Forges*. — XVIII, 288, 565, 578, 681, 706, 754, 762, 786. — XIX, 91, 380, 381, 439, 520, 522, 617, 681, 706, 710. — XX, 17, 36, 37, 69, 80, 81, 119, 201, 235, 365, 389, 438, 542, 569, 603, 610, 792, 803. — XXI, 5, 50, 66, 68, 70, 153, 213, 254, 280, 329, 400, 508, 555, 616, 625, 749, 772. — XXII, 5, 12, 236, 237, 294, 298, 344, 388, 415, 492, 496, 611, 614, 615, 646, 652, 653, 785. — XXIII, 12, 149, 275, 351, 427, 512. — XXIV, 5, 143, 214, 216, 380, 434, 470, 659, 661, 665. — XXV, 33, 35, 64, 70, 131, 138, 163, 164, 168, 349, 358, 375, 378, 520, 588, 613, 665, 694, 730. — XXVI, 3, 36, 59, 63, 112, 118, 149, 313, 36, 366, 367, 420, 472, 490, 509, 558, 605, 638. — XXVII, 143, 224, 226, 278, 316, 536. — XXVIII, 6, 8, 27, 126, 322, 350, 520. Voir *Ateliers* d'armes; *Fer; Fonderies*.

*Forges* (Maîtres de). — XIX, 380, 381. — XX, 365, 603, 803. — XXI, 5, 153, 254. — XXII, 614, 615. — XXIV, 143, 470, 471, 659, 660, 661. — XXV, 70, 164, 168, 209, 344, 345, 349, 378, 582, 583. — XXVII, 125, 224, 226.
FORGET. — XVIII, 12.
FORGET, libraire. — XXII, 358.
FORGUES l'aîné, agent g<sup>al</sup> des hôpitaux de l'A. des Pyr. Occident. — XXVIII, 340.
FORGUES, aide de camp. — XVIII, 616.
FORGUES, cap<sup>e</sup>. — XIX, 143.
FORGUES. — XXV, 607.
FORMALAGUES (Pierre), négociant à Paris, puis agent de change. — XX, 391. — XXV, 189, 208.
FORMERA, chargé de la remonte en Hollande. — XXVII, 554.
FORNIER, sous-chef à Toulon. — XXV, 409.
FORQUET, sous-chef de division. — XXIV, 821.
FORSTER, auteur du *Voyage pittoresque*. — XVIII, 241
FORT (V<sup>ve</sup>). — XXI, 66. — XXII, 237.
FORT (Fr.). — XXV, 33.
*Fort-Bellegarde* (P-O). — XVIII, 223. — XX, 730.
*Fort-Hercule*, ci-dev<sup>t</sup> Monaco. — XX, 683.
*Fort-la-Loi* (Finistère). — XXVIII, 199.
*Fort national*, à Cherbourg. — XXIII, 784. — XXIV, 25, 46, 77, 110, 172, 191, 192, 772. — XXV, 353 n., — XXVII, 671.
*Fort Nicolas*, à Marseille. — XXVII, 497.
*Fort Républicain*, à La Martinique. — XXVII, 635.
*Fortification*, de COHORN. — XXV, 640.
*Forte*, navire. — XXII, 528, 679.
*Fortifications perpendiculaires*, de MONTALEMBERT. — XXV, 640.
FORTIN (J. P.), chirurgien à l'A. du Nord. — XXVIII, 7.
FORTIN frères. — XVIII, 77.
FORTIN, enseigne. — XX, 713.
FORTIN (Jean), hussard. — XXI, 714.
FORTIN, adjud<sup>t</sup> g<sup>al</sup>. — XXII, 810.
FORTIN, cap<sup>e</sup>. — XXIV, 792.
FORTIN, sergent-major au service des étapes à Morlaix. — XXV, 212.
*Forts, Forteresses, Fortifications*. — XVIII, 422. — XXII, 306. — XXV, 15, 17, 60, 126, 157, 222, 263, 326, 472, 520, 522, 541, 631, 656. — XXVI, 30, 68, 102, 172, 221, 222, 260, 361, 416, 435, 534, 579, 616, 640, 660, 688. — XXVIII, 103, 139, 621.
*Fortuné*, corvette. — XXIV, 490.
*Fortune d'Avordin*, navire. — XIX, 270.
FOSSARD, direct<sup>r</sup> de l'hôpital militaire de Cherbourg. — XX, 712.
FOSSARD, employé du C. de S. P. — XXV, 439.
FOSSAU, adjudicataire des Invalides. — XXVII, 230.
FOSSE (Jacques), maréchal-ferrant. — XX, 177.
*Fosse* (Moulin de la). — XXIII, 276.
*Fosse-Repose* (Bois de) [S-et-O]. — XVIII, 620.
FOUAU (Louis). — XVIII, 232.
FOUBERT, employé extraord. à Toulon. — XXV, 409.
FOUCAULT aîné, commissaire des Guerres. — XVIII, 368. — XXVI, 215, 537.
FOUCAULT (Pierre Théodore), cap<sup>e</sup> de vaisseau. — XXI, 760.
FOUCHÉ, de Nantes, repr. — XVIII, 527. — XXIII, 690, 691, 826.
FOUCHÉ, volontaire de 1792, lieut. au 4<sup>e</sup> b<sup>on</sup> du Calvados. — XXVII, 129, 321, 628.

FOUCHER, du Cher, repr. — XVIII, 26, 361, 388, 787. — XIX, 105. — XXII, 720, 721. — XXIII, 79. — XXVI, 69, 208, 264, 353, 394, 455. — XXVIII, 672.
FOUCHER (Laurent), pêcheur. — XXVI, 205.
FOUCHER, pharmacien. — XVIII, 566.
*Foucherans* (Fourneau de). — XVIII, 523. — XX, 768. — XXI, 216. — XXIII, 727.
*Fouchères* (Aube). — XVIII, 806.
FOUCHOU, off. mun. d'Amiens. — XXI, 521.
FOUDRAY, agent maritime à Cherbourg. — XIX, 120.
*Foudre*, chaloupe canonnière. — XXIV, 140, 141.
FOUDRIER, voiturier. — XXII, 42.
*Foudroyante*, corvette. — XX, 101.
FOUET, entrepreneur de travaux publics à Vernon. — XXVIII, 238.
*Fougax* (Ariège). — XVIII, 755.
*Fougères* (I-et-V). — XVIII, 278, 658. — XIX, 386, 387, 300. — XX, 165, 308. — XXI, 211. — XXII, 693. — XXIII, 736. — XXIV, 514, 807. — XXV, 505. — XXVI, 463.
FOUGEROLLES, cap<sup>e</sup>. — XXII, 614, 809. — XXIII, 42.
*Fougerolles* (Vosges). — XXIII, 352, 353, 354, 726, 727, 728.
*Fougerolles-le-Château* (H<sup>te</sup>-Savoie). — XXIII, 354, 356, 621, 622. — XXIV, 45.
*Fougerolles* (H<sup>te</sup>-Saône). — XXIV, 570.
FOUILLARD (Augustin), maître de la poste du relais de Fismes. — XXIV, 203.
*Fouilletourte* (Sarthe). — XX, 428.
FOULLON (Ch. Marie), de Paris. — XX, 391.
FOULON (Louis), négociant à Paris. — XIX, 169, 380.
FOULON, administrateur. — XIX, 183.
FOULON (J. B.), volontaire. — XIX, 489.
FOULON, g<sup>al</sup> autrichien, prisonnier à Troyes. — XX, 327.
FOULON jeune, adjudicataire de sucre. — XXIV, 584.
FOULON. — XXVII, 600.
FOULQUIER, fabricant de draps. — XIX, 202.
FOUQUET, architecte. — XVIII, 507.
FOUQUET (J.), pêcheur. — XXVI, 205.
FOUQUET (V<sup>ve</sup>), fermière. — XXVIII, 435.
FOUQUET. — XXVIII, 51.
FOUQUIER-TINVILLE. — XXIII, 107, 108. — XXIV, 210.
FOURCADE, consul à S<sup>t</sup>-Jean-d'Acre. — XXIII, 513.
*Fourcade* (Batterie de la), près de Cannes. — XXV, 159.
FOURCROY, repr. — XVIII, 328, 357, 506, 754. — XIX, 258, 434. — XX, 46, 452, 659. — XXI, 503, — XXII, 640. — XXIII, 188, 197, 198. — XXIV, 11, 158. — XXV, 641. — XXVI, 315.
*Fourdrain* (Aisne). — XXVIII, 27.
FOURGAUD (Fr.), brigadier de dragons. — XXVI, 145.
FOURGNIAUX, ex-prêtre. — XXIII, 662.
FOURMY, repr. — XXVIII, 372.
FOURMY, fabricant de terre cuite. — XXV, 273.
FOURNAUT, cap<sup>e</sup> de chasseurs. — XIX, 139.
FOURNEAU, cap<sup>e</sup>. — XVIII, 789.
FOURNEL (Alexis). — XXVI, 216.
FOURNIER, gendarme. — XVIII, 254.
FOURNIER, commissaire des Guerres. — XXIII, 182.
FOURNIER, dit Lacombe, émigré. — XXIII, 243, 448, 449, 692, 781.

FOURNIER, fils aîné, agent de change ou courtier. — XXIII, 270.
FOURNIER, fabricant de platines. — XVIII, 600.
FOURNIER, hussard. — XXI, 654.
FOURNIER, cap$^e$ de gendarmerie. — XIX, 201. — XXIII, 635.
FOURNIER (P. P.), négociant à S$^t$-Martin-de-Ré. — XIX, 562.
FOURNIER, chef d'escadron. — XXIII, 483.
FOURNIER, secrétaire militaire à Ajaccio. — XXIV, 319.
FOURNIER, courrier du C. de S. P. — XXV, 40.
FOURNIER, fournisseur. — XXVII, 421.
FOURNIER DALBE, aide de camp du g$^{al}$ Menou. — XXV, 735.
FOURNIER-VERRIÈRES, g$^{al}$ de brigade du génie. — XXVIII, 485.
*Fournisseurs*. — XXV, 58, 59, 98, 102, 150, 202, 208, 223, 322, 323, 374, 379, 426, 459, 461, 494, 535, 573, 637, 697 737. — XXVI, 3, 6 à 9, 27, 34, 44, 105, 202, 219, 244, 259, 279, 313, 316, 318, 331, 336, 342, 344, 347, 348, 361, 368, 388, 389, 420, 457, 465, 470, 500, 509, 510, 536, 539, 577, 579, 580, 601, 602, 618, 620, 641, 642, 643, 645, 646, 657, 659, 662, 667, 678, 685, 708, 711, 721, 724, 745. — XXVII, 7, 8, 9, 20, 29, 30, 35, 60, 96, 120, 125, 138, 145, 172, 195, 246, 261, 284, 288, 308, 314, 345, 357, 356, 441, 463, 475, 477, 482, 520, 538, 543, 554, 557, 575, 583, 600, 637, 648, 650, 665. — XXVIII, 10, 24, 44, 55, 77, 102, 114, 368, 579, 680, 681. Voir *Chevaux; Commerce; Subsistances; Transports.*
*Fourqueux* (S-et-O). — XVIII, 620.
*Fourrages*. — XVIII, 386, 387, 552, 553. — XIX, 2, 3, 321, 561, 562, 578, 626, 640, 650, 667, 674, 675, 681, 728, 766, 767, 768, 769. — XX, 28, 29, 40, 60, 72, 141, 145, 173, 192, 196, 210, 211, 226, 310, 348, 354, 355, 456, 457, 585, 592, 593, 613, 634, 635, 643, 665, 709, 710, 712, 760, 761, 779, 801. — XXI, 2, 3, 24, 31, 32, 42, 47, 50, 51, 66, 72, 77, 94, 98, 138, 192, 215, 227, 243, 255, 257, 268, 340, 341, 481, 482, 497, 505, 546, 590, 591, 612, 615, 617, 627, 628, 640, 650, 660, 671, 674, 675, 691, 697, 699, 714, 741, 746, 749, 757, 780, 791, 802, 805, 833, 837. — XXII, 40, 41, 95, 105, 140, 142, 175, 176, 198, 215, 225, 226, 232, 235, 253, 262, 289, 294, 302, 334, 335, 387, 397, 399, 426, 443, 460, 463, 489, 500, 501, 518, 519, 520, 558, 581, 651, 677, 694, 711, 714, 715, 729, 742, 798. — XXIII, 17, 35, 75, 121, 128, 129, 134, 176, 184, 185, 234, 259, 311, 349, 362, 478, 479, 524, 525, 568, 639, 658, 660, 701, 735, 736. — XXIV, 6, 7, 35, 39, 81, 120, 121, 184, 261, 293, 312, 314, 370, 371, 372, 392, 399, 400, 402, 415, 426, 435, 436, 494, 496, 601, 616, 617, 634, 675, 693, 738, 747, 788, 789, 820, 823. — XXV, 20, 22, 42, 45, 94, 97, 99, 100, 128, 129, 150, 202, 214, 227, 239, 244, 270, 289, 291, 335, 358, 385, 402, 462, 490, 534, 542, 586, 615, 626, 660, 662, 734. — XXVI, 17, 133, 181, 200, 233, 257, 284, 327, 337, 339, 411, 470, 488, 519, 531, 536, 557, 579, 617, 623, 642, 643, 662, 680, 686. — XXVII, 19, 27, 31, 44, 85, 86, 112, 145, 158, 182, 194, 199, 200, 247, 262, 280, 285, 294, 313, 335, 347, 365, 381, 429, 475, 494, 496, 517, 523, 529, 534, 576, 600, 601, 610, 630, 645. — XXVIII,

65, 68, 69, 85, 262, 370, 457, 480, 522, 580, 615, 616, 617, 677, 679, 680, 681.
FOURRIER, secrétaire aux Relations extérieures. — XXVII, 536.
FOURRIER, lieut. — XXVII, 222.
FOUSSEDOIRE, repr. — XVIII, 26, 470. — XIX, 451, 452. — XX, 461. — XXI, 462. — XXII, 504. — XXIV, 295. — XXVIII, 4.
FOUTON aîné, chef de b$^{on}$ d'artillerie. — XXIV, 791.
Fox (Fr.), adjud$^t$ g$^{al}$. — XXI, 330.
Fox, g$^{al}$ command$^t$ la place de Paris. — XXIII, 371. — XXIV, 703.
Fox, ministre anglais. — XXII, 55.
FRADELLE (Ch. Jos.). — XIX, 152.
FRAGONARD, off. de santé. — XXI, 152. — XXII, 302.
FRAGUIÈRES, chirurgien. — XXIV, 8.
*Fraincy-la-Vache* (Régies de). — XXV, 665.
*Franc-Val*, ci-dev$^t$ *Arpajon* (S-et-O). — XVIII, 142.
FRANCASTEL, repr. — XVIII, 454.
FRANCASTEL, command$^t$ temporaire à Cambrai. — XXIII, 44, 462, 463. — XXIV, 13.
FRANCASTEL, son frère, command$^t$ à Anvers. — XXIII, 463. — XXV, 347.
*France*. — XVIII, 517, 559, 597, 602. — XIX, 209, 485, 524, 578, 596. — XX, 108, 425, 580, 655, 803, 804, 805. — XXI, 144, 146, 161, 163, 185, 186, 187, 190, 236, 286, 305, 308, 346, 366, 407, 429, 712, 732, 764, 765, 766, 774, 775, 782, 821. — XXII, 16, 55, 79, 84, 87, 114, 115, 190, 197, 198, 209, 221, 249, 372, 422, 480, 503, 535, 536, 582, 653, 788, 789. — XXIII, 20, 21, 113, 386, 391, 393, 486, 517, 524, 526, 527, 557, 617, 646, 653, 662, 685, 722, 723, 761, 813. — XXIV, 42, 52, 140, 141, 170, 227, 234, 243, 257, 279, 305, 325, 326, 353, 447, 450, 451, 452, 530, 593, 623, 639, 762. — XXV, 205. — XXVIII, 548.
*Français*. — XIX, 260, 485. — XXI, 161, 285, 567, 568, 581, 766, 777, 821. — XXII, 198, 261, 285, 382, 702, 785. — XXIII, 232, 235, 386, 390, 653, 654, 814. — XXIV, 82, 127, 140, 141, 150, 227, 266, 279, 303, 304, 319, 325, 412, 449, 550, 574, 623, 696, 802. — XXVII, 130, 196. — XXVIII, 205, 206.
FRANCESCHI, adjud$^t$ g$^{al}$. — XX, 44.
*Francfort* (Allemagne). — XVIII, 812. — XX, 562. — XXI, 300, 662, 731. — XXII, 157. — XXIII, 168. — XXIV, 702. — XXV, 26. — XXVII, 266, 336, 350. — XXVIII, 114, 115, 119, 120, 181, 182, 274, 275, 308, 309, 492.
*Franche-Comté*. — XXII, 183. — XXVII, 266, 336, 530.
*Francheville* (Ardennes). — XXII, 741.
*Franciade*. — XVIII, 14, 93, 140, 391, 427, 438, 562, 601, 788. — XIX, 116, 404, 560, 576, 703. — XXI, 123, 402, 507, 589, 724. — XXII, 2, 5, 99, 159, 175, 252, 341, 361, 365, 393, 442, 507, 525, 641, 691, 804. — XXIII, 136, 186, 253, 294, 331, 514, 600. — XXIV, 6, 7, 94, 375, 469. — XXV, 34, 128, 373. — XXVI, 64, 196, 270, 364, 533, 577, 624. — XXVII, 113, 138, 167, 316. Voir *Saint-Denis*.
*Francin* (Mont-Blanc). — XXVI, 722.
FRANCŒUR, chef de brigade à l'École centrale des Travaux publics. — XIX, 455. — XXI, 49.
FRANÇOIS, aubergiste à Ligny-S$^t$-Flochel. — XXIV, 787.
FRANÇOIS, inspecteur du dépôt des remontes à Limoges. — XXIV, 303, 508.

FRANÇOIS, chasseur à cheval. — xxv, 112, 279.
FRANÇOIS-PRIMAUDIÈRE, repr. — xviii, 76, 198, 291. — xix, 488.
FRANÇOIS, command¹. — xviii, 742.
FRANÇOIS, maître des postes aux chevaux d'Arras. — xxv, 110.
FRANÇOIS, cordonnier. — xxii, 206, 207.
FRANÇOIS, de la Somme, repr. — xxiii, 453.
*Franconie.* — xix, 596. — xx, 699. — xxviii, 54.
*Franconville* (M-et-M). — xxii, 42.
*Franconville-la-Garenne* (S-et-O). — xxvii, 27.
FRANCOTAY, lieut. — xxi, 68.
FRANCOUY, inventeur. — xxvii, 317.
FRANGEVILLE, chef du 1er bon de l'Arsenal. — xxviii, 513.
*Frankenthal* (Allemagne). — xxii, 260. — xxvii, 415, 532. — xxviii, 55, 71.
FRANKLIN (Œuvres de). — xxiv, 158. — xxv, 641.
*Frankweiller* (Allemagne). — xxii, 822.
FRANQUET, secrétaire du direct' de l'Arsenal de Paris. — xxviii, 441.
FRANQUIN, receveur des Domaines nat. — xxi, 114.
FRANSURE, capᵉ. — xviii, 184.
*Frascati* (Hospice), près Metz. — xxi, 545.
*Fraternité* (Hôpital de la), à Strasbourg. — xxiv, 280.
*Frau Elschke,* navire prussien. — xviii, 581.
FRAZEY, maître de forges. — xx, 488.
FRÉCINE, repr. — xviii, 240, 259, 260. — xix, 174, 540, 735, 740. — xx, 181, 185, 187, 188, 212, 355, 464, 608. — xxvi, 685. — xxvii, xvii.
FRÉDÉRIC-GUILLAUME, roi de Prusse. — xix, 259.
*Frédéric Von Konning,* navire suédois. — xix, 282.
*Frédérick,* corsaire de Dunkerque. — xxv, 247.
*Frederika,* navire hambourgeois. — xix, 618.
FRÉGÉ, quincaillier. — xxi, 619.
FRÉGEVILLE, gᵃˡ de division. — xviii, 378, 540, 541. — xxiv, 420. — xxv, 383.
*Fréjus* (Var). — xx, 90. — xxv, 438. — xxvi, 414.
*Freligné* (Camp de). — xviii, 665.
*Frelinghien* (Nord). — xviii, 491.
FRÉMANGER, repr. — xxi, 436, 437, 478. — xxiii, 326. — xxiv, 17, 357, 511, 588, 614, 677, 704. — xxv, 468, 484. — xxvi, 92, 241, 263, 295, 311, 355, 392, 402, 403, 448. — xxvii, xii, 188, 189, 289, 329, 401, 409, 457, 489, 490, 552, 553, 602, 622, 670. — xxviii, 36, 135, 248, 336, 337, 369, 468, 525.
FREMIN, exportateur. — xix, 634.
FRÉMINVILLE, direct' de l'atelier du Gros Caillou, à Paris. — xviii, 41, 42. — xxvi, 38.
FRIMONT, gᵃˡ de brigade. — xviii, 474.
FRENUAU, fournisseur aux armées. — xxii, 178.
FRÉREJEAN frères, direct'ˢ de la fonderie de Pont-de-Vaux. — xx, 61, 700. — xxi, 44.
*Frères,* navire hambourgeois. — xix, 32.
FRÉRON, repr. — xix, 339. — xxiii, 797. — xxvii, 438. — xxviii, 187, 325, 357, 372, 389, 684.
FRERSON, cavalier. — xxi, 42.
FRESCIER, auteur du *Traité d'artifice.* — xxiv, 157. — xxv, 640.
*Fresnay* (Sarthe). — xix, 265, 713. — xxviii, 498.
*Fresney-le-Puceux* (Calvados). — xxiii, 755.
*Fresnes* (Mines de). — xx, 267, 268, 437, 610. — xxi, 713. — xxiv, 244, 245.
*Fresnes-au-Mont* (Meuse). — xxiii, 68.
*Fresnes* (H-M). — xxiii, 738.

*Fresnoy-lez-Roye* (Somme). — xx, 82.
FRESNOY, chef d'escadron. — xviii, 629.
FRESON, chanoine d'Amay. — xx, 136.
FRESSARD, off. de tirailleurs. — xxviii, 533.
*Fressine* (Camp de). — xxvii, 224.
FRÉTEAU, ex-noble, élève à l'École d'artillerie de Châlons. — xxv, 458.
FRÉVAL, éleveur. — xxiv, 69.
FRÉVILLE (Cⁿᵉ), ex-noble. — xviii, 511.
FREY, ex-vice-présid. du trib. militaire de l'A. des Côtes de Cherbourg. — xxviii, 587.
FREYTAG, gᵃˡ de division. — xx, 44, 174. — xxi, 719. — xxiv, 732.
FREZET, mᵈ drapier à Lyon. — xxiv, 270.
*Fribourg* (Suisse). — xxv, 685.
*Frickthal* (Allemagne). — xxvi, 761.
FRICOT, repr. — xxiii, 357. — xxvi, 424, 540. — xxvii, xiii, 86, 463, 554. — xxviii, 110, 139, 330, 341, 342.
FRICOT, chasseur à pied. — xxviii, 47, 537.
*Friedberg* (Allemagne). — xxviii, 120, 222.
FRIEDERICH (Othon), négociant suisse établi à Lyon. — xxvi, 61.
*Friendship,* navire. — xviii, 185.
*Friesenheim* (B-R). — xx, 585.
FRIGUET, chirurgien à l'A. de Sambre-et-Meuse. — xxiv, 499.
FRILSCHY, volontaire. — xxi, 755.
FRION. — xviii, 144.
FRION, lieut. — xix, 411.
FRIOR, sous-garde d'artillerie à Nord-Libre. — xxviii, 486.
*Friponne,* navire. — xxi, 259. — xxiii, 217.
FRIQUEL, chef chouan. — xxiii, 810.
FRIQUERIS (Louis Joseph), volontaire. — xx, 503.
FRIRION, adjudᵗ gᵃˡ, chef de bᵒⁿ. — xviii, 474.
*Frise* (Province de). — xviii, 94. — xx, 186, 672. — xxii, 58, 760. — xxiii, 231. — xxiv, 22, 453.
— (Haute-). — xviii, 578.
— occidentale. — xx, 154.
FRISON. — xix, 321.
*Fritz.* — xxiii, 593.
FRIZON, administrat' des subsistances militaires. — xxvii, 441.
FROGER-PLISSON (Louis Joseph), repr. — xix, 461, 475. — xx, 9, 82, 127, 441, 467, 524, 753. — xxi, 20, 24, 230, 249, 251, 252, 284, 309, 313, 314, 315, 326, 349, 350, 378, 381, 464, 478, 488, 558, 564, 644, 645, 728, 729, 762, 713, 825, 826. — xxii, 50, 51, 235, 236, 255, 275, 375, 411, 532, 710. — xxiv, 358. — xxvii, 123, 179. — xxviii, 93, 314, 365, 423.
FROIDURE, de Rennes. — xix, 39.
FROISSART, commandᵗ à Stenay. — xix, 311.
FROLLE (Ét.), maréchal à Léchelle. — xix, 689.
FROMENT, lieut. — xix, 32.
FROMANT, quartier-maître trésorier. — xix, 188.
FROMENT (Pierre), agent de change ou courtier. — xxiii, 270.
*Fromentières* (Marne). — xviii, 184.
FROMENTIN, gᵃˡ. — xxii, 128. — xxiii, 297.
FROMY et fils, adjudicataires de sucre. — xxiv, 584.
FRONCQ, off. du vaisseau *Victoire.* — xxvi, 529.
*Frontières.* — xxv, 205, 550, 608. — xxvi, 105, 171, 282, 372, 451, 548, 663, 732, 759. — xxvii, 259, 265, 283, 417, 559.

FROSSARD père, chef de bureau au C. de S. P. — xxv, 421.
FROSSARD fils. — xxiv, 497. — xxv, 526.
FROTTÉ, chef chouan. — xxiii, 472, 522.
FROUDE (Jacques), subrécargue sur la *Quatre Sœurs*. — xx, 340.
FROYEU père et fils. — xxv, 726. — xxvi, 242.
FRUCTIÈRES, de Croissy. — xxi, 755.
FRUSTENBERG, de Bâle. — xx, 339.
FUEC. — xviii, 7.
FUGENIER-DEDOVIES, cap<sup>e</sup> prisonnier. — xxvii, 267.

FUGON, négociant. — xix, 510.
*Fulminante*, navire. — xviii, 165.
FULTON, chef d'escadron. — xx, 506. — xxii, 446. — xxiv, 703.
*Fumay* (Ardennes). — xxiii, 510.
*Furnes* (Belgique). — xxii, 495. — xxv, 83. — xxviii, 314, 610, 611.
FURNIGUE. — xxiii, 404.
FURSTEMBERG, g<sup>al</sup>. — xxvi, 677. — xxvii, 56, 57, 258.
FUSEAU, chef d'escadron, ex-prisonnier de guerre. — xxvii, 147.

# G

Gabet (Benjamin Jean), lieut. de vaisseau. — xx, 319.
Gabriel, chasseur à cheval. — xviii, 603.
*Gacé* (Orne). — xviii, 263. — xix, 107. — xxiii, 775.
Gachet, employé aux magasins militaires de Lille. — xxviii, 482.
Gachet-Delisle, fondé de pouvoirs des négociants de Bordeaux. — xxvi, 58.
Gachet-Sainte-Suzanne, inspecteur de la 1re div$^{on}$ de gendarmerie. — xxviii, 323.
Gachot, écrivain des colonies. — xxvi, 422.
Gachot, administrateur civil de la marine à S$^t$-Pierre-et-Miquelon. — xxvi, 747.
Gaday, voiturier à Bourges. — xxii, 803.
Gadinot, inspecteur des douanes. — xxiii, 110.
Gadolle, commissaire nat. — xxiii, 81.
Gagnant. — xviii, 752.
*Gagny* (S-et-O). — xxiii, 551.
Gaignard, brigadier. — xix, 532.
Gaigue, requis. — xviii, 156.
*Gaillac* (Tarn). — xviii, 419.
Gaillan, armurier à Montauban. — xx, 406. — xxi, 329.
Gaillard, chef de b$^{on}$. — xxiii, 401.
Gaillard, repr. — xxvi, 314.
Gaillard, command$^t$ de sapeurs à pied. — xxv, 175.
Gaillard, concierge de la prison du camp sous Paris. — xxv, 252, 291.
Gaillard, adjoint aux adjud$^{ts}$ g$^{aux}$. — xviii, 7.
Gaillard, de la manufact. du Becquet. — xviii, 14.
Gaillard, expert. — xxiii, 424.
Gaillard, chef de b$^{on}$. — xviii, 551.
Gaillard-Déjourné (Jacques), cap$^e$ de gendarmerie de la Mayenne. — xxiv, 475. — xxv, 342.
Gaillardé, off. de santé. — xxvi, 422.
*Gaillon* (Eure). — xx, 363, 772.
Gaillot, serrurier. — xviii, 364.
Gaillote, ingénieur. — xix, 24.
Gairin, chef d'escadron de gendarmerie. — xxiv, 14.
*Gaîté*, corvette. — xxii, 46.
Gal, off. de santé. — xxii, 303. — xxv, 409.
Galache, cap$^e$. — xxiii, 247.
Galand, ingénieur. — xx, 521.
Galand, aide de camp du g$^{al}$ Kellermann. — xxi, 67.
*Galathée*, frégate française. — xx, 300.
Galaup (J. J. de), chef de b$^{on}$. — xxiii, 776.
Galiano, colonel espagnol prisonnier. — xxvii, 47.
Gallet, cap$^e$. — xxvi, 146.
Gallet, secrétaire commis au B$^{in}$ de la Conv. — xxvii, 204.
Galette, lieut. — xix, 46.
Galetti, rédacteur du *Journal des lois*. — xxi, 734. — xxii, 188, 449.
Galeron, médecin à Coutances. — xxiv, 610.
Galhardon. — xxv, 438.
Galland, maître de forges à Mailleroncourt. — xx, 243

Gallard et son épouse. — xviii, 209.
Gallardon. — xxii, 440.
Galle, chef de brigade d'artillerie. — xxi, 433.
Galleron (Thomas-Paul), médecin à l'hôpital militaire de Coutances. — xxviii, 445.
*Galles* (Prince de). — xxii, 54.
Gallet, élève à l'École normale. — xix, 427.
Gallet et C$^{ie}$, banquiers à Paris. — xxiv, 75.
Gallian (Dominique) fils, négociant génois. — xxviii, 385.
Gallois, caporal fourrier. — xxiv, 307.
Gallois, adjoint à l'adjud$^t$ g$^{al}$ Cortez. — xxvi, 714.
Gallois, ingénieur. — xviii, 725.
Gallois, sous-lieut. — xxi, 154.
Gallois, expert à l'administration de l'habillement. — xix, 281.
Gallois, aide de camp du g$^{al}$ Kellermann. — xxiii, 136.
Gallony, aumônier sur le *Duguay-Trouin*. — xix, 774.
Galon-Boyer, défenseur du présid. de la Conv. — xxviii, 464.
Gamarage (De), chargé des subsistances en Belgique. — xxiii, 18.
Gamard, fermier de la forêt de Cinglais. — xxv, 98.
Gambier, chargé de l'approvisionnement en bois de Paris. — xix, 226.
Gambort, élève à l'École des constructions maritimes. — xxiv, 132.
*Gambsheim* (B-R). — xix, 32. — xx, 546.
Gamel, cap$^e$ de sapeurs. — xxi, 415.
Gamet, off. — xxiii, 401.
Gamon, repr. — xxiii, 453. — xxiv, 1, 11, 805. — xxv, 93, 501. — xxvi, 108, 109. — xxvii, 26, 50. — xxviii, 208, 245, 372.
Gamon (Florentin), aide de camp du g$^{al}$ Fontbonne. — xxiv, 248, 665. — xxv, 679.
Gamon, agent de la Républ. en Amérique. — xxviii, 244.
Ganaet, brigadier. — xix, 567.
*Gand* (Belgique). — xviii, 303. — xix, 106, 679, 788. — xx, 21, 618, 619. — xxi, 227. — xxii, 648. — xxiii, 61, 184. — xxiv, 736. — xxv, 349, 390, 529. — xxvi, 707. — xxvii, 60, 123. — xxviii, 104, 296, 297, 584.
Gand, inspecteur des forges. — xx, 95.
Gand (J.-J.) et son fils, négociants. — xxii, 768.
Gandolle, brasseur. — xxii, 270.
Gandrec (A. N. M.). — xxvi, 230.
Ganier, g$^{al}$. — xxi, 185, 379, 530.
Ganivet, entrepreneur. — xix, 277.
*Gannat* (Allier). — xviii, 379. — xxi, 549. — xxii, 36, 176. — xxv, 609. — xxvi, 657. — xxvii, 204.
Gannat, m$^d$ de fers à Paris. — xxiv, 640, 645.
Gantillon, négociant à Lyon. — xx, 534.
Gantois (J. Fr.), repr. — xx, 82, 468. — xxi, 322. — xxii, 92, 171, 308, 415, 768. — xxiii, 31, 68, 169, 250, 290.
*Gap* (H-A). — xxii, 746. — xxiii, 161. — xxiv, 728, 769.
*Garance*. — xxvi, 339. Voir *Agriculture*.

*Gar-Dor-Isle*, ci-dev$^t$ Abzac (Gironde). — XVIII, 394, 476. — XXII, 539. — XXIII, 148, 351, 475.
GAR, volontaire. — XXII, 635, 755.
GARAT (Mathurin). — XIX, 44.
GARAT (Joseph), ministre. — XXI, 20.
GARAT, brigadier des transports militaires. — XXIV, 570.
GARAUD, adjoint aux adjud$^{ts}$ génér$^x$. — XXV, 136.
GARAUDEL (Gilles). — XIX, 126.
GARCELON, lieut. destitué. — XXVI, 627.
GARCHERY, inspecteur des forges. — XXII, 298.
GARÇON, chef de b$^{on}$. — XXV, 519.
*Gard* (Départ$^t$ du). — XVIII, 34, 61, 63, 349, 392, 393, 679, 796. — XIX, 33, 61, 133, 258, 259, 448, 693, 722, 727. — XX, 6, 91, 132, 223, 224, 231, 261, 262, 432, 469, 499, 500, 531, 563, 583. — XXI, 128, 355, 451, 486, 641, 671. — XXII, 19, 48, 119, 172, 185, 207, 262, 269, 353, 355. — XXIII, 497, 542, 625, 664, 693, 694. — XXIV, 16, 145, 239, 316, 425, 462, 495, 574, 654, 655, 729. — XXV, 304, 479, 574, 654, 700. — XXVI, 169, 279, 300, 372, 396, 495, 717, 723, 724. — XXVII, 33, 161, 272. — XXVIII, 258, 372, 389, 390.
— (Camp du). — XXVII, 65, 271, 486. — XXVIII, 258, 372, 389, 390.
*Garde-aux-Valets* (Bois de la). — XXI, 471.
*Garde*-meuble national. — XXV, 532 n., 740. — XXVI, 196.
*Garde* nat. parisienne. — XXIII, 512, 546, 582, 585, 636. — XXIV, 65, 66, 98, 177, 222, 274, 276, 497, 821. — XXV, 377, 487, 691. — XXVII, 277, 366, 396, 661. — XXVIII, 60, 76, 85, 132, 236, 259, 319, 400, 415, 446, 451, 465, 562, 592, 605, 612, 687, 688, 698.
— des autres villes. — XXIII, 502, 568, 690, 712, 730, 732, 748, 789. — XXIV, 85, 108, 122, 149, 167, 262, 274, 276, 329, 371, 375, 380, 384, 465, 471, 497, 509, 528, 532, 533, 534, 558, 571, 600, 652, 710, 721, 778, 811, 821, 824, 830, 839. — XXV, 105, 169, 170, 234, 320, 328, 533, 546, 612, 625, 657, 664, 708, 734, 746, 755. — XXVI, 38, 98, 122, 129, 132, 165, 216, 243, 262, 321, 348, 366, 411, 412, 442, 444, 451, 472, 509, 570, 578, 614, 640, 658, 672, 673, 764. — XXVII, 2, 106, 137, 197, 208, 227, 316, 366, 582, 661, 672. — XXVIII, 85.
— départementale. — XXVII, 669.
— hollandaise. — XXVI, 430.
— soldée. — XXV, 435, 612.
GARDELLE, commissaire des Guerres. — XX, 712.
GARDERA, ex-g$^{al}$ de brigade. — XXV, 321.
GARDÈRE (C$^{ne}$), de S$^t$-Martin-de-Seignanx. — XXIV, 492.
*Gardes, Gardiens*. — XXV, 103, 186, 187, 349, 424, 459, 521, 730. — XXVI, 439, 502.
— d'artillerie. — XXVII, 228, 370.
— chiourmes (C$^{ie}$ des). — XXVIII, 198, 199.
— des côtes. — XXVII, 120, 294, 385.
— frontières. — XXVII, 283.
— territoriales. — XIX, 291.
GARDEUR. — XIX, 558.
GARDIER, adjud$^t$ de la place de Strasbourg. — XXVIII, 374.
GARDIEN, fabricant de casques. — XIX, 334.
GARDIN, maître de forges. — XXVI, 558.
GARDIN (Julien), canonnier. — XXIII, 310.
GARDNER (Nathaniel), cap$^e$ américain. — XIX, 615.

GARDON, dénonciateur. — XXV, 674.
GARDREZ, agent de l'habillement. — XX, 332.
*Garennes* (Eure). — XXVI, 195.
*Garessio* (Italie). — XXIV, 730.
GARGAUT, élève d'artillerie. — XVIII, 120.
GARIN (Louis), aide-chimiste à l'École centrale. — XVIII, 2, 770.
GARIN, adjud$^t$ g$^{al}$, chef de brigade. — XVIII, 550. — XXIII, 551.
GARIOD, off. de gendarmerie. — XXIV, 599, 600. — XXVI, 203.
*Garnache* (La) [Vendée]. — XX, 196.
GARNERY, éditeur des *Révolutions de France et de Brabant*. — XXV, 589 n.
GARNESSON fils, fournisseur. — XXVI, 316.
GARNIER, de Saintes, repr. — XIX, 187. — XX, 275. — XXI, 436, 437. — XXII, 124, 126, 162, 250, 700, 790. — XXIII, 12, 628.
GARNIER, de l'Aube, repr. — XIX, 268. — XXII, 156, 157. — XXIV, 780. — XXVI, 190, 219, 646. — XXVII, VIII, 18, 20, 88, 160, 248, 273, 309, 339. — XXVIII, 156, 215.
GARNIER, commissaire des Guerres. — XVIII, 292.
GARNIER, examinateur à l'École centrale. — XIX, 680.
GARNIER, de Dunkerque. — XIX, 688.
GARNIER, off. — XVIII, 144.
GARNIER, aide de camp du g$^{al}$ Thierry. — XIX, 241.
GARNIER, quartier-maître. — XIX, 103.
GARNIER (J. B.). — XVIII, 505.
GARNIER et C$^{ie}$, négociants à Paris. — XXII, 688, 690.
GARNIER (Mathurin). — XVIII, 593.
GARNIER fils, négociant à Marseille. — XXV, 149.
GARNIER, g$^{al}$. — XXVI, 627.
GARNIER, sergent-major. — XXVII, 6.
GARNIER, jeune, adjud$^t$ de la garde nat. de Mortagne. — XXVIII, 592.
*Garnisaires*. — XXVI, 168, 221.
GARNON. — XVIII, 399.
GARNOT, repr. de S$^t$-Domingue. — XIX, 756.
GARNOT (Nicolas), épicier à Paris. — XXVII, 586.
GAROBUAN, adjud$^t$ g$^{al}$. — XVIII, 322.
*Garonne*, fleuve. — XVIII, 375. — XXI, 511.
*Garonne* (Départ$^t$ de la H$^{te}$.). — XVIII, 301, 351, 404, 509, 594, 597, 617, 613, 768. — XIX, 121, 133, 134, 244, 318, 365, 390, 449, 501, 571, 574, 600. — XX, 33, 34, 47, 106, 327, 572, 746. — XXI, 615. — XXII, 47, 90, 110, 169, 239, 438. — XXIII, 377, 590. — XXIV, 142, 173, 202, 435. — XXV, 122, 124, 221, 287, 382. — XXVI, 30, 121, 360, 372, 446, 495, 703, 717. — XXVII, 38, 106, 195, 221, 249, 265, 308, 361, 436, 493, 514, 628. — XXVIII, 259, 547, 576.
GARRAND-COULON, repr. — XXIII, 453.
GARRAU, repr. — XVIII, 82, 84, 102, 103, 256, 258, 376, 377, 542, 616. — XIX, 179, 420, 797. — XXIII, 492. — XXV, 558. — XXVIII, 441, 492, 493, 494, 592, 599.
GARREAU, secrétaire du repr. Brüe. — XVIII, 591. — XIX, 57, 128, 220, 249, 316.
GARREAU, cap$^e$ de vaisseau. — XXV, 292.
GARREAU, lieut. major. — XX, 795.
GARREAU, lieut. au 9$^e$ b$^{on}$ de l'Isère. — XXI, 661.
GARREL, sous-lieut. — XX, 390.
GARROS. — XVIII, 48.

GARSON, employé à la sect<sup>n</sup> militaire. — XXIII, 627.
GARTEN, aide de camp prussien, prisonnier. — XVIII, 362, 616, 803. — XX, 457.
GASCHLER et C<sup>ie</sup>, négociants. — XXVIII, 350.
*Gascogne* (Golfe de). — XXI, 217, 443. — XXII, 85, 631, 679, 682. — XXIII, 84, 174, 475. — XXIV, 143. — XXV, 234.
GASPARD (Albert), volontaire. — XXIII, 282.
GASPARD, adjud<sup>t</sup> g<sup>al</sup>. — XXIII, 482.
GASPARD, payeur de l'A. du Nord en Hollande. — XXVII, 664.
*Gasparin*, navire. — XXI, 441.
GASQUET aîné, sous-chef du bureau civil de la marine à Toulon. — XXVIII, 462.
GASSE, chef de b<sup>on</sup>. — XXIV, 218.
GASSENDI, chef de b<sup>on</sup>. — XXI, 67.
GASSENDI, auteur de l'*Aide-mémoire*. — XXIV, 157. — XXV, 640.
GASTON (Pierre), propriétaire de bateau. — XXVI, 644.
GASTON, repr. — XIX, 784.
GATELLIER, artiste. — XVIII, 703.
GATES (Samuel), américain, prisonnier libéré. — XXV, 493.
GATINES, sous-lieut. de grenadiers. — XXIII, 646.
*Gats* (Forêt des) [Vendée]. — XXVI, 162.
*Gatte* (Cap de). — XXI, 209.
GAU (Ch. Henry), fabricant de toile à voiles. — XVIII, 213, 628. — XIX, 190, 457.
GAUBERT, sous-lieut. — XXIII, 267.
GAUBERT (Auguste), pharmacien à Laigle. — XXV, 128.
GAUCHEZ frères, fabricants de forces pour tondre les draps. — XXVIII, 437.
GAUDEBERT, off. d'artillerie de la marine. — XXVII, 215-264.
GAUDEFROY, employé au C. de S. P. — XX, 28, 484. — XXI, 121.
GAUDELET, gendarme. — XXI, 104.
GAUDEST, cap<sup>e</sup> d'artillerie. — XXIV, 437.
GAUDI, auteur des *Instructions aux officiers*. — XXIV, 157. — XXV, 640.
GAUDICHE, cap<sup>e</sup> démissionnaire. — XXV, 136.
GAUDICHON, commissaire des Guerres. — XIX, 667.
GAUDIN, repr. — XVIII, 458, 477. — XIX, 221, 473. — XX, 140. — XXI, 790. — XXII, 136, 285, 286, 508. — XXIII, 146, 681, 787. — XXIV, 200, 441, 835. — XXV, 117, 122, 307, 336, 417. — XXVI, 162.
GAUDIN et C<sup>ie</sup>, de Nantes. — XX, 792. — XXII, 292.
GAUDIN, ingénieur constructeur. — XXVII, 127.
GAUDONARD-MAGNY, command<sup>t</sup> en second à Perpignan. — XVIII, 789.
GAUGER (Denis), charretier. — XXI, 714.
GAUJOUX, négociant en vins. — XVIII, 472.
GAULARD-DESAUDRAY. — Voir DESAUDRAY.
GAULLE, dessinateur. — XXIII, 348. — XXVI, 688.
GAULOIS, chef de b<sup>on</sup>. — XXII, 9.
*Gaulois*, navire sous pavillon neutre. — XXVII, 543.
GAULT (Jean Ambroise), chirurgien à l'A. de Sambre-et-Meuse. — XX, 789. — XXIV, 499.
GAULTRON, lieut. de gendarmerie. — XVIII, 580. — XXIV, 384, 587.
GAUMAN (Ant.), gendarme. — XXVI, 651.
GAUSSEN. — XXV, 757.
GAUTHIER, repr. — XVIII, 153, 525, 670, 747. — XIX, 784. — XX, 222, 223. — XXII, 191. — XXIV, 280. — XXVII, XIV, 25, 582. — XXVIII, 212, 554, 629.
GAUTHIER, de Corvol. — XXV, 687. — XXVI, 156.
GAUTHIER le jeune, adjudicataire de sucre. — XXIV, 584.
GAUTHIER, employé extraord. à Toulon. — XXV, 409.
GAUTHIER, garde d'artillerie à Marseille. — XXVII, 370.
GAUTHIER, garde-magasin d'artillerie à Haguenau. — XXVII, 543.
GAUTHIER (J. B.), cap<sup>e</sup> de vaisseau. — XXII, 339.
GAUTHIER, g<sup>al</sup>. — XXII, 801. — XXIII, 599. — XXV, 631.
GAUTHIER, déporté de la Martinique. — XXIII, 172, 286.
GAUTHIER, commissaire des Guerres. — XXVIII, 264.
GAUTIER (Louis), aspirant de marine. — XIX, 711.
GAUTIER, volontaire. — XXIV, 164.
GAUTIER, administrateur des Postes et Messageries. — XXIV, 373.
GAUTRON, commissaire aux ventes du mobilier nat. — XXIII, 220.
GAUVIN (Michel-Ange), secrétaire interprète de Monroë. — XXVI, 197.
GAUVY, acheteur de chevaux à l'étranger. — XVIII, 810.
GAVARD, aide de camp du g<sup>al</sup> Pacthod. — XXIV, 496.
GAVAUDAN, sous-directeur des mines de Quimper. — XXI, 578.
GAVE, cap<sup>e</sup> d'artillerie. — XX, 651.
GAVI. — XVIII, 271.
GAVRELLE, conducteur des charrois à l'A. du Nord. — XIX, 598.
GAY, associé de Barrai, négociant. — XX, 156.
GAY (J. Ant.), chirurgien à l'hôpital auxiliaire de Montpellier. — XXVI, 62.
GAY, sous-lieut. de hussards. — XXV, 638.
GAY-VERNON, ex-adjud<sup>t</sup> g<sup>al</sup>. — XXV, 493.
GAYOT (Gaspard Louis), candidat à l'École polytechnique. — XXVIII, 610.
GAZARD, command<sup>t</sup> à Perpignan. — XXII, 263.
*Gazeran* (S-et-O). — XXII, 440.
GAZERAN, commissaire pour les fonderies. — XXIV, 541, 780.
*Gazette générale de l'Europe*. — XX, 723.
*Gazette nationale ou le Moniteur universel*. — XXIV, 655, 806.
*Gazette universelle* (La). — XXVIII, 161.
GEAI (André), chef de sect<sup>n</sup> à Oléron. — XXIII, 416.
GÉANT, commissaire ordonnateur. — XXVIII, 691.
GEFFROY, payeur g<sup>al</sup> des îles de France et de Bourbon. — XXVI, 511.
GÉHIER, maître de la poste aux chevaux. — XIX, 280.
GEIGER, lieut. de gendarmerie à Haguenau. — XXV, 723.
GEISLER, relieur à Strasbourg. — XXIV, 6.
GELÉE (Daniel), en mission pour les approvisionn<sup>ts</sup>. — XXI, 611.
GELLIBERT, agent du C. de S. P. — XXI, 152.
GELLY (Louis). — XXVII, 56.
GELPE. — XIX, 157.
GEMEL (Hugh), cap<sup>e</sup> américain. — XXVII, 562.
GEMJEAC (Pierre), agent de change ou courtier. — XXIII, 270.
*Gemme* (Tarn). — XVIII, 795.

GENCY, g^al. — XIX, 262. — XXIII, 165. — XXV, 361, 582. — XXVI, 234.
Gendarmerie nat. — XVIII, 316, 317. — XXII, 716, 798, 813. — XXIII, 223. — XXIV, 132, 137, 184, 212, 371, 435, 500, 617, 675, 689, 734, 738, 789, 823. — XXV, 11, 16, 41, 55, 61, 98, 125, 129, 135, 291, 408, 419, 460, 514, 537, 541, 585, 586, 587, 688, 712, 752, 756. — XXVI, 170, 234, 312, 373, 386, 420, 440, 444, 469, 484, 509, 535, 573, 579, 594, 624, 625, 627, 651, 660, 661, 676, 715, 722, 723. — XXVII, 44, 90, 107, 115, 141, 169, 173, 229, 271, 298, 302, 344, 346, 371, 433, 478, 503. — XXVIII, 45, 149, 191, 250, 251, 470, 619, 700.
Gendrey (Jura). — XX, 551.
GÉNÉBRIER, chargé d'achats pour es subsistances militaires. — XXV, 272.
Généralité (La) [Hollande]. — XXIV, 170, 171.
Généraux en chef. — XXV, 73, 260, 277. — XXVI, 84, 163, 243, 274, 348, 414, 437. — XXVII, 1, 65, 66, 113, 114, 128, 139, 142, 155, 157, 178, 201, 302, 374, 394, 420, 537, 558, 576, 621, 638, 676. — XXVIII, 676, 679. Voir Armées; Officiers.
Généreux, navire. — XXIII, 217.
Gênes (Italie). — XVIII, 61, 197, 240, 269, 271, 427, 599, 600, 696, 709, 748, 759, 763. — XIX, 22, 168, 205, 224, 258, 380, 426, 448, 454, 488, 529, 530, 640. — XX, 91, 113, 114, 162, 368, 414, 415, 435, 643, 647, 681. — XXI, 56, 95, 102, 109, 128, 152, 173, 259, 273, 368, 369, 396, 422, 454, 506, 615, 699. — XXII, 96, 139, 140, 144, 271, 370, 589, 637. — XXIII, 513, 659, 733, 795, 829.
GENEST, garde-magasin à Châteauneuf. — XXVI, 398. — XXVIII, 615.
GENESTE. — XVIII, 287.
GENET, inspecteur des forges. — XXII, 298.
GENET, g^al. — XXVII, 448, 449.
GÉNEVAL, chef d'escadron de chasseur. — XVIII, 654.
Genève (Suisse). — XVIII, 199, 450, 670. — XIX, 557. — XX, 81, 432. — XXI, 177, 419. — XXII, 220, 246, 720, 721. — XXIV, 637. — XXV, 345, 455. — XXVI, 488, 554, 569, 582, 732. — XXVII, 38, 183, 268, 296, 348. — XXVIII, 95.
Genève (Lac de). — XXIII, 180.
Genevois. — XVIII, 40, 747. — XIX, 782. — XXII, 720, 721. — XXVII, 581.
GENEVOIS (L.-B.), repr. — XVIII, 198, 199, 595, 617, 648. — XX, 454, 707, 793. — XXI, 543, 544. — XXII, 612.
GENEVOIS (Julien), aspirant de marine. — XIX, 711.
Genèvre (Mont-) [H-A]. — XXVII, 48.
Génie (Corps du). — XIX, 418. — XXII, 363, 364, 388. — XXV, 82, 129, 210, 473, 484, 544, 745. — XXVI, 112, 176, 271, 285, 444, 534, 579. — XXVII, 59, 139, 140, 144, 173, 506. — XXVIII, 25, 44, 67, 439, 507, 697, 700.
GÉNISSIEU, repr. — XVIII, 25, 76, 170, 171, 187, 238, 263, 282, 283, 299, 325, 355, 356, 411, 414, 436, 514, 515, 554, 611, 656, 664, 688, 713, 720. — XIX, 34, 35, 54, 90, 107, 108, 161, 234, 263, 266, 316, 317, 344, 368, 390, 417, 582, 713, 714. — XX, 275, 276. — XXIII, 376.
GÉNISSIEU (André Aimé Ferdinand), son frère. — XXII, 8.
GENISTON, soldat. — XVIII, 348.
Génois. — XXVII, 1. — XXVIII, 332, 504, 505.

Génois. — XVIII, 698, 748. — XIX, 224. — XX, 114, 368, 681, 700. — XXI, 93, 99, 151, 254, 294, 423, 454, 586. — XXII, 31. — XXIII, 268. — XXIV, 59, 697, 758, 849, 856. — XXV, 181, 206, 239, 270, 271, 369, 482, 568, 573, 710. — XXVI, 92, 124, 414, 555, 582, 615, 616, 618, 664, 665, 666, 724, 736. — XXVII, 74, 75, 134, 135, 136, 137, 388, 428, 513, 535. — XXVIII, 123, 144, 192, 231, 233, 234, 371, 384, 505, 620, 656.
GENON. — XXVI, 471.
GENOTEL (Nicolas), des Ardennes. — XXVIII, 63.
GENOUX, fournisseur. — XVIII, 561.
Gens de mer (Levée des). — XXII, 337, 338, 339.
GENSOLEN. — XVIII, 20.
GENSON, fabricant de clous. — XVIII, 569.
GENSONNÉ, repr. — XVIII, 270. — XXV, 566.
Gent (Hollande). — XIX, 443.
GENTAL, grenadier. — XVIII, 227.
GENTIL (Michel), repr. — XXII, 620. — XXIII, 378, 594. — XXV, 219. — XXVII, XII, 568. — XXVIII, 356, 597.
Gentilly, près Paris. — XXII, 691. — XXV, 69.
GENTILI, g^al de division. — XXII, 756. — XXVIII, 526.
GENTY, lieut. à Blaye. — XIX, 701.
GENTY (Division de), à l'A. des Côtes de Brest. — XXII, 72.
GENTZ, mécanicien. — XXV, 75.
GEOFFRION, inspecteur des dépôts génér^x. — XIX, 411. — XXVI, 6.
GEOFFROI, cap^e du génie. — XXII, 656.
GEOFFROY, commissaire des Guerres. — XVIII, 143.
GEOFFROY. — XVIII, 368.
GEOFFROY, gendarme. — XXI, 435.
GEOFFROY, cap^e instructeur. — XXI, 815.
Géométrie, de LEGENDRE. — XXV, 641.
GEORGE (Richard), cap^e anglais prisonnier. — XXI, 719.
GEORGEAT (Jos. Fr.), employé des hôpitaux à l'A. du Rhin. — XXV, 657.
GEORGELIN, off. de police. — XIX, 93, 716.
Georges, navire américain. — XX, 124.
GEORGES, command^t d'artillerie à Landrecies. — XXIV, 744. — XXVIII, 30.
GEORGES, cap^e de cavalerie. — XXV, 377.
GEORGES, roi d'Angleterre. — XVIII, 99. — XX, 140, 747.
Georges-les-Mines (St-) [M-et-L]. — XXIII, 682.
GÉRALDY, commissaire des Guerres. — XXV, 347.
GÉRARD, secrétaire du g^al Gency. — XXVI, 234.
GÉRARD, agent nat. de Fougères. — XVIII, 278.
GÉRARD, agent nat. du Thil. — XX, 252.
GÉRARDIN, employé au C. de Législation. — XX, 625.
GÉRAUD, sous-lieut. — XVIII, 610.
GÉRARD (Nic.), préposé aux achats des subsistances militaires. — XXVIII, 62.
GERBOUS DE LA GRANGE, g^al. Voir LAGRANGE (J. Ch.).
GERCY, de Bordeaux. — XXIII, 417.
Gère, rivière. — XXI, 338.
GÉRENTE (Joseph Fiacre Olivier de), repr. — XXII, 48, 185, 391. — XXIII, 497, 542, 625, 626, 694. — XXIV, 16, 45, 145, 239, 425, 495, 614, 654, 711, 768. — XXV, 18, 172, 204, 464, 480, 655, 700, 754. — XXVIII, 228, 229, 230, 290, 386, 508. Voir OLIVIER GÉRENTE.

*Germain* (Atelier de la ci-dev[t] abbaye). — XIX, 727.
GERMAIN, négociant en légumes secs à Gazeran. — XXII, 440.
*Germersheim* (Allemagne). — XXV, 534, 734. — XXVI, 613, 731. — XXVII, 179.
GERNON ou GERMON, envoyé aux États-Unis. — XX, 148, 161, 162.
*Gers* (Départ[t] du). — XVIII, 20, 182, 267, 351, 404, 441, 509, 594. — XIX, 244, 318, 390, 449, 501, 571, 574. — XX, 106, 228, 271, 297, 327, 572, 689, 722. — XXII, 47, 91, 169, 737, 809. — XXIV, 142, 172, 202, 648. — XXV, 122, 182, 242, 287, 382. — XXVI, 121, 372. — XXVII, 435, 514.
GERTOUX, repr. — XXVI, 250.
*Gertrude-Catherine*, navire danois. — XVIII, 451.
*Gertruydenberg* (Hollande). — XIX, 604.
GERVAIS, m[d] de chevaux. — XIX, 729.
GERVAISE. — XVIII, 255.
GERVINUS, diplomate prussien. — XXIII, 824.
GÉRY, off. de santé. — XVIII, 426.
GESLIN, armateur à Nantes. — XXV, 410.
GESTAT (J. B. Ch. Alex.), volontaire. — XXV, 402, 451.
GETTY, mouleur. — XVIII, 708.
GEVAIN. — XXI, 459.
GEVAUX (James), prisonnier de guerre. — XX, 45.
*Gex* (Ain). — XVIII, 150. — XXI, 277. — XXIV, 381. — XXV, 611. — XXVIII, 396, 508.
GEX, contrôleur à Ste-Lucie-la-Fidèle. — XXVI, 510.
GEYER (John), armateur du navire américain *Soleil Levant*. — XXVI, 63.
GHISEMOND, chef chouan. — XXIII, 810.
GIACOMONI, adjud[t] g[al]. — XXVI, 227, 588. — XXVIII, 249.
GIAVELLINA, entrepreneur de bois et lumières à Bastia. — XXI, 328.
GIAT, patron d'allège. — XXVIII, 209.
GIBERT, notaire à Paris. — XXVI, 35.
GIBERT, secrétaire de Stofflet. — XXI, 224.
GIBON, agent à l'agence d'habillement. — XIX, 137.
GIBOU. — XXVI, 366.
*Gibraltar* (Espagne). — XVIII, 681. — XIX, 573. — XX, 719, 721. — XXI, 234, 474. — XXVII, 163.
*Gidy* (Loiret). — XVIII, 249.
GIEDDA (Laurent), cap[e] du navire suédois *Dauphin*. — XX, 548.
*Gien* (Loiret). — XIX, 762, 778. — XX, 320, 568. — XXV, 589. — XXVI, 475. — XXVII, 572.
GIESEL, adjud[t] d'artillerie. — XXVI, 63.
GIGAULT, g[al] de brigade. — XXI, 317. — XXV, 378.
GIGAUT, volontaire. — XVIII, 255.
GIGNOUX, chef de b[on]. — XXI, 215.
GIGUET, peintre à Rouen. — XXII, 387, 388.
*Gijon* (Espagne). — XXVIII, 150.
GILAU, boucher. — XXVIII, 411.
GILBAL, commis principal. — XXIV, 821.
GILBERT, adjud[t] g[al], chef de brigade. — XX, 689.
GILBERT, architecte. — XXI, 642, 817.
GILBERT, RAFFRAY et Cie, fournisseurs. — XXVI, 642.
*Gilette* (A-M). — XXVI, 573.
GILIBERT-MERLHAC, g[al] de brigade. — XXII, 217. — XXIV, 437. — XXVIII, 671.
GILLE, courrier du C. de S. P. — XXV, 40.
GILLE, dit Duvivier. — XVIII, 550.
GILLES (Pierre), volontaire. — XIX, 46.

GILLES, médecin à l'hôpital militaire de Meaux. — XX, 755.
GILLET, repr. — XVIII, 9, 23, 29, 30, 55, 95, 124, 126, 144, 145, 186, 203, 235, 292, 309, 310, 312, 336, 337, 369, 407, 434, 443, 494, 495, 558, 559, 568, 571, 589. — XIX, 144, 157, 175, 207, 262, 340, 416, 442, 443, 445, 518, 540, 603, 605. — XX, 62, 210, 255, 277, 278, 326, 327, 351, 354, 355, 464, 465, 562, 592, 608, 621, 670, 674, 697, 759, 760, 780, 783. — XXI, 24, 58, 72, 160, 191, 227, 491, 503, 513, 647, 648, 650, 651, 731, 778, 801, 820, 828. — XXII, 21, 22, 88, 107, 158, 201, 313, 342, 349, 416, 625. — XXIII, 12, 48, 82, 168, 213, 285, 333, 335, 347, 429, 436, 531, 585, 592, 636, 639, 646, 667, 668, 701, 803, 816. — XXIV, 1, 21, 102, 105, 160, 162, 165, 166, 186, 188, 219, 254, 256, 298, 335, 337, 506, 510, 563, 674, 676, 796, 828. — XXV, 104, 141, 192, 220, 290, 345, 352, 357, 495, 581, 732 n., 746. — XXVI, 184, 244, 262, 265, 276, 305, 327, 457, 458, 479, 490, 520, 563, 590, 607, 608, 609, 628, 633, 653, 661, 730, 753. — XXVII, XI, XVII, 13, 82, 125, 181, 217, 320, 349, 371, 377, 402, 403, 404, 408, 463, 470, 494, 561, 575, 598, 599, 610, 622, 625, 635, 636, 640. — XXVIII, 14, 34, 35, 41, 51, 220, 221, 561.
GILLET, chef de la 8e division au C. de S. P. — XXV, 574.
GILLET, suspect. — XXV, 145.
GILLET. — XX, 218.
GILLET, envoyé par le g[al] Ferrand. — XXI, 323, 334.
GILLET, employé à la comm[on] des armées. — XXIII, 771, 772.
GILLET ou GILLOT, dépensier à l'hôpital de Valognes. — XXIV, 155.
GILLET, chef de brigade, inspecteur des côtes. — XXIV, 330, 747.
GILLET (Fr. P. Nicolas), membre de l'Agence des mines. — XXVII, 631.
GILLET D'AUTICHAMP, chef vendéen. — XXI, 240. — XXII, 512, 561.
GILLEVIEUX, chef de brigade. — XXVIII, 194.
GILLOT, off. municipal de Brassy. — XXVI, 469.
GILLY, cap[e] de gendarmerie. — XX, 545.
GILLY, adjud[t] g[al]. — XX, 545.
GILOT (Jacques), g[al] de division. — XIX, 32, 733.
GINANT, fusilier. — XXV, 115.
GINGAUD, inspecteur. — XVIII, 321.
GINOUX (C[ne]). — XXV, 214.
GIORDANO, à Oneille. — XXIV, 799. — XXVI, 81.
GIRANCOURT, maître de forges. — XXV, 70.
GIRARD, procureur-syndic de Toulon. — XXIV, 606.
GIRARD (J. Ét.), repr. — XVIII, 458.
GIRARD. — XVIII, 255.
GIRARD, agent aux approvision[ts] de Paris. — XX, 332.
GIRARD (Jos.), dessinateur à l'École centrale. — XX, 317.
GIRARD-PEUTIGNY (N. C.), agent des subsistances g[ales]. — XX, 387.
GIRARDET, sous-lieut. au 1er b[on] d'Apt. — XXVIII, 82
GIRARDIN, étudiant. — XIX, 240.
GIRARDOT. — XVIII, 60.
GIRARDOT, cap[e]. — XX, 103. — XXIV, 217.
GIRAUCOURT, fermier des forges de Rugles et La Poultière. — XIX, 710. — XXII, 236, 237.

4 A.

GIRAUD, g<sup>al</sup>. — XXII, 586.
GIRAUD, constructeur de bateaux à S<sup>t</sup>-Rambert. — XIX, 531.
GIRAUD, de l'Allier, repr. — XXII, 74, 717. — XXIII, 550, 580. — XXIV, 417, 648, 719, 780, 831. — XXV, 437, 620. — XXVII, 511, 603.
GIRAUD. — XVIII, 60.
GIRAUD, de la Charente-Inf<sup>re</sup>, repr. — XX, 465, 510, 551. — XXII, 746, 768. — XXIII, 236, 580. — XXVI, 25, 145, 186, 313.
GIRAUD, sous-chef civil de la marine. — XX, 630.
GIRAUD, fabricant de toile à voiles à Angers. — XXI, 676.
GIRAUD (Simon), employé extraord. à Toulon. — XXV, 409. — XXVIII, 488.
GIRAUD (Mathurin), métayer à la Tardière. — XXVI, 86.
GIRAUD (N.), volontaire. — XXVI, 528.
GIRAUDEAU, command<sup>t</sup> la *Danaé*. — XXI, 594.
GIRAUDOT (Joseph), sapeur. — XXV, 402.
GIRAULT, repr. — XX, 176.
GIRAULT, aide-garde-magasin. — XVIII, 470.
GIRAULT, cap<sup>e</sup> adjoint. — XX, 225.
GIRAULT, adjud<sup>t</sup> de gendarmerie. — XXII, 779.
GIRAULT, directeur de la poste aux lettres à Versailles. — XXVIII, 255, 519.
GIRAUTEL, propriétaire de la manufact. de l'île Louviers. — XX, 648. — XXII, 299.
GIRIORD-VILLIERS, de Trêves, fournisseur aux armées. — XXII, 742.
GIROD, inspecteur des mines de Besançon. — XXII, 10.
GIROD, procureur syndic de Chambéry. — XXIV, 599.
GIRON, juge de paix du canton de Challans. — XXVII, 37.
*Gironde* (Départ<sup>t</sup> de la). — XVIII, 271. — XXII, 446, 553, 584, 616, 630, 797, 812. — XXIII, 102, 149, 173, 206, 209, 350, 417, 443, 473, 475, 492, 519, 537, 612, 683, 684, 747, 758, 789, 808. — XXIV, 116, 232, 380, 444, 459, 508, 567, 595, 721, 751, 778. — XXV, 17, 81, 140, 233, 446, 559, 646, 683, 749. — XXVI, 97, 123, 216, 250, 372, 448, 485. — XXVII, 367. — XXVIII, 112, 130.
*Gironde*, fleuve. — XIX, 608. Voir *Bec d'Ambez*.
*Girondins.* — XIX, 695. — XX, 524. — XXI, 157. — XXI, 218, 485, 723, 761. — XXII, 157, 274, 616, 705. — XXIV, 614, 814.
*Gérone* (Espagne). — XVIII, 359, 793. — XIX, 35, 523. — XX, 680, 804, 805. — XXI, 221. — XXIII, 392, 394.
GIROT-POUZOL (J. B.), repr. — XIX, 258. — XX, 263, 433, 469, 499, 531, 564. — XXI, 356, 451, 502, 641, 671. — XXII, 19, 119, 172, 208, 262, 269, 449. — XXIII, 71, 497, 731, 732. — XXIV, 463. — XXVIII, 133, 246, 258, 265, 325, 465.
GIROUD, lieut. — XIX, 256.
GIROUD, ingénieur des mines. — XXI, 154, 373, 374. — XXVIII, 661 à 663.
*Girouet* (Maison). — XVIII, 663.
GIROUST (Jacques Charles), repr. — XXII, 156. — XXIII, 225, 231, 257, 300, 301, 333, 338, 345, 346, 408, 461, 462, 526, 555, 671, 706. — XXIV, 35, 170, 186, 225, 286, 323, 353, 613, 615, 679, 681, 705. — XXV, 110, 137, 248, 253, 293, 294, 581, 621. — XXVI, 10, 442, 604, 710. — XXVII,

XVII, 186, 208, 286, 379, 673. — XXVIII, 157, 158, 216, 217, 251, 280, 281, 312, 329, 398, 470, 582, 670.
GIROUST, commissaire ordonnateur. — XXV, 639, 645. — XXVI, 95, 215, 537.
GIROUX (Pierre Marthe), trompette. — XXIII, 220.
GIROUX, tanneur. — XXI, 258.
GISMONDI, de la Comm<sup>on</sup> des Cinq à Oneille. — XXIV, 799. — XXVI, 81.
*Gisors* (Eure). — XIX, 118. — XXI, 502, 676. — XXII, 47, 181, 503.
GISORS, architecte. — XX, 205. — XXVIII, 434.
GIULLÈRE, vice-présid<sup>t</sup> du trib. militaire de l'A. de Rhin-et-Moselle. — XXV, 738.
*Giverville* (Eure). — XX, 671, 802.
*Givet* (Ardennes). — XVIII, 202, 368, 448. — XIX, 239, 657. — XX, 160, 340, 587. — XXIII, 489. — XXIV, 75, 76, 274, 288, 431, 436, 767. — XXV, 101. — XXVI, 101. — XXVII, 134. — XXVIII, 64, 690.
*Givonne* (Forges de). — XVIII, 565. — XX, 36, 37, 542.
*Givors* (Canal de). — XXV, 264.
*Glabeek* (Forge de) [Belgique]. — XXVI, 490, 609.
*Glacière* (Massacres de la). — XXIV, 464. — XXVI, 137.
GLAD, chef de brigade de hussards. — XIX, 202.
GLAËSMER, co-direct<sup>r</sup> de la fabrique d'horlogerie de Versailles. — XXVI, 148, 744. — XXVIII, 372.
GLATARD, épicier, fournisseur de tonneaux. — XXIII, 72.
GLÈNE, commis à l'hôpital militaire de Beauvais. — XXIII, 549.
GLEINONT, cap<sup>e</sup> d'artillerie. — XVIII, 400.
GLEIZES (Fr.), fabricant de baïonnettes. — XVIII, 755.
GLEIZE, direct<sup>r</sup> de l'hôpital de Figuieras. — XX, 563, 564.
GLEIZE, lieut. à Hendaye. — XXIV, 216.
*Gloire*, brigantin de Newcastle. — XIX, 138.
*Gloire*, frégate. — XIX, 176.
*Glorieux*, navire. — XXI, 618.
GLOT, direct<sup>r</sup> de la manufact. de faïences de Sceaux. — XXIII, 3.
GLOTAIN (J. B.), lieut. de vaisseau. — XXII, 181.
GOA, maître de forges à Précy. — XXI, 749.
GOBERET, aide de camp du g<sup>al</sup> Vandamne. — XIX, 443.
GOBERT (Jacques Nicolas), chef de b<sup>on</sup> du génie. — XIX, 228. — XXII, 656, 657. — XXVI, 351, 698. — XXVII, 204.
GOBERT, sous-lieut. — XXI, 698.
GOBERT, maître du relais de poste de Metz. — XXIV, 630.
GOBILLARD, cultivateur. — XXI, 258.
GOBLET, carreleur. — XVIII, 231.
GODARD, ingénieur. — XVIII, 24.
GODARD, négociant à Paris. — XVIII, 390.
GODARD, commerçant en fils à dentelle à Paris. — XVIII, 348, 366. — XX, 295.
GODARD, cap<sup>e</sup> du génie. — XXVIII, 507.
GODARD, volontaire. — XVIII, 601.
GODARD, négociant en chemises. — XVIII, 629. — XX, 339.
GODAUD, aérostier. — XIX, 434.
GODDE, de Breteuil. — XXVI, 369.

GODEFROY. — XXIV, 640, 641.
GODEFROY, cap⁰. — XXV, 279.
GODELIER, chirurgien à l'hôpital militaire d'Angers. — XXVII, 145.
GODET, adjud^t g^al à l'A. de Sambre-et-Meuse. — XXVI, 6, 202.
GODET, cap⁰. — XXVI, 203.
GODET, neveu de Sevestre. — XIX, 202.
GODIER, garde-nat. à Laval. — XXI, 538.
GODIN, (Ét.), g^al de division. — XX, 245.
GODIN, chef de brigade d'artillerie. — XXIII, 368.
GODIN (J.), salpêtrier. — XXVIII, 593.
GODIN. — XXV, 736.
GODIN, repr. — XXVII, 577.
GOETHALS, cap⁰ de chasseurs à cheval. — XXVIII, 299.
*Goffontaine* (?) [Forges de]. — XXVII, 316.
GOGUET, agent de la sect^n des approvision^ts de Paris. — XX, 332.
GOHOON, prisonnier anglais. — XXIV, 702.
GOIRAL, direct^r de la manufact. de limes de Souppes. — XIX, 358.
GOISSEDEC, command^t la place de Carcassonne. — XVIII, 759. — XIX, 750. — XX, 203, 689.
GOISSET, inspecteur des mines de la H^te-Saône. — XX, 95.
GOLDERMAN, adjud^t g^al. — XXI, 35.
*Golfe Juan*. — XXI, 370. Voir *Jouan* (Golfe).
GOLFOL (Libre Johann), déserteur prussien. — XXI, 100.
GOLTZ (De), ministre plénipotentiaire. — XIX, 259, 500. — XX, 654.
GOMAIRE (Jean René), repr. — XXI, 157.
GOMBAULT, quartier-maître g^al. — XXV, 519.
GONCHON, de Lyon. — XXIII, 55, 56.
*Goncourt* (H-M). — XX, 457.
GONDÉ, employé de la Trésorerie. — XXVIII, 518.
*Gondrecourt* (Meuse). — XIX, 227, 228, 392, 393. — XX, 266, 685.
*Gonesse* (S-et-O). — XIX, 111, 116, 560, 575, 789. — XX, 168, 338, 574, 662, 789. — XXII, 361, 439, 440. — XXIII, 3, 483, 551. — XXIV, 94, 349, 466. — XXV, 272.
— (Moulins de). — XXVII, 113.
GONET, sous-lieut. — XXI, 215.
*Gonneville-sur-Dives* (Calvados). — XXIV, 330.
GONIN fils aîné, aérostier. — XXVIII, 549, 550.
GONTARD, pharmacien. — XXIII, 75.
*Gontaud* (L-et-G). — XXIV, 508. — XXV, 140.
GORCY, médecin-chef. — XIX, 149.
*Gorenflos* (Somme). — XXII, 345.
GORDENC LE BRUN, ingénieur. — XXVIII, 5.
*Gorgone* (Île de). — XX, 747, 748, 787.
GORGY, sous-chef à Lorient. — XVIII, 508.
*Gorkum* (Hollande). — XIX, 207, 484, 517, 604, 735. — XX, 186, 417, 637. — XXI, 429, 575. — XXVI, 126, 127, 156, 245, 293, 294, 305, 345, 355, 392, 400, 401, 428, 455, 607, 629. — XXVII, 17, 231, 464, 527, 579, 624, 663. — XXVIII, 19, 87, 217, 272, 513, 532, 701.
GORNAUT, agréé près le trib. des consuls de Paris. — XXI, 810.
GORNAU (Fr. Jos.), ag^t de change ou courtier. — XXIII, 270.
GORSAS, fils du repr. — XXVIII, 323.
GORSAS (V^ve). — XXVIII, 31.

GOSSE, détenu. — XXV, 477. — XXVI, 159.
GOSSELIN, off. — XVIII, 142.
GOSSELIN, commissaire des Guerres. — XXII, 477.
GOSSELIN, géographe. — XVIII, 760.
GOSSELIN (Fr.), armateur à Rouen. — XX, 101, 102.
GOSSELIN, négociant. — XXVII, 444.
GOSSEN, command^t dans le Vaucluse. — XXV, 105.
GOSSUIN, repr. — XVIII, 141. — XXV, 648.
GOSSUIN, direct^r d'atelier d'armes. — XIX, 433. — XX, 62.
GOTHIER, négociant. — XXVIII, 444.
*Gottembourg* (Suède). — XIX, 679.
GOTTLOB TITZE, f^e Jean. — XXI, 587.
GOTTY, gendarme. — XXIII, 404.
GOTZ, march^d de bois. — XVIII, 41.
GOUBERT, procureur syndic des Andelys. — XXIV, 762.
GOUBIN, lieut. d'artillerie. — XXVIII, 578.
GOUBLES (De), lieut. — XXII, 17.
GOUDAIVILLIER et sa f^e. — XXI, 230.
GOUDEL, étapier. — XXV, 204.
GOUDELIN, repr. — XIX, 142, 143.
*Goudron*. — XVIII, 365. — XX, 343, 345. — XXII, 337. — XXVI, 668. — XXVII, 293, 631.
GOUGE, GAILLARD, RUBOD et C^ie, voituriers sur le Rhône. — XXIV, 819, 820.
*Gouges*, administrateur des Hôpitaux. — XIX, 383.
GOUGUET (Cybard, dit Florimond), g^al de brigade. — XXVIII, 577.
GOUILLY. — XIX, 135.
GOUIN (André), aérostier. — XIX, 495.
GOUJEAT, dit Maillard, vainqueur de la Bastille. — XX, 102.
GOUJEAT (Henri), hussard. — XXII, 323.
GOUJEAT père, cultivateur à Vitry-sur-Marne. — XXII, 323.
GOUJON, repr. — XVIII, 211. — XXIII, 404, 825.
GOULARD, directeur de l'Agence des vivres à Bayonne. — XXIV, 418.
GOULHOT, commissaire des Guerres. — XXVI, 481.
GOULIN, détenu à Paris. — XXIII, 157.
GOULLU, g^al de brigade. — XXVIII, 549.
GOULU. — XVIII, 204.
GOULY (Pierre), aide-chimiste à l'École centrale. — XVIII, 770.
GOULY, repr. — XIX, 726.
GOUPILLEAU, de Fontenay, repr. — XVIII, 8, 671, 674, 695, 793, 794, 805. — XIX, 148, 235, 250, 345, 353, 425, 448, 509, 526, 527, 557, 650, 779, 794. — XX, 57, 110, 144, 292, 293, 331, 452, 519, 532, 554, 564, 565, 579-581, 603, 746, 778, 806. — XXI, 146, 180, 220, 233, 236, 285, 335, 336, 341, 390, 391, 421, 663. — XXII, 64, 65, 263, 264, 326-328, 384, 435-438, 489, 530, 541, 771. ⊢ XXIII, 34, 390, 391, 394, 793. — XXIV, 124, 495 820. — XXV, 495 n. — XXVI, 152, 212, 243, 547, 624, 692. — XXVII, XI, 16, 157, 302, 428. — XXVIII, 12, 141, 156, 157, 196, 303, 595.
GOUPILLEAU (Ph.-Ch.-A.), de Montaigu, repr. — XVIII, 37. — XIX, 181, 224, 307. — XX, 232. — XXII, 391. — XXIII, 181, 731, 733, 766. — XXIV, 70, 127, 207, 239, 343, 348, 463. — XXV, 18, 77, 104. — XXVI, 160. — XXVIII, 260, 372, 389, 390, 418.
GOURDAN, repr. — XXVIII, 128, 235, 245, 251, 393 à 395, 492 n., 495, 624, 647.

*Gourdon* (Lot). — xxi, 256, 412, 413, 414, 415, 725. — xxii, 767.
Gourg, ex-directeur du Comptoir des Indes, côtes d'Afrique. — xxvii, 8.
Gourgeon, Legout et C$^{ie}$, soumissionnaires. — xxvii, 538.
Gourgonier, command$^t$ de hussards. — xxiii, 702. — xxvi, 477. — xxviii, 578.
Gourhaut (Log Coat), cap$^e$ de vaisseau. — xxi, 156.
*Gournay* (S-l). — xix, 118. — xx, 783, 784. — xxiii, 572. — xxiv, 396. — xxvi, 418.
Gourrège aîné, lieut. de vaisseau. — xviii, 580.
Gourves, fabricant d'habillements. — xxi, 679.
*Goussainville* (S-et-O). — xxv, 657.
Gousse, fabricant de tôles à Blandecques. — xxvi, 420.
Goussé-Lalande, commissaire ordonnateur à Laval. — 193, 289.
*Goutte* (Mines de La) [Loire]. — xxiii, 447. — xxiv, 176.
Gouttis, armurier du 4$^e$ b$^{on}$ de la Meuse. — xxvi, 197.
*Gouvernement*, bâtiment de Meudon. — xxi, 131, 132.
Gouverneur, courrier du C. de S. P. — xxv, 40.
*Gouverneur-Domingue*, brigantin sous pavillon neutre. — xxvii, 543.
*Gouverneur Fanning*, navire de Londres. — xxi, 138.
Gouvion, g$^{al}$. — xxi, 176. — xxiv, 712. — xxv, 631. — xxvi, 222, 223, 284.
Gouvion, adjoint aux adjud$^t$ génér$^x$ de la 17$^e$ division. — xxv, 276.
Gouvy frères, négociants. — xviii, 162, 163, 164, 245, 246, 247, 432, 684.
Gouvy (C$^{ns}$), propriétaires des forges de Goffontaine (?). — xxvii, 316.
Goyard, cap$^e$ à Moulins. — xxiii, 262, 263, 558.
Goyet, aide-chimiste à l'École centrale. — xviii, 770.
Grace, lieut. — xviii, 551.
Grafe, prisonnier à Landrecies. — xx, 80.
Graham (William), médecin. — xxi, 436.
*Grains, Farines, Pain*. — xviii, 160, 162, 205, 225, 230, 343, 386, 387, 388, 389, 419, 490, 525, 545, 563, 607, 608, 609, 624, 643-648, 672, 673, 706, 708, 735, 752, 756, 757, 767, 784, 785, 796, 797, 808, 814, 815. — xix, 2, 3, 4, 5, 6, 21, 23, 25, 61, 69, 70, 77, 78, 81, 82, 83, 101, 110-115, 116, 131, 136, 167, 168, 183, 195, 196, 198, 199, 222, 223, 237, 251, 252, 269, 272, 273, 274, 278, 282, 289, 308, 309, 315, 321, 324, 325, 326, 345, 346, 347, 348, 349, 356, 357, 358, 370, 374, 377, 378, 379, 392, 393, 394, 400, 403, 406, 407, 428, 429, 430, 435, 452, 471, 472, 475, 476, 477, 478, 482, 490, 491, 492, 510, 511, 519, 528, 547, 551, 560, 561, 562, 575, 576, 577, 593, 594, 595, 612, 614, 619, 622, 627, 631, 632, 633, 655, 656, 657, 667, 671, 672, 673, 678, 679, 684, 685, 686, 722, 724, 725, 746, 747, 761, 762, 767, 768, 769, 770, 782. — xx, 5, 6, 16, 29, 30, 31, 32, 33, 34, 42, 43, 52, 53, 58, 60, 64, 65, 71, 75, 77, 78, 91, 92, 105, 113, 114, 116, 117, 125, 135, 144, 145, 146, 147, 150, 157, 165, 168, 169, 171, 192, 196, 199, 200, 201, 211, 219, 220, 230, 239, 240, 241, 242, 260, 261, 266, 267, 280, 281, 294, 295, 301, 302, 311, 312, 313, 314, 315, 332, 333, 334, 335, 342, 348, 354, 358, 359, 361, 362, 363, 364, 368, 369, 370, 371, 372, 383, 387, 403, 404, 417, 437, 454, 455, 456, 467, 475, 480, 484, 485, 486, 502, 507, 519, 520, 531, 537, 538, 539, 549, 550, 566, 567, 568, 569, 575, 581, 582, 583, 584, 585, 592, 600, 612, 625, 626, 633, 635, 642, 646, 656, 660, 661, 662, 663, 665, 672, 674, 679, 680, 682, 683, 685, 689, 694, 701, 702, 703, 704, 709, 710, 711, 718, 727, 730, 731, 732, 733, 734, 751, 752, 754, 766, 768, 769, 771, 772, 775, 785, 798, 802. — xxi, 2, 3, 4, 13, 17, 18, 19, 20, 21, 25, 31, 32, 47, 48, 63, 64, 70, 72, 94, 97, 98, 99, 115, 117, 118, 122, 123, 128, 153, 154, 177, 178, 181, 182, 193, 211, 217, 227, 228, 229, 230, 241, 246, 247, 250, 251, 252, 254, 255, 257, 261, 262, 275, 276, 277, 279, 282, 284, 291, 292, 293, 299, 313, 314, 315, 320, 321, 323-326, 328, 340, 342, 343, 344, 349, 350, 351, 357, 358, 360, 361, 362, 366, 367, 372, 378, 384, 392, 393, 394, 398, 399, 408, 416, 426, 430, 431, 433, 434, 437, 443, 446, 451, 455, 456, 464, 470, 475, 479, 480, 487, 488, 489, 490, 491, 494, 496, 502, 504, 506, 507, 508, 521, 522, 524, 525, 536, 537, 538, 540, 546, 549, 550, 564, 570, 575-587, 588, 589, 594, 598, 600, 605, 607, 612, 613, 614, 615, 616, 617, 618, 627, 634, 643, 646, 663, 664, 665, 667, 668, 669, 670, 671, 677, 691, 694, 697, 699, 703, 704, 705, 706, 707, 708, 709, 710, 716, 724, 728, 744, 746, 747, 778, 780, 791, 803, 804, 806, 807, 808, 809, 818, 824, 825, 826, 828, 829, 831, 833, 834, 837, 838. — xxii, 16, 23, 27, 34, 36, 37, 38, 40, 41, 44, 50, 51, 52, 54, 63, 72, 76, 88, 92, 94, 100, 111, 126, 127, 129, 138, 139, 142, 150, 151, 158, 162, 163, 166, 168, 170, 171, 175, 189, 195, 196, 197, 198, 199, 201, 204, 205, 212, 213, 214, 224, 230, 232, 234, 235, 254, 259, 260, 266, 271, 272, 278, 279, 280, 288, 289, 309, 317, 319, 324, 342, 345, 357, 360, 361, 374, 375, 377, 381, 386, 387, 391, 394, 395, 406, 407, 411, 418, 419, 420, 423, 425, 439, 440, 442, 446, 447, 454, 455, 457, 458, 463, 469, 470, 471, 472, 473, 474, 475, 481, 482, 485, 493, 494, 495, 500, 503, 504, 508, 509, 510, 515, 518, 524, 525, 530, 532, 543, 544, 555, 559, 566, 570, 571, 572, 573, 576, 577, 579, 581, 584, 599, 600, 601, 604, 610, 622, 623, 624, 626, 630, 641, 642, 643, 649, 675, 686, 687, 688, 689, 692, 693, 696, 697, 699, 700, 703, 708, 710, 718, 721, 722, 730, 737, 738, 739, 740, 741, 750, 761, 762, 766, 771, 772, 790, 794, 795, 796, 798, 800, 802, 804, 805, 814, 815, 822. — xxiii, 2, 3, 5, 16, 17, 19, 20, 21, 22, 25, 35, 37, 38, 39, 48, 57, 61, 63, 64, 72, 90, 91, 99, 100, 101, 123, 124, 126, 127, 137, 138, 139, 141, 146, 147, 148, 149, 158, 159, 172, 173, 176, 184, 186, 187, 194, 197, 200, 202, 208, 219, 231, 236, 246, 254, 255, 271, 272, 273, 286, 297, 303, 309, 311, 317, 323, 324, 325, 343, 349, 362, 364, 365, 372, 378, 381, 382, 389, 402, 404, 405, 406, 408, 409, 419, 424, 425, 426, 436, 437, 438, 443, 445, 450, 451, 469, 474, 479, 483, 486, 487, 492, 498, 503, 504, 521, 524, 543, 546, 549, 554, 572, 583, 584, 586, 595, 600, 612, 624, 628, 629, 638, 639, 644, 645, 648, 653, 660, 682, 688, 689, 696, 699, 700, 707, 710, 711, 714, 715, 731, 735, 736, 737, 752, 758, 781, 782, 800, 809, 812, 820, 823. — xxiv, 2, 3, 4, 7, 10, 11, 12, 17, 23, 24, 30, 32, 33, 35, 38, 53, 55,

GRA — 111 — GRA

60, 61, 64, 65, 76, 78, 79, 82, 93, 94, 95, 107, 108, 115, 117, 120, 125, 130, 131, 132, 154, 160, 167, 168, 172, 174, 176, 179, 180, 185, 190, 199, 202, 210, 211, 212, 222, 224, 226, 228, 229, 236, 241, 242, 243, 250. — xxv, 2, 32, 35, 42, 51, 67, 84, 95, 96, 97, 100, 142, 160, 167, 184, 189, 204, 230, 238, 241, 242, 243, 244, 255, 267, 272, 289, 291, 295, 304, 309, 315, 372, 388, 404, 423, 424, 432, 443, 455, 462, 463, 466, 509, 518, 528, 533, 534, 536, 539, 554, 555, 568, 578, 612, 614, 623, 633, 664, 677, 693, 694, 720, 728, 729, 730, 732, 734, 736, 737. — xxvi, 6, 16, 21, 35, 39, 64, 71, 90, 107, 109, 119, 125, 143, 147, 148, 177, 178, 183, 196, 200, 202, 228, 229, 236, 243, 257, 271, 280, 285, 295, 304, 308, 311, 318, 327, 333, 338, 362, 364, 384, 398, 417, 418, 441, 464, 471, 500, 501, 502, 533, 536, 538, 549, 554, 557, 561, 577, 596, 600, 615, 617, 620, 626, 631, 632, 656, 666, 677, 683, 684, 707, 711, 724, 727, 736, 740. — xxvii, 2, 3, 7, 8, 9, 51, 107, 113, 114, 115, 124, 138, 155, 156, 166, 168, 170, 180, 224, 226, 247, 277, 278, 285, 295, 296, 318, 342, 343, 344, 354, 368, 379, 381, 382, 390, 395, 398, 417, 435, 442, 454, 457, 460, 464, 468, 477, 490, 517, 524, 526, 529, 536, 537, 553, 557, 575, 581, 585, 614, 629, 653. Voir *Céréales; Commerce; Farine; Pain; Subsistances; Transports.*
Grammont (Belgique). — xxviii, 104.
GRAMON. Voir FEGU.
GRAND, cap$^e$. — xxiv, 556.
*Grand-Champ* (Morbihan). — xix, 128, 586. — xxiii, 676, 678. — xxiv, 625, 750, 751.
*Grand-Croix*, près du Mont-Cenis. — xxvi, 300, 587. — xxvii, 269.
*Grande-Bretagne*. — xix, 737. Voir *Angleterre; Anglais.*
*Grande-Taille* (Bois de la) [Aisne]. — xxviii, 642.
GRANDET, lieut.-colonel. — xxii, 184.
GRANDFONTAINE, cap$^e$ d'artillerie. — xxv, 186.
GRANDIN, cap$^e$ d'infanterie, prisonnier. — xxviii, 576.
GRANDIN, agent de l'Agence des achats. — xix, 323.
GRANDIN, commissaire de Passy-lès-Paris. — xxiii, 37.
GRANDJEAN, adjud$^t$ g$^{al}$. — xix, 750. — xxii, 539, 820, 821.
GRANDJEAN, g$^{al}$ de brigade. — xxvii, 620. — xxviii, 428.
GRANDJEAN, cap$^e$. — xxvi, 99.
*Grand livre* de la Dette publique. — xxvi, 511. — xxvii, 64, 656. Voir *Trésorerie.*
*Grand Lo* (Ménagerie du) [Hollande]. — xxii, 597. — xxvii, 59.
GRANDMAISON, maître de forges. — xx, 389. — xxv, 378.
GRANDMAISON, chef d'escadron de gendarmerie. — xxii, 729.
GRANDPIERRON, volontaire. — xviii, 449.
*Grandpré* (Ardennes). — xx, 119, 520. — xxi, 358.
GRANDRONJEUR, off. de santé. — xxiv, 376.
*Grandvilliers* (Oise). — xviii, 734, 737. — xx, 734. — xxi, 684. — xxiii, 485 à 487, 647, 710, 809. — xxiv, 72, 74, 657, 700. — xxv, 617, 639, 677. — xxvi, 533. — xxviii, 165, 696.
GRANET, adjud$^t$ g$^{al}$. — xxi, 104. — xxiv, 765.

GRANET, repr. — xxi, 815, 816. — xxii, 141, 255.
GRANET. — xxv, 757.
GRANET, employé principal au contrôle des vivres de la marine, à Toulon. — xxviii, 489.
*Grange* (La), près de Thionville. — xix, 361.
*Grange de Vousse* (Jura). — xix, 28.
*Grange-aux-Bois* (Forges de la) [Moselle]. — xix, 186.
GRANGER (Pierre Michel), agent de change ou courtier. — xxiii, 270.
GRANGERET, g$^{al}$. — xviii, 550. — xxvii, 56.
*Grangette* (La) [Marne]. — xxi, 755.
GRANGIER fils, garde g$^{al}$ d'artillerie, déserteur. — xxvi, 367.
GRANIER et fils. — xviii, 505.
GRANIER, négociant à Montpellier. — xxi, 509.
GRANIER, entrepreneur de blanchisserie à Lyon. — xxiv, 790.
GRANT (Thomas), prisonnier anglais. — xxi, 556. — xxii, — 180.
*Granville* (Manche). — xviii, 225. — xix, 361, 386, 387, 388. — xx, 25, 475. — xxi, 81, 555, 692. — xxii, 100, 415. — xxviii, 27, 171, 303, 455. — xxv, 362.
GRAS, sous-chef des bureaux civils de la marine, à Calais. — xxi, 293, 294.
GRAS (Alexandre Robert). — xxiv, 751.
*Grasse* (A.-M.). — xviii, 623. — xx, 501. — xxi, 56, 148. — xxii, 685. — xxiii, 659, 795. — xxiv, 59. — xxv, 341. — xxvi, 362, 717.
GRASSIN, préposé aux achats de subsistances militaires. — xxviii, 295.
GRASVELD, ambassadeur des Provinces Unies. — xxiv, 431.
GRATIEN, g$^{al}$ de brigade. — xxiv, 582. — xxv, 430. — xxvii, 240. — xxviii, 112.
*Gratifications.* — xxv, 457, 489, 543. — xxvi, 3, 24, 37, 39, 41, 52, 54, 63, 76, 87, 126, 128, 145, 150, 156, 157, 167, 176, 178, 180, 205, 206, 210, 234, 313, 320, 324, 325, 338, 345, 347, 361, 364, 387, 388, 391, 422, 444, 449, 470, 476, 499, 509, 510, 539, 557, 559, 579, 597, 603, 607, 616, 626, 636, 638, 642, 661, 675, 681, 687, 698, 727, 745, 746, 747, 760. Voir *Indemnités; Salaires; Secours; Soldes.*
GRATON (J. Fr. Louis), aspirant de marine. — xix, 711.
*Grau-le-Peletier* (Le), ci-dev$^t$ Grau-du-Roi (Gard). — xix, 727.
GRAV (C.), de l'administration de Namur. — xx, 232.
GRAVE, cap$^e$ de dragons. — xxiv, 281.
*Grave*, mesure. — xviii, 23, 94, 95, 124, 308, 334, 336, 434, 443, 686. — xix, 159, 160, 175, 206. — xx, 348, 357. — xxi, 7. — xxiii, 661. — xxiv, 170.
*Grave* (Hollande). — xxiv, 715. — xxvii, 358. — xxviii, 306.
GRAVEL, cap$^e$ de vaisseau. — xix, 282.
*Gravelines* (Nord). — xviii, 348. — xx, 136. — xxi, 59, 263, 551. — xxiv, 609. — xxvii, 158, 303, 614.
*Gravelle* (La) [Mayenne]. — xviii, 462. — xxi, 166, 167. — xxv, 256.
GRAVES (Samuel), off. de marine anglais, prisonnier. — xxiv, 759, 762.

GRAVES, col$^{el}$. — xx, 617.
GRAVIER, chef de b$^{on}$. — xviii, 540.
GRAVIER, command$^t$ de grenadiers. — xxiv, 420.
*Gravilliers* (B$^{on}$ des). — xix, 651. — xxi, 393.
GRAVINA, command$^t$ une escadre espagnole. — xix, 350.
GRAVINES, juge de police militaire. — xx, 788.
GRAVOIS, maire de Versailles. — xviii, 791. — xix, 51.
*Gray* (H$^{te}$-Saône). — xx, 241, 700. — xxi, 42, 44. — xxiii, 54, 229. — xxiv, 143, 380. — xxv, 364. — xxvi, 473. — xxviii, 700.
GRAY, chef de b$^{on}$ du génie, command$^t$ l'École des mineurs de Metz. — xxiii, 247. — xxvii, 561.
*Grazay* (Mayenne). — xxi, 195.
*Grecs* (Négociants). — xxi, 394. — xxvi, 618, 620, 677, 679, 724.
GRÉGANT (Marquis de). — xxiv, 750.
GRÉGOIRE, repr. — xxv, 565.
*Grêle* (Ravages de la). — xxvi, 39.
*Gremion*, navire sous pavillon neutre. — xxvii, 543.
GRÉMION, employé de la Trésorerie. — xxviii, 518.
*Grenade* (Île de la). — xix, 793.
*Grenade* (Espagne). — xxi, 468.
*Grenadiers* de la Convention. — xxiii, 585. — xxv, 71, 226, 377, 458, 489, 525, 591. — xxvi, 211, 230, 385, 505, 609. — xxvii, 117, 615. — xxviii, 155, 340, 647, 648. Voir *Troupes*.
*Grenelle* (Poudrerie de). — xviii, 12, 141, 172, 248, 419, 704. — xxi, 817. — xxvi, 444.
*Grenoble* (Isère). — xviii, 152, 198, 320, 525, 669, 693, 723, 783. — xix, 171, 276, 449, 593, 783, 784. — xx, 75, 612. — xxi, 159, 280, 399, 400, 485, 615, 616. — xxii, 94, 140, 519, 651. — xxiii, 150, 247, 281, 321, 360, 496, 509, 692, 781, 801, 802, 808. — xxiv, 422, 462, 528, 529, 535, 572, 574, 598, 600, 653, 690, 691, 743, 782, 814. — xxv, 107, 172, 530, 541, 566. 661, 674, 706. — xxvi, 31, 268, 300, 433, 619, 716, 722, 757. — xxvii, 231, 269, 533, 534, 582, 629. — xxviii, 140, 159, 547, 568, 610.
GRENON, lieut. de vaisseau. — xx, 630.
GRENOT (Ant.), repr. — xx, 550, 551, 651. — xxi, 353, 578, 786. — xxii, 90, 165, 228, 229, 258, 285, 315, 380, 581, 582, 606, 676, 725, 818, 819. — xxiii, 83, 101, 193, 204, 311, 472, 535, 608, 677, 678, 714. — xxiv, 28, 29, 80, 106, 114, 193, 197, 263, 331, 334, 337, 368, 369, 514, 616, 671, 768, 773, 775, 807, 808. — xxv, 28, 150 n., 199, 296, 303, 443, 489 n.
GRENUS, sous-lieut., de Genève. — xxiv, 637.
*Grep* (Lignes de la) [Hollande]. — xix, 517, 542.
GRESEL, adjud$^t$ d'artillerie. — xxiv, 690.
GRESIEUX, adjud$^t$ g$^{al}$. — xxvii, 620.
GRESLIN (Louis Fr.). — xxii, 505.
GRESSIER, ex-agent des subsistances militaires. — xxvi, 87.
GRESSIER, concessionnaire de mines. — xviii, 574, 575. — xxviii, 24.
GRÊTRE (Ét.). — xviii, 243.
GRÊTRÉ, entrepreneur de fonderies, à Brives. — xxii, 5.
GRETZÉ, fermier des forges de Clavières. — xxvii, 278.
GRÉVIN, dit La Bruffe, membre du C. de surveillance de Soissons. — xxii, 307.

GRIBAUVAL, auteur des *Tables des dimensions*. — xviii, 625.
GRICE, cap$^e$ américain. — xviii, 629.
GRIER (Louis), fournisseur. — xxvii, 543.
GRIEU, chef de brigade. — xxi, 215. — xxii, 545.
GRIFFET-LA-BAUME, professeur d'architecture à l'École centrale. — xviii, 798, 799.
GRIFFITH (Thomas Waters), négociant américain. — xxviii, 102, 521.
GRIGNET et C$^{ie}$, entrepreneurs du canal d'Essonnes. — xxv, 404.
GRIGNON, g$^{al}$ de division. — xix, 166. — xxii, 680. — xxiii, 518.
GRIGNY, g$^{al}$. — xxv, 582 n.
GRIGUET. — xxv, 38. — xxvii, 391.
GRILLE, pharmacien. — xxiii, 277.
GRILLON ROBISSON (Claude), tanneur à Meung. — xxiii, 416.
GRILLON, command$^t$ temporaire à Avignon. — xxiv, 127.
GRIMAL. — xxvii, 106.
GRIMARD. — xxv, 677.
GRIMARDIAS. — xviii, 229.
GRIMMER, repr. — xxvi, 144.
GRIMOARD, g$^{al}$. — xxi, 359.
*Gris-Nez* (Cap). — xxviii, 586.
GRISEL, cultivateur. — xxiv, 319.
*Griselles* (Loiret). — 274, 275.
GRISEY, cap$^e$ au 22$^e$ rég$^t$ de cavalerie. — xxviii, 91, 441, 633.
GRISEMONT, grenadier. — xix, 133.
GROBERT, direct$^r$ de l'arsenal de Meulan. — xxiii, 188, 189. — xxiv, 584. — xxv, 36. — xxvi, 63. — xxvii, 4, 138, 261, 584.
GROFFARD, commissaire des Guerres. — xx, 460.
GROFFIER. — xix, 358.
GROFFIER, membre du Conseil de santé. — xxii, 649. — xxv, 320. — xxviii, 382.
GROGNARD, ex-ingénieur de la marine. — xxviii, 130.
GROIGNARD, constructeur de bassins à Toulon. — xx, 505.
*Groix* (Île de). — xviii, 364. — xxii, 268. — xxiii, 65, 66. — xxiv, 556, 749.
CROIZIER, imprimeur des assignats. — xviii, 599.
GROMANT, off. de gendarmerie. — xix, 567.
GROMARD (Gaston Quentin), g$^{al}$. — xviii, 655.
*Groningue* (Province de). — xviii, 94. — xx, 185, 186, 355, 417, 672. — xxii, 58. — xxiv, 246.
GROS (Jean), pêcheur. — xviii, 631.
GROS (Jacques), garde-canal au Grau-Le Peletier. — xix, 727.
GROS, chef de b$^{on}$. — xxiv, 420. — xxv, 383.
GROS, DAVILLIER et C$^{ie}$, négociants. — xxvii, 298.
GROSBERT, chef de brigade d'artillerie. — xxviii, 485.
*Grosbliderstroff* (Moselle). — xxii, 687.
*Gros-caillou* (Le), à Paris. — xx, 437. — xxi, 434. — xxiv, 499. — xxvi, 38.
GROSDIDIER, lieut. — xx, 68. — xxv, 457.
*Gros-Ménil* (Mines de) (H-L). — xx, 791.
GROSS, cap$^e$ adjoint aux adjud$^{ts}$ génér$^x$. — xxvi, 537.
*Grosgerau* (Allemagne). — xxiii, 825. — xxviii, 115.
GROSSE-DUROCHER, repr. — xix, 247.
GROSSIN, sous-comite de misaine. — xxvii, 264, 634.

GROSTÊTE, cap$^e$ de gendarmerie. — XXV, 458. — XXVI, 204.
*Grosville* (Manche). — XVIII, 574.
GROTE, cap$^e$ hanovrien prisonnier. — XXVI, 259.
GROUCHY, g$^{al}$. — XVIII, 400. — XIX, 332. — XXII, 397. — XXVI, 406. — XXVII, 240. — XXVIII, 66, 178, 180.
GROUSSAC, de Toulouse. — XVIII, 404. — XX, 47.
GROZIER, sous-lieut. — XVIII, 568.
GRUAU (Ant.). — XVIII, 7.
*Grunerwald* (Luxembourg). — XVIII, 356. — XXI, 10.
*Grünstadt* (Allemagne). — XVIII, 816. — XXII, 260.
GRUYER. — XVIII, 385.
GRUZU, cap$^e$ au 1$^{er}$ b$^{on}$ d'Apt. — XXVIII, 82.
*Guadeloupe* (La). — XVIII, 75, 253, 333, 630, 760. — XIX, 66, 203. — XX, 523, 588, 689. — XX, 63. — XXI, 682. — XXII, 12, 268. — XXIV, 178, 476, 639. — XXV, 11. — XXVI, 369, 581.
GUADET, législateur. — XIX, 420. — XXVII, 559.
GUADET, chef de brigade. — XXII, 446, 613, 614.
GUAY-VILLIERS, commissaire des Guerres. — XXI, 238.
GUDIN, g$^{al}$ de division. — XVIII, 184. — XX, 651. — XXIV, 583. — XXVIII, 83.
GUDIN. — XXVIII, 663.
*Guebwiller* (H-R). — XXV, 366.
GUEFFIER, imprimeur à Paris. — XXVIII, 97.
*Guehenno* (Morbihan). — XIX, 624.
*Gueldre.* — XVIII, 234, 259. — XXIV, 801.
— hollandaise. — XIX, 432, 495, 604. — XX, 208. — XXII, 58, 421, 750. — XXIII, 438. — XXVIII, 104, 247.
— prussienne. — XVIII, 163, 163, 286, 432. — XXII, 309, 421, 552, 752. — XXIII, 94, 231, 438. — XXVII, 579.
*Guéméné* (Morbihan). — XIX, 757. — XX, 25, 50, 190, 191, 192, 288.
GUÉMÉNÉE (Prince de Rohan-). — XXIV, 687, 750. — XXV, 397.
GUENARD, lieut. au 41$^e$ rég$^t$ d'infanterie. — XX, 630.
GUENESEN, marin. — XIX, 636.
GUERAMELÉE. — XXIV, 751.
GUERAN, off. de santé à l'A. d'Italie. — XX, 683.
*Guérande* (L-I). — XXV, 397. — XXVII, 433.
GUÉRARD, négociant en étoffes. — XIX, 367. — XXVIII, 24, 683.
GUÉRARD, propriétaire de la *Ville d'Arckangel.* — XIX, 712. — XX, 507.
GUÉRARD. — XXI, 178.
GUÉRARD. — XXII, 666.
GUÉRARD et C$^{ie}$. — XXVII, 630, 631.
GUÉRARD, sous-chef à Toulon. — XXV, 409.
GUÉRAULT, notaire, maire de Marcilly. — XXI, 726.
*Guerbaville* (S-I). — XXIII, 675.
*Guerche* (La) (I-et-V). — XX, 165. — XXII, 693. — XXIII, 736. — XXIV, 514. — XXV, 505. — XXVI, 463.
GUERCY, inspecteur du dépôt de Laon. — XXIV, 612.
*Guéret* (Creuse). — XVIII, 700. — XX, 199, 200. — XX, 4. — XXI, 218.
GUÉRET (Richard). — XXII, 238.
*Guérigny* (Forges de). — XVIII, 754. — XX, 235. — XXII, 652, 653.
GUÉRIN (Pierre), repr. — XX, 320, — XXI, 160, 367, 368, 395, 688, 698, 840. — XXII, 97, 209, 450, 529, 550, 685. — XXIII, 265, 544, 589, 705, 709, 767, 768, 770. — XXIV, 88, 89, 125, 126, 128, 151, 209, 423, 424, 488. — XXV, 169, 327, 621,

754. — XXVI, 93, 267. — XXVII, XV, 20, 47, 108, 161, 198, 250, 365, 366, 497, 535, 560. — XXVIII, 55, 110, 143, 228, 231, 285, 286, 386, 502 à 504, 650, 684.
GUÉRIN (Pierre Claude). — XVIII, 550.
GUÉRIN de l'A. des Indes Orient. — XXI, 216.
GUÉRIN, chef d'escadron. — XIX, 313.
GUÉRIN, chef d'escadron de gendarmerie. — XX, 282, 283, 285.
GUÉRIN, commissaire des Guerres. — XXII, 217. — XXIV, 88, 488. — XXVIII, 161, 560.
GUÉRIN, conducteur de voitures. — XXIII, 606.
GUÉRIN, administrateur du départ$^t$ du Vaucluse. — XXVI, 736.
GUÉRIN (J.-B.), volontaire. — XXVI, 528.
GUÉRIN, chef de division de Charette. — XXVIII, 112.
GUÉRIN, frères, maîtres de forges à Rânes. — XXVIII, 589.
GUÉRIOT SAINT-MARTIN, chef de b$^{on}$. — XX, 44, 95, 688.
GUÉRIOT, chef de brigade. — XXIII, 223.
GUERLIN. — XIX, 479.
GUERNU, cultivateur. — XIX, 230.
GUERMEUR (J.-M.), repr. — XVIII, 477, 478, 659, 740, 766, 775. — XIX, 37, 55, 71, 72, 216, 217, 249, 290, 294, 401, 506, 507, 508, 573, 583, 584, 607, 666, 755, 756, 757, 790. — XX, 51, 52, 128, 165, 190-193, 282, 340, 359. — XXI, 352, 353, 578, 599, 600, 657, 658, 734, 786, 790. — XXII, 26, 90, 165, 223, 228, 229, 258, 285, 315, 380, 581, 582, 606, 627, 628, 676, 725, 818, 819. — XXIII, 83, 101, 167, 193, 204, 221, 307, 311, 315, 443, 470, 471, 472, 608, 666, 667, 677, 678, 707, 735, 746, 779. — XXIV, 29, 80, 106, 113, 336, 415, 441, 626, 750, 765, 810, 830. — XXV, 27, 148, 201, 233, 259, 261, 296, 329, 396, 397, 513, 514, 579, 597, 652. — XXVI, 121, 155, 292, 321, 448, 523. — XXVII, 443.
*Guernesey* (Île de). — XVIII, 218, 219. — XIX, 370, 371, 388, 470, 553. — XX, 231, 257, 758, 764. — XXII, 54. — XXIII, 468. — XXV, 365, 412, 413. — XXVI, 422.
*Guéroulde* (La) [Eure]. — XXII, 237.
*Guerre.* — XXV, 289, 359, 463, 552. — XXVI, 549, 582, 682, 689, 748, 767. — XXVII, 45, 260, 372, 410. — XXVIII, 70.
*Guerre d'Allemagne en 1756.* — XXIV, 158. — XXV, 640.
*Guerre de sept ans,* par LAJOYD. — XXV, 640.
*Guerre des retranchements,* par SOISSAC. — XXV, 640.
*Guerrier,* navire. — XX, 603, 604. — XXIII, 217. — XXIV, 843, 847. — XXV, 268, 452.
GUERRIER, fournisseur des Invalides. — XX, 36.
GUERRIN. — XVIII, 391.
GUERVILLE, adjoint à l'adjud$^t$ g$^{al}$ Courville. — XXIV, 319.
GUÉRY, g$^{al}$ de brigade. — XXII, 763.
GUÉRY, cap$^e$ de chasseurs. — XXVIII, 240.
GUESCHIRER (Augustin), garde à l'arsenal de Lille. — XXIV, 296.
GUESLAIN. — XVIII, 353, 354.
GUESNET, élève à l'École des constructions maritimes. — XXII, 46.
GUESTIER, négociant à Bordeaux. — XXIV, 459.
*Guetaria* (Espagne). — XVIII, 540. — XXIV, 143, 307, 598.

GUETTARD, meunier. — xx, 311.
GUETTARD (Edme), volontaire. — xxvi, 528.
*Gueugnon* (Forges de). — xxii, 611.
GUEZNO, repr. — xviii, 477, 478, 659, 740, 766, 775. — xix, 37, 55, 71, 72, 216, 218, 249, 290, 294, 401, 506, 507, 508, 573, 583, 584, 607, 666, 755, 756, 757, 790. — xx, 52, 128, 190-193, 282, 340, 359. — xxi, 352, 353, 578, 599, 600, 657, 658, 734, 786, 790. — xxii, 26, 90, 165, 223, 228, 229, 258, 285, 315, 380, 581, 582, 606, 627, 628, 676, 725, 818, 819. — xxiii, 83, 101, 167, 193, 204, 221, 307, 311, 315, 442, 470, 471, 472, 608, 666, 667, 678, 707, 735, 746, 779. — xxiv, 29, 80, 104, 106, 113, 336, 405, 406, 415, 443, 507, 552, 614, 626, 645, 708, 750, 765, 773, 805, 806, 810, 830. — xxv, 26, 27, 68, 80, 116, 148, 201, 232, 250 n., 260, 296, 329, 391, 396, 397, 433, 435, 477, 498, 513, 514, 557, 579, 597, 598, 625, 652, 748. — xxvi, 46, 73, 121, 155, 184, 321, 523, 669. — xxvii, 11, 448.
GUFFROY, repr. — xix, 582. — xxii, 698. — xxiii, 162.
GUGNET, command$^t$ de gendarmerie. — xxiv, 509.
GUGNIER, tanneur. — xxviii, 553.
GUIARD et ESCOFFEU, préposés à l'achat de grains. — xxvi, 418.
GUIBAL, ex-chef de brigade. — xxi, 104.
GUIBAL, chef d'escadron de chasseurs à cheval. — xxii, 390.
GUIBAL, adjud$^t$ g$^{al}$. — xxiv, 40.
GUIBERT, commissaire des Guerres à Limoges. — xxiii, 30.
GUIBERT (*Tactique* de). — xxiv, 158, 404. — xxv, 640.
GUIBERT, brigadier de hussards. — xxvi, 702.
GUIBOULT, étameur de glaces, à Paris. — xx, 405.
*Guibray* (Foire de). — xxi, 108. — xxv, 634. — xxvi, 178.
*Guibre* (La), vaisseau. — xviii, 130.
GUICHARD, enseigne de vaisseau. — xix, 130. — xxviii, 324.
GUICHARD (Ch.), agent de change ou courtier. — xxiii, 269.
GUICHARD, portefaix, garde nat. à Laval. — xxi, 538.
GUICHARD, agent de la Comm$^{on}$ des approvision$^{ts}$. — xxi, 747.
*Guidel* (Camp de). — xxiv, 808. — xxv, 513.
GUIDELON (N.), prisonnier de guerre. — xxvii, 353.
GUIDON (Marie), v$^{ve}$ Gérard, fruitière à Paris. — xxvi, 622.
GUIET (V$^{ve}$) et son fils. — xxii, 458.
GUIGNACE, off. de marine. — xx, 630. — xxviii, 339.
GUIGNARD, palefrenier. — xx, 644.
GUIGNARD, palefrenier du C. de S. P. — xxvi, 303.
GUIGNARD. — xxvi, 57.
*Guignes* (S-et-M). — xxvii, 391.
GUIGNON, chirurgien major en chef à Toulon. — xxv, 409.
GUILBERT, cap$^e$. — xviii, 217, 193.
GUILBERT fils, médecin. — xxiv, 500.
GUILLABERT, lieut. — xxvii, 465.
GUILLARD (J. B.), employé des charrois. — xxi, 439.
GUILLARD, m$^{al}$ des logis, déserteur. — xxii, 816, 819.

GUILLAUMAIN. — xix, 308.
GUILLAUMIN, du Bureau de commerce. — xx, 789.
GUILLAUME, g$^{al}$. — xviii, 222.
GUILLAUME, inventeur de machines de guerre. — xix, 432, 433.
GUILLAUME, élève à l'École de Châlons. — xviii, 120.
GUILLAUME, de Nonancourt. — xxvii, 546.
GUILLAUME (P.), de Provins. — xxvii, 653.
GUILLAUME père et fils, employés à la 1$^{re}$ division du C. de S. P. — xxviii, 145.
GUILLAUME jeune, imprimeur. — xxvii, 97.
GUILLAUMOT, inspecteur des carrières sous Paris. — xxiii, 249.
GUILLEBAU, marin. — xix, 636.
GUILLEMARDET, repr. — xviii, 509, 523, 762. — xix, 8, 91, 174, 523, 743. — xxi, 27, 555. — xxii, 352. — xxiii, 272. — xxiv, 236, 487. — xxviii, 235, 241, 247, 337, 368, 369, 421, 467, 468.
GUILLEMAT-VIOULY fils, fournisseur de fil. — xxi, 759. — xxii, 106.
GUILLEMAU, fournisseur de viande. — xxiv, 39.
GUILLEMETTE, cap$^e$ de gendarmerie. — xxi, 104.
GUILLEMIN. — xxii, 474.
GUILLEMIN-MONTVILLE, aérostier. — xxv, 695.
GUILLEMINOT, adjud$^t$ de place du fort Nicolas à Marseille. — xxvii, 497. — xxviii, 110.
GUILLERAULT, repr. — xviii, 772. — xxi, 817. — xxiii, 178, 262, 263, 390, 558, 580, 598, 641, 691, 826. — xxiv, 163, 837. — xxv, 108, 501, 601, 609. — xxvi, 25, 68, 313, 657. — xxvii, 204.
GUILLET, g$^{al}$ de brigade. — xxii, 172.
GUILLET (Dominique). — xxvii, 175.
GUILLIERMEN, voiturier par eau. — xviii, 565.
*Guilliers* (Morbihan). — xix, 503, 504.
GUILLON, ancien direct$^r$ des subsistances militaires. — xxv, 695.
GUILLON l'aîné, adjudicataire de sucre. — xxiv, 584.
GUILLON, garde-magasin. — xxviii, 587.
GUILLOT, cap$^e$ de gendarmerie. — xix, 410.
GUILLOT-DUHAMEL fils, inspecteur des mines. — xxii, 496.
GUILLOT, sous-chef à Toulon. — xxv, 409.
GUILLOT, chasseur à cheval. — xxvii, 278.
GUILLOT, soldat. — xxvi, 85.
GUILLOTIN. — xxi, 536.
*Guillotière* (La), à Lyon. — xxii, 613.
GUILLY, chef d'escadron de gendarmerie. — xxvi, 88.
GUILMOR, receveur du bureau de douane de Bourg-Libre. — xxv, 515.
GUILMOT, garçon de bureau C. de S. P. — xxv, 585. — xxvi, 533. — xxvii, 474, 501.
GUILY, lieut.-col$^{el}$ de gendarmerie. — xxiv, 14.
GUIMBERTEAU, repr. — xxvii, 19.
GUIMOND fils, command$^t$ de la garde nat. de Mortagne. — xxviii, 592.
*Guingamp* (C-du-N). — xx, 344. — xxi, 359, 579. — xxii, 796. — xxv, 72. — xxvi, 132, 462.
GUINAUD, vice-consul à Seville. — xxvi, 690.
GUINET, chef d'escadron. — xxv, 752.
GUINET, verrier à Nevers. — xxv, 678.
GUINGANT, enseigne de vaisseau. — xx, 630.
GUIOT, imprimeur à Paris. — xxviii, 97.
GUIOT (Florent), repr. — xviii, 729. — xix, 500, 620, 696. — xx, 128, 303, 592, 753. — xxi, 30, 59, 69, 159, 228, 312, 313, 316, 327, 349, 509,

515, 524-526, 566, 646, 818, 824, 825. — XXII, 76, 454, 455.
GUIOT-DURPAIRE, g$^{al}$ de brigade. — XXV, 11, 664. — Voir DURPAIRE.
GUIPON, adjud$^t$ g$^{al}$. — XVIII, 184.
*Guipuzcoa* (Espagne). — XVIII, 79, 541, 606. — XXII, 192, 193, 359, 429, 430, 431, 516. — XXIII, 67, 169, 614. — XXIV, 51, 53, 54, 83, 84, 203, 234, 235, 265, 266, 267, 303, 304, 616. — XXV, 627. — XXVI, 133, 253. — XXVII, 134, 360, 411, 605. — XXVIII, 34, 427. Voir *Espagne*.
GUIRAUDET, commis en second de la 3$^e$ division du C. de S. P. — XXVIII, 98.
GUIROUX, commissaire des Guerres. — XXI, 104.
GUISCANO (Ant.), col$^{el}$ espagnol prisonnier. — XXIV, 762.
GUISCARD (Henry), élève-timonier prisonnier. — XXII, 652.
*Guise* (Aisne). — XVIII, 184. — XX, 45. — XXI, 263. — XXII, 362.
GUITON, auditeur à la Cour de Rochefort. — XIX, 335.
GUITTARD, meunier à Étampes. — XIX, 680.
GUITTARD, cap$^e$ de gendarmerie. — XXIII, 248.
GUITTARD, chef d'escadron. — XXV, 187.
GUITTON, commissaire des Guerres à Lille. — XXVII, 419.
GUMMARAT (Michel) et son père, cultivateurs. — XXII, 399.
GUNGAN, employé au contrôle de la Marine à Toulon. — XXVIII, 489.
*Guntersblum* (Allemagne). — XVIII, 356. — XXII, 260. — XXV, 686.
GURCOLAUT, commerçant. — XXIII, 209.
GUSMATH, gendarme. — XXVIII, 465.
*Gustave-Adolphe*, navire suédois. — XIX, 698. — XXII, 108.
GUTTIEREZ (Joseph), chirurgien espagnol. — XIX, 187.
GUTTINGUER, agent de l'Agence des achats. — XIX, 323. — XX, 331.

GUY, sous-lieut. — XX, 408.
GUY, commissaire des Guerres. — XXIII, 635.
GUY (Démétrius), sous-lieut. — XXIV, 741.
*Guyancourt* (S-et-O). — XXI, 806.
*Guyane*, navire. — XXVIII, 209.
*Guyane* (La). — XXII, 218. — XXIII, 329, 330, 331.
GUYARD (Barthélemy). — XIX, 384.
GUYART, trompette. — XX, 629.
GUYARDIN, repr. — XVIII, 100, 283, 284, 343, 351, 454, 540, 593, 615, 665, 667, 779. — XIX, 58, 221, 445, 487. — XX, 641. — XXI, 215. — XXII, 137.
GUYAULT-MAUBRANCHES, cap$^e$ réintégré. — XXV, 638.
GUYET, lieut. — XXVI, 203.
GUYMAS (Cl.), volontaire. — XXVI, 528.
GUYOMAR, repr. — XX, 344. — XXVII, 25. — XXVIII, 452, 509, 553, 554, 629.
GUYOMARD, enseigne de vaisseau. — XX, 630.
GUYOMART, tambour-maître. — XXV, 115.
GUYON, chef de brigade. — XXVI, 117.
GUYOT (Ét.), volontaire. — XXVI, 721.
GUYOT, secrétaire de l'état-major du 13$^e$ chasseurs à cheval à Rouen. — XXIII, 572.
GUYOT, courrier des repr. en Vendée. — XXVIII, 570.
GUYOT, juge de paix à Dijon. — XVIII, 133.
GUYOT, inventeur d'un chariot pour le transport des blessés. — XIX, 579. — XXII, 562.
GUYOT-DURPAIRE, g$^{al}$ de brigade. — XXII, 10.
GUYOT (Claude Augustin), agent de change ou courtier. — XXIII, 270.
GUYOT, adjud$^t$ g$^{al}$. — XXV, 529.
GUYOT, homme de lettres. — XXVII, 439.
GUYTON-MORVEAU, repr. — XVIII, 292, 328, 406, 568, 754. — XIX, 227, 269. — XX, 46. — XXI, 9. — XXII, 9. — XXIV, 158. — XXV, 552.
*Gy* (H$^{te}$-Saône). — XXIII, 802.
*Gyé-sur-Seine* (Aube). — XXII, 620. — XXV, 220, 417, 682. — XXVIII, 249.
GYZIS (Georges), cap$^e$ grec. — XIX, 722.

# H

*Habillement* et équipement des troupes. — XVIII, 47, 48. — XX, 756, 760. — XXII, 766. — XXIII, 628. — XXIV, 280. — XXV, 20, 44, 71, 102, 141, 167, 183, 215, 243, 253, 270, 288, 322, 347, 371, 377, 425, 431, 457, 458, 478, 491, 509, 525, 575, 591, 617, 636, 637, 679, 696, 713, 720, 731. — XXVI, 27, 40, 88, 146, 202, 205, 224, 273, 287, 288, 303, 318, 332, 341, 345, 346, 387, 410, 423, 442, 444, 473, 474, 507, 509, 537, 552, 566, 568, 579, 589, 595, 619, 651, 660, 742. — XXVIII, 5, 14, 27, 29, 32, 43, 44, 55, 56, 66, 92, 95, 96, 121, 140, 228, 289, 395, 414, 433, 441, 445, 458, 460, 474, 475, 501, 505, 506, 543, 552, 579, 653, 666. — XXVIII, 7, 32, 66, 83, 87, 154, 165, 178, 179, 241, 263, 278, 346, 427, 433, 446, 497, 540, 543, 546, 560, 588, 592. Voir *Manufactures; Troupes*.
— des garçons de bureau. — XXVII, 474, 506.
HACHETTE, élève à l'École centrale. — XVIII, 39, 328, 798. — XIX, 532.
HACQUART, employé à l'Imprimerie nat. — XIX, 250.
HACQUIN, cultivateur à Épiais. — XXVI, 560.
HACQUIN, g$^{al}$ de division. — XXVIII, 229, 484.
*Hadamar* (Allemagne). — XXVII, 609, 611, 628. — XXVIII, 471.
HADDY (David), pasteur unitaire anglais. — XXII, 746.
HADENSTORFF, cap$^e$ hanovrien prisonnier. — XXIV, 556.
HAESEN (Hisbet), cap$^e$ hollandais. — XVIII, 476.
HAGRAPART (Nicolas), chasseur. — XXI, 86.
*Haguenau* (B-R). — XXI, 715. — XXII, 337. — XXIII, 445. — XXIV, 649.
HAIDINGER, du rég$^t$ de Châteauvieux. — XXIV, 360.
HAILLOT (Claude), chasseur à cheval. — XX, 477.
*Hainaut* (Province du). — XVIII, 201, 495, 598, 610, 611, 633. — XIX, 339. — XXII, 671. — XXIV, 159. — XXV, 540. — XXVI, 659. — XXVIII, 104, 157, 158.
HAINDEL, lieut.-col$^{el}$. — XVIII, 142. — XXV, 187.
*Haine*, rivière. — XVIII, 303.
*Haironville* (Forges d'). — XX, 610.
HALDER, négociant à Berne. — XIX, 535.
*Hal* (Belgique). — XVIII, 495.
HALLENZI, imprimeur aux Deux-Ponts. — XXIII, 709, 710.
HALLER, émigré. — XXIV, 469.
HALLOT, cap$^e$. — XXII, 306.
HALLOT, traducteur de *La fonte des mines*, de SCHLUTER. — XXIV, 158.
*Ham* (Somme). — XXI, 462, 523, 559, 565. — XXII, 238. — XXIII, 8, 17. — XXIV, 167, 295, 322, 441, 617, 634. — XXV, 11, 252, 314. — XXVII, 146, 506. — XXVIII, 124, 469, 596, 695.
*Ham*, près Dusseldorf (Allemagne). — XXVIII, 651.
HAMAIDE (De La), major autrichien prisonnier. — XXIII, 418.
*Hambourg* (Allemagne). — XVIII, 7, 168, 611, 762. — XIX, 70, 120, 326, 364, 380, 431, 499, 655, 656, 708, 711. — XX, 6, 8, 124, 126, 192, 300, 354, 357, 404, 539, 548, 633, 634, 635, 714. — XXI, 72, 190, 217, 303, 518, 524, 566, 711, 776, 780. — XXII, 23, 54, 483, 504, 534, 760, 761. — XXIII, 19, 48, 297, 324, 343, 554, 584, 822. — XXIV, 3, 4, 141, 213, 229. — XXIV, 454, 823. — XXV, 188, 189, 202, 208, 326, 528, 634, 677. — XXVI, 64, 150, 155, 239, 275, 311, 561. — XXVII, 261, 376, 399, 537, 558. — XXVIII, 152, 278, 384, 532.
*Hambourg-l'Évêque* (Moselle). — XXIV, 471.
HAMMEL, g$^{al}$ de brigade. — XXIII, 155, 545, 768.
HAMET ROMES, banquier. — XXV, 189.
*Hannar*, vaisseau anglais. — XXVI, 90.
*Hanau-sur-Miltenberg* (Allemagne). — XXVIII, 16, 120.
HANIN, chef de b$^{on}$, sous-direct$^r$ d'artillerie à Valenciennes. — XXV, 458.
HANICQUE, chef de brigade d'artillerie. — XXI, 155.
HANNÈS, du quartier g$^{al}$ de l'A. des Indes orient. — XX, 216.
*Hanovre. Hanovriens*. — XXI, 406. — XXII, 54. — XXIII, 59, 74, 408, 418. — XXIV, 226, 587, 669. — XXV, 25, 225, 282, 317, 733. — XXVI, 473. — XXVIII, 114.
HANOYÉ, fournisseur de bois. — XVIII, 41.
HANRIOT, g$^{al}$ condamné à mort. — XX, 45. — XXI, 535. — XXIII, 514. — XXVIII, 203.
HANRIOT, sergent, prisonnier évadé. — XXVI, 231.
HANS, fournisseur de viande. — XXIV, 7.
*Hanse* (La). — XXIII, 60. — XXVI, 289.
HAPEL LA CHENAYE, fabricant de sucre à La Guadeloupe. — XVIII, 630.
HAPPE (J. H.), envoyé du commerce d'Hambourg. — XXV, 326.
HAQUIN, g$^{al}$ de division. — XIX, 139. — XX, 103, 203, 545. — XXVI, 538. — XXVII, 668.
HARANDE, agent g$^{al}$ des remontes. — XXVIII, 371.
HARANEDER, acheteur de chevaux en Piémont. — XVIII, 364. — XIX, 171. — XXVI, 219, 646.
*Haras*. — XXII, 805, 806. — XXV, 244. — XXVI, 178, 179, 261, 294, 300, 343, 344, 374, 400, 416, 433, 476, 503, 520, 531, 536, 579, 651, 687, 732, 738. — XXVII, 5, 19, 27, 80, 129, 255, 262, 279, 288, 298, 328, 370, 432, 490, 491, 628.
*Haraucourt* (Forges d'). — XXI, 66. — XXII, 237.
HARAUTE, détenu. — XXII, 724.
*Harbonnières* (Somme). — XX, 753.
*Harcourt* (Maison d'), rue de l'Université. — XVIII, 703. — XXV, 345.
HARCOURT (Jean), commerçant anglais. — XXIV, 5.
HARDEL, command$^t$. — XXVI, 117.
HARDENBERG (Ch. Auguste, baron de). — XXI, 700. — XXII, 309, 310, 552, 752, 787. — XXIII, 385, 386, 387, 389, 663, 665, 824. — XXV, 282. — XXVIII, 115.
HARDING (Shaw), cap$^e$ de corsaire anglais prisonnier. — XXV, 72.
*Hardinghen* (Mines d'). — XIX, 409, 493. — XX, 712. — XXI, 65. — XXII, 601, 784. — XXIII, 548. — XXIV, 97, 735. — XXV, 694. — XXVIII, 480.
HARDOUIN, chasseur à cheval. — XXVI, 287.
HARDY (Honoré), garde de port. — XXIV, 340.
HARDY, repr. — XXII, 657, 658. — XXVIII, 509, 510, 554, 629, 689.

HARDY, chirurgien sur la *Danaé*. — xx, 85.
HARDY, chef d'escadron. — xxi, 215.
HARDY (Brigade de). — xxi, 520.
HARENEDER, agent du gouvern$^t$. — xxv, 616.
*Harengère* (La) [Eure]. — xx, 568.
HARIAQUE (D'), acheteur de chevaux. — xix, 154.
HARIOT, voiturier par eau. — xxi, 769.
HARIVEL, enseigne de vaisseau. — xx, 630.
*Harlem* (Hollande). — xxi, 162, 532, 774. — xxvi, 455.
HARMAND. — xxiii, 32.
HARMAND, de la Meuse, repr. — xx, 441, 509, 510. — xxii, 582. — xxiii, 680. — xxiv, 196, 197, 231, 264, 370.
*Harmonic*, navire danois. — xxii, 183, 483.
HARNIER, secrétaire de légation. — xix, 259, 500.
HAROUARD. — xxi, 472.
*Harpedan* (Château de) [Vendée]. — xxvi, 162.
HARRACH, cap$^e$ autrichien prisonnier. — xviii, 473.
HARRIET, adjud$^t$-g$^{al}$. — xxvi, 288.
*Harskirchen* (B-R). — xxiv, 836. — xxvi, 395.
HARTHAUSEN (Baron de), otage à Landau. — xxiii, 465, 824.
*Hartige-Horga*, navire danois. — xxvi, 729.
HARTMANN frères, fabricants d'indiennes à Munster. — xxviii, 553.
HARTMANN, se disant col$^{el}$, prisonnier en Angleterre. — xxvii, 345, 504, 619.
HARTY (Olivier), chef de brigade. — xxii, 563.
HARTY, g$^{al}$ de brigade. — xxiv, 818.
*Harville* (Relais de poste d'). — xxiv, 460, 710.
HARVILLE, g$^{al}$ de division. — xxiv, 318, 477, 703. — xxvi, 265, 444. — xxvii, 68, 528.
*Hasard* (Brick Le). — xx, 27, 787. — xxi, 208. — xxiii, 217.
HASSENFRATZ, dit Bec-de-Lièvre (J. H.). — xviii, 302, 328. — xix, 764. — xx, 36, 45, 773. — xxii, 496.
HASSENFRATZ père, entrepreneur. — xxiv, 540, 541.
HASTRON, cap$^e$. — xxvi, 509.
HATOT-ROSIÈRE, secrétaire du repr. Boisset. — xxiii, 827.
HATRY, g$^{al}$ de division. — xviii, 310. — xix, 518. — xxii, 261. — xxiii, 533. — xxiv, 23, 120, 121, 144, 183, 184, 259, 261. — xxv, 254, 390.
HATZFELD (Comte et comtesse de). — xxiv, 640.
*Haubourdin* (Nord). — xxiv, 714.
HAUCHET, sous-chef du Bureau de commerce. — xx, 789.
HAUDEVILLE, adjud$^t$ g$^{al}$. — xviii, 687. — xxi, 136, 296.
HAUDREMONT (?), g$^{al}$ de division. — xx, 793.
HAUDUC, payeur dans la Manche. — xxviii, 636.
HAULMONT, aérostier. — xix, 310.
HAUSSMANN, repr. — xviii, 186, 217, 236, 260, 295, 370, 433, 441, 444, 459, 510, 559, 570, 571, 588, 589, 612, 635, 657, 800. — xix, 50, 192, 208, 340, 441, 442, 540, 641, 642, 643, 735, 740. — xx, 181, 183, 212, 232, 305, 306, 324, 325, 355, 396, 464, 609. — xxviii, 281.
HAUTEFEUILLE DES HAYES, meunier à Étampes. — xix, 746. — xx, 40.
HAUTERRE, élève à l'École centrale. — xix, 455. — xxi, 49.
*Haut-Marteau* (Usine de). Voir *Salemprise*.

HAUTPOUL, du quartier g$^{al}$ de l'A. des Pyr-Orient. — xxi, 216.
*Hautruy* (Bois de) [Aisne]. — xxviii, 642.
*Hauts-Monts* (Camp des), près Brissac. — xxi, 802.
HAUVEL, commissaire. — xxviii, 140.
Haüy (*Électricité* de). — xxiv, 158. — xxv, 641.
*Havane* (La) [Cuba]. — xxiii, 803.
HAVEAU, meunier. — xxv, 422.
*Havre-Marat* (Le) [S-I]. — xviii, 91, 107, 189, 263, 402, 437, 450, 565, 566, 569, 636, 637, 678, 679, 711, 786, 790, 801. — xix, 32, 253, 275, 394, 456, 551, 615, 679, 686, 688, 712. — xx, 63, 81, 101, 105, 119, 150, 158, 204, 221, 222, 229, 316, 387, 405, 463, 539, 550, 754. — xxi, 20, 116, 156, 178, 193, 194, 282, 293, 358, 460, 468, 480, 493, 518, 552, 574, 597, 619, 685, 703, 714, 761, 807, 818, 833. — xxii, 2, 3, 22, 23, 34, 35, 69, 74, 99, 101, 111, 131, 150, 175, 180, 213, 234, 237, 244, 258, 267, 273, 275, 314, 332, 342, 361, 372, 378, 409, 425, 443, 446, 471, 483, 493, 525, 532, 544, 559, 605, 610, 643, 691, 693, 696, 706, 715, 737, 772, 794, 804, 805. — xxiii, 5, 24, 64, 99, 123, 172, 186, 219, 285, 305, 309, 311, 380, 382, 414, 415, 468, 534, 547, 571, 572, 588, 606, 699, 800, 817, 818, 819, 820, 822. — xxiv, 3, 27, 38, 47, 78, 95, 131, 154, 155, 187, 212, 213, 242, 300, 383, 384, 395, 410, 432, 456, 467, 489, 498, 538, 590, 591, 607, 610, 657, 658, 700, 719, 734, 772, 786, 804, 823, 830. — xxv, 2, 52, 80, 84, 95, 97, 98, 111, 145, 167, 177, 184, 189, 198, 199, 208, 215, 231, 242, 243, 244, 285, 295, 315, 322, 378, 404, 422, 479, 493, 518, 539, 613, 642, 664, 677. — xxvi, 18, 35, 90, 92, 113, 152, 183, 197, 206, 229, 236, 241, 263, 271, 285, 289, 295, 308, 311, 355, 392, 401, 402, 403, 418, 422, 448, 537, 600, 671, 683. — xxvii, 112, 130, 176, 189, 226, 289, 321, 329, 343, 401, 419, 421, 440, 457, 489, 490, 503, 552, 553, 562, 602, 622, 655, 666, 670. — xxviii, 24, 36, 62, 78, 115, 194, 235, 241, 248, 264, 296, 337, 368, 376, 377, 467, 468, 480, 573.
HAY, cap$^e$. — xx, 793.
HAYAERT, armateur à Dunkerque. — xxvii, 206, 399. — xxviii, 210.
*Hayange* (Moselle). — xviii, 211.
*Haye* (La) [Hollande]. — xix, 67, 518, 600, 604, 698, 704, 735. — xx, 107, 137, 183, 186, 187, 188, 210, 320, 412, 414, 415, 421, 425, 493, 495, 557, 558, 618, 632, 652. — xxi, 8, 31, 34, 36, 70, 76, 161, 162, 164, 183, 184, 185, 187, 188, 285, 304, 379, 381, 427, 516, 517, 518, 528, 531, 764, 765, 774, 820. — xxii, 56, 57, 73, 113, 116, 221, 534, 596, 675, 760, 785, 799. — xxiii, 23, 56, 58, 59, 60, 61, 62, 135, 191, 192, 199, 201, 203, 231, 232, 257, 301, 302, 347, 348, 439, 462, 514, 515, 557, 568, 587, 591, 592, 604, 626, 645, 646, 662, 671, 700, 712, 754. — xxiv, 170, 219, 226, 229, 286, 324, 326, 362, 365, 481, 482, 503, 504, 505, 559, 562, 563, 624, 643, 644, 670, 681, 715, 716, 717, 745, 747, 768, 770, 771, 793, 800. — xxv, 24, 25, 50, 110, 223, 278, 284, 292, 333, 388, 497, 531, 596, 621, 682, 716. — xxvi, 127, 289, 354, 355, 455, 548, 549. — xxvii, 10, 102, 187, 218, 238, 261, 274, 288, 338, 357, 358, 400, 408, 409, 512, 527, 529, 553, 606, 608, 609, 623, 654. — xxviii, 18, 38, 53, 75, 104, 114, 247, 278, 600, 611.

HAYEM (Israël). — XIX, 30.
HAYEM et C<sup>ie</sup>, fournisseurs de viande. — XXIII, 585.
HAYEZ, employé à la sect<sup>n</sup> de la Guerre. — XX, 402.
*Haye-Pesnel* (La) [Manche]. — XXVII, 455.
HAZARD (Louis Henry Joseph), élève à l'École du génie de Metz. — XIX, 726.
HAZARD, g<sup>al</sup> de brigade. — XXVII, 33.
*Hazebrouck* (Nord). — XX, 135. — XXI, 752. — XXV, 387, 468, 469.
HAZON, cultivateur à Vigneux. — XXVII, 228, 298. — XXVIII, 699.
HEATTO et C<sup>ie</sup>, à Gênes. — XXVIII, 385.
HÉBÉCOURT, chef d'escadron. — XX, 269.
*Hébécourt* (Somme). — XXII, 127, 162, 195, 510.
HÉBERT, ex-directeur de l'atelier d'armes de Brutus. — XXVI, 113.
HÉBERT, ex-inspecteur g<sup>al</sup> des convois militaires. — XXVI, 476.
HÉBERT, élève de l'École du génie de Metz. — XXIV, 403.
HÉBERT, auteur du *Père Duchesne*. — XVIII, 206. — XIX, 420. — XXI, 416. — XXIII, 817.
HÉBERT, chef d'escadron. — XX, 43. — XXVI, 7.
HÉBERT, aide de camp du g<sup>al</sup> Martial Besse. — XXII, 477.
*Hébertisme*. — XX, 623. — XXIII, 817.
HÉBERT, soumissionnaire de la Républ. — XXVIII, 4.
*Hébuterne* (P.-de-C.). — XXVIII, 469, 514, 562, 584, 585, 630.
HECQUET (Ch. Robert), repr. — XX, 297. — XXIII, 453. — XXV, 698.
HECQUET, de Ville-sous-Corbie. — XXII, 623.
*Hédé* (Camp d') [I-et-V]. — XXII, 62. — XXVIII, 401.
HEDLEY, cap<sup>e</sup> anglais. — XXIV, 543.
HÉDOUVILLE (D'), g<sup>al</sup> de brigade. — XXII, 242, 271, 810. — XXV, 101.
*Hedwige-Christine*, navire suédois. — XIX, 199.
HEENOS, boulanger à Paris. — XXVIII, 4.
HÉGO, pharmacien. — XXV, 43.
HEICHHOF, négociant au Havre. — XXIV, 657. — XXV, 84.
*Heidelberg* (Allemagne). — XXVIII, 94.
HÉLART (C<sup>ne</sup>), fournisseur aux armées. — XXI, 625.
*Helder* (Le) [Hollande]. — XXII, 395.
*Hélène*, navire américain. — XIX, 637.
HELF (Elias). — XVII, 252. — XXVIII, 660.
HÉLION-VILLENEUVE. — XX, 290.
HELLAUT (Jacob), aérostier. — XIX, 28.
HELLOT frères, entrepreneurs à Avignon. — XXII, 38. — XXIV, 817. — XXVI, 180.
HELVEN, anglais détenu. — XIX, 553.
*Helvétius* (Atelier). — XIX, 152, 494.
*Helvoetsluys* (Hollande). — XIX, 735. — XXI, 34, 531, 532, 533, 766, 778. — XXVII, 527.
HEM, lieut. — XVIII, 428.
HÉMONT, cap<sup>e</sup>. — XIX, 435.
HENNETON, commis aux écritures de l'hôpital militaire de S<sup>t</sup>-Omer. — XXVIII, 618.
HENREY, agent g<sup>al</sup> des hôpitaux. — XXIV, 702. — XXVI, 578.
HÉNAC (P.), négociant à Bordeaux. — XXVI, 63.
HÉNAULT (Germer), caporal prisonnier. — XXVII, 419.
HENAUT, charpentier. — XX, 38.
HENCKEL, auteur de l'*Introduction à la minéralogie*. — XXIV, 158. — XXV, 641.

*Hendaye* (B-P). — XX, 260. — XXIV, 216, 235, 303, 305.
HÉNIN (D'), cap<sup>e</sup>. — XXI, 216.
HÉNIN, entrepreneur de chauffage à Boulogne-sur-Mer. — XXI, 714.
HÉNIN (D'), secrétaire d'ambassade à Constantinople. — XXIV, 404.
*Hennebont* (Morbihan). — XVIII, 218, 221, 236, 337, 410, 411, 440. — XIX, 216, 219, 245, 315, 506, 544, 583, 584, 605. — XX, 50, 51, 190, 192, 193, 250, 282, 283, 285, 286, 358, 437, 784. — XXII, 707, 809. — XXV, 72, 146, 149, 201, 255, 512. — XXVI, 196, 292, 523.
HENNEQUIN. — XVIII, 391.
HENNEZEL (D'), chef de brigade d'artillerie. — XXIV, 665. — XXV, 405.
HENRI. — XVIII, 75.
HENRI IV. — XIX, 296.
*Henrichemont* (Cher). — XX, 771. — XXI, 4. Voir *Mont-Libre*.
HENRION, fabricant de chandelles. — XXVI, 577.
HENRIOT, commissaire des Guerres. — XX, 737.
HENRY. — XXV, 233, 500.
HENRY, direct<sup>r</sup> de la fonderie de Villeneuve-d'Almes. — XXIV, 5.
*Henry*, navire américain. — XIX, 637.
HENRY, commissaire des Guerres. — XX, 45. — XXVII, 419.
HENRY, command<sup>t</sup> d'armes à Lorient. — XXI, 15.
HENRY, déporté de la Guadeloupe. — XIX, 66.
HENRY, agent g<sup>al</sup> des postes d'Italie. — XXVII, 314, 648. — XXVIII, 693.
HENRY, courrier du C. S. de P. — XXXVIII, 1.
*Henry et Georges*, navire hambourgeois. — XXVII, 399.
HENRY-LARIVIÈRE, repr. — XXIII, 253, 332, 376, 453, 522, 578. — XXIV, 1, 11, 255. — XXV, 93, 432 n. — XXVI, 109, 181. — XXVII, 50, 591. — XXVIII, 245.
HENSELMENSE. — XXII, 9.
HENTZ, repr. — XVIII, 90, 453, 550. — XIX, 253, 597. — XX, 545. — XXI, 127. — XXIII, 825. — XXIV, 216. — XXV, 558.
*Heppenheim* (Allemagne). — XXVIII, 115.
*Héraclée* (Var). — XX, 91. — XXVI, 728. Voir *Saint-Tropez*.
*Herald*, journal anglais. — XXVII, 319.
*Hérault* (Dépar<sup>t</sup> de l'). — XVIII, 34, 61, 63, 183, 349, 392, 393, 597, 600, 679, 709. — XIX, 61, 258, 259, 448, 449, 632, 722. — XX, 33, 156, 232, 261, 262, 384, 388, 432, 456, 469, 499, 531, 550, 563. — XXI, 19, 158, 355, 356, 451, 486, 502, 641, 671. — XXII, 19, 48, 119, 172, 185, 207, 217, 218, 262, 269, 353, 355. — XXIII, 497, 542, 625, 693, 694, 734. — XXIV, 16, 145, 239, 425, 495, 614, 654, 687, 711, 768. — XXV, 78, 204, 454, 479, 654, 655, 700. — XXVI, 142, 169, 300, 372, 396, 410, 570, 676, 703, 723. — XXVII, 121, 270, 422. — XXVIII, 130, 246, 265.
HÉRAULT, imprimeur à Paris. — XXVIII, 97.
HÉRAULT, sous-chef à Toulon. — XXV, 409.
HÉRAUT et C<sup>ie</sup>. — XXI, 673.
*Herbault* (Loir-et-Cher). — XX, 510.
HERBE (V<sup>ve</sup> de P. J. d'), arpenteur à Bruges. — XX, 22.
HERBELINE (J.), pêcheur. — XXVI, 205.
HERBET, élève à l'École normale. — XIX, 509.

HERBIN. — XVIII, 90.
HERBIN, g<sup>al</sup> de brigade. — XIX, 713. — XXV, 170. — XXVII, 519.
HERBOUTTE (Antoine), boulanger à Beauvais. — XXVIII, 79.
HERCULAIS, chef de brigade. — XVIII, 367.
HERCULAIS, envoyé près des pays barbaresques. — XIX, 363. — XXVIII, 40, 276.
HERGOT, cap<sup>e</sup>. — XIX, 551.
HÉRINGER, chef d'atelier à l'arsenal de Marsal. — XX, 707.
HÉRISSANT (V<sup>ve</sup>), imprimeur à Paris. — XXVIII, 97.
HERISSEZ, lieut. — XVIII, 439.
HÉRISSÉ (Guillaume), entrepreneur à Moulins. — XXIII, 236, 630. — XXV, 437, 620. — XXVI, 25.
HÉRISSON, géographe. — XIX, 553.
HERMAN, de Landau. — XXVI, 144.
HERMAND, consul g<sup>al</sup> à Cadix. — XXVI, 560. — XXVIII, 125.
HERMANDET, employé principal aux caves de la Marine, à Toulon. — XXVIII, 489.
HERMANT, adjud<sup>t</sup>-major. — XXI, 813.
Hermerswiller (B-R). — XXII, 587.
Hermitage-sous-Perme (L') [Tarn]. — XXI, 430.
HERMITTE (Ant. Fr.), cap<sup>e</sup> de gendarmerie. — XVIII, 346. — XXVI, 532. — XXVII, 129.
HÉRORY, direct<sup>r</sup> de la fonderie de Villeneuve d'Olme. — XXVIII, 448.
Héros, navire américain. — XXVII, 61.
HERREMBERG, chef d'escadron. — XXI, 237.
HERSOCK (Rob.), proposé pour une sous-lieutenance. — XXVIII, 597.
HERTROG. — XXIV, 489.
HERTZ, lieut. — XXII, 778.
HERTZIES, lieut. — XXV, 11.
HERVEAU (Jean Urbain). — XIX, 149, 150.
HERVÉ, marin. — XXIV, 708.
HERVÉ, employé à l'hôpital de la Fraternité, à Toulon. — XXVIII, 489.
HERVIEUX, ouvrier imprimeur chez Volland. — XXVIII, 544.
HERVILLY (D'), caissier des équipages des vivres de l'A. du Rhin. — XXII, 592, 593.
HERVILLY (D'), chef royaliste. — XXV, 507.
HERVIN, commissaire des Guerres. — XXVII, 33.
Hesdin (P-de-C). — XX, 439. — XXI, 263. — XXII, 362. — XXIII, 584. — XXIV, 277, 538. — XXV, 713. — XXVI, 178.
HÉSINE, fonctionnaire à Blois. — XXI, 248.
HESMART, chef de brigade. — XIX, 283.
HESPE, réfugié batave, adjoint aux adjud<sup>ts</sup> génér<sup>x</sup>. — XXVI, 607.
HESS, d'Amiens. — XXIV, 72.
HESSE, chef de brigade à l'École centrale. — XIX, 455. — XXI, 49.
HESSE (Ch. de), inspecteur g<sup>al</sup> des dépôts de cavalerie. — XIX, 345, 386, 387, 498. — XX, 588, 664. — XXI, 67, 211. — XXIV, 637.
Hesse (Pays de). — XX, 562, 563. — XXIII, 111.
Hesse-Cassel (Landgrave de). — XXIII, 441. — XXIII, 451. — XXIV, 296. — XXVI, 551. — XXVII, 359, 529. — XXVIII, 53, 120, 184, 308, 493.
— (Ministre de). — XXIII, 386, 387.
HESSE-DARMSTADT (Prince de). — XVIII, 41. — XXIII, 386, 387, 451, 661. — XXVII, 576. — XXVIII, 115. Voir Darmstadt (Duché de).

HESSE-HOMBOURG (Prince de). — XXIII, 663.
Hessois (Les). — XXIII, 69, 74, 441, 451. — XXIV, 296, 505, 745.
HEUDELET, adjud<sup>t</sup> g<sup>al</sup>. — XIX, 94, 172, 193.
HEUILLET, fournisseur de viande. — XX, 296. — XXV, 661.
Heureux (Navire L'). — XXIII, 217.
HEURTELOUP, membre du Conseil de santé. — XXVIII, 618.
Heusden (Hollande). — XVIII, 334. — XIX, 416, 484, 485, 501, 516, 542. — XX, 357, 654.
HEUZÉ, de Dreux. — XXVIII, 90.
Hève (Cap de la). — XXV, 199, 231.
Hévilliers (Meuse). — XXIII, 68.
HEYM-MEYER. — XIX, 118.
HEYMANS, négociant à Bruxelles. — XXIII, 426. — XXIV, 469.
HEYRAUD, chef de b<sup>on</sup>. — XXVI, 626.
Hezo (Le) [Morbihan]. — XIX, 246.
HIART, adjudicataire de sucre. — XXIV, 584.
HIBERI, inspecteur des forges. — XIX, 328.
HIBNERD, déserteur autrichien. — XXVIII, 7.
HIGGINSON (John), commerçant américain. — XXII, 337.
HILDEBRAND (Henri), passager de l'Henry et Georges. — XXVII, 399.
HILDRIST (Herre Jansen), cap<sup>e</sup> hollandais. — XVIII, 476.
HILL (John), cap<sup>e</sup> de navire américain. — XXVIII, 480.
HILLERIN (D'), commissaire des Guerres. — XIX, 579. — XXII, 562, 649.
HILLON, lieut. — XVIII, 255.
Hilsenheim (B-R). — XX, 561.
HILSON (P. J.), fondeur en cuivre. — XXV, 4.
HIMBERT (Louis Alexandre), repr. — XXII, 619. — XXV, 219. — XXVI, 63.
Hiram, navire américain. — XX, 124.
Hirondelle, navire suédois. — XVIII, 185.
Hirondelle, navire français. — XXVI, 729.
HIRIART (D'). — XXVII, 659.
HIRTZEL, off. suisse, prisonnier. — XXII, 565.
Histoire d'astronomie, de BAILLY. — XXV, 641.
Histoire de Turenne. — XXV, 640.
Histoire du maréchal de Saxe. — XXV, 640.
HOCHART, dragon. — XXI, 345.
HOCHE, g<sup>al</sup> en chef. — XVIII, 57, 64, 65, 78, 148, 218, 236, 279, 280, 283, 338, 351, 353, 354, 355, 373, 410, 411, 446, 447, 467, 511, 777. — XIX, 34, 35, 72, 313, 401, 470, 543, 555, 556, 583, 755. — XX, 24, 102, 317, 443, 471, 472, 593, 794. — XXI, 25, 28, 40, 85, 194, 195, 307, 359, 438, 469, 470, 492, 539, 578, 596, 786, 788, 815, 834. — XXII, 59, 61, 62, 131, 132, 133, 164, 166, 167, 228, 424, 817. — XXIII, 366, 367, 380, 715, 718. — XXIV, 193, 197, 332, 684, 750, 774, 775, 806. — XXV, 27, 28, 29, 52, 112, 114, 121, 145, 146, 149, 178, 201, 261, 296, 298, 299, 300, 336, 361, 364, 394, 433, 467, 475, 476, 477, 504, 506, 513, 582, 626, 651. — XXVI, 48, 73, 93, 350, 351, 426, 466, 485, 514, 521, 694, 695, 698, 741, 747, 755. — XXVII, 42, 80, 92, 102, 190, 192, 204, 241, 298, 331, 354, 371, 380, 394, 433, 472, 504, 511, 521, 618, 642, 672. — XXVIII, 36, 111, 129, 172, 173, 218, 355, 369, 394, 395, 401, 405, 458, 459.

*Hocheim* (Allemagne). — XXVII, 350. — XXVIII, 117, 119, 252, 283, 369, 370.
HOCHEREAU, adjud<sup>t</sup>. g<sup>al</sup> de la Légion de police. — XXV, 406, 519. — XXVI, 624. — XXVII, 633.
HOCHET, caporal. — XXVI, 85.
HOCHON, command<sup>t</sup> de hussards. — XVIII, 727.
HOCHOU (Ch.), charron. — XXVI, 195.
*Hochstedt* (Allemagne). — XXVIII, 425, 474.
HODDARD, cap<sup>e</sup> du *Fabius*. — XXVI, 311.
HODILE, cap<sup>e</sup> de gendarmerie à Évreux. — XXIV, 218.
*Hoedic* (Île d'). — XXVI, 48, 97. — XXVII, 331, 520, 661.
HOEFFELMAYER, sellier. — XXII, 179. — XXVI, 274.
HOELLENST, officier de santé. — XXIV, 598.
HOEPEL, chimiste de la Guadeloupe. — XX, 523.
*Hœsingen* (Camp d'). — XXVII, 84.
HOFFMANN, commerçant suisse. — XIX, 492.
HOFFMAN, consul. — XX, 384.
HOFMAN, président de l'administr<sup>n</sup> à Mayence. — XXII, 53, 55.
HOGGER, à Amsterdam. — XXVI, 110.
*Höhe* (Allemagne). — XX, 562.
HOLENHOLE (Prince de). — XVIII, 286. — XIX, 325. — XX, 154, 698. — XXI, 813. — XXVIII, 181, 182, 275, 307, 309, 370.
HOHENLOHE-LANGENBOURG (Prince de). — XXIII, 663.
*Hohwiller* (Bas-Rhin). — XXII, 587.
*Holf* (Allemagne). — XIX, 596.
*Hollandais*. — XVIII, 94, 262. — XIX, 485, 641, 642, 738. — XX, 134, 152, 153, 325, 350, 351, 352, 354, 421, 422, 625, 631, 632, 633, 634, 635, 636, 637, 638, 725, 765. — XXI, 9, 32, 33, 35, 36, 37, 183, 184, 187, 189, 287, 305, 363, 407, 408, 429, 517, 527, 528, 531, 533, 570, 662, 775, 776, 782, 820. — XXII, 83, 84, 85, 222, 247, 279, 422, 516, 535, 536, 564, 574, 575, 591, 758, 762, 786. — XXIII, 20, 49, 57, 62, 74, 160, 188, 232, 233, 409, 410, 418, 426, 435, 439, 626, 663, 701. — XXIV, 169, 325, 353, 362, 364, 481, 484, 505, 702. — XXV, 231, 354, 429, 430.
*Hollande*. — XVIII, 22, 23, 28, 93, 94, 124, 162, 163, 201, 241, 261, 262, 308, 334, 335, 508. — XIX, 12, 102, 160, 175, 207, 210, 286, 366, 416, 444, 484, 485, 517, 541, 589, 600, 602, 604, 641, 642, 643, 698, 704, 712, 735, 736, 738, 739, 752, 772, 773, 786. — XX, 80, 107, 137, 152, 153, 154, 170, 174, 180, 181, 183, 186, 187, 209, 210, 211, 226, 278, 315, 316, 321, 324, 326, 348, 358, 411, 414, 415, 416, 417, 418, 419, 425, 540, 541, 551, 553, 555, 556, 557, 607, 609, 618, 621, 631, 632, 633, 634, 635, 636, 637, 638, 653, 654, 672, 673, 674, 696, 725, 760, 761, 781, 782, 800, 801. — XXI, 9, 31, 32, 33, 35, 36, 37, 51, 70, 71, 72, 77, 101, 114, 115, 133, 161, 162, 163, 166, 183, 184, 185, 186, 188, 189, 191, 192, 227, 228, 266, 268, 283, 285, 304, 306, 307, 317, 362, 363, 383, 398, 399, 407, 427, 458, 467, 491, 512, 518, 528, 529, 530, 531, 533, 535, 569, 570, 635, 646, 647, 683, 731, 764, 765, 766, 767, 773, 774, 775, 777, 778, 779, 781, 784, 819, 821, 828, 829. — XXII, 3, 16, 17, 21, 22, 53, 55, 56, 57, 58, 74, 77, 78, 80, 82, 83, 85, 109, 110, 112, 113, 114, 115, 116, 117, 197, 216, 222, 226, 227, 238, 249, 250, 278, 279, 280, 281, 282, 311, 312, 348, 376, 377, 395, 420, 422, 423, 515, 534, 536, 537, 538, 553, 575, 582, 596, 663, 665, 675, 704, 705, 723, 738, 757, 762, 789. — XXIII, 5, 19, 20, 21, 23, 48, 50, 56, 57, 58, 112, 135, 189, 191, 192, 193, 199, 203, 231, 232, 233, 257, 273, 283, 284, 302, 347, 348, 408, 409, 410, 434, 435, 437, 438, 439, 462, 463, 482, 501, 514, 515, 516, 517, 525, 530, 531, 555, 556, 557, 568, 587, 591, 592, 593, 598, 604, 645, 660, 661, 671, 701, 723, 754, 772, 814, 815, 816. — XXIV, 12, 13, 21, 22, 23, 55, 75, 76, 160, 168, 169, 170, 171, 185, 189, 221, 224, 226, 228, 229, 243, 244, 247, 286, 296, 297, 323, 326, 362, 363, 364, 365, 406, 414, 450, 451, 454, 455, 468, 469, 481, 483, 484, 503, 560, 561, 562, 563, 564, 620, 622, 623, 624, 644, 646, 668, 669, 670, 674, 681, 707, 715, 718, 719, 745, 746, 767, 768, 770, 793, 800. — XXV, 22-25, 78, 110, 224, 225, 226, 227, 248, 249, 253, 333, 353, 373, 388, 430, 449, 494, 497, 531, 546, 547, 552, 584, 596, 618, 621, 682, 716, 744. — XXVI, 43, 69, 70, 114, 127, 157, 187, 208, 244, 245, 276, 290, 294, 305, 354, 364, 368, 378, 393, 401, 423, 429, 430, 455, 456, 459, 460, 475, 476, 479, 484, 543, 549, 563, 564, 565, 629, 644, 645, 667, 671, 753. — XXVII, 17, 18, 40, 125, 187, 218, 257, 261, 283, 288, 338, 349, 357, 358, 399, 409, 464, 468, 476, 477, 512, 528, 529, 553, 563, 607, 623, 624. — XXVIII, 15, 19, 38, 53, 76, 84, 114, 134, 138, 278 à 280, 305, 306, 321, 327, 452, 453, 491, 492, 501, 532, 579, 584, 600, 622, 696. Voir *Batave* (République).
*Hollande* (B<sup>ons</sup> de la), à Port-Malo. — XXV, 326.
HOLLEY HOUGE, cap<sup>e</sup> d'un navire danois. — XXV, 281.
*Holstein*. — XVIII, 578. — XXI, 780.
HOLSTEIN, de l'Agence de l'habillement. — XIX, 322.
HOLTZ, cap<sup>e</sup> de dragons. — XXVII, 480.
HOMBERG, négociant à Paris. — XXV, 660.
HOMBERT (V<sup>ve</sup>) et frères, de New York. — XXVI, 152.
HOMBOURG (Phillipe, prince de). — XVIII, 562, — XXII, 238.
*Hombourg* (H.-R.). — XX, 370. — XXI, 467.
HOMPESCH (Ch.), colonel prussien. — XVIII, 469. — 272, 640.
*Hondainville* (Oise). — XVIII, 185.
HONDELIÈRE, cultivateur. — XXVIII, 321.
*Hondschoote* (Nord). — XXIII, 8.
*Hondt* (Le), rivière. — XXI, 484, 517. — XXII, 662.
*Honfleur* (Calvados). — XVIII, 91, 93, 107, 318. — XIX, 169, 380, 394. — XX, 52. — XXI, 56, 158. — XXII, 165, 629, 817. — XXIV, 47, 432, 768. — XXV, 455, 729. — XXVI, 510, 727. — XXVII, 289, 552. — XXVIII, 377, 465.
*Hongrie, Hongrois*. — XVIII, 578. — XXIV, 338, — XXVIII, 413, 576.
HONNIÈRES (D'), cap<sup>e</sup>. — XXVII, 404, 561.
HONORÉ, chef du Bureau du génie. — XXVI, 176.
HONORÉ, ouvrier imprimeur chez Volland, à Paris. — XXVIII, 544.

Hood, amiral anglais. — XXIII, 339.
Hoope, navire américain. — XX, 714. — XXV, 460.
Hop (Baron de), ministre plénipotentiaire des États de Hollande. — XXVII, 40, 257.
Hopital (L'), auteur des *Sections coniques et des Infiniment petits*. — XXIV, 158.
*Hôpital* (L') [Moselle]. — XXIII, 727.
*Hôpitaux civils*. — XVIII, 72, 325, 613, 614, 665, 704, 752, 753. — XIX, 170, 231, 326, 327, 332, 333, 729, 731, 733, 749, 835. — XX, 575. — XXI, 755, 809. — XXII, 104, 232, 258, 385, 414, 451, 545, 678. — XXIII, 205, 654, 670. — XXIV, 20, 68, 76, 224, 280, 448, 489, 494, 499, 649, 678, 763, 765. — XXV, 67, 494, 608. — XXVI, 471. — XXVII, 654.
*Hôpitaux* de la marine et des colonies. — XVIII, 71, 581, 680. — XXII, 525. — XXIII, 683. — XXIV, 95. — XXV, 6, 376, 618.
*Hôpitaux* militaires. — XVIII, 72, 195. — XIX, 22, 28, 29, 102, 106, 124, 137, 149, 170, 188, 189, 236, 275, 279, 330, 332, 359, 361, 383, 480, 489, 729. — XX, 65, 111, 166, 202, 409, 415, 490, 543, 754, 755, 770, 774, 792, 793, 799. — XXI, 31, 101, 102, 114, 173, 214, 279, 405, 423, 472, 508, 509, 545, 625, 626, 647, 649, 650, 690, 717, 836. — XXII, 70, 71, 82, 95, 229, 242, 258, 304, 305, 374, 414, 451, 590, 607, 610, 649, 742, 743, 775. — XXIII, 71, 210, 277, 384, 427, 445, 459, 513, 586, 624, 709, 738. — XXIV, 2, 40, 132, 155, 268, 269, 279, 280, 360, 364, 401, 436, 446, 471, 472, 499, 610, 616, 702, 739, 797, 818, 845. — XXV, 42, 101, 245, 310, 331, 341, 376, 387, 426, 491, 583, 607, 608, 615, 631, 633, 669. — XXVI, 28, 54, 57, 62, 76, 123, 221, 287, 342, 359, 387, 475, 476, 492, 493, 507, 597. — XXVII, 4, 5, 32, 47, 53, 54, 65, 93, 98, 145, 222, 253, 255, 318, 322, 414, 460, 482, 554, 560, 587, 613, 654, 665. — XXVIII, 7, 29, 235, 340, 353, 368, 415, 416, 445, 565, 576, 595, 603, 617, 618
— mixtes. — XXVIII, 366.
Hopp, de Hambourg. — XXV, 634. — XXVI, 150. — XXVII, 384.
Hopt, chef de chouans. — XXVIII, 113.
*Horatius*, navire suédois. — XXII, 183.
Hording, cap$^e$ prisonnier. — XXII, 503.
Horga, ci-dev$^t$ sous-adj$^t$ g$^{al}$ de la 1$^{re}$ légion de Metz. — XXVIII, 28.
*Horloges. Horlogerie*. — XXV, 275. — XXVI, 148, 743.
Horncostle (James). — XXII, 46.
Hortus et fils. — XVIII, 512, 513, 514.
*Hospices* civils et militaires. — XVIII, 510. — XIX, 361. — XX, 145, 793. — XXI, 258, 264, 354, 446, 562, 609, 641. — XXII, 37, 104, 105, 178, 404, 414, 506, 775, 822. — XXIII, 7, 173, 178, 244, 315, 323, 405, 417, 520, 629, 655, 714, 735. — XXIV, 7, 8, 56, 567, 671. — XXVI, 471, 685, 690.
*Hostabrich* (Espagne). — XX, 805.
Hottam, vice-amiral. — XX, 27, 512.
Hotte, chef de b$^{on}$. — XXV, 136.
Hottot (V$^{ve}$). — XXII, 579.
*Houat* (Île de) [Morbihan]. — XXVI, 48, 95, 97. — XXVII, 331, 525. — XXVIII, 200.

Houdaille, off. au 7$^e$ b$^{on}$ des fédérés. — XXVIII, 508.
Houdant, brigadier de gendarmerie à Loches. — XXII, 779.
Houdelière, de Laigle. — XXVIII, 193.
Houdeyer, officier de santé. — XXI, 214.
Houdicourt, chef du Bureau de commerce. — XX, 789.
Houdin, commissaire des Guerres. — XIX, 120.
Houdon, sculpteur. — XX, 205.
Houdon, employé au Bureau de commerce. — XX, 789.
Houel, adjud$^t$ à l'A. du Rhin. — XXIV, 216.
*Hougue* (Cap de la) [Manche]. — XX, 7. — XXV, 228, 412. — XXVII, 131, 454.
*Houille*. — XVIII, 49. — XIX, 184, 397, 409, 493, 513, 680. — XX, 317. — XXI, 65, 227, 549, 656, 713, 810, 823. — XXII, 4, 151, 152. — XXVII, 122, 133, 168, 364, 367. — Voir *Mines* et les noms de lieux.
Houleg, quartier-maître. — XXV, 420.
*Houmeau* (Port de l'), à Angoulême. — XXVI, 201.
Houmières (D'), cap$^e$. — XXVII, 218.
*Hound*, corvette. — XXII, 652.
Houri, élève en chirurgie. — XXII, 649.
Hourier, commissaire des Guerres. — XXVII, 346.
Hourier-Eloy (Ch.-Ant.), repr. — XX, 104, 525. — XXI, 58, 439, 521, 562, 691. — XXII, 104, 224. — XXIII, 453. — XXVI, 646. — XXVIII, 188.
Houssin, sous-lieut$^t$ de cavalerie, prisonnier. — XXII, 5.
Howard, américain. — XXVI, 120.
Howe, amiral anglais. — XVIII, 204.
Huard (J.), bouvier. — XXVII, 186.
Huart, élève à l'École centrale. — XIX, 228.
Huart, directeur de la verrerie de Champroux. — XXI, 212, 213.
Huart, directeur des forges de La Chaussade. — XXI, 555.
Huart, lieut$^t$ du génie. — XXII, 368.
Hubault, fermier à Ménouville. — XXI, 703.
Hubert, inspecteur g$^{al}$ des bâtiments. — XX, 740.
Hubert, commissaire hollandais. — XXIII, 62, 662.
Hubert, officier aux Îles du Vent. — XIX, 241.
Hubert, graveur. — XXV, 70.
Hubert, directeur de l'hôpital militaire d'Ourscamps. — XXVII, 491.
Huché le jeune, adjoint aux adjd$^{ts}$ génér$^x$. — XXVIII, 382.
Huché, g$^{al}$ de division. — XXII, 680.
Hudry, cap$^e$ d'artillerie. — XXII, 477.
Hudry, chef de b$^{on}$ de gendarmerie. — XXIII, 429.
Hue. — XVIII, 63.
Hue (J. Marie), cap$^e$ de vaisseau, et son frère. — XVIII, 429.
Huenerwadel, négociant à Berne. — XIX, 535.
Huet, g$^{al}$ de division. — XVIII, 367. — XX, 674. — XXI, 194. — XXII, 604, 676. — XXIII, 25, 311, 380, 469, 640, 676. — XXIV, 302, 456. — XXV, 134, 231. — XXVI, 356, 401, 671. — XXVII, 289, 329, 551, 617. — XXVIII, 336, 337, 421.

HUET (Michel), command<sup>t</sup> du Fort Lamalgue. — XXVI, 222.
HUET, employé. — XVIII, 371. — XIX, 240.
HUET, agent de l'habillement. — XX, 332.
HUET (Louis). — XVIII, 221.
HUET, lieut. — XIX, 750.
HUET, gendarme. — XX, 712.
HUET (Anthelme), salpêtrier à Annecy. — XVIII, 303.
HUET, cultivateur à Gonesse. — XX, 574.
HUET (Marie), élève à l'École aérostatique. — XXII, 301.
*Hugleville* (S-I). — XXI, 280.
HUGONNENE, agent g<sup>al</sup> des hôpitaux militaires de la Moselle. — XXVII, 665.
HUGOT, m<sup>al</sup> des logis. — XXVI, 203.
HUGUET, — XXI, 462. — XXIV, 295. — XXV, 58.
HUGUET (Claude Nicolas), fournisseur de vins. — XXI, 755.
HUGUET, ex-employé du bureau des dépêches du C. de S. P. — XXVIII, 431.
HUGUET, m<sup>al</sup> des logis. — XXIV, 630.
*Huiles.* — XVIII, 2, 17, 273, 299, 346, 360, 392, 487, 587, 588, 623, 624, 635, 639, 654, 749. — XIX, 5, 21, 270, 336, 355, 447, 476, 510, 688. — XX, 3, 4, 16, 17, 119, 156, 332, 333, 361, 501, 503, 523. — XXI, 473, 626, 701. — XXIV, 4, 5, 453, 761. — XXVI, 215, 336, 380, 382, 658. — XXVII, 28, 52, 114, 298, 376, 653.
*Hulhuizen* (Hollande). — XIX, 443.
HULIN, vainqueur de la Bastille, aide de camp du g<sup>al</sup> Haquin. — XVIII, 439. — XX, 103. — XXVII, 771. — XXVI, 538.
HULL et fils, citoyens américains. — XXVII, 62.
HULOT, Élève à l'École de Châlons. — XVIII, 120, 580.
HULOT, négociant à Péronne. — XXI, 673.
HULOT (V<sup>ve</sup>). — XXVII, 96.
*Hulst* (Hollande). — XIX, 44. — XX, 183, 424, 552, 570, 627.
HULTIER, chirurgien en chef. — XXIII, 663.
HUMBERT, g<sup>al</sup> de brigade. — XVIII, 77. — XIX, 217, 242, 296. — XIX, 401, 464, 467, 468, 469, 505, 519, 543, 555, 587, 755. — XX, 24, 786. — XXII, 819. — XXV, 393, 395.
HUMBERT, de la sect<sup>n</sup> des Quinze-Vingts. — XXI, 631.
HUMBERT, agent pour la levée des chevaux. — XVIII, 470.
HUMBERT, sergent. — XVIII, 474.
HUMBOURG, prisonnier de guerre. — XVIII, 41.
*Hunaudaie* (Forêt de la). — XVIII, 777.
*Huningue* (H-R). — XVIII, 150. — XIX, 549. — XX, 14, 389, 452, 697. — XXII, 272, 416, 774, 789. — XXIII, 50, 283, 385, 386, 389. — XXV, 637. — XXVI, 374, 411, 432, 526, 548, 598, 589, 611, 612, 647, 648, 701, 761. — XXVII, 57, 45, 84, 87, 126, 182, 233, 259, 363, 405, 459. 530, 640. — XXVIII, 18, 185, 407, 624, 625, 626.
*Hunter,* navire de Londres. — XXI, 139.
HUNTER (John), prisonnier anglais échangé. — XXVII, 41.
HUON, chef des bureaux civils de la Marine. — XXII, 369.
HURAND. — XXII, 622.
HURARD-SAINT-DÉSIRÉ. — XXIII, 810.
HURART. — XIX, 62.
HURÉ, déporté de la Guadeloupe. — XXII, 12.
HURGA, chef de bureau à Orthez. — XIX, 734.
HURION (Lazare), volontaire. — XXVI, 528.
HURTAULT, sous-inspecteur. — XVIII, 400.
*Hurtaut* (Forges de) [Ardennes]. — XXI, 280.
*Hulst* (Hollande). — XXIV, 736.
*Hussards.* — XXIV, 574, 575. — XXV, 445, 579, 707. — XXVI, 305, 628, 700, 767. — XXVII, 485, 616, 635. — XXVIII, 83, 255, 595. Voir *Troupes.*
HUSSON (Sébastien), direct<sup>r</sup> des forges de Wassy-Montreuil. — XXI, 625.
HUSSON, secrétaire au C. de S. P. — XXI, 274. — XXII, 358. — XXIII, 499. — XXIV, 240, 633. — XXV, 40, 573. — XXVI, 532. — XXVII, 650. — XXVIII, 658.
HUSSON, éditeur du *Courrier universel.* — XXV, 753 n.
HUSSON, sous-lieut. de hussards. — XXIV, 748.
HUSSON, ex-cap<sup>e</sup>. — XXVII, 6.
HUTET, cap<sup>e</sup>. — XXVII, 603.
HUTIN, cap<sup>e</sup>. — XXII, 771. — XXIII, 521.
HUTREL, caporal. — XXVII, 430.
HUTVITY, chirurgien. — XXVII, 32.
*Huy* (Belgique). — XXIII, 584.
*Hydrographie française* (L'). — XX, 608.
*Hyères* (Îles d'). — XX, 401. — XXI, 207, 208, 209, 259, 260, 273. — XXIII, 156, 217. — XXV, 566. — XXVI, 55, 414. — XXVIII, 244, 285.
*Hypoly* (?) [Tarn]. — XVIII, 795.

*If* (Château d') [B-du-R]. — xxvii, 370.
Ignard, gendarme. — xviii, 449.
*Igoville* (Eure). — xx, 147.
Igouf, sous-lieut. — xix, 617.
*Île-de-Fer* (Méridien de l'). — xxiv, 82.
*Île-de-France.* — xviii, 770. — xix, 553, 637, 683, 684, 726. — xx, 46, 81, 370, 408, 440, 508, 525, 528, 705, 739, 775. — xxi, 6, 55, 216, 217, 281, 301, 694. — xxii, 525, 528, 666. — xxvi, 511, 581, 628. — xxvii, 9, 420, 421, 656. — xxviii, 142, 243.
*Île Rousse* (L') [Corse]. — xx, 382.
*Île-Saint-Denis* (L') [Seine]. — xxii, 361.
*Île de Texel*, navire belge. — xxvi, 644.
*Îles Ioniennes.* — xx, 464.
*Îles-du-Vent.* — xviii, 50, 630. — xix, 241.— xx, 218, 758. — xxv, 72. — xxvii, 231, 398.
*Îles-sous-le-Vent.* — xx, 510. — xxi, 68. — xxvi, 688.
*Ill*, rivière. — xxi, 360, 387.
*Ille-et-Vilaine* (Départ de l'). — xviii, 68, 282, 314, 438, 461, 658. — xix, 37, 129, 214, 265, 282, 314, 449, 466, 588, 662, 695, 790. — xx, 95, 129, 175, 304, 551, 598, 651. — xxi, 100, 157, 166. — xxii, 214, 298, 396, 582. — xxiii, 173, 349, 366, 443, 736. — xxiv, 333, 683, 708, 807, 808. — xxv, 114, 199, 302, 334, 361, 558, 597, 671. — xxvi, 521.
*Illiers-la-Ville* (S-et-O). — xx, 177.
*Illkirch* (B-R). — xxvi, 375.
*Illustre* (Navire L'). — xxi, 369.
Imbert, entrepreneur de blanchisserie à Lyon. — xxiv, 790.
Imbert, employé des subsistances militaires à l'A. du Rhin. — xxviii, 6.
Imbert Dumairie, cape d'artillerie. — xxv, 187.
Imbore, salpêtrier à Rochefort. — xxviii, 31.
*Impatiente* (Frégate L'). — xxi, 15.
*Impétueuse*, navire. — xxii, 181.
*Imposante* (Batterie devant Luxembourg). — xxii, 602.
*Imprimerie* nat. — xviii, 604, 785. — xix, 250. — xx, 36, 92, 93. — xxi, 106, 376, 377. — xxiv, 539. — xxv, 693. — xxvi, 177. — xxvii, 275, 315. — xxviii, 20.
— des administrations nat. — xxi, 376, 377. — xxvi, 284. — xxvii, 333, 524.
— des femmes. — xxi, 376, 377.
— de *l'Observateur de l'Europe*, à Rouen. — xxiii, 534.
*Incendiaire*, frégate. — xviii, 715.
*Inchy* (P-de-C). — xxii, 2. — xxv, 48, 94.
Incoln, fournisseur à Bruxelles. — xxi, 32, 779, 780.
*Inconstante*, frégate. — xviii, 144. — xxviii, 9.
*Incorruptible*, frégate. — xxii, 339. — xxiii, 348.
*Indemnités.* — xxv, 129, 135, 150, 163, 168, 186, 213, 216, 217, 323, 325, 344, 345, 349, 350, 364, 374, 376, 380, 437, 440, 460, 486, 525, 586, 588, 602, 678, 687, 736, 737. — xxvi, 293. — xxvii, 5, 28, 54, 56, 110, 121, 122, 138, 144, 146, 172, 206, 215, 228, 231, 255, 259, 264, 278, 281, 300, 308, 318, 344, 347, 355, 360, 393, 408, 413, 560, 562, 591, 592, 603, 617, 655. — xxviii, 8, 9, 10, 47, 643, 657. Voir *Gratifications; Secours.*
*Indes.* — xix, 47, 384, 553. — xxi, 247, 497, 512, 672. — xxii, 193, 409, 525. — xxiv, 452. — xxvi, 513. — xxvii, 131, 374, 421. — xxviii, 669.
— occidentales. — xx, 493, 494. — xxi, 154, 373. — xxiii, 483. — xxiv, 40, 648, 719, 831. — xxv, 351. — xxvii, 33, 318.
— hollandaises (Cie des). — xx, 353.
— orientales. — xx, 61, 67, 390, 441, 493, 498, 509, 510, 511, 512, 522, 775, 794. — xxi, 6, 55, 207, 216, 261, 300, 359, 475, 476. — xxii, 75, 811. — xxiii, 383, 777, 802. — xxiv, 93, 197, 231. — xxvii, 480.
*Indigents.* — xxv, 208, 608, 757. — xxvi, 213, 220, 340, 379, 380, 382, 437, 505. — xxvii, 41, 114, 276, 581.
*Indomptable*, navire. — xxii, 765.
*Indre* (Départt de l'). — xviii, 43, 172, 243, 244, 702, 758. — xix, 32, 33, 564, 598. — xx, 19, 91, 548, 690. — xxi, 103, 593. — xxiii, 344, 399, 426, 597, 620, 694, 766. — xxiii, 30. — xxiv, 70, 302, 508, 587, 659. — xxvi, 504.
*Indre*, rivière. — xxiii, 40.
*Indre-et-Loire* (Départt d'). — xviii, 69, 204, 471, 602. — xix, 32, 33, 192, 433, 628, 752, 778. — xx, 64, 110, 148, 250, 347, 509, 706. — xxi, 80, 100, 159, 179, 218, 288, 289, 471, 493, 536, 560, 811. — xxii, 62. — xxiii, 95, 205, 206, 367. — xxiv, 405, 406, 587, 595. — xxv, 214, 626, 670. — xxvi, 345, 504, 538, 656. — xxvii, 204, 381. — xxviii, 509, 511.
*Indre-Libre*, ci-devt Châteauroux (Indre). — xviii, 5, 243. — xix, 362, 566. — xx, 91. — xxii, 694. — xxiv, 70.
*Indret* (L-l). — xviii, 85, 625, 626, 628, 665, 706. — xix, 186. — xx, 667. — xxii, 5. — xxiv, 67. — xxv, 626. — xxvi, 198, 689.
*Industrie*, navire américain. — xviii, 729. — xix, 66.
*Industries.* — xxv, 68, 132, 264, 288, 509, 520, 590. — xxvi, 59, 149, 339, 385, 478, 533, 560, 665, 720, 744. — xxvii, 280, 444, 482, 629, 654. — xxviii, 75, 80. Voir *Ateliers; Fer; Fonderies; Forges; Manufactures.*
*Industrieux*, sloop. — xx, 735.
*Inferno* (Col de l'). — xxiv, 757.
*Infiniment petits*, de L'Hospital. — xxv, 641.
*Infirmiers* des hôpitaux militaires. — xxvii, 93, 554.
*Indigo.* — xxvii, 61, 298. Voir *Habillement* des troupes.
*Ingénieur de campagne*, de Clairac. — xxv, 640.
*Ingénieurs.* — xxvii, 120, 139, 277, 393, 496, 615, 673, 674. Voir *Écoles; Industries; Manufactures; Ponts et Chaussées.*
Ingels (Jean), batelier de Gand. — xxvii, 60.
*Inger Louise*, navire. — xxii, 183.
*Ingouville* (S-I). — xxi, 116. — xxv, 95. — xxvii, 289.
Ingrand, repr. — xxvi, 341.

*Ingrandes* (M-et-L). — XVIII, 313. — XX, 445. — XXI, 269. — XXIII, 367. — XXIV, 47. — XXV, 477, 670. — XXVI, 399, 586.
*Ingré* (Loiret). — XXI, 289.
*Inondations.* — XXVII, 344.
INSARDÉ, commissaire ordonnateur. — XXI, 321.
*Inspection. Inspecteurs* d'artillerie. — XXV, 407.
— des côtes. — XXV, 229, 337, 432. — XXVII, 395.
— des dépôts de cavalerie. — XXVIII, 67.
— des hôpitaux. — XXV, 524.
— de la marine. — XXV, 546.
— des mines. — XXVI, 111, 419.
— de la navigation. — XXVI, 195. — XXVII, 539.
— des ports de Paris. — XXVII, 168.
— des relais. — XXIV, 269, 341, 422, 460, 462, 535, 598, 630, 688, 710, 743. — XXV, 86. Voir *Postes; Transports.*
— des subsistances. — XXV, 712. — XXVI, 417. — XXVI, 437, 576.
*Institut* de France. — XIX, 259.
— nat. des Mines. — XXVIII, 662.
— nat. de Musique. — XIX, 492, 709.
*Instituteurs. Institutrices.* — XXIII, 86, 87, 88, 89, 116, 117, 171, 757. Voir *Instruction publique; Écoles.*
*Institutions de géométrie* (Les), de LA CHAPELLE. — XIX, 512.
*Instruction aux officiers d'infanterie,* de GAUDI. — XXV, 640.
*Instruction du roi de Prusse à ses généraux.* — XXV, 640.
*Instruction* publique. — XXII, 764. — XXIII, 83, 86-90, 114-118. — XXIV, 13, 339, 548.
*Insurgente,* frégate. — XX, 449. — XXI, 442. — XXVII, 61.
*Introduction à la minéralogie,* de HENCKEL. — XXV, 641.
*Invalides* (Maison nat. des). — XVIII, 194, 470, 752. — XX, 36, 44, 460, 746. — XXI, 57, 247. — XXII, 215, 218. — XXV, 67, 166, 489, 607, 665. — XXVI, 471, 641, 660. — XXVII, 230. — XXVIII, 83.
*Invalides* (C$^{ie}$ des). — XXII, 155, 490. — XXIII, 372.
*Invalides* (Atelier des). — XVIII, 629. — XIX, 727. — XXI, 50. — XXII, 615. — XXV, 736.
*Invalides de la marine.* — XXIV, 178, 179. — XXV, 411, 665. — XXVI, 206, 237, 468, 478, 711. Voir *Marine.*
*Iphigénie,* navire. — XX, 435, 534. — XXVII, 276.
IRANDA (Marquis d'). — XXIV, 235, 265, 266, 267, 268, 303 à 306, 487, 721, 778. — XXV, 81, 195, 348, 365, 399, 549. — XXVII, 413.
IRIM et C$^{ie}$, négociants à Soleure. — XXVIII, 44.
IRISSON, constructeur de voitures. — XIX, 45.
*Irlandais.* — XVIII, 7. — XIX, 140, 360. — XXI, 231. — XXII, 244, 563. — XXIII, 534.
*Irlande.* — XIX, 673. — XX, 139. — XXII, 613.
*Iroise* (L'). — XIX, 315, 316.
*Irurzun* (Espagne). — XXV, 685, 704, 751.
*Is-sur-Tille* (C-d'O). — XIX, 252. — XXI, 761, 808. — XXIII, 38, 39.
ISAAC (Simon), des Ardennes. — XXVIII, 63.
ISABELLE et C$^{ie}$. — XIX, 456.
ISAMBERT, g$^{al}$. — XXV, 459.
ISENHEIM, commissaire de Strasbourg. — XXII, 686, 687.

*Isère* (Départ$^t$ de l'). — XVIII, 152, 178, 199, 403, 404, 669, 747. — XIX, 448, 449, 462, 554, 629, 639. — XX, 55, 197, 222, 399, 431, 477, 607, 678. — XXI, 87, 159, 243, 473, 486, 605, 615, 616, 661, 688, 697, 714, 800. — XXII, 3, 63, 95, 139, 191, 401, 487, 555, 711, 712, 822. — XXIII, 150, 226, 321, 360, 430, 496, 642, 692, 764, 781, 794, 808, 827. — XXIV, 33, 102, 122, 233, 237, 270, 354, 381, 478, 494, 531, 573, 653, 689, 701, 723, 753, 783, 837. — XXV, 87, 155, 178, 203, 236, 444, 516, 563, 585, 609, 654, 752. — XXVI, 25, 76, 102, 103, 219, 233, 308, 332, 352, 356, 376, 411, 412, 427, 434, 435, 491, 528, 553, 568, 594, 613, 625, 674, 675, 676, 723, 732, 758. — XXVII, 15, 38, 127, 143, 183, 211, 268, 296, 309, 310, 312, 313, 339, 385, 415, 434, 465, 497, 512, 534, 556, 580, 582. — XXVIII, 388, 568, 610, 617.
*Isigny* (Calvados). — XVIII, 225. — XIX, 361. — XXII, 482. — XXIII, 414. — XXV, 337, 553, 622. — XXVII, 454.
*Isle-sur-Sorgue* (L') [Vaucluse]. — XVIII, 810. — XXV, 756. — XXVI, 170.
*Isle-Adam* (L') [S-et-O]. — XVIII, 185, 301. — XIX, 635. — XXIII, 273, 274. — XXV, 580, 654, 666.
*Isle-Jean* (L'), près d'Essonnes. — XX, 754.
ISLING (Abraham), de Bâle. — XX, 339.
ISMERT, cap$^e$ au 11$^e$ rég$^t$ de hussards. — XXV, 187.
ISNARD, repr. — XVIII, 762. — XIX, 568. — XXII, 565, 591, 783. — XXIII, 82, 85, 546, 624, 768, 770. — XXIV, 291, 424, 614, 714. — XXV, 59, 92, 205, 291, 424, 517, 614, 621, 708, 714, 742, 780. — XXVI, 68, 283, 310, 360, 410, 413, 605, 724, 757. — XXVII, 39, 356, 498. — XXVIII, 386.
ISNARD, notable d'Amiens. — XXI, 521.
ISNARD, sous-chef à Toulon. — XXV, 409. — XXVIII, 489.
ISNARD GAZERAN (Henry). — XXVI, 119.
ISORÉ, repr. — XVIII, 475. — XXI, 436, 437. — XXII, 442, 576, 815. — XXIII, 464. — XXIV, 211, 657. — XXV, 422. — XXVI, 119.
ISRAËL (Raphaël), condamné aux fers. — XXIII, 540.
*Isselbourg* (Allemagne). — XXII, 190.
*Issoire* (P-de-D). — XVIII, 229. — XIX, 258, 621. — XXI, 64.
*Issoudun* (Indre). — XIX, 119. — XX, 334, 335. — XXI, 591. — XXII, 803, 805.
*Issy-l'Union* (Seine). — XXIII, 159. — XXIV, 395. — XXV, 373. — XXVI, 2, 228.
*Italie. Italiens.* — XVIII, 500, 699. — XIX, 74, 178, 526. — XX, 718. — XXI, 177, 816. — XXII, 11, 145, 448. — XXIII, 20, 319. — XXIV, 452, 463. — XXV, 180, 386, 700. — XXVI, 414. — XXVII, 75, 406, 468, 544.
*Itteville* (S-et-O). — XX, 484. — XXIII, 503.
*Itxassou* (B-P). — XXIV, 52.
ITZIG, conseiller et banquier prussien. — XXII, 601. — XXIV, 120, 121, 144, 190, 258, 260, 298. — XXVI, 143, 230.
IVER (Alexandre Marc), prisonnier américain libéré. — XXV, 493.
IVOIRE, cultivateur. — XXI, 806.
IVORY (D'), de l'A. des Pyr.-Occident. — XXIII, 132.
*Ivry-le-Temple* (Oise). — XXIV, 374.

*Ivry-sur-Seine* (Seine). — xxv, 485.
Izard, officier américain, élève à l'École du génie de Metz. — xxvii, 173.
Izarn, commissaire des Guerres. — xxv, 735.

Izoard (J. F. Auguste), repr. — xx, 19, 258, 259. — xxi, 500, 542, 550, 799. — xxii, 251, 398, 429, 584, 797. — xxiii, 136, 250, 724. — xxiv, 460, 492. — xxv, 437, 516.

## J

*Jaboc* (Maison), à Paris. — XXIII, 270.
JACCO, ouvrier à la manufacture de Versailles. — XXVIII, 667.
JACOB (Maximilien Henri Nicolas), g$^{al}$ de brigade détenu. — XXVI, 160, 485.
JACOB, g$^{al}$ de division. — XVIII, 292.
JACOB, du C. révol. de la sect$^{n}$ Guillaume Tell. — XX, 302.
JACOB, commissaire des Guerres. — XXI, 478.
JACOB (J.), de Précy-le-Sec, volontaire. — XXVI, 528.
JACOB, off. de santé à l'hôpital de Saarbrück. — XXVIII, 595.
JACOBÉ-TRIGNY (Augustin), g$^{al}$ de brigade. — XXI, 604. — XXV, 186.
*Jacobin* (Navire Le). — XVIII, 136. — XIX, 231.
Jacobins. Jacobinisme. — XIX, 124, 792. — XXI, 567, 646, 729, 798, 826. — XXII, 93, 194, 195, 208, 428, 454, 702, 792. — XXIII, 55, 100, 179, 298, 299, 304, 305, 343, 486, 523, 526, 528, 613, 678, 690, 828. — XXIV, 15, 26, 74, 224, 451, 465. — XXV, 236, 702. — XXVI, 23, 350. — XXVII, 96.
— (Atelier des). — XVIII, 425. — XIX, 727.
— (Maison des). — XXVII, 444.
— (S$^{té}$ des). — XVIII, 69, 436, 491. — XXI, 393, 395, 575. — XXIII, 486, 526, 690, 723. — XXIV, 150.
— — hollandais, XXVII, 528.
JACOMIN (J. J. Hippolyte), repr. — XIX, 461, 475. — XXI, 703, 708. — XXIV, 614. — XXV, 580, 654 n., 666. — XXVI, 577, 632, 696, 753. — XXVII, 124, 325.
JACOTIN, commissaire à l'approvision$^{t}$ de Brest et Lorient. — XXVI, 237.
JACOTIN, employé des repr. — XXVIII, 49.
JACOTOT (Pierre), professeur à l'École centrale. — XVIII, 39, 328, 798, 799. — XIX, 427, 532. — XX, 317. — XXIII, 40, 274.
JACOTOT, commissaire pour le salpêtre en Indre-et-Loire. — XIX, 433.
JACQMIN, soldat. — XXVI, 85.
JACQUART, prisonnier à Landrecies. — XX, 80.
JACQUEL, conducteur des charrois. — XIX, 139.
JACQUEL (Thérèse), v$^{ve}$ du repr. J. B. Noël. — XXVII, 174.
JACQUEMARD (J. L.), chasseur à cheval. — XIX, 237.
JACQUEMET, négociant. — XXVII, 558.
JACQUES, sous-chef civil de la marine. — XX, 630. — XXII, 478.
JACQUES, administrateur du distr. de Sarreguemines. — XXIII, 562.
JACQUESSON, juge. — XX, 48.
JACQUET. — XXVII, 335.
JACQUET, aide de camp du g$^{al}$ Tugnot. — XXVIII, 664.
JACQUET, père et enfants, ouvriers liégeois de la manufact. de Versailles. — XXVIII, 669.
JACQUET (P. J.), volontaire. — XXV, 489.
JACQUET, médecin. — XIX, 748, 749. — XXIV, 95, 96. — XXIV, 155.
JACQUEY, cap$^{e}$ destitué. — XIX, 759, 794.
JACQUET, courrier du C. de S. P. — XXV, 40.

JACQUIER, négociant à Nantes. — XVIII, 634.
JACQUIER (Frédéric), employé des bureaux civils de la marine à Brest. — XX, 759. — XXI, 556.
JACQUIER ROSÉE, propriétaire de fonderie. — XXVII, 557. — XXVIII, 64.
JACQUIN (Michel), cap$^{e}$ de navire. — XIX, 702.
JACQUOT, commis. — XVIII, 475.
JACQUOT, off. de chasseurs. — XVIII, 507.
JADART, commissaire ordonnateur. — XXI, 548.
JAFFREZIC, cap$^{e}$ de vaisseau. — XX, 103.
JAGUENEAU, employé au dépôt des remontes d'Angély-Boutonne. — XXIII, 700.
JALIVET, de Bayeux. — XXVI, 697. — XXVII, 126.
JAHIET, commis à la recette de Bourges. — XXVIII, 324.
JAIGU, fournisseur de viande. — XXIV, 351.
JAILLANT (Pierre). — XXIII, 478.
*Jailly-les-Moulins* (C-d'O). — XIX, 20.
JAIN, grenadier. — XVIII, 450.
JALABERT, off. de gendarmerie. — XXVIII, 508.
JALAS, marin. — XIX, 636.
*Jalès* (Camp de). — XIX, 299, 300.
JALET, vétéran. — XXII, 5.
JALIGNY. — XVIII, 623.
JALLABERT, commissaire ordonnateur. — XXIII, 183, 643.
JALLEAU, ancien administrateur de l'hôpital militaire de l'île de Ré. — XXVII, 665.
JALLIER, architecte. — XIX, 184, 185.
JALLOT-FERRIÈRE, médecin des hôpitaux de l'A. des Côtes de Brest. — XXVIII, 7.
*Jamaïque* (La). — XXII, 152.
JAMBE-D'ARGENT, chef de brigands. — XX, 499, 516.
JAMBLIN (Adrien), volontaire. — XXV, 492.
JAMES, brigadier de gendarmerie. — XXIV, 654. — XXV, 172. — XXVI, 63.
JAMES (John), cap$^{e}$ de navire américain. — XIX, 120.
JAMES, agent de la Commission des approvision$^{ts}$. — XXII, 37, 409.
JAMET, ci-dev$^{t}$ administr. des Bouches-du-Rhône. — XXV, 757.
JAMET, accusateur public du trib. criminel du Vaucluse. — XXVI, 137.
JAMSON, cap$^{e}$ suédois. — XXV, 81.
JANCE (P.), adjoint au M. de la marine. — XVIII, 20. — XXI, 682.
*Jane*, navire anglais. — XXIII, 415.
JANNERIAT, sergent-major puis sous-lieut. — XXVII, 48.
JANSEN, command$^{t}$ du navire *La Montagne*. — XXI, 524.
JANSON (Éloi), volontaire. — XX, 559, 744.
*Janville* (E.-et-L). — XIX, 111, 112, 114, 357, 776. — XXI, 535. — XXII, 426, 622, 721, 722, 814. — XXIII, 158, 601. — XXIV, 130, 211, 212, 222, 537, 538, 580. — XXV, 242. — XXVI, 177, 418.
*Japon.* — XXV, 400.
JARD-PANVILLIER, repr. — XVIII, 458. — XXI, 760, 761. — XXIII, 90, 564-568. — XXVI, 163, 207, 232, 233, 291, 292, 351, 425, 426, 518, 524, 525, 567, 584, 585, 586, 630, 648, 649, 670, 713, 714, 755. —

XXVII, 37, 72, 101, 189, 191, 216, 241, 245, 382, 432, 433, 450, 493, 564. — XXVIII, 238, 239, 406, 407, 512.
*Jardin des Plantes.* — XXI, 504. — XXIII, 219.
JARDON, g$^{al}$ de brigade. — XVIII, 27.
JARENTE (C$^{ne}$). — XXI, 515.
*Jargeau* (Loiret). — XIX, 151.
JARLET, courrier du C. de S. P. — XXV, 40.
JARRIT (John), anglais. — XIX, 47.
JARRY, g$^{al}$ de brigade. — XXII, 707. — XXV, 85.
JARRY, courrier du C. de S. P. — XXV, 40. — XXVIII, 570.
JARRY, chouan. — XXIII, 472.
JARRY-DESLOGES, cap$^e$. — XXV, 638.
JARY, repr. — XIX, 695. — XX, 379, 577. — XXI, 134, 135, 222, 385, 578, 786. — XXII, 90, 165, 285, 606. — XXIII, 147, 205, 227, 260, 289, 310, 311, 312, 349, 415, 596, 651, 669, 777, 787, 789, 821, 822. — XXIV, 47, 73, 200, 290, 565, 687, 751, 775. — XXV, 150, 191, 233, 263, 306, 399, 416, 427, 446, 467, 477, 500, 557, 619, 625, 699. — XXVI, 198, 719.
JAUBERT, cap$^e$. — XXVIII, 382.
JAUDIN, command$^t$ temporaire au Mans. — XX, 427, 428.
JAUFFRET, off. de police. — XX, 683.
JAUFFRET, chirurgien au 72$^e$ rég$^t$ d'infanterie. — XXVI, 476.
JAUGEY, lieut.-col$^{el}$ des carabiniers. — XX, 174.
JAUME, employé extraordinaire à Toulon. — XXV, 409.
*Jaunaye* (Soumission de La). — XXVI, 387.
JAUSON (Éloi), volontaire. — XX, 559.
*Java* (Île de). — XIX, 363.
*Javel* (Manufact. de). — XX, 365.
JEAN (Louis), commerçant en grains à Courbevoie. — XXVII, 502.
*Jean* (Fort), à Marseille. — XIX, 785.
JEAN (Jeanne-Marie). — XX, 762, 763.
JEAN frères. — XXII, 400, 587.
JEAN, inspecteur des subsistances g$^{ales}$, fournisseur. — XXVI, 361.
*Jean-Baptiste,* navire. — XXV, 115.
JEAN, LE COMTE et C$^{ie}$. — XXVI, 59.
*Jean-Jacques Rousseau* (Citadelle de), ci-dev$^t$ Saint-Esprit (B-P), — XVIII, 431. — XIX, 59.
*Jean-de-Luz* (Saint-). — XVIII, 238. — XIX, 188. — XX, 336. — XXI, 41, 139, 238, 553. — XXII, 388, 516, 539, 554, 631, 681, 682. — XXIII, 14, 261, 477, 539, 540, 653, 686. — XXIV, 83, 84, 162, 187, 203, 233, 303, 387, 388, 419, 420, 421, 459, 460, 486, 597. — Voir *Chauvin-Dragon.*
JEANBON-SAINT-ANDRÉ, repr. — XVIII, 96, 97, 135, 136, 188, 270, 271, 368, 398, 400, 402, 468, 469, 476, 489, 499, 542, 618, 640, 641, 671, 684, 698, 699. — XIX, 24, 163, 164, 165, 268, 302, 304, 319, 335, 351, 353, 354, 621, 639, 694, 751, 795. — XX, 27, 113, 144, 217, 368, 380, 511, 631. — XXI, 147, 634. — XXII, 796. — XXIV, 428. — XXV, 587. — XXVII, 264.
*Jean-le-Froid* (Tarn). — XVIII, 795.
JEAN-JEAN, g$^{al}$ chouan. — XXIII, 678, 708.
JEANDELLE, artiste. — XXVIII, 194.
JEANNE, agent pour la pêche. — XXI, 806.
JEANNEST, repr. — XXVI, 218.

JEANNINGROS, régisseur de la succession Lombard et Damotte. — XX, 201.
JEANTEUR (Fr.), brigadier de dragons. — XXVI, 145.
JEANTY, courrier du C. de S. P. — XXV, 40.
JEANTY-BÉNARD, — XIX, 383.
JEANTZ-DUPOUX. — XVIII, 727.
JEAUNE, commissaire du dépôt de Vienne. — XXIV, 638.
JEDE (Joseph). — XVIII, 12.
*Jemappes* (Belgique). — XVIII, 105, 557, 598. — XX, 762. — XXI, 682, 810. — XXIII, 12. — XXVI, 195.
*Jemappes* (Départ$^t$ de —). — XXVII, 284. — XXVIII, 104.
*Jemappes,* navire. — XXIII, 217.
*Jemappes* (Forge de). — XXIII, 12.
JENLON, adjoint à l'adjud$^t$-g$^{al}$ Chénicr. — XX, 546.
JEOFFRAY. — XXVI, 644.
*Jéricho* (Magasin de), à Bruxelles. — XXII, 572, 573.
*Jersey* (Île de). — XVIII, 218, 219, 465. — XIX, 71, 370, 371, 388, 470, 756. — XX, 230, 256, 758. — XXI, 253, 734. — XXII, 54, 60. — XXIII, 28, 29, 468. — XXV, 84, 365, 412, 413. — XXVII, 353.
*Jérusalem* (Palestine). — XVIII, 380.
*Jésuites.* — XIX, 301. — XXV, 753.
JETTE, préposé des douanes à Nord-Libre. — XXVIII, 165.
*Jeu-de-Paume* (Salle du). — XXIII, 369.
JEUNE, cap$^e$. — XXV, 187.
*Jeune Auguste* (Navire Le). — XIX, 253. — XXI, 178.
*Jeune Créole* (Navire La). — XXI, 6.
*Jeune Eulalie* (Navire La). — XXIII, 778.
*Jeune Émilie* (La), navire sous pavillon danois. — XXVII, 319.
*Jeune Guillaume* (Le), navire sous pavillon danois. — XXVII, 319.
*Jeune Jean* (Navire Le). — XXI, 711. — XXV, 461. — XXVI, 238.
*Jeune Sophie* (Navire La). — XX, 81.
*Jeunesse* contre-révolutionnaire. — XXVI, 97-103, 267-412, 451-552, 569-614. — XXVII, 127.
— lyonnaise. — XXVI, 103, 267, 412, 614.
JEZEQUEL (Jean), fournisseur de viande. — XXIV, 279.
JIVILIS (Pierre), pharmacien. — XVIII, 194.
JOANNY, de Calix. — XXIII, 733.
JOBA, g$^{al}$. — XVIII, 144. — XXI, 10. — XXVII, 318.
JOBAINE, de Montélimar. — XXVIII, 232.
*Jobeaux* (Îles des) [M-et-L]. — XVIII, 284.
JOBERT, expéditionnaire. — XXIII, 71.
JODIN, chef de brigade. — XXVII, 634.
JOFFRIN, pharmacien. — XXII, 302.
JOHANNOT, repr. — XIX, 528, 603. — XXII, 200.
JOHANNOT, payeur de l'A., receveur des contrib. en Belgique. — XXVI, 458, 702. — XXVIII, 281.
JOHIN, en mission pour les approvision$^{ts}$. — XXI, 611.
*Joigny* (Yonne). — XIX, 612, 744. — XXI, 756. — XXII, 331, 619. — XXIII, 3, 4, 418, 575, 748. — XXIV, 307, 340, 421, 492, 570, 751. — XXV, 95, 219, 478, 628, 653. — XXVI, 166, 218, 264, 395, 593, 701, 715. — XXVII, 127, 186, 276, 326, 368, 416, 586, 589, 614, 647, 651. — XXVIII, 4, 546, 695.
JOINVILLE, caissier g$^{al}$ des Postes et Messageries. — XXVIII, 160, 409.

JOINVILLE fils aîné, employé des Postes et Messageries. — XXVIII, 160.
*Joinville* (H-M). — XX, 150. — XXV, 214.
*Joinville-le-Pont* (Seine). — XX, 362.
JOLI, détenu. — XXIII, 157.
JOLICLERC, en mission pour les approvision$^{ts}$. — XXI, 611.
JOLI-CŒUR, chef de chouans. — XX, 596.
JOLIVAT, prêtre. — XVIII, 357.
JOLIVET, courrier. — XXVII, 274.
JOLIVET, maître de forges. — XXVIII, 67.
JOLLY, administrateur du distr. de Dreux. — XXIII, 754.
JOLY (J. Nicolas), maître pêcheur à La Hougue. — XX, 7.
JOLY (Thomas), g$^{al}$ de brigade. — XXI, 359. — XXV, 112, 283.
JOLY, lieut. de gendarmerie. — XVIII, 7.
JOLY aîné, de Limoux. — XIX, 496.
JOLY, gendarme. — XXIV, 153, 438.
JOLY, chef de Chouans. — XXVIII, 91.
JOMARD, adjud$^{t}$ g$^{al}$. — XIX, 283. — XXV, 214.
*Jommelières-sur-Bandiat* (Forges de). — XXIII, 149, 720.
JONATON, brigadier de gendarmerie. — XX, 506.
JONES (William), américain. — XXII, 46.
*Jonge-Magfeld*, navire hollandais. — XVIII, 476.
*Jonquière* (La) [Aude]. — XVIII, 268. — XIX, 672.
*Jonzieux* (Loire). — XX, 253.
JORDY, adjud$^{t}$-g$^{al}$, prisonnier libéré. — XXVII, 267, 337.
JOREZ, command$^{t}$ l'artillerie à Belle-Isle. — XVIII, 610.
*Joseph Darson*, chasse-marée. — XIX, 701.
JOSNET DE LAVIOLAIS, g$^{al}$. — XX, 472. — XXIV, 625, 626, 749, 809.
JOSSE (Fr.), cap$^{e}$ de grenadiers. — XX, 641.
JOSSE, adjud$^{t}$ de place à Rochefort. — XX, 737.
*Josselin* (Morbihan). — XVIII, 166, 411, 496, 765. — XIX, 37, 55, 56, 57, 126, 218, 245, 315, 504, 505, 544, 584, 585, 586, 624, 715, 717, 718. — XXV, 581.
JOSSET (Henri), vétérinaire. — XXIV, 800.
JOSSET-SAINT-ANGE, vétéran. — XXII, 776.
*Jouan* (Golfe). — XVIII, 38, 135, 542. — XIX, XIX, 304. — XXI, 88, 90, 208, 209, 370. Voir *Golfe Juan*.
JOUAN, lieut. de gendarmerie. — XVIII, 527.
JOUANNON, canonnier. — XVIII, 333.
JOUARD (Ch. Pélerin), canonnier. — XXVI, 740. — XXVII, 118, 156.
JOUARD (P.), cultivateur. — XXVI, 740.
JOUBERT, repr. — XVIII, 259. — XIX, 70, 207, 340, 416, 442, 443, 445, 517, 542, 556, 603, 735, 740. — XX, 181, 185, 187-188, 212, 352-355, 358, 465, 496, 557, 674, 725, 726, 760, 761, 801. — XXI, 24, 31, 77, 78, 79, 164, 192, 193, 227, 229, 268, 303, 348, 384, 432, 467, 491, 763, 770, 827. — XXII, 157, 180, 313. — XXIII, 18, 22, 814. — XXIV, 183, 251, 252, 253, 300, 409, 412, 413, 414, 506, 613, 620, 622, 648, 680, 829. — XXV, 16, 175, 254, 430, 529, 532, 552, 596, 648, 732 n., 740. — XXVI, 17, 52, 91, 304, 320, 328, 329, 565, 604, 634, 653, 702, 719. — XXVII, 100, 181, 217, 287, 395, 406, 407, 494, 550, 574, 597, 609, 611, 628, 663, 675. — XXVIII, 15, 42, 51, 57, 58, 70, 114, 117 à 121, 142, 155, 170, 180 à 182, 185, 220 à 223, 252 à 254, 274, 275, 283 à 285, 306 à 308, 309, 334, 335, 369, 370, 407, 423 à 425, 471 à 476, 492, 493, 529, 555 à 558, 559, 587, 588, 601, 602, 603, 625, 651, 652, 690, 702, 703.
JOUBERT, adjud$^{t}$-g$^{al}$. — XXVI, 657. — XXVII, 324.
JOUBERT, savant. — XVIII, 424.
JOUBERT, cap$^{e}$. — XX, 224.
JOUBERT, fournisseur d'armes. — XIX, 141.
JOUBIN, cap$^{e}$. — XXIV, 217.
JOUCRY, employé. — XXII, 268.
*Joué-du-Bois* (Orne). — XIX, 265.
JOUËNNE, repr. — XXI, 56. — XXIII, 523.
JOUENNE (Ambroise Louis), agent de change ou courtier. — XXIII, 270.
JOUENNEAULT, membre de la Commission du commerce et des approvision$^{ts}$. — XVIII, 6, 18, 119, 323.
*Jougne* (Doubs). — XXVIII, 686.
JOUIN, volontaire. — XXI, 755.
JOURAU-AUBERT. — XXV, 3.
JOURDAIN, lieut. d'artillerie. — XIX, 230.
JOURDAIN, receveur de la Halle aux cuirs à Paris. — XIX, 610, 611.
JOURDAIN, inspecteur g$^{al}$ des remontes. — XXIV, 155, 662.
JOURDAN, g$^{al}$ en chef. — XVIII, 23, 126, 235, 309, 310, 507. — XIX, 53. — XX, 73, 209, 269, 465, 621, 674, 761, 800, 801. — XXI, 77, 78, 164, 192, 228, 229, 280, 282, 303, 363, 406. — XXII, 85, 349. — XXIII, 51, 284, 408, 530, 531, 646, 647, 805, 815. — XXIV, 120, 144, 145, 178, 251, 259, 260, 261, 320, 366, 564, 674, 746. — XXV, 78, 121, 225, 226, 284, 348, 449, 584. — XXVI, 44, 240, 245, 262, 305, 431, 563, 590, 654, 655. — XXVII, 262, 351, 403, 405, 407, 464, 471, 494, 561, 576, 595, 598, 599, 611, 626, 638, 675. — XXVII, 15, 16, 17, 19, 37, 58, 109, 116, 119, 120, 170, 171, 180, 184, 185, 186, 221, 252 à 254, 275, 309, 335, 408, 494, 557, 568, 603, 604, 623, 625 à 628, 637, 651, 677, 678.
JOURDAN, chef de bureau des magasins militaires. — XIX, 18. — XXIII, 127. — XXVIII, 489.
JOURDAN, repr. — XVIII, 122, 384, 489, 490, 772, 782. — XIX, 73, 576. — XX, 157, 684, 685, 700. — XXI, 356, 612, 613, 656, 799. — XXII, 289, 293, 352, 383, 487, 620, 710. — XXIII, 178, 377, 419, 502, 669, 800. — XXIV, 3, 23, 236, 270, 350, 409, 443, 487, 614, 624, 674, 688, 766. — XXV, 38, 47, 54, 126, 153, 286, 309, 402, 451, 534, 563, 580, 601, 654, 672, 673, 682, 687, 699, 727, 751. — XXVI, 24, 53, 66, 91, 136, 156, 167, 209, 218, 242, 324, 332, 395, 450, 528, 553, 594, 720, 764. — XXVII, 82, 159, 195, 257, 295, 309, 364, 427, 464, 485, 496, 629. — XXVIII, 88, 139, 430, 517, 606, 706.
JOURDAN, tourneur à Marseille. — XXVI, 360, 757.
JOURDAN. — XXVII, 502.
JOURDAN, cap$^{e}$. — XXVI, 234.
JOURDEUIL, employé au C. de S. P. — XXIV, 19.
JOURDEUIL, commiss$^{re}$ des Guerres. — XXV, 187.
JOURDY (V$^{ve}$), de Dôle. — XX, 490.
*Journal du Commerce*. — XIX, 499.
*Journal des Hommes libres*. — XX, 23. — XXIV, 550.

*Journal des lois.* — XXI, 568, 734. — XXII, 188, 449.
*Journal de France.* — XIX, 509.
*Journal des Débats et des Décrets.* — XXII, 403. — XXIII, 237, 458, 600. — XXIV, 181, 182, 183, 816.
*Journal militaire.* — XIX, 685. — XXVIII, 168.
*Journal de Liège.* — XXIII, 459, 461.
*Journal de Paris.* — XXV, 68, 80. — XXVIII, 558.
*Journal des Patriotes de 89.* — XXVII, 285.
*Journal du Lycée des Arts.* — XXVII, 620.
*Journaux.* — XXV, 461, 480. — XXVII, 319.
Jourod. — XXVI, 651.
*Jousselière* (Forge de). — XXVI, 118.
Jouve, cap$^e$ de cavalerie. — XXII, 779.
Jouve, négociant. — XXVIII, 142, 243.
Jouvelle, lieut.-vaguemestre. — XXII, 315.
Jouvenel, dessinateur à l'École centrale. — XIX, 563.
*Joux* (Doubs). — XXIII, 446. — XXIV, 220.
Jouy père et fils, fournisseurs de draps de Cabrespine. — XX, 491.
Jouy, adjud$^t$ g$^{al}$. — XXII, 516. — XXV, 589. — XXVI, 688. — XXVII, 633. — XXVIII, 242.
*Jouy* (E-et-L). — XXII, 361.
Joyand, médecin à Fresnes. — XXIII, 738.
*Joyeuse* (Ardèche). — XVIII, 655.
Jubé (Augustin). — XVIII, 400.
Jubert. — XVIII, 162, 163, 164.
Jubinal, employé au C. de S. P. — XXI, 633.
*Juéry* (Fourneau de) [Tarn]. — XVIII, 625. — XXVIII, 25.
Juge, commissaire-ordonnateur en chef. — XVIII, 589.
Jucé (Martial), adjoint au g$^{al}$ Vachot. — XX, 788.
*Juges de paix.* — XIX, 9. — XXIV, 546, 547. — XXV, 175, 713, 757. — XXVII, 287, 651. Voir *Tribunaux*.
Jugla (Pierre), soldat mutilé. — XXIII, 241, 242.
*Jugon* (C-du-N). — XVIII, 740, 775, 776, — XIX, 142, 214, 372.
Juhé, cap$^e$. — XXIV, 217.
*Juigné* (Maison de), à Paris. — XXVIII, 571.
Juignet, chef d'escadron. — XVIII, 400.
*Juilly* (Collège de). — XVIII, 198.
— (École nationale de). — XXIV, 656.
Juinde, lieut. au 1$^{er}$ b$^{on}$ d'Apt. — XXVIII, 82.
Julian, off. de santé à l'hôpital de Saarbrück. — XXVIII, 595.
Julien, adjud$^t$ g$^{al}$, chef de b$^{on}$. — XVIII, 550.
Julien, commis à l'hôpital militaire de Mèze. — XX, 586.
Julien, de Toulouse, repr. — XXII, 2. — XXVI, 689.
Julien, agent des transports. — XXII, 702.
Julien, vice-commissaire à Rotterdam. — XXVI 424.

*Juliers* (Duché de). — XVIII, 95, 309, 408, 495. — XIX, 34, 49, 69, 790. — XXI, 77. — XXIV, 174, 452. — XXV, 288.
Juliot, acheteur de viande. — XIX, 322.
Jullien (J. Aug.), agent comptable de l'atelier d'armes de Fontaine-Grenelle. — XXVII, 540.
Jullien et Mouzaret, fournisseurs de Montélimar. — XXVI, 643.
Jullienne, marchande grainctière à Paris. — XXVIII, 545.
Jully (Jullien), administr. de l'Enregistrement. — XXVIII, 163.
*Jumeau*, navire danois. — XXII, 183.
*Jumeaux* (Bois des). — XXI, 270.
Jumelin, ingénieur. — XXVII, 29.
*Juncal*, command$^t$ temporaire du château de Dax. — XIX, 597.
Junker, adjud$^t$ g$^{al}$ à l'A. des Pyr.-Occident. — XXVIII, 428.
Junnenraet, cap$^e$ de hussards. — XXIV, 281.
*Juno*, navire. — XXVIII, 660.
*Junon*, frégate. — XX, 682. — XXVII, 163.
Junot, aide de camp du g$^{al}$ Bonaparte. — XXV, 278, 378. — XXVI, 421.
Junqua-Laserre, cap$^e$. — XVIII, 474.
*Jura* (Départ$^t$ du). — XVIII, 11, 26, 150, 198, 339, 361, 480, 486, 691. — XIX, 28, 38, 105, 126, 131, 145, 163, 193, 194, 258, 259, 266, 279, 287, 312, 374, 463, 545, 561, 581, 591, 592, 638, 648, 649, 702, 721, 743, 763, 764. — XX, 55, 74, 75, 87, 112, 176, 270, 322, 345, 438, 441, 452, 528, 551, 611, 700, 752, 767, 773. — XXI, 43, 216, 545, 604, 683. — XXII, 17, 118, 569, 586, 797, 798. — XXIII, 8, 39, 114, 168, 229, 242, 321, 352, 446, 619, 705, 725, 727, 728. — XXIV, 5, 45, 143, 220, 380, 570, 650, 687. — XXV, 376, 691. — XXVI, 190, 219, 339, 558, 762. — XXVII, 248.
*Jurés.* — XXIV, 80, 461. — XXV, 297, 335, 362, 689, 718 n. — XXVI, 293, 529. — XXVII, 651.
Jurie, commissaire des Guerres. — XVIII, 168, 214.
Jurieu, contrôleur de la marine. — XVIII, 728.
*Jury militaire.* — XXIII, 45. — XXV, 350.
— de commerce. — XXIV, 701.
— d'examen pour les officiers. — XXVI, 295.
Jusny (Aisne) [Écluse de]. — XXVII, 540.
*Jussey* (Hte-Saône). — XX, 241. — XXII, 387.
*Juste*, vaisseau français. — XXI, 556. — XXII, 180.
*Justice*, frégate française. — XXII, 265. — XXIII, 217. — XXV, 439. — XXVII, 163.
*Justice* civile et criminelle. — XIX, 9, 34.
*Justices* seigneuriales. — XXV, 175.
*Justine*, navire de Bordeaux. — XX, 270.
Juteau, pharmacien. — XXV, 213.
Juttet, imprimeur en taille douce. — XXIV, 539.
Juvien. — XIX, 462.

# K

*Kaiserslautern* (Allemagne). — XVIII, 335, 653. — XXIII, 8. — XXIV, 341. — XXVI, 182.
KALKEN-STEIN (C$^{te}$ de), gouverneur de Magdebourg. — XXVII, 119.
KALKREUTH, g$^{al}$. — XVIII, 286, 491, 516, 517, 530, 667.
KAMMERER, cap$^e$ de hussards. — XXIII, 328.
*Kapelmolen* (Belgique). — XXV, 349.
*Kappelle* (Hollande). — XIX, 159.
KAPPLER, agent du prince de Hesse-Darmstadt. — XXIII, 386.
KARCHER, repr. — XXVI, 144.
KAUDRIN, enseigne de vaisseau. — XX, 630.
KEATING, g$^{al}$ de division. — XXIV, 741.
*Kehl* (Pont de). — XXI, 838. — XXVII, 530. — XXVIII, 183, 185, 625, 626, 627, 707.
KEINEK, employé à la levée des contrib. — XXVI, 320.
*Kekerdam* (Hollande). — XVIII, 686. — XIX, 443.
KELLER, fournisseur aux armées. — XXII, 742.
KELLER, sergent-major. — XXV, 617.
KELLER. — XXV, 731.
KELLERMANN, g$^{al}$ en chef. — XVIII, 90, 670. — XIX, 118. — XX, 606, 736. — XXI, 5, 67, 237, 299, 380. — XXII, 95, 271, 518, 521, 558, 568, 569, 771, 801, 826 fin. — XXIII, 136, 267, 268, 291, 399, 400, 599, 658, 659, 795, 796. — XXIV, 59, 90, 91, 131, 160, 164, 165, 320, 321, 347, 429, 463, 503, 510, 534, 577, 586, 652, 676, 697, 730-732, 757, 782, 784, 799, 816, 840, 846, 849. — XXV, 64, 65, 90, 154, 271, 313, 332, 418, 458, 520, 550, 571, 630, 709. — XXVI, 31, 227, 325, 433, 531, 546, 564, 672, 720, 725, 734, 757. — XXVII, 88, 108, 185, 199, 212, 224, 235, 248, 258, 268, 270, 323, 484, 500, 627, 667. — XXVIII, 73, 143, 144, 223, 224, 225, 331, 542.
KELLERMANN (Louis Armand), command$^t$ de Montreuil-sur-Mer. — XX, 44, 383, 155, 311.
KENT (John), prisonnier anglais échangé. — XXVII, 41.
*Kerberg*, quartier g$^{al}$ de l'A. de Sambre-et-Meuse. — XXVII, 663.
*Kercado* (Morbihan). — XIX, 715.
KERDRAIN, enseigne de vaisseau. — XX, 630.
*Kerdreau* (Château de), à Plouay (Morbihan). — XX, 282.
KERFURUS, maître d'équipage. — XXII, 184.
KERGUELEN (*Voyage dans les mers du Nord* de). — XX, 608.
KERGUELEN, officier de marine. — XX, 630.
KERGUELEN, contre-amiral. — XX, 775. — XXI, 6, 556.
*Kerlozet* (Hospice de). — XVIII, 297.
KERMENGUY-COSMAR, employé aux bureaux civils de la marine à Brest. — XX, 714.
KERMORVAN, g$^{al}$ de brigade. — XXIV, 638, 790.
KEBR, cap$^e$ de navire. — XIX, 241. — XXVIII, 244.
KERSALAUN, fils aîné. — XXIV, 625.
KERST, volontaire. — XVIII, 368.

KERVÉLÉGAN, (A. B. Fr. LE GOAZRE de), repr. — XXV, 527, 528. — XXVIII, 451, 452, 509, 510, 512, 553, 629.
KEUCHEN. — XXV, 685.
KICK, négociant à Marseille. — XIX, 358. — XX, 404.
KILMAINE (Jennings), g$^{al}$ de division. — XVIII, 654, 769. — XXI, 317. — XXIV, 217, — XXV, 168, 214.
*Kinsale* (Irlande). — XX, 139.
KION, commissaire ordonnateur. — XXVIII, 577.
KIORINE (Andréas), cap$^e$ du navire danois *Ange*. — XXVII, 592.
*Kirchberg* (H-R). — XVIII, 358. — XXVIII, 423, 557.
KIRGENER, chef de b$^{on}$ du Génie. — XVIII, 488. — XX, 40. — XXII, 268.
KIRKHAM, anglais résidant au Havre. — XXI, 618.
KISTER, chef de la 13$^e$ demi-brigade d'infanterie. — XXVII, 316.
KLÉBER, g$^{al}$ de division. — XVIII, 29, 125, 145, 235, 309, 310, 336, 515, 518, 556, 668, 669. — XIX, 140, 158, 235, 589, 590. — XX, 210, 278. — XXI, 463, 491, 648, 839. — XXIII, 816. — XXVI, 654. — XXVII, 237, 404, 470, 561, 675. — XXVIII, 29, 57, 117, 221, 222, 284, 626, 627.
KLEIN, commissaire de Passy-lès-Paris. — XXIII, 37.
KLEIN, maîtresse de poste à Stutzheim. — XXIV, 688.
KLEIN, command$^t$ la garde nat. de Sarre-Libre. — XXVIII, 570.
KLEINSORGEIN, cap$^e$. — XXII, 416.
*Klingenthal* (Manufact. de) [B.-R]. — XXI, 511. — XXII, 412, 498, 499. — XXV, 349.
*Kloret* (Hospice de). — XIX, 231.
*Knodsenburg* (Fort de). — XIX, 443.
KOCH, artiste en serrurerie. — XXVII, 444.
KOCHLIN (Eberhard), négociant à Bâle. — XXV, 637.
KOECHLIN, fournisseur. — XXI, 672.
KOEHLER, g$^{al}$ prussien. — XVIII, 286, 616.
KOENIG, volontaire. — XX, 689.
*Kœnigsberg* (Pologne). — XIX, 70. — XX, 357. — XXI, 780.
*Kœnigstein* (Allemagne). — XX, 562. — XXVII, 350.
KOLB, inspect$^r$ en chef des forêts du Bas-Rhin. — XXVI, 296, 299, 680. — XXVIII, 638.
KOHLER, adjoint aux adjud$^{ts}$ génér$^x$. — XVIII, 568.
KOLKRAK, command$^t$ le dépôt de la Légion de police à Choisy. — XXVI, 624.
KOLKRATZ, chef de b$^{on}$. — XXV, 519.
*Kongenshaal*, navire. — XX, 63.
KOPPEL (Salomon). — XXVIII, 55.
*Korend*, navire anglais capturé. — XXV, 635.
*Kostheim* (Allemagne). — XXVIII, 222.
*Kraak*, navire. — XXIII, 348.
*Kreuznach* (Allemagne). — XX, 370. — XXIII, 688. — XXV, 536. — XXVI, 12.

KRIEG, g$^{al}$ de division. — XVIII, 55, 63, 148. — XIX, 505, 755, — XXIV, 255, 565. — XXV, 28, 299, 506. — XXVI, 72, 351, 698. — XXVII, 204, 298.
KRISAR, parlementaire autrichien. — XXIII, 8.
KROCH, aide de camp du m$^{al}$ Bender. — XXVII, 267, 336.
KROHM, cap$^e$ de vaisseau. — XXVI, 452.

KROLUM. — XXV, 368.
*Kronenburg* (Moselle). — XXII, 752.
KRUBELL, g$^{al}$. — XXVIII, 312.
KUHN. — XX, 55.
KUHN, cap$^e$. — XXII, 614.
*Kuilenburg* (Hollande). — XIX, 517.
KYSPOTER, administrateur du départ$^t$ du Nord. — XXIV, 393.

# L

LABADIE, adjud$^t$ g$^{al}$. — XXIII, 477.
LABADIE. — XXIV, 776.
LABARBE, chef d'escadron. — XXVII, 299.
LA BAROLIÈRE (Jacques Marguerite Pilotte), g$^{al}$ de division. — XXV, 664. — XXVII, 171, 480.
LA BARRE, ingénieur. — XX, 521.
LA BARRE, chef des bureaux civils de la marine. — XXII, 184.
LA BARRÈRE, inspecteur g$^{al}$ des brigades du génie. — XXVIII, 700.
LABARTHE, adjoint à l'adjud$^t$ g$^{al}$ Ducomet. — XVIII, 475.
LABASSE, employé. — XVIII, 488.
LABAYETTE DE GALLES, g$^{al}$ de division. — XXI, 436.
LABBÉ, de l'agence des matières g$^{ales}$. — XVIII, 385.
LABBÉ, de Coulommiers. — XIX, 746.
LABBÉ, meunier. — XX, 40.
LABBÉ, inspecteur des moulins. — XXI, 669.
LABBÉ, examinateur de l'artillerie. — XXV, 635.
L'ABBÉ, (Julien Fr. Ch.), conducteur des travaux publics. — XXIV, 539.
LA BEAUME, directeur de section aux Transports militaires. — XXIV, 821.
LA BÉRÉE (Marquis de). — XXIV, 751.
LABÈZE, pharmacien. — XXII, 590, 610.
LABITTE, agent de l'Agence de l'habillement. — XIX, 322. — XX, 331.
LABOLLE, inspecteur g$^{al}$ de la grosse artillerie. — XXVIII, 665.
LABONADIÈRE aîné, négociant. — XVIII, 678, 679. — XX, 316.
LABORDÈRE, acheteur de chevaux. — XIX, 154.
LABORDE (Alex.-Jean-Louis), ex-administrateur des Domaines. — XXV, 182.
Laborde (Maison), à Paris. — XXV, 71.
LABOULANDIÈRE, émigré. — XXIII, 256.
LA BOURDONNAYE, g$^{al}$. — XIX, 665. — XXVI, 155.
LABRANCHE, préposé de l'Agence de l'habillement à Lodève. — XXII, 269.
LABRESCHE (Jean), salpêtrier. — XXVIII, 593.
LABRETÈCHE, enseigne de vaisseau prisonnier. — XXII, 808, 809.
LABRÉTÈCHE, command$^t$ d'armes du Havre. — XXV, 177. — XXVI, 18. — XXVII, 489, 515, 622.
LA BRIE (Ch.), off. aux Îles du Vent. — XIX, 241. — XXII, 415.
LA BRIFFE (Atlas de). — XVIII, 573.
LABRO (Marc Ant.), garde d'artillerie à Agde. — XXIII, 71.
LABRONIÈRE. — XXVI, 53.
LABROUE (H.). — XXV, 54 n.
LA BUISSIÈRE, off. de police militaire. — XXV, 574.
LA BUSSIÈRE (Pierre), acheteur de chevaux. — XVIII, 578, 810. — XXI, 458, 459. — XXIV, 818, 819. — XXVII, 345.
LACAILLE, brigadier de gendarmerie. — XXV, 504.
La Calle (Algérie). — XX, 270, 538. — XXI, 557.
LACAN, volontaire. — XXIV, 394.

Lacanche (C.-d'Or) [Forges et fourneaux de]. — XIX, 439.
LACAQUE, brigadier. — XXIV, 455.
LA CARRIÈRE, consul à Santander. — XXVI, 690.
LACANOT (J. J.), fournisseur aux armées. — XXII, 742.
Lacaune (Tarn). — XVIII, 319.
LACAZE (Jacques), ag$^t$ de change ou courtier. — XXIII, 269.
Lachanal (Commune de) [?]. — XVIII, 773.
LACHAPELLE, directeur de la fabrique de vitriol de Lille. — XXV, 333, 443.
LACHAPELLE, imprimeur en réquisitions. — XXVII, 315.
LA CHAPELLE, géomètre. — XIX, 512.
LACHAT et C$^{ie}$, quincailliers à Paris. — XX, 363.
LA CHAUSSÉE, chef de brigade. — XIX, 584.
LA CHAUSSÉE, commissaire des Guerres. — XXVI, 442.
LACHESNEZ-HEUDE, négociant à Rouen. — XXI, 552. — XXII, 448. — XXIV, 4.
LACHÈVRE, cap$^e$ de hussards. — XX, 545.
LACHÈZE, consul à Gênes. — XVIII, 599, 600. — XXI, 369. — XXV, 369. — XXVII, 136.
LACHÈZE, élève à l'École aérostatique de Meudon. — XXVI, 741.
LA CHICHE, g$^{al}$. — XXVI, 638.
LACLUZE, aérostier. — XIX, 310.
LACOMBE (Joseph Henri), de l'Aveyron, repr. — XXI, 431, 485, 486. — XXII, 478.
LACOMBE (du Tarn) ou LACOMBE SAINT-MICHEL, repr. et g$^{al}$ d'artillerie. — XVIII, 28, 29, 66, 234, 262, 335. — XIX, 335. — XX, 44, 46, 439, 484, 659, 783. — XXI, 26, 220, 221, 222, 307, 308, 345, 596, 802. — XXII, 343, 640. — XXIII, 816. — XXIV, 11. — XXV, 136, 407.
LACOMBE-SAINT-MICHEL (Eugène), aspirant de marine. — XIX, 536.
LACOMBE, cap$^e$ de gendarmerie. — XXV, 378.
LACOMBE frères, à Bordeaux. — XXVII, 538.
LACOQUE, brigadier de dragons. — XXIII, 463. — XXIV, 13.
LA CORRETERIE (Ch. Alex.). — XXVI, 230.
LACOSTE (J.-B.), repr. — XVIII, 105, 479, 509, 529, 599, 632, 653. — XIX, 49, 53, 68, 106, 124, 144, 207, 233, 254, 340, 416, 442, 443, 445, 483, 513, 516, 542, 556, 603, 605, 735, 740. — XX, 136, 182, 212, 394, 395, 464, 506, 609, 623, 709. — XXIV, 74. — XXV, 49. — XXVI, 728.
LACOSTE (Élie), repr. — XIX, 365. — XX, 119. — XXI, 508.
LACOSTE (Jos.), contrôleur de la mine de la Pléau. — XXVI, 480.
LACOSTE (Th.), médecin à l'A. des Pyr.-Occident. — XXVI, 116.
LACOSTE, élève de l'École de Châlons. — XVIII, 120.
LACOSTE (L. A.), lieut. de vaisseau. — XXII, 181.
LACOSTE, adjud$^t$ g$^{al}$. — XVIII, 123.
LACOSTE (Joseph), élève de l'École normale. — XX, 293.

LACOSTE, chef de brigade de cavalerie. — XXII, 779. — XXIV, 792. — XXV, 74.
LACOSTE. — XIX, 318. Voir CASTERA (Louise).
LACOSTE (Paul), cap<sup>e</sup>. — XX, 522.
LACOSTE, émigré. — XXIV, 727.
LACOSTE, lieut. du génie. — XXVIII, 484.
LACOSTE et DUBREUIL, prêteurs. — XXVIII, 544.
LACOUDRAIS aîné, (Nicolas Louis Guillaume). — XVIII, 318. — XIX, 168, 380, 529, 530, 610.
LA COUDRAYE (Gérard), lieut. de vaisseau. — XVIII, 569.
LACOUR, chef de b<sup>on</sup> du génie. — XX, 172. — XXV, 519.
LACOUR, adjud<sup>t</sup> g<sup>al</sup>. — XXII, 421.
LACOUR, prisonnier de guerre évadé. — XXV, 215.
LACOUR, commissaire des Guerres. — XXVII, 591.
LACOUR-DRIEUX. — XVIII, 189.
LACOUR, employé à la sect<sup>n</sup> de la Guerre. — XXVIII, 417.
LACOURTADIÈRE, agent de la marine. — XXI, 3.
LA CRÉPINIÈRE, chef de b<sup>on</sup>. — XXVI, 204.
LACROCHE, procureur syndic du distr. de Langogne. — XXVI, 358.
LACROIX, command<sup>t</sup>. — XIX, 566.
LACROIX, lieut. de vaisseau. — XX, 630.
LACROIX, adjud<sup>t</sup> g<sup>al</sup>. — XX, 140.
LACROIX père, sculpteur de marine. — XX, 340.
LACROIX fils, peintre de marine. — XX, 340.
LACROIX, chirurgien. — XX, 543.
LACROIX, examinateur à l'École centrale. — XX, 648.
LACROIX, off. de santé. — XXI, 132.
LA CROIX (Hubert Dieudonné), aide de camp du g<sup>al</sup> Le Doyen. — XXII, 270.
LA CROIX, adjud<sup>t</sup> g<sup>al</sup>. — XXVII, 33. — XXVIII, 90.
La Croix (Maison de), cordonnerie. — XX, 615.
LACROLLIÈRE (Fr.), courrier du C. de S. P. — XIX, 187. — XXVII, 81. — XXVIII, 544.
LA CROSSE, cap<sup>e</sup> de vaisseau. — XIX, 32.
LACUÉE, g<sup>al</sup> de brigade. — XX, 203. — XXVII, 57. — XXVIII, 668.
LADONCHAMPS, chef de brigade d'artillerie. — XXIV, 690.
LAFABRIE, off. de santé. — XIX, 148.
LAFAGE, off. artificier. — XXVII, 214, 263.
LA FARGUE, off. de santé. — XX, 408.
LAFARGUE, cap<sup>e</sup> de chasseurs à cheval. — XXII, 477.
LA FAYETTE, g<sup>al</sup>. — XIX, 420.
LAFERTÉ, de Paris. — XXII, 210.
LAFFITE-CLAVÉ, g<sup>al</sup>. — XXIII, 590.
LAFFOND, négociant à Dunkerque. — XXI, 646. — XXII, 76, 454. — XXVI, 183.
LAFLEURIE, agent des hôpitaux militaires. — XXI, 51.
LAFLOTTE (Alexis). — XVIII, 501.
LA FLOTTE, ex-ministre de France. — XXII, 99.
Lafolie, déporté de la Guadeloupe. — XVIII, 75. — XIX, 66.
LAFOND, chef de b<sup>on</sup>. — XXIII, 401.
LAFOND (Baptiste), volontaire. — XIX, 134.
LAFOND, enseigne de vaisseau. — XX, 630.
LAFOND-BLANIAC, off. de chasseurs à cheval. — XVIII, 322.
LAFONT, cap<sup>e</sup> d'artillerie. — XXV, 186.
LAFONTAINE, plongeur. — XXIV, 608, 609.

LAFORET (C<sup>ne</sup>). — XVIII, 63.
LAFORÊT, filateur de coton à Neuilly. — XX, 244.
LAFOREST, cap<sup>e</sup>. — XIX, 438.
LAFOREST (P. Sylvain), de l'École aérostatique. — XXVIII, 64.
LA FORGE (Claude), cap<sup>e</sup> à l'arsenal de Paris. — XXVIII, 129.
LAFOSSE, agent de la Commission des armes. — XIX, 8.
LA FROPINIÈRE, cap<sup>e</sup> de gendarmerie. — XXVI, 203.
LAGAN, consul à Hambourg. — XXIII, 59, 412. — XXIV, 229, 230.
LAGARDE, enseigne. — XXI, 402.
LAGARDE (V<sup>ve</sup>) et son fils. — XXI, 672.
LAGARDE, fournisseur aux armées. — XXII, 334.
LAGARDE (Hugues), conservateur du museum de Versailles. — XXVIII, 98.
LAGARDETTE (Louis-Mathieu-Laurent), sergent-major. — XVIII, 600.
LAGARENNE, cap<sup>e</sup>. — XX, 269.
LA GASTINE, chef de brigade. — XVIII, 19. — XIX, 48.
LAGENIÈRE, de l'Agence des subsistances de l'A. des Pyr.-Orient. — XXIV, 67.
LAGEON, volontaire. — XVIII, 292.
LAGLANE, off. du 6<sup>e</sup> hussards, suspendu. — XXVII, 245, 450.
LAGNIET, administrateur du distr. d'Ambert. — XX, 542.
LAGNIET, maître de forges à Saillant. — XX, 542.
Lagnieu (Ain). — XVIII, 241.
Lagnon, rivière. — XX, 80.
Lagny (S-et-M). — XVIII, 2. — XX, 299. — XXIV, 154, 350, 467.
Lagoa (Baie de). — XXVI, 580, 628. — XXVII, 9.
LAGORSE, élève à l'École normale. — XIX, 427.
LAGORSE, cap<sup>e</sup>. — XXIV, 129.
LA GOUPILLIÈRE, agent des transports par rivières. — XXII, 733.
LA GOURLIÈRE, off. — XXII, 542.
LAGRANE, ex-commissaire ordonnateur en chef. — XXVIII, 417.
LAGRANGE (J. Ch.), g<sup>al</sup>. — XVIII, 184.
LAGRANGE, commissaire ordonnateur. — XX, 408. — XXII, 261. — XXIII, 638.
LA GRANGE, instituteur à l'École centrale. — XVIII, 327.
LAGRANGE (Mécanique de). — XXIV, 159. — XXV, 641.
LAGRANGE (Fr. Virgile), pêcheur. — XVIII, 631.
LAGRANGE, adjud<sup>t</sup>-g<sup>al</sup>. — XXV, 214.
LAGRANGE. — XXV, 127.
Lagrasse (Aude). — XVIII, 419, 767. — XIX, 577.
LAGRAVE, commissaire ordonnateur. — XXI, 435. — XXIII, 635. — XXIV, 437.
LAGRAVIÈRE père et fils. — XVIII, 249, 250.
LAGRÉE, directeur de l'artillerie à Grenoble. — XVIII, 610.
LA GRÉSILLONAYE, lieut. de vaisseau. — XXII, 340.
LAGRÈVE (Atlas de l'abbé de). — XVIII, 526.
LAGREY (de), régisseur des achats aux armées. — XX, 174.
LAGROYZELLIÈRE (Ch.), commissaire à la Guadeloupe. — XXIV, 178.

LAGUERRE (Bernard), cavalier blessé. — XXII, 394.
*Laguillona* (ou *Agullana*) [Espagne]. — XVIII, 187, 188, 222.
*Laguîmerie* (Tarn). — XVIII, 795.
LAHALLE, conducteur de transports militaires. — XVIII, 578.
LAHARPE, g$^{al}$ de division. — XXIV, 696, 697, 732. — XXVI, 445.
LAHAUSSOIR, chirurgien à l'hôpital de Luçon. — XXVI, 475.
*Lahn*, rivière. — XXI, 387. — XXVII, 350, 403, 405, 494, 575, 599, 610, 612. — XXVIII, 15, 35, 120, 222, 425, 471 à 476, 557, 651.
LA HOGUE, émigré. — XXI, 533.
LAHOUSSAYE, aide de camp du g$^{al}$ Rochambeau. — XIX, 410.
LAHURE, de l'École centrale des Tr. publ. — XIX, 455. — XXI, 49.
*Laigle* (Orne). — XVIII, 263, 554. — XIX, 106, 107, 582. — XX, 313, 314. — XXI, 617. — XXIV, 64, 432. — XXV, 128, 657. — XXVII, 537. — XXVIII, 62, 193, 321.
LAIGNEAU (Jean), d'Orléans. — XXVI, 177.
LAIGNEL, commissaire des Guerres. — XIX, 567.
LAIGNELOT, repr. — XVIII, 76. — XXVII, 281. — XXVIII, 578.
LAIGNELOT (C$^{ne}$), f$^e$ du repr. — XXVII, 281.
LAINÉ (Siméon Emmanuel), sous-lieut. du génie. — XXII, 298.
LAIR, chef d'escadron des dragons de la Manche. — XVIII, 214.
LAIR, payeur g$^{al}$ d'Indre-et-Loire. — XXVII, 381.
*Laisne* (Forêt de), près Louvain. — XXV, 648.
LAISNÉE (Michel et Fr.), d'Aubevoie. — XXVI, 383.
LAISNEY, cap$^e$ à la 28$^e$ demi-brigade. — XXVII, 456.
LAISSÉ, chirurgien suisse prisonnier. — XXV, 490.
LAJARRIETTE, secrétaire du C. de S. P. — XX, 620, 621. — XXIII, 477.
LAJOLAIS, g$^{al}$. — XVIII, 709. — XXII, 717.
LAJOYD, auteur de la *Guerre de Sept ans*. — XXV, 640.
LAKANAL, repr. — XXI, 133, 635, 687, 760, 761. — XXIII, 259, 597. — XXIV, 31, 391, 795.
LAKILLE fils, du 4$^e$ b$^{on}$ des Landes. — XXVIII, 148.
LALANDE, administrateur de la Manche. — XX, 137, 138.
LALANDE, command$^t$ à Saint-Hyppolyte. — XXII, 119.
LALANDE, adjudicataire. — XXII, 267.
LALANDE (*Abrégé d'astronomie* de). — XXIV, 158. — XXV, 641.
LALANNE, g$^{al}$ de brigade. — XXVI, 204.
*Lalaurée* (Château de). — XX, 596.
LALAURIE (Jean Marie), élève de l'École de Santé de Montpellier. — XXI, 609.
LALLEMAND. — XXII, 507.
LALLEMAND, administrateur du distr. de Sarreguemines. — XXIII, 562.
LALLEMENT, envoyé près la Républ. de Venise. — XXI, 301.
LALLOUETTE, propriétaire des moulins de Corbeil. — XXI, 613.
LALOBE, lieut. — XXII, 218.
LALOI, commandant un b$^{on}$ de déserteurs à l'A. des Pyr.-Orient. — XX, 460.

LALOUE, ouvrier à la manufact. de Versailles. — XXVIII, 666.
LALOY, repr. — XXVIII, 351.
LAMAILLANDERIE, médecin de l'hôpital de Gray. — XXVI, 473.
LA MAISON, détenu. — XXII, 287.
*Lamalgue* (Fort), près de Toulouse. — XXI, 150. — XXIII, 264, 397, 398. — XXIV, 271, 309. — XXVI, 30, 222, 361, 435. — XXVIII, 462 n.
LAMANDÉ, élève à l'École centrale des Travaux publics. — XIX, 455. — XXI, 49.
LAMARCK, chef d'escadron. — XXII, 504. — XXIV, 280.
LAMARDELLE, cap$^e$. — XXIV, 68.
LA MARE frères, maîtres de postes. — XXIII, 774.
LAMARE, employé au secrétariat du C. de S. P. — XXVI, 556.
LAMARLE, agent g$^{al}$ des hôpitaux. — XXIV, 524. — XXV, 309, 607. — XXVIII, 576.
LAMARLIÈRE, notable d'Amiens. — XXI, 521.
LAMARQUE, négociant à Paris. — XXVII, 179.
LAMARQUE, repr. prisonnier, et sa f$^e$. — XXIV, 296, 505.
LAMARQUE fils. — XX, 25.
LAMARRE, enseigne de vaisseau. — XXIII, 820. — XXIV, 719. — XXV, 80.
LAMARTILLIÈRE, g$^{al}$ d'artillerie. — XXV, 407.
LA MARTINIÈRE, directeur de l'arsenal de Douai. — XXIV, 744, 745. — XXV, 49.
*Lamballe* (C.-du-N.). — XVIII, 661, 715, 740, 775, 776, 792. — XIX, 126, 142, 218, 219, 400, 464, 469. — XXI, 359. — XXVI, 686. — XXVIII, 149, 436, 437.
LAMBARD, ex-adjud$^t$ g$^{al}$ de la garde nat. de Mortagne. — XXVIII, 592.
LAMBERT, entrepreneur de la fonderie de Ruelle. — XXIII, 475. — XXV, 487. — XXVI, 198. — XXVII, 592.
LAMBERT, du corps du génie. — XVIII, 19.
LAMBERT, de Paris. — XXI, 549.
LAMBERT (Amafisco), cap$^e$. — XXII, 639.
LAMBERT, commissaire des Guerres. — XVIII, 563. — XXV, 291. — XXVI, 146. — XXVII, 158, 172, 229, 437. — XXVIII, 597.
LAMBERT, meunier à Pontoise. — XIX, 746. — XX, 40.
LAMBERT, caporal fourrier. — XXVII, 435.
LAMBERT, employé au port du Havre. — XXVIII, 368.
LAMBERT, des Ardennes. — XXVIII, 63.
LAMBKÉ, de Bouxwiller. — XXIII, 351.
LAMBLARDIE, direct$^r$ de l'École centrale des Travaux publics. — XIX, 138, 494. — XX, 79.
LAMBLES. — XXI, 42.
LAMBLET, commissaire des Guerres. — XIX, 597.
LAMBLY, sous-lieut. de cavalerie. — XXI, 640.
LAMBRECHT, armurier à Anvers. — XIX, 395.
LAMER, g$^{al}$ de division. — XXVII, 34, 420, 619. — XXVIII, 596.
LAMI, maire de Nogent-sur-Seine. — XXI, 202.
LAMI, cap$^e$. — XXII, 614.
LA MOISSE, cap$^e$ de vaisseau. — XX, 319.
LAMONT, maréchal-ferrant à Paris. — XXIV, 657.
LAMORLIÈRE (Fr. L. Magallon, comte de), g$^{al}$ de brigade. — XX, 43. Voir MAGALLON.
LAMORTE (Daniel), off. de santé. — XX, 439.
LAMOSERRE, chef de b$^{on}$ d'artillerie. — XXIII, 223.

LAMOTTE, agent à la sect$^n$ des vivres de terre. — XIX, 321.
LAMOTTE, command$^t$ le Fort national à Cherbourg. — XXIV, 192, 772, 773. — XXV, 353 n.
LA MOTTE, chef de brigade. — XXV, 168.
LAMOTTE, garçon de bureau. — XXV, 160.
LAMOTTE, cap$^e$ du *Télémaque*. — XXV, 380.
LAMOTTE, pharmacien. — XXV, 696.
LA MOTHE, détenu dans le Pas-de-Calais. — XXVIII, 561.
LAMOTZ ou LANOTZE, commissaire civil. — XVIII, 294.
LAMOUQUE, substitut de l'accusateur militaire à Caen. — XXVII, 601. — XXVIII, 336.
LAMOUREUX, imprimeur en réquisitions. — XXVII, 314.
LAMOUROUX, dit Chaumont, cap$^e$. — XX, 506.
LAMOUROUX, payeur g$^{al}$ de l'Isère. — XXVII, 313.
LAMPERRIÈRE (Eustache), ex-professeur au collège d'Évreux. — XIX, 120.
*Lamswaarde* (Fort de) [Hollande]. — XXII, 665.
LAMURE, chef d'escadron. — XIX, 580. — XXVI, 204.
LAMY, g$^{al}$. — XVIII, 794. — XXV, 428.
LAMY, off. mun. à Amiens. — XXI, 521.
LAMY, de Paris. — XXVI, 210.
LANASPE, officier. — XXIII, 401.
LANCELEVÉ (Jacques), requis. — XVIII, 92.
LANCHÈRE et CERF-BEER (C$^{ie}$). — XX, 438, 649. — XXI, 124, 125, 276, 482, 483, 592. — XXII, 35, 41, 295, 523, 687. — XXIII, 128, 198, 267, 273, 326, 327, 371, 531, 739, 740, 741, 806. — XXIV, 8, 64, 67, 97, 133, 176, 191, 215, 235, 302, 353, 402, 527, 568, 569, 632, 659, 675, 720, 769. — XXV, 20, 114, 202, 245, 339, 346, 492, 509, 542, 616, 679. — XXVI, 9, 15, 27, 235, 244, 331, 344, 368, 682, 757. — XXVII, 80, 145, 178, 292, 335, 648. — XXVIII, 97, 231, 550, 551, 690.
LANCRET, élève à l'École centrale des Travaux publics. — XIX, 455. — XXI, 49.
*Lancy* (Yonne). — XXIV, 64.
*Landau* (Allemagne). — XVIII, 246, 305. — XIX, 94, 104, 105, 158, 170, 173, 195, 232, 233, 365, 366, 534, 758. — XX, 38, 140, 390, 464, 735. — XXI, 7, 130, 141, 142, 264, 424, 500. — XXII, 49, 170, 259, 260, 307, 822. — XXIII, 70, 71, 110, 521, 665. — XXIV, 438. — XXV, 161, 534, 615, 734. — XXVI, 115, 144, 145. — XXVIII, 110.
*Landaul* (Morbihan). — XX, 283.
*Landerneau* (Finistère). — XVIII, 418. — XIX, 169, 437, 438. — XXVI, 132.
*Landes* (Île des). — XVIII, 190. — XXV, 326.
*Landes* (Départ$^t$ des). — XVIII, 205, 233, 467, 468, 688, 690, 811. — XIX, 59, 448, 449, 566, 656. — XX, 95, 258, 359, 508. — XXVI, 203, 372. — XXVIII, 27, 547, 565.
*Landévant* (Morbihan). — XIX, 544, 583. — XX, 283, 286. — XXV, 147.
*Landévennec* (Finistère). — XIX, 437.
LANDREAU, pharmacien. — XXV, 213.
*Landrecies* (Nord). — XVIII, 320, 439, 495. — XIX, 46, 67, 68, 119, 262. — XX, 45, 80, 335, 336, 612. — XXI, 130, 691. — XXII, 112, 127, 129, 235, 346, 362, 474, 548, 570, 791. — XXIII, 16, 76, 143, 297, 407, 456, 563, 564, 594, 661, 670. — XXIV, 20, 75, 142, 161, 256, 257, 378, 480, 618, 619, 744, 764, 765, 770, 828. — XXV, 197, 411,

429. — XXVI, 197, 609, 661, 730, 753. — XXVII, 458, 558, 641. — XXVIII, 7, 25, 47.
LANDREMONT, sous-lieut. — XVIII, 321.
LANDREMONT, g$^{al}$ de division. — XXIII, 738. — XXIV, 68, 254, 282, 285, 745. — XXV, 543. — XXVI, 692, 694, 717, 752, 754, 759. — XXVII, 185, 442, 633. — XXVIII, 11, 50, 87, 206, 283, 313, 373, 391, 454.
LANDRESSE, direct$^r$ des vivres. — XXIV, 293, 512.
*Landrethun* (Carrières de) [P-de-C]. — XXI, 752.
LANDRIEUX. — XIX, 191. — XXII, 233.
LANDRIEUX, chef de brigade. — XXII, 369. — XXIV, 97. — XXV, 378. — XXVII, 508, 699.
LANDRIEUX. — XXVII, 487.
LANDRIN, g$^{al}$ de division. — XXI, 758. — XXV, 321.
LANDRIN, adjoint de 1$^{re}$ classe du génie. — XXIII, 248.
LANDRY, quartier-maître. — XVIII, 143.
LANDRY (Fr. Timothée), enseigne de vaisseau. — XIX, 774.
*Landsberg* (Mines de) [Allemagne]. — XX, 242.
LANFRAY, commis au personnel de la cavalerie. — XXI, 722.
LANFREY, direct$^r$ des vivres à Rouen. — XXIII, 7. — XXV, 177.
LANG, volontaire. — XXI, 755.
LANG frères, de Landau. — XXVI, 144.
LANGARA, command$^t$ la flotte ennemie en Méditerranée. — XX, 217.
LANGE ANGUERAN, chef de b$^{on}$. — XXII, 182.
LANGE ou LAUGÉ, cap$^e$. — XXII, 330, 790.
*Langeais* (I-et-L). — XXVIII, 262.
LANGLAIS, chef d'escadron. — XVIII, 59.
*Langle* (Pays de) (P-de-C) [?]. — XXVII, 614.
LANGLÈS, chef de b$^{on}$. — XXIII, 551.
LANGLET, cap$^e$ prisonnier. — XXV, 706. — XXVI, 209.
LANGLOIS, gendarme. — XXVI, 740.
LANGLOIS (Robert), volontaire. — XVIII, 292.
LANGLOIS, des bureaux de la Guerre. — XIX, 237.
LANGLOIS, agent garde-magasin des approvision$^{ts}$ de Paris. — XX, 703. — XXI, 123, 589.
LANGLOIS, élève aérostier. — XXII, 178.
LANGLOIS. — XXVI, 398.
LANGLOIS, imprimeur à Paris. — XXVIII, 97.
*Langogne* (Lozère). — XVIII, 419. — XXIV, 239. — XXV, 441. — XXVI, 136, 358.
*Langres* (H-M). — XVIII, 88, 449, 470, 471, 600, 626, 763. — XIX, 272, 273. — XX, 240, 567. — XXI, 581, 672. — XXII, 386, 387, 594. — XXIII, 502. — XXVII, 6.
*Langstraat* (Hollande). — XIX, 159.
*Languedoc*. — XIX, 720. — XXVI, 159.
LANGUET (Louis), courrier. — XXIV, 656.
LANIN, sous-lieut. piémontais, prisonnier échangé. — XXVII, 52.
LANJUINAIS, repr. — XVIII, 762, 774. — XXI, 578, 786. — XXII, 90, 165, 285. — XXIII, 253, 332, 453. — XXV, 342. — XXVI, 45.
LANNAY, horloger. — XXV, 275.
*Lannes* (L-et-G). — XXVIII, 427.
*Lannion* (C-du-N). — XIX, 256. — XX, 626.
LA NOË, cap$^e$ de cavalerie. — XXIV, 10.
LANOIS, notaire. — XXVI, 187.
LANOT. — XXV, 677.
LANOT, opposant à la Constitution. — XXVII, 334

LANOTTE (Jean Simon), garçon de bureau. — XXII, 245.
LANOUE, adjud$^t$-g$^{al}$. — XXVI, 41, 42.
LA NOUE (René Joseph), g$^{al}$ de division. — XVIII, 474.
LA NOUË (Louis), chef de brigade de chasseurs à cheval. — XXII, 298, 416.
LA NOUE et C$^{ie}$, approvision$^{ts}$. — XXII, 445.
LA NOUÉE. — XVIII, 765.
Lanouée (Forges de). — XIX, 55. — XX, 243, 786.
Lansargues (Hérault). — XX, 232.
Lanslebourg (Savoie). — XXVII, 269.
Lantigen (?) [C-du-N]. — XIX, 583.
LANTIVY, chef chouan. — XXIV, 515.
LANTREMANGE, chef de b$^{on}$. — XXII, 146.
Lanty (Batterie de). — XIX, 382.
LANUSSE, vice-consul à Valence. — XXVI, 690.
Lanvaux (Forêt de). — XIX, 246. — XX, 190. — XXIII, 678.
Lanvollon (C-du-N). — XXI, 84.
Laon (Aisne). — XVIII, 143, 212, 254, 318, 608, 609, 725, 726, 734, 736, 737, 738, 771. — XIX, 111, 151, 377, 378. — XX, 503, 525, 571, 612, 774. — XXI, 65, 439, 521, 562, 610, 691. — XXII, 738, 757. — XXIII, 661. — XXIV, 38, 607. — XXV, 69, 166, 314, 587. — XXVI, 143. — XXVII, 445.
Lapalisse (Allier). — XVIII, 623.
LA PALLIÈRE, g$^{al}$ de brigade. — XXVIII, 582.
Lapalu (Gers). — XXI, 722.
LAPEURYE, chirurgien, destitué. — XXVII, 255.
LAPEYRE, élève du génie. — XXIII, 220.
LAPIERRE, conducteur des charrois. — XVIII, 185.
LAPIERRE, adjud$^t$ g$^{al}$. — XXII, 545. — XXV, 118, 192, 246.
LAPILLIONE, batelier. — XXV, 634.
LA PISSE (baron de SAINTE-HÉLÈNE), command$^t$ le Fort Nicolas, à Marseille. — XXVI, 68.
LAPISSE, chef de brigade du génie, direct$^r$ du canal de la Sambre à l'Oise. — XXV, 197, 430. — XXVII, 369, 370, 429.
LAPLACE (Cl. Henri) vétéran. — XVIII, 332. — XXI, 63.
LAPLACE, examinateur à l'École centrale — XX, 648. — XXIV, 635.
LAPLACE (De), gendarme de La Guadeloupe. — XXIV, 476.
LAPLAIGNE, repr. — XX, 228. — XXV, 725.
LAPLANCHE, cap$^e$ d'invalides. — XX, 738.
LAPLANCHE, pharmacien. — XXIV, 702.
LAPORTE, repr. — XVIII, 273, 527. — XIX, 411. — XX, 659, 669. — XXI, 273, 503, 802. — XXIII, 118, 119, 290, 293, 318, 421. — XXIV, 11. — XXV, 644, 678, 701. — XXVI, 163, 212, 243, 490, 605, 631. — XXVII, 16, 77, 405, 428, 627, 668, 669. — XXVIII, 12, 153, 154, 156, 157, 174, 175, 196, 303.
LAPORTE, juré du Trib. révol. — XVIII, 76.
LAPORTE. — XVIII, 249, 250.
LAPORTE, off. de tirailleurs. — XXVIII, 533.
LA POTERIE, cap$^e$. — XXIV, 638.
LAPOTERIE, médecin chef à Brest. — XVIII, 710.
LAPOYPE, g$^{al}$ de division. — XXIII, 403. — XXIV, 177, 402, 476. — XXV, 408. — XXVIII, 71, 223 à 225, 684.
LAQUIANTE, secrétaire de légation. — XXVI, 548.
LARBOUÉE, juge de paix de Bayonne. — XXVII, 659.

LARCHER, cap$^e$ de vaisseau. — XVIII, 528. — XIX, 553. — XX, 101. — XXVII, 9.
LARCHER, commissaire. — XX, 791.
LARCHER, cultivateur à Campigny. — XXVIII, 533.
Lardy (S-et-O). — XXI, 670. — XXII, 184.
LAREAUX, adjudicataire de sucre. — XXIV, 584.
LARECOUSE, receveur à Villefort. — XXI, 59.
LARÉJOUISSANCE, caporal rebelle. — XXVI, 100.
LA REVELLIÈRE-LÉPEAUX (L. M.), repr. — XXVI, 291. — XXVII, 50, 68, 130. — XXVIII, 135 à 137, 235, 311, 351.
Largentière (Ardèche). — XX, 550.
LARGUILLON, m$^d$ de charbon. — XVIII, 725.
LARGUILLON LEFÈVRE, m$^d$ de bois. — XXIII, 126.
Larians (Forges de) [H$^{te}$-Saône]. — XX, 201.
LARIBOISIÈRE BASTON, chef de b$^{on}$. — XIX, 598. — XXII, 307. — XXV, 405.
LA RIGAUDIÈRE (Martin Marat). — XVIII, 76.
LARIGNON, fermier à La Condamine. — XX, 361.
LARIVIÈRE, agent maritime en Espagne. — XXVI, 217, 254, 565.
Lark, navire américain. — XXII, 108.
LARMICHANT, conservateur des bâtiments militaires de Tarascon. — XXVII, 558.
LA ROCHE, procureur-syndic du distr. de Langogne. — XXVI, 136.
LA ROCHE, employé à la 2$^e$ d$^{on}$ des bureaux du C. de S. P. — XXV, 678.
LAROCHE, cap$^e$. — XXIV, 218.
LAROCHE, command$^t$. — XVIII, 20.
LAROCHE-DUBOUSCAT, g$^{al}$ de brigade. — XVIII, 540, 541. — XX, 658. — XXII, 821. — XXIV, 420, 556. — XXV, 383. — XXVIII, 369.
LA ROCHE-CHAMPREUX, chef d'escadron. — XXIII, 132. — XXIV, 156.
LA ROCHETTE, command$^t$. — XXVI, 42.
LA ROCHETTE, agent de l'Agence des achats. — XIX, 323. — XXII, 690. — XXV, 459.
LA ROQUE, chef chouan. — XXIII, 522.
LAROQUE, courrier du C. de S. P. — XXV, 40.
LA ROUËRIE (Conspiration de). — XVIII, 278, 279.
LAROUSSE, d'Orléans. — XXVI, 177.
LA ROUSSE et COLIN, voituriers. — XXVII, 226.
LA ROUVIÈRE, chef d'escadron. — XXIV. — 501.
LAROZIÈRE, chef chouan. — XXIII, 522.
LA ROZIÈRE (Carletti), cartographe. — XXV, 345.
LARRALDE-DIUSTEGUY, du Guipuzcoa. — XXII, 517.
LARREY, chirurgien en chef. — XXII, 303
Larrey (Fourneau de). — XVIII, 73, 787.
LARRIBAU, inspect$^r$ des hôpitaux militaires. — XXV, 524.
LARRIN, caporal. — XIX, 658.
LARRIVIÈRE, employé à la Commission des secours. — XXVI, 639.
LA RUE, g$^{al}$. — XIX, 219, 387.
LA RUE, du 14$^e$ rég$^t$ d'infanterie. — XX, 587.
LARZILLION, maître de poste au relais d'Harville. — XXIV, 460, 710.
LA SABLONIÈRE (Jacques), agent de change ou courtier. — XXIII, 270.
LASAGESSE, lieut. — XXVI, 101.
LA SALLE (A. N. Piédefer, marquis de), g$^{al}$. — XVIII, 367.
LA SALLE, lieut. de chasseurs, aide de camp du g$^{al}$ Kellermann. — XXII, 271. — XXV, 458, 575.

LA SALLE (Casimir), consul en Albanie. — XIX, 237, 238.
LASALLE, grenadier.— XXI, 538.
LA SERVE, quincaillier à Lyon. — XX, 363.
LASSAUSAYE, de la Commission du mouvement des armées. — XXIV, 314, 315, 316, 636. — XXV, 8, 320, 492, 543. — XXVI, 117, 182, 344, 536, 601, 753. — XXVII, 32, 56, 79, 262, 377, 432, 520. — XXVIII, 297, 298, 354.
Lassay (Mayenne). — XVIII, 76. — XIX, 135. — XIX, 147. — XX, 677. — XXII, 27. — XXIV, 467. — XXV, 95. — XXVII, 517.
LASSERAT, élève en chirurgie. — XXI, 547.
LASSERRE, commissaire g$^{al}$. — XVIII, 781. — XIX, 102.
LASSIOT, transporteur de blé. — XXVIII, 78.
LASTRAPE, négociant de Bordeaux. — XXVIII, 445.
LATAPIE, receveur de l'Enregistrement. — XXVIII, 98.
LATHELIZE, brigadier de gendarmerie à Aurillac. — XXVII, 475.
LATIMIER, DUCLOSIOUX, VEILLET et C$^{ie}$. — XXVI, 132.
LATOULNIÈRE, off. de santé. — XIX, 361.
LATOUR, ex-régisseur des postes et messageries. — XXIV, 373.
LA TOUR (Henry Joseph Vincent), g$^{al}$ de brigade. — XXVI, 288. — XXVII, 229, 279, 480.
LATOUR, agent g$^{al}$ des hôpitaux de l'A. du Nord. — XXVIII, 618.
LATOUR (Alexandre). — XVIII, 70.
LA TOUR, lieut. de cavalerie. — XX, 225.
LA TOUR, chef de division des transports militaires. — XX, 160.
LA TOUR (Fr.), canonnier. — XX, 367.
LATOUR, cap$^e$. — XX, 506. — XXI, 759.
LA TOUR, cap$^e$ de vaisseau. — XXVII, 9.
La Tour-du-Pin (Isère). — XVIII, 670. — XXII, 494. — XXVIII, 568.
LA TOUR-DUPIN (Philippe), cap$^e$. — XXII, 655.
LATOUR-LAVILLEMÈRE, cap$^e$. — XX, 666.
LA TOUR-D'AUVERGNE-CORRET, cap$^e$. — XIX, 334.
LATOURNERIE, chef de brigade. — XVIII, 580.
LATRAYLE, lieut. de vaisseau. — XXIV, 750.
LATUDE, préposé de l'Agence des subsistances militaires. — XXVIII, 78.
LAUBADÈRE (J. M. Tennet, chevalier de), g$^{al}$ du génie. — XIX, 758.
LAUBADÈRE (Germain Félix Tennet de), g$^{al}$. — XXI, 314, 350, 488, 521, 523, 564.— XXII, 127, 408.— XXIII, 782. — XXIV, 293, 359.
Lauberrain (B-R). — XXII, 587.
LAUBLENT, off. de tirailleurs. — XXVII, 533.
LAUD (Alfred), cap$^e$ de navire danois. — XXVI, 90.
LAUDRASSE, inspecteur des subsistances militaires. — XXIV, 167.
LAUDIER cadet. — XVIII, 579.
LAUDIER (Louis Benoît), off. du génie. — XIX, 119, 136.
LAUGÉ, ex-cap$^e$. — XXII, 330.
LAUMAILLER, chef de b$^{on}$. — XXVI, 95.
LAUMAILLES, cap$^e$ du génie, command$^t$ la place de Vannes. — XXVII, 522.
LAUMIER-ESTIVAL, de l'atelier de salin de Levrain. — XX, 408.
LAUMONIER, off. de santé. — XXI, 263, 264.
LAUNAY, maître de poste. — XXIII, 791.

LAUNAY (Jac. Ch. René), g$^{al}$ de division. — XVIII, 400. — XXIV, 638. Voir DELAUNAY.
LAUNAY, chef d'escadron. — XXV, 714.
LAUNOY (De), lieut. aérostier. — XVIII, 628.
LA UNION (Comte de), g$^{al}$ espagnol. — XVIII, 415. — XIX, 524.
LAURENCE, sous-lieut. — XXV, 143.
LAURENCE (André Fr.), repr. — XXII, 47, 142. — XXIV, 142, 173, 202, 649. — XXV, 125, 221, 287, 382. — XXVI, 121, 493.
LAURENCEOT (Jacques Henri), repr. — XIX, 581. — XX, 510, 639. — XXI, 430, 560, 638, 818. — XXII, 80, 92, 93, 94, 290, 352, 383, 399, 417, 529, 549, 683. — XXIII, 94, 272, 289, 350, 415, 464, 465, 537, 595, 636, 730. — XXIV, 58, 236, 288, 302, 418, 487, 504, 524, 573, 627, 628, 720, 825. — XXV, 647.
LAURENSON et C$^{ie}$, fournisseurs. — XX, 124.
LAURENT, du Bas-Rhin, repr. — XVIII, 759. — XIX, 367, 643. — XX, 17, 440, 702. — XXI, 326, 378, 464, 488, 558, 564, 728, 729, 825. — XXII, 9, 50, 51, 158, 226, 334, 418, 643, 644, 672, 673. — XXIII, 5, 379. — XXIV, 6. — XXV, 420 n.
LAURENT, du Lot-et-Garonne, repr. — XX, 17. — XXVII, 514.
LAURENT, maître de poste à Bayeux. — XXVI, 273.
LAURENT, palefrenier du C. de S. P. — XX, 644. — XXVI, 56, 303, 681.
LAURENT (Pierre Louis), agent de change ou courtier. — XXIII, 270.
LAURENT, négociant à Paris. — XVIII, 93.
LAURENT, lieut. de gendarmerie. — XIX, 256.
LAURENT, de l'Agence de Bruxelles. — XX, 17.
LAURENT (Isaac), aide-chimiste à l'École centrale des Travaux publics. — XVIII, 770.
LAURENT, élève du génie. — XIX, 658.
LAURENT (Anatole), salpêtrier à Besançon. — XX, 463.
LAURENT, verrier à Roye. — XX, 503.
LAURET (Édouard), cap$^e$. — XVIII, 761.
LAURISTON (Alix), chef de brigade d'artillerie légère. — XXI, 127.
LAURORA, fournisseur de draps. — XXII, 695.
Lausanne (Suisse). — XIX, 512, 537. — XXVI, 662. — XXVIII, 640, 663.
LAUTARD, de Rians (Var). — XX, 348.
LAUTER, fabricant de baïonnettes à Mouzon. — XX, 204.
Lauterbourg (B-R). — XVIII, 780. — XIX, 497. — XXV, 535. — XXVIII, 552.
LAUTREC, lieut. — XXII, 9.
LAUVERNIER, cap$^e$ à Cherbourg. — XX, 459.
L'AUXERROIS LA COTTE, ex-commissaire des Guerres à Pondichéry. — XXVI, 511. — XXVII, 421.
LAUZARTE, agent g$^{al}$ des hôpitaux de l'A. des Pyr.-Occident. — XXVII, 340.
LAUZE-DEPERRET (Pierre Joseph), cap$^e$. — XVIII, 322, 801. — XXVI, 746.
LAUZE-DEPERRET, cap$^e$, secrétaire du C. de S. P. — XXIV, 437.
Lauzerte (T-et-G). — XVIII, 770. — XIX, 725.
Lauzun (L-et-G). — XIX, 325, 430. — XXV, 749.
Laval (Mayenne). — XVIII, 76, 98, 165, 280. — XIX, 467, 469, 519, 588, 634, 645. — XX, 166, 193, 233, 289, 307, 309, 485, 498, 516, 559, 584, 639, 677, 691, 764, 777, 784. — XXI, 37, 38, 39, 85,

119, 166, 167, 168, 194, 195, 196, 241, 295, 347, 468, 495, 538, 540, 579, 580, 659, 787, 790, 791, 833. — XXII, 18, 26, 27, 61, 90, 131, 134, 166, 167, 168, 229, 258, 286, 819. — XXIII, 195. — XXIV, 193. 331, 467, 687, 804, 806. — XXV, 95, 256, 360, 364, 582. — XXVI, 592. — XXVII, 229, 516. — XXVIII, 698.

LAVAL, ingénieur. — XVIII, 402.
LAVAL, chef de b$^{on}$. — XXI, 435.
LAVAL, chef de brigade. — XX, 67. — XXIV, 156.
LAVAL, gendarme. — XXII, 747.
LAVAL, cap$^e$. — XXIV, 218.
LAVAL, adjud$^t$. — XXV, 544.
LAVALETTE, chef de b$^{on}$. — XX, 775.
LAVALETTE, aide de camp du g$^{al}$ Canclaux. — XXI, 814.
LAVALETTE, adjud$^t$ g$^{al}$ à Domingue. — XXII, 810.
LAVALETTE, g$^{al}$. — XXIII, 817.
*Lavaur* (Tarn). — XVIII, 351, 419.
LAVAUR (J. Fr.), cap$^e$ de gendarmerie. — XIX, 257. — XXIV, 741. — XXV, 752.
LAVAUX, g$^{al}$. — XVIII, 631.
LA VAVÈRE, cap$^e$. — XXII, 217.
LAVAYTTE, aide de camp du g$^{al}$ Humbert. — XIX, 241.
LAVECHEF-DUPARC, commissaire des Guerres. — XIX, 75.
LAVEHERC et MALLET, entrepreneurs de transports. — XXIV, 345.
LAVELEYE (Fr.), réfugié belge. — XVIII, 366.
LAVERDERIE, chef d'escadron. — XXI, 738.
LAVERGNE, du 14$^e$ rég$^t$ d'infanterie. — XX, 587.
LAVERGNE, ex-g$^{al}$ de l'état-major du g$^{al}$ Canclaux. — XXI, 472.
LAVERGNE, pharmacien. — XXV, 574.
LAVERSCHE, jeune, négociant à Bordeaux. — XXVIII, 486.
LAVEUVERTE, agent de la sect$^n$ des vivres. — XX, 332.
LAVIDAN, chirurgien. — XXVII, 120.
LAVIEUVILLE, off. de police militaire. — XXV, 290.
LAVIGNE, cap$^e$. — XXVI, 42.
LAVIGNERON (Pierre), cultivateur. — XXV, 636.
LAVOCAT, adjudicataire de biens à Brienne. — XXI, 371.
LAVOINE, cap$^e$. — XXIII, 44.
LAVOISIER (Ouvrages de). — XVIII, 703, 799. — XIX, 276. — XXIV, 158. — XXV, 641.
LAVOISIER (V$^{ve}$). — XXVI, 61.
*Lavour* (Château de) [M-et-L]. — XXVI, 649.
LAVOUTE, employé au contrôle de la marine à Toulon. — XXVIII, 489.
LAVOYEPIERRE, cap$^e$ de gendarmerie. — XXI, 238. — XXII, 560, 561.
*Lay*, rivière. — XXV, 456.
*Layen* (Pays conquis de la). — XXIV, 539.
LAYNE (Pierre Laurent), agent de change ou courtier. — XXIII, 270.
*Layon*, rivière. — XVIII, 687. — XXI, 135, 409, 445.
LAZAN, consul de la République à Hambourg. — XXIV, 823.
LAZARE, de l'atelier de coupe, rue de Bondy. — XIX, 118.
LAZARRE (Pierre), de Manosque. — XIX, 476.
*Lazaret*, magasin de poudre à Nice. — XXV, 64, 158, 182, 551.

LAZOWSKI, off. du génie près la Porte ottomane. — XVIII, 786.
*Lazowski*, corvette. — XXIV, 143, 307.
LEAWENSWORTH, américain. — XIX, 431. — XXI, 358. — XXII, 613.
LEBAIGNE. — XVIII, 384.
LE BAIGUE, agent g$^{al}$ de la Comm$^{on}$ des approvisionnements. — XXV, 612.
LE BARBIER, commissaire des Guerres. — XXVIII, 28, 263.
LE BAS, repr. — XVIII, 789. — XIX, 39, 139, 410, 421, 754. — XX, 88, 650. — XXI, 814. — XXII, 155, 778. — XXIII, 352.
LE BAS, commissaire de police militaire. — XXVII, 59.
LE BATTEUX, plombier. — XVIII, 228.
LEBEAU, cap$^e$ de gendarmerie. — XXV, 214.
LE BEAU, aide de camp du g$^{al}$ Montchoisy. — XXV, 276.
LE BÈGUE, chef d'exploitation des coupes extraord. de bois. — XXVI, 336.
LEBEL, agent des vivres de la viande. — XIX, 322.
LEBEL, agent des subsistances à Pontoise. — XIX, 632. — XXII, 386.
LEBEL, déporté de la Guadeloupe. — XXII, 12.
LE BLANC, g$^{al}$ de brigade, command$^t$ la place de Douai. — XXIII, 509. — XXV, 48, 74.
LE BLANC, adjud$^t$ g$^{al}$. — XX, 390, 794. — XXIII, 161.
LEBLANC, lieut. de chasseurs. — XXIV, 210, 497.
LE BLANC, adjoint. — XXIV, 565.
LE BLANC (J.), volontaire. — XXVI, 528.
LE BLANC (V$^{ve}$), maîtresse de poste au Temple. — XXVIII, 624.
LE BLANC, chef d'escadron. — XVIII, 19, 122, 255.
LEBLANC, direct$^r$ des fabriques d'alun du Tarn. — XXIII, 697.
LE BLANC, cap$^e$ de hussards. — XXVII, 146.
LEBLANC, logeur, rue de Chartres. — XXVII, 591.
LEBLANC. — XVIII, 503.
LE BLANC, aliant à l'île de France. — XXI, 281.
LEBLANC, de Paris. — XXI, 549.
LEBLANC. — XXIII, 224.
LEBLANC DE SERVAL (J. B. Benoît), repr. — XXV, 89. — XXVIII, 503.
LEBLANC-SAINT-HILAIRE, command$^t$ de l'*Alcide*. — XXVIII, 504.
LEBLEUX, préposé des douanes à Nord-Libre. — XXVIII, 165.
LEBLEY, g$^{al}$. — XIX, 387. — XX, 472, 596, 597, 694, 784. — XXI, 37, 540, 787, 788, 790, 833. — XXII, 90, 131. — XXIV, 133. — XXV, 435. — XXVIII, 694.
LE BLOND, entrepreneur de l'entretien des routes. — XXVI, 148.
LEBLOND (V$^{ve}$). — XXV, 197, 353.
LEBLOND fils, adjud$^t$ des convois militaires. — XXV, 198, 353.
LEBŒUF (Cl. Marie Jean). — XVIII, 449.
LEBŒUF DELBRET, dit Lacharme, lieut. de la Légion de police. — XXVI, 537. — XXVII, 5.
LEBON, chef du 1$^{er}$ b$^{on}$ de Paris. — XXVI, 346.
LE BON (André). — XVIII, 294. — XXIII, 160.
LEBON (Raymond), commissaire du port d'Ambleteuse. — XIX, 497.
LE BON (Joseph), repr. — XXII, 55. — XXVIII, 514.
LE BORGNE, chef de b$^{on}$. — XXI, 104.
LE BORGNE, commissaire-auditeur des Guerres. — XXVIII, 267.

LEBOSSUT. — xxv, 246.
LEBOT (Jacques), cap<sup>e</sup> de chasse-marée. — xix, 701.
LE BOUCHER, enseigne de vaisseau. — xx, 630.
LE BOUCHER (Jean), cultivateur à Hugleville. — xxi, 280.
LEBOULANGER, fabricant à Yvetot. — xxv, 392.
LEBOUT, dragon. — xxi, 345.
LE BRAY, chasseur. — xxv, 731.
LEBRET (C<sup>ne</sup>), de Toulouse. — xxii, 150.
LE BRETON, acheteur de chevaux. — xviii, 384, 546.
LEBRETON, adjud<sup>t</sup> g<sup>al</sup>. — xx, 224.
LE BRETON, vice-timonier. — xix, 449.
LEBRETON, repr. — xx, 175. — xxiii, 342.
LEBRUN, g<sup>al</sup> de brigade. — xxvii, 56.
LE BRUN, adjoint du direct<sup>r</sup> de l'École centrale. — xviii, 39.
LE BRUN (Pierre Louis Marie), de l'École centrale des Travaux publics. — xix, 782.
LEBRUN, lieut. — xix, 566.
LEBRUN, aide de camp du g<sup>al</sup> Descloseaux. — xx, 775.
LEBRUN (Ét.), sergent au rég<sup>t</sup> de Navarre. — xx, 155.
LEBRUN, agent de Belgique. — xxiii, 433.
LE BUGLE DE LORME, command<sup>t</sup> amovible. — xxii, 271. — xxiii, 157, 279.
LE BUS, off. de police de sûreté militaire. — xxvii, 315.
LÉCAILLETTE, élève de l'École de Mars. — xviii, 759.
LE CAMUS, agent à Lyon. — xviii, 40. — xix, 621.
LECAR (Julien), matelot. — xix, 701.
LE CARPENTIER, repr. — xix, 129, 161, 187. — xx, 25. — xxi, 180. — xxii, 604. — xxiii, 404. — xxiv, 547.
Lecelles (Nord). — xxv, 420.
LECERF, prêtre. — xxii, 122, 124, 125, 168.
Léchelle (S-et-M). — xix, 689.
LECHESNE, de Queven. — xxv, 273.
LE CHEVALIER frères, négociants à Bordeaux. — xxvii, 482.
LECHEVREL (Julien René), chirurgien. — xxvii, 121.
Leck, fleuve. — xviii, 308. — xix, 286, 366, 415, 444, 516, 542, 604. — xxi, 429, 518, 777, 778, 820. — xxii, 115, 377.
LECLAIRE, g<sup>al</sup> de division. — xx, 545. — xxviii, 132, 612.
LECLAIRE et C<sup>ie</sup>, fournisseurs de charbon de bois. — xxii, 469. — xxvi, 7.
LE CLERC, aide de camp du g<sup>al</sup> Le Bley. — xx, 596, 597. — xxiv, 133.
LECLERC, dit Saint-Martin, conduct<sup>r</sup> en chef des A. — xxi, 291.
LECLERC, cap<sup>e</sup>. — xxii, 614.
LECLERC, secrétaire à Bruxelles. — xxii, 703.
LE CLERC, adjud<sup>t</sup> major. — xxvi, 350.
LE CLERC, adjud<sup>t</sup> g<sup>al</sup>, command<sup>t</sup> au Mont-Cenis. — xxvii, 269.
LECLERC DUTOT, cap<sup>e</sup>. — xxiv, 612.
LECLERC, soldat — xviii, 291.
LECLERC père, fabricant de toile à voiles. — xviii, 291.
LECLERC (J. B.), employé au recensement des récoltes en Bretagne. — xviii, 438.
LECLERC, secrétaire de Delahais. — xviii, 450.

LECLERC, libraire, imprimeur. — xviii, 327. — xxviii, 193, 324.
LE CLERC fils. — xviii, 383.
LECLERC, repr. — xviii, 477.
LECLERC, employé au C. de S. P. — xxiv, 19.
LECLERCQ, commissaire ordonnateur. — xxv, 544.
LE CLERCQ, cap<sup>e</sup> et sa f<sup>e</sup>. — xxii, 656.
LE CLÈRE, second chirurgien à Toulon. — xxv, 409.
LE COAT, cap<sup>e</sup> de vaisseau. — xx, 630, 796.
LE COAT, sous-comite. — xxvii, 265, 634.
LE COCQ, employé aux jardins de Versailles. — xxiii, 38.
LE COINTE, négociant. — xxi, 161.
LECOINTE-PUYRAVEAU, repr. — xxviii, 387.
LECOINTRE (Laurent), repr. — xix, 123, 792. — xx, 138. — xxii, 255.
LECOINTRE, cap<sup>e</sup> d'artillerie. — xix, 409.
LE COINTRE, artilleur. — xxvii, 58.
LE COINTRE, cap<sup>e</sup> des canonniers du 1<sup>er</sup> b<sup>on</sup> de S-et-O. — xxvii, 96.
LECOMTE. — xviii, 185.
LECOMTE (Alexandre), fabricant d'armes à Sedan. — xix, 327.
LE COMTE, architecte. — xix, 489. — xxi, 425.
LE COMTE, fermier des forges de Vierzon. — xix, 564.
LE COMTE, lieut. — xx, 45.
LE COMTE et C<sup>ie</sup>, de l'aciérie de Brienne. — xxi, 371. — xxv, 613.
LECOMTE. — xxvii, 168.
LECOMTE, agent de la Républ. en Amérique. — xxviii, 244.
LECOMTE, des Ardennes. — xxviii, 63.
LECOMTE-FONTAINE MOREAU, chef d'escadron. — xviii, 7, 142. — xx, 545.
LECONTE, architecte de la salle de la Conv. — xxviii, 434.
LECONTE, pharmacien. — xxiii, 549.
LECOQ, courrier du C. de S. P. — xxv, 40.
LE COQ, grenadier, fermier des Alluets. — xx, 523.
LE COQ, chef de brigade, inspecteur de la gendarmerie. — xxiv, 14.
LECOURT-VILLIERS, adjud<sup>t</sup> g<sup>al</sup> de la Garde nat. parisienne. — xxiv, 822. — xxvi, 210, 274.
LE COUTEULX, fabricant de tabacs. — xxi, 49.
LECOUTEUX (Ant. Louis), fermier à Lésigny. — xxviii, 193.
LE COUTRE, garde-magasin à Saint-Valery. — xxiii, 309.
LE COUVREUR, chef chouan. — xxviii, 460.
LE CROCQ, agent des messageries. — xxiii, 489.
LECOUX, sous-comite de misaine. Voir LE COAT.
Lectoure (Gers). — xxvii, 10.
LECTRE, command<sup>t</sup> de la place de Colmar. — xxvii, 107.
Lecumberri (Espagne). — xviii, 540. — xxv, 122, 307, 721.
LÉCUREUX, garçon de bureau du C. de S. P. — xxvi, 533. — xxvii, 474. — xxviii, 61.
LÉCUYER, soldat. — xxvi, 85.
LÉCUYER, adjud<sup>t</sup> g<sup>al</sup>, chef de b<sup>on</sup>. — xix, 139.
LÉCUYER-DUVIVIER-GUYON, cap<sup>e</sup>. — xxi, 813.
LÉCUYER (Louis), lieut. de vaisseau. — xxii, 505.
LE DALL-TROMELIN (Mathieu Marie), contre-amiral. — xxii, 184. — xxiii, 84.

5 A.

*Ledeghem* (Combat de). — XXVI, 234.
LE DOULX, agent en chef de l'habillement des troupes. — XXVII, 458.
LEDOUX (Paul), volontaire. — XXV, 534.
LEDILLAU, secrétaire-greffier à Étampes. — XXI, 403.
LEDOYEN, g$^{al}$. — XVIII, 305, 629. — XXI, 814. — XXII, 270, 368. — XXIII, 267.
LE DUC, chef de b$^{on}$. — XXVI, 361.
LE DUC, aide de camp, trésorier des invalides à Toulon. — XXVI, 468. — XXVIII, 518.
LEDUC, chef d'escadron. — XVIII, 6.
LEDUC, off. — XXIII, 634.
LEDUC, inspecteur des remontes. — XVIII, 384.
LEDUC (Jacques), cultivateur. — XVIII, 576, 648.
LE DUST, cap$^e$ de vaisseau. — XX, 103.
LEFAUCHEUX, vétéran. — XVIII, 414.
LEFAVERAIS, cap$^e$. — XXIV, 217.
LEFÉBURE, garde-magasin g$^{al}$ à Lille. — XXIV, 736.
LEFÉBURE, off. — XXIII, 346.
LEFEBVRE, de Nantes, repr. — XX, 464, 592, 609. — XXI, 225, 405, 466, 489, 569, 730, 763, 829. — XXII, 82, 201, 202, 250, 279, 456, 513, 514, 515, 573, 626, 668, 704, 785, 814. — XXIII, 23, 191, 225, 298, 300, 332, 407, 408, 432, 437, 440, 458, 459, 460, 461, 462, 526, 591, 639, 671, 706, 812, 813, 814. — XXIV, 35, 186, 225, 286, 287, 360, 361, 363, 447, 455, 481, 483, 484, 506, 513, 588, 613, 705. — XXV, 23, 106, 223, 248, 283, 359, 430, 444, 529, 580, 595. — XXVI, 71, 458, 604, 605, 620, 632, 718. — XXVII, 40, 180, 186, 208, 237, 257, 379, 429, 453, 477, 564. — XXVIII, 59, 582 à 584, 670.
LEFEBVRE (Ant. Cl.), agent de change ou courtier. — XXIII, 269.
LEFEBVRE, cap$^e$ de grenadiers. — XXV, 294. — XXVI, 760.
LEFEBVRE, g$^{al}$ de division. — XX, 208, 209. — XXI, 164, 382. — XXII, 348. — XXIV, 367. — XXV, 732 n. — XXVII, 403, 561. — XXVIII, 475, 651.
LEFEBVRE, agent du direct$^r$ des transports à Rouen. — XXV, 134.
LEFEBVRE (Louise Anne Suzanne), v$^{ve}$ de Jérôme Petion. — XXVI, 205.
LEFEBVRE, adjoint à l'adjud$^t$ g$^{al}$ Cortez. — XXVI, 714.
LEFEBVRE, inspecteur principal des subsistances militaires. — XXIII, 273.
LEFEBVRE, vice-présid. du C. de bienfaisance de la Butte-des-Moulins. — XXIV, 154.
LEFEBVRE, chef de brigade en garnison à Liège. — XXIII, 529, 551.
LEFEBVRE, beau-frère de Vanterberghe. — XXIV, 168.
LEFEBVRE (Ant. René), commissaire des Guerres. — XXII, 478, 503, 594. — XXIII, 452, 463, 636. — XXIV, 155, 216, 455, 764, 791.
LEFEBVRE (Victor), ex-commissaire des Guerres. — XXVII, 502. — XXVIII, 98, 446.
LEFEBVRE, ingénieur prussien, auteur d'*Œuvres sur les mines.* — XXV, 640.
LEFEBVRE (Fr.), mathématicien. — XVIII, 63. — XXI, 593.
LEFEBVRE frères, négociants à Paris. — XVIII, 448.
LEFEBVRE, fournisseur aux armées. — XXI, 626.
LEFEBVRE, commis aux écritures. — XIX, 188.

LEFEBVRE (Jean Denis), instructeur. — XXI, 374.
LEFEBVRE, commis au C. de législation. — XX, 198.
LEFEBVRE, de Valery-sur-Somme. — XX, 571.
LEFEBVRE, inspecteur des charrois militaires. — XXIV, 302.
LEFÉE, fournisseur aux armées. — XXI, 625.
LEFÉE fils, fournisseur aux armées. — XXI, 626.
LEFEUVRE, commissaire ordonnat$^r$ en chef de l'A. de l'intérieur. — XXV, 638. — XXVIII, 242, 293.
LEFÈVRE, caissier g$^{al}$ des coches d'eau de la H$^{te}$-Seine. — XXVI, 438.
LEFÈVRE, charcutier. — XXIV, 274.
LEFÈVRE, courrier du C. de S. P. — XXV, 40.
LEFÈVRE, graveur. — XVIII, 362.
LEFÈVRE, fournisseur à Strasbourg. — XX, 339.
LEFÈVRE, direct$^r$ de l'hôpital de Compiègne. — XIX, 188. — XX, 755.
LEFÈVRE et C$^{ie}$, négociants à Clermont. — XIX, 40.
LEFEVRE-PLANCY (Marie Jean), lieut. de vaisseau. — XX, 757.
LEFÈVRE VATRENCOURT, employé des hôpitaux. — XIX, 657.
LEFÈVRE, chef de bureau des dépôts militaires à Rouen. — XX, 621.
LEFÈVRE, chef de b$^{on}$. — XXI, 636, 637.
LEFÈVRE, chef de brigade. — XXIII, 551.
LEFÈVRE (Germain), maître de poste à Corbeny. — XXIV, 203.
LEFÈVRE. — XXIV, 218.
LEFÈVRE, commissaire des Guerres à Bruxelles. — XXVIII, 166.
LEFEVRE, dit Derville, lieut. de gendarmerie à Chaumont. — XXVIII, 648.
LEFEVRE et SIMONIN, entrepreneurs. — XXVIII, 416.
LEFORT, commissaire ordonnateur. — XVIII, 589.
LEFRANC, cap$^e$ de chasseurs. — XVIII, 580.
LEFRANC, command$^t$ de Bicêtre. — XXII, 717.
LEFRANC. — XXVII, 368.
LE FRANÇAIS, adjoint du génie. — XXV, 246.
LE FRAPER, enseigne de vaisseau. — XXV, 263.
LE FRÈRES, cultivateur. — XX, 799.
LEFUEL, aide-chimiste à l'École centrale des Travaux publics. — XVIII, 770.
LEFURE aîné, courrier du C. de S. P. — XXV, 40.
LE GACQUES, garde-magasin. — XIX, 188.
LE GALL, cap$^e$ de gendarmerie. — XXIV, 556.
LE GALL, curé de Guéhenno. — XIX, 624, 717.
LEGARDEUR, fabricant à Sedan. — XVIII, 49.
LEGARGAN fils, meunier. — XXVIII, 166.
*Legat* (Rég$^t$ prussien). — XVIII, 286.
LEGATE. — XXI, 438. Voir LECESTE.
LE GAY, ex-cap$^e$. — XVIII, 143.
*Légé* (L-I). — XXVI, 164. — XXVIII, 112, 460, 461.
LEGENDRE, de la Nièvre, repr. — XX, 410. — XXII, 29, 30, 539. — XXIII, 351, 426, 453, 475, 721, 808. — XXIV, 45. — XXV, 632. — XXVI, 112, 118. — XXVIII, 126, 127.
LEGENDRE (*Géométrie* de). — XXIV, 158. — XXV, 641.
LEGENDRE, cap$^e$. — XVIII, 122.
LEGENDRE, propriétaire des forges de Luçay. — XX, 438.
LEGENDRE, examinateur à l'École centrale. — XX, 648.
LEGENDRE, tapissier. — XXV, 103.
LEGENTIL, de Paris. — XXII, 210.

LÉGER, agent maritime du port de Toulon. — XXIV, 605. — XXV, 368.
LÉGER, constructeur de moulins à manège. — XIX, 25. — XXI, 754. — XXII, 149. — XXIII, 220. — XXVI, 500.
LÉGER, entrepreneur de transports sur eau. — XVIII, 771. — XXVIII, 164.
LÉGER, acheteur de riz. — XX, 387, 584, 585. — XXI, 702, 703. — XXII, 613.
LÉGER, chargé de mission. — XIX, 710. — XXII, 9.
LÉGER, cap$^e$. — XX, 318.
*Léger*, corvette. — XXI, 55, 694.
*Légère*, corvette. — XXI, 41.
LEGESTE, juge à Nogent-sur-Seine. — XXI, 202, 203. Voir LEGATE.
*Légion* franche étrangère. — XXVIII, 533.
— germanique. — XVIII, 771. — XX, 650. — XXIII, 629. — XXV, 162.
— de Mirabeau. — XXVII, 383.
— nantaise. — XXVII, 332. — XXVIII, 218, 402.
— de police g$^{ale}$. — XXV, 40, 41, 485, 487, 489, 519, 679, 696. — XXVI, 230, 258, 288, 312, 320, 341, 363, 505, 534, 609, 624, 639, 644. — XXVII, 107, 116, 169, 180, 278, 322, 344, 371, 418, 558, 586, 617, 664. — XXVIII, 26, 79, 128, 129, 303, 304, 486, 506, 521 à 523, 549, 595, 670, 687.
LEGO, agent national. — XVIII, 35. — XIX, 669.
LEGOT (Alexandre), repr. — XVIII, 710, 787. — XIX, 125, 367, 389, 503, 644, 755, 775, 792. — XX, 72, 128, 137, 139, 426, 427, 473, 763. — XXI, 180, 617, 628. — XXIII, 249, 376, 523, 576. — XXV, 220, 662. — XXVIII, 490, 508, 509.
LEGORGU (Jean), de Paris. — XXVIII, 608, 609.
LEGOUANEC (Julien), cap$^e$ de chasse-marée. — XIX, 701.
LEGOUT, off. du génie. — XIX, 61.
LEGOUX, négociant à Nantes. — XXV, 102.
LEGOY, épicier à Paris. — XXVIII, 346.
LE GRAND, sous-chef de division. — XXIV, 821.
LEGRAND, ex-g$^{al}$ de brigade, employé au C. de S. P. — XVIII, 486.
LE GRAND (René), comptable. — XXV, 657.
LEGRAND, juge de paix à Dunkerque. — XXV, 142.
LEGRAND, g$^{al}$ de division. — XVIII, 6. — XXI, 451. — XXII, 219. — XXIII, 429. — XXVI, 265, 444.
LEGRAND, cap$^e$ du génie. — XX, 627. — XXII, 656, 657. — XXV, 13.
LEGRAND, lieut. — XVIII, 120.
LEGRAND. — XX, 90.
LEGRAND, aide de camp du g$^{al}$ Legrand. — XVIII, 6.
LEGRAND, cap$^e$ de vaisseau. — XXI, 55.
LE GRAND, fabricant de souliers. — XIX, 201.
LEGRAND, agent des vivres. — XXIII, 208.
LE GRAS, employé à l'habillement des troupes. — XVIII, 385.
LEGRAS, command$^t$ de c$^{ie}$. — XXI, 245.
LEGRAS-PRÉVILLE, lieut. — XXIII, 776.
LEGRAS. — XXVII, 630.
LEGRIS, fournisseur d'avoine à Doullens. — XXII, 334.
LEGRIS, brigadier de dragons. — XXVIII, 507.
LEGRIS. — XVIII, 503.
LE GRIS, plâtrier à Sèvres. — XXI, 590.
LEGRIS, command$^t$ temporaire de Douai. — XXIII, 509.
LEGROS, fabricant de membres mécaniques. — XVIII, 544.
LEGROS (Hector), adjud$^t$ g$^{al}$, chef de brigade. — XIX, 438.
LEGROS, command$^t$. — XIX, 139.
LEGRIS, chef de d$^{on}$ à la Commission des revenus nat. — XXVII, 651.
LEGROS (J. B.), cap$^e$ de dragons. — XXIII, 241.
LEGROS, g$^{al}$. — XXIV, 833, 835. — XXV, 117, 192.
LEGROS. — XXV, 459.
LEGUAY DE VILLIERS, commissaire des Guerres à Évreux destitué, puis suspendu. — XXVIII, 347, 482, 564.
LÈGUE, adjudicataire de sucre. — XXIV, 584.
LEHARIVEL DU ROCHER, chef d'escadron de gendarmerie. — XXVI, 716.
LEHAUT, courrier du C. de S. P. — XXV, 40.
LE HENAFF, enseigne de vaisseau. — XX, 630.
L'HERMITE, chef d'escadron. — XXIII, 241.
LEHONGRE, lieut. de chasseurs. — XXVI, 345.
LEHOUX (Jean René). — XVIII, 414.
LEHUC, cap$^e$ de vaisseau. — XXIV, 694.
LEIGONYER, g$^{al}$. — XIX, 283.
LEISSÈGUES, enseigne de vaisseau. — XX, 630.
LEJEUNE, conducteur de transports. — XIX, 169. — XX, 390.
LEJEUNE (Louis Lina), des Ardennes. — XXVIII, 63.
LE JOEL, cap$^e$ de vaisseau. — XX, 747.
LEJOLLIOT (Jos. Louis Nicolas), employé au Bureau des dépêches. — XXII, 330, 331.
LE JUIRE (Jos.), adjud$^t$ g$^{al}$. — XXVI, 422.
LE LABOURIER (Mathurin). — XIX, 715, 716.
LELAISANT, caporal. — XIX, 618.
LELEU, propriétaire à Marnes. — XXVIII, 694.
LE LOUCHE, meunier. — XXVIII, 688.
LELUT, chirurgien. — XXV, 696.
LELARGE, contre-amiral. — XXIII, 538, 611.
LELEQUIN (Jos.), matelot. — XIX, 701.
LELEU, de Valenciennes. — XXV, 698.
LELEU, agent de la marine à Dunkerque. — XX, 319.
LELEU, employé aux approvision$^{ts}$ de Paris. — XXII, 442.
LELIÈVRE, minéralogiste. — XVIII, 424.
LELIÈVRE. — XVIII, 626, 627. — XX, 16.
LELIÈVRE, détenu à Amboise. — XXVII, 707.
LE LIÈVRE (Gilles), chevalier de Blondel, dit Gabriel. — XVIII, 661.
LELIGOIS, fermier des forges de Moncley. — XXI, 213.
LELONG, prisonnier évadé. — XXVI, 661.
LE MAIRE, employé à l'administration des postes. — XXVI, 175.
LEMAIRE, co-directeur de la fabrique d'horlogerie de Versailles. — XXVI, 148, 744.
LEMAIRE (Cl. Philippe), élève de la ci-dev$^t$ Académie de peinture. — XVIII, 292.
LEMAIRE (Parfait Joseph), fournisseur de viande à S$^t$-Omer. — XIX, 277.
LEMAIRE, garde-magasin à Orléans. — XXII, 622.
LEMAIRE (Jean), cap$^e$. — XXIV, 598.
LEMAIRE, g$^{al}$ de brigade. — XVIII, 474. — XIX, 159. — XXVII, 511.
LE MAIRE, chef de la 85$^e$ demi-brigade. — XVIII, 808.
LEMAIRE, secrétaire du g$^{al}$ Dumuy. — XXI, 815.
LE MAIRE, horloger. — XXVIII, 372.

LE MAÎTRE (Pierre), garde d'artillerie. — XVIII, 185.
LEMAÎTRE, de l'atelier de La Fère. — XVIII, 737.
LE MAÎTRE, préposé aux achats. — XXVII, 601. — XXVIII, 580.
LEMALLIAUD, repr. — XXIV, 336, 337. — XXVI, 523.
LÉMANE, repr. — XIX, 98. — XXI, 105. — XXIII, 212, 213.
LEMARCHAND (Robert), lieut. de vaisseau. — XX, 713.
LEMARCHAND, notable à Amiens. — XXI, 521, 522.
LE MARCHAND, commissaire du commerce à Madrid. — XXVI, 560.
LE MARCHAND, cap$^e$ de cavalerie. — XXVII, 59.
LE MAROIS (J. Léonard Fr.), adjoint aux adjud$^{ts}$ g$^{aux}$ de l'A. de l'Intérieur. — XXVII, 666. — XXVIII, 300, 526.
LE MASSON, directeur de l'arsenal de Strasbourg. — XXI, 105.
LE MAYÉ (Fr.), élève à l'École centrale des Travaux publics. — XVIII, 289. — XIX, 455. — XXI, 49.
Lembeye (B-P). — XXI, 514.
LEMERCIER (C$^{ns}$), fournisseurs. — XXVI, 708.
LE MERCIER, adjoint à la 7$^e$ Commission du C. de S. P. — XX, 713. — XXII, 744.
LE MESLE, off. du vaisseau la Victoire. — XXVI, 529.
LEMESNE, brigadier. — XXI, 811.
LE MÉTAYER, prêtre réfractaire. — XX, 640.
LEMETTELIER, de Lyon. — XXVII, 340.
LEMINE, gendarme. — XXIII, 404.
LEMIRE (J. P. Zacharie), agent de change. — XXIV, 701.
LEMIRE, élève de l'École centrale des Travaux publics. — XVIII, 328.
LEMOINE (Louis), g$^{al}$. — XX, 269. — XXIV, 115. — XXV, 149. — XXVI, 50, 95, 291. — XXVII, 153, 291, 333. — XXVIII, 402.
LEMOINE, employé aux bureaux de la Guerre. — XXIV, 497. — XXVIII, 418.
LE MOINE, agent de la Commission de commerce. — XXIV, 394.
LE MOINE, accusateur public près le trib. criminel d'Ille-et-Vilaine. — XXIV, 808.
LEMOLE. — XXV, 677.
LE MONIER (ou LEMONNIER), soumissionnaire. — XXVI, 646. — XXVII, 125, 288, 512.
LE MONNIER, commis aux subsistances. — XVIII, 600.
LEMONNIER jeune, employé de la Trésorerie. — XXVIII, 3, 518.
LEMONNIER (P. R.), commissaire des Guerres à Metz. — XXVIII, 2, 519.
LE MORIN, prêtre réfractaire. — XX, 640.
LEMOYNE, secrétaire. — XVIII, 368.
LEMOINE, artiste peintre. — XVIII, 567.
LEMOYNE, repr. — XVIII, 9, 575. — XIX, 565. — XX, 78, 706. — XXIII, 523.
LENAIN, sous-lieut. de hussards. — XIX, 567.
LENFANT, commissaire des Guerres. — XXII, 572.
LENFANT, membre du distr. de Douilens. — XXI, 313.
LENFANT, employé au C. de S. P. — XXIV, 19.
LENFUMÉ, entrepreneur de l'illumination de Paris. — XXVII, 138.
LENFUMÉ, gendarme. — XXI, 811.
LENGLENTIER, g$^{al}$ de division. — XXV, 592. — XXVII, 619.
LENGLET, cap$^e$ de gendarmerie. — XXIII, 277, 279.

LENGLET, cap$^e$ de hussards. — XXVI, 242.
LENGLIER, off. au b$^{on}$ de Grandvilliers. — XXV, 639.
LENGRAND et C$^{ie}$, fournisseurs. — XXVI, 510.
LENIÈQUE, dragon. — XXI, 214.
Lennep (Duché de Berg), manufact. de draps. — XXVII, 636.
LENOBLE, plombier. — XXVI, 273.
LENOIR DE LA COCHETIÈRE, g$^{al}$ de brigade. — XVIII, 217. — XIX, 597.
LENOIR, ex-aide de camp du g$^{al}$ Dufrene. — XVII, 122.
LENOIR, ingénieur des mines. — XXII, 3.
LE NORMAND, m$^d$ de chevaux. — XIX, 729.
LENORMAND, imprimeur à Paris. — XXVIII, 97.
Lens (P.-de-C.). — XXVIII, 562.
LENTHEREAU, entrepreneur des fonderies de Moulins. — XXI, 247, 434. — XXVII, 319.
LÉON, artiste réquisitionné. — XXVII, 167.
LÉON, fournisseur aux armées. — XXIV, 471.
LÉON et C$^{ie}$, négociants. — XXV, 368.
LÉONARD, direct$^r$ des hôpitaux des A. de l'Ouest. — XXI, 756.
Léonidas, navire français. — XXVI, 736. — XXVII, 135.
LÉORIER DELILLE, entrepreneur de la manufact. de Buges. — XX, 549.
LEPAGE, aérostier. — XVIII, 549.
LEPAGE, marin. — XIX, 636.
LEPAGE, gendarme à Bar-sur-Seine. — XX, 577. — XXI, 300.
LE PAGE, maître de forges. — XXIV, 470.
LE PAGE, cap$^e$. — XVIII, 551.
LEPAULX, sous-lieut. — XX, 68.
LEPAVE (Guillaume), marin. — XIX, 701.
LEPAYEN (Ch. Ant. Bruno), cap$^e$ à la Légion de police. — XXVIII, 129.
LE PAYEN, de la comm$^{on}$ des approvision$^{ts}$. — XIX, 312, 321. — XX, 387. — XXI, 702, 703. — XXV, 612 n., 714. — XXVII, 97.
LE PEC (J. B. Gilles), lieut. de vaisseau. — XX, 738.
LE PECHEUX et C$^{ie}$. — XVIII, 17, 18, 764.
LE PECQ (Gabr. Rob. Armand), conducteur de voitures. — XXVI, 599.
LE PELETIER (C$^{ne}$). — XX, 158.
Le Peletier, navire français. — XXI, 441. — XXII, 765.
LEPÈRE (Jacques-Marie). élève à l'École centrale des Travaux publ. — XVIII, 799.
LE PETIT DE COURVILLE, adjud$^t$ g$^{al}$. — XXIV, 585.
LEPICARD, extracteur de tourbe à Mennecy. — XXIII, 797.
LÉPINE, directeur des subsistances militaires. — XXI, 101.
L'ÉPINE, entrepreneur des postes. — XXII, 687.
LEPINEY (Baptiste), instructeur à la manufacture d'armes. — XXI, 374.
LE PRESTRE (Hippolyte), officier d'état major. — XXIV, 763.
LEPRESTRE, colonel. — XX, 571.
LEQUÊNE, volontaire. — XVIII, 429.
LEQUEUX, cantonnier. — XXII, 350.
LEQUINIO, repr. — XIX, 461, 474, 475, 777. — XX, 5, 85, 279, 611, 672, 691. — XXI, 562, 684, 739. — XXII, 20, 186, 692. — XXVIII, 578.
LEQUOY, g$^{al}$ de division. — XXV, 378.

LERCY, off. au dépôt de Calais. — XXVIII, 585.
LE RETOURNE, dit La Jeunesse. — XXIII, 310.
LEREYER, enseigne de vaisseau. — XX, 630.
LERICHE, soldat musicien. — XXVII, 430.
LE RICHE, canonnier. — XXVII, 631.
LÉRIS (Odon), de Bordeaux. — XVIII, 274.
LERIS, agent de la Comm°ⁿ des approvisionnements. — XX, 297.
LERODE, curé constitutionnel. — XXIII, 132.
LE ROI, chef des bureaux civils de la marine à Brest. — XXI, 556.
LE ROI, de Bayeux. — XIX, 401.
LEROI (Vᵛᵉ), cultivatrice à Chaillot. — XXI, 746.
LE ROMAIN, garde d'artillerie à Caen. — XXIV, 659.
LEROUGE, chimiste. — XXI, 6.
LE ROUX, sous-comite de misaine. — XXVII, 264, 634.
LEROUX, chirurgien à l'A. du Nord. — XXIV, 499.
LEROUX-CESBRON, éditeur du *Journal* de Lofficial. — XXV, 120 n.
LE ROUX, commissaire des Guerres, à Compiègne. — XXVII, 173.
LE ROUX, officier de marine. — XIX, 230.
LEROUX, employé aux haras. — XIX, 547, 548.
LEROUX, employé à la poste aux lettres de Compiègne. — XIX, 662.
LEROUX, commissaire ordonnateur. — XXI, 423. — XXVI, 422, 559. — XXVII, 173.
LEROUX, chasseur à cheval. — XXIII, 160.
LEROY, capᵉ d'artillerie. — XIX, 241.
LE ROY, commissaire des Guerres. — XIX, 711.
LEROY, gendarme. — XXIII, 404.
LE ROY, conducteur en chef des transports militaires. — XXIII, 404.
LE ROY, employé. — XIX, 667.
LEROY, cultivateur à Gentilly. — XXII, 691.
LE ROY, ingénieur-constructeur en chef. — XXIV, 606.
LEROY, fermier de la forêt de Cinglais. — XXV, 98.
Léry (Eure). — XIX, 762. — XX, 34.
LESAGE, directeur du cabinet topographique du C. de S. P. — XXV, 344, 575.
LESAGE, ingénieur. — XVIII, 213, 328, 329, 703.
LE SAGE, fabricant de ressorts de platines. — XVIII, 565.
LESAGE, cocher du C. de S. P. — XXI, 610. — XXVI, 681, 726.
LESAGE, d'Eure-et-Loir, repr. — XXI, 503, 513, 609, 802. — XXII, 202, 582, 667. — XXIII, 23, 144, 453. — XXIV, 667. — XXV, 93, 104, 193. — XXVI, 83. — XXVII, 50, 90. — XXVIII, 11, 14, 208, 235, 248, 512.
LESAGE-SENAULT, repr. — XXIII, 282.
LESAGE (Gaspard), volontaire. — XXVIII, 506.
LESCALIER, commissaire civil aux Indes orientales. — XXIII, 777.
*Lescate* (Espagne). — XXV, 311.
LESCHEVIN, préposé à l'Agence des salpêtres. — XX, 792.
LESCRINIER, sous-lieut. — XVIII, 184.
LESCUDIER, sous-chef à Toulon. — XXV, 409.
LESCURE, adjudᵗ de chasseurs à cheval. — XXII, 810.
LESCUYER, tanneur à Mézières. — XXIV, 317.

LESELLIER, chirurgien à Bourges. — XXIV, 279.
LESERNIER, sous-lieut. — XXIII, 776.
LESGUILLIER, de la Comm°ⁿ du Commerce. — XVIII, 18.
*Lésigny* (S-et-M). — XXVIII, 193.
LESIMPLE, courrier du C. de S. P. — XXV, 39.
LESLER, Vᵛᵉ Lejeune. — XVIII, 436.
*Lesneven* (?) [Finistère]. — XXV, 72.
LESPAGNOL, off. de santé à l'hôpital de Saarbrück. — XXVIII, 595.
LESPAGNOL, chef d'escadron. — XIX, 283. — XX, 629.
LESPÉRANCE, employé aux bureaux civils de la marine à l'Île-de-France. — XXI, 301.
LESPERUT, chirurgien. — XXV, 696.
LESPINASSE (J. Jos. Louis), repr. — XXIII, 590. — XXIV, 828. — XXV, 129, 197, 411, 429.
LESPINASSE, gᵃˡ de division. — XXI, 376. — XXVII, 318.
LESPINASSE, commandᵗ le 10ᵉ bᵒⁿ de l'Isère. — XXVI, 435.
LESPINASSE-LANGEAC-DARLET, de la Sectⁿ du Mᵗ-Blanc. — XXVIII, 125.
LESPINE fils, commissaire dans la Corrèze. — XVIII, 398.
*Lesquin* (Nord). — XX, 317.
LESSERÉ, off. de santé. — XXIV, 377.
*Lessines* (Belgique). — XXVIII, 157.
LESTANG (Comte de). — XXVIII, 232.
LESTERPT (Fr.), sous-lieut. — XXV, 635.
LESTEVENON, commissaire hollandais. — XXIII, 62, 516, 592, 662.
LESTIENNE, chef de bᵒⁿ. — XXII, 564.
L'ESTOUDUÈRE (Ch. César Séraphin), capᵉ de vaisseau. — XXII, 505.
LESTRANGES (ROMANET de), gᵃˡ de brigade. — XX, 617. — XXII, 183. — XXV, 456. Voir ROMANET.
LESTRE, commandᵗ amovible. — XVIII, 475, 727. — XXIV, 461, 768.
LESUEUR, agent du repr. Laurent. — XXII, 224.
LE SUEUR, maître de poste à Valliquerville. — XXII, 725.
LESUEUR FLORENT, entrepreneur. — XXVII, 631.
LESUEUR, gendarme à Longny. — XXVIII, 575.
LESUR, administrateur. — XVIII, 570.
LETAILLARD (René), marin. — XIX, 701.
LE TELLIER, employé à la Comm°ⁿ de Marine. — XXI, 402.
LETELLIER, sous-chef de bureau à la Comm°ⁿ d'Instruction publique. — XXIII, 481.
LE TELLIER, déserteur. — XXVI, 267.
LE TELLIER père, directeur des transports pour l'approvisionnement de Paris. — XXVII, 532.
LE TELLIER, repr. — XXVIII, 516.
LETERRIER, chef de brigade. — XXVI, 601.
LETERTRE (Michel). — XXVII, 416.
LE TESSIER, chef de division. — XXIV, 821.
LE TORZEC, capᵉ de vaisseau. — XXI, 511, 553.
LETOURBE, consul gᵃˡ aux États-Unis. — XVIII, 63.
LE TOURNEUR, de la Manche, repr. — XIX, 694, 750, 751. — XX, 218, 368, 383, 384, 385, 386, 394, 402, 434, 436, 441, 481, 482, 483, 498, 505, 510, 532, 533, 534, 566, 605, 644, 684, 748, 750, 788. — XXI, 92, 151, 208, 209, 223, 261, 273, 367, 370, 392, 452, 453, 474, 477, 585, 586, 688, 696, 698, 840. — XXII, 31, 33,

75, 81, 97, 119, 145, 147, 209, 223, 264, 265, 291, 329, 357, 385, 405, 407, 438, 450, 466, 550, 590, 598, 636, 639, 698, 756, 799, 808. — XXIII, 215, 339, 419, 802. — XXIV, 70, 188, 410, 606. — XXV, 22, 252 n., 290, 291, 547, 594, 603, 604, 605, 644, 701. — XXVI, 108, 120, 152, 165, 245, 334, 555, 572, 672. — XXVII, 50, 153, 161, 204, 221, 236, 554, 670, — XXVIII, 15, 19, 34, 50, 52, 71, 73, 74, 86, 107, 109, 130, 135 à 137, 138, 146, 169, 171, 172, 173, 197, 207, 234, 274, 275, 285, 300, 306, 308, 311, 351, 391, 396, 420, 449, 450, 451, 491, 492, 493, 495, 555 à 558, 599, 600, 623, 625 à 628, 649, 650.

LETOURNER, ex-cap$^e$ de gabelous. — XVIII, 353, 354.
LETOURNEUR, marin. — XIX, 636.
LE TOURNEUR (Marie Eugène), requis. — XXVII, 479.
LE TOUX, commis aux achats d'étalons. — XXVI, 179.
LETRONE, pharmacien à l'A. des Pyr.-Occident. — XXIV, 499.
LETTEVENON, représentant de la Hollande aux États généraux. — XXI, 186.
*Leulinghen* (Mines de) [P.-de-C.]. — XIX, 493. — XXIV, 735.
LEUNEL (V$^{ve}$), propriétaire du niveau à bulle d'air. — XXVII, 615.
LEVACHER, maître de forges. — XX, 389. — XXV, 378.
LE VAIGE, command$^t$ à Moncontour. — XIX, 217.
LEVAILLANT, cultivat$^r$ à Arleux. — XXVII, 543.
LEVALLOIS (Joseph), adjudicataire de bois. — XVIII, 501.
LE VALLOIS (V$^{ve}$) et son fils. — XXIV, 415, 416.
*Levant*. — XIX, 204. — XX, 682, 718. — XXI, 732. — XXV, 438. — XXVI, 530, 549. — XXVII, 621. — XXVIII, 238, 448, 676.
LEVASSEUR, de la Meurthe, repr. — XVIII, 145. — XIX, 105, 173. — XXVIII, 495.
LEVASSEUR (Louis Gabriel), chef de brigade. — XXII, 306.
LE VASSEUR, chasseur à cheval. — XXIII, 328.
LE VASSEUR, chef des brigands de l'Aveyron. — XXVI, 765.
LE VASSEUR, cordonnier à La Neuville-en-Hez. — XXIV, 97.
LEVASSEUR (Pierre Nicolas), volontaire. — XXV, 317.
LEVASSEUR, boulanger. — XVIII, 249.
LE VASSEUR, adjud$^t$ g$^{al}$ à l'École centrale des Tr. publ. — XX, 486.
LEVASSEUR, V$^{ve}$ de J. Cl. Cavallier. — XVIII, 755.
LEVASSEUR fils, maréchal-ferrant. — XIX, 536.
LE VASSEUR DUMONT, command$^t$ de hussards. — XIX, 729.
LEVAVASSEUR, négociant à Rouen. — XXIV, 10, 242, 350, 368.
LEVEAU (Louis Edme), volontaire réquisitionné. — XXVII, 186.
*Levée* de chevaux et mulets. — XIX, 195, 20. — XX, 66. — XXVII, 445, 610.
*Levée* de scellés. — XXVII, 6, 180, 536.
LE VENEUR DE TILLIÈRES, g$^{al}$ de division. — XXII, 810.

LÉVÊQUE-DUROSTU (Maurice Julien Marie). — — XVIII, 289. — XIX, 455. — XXI, 49.
LEVÊQUE, cap$^e$ de vaisseau. — XXI, 656, 822.
LEVÊQUE, volontaire. — XXI, 755.
LEVÊQUE, command$^t$. — XXIII, 29.
LEVÊQUE, du Bolhard. — XXIII, 677.
LEVÊQUE, charretier à l'A. du Nord. — XXVIII, 242.
*Lèves* (E-et-L) — XXVIII, 43, 608.
LEVEUX, agent des approvision$^{ts}$ à Calais. — XXI, 294.
LEVEUX, m$^{al}$ des logis de gendarmerie. — XXII, 773.
LEVIEUX, cap$^e$ à Nantes. — XXIV, 565.
LEVILLAIN, charretier. — XXVIII, 355.
LEVIS (Louis), garde-magasin. — XVIII, 318.
LEVIS, lieut. d'artillerie. — XXVIII, 485.
LEVRAT, en mission à Malte. — XVIII, 759.
LEVRAT et C$^{ie}$, joailliers. — XXVIII, 620.
LEVRAULT, imprimeur à Strasbourg. — XIX, 337.
*Levrette*, cutter. — XXVI, 391.
LEWIGNES, commissaire. — XVIII, 398.
*Leyde* (Hollande). — XIX, 604. — XXI, 532, 774. — XXVI, 431.
*Leyde* (Bouteille de). — XXIV, 357.
LEYRET, négociant à Paris. — XXVII, 566.
LEYRIS, repr. — XVIII, 32, 57, 67, 68, 127, 166, 218, 313, 314, 315, 325, 336, 374, 411, 435, 440, 531, 612, 775, 793. — XIX, 92. — XXVIII, 506.
LEYSENNE, lieut. de cavalerie, destitué. — XXVII, 96.
LEYSSEGUE, chef chouan. — XXIV, 515.
LEZANNE (Louis), aide de camp du g$^{al}$ Ceriziat. — XXV, 76.
LÉZARD (Louis), chasseur. — XXVII, 227.
LEZERNEAU, chef de bureau. — XVIII, 451.
L'HÉRITIER, command$^t$ de l'*America*. — XXII, 181.
LHERMINÉ, aide de camp. — XXVII, 428.
LHERMITE, complice des chouans. — XVIII, 372.
LHOMOND, cap$^e$ des aérostiers. — XXII, 333. — XXIV, 541, 542.
LHOMOND, employé à l'atelier de Meudon. — XVIII, 253, 652, 653.
L'HOPITAU (V$^{ve}$). — XXII, 267.
L'HOSPITAL (*Sections coniques* et *Infiniment petits de*). — XXV, 641.
LHOSTE, garde-magasin. — XVIII, 140.
LHUILLIER, sous-chef de la comptabilité à la Com$^{on}$ des Armes et poudres. — XXII, 6.
LHUILLIER, vendéen. — XXVI, 386.
*Liancourt* (École nat. des orphelins de) [Oise]. — — XXIV, 468. — XXVI, 110, 117. — XXVII, 479. — XXVIII, 348, 349, 520.
LIAUTEY, commissaire ordonnateur à Besançon. — XXVI, 477.
*Liberté* du commerce. — XVIII, 319, 586, 696, 697. — XIX, 569, 614. — XX, 150, 357, 600. — XXI, 95, 116, 606, 670. — XXII, 139, 213, 279, 387, 558, 692, 722. — XXIV, 741. — XXV, 455, 570. — XXVI, 338, 412, 472. Voir *Commerce*.
— des grains. — XX, 583, 584. — XXI, 69, 97, 99, 724, 725, 727. — XXII, 13, 15, 33, 52, 344, 387, 441, 692, 722. — XXIII, 123. — XXIV, 94. Voir *Grains*.

— des denrées. — xxi, 549, 692. — xxiii, 123.
— xxiv, 94, 374, 396, 538, 549, 580, 657. — xxv, 372, 422. — xxvi, 177, 338, 364, 384, 472, 596, 631, 656, 683, 708, 739. — xxvii, 276. Voir *Subsistances*.
— des cultes. — xx, 623. — xxi, 430, 638, 639, 732, 740. — xxii, 161, 186, 349, 430, 624. — xxiii, 537, 719, 728. — xxiv, 45, 205, 328, 547, 686, 776, 777. — xxv, 199, 427. — xxvi, 45, 77.
— des noirs. — xviii, 313. — xx, 46. — xxi, 814. — xxii, 193.
— (Arbres de la). — xxi, 732, 733, 734. — xxii, 320, 382, 396, 813, 816. — xxiii, 92, 142, 153, 522, 648. — xxiv, 301, 412. — xxv, 154, 156.
*Liberté* (Île de), ci-dev$^t$ Oléron. — xx, 69.
*Liberté de Liban*, navire belge. — xxvi, 644.
*Libos* (L-et-G). — xxi, 412, 725.
*Libourne* (Gironde). — xviii, 42, 347, 394, 680. — xix, 45, 325, 547. — xx, 267, 502. — xxii, 682. — xxiii, 474, 492. — xxiv, 536.
*Libre-sur-Sambre*, ci-dev$^t$ Charleroi (Belgique). — xviii, 494. — xix, 119. — xx, 755.
*Libremont*, ci-dev$^t$ Remiremont (Vosges). — xxiii, 324.
*Libreval*, ci-dev$^t$ S$^t$-Amand-Montrond (Cher). — xix, 528, 529. — xxiv, 540, 541. — xxvi, 119.
*Libreville*, ci-dev$^t$ Charleville (Ardennes). — xviii, 304, 368, 470, 479, 546, 552, 553. — xix, 433. — xx, 62, 648, — xxi, 175, 813. — xxiii, 201, 235, 395, 741. — xxiii, 584. — xxiv, 4, 8.
Licot, maître de forges à Cauvin. — xxi, 749.
Lidon, repr. — xxv, 54.
Liébault, cap$^e$ des hussards. — xxii, 478. — xxvi, 259, 708.
Liébeaux, lieut. de gendarmerie, à Mornay. — xxviii, 700.
Liébert, g$^{al}$ de division. — xix, 567. — xx, 417. — xxi, 317. — xxiii, 317. — xxv, 726. — xxvii, 532.
*Liége* (Belgique). — xviii, 144, 145, 187, 241, 259, 260, 309, 444, 495, 558, 569, 634, 739. — xix, 53, 141, 547, 570. — xx, 136, 179, 407, 408, 496, 618, 627, 654, 725, 781. — xxi, 489, 527, 569, 598, 819. — xxii, 15, 219, 417, 609, 786. — xxiii, 140, 141, 274, 300, 301, 346, 436, 458, 459, 460, 461, 489, 528, 529, 584, 588, 706, 713, 753, 814. — xxiv, 67, 75, 224, 274, 288, 323, 608, 615, 616, 679, 680, 736, 767. — xxv, 183. — xxvi, 42, 313, 606, 621. — xxvii, 35, 71, 505. — xxviii, 103, 104, 108, 350, 437.
Liégeard, aide de camp du g$^{al}$ Dumuy. — xxi, 815. — xxii, 777.
*Liégeois*. — xviii, 3, 187. — xix, 34, 122, 138, 141, 256. — xx, 62. — xxi, 597. — xxii, 16, 417. — xxiii, 140, 141, 529, 753, 816. — xxiv, 185, 364, 615, 680. — xxviii, 501.
Liegey, cap$^e$. — xviii, 401.
Liénard (Jacques Louis), agent de change ou courtier. — xxiii, 270.
Liénard, sous-lieut. de dragons. — xxiv, 501.
*Lierikzee* (Île de) [Hollande]. — xxiii, 5.
*Liers* (Château de). — xviii, 416.
*Lieusaint* (S-et-M). — xxi, 372.
Lieutane, employé au bureau des fonds, à Toulon. — xxviii, 488.

Liévain, administrateur des postes et messageries. — xxiv, 373, 635, 662.
Liévain, membre de la 7$^e$ commission du C. de S. P. — xxii, 744.
Liévain, commissaire aux transports. — xxi, 813.
Lièvreville (Ch.), payeur g$^{al}$ du dépar$^t$ de la Marine. — xxvi, 511.
Liger, chef de b$^{on}$. — xix, 202.
Ligeret, accusateur public. — xviii, 133.
*Ligné* (L-I). — xxv, 262.
*Lignéville* (Vosges). — xxiii, 225.
*Lignon*, rivière. — xxviii, 539, 540.
Lignot, adjud$^t$ g$^{al}$. — xx, 712.
*Ligny-Saint-Flochel* (P-de-C). — xxiv, 787.
*Ligurie*. — xxiv, 849.
Lila (De), prisonnier espagnol. — xxiv, 759.
*Lille* (Nord). — xviii, 103, 202, 254, 277, 385, 417, 424, 439, 624, 800, 808. — xix, 8, 175, 255, 261, 380, 513, 643. — xx, 37, 315, 317, 318, 592, 651, 663, 754. — xxi, 29, 51, 69, 212, 228, 238, 327, 341, 345, 525, 552, 558, 623, 634, 646. — xxii, 76, 253, 273, 275, 298, 342, 411, 445, 475, 546, 576, 626, 648, 674. — xxiii, 4, 10, 61, 93, 278, 323, 406, 407, 437, 440, 568, 603, 676, 783. — xxiv, 68, 167, 184, 222, 295, 296, 321, 322, 361, 442, 480, 505, 512, 542, 558, 584, 646, 668, 714, 736, 745, 761, 800. — xxv, 22, 49, 83, 109, 135, 140, 173, 197, 222, 333, 353, 359, 373, 387, 388, 443, 444, 459, 464, 468, 496, 588, 595, 615, 617, 645, 713. — xxvi, 280, 302, 400, 640, 692, 717, 726, 759. — xxvii, 123, 146, 149, 171, 179, 185, 231, 237, 419, 423, 572, 619, 633, 653, 572. — xxviii, 102, 105, 282, 314, 321, 328, 349, 373, 378, 381, 391, 421 à 423, 454, 465, 480, 482, 515, 552, 562, 584, 586, 633, 647.
*Lillers* (P-de-C). — xxviii, 563.
*Lillo* (Fort) [Hollande]. — xxi, 306. — xxii, 78, 665. — xxiv, 736.
*Limay* (S-et-O). — xxvii, 664.
*Limbourg* (Duché de). — xviii, 259, 495. — xix, 34, 53, 69, — xix, 103. — xx, 276. — xxi, 732. — xxv, 141, 183, 288, 357, 381. — xxvi, 276, 327, 457, 479. — xxvii, 577. — xxviii, 105.
*Limbourg* (Allemagne). — xx, 561.
*Limeil-Brévannes* (S-et-O). — xxii, 332.
*Limeray* (I-et-L). — xix, 337. — xx, 250.
*Limoges* (H-V). — xviii, 241. — xix, 65, 461. — xx, 77, — xxi, 60, 289. — xxii, 426, 597, 693, 767. — xxiii, 30, 259. — xxiv, 302, 303, 508. — xxv, 214, 538, 539. — xxvi, 466. — xxviii, 688.
*Limours* (S-et-O). — xxi, 746.
*Limoux* (Aude). — xviii, 673. — xix, 496. — xxiv, 763. — xxviii, 536.
Linange (Ch. Woldemar, comte de). — xxiv, 792, 793. — xxvi, 7, 474, 526.
*Linas* (S-et-O). — xxvi, 536.
Linck, chef de b$^{on}$. — xxii, 217.
Linden (Baron de). — xx, 424, 552.
Lindet (Robert), repr. — xviii, 38, 39, 159, 400. — xxi, 161. — xxiii, 488, 674, 825. — xxvi, 128.
*Ling*, rivière (Hollande). — xix, 443.
*Lingots* d'argent saisis. — xxvii, 189, 440.
Linières, suspect. — xix, 124.

LINOTTE, commissaire des Guerres. — XXVI, 483.
LINSINGEN, major hanovrien. — XXIII, 418, 663, 664.
LISLE (Victor de), adjoint aux adjud$^{ts}$ génér$^x$. — XXIV, 415.
Linz (Autriche). — XX, 328.
LION, repr. — XVIII, 75, 127, 545, 760. — XIX, 412.
LION (Le), chef chouan. — XX, 596. — XXI, 269.
Lion d'Angers (Le) [M-et-L]. — XXV, 746.
LIOTARD, d'Avignon. — XXVIII, 230.
LIOUVILLE, de Commercy. — XXII, 768.
Lippe, rivière. — XX, 673.
LIPSINSKI, volontaire polonais. — XXIII, 125.
LIRO, requis. — XVIII, 50.
Lisbonne (Portugal). — XX, 18. — XXI, 286. — XXII, 183, 535, — XXVI, 545. — XXVII, 664.
Lisbourg (P-de-C). — XXVIII, 562, 630.
Lisieux (Calvados). — XIX, 510, 511. — XX, 6, 363, 752. — XXI, 49, 398, 625, 707, 708, 810. — XXIV, 131, 786. — XXV, 703. — XXVI, 65. — XXVIII, 315, 348, 377.
LISSOT. — XVIII, 170.
LIST, de Bâle, espion. — XXVI, 763.
Listroff (Hôpital de). — XVIII, 250.
Littry (Mines de) [Calvados]. — XVIII, 363. — XX, 61, 267. — XXIII, 547.
Liverpool (Angleterre). — XVIII, 531. — XIX, 793.
Livet (Mayenne). — XVIII, 221.
LIVET, aide de camp du g$^{al}$ Favart. — XXII, 416.
LIVINGSTONE (John), de New-York. — XXI, 551. — XXIII, 547.
Livourne (Italie). — XVIII, 269, 696. — XIX, 74, 75, 204, 205, 305. — XX, 27, 254, 382, 383, 533, 681, 747, 749, 787. — XXI, 90, 91, 95, 208, 368, 369, 454. — XXII, 11, 96, 465, 800, 826. — XXIII, 795. — XXIV, 58, 59, 427. — XXV, 269, 313. — XXVI, 238, 618.
LIVRÉ, pharmacien à l'A. des Côtes de Cherbourg. — XXVIII, 149.
LIVREAUMONT, adjoint à l'adjud$^t$ g$^{al}$ Roberjot. — XX, 68.
Livry (S-et-O). — XXV, 95.
Lizy-sur-Ourcq (S-et-M). — XXII, 735.
Llers (Espagne). — XVIII, 359.
Lluvia (Espagne). — XVIII, 359. — XXVI, 26.
Loano (Italie). — XXI, 93. — XXV, 20, 66 n., 759.
LOBINHES, repr. — XXII, 802.
LOCARD-DELPIERRE (J. Jos.), garde-magasin des transports militaires de Rennes. — XXVIII, 610.
Loches (I-et-L). — XX, 64. — XXII, 779. — XXV, 693.
Locmaria (Morbihan). — XIX, 717. — XXIV, 201.
Locminé (Morbihan). — XVIII, 372. — XIX, 55, 216, 244, 315, 400, 585, 664. — XX, 191.
Locoal Mendon (Morbihan). — XXV, 146.
LOCQUETTE, conduct$^t$ de voiture. — XXVII, 28.
LOCQUIN, adjudicataire. — XXVI, 726.
Locronan (Finistère). — XXV, 556.
Lodève (Hérault). — XVIII, 367, 397. — XIX, 202, 633, 782. — XXI, 451, 502, 679, 680. — XXII, 19, 119, 269. — XXIII, 812. — XXVI, 146, 388.
LEGEL, cap$^e$. — XX, 102.
Loevenstein (Hollande). — XIX, 416, 604.
LOFFICIAL (Louis Prosper), repr. — XVIII, 458, 477. — LXIX, 19, 58, 342, 628, 667. — XX, 257, 373, 379, 577, 741. — XXI, 16, 40, 120, 135, 222, 273,
297, 298, 385, 790. — XXII, 136, 137. — XXIII, 382, 756. — XXIV, 441, 595. — XXV, 120, 190, 191.
LOFFRE, cap$^e$. — XXII, 307.
Loges (Les) [S-et-O]. — XIX, 101. — XX, 754. — XXVI, 3, 315. — XXVIII, 191, 481.
Logne (Belgique). — XXVIII, 103, 104.
Loing (Canal du). — XVIII, 241. — XX, 266. — XXII, 620. — XXV, 219, 589. — XXVII, 356, 438, 597.
Loir-et-Cher (Dépar$^t$ du). — XVIII, 69, 204. — XIX, 32, 33, 93, 151, 192, 202, 581, 628, 752, 778. — XX, 64, 110, 347, 510, 638. — XXI, 80, 179, 248, 288, 289, 393, 430, 493, 536, 560, 638, 705, 811, 818. — XXII, 80, 92, 93, 138, 150, 290, 350, 383, 399, 529, 683. — XXIII, 94, 289, 350, 367, 415, 464, 536, 595, 730, 636, 734, 743. — XXIV, 58, 288, 504, 578, 587, 595. — XXV, 647. — XXVI, 286, 435, 504, 656. — XXVII, 255. — XXVIII, 509, 510, 511.
Loire, frégate. — XIX, 121.
Loire, fleuve. — XVIII, 85, 241, 283, 284, 298, 343, 351, 352, 358, 446, 451, 511, 534, 651, 662, 687, 688, 743. — XIX, 19, 151, 203, 220, 519, 587, 778. — XX, 88, 195, 333, 445, 446, 535. — XXI, 15, 16, 135, 136, 169, 297, 308, 554, 700, 706. — XXII, 245, 383. — XXIII, 236, 313, 366, 367, 788. — XXIV, 686. — XXV, 163, 264, 397, 446, 545, 747. — XXVI, 232, 248, 369, 595, 648, 688, 720, 749. — XXVII, 96, 192, 241, 433, 620.
Loire (Dépar$^t$ de la). — XVIII, 9, 75, 179, 378, 379, 403, 404, 575, 576. — XIX, 6, 104, 122, 258, 259, 462, 565, 639, 680. — XX, 55, 78, 253, 320, 399, 411, 477, 678, 706, 791. — XXI, 59, 87, 243, 338, 389, 461, 473, 501, 605, 688, 714, 800, 823. — XXII, 30, 63, 94, 139, 290, 353, 401, 487, 555, 609, 711, 728, 822. — XXIII, 55, 119, 150, 152, 214, 360, 447, 481, 494, 496, 558, 642, 692, 781, 808, 827. — XXIV, 33, 122, 175, 237, 270, 308, 371, 381, 478, 494, 528, 723, 753, 781, 783, 837. — XXV, 86, 87, 153, 155, 178, 203, 236, 264, 367, 418, 444, 451, 516, 563, 585, 609, 643, 654, 762. — XXVI, 25, 76, 102, 209, 308, 332, 352, 356, 376, 411, 412, 427, 433, 491, 505, 528, 546, 553, 568, 569, 570, 594, 613, 625, 659, 674, 675, 676, 732. — XXVII, 69, 127, 183, 211, 268, 296, 309, 310, 312, 339, 385, 415, 434, 465, 483, 497, 508, 512, 556, 580, 627. — XXVIII, 266, 388, 438, 541, 617, 654.
Loire (Dépar$^t$ de la H$^{te}$-). — XVIII, 9, 229, 292, 575, 576, 682, 683, 756. — XIX, 258, 259, 268, 486, 487, 557, 565. — XX, 48, 78, 411, 601, 602, 706, 759, 791. — XXI, 65, 501, 668, 683, 723, 823. — XXII, 30, 94, 139, 290, 353, 561, 609, 612. — XXIII, 152, 214, 236, 494, 558, 664. — XXIV, 175, 308, 371, 528, 529, 689, 710, 781. — XXV, 32, 58, 86, 153, 154, 237, 264, 356, 367, 418, 451, 564, 610. — XXVI, 136, 352, 358, 447, 489, 545, 570, 676. — XXVII, 483, 508. — XXVIII, 418, 420, 478, 498, 535, 539 à 543, 654, 655, 682, 683, 691, 692.
Loire-Inférieure (Dépar$^t$ de la). — XVIII, 461, 478, 538, 593, 600, 628, 770. — XIX, 265, 512, 681, 695. — XX, 231, 464, 650, 660, 716, 789. — XXII, 743. — XXIII, 146, 173, 219, 349, 366, 789. — XXV, 398, 427, 436, 466, 519. — XXVI, 386, 611, 674. — XXVII, 244, 425. — XXVIII, 26, 202, 395.
Loiret (Dépar$^t$ du). — XVIII, 69, 204, 525, 770. — XIX. 32, 33, 192, 628, 752, 778. — XX, 125, 203,

311, 320, 347, 612, 707. — XXI, 80, 159, 179, 288, 289, 356, 493, 536, 560, 811. — XXII, 111, 112, 213, 425, 620. — XXIII, 95, 159, 442, 488, 594, 734, 782. — XXIV, 60, 700. — XXV, 588, 589. — XXVI, 345, 504. — XXVII, 28. — XXVIII, 446, 463, 466, 509, 510.
LOISEAU, repr. — XVIII, 104, 489, 490, 815. — XIX, 461. — XX, 629. — XXI, 129, 535, 536. — XXII, 622, 773. — XXIV, 222, 320.
LOISEAU, administrateur. — XIX, 183.
LOISEROLLES, gendarme. — XX, 545.
LOISILLON, garde-magasin. — XXIV, 414, 670.
LOISON, g$^{al}$ de brigade. — XXV, 617. — XXVI, 688. — XXVII, 419. — XXVIII, 148, 195.
LOISON (V$^{ve}$) et fils. — XXIII, 31, 250.
LOLIOT (Armand), lieut. — XXVIII, 129.
LOMBARD, sous-lieut. au 1$^{er}$ b$^{on}$ d'Apt. — XXVIII, 82.
LOMBARDE, entrepreneur des forges de la Ferrière-sous-Jougne. — XIX, 595.
LOMBARD et DAMOTTE, maîtres de forges à Louhans et Larians. — XX, 201.
LOMBARD, chef de brigade d'artillerie. — XXI, 156.
LOMBARD, g$^{al}$ de brigade. — XXVI, 600. — XXVII, 93, 298. — XXVIII, 7, 29.
LOMBARD, auteur des *Tables du tir des canons.* — XXIV, 157. — XXV, 640.
LOMBARD, commissaire ordonnateur. — XXIV, 438.
LOMBARD, cap$^{e}$ d'artillerie. — XXVII, 173.
LOMBARD, distributeur du magasin d'Arras. — XXVII, 278.
LOMBARD fils, chirurgien à l'A. de Rhin-et-Moselle. — XXVII, 542.
LOMBARDI, avocat génois. — XXII, 370.
*Lombardie.* — XVIII, 271. — XXV, 180. — XXVI, 192, 582.
LOMBARDIÈRE, lieut. à l'École d'artillerie de Châlons. — XXVIII, 577.
*Lombards* (Les). — XVIII, 319. — XIX, 12.
LOMEL, command$^{t}$ temporaire. — XIX, 536.
LOMÉNIE, cap$^{e}$. — XX, 505.
LOMET, ingénieur des Ponts et Chaussées. — XVIII, 328. — XX, 79. — XXIV, 351, 723, 752.
LOMET (A. F.), auteur d'un mémoire sur les eaux minérales. — XVIII, 275.
LOMONT, repr. — XXIII, 522. — XXIV, 161. — XXVII, 25.
LONCHAMPS (C$^{ne}$) et ses filles, déportées. — XXV, 725.
LONDES (Nicolas et Jacques), hussards. — XVIII, 449.
*Londinières* (S-I). — XXIII, 24.
*Londres* (Angleterre). — XVIII, 460, 463. — XIX, 220, 418. — XX, 354, 448. — XXI, 72, 138, 139, 307, 439, 732, 765, 801. — XXII, 53, 60, 230, 679. — XXIII, 21, 22, 393, 415, 677. — XXVI, 208, 628. — XXVII, 131, 319.
*Londrin* ou *serail*, drap. — XXI, 732.
LONG (William), cap$^{e}$ du *Mentor.* — XXIV, 95.
LONGCHAMP, adjoint aux adjud$^{ts}$ génér$^{x}$. — XXV, 276.
*Longchamps* (Meuse). — XXIII, 68.
*Longchamps* (Seine). — XIX, 189.
*Longjumeau* (S-et-O). — XXI, 772. — XXIII, 223, 245, 326.
*Longny* (Usines de) [Orne]. — XIX, 657. — XXVIII, 575.
*Longpont* (Aisne). — XXII, 225.
*Longpré* (Somme). — XXII, 345.

LONGPRÉ, professeur de mathématiques. — XVIII, 321.
LONGUEMARD, m$^{d}$, rue Honoré. — XXVII, 479.
LONGUET, imprimeur. — XIX, 62.
LONGUET (Ch.), cultivateur à Biéville. — XXII, 719.
*Longwy* (M-et-M). — XVIII, 315. — XIX, 53. — XXI, 681. — XXIII, 802.
LONLAY, cap$^{e}$. — XVIII, 255, 527.
*Lons-le-Saunier* (Jura). — XIX, 116. — XX, 176, 271. — XXIII, 118. — XXVIII, 519.
*Loos* (Nord). — XX, 317.
LOPARD, dit La Joie. — XXVI, 219.
LOQUIN, m$^{d}$ de bois à Tonnerre. — XXV, 676.
LOQUIN, chef de b$^{on}$ du génie. — XIII, 10. — XXII, 657.
LORAIN fils, agent de la Trésorerie nat. — XIX, 355.
*Lord-Hood*, navire anglais. — XIX, 497.
LORÉAL (Louis), architecte. — XIX, 254.
LORENTZ, médecin-chef à l'A. du Rhin. — XIX, 149. — XXIV, 610.
*Lorges* (Maison de), à Paris. — XXII, 492.
*Lorient* (Morbihan). — XVIII, 30, 32, 57, 75, 91, 99, 127, 129, 130, 199, 203, 204, 218, 236, 237, 256, 264, 274, 281, 297, 312, 313, 314, 324, 337, 338, 372, 374, 375, 395, 410, 435, 436, 467, 479, 488, 508, 527, 531, 571, 612, 637, 641, 677, 681, 714, 740, 763, 764, 772, 803. — XIX, 35, 37, 42, 54, 71, 72, 87, 90, 93, 108, 110, 120, 127, 128, 129, 144, 162, 210, 215, 219, 231, 248, 295, 314, 341, 371, 399, 411, 412, 417, 449, 466, 506, 542, 545, 573, 583, 584, 586, 605, 606, 607, 646, 666, 688, 691, 699, 718, 740, 756. — XX, 50, 85, 155, 189, 190, 192, 193, 340, 358, 398, 410, 437, 456, 473, 474, 492, 515, 526, 547, 575, 740, 754, 764. — XXI, 6, 14, 15, 139, 194, 250, 254, 255, 301, 353, 439, 442, 443, 638, 657, 801. — XXII, 24, 223, 315, 316, 319, 412, 425, 458, 567, 667, 677, 707, 764. — XXIII, 65, 288, 455, 596. — XXIV, 29, 111, 114, 115, 172, 263, 281, 366, 370, 385, 416, 417, 458, 516, 701, 721, 748, 749, 750, 808, 809, 810, 830, 831, 832. — XXV, 6, 85, 116, 149, 201, 219, 232, 260, 261, 300, 303, 396, 397, 433, 434, 509, 512, 555, 618, 668. — XXVI, 21, 35, 40, 47, 129, 206, 215, 236, 237, 292, 296, 332, 478. — XXVII, 263, 525, 553, 602, 662. — XXVIII, 49, 102, 106, 198, 199, 214, 218, 598, 599, 607.
LORITZ, aide de camp du g$^{al}$ Kellermann. — XXI, 156.
*Lormes* (Nièvre). — XXIII, 617.
LORMIER, fabricant de chandelles. — XXVI, 577.
LORNE, chirurgien militaire. — XXV, 98.
LOROIS, négociant à Brest. — XX, 344.
*Loroux* (Le) [L-I]. — XXVI, 748. — XXVIII, 460.
LORQUIER. — XXIV, 735.
*Lorraine* (Province de). — XVIII, 290. — XXVI, 339. — XVII, 44.
LORTRI, requis. — XVIII, 488.
LORY (Mathurin). — XXV, 3.
LOSSANGES, chef de b$^{on}$, command$^{t}$ à Lauterbourg. — XXVIII, 552.
LOSSURE, de l'A. des Pyr. Occident. — XXIII, 103.
*Lot* (Départ$^{t}$ du). — XVIII, 182, 198, 398, 653, 770. — XIX, 308, 656, 726. — XX, 297, 406. — XXI, 256, 257, 412, 413, 414, 726, 737. — XXII, 500. — XXIII, 734. — XXV, 242, 370. — XXVI, 1, 197, 372.

*Lot-et-Garonne* (Départ<sup>t</sup> du). — XVIII, 51, 69, 182, 216, 285, 371, 398, 430, 496, 497. — XIX, 134, 173, 430, 449, 515, 607, 656, 700, 753, 789. — XX, 17, 25, 86, 151, 179, 297, 620. — XXI, 257, 412, 414, 640, 796. — XXII, 48, 459, 584, 630, 812. — XXIII, 350, 443, 473, 474, 612, 613, 747, 758, 789. — XXIV, 116, 232, 380, 444, 459, 508, 537, 567, 595, 596, 709, 721, 751, 778. — XXV, 17, 81, 140, 233, 446, 559, 683. — XXVI, 97, 123, 216, 250, 372, 448, 485. — XXVII, 366.
LOTH, ex-chef d'escadron de dragons. — XXVIII, 174.
LOTIERS, de Toulon. — XXIV, 309.
LOTIVENON, député aux États génér<sup>x</sup> de Hollande. — XXII, 57.
LOTON, employé au port de Lorient. — XIX, 691.
LOTTIN, vérificateur des assignats en Suisse. — XXVII, 32.
*Loudéac* (C-du-N). — XVIII, 740, 777. — XIX, 400, 625.
*Loudun* (Vienne). — XX, 64. — XXII, 110. — XXIII, 682. — XXVIII, 368.
*Loué* (Sarthe). — XVIII, 171. — XIX, 264.
*Loueuse* (Oise). — XIX, 536.
*Louhans* (S-et-L). — XVIII, 388. — XXI, 808.
LOUICHE. — XXIII, 640.
LOUIS XIV. — XVIII, 94. — XIX, 300.
LOUIS XVI. — XIX, 646. — XXVIII, 352.
LOUIS XVI (Enfants de). — XXII, 488. — XXIV, 104. — XXVI, 378. Voir *Enfants* de...
LOUIS XVII. — XIX, 645. — XX, 51, 196. — XXI, 135. — XXII, 259, 419, 420, 488. — XXIII, 264, 287, 311, 334, 398. — XXIII, 532, 787. — XXIV, 104, 237, 446, 616, 653. — XXV, 201, 559 n.
LOUIS XVIII. — XXVII, 267.
LOUIS, courrier. — XIX, 187.
LOUIS, fabricant de pompes. — XXI, 456.
LOUIS, serrurier. — XXII, 39.
LOUIS-STANISLAS-XAVIER, frère de Louis XVI (Domaines de). — XXVII, 35.
*Louise*, navire sous pavillon danois. — XXI, 760. — XXVII, 319.
*Louisiane*. — XXII, 192, 373, 480, 531.
*Loulans* (Forges de) [H<sup>te</sup>-Saône]. — XX, 201.
*Loup*, aviso. — XXVII, 268.
*Loupe* (La) [Sarthe]. — XXVIII, 606.
*Loups* (Destruction des). — XXIV, 280. — XXV, 588. — XXVI, 314, 315, 505, 577. — XXVIII, 128.
*Lourdes* (Château de) [H-P]. — XVIII, 102. — XX, 797.
*Louvain* (Belgique). — XVIII, 495. — XIX, 262. — XXII, 82. — XXIII, 556. — XXV, 350.
LOUVET, de la Somme, repr. — XXIII, 366.
LOUVET, du Loiret, repr. — XVIII, 762. — XX, 125. — XXIII, 453. — XXIV, 105, 655. — XXV, 93, 104, 140, 193, 220. — XXVI, 109, 216, 327, 457, 606. — XXVII, 51, 238. — XXVIII, 109, 235, 247, 272, 305, 351, 491, 492 n., 581, 622, 624 à 628, 647.
LOUVET, lieut. de vaisseau. — XX, 630.
LOUVET, chirurgien. — XXIII, 75.
LOUVET, chargé d'acheter des chevaux de remontes. — XXV, 662.
LOUVET, cap<sup>e</sup> au 1<sup>er</sup> b<sup>on</sup> de l'Eure. — XXVII, 632.
*Louvie-Soubiron* (Forges de) [B-P]. — XXVI, 472.
*Louviers* (Eure). — XVIII, 302. — XIX, 747, 762. — XX, 34, 147, 568, 772. — XXI, 99, 124, 154. — XXII, 89, 101, 205, 206, 343, 805. — XXIII, 584.
— XXIV, 212, 396, 498. — XXV, 342. — XXVI, 110. — XXVII, 333.
*Louviers* (Île). — XIX, 250, 653. — XX, 333, 648. — XXII, 67, 68, 299. — XXIII, 797. — XXIV, 62, 395. — XXVII, 252.
*Louvigné* (I-et-V). — XXI, 157.
*Louvre* (Palais du). — XVIII, 330, 708. — XIX, 337. — XXII, 490. — XXIII, 245.
*Louvres* (Oise). — XXI, 702.
LOUVRIER, palefrenier des écuries du C. de S. P. — XXV, 457.
LOUZEL, sergent-major d'artillerie. — XXVII, 284.
*Lowenstein* (Château de) [Hollande]. — XXVI, 456.
*Loyat* (Morbihan). — XIX, 504.
LOYD (?), auteur de la *Guerre de sept ans*. — XXIV, 158.
LOYER, chargé de la liquidation de la 7<sup>e</sup> comm<sup>on</sup>. — XXVIII, 263.
LOYER, employé à la sect<sup>n</sup> de la Guerre. — XXVIII, 417.
*Loyers* et fermages. — XXV, 545. — XXVI, 636. — XXVII, 461. Voir *Agriculture*.
LOYS, terroriste. — XXV, 89.
LOŸS, chef de colonne mobile à Vannes. — XXIII, 776.
LOYSEL, direct<sup>r</sup> des forges de Montherhausen (?). — XXV, 164.
LOYSEL (P.), repr. — XVIII, 150, 285, 299, 315, 635. — XXIV, 538, 539. — XXVIII, 614.
LOZEAU (Paul Augustin), repr. — XX, 716, 753. — XXI, 253, 254, 366, 638, 656, 692, 822. — XXII, 49, 164, 256, 314, 349, 417, 474, 479, 508, 553, 604, 675, 753, 812, 815. — XXIII, 97, 99, 164, 169, 170, 204, 226, 305, 308, 309, 380, 414, 490, 491, 519, 521, 640, 648, 675, 714, 742, 744, 755, 756, 779, 811. — XXIV, 44, 46. — XXV, 521, — XXVII, 11, 189. — XXVIII, 377, 388.
*Lozère* (Départ<sup>t</sup> de la). — XVIII, 208. — XIX, 449, 487. — XX, 106, 224, 261, 262, 320, 347, 433, 508, 678. — XXI, 59, 87, 243, 338, 389, 461, 486, 502, 636, 809. — XXII, 139, 140, 185, 391, 728. — XXIII, 119, 153, 181, 479, 496, 664, 692, 730, 732, 766. — XXIV, 44, 70, 205, 207, 239, 341, 342, 529, 614, 689, 710. — XXV, 18, 32, 58, 153, 237, 356, 655. — XXVI, 121, 136, 300, 352, 358, 372, 410, 447, 489, 570, 656, 676. — XXVII, 249, 272. — XXVIII, 535.
LUBBERT, négociant à Hambourg. — XIX, 326, 708.
LUBBERT, armateur à Bordeaux. — XXVII, 63.
*Lubeck* (Allemagne). — XXII, 660.
LUBERT, médecin à l'A. du Rhin. — XXIV, 8.
*Luc* (Le) [Var]. — XXIII, 423.
LUCADON. — XXVIII, 510.
LUCAS, administrateur du Morbihan. — XX, 282, 285.
LUCAS (Henry), commerçant. — XXI, 127.
LUCAS, confectionneur d'habits. — XXI, 679.
*Luçay* (Forge de). — XX, 438.
LUCE, requis pour le cadastre. — XVIII, 165.
LUCHON (J. P. Martin), officieux du repr. Féraud. — XXIV, 311.
*Lucie-la-Fidèle*, frégate. — XXVII, 562.
*Lucis*, navire américain. — XXV, 198.
LUCO, enseigne de vaisseau. — XX, 630.
*Luçon* (Vendée). — XVIII, 426, 665. — XXV, 121, 456.

— xxvi, 162, 487, 750. — xxvii, 243, 510. — xxviii, 111, 219.
LUCOTTE frères. — xxv, 485.
*Lucrèce ou la Royauté abolie,* pièce patriotique. — xix, 418.
LUCY, chef de division. — xxiv, 821.
Lucy-le-Bois (Yonne). — xxiii, 735, 736. — xxv, 128.
LUDOT, repr. — xviii, 91, 790. — xx, 105. — xxi, 295, 598, 818.
LUDOT, volontaire. — xviii, 277.
Luisant, près Chartres (Camp de). — xxvii, 670.
*Luix,* aérostat. — xxiv, 541.
LUMB, MONTGOMERY et C<sup>ie</sup>, citoyens américains. — xxvii, 61.
LUNEL, pharmacien à Paris. — xxiv, 818.
*Lunettes* achromatiques. — xviii, 41. — xxv, 453. — xxvi, 38. — xxvii, 280.
Lunéville (M-et-M). — xix, 411. — xx, 31, 730, 793. — xxi, 176. — xxiii, 277. — xxv, 86. — xxvii, 44.
Lupiac (Gers). — xix, 318.
Luppach (Hôpital militaire de), A. du Rhin. — xxvii, 255.
Lure (H<sup>te</sup>-Saône). — xix, 312, 727. — xx, 503, 752.
Lusignan (Vienne). — xxvi, 341.
LUSSAN (Jean), off. de santé. — xxiv, 377.
LUUYT, aspirant d'artillerie. — xix, 31.
LUUYT, commissaire des Guerres. — xx, 544.
LUX, chef de b<sup>on</sup>. — xxiv, 792.
Luxembourg (Palais du), à Paris. — xviii, 235, 254, 332, 469, 562, 603, 760. — xix, 166, 308. — xxi, 556. — xxiv, 737. — xxvi, 85, 728. — xxviii, 104, 105, 602, 611.
Luxembourg (Petit). — xviii, 676. — xxviii, 571.
Luxembourg (Jardin nat. du). — xix, 135, 724.
Luxembourg (G<sup>d</sup> Duché du). — xviii, 23, 24, 126, 285, 337, 356, 433, 434, 490, 516, 518, 556, 675, 780, 812. — xix, 34, 53, 69, 297, 422, 589, 628, 629. — xx, 209, 210, 214, 278, 466, 560, 561, 562, 673, 695, 696, 698, 699, 761, 800. — xxi, 10, 11, 12, 24, 108, 164, 204, 219, 226, 282, 382, 418, 466, 467, 473, 490, 491, 567, 670, 716, 764, 838. — xxii, 171, 260, 261, 262, 601, 603, 649, 751. — xxiii, 51, 113, 124, 235, 345, 429, 436, 533, 638, 639. — xxiv, 23, 120, 121, 122, 216, 144, 145, 183, 184, 185, 190, 191, 251, 252, 259, 260, 261, 299, 300, 324, 326, 366, 367, 408, 409, 411, 412, 413, 414, 447, 450, 451, 453, 493, 494, 506, 527, 587, 608, 613, 619, 620, 621, 622, 647, 672, 680, 784, 810, 828. — xxv, 16, 110, 174, 254, 329, 348, 430, 524, 532, 552, 596, 648, 740. — xxvi, 16, 52, 91, 304, 320, 328, 329, 565, 604, 634, 702, 718, 719. — xxvii, 100, 181, 217, 266, 287, 336, 395, 418, 550, 622.

Luxeuil (H<sup>te</sup>-Saône). — xx, 241. — xxiii, 352, 354, 355, 356, 446, 621, 622, 726. — xxiv, 45, 570. — xxvi, 187. — xxvii, 26.
*Luz-Emiland,* ci-dev<sup>t</sup> S<sup>t</sup> Emiland (S-et-L). — xix, 152.
Luzarches (S-et-O). — xxii, 532. — xxiv, 498. — xxv, 272, 657.
Luzy (Nièvre). — xix, 520.
LYNCH, g<sup>al</sup> de division démissionnaire. — xxvii, 371.
*Lynx,* frégate hollandaise. — xxii, 395.
Lyon (Rhône). — xviii, 9, 75, 330, 379, 381, 387, 422, 423, 481, 595, 669, 682, 685. — xix, 24, 63, 122, 199, 251, 252, 259, 283, 448, 449, 454, 455, 462, 596, 620, 621, 629, 630, 631, 638, 722. — xx, 37, 55, 77, 78, 140, 197, 399, 431, 432, 439, 477, 478, 519, 537, 634, 678, 679, 754. — xxi, 87, 127, 157, 212, 243, 244, 338, 389, 401, 419, 473, 605, 697, 759, 800, 807, 808, 810. — xxii, 35, 63, 139, 140, 181, 204, 392, 400, 401, 402, 403, 434, 555, 564, 569, 617, 711, 712, 723, 728, 779, 822. — xxiii, 44, 55, 108, 118, 119, 150, 151, 179, 180, 237, 238, 291, 292, 293, 318, 319, 321, 358, 359, 360, 421, 430, 447, 448, 495, 496, 541, 623, 657, 690, 692, 695, 705, 731, 732, 733, 750, 764, 765, 790, 801, 802, 827. — xxiv, 5, 33, 102, 103, 122, 123, 163, 176, 233, 237, 250, 270, 273, 284, 355, 373, 438, 439, 463, 494, 509, 510, 528, 529, 530, 531, 532, 533, 534, 535, 572, 573, 575, 577, 606, 650, 651, 652, 653, 654, 675, 676, 689, 723-727, 741, 753, 754, 755, 781, 782, 783, 790, 795, 796, 812, 813, 814, 815, 837, 839, 840. — xxv, 57, 87, 108, 109, 139, 154, 155, 156, 179, 196, 203, 204, 238, 266, 267, 276, 310, 332, 383, 418, 444, 550, 563, 569, 585, 602, 610, 660, 683, 743, 752, 753. — xxvi, 61, 76, 80, 102, 103, 104, 176, 190, 192, 219, 308, 322, 352, 356, 357, 377, 396, 411, 412, 488, 491, 545, 547, 594, 613, 614, 619, 651, 668, 674, 676, 695, 722, 732, 735, 745. — xxvii, 15, 16, 89, 127, 170, 183, 211, 259, 268, 296, 309, 310, 311, 312, 339, 341, 385, 386, 415, 426, 434, 452, 465, 497, 512, 535, 556, 580, 581. — xxviii, 33, 38, 39, 40, 59, 60, 71, 72, 95, 186, 204, 215, 223 à 225, 231, 251, 386, 430, 478, 495, 502, 538, 542, 547, 654. Voir *Commune-Affranchie.*
Lyonnais (Les). — xx, 477, 678. — xxi, 390, 800. — xxii, 43, 44, 401, 617, 821, 822. — xxiii, 119, 150, 179, 318, 319, 358, 359, 420, 421, 495, 541, 542, 624, 657, 765. — xxiv, 123, 237, 238, 510, 528, 530, 532, 533, 724, 727, 813, 838. — xxv, 156, 178 n., 265. — xxvii, 221, 272.
LYON WEYLL, fournisseur de viande. — xxi, 553.
*Lyre* (Eure). — xviii, 288. — xxv, 70.
Lys (Départ<sup>t</sup> de la). — xxviii, 104.
Lys, rivière. — xviii, 303. — xxiii, 604. — xxvii, 111.

## M

*Mabilais* (Traité de La). — XXI, 577. — XXII, 284, 285. — XXIII, 146. — XXVI, 635.
MABILE — XXVII, 536.
MABILLE, chef de brigade. — XIX, 785.
MABILLE, liquidateur des comptes des subsistances. — XX, 97, 98.
MABILLE, commissaire-ordonnateur. — XXV, 67.
MACDONALD, g$^{al}$ de division. — XVIII, 400. — XIX, 416, 443, 516, 672. — XXVII, 527, 658.
MACÉ, enseigne de vaisseau. — XX, 630.
MACÉ, cap$^e$. — XXIII, 44. — XXVI, 538.
MACÉ (Lambert Hyppolite), m$^d$ de vin. — XXV, 70.
*Mac Gilvray*, navire américain. — XXVII, 562.
*Machecoul* (L-I). — XIX, 471. — XX, 195. — XXII, 136. — XXII, 106. — XXIII, 573, 681, 785, 786, 787, 788. — XXIV, 81, 685. — XXV, 398, 433. — XXVI, 164, 749. — XXVII, 240, 595. — XXVIII, 36, 111, 112, 159, 178, 199, 369, 405, 406, 458 à 461.
MACHEMIN, lieut. — XXIV, 751.
MACHEREL, adjud$^t$ g$^{al}$. — XXVI, 118.
*Machiaco* (Cap) [Espagne]. — XXII, 248.
*Machine* (Mines de La) [Nièvre]. — XXI, 714. — XXII, 151.
*Mâcon* (S-et-L). — XVIII, 388. — XIX, 67. — XX, 399. — XXII, 63, 266, 487, 714. — XXIII, 54, 558, 697. — XXIV, 610. — XXVIII, 1.
MACORS, g$^{al}$ de brigade d'artillerie. — XX, 794. — XXI, 52, 436. — XXV, 407.
MACORS (C$^{ne}$), sa f$^e$. — XXI, 52.
MACQUARD (Fr.), g$^{al}$ de division. — XX, 68.
MACQUART. — XVIII, 424.
MACQUER (*Dictionnaire de chimie* de). — XXIV, 158. — XXV, 641.
MACRÉ, de Pierrefitte. — XXII, 507.
MACS (Paul), batelier de Gand. — XXVII, 60.
*Madeleine* (Col de la). — XVIII, 680.
*Madeleine* (B$^d$ de la), à Fontarabie. — XX, 260.
*Madeleine* (Église de la). — XXIII, 209. — XXV, 614.
*Madère* (Vins de). — XXII, 320.
MADENIER, aide de camp du g$^{al}$ Laborde. — XXIV, 10.
MADIEU, procureur-syndic du distr. de Thiers. — XXV, 109.
MADINIER (Barth. Casimir), brigadier de hussards. — XX, 81.
MADION, employé principal à Brest. — XXII, 184.
*Madonne della Fenestra* (Poste de la). — XXI, 453.
*Madonna del Monto*. — XXIV, 731.
MADRAS, courrier du C. de S. P. — XXV, 40.
*Madrid* (Espagne). — XIX, 178. — XX, 11, 133, 330, 451, 526, 719, 720, 778, 803. — XXI, 143, 285, 335, 420. — XXII, 327, 373, 384, 755. — XXIII, 457, 458, 554, 626. — XXIV, 266, 267, 303, 304, 306, 487, 495, 721, 729. — XXV, 450. — XXVI, 560. — XXVIII, 125, 149.
*Madrid* (Cabinet de). — XXII, 488. — XXIII, 391, 393, 553. — XXV, 627. — XXVIII, 427, 428.
MAESHECHY, interprète anglais. — XXII, 654.
*Maëstricht* (Hollande). — XVIII, 9, 23, 24, 29, 46, 54, 95, 120, 121, 124, 183, 201, 202, 259, 260, 309, 336, 408, 442, 443, 495, 518, 601. — XIX, 49,

119, 143, 157, 484, 570. — XX, 348, 357, 613, 632, 637, 653. — XXI, 7, 55, 331, 348, 484. — XXII, 46, 129, 597, 662, 775, 825. — XXIV, 76, 680, 688, 736, 767, 801. — XXV, 220. — XXVI, 42, 153, 606. — XXVII, 35, 71, 83, 322. — XXVIII, 104, 105, 501, 611.
*Maffliers* (S-et-O). — XVIII, 507. — XXV, 272.
MAFRIN (Honoré). — XVIII, 240.
MAGALLON dit Lamorlière, g$^{al}$ de division. — XIX, 247, 313. — XX, 43, 67, 248, 794. — XXI, 511. — XXVII, 480. Voir LAMORLIÈRE.
*Magasins* de la Républ. — XXV, 2, 30, 34, 35, 42, 55, 64, 74, 96, 97, 100, 111, 121, 128, 130, 158, 167, 182, 184, 201, 202, 208, 234, 242, 243, 244, 250, 272, 275, 304, 309, 315, 337, 342, 374, 376, 404, 423, 425, 437, 455, 459, 460, 468, 482, 488, 518, 524, 525, 539, 551, 617, 634, 637, 660, 684, 728. — XXVI, 5, 35, 64, 109, 110, 125, 129, 145, 148, 152, 175, 177, 178, 181, 196, 215, 228, 229, 236, 256, 257, 259, 265, 270, 271, 273, 280, 295, 311, 338, 366, 418, 439, 502, 507, 511, 558, 600, 642, 643, 646, 665, 684, 708, 727, 736, 741, 759. — XXVII, 2, 8, 20, 26, 27, 35, 51, 86, 91, 108, 112, 114, 121, 125, 133, 138, 148, 168, 171, 172, 204, 228, 252, 256, 278, 281, 285, 296, 316, 333, 343, 344, 368, 370, 381, 391, 295, 404, 408, 409, 416, 425, 441, 444, 493, 512, 537, 560, 587, 588, 600, 630, 653. Voir *Subsistances; Troupes*.
*Magdebourg* (Allemagne). — XXV, 734. — XXVII, 119.
MAGENDIE. — XXI, 494.
MAGIN, agent de l'approvision$^t$ de Paris. — XIX, 322. — XXII, 493, 688. — XXV, 1, 612 n.
*Maginaud* (H-V). — XXI, 628.
*Magnac* (Creuse). — XX, 309.
MAGNAC, cap$^e$. — XXV, 246.
MAGNAN, navigateur. — XVIII, 631.
MAGNANT ou MAIGNAN, prêtre. — XVIII, 461, 661, 803. — XIX, 401.
MAGNANT et C$^{ie}$, de Bordeaux. — XXVIII, 32.
MAGNI, command$^t$ la place de Perpignan. — XXVIII, 567.
MAGNIEN (C$^{ne}$), fournisseur de lait pour Paris. — XXI, 275.
MAGNIEN (Didier), canonnier. — XXIII, 310.
MAGNIEN, courrier du départ$^t$ de la Loire. — XXIII, 481.
MAGNIER, m$^{al}$ des logis à Belleville. — XXVIII, 354.
MAGNIÈRE, direct$^r$ g$^{al}$ des douanes du Haut et Bas-Rhin. — XXV, 515.
MAGNUS, pilote danois. — XXII, 653.
*Magny* (S-et-O). — XXV, 612. — XXVIII, 23.
MAGON-VILLOCHET, adjudicataire de sucre. — XXIV, 584.
*Magra* (Golfe de la) [Italie]. — XXI, 454.
MAGUIE (J. Fr.), de Liège. — XVIII, 144.
MAHAUT, agent de la Comm$^{on}$ d'Aix-la-Chapelle. — XXII, 243.
MAHÉ LA BOURDONNAYE (Ch.), lieut. de vaisseau. — XX, 756.
MAHIEU, propriétaire à Viry. — XXVIII, 506.

MAHLER, cap^e de gendarmerie à Gray. — XXVIII, 700.
MAHON, médecin. — XIX, 149.
MAHOUDEAU jeune, gendarme à Port-Brieuc. — XX, 80.
MAIBAIL (Claude), du 9° b^on de la H^te-Garonne. — XXVIII, 609.
MAIBE (P.), propriétaire des usines de Salemprise, Wiltz et Haut-Marteau. — XXVII, 29.
MAIGNET, off. de hussards. — XXIII, 76. — XXVI, 3.
MAIGNET, repr. — XVIII, 34, 36, 54, 342, 585. — XXII, 141, 172, 555, 556, 557. — XXV, 756.
*Maïk* (Pont de). — XXIII, 284.
MAÏL, chasseur au b^on du Gard. — XIX, 133.
MAILHE, repr. — XIX, 600, 637. — XXI, 451, 514, 697. — XXII, 118, 621, 698. — XXIII, 616. — XXIV, 45, 204.
MAILLARD, régisseur des forges de S^t-Hugon. — XXI, 280.
MAILLARD, imprimeur. — XVIII, 383. — XXVI, 469. — XXVII, 440.
MAILLARD aîné, cultivateur à S^t-Pierre d'Autils. — XX, 323.
MAILLARD, déporté de la Guadeloupe. — XIX, 104.
MAILLARD. — XIX, 397.
MAILLARD, agent du C. de S. P. — XIX, 552.
MAILLARD, vainqueur de la Bastille. — XX, 102.
MAILLARD, ouvrier à la manufact. de Versailles. — XXVIII, 666.
MAILLÉ, agent de la Comm^on du Commerce. — XVIII, 61.
*Mailleroncourt* (Forges de) [H^te-Saône]. — XX, 243.
MAILLET, maître de poste à Cosne. — XXII, 294.
*Maillot* (Porte), à Paris. — XIX, 611.
MAILLOT, agent de l'Agence de l'habillement. — XIX, 322. — XX, 331. — XXV, 519.
MAILLY, lieut. des chasseurs. — XIX, 7.
MAILLY-CHATEAURENAUD (Eugène), aide de camp. — XVIII, 651. — XXII, 183.
MAILLY (Fr.), marquis de Chateaurenaud, son père. — XXII, 183.
*Mailly* (Somme). — XX, 104.
MAILLY, g^al de brigade à l'A. de l'Intérieur. — XXVIII, 688.
*Main*, rivière. — XXIII, 168. — XXVII, 266, 336, 350, 405, 494, 575, 576, 596, 612, 675. — XXVIII, 15, 16, 17, 54, 58, 109, 115, 117, 120, 121, 171, 182, 185, 222, 284, 307, 334, 370, 407, 423, 424, 472 à 474, 557, 678.
MAINARD (E.), chef de brigade. — XVIII, 507.
*Maine* (Émigrés du). — XXVII, 595.
*Maine-et-Loire* (Départ^t du). — XVIII, 42, 477, 538, 600, 717, 758. — XIX, 245, 343, 466, 505, 695. — XX, 195, 464, 617, 660. — XXI, 497, 706. — XXII, 321, 458, 727. — XXIII, 147, 172, 195, 312, 313, 349, 383, 492, 682. — XXV, 112, 354, 746. — XXVI, 147, 386, 393, 586, 656. — XXVIII, 358.
*Maine* (Le). — XXIII, 307.
MAINGAULT, adjud^t g^al. — XXVI, 7.
MAINGUET, détenu. — XXIII, 157.
MAINNEBEAU, commissaire des Guerres. — XXIII, 126.
MAINQUERTOT (Pierre Laurent), négociant à Versailles. — XXII, 718.

MAINULET, off. de santé à l'hôpital de Saarbrück. — XXVIII, 595.
MAINVILLE, chef de brigade. — XXIII, 223.
MOIRAN (De), auteur d'un ouvrage sur le feu central. — XXIV, 158.
MAIRE, de Pontarlier. — XIX, 595.
MAIRE ou LE MAIRE, chargé de missions secrètes. — XXII, 101.
*Maire Guitton,* corvette. — XXII, 503.
MAIRET, artificier. — XXV, 377.
*Mairie-Saint-Nicolas-la-Zélande* (Hollande) [?]. — XXII, 495.
MAIRIN, de Mennecy. — XVIII, 486, 487.
MAISON, adjoint à l'adjud^t g^al Mireur. — XXIV, 828, 829.
MAISON (Ant.). — XVIII, 470.
MAISON, ouvrier imprimeur à Paris. — XXVIII, 544.
MAISONNEUVE, employé civil à Rochefort. — XX, 101.
*Maisons* (Château de) [S-et-O]. — XXVII, 10. — XXVIII, 433, 434.
*Maisons-Alfort* (Seine). — XVIII, 301. — XX, 30, 312. — XXI, 591. — XXIII, 507. — XXV, 8, 492. — XXVIII, 686.
MAISSE (Marius Félix), repr. — XXIV, 614, 796. — XXV, 386, 572, 675, 687, 711, 759. — XXVI, 81, 175, 193, 194, 227, 254, 284, 301, 362, 496, 497, 531, 532, 555, 566, 571, 588, 595, 617, 619, 636, 652, 657, 678, 696, 704, 717, 724, 768. — XXVII, 2, 22, 23, 24, 36, 74, 108, 128, 134, 200, 213, 222, 223, 259, 272, 324, 325, 356, 386, 388, 402, 415, 427, 465, 473, 484, 535, 582, 648, 649. — XXVIII, 89, 110, 140, 160, 174, 216, 363, 697.
MAISTRAL, cap^e de vaisseau. — XXII, 245.
*Maîtres* de forges. — XIX, 380, 381. — XX, 365, 603, 803. — XXI, 5, 153, 254. — XXII, 614, 615. — XXIII, 351. — XXIV, 143, 214. — XXVII, 37, 85, 313, 364, 420, 558, 608. — XXVIII, 125, 224, 226, 444.
*Maîtres* de poste. — XXVII, 86, 87, 255, 355, 630.
*Majestueux,* navire. — XXI, 443. — XXII, 61, 765.
MAJORIDON, soldat. — XXVI, 85.
*Majorque* (Île). — XXVI, 690. — XXVIII, 150.
MAKERÉELL, maître de poste à Cassel. — XXVI, 706.
*Malabar* (Côte de). — XIX, 384.
*Malaga* (Espagne). — XIX, 418. — XXII, 766. — XXIV, 490. — XXVI, 119. — XXVIII, 150.
MALARDOT, commissaire des Guerres. — XX, 461.
MALAVAL, lieut. — XIX, 241.
MALAVILLERS, cap^e. — XVIII, 121.
MALBRANCQ, g^al de brigade à l'A. des Côtes de Brest. — XXVIII, 264, 551, 670.
*Malchaussée,* près du M^t Cenis. — XXVIII, 317.
MALENDRIN, secrétaire. — XVIII, 305.
MALENFANT, cap^e de dragons. — XXVIII, 149.
MALEPORD (Jean), d'Orléans. — XXVI, 177.
*Malestroit* (Morbihan). — XXV, 392.
MALÉZIEUX, employé aux charrois de l'A. du Nord. — XXII, 695.
MALFAIT (Séraphin), volontaire. — XXVII, 146.
*Malgue* (Fort la). — XXV, 91.
MALHERBE, fermier des forges de Bigny. — XXIV, 661.
MALHERBE, fournisseur. — XVIII, 176.
MALHERBE, fournisseur à Blois. — XXII, 178, 506.
MALHERBE, maître de forges de la Hunardière. — XXIII, 275.
MALHES (Pierre), repr. — XXII, 110.

MALIBRAN, aide de camp du g<sup>al</sup> Trigny. — XXV, 246.
*Malicieuse*, corvette. — XXVII, 670. — XXVIII, 135.
*Malicorne* (Sarthe). — XXVIII, 500.
MALIN LARIVOIRE, chef de brigade. — XXVI, 757.
*Malines* (Belgique). — XXI, 227, 567. — XXIV, 736. — XXVII, 562.
MALLARD, fournisseur de boulets. — XXI, 279. — XXV, 345.
MALLARMÉ, repr. — XVIII, 268, 351, 406, 441, 509, 594, 618, 673, 768. — XIX, 318, 346, 347, 390, 501, 571, 574. — XX, 106. — XXII, 438. — XXIII, 560. — XXIV, 202, 404. — XXVI, 625.
MALLARMÉ aîné, procureur g<sup>al</sup> syndic de la Meurthe. — XXVI, 473.
MALLÈS (Louis), négociant en légumes secs au Pecq. — XXII, 440.
MALLET, entrepreneur de transports. — XXIV, 345.
MALLET, fabricant d'eaux de vie. — XVIII, 786. — XIX, 326.
MALLET (Fr.), chasseur. — XIX, 132, 133.
MALLET (Nicolas), agent de change. — XXIII, 269.
MALLET, d'Yssingeaux, blessé à S<sup>t</sup>-Hostien. — XXVIII, 542.
*Malloué* (Calvados). — XXIII, 755.
*Malmédy* (Belgique). — XVIII, 126. — XXV, 183. — XXVIII, 103, 104.
MALO, chef d'escadron. — XXIII, 634. — XXV, 265, 519. — XXVI, 107, 174, 737. — XXVII, 438.
*Malons* (Drôme). — XXII, 48.
MALORIE, col<sup>el</sup> de cavalerie, chouan. — XXIII, 810. — Voir NANTIER.
MALOT, directeur ambulant des magasins militaires de Lille. — XXVIII, 482.
MALSERVÉ, commissaire. — XIX, 86.
*Malte* (Île de). — XVIII, 38, 759.
*Malte* (Ordre de). — XXIII, 127.
MALTET, aérostier. — XX, 95.
MALTON, sous-lieut. — XVIII, 589, 590.
MALUQUER, chef de b<sup>on</sup>. — XXII, 46.
MALUS, commissaire ordonnateur. — XVIII, 332, 439. — XIX, 241. — XX, 629, 629. — XXI, 31. — XXIII, 412. — XXIV, 682. — XXVI, 400, 646. — XXVII, 125, 274, 288, 464.
MALUS, chef de brigade à l'École centrale des Tr. publ. — XIX, 455. — XXI, 49.
MALVAUT (Julien). — XIX, 384.
MALVILLE, pharmacien. — XVIII, 213.
*Mamers* (Sarthe). — XVIII, 221. — XIX, 417. — XX, 214. — XXVI, 705. — XXVIII, 47.
*Mamirolle* (Doubs). — XXIII, 727.
MANCEAU, directeur de l'artillerie à Toulon. — XXVI, 361.
MANCEAUX, fournisseur de drap, à Paris. — XX, 339.
MANCEL, enseigne de vaisseau. — XX, 630.
*Manche* (Dépar<sup>t</sup> de la). — XVIII, 214, 400, 526, 574, 710, 787. — XIX, 125, 129, 166, 367, 386, 387, 400, 460, 496, 502, 513, 520, 547, 643, 644, 755, 775, 790, 791, 792. — XX, 12, 128, 137, 138, 320, 426, 434, 473, 474, 475, 762, 763. — XXI, 180, 514, 617, 628. — XXII, 47, 102, 163, 255, 392, 424, 457, 474, 538, 577, 579, 582, 603, 762, 795. — XXIII, 25, 26, 97, 98, 143, 164, 165, 171, 249, 250, 285, 305, 366, 381, 466, 482, 490, 605, 640, 649, 713, 744, 754, 778, 783, 807, 809, 820. — XXIV, 24, 25, 46, 109, 132, 172, 186, 191, 192, 262, 327, 333, 384, 455, 513, 644, 682, 683, 772. — XXII, 2, 51, 79, 83, 112, 144, 220, 228, 338, 353, 360, 362, 312, 413, 466, 644. — XXVI, 178, 186, 260, 316, 349, 351, 404, 427, 466, 634, 671, 691, 697. — XXVII, 10, 18, 41, 78, 79, 101, 126, 129, 262, 288, 303, 305, 327, 330, 344, 377, 380, 409, 430, 432, 486, 490, 515, 520, 573, 600, 628, 642, 661, 671. — XXVIII, 24, 167, 352, 451, 693.
*Manche* (Ports et côtes de la). — XVIII, 786, 787, 804. — XIX, 197, 219, 326, 562. — XX, 523. — XXI, 157, 158, 217, 301, 443, 468, 493, 685, 720. — XXII, 22, 258, 314, 316, 368, 369, 372, 378, 425, 482, 483, 605, 706, 794. — XXIII, 28, 259, 348, 466, 492, 534, 595, 817. — XXIV, 27, 47, 77, 78, 187. — XXIV, 456, 469, 489, 514, 668, 719, 823, 824, 825, — XXV, 144, 361, 664. — XXVI, 427. — XXVII, 52, 131. — XXVIII, 9, 528, 574.
MANCHE (Ant.), volontaire. — XIX, 190.
MANDAVY, officier de santé. — XVIII, 213.
MANDRILLON. — XVIII, 507.
MANDRILLON, adjud<sup>t</sup>. — XX, 318.
*Mane* (B-A). — XXIV, 614.
*Manège* (Atelier du). — XIX, 727.
*Manège*, de Versailles. — XXII, 502. — XXIII, 127. — XXV, 164, 456.
*Manerbe* (Calvados). — XVIII, 143.
MANG (Raphaël), comptable. — XXV, 657.
*Manganèse* (Mines de). — XX, 181.
MANGIN, dit Douencé, chef de b<sup>on</sup>. — XVIII, 760, — XIX, 32.
MANGIN (J.-B.), en mission aux Indes. — XXI, 247.
MANGIN, agent des bois et charbons. — XXI, 611, 666.
MANGINOT (Fr.), lieut. de la 1<sup>re</sup> division de gendarmerie. — XXVIII, 619.
MANGNOS, cap<sup>e</sup>. — XXIV, 390.
MANHAUT, commissaire ordonnateur g<sup>al</sup>. — XXVII, 382.
MANHES, cap<sup>e</sup> au 3<sup>e</sup> b<sup>on</sup> du Cantal. — XXVI, 742.
*Manheulles* (Relais de) [Meuse]. — XXIV, 460, 710.
MANIAC, command<sup>t</sup> le *Zélé*. — XXII, 484. — XXIII, 66.
MANIE, prisonnier anglais. — XXIV, 759.
MANIGAULT-GAULOIS (Joseph), adjud<sup>t</sup> g<sup>al</sup>. — XVIII, 401.
MANN, sous-lieut. de dragons. — XX, 43.
MANNEMAN, américain. — XXVI, 120.
*Mannheim* (Allemagne). — XVIII, 23, 25, 145, 356, 357, 490, 491, 515, 516, 517, 556, 583, 668, 669, 779, 780, 813, 816. — XIX, 94, 158, 172, 192, 423, 549. — XX, 389, 560, 561, 697. — XXI, 204, 387. — XXIII, 111, 579. — XXV, 151, — XXVII, 266, 334, 336, 350, 405, 415, 459, 460, 528, 576, 595, 599, 612, 626, 638, 657, 669, 676. — XXVIII, 37, 53, 70, 93, 95, 116, 120, 121, 183, 185, 221, 407, 476, 477, 494, 603, 604, 625 à 628, 637, 649, 651, 677 à 682, 705.
*Manosque* (B-A). — XIX, 476, 510.
*Mans* (Le) [Sarthe]. — XVIII, 139, 140, 166, 170, 187, 221, 238, 263, 282, 283, 298, 325, 355, 411, 413, 414, 436, 512, 514, 688, 713, 716,

720. — xix, 35, 160, 233, 264, 343, 344, 681.
— xx, 216, 275, 279, 281, 374, 427, 428, 471.
— xxi, 240. — xxiii, 144, 206, 651. — xxiv, 172, 337, 379, 517, 518, 626. — xxv, 364. — xxvi, 62. — xxvii, 379, 469, 516. — xxviii, 261, 277, 359, 360, 416, 496 à 500, 534, 606, 649, 676.
Manseville (Ch.), requis. — xviii, 92.
Mansuy, sous-lieut. — xxii, 107.
Mansuy père, cap$^e$. — xxii, 107.
Mantes (S.-et-O.). — xviii, 217, 229. — xix, 404. — xx, 124, 177. — xxi, 19, 643, 831. — xxii, 341. — xxiv, 2. — xxvii, 368, 416, 651. — xxviii, 22, 23, 24.
Manufactures. — xviii, 561. — xxi, 666, 670, 676. — xxii, 269. — xxiii, 509, 682, 812. — xxiv, 243, 349, 374, 375, 453, 539. — xxv, 183, 214, 288, 358, 371, 372, 403, 556. — xxvi, 146, 148, 270, 318, 388, 389, 417, 478, 539, 738, 743, 744. — xxvii, 26, 29. — xxviii, 28, 61, 272, 364, 375, 441, 578, 645, 646, 647, 649, 665, 666, 667, 669, 688. Voir *Ateliers* d'armes; Fonderies; Forges; *Industries*.
Marais vendéen. — xxii, 669. — xxvii, 239.
Marais (Papeteries du) (S-et-M). — xx, 625. — xxvii, 397.
Marais, papetier. — xxiii, 188.
Marais Derennes, enseigne de vaisseau. — xx, 630.
Marandon, garde d'artillerie. — xxi, 277. — xxii, 611.
Marangé, vétérinaire. — xix, 86.
Marans (C.-I). — xix, 472. — xx, 16. — xxi, 706, 707. — xxv, 306, 642.
Marant (Gabriel), lieut. de vaisseau. — xix, 363.
Marat, repr. — xx, 675. — xxiii, 179. — xxiv, 19. — xxv, 521.
Marat (C$^{te}$ de). — xxvii, 243.
Marat, corsaire. — xxii, 575. — xxiii, 28, 99. — xxv, 715.
Marbeuf (Héritiers de la c$^{ne}$). — xxvi, 621. — xxvii, 556.
Marbot, g$^{al}$ de division. — xviii, 375, 376, 378. — xxiii, 103. — xxiv, 420. — xxv, 383. — xxvii, 205.
Marcé (Victor), chasseur. — xxvi, 136, 352, 358.
Marceau, g$^{al}$ en chef. — xviii, 322. — xix, 589. — xx, 14, 73, 209. — xxi, 77, 192, 204, 319, 387, 520. — xxiv, 55. — xxvii, 317. — xxviii, 265.
Marcel, ex-membre du C. révol. de Bordeaux. — xxiv, 596.
Marcellos, directeur de chantier de bois à Paris. — xx, 333.
Marchais, fournisseur. — xxi, 672.
Marchais, g$^{al}$. — xxiv, 835. — xxviii, 679.
Marchal, m$^d$ de vins et eaux de vie. — xix, 763.
Marchand, médecin en chef de l'A. du Nord. — xxvii, 395.
Marchand et sa f$^e$. — xxiv, 295.
Marchand, dit Villionne, g$^{al}$. — xviii, 551.
Marchand, commissaire des Guerres. — xxi, 104. — xxii, 182, 336.
Marchand, enseigne de vaisseau. — xx, 630.
Marchand, médecin-chef. — xx, 799.

Marchand, ex-membre du C. révol. de Soissons. — xxii, 307.
Marchand, imprimeur à Paris. — xxviii, 97.
Marchand (Ét.), subrécargue du navire *La Suzette*. — xxviii, 142, 243.
Marchand. — xxvi, 317.
*Marche* (Belgique). — xix, 53.
Marchena, sous-chef. — xxii, 268.
Marchena, employé au C. de S. P. — xxvii, 202.
*Marches* (Les) [Savoie]. — xxvi, 722.
*Marchés*. — xxv, 58, 59, 67, 84, 97, 99, 102, 151, 163, 176, 188, 189, 202, 204, 245, 322, 323, 346, 349, 374, 426, 459, 494, 542, 543, 590, 593, 637, 711, 717, 734. — xxvi, 3, 6, 7, 9, 27, 44, 202, 219, 244, 259, 279, 313, 316, 318, 331, 336, 337, 344, 347, 348, 361, 381, 384, 389, 418, 437, 457, 500, 509, 510, 536, 539, 577, 579, 580, 600, 601, 602, 618, 620, 637, 641, 642, 643, 646, 657, 659, 662, 685, 695, 708, 711, 724, 745, 759. — xxvii, 7, 9, 32, 35, 60, 79, 145, 170, 194, 246, 257, 261, 284, 288, 314, 342, 343, 345, 347, 356, 398, 441, 475, 477, 502, 520, 536, 537, 543, 575, 592, 630, 632, 635, 648. — xxviii, 68, 77, 107, 114, 164, 249, 347, 378, 519, 574, 585, 590, 591, 594, 692. Voir *Céréales*; *Commerce*; *Grains*; *Subsistances*.
Marchet (Jos.). — xviii, 595.
*Marchiennes* (Nord). — xix, 30. — xxviii, 486.
Marchis, lieut. — xxi, 247.
Marcigny (S-et-L.). — xviii, 361, 378. — xix, 613. — xxiii, 150.
Marcillac, professeur à l'Institut nat. de musique. — xix, 492.
Marcilly, off. aux Îles du Vent. — xix, 241.
Marcilly-sur-Seine (Marne). — xxi, 726. — xxv, 320.
Marckolsheim (B-R). — xx, 459.
Marcorelle, consul à Barcelone. — xxvi, 119.
Marcou, cap$^e$ de gendarmerie à La Réole. — xx, 103.
*Marcouf* (Îles) [Manche]. — xxv, 229. — xxvi, 18, 320. — xxvii, 454.
Marcoussis (S-et-O). — xviii, 301. — xxiv, 247.
Marcoz, repr. — xxiii, 453.
*Mardi-Gras* (Fête du). — xx, 427, 428.
*Mardié* (Loiret). — xviii, 249.
Maré, meunier. — xxi, 258.
Mareau, aide de camp du g$^{al}$ Dumuy. — xxii, 777.
Marec (Pierre), repr. — xix, 162, 230, 258, 269, 367, 654. — xx, 659. — xxi, 503. — xxii, 342, 667, 685. — xxiv, 1, 11, 262, 843. — xxv, 58, 93, 285. — xxvi, 109, 640. — xxvii, 50. — xxviii, 208, 235, 245, 299, 620.
Maréchal, agent forestier à Sarre-Libre. — xxviii, 375.
Maréchal, commissaire des Guerres. — xviii, 255.
Maréchal (Jacques), voiturier par eau. — xx, 221, 222.
Maréchal de Saxe. — xxiv, 157. — xxv, 640.
Maréchaux (P. Guillaume). — xviii, 244.
*Maréchaux*. — xxvii, 55.
Marée, chasseur. — xxv, 441.
*Marennes* (C.-I). — xviii, 488. — xix, 6, 252, 511, 679. — xx, 61, 78, 92, 704, 705, 716. — xxi, 594. — xxii, 815. — xxiv, 581. — xxviii, 210, 573, 574, 696.
Mares, marin. — xix, 636.

MARESCOT, g<sup>al</sup>. — XVIII, 9, 19, 20, 186, 203, 443, 518, 555. — XIX, 8, 119. — XX, 613. — XXIII, 417.
*Mareuil* (Forges de) [Cher]. — XXII, 5.
MARGARON, adjud<sup>t</sup> g<sup>al</sup>, chef de brigade. — XXIII, 375, 376, 404. — XXIV, 637.
MARGE (Ant.), élève de l'École de chirurgie de Paris. — XXIII, 738.
MARGERID. — XXVI, 175.
MARGOTIN. — XXVI, 740.
MARGOUËT, cap<sup>e</sup> de vaisseau. — XVIII, 402. — XXVII, 26.
MARGUERET (ou MARGUERÉ), maire de Nogent-sur-Seine. — XXI, 202, 438.
MARGUERIE, fabricant de cuirs artificiels. — XX, 392.
MARGUERIT (Jos. Bernard), aspirant de marine. — XIX, 691.
*Marguerite* (Fort), à Toulon. — XXI, 361.
*Marguerite*, navire américain. — XXVII, 655.
MARGUET (P. Ant.) et C<sup>ie</sup>. — XXII, 644, 645.
*Marguy* (Carrière de) [Aisne]. — XX, 503.
MARIAUX, requis. — XXVII, 195.
MARIBON-MONTAUT, repr. détenu à Besançon. — XXVIII, 494.
MARIÉ, dragon. — XXVI, 260.
MARIE, inspecteur des hôpitaux. — XX, 575.
MARIÉ (L.), direct<sup>r</sup> des subsistances pour les étapes. — XXII, 1.
MARIE (*Mécanique* de). — XXIV, 159. — XXV, 641.
MARIE (V<sup>ve</sup>). — XXVI, 714.
MARIE-ANTOINETTE, ci-dev<sup>t</sup> reine. — XXIV, 104.
*Marie-Catherine*, navire. — XXVI, 510.
*Marie-Hélène*, corsaire. — XXI, 126.
*Marie-Louise*, chasse-marée. — XIX, 701.
*Marie-Noël*, chaloupe de Concarneau. — XXV, 218.
*Marie-Sophie*, navire sous pavillon danois. — XXVII, 319.
*Marie-Thérèse*, tartane. — XXVIII, 244.
*Marienborn* (Allemagne). — XIX, 422.
*Marienbourg* (Belgique). — XXII, 270.
MARIETTE, repr. — XVIII, 91, 698, 751. — XIX, 339, 488, 594, 693, 694. — XX, 91, 156, 217, 264, 331, 480, 500, 501, 682, 770, 786. — XXI, 151, 171, 173, 333, 367, 368, 393, 395, 546, 608, 663, 743. — XXII, 66, 96, 151, 159, 223, 233, 328, 355, 373, 392, 520, 521, 556, 556, 589, 638. — XXIII, 36, 46, 419. — XXIV, 127. — XXV, 453, 676. — XXVII, 25. — XXVIII, 207.
MARIETTE (C<sup>ne</sup>), f<sup>e</sup> du repr. — XXII, 590.
MARIGNY (Bernard de), chef de division des A. navales. — XX, 714.
MARIGNY, aide de camp du g<sup>al</sup> Dallemagne. — XXVI, 481.
*Marimont* (Belgique). — XXV, 540.
MARIN, repr. du Mont-Blanc. — XXVII, 583.
MARIN-GUÉROULT, dit La Paillière, g<sup>al</sup>. — XIX, 172. — XXII, 594.
MARIN (J. J.), marin à Blaye. — XIX, 701.
*Marine. Marins.* — XXIV, 749. — XXV, 8, 146, 177, 199, 231, 232, 233, 259, 263, 267, 268, 293, 304, 313, 324, 340, 350, 368, 392, 406, 413, 416, 417, 428, 432, 433, 438, 470, 471 n., 482, 504, 508, 511, 528, 544, 546, 552, 555, 566, 568, 576, 622, 630, 631, 638, 639, 683, 696, 712, 751. — XXVI, 8, 19, 40, 44, 48, 55, 63, 75, 90, 94, 95, 119, 130, 150, 151, 152, 168, 173, 206, 215, 217, 236, 239, 244, 249, 274, 280, 289, 292, 295, 301, 319, 332, 389, 390, 402, 413, 414, 423, 427, 530, 539, 559, 571, 582, 600, 615, 616, 618, 636, 656, 665, 667, 698, 705, 719, 737. — XXVII, 8, 32, 50, 63, 103, 122, 135, 163, 186, 264, 282, 289, 318, 319, 333, 359, 376, 378, 399, 421, 401, 552, 553, 562, 592, 609, 620, 621, 631, 638, 673, 674. — XXVIII, 67, 68, 77, 85, 210, 267, 302, 330, 479, 489, 510. Voir *Armée* navale; *Ministres; Navires; Navigation* intérieure; *Officiers.*
*Marines* (S-et-O). — XXI, 331. — XXIII, 253. — XXVII, 502.
*Mariniers.* — XXII, 731 à 736. — XXV, 214, 230. — XXVI, 347, 689. — XXVII, 539, 664.
MARION (J. Fr.), maître pêcheur à La Hougue. — XX, 7.
MARION, cap<sup>e</sup>. — XXV, 626.
MARION, secrétaire-greffier de la comm. de Cherbourg. — XXVII, 6.
MARIOT, courrier. — XXV, 747.
MARIVOULT, en mission pour les approvision<sup>ts</sup>. — XXI, 611.
MARKETT, prisonnier anglais. — XXVII, 482-564.
MARLIANI (Th. J. Jos.), sous-lieut de dragons. — XX, 367.
*Marly* (Camp de) [S-et-O]. — XVIII, 229, 230, 301, 620, 621. — XIX, 270, 356. — XXII, 331, 469, 691, 804. — XXIV, 42, 247, 349, 409. — XXV, 22, 95, 188, 244, 290, 291, 492, 603, 604, 605, 634. — XXVI, 85, 202, 621, 631. — XXVII, 4, 58, 77, 158, 172, 218, 229, 438, 546, 633, 659. — XXVIII, 51, 410.
*Marmande* (L-et-G). — XIX, 325, 429, 430. — XX, 704.
MARMIN et C<sup>ie</sup>. — XXIV, 735.
MARMONT, cap<sup>e</sup>. — XXV, 425.
MARNE (Jean Louis). — XVIII, 92.
*Marne*, rivière. — XX, 30. — XXII, 619, 731, 732, 733, 734, 735, 736, 789. — XXV, 220.
*Marne* (Départ<sup>t</sup> de la). — XVIII, 106, 121, 184, 477, 522, 771. — XIX, 82, 83, 501, 608, 740, 788. — XX, 31, 42, 48, 53, 67, 83, 132, 236, 251, 252, 260, 290, 304, 327, 328, 428, 429, 430, 442, 469, 476, 527, 559, 572, 577, 620, 657, 712, 744, 764, 765, 766, 798. — XXI, 42, 60, 74, 86, 200, 201, 203, 231, 257, 311, 385, 386, 438, 604, 696, 705, 726, 739, 740, 755, 769, 823. — XXII, 63, 117, 189, 202, 224, 232, 251, 288, 322, 350, 371, 398, 461, 485, 486, 517, 518, 530, 540, 548, 568, 584, 585, 586, 620, 622, 632, 634, 669, 709, 724, 755, 813, 819, 822. — XXIII, 15, 53, 86, 104, 229, 250, 290, 316, 338, 384, 417, 444, 456, 477, 478, 493, 576, 669, 748, 759, 760, 790. — XXIV, 15, 101, 368. — XXVI, 112. — XXVII, 376, 659.
*Marne* (Départ<sup>t</sup> de la H<sup>te</sup>.). — XVIII, 18, 480. — XIX, 163, 681. — XX, 19, 95, 150, 168, 309, 399, 537, 568, 584. — XXI, 298, 415, 417, 487, 513, 581, 625, 686. — XXII, 415, 497, 620, 642. — XXIII, 114, 116, 738. — XXIV, 470, 650. — XXV, 209, 220. — XXVI, 339. — XXVIII, 429.
*Marnes* (S-et-O). — XXVIII, 694.
*Maroc.* — XVIII, 681.
*Maroilles* (Nord). — XIX, 68. — XXII, 235, 570.
*Marolles* (E-et-L). — XXVII, 502.

*Maromme* (Fonderies de) [S-I]. — XVIII, 85, 363. — XIX, 440. — XX, 675, 727. — XXII, 387, 388. — XXIV, 302, 331. — XXVI, 741.
MAROT, adjud$^t$ g$^{al}$. — XVIII, 101. — XX, 224.
MAROUP, off. de police militaire à l'A. des Côtes de Cherbourg. — XXVIII, 273.
MARQUE, agent de la Comm$^{on}$ des approvision$^{ts}$. — XX, 660.
*Marquemont* (Oise). — XXVI, 472.
MARQUET, COLLOMB et C$^{ie}$, concessionnaires de la mine d'Entrevernes. — XXV, 539.
MARQUIS, chirurgien. — XXII, 302, 303. — XXV, 6.
MARRAGON, repr. — XXIII, 588.
MARROGUET, cap$^e$. — XXV, 279.
*Mars* (Fort de) [Allemagne]. — XXIII, 235.
*Marsal* (Arsenal de) [Meurthe]. — XX, 243, 707. — XXI, 277. — XXII, 389, 611.
*Marseillais*. — XXIII, 296, 544, 545, 637.
*Marseillaise*, chant. — XXVI, 216, 374, 494. — XXVII, 92, 363.
*Marseille* (Oise). — XXIV, 74.
*Marseille* (B-du-R). — XVIII, 7, 91, 107, 136, 175, 176, 275, 299, 342, 343, 432, 468, 486, 584, 585, 631, 684, 695, 696, 697, 747, 748, 749, 750, 793, — XIX, 24, 59, 73, 74, 204, 224, 241, 268, 302. 303, 306, 318, 339, 347, 353, 358, 390, 391, 426, 430, 474, 516, 535, 572, 594, 651, 656, 673, 683, 684, 688, 693, 694, 722, 744, 759, 785. — XX, 23, 37, 60, 83, 91, 113, 114, 144, 155, 156, 162, 205, 217, 237, 262, 263, 264, 368, 382, 383, 384, 385, 404, 456, 478, 479, 480, 500, 503, 519, 534, 624, 634, 681, *685*, 700, 701, 731, 754, 769. — XXI, 45, 63, 150, 172, 205, 206, 367, 391, 392, 393, 394, 395, 476, 546, 607, 608, 615, 663, 664, 699, 710, 713, 726, 743, 812. — XXII, 38, 66, 96, 108, 141, 142, 149, 151, 172, 232, 233, 252, 271, 272, 328, 329, 357, 373, 385, 392, 465, 473, 520, 522, 555, 556, 587, 588, 589, 635, 638, 671, 729, 738, 739, 800, 823, 825, 826. — XXIII, 36, 69, 70, 110, 154, 155, 182, 215, 217, 296, 397, 398, 419, 423, 424, 455, 544, 545, 659, 695, 696, 768, 770, 795, 828. — XXIV, 58, 59, 88, 89, 104, 125, 126, 127, 128, 209, 250, 272, 291, 346, 347, 348, 423, 428, 439, 463, 496, 575, 579, 604, 605, 652, 665, 693, 727, 730, 769, 791, 822. — XXV, 15, 59, 60, 167, 204, 205, 267, 271, 452, 481, 482, 517, 676, 708, 742, 744. — XXVI, 30, 31, 68, 172, 177, 224, 274, 283, 310, 413, 416, 532, 546, 582, 617, 619, 620, 657, 678, 724, 735. — XXVII, 39, 45, 47, 89, 108, 161, 184, 198, 250, 271, 365, 366, 370, 401, 486, 497, 535. — XXVIII, 61, 110, 142, 192, 228, 231, 238, 243, 358, 386, 502 à 504, 505, 650, 658, 684.
MARSEL, employé des hôpitaux militaires. — XXIV, 570.
MARSHALL et MOSSE, négociants et armateurs. — XXVIII, 321.
MARSILLAC, médecin. — XXIII, 549.
MARSILLY, sous-lieut. — XXII, 415.
MARSSA, chef d'escadron. — XXIV, 638.
MARSTREICHT, commissaire des Guerres. — XXVII, 33.
MARTEAU, cap$^e$ du génie. — XXII, 656.
MARTEL, direct$^r$ des mines de S$^t$-Symphorien. — XIX, 150.
MARTEL, commissaire pour l'habillement des troupes. — XXII, 563

MARTEL, cap$^e$. — XXIII, 733. — XXIV, 742.
MARTEL, repr. — XXVIII, 431.
MARTELET, adjoint à l'adjud$^t$ g$^{al}$ Mathieu. — XXIV, 639.
MARTELLIÈRE, commissaire-ordonnateur en chef. — XX, 73. — XXII, 261. — XXV, 534. — XXVI, 762.
*Martigné* (Mayenne). — XXI, 241.
MARTIGNY, lieut. — XXV, 638.
MARTIGNY, secrétaire g$^{al}$ du Comité des transports. — XXVII, 629.
MARTIGUE, commissaire. — XXVIII, 301, 302.
MARTIGUE fils, aide de camp du g$^{al}$ Desvrigny. — XXIV, 437.
*Martigues* (B-du-R). — XVIII, 631. — XX, 171.
MARTIN, commissaire. — XVIII, 398.
MARTIN, fournisseur de tabac. — XXI, 668.
MARTIN (Bernard), commissaire des Guerres. — XX, 367, 461. — XXIV, 17, 18. — XXVI, 538.
MARTIN, chef de b$^{on}$. — XX, 788. — XXIV, 404. — XXVII, 102.
MARTIN, procureur g$^{al}$ syndic de H$^{te}$-Garonne. — XXVI, 360.
MARTIN, élève à la tannerie de Sèvres. — XXV, 611.
MARTIN, chasseur à cheval. — XXV, 512.
MARTIN, chef d'escadron de dragons. — XXVIII, 91, 633, 634.
MARTIN, repr. suppléant des Vosges. — XXIII, 357.
MARTIN, de la Somme, repr. — XXVI, 577. — XXVIII, 668.
MARTIN, secrétaire du C. de S. P. — XXVII, 25.
MARTIN (Joseph et Simon), sous-chefs à Toulon. — XXV, 409.
MARTIN, contre-amiral. — XVIII, 630. — XX, 643, 787. — XXI, 91. — XXII, 120, 121, 147. — XXIII, 217, 340.
MARTIN, lieut. destitué. — XXVI, 627.
MARTIN, élève à l'École centrale. — XVIII, 328.
MARTIN, employé à l'atelier d'armes de Blois. — XVIII, 565.
MARTIN, inspecteur g$^{al}$. — XXI, 224.
MARTIN (son frère), chef vendéen. — XXI, 224.
MARTIN, négociant en soie. — XVIII, 366, 708.
MARTIN, adjud$^t$ de place. — XXII, 242.
MARTIN, cap$^e$. — XVIII, 568. — XXIII, 45.
MARTIN, dit Mouvant, cap$^e$ d'artillerie. — XIX, 172.
MARTIN, sous-lieut. — XXIV, 156.
MARTIN, chef d'escadron. — XXI, 759.
MARTIN, ci-dev$^t$ cap$^e$. — XXVII, 346.
MARTIN, dragon. — XXVII, 488.
MARTIN, m$^d$ de vins à Nantes. — XXI, 809.
MARTIN et LEGRIS, fournisseurs d'avoine, à Doullens. — XXII, 334.
MARTIN (Ét.), cap$^e$ de gendarmerie à Narbonne. — XX, 291. — XXII, 564. — XXVIII, 260, 382.
MARTIN, GUINARD et C$^{ie}$, concessionnaires. — XXVI, 364.
MARTIN D'AYQUEVILLES (Julien), professeur à l'École nat. de Juilly. — XXIV, 656.
MARTIN-CAMPREDON, cap$^e$ du génie. — XXII, 656.
*Martin-Saussenac* (Gard). — XVIII, 251, 277.
MARTINE (Jean), postillon du C. de S. P. — XVIII, 383. — XIX, 684. — XX, 360, 644. — XXVI, 56, 82, 303. — XXVIII, 372.
MARTINEAU, exploitant des bois en forêt de Sénart. — XXI, 63.

MARTINÈS, chef des chasseurs de montagne. — XXII, 330, 650.
MARTINÈS (Manuel), prisonnier espagnol. — XXIV, 763.
MARTINET, aide de camp du col<sup>el</sup> Hompesch. — XXII, 640.
MARTINET, boucher à Charleville. — XXIV, 8.
MARTINEZ, chef de b<sup>on</sup>. — XXIII, 662. — XXV, 308, 600. — XXVIII, 83.
MARTINI, prisonnier autrichien. — XXV, 524.
*Martinique* (La) [Île]. — XIX, 482, 553. — XXIII, 172, 286. — XXV, 324. — XXVIII, 578.
MARTINOT, cultivateur. — XXI, 258.
MARTRET, off. de marine. — XX, 630.
*Martroi* (Place du), à Orléans. — XXI, 561.
MARUGIN, chef de brigade. — XVIII, 368.
MARULA (Fr.), cap<sup>e</sup> de hussards. — XX, 544. — XXVII, 172.
MARULA (Jacob), chef d'escadron de hussards. — XX, 544.
*Marvejols* (Lozère). — XVIII, 621. — XX, 261.
MARY, fournisseur. — XXVII, 560.
*Mary*, navire américain. — XXII, 746.
MAS (Aimé), vérificateur des comptes. — XVIII, 47.
*Mascara* (Algérie). — XXI, 710.
MASCLARY, père et fils, de Montargis. — XXVIII, 356.
MASQUERAY, cap<sup>e</sup>. — XXVI, 41.
MASSA, repr. — XX, 392. — XXIV, 799.
MASSABEAU, receveur des contrib. à Nancy. — XXI, 663. — XXII, 324.
MASSAC, employé aux bureaux civils de Brest. — XX, 124.
MASSAC et C<sup>ie</sup>, fournisseurs de grains. — XXII, 129, 423. Voir TEXIER.
MASSE, de S<sup>t</sup>-Domingue. — XX, 667.
MASSÉ, adjud<sup>t</sup> de place à Strasbourg. — XXVIII, 374.
MASSELIN, lieut. — XIX, 550.
MASSÉNA, g<sup>al</sup> en chef. — XXIV, 732, 757. — XXVI, 705. — XXVII, 650.
MASSENEAU, fondé de pouvoirs du c<sup>n</sup> Bizemont. — XXVIII, 660.
MASSENIER, m<sup>al</sup> des logis. — XXVII, 488.
MASSESY, cap<sup>e</sup>. — XX, 629.
MASSET, voiturier par eau. — XVIII, 565.
MASSET, aide de camp du g<sup>al</sup> Hanriot. — XXIII, 514.
MASSET, négociant à Valéry-sur-Somme. — XXVI, 729.
MASSEY, cap<sup>e</sup>. — XVIII, 551.
MASSICOT, aide de camp du g<sup>al</sup> Bonnaire. — XX, 103.
MASSIEU, repr. — XX, 7.
MASSIEU, armateur au Havre. — XIX, 253. — XXI, 178.
MASSIEU, agent de l'Agence des achats. — XIX, 323. — XX, 331.
MASSINOT, élève ingénieur. — XX, 667.
MASSOL DE MONTEIL, g<sup>al</sup> de division. — XIX, 703, 785. — XXIV, 502.
MASSON, maire de Chartres. — XXIV, 558.
MASSON (Fr.), chirurgien à l'hôpital de Bayonne. — XXVI, 62.
MASSON, off. de tirailleurs. — XXVIII, 533.
MASSON, lieut. — XXVII, 447.
MASSONNET, cap<sup>e</sup>. — XVIII, 603.
MASSOT, cap<sup>e</sup> adjoint. — XX, 499.
MASUYER, repr. — XXVIII, 597, 598.
MAT (Pierre), brigand. — XXVI, 764.

MATAGNE, lieut. de vaisseau. — XX, 369.
*Mataro* (Espagne). — XX, 805.
MATHÉ, voiturier par eau. — XXVI, 125.
MATHELON, lieut. — XXIV, 742. — XXV, 650.
MATHELLON (Fr. Lazare). — XVIII, 550.
MATHELLON (J. Jos.). — XVIII, 550.
MATHEUS, commerçant à Rouen. — XVIII, 449.
MATHEY, maître de poste à Combeaufontaine. — XXII, 387.
MATHEY, courrier du C. de S. P. — XXVI, 256.
MATHEY, cap<sup>e</sup>. — XX, 224.
MATHEY. — XXI, 771.
MATHIAS, cap<sup>e</sup>. — XX, 44. — XXVI, 410.
MATHIEU, commissaire des Guerres. — XXIII, 504, 505, 506.
MATHIEU, maître de forges à Bienville. — XXVI, 420.
MATHIEU, repr. — XIX, 694, 712. — XXIII, 237. — XXIV, 405, 406, 507, 551, 614, 645, 671, 707, 773, 805, 807. — XXV, 27, 53, 68, 80, 170, 259, 298, 299, 300, 302, 336, 361, 365, 397, 416, 497, 498, 506, 557, 582, 597 n., 601, 620, 625, 639, 645, 651, 717, 746. — XXVI, 46, 72, 73, 91, 93, 155, 186, 232, 290, 291, 293, 323, 350, 351, 393, 405, 425 c, 426, 462, 514, 517, 521, 544, 649, 655, 673, 694, 698, 713, 755. — XXVII, 11, 12, 13, 41, 52, 80, 101, 103, 126, 152, 153, 159, 188, 209, 290, 330, 331, 353, 379, 426, 433, 448, 509, 516, 520, 522, 523, 525, 661. — XXVIII, 172, 200 à 202, 218, 219, 361, 395, 401 à 405, 530, 531, 598, 624, 650.
MATHIEU, sous-lieut. au 1<sup>er</sup> b<sup>on</sup> d'Apt. — XXVIII, 82.
MATHIEU (Maurice), adjud<sup>t</sup> g<sup>al</sup>. — XVIII, 144. — XXIV, 639.
MATHIEU, ingénieur des mines. — XVIII, 575.
MATHIEU, maire de Strasbourg. — XIX, 638.
MATHIEU, de Libourne. — XXIV, 536.
MATHIEU, canonnier. — XXV, 291.
MATHIEU, garde-magasin. — XXV, 376. — XXVIII, 353.
MATHIS, agent forestier de Sarre-Libre. — XXVIII, 375.
MATHIS, sous-direct<sup>r</sup> des arsenaux de Dunkerque. — XVIII, 184. — XX, 606.
MATHON, employé au magasin militaire de Lille. — XXVIII, 482.
MATHON, agent de la Comm<sup>on</sup> des armes. — XXI, 175.
*Mativon* (nom des terroristes lyonnais). — XXII, 403.
MATRINQUEN. — XIX, 493.
MATTER (C<sup>te</sup> du 4<sup>e</sup> rég<sup>t</sup> d'artillerie de). — XVIII, 382.
MAUBAILLON, armateur. — XXI, 594.
MAUBAN, commissaire nat. près le trib. de Caen. — XXII, 553.
MAUBANÉ, de Caen. — XXVII, 189.
MAUBANT, caissier de l'Agence des armes. — XXII, 6.
MAUBERT, chef de b<sup>on</sup> du génie. — XXII, 639.
*Maubeuge* (Nord). — XVIII, 6, 184, 304, 306, 333, 495, 706, 770. — XIX, 433, 439, 536, 618. — XX, 6, 605. — XXI, 344, 623. — XXII, 236, 299, 757. — XXIII, 258. — XXIV, 274, 431. — XXV, 213. — XXVI, 349, 566, 727. — XXVII, 14, 16, 256, 429. — XXVIII, 67, 238, 296, 664.
MAUBEUGE, sergent-major de grenadiers. — XXIII, 827. — XXIV, 355.
MAUBRACQ, cap<sup>e</sup> de l'*Utile*. — XXI, 20.
MAUCLÈRE. — XXI, 510.
MAUDET, imprimeur au Mans. — XXVIII, 500.

MAUDUIT, fils du professeur au Collège de France. — XXIV, 155.
MAUDUIT (Hubert), des Îles du Vent. — XXVII, 231.
MAUFFRAS, de Quimper. — XXVII, 227.
MAUGARS, proposé au grade de lieut. de cavalerie. — XXVIII, 265.
MAUGE (Maurice), sous-lieut. — XXVII, 223.
MAUGÉ, sous-garde d'artillerie. — XVIII, 90.
MAUGÉ, lieut. au 20e dragons. — XXVII, 556.
MAUGENOT, négociant. — XVIII, 559.
MAUGRA, médecin-chef. — XXI, 509.
MAUGRAS, off. de chasseurs. — XXIV, 473.
MAUGREZ, adjoint au corps du génie. — XXIII, 248.
MAUJEOL, lieut. du génie. — XXII, 639.
*Mauléon* (H-P). — XVIII, 689.
*Maulévrier* (M-et-L). — XXI, 445.
MAULJEAN, cape. — XXV, 638.
MAULMANS, off. de tirailleurs. — XXVIII, 533.
MAULNE (Comte de), chef chouan. — XX, 596. — XXIII, 313, 314.
MAUMÉJAN, inspecteur des remontes à Libourne. — XXII, 682.
MAUPIN, de St-Dominique. — XXVI, 540.
MAURE (Claude), agent de l'évacuation du Palatinat. — XXVIII, 44.
MAURE, repr. — XXIII, 316. — XXV, 706. — XXVI, 209, 218, 242.
MAURENAS, sous-lieut. — XXVII, 465.
*Mauriac* (Cantal). — XIX, 547. — XX, 704. — XXII, 110. — XXVIII, 32.
MAURICE, gal de brigade. — XIX, 157, 191. — XX, 460.
MAURICE, de Chinon. — XX, 509.
*Maurienne*. — XXIII, 267. — XXIV, 815.
MAURIN, aspirant sur la *Carmagnole*. — XXIII, 794.
MAURIN, adjoint au gal Mireur. — XXIV, 828, 829.
MAURIN, prisonnier piémontais. — XXIV, 759.
MAURISSET, inspecteur gal des halles aux draps et toiles de Paris. — XXVIII, 685.
MAUROY, gal de brigade.— XXI, 127.
MAURRAS, chef des chasseurs de montagne. — XXVI, 330.
*Maurupt* (Marne). — XXII, 350.
MAUSCOURT, chef de brigade d'artillerie. — XXV, 576. — XXVI, 477. — XXVII, 58.
MAUSEL (Jean), cape de dragons anglais. — XXII, 614.
*Maussac* (Corrèze). — XXIV, 777.
*Maussanne-les-Baux* (B-du-R). — XXIV, 511.
*Mauves* (L-I). — XXV, 747.
MAX-BERR, fournisseur de chevaux. — XXIII, 60, 61.
*Maximum* des prix. — XVIII, 45, 46, 49, 319, 325, 397, 433, 505, 690, 697, 698, 738, 749, 785, 807. — XIX, 9, 14, 64, 267, 269, 281, 289, 334, 346, 349, 356, 362, 370, 389, 480, 491, 552, 593, 594, 596, 706. — XX, 58, 75, 79, 95, 150, 177, 243, 244, 310, 337, 356, 357, 487, 521, 531, 587, 645, 687, 711, 724, 752. — XXI, 49, 66, 93, 213, 221, 255, 280, 329, 362, 371, 546, 632, 680, 799. — XXII, 7, 9, 10, 38, 53, 101, 109, 155, 237, 269, 334, 415, 614, 615, 718, 719, 731-736, 744, 772, 780. — XXIII, 187, 326, 384. — XXIV, 96, 415, 449, 470, 634, 636, 660, 661, 790, 820. — XXV, 141, 163, 168, 288, 344, 345, 357, 374, 432, 437, 440, 492, 546, 588, 596, 662, 684, 713, 737. — XXVI, 146, 313, 361, 384, 420, 441, 513, 558, 640,

758. — XXVII, 29, 63, 107, 369, 445, 666. — XXVIII, 8, 436.
MAY, fournisseur de fourrages et avoines. — XXVIII, 680, 681.
MAY, sous-lieut. — XIX, 498.
MAY (Isaac), de Strasbourg. — XXII, 822. — XXV, 375, 534, 734. — XXVI, 711.
*May Suisse* (Régt de). — XVIII, 686. — XXIII, 661.
MAYEN, employé au contrôle de la marine à Toulon. — XXVIII, 489.
*Mayence* (Allemagne). — XVIII, 23, 24, 125, 145, 255, 285, 307, 309, 356, 357, 443, 490, 491, 515, 516, 518, 530, 555, 556, 578, 583, 584, 635, 668, 731, 780, 811, 812, 813, 814, 816, 817. — XIX, 87, 94, 123, 141, 149, 158, 192, 234, 258, 422, 423, 444, 498, 597, 620. — XX, 12, 13, 14, 73, 209, 210, 224, 278, 466, 489, 560, 561, 562, 617, 695, 696, 697, 698, 699, 783. — XXI, 8, 11, 50, 176, 192, 317, 319, 373, 382, 387, 388, 406, 418, 466, 467, 490, 652, 654, 730, 731, 838. — XXII, 53, 307, 416, 549, 594, 603, 616, 756, 787. — XXIII, 5, 7, 50, 168, 199, 235, 317, 386, 387, 560, 688, 761, 762, 824, 825. — XXIV, 32, 102, 120, 145, 221, 390, 525, 527, 673, 674. — XXV, 53, 527, 551, 601, 701, 761. — XXVII, 84, 220, 259, 293, 350, 405, 567, 596, 612, 658, 675. — XXVIII, 10, 16, 17, 38, 58, 70, 93, 108, 115, 116, 117, 119, 120, 170, 171, 180, 185, 203, 221, 222, 284, 307, 309, 334, 335, 407, 408, 424, 472, 473, 493, 494, 557, 602, 627, 637, 638, 651, 677, 678, 679.
*Mayenne* (Départt de la). — XVIII, 76, 77, 78, 98, 352, 461, 579, 717, 719. — XIX, 63, 214, 247, 265, 296, 314, 343, 379, 384, 466, 469, 505, 543, 544, 588, 595, 646, 665. — XX, 64, 147, 166, 193, 194, 233, 234, 279, 281, 289, 309, 314, 471, 498, 516, 559, 568, 584, 595, 628, 639, 640, 677, 691, 764, 777, 778, 784. — XXI, 37, 39, 85, 119, 166, 167, 168, 194, 195, 197, 241, 295, 347, 468, 495, 538, 539, 540, 541, 578, 580, 620, 659, 768, 787, 789, 790, 791, 833, 834. — XXII, 18, 26, 27, 59, 61, 90, 102, 131, 132, 133, 134, 166, 167, 229, 258, 286. — XXIII, 367, 425. — XXIV, 192, 475, 507, 522. — XXV, 95, 112, 435, 671. — XXVI, 444. — XXVII, 448. — XXVIII, 698.
*Mayenne* (Mayenne). — XIX, 193, 432, 557, 683. — XXV, 95, 342, 361, 455. — XXVIII, 415.
*Mayenne*, rivière. — XIX, 35. — XX, 160, 167, 233, 279, 281. — XXII, 27, 738. — XXIII, 367.
MAYER, plénipotentiaire hollandais. — XX, 558.
MAYER, adjudt gal, puis gal de brigade. — XXV, 442. — XXVII, 371, 493, 620.
MAYER LAZARD et Cie, négociants à Strasbourg. — XXVI, 273, 662. — XXVIII, 241, 552.
MAYER MARX fils, fournisseurs de la Républ. — XXVI, 6, 202.
MAYGRON, secrétaire du repr. Mariette. — XX, 501.
MAYNARD, repr. — XXVIII, 533.
MAYNE, cape de navire. — XXI, 283, 512.
MAYNIEL, cape du génie. — XXVII, 265.
MAYSTRE (Paul) et Cie, négociants génois. — XXVIII, 385.
MAZADE, repr. — XIX, 786. — XX, 379, 380, 518, 623, 624, 671, 730. — XXI, 62, 110, 140, 141, 259, 355, 431, 543, 544, 545, 602, 603, 641, 662, 663, 697, 742, 770. — XXII, 80, 91, 323, 324, 391, 517. — XXIII, 31, 562.

*Mazamet* (Tarn). — XXIII, 812.
MAZARD, envoyé en Amérique. — XIX, 562.
MAZEL, aide de camp du gᵃˡ Carteaux. — XIX, 87.
MAZINGANT, chef de bᵒⁿ. — XX, 667. — XXII, 46.
MAZOIS (M. A.), agent pour la pêche. — XXI, 806.
*Mazoule* (Cheik de la). — XX, 538.
*Mazures* (Forges des) [Ardennes]. — XXV, 730.
MAZURIER, directʳ de l'artillerie au Havre. — XXVI, 356.
MAZURIER, capᵉ. — XXVI, 369.
MAZURIER. — XX, 408.
MAZURIER, du 1ᵉʳ régᵗ de la marine. — XXVII, 553.
MAZURIER (L. Jos.), novice. — XXVIII, 9.
MAZZA, de Gênes. — XXIV, 845.
MEADE (Jean), adjudᵗ gᵃˡ, chef de brigade. — XIX, 87.
MÉAULLE, repr. — XXV, 467 n.
*Meaux* (S-et-M). — XVIII, 40, 140. — XIX, 111, 112, 114, 404, 520, 695, 696, 786. — XX, 40, 81, 299, 409. — XXI, 58, 745. — XXII, 261, 774. — XXIII, 82, 126, 219, 271. — XXIV, 2, 350, 579. — XXV, 373, 420. — XXVII, 113, 613.
MÉAUX, conducteur des charrois. — XVIII, 185.
*Mécanique*, de LAGRANGE. — XXV, 641.
*Mécanique*, de MARIE. — XXV, 641.
MECHEC (Jean), commandᵗ de la *Cécile*. — XXV, 116.
MÉCHIN, sergent-major. — XXIV, 765.
MÉCHIN (Jean), salpêtrier. — XXVIII, 593.
MÉDA, sous-lieut. de chasseurs. — XXV, 621.
MÉDAL, de Versailles. — XX, 657.
*Médecins*. — XXV, 376, 406. — XXVI, 368. Voir *Officiers de santé*.
*Médée*, frégate. — XXI, 139, 695. — XXII, 246, 344. — XXIV, 82, 200.
MÉDIANO (Ét.). — XVIII, 449.
*Medinaceli* (Régᵗ espagnol de). — XVIII, 541.
*Méditerranée* (Mer). — XVIII, 38, 39, 96, 265, 499, 500, 542, 698, 699, 746, 750, 751. — XIX, 23, 74, 197, 198, 205, 206, 223, 224, 305, 488, 573, 658. — XX, 254, 368, 381, 511, 533, 722. — XXI, 177, 220, 386, 391, 474, 585, 608, 816. — XXII, 75, 120, 147, 328. — XXIII, 218, 394. — XXIV, 347, 843. — XXVI, 453. — XXVII, 406.
*Méditerranée* (Forces navales de la). — XVIII, 630. — XXI, 584, 585, 816, 817. — XXII, 75. — XXIII, 216, 394.
*Méditerranée* (Ports de la). — XXII, 75, 233, 328, 500, 543. — XXIII, 45.
*Méduse*, frégate. — XXVIII, 401.
MEESTER (Pierre de), batelier de Gand. — XXVII, 61.
MÉGRIER, joaillier. — XXII, 611.
*Mehalable et Mary*, navire américain. — XXII, 23.
MÉHÉE, journaliste. — XXVIII, 285.
MEILHAN, capᵉ d'infanterie. — XIX, 139.
MEILLAN, repr. — XXII, 274. — XXIII, 315, 316, 337, 417, 476, 477, 685, 687, 721, 722, 808, 822. — XXIV, 220, 233, 234, 265, 266, 268, 303-306, 388, 389, 420, 421, 460, 487, 569, 570, 614, 629, 649, 687, 722, 779, 780, 811. — XXV, 81, 122, 171, 194, 196, 221, 235, 308, 309, 329, 339, 366, 381, 383, 400, 401, 402, 428, 451, 478, 530, 534, 549, 600, 607, 628, 653, 672, 685, 750, 751. — XXVI, 11, 27, 67, 135, 188, 189, 217, 250, 252, 266, 278, 281, 324, 330, 331, 449, 474, 565, 567, 601, 650, 720. — XXVII, 40, 134, 192, 217, 265, 359, 360, 384, 547, 573, 605, 606, 631, 641, 659.

— XXVIII, 34, 50, 88, 329, 339, 340, 427, 428, 461, 506, 565, 581, 676.
*Meiserheim* (Allemagne). — XX, 370.
MEISSONIER, d'Avignon. — XXVIII, 231.
MÉJAN, sous-lieut. de chasseurs. — XVIII, 580.
MÉLARD, lieut. — XXIV, 495.
MELETTA (Marguerite), fᵉ Falciola, de Mayence. — XVIII, 635.
*Mellac* (Finistère). — XXV, 512.
*Melle* (D-S). — XIX, 325, 410. — XXIV, 776.
MELLERET, capᵉ de gendarmerie. — XIX, 733.
*Mello* (Oise). — XXVII, 325.
MELNONI, chef de brigade. — XXIII, 825.
*Melogne* (Italie). — XXIV, 757, 849.
MEL-SAINT CERAN, de Versailles. — XVIII, 600.
MELON, fournisseur de casques. — XVIII, 137.
MELOT, garde-magasin à Arras. — XXII, 643.
MELQUIOU, lieut. de gendarmerie à Chateaumeillant. — XX, 45.
*Melun* (S-et-M). — XIX, 111, 112, 114, 428, 429. — XX, 672, 691. — XXI, 372, 562, 685, 772. — XXII, 20, 186, 440, 544. — XXIII, 628. — XXIV, 94, 634. — XXVI, 34, 63. — XXVIII, 78.
*Membrolle* (La) [M-et-L]. — XX, 195.
*Mémoire général sur les côtes océaniques de la France*. — XXV, 249, 413.
*Mémoires*, de MONTECUCULLI. — XXV, 640.
*Mémoires* [d'artillerie], de SAINT-REMY. — XXV, 639.
*Mémoires d'artillerie*, de SÉHEL. — XXV, 639.
*Mémoires sur la fortification perpendiculaire, et Réponses*. — XXV, 640.
MÉNAGE, adjudᵗ gᵃˡ. — XXVI, 602, 688. — XXVIII, 614, 619.
MÉNAGER, fournisseur de bois. — XXII, 690.
MENANT (Ant.), adjudᵗ gᵃˡ chef de bᵒⁿ. — XX, 794. — XXVII, 171.
MÉNARD, adjudᵗ gᵃˡ. — XVIII, 123. — XX, 225.
MÉNARD (Jean), chasseur à cheval. — XX, 477.
MENARD LACROYE, aérostier. — XXI, 50.
MÉNARD, commandᵗ temporaire à l'arsenal de Paris. — XXIV, 665. — XXVI, 369.
MENAULT (Cⁿᵉ), née Rousseau. — XXIV, 537.
*Mende* (Lozère). — XVIII, 622. — XXIV, 341, 342. — XXV, 9. — XXVI, 169, 300, 396.
MENDRY, procureur syndic du distr. d'Ustaritz. — XXVIII, 506.
MENESSIER, directʳ des transports. — XXVII, 572.
*Mengant* (Roche de) [Finistère]. — XXIII, 45.
MENGIN, capᵉ. — XXII, 614.
MENIER, joaillier à Paris. — XIX, 350.
MENIÈRE. — XIX, 785.
*Menin* (Belgique). — XVIII, 678, 789. — XIX, 563. — XXI, 567. — XXII, 648. — XXIV, 736. — XXVIII, 381, 584.
MENISSON, sergent au 3ᵉ bᵒⁿ de la 22ᵉ demi-brigade. — XXVIII, 216.
*Mennecy* (S-et-O). — XVIII, 487. — XXIII, 797. — XXV, 635. — XXVI, 577, 685.
MENNESSIER, en mission à Malte. — XVIII, 759.
MENISSIER. — XXVIII, 366.
MÉNOIRE, capᵉ d'artillerie. — XXII, 655.
MENOU (Jacques Alexandre), gᵃˡ de division. — XVIII, 761. — XXI, 5, 554, 558. — XXII, 163. — XXIII, 44, 161, 512, 546, 636. — XXIV, 156. —

xxv, 55, 113, 735. — xxvi, 210, 752. — xxvii, 114, 540. — xxviii, 166, 195, 630.
MENOU (Fr.), cap$^e$ d'artillerie. — xxii, 746.
*Ménouville* (S-et-O). — xxi, 703.
*Menton* (A-M). — xviii, 287. — xix, 488. — xxii, 775. — xxiv, 799.
*Mentor*, navire. — xxiv, 95.
*Menu*, magasin. — xxi, 263.
MENUAU, repr. — xviii, 458, 477, 524, 731. — xix, 58, 258, 259, 647, 667, 668. — xx, 379, 577, 642. — xxi, 410, 496, 676, 790, 794. — xxii, 136, 137, 166, 188, 321, 727. — xxiii, 52, 148, 167, 314, 361, 382, 536. — xxiv, 198-200, 409, 441, 595. — xxv, 120.
MÉOT, restaurateur. — xxiv, 311.
MÉQUILLET, g$^{al}$. — xviii, 50.
*Mer* (L-et-C). — xviii, 20. — xix, 577. — xx, 64. — xxii, 69, 350, 351, 529. — xxv, 647. — xxvii, 227.
*Mer Noire*. — xx, 655.
*Mer Rouge*. — xix, 384.
MÉRAN, adjoint à l'É.-M. de l'A. de Sambre-et-Meuse. — xxvii, 404.
MERAZIN, élève d'artillerie. — xviii, 120.
MERCERON (Jos. Louis). — xviii, 289.
MERCIER, rebelle de la Commune de Paris. — xxvi, 601.
MERCIER, repr. — xx, 440. — xxiii, 453. — xxviii, 3.
MERCIER, fabricant de lunettes pour la marine à Brest. — xxi, 14.
MERCIER, de S$^t$-Marcel (Orne). — xxi, 215.
MERCIER, de la fonderie de canons de Bourth. — xxiii, 379.
MERCIER, lieut. — xxiv, 408. — xxv, 168, 388.
MERCIER (Adhémar Joseph), cap$^e$. — xix, 598. — xxii, 266. — xxv, 458.
MERCIER, brigadier. — xx, 712.
MERCIER, de Barre. — xxiv, 710.
MERCIER, off. de santé. — xxviii, 445.
MERCIER (C$^{ie}$), fournisseurs de chevaux. — xxvii, 80, 284, 520. — xxviii, 297.
MERCK, adjud$^t$ g$^{al}$. — xix, 597.
*Mercure*, navire. — xxi, 90, 91, 208, 368. — xxiii, 217. — xxiv, 843, 846. — xxv, 258. — xxviii, 384 à 386.
*Mercure Universel*, journal. — xxi, 299.
*Mercury of Sodon*, corvette. — xxiv, 592. — xxv, 79.
*Mère amoureuse*, navire vénitien. — xxi, 634.
*Mercy* (Yonne). — xxiv, 751.
*Mérey* (Doubs). — xxiii, 727.
MERGIÉ, g$^{al}$. — xxii, 539, 820, 821.
MÉRILLON, cap$^e$. — xviii, 680.
MÉRIMÉE, élève à l'École centrale. — xviii, 328.
MERLE, volontaire. — xxiv, 375.
MERLE, off. de chasseurs. — xxiv, 473.
MERLE-BEAULIEU, g$^{al}$. — xviii, 540. — xxviii, 577.
MERLE, dépensier de l'hôpital militaire de Laon. — xx, 774.
MERLE-BEAULIEU, command$^t$ la place de Metz. — xix, 567.
MERLEN, adjoint aux adjud$^{ts}$ génér$^x$. — xxiv, 800. — xxv, 682.
*Merlerault* (Le) [Orne]. — xix, 107, 108.
MERLIN, négociant à Boulogne. — xxvii, 422.
MERLIN (de Douai), repr. — xviii, 307, 325, 342, 490, 491, 570, 599, 605, 606, 611, 635, 668, 730,
731, 746, 761, 762, 791, 803, 806, 813. — xix, 59, 62, 122, 123, 258, 259, 260. — xx, 22, 46, 77, 109, 183, 323, 330, 345, 414, 415, 555, 572, 589, 618, 619, 659, 660, 670, 691, 722, 778, 789, 793. — xxi, 23, 152, 181, 188, 299, 301, 303, 304, 307, 309, 335, 346, 465, 478, 503, 520, 596, 597, 609, 700, 763, 781, 819, 823. — xxii, 15, 16, 17, 194, 196, 199, 201, 250, 310, 342, 373, 480, 531, 596, 621, 640, 674, 688, 724, 750, 751, 753, 755, 761, 786, 787-789. — xxiii, 18, 20, 21, 22, 48, 49, 61, 110, 135, 162, 168, 174, 191, 198, 199, 252, 388, 392, 435, 457, 458, 461, 554, 591, 598, 635, 642, 665, 701, 706, 707, 751, 781, 812. — xxiv, 11, 12, 70, 71, 184, 223, 253, 254, 257, 285, 291, 295, 296, 321, 322, 360, 361, 363, 393, 442, 479, 498, 505, 506, 512, 513, 588, 617, 618, 643, 646, 668, 714, 715, 733, 745, 766, 770. — xxv, 15, 47, 48, 106, 173, 252, 282, 388, 444, 648, 700, 732 n. — xxvi, 45, 108, 120, 165, 291, 292, 599, 606, 655, 668, 672. — xxvii, 50, 60, 157, 161, 238, 446, 516, 532, 566. — xxviii, 11, 14, 72, 74, 88, 89, 108, 137, 146, 173, 176, 234, 272, 274, 276, 303, 304, 327, 351, 366, 369, 387 n., 391, 392, 420, 512, 559, 580, 647.
MERLIN (de Thionville), repr. — xviii, 228, 287, 290, 307, 336, 358, 443, 490, 491, 519, 530, 531, 555, 605, 606, 611, 617, 635, 669, 730, 731, 746, 761, 762, 780, 790, 803, 811, 813, 814. — xix, 94, 122, 123, 172, 235, 243, 244, 259, 260, 422, 498, 517, 590, 598. — xx, 15, 22, 74, 236, 278, 323, 695, 736. — xxi, 432, 437, 472, 515, 687. — xxii, 13, 53, 98, 190, 261, 649, 751, 787. — xxiii, 32, 51, 69, 110-113, 174, 175, 197, 198, 199, 214, 236, 238, 385, 386-390, 576, 577, 578, 579, 618, 619, 638, 656, 665, 687, 749, 823, 825. — xxiv, 16, 101, 162, 259, 262, 299, 412, 413, 444, 445, 494, 508, 527, 585, 613, 620, 659, 672-674, 681. — xxv, 56, 150, 151, 192, 235, 355, 414, 494, 560, 561, 629, 700, 706, 725. — xxvi, 296, 299, 312, 374, 375, 487, 519, 526, 584, 588, 589, 611, 612, 613, 641, 647, 668, 680, 761. — xxvii, 19, 30, 42, 44, 84, 85, 126, 154, 157, 169, 171, 178, 193, 194, 210, 246, 266, 292, 295, 334, 335, 336, 337, 363, 415, 434, 459, 460, 532, 555, 566, 576, 633, 638, 676. — xxviii, 21, 38, 53, 55, 58, 71, 93, 95, 108, 114 à 116, 120, 171, 180 à 186, 203, 204, 282, 407, 408, 477, 492, 527, 568, 591, 600, 637 à 639, 677, 678, 705.
MERLIN, de Thionville (V$^{ve}$). — xix, 565, 597.
MERLIN, de Thionville, son frère. — xxii, 393.
MERLIN (J. B.), de Thionville, chef d'escadron de cavalerie. — xxii, 810. — xxv, 519.
MERLIN (Joseph), forgeron à Nantes, volontaire. — xxiii, 509.
MERMET, adjud$^t$ g$^{al}$. — xviii, 474. — xxv, 147.
MERMET, chirurgien à l'A. des Pyr.-Orient. — xxvii, 53.
MERTION, du service des postes. — xxviii, 579.
*Méru* (Oise). — xviii, 738.
MERVEN, aide de camp du g$^{al}$ Tuncq. — xx, 522.
*Merville* (Nord). — xxv, 387.
MESAUGÈRE, élève d'artillerie. — xviii, 120.
*Mesin* (Café), à Lyon. — xxiii, 292.
MESLE, fournisseur d'habillem$^t$. — xix, 281.
MESLIER, surveillant aux Armées. — xxii, 268.
*Meslin* (C-du-N). — xviii, 776.

MESNARD, inspecteur g<sup>al</sup> des transports militaires. — XXII, 553, 554.
*Miramionnes* (Atelier des). — XIX, 727. — XXI. — 377. — XXII, 646.
MESNIER frères. — XVIII, 143.
*Mesquer* (Baie de) [L-I]. — XXV, 396.
*Messager du Soir,* journal. — XXVI, 726. — XXVIII, 161.
MESSÉE, conservateur des bâtiments militaires de Versailles. — XXVII, 116.
MESSEYER, agent de change ou courtier. — XXIII, 270.
MESSIER, gendarme. — XXIII, 404.
*Messine* (Italie). — XIX, 336. — XX, 624.
MESSINE, fournisseur. — XXIV, 39. Voir BLANCHY.
MESSMANN, cap<sup>e</sup> d'un navire suédois. — XXVI, 644.
MESTADIER (Jacques), sergent-major. — XX, 60. — XXVIII, 610.
MESTAYER, chirurgien. — XXV, 101.
MESTRAETEN, de Bruxelles. — XXIII, 461.
MESTRE, chef de b<sup>on</sup>. — XX, 44.
*Métaux.* — XXV, 613. — XXVI, 59, 533. — XXVIII, 2, 8, 76, 658. Voir *Bronze; Fer.*
MÉTIVIER, charpentier. — XXII, 715.
METTERNICH, professeur. — XXI, 373, 454.
*Metz* (Moselle). — XVIII, 194, 247, 299, 315, 361, 362, 406, 518, 566, 616, 617, 635, 668, 726, 757. — XIX, 3, 4, 5, 40, 66, 149, 153, 170, 243, 648, 726, — XX, 37, 60, 202, 221, 296, 312, 332, 370, 454, 456, 754, 783. — XXI, 62, 140, 141, 258, 354, 431, 509, 542, 543, 544, 545, 552, 601, 602, 603, 604, 641, 662, 663, 696, 741, 758, 770. — XXII, 92, 261, 392, 493, 494, 517, 601, 774, 806. — XXIII, 512, 560, 638, 709, 710, 791, 802, 805, 806. — XXIV, 6, 134, 216, 422, 470, 527, 630, 659, 665, 710, 722, 752, 829. — XXV, 17, 103, 375, 552, 615. XXVI, 83, 144, 285, 287, 329. — XXVII, 58, 144, 173, 204, 395, 506, 561. — XXVIII, 1, 2, 44, 222, 325, 335, 439, 484, 588, 596.
METZLER, BETHMANN et C<sup>ie</sup>, fournisseur de l'A. de Sambre-et-Meuse. — XXVIII, 114.
*Meudon* (S-et-O). — XVIII, 2, 11, 12, 41, 85, 106, 121, 122, 190, 249, 253, 276, 302, 303, 347, 400, 526, 549, 566, 567, 620, 653, 725. — XIX, 6, 28, 169, 230, 277, 309, 310, 381, 405, 434, 455, 538, 564, 616, 620, 631, 634. — XX, 6, 95, 390, 488, 627. — XXI, 50, 96, 97, 110, 111, 131, 132, 175, 247, 278, 425, 426, 456, 457, 481, 515, 589, 590, 625. — XXII, 39, 175, 178, 266, 295, 301, 302, 413, 616, 647, 756. — XXIII, 43, 222, 244, 560. — XXIV, 152, 240, 248, 356, 376. — XXV, 165, 488. — XXVI, 5, 113, 213, 316, 366, 367, 417, 442, 473, 536, 741. — XXVII, 52, 227, 228, 252, 653. — XXVIII, 28, 64, 80, 81, 100, 188, 205, 208, 416, 549, 614.
*Meulan* (S-et-O). — XVIII, 770. — XXI, 426. — XXII, 493, 611, 641. — XXIII, 188, 367. — XXIV, 71, 434, 501, 584, 586. — XXVI, 3, 62. — XXVII, 4, 368, 541. — XXVIII, 67, 77.
*Meung-sur-Loire* (Loiret). — XXIII, 416. — XXVI, 388.
MEUNIER, chaufournier à Saché. — XIX, 153.
MEUNIER, aide de camp du g<sup>al</sup> Caumaire. — XX, 737.
MEUNIER, g<sup>al</sup> de brigade. — XXII, 182. — XXV, 512. — XXVI, 688. — XXVIII, 530.
MEUNIER, charron des Comités. — XXVI, 367.
MEUNIER (Pierre). — XXVII, 280. — XXVIII, 446.

*Meunerie. Meuniers.* — XXII, 700. — XXVI, 304, 575, 604, 682. — XXVII, 2, 113, 167, 168, 224, 342, 536. — XXVIII, 166. Voir *Moulins.*
MEURGEY, de Dijon. — XXI, 697.
*Meurthe* (Départ<sup>t</sup> de la). — XVIII, 11, 198, 199, 321, 595, 617. — XIX, 83, 133, 173, 258, 259, 365, 501, 592, 613, 648, 725, 763, 764, 786. — XX, 31, 334, 379, 431, 517, 584, 623, 624, 671, 730, 773. — XXI, 62, 106, 107, 110, 140, 258, 354, 431, 486, 542, 545, 601, 604, 641, 662, 696, 716, 741, 742, 770. — XXII, 80, 91, 118, 322, 391, 517, 586, 615. — XXIII, 7, 31, 70. — XXIV, 538, 539. — XXV, 691. — XXVI, 190, 219, 270, 339.
MEUSE (Rendrick-Jacob), cap<sup>e</sup> suédois. — XXVII, 231.
*Meuse* (Départ<sup>t</sup> de la). — XVIII, 106, 121, 320, 406. — XIX, 260, 363, 439. — XX, 42, 67, 82, 95, 276, 404, 415, 417, 584. — XXI, 22, 24, 66, 68, 73, 110, 191, 192, 321, 762. — XXII, 388, 768, 807. — XXIII, 31, 68, 275, 290. — XXVIII, 526.
*Meuse,* fleuve. — XVIII, 23, 30, 259, 304, 308, 309, 685. — XIX, 69, 70, 158, 208, 209, 286, 604. — XX, 325, 348, 351, 357, 413, 417, 464, 468, 495, 496, 540, 609, 627, 637, 674, 760, 761, 780, 801. — XXI, 73, 77, 114, 133, 191, 192, 193, 289, 383, 405, 465, 484, 486, 570, 650, 687, 755. — XXII, 156, 157, 171, 180, 197, 201, 219, 280, 284, 308, 313, 462, 495, 662. — XXIII, 113, 803. — XXIV, 297, 658, 674, 746, 767. — XXV, 78, 224, 289, 449, 585, 745. — XXVI, 42, 153, 187, 339, 589, 625.
*Meuse-Inf<sup>re</sup>* (Départ<sup>t</sup> de la). — XXVIII, 104.
*Meuse-et-Rhin* (Pays conquis entre). — XXI, 373, 382, 387, 405, 406, 418, 448, 466, 472, 473, 484, 490, 567, 662, 687, 730, 731, 765, 779, 783. — XXII, 67, 87, 119, 157, 180, 190, 197, 201, 260, 284, 313, 462, 495, 753. — XXIII, 225, 257, 258, 323, 332, 338, 413, 432, 436, 517, 526, 571, 613, 615, 671, 679, 705, 712. — XXIV, 284, 326, 351, 485, 488, 718, 722, 723, 752, 821. — XXV, 110, 140, 198, 220, 253, 287, 288, 289, 356, 357, 390, 462, 469, 503, 531, 621, 666, 701, 702, 740. — XXVI, 43, 127, 153, 154, 157, 158, 256, 258, 296, 298, 319, 326 à 328, 479, 549, 605, 652. — XXVII, 30, 71, 83, 186, 236, 238, 262, 286, 307, 322, 531, 578, 597, 598, 599, 636, 641, 663. — XXVIII, 37, 57, 105, 170, 282, 501, 533, 560, 588, 639. Voir *Pays* conquis.
MEUSNIER, g<sup>al</sup>, aérostier. — XIX, 634.
*Meurs* (Allemagne). — XXI, 467. — XXII, 309, 552, 752. — XXV, 51, 584.
MEYENRINCK ou MEYERINCK, major, aide de camp du m<sup>al</sup> Möllendorf. — XIX, 243. — XXII, 538, 594. — XXIII, 302. — XXIV, 802.
MEYENSENCK. — XVIII, 814.
MEYER, g<sup>al</sup> de division. — XVIII, 399. — XX, 490. — XXIII, 161, 249. — XXIV, 133.
MEYER (Marcus), armateur de l'*Altona.* — XX, 226, 227.
MEYER, plénipotentiaire hollandais. — XX, 652, 653. — XXI, 404. — XXII, 617, 661, 675. — XXIII, 23, 62, 514, 592. — XXVI, 373, 481, 730. — XXVIII, 347, 696.
MEYER, adjud<sup>t</sup> g<sup>al</sup>. — XXV, 214.
MEYER (Conrad), matelot hambourgeois. — XXVII, 399.

MEYER, membre de la direction de la manufact. de porcelaines de Sèvres. — XXVIII, 688.
*Meymac* (Corrèze). — XXIII, 503, 504. — XXVI, 480.
MEYNADIER, entrepreneur. — XVIII, 290.
MEYNARD (Fr.), repr. — XXII, 156, 157. — XXIII, 225, 258, 332, 338, 571, 673, 713, 750. — XXIV, 76, 170, 225, 353, 363, 447, 448, 481, 483, 506, 613. — XXV, 248, 283, 359, 390, 470, 503, 532, 581, 666, 699, 701, 740. — XXVI, 99, 122, 127, 153, 154, 319, 326, 352, 655, 715. — XXVII, 83, 107, 134, 262, 307, 317, 322, 577, 608, 663. — XXVIII, 37, 57, 131, 155, 170, 248, 252, 282, 340, 501, 560, 561, 639, 702.
MEYNET, adjoint du génie. — XXIV, 570.
MEYNIER, sergent des grenadiers. — XXIII, 771, 796. — XXIV, 321.
MEYNNE, cap<sup>e</sup>, command<sup>t</sup> de la *Dryade*. — XX, 795.
MEYRAC, de Nantes. — XX, 34.
MÉZARD. — XXVI, 137.
MÈZE, courrier. — XVIII, 675. — XXV, 204.
*Mèze* (Hôpital de) [Hérault]. — XXIII, 549.
MÉZIÈRE, président de la S<sup>te</sup> popul. de Brest. — XXIII, 681. — XXIV, 370.
*Mézières* (Ardennes). — XVIII, 15, 20, 406, 680, 801. — XIX, 31, 657. — XX, 457, 486, 685, 754. — XXI, 61, 311. — XXII, 9, 594, 609, 741, 786. — XXIII, 220, 566. — XXIV, 137, 317, 406. — XXV, 371. — XXVII, 107. — XXVIII, 22, 609.
*Mézières-en-Drouais* (E-et-L). — XX, 173.
MICAS, g<sup>al</sup> de division. — XX, 794.
MICAS, cap<sup>e</sup>. — XXIII, 247.
MICHAIN, agent des vivres de terre. — XIX, 321.
MICHAL, cap<sup>e</sup>. — XXI, 216.
MICHAL, de l'état-major des A. des Côtes de Cherbourg. — XXV, 101.
MICHAU, cap<sup>e</sup>. — XIX, 257.
MICHAUD, cap<sup>e</sup> de gendarmerie. — XXII, 614. — XXV, 187.
MICHAUD, repr. — XXV, 187 n., 541. — XXVI, 627.
MICHAUD (Claude Ignace Fr., baron), g<sup>al</sup> de division. — XVIII, 145, 518, 816, 817. — XIX, 235, 422, 589, 590. — XX, 560. — XXI, 205, 320, 387, 571.
MICHAUD, sous-lieut. — XVIII, 450.
MICHAUD, de Marseille. — XXII, 589.
MICHAUD, adjoint à la 7<sup>e</sup> Comm<sup>on</sup> du C. de S. P. — XXII, 744.
MICHAUD (Pierre), transporteur de bois et charbons. — XXIV, 751.
MICHAUT, ex-employé dans les bureaux des Relations extérieures de la Conv. — XXVIII, 455, 456.
MICHAUT ou MICHAUD, charpentier. — XX, 30. — XXI, 613.
MICHAUX, adjoint des postes et messageries. — XXIV, 373.
MICHEAU (Ant.), grenadier. — XXIV, 60.
MICHEL (J. B.), maître voilier. — XVIII, 489.
MICHEL DE BELLECOUR (J. Bernard), g<sup>al</sup>. — XIX, 410. — XX, 245. — XXV, 526. — XXVI, 509.
MICHEL (Cl.), prisonnier à Landrecies. — XX, 80.
MICHEL, fournisseur aux Armées. — XX, 491.
MICHEL frères, maîtres de forges à L'Écot. — XII, 415.
MICHEL, négociant à Bordeaux. — XXVI, 318.
MICHEL, cap<sup>e</sup>. — XXIV, 404.
MICHEL, lieut. — XXVII, 465.
MICHEL, négociant à Paris. — XVXII, 666.

MICHEL (Nicolas), employé à l'hôpital de Verdun. — XXII, 775.
MICHEL (Louis-Chrysostome), agent de change ou courtier. — XXIII, 269.
MICHEL, sous-lieut. de chasseurs. — XXIII, 775. — XXV, 10.
MICHEL, chef de brigade. — XXIV, 156.
MICHEL (Guillaume), du Morbihan, repr. — XXII, 667. — XXIII, 413. — XXV, 396, 565, 681. — XXVI, 94.
MICHEL, commissaire des Guerres. — XXVI, 292.
MICHEL, sous-lieut. au 1<sup>er</sup> b<sup>on</sup> d'Apt. — XXVIII, 82.
MICHEL (Jos.). — XXVIII, 194.
MICHEL et ROUX (C<sup>ie</sup>). — XXV, 590.
MICHELET, élève d'artillerie. — XVIII, 120.
MICHELEZ, sergent. — XVIII, 580.
MICHELY, mouleur. — XVIII, 708.
MICHELON, enseigne de vaisseau. — XX, 630.
MICHELOT, officier. — XXV, 421.
MICHET, repr. — XX, 409. — XXIV, 814.
MICHON, conducteur des charrois. — XVIII, 50.
MICHONNET, conducteur de travaux. — XXI, 65.
MICOUD (Guy), planteur à S<sup>te</sup>-Lucie. — XXI, 683. — XXII, 112.
*Midda* (Allemagne). — XXVIII, 474.
*Middelbourg* (Hollande). — XX, 417, 556. — XXI, 528, 529.
*Midi* (Départ<sup>ts</sup> du). — XXIV, 400. — XXV, 179, 276, 386, 570, 572, 753. — XXVI, 223, 413, 454, 766. — XXVII, 65, 66, 271. — XXVIII, 285 à 291, 503, 536.
MIDY (Fr.), cultivateur. — XVIII, 194.
MIDY (V<sup>ve</sup>), étameuse de glaces à Paris. — XX, 405.
MIGNARD (Ch.), volontaire. — XXVII, 528.
MIGNARD (Jacques), fabricant de rhum. — XXIV, 38.
MIGNARRE (J. Guillaume), agent de change ou courtier. — XXIII, 270.
MIGNEYRON, m<sup>al</sup> des logis de gendarmerie. — XXVI, 169, 396.
MIGNIEN (P. J.), dit Plansier. — XVIII, 174.
MIGNOT, volontaire. — XXIII, 810.
MIGNOTTE, g<sup>al</sup>. — XXIII, 308, 522, 810. — XXIV, 26. — XXVII, 346.
MIKULITZ, officier autrichien. — XXV, 166.
*Milan, Milanais.* — XXV, 180. — XXVI, 79, 192, 664.
MILAVAUX. — XVIII, 577.
*Milesse* (La) [Sarthe]. — XVIII, 238.
MILET-MUREAU, ex-Constituant, chef de brigade. — XXVI, 288.
MILHAU (Michel), déporté de la Guadeloupe. — XVIII, 75.
MILHAUD, repr.. — XX, 506. — XXI, 215, 814. — XXIV, 309, 390, 677.
MILHAUD, élève à l'École de Mars. — XXI, 814.
*Millac* (Dordogne). — XXV, 586.
MILLARD, fils, de Dreux. — XXVIII, 90.
*Millau* (Aveyron). — XIX, 150, 237. — XXVI, 764.
*Millé* (Camp de). — XVIII, 100, 101.
MILLEBERT, inspecteur temporaire des mines. — XXII, 679.
MILLET (J. B.) et C<sup>ie</sup>, fournisseurs de limes. — XIX, 596.
MILLIÉ, de l'Agence des salpêtres. — XIX, 228.
MILLIN (Jérôme Robert), condamné à mort, et ses héritiers. — XXV, 241, 453.
MILLIN-DUPERREUX, peintre. — XIX, 408.

MILLIN DE GRANDMAISON, agent consulaire à Emden. — XXIII, 225.
MILLIORET, fils, salpêtrier. — XXVIII, 593.
MILLON, déporté de la Guadeloupe. — XIX, 66.
MILLIOT, f⁰ Gernon. — XIX, 413. — XX, 148, 161, 162.
MILLOT. — XVIII, 425.
MILLOT, adjud$^t$-major à l'École de Mars. — XIX, 550.
MILLOT, maître de postes à Landrecies. — XXIII, 407.
*Milly* (S-et-O). — XXVIII, 520.
*Milone* (Bois de) [Aisne]. — XXVIII, 642.
MINARD, fabricant de sucre. — XXII, 267.
*Mindin* (L-I). — XXIV, 592.
MINEROY, élève aérostier. — XXVIII, 526.
*Minerva*, navire. — XIX, 418. — XX, 27.
*Minerve*, frégate française. — XX, 604. — XXI, 88, 91, 147, 208, 435. — XXIII, 217. — XXIV, 843. — XXVII, 163.
*Minerve*, navire anglais. — XVIII, 531.
Mines (Administration des). — XVIII, 9, 10, 319, 357, 422, 574, 575, 701. — XIX, 150, 259. — XX, 267, 273, 317, 395, 603, 706, 802. — XXII, 236. — XXIII, 415, 504. — XXV, 12, 131, 155, 209, 264, 273, 288, 342, 343, 437, 539, 540, 541. — XXVI, 36, 111, 364, 419, 674. — XXVIII, 24, 606, 646, 658, 660 à 663.
Mines d'alun. — XXI, 819. — XXIII, 697.
— d'argent. — XVIII, 518. — XIX, 563. — XXVI, 419, 548, 735.
— d'asphalte. — XVIII, 701.
— de cobalt. — XXII, 644, 696.
— de cuivre. — XVIII, 357, 423, 518, 700.
— de fer. — XVIII, 575. — XXI, 399, 400. — XXIII, 221.
— de houille. — XVIII, 101, 229, 303, 357, 363, 424, 447, 574, 575, 576, 577, 701, 702. — XIX, 42, 150, 184, 409, 493. — XX, 61, 267, 268, 437, 610, 611, 744, 791. — XXI, 65, 501, 656, 713, 714, 810, 823, 824. — XXII, 10, 75, 151, 152, 644, 645, 768, 769, 784. — XXIII, 145, 236, 260, 349, 504, 505, 506, 548, 713, 758. — XXIV, 97, 244, 245, 539, 688, 689, 735, 780, 781. — XXV, 437, 621. — XXVI, 36, 111, 195, 219, 364, 419, 480, 668, 682, 720. — XXVII, 631.
— de mercure. — XXI, 373, 454. — XXII, 10. — XXIII, 504, 505, 506. — XXV, 161, 342.
— d'or. — XVIII, 518.
— de plomb. — XVIII, 357, 471, 518, 574. — XIX, 563. — XXI, 714. — XXII, 3. — XXIII, 447. — XXIV, 176. — XXVI, 364.
— de potasse. — XXVII, 393.
— de soufre. — XXVI, 741.
— de vif-argent. — XIX, 357, 518. — XX, 242. — XXI, 373. Voir *Mercure*.
*Minfelden* (B-R). — XIX, 711.
*Minimes* (Atelier des), à Paris. — XIX, 103.
Ministres. — XXV, 463, 487. — XXVI, 378, 511. — XXVII, 656. — XXVIII, 149, 669.
MINOT. — XVIII, 801.
MINVIELLE. — XXVIII, 676.
MIOLLIS, g$^{al}$. — XXII, 539, 820, 821. — XXIV, 722. — XXV, 704.
MION, fournisseur de chanvre. — XX, 689.

MIOT, commissaire des Relations extérieures. — XVIII, 19. — XXIV, 821.
MIOT, agent des Étapes. — XIX, 322.
MIOT, prisonnier évadé. — XXVIII, 698.
MIRANDA, g$^{al}$. — XXV, 736. — XXVII, 543. — XXVIII, 28.
*Miranda* (Espagne). — XXV, 751. — XXVI, 132, 330.
*Mirande* (Gers). — XXI, 722. — XXIII, 209.
MIRANDE (Nicolas), repr. — XXII, 110. — XXIV, 35.
MIRDONDAY, adjud$^t$ g$^{al}$ chef de b$^{on}$. — XX, 545, 794. — XXII, 183.
*Mirecourt* (Vosges). — XIX, 267.
*Miremont* (Dordogne). — XXVI, 420.
*Mirepoix* (Ariège). — XVIII, 419. — XX, 242. — XXV, 205. — XXVI, 105, 190.
MIREUR, adjud$^t$ g$^{al}$. — XXIV, 828.
MIROIR (Eloi Nicolas Marie), agent de change ou courtier. — XXIII, 269.
*Mirza*, opéra. — XIX, 528.
Misère publique. — XXV, 337, 431, 533, 555, 608, 623, 705. — XXVI, 465, 567. Voir *Disette*; *Indigents*; *Subsistances*.
*Mississipi*, fleuve. — XXII, 480.
MISSON, curé d'Orvilliers. — XX, 657.
MISSON (C$^{ns}$ et c$^{ne}$), maîtres de forges à Namur. — XXVIII, 6.
MISTRAL, imprimeur à Lisieux. — XXIII, 810.
MITELETTE (Ch.), garde d'artillerie. — XVIII, 728.
MITOUARD (Alexandre Jacques), off. de santé. — XXI, 173.
MITTIÉ (J. Stanislas), médecin. — XVIII, 483, 484.
MITTON, cap$^e$ des vétérans. — XXIV, 585.
MOCQUOT, direct$^r$ de chantiers de bois. — XX, 4.
*Modeste*, frégate. — XXVI, 616.
*Moëlan* (Finistère). — XXV, 510.
MŒLLENDORFF, maréchal prussien. — XVIII, 517, 519, 530, 667, 730, 731, 813, 814. — XIX, 123, 235. — XX, 670. — XXI, 78, 82, 164, 228, 229, 267, 303, 731. — XXII, 420, 594, 750, 753. — XXIII, 252, 302, 333. — XXIV, 298, 367. — XXV, 503, 741.
*Moerdijk* (Hollande). — XVIII, 261. — XX, 137, 183.
MOERMAN (Jean) et sœurs, chemisiers. — XXVIII, 577.
*Mœurs* (Comté de). — XX, 276.
MOGES et C$^{ie}$, fournisseurs de chevaux. — XIX, 154. — XXII, 105.
MOHAUT, direct$^r$ de la manufact. d'aiguilles de Paris. — XXV, 403.
*Mohon* (Morbihan). — XIX, 505.
*Moigné* (I-et-V). — XXV, 250.
MOIGNIÉ, garde forestier. — XXVI, 705.
MOIJER (Nicolas), maître de la poste aux chevaux de Wissembourg. — XXV, 86.
MOINARD, prisonnier échangé. — XXVI, 385.
*Moineau*, corvette. — XIX, 682.
MOINERY (P. Nicolas), agent de change ou courtier. — XXIII, 270.
*Moines* (Île aux) [Morbihan]. — XXVII, 526.
MOIOL, enseigne de vaisseau. — XX, 630.
*Moisdon* (Forges de) [L-I]. — XXI, 434. — XXIII, 260.
*Moissac* (T-et-G). — XIX, 308, 309, 686. — XX, **583.**
MOISSON, adjud$^t$ g$^{al}$. — XXI, 345.
MOISSON, tanneur. — XXV, 98.
*Moitiers* (Les) [Manche]. — XXVII, 455.

*Molai* (Bois de) [Morbihan]. — XXVIII, 531.
MOLANDES, secrétaire du repr. Auguis. — XXIV, 776.
MOLARD, aérostier. — XIX, 616, 620.
MOLARD (Michel), aide de camp du g$^{al}$ Lapoype. — XXIV, 402, 476. — XXV, 408.
*Molendorp* (Belgique). — XXVI, 644.
*Molène* (Île de) [Finistère]. — XIX, 213.
MOLIÈRE, fabricant d'armes à Orléans. — XX, 706.
MOLINARY, sous-lieut. — XVIII, 655.
MOLINET (André), commis. — XX, 58.
MOLLE (Pierre Jac.), quartier-maître au b$^{on}$ de grenadiers de la Côte-d'Or. — XXVIII, 548.
MOLLERAT, propriétaires du fourneau de Pellerey. — XXIII, 427.
MOLLET, médecin à l'A. du Nord. — XVIII, 544. — XXVI, 317.
MOLLET (Et. Fr.), voiturier à Franconville. — XXII, 42.
MOLLEVAUT, repr. — XX, 9, 18, 19, 175, 341. — XXII, 615. — XXIII, 413.
MOLTEDO, repr. — XIX, 536, 774. — XXVIII, 285.
*Mombach* (Allemagne). — XVIII, 356, 517. — XXI, 653, 654.
MOMET (Dominique Louis), agent de change ou courtier. — XXIII, 270.
*Mommenheim* (B-R). — XXIII, 384.
MOMOND, voiturier par eau. — XXVI, 24.
*Monaco* (Maison), à Paris. — XIX, 332. — XXVI, 178.
*Monaco.* — XX, 683. Voir *Fort Hercule.*
MONCARVILLE, commissaire ordonnateur. — XXII, 314.
*Moncassin* (Gers). — XXI, 722.
MONCEY, g$^{al}$. — XVIII, 542. — XIX, 419. — XXI, 366. — XXII, 683, 821. — XXIII, 477, 687. — XXIV, 303, 419, 420. — XXV, 428, 433, 704. — XXVI, 132, 331, 360, 449, 486, 496, 756. — XXVII, 34, 90, 360, 411, 421, 619, 645.
*Monchaux* (Nord). — XIX, 68.
MONCHOISY, g$^{al}$ de division. — XXVIII, 324.
*Moncontour* (Vienne). — XVIII, 715, 775, 776, 777. — XIX, 217, 464. — XXII, 817.
MONDEY, négociant au Havre. — XXI, 552.
MONDION, aide de camp. — XVIII, 474.
*Mondoubleau* (L-et-C). — XVIII, 20. — XX, 64, 583, 638. — XXII, 350, 351, 529. — XXVI, 84.
*Mondragon* (Vaucluse). — XVIII, 377.
*Mondrepuis* (Aisne). — XXVIII, 642.
MONESTIER, repr. — XVIII, 102, 208, 367, 467, 691, 811. — XX, 106, 223, 259, 359, 508, 428, 429. — XXIII, 613, 614. — XXIV, 459, 597, 655. — XXV, 107. — XXVI, 121. — XXVIII, 83.
MONESTIER, chef de b$^{on}$. — XXI, 52.
MONESTIER, cap$^e$. — XXII, 778.
MONET, agent de l'habillement. — XX, 332.
MONET, g$^{al}$ de brigade. — XXV, 246, 575. — XXVI, 40, 287.
*Monflanquin* (L-et-G). — XVIII, 86, 87. — XIX, 325. — XXVIII, 660.
MONGE (Gaspard). — XVIII, 328. — XIX, 182, 368. — XXII, 646.
MONGE (Louis). — XIX, 182, 634.
MONGÉ (V$^{ve}$). — XXVII, 416. — XXVIII, 695.
MONGELAS, d'Asnières. — XXVI, 196.
MONGIN, caporal. — XXIII, 8.
MONIACO, lieut.-col$^{el}$, vénitien. — XXII, 809.

MONIER, commissaire à la Cour martiale de Toulon. — XXV, 409.
*Monistrol* (H-L). — XXI, 723. — XXV, 154. — XXVI, 492. — XXVIII, 539 à 541.
MONISTROL, adjoint de l'adjud$^t$ g$^{al}$ Lavalette. — XXII, 810.
*Moniteur universel.* — XVIII, 668. — XXI, 485. — XXII, 255. — XXIII, 237, 253, 516, 554. — XXIV, 99, 181, 655, 806, 826. — XXV, 68, 80, 113. — XXVIII, 560.
MONJEAU, de l'A. de Rhin-et-Moselle. — XXIII, 825.
MONLEAU, g$^{al}$ de brigade. — XXVI, 288.
MONMASSE, commissaire des Guerres. — XXVII, 446.
MONMAYEUR, chef d'escadron. — XXIII, 157.
MONMAYOU, repr. — XXIV, 161. — XXVIII, 452, 509, 510, 553, 554, 629, 630.
*Monnaie* (Cabinet de minéralogie de la). — XVIII, 700. — XXII, 490. — XXV, 38.
*Monnaie.* — XXV, 401.
— républicaine. — XXVII, 671.
*Monnaie de Marseille.* — XXV, 453.
*Monnaie de Paris.* — XXV, 98, 153.
*Monnaies* étrangères. Voir *Change; Dollars.*
MONNAY, commissaire ordonnateur. — XXIV, 32.
MONNAYE, 1$^{er}$ commis. — XXVIII, 27.
MONNERON (Louis), membre du Bureau de commerce. — XXI, 6. — XXV, 67. — XXVI, 176. — XXVII, 536.
MONNEROT de Gray. — XXIII, 54.
MONNET, commissaire. — XX, 791.
MONNET, de Strasbourg. — XXIII, 108, 109.
MONNET (V$^{ve}$) et son fils, boulangère à Gagny. — XXIII, 561.
MONNET, g$^{al}$ de brigade. — XXVIII, 202.
MONNET, chef de brigade. — XXIV, 438.
MONNIER, adjud$^t$ g$^{al}$ chef de b$^{on}$. — XVIII, 122.
MONNIER, chef de b$^{on}$, envoyé près la Porte ottomane. — XXII, 306.
MONNIER (William), lieut. de vaisseau anglais prisonnier. — XXV, 635.
MONNOT, naturaliste. — XX, 713.
MONROE (James), ministre plénipotentiaire des États-Unis. — XXVI, 197. — XXVIII, 173.
MONROUX, chef de brigade. — XXV, 704.
*Mons* (Belgique). — XVIII, 29, 303, 333, 495, 570. — XIX, 49, 262, 339, 340. — XX, 305, 395, 588, 591, 780. — XXI, 427, 466. — XXIV, 224, 736. — XXVIII, 104, 157, 506.
MONS (DE), cap$^e$ de vaisseau. — XIX, 750.
*Monségur* (Gironde). — XXV, 275.
*Monsembron* (L-et-G). — XXI, 412.
MONSERAT, charpentier en bateaux. — XXVI, 196.
MONSIEUR, frère du roi. — XXVI, 419, 671. Voir ARTOIS (Comte d').
MONSIGNY, cap$^e$. — XXII, 641.
*Mont* (S-et-L). — XIX, 7.
*Mont-Adour*, ci-dev$^t$ S$^t$-Sever (Landes). — XIX, 131.
*Mont-Armance*, ci-dev$^t$ S$^t$-Florentin (Yonne). — XXI, 326, 705.
*Mont-Bidouze*, ci-dev$^t$ S$^t$-Palais (B-P). — XVIII, 689. — XXIV, 420.
*Mont-Blanc* (Départ$^t$ du). — XVIII, 11, 26, 70, 150, 152, 339, 361, 669, 747. — XIX, 131, 182, 258, 259, 287, 312, 374, 385, 449, 463, 545, 591, 592, 648,

702, 721, 743, 763, 764. — xx, 74, 112, 222, 223, 322, 365, 528, 607, 773. — xxi, 244, 245, 380, 419, 486, 545, 604, 615, 616. — xxii, 95, 118, 191, 586, 644. — xxiii, 242, 266, 267, 280, 360, 559, 587. — xxiv, 90, 599, 600, 653, 691, 728, 814. — xxv, 539. — xxvi, 79, 190, 203, 219, 391, 478, 488, 646, 723. — xxvii, 18, 199, 582, 583, 667. — xxviii, 396, 478, 568.
*Mont-Cenis* (Savoie). — xxiv, 783, 815. — xxv, 564. — xxvi, 300. — xxvii, 269.
*Mont-Ferme*, ci-dev$^t$ S$^t$-Rambert (Ain). — xviii, 241, 388. — xix, 762.
*Mont-le-Franois* (H$^{te}$-Savoie). — xviii, 650.
*Mont-Genève* (H-A). — xxvii, 48, 313.
*Mont-Glône*, ci-dev$^t$ S$^t$-Florent-le-Vieil (M-et-L). — xxi, 133, 135, 136, 137, 138, 169, 198, 199, 269, 270, 271, 272, 273, 296, 297, 298, 686. — xxii, 136, 321, 726. — xxiii, 145, 173, 311, 312, 314, 349. — xxvi, 387, 397.
*Mont-de-la-Grouas* (M-et-L). — xviii, 101.
*Mont-Hippolyte*, ci-dev$^t$ S$^t$-Hippolyte-du-Fort (Gard). — xx, 91, 502.
*Mont-Libre*, ci-dev$^t$ Montlouis (P-O). — xxiv, 693. — xxv, 419, 630. — xxvi, 26, 54, 79, 105, 190, 451, 495.
*Mont-Libre*, ci-dev$^t$ Henrichemont (Cher). — xx, 771. — xxi, 4.
*Mont-Lion*, ci-dev$^t$ M$^t$-Dauphin (H-A). — xxv, 377.
*Mont-sur-Loir*, ci-dev$^t$ Chateau-du-Loir (Sarthe). — xx, 102, 447. — xxiv, 337, 338, 339.
*Montlouis* (P-O). — xix, 675. — xxii, 593. Voir *Mont-Libre*.
*Mont-de-Marsan* (Landes). — xix, 131, 325. — xxv, 134. — xxvii, 510.
*Mont-d'Or*, ci-dev$^t$ S$^t$-Thierry (Marne). — xx, 252.
*Mont-Panisel* (Belgique). — xviii, 495.
*Mont-Polite*, ci-dev$^t$ S$^t$-Hippolyte-du-Fort (Gard). — xviii, 251. — xx, 91, 502. — xxi, 809.
*Mont Saint-Bernard*. — xix, 652. — xxiii, 399, 401. — xxiv, 730, 757, 815.
*Mont-Saint-Michel* (Manche). — xviii, 278, 296. — xix, 212. — xxii, 255. — xxiii, 26, 381, 490.
*Mont-Salins*, ci-dev$^t$ Moutiers (Savoie). — xviii, 70.
*Mont-Terrible* (Dépar$^t$ du). — xviii, 198, 319. — xix, 266, 375, 638, 650. — xx, 55, 75, 87, 112, 113, 345, 452. — xxi, 105, 106, 427. — xxii, 47, 182, 728, 797. — xxiii, 32, 53, 85, 108, 110, 118, 174, 211, 234, 242, 261, 351, 384, 445, 478, 493, 540, 576, 597, 618, 635, 641, 654, 749. — xxiv, 54, 84, 118, 173, 235, 255, 308, 354, 371, 461, 493, 629, 650, 675, 811, 835. — xxv, 31, 55, 86, 202, 366, 514, 560, 561, 562, 583, 607, 628, 686, 704, 722, 741. — xxvi, 13, 68, 242, 339, 395, 424, 540, 762. — xxvii, 86, 463, 554.
*Mont-Unité*, ci-dev$^t$ S$^t$-Gaudens (H-G). — xviii, 419.
*Mont-Valaison* (Fort du). — xxiii, 399.
*Monts-de-Piété*. — xix, 12, 631.
*Montagnard*, navire. — xviii, 185. — xxii, 265. Voir *Démocrate*.
*Montagnard*, vaisseau. — xxiii, 215. — xxv, 626.
*Montagnards*. — xxi, 393, 395. — xxiii, 92, 432, 433, 723. — xxv, 48.
*Montagne*. — xx, 480, 564. — xxi, 582, 733. — xxii, 208, 520, 570. — xxiii, 432, 433, 434, 527, 828. — xxiv, 463, 492. — xxvii, 21.

*Montagne* (Rég$^t$ de chasseurs de la H$^{te}$). — xxii, 209.
*Montagne* (Hôpital de la), à Strasbourg. — xxii, 242.
*Montagne* (Atelier de la), à Paris. — xix, 514.
*Montagne*, cutter français. — xx, 318. — xxi, 441, 524.
*Montagne*, navire. — xviii, 99, 127. — xix, 161. — xxi, 718. — xxii, 653, 765. Voir *Peuple souverain*.
*Montagne-du-Bon-Air*, ci-dev$^t$ S$^t$-Germain-en-Laye (S-et-O). — xviii, 301, 320, 331, 620, 621, 699. — xix, 101, 270, 271, 324, 404, 433, 453, 476, 575, 632. — xx, 9, 502, 523, 751. — xxi, 19, 122, 309, 343, 344, 643, 670, 684, 703. — xxii, 331, 440, 469, 471. — xxiii, 7, 123, 323. — xxiv, 130.
*Montagne-Noire* (La). — xviii, 223.
*Montagne-sur-Aisne*, ci-dev$^t$ S$^{te}$-Menehould (Aisne). — xviii, 522. — xix, 83. — xx, 251. — xxi, 176, 277, 755. — xxii, 63, 251, 493. — xxiii, 760.
*Montagne-sur-Mer*, ci-dev$^t$ Montreuil-sur-Mer (P-de-C). — xix, 188, 189, 538. — xx, 44, 795. — xxii, 443. — xxiii, 324, 325.
MONTAGNÉ-GÉNISSIAS, cap$^e$. — xxii, 778.
*Montagnes-Noires* (Gorges des) [Allemagne]. — xxviii, 54.
MONTAGNY, inspecteur de dépôt. — xxiv, 638.
MONTAIGU, g$^{al}$. — xix, 140, 636. — xxiv, 259.
*Montaigut* (P-de-D). — xix, 621. — xx, 537.
*Montaigu* (Vendée). — xxii, 136. — xxiv, 685. — xxvi, 164, 750. — xxvii, 240. — xxviii, 36.
MONTALEMBERT (*Fortification perpendiculaire de*). — xxiv, 157. — xxv, 640.
*Montanel* (Manche). — xxvii, 456.
MONTANGON, gendarme. — xxii, 593.
*Montargis* (Loiret). — xviii, 525. — xix, 43, 274, 275, 407. — xx, 362, 612. — xxi, 326, 614. — xxii, 213, 620. — xxiii, 159, 378, 594. — xxiv, 472. — xxv, 219. — xxvi, 208. — xxvii, 572. — xxviii, 99.
*Montargis* (Canal de). — xxiv, 241. — xxv, 219, 589.
MONTARNAL, cap$^e$. — xxii, 614.
*Montataire* (Oise). — xviii, 801. — xxii, 333. — xxvi, 314.
*Montauban* (T-et-G). — xviii, 270. — xix, 308, 309, 449, 686, 725. — xx, 404, 406. — xxi, 255, 329, 615, 836. — xxiii, 130, 131. — xxv, 123. — xxviii, 695.
*Montauban* (Maison), à Paris. — xviii, 75.
*Montauger* (S-et-O). — xviii, 487.
*Montaut* (Forge de) [H-M]. — xix, 381.
*Montbazon* (I-et-L). — xviii, 471.
*Montbéliard* (Doubs). — xix, 721. — xx, 241, 685. — xxii, 788. — xxvii, 530.
*Montbouy* (Loiret). — xx, 311.
*Montbrison* (Loire). — xviii, 380. — xx, 432. — xxii, 711. — xxiii, 328, 447, 624. — xxvi, 376. — xxvii, 434. — xxviii, 232, 316, 541.
MONTCARVILLE (V$^{ve}$). — xxv, 670.
*Montceau-les-Mines* (S-et-L). — xviii, 476.
*Montcenis* (S-et-L). — xx, 744. — xxiii, 221.
MONTCHARMONT (Louis), cap$^e$. — xix, 438. — xx, 44. — xxii, 672. — xxvii, 481.
*Montchauvet* (S-et-O). — xx, 799.

MONTCHOISY, g<sup>al</sup> de brigade. — XXII, 810. — XXV, 276. — XXVI, 203, 725. — XXVII, 57. — XXVIII, 484.
*Montcornet* (Aisne). — XVIII, 608. — XIX, 377. — XXVIII, 659.
*Montcy* (Ardennes). — XXI, 813.
*Montdidier* (Somme). — XVIII, 562. — XIX, 111, 112, 114. — XX, 10, 82, 127, 753. — XXI, 30, 229, 249, 251, 252, 284, 292, 309, 312, 314, 315, 349, 381, 478, 488, 558, 564, 724, 728, 729, 773, 824, 825, 826. — XXII, 51, 157, 235, 275, 361, 411, 510, 532, 548. — XXIII, 169, 170, 772. — XXIV, 167, 360, 588, 743. — XXV, 35.
*Montdragon* (Vaucluse). — XXVIII, 232.
MONTE-À-L'ASSAUT, chef de chouans. — XX, 596.
*Monteaux* (L-et-C). — XIX, 337.
MONTECUCULLI (*Mémoires* de). — XXIV, 158. — XXV, 640.
MONTÉE, cap<sup>e</sup> de gendarmerie à Lille. — XX, 545.
MONTEILLET, chef de brigands de l'Aveyron. — XXVI, 764.
*Montélimar* (Drôme). — XIX, 298, 301, 302, 424. — XX, 291. — XXIII, 732. — XXVI, 643. — XXVIII, 226, 227, 230, 232.
MONTENACH (Tobie de). — XXIV, 700.
MONTER, g<sup>al</sup> de brigade. — XXII, 369.
MONTERA (Gioviano), chef d'escadron de gendarmerie. — XVIII, 401. — XXII, 564.
*Montereau* (S-et-M). — XVIII, 475. — XXI, 112. — XXII, 619. — XXIV, 467. — XXV, 34. — XXVIII, 48.
MONTEUIL, sous-chef des bureaux des A. des Côtes. — XXII, 268.
MONTESQUIOU, g<sup>al</sup>. — XXVIII, 3.
*Montfaucon* (H-L). — XXV, 154.
*Montfermeil* (S-et-O). — XXVI, 213. — XXVIII, 99, 100.
MONTFLEURY, cap<sup>e</sup> de cavalerie. — XXII, 779.
*Montflours* (Mayenne). — XXI, 119.
*Montfort-le-Brutus*, ci-dev<sup>t</sup> Montfort-l'Amaury (S-et-O). — XVIII, 229, 230, 502. — XIX, 357, 404. — XX, 771. — XXI, 643. — XXIII, 186, 187. — XXVI, 527.
*Montfort-de-Bretagne* (I-et-V). — XXII, 580.
MONTFORT, chef de brigade. — XVIII, 19. — XXIV, 732.
MONTFORT, commissaire des Guerres. — XXII, 398. — XXIII, 136, 542.
*Montfoort* (Hollande). — XIX, 542.
MONTGAILLARD (Comte de). — XXIII, 576.
MONTGINOT, lieut. de gendarmerie à Fontainebleau. — XXVIII, 647.
*Montignac* (Dordogne). — XXIII, 103, 351.
*Montigné* (M-et-L). — XVIII, 477. — XX, 516.
*Montigny* (S-et-O). — XVIII, 620. — XIX, 660.
MONTIGNY, g<sup>al</sup> de brigade. — XXI, 126.
MONTIGNY, cap<sup>e</sup>. — XXIII, 776.
MONTIGNY, command<sup>t</sup> à Ham. — XXIV, 295. — XXV, 11, 314. — XXVII, 506.
*Montivilliers* (S-I). — XVIII, 609. — XIX, 452. — XXI, 99, 571, 625. — XXIII, 101. — XXIII, 100, 171, 736. — XXIV, 703. — XXVIII, 63.
*Montjean* (M-et-L). — XVIII, 100.
*Montjoie* (Allemagne). — XXVIII, 437.
MONTJOURDAIN, administrateur de la 3<sup>e</sup> division. — XXVIII, 98.

*Montjouy* (Fort de). — XIX, 351.
*Montlieu* (C-I). — XX, 685, 686.
*Mont-sur-Loir* (Sarthe). — XXVIII, 498.
*Montluçon* (Allier). — XXI, 48, 64. — XXIV, 780.
*Montluel* (Ain). — XXI, 808. — XXIII, 692.
*Montmagny* (S-et-O). — XIX, 657.
*Montmarault* (Allier). — XVIII, 379, 701. — XIX, 747. — XX, 361. — XXII, 74, 768. — XXV, 37.
*Montmartre* (Seine). — XXII, 332.
*Montmartin* (Oise). — XXVIII, 590.
MONTMAYEUR ou MONTMAYAU, chef d'escadron. — XXIII, 702, 802.
MONTMEAU, adjud<sup>t</sup> g<sup>al</sup>. — XIX, 139, 202.
*Montmédy* (Meuse). — XVIII, 24. — XIX, 52. — XX, 468. — XXI, 670, 671.
MONTMORENCY, émigré. — XXVII, 187, 400.
*Montmorency* (Atelier de), à Paris. — XIX, 226, 227. — XXIII, 222. — XXV, 68.
*Montmorency* (S-et-O). — XXIII, 3. Voir *Émile*.
*Montmorillon* (Vienne). — XX, 363.
*Montmorot* (Salines de) [Jura]. — XXV, 691.
*Montoir* (L-I). — XVIII, 478. — XXV, 396.
*Montoire* (L-et-C). — XXI, 705, 706. — XXVI, 286.
*Montorient* (Jura). — XX, 176.
*Montpellier* (Hérault). — XVIII, 33, 62, 153, 187, 221, 269, 505. — XIX, 40, 149, 633, 785. — XX, 108, 109, 169, 232, 262, 263, 330, 499, 586, 754. — XXI, 355, 509, 641, 671, 713. — XXII, 108, 140, 172, 207, 262, 353, 354, 770. — XXIII, 510, 511, 625, 827. — XXIV, 39, 41, 94, 145, 239, 425, 495, 654, 711, 768. — XXV, 172, 204, 454, 479, 700. — XXVI, 62, 63, 142, 279, 359, 410, 496. — XXVII, 121. — XXVIII, 294, 546.
*Montplaisir* (Morbihan). — XXV, 273.
MONTREDON, secrétaire militaire à Bonifacio. — XXIV, 319.
*Montrejeau* (H-G). — XXVIII, 610.
*Montrelais* (Mines de) [L-I]. — XVIII, 101. — XIX, 42. — XXIII, 145, 260.
*Montreuil* (Seine). — XIX, 575. — XXIII, 254, 324. — XXVIII, 413.
*Montreuil-sous-Laon* (Aisne). — XXII, 651.
*Montreuil-aux-Lions* (Aisne). — XXIII, 271.
*Montreuil-sur-Brèche* (Oise). — XXIII, 627.
*Montreuil-sur-Mer* (P-de-C). — XIX, 139, 188, 538. — XX, 44, 795. — XXII, 443. — XXIII, 324, 325. — XXIV, 538, 580, 735. — XXV, 634, 713. — XXVI, 311. — XXVII, 378, 391, 562, 585. Voir *Montagne-sur-Mer*.
*Montreuil* (Forge de). — XXVI, 366.
MONTROZARD, chef de brigade d'artillerie. — XXII, 183.
*Monts*, ci-dev<sup>t</sup> S<sup>t</sup>-Paul-sur-Ubaye (B-A). — XXIII, 627.
*Monts* (Vienne). — XXVIII, 593.
MONTZAIGLE, agent de l'approvision<sup>t</sup> de Paris. — XIX, 322.
*Moon* (Manche). — XXVIII, 635, 693.
MOQUEREAU, chef chouan. — XXI, 308.
MOQUETTE (Joseph), maître de forges. — XX, 610.
MORANCOURT (Georges), lieut. de vaisseau. — XX, 796.
MORACIN, président du directoire du distr. d'Ustaritz. — XXVIII, 506.

MORAND, command<sup>t</sup> à Neuhof. — XIX, 202.
MORAND, du 14<sup>e</sup> rég<sup>t</sup> d'infanterie. — XX, 587.
MORAND-DUPUCH (Pierre), g<sup>al</sup> de division, inspecteur de la manufact. d'armes de Bergerac. — XXIV, 471.
MORANDIN, command<sup>t</sup> la frégate la *Ruminante*. — XXVIII, 36.
MORARD DE GALLES, amiral. — XX, 630.
*Morat* (Suisse). — XXVIII, 640.
*Morbihan* (Départ<sup>t</sup> du). — XVIII, 30, 32, 55, 56, 57, 67, 68, 78, 126, 149, 166, 217, 220, 236, 255, 256, 280, 312, 314, 324, 337, 355, 372, 373, 410, 435, 438, 440, 446, 447, 463, 464, 466, 467, 496, 531, 612, 658, 775, 777, 792. — XIX, 37, 56, 71, 92, 93, 129, 161, 290, 291, 293, 295, 313, 368, 370, 371, 399, 400, 449, 506, 508, 543, 544, 583, 584, 605, 622, 665, 695, 701, 717, 719, 757, 790. — XX, 12, 24, 50, 95, 165, 190, 191, 193, 250, 282, 358, 397, 475, 598, 599. — XXI, 40, 230, 353, 822. — XXII, 17, 298, 425, 581, 582, 616, 667, 679. — XXIII, 25, 145, 160, 173, 244, 349, 366, 442, 469, 572, 676, 678, 708, 718. — XXIV, 81, 113, 212, 370, 515, 625, 749, 750, 808, 810. — XXV, 120, 144, 149, 228, 262, 273, 300, 304, 305, 361, 395, 398, 413, 497, 499, 512, 555, 599, 619, 652. — XXVI, 49, 52, 215, 293, 522. — XXVII, 290, 333, 472, 522, 662. — XXVIII, 200, 201, 401 à 405.
*Morbihan* (Golfe du). — XXII, 667. — XXIII, 65. — XXV, 395, 555, 652, 681. — XXVI, 48, 95. — XXVII, 526.
MORBRUCKER, suspect. — XXV, 722.
*Mordick*, navire. — XX, 417.
*Moréac* (Morbihan). — XIX, 717.
MOREAU, repr. — XXII, 551. — XXIV, 349, 674.
MOREAU, lieut. de vaisseau. — XX, 630.
MOREAU, adjud<sup>t</sup> g<sup>al</sup>, chef de b<sup>on</sup> d'artillerie. — XX, 788.
MOREAU, g<sup>al</sup> en chef. — XVIII, 27, 28, 66, 336, 356, 589, 816, 817. — XIX, 159, 443. — XX, 609. — XXI, 24, 133, 164, 165, 280, 307, 317. — XXII, 56, 57, 109, 117, 279, 350, 596, 750, 753. — XXIII, 61, 62, 333, 440, 531, 568, 815. — XXIV, 23, 216, 668, 746. — XXV, 225. — XXVI, 246, 431, 483, 543. — XXVII, 17, 405, 647. — XXVIII, 306, 454.
MOREAU, voiturier. — XXVI, 594.
MOREAU, commissaire. — XXVIII, 162.
MOREAU, prisonnier évadé. — XXIV, 313.
MOREAU, cap<sup>e</sup>, aide de camp du g<sup>al</sup> Dumuy. — XXI, 815. — XXVI, 203.
MOREAU (Louis Joseph), lieut. de chasseurs à cheval. — XXIV, 2.
MOREAU, adjudicataire. — XXVI, 499.
MOREAU et C<sup>ie</sup>, m<sup>ds</sup> de fer. — XVIII, 548. — XIX, 382, 550. — XX, 121, 122, 665. — XXIII, 777.
MOREAU, commis à l'hôpital de Sarrebrück. — XX, 65.
MOREAU (Paul), aide-chimiste à l'École centrale des Tr. publ. — XVIII, 770.
MOREAUX, commissaire des transports. — XXI, 459, 813. — XXIV, 635, 662. — XXV, 71. — XXVI, 421, 443, 444, 579, 601, 643. — XXVII, 94, 345. — XXVIII, 263, 417.
MOREAUX, de l'A. de la Moselle. — XIX, 32, 297. — XX, 214, 236.
*Morée* (L-et-C). — XXIV, 628.

MOREL, inspecteur des subsistances militaires. — XVIII, 162. — XIX, 456, 653. — XXVI, 34.
MOREL, chargé de l'examen des comptes de la fonderie de Pont-de-Vaux. — XXII, 779.
MOREL, soldat. — XXV, 101.
MOREL, chef de division à la sect<sup>n</sup> de la Guerre. — XXV, 127, 314, 421.
MOREL, conduct<sup>r</sup> de diligence. — XXV, 160.
MOREL, prêtre. — XVIII, 357.
MOREL, m<sup>al</sup> des logis. — XVIII, 197.
MOREL fils, de Dunkerque. — XVIII, 790.
MOREL (Luc), lieut. — XIX, 412.
MORELION, concessionnaire de mines. — XIX, 150.
MORET, cap<sup>e</sup>. — XXVII, 560.
MORET, du quartier g<sup>al</sup> de l'A. des Indes Orient. — XXI, 216.
MORETON, de Nancy. — XX, 275.
MORGAN (Jacques), g<sup>al</sup> de brigade. — XIX, 551. — XXI, 173, 812. — XXIII, 775, 776. — XXIV, 217. — XXV, 360, 664. — XXVIII, 323.
MORGAN, industriel à Amiens. — XXII, 738.
MORGANT, g<sup>al</sup> de brigade, command<sup>t</sup> à Anvers. — XXVIII, 67.
*Morge-Libre*, ci-dev<sup>t</sup> S<sup>t</sup>-Gingolph (H<sup>te</sup>-Savoie). — XIX, 182.
MORICHON, pêcheur. — XVIII, 631.
*Morienval* (Oise). — XXIV, 511.
MORIER, aide de camp du g<sup>al</sup> Dupont-Chaumont. — XXII, 269.
*Morières* (Vaucluse). — XXV, 756.
MORIEUX, inspecteur de l'École de Liancourt. — XXVI, 117.
MORIN (Jacques), loueur de chevaux à l'A. des Alpes. — XXIV, 740.
*Morin-la-Montagne*, ci-dev<sup>t</sup> S<sup>t</sup>-Omer (P-de-C). — XIX, 549.
*Morin*, rivière. — XXII, 619, 735, 736.
MORIN, aide de camp. — XIX, 241. — XXVII, 298.
MORIN, employé au C. de législation. — XX, 625.
MORIN, chirurgien-major. — XX, 630.
MORIN, aubergiste, off. mun. de Plasne. — XXI, 254.
MORIN, enseigne. — XXII, 246.
MORINET, préposé aux étapes à Langeais. — XXVIII, 262.
MORIO (Jos. Ant.), cap<sup>e</sup> du génie. — XXIV, 93.
MORIOT, du quartier g<sup>al</sup> de l'A. des Indes Orient. — XXI, 216.
MORISSET, adjudicataire d'une coupe de bois. — XXIV, 466.
MORISSON, repr. — XVIII, 458, 477, 478. — XIX, 58, 221, 342, 628, 667. — XX, 257, 373, 379, 577, 642. — XXI, 138, 445, 736, 785, 790. — XXII, 166. — XXIV, 371, 709. — XXV, 120.
MORIZON, conduct<sup>r</sup> militaire. — XXII, 134.
*Morlaas* (B-P). — XXI, 514.
*Morlaix* (Finistère). — XVIII, 305, 398, 773. — XIX, 210, 211, 553. — XX, 200, 620. — XXI, 49, 359, 440, 693, 815. — XXII, 267, 503. — XXIV, 279, 584. — XXV, 212. — XXVI, 408. — XXVIII, 528.
*Morlancourt* (Somme). — XXII, 623, 624.
MORLANT. — XXVII, 19.
*Morley* (Forges de) [Meuse]. — XX, 389.
MORLHON (J. M.), concessionnaire de fabriques d'alun. — XXIII, 697.
MORLOT, g<sup>al</sup> de division. — XXI, 382. — XXII, 746.

*Mormal* (Forêt de) [Nord]. — XIX, 67. — XXIV, 828.
*Mornand* (Forêt de). — XXVI, 138.
*Mornay* (H$^{te}$-Saône). — XXVIII, 700.
*Morning Chronicle*, journal. — XX, 778. — XXVII, 319.
*Morning Post.* — XXVII, 319.
MOROCHE (Jean), caporal. — XXV, 402.
*Morousière* (La). — XXVI, 386.
*Mörs* (Allemagne). — XX, 208.
*Mortagne* (Orne). — XVIII, 283. — XIX, 657. — XX, 201, 314, 568. — XXI, 175, 177, 445, 785. — XXII, 234, 267. — XXIII, 313, 547. — XXIV, 4, 172, 522. — XXV, 243, 308, 315. — XXVI, 163. — XXVIII, 592, 671.
*Mortagne-sur-Sèvre* (Vendée). — XXVIII, 366, 460, 704.
*Mortain* (Manche). — XVIII, 426. — XIX, 387, 643, 681, 791. — XX, 594. — XXII, 603, 604. — XXIII, 381. — XXIV, 591, 683. — XXV, 101. — XXVI, 186, 634. — XXVII, 455. — XXVIII, 393.
*Morteau* (Doubs). — XIX, 375, 545.
MORTEMARD (Marc), chef de b$^{on}$. — XXVI, 708.
MORTET (Fr. Louis), sous-lieut. — XIX, 567, 615.
MORTIER, adjud$^t$ g$^{al}$. — XX, 225.
*Mortrée* (Orne). — XXIV, 38.
MORVAN, cap$^e$ du corsaire le *Républicain*. — XXV, 72.
MORVAN. — XX, 740.
MORVAN (C$^{ne}$), directrice du dépôt de linges des hospices militaires. — XX, 741.
*Morvan* (Haut). — XXVIII, 139.
*Morvillars* (Usine de) [près Belfort]. — XXVII, 391.
MORVILLER, garde-magasin. — XIX, 241.
*Moselle*, fleuve. — XVIII, 286, 358, 518. — XIX, 171, 721. — XX, 312, 697, 698, 800. — XXI, 12, 77, 204, 319, 373, 383, 467, 716, 731, 741, 742. — XXIII, 803, 805. — XXIV, 55, 608, 674, 767. — XXV, 226, 584. — XXVI, 17, 187, 297. — XXVII, 405, 471. — XXVIII, 222, 335, 588, 602, 639, 702.
*Moselle* (Départ$^t$ de la). — XVIII, 11, 26, 149, 150, 198-199, 211, 299, 315, 339, 361, 595, 617, 635, 704. — XIX, 3, 131, 186, 232, 287, 312, 365, 374, 463, 500, 545, 591, 648, 702, 743, 763, 786. — XX, 67, 74, 112, 177, 322, 379, 454, 517, 528, 584, 623, 624, 671, 730. — XXI, 62, 106, 140, 258, 354, 387, 431, 486, 490, 542, 601, 641, 662, 696, 770. — XXII, 80, 91, 261, 323, 391, 493, 517, 649. — XXIII, 7, 31, 70, 560. — XXIV, 409, 471. — XXV, 226, 254. — XXVI, 144, 339, 762. — XXVII, 193, 206, 229, 337, 665. — XXVIII, 325, 375.
MOSNERON (Jos. Antonin), aide-chimiste à l'École centrale de Tr. publ. — XVIII, 770.
MOTET, élève à la tannerie de Sèvres. — XXV, 611.
*Mothe-Achard* (La) [Vendée]. — XXV, 121, 190. — XXVI, 161.
MOTHEY, courrier. — XXI, 501.
MOTHEY, g$^{al}$ autrichien. — XXIV, 259.
*Motte* (La) [C-du-N). — XXII, 532.
MOTTET, de la Comm$^{on}$ des approvision$^{ts}$. — XIX, 312, 321.
MOUBLEL (Jos.), volontaire. — XIX, 190.
*Mouche* (La) [Manche]. — XXVII, 455.
*Moucheron*, corvette. — XXI, 531.
MOUCHET, chirurgien en chef. — XXIII, 550.
MOUCHON, de Montpellier. — XXIV, 711.

MOUCHY, inspecteur des forges dans les H$^t$ et Bas-Rhin. — XX, 95.
MOUDET, adjoint à Dupuis, agent particulier à Lyon. — XVIII, 330.
*Mouffais* (Les) [Vendée]. — XVIII, 665.
MOUFLE, jeune, commerçant à Paris. — XX, 343, 344.
MOUFFLE, charron à Paris. — XXII, 649.
MOUGENOT (Louis Armand), médecin à l'A. du Nord. — XXI, 279.
MOUGIN, cap$^e$ d'artillerie. — XXIII, 12, 13, 230, 231.
*Mouilleron* (Vendée). — XXVI, 86.
MOUIN, lieut. — XXII, 307.
MOULE. — XXV, 677.
MOULET, cap$^e$. — XXV, 11.
MOULIN, g$^{al}$. — XVIII, 89. — XXIII, 399, 422. — XXIV, 534, 572, 651, 676, 725, 726, 754, 781, 782, 783, 796, 813, 837. — XXV, 57, 155, 157, 179, 203, 563, 569, 610, 743. — XXVI, 31, 104, 396, 661, 722, 734. — XXVII, 48, 668. — XXVIII, 39, 223, 225, 317, 684.
MOULIN (V$^{ve}$), de Charmouilley. — XIX, 595, 681.
MOULIN, maire. — XX, 25.
MOULIN, pharmacien à Saint-Malo. — XXII, 340.
MOULIN, cap$^e$. — XXVII, 465.
*Moulin-Renault* (Forges de) [Orne]. — XXVI, 558.
*Moulins* (Allier). — XVIII, 58, 379, 622, 700, 786. — XIX, 8, 107, 357, 528, 784. — XX, 146, 199, 704, 754. — XXI, 52, 53, 247, 374, 375, 434, 501, 715. — XXII, 75, 176, 769, 770. — XXIII, 178, 236, 262, 328, 558, 580, 630, 690, 691, 826. — XXIV, 163, 236, 487, 661, 780, 837. — XXV, 108, 437, 501, 601, 609, 620. — XXVI, 25, 68, 186, 313, 417, 596, 695. — XXVII, 139, 319, 559. — XXVIII, 449, 688.
*Moulins* (Camp des) [Espagne]. — XIX, 526.
*Moulins-Engilbert* (Nièvre). — XXIII, 272, 800. — XXIV, 236.
*Moulins*. — XVIII, 276, 544, 645, 646, 647, 648, 752. — XIX, 77. — XXI, 613. — XXIV, 349, 454. — XXVI, 304, 500, 576, 604, 620, 632, 644, 682, 688. — XXVII, 2, 113, 536. Voir *Meuniers*.
MOULTSON (Jean), cap$^e$ de vaisseau. — XXII, 340.
MOULTZ, voiturier par terre. — XXVIII, 545.
MOUQUET, pharmacien en chef des hôpitaux de l'A. du Nord. — XXIV, 819.
*Moura* (Comté de). — XVIII, 495.
MOURET, de Toulon. — XXIII, 545.
MOURET, agent de l'habillement. — XXII, 180.
MOURETON, drapier à Lyon. — XXIV, 270.
MOURGEON. — XIX, 196.
MOURGUE, fabricant de couvertures. — XIX, 361, 362.
MOURIER (Fr.), professeur au collège d'Aubenas. — XXVII, 149. Voir PROUVIER (Fr.).
MOURON, de l'Agence des hôpitaux. — XIX, 383.
MOURRY (Fr. et Léonard), volontaires. — XXVI, 721.
MOUSELLE, architecte, agent de la Comm$^{on}$ des Travaux publics. — XXVIII, 657.
MOUSLER, cap$^e$. — XXV, 11.
MOUSNIER (J.-B. Anselme), enseigne. — XIX, 335.
MOUSSAY (Pierre), aide chimiste à l'École centrale. — XIX, 326.
MOUSSERAS, professeur à l'École de Châlons. — XX, 317.
MOUSSU, lieut. — XXII, 656.

Moussu, pharmacien à l'hôpital de Paris. — XXIV, 499.
*Moussy* (Oise). — XVIII, 301.
*Moutens* (Tarn). — XVIII, 795.
*Mouthe* (Doubs). — XIX, 375, 545.
*Moutiers* (Mont-Blanc). — XXVI, 111, 190. — XXVII, 88. — XXVIII, 548.
*Moutiers* (Les) [L-I]. — XVIII, 665.
Mouton, direct$^r$ de la manufact. de Klingenthal. — XXVI, 198.
Mouton, soumissionnaire de plomb en balles. — XVIII, 524.
*Moutons* d'Espagne. — XXII, 193. — XXIII, 778, 779. — XXVI, 597.
Mouttat, canonnier. — XVIII, 305.
Mouzin Saint-Avi, ouvrier à la manufact. de Tulle. — XVIII, 479.
Mouzin, de Puteaux. — XXII, 210.
Mouzin, préposé aux douanes à Nord-Libre. — XXVIII, 165.
*Mouzon-Meuse* (Ardennes). — XX, 204, 568, 662, 663, 798.
Moynat-Dauxon, g$^{al}$ de brigade. — XXVII, 56, 370 631.
Moyaux, fabricant de salpêtre. — XX, 667.
Moydié (Simon), chef de b$^{on}$ du génie. — XXII, 656, 657.
*Moyenvic* (Moselle). — XXI, 545, 604. — XXII, 118. — XXV, 691. — XXVIII, 255.
Moyeux, employé à la sect$^n$ de la guerre. — XXVIII, 417.
Moynat l'aîné, agent de change ou courtier. — XXIII, 270.
Moyse, Fribourg et C$^{ie}$, bouchers. — XXVIII, 594.
Moÿsset, repr. — XX, 271.
Moysset (J. Marie), sous-lieut. d'infanterie. — XXII, 606. — XXIII, 83.
Mozard, consul aux États-Unis. — XVIII, 63. — XIX, 274.
*Muette* (La), près Paris. — XXII, 443.
Muguet (Félix), chef de b$^{on}$. — XX, 460.
Muguet, de Gray. — XXIII, 54.
Muguet de Nanthou. — XXIII, 446.
*Mühlheim* (Allemagne). — XVIII, 358.
Muiron, chef de b$^{on}$. — XXIV, 10.
Muiron, sous-directeur du parc d'artillerie du Trou d'Enfer. — XXIV, 556.
*Mulhouse* (Ht-R). — XX, 58. — XXVII, 85.
Muller, chargé de la levée des chevaux. — XVIII, 471.
Muller, serrurier à Paris. — XXI, 718.
Muller, de l'A. des Pyr. Occident. — XIX, 177.
Muller (Ch. Frédéric), réfugié de Silésie. — XX, 81.
Muller, (Jac. Léonard), g$^{al}$ de division. — XX, 460. — XXII, 369.
Muller (Fr.), ex-g$^{al}$ à l'A. de Sambre-et-Meuse, destitué. — XXVII, 599.
Muller, manufacturier à Fontainebleau. — XXIII, 6.
Muller, chef de b$^{on}$. — XXV, 544.
Mullet, march$^d$ de bois à Breteuil. — XIX, 657.
Mullin, officier de hussards. — XIX, 598.
Munch, inventeur. — XX, 171, 406, 407. — XXII, 388. — XXIII, 277.

Munchausen (Othon), cap$^e$ hessois prisonnier. — XXIII, 451.
Mundeher, fabricant de sucre. — XXII, 267.
*Munich* (Allemagne). — XXII, 788.
Munin (Martin), inventeur. — XXIII, 630, 631.
*Munitions.* — XXV, 115, 202, 227, 247, 417, 551, 588. — XXVI, 84, 132, 244, 269, 313, 315, 370, 406, 419, 420, 442, 490, 581, 704. — XXVII, 8, 67, 215, 402, 412, 542, 577. Voir *Armes à feu, Canons.*
Munnier (Louis-Dominique), g$^{al}$. — XIX, 172.
*Münster* (Allemagne). — XIX, 517. — XXII, 190. — XXVIII, 553.
*Münstereifel* (Allemagne). — XVIII, 259.
*Mur-de-Barrez* (Aveyron). — XXV, 48.
Murais, command$^t$. — XVIII, 651.
*Murat* (Cantal). — XIX, 621.
Murat, chef d'escadron. — XXIII, 76, 661.
Murat, officier sur la *Victoire*. — XXVI, 529.
Muratel, du Tarn. — XVIII, 319.
*Mure* (La) [Isère]. — XVIII, 199.
Mure, sous-chef de division. — XXIV, 821.
*Muret* (H-G). — XVIII, 419. — XX, 32. — XXV, 122.
*Muret-Wallon* (Rég$^t$ de). — XXIV, 260.
Murphy (James), officier de marine, prisonnier. — XXIV, 759, 762.
Murray, commerçant américain. — XIX, 394.
Mus, chirurgien à l'A. navale. — XXVIII, 353.
*Muscadins.* — XXII, 792.
Muset, administrateur de l'habillement. — XIX, 281.
*Muséum* nat. d'histoire naturelle. — XVIII, 424, 632, 799. — XIX, 276. — XXI, 424. — XXIII, 59, 245. — XXIV, 377. — XXV, 453, 542, 693. — XXVI, 505, 688. — XXVIII, 2, 672, 673, 700.
*Muséum* de Troyes. — XXII, 432.
*Muséum* de Versailles. — XXVIII, 98.
Musino Duhamel (Ch.). — XXV, 371.
Muslon (Philippe Germain), enseigne. — XX, 713.
Musschenbrock (Œuvres de). — XXIV, 158.
Musset (V$^{ve}$) et fils, de S$^t$-Valéry. — XXIII, 781, 782. — XXIV, 72.
Musset, repr. — XVIII, 92, 267. — XIX, 621, 762. — XX, 299, 666, 736, 740. — XXI, 283, 309, 655. — XXII, 253, 310, 389, 508, 509, 529, 565, 595, 791. — XXIII, 487, 647, 809. — XXIV, 74, 255, 777. — XXV, 495, 621. — XXVI, 308, 410, 733, 764. — XXVII, 14, 46, 248, 323, 378, 435, 676. — XXVIII, 51, 340, 362, 535, 536.
Musset neveu, prisonnier. — XXII, 509, 565.
Mussi, chef d'escadron. — XXIV, 218.
*Mussidan* (Dordogne). — XIX, 325. — XX, 502, 706.
Mussy (Gabriel), sergent au 9$^e$ b$^{on}$ de l'Isère. — XXVIII, 610.
Mutelé, adjud$^t$ g$^{al}$. — XXIV, 420. — XXV, 383. — XXVIII, 486.
*Mutzig* (Manufact. d'armes de) [B-R]. — XIX, 513.
*Muyden* (Hollande). — XX, 355. — XXI, 779.
*Muzillac* (Morbihan). — XVIII, 255, 373. — XIX, 219, 245, 248, 313. — XXVII, 521, 522.
Muzzio (J.-B.), négociant génois. — XXVIII, 385.
Mylord, cap$^e$ de gendarmerie. — XXIII, 797.

# N

*Naarden* (Hollande). — xx, 422.
NACQUART, chef de brigade. — XXII, 181.
NADAL, du 22ᵉ chasseurs. — XXIV, 470.
NADAUD, commissaire des Guerres. — XXI, 345.
NADAUD (Léonard), mᵈ à Limoges. — XXIII, 130.
NAGERARD, lieut. — XX, 407.
*Nahe*, rivière. — XXI, 268, 319, 382, 467, 490.
*Naïade*, corvette. — XXV, 389. — XXVIII, 76, 357.
*Naix* (Forges de) [Meuse]. — XXII, 388.
NAJAC, agent maritime à Toulon. — XXI, 156.
NALÊCHE, gᵃˡ de brigade. — XXI, 215.
*Namur* (Belgique). — XVIII, 201, 495. — XIX, 44, 53, 106, 124, 233. — XX, 232, 793. — XXI, 114, 227, 527, 639. — XXIV, 680, 736. — XXV, 110, 224, 248. — XXVIII, 6, 104, 350.
*Namur* (Comté de). — XVIII, 495. — XIX, 144, 538, 539, 541, 698. — XX, 47. — XXVIII, 104.
*Nancy*, navire américain. — XVIII, 185. — XIX, 637.
*Nancy*, navire sous pavillon neutre. — XXVII, 206.
*Nancy* (M-et-M). — XVIII, 20, 595, 617. —XIX, 6. 118, 392, 393, 427, 724, 725. — XX, 5, 9, 266, 275, 379, 517, 518, 623, 624, 671, 689, 754. — XXI, 106, 431, 602, 641, 663, 697, 715, 741, 742. — XXII, 45, 92, 324, 391, 517. — XXIII, 31, 247, 276. — XXIV, 16. — XXV, 86, 214. — XXVI, 138, 473. — XXVIII, 27, 578, 594, 639.
NANIN, préposé à la direction des fonderies. — XXI, 328.
NANTAIS, chef du 6ᵉ bᵒⁿ de Paris. — XXVII, 617.
*Nanterre* (Seine). — XXII, 36. — XXV, 604. — XXVII, 90.
*Nantes* (L-I). — XVIII, 33, 47, 91, 100, 107, 196, 237, 250, 264, 281, 283, 284, 293, 343, 375, 402, 454, 464, 465, 478, 482, 488, 511, 531, 533, 560, 590, 591, 592, 593, 641, 661, 665, 667, 668, 687, 706, 712, 713, 742, 770. — XIX, 17, 58, 72, 87, 121, 149, 198, 203, 219, 220, 230, 245, 248, 292, 294, 311, 315, 342, 401, 430, 467, 469, 470, 471, 472, 473, 505, 506, 510, 518, 519, 543, 544, 585, 586, 624, 627, 645, 667, 681, 695, 711, 755, 756. — XX, 11, 24, 34, 37, 52, 95, 164, 165, 196, 205, 220, 221, 256, 289, 308, 333, 373, 377, 378, 379, 397, 443, 444, 447, 463, 575, 576, 589, 597, 598, 642, 690, 716, 741, 776, 785, 792, 796. — XXI, 3, 15, 27, 28, 38, 40, 55, 213, 255, 280, 298, 385, 409, 554, 555, 706, 707, 806, 809. — XXII, 60, 69, 108, 136, 137, 165, 217, 237, 245, 285, 315, 316, 410, 629, 641. — XXIII, 145, 147, 172, 195, 205, 227, 259, 260, 289, 307, 311, 312, 313, 415, 509, 518, 539, 597, 650, 669, 785, 786, 787, 788, 789, 821, 822. — XXIV, 47, 73, 105, 195, 198, 201, 255, 290, 475, 551, 565, 566, 685, 686, 750, 775, 806, 833. — XXV, 101, 102, 116, 137, 149, 167, 190, 233, 250 n., 261, 262, 300, 305, 360, 391, 396, 398, 410, 411, 416, 427, 433, 435, 446, 467, 477, 500, 509, 556, 558, 589, 606, 619, 624, 625, 626, 642, 670, 718, 729, 746. — XXVI, 52, 73, 74, 75, 90, 142, 155, 159, 160, 164, 165, 206, 215, 246, 263, 277, 292, 293, 322, 351, 369, 370, 393, 405, 406, 425, 426, 463, 466, 485, 521, 540, 551, 567, 584, 592, 610, 630, 649, 655, 656, 674, 689, 694, 695, 698, 713, 719, 742, 748, 755. — XXVII, 37, 42, 72, 101, 190, 209, 231, 240, 244, 245, 381, 425, 433, 469, 510, 522, 526, 550. — XXVIII, 36, 112, 159, 362, 366, 367, 395, 401, 591, 636, 660.
*Nanteuil-le-Haudouin* (Oise). — XVIII, 676. — XX, 159. — XXV, 518.
NANTIER, dit Malorie, colˡ de cavalerie vendéen. — XXIII, 810.
NANTOU, curé de Nérac. — XX, 620.
*Nantua* (Ain). — XVIII, 702, 808.
*Naples. Napolitains.* — XVIII, 270. — XXI, 301. — XXV, 568. — XXVII, 544. — XXVIII, 699.
NARVEY, capᵉ de la *Juno*. — XXVIII, 660.
*Narbonne* (Aude). — XVIII, 419, 488, 767. — XIX, 39, 200, 348, 349, 678. — XX, 144, 224. — XXI, 258, 340, 360. — XXII, 71, 304, 404, 564. — XXIII, 149, 384, 657. — XXIV, 202. — XXVI, 311, 496. — XXVII, 198.
NARCIS, inspecteur temporaire des mines. — XXII, 10.
NARCISSE, capᵉ des chasseurs américains. — XXI, 68.
*Naspick* (Hollande). — XIX, 159.
*Nassau* (Pays de). — XXVII, 610.
NASSAU, (Princes de). — XXII, 686. — XXIV, 836. — XXVI, 395. — XXVIII, 117, 119.
NASSAU-ORANGE (Maison de). — XXVII, 663, 676.
NASSAU-SAARBRÜCK (Princes de). — XVIII, 335. — XXIV, 792. — XXVII, 6.
NAT, sous-lieut. — XXIII, 540. — XXIV, 162.
NAU, sous-chef du Bureau de commerce. — XX, 789.
NAUDÉ, employé à la comptabilité des armes portatives. — XVIII, 724.
NAUDIN, commissaire ordonnateur. — XXVI, 41.
NAVARDET, garde-magasin. — XXIV, 472.
*Navarre* (Province espagnole). — XVIII, 79, 80, 378, 542. — XIX, 178. — XX, 527, 805. — XXII, 517. — XXIII, 704. — XXVI, 253.
NAVARRE, marin. — XX, 714.
NAVELET, chef de bᵒⁿ. — XXIII, 551.
*Navigation* intérieure. — XVIII, 420. — XXV, 224, 226, 230, 294, 316, 349, 422, 449, 477, 531. — XXVI, 141, 259, 595, 674, 682. — XXVII, 27, 186, 309, 485, 558. Voir *Canaux; Écluses; Marine; Navires.*
*Navires.* — XIX, 658 à 660. — XXV, 75, 76, 85, 104, 116, 149, 162, 168, 177, 188, 199, 224 à 226, 228, 230, 231, 234, 263, 269, 281, 293, 295, 304, 306, 311, 323, 350, 369, 376, 380, 388, 412, 416, 424, 428, 461, 463, 471 n., 473, 474, 477, 482, 483, 531, 553, 556, 584, 618, 626, 630, 635, 650, 667, 680, 712, 715, 737, 744, 759. — XXVI, 22, 48, 51, 63, 89, 90, 91, 107, 132, 150, 152, 176, 183, 196, 207, 238, 248, 263, 274, 289, 310, 311, 333, 347, 355, 366, 371, 389, 390, 402, 404, 414, 422, 423, 561, 581, 616, 618, 620, 628, 636, 644, 665, 666, 677, 679, 685, 705, 724, 729, 731, 736, 746, 768. — XXVII, 9, 51, 52, 60, 61, 62, 63, 75, 98, 103, 123, 130, 131, 135, 136, 149, 163, 164, 175, 176, 179,

COMITÉ DE SALUT PUBLIC. — TABLE. (XVIII-XXVIII.)  6 A

185, 206, 215, 237, 239, 256, 319, 374, 375, 376, 377, 388, 391, 399, 416, 421, 422, 433, 436, 437, 443, 482, 490, 503, 520, 523, 526, 539, 544, 562, 592, 602, 620, 643, 655, 661, 664, 665, 666. — xxviii, 75, 79, 126, 193, 210, 267, 268, 384 à 386, 449, 467, 528, 573, 574, 609. Voir *Commerce, Marine.*
Nayer (De), chef de brigade. — xxi, 428.
Nayrod (Él., H. Christophe), g<sup>al</sup> de brigade. — xxvi, 708.
*Neckar*, rivière. — xxvii, 576, 612. — xxviii, 16, 17, 54, 94, 109, 121, 171, 185, 407, 678.
*Neckarelz* (Allemagne). — xxviii, 16.
Necker. — xviii, 636. — xx, 561.
Nègre, déporté de Basse-Terre. — xxi, 556, 815.
Nègre, cap<sup>e</sup>. — xxvi, 743.
Nègre, commissaire des Guerres. — xxvii, 197.
Negrete (Manuel Maria), cap<sup>e</sup> espagnol prisonnier. — xxii, 561. — xxvi, 536.
*Négreville* (Manche). — xviii, 574.
*Négrepelisse* (T-et-G). — xix, 686.
*Nemours* (S-et-M). — xix, 111, 404. — xx, 313. — xxi, 122, 614. — xxii, 440, 559. — xxiii, 43. — xxvi, 166.
Nenable, médecin commissionné. — xxvii, 395.
Neneux, élève de l'École d'artillerie. — xx, 460.
*Neptune*, navire. — xviii, 508. — xix, 257, 320. — xxii, 184. — xxvi, 640.
*Neptune français.* — xx, 608.
*Neptune américo-septentrional.* — xx, 608.
*Neptune américain*, par Desbarres. — xx, 608.
*Nérac* (L-et-G). — xviii, 51. — xix, 325. — xx, 620. — xxii, 766, 812.
*Néréide*, frégate française. — xx, 257. — xxii, 315.
Nério (J.), cap<sup>e</sup> vendéen. — xxi, 496, 497.
Nermand, commis sur le *Maire Guitton*, prisonnier. — xxii, 503.
*Néron* (E-et-L). — xxi, 140.
*Nérondes* (Cher). — xix, 565.
*Nesle* (Maison de). — xviii, 329, 708.
*Nestor*, navire. — xxi, 495.
Neubourg (Jean Philibert), sous-chef des vivres de la Marine. — xviii, 752.
*Neuchâtel* (Suisse). — xxviii, 640.
*Neudorff* (Île de). — xx, 561.
*Neuf-Brisach* (H-R). — xix, 241. — xx, 561. — xxiii, 50. — xxvi, 701. — xxviii, 527, 595.
*Neufchâteau* (Vosges). — xix, 53. — xx, 568. — xxiii, 226. Voir *Mouzon-Meuse.*
*Neufchâtel* (Aisne). — xviii, 608. — xix, 377. — xxi, 626. — xxviii, 659.
*Neufchâtel* (S-I). — xviii, 609. — xix, 118, 452. — xxi, 625, 626. — xxii, 816. — xxv, 229. — xxvi, 653. — xxviii, 24, 677.
*Neufmoutiers* (S-et-M). — xxii, 790.
*Neufreistadt* (Allemagne). — xviii, 816.
*Neuf-Thermidor.* — xxi, 151, 421, 543, 544, 651, 656, 762, 798. — xxii, 3, 122, 138, 140, 168, 263, 313, 325, 339, 353, 354, 355, 589, 699. — xxiii, 56, 182, 298, 299, 340, 343, 432, 486, 527, 552, 563, 616, 674, 725, 759, 828. — xxiv, 53, 107, 150, 224, 293, 309, 544. — xxv, 481, 621, 689, 705, 748, 755, 758. — xxvi, 22, 24, 72, 77, 173, 295, 326, 353, 699. — xxvii, 45, 371. Voir *Fêtes.*
*Neuf-Thermidor*, navire. — xix, 231. — xx, 580.

Neuhaus, négociant. — xxiv, 277, 766.
*Neuhof* (Poste de). — xix, 202. — xx, 737.
*Neuilly* (Seine). — xviii, 13. — xix, 80, 283, 546. — xx, 244. — xxi, 30. — xxii, 525. — xxiii, 9. — xxiv, 469.
*Neunkirchen* (Moselle). — xx, 561.
*Neupont* (Luxembourg). — xxviii, 27, 665.
*Neuss* (Allemagne). — xviii, 309. — xxiv, 23. — xxviii, 284.
*Neustadt* (Allemagne). — xxii, 260.
*Neuville-lès-Champlitte* (H<sup>te</sup>-Saône). — xviii, 650.
*Neuville-en-Hez* (La) [Oise]. — xxiv, 97.
*Neuville* (Ain). — xxiv, 754.
*Neuville* (Loiret). — xxi, 493, 536, 537, 560, 811.
*Nevers* (Nièvre). — xix, 136, 523, 741. — xx, 33, 69, 700, 714, 715, 718. — xxi, 27, 809. — xxii, 92, 175, 193, 350, 351, 352, 383, 487, 529, 683, 688, 720, 755. — xxiii, 66, 272, 273, 415, 477, 482, 800. — xxiv, 3, 58, 117, 174, 204, 236, 270, 487. — xxv, 163.
Neveu, fermier à Épinay-sous-Sénart. — xxviii, 411.
Neveu, repr. — xviii, 8, 184, 517. — xix, 298, 629. — xx, 214, 236, 241, 584, 695. — xxi, 11, 218, 715, 716. — xxiii, 413.
Neveu, peintre, ingénieur à l'École centrale des Tr. publ. — xviii, 60, 328, 329, 330, 708. — xxi, 417.
*Névez* (Finistère). — xxv, 510.
Nevinger (Jos. Victorin), g<sup>al</sup>. — xxv, 666.
Neviseau, gendarme. — xxiii, 404.
*Neuvy* (Indre). — xxiv, 70.
*Newark* (Angleterre). — xviii, 801.
*New-Cambridge* (U.S.A.). — xix, 562.
*Newcastle* (Angleterre). — xix, 138. — xxv, 463.
Newton (*Optique* de). — xxiv, 158. — xxv, 640.
*New-York* (U.S.A.). — xx, 172. — xxi, 551. — xxv, 378. — xxvi, 152. — xxvii, 175.
*Neuwied* (Allemagne). — xx, 208, 209, 490. — xxiii, 284. — xxvi, 245. — xxvii, 350, 406, 471, 494, 574, 575, 595, 597, 599, 610. — xxviii, 587, 602, 626, 627, 651, 677.
Neuwinger (Fr. Jos.), g<sup>al</sup> de division. — xxvii, 173.
Nexon, sœur de la Charité. — xxi, 60.
Ney, adjud<sup>t</sup> g<sup>al</sup>. — xviii, 310.
Neylier (Fr. Ciran), chirurgien à l'hôpital d'Avignon. — xxvi, 62.
*Nice* (A-M). — xviii, 91, 173, 176, 240, 275, 287, 382, 499, 542, 674, 697, 698, 747, 794. — xix, 73, 149, 169, 339, 367, 376, 380, 426, 448, 480, 530, 594, 610, 652, 722, 780. — xx, 91, 115, 383, 525, 643, 663, 671, 683, 731, 754, 788. — xxi, 92, 94, 121, 151, 245, 259, 367, 396, 397, 422, 423, 453, 477, 546, 547, 586, 642, 698. — xxii, 66, 81, 95, 143, 173, 215, 220, 232, 291, 330, 374, 386, 393, 407, 408, 409, 415, 439, 520, 541, 551, 558, 590, 599, 610, 639, 685, 729, 771, 790, 801, 826. — xxiii, 136, 155, 183, 217, 241, 266, 267, 280, 281, 399, 448, 521, 559, 598, 643, 658, 659, 752, 770, 794, 795, 796. — xxiv, 35, 58, 59, 73, 89, 91, 131, 151. — xxiv, 272, 310, 319, 349, 372, 422, 423, 424, 496, 573, 576, 631, 654, 655, 724, 729, 784, 785, 815, 850. — xxv, 20, 60, 64, 65, 92, 102, 158, 159, 179, 180, 181, 206, 238, 239, 270, 331 n., 340, 384, 402, 551, 567, 571, 602, 656, 675, 687, 688, 690, 707, 743,

744, 758, 760. — xxvi, 16, 80, 81, 174, 175, 180, 181, 192, 193, 194, 227, 241, 243, 254, 301, 325, 349, 352, 353, 496, 497, 531, 532, 537, 555, 564, 566, 572, 582, 583, 587, 588, 594, 615, 617, 619, 620, 636, 637, 647, 652, 665, 677, 679, 696, 704, 717, 724, 734, 736. — xxvii, 22, 23, 24, 74, 93, 108, 128, 134, 137, 161, 200, 213, 222, 223, 231, 259, 269, 270, 272, 324, 325, 356, 386, 388, 402, 427, 441, 465, 466, 473, 484, 535, 582, 649. — xxviii, 1, 89, 110, 144, 231, 233, 249, 502, 503, 504, 505, 656.

NICLAUNE, volontaire. — xviii, 322.

NICODÈME, de Valenciennes. — xx, 155.

NICOL, brigadier-fourrier de gendarmerie. — xxi, 176.

NICOLAÏ, place Royale, à Paris. — xxii, 302.

NICOLAS, sous-chef des classes à Marseille. — xxii, 557.

NICOLAS, cap$^e$ des guides des Pyr.-Orient., chef de brigade d'artillerie. — xxiii, 224. — xxvi, 602.

NICOLAS (J. B.), sous-lieut. de hussards. — xxiii, 267.

NICOLAS, chirurgien à l'A. des Pyr.-Orient. — xxv, 346, 406.

*Nicolas* (Fort), à Marseille. — xxv, 517.

NICOLAS, vendéen. — xxvi, 386.

NICOLAY (André), command$^t$ à Lille. — xviii, 277.

NICOLE, secrétaire g$^{al}$ du départ$^t$ de la Manche. — xx, 137, 138.

NICOLE, déporté de la Guadeloupe. — xxi, 815.

NICOLINI. — xxv, 206.

NICOLLE, agent g$^{al}$ des approvisionnements. — xxviii, 244.

NICOT, de Paris, requis. — xxii, 210.

NIEDRÉ et C$^{ie}$, fournisseurs de viande. — xxv, 636.

NIEL, cap$^e$ de gendarmerie. — xxiv, 404.

NIEL, m$^d$ de bois et charbons. — xxiv, 752.

NIELLY, contre-amiral. — xviii, 57, 130, 131, 204. — xix, 774. — xx, 343.

*Nieulay* (Fort), près de Calais. — xx, 650.

*Nieuport* (Belgique). — xx, 653. — xxi, 227, 316, 782. — xxiv, 736. — xxv, 349. — xxvii, 558.

NIEUWENHUISEN (Bernard), cultivateur. — xxi, 479. — xxviii, 411.

*Nièvre* (Départ$^t$ de la). — xviii, 43, 92, 509, 600, 681, 758, 762, 787. — xix, 8, 43, 72, 91, 174, 248, 33, 313, 520, 522, 563, 621, 741, 742, 759. — xx, 33, 81, 685, 700. — xxi, 27, 356, 591, 817. — xxii, 69, 92, 93, 138, 290, 294, 350, 351, 383, 399, 529, 683. — xxiii, 94, 148, 175, 272, 273, 289, 350, 415, 426, 464, 481, 536, 595, 730, 743, 800. — xxiv, 3, 58, 117, 288, 350, 504. — xxv, 92, 601, 647. — xxvi, 324. — xxvii, 536. — xxviii, 553, 554.

NIESSE, fournisseur de céréales. — xxviii, 84.

NIGER, chef de brigade. — xxiv, 611.

*Nil Forsick*, navire suédois. — xix, 772.

*Nimègue* (Hollande). — xviii, 23, 27, 28, 93, 95, 124, 163, 235, 260, 261, 307, 580, 685. — xix, 416, 442, 443, 444, 516, 517, 541, 549, 739. — xx, 281, 285, 348, 537, 673. — xxi, 7, 317, 406, 429, 647, 731, 779. — xxii, 752. — xxiv, 715. — xxv, 226, 745. — xxvi, 432. — xxviii, 306.

*Nîmes* (Gard). — xviii, 62, 251, 472, 477, 767. — xix, 61, 240, 328, 425, 693. — xx, 91, 132, 223, 262, 469, 499, 500, 531, 563. — xxi, 45, 157,

356. — xxiii, 221, 497, 542, 693. — xxiv, 16. — xxv, 156, 480. — xxvi, 664, 717, 723. — xxvii, 270, 505, 615. — xxviii, 229, 230, 542.

NINET (C$^{ne}$), détenue. — xxvi, 159.

NINETTE (C$^{ne}$), artiste. — xxv, 477.

NIOLET (B. Aug.), brigadier de gendarmerie. — xxvi, 595. — xxvii, 15.

NION, fournisseur. — xxi, 626.

*Niort* (D-S). — xviii, 454, 666. — xix, 325. — xx, 37. — xxi, 623. — xxiv, 9, 335, 474. — xxv, 191, 306. — xxvi, 487, 524, 525, 567, 630, 663, 749. — xxvii, 73, 511. — xxviii, 219, 220.

NIORT, direct$^r$ de sect$^n$. — xxiv, 821.

NIOU, repr. — xviii, 104, 205, 265, 325, 375, 402, 488, 641, 642, 745, 779, 786. — xix, 6, 181, 189, 228, 229, 608. — xx, 235, 398, 741. — xxi, 15, 103. — xxii, 75, 120, 121, 246, 405, 476, 554, 636, 637-639, 684, 825, 826. — xxiii, 70, 183, 215, 217, 218, 397, 423, 499, 767, 768, 770. — xxiv, 209, 271, 310, 614, 694, 843. — xxv, 89, 269, 313, 438, 483, 566, 631. — xxvi, 3, 31, 54, 333, 413, 529, 571, 737. — xxvii, 21, 50, 162, 163, 250, 305, 436, 647. — xxviii, 40, 123, 269, 276, 317, 330, 371, 396, 504, 569, 570.

NIOU, cap$^e$. — xx, 571.

NIPP (Jean), cap$^e$ de la *Providence*. — xxii, 660, 661.

NIUVILLE, chef de b$^{on}$. — xxii, 45.

*Niveau* à bulle d'air. — xxvii, 615.

*Nivelles* (Nord). — xix, 262. — xxv, 350.

NIVET, adjud$^t$ g$^{al}$. — xix, 120.

NIVET, cap$^e$. — xxvi, 260.

NIXON (William), cap$^e$ du navire anglais *Caledonia*. — xxv, 463.

*Nizon* (Finistère). — xxv, 512.

NOALHIER, papetier. — xxvi, 65.

NOBLET, chef de brigade. — xviii, 167, 168, 170. — xxv, 143. — xxvii, 601.

NOBLET, adjud$^t$ g$^{al}$, chef de b$^{on}$. — xviii, 474.

NOCUS, adjud$^t$ de place au Quesnoy. — xxii, 416.

NOËL, adjud$^t$. — xviii, 727.

NOËL (Laurent), fabricant d'armes à Sedan. — xix, 327.

NOËL, inspecteur g$^{al}$ d'A. — xix, 783, 784.

NOËL, filateur près d'Étampes. — xx, 484.

NOËL, employé au Bureau de commerce. — xx, 789.

NOËL (Fr.), ministre plénipotentiaire près la Républ. batave. — xxvii, 17, 608. — xxviii, 491.

NOËL (Pierre), g$^{al}$ de brigade. — xxvii, 709.

NOËL (Lucien), inspect$^r$ de l'agence de la navigation à Fontainebleau. — xxvi, 39.

NOËL fils, expéditionnaire au Bureau des transports militaires. — xxvi, 622.

NOËL, négociant à Paris. — xxvi, 318.

NOËL (J. B.), repr. du peuple, exécuté. — xxvii, 174.

*Nœux* (P-de-C). — xix, 257.

*Nogaro* (Gers). — xix, 318, 571.

*Nogent-le-Rotrou* (E-et-L). — xviii, 139, 140. — xx, 92. — xxii, 157. — xxiii, 137, 323. — xxviii, 47, 176, 332, 333, 365, 455, 605.

*Nogent-sur-Seine* (Aube). — xix, 81, 82, 406, 408, 744. — xx, 53, 54, 327, 428, 429, 559, 572, 766. — xxi, 74, 201, 202, 203, 740, 769. — xxii, 288,

6 A.

398, 399, 518, 568. — XXIII, 576. — XXIV, 60, 312, 313. — XXVI, 34, 471.
*Nogent-sur-Marne* (Seine). — XX, 559, 657, 744. — XXV, 453.
Noget, gendarme. — XX, 737.
Noguès, adjud$^t$ g$^{al}$. — XXV, 214.
Noireau (J. B.), cap$^e$ de cavalerie. — XIX, 639, 640.
Noiret, dit Courtois, lieut. — XVIII, 789.
*Noirmoutier* (Île de) [Vendée]. — XVIII, 224, 665. — XIX, 520. — XXII, 136. — XXV, 190, 410. — XXVI, 161, 198, 749. — XXVII, 522. — XXVIII, 111, 199, 395.
Noirot, cap$^e$. — XXI, 207. — XXIII, 241. — XXVI, 346.
Noyer, de Cayenne. — XXI, 682.
Noizet, cap$^e$ du génie. — XXII, 656.
Noizet, aide de camp du g$^{al}$ Marceau. — XXVII, 317. — XXVIII, 265.
*Noli* (Fort de), à Gênes. — XXVI, 616.
Noli (Nic. Pirati), négociant. — XXVIII, 385.
Nollent, adjud$^t$-major. — XXII, 563.
*Nonancourt* (Eure). — XXVII, 546. — XXVIII, 90, 91, 92, 397, 605, 633, 634.
*Nontron* (Dordogne). — XVIII, 86, 87. — XXI, 17, 27. — XXII, 63, 397, 621. — XXIII, 103. — XXVI, 118, 441. — XXVIII, 8, 126, 127, 660.
Norbert (François), employé à la sect$^n$ de la Guerre. — XXVIII, 418.
*Nord* (Départ$^t$ du). — XVIII, 141, 166, 191, 200, 201, 256, 370, 491, 509, 529, 576, 581, 582, 632, 706, 727, 729, 752, 770. — XIX, 67, 102, 207, 254, 262, 339, 500, 620, 696, 726. — XX, 128, 134, 193, 267, 303, 592, 618. — XXI, 29, 59, 69, 101, 159, 291, 485, 509, 515, 524, 566, 646, 684, 803. — XXII, 3, 70, 76, 82, 235, 273, 342, 362, 377, 454, 455, 474, 481, 534, 594, 601, 674, 784. — XXIII, 4, 81, 93, 109, 163, 201, 246, 250, 282, 297, 333, 343, 380, 435, 482, 554, 568, 588, 594, 734. — XXIV, 11, 12, 70, 71, 184, 222, 244, 253, 254, 282, 285, 295, 321, 322, 360, 361, 393, 400, 442, 478, 504, 506, 512, 588, 589, 617, 643, 646, 668, 678, 704, 714, 745, 766, 770, 787, 800. — XXV, 16, 48, 49, 83, 109, 142, 173, 197, 222, 252, 255, 282, 333, 353, 359, 387, 388, 419, 443, 444, 464, 468, 496, 588, 595, 645, 648. — XXVI, 45, 446, 562, 599, 659, 661, 692, 717, 759. — XXVII, 76, 126, 149, 158, 185, 231, 303, 369, 442, 558, 572, 615. — XXVIII, 296, 373, 374, 412, 423, 506, 547, 611, 632.
*Nord* (Division militaire du). — XXIV, 74, 168, 452, 469, 489, 554. — XXV, 430.
*Nord* (Frontières du). — XXIV, 194.
*Nord* (Mer du). — XIX, 286, 738. — XXI, 72, 307. — XXII, 662, 664, 718, 761. — XXIII, 48. — XXV, 293. — XXVII, 76, 158.
*Nord-Libre*, ci-dev$^t$ Condé-sur-Escaut (Nord). — XIX, 106. — XXVII, 60, 344, 443.
*Nord-Vieux*, ci-dev$^t$ Vieux-Condé (Nord). — XVIII, 105.
*Norfolk* (Virginie, U.S.A.). — XXVIII, 245, 660.
Norgeau, lieut. de gendarmerie. — XXVIII, 22.
*Normandie*. — XIX, 40, 48, 71, 504. — XXI, 459. — XXII, 86. — XXIII, 306, 719, 784. — XXIV, 77, 104, 668, 686. — XXV, 176. — XXVI, 466. — XXVII, 80, 185, 595.
— (Basse). — XXII, 763. — XXIV, 327, 514.

*Norskgutt*, navire norvégien. — XVIII, 489.
*Nort* (L-I). — XXV, 262.
*Norvège*. — XVIII, 439, 581. — XX, 526. — XXI, 41, 283. — XXV, 389, 738. — XXVIII, 532.
Noslet, chirurgien. — XXII, 592.
*Nostra Senora des Carmes*, navire espagnol. — XVIII, 185.
Notaires. — XXV, 647.
*Notre-Dame* (Abbaye), à Troyes. — XXII, 432.
*Notre-Dame de la Paix*, navire espagnol. — XXIV, 490.
*Notre-Dame-de-la-Pierre* (Pèlerinage à) [Suisse]. — XXVI, 541.
*Notre-Dame-des-Champs* (Maison d'arrêt de), à Paris. — XVIII, 654.
*Notre-Dame-du-Mont*, polacre génoise. — XIX, 334.
*Notre-Dame-du-Thil* (Oise). — XX, 249.
Nouette, caissier des invalides de la marine. — XXIV, 178, 179.
Nourriture des troupes. — XXVII, 295.
Nourry, libéré. — XXII, 287.
Noury, cap$^e$, employé à l'arsenal de Paris. — XXVI, 318.
Nouvel, ancien négociant. — XXVII, 20.
*Nouvelle* (Port de La) [Aude]. — XIX, 496. — XX, 44.
*Nouvelle-Angleterre*. — XX, 713. — XXII, 54.
*Nouvelle-Orléans* (La) [U.S.A.]. — XXII, 193, 480.
*Nouvelles politiques, nationales et étrangères*. — XXIV, 655. — XXVIII, 161.
Nouvion, commissaire. — XVIII, 398.
Nouvion, g$^{al}$ de brigade. — XX, 506.
*Nouvion* (Forêt de) [Nord]. — XXIV, 828.
Novau, cultivateur à Avesnes. — XXV, 16.
*Noves* (B-du-R). — XXVI, 171.
*Novi* (Italie). — XXVI, 192.
Noyane fils, négociant français à Smyrne. — XXIV, 404, 405.
*Noyant* (Mines de) [Allier]. — XVIII, 701. — XXII, 75, 768, 769. — XXIII, 236. — XXIV, 781. — XXV, 37, 437, 621.
Noyel, command$^t$ amovible à Lille. — XXIV, 638. — XXV, 617.
*Noyelles* (Nord). — XIX, 68.
*Noyers* (Vallée des), en forêt de St-Germain. — XVIII, 620.
*Noyers* (H-M). — XXI, 298.
*Noyers* (Yonne). — XXVII, 586.
*Noyon* (Oise). — XVIII, 212, 734, 738, 771. — XIX, 111. — XX, 78, 773. — XXIV, 467, 478. — XXV, 429.
Nozan. — XIX, 613.
*Nuces* (Aveyron). — XXVI, 308. — XXVII, 46.
Numéraire. — XXV, 28, 53, 84, 148, 174, 180, 189, 204, 205, 225, 230, 239, 249, 265, 270, 289, 296, 300, 322, 329, 336 n., 338, 348, 357, 365, 385, 388, 415, 453, 461, 462, 465, 473, 502, 524, 531, 551, 570, 572, 590, 611, 613, 616, 620, 637, 673, 710, 734, 736, 748, 757. — XXVI, 21, 42, 44, 49, 113, 118, 148, 152, 157, 194, 215, 239, 246, 281, 282, 296, 318, 331, 411, 413, 445, 447, 455, 459, 465, 509, 512, 548, 567, 582, 600, 602, 612, 617, 641, 646, 654, 667, 710, 721, 735, 743, 744, 747. — XXVII, 18, 23, 35, 38, 47, 60, 82, 86, 87, 92, 104, 118, 119, 132, 166, 189, 231, 235, 236, 246,

272, 273, 282, 295, 319, 338, 345, 358, 366, 409, 417, 424, 451, 452, 461, 468, 477, 484, 505, 518, 531, 532, 543, 549, 553, 562, 640, 655, 666, 673. — XXVIII, 177, 253, 329, 331, 361, 367, 457, 458, 478, 479, 487, 497, 586, 626, 631, 664, 675, 676, 689, 702, 703. Voir *Trésorerie*.
NUNEZ (Fernand), ambassadeur d'Espagne. — XX, 76, 77, 492. — XXII, 506. — XXVIII, 528.

*Nuremberg* (Allemagne). — XVIII, 197.
*Nymphe de mer*, navire. — XXVIII, 209.
NYON (Joseph), agent de change ou courtier. — XXIII, 269.
*Nyons* (Drôme). — XVIII, 13, 14. — XIX, 461. — XXI, 393. — XXIV, 730. — XXVI, 169, 224, 631.
NYSSEN, consul de Hollande à Tunis. — XXIII, 49, 347.

## O

*Obenheim* (B-R). — xx, 561.
OBENHEIM (D'), chef de b<sup>on</sup> du génie. — xxviii, 356.
OBERHAUSER, propriétaire de moulin. — xix, 513.
*Oberingelheim* (Allemagne). — xviii, 616, 667, 803. — xix, 234, 235, 588, 589. — xx, 236, 695, 699. — xxi, 11, 204, 387, 388, 432, 472, 520, 687, 837. — xxii, 118. — xxiii, 31, 317, 598, 687, 724, 761, 762. — xxiv, 31, 55, 56, 187, 390, 461, 630. — xxv, 138, 152, 286, 417, 478, 536, 608, 667, 686, 706, 742. — xxvi, 12, 22, 24, 53, 67, 209, 242. — xxvii, 219, 293, 295, 308, 362, 550. — xxviii, 114, 120, 121, 180, 183, 184, 221, 407, 408, 477, 637 à 639, 677, 678.
*Ober-Ulm* (Allemagne). — xx, 12, 13, 559, 560, 696. — xxi, 418, 652, 653.
*Observateur*, journal de Nantes. — xix, 519.
*Observateur de l'Europe*, journal imprimé à Rouen. — xxiii, 534. — xxvii, 489, 515, 622, 670.
*Observatoire* de Paris. — xx, 30.
OCARITZ, chargé d'affaires d'Espagne. — xxi, 420. -- xxii, 65, 372, 384, 435, 488, 799. — xxiii, 391, 392.
*Océan Atlantique*. — xviii, 265, 574. — xix, 197, 198, 219, 658. — xx, 722. — xxi, 157, 158, 474, 816. — xxv, 144.
— (Division de l'). — xviii, 96. — xix, 305. — xxiii, 395.
— (Ports de l'). — xxi, 468, 475, 493, 685, 806. — xxii, 22, 75, 258, 314, 372, 378, 425, 482, 483, 500, 605, 706, 794. — xxiii, 28, 348, 466, 492, 534, 817. — xxiv, 27, 47, 78, 456, 489, 514, 719, 823, 824, 825.
OCTAVIEN, cap<sup>e</sup>. — xxii, 415.
*Octroi*. — xix, 14.
ODDAS ou ODDOZ, fournisseur de viande. — xviii, 162. — xxv, 661.
ODE, lieut. au 1<sup>er</sup> b<sup>on</sup> d'Apt. — xxviii, 82.
ODELIN, ingénieur des mines. — xxv, 37.
ŒUILLOT, de S<sup>t</sup>-Valery. — xxiii, 670.
*Œuvres*, de Jean BERNOUILLY. — xxv, 641.
*Œuvres*, de FRANKLIN. — xxv, 641.
*Œuvres sur les mines*, de LEFEBVRE. — xxv, 640.
*Œuvres* de MUSSCHEMBROCEK. — xxv, 640.
*Œuvres de Physique*, de SIGAUD DE LA FOND. — xxv, 640.
*Offendorf* (B-R). — xix, 32. — xx, 546.
OFFENHEIM, adjud<sup>t</sup> g<sup>al</sup>, chef de brigade. — xxvi, 709.
*Offening*, navire. — xxvi, 183.
*Officiers*. — xxv, 43, 75, 119, 229, 240, 241, 271, 277, 278, 299, 330, 333, 378, 430, 440, 452, 456, 458, 466, 486, 489, 506, 515, 522, 544, 547, 568, 576, 587, 592, 596, 617, 627, 630, 638, 659, 665, 686, 713, 735. — xxvi, 40, 67, 89, 130, 152, 154, 197, 204, 250, 271, 293, 295, 300, 341, 363, 369, 372, 420, 449, 455, 477, 508, 525, 600, 611, 636, 657, 714, 758, 763. — xxvii, 3, 13, 33, 43, 53, 56, 66, 67, 99, 119, 123, 139, 140, 142, 144, 147, 169, 201, 231, 242, 243, 254, 260, 305, 352, 354, 384, 394, 398, 417, 421, 469, 495, 552, 556, 559,

586, 587, 598, 615, 617, 619, 626, 628, 647, 665. — xxviii, 25, 64, 82, 88, 149, 252 à 254, 350, 361, 373, 380, 431, 442 à 444, 476, 477, 554, 593, 621, 631. Voir *Armées; Généraux; Soldes*.
-- (Démission d'). — xxv, 10, 11, 136, 168, 186, 215, 244, 407, 479, 526, 544, 592, 617, 638, 696, 735, 738. — xxvi, 88, 182, 203, 234, 303, 346, 529, 588, 602, 708. — xxvii, 173, 229, 293, 371, 419, 481, 505, 506, 515, 547, 618, 633, 634.
— (Destitution d'). — xxv, 11, 74, 168, 187, 212, 246, 279, 309, 321, 346, 383, 388, 408, 410, 458, 493, 521, 526, 543, 544, 546, 585, 608, 732, 735. — xxvi, 68, 116, 181, 203, 235, 310, 345, 369, 477, 537, 538, 626, 644, 708, 743. — xxvii, 10, 54, 92, 96, 121, 145, 146, 159, 169, 171, 173, 205, 216, 223, 245, 347, 371, 419, 446, 450, 480, 481, 491, 503, 506, 515, 542, 564, 599, 616, 618, 633, 634.
— (Nominations et réintégrations d'). — xxv, 10, 11, 17, 73, 103, 112, 121, 136, 167, 186, 187, 247, 253, 277, 279, 320, 321, 334, 347, 348, 371, 377, 378, 418, 419, 425, 440, 456, 458, 459, 477, 493, 508, 517, 518, 541, 544, 547, 552, 574, 576, 587, 592, 596, 617, 626, 638, 664, 696, 706, 734, 735, 747, 760. — xxvi, 6, 7, 41, 63, 88, 112, 116, 117, 118, 147, 182, 197, 202, 203, 204, 234, 260, 288, 303, 317, 318, 330, 346, 363, 369, 388, 422, 442, 445, 455, 476, 509, 519, 537, 538, 559, 579, 602, 626, 627, 661, 688, 708, 709, 742. — xxviii, 29, 67, 83, 128, 149.
— (Retraite d'). — xxv, 187, 283, 321, 348, 378, 408, 458, 493, 523, 526, 544, 638, 714, 735, 736. — xxvi, 41, 117, 204, 234, 312, 444, 538, 578, 644, 708, 742. — xxvii, 33, 34, 56, 57, 173, 174, 205, 371, 446, 480, 561, 634.
— (de marine). — xxvi, 173, 292, 667, 698. — xxvii, 43, 122, 305, 338, 359, 376, 495, 553. Voir *Marine*.
— municipaux. — xxvii, 55. Voir *Administrations*.
— de paix. — xxvii, 660.
— de police. — xxvii, 91, 508, 605.
*Officiers* de santé. — xviii, 70. — xix, 189, 329, 331, 359, 361. — xx, 754, 755. — xxi, 101, 102, 126, 152, 698, 699. — xxii, 33, 328, 374. — xxiii, 210, 586. — xxiv, 67, 132, 269, 272, 279, 280, 377, 401, 500, 524, 756. — xxv, 5, 311, 340, 350, 376, 377, 408, 486, 525, 679. — xxvi, 29, 421, 507, 597, 600. — xxvii, 5, 32, 53, 93, 99, 414, 485, 542, 553, 654. — xxviii, 621. Voir *Hôpitaux*.
*Oggersheim* (Allemagne). — xix, 94.
*Ognon* (Oise). — xxvi, 632.
O'HARA, g<sup>al</sup> anglais. — xxi, 436. — xxiv, 738.
*Oie* (Château de l') [Vendée]. — xxiv, 833, 835.
*Oiron* (D-S). — xxvi, 501.
*Oise* (Dépar<sup>t</sup> de l'). — xviii, 185, 293, 294, 733, 734, 736, 737, 738, 801. — xix, 102, 121, 262, 340, 536, 662. — xx, 249, 342, 456, 751. — xxi, 251, 252, 684, 714, 723, 761, 826. — xxii, 2, 14, 20, 159, 333, 389, 393, 469, 471, 507, 508, 509, 661, 686, 780. — xxiii, 86, 136, 253, 294, 331, 482, 506, 600, 627. — xxiv, 74, 97, 374, 587, 657,

677. — XXV, 372. — XXVII, 542. — XXVIII, 43, 164, 480, 591.
*Oise*, rivière et canal. — XXIII, 590. — XXIV, 770. — XXV, 220. — XXVI, 682. — XXVII, 224, 369, 370, 429, 615. — XXVIII, 25.
*Oiseau*, frégate. — XVIII, 312, 313.
*Oiseau*, corvette. — XVIII, 528.
*Oissel* (S-I). — XXI, 117.
O'KEEFFE (Patrice), chef de brigade. — XXIII, 44. — XXIV, 570.
*Olacueta* (Espagne). — XVIII, 79, 80, 82, 83, 103.
*Olave* (Espagne) [?]. — XVIII, 376.
*Oldenbourg* (Duché d'). — XXI, 406.
*Oléron* (Île d') [C-I]. — XX, 69. — XXI, 835. — XXIII, 329, 330, 416.
OLINET, entrepreneur de l'arsenal d'Autun. — XXI, 419, 582, 583. — XXV, 131.
OLIVA, interprète espagnol. — XX, 223. — XXI, 457.
OLIVANT, sous-chef des classes, à Caen. — XXVIII, 316.
*Olive*, navire. — XXV, 371.
OLIVIER, ingénieur de la marine et agent de la Républ. à Hambourg. — XIX, 364, 656. — XXV, 528. — XXVI, 561.
OLIVIER (J., Chrysostome). — XVIII, 436.
OLIVIER, fromager. — XXII, 332.
OLIVIER, maître de forges. — XIX, 28.
OLIVIER, m$^{al}$ des logis. — XXIII, 261.
OLIVIER, volontaire. — XIX, 498.
OLIVIER, manufacturier de faïence à Paris. — XX, 66.
OLIVIER, commissaire ordonnateur. — XVIII, 800. — XXIV, 584.
OLIVIER (Pascal), voiturier à Avignon. — XXVI, 177.
OLIVIER, agent de la Républ. à Hambourg. — XXVIII, 152.
OLIVIER GÉRENTE, repr. — XXVI, 169, 300, 396, 410, 605, 723. — XXVII, 272. Voir GERENTE.
OLLÉ, sous-lieut. — XVIII, 86, 90.
*Ollioules* (Var). — XXI, 156. — XXIII, 695, 768.
OLLIVIER, cap$^e$ de chasseurs à cheval. — XXI, 634.
OLLIVIER (Nicolas), cultivateur. — XXII, 46.
OLMURE, chasseur. — XIX, 93.
*Oloron* (B-P). — XVIII, 689. — XXVIII, 84.
OLRY, cap$^e$. — XIX, 139.
O'MEARA, g$^{al}$. — XVIII, 603. — XXII, 337.
O'MEARA, chef de b$^{on}$. — XXVII, 96.
O'MORAN, g$^{al}$. — XXI, 359.
OMOREL, prisonnier piémontais. — XXIV, 759.
*Ondarroa* (Espagne). — XXIV, 420.
*Oneille* (Italie). — XX, 643, 682. — XXI, 92. — XXII, 386. — XXIV, 799. — XXV, 66 n., 526. — XXVI, 81, 302, 617, 620.
ONSKE (Jansen), cap$^e$ hollandais. — XVIII, 476.
*Onzain* (L-et-C). — XVIII, 333. — XXI, 63.
*Opéra* (Artistes de l'), de Paris. — XIX, 528.
OPINEL, ex-commissaire des Guerres. — XXI, 435. — XXII, 306.
*Oppenheim* (Allemagne). — XVIII, 816. — XX, 561, 562. — XXIII, 825. — XXVI, 266, 334, 336, 350, 595, 599, 626, 638. — XXVIII, 679.
OPSOMER, g$^{al}$ de brigade d'artillerie. — XXVI, 661.
*Optique*, de NEWTON. — XXV, 640.
ORAISON (Henry-Fulques d'), g$^{al}$. — XXII, 779.

*Orange* (Vaucluse). — XVIII, 35. — XIX, 668, 669. — XX, 346, 470, 471. — XXII, 71. — XXIII, 732, 766. — XXV, 105, 537. — XXVI, 137. — XXVIII, 231.
*Orange* (Prince d'). — XVIII, 261. — XIX, 517. — XX, 424. — XXI, 532, 533. — XXII, 662, 663. — XXV, 24, 430. — XXVII, 663, 676. — XXVIII, 306.
*Orangistes*. — XXI, 774. — XXIII, 347, 439. — XXVI, 71, 306, 430, 456.
*Orateur du peuple*, journal. — XIX, 340.
*Oratoire* (Maison de l'), fabrique d'huiles à Paris. — XX, 503. — XXVIII, 353.
*Orbais* (Marne). — XXII, 124.
*Orbec* (Calvados). — XXII, 805.
ORCIÈRE (Pierre), secrétaire du repr. Féraud. — XXIV, 311.
*Ordingen* (Allemagne). — XXV, 584.
*Ordonnateurs* civils. — XXVII, 32.
*Ordre* public. Voir *Troubles*.
*Ordre teutonique*. — XXIV, 717.
*Orelle* (Savoie). — XIX, 784.
O'RELLY (Robert), irlandais. — XX, 360. — XXII, 244.
OREST, lieut. de vaisseau. — XXII, 637.
ORFARD, fondeur. — XVIII, 363.
*Orgelet* (Jura). — XVIII, 808. — XIX, 116, 194, 561, 562.
*Orgon* (B-du-R). — XIX, 92. — XXV, 755. — XXVIII, 230.
*Origny* (Aisne). — XVIII, 191.
ORILLARD (René), salpêtrier à Monts. — XXVIII, 593.
*Orio* (Espagne). — XVIII, 107.
*Orival* (S-I). — XXI, 487.
*Orléans* (Loiret). — XVIII, 69, 85, 142, 204, 205, 241, 249, 525, 561, 624, 770. — XIX, 33, 169, 192, 347, 367, 484, 568, 672, 706, 754, 772. — XXI, 80, 159, 277, 288, 289, 366, 471, 473, 560, 561, 762, 811. — XXII, 100, 204, 425, 426, 472, 620. — XXIII, 95, 416, 442, 450, 488, 782. — XXIV, 280, 699, 700, 739. — XXV, 440, 477, 557, 693, 717. — XXVI, 91, 177, 346, 351. — XXVII, 28. — XXVIII, 277, 356, 431, 438, 446, 463, 466, 509, 510, 511, 597.
— (Canal d'). — XX, 266. — XXI, 264, 668. — XXII, 620. — XXV, 219, 589.
— (Forêt d'). — XXI, 536.
ORLÉANS (Famille d'). — XIX, 130, 338, 572. — XXVI, 417. — XXVIII, 35. — XXVIII, 647.
*Orléans* (Chantier d'), bois pour Paris. — XIX, 707.
*Ormeaux* (S-et-M). — XX, 559, 745.
*Ormes* (Les) [Vienne]. — XXIV, 96.
*Ormesson* (S-et-M). — XXI, 704.
*Ornans* (Doubs). — XX, 124. — XXIII, 727.
*Orne* (Dépar$^t$ de l'). — XVIII, 25, 166, 187, 221, 238, 263, 282, 298, 325, 355, 411, 414, 436, 512, 526, 554, 611, 656, 662, 688, 713, 716, 717, 718, 755. — XIX, 34, 54, 90, 106, 160, 186, 233, 258, 263, 265, 316, 343, 368, 389, 417, 460, 496, 547, 582, 713. — XX, 131, 214, 275, 276, 279, 280, 314, 320, 374, 427, 471, 512, 513, 514, 575, 593, 595, 628. — XXI, 175, 215, 492, 596. — XXII, 59, 102, 177, 229, 234, 538, 795. — XXIII, 144, 367, 651. — XXIV, 172, 192, 246, 337, 379, 517, 521, 522, 592, 626, 761. — XXV, 78, 436. — XXVI, 178, 260, 280,

— XXVII, 79, 129, 203, 262, 288, 377, 432, 490, 520. — XXVIII, 47, 400, 575, 589.
ORRY, commissaire des Guerres. — XXV, 167.
*Orsay* (S-et-O). — XVIII, 724.
ORSEL (Duc d'). — XX, 324.
*Orsoy* (Allemagne). — XXI, 731.
*Ortenau* (Allemagne). — XX, 561.
*Orthez* (B-P). — XVIII, 689. — XIX, 734.
ORTHOUZAC DE QUIXANO (Vincent), off. espagnol. — XIX, 146, 147.
ORTLIEB, g$^{al}$. — XXII, 416. — XXVII, 56.
*Orvilliers* (S-et-O). — XX, 657.
ORY et GIBERT, entrepreneurs de la manufact. de cristaux du Gros-Caillou, à Paris. — XXVIII, 545.
OSHÉE (Robert), chef de brigade. — XX, 545.
*Osnabrück* (Pays d') [Allemagne]. — XXVI, 70, 305, 543, 548, 563.
*Ossau* (Vallée d') [B-P]. — XVIII, 709.
OSSELET (J.-Marie), employé à l'École centrale des Tr. publ. — XVIII, 724.
OSSENT, accusateur militaire à Lille. — XXV, 135.
OSSIAN, adjud$^t$-major. — XXVI, 374, 434.
*Ost-Frise* (Hollande). — XXII, 190.
OSTEN, g$^{al}$. — XIX, 159.
*Ostende* (Belgique). — XVIII, 50, 107. — XIX, 63, 106, 191, 197, 363, 499, 738, 773. — XX, 18, 369, 540, 653. — XXI, 158, 217, 227, 263, 316, 781. — XXII, 330, 475, 532. — XXIII, 184, 324, 752. — XXIV, 47, 95, 108. 399, 489, 498, 512, 647, 736, 745. — XXV, 43, 100, 291, 349, 459, 615, 730. — XXVI, 125, 183, 229, 243, 275, 280, 285, 391, 502, 626, 683, 684, 707. — XXVII, 146, 339, 391, 501, 558. — XXVIII, 311, 379, 487, 584.
*Ostrick* (Hollande). — XIX, 604.
OSY, de Rotterdam. — XXI, 533. Voir OZY.
*Otages*. — XX, 177, 224. — XXI, 236, 362. — XXVI, 359, 474, 729.
OTTEWAERT, fournisseur de blé. — XXIV, 160, 219. — XXV, 223.
OTTO, chef de bureau aux Relations extérieures. — XVIII, 599. — XXII, 531. — XXIII, 33.
OUBXET, dit CÉSAR, g$^{al}$. — XXVII, 57.
OUDAILLE, off. destitué. — XXVII, 92.
OUDART, ministre plénipotentiaire près les U.S.A. — XVIII, 63.
*Oudenarde* (Belgique). — XVIII, 195. — XXI, 226.
OUDET, fabricant de membres mécaniques. — XVIII, 544.
OUDIN (Marie Françoise), f$^e$ Mignien. — XVIII, 174.
OUDIN, commissaire des Guerres. — XIX, 256.
OUDIN (Ch.), propriétaire des forges de Wassy-Montreuil. — XXI, 625.
*Oudon* (L-I). — XX, 196. — XXI, 19, 667. — XXV 626, 670.

OUDOT, repr. — XVIII, 400. — XX, 56. — XXI, 60. — XXIII, 212. — XXVI, 281.
*Ouessant* (Île d') [Finistère]. — XIX, 213. — XXIII, 66, 84.
*Ouest* (Départ$^{ts}$ de l'). — XXIII, 254, 287, 533. — XXIV, 9, 104, 400, 522, 552. — XXV, 32, 46, 106, 111, 234, 249, 255, 299, 392, 396, 433, 467, 475, 498, 505, 506, 597, 646. — XXVI, 18, 45, 47, 75, 94, 108, 121, 196, 215, 232, 246, 248, 290, 386, 394, 405, 522, 570, 649, 712. — XXVII, 80, 151, 191, 518, 524, 594, 632. — XXVIII, 134, 234, 367, 498.
OUILLOT, de S$^t$-Valéry-sur-Somme. — XXIV, 167.
*Ouistreham* (Calvados). — XXVI, 281. — XXVIII, 316.
*Ouled-Dieb* (Tribu des) [Algérie]. — XX, 538.
OULIER, charpentier en bateaux. — XXVI, 196.
*Oulx* (Italie). — XXI, 245.
*Ourcq* (Canal de l'). — XXII, 619, 735, 736. — XXV, 220.
*Ourthe* (Départ$^t$ de l'). — XXVIII, 104.
*Ourthe*, rivière. — XVIII, 29, 495. — XXV, 289.
OURY, m$^d$ de bois. — XVIII, 253.
OUSOGE, pilote danois. — XXII, 653.
*Outrebois* (Somme). — XXII, 52.
OUVRARD, commerçant de Nantes, armateur. — XIX, 479. — XXV, 410.
*Ouvriers*. — XXV, 1, 35, 48, 74, 100, 103, 126, 127, 131, 132, 164, 176, 184, 209, 214, 232, 268, 269, 286, 343, 349, 372, 374, 404, 415, 454, 460, 472, 478, 486, 509, 524, 546, 563, 589, 590, 606, 613, 614, 615, 634, 692, 693, 695, 730, 736. — XXVI, 25, 36, 39, 60, 112, 152, 186, 197, 198, 200, 230, 272, 273, 313, 344, 357, 385, 420, 423, 450, 497, 505, 553, 589, 595, 606, 698, 727, 744. — XXVII, 14, 16, 63, 121, 128, 170, 172, 224, 226, 256, 275, 368, 376, 397, 416, 453, 500, 524, 525, 539, 629, 647, 666. — XXVIII, 249, 263, 346, 375, 416, 434, 435, 448, 479, 517, 519, 546, 574, 611, 667, 686. Voir *Ateliers* d'armes; *Fonderies; Forges; Industries; Manufactures; Salaires*.
*Ouzouer-sur-Trézée* (Loiret). — XXII, 620. — XXVII, 568.
*Over-Yssel* (Province d') [Hollande]. — XVIII, 95. — XX, 155, 185, 186, 208, 417. — XXII, 750. — XXIII, 438, 462.
OVIGNEUR, garde d'artillerie à Lille. — XXVIII, 486.
OXFORD, manufacturier. — XIX, 514.
OZENNE, administrateur de l'École centrale des Tr. publ. — XX, 79.
OZANNE (Marie Françoise), v$^{ve}$ Gusmath. — XXVIII, 465.
OZY, négociant à Rotterdam. — XXI, 161, 780. Voir OSY.

# P

PACARONI, adjud^t de la place de Douai. — XVIII, 709.
PACATTE, élève à la tannerie de Sèvres. — XXV, 611.
PACAUD, conservat^r des bâtiments militaires de Moulins. — XXVII, 139.
PACHE, ex-ministre de la guerre. — XIX, 191. — XXI, 650. — XXIV, 295. — XXV, 662. — XXVIII, 106.
PACOT, abbé de Flone. — XXI, 489.
PACOT, direct^r de l'habillement de l'A. de Rhin-et-Moselle. — XXVI, 589. — XXVII, 292, 334.
PACROS, off. de santé. — XXVII, 418.
PACTHOD, g^al, command^t la place de Marseille. — XXIII, 70, 455, 768, 769. — XXIV, 496. — XXV, 708.
*Pacy* (Eure). — XXII, 204.
PADOXE, cap^e de cavalerie. — XXVII, 96.
PAGANE, maître d'équipage à Lorient. — XXII, 390.
PAGANEL, repr. — XIX, 364, 365. — XX, 410, 411, 611, 622, 729. — XXI, 157, 256, 257, 415, 508, 661, 723, 725, 797. — XXII, 460, 461, 498, 499, 606, 607, 670, 680, 681, 683, 709, 754, 767, 821. — XXIII, 103, 149, 173, 250, 383, 477. — XXIV, 31, 98, 202, 233, 265, 266, 419, 420, 491, 508, 667. — XXV, 140, 355. — XXVI, 601. — XXVII, 392.
PAGE, chapelier. — XVIII, 707.
PAGENSTECHER frères, de Brême. — XX, 127.
PAGEOT, g^al de l'A. de Charette. — XXII, 669.
PAGNON-LABORIE, chef d'escadron. — XIX, 104.
PAIGNON (C^ne), manufacturière à Sedan. — XXVII, 318.
PAILHOUX, concessionnaire des mines de Cascatel, Quintillan et Ségur (Aude). — XVIII, 701.
PAILLARD, conduct^r p^al d'artillerie à l'A. du Nord. — XXVII, 58.
PAILLARD, cap^e. — XVIII, 105.
PAILLARDEL, chargé de l'approvision^t des hôpitaux du Gard. — XVIII, 795. — XIX, 61, 240. — XX, 6.
PAILLEUX (Ant.), agent de change ou courtier. — XXIII, 270.
PAILLIA, secrétaire. — XVIII, 322.
PAILLIER, cap^e. — XXVI, 88.
PAILLOT DE BEAUREGARD (P. R.), g^al de brigade. — XVIII, 6.
*Paimbœuf* (L-I). — XVIII, 91, 284, 343, 665. — XX, 52. — XXI, 707. — XXII, 136, 165, 629, 694. — XXIII, 219, 785, 786, 787, 789. — XXIV, 81, 565, 567, 592, 775. — XXV, 79, 398, 477, 491, 626. — XXVI, 749, 51, 276, 318, 517.
*Paimpol* (C-du-N). — XIX, 121, 504. — XXI, 81, 82, 83. — XXII, 319.
PAIN fils, off. de santé. — XX, 66. — XXI, 510. — XXVIII, 101.
PAIN, chasseur à cheval. — XXVII, 664.
PAIN (Joseph). — XVIII, 612.
PAIN (P. L.), hussard. — XVIII, 507.
*Pain* (Jura). — XX, 176.
*Pain.* — XXV, 144, 184, 204, 230, 239, 243, 266, 269, 315, 323, 337, 373, 403, 490, 416, 431, 436, 454, 478, 486, 524, 538, 557, 560, 589, 590, 614, 615, 632, 634, 636, 664, 686, 693, 695, 703, 720, 728, 748, 757. — XXVI, 99, 110, 130, 174, 177, 196, 220, 233, 265, 284, 319, 342, 350, 382, 470, 471, 500, 506, 507, 554, 556, 559, 567, 595, 615, 640, 641, 657, 660, 678, 740. — XXVII, 91, 103, 105, 111, 144, 167, 171, 204, 212, 226, 293, 294, 314, 315, 347, 368, 369, 460, 488, 497, 500, 539, 553, 556, 610, 644, 661, 666. — XXVIII, 46, 61, 62, 79, 161, 237, 350, 422, 435, 448, 472, 611, 615, 616, 620, 645, 646, 659, 687, 688. Voir *Céréales; Grains; Meuniers; Moulins; Subsistances.*
PAINE (Thomas), repr. — XXII, 620.
PAINVIN, chasseur à cheval. — XVIII, 165.
*Paix* (Négociations et traités de). — XXV, 14, 25, 81, 151, 180, 195, 238, 278, 292, 348, 365, 386, 399, 450, 568, 737, 756. — XXVI, 10, 11, 15, 28, 43, 70, 77, 78, 80, 103, 105, 134, 156, 165, 187, 188, 193, 217, 220, 224, 248, 251, 252, 254, 268, 278, 281, 284, 305, 324, 354, 372, 412, 433, 449, 453, 475, 484, 495, 522, 545, 550, 564, 566, 580, 582, 677, 694, 703, 721, 730. — XXVII, 132, 260, 320, 404, 415, 446, 584, 587, 645. — XXVIII, 21.
PAJOT, direct^r du Bureau central de la 3^e division. — XXVIII, 98.
PAJOT, chef vendéen. — XXII, 509.
PALAILLIER, fabricant de drap à Elbeuf. — XVIII, 400.
PALAIRET (Ant.), de Nucis. — XXVI, 308. — XXVII, 46.
*Palais* (Rade du) [Morbihan]. — XXIV, 201.
*Palais-Bourbon.* — XIX, 185.
*Palais-Égalité.* — XIX, 122. — XXVIII, 628.
*Palais national.* — XIX, 489. — XXI, 460. — XXV, 184. — XXVII, 503. — XXVIII, 236.
*Palamos* (Espagne). — XIX, 351. — XXVI, 690. — XXVIII, 150.
PALASNE-CHAMPEAUX, adjud^t g^al. — XVIII, 142. — XIX, 92. — XX, 50, 288, 307. — XXI, 538. — XXVI, 351, 699. — XXVII, 205. — XXVIII, 149.
PALASNE-CHAMPEAUX, repr. — XX, 130, 307, 410. — XXI, 85, 353, 440, 444, 495, 510, 578, 641, 658, 659, 694, 801. — XXII, 24, 25, 26, 60, 61, 131, 159, 223, 250, 317, 319, 479, 484, 539, 567, 701, 796. — XXIII, 13, 455, 573, 680. — XXIV, 112, 113, 265, 370, 386, 458, 832. — XXV, 31, 116, 171, 305, 428, 474, 475, 555, 599, 605 n., 606, 718. — XXVI, 19, 21, 129, 296, 330, 366, 407, 485, 603, 698, 713, 754. — XXVII, 103, 214, 231, 263, 264, 305, 359, 471, 492, 549, 553, 602, 603, 634. — XXVIII, 76, 198, 214, 250, 251, 338, 339, 400, 458.
PALASNE-CHAMPEAUX (J. B. Gabriel), enseigne de vaisseau, XIX, 711.
PALASSON, adjud^t g^al, chef de b^on. — XIX, 256.
*Palatin* (Électeur). — XXII, 788. — XXIII, 111, 112. — XXIV, 170, 171, 482, 717. — XXV, 360. — XXVIII, 70. Voir *Électeur.*
*Palatinat.* — XVIII, 556, 679, 790, 812, 813. — XIX, 534, 589. — XX, 12, 92, 169, 242, 312, 371, 372, 388, 389, 507. — XXI, 13, 142, 373, 424, 454, 477, 490, 838. — XXIII, 10, 260. — XXIII, 20, 504, 505, 506. — XXIV, 190, 452, 821. — XXV, 138, 161, 342, 657. — XXVI, 549. — XXVII, 297, 529. — XXVIII, 44, 53, 95, 183, 472, 637.

PALEZ, volontaire. — XVIII, 368.
PALIS, employé des hôpitaux militaires. — XXIV, 570.
PALLARÈS (Jos.), aumônier d'Espagne. — XXI, 156.
*Palluau* (Vendée). — XXIII, 756. — XXIV, 833, 834, 835. — XXV, 190. — XXVI, 164. — XXVIII, 461.
PALNA. — XXV, 755.
PALNIER, command<sup>t</sup> un b<sup>on</sup> du Tarn. — XXVI, 764.
PALOC, fournisseur de drap. — XVIII, 119.
PALORCI, lieut. de vaisseau. — XVIII, 528.
PALOTTE, sous-lieut. — XXIV, 800.
PALTEAU, commissaire des Guerres. — XXVI, 475. — XXVIII, 299.
PAMPAREY-CHAMBRY, cap<sup>e</sup>. — XXV, 458.
*Pampelune* (Espagne). — XVIII, 80, 81, 82, 83, 257, 377, 378. — XIX, 177, 178. — XX, 498, 526. — XXIII, 417, 808. — XXIV, 267. — XXV, 308, 750.
PANCKOUCKE, direct<sup>r</sup> p<sup>al</sup> des hôpitaux à l'A. des Pyr. Orient. — XXV, 678. — XXVII, 4, 395.
*Pandour*, brick. — XX, 391.
PANEL. — XIX, 726.
PANGE (Marquis de). — XX, 443.
PANIER et C<sup>ie</sup>, concessionnaires de mines. — XVIII, 574, 575.
PANIFEX, suspect. — XXV, 536.
PANIS, administrateur de la commune de Paris. — XXIV, 19.
*Panthéon français* (B<sup>on</sup> dit du). — XX, 101.
*Pantin* (Seine). — XXII, 691.
PAOLI (agents de). — XXV, 573.
*Papiers. Papeteries. Papetiers.* — XVIII, 366. — XX, 92, 93, 94, 95, 625. — XXII, 545. — XXIV, 318. — XXV, 58, 134, 183, 214, 727. — XXVI, 110, 738. — XXVII, 6, 26, 40, 92, 257, 292, 295, 374, 397, 505. — XXVIII, 543, 544. Voir *Assignats; Industries*.
*Papillon*, corvette. — XXIV, 197.
PAPILLON, off. de gendarmerie. — XIX, 47.
PAPILLON, dragon. — XIX, 551.
PAPILLON, employé aux vivres à l'A. des Ardennes. — XXI, 17.
PAPIN, lieut. de vaisseau. — XXI, 238, 553, 695. — XXII, 246.
PAPIN (Michel), command<sup>t</sup> de la *Convention*. — XXIII, 778.
PAPIN, command<sup>t</sup> de la *Médée*. — XXIV, 200, 201.
PAPON (J. Alexandre), agent de change ou courtier. — XXIII, 270.
PAQUET, brigadier. — XIX, 256.
PAQUIER, cordonnier. — XXIII, 676.
PARACCO et C<sup>ie</sup>, négociants. — XXVIII, 385.
*Paragon*, navire américain. — XVIII, 429.
PARDO, armateur espagnol prisonnier. — XXIV, 760.
PARDON, command<sup>t</sup>. — XXVI, 42.
PARDON, off. — XXV, 421.
PARENT, adjud<sup>t</sup> major. — XXI, 215.
*Parey* (M-et-M). — XXV, 43.
PARFAIT, chirurgien. — XX, 543.
*Parfaite Régénération*, navire français. — XXVI, 628.
*Parfaite-Union*, navire français. — XXIII, 64.
PARFUMO (Ant. Hospice), conservat<sup>r</sup> des bâtiments militaires de Villefranche (A-M). — XXVII, 140.
*Pari* (Forêt de), près de Clèves. — XXII, 752.
*Parigny-la-Rose* (Nièvre). — XIX, 72. — XXIV, 57,

688, 689. — XXV, 38. — XXVI, 720. — XXVII, 364. — XXVIII, 606.
PARIGOT (J.-B.), hussard. — XX, 290, 476.
*Paris* (Approvision<sup>t</sup> de). — XX, 3, 28, 29, 34, 53, 116, 119, 156, 157, 219, 265, 266, 300, 301, 467, 502, 566, 567, 582, 585, 586, 646, 661, 666, 672, 675, 685, 702, 771, 772, 773, 790. — XXI, 3, 5, 18, 19, 113, 122, 178, 229, 249, 262, 275, 276, 277, 292, 310, 312, 313, 315, 323, 326, 350, 356, 357, 358, 361, 378, 380, 436, 437, 478, 487, 488, 505, 521, 549, 555, 558, 564, 598, 613, 614, 616, 634, 664, 668, 669, 685, 695, 702, 703, 709, 713, 727, 728, 744, 746, 761, 780, 799, 802, 803, 804, 805, 809, 825, 829, 830, 831. — XXII, 2, 6, 13, 34, 39, 40, 68, 76, 88, 100, 111, 122, 147, 149, 150, 151, 157, 160, 163. 164, 196, 201, 204, 210, 214, 224, 225, 234, 235, 250, 254, 275, 276, 289, 292, 293, 330, 341, 342, 343, 375, 410, 411, 441, 445, 446, 469, 470, 471, 475, 491, 492, 493, 500, 503, 510, 518, 524, 525, 532, 544, 566, 577, 605, 619, 620, 641, 688, 691, 700, 721, 724, 731, 732, 748, 762, 772, 773, 782, 783, 790, 791, 803, 804, 813, 814, 815. — XXIII, 2, 3, 4, 17, 19, 24, 37, 38, 61, 63, 91, 95, 101, 121, 123, 126, 137, 141, 154, 158, 159, 172, 176, 177, 185, 186, 200, 243, 244, 253, 254, 271, 309, 324, 325, 326, 342, 343, 364, 372, 377, 378, 403, 404, 405, 414, 415, 418, 431, 437, 450, 469, 482, 486, 487, 506, 507, 508, 554, 575, 584, 594, 606, 629, 637, 660, 665, 686, 706, 711, 735, 742, 748, 752, 772, 774, 782, 797, 811, 812. — XXIV, 7, 11, 16, 57, 62, 68, 93, 97, 108, 117, 130, 139, 140, 141, 154, 174, 210, 211, 224, 247, 275, 281, 300, 307, 340, 350, 357, 384, 418, 421, 422, 432, 438, 445, 463, 468, 492, 493, 511, 552, 558, 570, 578, 580, 588, 614, 618, 642, 652, 658, 677, 688, 700, 704, 720, 726, 734, 738, 745, 751, 752, 766, 825. — XXV, 1, 15, 42, 54, 56, 94, 100, 128, 219, 230, 241, 242, 255, 286, 291, 295, 315, 316, 402, 403, 404, 417, 422, 423, 424, 439, 468, 478, 490, 534, 580, 589, 601, 612, 628, 632, 633, 634, 649, 653, 657, 673, 677, 679, 682, 683, 687, 693, 697, 699, 711, 714, 727, 728, 751. Voir *Approvisionnements; Magasins; Subsistances.*
— (Commune et dépar<sup>t</sup> de). — XVIII, 17, 19, 41, 43, 45, 50, 93, 191, 193, 282, 300, 318, 332, 390, 391, 490, 503, 504, 526, 606, 707, 731, 770, 781, 782. — XIX, 2, 25, 40, 41, 54, 80, 107, 108, 110- 167, 168, 170, 182, 196, 251, 271, 376, 407, 428, 436, 447, 510, 517, 575, 576, 631, 655, 680, 688, 695, 744, — XX, 2, 25, 29, 102, 145, 238, 334, 340, 361, 405, 492, 667, 701, 718. — XXI, 13, 18, 96, 97, 129, 130, 190, 212, 252, 342, 348, 349, 353, 375, 382, 391, 402, 433, 440, 461, 463, 597, 610, 631, 652, 701, 704, 715, 724, 761. — XXII, 76, 155, 226, 244, 254, 269, 280, 293, 294, 331, 337, 348, 349, 353, 362, 475, 477, 486, 498, 504, 511, 661, 686, 690, 691, 699, 713, 717, 745. — XXIII, 58, 59, 64, 72, 219, 327, 377, 402, 474, 564, 578, 626, 647, 648, 650, 702, 716, 723, 734, 795. — XXIV, 57, 58, 61, 62, 68, 70, 124, 163, 193, 213, 224, 283, 298, 374, 423, 424, 425, 451, 454, 659, 755, 776. — XXV, 10, 55, 73, 74, 75, 85, 102, 103, 111, 120, 122, 152, 162, 165, 177, 182, 183, 190, 205, 206, 210, 211, 214, 232, 241, 292, 302, 341, 342, 352, 372, 374, 382, 387, 390, 396, 400, 403, 405, 415, 417, 421, 452, 453,

459, 461, 466, 476, 489, 521, 524, 543, 544, 580, 584, 606, 607, 615, 658, 720, 753. — XXVI, 176, 229, 344, 474, 662. — XXVII, 51, 93, 138, 171, 505, 541. — XXVIII, 4, 11, 13, 19, 23, 36, 42, 43, 46, 48, 50, 62, 65, 77, 78, 88, 98, 99, 100, 101, 129, 131, 132, 137, 141, 146, 147, 148, 151, 153, 156, 164, 174, 177, 187, 189, 190, 191, 192, 195, 196, 203, 205, 206, 210, 248, 257, 258 à 260, 270, 293, 294, 328, 336, 345, 356, 374, 375, 414, 421, 422, 426, 433, 434, 441, 506, 516, 517, 528, 565, 572, 579, 582, 583, 620, 621, 628, 629, 645, 646, 657, 670, 685, 686, 692, 695.

*Paris* (Dépar<sup>ts</sup> voisins de). — XXI, 178, 535, 655, 669, 685, 738, 762, 772, 784, 805. — XXII, 20, 88, 163, 186, 222, 224, 253, 290, 310, 375, 386, 393, 418, 452, 468, 469, 491, 532, 577, 595, 622, 671, 791, 794. — XXIII, 12, 82, 234, 343, 379, 402, 464, 495, 486, 583, 600, 609, 610, 612, 616, 628, 647, 710, 809, 815. — XXIV, 72, 74, 221. — XXV, 580, 666. — XXVIII, 28, 96, 105, 410, 440, 464.
— (Arsenal de). — XVIII, 770. — XIX, 28, 43, 439. — XX, 687. — XXI, 175, 278. — XXIV, 791.
— (Bataillons de). — XIX, 256. — XXVI, 235, 372, 435. — XXVIII, 177.
— (Bourse de). — XXIII, 20, 21.
— (Camp sous). — XIX, 409, 431, 614. — XXV, 22, 42, 83, 100, 191, 252, 290, 594, 603, 642.
— (Force armée de). — XXIII, 377, 402. — XXIV, 41, 175, 184, 210, 495, 594, 603, 642, 644, 679, 701, 716. — XXV, 184, 210, 495, 594, 603, 642, 644, 679, 691, 701, 716. — XXVI, 2, 32, 128, 145, 152, 210, 251, 240, 243, 341, 348, 490, 547, 605, 623, 639, 692, 751, 752. — XXVII, 16, 77, 157, 180, 302, 418, 428, 627, 667, 668.
— (Pompiers de). — XXVI, 556, 557.
— (Ports de). — XXI, 47. — XXIII, 328. — XXVII, 168, 416, 538, 571.
— (Rues de). — André des Arts (XIX, 654). — Anjou (XX, 403). — Antoine (XIX, 101. - XXIII, 449, 453, 454, 523, 564, 579, 761, 766, 794. - XXIV, 424, 687). — Apolline (XXII, 244). — Babylone (XIX, 360). — Basse d'Orléans (XXIII, 269). — Beaubourg (XXII, 210). — Bertaut (XXII, 210). — Bon Puits (XXII, 210). — Bourg-l'Abbé (XXIII, 269). — Bourgogne (XIX, 532). — Bout du Monde (XXII, 210). — Cadet (XIX, 530). — Chabanais (XXIII, 270). — Chanverie (XXIII, 269). — Choiseul (XXII, 35). — Croissant (XXIII, 270). — Croix-des-Petits-Champs (XVIII, 574). — Deux Ponts (XXII, 210). — Dominique (XXIII, 270). — Échelle (XXIII, 371). — Échiquier (XXIII, 269, 270). — Enfants-Rouges (XX, 342). — Feydeau (XVIII, 364). — Florentin (XXIII, 270). — Fraternité, île de la (XVIII, 140. - XXII, 210). — Geoffroy-l'Asnier (XVIII, 270). — Germain, fbg (XXIII, 269). — Heaumerie (XXIII, 270). — Jacques-la-Boucherie (XVIII, 566). — Jean-Pain-Mollet (XIX, 169). — Jussienne (XXI, 426. - XXII, 210). — Lille (XXII, 743). — Loi (XXIII, 269). — Lombards (XXIII, 270). — Marc (XIX, 226). — Marmousets (XXII, 210). — Martyrs (XXIII, 503). — Maubert, place (XXII, 646). — Médéric (XXIII, 269). — Méry (XXII, 270). — Montmartre (XXIII, 269, 270). — Moulins (XXIII, 270). — Neuve-des-Bons-Enfants (XXIV, 512). — Neuve-des-Augustins (XVIII, 600). — Neuve-des-Capucins (XXI, 479). — Neuve-Eustache (XXIII, 269). — Neuve-des-Petits-Champs (XXIV, 213). — Notre-Dame-des-Victoires (XXIII, 269). — Pelleterie (XIX, 475, 678). — Pierre-aux-Poissons (XXII, 210). — Piques, place des (XXII, 490). — Piques (XXIII, 269). — Poissonnière (XXIII, 269, 270). — Pont-au-Change (XXV, 259). — Porte Maillot (XIX, 62). — Puits (XXII, 210). — Quincampoix (XXIII, 270). — Prouvaires (XXIII, 269). — Renard-Sauveur (XXIII, 269). — Renard-Bon Conseil (XXIII, 270). — Réunion (XXII, 337. - XXIII, 270). — Révolution (XXIII, 269). — Révolutionnaire (XVIII, 364). — Rochefoucault (XXIII, 269). — Roquépine (XIX, 459). — Royale, place (XXII, 302). — S<sup>t</sup> Denis (XXIII, 269, 270). — S<sup>t</sup> Denis, fbg (XXII, 210. - XXV, 580, 654). — S<sup>t</sup> Honoré (XXI, 650). — S<sup>t</sup> Honoré, fbg (XXIII, 459. - XX, 333, 403). — S<sup>t</sup> Martin (XXIII, 270. - XXIV, 374). — S<sup>t</sup> Martin, fbg (XXV, 580, 654). — S<sup>t</sup> Sauveur (XXII, 210). — S<sup>te</sup> Croix-de-la-Bretonnerie (XXIII, 270). — Sèvres (XXIII, 492, 803). — Sourdière (XVIII, 600). — Thérèse (XXIII, 269). — Thévenot (XXIV, 75). — Tiquetonne (XXIII, 270). — Trois-Maures (XXIII, 269). — Université (XIX, 532). — Varennes (XIX, 494. - XXIII, 544). — Verrerie (XXIII, 269). — Victoires nationales, place (XVIII, 800). — Vieille-Monnoye (XXIII, 269). — Vivienne (XXIII, 269). — Voltaire, quai (XVIII, 270).
— (Sections de). — XXI, 722. — XXIII, 156, 157, 158, 244, 369 à 371, 376, 480, 481, 582, 583. — XXIV, 66, 214. 219, 607, 697, 698. — XXV, 454, 521, 712, 728. — XXVI, 118, 285, 380, 738, 739. — XXVII, 111, 315, 454, 467, 566, 570, 621. — XXVIII, 92, 124, 146, 148, 205, 236, 257, 291, 300, 301, 332, 334, 399, 446. — Amis de la Patrie (XVIII, 321). — Arsenal (XXVII, 278, 395). — Bondy (XVIII, 601. - XXI, 631. - XXV, 71). — Bon-Conseil (XXI, 702. - XXV, 525). — Bonne-Nouvelle (XVIII, 755. - XXV, 458. - XXVII, 589). — Bonnet de la Liberté (XXI, 18. - XXII, 524). — Bonnet Rouge (XXII, 492). — Brutus (XIX, 522. - XX, 268. - XXIII, 369. - XXVIII, 153). — Butte-des-Moulins (XIX, 95, 153, 459. - XXI, 343. - XXIV, 153, 213, 822. - XXV, 458, 697. - XXVI, 3. - XXVIII, 153). — Contrat Social (XIX, 356. - XXIII, 505. - XXIII, 373, 374. - XXVII, 586. - XXVIII, 153). — Fbg-Montmartre (XXVI, 288). — Gardes-Françaises (XXI, 634. - XXIII, 219. - XXIV, 315. - XXVIII, 189). — Gravilliers (XXVI, 435. - XXVIII, 189, 257). — Guillaume-Tell (XIX, 356. - XX, 302, 303). — Halle-au-Bled (XVIII, 574. - XIX, 489. - XX, 171). — Indivisibilité (XVIII, 548. - XXIV, 152. - XXVIII, 189, 411). — Le Peletier (XXIV, 274. - XXVIII, 153, 163, 168, 174, 212, 236, 270, 293, 368, 537). — Jardin-des-Plantes (XXI, 504. - XXIII, 329). — Luxembourg (XXVI, 728. - XXVIII, 153). — Lombards (XXII, 212). — Marat (XIX, 395. - XXVI, 335). — Mont-Blanc (XXII, 154. - XXIV, 196). — Montreuil (XXII, 713). — Mutius-Scaevola (XVIII, 321. - XIX, 475, 476. - XXV, 210). — Nord (XXVIII, 20). — Observatoire XXI, 519. — XXV, 70. - XXVI, 202. - XXVIII, 346). — Panthéon-Français (XXI, 549. - XXVIII, 189). — Poissonnière (XXV, 244, 591. - XXVIII, 153). — Popincourt (XX, 66. - XXIII, 458. - XXV, 377). — Quinze-Vingts (XIX, 457, 575. - XXI, 631. - XXVIII, 162). — République (XXIV, 352). — Réunion (XXV, 71). — Roule

(xxv, 614). — Sans-Culottes (xx, 545). — Temple (xxviii, 12, 153, 551). — Théâtre-Français (xxiii, 72, 773. - xxviii, 146, 147, 153, 156, 236). -- Tuileries (xxiii, 449. - xxv, 695. - xxviii, 131, 151). — Vendôme (xxvi, 2, 32).
Paris. — xxv, 160.
Paris, chirurgien prisonnier. — xxvi, 560. — xxvii, 279.
Paris, joaillier. — xix, 654.
Paris-Delamoury, conseiller de l'ambassadeur d'Espagne. — xx, 76.
Paris (Et. P. Jos.), m$^d$ à Nanteuil. -- xx, 159.
Paris, fournisseur de viande. — xxii, 364.
Paris (Fr.), de S$^t$-Germain-en-Laye. — xxiv, 130.
*Parisiens*. — xxii, 491, 510, 511. — xxiii, 652, 662. — xxiv, 30, 34, 42, 116, 289, 593, 594, 810. — xxviii, 9, 13, 14.
Parizot, entrepreneur des malles de Lyon. — xxviii, 226.
Parmentier, professeur de physique expérimentale. — xviii, 485. — xxviii, 168.
Parmentier, pharmacien. — xix, 750. — xxiv, 702.
Parmentier (Marin), volontaire. — xxii, 350.
Parmentier, m$^{al}$ des logis. — xxv, 167.
Parmentier, comptable. — xxv, 657.
Parne, hussard. — xxi, 654.
*Parodies*, m$^{al}$ des logis de gendarmerie. — xviii, 165.
*Paroy* (Forge de) [H-M]. — xix, 381.
*Paroy* (Aisne). — xix, 610.
Parquet (Louis), m$^d$ de légumes secs. — xxii, 440.
Parra, médecin de l'hôpital de Metz. — xxvi, 287.
Parrain, employé à la levée des contrib. — xxvi, 320.
Parrain Keinek, off. de gendarmerie. — xxvi, 52.
Parron, garde-magasin. — xxii, 641.
*Parthenay* (D-S). — xxii, 136. — xxiii, 756. -- xxv, 117.
Partounneaux, adjud$^t$ g$^{al}$, chef de brigade. — xxvii, 173.
Pary, courrier. — xviii, 104.
*Pas-de-Calais* (Dépar$^t$ du). — xviii, 146, 491, 576, 581, 582, 727, 729. — xix, 102, 500, 538, 696. — xx, 128, 303, 592, 618, 734. — xxi, 29, 59, 65, 67, 69, 101, 159, 251, 252, 327, 509, 515, 524, 566, 646, 684, 724. — xxii, 2, 36, 37, 70, 76, 342, 362, 443, 454, 455, 481, 495, 534, 600, 620, 674, 784. — xxiii, 93, 163, 201, 250, 282, 297, 333, 343, 380, 435, 482, 554, 568, 588, 594, 734. — xxiv, 11, 12, 68, 71, 140, 141, 222, 253, 282, 285, 295, 321, 322, 360, 361, 442, 479, 505, 506, 512, 588, 617, 643, 646, 668, 678, 714, 733, 735, 745, 766, 770, 787, 800. — xxv, 15, 48, 49, 66, 83, 97, 109, 142, 173, 197, 222, 252, 282, 333, 353, 359, 387, 443, 444, 464, 468, 496, 588, 595, 645, 648. — xxvi, 45, 385, 446, 561, 562, 563, 599, 684, 692, 717, 759. — xxvii, 70, 149, 158, 185, 208, 231, 303, 369, 572, 615. — xxviii, 48, 373, 378, 391, 611, 630 à 633.
*Pas-de-Calais* (Détroit du). — xviii, 304. — xxi, 217, 294.
Pascal, volontaire. — xix, 134.
Pascal (Ferdinand Emmanuel Guillaume), secrétaire g$^{al}$ de la Comm$^{on}$ de S$^t$-Domingue. — xxii, 155.

Pascaly, adjud$^t$ g$^{al}$, chef de b$^{on}$. — xx, 788.
Pasquier (Ét. Fr.). — xxv, 207.
Pasquier (Jos.), aide-chimiste à l'École centrale des Tr. publ. — xviii, 770.
Pasquier, adjoint à un cap$^e$. — xxiv, 218.
Pasquier (J.-Fr.), conducteur de travaux. — xix, 309.
*Passage* (Port du). — xviii, 258, 606, 642, 802. — xx, 270, 448, 720. — xxi, 42, 139, 144, 234, 332, 446, 499, 682, 695. — xxii, 48, 631, 666, 681. — xxiii, 174, 476, 477. — xxiv, 48, 82, 143, 201, 598, 688. — xxv, 234, 478.
*Passavant* (H$^{te}$-Saône). — xxv, 677.
*Passe-Partout*, corsaire. — xxv, 281.
*Passeports*. — xxv, 45, 190, 203, 388, 459. — xxvi, 318, 387, 393, 482, 488, 540, 562, 662, 718, 735. — xxvii, 133, 135, 365, 544. — xxviii, 55, 265, 266, 357, 418, 632. Voir *Batave* (Républ.); *Hollande*; *Pays neutres*.
Passet, notaire à Auneau. — xxiii, 46.
*Passy-lès-Paris* (Seine). — xviii, 13. — xxi, 703, 747. — xxii, 442, 495. — xxiii, 37, 38. — xxvi, 533. — xxvii, 252, 280, 369. — xxviii, 195, 396, 695.
Pasteau, off. de santé. — xix, 657.
Pastelot, de la Comm$^{on}$ des approvision$^{ts}$. — xix, 450.
Pasteur (Alexis Pierre), aide-chimiste à l'École centrale des Tr. publ. — xviii, 770.
Pasteur, facteur des États génér. de Hollande. — xxii, 53, 54, 55.
Pastol, command$^t$ à Oudon. — xix, 19.
Pastureau, vétérinaire. — xviii, 488.
*Patay* (Loiret). — xviii, 561.
Patcore (Denis). — xviii, 709.
*Pâté* (Île du), près de Blaye. — xix, 700.
Paten, américain. — xix, 771.
Patey, fournisseur aux armées. — xxi, 626.
Patinat, sous-inspecteur de la manutention devant Mayence. — xxiv, 33.
Patissier la Forestille, d'Azé. — xxii, 266.
Patrelle, adjudicataire de bois. — xxvi, 194.
Patrin (Eugène Melchior Louis), repr. — xix, 258. — xx, 410, 411, 611, 707. — xxi, 501, 723. — xxii, 30, 31, 290, 310, 353, 609. — xxiii, 152, 214, 236, 494, 558. — xxiv, 97.
*Patrone*, navire suédois. — xviii, 552.
*Patriote*, navire français. — xviii, 618. — xx, 631. — xxi, 511. — xxii, 61, 584, 765. — xxiii, 14.
*Patriotes* hollandais (Maison des), à Paris. — xix, 459.
Patris, imprimeur. — xxv, 727.
Patron, payeur-divisionnaire à Cholet. — xxiv, 48.
Pattu, chef de travaux à l'École centrale des Tr. publ. — xix, 455. — xx, 49.
Patural (Pierre Louis), chef de brigade de l'École centrale des Tr. publ. — xviii, 289. — xix, 455. — xxi, 49.
*Pau* (B-P). — xviii, 207, 467, 689, 811. — xix, 131. — xx, 106. — xxi, 499, 542, 550, 836. — xxii, 251, 398, 427, 428, 429, 584, 651, 797. — xxiii, 613. — xxvi, 568. — xxvii, 40, 573, 605, 606. — xxviii, 214.
Pauchet, cap$^e$. — xx, 269.
*Paudern* (Canal de) [Hollande]. — xix, 443, 444.

*Pauillac* (Gironde). — XXIV, 596.
PAUL, command$^t$ du fort Marguerite, à Toulon. — XXVI, 361.
PAUL, fournisseur. — XXV, 349.
PAUL, commissaire. — XXVIII, 140.
PAULAR, présid$^t$ des États de Hollande. — XXVIII, 279.
PAULÉ, fournisseur de grains. — XXVII, 477.
PAULET (C$^{te}$). — XXVIII, 157.
PAULET, chef d'escadron. — XVIII, 197. — XXII, 810.
PAULET, requis. — XX, 713.
PAULIAN, command$^t$ amovible de Neuhof. — XX, 736.
PAULIE, négociant. — XXIV, 12.
*Pauline*, navire m$^d$. — XXVI, 628.
PAULMIER, agent en chef des fourrages à l'A. des Alpes. — XXVI, 284, 557.
PAULUS (Peter), présid$^t$ des États de Hollande. — XIX, 737, 738. — XX, 211, 353, 556, 557, 654, 655. — XXI, 185, 196, 188. — XXII, 759, 760. — XXIII, 62, 515, 516, 517, 592, 605, 662. — XXIV, 22, 286. — XXVII, 463, 527, 658.
PAULY (V$^{ve}$) et son fils. — XXI, 562.
PAUPE, direct$^r$ de la verrerie de Tourlaville (Manche). — XX, 61.
PAUTRE (J. B.), négociant à Paris. — XXII, 411.
PAUTRIZEL, repr. — XVIII, 760. — XXII, 293.
PAUZAIRE, cap$^e$. — XIX, 172.
*Pavie* (Italie). — XXV, 568.
PAVIE, commissaire des poudres et salpêtres à Lyon. — XXVI, 76.
PAVILLIER, fournisseur de vin aux hôpitaux. — XX, 774.
PAXOT de l'Agence commerciale de l'Hérault. — XX, 388.
PAYAN, agent national. — XIX, 299. — XX, 480.
PAYAN (J-H.), négociant à Marseille. — XXII, 96, 172, 373. — XXIV, 125.
PAYAN (Pierre), négociant. — XXVIII, 142, 243.
PAYN (Martin), volontaire. — XX, 236.
PAYNA, lieut. de chasseurs. — XXV, 638.
PAYNER (?), anglais. — XXV, 59.
PAYOT, lieut. de gendarmerie. — XX, 506.
PAYRA (Michel), agent de change ou courtier. — XXIII, 269.
*Pays-Bas.* — XVIII, 668. — XIX, 750. — XX, 117, 118, — XXII, 114, 788. — XXIII, 111, 112, 387. — XXIV, 22, 286, 413, 453. — XXVI, 57, 83, 459, 479. — XXVII, 35.
*Pays-bas* (A. vendéenne dite du). — XX, 378.
*Pays* conquis. — XXV, 141, 288, 320, 359, 360, 399, 459, 462, 522, 531, 536, 538. — XXVI, 188, 253, 282, 296, 327, 359, 449, 549, 600, 631, 659, 703, 716. — XXVII, 125, 295, 345, 368, 412, 423, 424, 530, 554, 575, 576, 609, 663. — XXVIII, 673.
Voir *Meuse-et-Rhin* (Pays conquis entre).
*Pays* neutres. — XXV, 75, 77, 199, 216, 326, 493, 618, 627, 710. — XXVI, 70, 289, 305, 616. — XXVII, 52, 61, 74, 75, 136, 137, 154, 157, 175, 176, 256, 266, 356, 374, 375, 388, 391, 399, 406, 421, 422, 428, 470, 482, 490, 503, 538, 562, 610. — XXVIII, 115, 118, 119, 120, 142, 172, 181, 182, 186, 274, 284, 307, 308, 332, 424, 473, 493, 494, 632.
Voir *Batave* (Républ.); *Commerce*; *États-Unis*; *Hollande*; *Marine*; *Pays-Bas*; *Ports*; *Suisse*.
PAYSAC. — XXVI, 663.

PAZ (Prince de la). — XXVIII, 125.
PAZY, courrier à l'A. de Sambre-et-Meuse. — XVIII, 451.
PEARSON, américain. — XX, 539.
PEAU, maître de poste. — XVIII, 142.
PECH, sous-lieut. — 181.
PÉCHAUD, négociant à Bordeaux. — XXI, 809.
*Pêche. Pêcheurs.* — XXI, 720, 721. — XXII, 667. — XXV, 338, 681. — XXVI, 361, 388, 713. — XXVII, 70.
PÊCHEUR (Nicolas). — XVIII, 143.
*Pechten* (?) [Allemagne]. — XXII, 260.
PÉCOMME, command$^t$ temporaire à Nancy. — XXII, 45.
PÉCOUL, fournisseur de viande. — XVIII, 212. — XIX, 710. — XXVI, 115.
*Pecq* (Le) [S-et-O]. — XXII, 441, 737.
PECQUEUR et sa f$^e$. — XXIV, 258.
PEDOU, gendarme. — XX, 103.
PÉERT, lieut. — XX, 125.
*Peggy*, navire. — XVIII, 292. — XXVI, 390.
PEIGNÉ, curé de Voncq. — XXIV, 137, 138.
*Peillac* (Morbihan). — XVIII, 126. — XIX, 584, 623.
PEILLON, garde-magasin. — XXIII, 401.
PEILLON, adjud$^t$, g$^{al}$. — XXIV, 694.
PEIHEL père et fils, vice-consul à Cadix. — XXVI, 560.
*Pélagie*, corvette. — XXVI, 628.
*Pelée* (Fort de l'île), à Cherbourg. — XXIII, 608. — XXIV, 805.
PELEGRIN, sous-chef de l'adm$^{on}$ de la marine à Vannes. — XXVII, 526.
PELET, de la Lozère, repr. — XIX, 269, 669. — XXI, 224, 345, 636. — XXII, 262, 450, 488, 799. — XXIII, 34, 35, 240, 241, 264, 322, 361, 396, 397, 422, 544, 626, 643, 657, 694, 751, 767, 792, 794, 804, 827. — XXIV, 45, 88, 124, 125, 126, 146, 147, 148, 149, 290, 309, 345, 355, 393, 426, 495, 601, 728, 729, 756, 757, 783, 828, 841, 842. — XXV, 59, 126, 157, 310, 414, 419. — XXVI, 668.
PELET (J. Isaac), aspirant de marine. — XVIII, 144.
PELFRENE, chef de b$^{on}$. — XXIV, 792.
PELGRIN, agent de la Comm$^{on}$ des armes. — XXII, 768.
PÉLICIER (Alphonse), sergent. — XXV, 442.
PÉLISSIÉ, déporté de la Guadeloupe. — XXV, 11.
PÉLISSIER, employé au contrôle de la marine, à Toulon. — XXVIII, 489.
PÉLISSIER, boulanger à Tarascon. — XX, 83.
PELLAPRA, g$^{al}$. — XXIV, 534.
PELLENC, lieut. au 1$^{er}$ b$^{on}$ d'Apt. — XXVIII, 82.
PELLENCK, adjud$^t$ g$^{al}$. — XXV, 214.
*Pellerey* (Fourneau de) [C-d'O]. — XXIII, 427.
PELLERIN, de Grenoble, fournisseur. — XIX, 171.
PELLERIN ESTRAND, hussard. — XXVI, 361.
PELLET, cap$^e$ de vaisseau. — XXI, 281.
PELLETIER, repr. — XX, 26, 152, 339, 361, 388, 692. — XIX, 38, 131, 145, 196, 273, 312, 375, 463, 546, 562, 650, 703, 743. — XX, 75, 322, 441, 529, 530. — XXI, 656. — XXII, 655, 720, 721. — XXV, 732. — XXVIII, 48.
PELLETIER, ingénieur des mines. — XXV, 37.
PELLETIER, fournisseur aux armées. — XVIII, 390. — XXIV, 474.
PELLETIER, aide de camp du g$^{al}$ Thierry. — XXII, 526.
PELLETIER, aérostier. — XX, 268.

PELLETIER, professeur à l'École centrale. — XVIII, 328, 626, 627. — XIX, 494. — XX. 16, 456. — XXII, 103.
PELLETIER, élève des mines. — XXII, 496.
PELLETIER (J.-B.), agent de change ou courtier. — XXIII, 270.
PELLETIER (J.-Simon), agent de change ou courtier. — XXIII, 269.
PELLETIER, du conseil de santé. — XXIII, 449.
PELLETIER, chirurgien militaire. — XXIV, 155.
PELLETIER-MONTMARIE, aide de camp du g$^{al}$ Duverger. — XXIV, 156.
PELLISSIER, repr. — XVIII, 69, 371, 496. — XIX, 105. — XXV, 586.
PÉMARTIN, repr. — XXIII, 15, — XXVIII, 495, 509, 510, 553, 554, 629, 630.
PENANT, chef de b$^{on}$. — XXII, 544.
PENANT, employé dans les colonies. — XXII, 717.
Penbaie (Baie de) [M-et-L]. — XXIV, 751.
Pendé (Somme). — XXV, 634.
PENETREAU, ingénieur en chef à Lorient. — XVIII, 75.
Penerf (Rivière ou rade de) [Morbihan]. — XXIV, 750. — XXVII, 523.
Penfeld, rivière. — XXV, 472.
PÉNIÈRES, repr. — XXII, 185, 274, 305. — XXIII, 574. — XXIV, 14, 478. — XXVI, 472, — XXVII, 158.
PENISSON (J. L. Ant.), agent de change ou courtier. — XXIII, 269.
Pénitents (Caserne des), à Meulan. — XXIV, 434.
PENMARC-MAINVILLE, adjud$^t$ g$^{al}$. — XX, 794.
Penmarch (Finistère). — XXI, 443. — XXV, 116.
Penmerne (Chapelle de) [Morbihan]. — XXVII, 526.
Penne (L-et-G). — XXIII, 738.
Penne (Verrerie de). — XXII, 151.
Penlan (Port de) [Morbihan]. — XXIV, 750.
Pensions. — XXV, 402, 426, 665. — XXVI, 169. Voir Gratifications; Secours.
PENSON, marin. — XIX, 636.
Pentemont (Maison). — XXII, 695.
Penthièvre (Fort) ou Sans-Culotte (Morbihan). — XXV, 233, 260, 261, 507, 698. — XXVI, 102, 221.
PENTIGNY, inspecteur de l'approvisionn$^t$ de Paris. — XIX, 322. — XXII, 493.
PÉPIN, négociant en vins. — XVIII, 654.
PÉPIN, volontaire. — XXIII, 575, 748.
PÉPIN, repr. — XVIII, 656. — XIX, 181, 307. — XX, 19, 309, 399. — XXI, 298, 417, 582, 686.
Pépinière (Atelier de la rue de la), à Paris. — XXII, 501. — XXVI, 738.
PERALOY, cap$^e$. — XXV, 742.
PÉRARD, repr. — XVIII, 294, 739. — XXVIII, 261, 496 à 500, 534, 676.
PERBAL, chef de b$^{on}$. — XXII, 390.
PERCEAU, cap$^e$. — XXII, 778.
PERCEVAL, sous-lieut. de hussards. — XXVIII, 369.
PORCHERON, chef civil de la marine. — XX, 369, 370.
PERCHET, cap$^e$ de gendarmerie à Gray. — XXVIII, 700.
PERCY, chirurgien. — XIX, 149. — XXVIII, 575.
PERCY, chef de b$^{on}$. — XXVI, 117.
PERDIJON (Adrien), exploitant de bois. — XXIV, 422.
PERDIJON fils (J. B.), volontaire. — XXIV, 422.
PERDREAUVILLE, aérostier à Meudon. — XIX, 616.

PERENNEZ (Yves), élève à l'École normale. — XIX, 283, 307.
PÉRÈS, repr. — XIX, 364, 365, 698. — XX, 136, 155, 180, 305, 306, 325, 326, 356, 373, 396, 464, 465, 555, 593, 608, 724, 782, 783, 799. — XXI, 76, 77, 114, 225, 227, 228, 270, 291, 302, 333, 362, 405, 465, 466, 489, 527, 569, 670, 725, 730, 763, 829. — XXII, 82, 254, 279, 311, 348, 395, 456, 508, 514, 515, 573, 621, 626, 668, 704, 785, 793, 814. — XXIII, 191, 225, 231, 257, 300, 301, 332, 345, 346, 408, 434, 440, 526, 528, 555, 591, 594, 706, 713. — XXIV, 35, 57, 320, 326, 327, 485, 488, 587, 629, 650, 718, 794, 803. — XXV, 51, 140, 196, 198, 220, 253, 287, 356, 460, 463. — XXVI, 153, 154, 256, 327, 710. — XXVII, 71, 663. — XXVIII, 672, 673.
PÉRÈS, sous-lieut. de grenadiers. — XXI, 165.
PÉRIER frères (Fonderie des). — XVIII, 626. — XX, 221. — XXI, 210. — XXIV, 540.
PÉRIER (Pompe à feu de). — XIX, 724.
PÉRIER, maître de forges à Dampierre. — XX, 792.
PÉRIÈS (Jacques), repr. — XIX, 554. — XX, 317. — XXI, 485, 486. — XXII, 478, 600. — XXIII, 604. — XXIV, 74, 320, 629, 649, 650 n. — XXV, 78, 107.
PERIEZ, command$^t$. — XVIII, 424.
PERIÈZ, commissaire spécial à l'A. du Nord. — XVIII, 800, 801.
PÉRIGNON, g$^{al}$. — XVIII, 805. — XIX, 146, 527. — XX, 10, 11, 108, 329, 452, 579, 581, 803, 804. — XXII, 326, 769, 799. — XXIII, 392, 395, 543, 626. — XXVI, 360. — XXVII, 196, 221, 418. — XXVIII, 536.
Périgueux (Dordogne). — XVIII, 372. — XX, 728, 741. — XXI, 16, 17, 109, 255, 337. — XXII, 157, 369, 397, 426, 427, 598, 621, 682. — XXIII, 102, 149, 173, 206, 207, 208, 519. — XXIV, 557. — XXV, 586.
PÉRIN (J. Frédéric), enseigne de vaisseau. — XX, 391.
Périne (La), près d'Uzès. — XIX, 693.
PÉRINET, cap$^e$. — XXVII, 481.
PÉRIVAUX, sous-lieut. de dragon. — XXVIII, 526.
Perl (Allemagne). — XVIII, 357.
Pernay (I-et-L). — XVIII, 170.
PERNELLE, à l'A. des Pyrénées occident. — XIX, 131.
Pernelle (Forges de). — XXIV, 470.
Pernes (P-de-C). — XXI, 724. — XXIV, 64. — XXVIII, 562, 563, 585, 630.
Pernes-les-Fontaines (Vaucluse). — XXVIII, 230.
PERNET, lieut. — XVIII, 186.
PERNETIS ANDRIEUX, chef de la d$^{on}$ des poudres et salpêtres. — XXVII, 651.
PERNILLE, chef du service des fourrages à l'A. des Pyrénées occident. — XXII, 298.
PERNIN, maître de forges. — XIX, 230.
PERNOT (J.), volontaire. — XXVI, 528.
Péronne (Somme). — XVIII, 143, 184, 495, 737. — XX, 582. — XXI, 251, 252, 269, 293, 312, 313, 314, 315, 326, 349, 350, 378, 464, 488, 564, 673, 724, 728, 824, 825, 826. — XXII, 362, 376, 394, 411, 510, 548, 623, 739. — XXIII, 343, 772. — XXIV, 167, 293, 322, 360, 442, 479, 580, 588, 642. — XXV, 96, 319. — XXVI, 557. — XXVII, 123. — XXVIII, 469, 675.
PEROT, aide de camp. — XVIII, 474.

Pérot-Galbert, chef de brigade. — XXIII, 551.
*Pérou* (Mines du). — XVIII, 602.
*Perpignan* (P-O). — XVIII, 222, 419, 767, 789. — XIX, 136, 149, 236, 256, 449. — XX, 91, 296, 504, 754, 792. — XXI, 63, 478. — XXII, 263, 264, 478, 771. — XXIII, 240, 496, 625. — XXV, 123, 310. — XXVI, 28, 87, 359, 492, 495, 677, 703. — XXVII, 38, 46, 54, 160, 222, 235, 258, 322, 542, 668. — XXVIII, 566, 567, 668.
Perrard (Jos. Eugène), lieut. de dragons. — XXIII, 448. — XXIV, 73. — XXV, 566.
Perrard, adjud$^t$ g$^{al}$. — XXVII, 174.
Perrault, transporteur de houille. — XXII, 151.
Perré, cap$^e$ de vaisseau. — XVIII, 135.
Perreau, boulanger. — XVIII, 321.
Perreau père et fils, manufacturiers dans l'Yonne. — XVIII, 420. — XIX, 616.
Perreau (Cl.), volontaire. — XXVI, 721.
*Perrecy* (Forges de). — XXII, 611.
Perrée (J. B.), lieut. — XXII, 184.
Perrée (Fr.), cap$^e$ prisonnier. — XXII, 504.
Perregaux (J. F.), banquier, membre du Bureau de commerce. — XIX, 27. — XXI, 161. — XXV, 67. — XXVII, 536.
Perret (J. F.), ex-directeur de la Monnaie de Lyon. — XXI, 401.
Perret, cap$^e$ au 1$^{er}$ b$^{on}$ des fédérés. — XXII, 593.
*Perreux* (Le) [Seine]. — XVIII, 470. — XXV, 453.
Perrey, sergent. — XXI, 748.
Perridier, Cafforel et C$^{ie}$, négociants à Cette. — XXVIII, 103.
Perrier, cap$^e$. — XXII, 656.
Perrier, Mollien et C$^{ie}$, manufacturiers à S$^t$-Lubin-des-Joncherets. — XXVI, 385.
Perrin, des Vosges, repr. — XVIII, 349. — XIX, 633, 725. — XX, 232. — XXI, 19. — XXVI, 446, 561, 562, 563, 692, 717, 759. — XXVII, 76, 149, 158, 185, 208, 274, 303. — XXVIII, 87, 187, 206, 429, 494, 495.
Perrin, adjud$^t$ g$^{al}$, command$^t$ temporaire au Beausset. — XXIV, 496.
Perrin (Athanase Et.), lieut. de chasseurs. — XVIII, 122. — XXII, 503.
Perrin, cap$^e$. — XXII, 614.
Perrin, armurier. — XVIII, 724.
Perrin, aide de camp du g$^{al}$ Avril. — XIX, 230. — XXI, 401. — XXII, 246.
Perrin (Ch.), élève à l'École de Metz. — XIX, 119.
Perrochaux, détenu. — XXIII, 157.
Perrol, ordonnateur. — XXIV, 438.
Perron, cap$^e$ de gendarmerie à Tarbes. — XX, 44.
Perros (J. L.), matelot gabier de Morlaix. — XXVIII, 528.
Perrot, maître des forges de Gueugnon et Perrecy. — XXII, 611.
Perrot, de Charenton. — XIX, 635.
*Perseigne* (Forêt de). — XXIV, 705.
*Perthois* (Région du). — XIX, 725.
Perthuis, commis à l'hôpital d'Angély-Boutonne. — XXV, 276.
*Pertuis* (Le) [H-L.). — XXVIII, 540.
*Pertre* (Forêt du) [I-et-V.]. — XXIV, 193.
*Pescador* (Plaine de) [Espagne]. — XXIV, 392.
*Pesmes* (Forges de) [H$^{te}$-Saône]. — XXIV, 380.
Pérusset, off. d'artillerie. — XXII, 534, 778.

*Peruwelz* (Belgique). — XXVII, 297. — XXVIII, 157, 251, 252.
Pescard, des Ardennes. — XXVIII, 63.
Pessonneux, commissaire des Guerres. — XXVI, 88.
Pestiaux, accusateur public à Chauvin-Dragon. — XXII, 388.
Peteil, secrétaire-greffier à Étampes. — XXI, 403.
*Peter*, navire capturé. — XXII, 267.
Peters (Edme), matelot danois. — XXV, 326.
Peters, fabricant d'acide sulfurique. — XIX, 63. — XX, 365.
Peters Schroder, cap$^e$ danois. — XIX, 257.
*Petersfield* (Angleterre). — XXII, 181.
Petetin, inspecteur. — XIX, 591. — XX, 296.
Pétiaux, préposé des douanes à Nord-Libre. — XXVIII, 165.
Petiet, commissaire ordonnateur. — XXI, 650, 679. — XXII, 107, 159, 379, 670, 746. — XXIV, 40, 318, 366. — XXV, 470.
Pétigny, maire de Versailles. — XIX, 51.
Pétigny, commissaire des Guerres à Orléans, puis à Paris. — XXVIII, 299.
Petion, repr. — XVIII, 762. — XXV, 565. — XXVI, 205.
Petit, chef de b$^{on}$. — XXV, 469, 735.
Petit (Éloi), cap$^e$. — XXV, 639.
Petit, relieur. — XXVI, 83.
Petit, command$^t$. — XVIII, 368.
Petit, agent des Étapes. — XIX, 322.
Petit, serrurier. — XXII, 210.
Petit, commissaire. — XXIII, 8.
Petit, négociant à Paris. — XVIII, 93.
Petit, maître de forges à Premery. — XXI, 619.
Petit, maître de la poste aux chevaux de Reims. — XXIV, 203.
Petit (Thibault), caporal. — XXVII, 105.
Petit, secrétaire du C. de S. P. — XXVIII, 657.
Petit (A. H.), employé au distr. de Rochefort (C-I). — XXVIII, 610.
Petit, Cambronne et C$^{ie}$, négociants à S$^t$-Quentin. — XXVIII, 464.
Petit (Cl. André), lieut. de vaisseau. — XVIII, 489. — XX, 630.
Petit-Brunel, enseigne de vaisseau. — XX, 630.
*Petit-Bicêtre* (Le) [S-et-O]. — XXI, 456.
Petit-Cuenot, lieut. — XX, 689.
*Petit Gibraltar* (Rocher du). — XXVIII, 73.
*Petit-Luxembourg*, à Paris. — XVIII, 159.
*Petit-Parc* (Le), à S$^t$-Germain-en-Laye. — XVIII, 620.
*Petit-Quevilly* (S-I). — XXIII, 572. — XXIV, 467, 468.
Petitguillaume, g$^{al}$ de division. — XVIII, 557, 693. — XXVI, 433, 722.
Petitjean, des Ardennes. — XXVIII, 63.
Petitpréz, off. de police militaire. — XXV, 574.
*Petits-Augustins* (Maison des), à Paris. — XVIII, 329, 708.
*Petits-Pères* (Atelier des), à Paris. — XIX, 119.
Petraccio et C$^{ie}$, fournisseurs. — XXV, 20.
*Petronilla Cornelia*, navire hollandais. — XXIV, 365.
*Petrus*, navire danois. — XIX, 618.
Peuchet, employé à la poste aux lettres d'Épernon. — XXI, 258.
Peullemeule, adjoint du command$^t$ de Boulogne. — XVIII, 579.
*Peuple Souverain*, navire français. — XXII, 765. — XXV, 268.

PEUX, boucher à Lusignan. — XXVI, 341.
PEYLHOU, aide-pharmacien à Toulon. — XXV, 409.
PEYRARD (F.), bibliothécaire de l'École centrale. — XXIII, 40, 274.
PEYRE, g$^{al}$ de brigade. — XVIII, 20. — XXVIII, 688.
PEYRE, cap$^e$ du génie. — XXII, 564.
PEYRE, repr. — XXIII, 453. — XXIV, 614, 796. — XXV, 386, 572, 675, 687, 711, 759, 760. — XXVI, 80, 81, 175, 192, 193, 194, 227, 254, 284, 301, 352, 362, 497, 531, 532, 555, 566, 571, 587, 615, 617, 619, 636, 652, 657, 677, 679, 696, 704, 717, 724, 768, — XXVII, 2, 22, 23, 24, 36, 108, 128, 200, 222, 223, 259, 324, 356, 386, 388, 402, 415, 427, 465, 468, 473, 484, 535, 648, 649. — XXVIII, 110, 143 à 145, 174, 233, 363, 504, 505, 656.
PEYREDIEU, ex-adjud$^t$ g$^{al}$. — XXI, 401.
PEYROLLE, cap$^e$. — XXIII, 401.
PEYRON, g$^{al}$ de brigade. — XXIV, 392. — XXVI, 474.
PEYRON, agent chef à La Calle. — XX, 270.
PEYRUSSE (Louis), payeur g$^{al}$ de la Marine à Toulon. — XXVIII, 345.
PEYSE, chargé de l'expédition des approvisionn$^{ts}$ pour Paris. — XXVIII, 538.
PEYSSARD, repr. — XXIII, 404.
PEYTES MONCABRIER (Fr. Henri), lieut. de vaisseau. — XXI, 332.
PÉZÉ, quincaillier. — XXI, 619.
Pézenas (Hérault). — XXI, 19.
Pfastatt (H·R). — XXII, 565.
PFEIFFER, inspecteur. — XVIII, 471.
PFEIFFER, volontaire. — XXI, 755.
PFLIEGER, repr. — XX, 274, 793. — XXVII, 204.
PFLIEGER fils. — XX, 459.
Phalsbourg (Moselle). — XVIII, 318, 525. — XXIV, 472, 811. — XXV, 172.
Pharmaciens. — XXV, 6, 376, 491, 588. — XXVI, 116, 600. — XXVII, 54, 123. Voir Hôpitaux; Officiers de santé.
PHELIPEAU (René), cap$^e$ du génie. — XXI, 815. — XXV, 351.
PHÉLIPEAU (J. L. René), sous-lieut. — XXI, 815.
PHÉLIPPON, fabricant de tabac au Gros-Caillou. — XXI, 434.
PHÉLIPS, cap$^e$ de la Polly. — XXV, 98.
Philadelphie (U.S.A.). — XVIII, 254, 508. — XX, 434. — XXIV, 778. — XXV, 171, 737.
PHILIBERT, chef de l'administration de l'île de la Réunion. — XXII, 340.
PHILIPPE, de Nancy. — XX, 274.
PHILIPPE-DELLEVILLE, repr. — XXIII, 376, 453. — XXVII, 583. — XXVIII, 503.
Philippeville (Belgique). — XVIII, 105. — XXII, 9. Voir Vedette-Républicaine.
Philippine (Belgique). — XIX, 44. — XX, 627. — XXIV, 736.
PHILIPPOT, off. — XXVII, 618.
Philipps, navire. — XXV, 337.
Philippsbourg (Moselle). — XX, 561. — XXVII, 405. — XXVIII, 625.
Philipshalle (Saline de) [Allemagne]. — XVIII, 471.
PHIPPS, cap$^e$. — XX, 608.
Phocéen, navire danois. — XXI, 178.
Phocéens (B$^{on}$ des). — XX, 262.
PIA, pharmacien. — XXIII, 549.
PIANELLY, cap$^e$. — XX, 282, 283. — XXVI, 175, 587.

Piards (Les) [Jura]. — XIX, 156.
Piastres. — XXVII, 192, 656.
PIAT, de S$^t$-Dizier. — XXV, 70.
PICARD, adjud$^t$ g$^{al}$, chef de brigade. — XVIII, 90.
PICARD, lieut. — XXI, 811.
PICARD. — XXVII, 204.
Picardie (Canal de). — XXV, 39.
PICHANCOURT, aide de camp. — XVIII, 550.
PICHART (Jean), de Vienne (Isère). — XXI, 338.
PICHEGRU, g$^{al}$ en chef. — XVIII, 94, 685. — XIX, 207, 262, 286, 338, 366, 415, 416, 516, 517, 542, 740, — XX, 45, 174, 186, 355, 418, 466, 556, 621, 674, 761. — XXI, 105, 108, 163, 164, 165, 205, 239, 267, 282, 317, 320, 379, 387, 429, 437, 463, 491, 515, 519, 568, 621, 634, 648, 764, 766, 820. — XXII, 88, 261, 343, 349, 787. — XXIII, 51, 167, 235, 248, 284, 385, 386, 408, 531, 689, 825. — XXIV, 145, 494, 571, 630, 673, 702. — XXV, 121, 608, 726. — XXVI, 240, 265, 378, 551, 709, 761. — XXVII, 87, 154, 157, 182, 351, 404, 407, 447, 459, 494, 599, 611, 626, 640, 657, 658, 675. — XXVIII, 16, 17, 19, 58, 93, 109, 115, 116, 120, 121, 129, 170, 171, 181, 184, 185, 203, 221, 309, 407, 493, 568, 599, 602, 624 à 628, 637, 651, 679.
PICHON, 2$^e$ médecin-chef à Brest. — XVIII, 710.
PICHON (Jacques). — XIX, 246.
PICHON, instituteur à Boulogne-sur-Mer. — XXV, 455.
PICHOT, sous-lieut. — XXVIII, 578.
PICOLET, cap$^e$ de gendarmerie. — XX, 617.
PICONNET, chef du dépôt des transports militaires à Rouen. — XXII, 676. — XXIII, 101.
PICOT DE BAZUS (Ét.-Guillaume), g$^{al}$. — XIX, 172. — XXIII, 738. — XXIV, 40, 178, 216, 248. — XXVIII, 485.
PICOTEAU, sous-direct$^r$ de l'arsenal de Rennes. — XXI, 749. — XXV, 199. — XXVI, 7.
Picoteux, bateau. — XXVI, 205.
PICQ (P.). — XXVI, 156.
PICQUÉ (J. P.), repr. — XX, 797. — XXI, 318, 447.
PICQUET, commissaire. — XVIII, 18, 43.
PICQUET, cap$^e$. — XVIII, 144.
Picquigny (Somme). — XXII, 532.
PICQUOT, manufacturier à Bar-sur-Ornain. — XIX, 548.
PICQUOT aîné, négociant à Honfleur. — XXVI, 510.
Pictin (Morbihan). — XXIV, 751.
PIECHAMBEL, commissaire des Guerres. — XIX, 498.
PIED-DE-FER, m$^{al}$ des logis. — XVIII, 217.
Piémont. — XVIII, 499. — XIX, 171. — XX, 682. — XXI, 310, 311, 718. — XXIV, 758. — XXV, 180. — XXVI, 488, 582. — XXVII, 166. — XXVIII, 144, 234, 331.
Piémontais. — XXI, 152, 245. — XXIII, 280, 399, 559, 658. — XXIV, 759, 783, 784, 799, 815. — XXV, 319, 329, 502, 564. — XXVI, 535, 569, 572, 616, 626. — XXVII, 48.
Piéra (Hospice de la) [Italie]. — XXII, 775.
PIERCY (Richard), command$^t$ le Hound. — XXII, 652.
PIERDHOUY, cap$^e$ de cavalerie. — XX, 408, 522.
PIERPONT, négociant américain. — XXI, 113.
PIERQUIN, patriote persécuté. — XXV, 444.
PIERRE, secrétaire g$^{al}$ du C. de S. P. — XIX, 376, 427. — XXII, 357. — XXIV, 497. — XXVI, 680.
PIERRE, g$^{al}$. — XVIII, 122. — XIX, 636. — XXI, 147.

PIERRE (J. B.), commissaire des Guerres. — XXII, 504.
PIERRE (Jos.), commissaire des Guerres. — XXII, 504. — XXVI, 88. — XXVII, 543. — XXVIII, 446, 647.
PIERRE (Michel), volontaire blessé. — XX, 746.
PIERRE (Jacques), voiturier. — XVIII, 521, 522.
*Pierre-Levée* (Camp de). — XVIII, 292, 665.
*Pierrefitte* (Seine). — XXII, 365, 507. — XXIV, 734.
*Pierrepont* (M-et-M). — XXVIII, 578.
PIERRET (Nicolas Joseph), repr. — XVIII, 682, 683. — XIX, 268, 557. — XX, 48, 49, 253, 601, 602, 759. — XXII, 561. — XXVII, 25.
*Pierreville* (Mines de plomb de) [Manche]. — XVIII, 534.
PIERRON, garçon de bureau du C. de S. P. — XVIII, 300, 806. — XIX, 609. — XX, 453. — XXV, 585. — XXVI, 533. — XXVII, 474, 501.
PIERRON, g$^{al}$ de brigade. — XXII, 242.
PIET, chirurgien. — XXIV, 499.
PIÉTOIE, du distr$^t$ d'Évreux. — XX, 203.
PIETSCH, prisonnier autrichien. — XXII, 540.
PIETTE, fils du repr. — XXVIII, 506.
PIFFRE (Ch. Germain), serrurier à l'École centrale. — XVIII, 328. — XIX, 494.
PIGALLE, agent des Étapes. — XIX, 322.
PIGAULT, commissaire des Guerres. — XXVII, 419.
PIGEON, agent maritime. — XVIII, 400, 802.
PIGEON, off. invalide. — XXIV, 811, 812. — XXV, 172.
PIGEONNEAU, cap$^e$. — XXIII, 629.
PIGNON, aîné, employé au contrôle de la marine, à Toulon. — XXVIII, 489.
PIJON, g$^{al}$. — XXIII, 829.
PIKE, prisonnier de guerre. — XXIII, 661.
PILASTRE, repr. démissionnaire. — XX, 464.
PILER (Auguste), volontaire polonais. — XXIII, 125.
*Pillage*. *Pillards*. — XVIII, 340, 665. — XXV, 119, 121, 147, 178, 252, 253, 260, 291, 295, 303, 328, 335, 354, 362, 435, 436, 481, 489, 499, 500, 558, 626, 671. — XXVI, 48, 125, 162, 213, 248, 253, 292, 302, 359, 364, 410, 430, 463, 524, 552, 765. — XXVII, 151, 203, 208, 242, 249, 254, 259, 297, 332, 352, 383, 423, 448, 455, 458, 469, 491, 494, 644, 651.
*Pilgrin*, navire. — XXIII, 254, 324, 343, 644, 752. — XXIV, 108.
PILLARD, employé de la Trésorerie. — XXVIII, 518.
PILLE, commissaire des Guerres. — XVIII, 556. — XX, 393. — XXI, 249, 299. — XXII, 612. — XXIII, 63, 379, 543. — XXIV, 278, 279, 770. — XXV, 290, 485, 653. — XXVI, 223, 607. — XXVII, 3, 335, 363, 377.
PILLEMANS, négociant à Bruxelles. — XVIII, 385.
PILLERAULT, lieut. de gendarmerie. — XVIII, 664.
PILLET, garde d'artillerie à La Fère. — XXI, 247.
PILLET DE COUDRAIL, commissaire. — XXVIII, 162.
PILLON, concessionnaire d'une ardoisière. — XXV, 33.
PILLON, fournisseur de chanvre. — XX, 689.
PILOT. — XXI, 672.
*Pilote de Terre-Neuve*, ouvrage avec cartes. — XX, 608.
*Pin* (Haras du) [Orne]. — XXV, 244.
PINARD, manufacturier à Issoudun. — XI, 119.
PINCHART, maire de Reims. — XXII, 202.
PINCHON, gendarme maritime. — XXI, 402.

PINET, ouvrier salpêtrier. — XXVIII, 700.
PINET, g$^{al}$ de brigade. — XVIII, 377, 378. — XXII, 554, 821. — XXIV, 420. — XXV, 383.
PINET, repr. — XVIII, 102, 655. — XIX, 59, 188, — XX, 223. — XXI, 6. — XXII, 554, 821. — XXIII, 213. — XXIV, 83, 84, 459, 597. — XXV, 107, — XXVI, 330. — XXVII, 360. — XXVIII, 83.
PINOIS (P.), sergent-major à la 199$^e$ demi-brigade. — XXVIII, 675.
PINON, g$^{al}$ de brigade. — XX, 318. — XXVI, 602.
PINSON, off. de santé. — XIX, 149.
PINSON. — XXV, 593.
PINSON. — XXV, 388.
PINSOT, secrétaire de légation près de la Républ. batave. ⤳ XXIV, 483, 768, 793. — XXV, 23. — XXVI, 548. — XXVII, 17.
PINTEVIN, adjudicataire de sucre. — XXIV, 584.
PIOCHE, fabricant à Urcel. — XX, 707.
PIOGÉ, ex-command$^t$ du château de Ham. — XXVIII, 596.
PIORETTE, inspecteur g$^{al}$ provisoire du magasin de Trainel. — XXVII, 275. — XXI, 611.
PIOU ou PION, préposé de la place de Pontarlier. — XIX, 514. — XX, 584.
PIPI, chef chouan. — XXV, 84.
PIQUET, lieut. — XX, 245.
*Piriac* (L-I). — XXV, 396.
PITRA, agent g$^{al}$ de la navigation de l'intérieur. — XXVII, 96.
PIRIO (Florimond), chef de brigands. — XIX, 504, 507, 544.
*Pirmasens* (Otages de) [Allemagne]. — XVIII, 611. — XIX, 243.
PISTON, g$^{al}$. — XXII, 801. — XXIII, 599.
*Pithiviers* (Loiret). — XX, 146, 612. — XXI, 122, 811. — XXII, 213, 214, 426, 525. — XXIII, 450. — XXV, 458.
PITRA, agent des approvisionn$^{ts}$ de Paris. — XXII, 493, 641. — XXV, 612 n.
*Pitres* (Eure). — XIX, 686.
PITT, ministre anglais. — XVIII, 99, 460, 461. — XIX, 37, 716, — XX, 156. — XXI, 420, 526. — XXII, 256. — XXIII, 485, 677, 696. — XXV, 475, 476. — XXVIII, 91, 632.
*Plabennec* (Finistère). — XXI, 250.
PLACEMONT, émigré. — XXV, 239.
PLAICHARD, adjud$^t$ g$^{al}$. — XIX, 481. — XXIV, 97.
PLAICHARD, repr. — XIX, 247, 645.
PLAIDEUX g$^{al}$. — XXVII, 56.
*Plailly* (Canton de) [Oise]. — XXVII, 325.
PLAINE, graveur. — XIX, 611.
PLANCHE, sous-chef du Bureau de commerce. — XX, 789.
*Planches* et billons. — XXV, 455. — XXVI, 561. — XXVII, 27. Voir *Assignats; Monnaies*.
PLANÇON, requis. — XVIII, 556.
PLANQUES, cap$^e$. — XXII, 654.
PLANTY, garde d'artillerie. — XXV, 186.
*Plasnes* (Eure). — XXI, 254.
PLASSIN, cap$^e$ de la *Suzette*. — XXVIII, 243.
*Platinerie* (Fonderie de la). — XXI, 328.
PLAUZOLLES, employé à l'hôpital militaire de Belviannes. — XXVIII, 354.
PLAY. — XIX, 493.
PLAYDEAU, command$^t$ la place de Ham. — XXV, 252.
PLAZANET (Fr.), frère du repr. — XVIII, 253.

PLAZANET, lieut. d'aérostiers. — XXII, 333.
*Pléau* (Mine de La) [Corrèze]. — XXVI, 480.
*Plédéliac* (C-du-N). — XVIII, 776, 777.
PLEINVAL-DALINCOURT, enseigne. — XX, 748.
*Plélan* (C-du-N). — XVIII, 447. — XIX, 504. — XXV, 395.
*Plescop* (Morbihan). — XIX, 625.
PLESSIER, propriétaire du moulin de la Fosse. — XXIII, 276.
*Plessis-la-Lande* (S-et-O), dépôt de chevaux. — XVIII, 301. — XXII, 332. — XXIII, 130. — XXVII, 298. — XXVIII, 699.
*Plessis* (Maison d'arrêt du), à Paris. — XXIII, 157.
*Plessis-lès-Tours* (Le) [I-et-L]. — XIX, 332.
*Plessis* (Mines de). — XX, 61.
*Plessis-Meriot* (Bois du) [Marne]. — XXVIII, 572.
PLET (Pierre Gabriel), musicien au Théâtre des Arts. — XXIII, 920.
PLET-BEAUPREY, repr. — XXVII, 79, 129, 255, 262, 279, 284, 288, 329, 377, 400, 432, 490, 520. — XXVIII, 297, 298, 523.
PLETAIN, cap$^e$ de dragons. — XXVI, 88.
PLETTENBERG (De), prisonnier hollandais. — XXIII, 160.
*Pleugriffet* (Morbihan). — XIX, 127.
PLEUTOCT, lieut.-colonel, prisonnier échangé. — XXVII, 267.
PLÉVILLE LE PELLEY, cap$^e$ de vaisseau. — XIX, 140.
PLÉVILLE, agent de la Républ. à Tunis. — XXVIII, 244.
PLICHON, employé chez les frères Périer. — XXIV, 540.
*Plobsheim* (B-R). — XX, 585.
*Ploëmel*, près Carnac (Morbihan). — XXVII, 521.
*Ploërmel* (Morbihan). — XVIII, 659. — XIX, 503, 504, 544, 585, 622, 626, 716, 718. — XXII, 17, 817. — XXIII, 470. — XXV, 581. — XXVI, 517. — XXVII, 521, 522, 662. — XXVIII, 531.
PLOICHARD, adj$^{dt}$ g$^{al}$. — XXIV, 764.
PLOMB, fabricant de havresacs. — XIX, 281.
*Plomb*. — XVIII, 10, 251, 277, 288, 289, 357, 471, 518, 574. — XIX, 563. — XXI, 714. — XXII, 3. — XXIII, 447. — XXV, 362, 363, 437, 541. — XXVI, 364, 579. — XXVII, 118, 392.
PLOQUE, pharmacien. — XXII, 71.
PLOS, ci-dev$^t$ cap$^e$, réintégré. — XXVII, 346.
*Plouay* (Morbihan). — XIX, 583. — XX, 282.
PLOYER, agent du C. de S. G. — XXI, 152.
PLUCHARLE, préposé des douanes à Nord-Libre. — XXVIII, 165.
*Plumelec* (Morbihan). — XIX, 717.
PLUMELIAU (Louis de), dit le g$^{al}$ Salomon. — XX, 282, 284.
*Pluton*, navire. — XXII, 765.
*Pluvigner* (Morbihan). — XX, 283. — XXV, 147.
PLUVINEL, élève à l'École centrale. — XVIII, 328, 676.
POCHOLLE, repr. — XVIII, 75, 381. — XXI, 218, 471. — XXII, 62. — XXIII, 85, 206. — XXIV, 441.
POCHOLLE, adjud$^t$ g$^{al}$. — XVIII, 400.
POCHON, fournisseur de vins pour Lille. — XIX, 380. — XX, 364.
POËTRE (V$^{ve}$), cultivatrice à Courtonne-la-Ville (Calvados). — XXVII, 5.
POHLS (Daniel Vincent), négociant. — XXI, 178.
*Poids* et Mesures (Fabrication des). — XXVII, 118.

*Poilly* (Yonne). — XXIII, 575.
POILROU (Ch.). — XVIII, 240.
POILROUX, off. de santé. — XXIII, 776.
POINÇOT, trésorier de la Commission des salpêtres. — XXIII, 773.
POINT, de l'A. des Pyr. Orient. — XXII, 530.
POINT, fournisseur aux armées. — XXII, 742.
*Pointe* (Batterie de la) [Morbihan]. — XXIV, 201.
POINTE (Noël), repr. — XVIII, 626, 772. — XX, 20, 329, 410, 411, 611, 700, 745. — XXI, 44, 216, 419, 583, 584, 606. — XXII, 20, 81, 400, 464, 588, — XXIII, 623.
POINTEUR (Bernard), gendarme. — XVIII, 362.
POINTURIER, direct$^r$ de l'hôpital de Verdun. — XVIII, 72.
POIREL, père, vice-consul à Cadix. — XXVIII, 150.
POIREL fils, chancelier du consulat de France à Cadix. — XXVIII, 150.
POIRIER, cap$^e$. — XXIII, 189.
POIROT, maître de forges. — XIX, 230.
POISONNEAU, du 14$^e$ rég$^t$ d'infanterie. — XX, 587.
POISSON (J.), repr. — XXVI, 646.
POISSON, ex-instructeur de l'École de Mars. — XXV, 11.
POISSON, commis. — XVIII, 318.
POISSON, inspecteur des salines de Cette. — XXII, 10.
*Poisson* (Forge de) [Nièvre]. — XVIII, 681. — XIX, 382.
POISSON, ex-employé au Bureau de correspondance. — XXVIII, 410.
POISSONNIER, directeur des transports militaires. — XXI, 511, 633.
POISSONNIER-DESPERRIÈRES, g$^{al}$. — XVIII, 579.
*Poissy* (S-et-O). — XIX, 62. — XXI, 122, 403. — XXII, 452. — XXIII, 774. — XXV, 242.
POITEVIN, dragon. — XVIII, 449.
*Poitiers* (Vienne). — XVIII, 101, 174, 292, 322. — XIX, 436, 449, 498. — XX, 241. — XXII, 110. — XXIV, 153, 302, 375, 418, 523, 627, 628, 703, 720, 776, 825. — XXVII, 120.
*Poitou* (Émigrés du). — XXVII, 595.
*Poitou* (Sénéchaussée du). — XVIII, 477. — XX, 378. — XXIII, 307. — XXVIII, 179.
POITOU, cap$^e$. — XXVII, 618.
*Poix* (Somme). — XXII, 532.
POLI (Jacques), cap$^e$. — XXIII, 241.
*Police*. — XXV, 200, 245, 515, 601. — XXVI, 338, 395, 403, 521, 600, 723. — XXVII, 310, 386. Voir *Légion de...; Troubles*.
POLIGNAC, ex-adjud$^t$ g$^{al}$. — XXVIII, 577.
*Poligny* (Jura). — XX, 438, 754.
POLLÈGNE (Pierre), négociant à Marseille. — XXVII, 149.
POLLET (Fr.), lieut. des canonniers de la Somme. — XXIII, 482.
POLLIER, d'Avignon. — XX, 291, 470.
*Polly*, navire américain. — XIX, 656. — XXII, 425. — XXV, 98. — XXVII, 175.
*Pologne, Polonais*. — XVIII, 286. — XIX, 739. — XXIII, 20, 125. — XXVI, 549.
*Pologne-Cavalerie* (Rég$^t$ de). — XXVI, 225.
POLONY, lieut de vaisseau. — XVIII, 312, 313. — XXIII, 329, 330, 331.
POLVEREL, commissaire à S$^t$-Domingue. — XXII, 123. — XXIII, 681. — XXVI, 540.

POLVEREL, aide de camp du g$^{al}$ Sahuguet. — XXIV, 370, 665.
POLY, fournisseur de viandes à Béthune. — XX, 366.
POMET, ingénieur en chef du 1$^{er}$ arrond$^{t}$ forestier. — XXVIII, 32.
*Pomeuse* (Maison). — XVIII, 798. — XIX, 532.
POMEY, command$^{t}$ à Bapaume. — XIX, 750.
POMME, repr. — XVIII, 91, 231. — XIX, 125. — XX, 53, 368, 379, 577, 741. — XXI, 40, 120, 384, 577, 578. — XXII, 165, 417, 629. — XXIII, 382. — XXVI, 714.
*Pommeraye* (La) [?]. — XXI, 136.
POMMEREAU, de Bourges. — XX, 173.
*Pommes de terre*. — XIX, 70. — XX, 484. — XXII, 442, 467. — XXIII, 93.
POMMIAU, commis à l'hôpital de Bagnères-de-Luchon. — XIX, 359.
POMMIER, cap$^{e}$ d'artillerie à Sisteron. — XX, 44, 615.
*Pomone*, frégate. — XXII, 509, 565.
*Pompée*, navire. — XXII, 70.
POMPON (V$^{ve}$). — XXII, 66.
*Ponant* (Ports du). — XXII, 368, 369. — XXIII, 498.
PONCELET BAUNET, fabricant d'armes à Sedan. — XIX, 433.
PONCELIN, d'Eure-et-Loir. — XXVIII, 455, 456.
PONCET, g$^{al}$ de division. — XXI, 77.
PONCET, négociant à Paris. — XXVIII, 193.
PONCET. — XVIII, 276.
PONCET, agent des Fourrages. — XIX, 322.
PONCET, adjoint à l'adjud$^{t}$ g$^{al}$ Chénier. — XX, 737.
PONCET-LANGE, transporteur pour l'approvision$^{t}$ de Paris. — XXII, 803.
PONCY, sous-chef de division. — XXIV, 821.
*Pondichéry* (Inde). — XXVI, 511. — XVXII, 421.
PONS, de Verdun, repr. — XIX, 337.
PONS (Mathias), commissaire hollandais. — XXIII, 62, 662.
*Pons* (C-I). — XIX, 325. — XX, 267. — XXII, 287.
PONSONAILLE, sous-lieut. — XVIII, 292.
*Ponsonnac* (Tarn). — XVIII, 795.
PONT (Pierre), négociant. — XXIV, 277.
*Pont-à-Mousson* (M-et-M). — XIX, 188, 729. — XX, 240, 334. — XXI, 509. — XXII, 742.
*Pont-l'Abbé* (Finistère). — XXI, 612.
*Pont-de-l'Arche* (Eure). — XVIII, 85, 86, 302. — XIX, 686. — XX, 646 647, 675, 772. — XXIII, 693, — XXV, 294.
*Pont-Audemer* (Eure). — XIX, 394, 491, 492. — XX, 92, 169, 200, 705, 772. — XXII, 815. — XXIII, 171, 464. — XXIV, 95. — XXV, 612. — XXVI, 110. — XXVII, 112. — XXVIII, 348.
*Pont-Aven* (Finistère). — XXV, 510, 511, 513.
*Pont-Barré* (M-et-L) [?]. — XVIII, 101. — XXI, 409.
*Pont-de-Buis* (Finistère). — XX, 754. — XXIV, 515, 625. — XXV, 85. — XXVI, 37. — XXVII, 227.
*Pont-Chalier* (Calvados). — XIX, 46, 491, 492. — Voir *Pont-l'Évêque*.
*Pont-Château* (L-I). — XXV, 396.
*Pont-Croix* (Finistère). — XVIII, 527. — XXI, 599.
*Pont-L'Évêque* (Eure). — XIX, 394, 547. — XX, 92, 538, 705. — XXII, 129, 263. — XXIV, 329. — XXV, 144, 578, 669, 677. — XXVIII, 348.
*Pont-Jame* (L-I). — XXVI, 164.
*Pont-Kalleck* (Forêt de) [*Morbihan*]. — XXV, 512.

*Pont-Maxence*, ci-dev$^{t}$ Pont-Sainte-Maxence (Oise). — XIX, 355. — XXVI, 643. — XXVII, 325. — XXVIII, 43.
*Pont-Morand*, à Lyon. — XXVI, 674.
*Pont-Neuf*, à Paris. — XXI, 210.
*Pont-sur-Rhône*, ci-dev$^{t}$ Pont-Saint-Esprit (Gard). — XVIII, 419, 767. — XIX, 172, 259, 703, 725, 726. — XX, 91, 544, 563. — XXIII, 543, 664. — XXVIII, 227, 232.
*Pont-Rouge*, sur la Lys. — XXIII, 604.
*Pont-Rousseau* (Poste du), à Nantes. — XXV, 747.
*Pont-Saint-Maur* (Seine). — XXI, 681. — XXV, 404 n.
*Pont-Saint-Ours* (Nièvre). — XXIII, 482.
*Pont-Scorff* (Morbihan). — XX, 282.
*Pont-sur-Seine* (Aube). — XIX, 744. — XXII, 399, 710. — XXIV, 60.
*Pont-de-Vaux* (Ain). — XVIII, 388, 389 (fonderie). — XX, 61, 411, 611, 700. — XXI, 42, 43, 44, 216, 808. — XXII, 30, 81, 400, 463, 779. — XXIII, 801.
PONTA, off. — XXIII, 401.
PONTARLIER, adjoint de l'adjud$^{t}$ g$^{al}$ Liebault. — XXVI, 259.
*Pontarlier* (Doubs). — XVIII, 152, 339, 691, 692. — XIX, 375, 477, 514, 545, 546, 562, 595, 648, 649, 702, 743. — XX, 585. — XXIII, 446, 729. — XXVIII, 494.
PONTEVÈS (Auguste Léon), cap$^{e}$ de vaisseau. — XXII, 184.
*Pontivy* (Morbihan). — XVIII, 435, 459. — XIX, 56, 400, 543, 625, 718, 757, 758. — XX, 190, 191, 250, 288. — XXII, 707. — XXIII, 172. — XXIV, 79, 750, 809.
*Pontlevoy* (Collège de) [L-et-C]. — XXIII, 415.
*Pontoise* (S-et-O). — XVIII, 290, 620, 699, 700, 735, 809. — XIX, 111, 324, 404, 632, 746, 761. — XX, 40, 145. — XXI, 343, 344, 556, 643, 703, 803. — XXII, 180, 386, 452, 471, 493. — XXIII, 253, 276. — XXIV, 357, 384. — XXV, 404, 468, 484, 632, 633. — XXVI, 295. — XXVII, 113. — XXVIII, 24, 43, 101, 479.
*Pontorson* (Manche). — XXII, 763. — XXVII, 456.
*Pontrieux* (C-du-N). — XIX, 583. — XX, 626. — XXI, 82. — XXII, 54, — XXVII, 653.
*Pontanezen* (Finistère). — XXVII, 265.
*Ponts. Pontons. Pontonniers*. — XXV, 78, 104, 189, 224, 225, 226, 228, 284, 359, 388, 449, 505, 531, 534, 584, 585, 592, 695, 744, 745. — XXVI, 127, 245, 623, 634, 665, 667, 697. — XXVII, 120, 277, 496, 529, 615. Voir *Armées; Génie; Rhin*.
*Ponts-de-Cé* (M-et-L). — XVIII, 100, 284. — XXI, 297. — XVXI, 642.
PONTUS, cultivateur à Drancy. — XXV, 728.
*Population*. — XXVII, 70. Voir *France*.
POQUETON, auteur de la *Métrologie*. — XVIII, 241.
*Porchefontaine* (S-et-O). — XXII, 295.
PORCHER (Gilles Ch.), repr. — XVIII, 270. — XIX, 32, 33, 192, 628, 752, 779. — XX, 110, 347, 707, 771. — XXI, 80, 159, 179, 288, 289, 471, 493, 536. 561, 811. — XXII, 62, 472. — XXIII, 376, 742. — XXIV, 301, 330, 415, 467, 485, 489, 595, 587, 590, 591, 610, 614, 616, 657, 671, 747, 772. — XXV, 40, 84, 137, 144. 176, 221, 254, 337, 381, 432, 445, 471, 521, 533, 554, 578, 596, 623, 644, 649, 667, 669, 677 n., 680, 683, 703, 717, 728, — XXVI, 10, 18, 46, 65, 77, 91, 122, 128, 129, 154, 209, 214,

215, 262, 265, 266, 280, 320, 321, 349, 404, 447, 474, 600, 634, 551, 697, 712. — xxvii, 10, 18, 41, 78, 101, 126, 129, 187, 303, 321, 327, 328, 430, 484, 486, 507, 515, 573, 600, 628, 661, 671. — xxviii, 69, 197, 213, 273, 310, 315, 316, 336, 348, 398 à 400, 465, 565, 580, 587, 688.

PORCHER, chef d'escadron. — xxv, 519.

PORCHET, lieut. de chasseurs. — xix, 103.

PORCHET, enseigne de vaisseau. — xx, 630.

*Pornic* (L-I). — xxviii, 199.

*Portefeuille littéraire* (Le). — xxviii, 161.

*Porrentruy* (M$^t$ Terrible). — xviii, 72, 319. — xx, 629. — xxii, 434. — xxiii, 635. — xxiv, 659. — xxv, 26, 86. — xxvi, 540. — xxvii, 334, 338.

PORET, fournisseur aux armées. — xxi, 625.

*Porquerolles* (Île de). — xxv, 89, 567, 630.

*Porquevaux* (Forges de) [H-M]. — xix, 381.

PORSAL, brigadier de gendarmerie. — xxvi, 676.

PORSON, aide de camp. — xix, 636.

*Port* (Abbaye du) [Belgique]. — xxiv, 615.

*Port-Brieuc* (C-du-N). — xviii, 372, 404, 741, 777. — xix, 212, 213, 218, 219, 295, 314, 400, 401, 440, 464, 466, 467, 469, 583, 664. — xx, 80, 230. — xxi, 81, 82, 83, 130, 158, 178, 228, 679. Voir *Saint-Brieuc*.

*Port-Fidèle*, ci-dev$^t$ S$^t$-Gilles-Croix-de-Vie (Vendée). — xxv, 190. — xxvii, 37. — xxviii, 179.

*Port-au-France* (B$^{on}$ de). — xxii, 184.

*Port-Libre* (Maison de), à Paris. — xxviii, 353.

*Port-Louis* (Morbihan). — xviii, 364. — xix, 399, 573, 583, 584, 606. — xx, 192, 193, 437, 754. — xxi, 213. — xxiv, 749, 809. — xxv, 300. — xxvii, 525.

*Port-Malo* (I-et-V). — xviii, 90, 91, 107, 190, 218, 219, 263, 372, 462. — xix, 40, 121, 129, 175, 212, 213, 282, 295, 296, 314, 327, 371, 401, 402, 464, 470, 480, 691, 716, 717, 755, 756, 764, 765, 791. — xx, 23, 52, 164, 268, 377, 754. — xxi, 156, 436, 441, 442. — xxii, 130, 165, 237, 298, 340, 503, 629. — xxiii, 28, 308. — xxiv, 196, 331, 334, 514, 708, 773, 825. — xxv, 84, 322, 326, 336, 365, 548, 556, 582, 649. — xxvi, 73, 206, 238, 473. — xxvii, 353, 443. — xxviii, 436, 528. Voir *Saint-Malo*.

*Port-de-la-Montagne*, ci-dev$^t$ Toulon (Var). — xviii, 20, 37, 91, 96, 128, 135, 165, 214, 232, 244, 264, 269, 273, 281, 382, 400, 468, 476, 488, 499, 518, 527, 542, 543, 618, 619, 631, 640, 681, 684, 697, 698, 699, 747, 755, 783. — xix, 23, 73, 74, 163, 205, 303, 304, 319, 336, 339, 351, 353, 363, 391, 412, 426, 488, 500, 594, 639, 651, 722, 759, 774, 794, 795. — xx, 26, 83, 433, 434, 462, 463, 482, 505, 532, 533, 547, 682, 746, 749, 754, 768, 787, 788. — xxi, 42, 45, 90, 91, 109, 146, 149, 150, 151, 156, 158, 170, 171, 172, 205, 206, 207, 208, 209, 223, 258, 259, 260, 273, 333, 336, 337, 367, 368, 369, 391, 392, 393, 394, 395, 421, 436, 452, 474, 475, 476, 501, 584, 585, 608, 688, 698, 771, 815, 840. — xxii, 31, 32, 53, 66, 81, 97, 119, 120, 121, 143, 145, 146, 184, 192, 193, 208, 209, 210, 211, 232, 243, 264, 265, 291, 303, 328, 357, 385, 392, 404, 405, 406, 407, 438, 465, 520, 550, 556, 588, 590, 598, 599, 635, 637, 639, 648, 688, 756, 799, 808, 824, 825. — xxiii, 70, 183, 215, 216, 217, 264, 265, 266, 323, 339, 340, 395, 396, 397, 398, 418, 423, 424, 495, 541, 542, 545, 588, 589, 624, 625, 626, 634, 658, 659, 690, 695, 705, 709, 723, 730, 731, 732, 733, 764, 765, 767, 770, 795, 796, 824, 829. — xxiv, 16, 21, 34, 58, 59, 88, 89, 90, 100, 127, 128, 129, 145, 149, 150, 151, 165, 205, 208, 209, 233, 239, 245, 477, 712, 784, 785, 815. Voir *Toulon*.

*Port-Navalo* (Morbihan). — xxvi, 96. — xxvii, 525.

*Port-Saint-Père* (L-I). — xx, 196.

*Port-Solidor*, ci-dev$^t$ Saint-Servan (I-et-V). — xix, 282, 164. — xxv, 160.

*Port-de-la-Victoire*, ci-dev$^t$ Port-Vendres (P-O). — xviii, 107, 188. — xx, 78, — xxii, 64. — xxviii, 608.

PORTA, direct$^r$ de l'hôpital de Mèze. — xxiii, 549.

PORTAL et C$^{ie}$, de Bordeaux, armateurs. — xxii, 525.

PORTAL, chef d'émeutes du Midi. — xxiii, 398. — xxv, 91, 268.

PORTAL, adjud$^t$ g$^{al}$. — xxvi, 88.

*Porte ottomane* (La). — xviii, 787. — xix, 61. — xx, 655. — xxii, 74, 306. — xxiv, 404. — xxvi, 512.

PORTE, adjud$^t$ g$^{al}$. — xxv, 214.

PORTE (J. Gilles), adjud$^t$ g$^{al}$, chef de brigade. — xviii, 760.

PORTENAL (J.-B.), grenadier. — xix, 133.

PORTHEMANN, imprimeur. — xviii, 599. — xxvi, 469. — xxvii, 440.

PORTIER, instructeur à l'École de Mars. — xix, 597.

PORTIEZ, de l'Oise, repr. — xviii, 147, 202, 295, 410, 433. — xix, 70, 175, 207, 210, 485, 502, 603, 605. — xx, 181, 185, 187, 188, 352, 355, 358, 464, 592. — xxi, 76, 77, 114, 225, 228, 240, 291, 302, 316, 333, 362, 405, 465, 569, 730, 827. — xxii, 82, 156, 250. — xxvi, 157, 479. — xxviii, 636, 672, 673.

*Portillon* (Le) [Val d'Aran]. — xxiii, 704.

*Porto* (Vins de). — xxii, 320.

*Portofino* (Forteresse de). — xxv, 715.

*Ports de la Républ.* — xxv, 1, 52, 76, 77, 80, 145, 177, 198, 231, 278, 280, 285, 322, 323, 324, 326, 379, 424, 493, 517, 546, 729. — xxvi, 152, 206, 274, 286, 289, 319, 371, 423, 559, 698, 709, 711, 737. — xxvii, 51, 63, 123, 170, 263, 356, 374, 376, 398, 482, 543. — xxviii, 207, 210, 267, 276, 356, 482. Voir *Côtes; Marine; Navires*.

*Portsmouth* (Angleterre). — xx, 256. — xxiii, 311, 669. — xxvi, 671, 694. — xxvii, 176.

*Portugais*. — xviii, 222. — xx, 144, 292. — xxiii, 351. — xxiv, 145. — xxv, 738.

*Portugal*. — xix, 739. — xx, 721. — xxi, 144, 145, 187, 188, 189, 190, 233, 234, 235, 285, 335, 784. — xxii, 248, 259, 443, 534. — xxiii, 393.

*Poses* (Eure). — xxii, 805. — xxiii, 468, 469. — xxiv, 321. — xxv, 230.

*Possonnière* (La) [M-et-L]. — xviii, 298.

*Poste* aux lettres. — xxii, 524, 551, 786. — xxiii, 52. — xxiv, 203, 576, 611, 621, 656. — xxv, 113, 407, 713.

POSTEL, volontaire. — xxvii, 392.

*Postes* (Administration des) [Relais de]. — xxiii, 735, 774, 791. — xxiv, 28, 203, 341, 360, 630, 688. — xxv, 516.

*Postes et messageries*. — xviii, 675. — xxii, 262, 635. — xxiv, 35, 583, 611, 656. — xxv, 21, 111,

128, 152, 291, 407, 446, 516, 750. — xxvi, 13, 83, 138, 176, 235, 260, 270, 343, 375, 411, 523, 558, 648. — xxvii, 9, 90, 376, 389, 630, 648. — xxviii, 1, 41, 68, 236, 462, 515. Voir *Transports*.
Postes (Maîtres de). — xxii, 257, 262, 524, 553, 609, 635, 764, 770, 786. — xxiii, 2, 26, 27, 52, 71, 83, 187, 209, 218, 259, 376, 407, 524, 525, 735, 774, 791. — xxiv, 134, 203, 394, 435, 436, 448, 460, 527, 535, 633, 688, 805. — xxv, 86, 110, 203, 235, 238, 240, 355, 516, 556. — xxvi, 235, 558, 658, 707.
Postie, adjudicataire de sucre. — xxiv, 584.
*Postillon des armées* (Le). — xxviii, 161.
Potasse (Manufacture de). — xix, 274, 275, — xx, 63. — xxi, 20. — xxvi, 365.
Poteins (Louis-Philippe), lieut. de vaisseau. — xxi, 682.
Potel, chasseur. — xviii, 507, 549.
Poterat, fournisseur de cuivre. — xxi, 174.
Poterie, brigadier de hussards. — xxvi, 701.
Pothera. — xxvi, 725.
Pothier, agent de la sect<sup>n</sup> des vivres de terre. — xx, 331.
Pothonier (Octavius), off. aux Îles du Vent. — xix, 241.
Potier, dit Raynan, commissaire ordonnateur. — xviii, 50.
Potier, maître de poste de Launay et Vauxelles. — xxiii, 791. — xxiv, 134.
Potier, ex-prêtre. — xviii, 76.
Potier (Robert Bertrand), enseigne de vaisseau. — xix, 93.
Potonié, agent de l'habillement des troupes. — xviii, 520. — xix, 65, 66. — xxviii, 553.
Potter, fabricant de poterie à l'Isle-Adam. — xix, 635.
Pottin, d'Égalité-sur-Marne. — xxii, 126.
Poturel, cultivateur. — xxv, 591.
Potvin (V<sup>ve</sup>). — xix, 87.
Potzberg (S<sup>te</sup> des mines de) [Allemagne]. — xxiii, 505, 506.
Pouancé (M-et-L). — xxv, 746.
Pouchain, cap<sup>e</sup> des chasseurs. — xxi, 564.
Pouchel. — xix, 493. — xxiv, 735.
Poudre, de Grenoble, fournisseur. — xix, 171.
Poudres. Poudreries. — xviii, 471, 482. — xix, 101, 153, 710. — xx, 273, 334, 651, 754, 802. — xxi, 153, 642, 817. — xxii, 741. — xxiii, 276. — xxv, 39, 45, 64, 131, 136, 147, 155, 158, 164, 182, 209, 362, 424, 466, 551, 588, 614, 688, 730, 731. — xxvi, 113, 145, 175, 314, 315, 366, 369, 385, 442, 472, 505, 535, 577, 581, 640, 665, 685, 704, 728, 745. — xxvii, 214, 227, 396, 397, 479, 541, 651. — xxviii, 27, 28, 45, 90, 191, 324, 341, 481, 612, 614, 667, 668.
Poudroux, commis à l'hôpital de Brienne. — xxiii, 549.
Pouet, m<sup>d</sup> de bois. — xix, 271.
Pougens, traducteur. — xviii, 241.
Pouget (J. P), g<sup>al</sup>. — xviii, 348. — xxiii, 267. — xxv, 187.
Pougin, imprimeur. — xviii, 426.
Pouillot, commis, destitué. — xviii, 318.
Pouilly, cap<sup>e</sup> de gendarmerie. — xxiv, 403.
*Pouilly-sur-Loire* (Nièvre). — xxi, 817.
Poujol, négociant à Lyon. — xx, 534.

Poulain (Marie J.), f<sup>e</sup> du lieut. Fouché. — xxvii, 628.
Poulain, maître de forges à Boutancourt. — xxiii, 512.
Poulain, attaché au cabinet de minéralogie. — xviii, 276.
Poulain, maître de forges à Libreville. — xx, 569. — xxii, 9.
Poulain, cavalier. — xix, 30.
Poulain, repr. — xx, 252.
Poulain Cotte, d'Amiens. — xxi, 523, 563. — xxii, 533. — xxiii, 431.
Poulain. — xxiv, 657.
Poulard, négociant à Paris. — xx, 735, — xxi, 127.
Poularier, déporté de la Guadeloupe. — xix, 66.
Poulas, commis à la direction des voitures de la République. — xxvii, 590.
*Poulay* (Mayenne). — xxi, 195.
*Pouldu* (Baie du) [Finistère]. — xxiv, 808.
Poulet (Michel Fr.). — xix, 380, 529, 530, 610.
Poulet. — xxvii, 277.
Poulet (Simon), lieut.-col<sup>el</sup> espagnol, prisonnier. — xxv, 134.
Poulharic, déporté de la Guadeloupe. — xviii, 75.
*Pouliguen*, affréteur. — xxvi, 132.
Poullain-Grandprey (Jos. Clément), repr. — xxiii, 225, 430, 732, 766, 827. — xxiv, 33, 102, 123, 128, 250, 270, 284, 354, 439, 478, 509, 535, 614, 652, 675, 690, 726, 727, 755, 783, 814, 839, 840. — xxv, 57, 88, 139, 156, 178 n., 179, 203, 383, 444 n., 464, 516, 550, 564, 584, 585, 611, 654, 743, 752. — xxvi, 13, 25, 76, 102, 219, 308, 322, 352, 356, 376, 411, 412, 433, 491, 525, 545, 546, 547, 553, 568, 594, 605, 613, 651, 652, 674, 675, 732, — xxvii, 15, 38, 118, 183, 203, 211, 268, 296, 309, 310, 312, 339, 385, 386, 415, 425, 434, 452, 465, 497, 512, 556, 580, 581, 626. — xxviii, 38, 39, 40, 59, 71, 95, 142, 186, 204, 215, 223 à 226, 254, 316, 342 à 344, 388, 429, 430, 538, 539 à 543, 617, 654, 655.
*Poullaouen* (Mines de plomb de) [Finistère]. — xix, 563.
Poultier, repr. — xix, 694. — xx, 368. — xxi, 46, 63, 121, 546, 726, 744. — xxiii, 66, 96, 142, 143, 173, 232, 332, 357, 385, 521, 522, 555, 556, 557, 558, 589, 635, 671, 729, 748, 823. — xxiii, 36, 69, 155, 199, 215, 498, 544, 705, 709, 767, 768. — xxiv, 127, 128, 215, 348, 423. — xxv, 214. — xxvi, 300, 532. — xxvii, 497. — xxviii, 418, 420, 495, 654, 682, 683, 691, 692.
*Poultière* (Forges de La). — xix, 710. — xxii, 236, 237. — xxv, 70.
Poupardin. — xviii, 231.
Poupardin, chef de b<sup>on</sup> du Loiret. — xx, 203.
Poupart (P. Ch.), off. hollandais. — xviii, 209.
Poupart, m<sup>d</sup> d'étoffes. — xxv, 425.
Poupillier, entrepreneur de la fonderie de Ruelle. — xxv, 487.
Poupillière, fabricant de draps à Nancy. — xxviii, 578.
Pouplin, cap<sup>e</sup> d'infanterie. — xxiv, 791.
Pourlet de l'hôpital militaire de Villefranche. — xix, 188.
Pourquier, cap<sup>e</sup> de la frégate la *Courageuse*. — xxv, 311.

POURRAT, de Brie-Comte-Robert. — XXVII, 391.
POURTALÈS (Henri), négociant. — XIX, 119.
POURTALÈS, fabricant d'huiles et bougies à Paris. — XXIV, 4.
POURTALÈS, agent de la République. — XXVII, 20. — XXVIII, 156.
POURTET, inspecteur de la poudrerie de Toulouse. — XX, 651.
*Pousseaux* (Nièvre). — XXV, 687. — XXVI, 156.
POUSSEPAIN, adjud$^t$. — XIX, 217.
POUTHIER, g$^{al}$. — XVIII, 321.
POUTRAIN, secrétaire du magistrat de Tournai. — XVIII, 588.
POUTRE, inspecteur de la levée. — XXII, 43.
POUVIL, maître de forges à Dampierre. — XX, 792.
POUWY, négociant. — XXV, 208.
*Pouzauges* (Vendée). — XXIII, 756. — XXV, 118, 246.
*Pouzols* (Aude). — XXVI, 469.
POWEL, chargé de mission. — XX, 548.
*Poyans* (H$^{te}$-Saône). — XXIV, 650.
POYET, architecte. — XXI, 50. — XXII, 615.
PRADEL, commissaire ordonnateur. — XXI, 651. — XXII, 21.
PRADELLE, chef de b$^{on}$, command$^t$ temporaire de Soissons. — XX, 737. — XXVIII, 66.
*Prades* (P.-O.). — XIX, 577. — XX, 91. — XXVIII, 607, 608.
*Prades* (I$^l$-L.). — XXVI, 764.
PRADIER (Nicolas), inspecteur de l'arsenal de Paris. — XXI, 331. — XXVIII, 688.
PRADIER, employé au port de Brest. — XXII, 340.
PRADIER (Guillaume), lieut. de cavalerie. — XXII, 415.
PRADIGON (Jacques), cap$^e$ de sloop. — XIX, 702.
*Prague* (Tchécoslovaquie). — XXVII, 267.
PRAILEUR, maître de forges à Lure. — XIX, 727.
PRAT, cap$^e$ du brigantin l'*Union*. — XIX, 702.
PRAT-MAISONNEUVE, chef de b$^{on}$. — XXIV, 792.
PRAVIGNY, administrateur des mines de Montcenis. — XX, 744.
PRAULT, imprimeur à Paris. — XXVIII, 97.
*Pré-en-Pail* (Mayenne). — XIX, 713. — XX, 640.
*Pré-le-Pelletier*, ci-dev$^t$ Pré-S$^t$-Gervais (Seine). — XXII, 691. — XXV, 658.
*Précieuse*, frégate. — XVIII, 804. — XIX, 553. — XXI, 442. — XXVII, 9. — XXVIII, 401.
*Précord* (?) (Allier). — XVIII, 623.
PRÉCY (J.), repr. — XXII, 617, 619. — XXIII, 418, 575, 642, 708, 748. — XXIV, 238, 307, 340, 421, 422, 492, 528, 533, 570, 616, 646, 688, 751. — XXV, 47, 54, 219, 248, 478, 628, 653, 699. — XXVI, 10, 166, 218, 264, 395, 593, 701, 715. — XXVII, 127, 186, 207, 232, 326, 647.
PRÉCY (Vincent), grenadier. — XXIV, 688.
*Précy* (Forges de) [Eure]. — XXI, 749.
PREISWERCK. — XXI, 672.
*Prémery* (Forges de) [Nièvre]. — XXI, 619.
*Prémoteux* (E-et-L.). — XXVI, 418.
PRENAUT ou Prensaut, gendarme. — XXVII, 107, 322.
PRENTISS, américain. — XIX, 771.
PRENTOUT, lieut. de vaisseau. — XXII, 245.
PRÉPONNIER. — XXVI, 717.
PRÉSAMELET, terroriste. — XXV, 560.
PRESLE (Louis Marcel). — XVII, 600.

PRESTAT, g$^{al}$. — XIX, 52, 53.
*Prétot* (Manche). — XXVII, 455.
*Prêtres* assermentés. — XXIV, 230, 484.
— étrangers. — XXVI, 459. — XXVII, 130, 185, 237, 284, 326, 332, 413, 569. Voir *Espagne*, *Provinces-Unies*.
— réfractaires. — XVIII, 30, 151, 279, 352, 452. — XIX, 105, 109, 126, 127, 130, 161, 194, 196, 212, 217, 218, 249, 293, 338, 367, 370, 400, 414, 462, 487, 508, 543, 584, 587, 644, 645. — XX, 48, 49, 250, 262, 529, 573, 574, 640, 692, 693. — XXI, 16, 43, 44, 69, 82, 228, 243, 419, 600, 605, 686, 729, 826, 835. — XXII, 124, 125, 126, 159, 160, 161, 186, 194, 195, 250, 308, 381, 418, 430, 454, 540, 578, 622, 624, 625, 632, 633, 634, 698, 750. — XXIII, 101, 108, 116, 117, 118, 150, 205, 287, 290, 305, 306, 321, 341, 350, 352, 353, 354, 381, 398, 455, 553, 619, 620, 621, 675, 677, 719, 726, 728, 753, 781, 823. — XXIV, 52, 53, 109, 193, 206, 305, 328, 342, 343, 516, 529, 546, 548, 571, 682, 683, 772, 836. — XXV, 85, 105, 124, 153, 154, 237, 303, 427, 611, 622, 625, 654, 680, 752. — XXVI, 27, 28, 45, 104, 124, 162, 241, 249, 300, 359, 377, 395, 488, 491, 493, 540, 549, 562, 585, 693, 718, 722, 759, 762, 765. — XXVII, 45, 47, 86, 104, 130, 150, 155, 233, 249, 302, 311 à 320, 334, 423, 459, 467, 486, 487, 614, 631. — XXVIII, 265, 266, 357, 387, 418, 498, 509, 515, 534, 554, 585, 683. Voir *Religion*; *Troubles*.
PRETTEN (John), américain prisonnier. — XXV, 493.
PRETTY (Armand), cap$^e$ de gendarmerie. — XIX, 581.
*Preuilly* (I-et-L.). — XX, 64.
PRÉVAL (Cl. Antoine), g$^{al}$ de brigade. — XIX, 758.
PRÉVOST, g$^{al}$ de brigade à l'A. des Pyr.-Orient. — XXVI, 709.
PRÉVOST (V$^{ve}$). — XXI, 7601. — XXIV, 445, 642.
PRÉVOST fils, conducteur de transports militaires. — XXIV, 446. 642.
PRÉVOST, chef d'escadron de gendarmerie. — XXI, 104. — XXVI, 624.
PRÉVOST fils, gendarme. — XXIII, 511.
PRÉVOST. — XVII, 143.
PRÉVOST, dit Laboulinière, adjud$^t$ de place à Calais. — XIX, 139. — XX, 102, 155.
PRÉVOST-GLIMONT, off. d'artillerie. — XVIII, 728.
PRÉVOST, command$^t$. — XIX, 790.
PRÉVOST, off. de marine anglais. — XIX, 711.
PRÉVOST, lieut. de vaisseau. — XX, 630.
PRÉVOST, cap$^e$ de gendarmerie. — XX, 736.
PRÉVOT, cap$^e$ de canonniers. — XXVIII, 595.
PRÉVOT, hussard. — XXII, 404.
PRIARD, américain. — XXII, 715.
PRICOT, carrier. — XVIII, 724.
PRICOURT, chef de b$^{on}$. — XXII, 654.
PRIEUR, de la Côte-d'Or, repr. — XVIII, 90, 764. — XXIV, 582.
PRIEUR, de la Marne, repr. — XIX, 269, 379, 695. — XX, 46. — XXI, 214, 579. — XXV, 558. — XXVIII, 441.
PRIEUR, commissaire ordonnateur. — XXV, 535. — XXVI, 42, 476.
PRIGENT, émigré. — XIX, 295, 296, 314, 400, 401, 402, 470, 519, 755.
PRIGENT, de Brest, condamné aux fers. — XX, 740.
PRIGENT, ouvrier à Pont-de-Buis. — XXVI, 37.

PRILLY, g<sup>al</sup>. — XVIII, 580. — XXVIII, 232.
PRIMAT, garde d'artillerie. — XVIII, 50.
PRINCE, courrier du C. de S. P. — XXV, 40.
*Prince* (Forges de) [Ardennes]. — XXIV, 470.
*Prince-Couronné,* navire danois. — XXII, 183.
*Princesse de Galles,* navire anglais. — XXVI, 207.
*Prises* maritimes. — XIX, 31, 689, 690. — XXIV, 49, 50. — XXV, 23, 75, 168, 218, 247, 292, 323, 324, 389, 411, 462, 463, 619, 671, 680, 715, 738. — XXVI, 90, 206, 207, 288, 289, 370, 371, 390, 415, 423, 424, 445, 478, 710, 711, 736. — XXVII, 51, 61, 62, 63, 64, 65, 75, 103, 123, 135, 162, 175, 179, 319, 399, 440, 441, 447, 543, 544, 563, 591, 592, 609, 655. — XXVIII, 49, 76, 102, 632.
*Prisonniers* de guerre. — XX, 429, 457, 720, 765, 796. — XXI, 5, 74,, 236, 254, 257, 288, 434, 439, 440, 522, 556, 559, 563, 564, 565, 594, 667, 668, 680, 714, 719, 801. — XXII, 3, 39, 70, 145, 180, 181, 192, 238, 239, 302, 383, 447, 448, 471, 472, 499, 500, 503, 504, 505, 527, 540, 561, 565, 586, 594, 600, 602, 603, 652, 717, 746, 774, 796, 808, 809, 815. — XXIII, 5, 6, 43, 74, 77, 94, 131, 132, 160, 170, 177, 188, 278, 351, 418, 452, 500, 548, 573, 587, 591, 592, 598, 605, 661, 663, 669, 694, 700, 701, 719, 753, 754. — XXIV, 5, 6, 8, 19, 23, 59, 145, 169, 176, 191. — XXV, 53, 64, 72, 76, 125, 134, 135, 166, 185, 212, 215, 282, 293, 295, 307, 317, 318, 319, 322, 329, 390, 406, 413, 417, 456, 463, 490, 492, 503, 507, 508, 524, 531, 541, 557, 574, 589, 626, 635, 636, 671, 678, 702, 703, 719, 732, 734, 738, 741, 751. — XXVI, 36, 39, 48, 65, 69, 112, 115, 120, 162, 205, 215, 223, 231, 259, 267, 273, 281, 283, 286, 287, 350, 353, 367, 370, 385, 388, 390, 420, 422, 450, 473, 475, 510, 514, 535, 553, 559, 578, 584, 591, 600, 626, 640, 656, 661, 698. — XXVII, 4, 10, 41, 47, 48, 52, 65, 83, 92, 176, 203, 204, 212, 222, 223, 227, 267, 278, 279, 303, 305, 307, 345, 353, 375, 398, 419, 431, 482, 488, 501, 504, 514, 544, 565, 588, 589, 617, 629. — XXVIII, 9, 57, 92, 211, 252, 436, 566, 647.
*Prisons.* — XX, 133, 134, 167, 178, 318, 440. — XXII, 712, 713, 714. — XXIII, 375, 430, 490, 601, 624. — XXIV, 19, 30, 194, 195, 532, 572, 596, 604, 641, 667, 839. — XXV, 156, 241, 252, 254. — XXVI, 214, 215, 330, 473. — XXVII, 189, 290, 315.
PRISYE (Gilbert), adjud<sup>t</sup> g<sup>al</sup>, chef de brigade. — XVIII, 401. — XX, 460. — XXI, 102.
PRITELLY, interprête. — XVIII, 562.
PRIVAL, négociant à Clermont. — XIX, 40.
PRIVÉ, aide de camp du g<sup>al</sup> Bonnaud. — XXV, 459.
*Prix* des denrées. — XXV, 58, 67, 74, 99, 101, 111, 126, 131, 138, 148, 158, 161, 163, 174, 202, 211, 242, 244, 245, 253, 263, 266, 267, 272, 274, 292, 296, 315, 322, 323, 324, 333, 335, 342, 344, 345, 363, 372, 373-375, 377, 380, 402, 425, 430, 431, 438, 448, 451, 454, 455, 457, 459, 462, 479, 490, 493, 500, 515, 524, 542, 545, 547, 557, 574, 586, 588, 596, 608, 609, 636, 660, 663, 684, 692, 711, 713, 714, 717, 728, 729, 757. — XXVI, 47, 54, 75, 142, 146, 181, 190, 199, 200, 258, 267, 279, 285, 300, 313, 333, 337, 342, 346, 361, 365, 368, 380, 388, 389, 398, 411, 420, 441, 456, 458, 464, 467, 490, 500, 501, 506, 513, 533, 539, 558, 571, 577, 596, 602, 612, 637, 640 à 642, 658, 659, 683, 685, 726, 736, 758. — XXVII, 26, 30, 31, 44, 52, 55, 64, 80, 86, 97, 105, 107, 112, 114, 115, 122, 132, 143, 167, 199, 200, 228, 230, 276, 292, 315, 364, 365, 372, 376, 396, 435, 460, 461, 488, 533, 536, 537, 538, 543, 581, 617, 652. Voir *Commerce; Maximum; Marchés; Salaires; Subsistances; Troubles.*
PROBST, agent secret. — XVIII, 197.
PROBST, commissaire ordonnateur. — XXIII, 635.
PRODON, adjoint aux adjud<sup>ts</sup> généraux. — XXI, 719. — XXII, 340. — XXVI, 88.
PROGIN, gendarme. — XVIII, 449.
PROIZARD, cap<sup>e</sup>. — XXVII, 509.
PROJEAN, chef de b<sup>on</sup>. — XIX, 497.
PROJEAN, repr. — XVIII, 8, 367, 671, 674, 695, 793, 794, 805. — XIX, 118, 123, 224, 674, — XX, 143, 329, 680. — XXI, 143, 336, 451. — XXII, 19, 327, 488, 541, 799. — XXIII, 34, 35, 240, 241, 361, 396, 397, 544, 694, 751, 767, 792, 794, 804. — XXIV, 17, 88, 124, 125, 126, 146, 147, 148, 149, 208, 283, 284, 290, 345, 426, 677, 828.
*Propriétés* (Respect des). — XXV, 260, 462, 481, 527, 528, 545, 627, 688, 754. — XXVI, 338, 347, 387, 392, 474, 636, 637, 657, 716, 717, 753. — XXVII, 62, 67, 135, 182, 199, 284, 352, 424, 462, 651, 667. Voir *Biens* nat; *Troubles.*
*Proserpine,* frégate française. — XXI, 442. — XXII, 765. — XXVII, 602.
PROST, repr. — XIX, 652. — XX, 506, 683. — XXI, 698.
PROST (P.), off. du génie. — XIX, 228.
PROST, salpêtrier commissionné à Paris. — XXV, 130.
PROT, négociant. — XXIV, 275.
PROTAT, chirurgien. — XXII, 649.
PROTIN, inspecteur temporaire des mines. — XXII, 10.
PROUVEUR, procureur syndic du distr. de Valenciennes. — XXVI, 658.
PROUVIER (F<sup>cis</sup>), professeur au collège d'Aubenas. — XXVII, 110. Voir MOURIER (F<sup>cis</sup>).
*Provence.* — XIX, 688. — XXI, 475. — XXVI, 573.
*Providence,* navire. — XX, 449. — XXII, 660.
*Provinces-Unies.* — XIX, 485, 582, 602, 603, 604, 787. — XX, 185, 188, 211, 321, 349, 412, 413, 424, 465, 557, 609, 655, 760. — XXI, 71, 185, 279, 305, 306, 364, 407, 427, 484, 519, 765, 782, 820. — XXII, 79, 109, 114, 189, 219, 222, 226, 227, 376, 423, 535, 551, 574, 595, 596, 617, 661, 662, 664, 665. — XXIII, 62, 135, 189, 233, 302, 409, 500, 502, 515, 592, 605, 662, 663, 671. — XXIV, 170, 185, 227, 228, 246, 247, 282, 283, 297, 431, 482, 562, 622, 670, 715, 717, 768, 794. — XXV, 3, 24, 25, 223, 248, 278, 292, 360. — XXVI, 43, 70, 127, 208, 276, 290, 305, 354, 373, 400, 428, 429, 430, 476, 481, 543, 564, 565, 601, 643, 730. — XXVII, 357, 554, 606, 609. — XXVIII, 38, 104, 105, 611. Voir *Batave* (Républ.) ; *Hollande.*
*Provins* (S-et-M). — XVIII, 522, 770. — XIX, 111, 112, 114, 404, 520, 689. — XXI, 18, 738. — XXII, 149, 440, 474, 692, 693. — XXIII, 628, 629. — XXIV, 94, 274, 467. — XXV, 214. — XXVI, 335. — XXVII, 138, 226, 316, 630, 653. — XXVIII, 636.
PROVOS (Jean). — XVIII, 238.
PROVOST, quartier-maître. — XX, 289.
PROVOT (P.), cultivateur. — XXII, 46.
*Prudence,* navire suédois. — XX, 300, 714.
PRUD'HOMME (Fr.), sergent-major d'artillerie. — XIX, 237.

PRUD'HOMME, cap<sup>e</sup>. — XXI, 61. — XXVI, 235.
*Prunay* (E-et-L.). — XXI, 747.
PRUNELLE, sous-lieut. — XVIII, 655.
PRUNIER, fournisseur aux armées. — XXI, 626.
*Prusse.* — XVIII, 41, 517, 530, 531, 606, 667, 668, 730, 731, 761. — XIX, 123, 259, 260, 590, 656, 737. — XX, 211, 457, 560, 621, 654, 673. — XXI, 186, 518, 597, 700, 764, 765, 766, 768, 820, 822, 823. — XXII, 77, 78, 82, 123, 169, 226, 347, 349, 372, 376, 377, 384, 436, 437, 536, 553, 602, 640, 751, 752, 788. — XXIII, 48, 57, 68, 69, 111, 112, 168, 284, 333, 387, 388, 389, 409, 412, 824. — XXIV, 23, 102, 227, 450, 482, 483, 503, 504, 559, 644, 803. — XXV, 151, 666, 702. — XXVII, 529, 663. — XXVIII, 15, 115, 118, 119, 142, 152, 181, 182, 284, 305, 306, 424, 501, 533, 677.
*Prusse* (Roi de). — XVIII, 286, 761, 813. — XIX, 243, 500. — XX, 466. — XXI, 24, 176, 504, 763, 765, 780, 820. — XXII, 129, 189, 190, 192, 197, 272, 273, 278, 280, 284, 309, 527, 536, 552, 594, 750, 751, 752, 788, 789. — XXIII, 57, 58, 69, 113, 162, 189, 231, 253, 385, 386, 438, 591, 663, 665. — XXIV, 102, 259, 483, 503, 669. — XXV, 14, 24, 25, 282, 352, 386. — XXVI, 70, 143, 305, 306, 431, 543, 582. — XXVII, 529, 663. — XXVIII, 53, 119, 275, 307.
*Prusse* (Consul de). — XXII, 762. — XXIII, 235.
*Prussiens.* — XVIII, 434, 516, 616. — XIX, 235, 243, 736, 737. — XX, 211, 326, 562, 696, 698, 760, 765, — XXI, 78, 192, 229, 363, 387, 406, 407, 427, 490, 533, 567, 570, 730, 731, 774, 775, 782. — XXII, 383, 421, 423, 545, 552, 594, 750, 761. — XXIII, 7, 57, 94, 111, 112, 189, 190, 231, 246, 252, 253, 333, 386, 409, 517, 824. — XXIV, 37, 278, 367, 386, 410, 503, 504, 705, 802. — XXV, 319, 503, 702, 741. — XXVI, 127, 376, 473. — XXVII, 267, 336.
PUCHAUX, commissaire ordonnateur. — XXI, 321.
PUER (Raquin), prisonnier espagnol. — XXV, 134.
*Puget-Théniers* (A-M). — XXI, 485. — XXIV, 319.
PUIBUSQUE, commissaire des Guerres. — XXVII, 591.
PUIMOURGONT (Allier). — XXVII, 613. Voir *S<sup>t</sup>-Germain-des-Fossés.*
PUISAYE (C<sup>te</sup> de). — XVIII, 461. — XIX, 37, 466, 716. — XX, 443. — XXI, 576. — XXIV, 80. — XXV, 395, 507, 558 n.
PUISAYE l'aîné, de Joigny. — XXVII, 651.
PUISEUR, commissaire à Passy-lès-Paris. — XXIII, 37.
PUISSANT (Louis), ingénieur géographe. — XIX, 578.
PUITMORIN, commissaire ordonnateur. — XXIV, 177, 555.
*Pujols* (L-et-G.). — XXIII, 738.
PUJOS, négociant à Paris. — XX, 520.
PULLY (Ch.), g<sup>al</sup> de division. — XVIII, 184. — XXIV, 665. — XXV, 696. — XXVII, 528. — XXVIII, 8.
PULLY fils, aide de camp du g<sup>al</sup> Wurmser. — XXVIII, 8.
PULTIER fils, tanneur à Varennes. — XX, 42.
PULTIÈRE, aide de camp du g<sup>al</sup> Freytag. — XXI, 718.
PUREN-KERAUDREN, cap<sup>e</sup> de vaisseau. — XX, 630.

PURICELLY (Henri), député de la C<sup>ie</sup> des mines du Palatinat. — XXV, 342.
PUSSOT, lieut. d'artillerie. — XXII, 155.
*Puteaux* (Seine). — XXII, 210, 691.
PUTHAUX, commissaire des Guerres. — XX, 460.
PUTHOD, g<sup>al</sup>. — XXV, 321.
PUTOIS, lieut. — XXV, 653.
*Puttelange* (Moselle). — XX, 658.
*Putten* (Hollande). — XVIII, 66.
PUTTNER (Georges Adam), de Holf en Franconie. — XIX, 596.
PUY, maire d'Avignon. — XXVI, 736.
*Puy* (Le) (H-Loire). — XIX, 268, 486, 557. — XX, 601, 759. — XXI, 703. — XXII, 612. — XXIII, 319. — XXIV, 529. — XXVI, 352, 570, 676, 683. — XXVIII, 539 à 541.
*Puy-de-Dôme* (Départ<sup>t</sup> du). — XVIII, 43, 92, 229, 266, 575, 576, 756. — XIX, 66, 258, 621, 762. — XX, 92, 537, 736. — XXI, 64, 508, 668, 723. — XXII, 156, 738. — XXIII, 365, 664, 734. — XXIV, 459, 689, 710. — XXV, 32, 58, 109, 153, 356, 502. — XXVI, 136, 352, 358, 447, 489, 656, 676. — XXVII, 69, 212, 434, 483, 508, 565, 627. — XXVIII, 266, 541, 654.
*Puygcerda* (Espagne). — XXV, 126, 418. — XXVI, 26, 54, 79, 106, 191, 221, 309.
*Puylaurens* (Tarn). — XXIV, 142.
*Puymirol* (L-et-G.). — XXIV, 709.
PUYSÉGUR (*Art de la guerre*, de). — XXIV, 157. — XXV, 640.
*Pyrénées.* — XVIII, 79, 601. — XIX, 750. — XX, 628. — XXI, 320, 485. — XXII, 593. — XXIII, 213, 395. — XXIV, 126. — XXV, 312. — XXVI, 57. — XXVII, 587. — XXVIII, 179, 218, 229.
*Pyrénées* (Traité des). — XX, 721. — XXI, 235.
*Pyrénées* (Départ<sup>t</sup> des Basses-). — XVIII, 205, 207, 238, 467, 642, 688, 690, 755, 756, 770, 811. — XIX, 449. — XX, 19, 20, 106, 258, 359, 508. — XXI, 499, 514, 542, 550, 620, 797, 798. — XXII, 251, 274, 359, 398, 427, 428, 584, 737, 797. — XXIII, 613, 722. — XXIV, 235, 303, 491, 569. — XXV, 242, 542. — XXVI, 372. — XXVII, 40. — XXVIII, 506. 565.
*Pyrénées* (Départ<sup>t</sup> des Hautes-). — XVIII, 205, 206, 207, 208, 467, 468, 688, 689, 811. — XIX, 199, 258, 449. — XX, 19, 20, 106, 258, 359, 508, 797. — XXI, 499, 542, 550, 797, 798. — XXII, 251, 398, 427, 428, 429, 584, 737, 797. — XXIII, 613, 664, 704, 722, 723. — XXIV, 491, 579. — XXV, 242, 457. — XXVI, 372.
*Pyrénées-Orientales* (Départ<sup>t</sup> des). — XVIII, 462, 597, 607, 615, 670, 671, 674, 695, 769, 805. — XIX, 23, 60, 135, 149, 448, 449, 557, 678. — XX, 293, 532, 565, 603. — XXI, 341, 486. — XXII, 438. — XXIII, 35, 240, 241, 544, 626, 734, 792, 827. — XXIV, 88, 208, 379, 601, 841, 842. — XXV, 98, 295. — XXVI, 30, 372, 409, 446, 495, 677, 703. Voir fiche XXVII, 106, 195, 221, 249, 258, 265, 308, 361, 436, 493, 628.
PYOT, pharmacien à l'hôpital de Dôle. — XX, 490.
*Pyrites.* — XVIII, 10.

## Q

QUALIN, requis pour la fabrication d'instruments de mathématiques. — XVIII, 63.
*Quatre-Amis*, navire américain. — XVIII, 451, 508.
*Quatre-Chemins* (Camp des). — XXV, 117.
QUATREFAGES, de l'Agence d'extraction. — XIX, 514.
*Quatre-Frères*, navire hollandais. — XXI, 128. — XXII, 448. — XXVIII, 9.
QUATREMÈRE-DISJONVAL, de la ci-dev[t] Académie des Sciences. — XIX, 704. — XX, 108. — XXV, 110.
*Quatre-Nations* (Maison de force des), à Paris. — XXVIII, 554.
*Quatre-Sœurs*, transport. — XX, 101, 340.
QUATRESOLS, commissaire des Guerres. — XXIV, 801, 802.
*Queich*, rivière. — XXII, 260.
QUELEU, chirurgien. — XXIII, 338.
*Quelern* (Lignes de) [Finistère]. — XXIV, 831.
*Quelleleur* (Montagne de) [Morbihan]. — XXIV, 750.
QUÉNESSON, de St-Quentin. — XXVIII, 695.
QUENTIN DE BEAUVERT, adjud[t] g[al]. — XXVIII, 634.
*Quérigut* (Ariège). — XXVI, 54.
QUÉRINAT, adjoint provisoire aux off. du génie. — XVIII, 20.
*Querqueville* (Fort de) [Manche]. — XXI, 511. — XXIV, 9.
*Querrien* (Finistère). — XXV, 512.
QUESCHERER, garde d'artillerie de Nord-Libre. — XXVIII, 486.
QUESNEL (Martin), meunier à Veules. — XX, 269.
QUESNEL, chef des bureaux civils de la marine. — XXII, 184.
QUESNEL, garde d'artillerie à Granville. — XXII, 415.
QUESNIN, adjud[t] g[al]. — XXVII, 481.
*Quesnoy* (Le) [Nord]. — XVIII, 495, 806. — XIX, 119, 239. — XX, 613, 663. — XXI, 30. — XXII, 346, 347, 362, 416, 693. — XXIII, 16, 143. — XXIV, 74, 142, 378, 618, 646, 765, 787. — XXV, 15. — XXVI, 338. —XXVIII, 349, 548, 549.
*Quessigny* (Eure). — XXII, 207.
*Queue* (La) (S-et-O). — XVIII, 502.
*Quéven* (Morbihan). — XXV, 273.
*Quévert* (C-du-N). — XVIII, 660.
QUÉVERDO, graveur. — XXIV, 393.
QUÉVREMONT, chef de b[on]. — XXIII, 368.
*Queyras* (H-A). — XXI, 245.

*Quiberon* (Morbihan). — XVIII, 281, 282, 364, 618. — XIX, 231, 363, 636. — XXII, 678, 679. — XXIII, 65. — XXIV, 749, 809, 830. — XXV, 27, 29, 85, 114, 147, 190, 233, 258, 260, 261, 304, 392, 394, 433, 475, 507, 511, 512, 513, 548, 582, 605, 650, 651, 698, 719, 740. — XXVI, 9, 21, 47, 50, 52, 72, 74, 94, 95, 97, 102, 127, 129, 155, 160, 170, 189, 215, 220, 237, 245, 248, 256, 269, 291, 351, 404, 407, 427, 434, 442, 464, 465, 491, 516, 521, 602, 672, 681, 687, 694, 699, 721, 728, 754. — XXVII, 5, 12, 76, 101, 103, 152, 171, 223, 290, 333, 433, 440, 509, 514, 520, 595, 661, 662. — XXVIII, 113, 199, 395, 404, 614, 619. Voir *Débarquement*.
QUICHE-ANRY, gendarme. — XXIII, 247.
QUIDY, employé à l'Agence de l'habillement. — XVIII, 224.
QUILLAN, imprimeur à Paris. — XXVIII, 97.
*Quillan* (Aude). — XVIII, 601, 673, 755. — XX, 589.
QUILLARD et DUBOIS. — XVIII, 600.
*Quillebœuf* (S-I). — XX, 169. — XXII, 772.
QUILLET, vice-consul à Alicante. — XXVIII, 30.
*Quimper* (Finistère). — XVIII, 338. — XX, 796. — XXI, 157, 578. — XXII, 4, 46, 267, 504. — XXIII, 308. — XXV, 37, 149, 527, 528. — XXVII, 227. — XXVIII, 250.
*Quimperlé* (Finistère). — XIX, 605, 666, 757. — XX, 190, 282, 284. — XXIII, 678. — XXIV, 80, 416, 515, 592, 625. — XXV, 171, 395, 435, 510, 513, 556, 651, 717. — XXVI, 74, 155, 485, 523. — XXVII, 472, 492.
QUINARD, fabricant d'armes blanches. — XIX, 328.
QUINCY (Adams Jean), résident des États-Unis près des Provinces-Unies. — XX, 414.
QUINDOT, de Mézières. — XXV, 371.
QUINET, command[t] le 1er b[on] de la Drôme. — XXII, 728.
*Quingey* (Doubs). — XX, 313.
*Quintillan* (Mines de) [Aude]. — XVIII, 701.
QUINTIN, enseigne de vaisseau. — XX, 630.
*Quintin* (C-du-N). — XX, 524. — XXVII, 472.
QUIROT, commissaire des Guerres. — XIX, 702.
QUIROT, repr. — XXVIII, 495, 509, 510, 553, 628, 629.
*Quistinic* (Morbihan). — XVIII, 218.
QUISCANO, négociateur espagnol. — XIX, 147.
*Quotidienne* (La). — XXVIII, 161.

COMITÉ DE SALUT PUBLIC. — TABLE. (XVIII-XXVIII.)

# R

RABAUT-POMIER, repr. — XXI, 748. — XXII, 271, 362, 386, 640, 666. — XXIII, 721. — XXIV, 1. — XXV, 93, 547. — XXVI, 83, 109, 663. — XXVII, 68, 89. — XXVIII, 372.
RABILLON, dessinateur. — XXVI, 688.
*Rablay* (M-et-L). — XVIII, 687. — XXI, 409.
ROBOA, commissaire des Guerres. — XXIV, 739. — XXV, 440.
RACARIS, courrier. — XIX, 187.
RACHON, attaché à la fabrication de lunettes pour la marine de Brest. — XXI, 14.
RACINE, géographe. — XXI, 65.
RACINET, élève de l'École nat. aérostatique. — XXVII, 541.
RACLE, imprimeur à Bayonne. — XXII, 430.
*Radelle* (Canal de la) [Gard]. — XXVII, 27.
RADERMACHER, g$^{al}$. — XVIII, 50, 727.
RADICOTI, cap$^e$ piémontais prisonnier. — XXVI, 626.
RADIGUET, substitut de l'agent nat. d'Amiens. — XXI, 522, 523.
RAFEAU, chargé de l'exploitation des bois dans la Belgique. — XXV, 460. — XXVII, 673.
RAFFET, chef de la force armée. — XXIII, 295.
RAFFET, adjud$^t$ g$^{al}$ command$^t$ en chef de la garde nat. parisienne. — XXIII, 512. — XXVI, 210, 270, 274. — XXVIII, 64, 79, 165, 194.
RAFFIT (P.), adjud$^t$ cap$^e$ de la place de Maubeuge. — XVIII, 6.
RAFFRAY, commissaire des Guerres. — XXVIII, 7.
RAFUSSAT, de Rians. — XX, 348.
RAGÉ, courrier du g$^{al}$ Kellermann. — XXI, 237.
RAGON, march$^d$ de bois. — XIX, 271.
RAGOT (Nicolas), hussard. — XXI, 714.
RAGU, cap$^e$ de canonniers. — XXIII, 416.
RAGUÉ, fournisseur. — XXV, 492.
RAGUENAUD, employé dans un dépôt de chevaux. — XXII, 164.
RAGUENET, courrier. — XXIV, 759. — XXVIII, 570.
*Raguenez* (Fort de) [Finistère]. — XXV, 510.
RAGUIDEAU, administrateur du distr. de Dourdan. — XXIV, 285.
*Raguse* (Consul de France à). — XXVI, 92.
RAIBAUD (Ant.), négociant à Paris. — XX, 501.
RAILLARD, off. de santé. — XIX, 565.
*Railleuse*, frégate. — XXIV, 82.
RAIMBAUD. — XXIV, 310, 311.
RAIMFROY, lieut. de vaisseau. — XX, 630.
RAINAL, de Bordeaux. — XXVII, 562.
*Raincy* (Le) [S-et-O]. — XIX, 189, 617. — XX, 338. — XXI, 668. — XXVIII, 99.
RAINOT, commissaire des Guerres à Bréda. — XXVI, 481.
*Raison* (Temples de la). — XIX, 209, 221, 318, — XX, 396, 401, 434. — XXI, 527, 725, 791.
RAISSON, incarcéré à Ham. — XXIV, 295.
RAMBAUD, lieut. de gendarmerie. — XIX, 66.
RAMBAUD (Fr.), adjud$^t$ g$^{al}$, chef de brigade. — XIX, 87.
RAMBERT, volontaire savoisien. — XX, 223.
RAMBERT, lieut. — XXI, 376.

*Rambouillet* (S-et-O). — XVIII, 301. — XXII, 441. — XXIII, 778, 779. — XXV, 184. — XXVI, 597. — XXVII, 115.
RAMBOUILLET, adjud$^t$ g$^{al}$. — XXII, 182.
RAMBOURG, défenseur du présid. de la Convention. — XXVIII, 464.
RAMBOURG, des Ardennes. — XXVIII, 63.
RAMBOWIG, fondeur. — XXIV, 540.
RAMEAUX, cap$^e$. — XXI, 758.
RAMEL, repr. — XIX, 528, 712, 752. — XX, 137, 152, 170, 184, 185, 187, 188, 352, 355, 421 à 425, 464, 465, 558, 559, 609, 620, 638, 655, 656, 673. — XXI, 24, 133, 163, 164, 165, 304, 364, 365, 533, 534, 820. — XXII, 16, 55, 57, 58, 85, 221, 226, 247, 280, 281, 312, 595, 596, 675, 760, — XXIII, 23, 58, 59, 60, 61, 135, 191, 202, 203, 233, 302, 440, 462, 515, 557, 569, 592, 671, 754. — XXIV, 12, 22, 171, 226 à 228, 229, 324, 325, 326, 362, 481, 482, 503, 562, 613, 643, 644, 670, 716, 717, 718, 768, 793. — XXV, 22, 23, 110, 253, 293, 294, 353, 390, 580. — XXVI, 184, 290, 373, 410, 458, 479, 605, 620, 629. — XXVII, 102, 187, 218, 238, 261, 288, 338, 349, 357, 358, 400, 408, 409, 477, 527, 553, 606, 608, 609, 623, 658. — XXVIII, 18, 38, 75, 114, 247, 278, 327, 451, 452, 532, 600, 622.
RAMEL, employé extraord. à Toulon. — XXV, 409.
RAMELIN, commissaire des Guerres. — XX, 224.
*Rammekens*, (Fort et rade de) [Hollande]. — XXII, 662.
RAMON, agent nat. à Monségur. — XXV, 275.
RAMOND, dit Dutaillis, commissaire ordonnateur. — XVIII, 231. — XXI, 331. — XXII, 570.
RAMOND, chef de b$^{on}$. — XXIV, 156.
RAMPONT, cap$^e$ de gendarmerie à Nancy. — XXIII, 247.
RAMSDEN, négociant américain. — XX, 295.
*Ramsgate* (Angleterre). — XXII, 53.
RAMUS, de la fonderie de canons du Creusot. — XIX, 28. — XX, 328. — XXII, 559, 560. — XXVI, 111. — XXVIII, 102.
RAMUS, étudiant danois. — XXV, 461.
RANDON-DULANLOY, g$^{al}$. — XVIII, 262. — XX, 629. — XXII, 746.
*Rânes* (Orne). — XIX, 713.
RANFER-CHAMPEAUX, ex-militaire. — XIX, 225.
*Ranger*, brick. — XXIV, 831.
RANSONNET, g$^{al}$. — XVIII, 450. — XX, 506.
RAOUL, patriote hollandais. — XIX, 92.
RAOUL, substitut de l'accusateur public. — XX, 283, 285.
RAOULT, présid. du trib. criminel de Lorient. — XIX, 399.
RAOUX (Pierre), sous-directeur de l'arsenal de Nantes. — XXI, 213.
RAOUX, cap$^e$ d'artillerie. — XXI, 279.
RAPHEL, présid. du trib. criminel du Vaucluse. — XXVI, 136.
RAQUIN (Jean), fournisseur. — XXV, 687. — XXVI, 156.
RASSELET, gendarme. — XX, 459.

RASSICOD, pharmacien en chef des hôpitaux militaires de Corse. — XXI, 756
*Rastadt* (Allemagne). — XIX, 67. — XXVI, 761. — XXVII, 266, 336.
RATEAU, chef d'escadron. — XXI, 409, 410, 445.
RATHSAMHAUSEN, émigré. — XXIV, 812.
*Ratisbonne* (Allemagne). — XX, 765. — XXII, 788. — XXIII, 111, 112.
RATTE, commis aux écritures. — XXI, 510.
RATTEAU, chef d'escadron. — XXVI, 600.
RATTIER, employé des postes. — XX. 84.
*Raucourt* (Somme). — XXV, 96.
RAULIN (J.-B.), agent de l'habillement. — XIX, 118.
RAULIN, quartier-maître. — XIX, 785.
RAULIN, agent particulier à Nancy. — XIX, 427.
RAULIN, sous-chef de la marine à Boulogne. — XXIII, 254.
RAUSOSMETTE (P. Nicolas), graveur. — XXIV, 539.
RAUTRET et C$^{ie}$, fournisseurs de viande. — XXIV, 279.
RAUX, maître de forges. — XXI, 329.
RAVAU, fermier à Avesnes. — XXIV, 513.
RAVAULT, aîné, m$^d$ de bois. — XXVI, 54.
RAVEAU. — XXV, 727.
RAVEL, g$^{al}$ d'artillerie. — XXV, 407.
RAVEL, élève de l'École normale, à Paris. — XXVIII, 548.
RAVEL, négociant. — XXI, 20.
RAVELET, négociant à Paris. — XXII, 337.
RAVENEAU (André), préposé de l'Agence des subsistances et approvisionnements militaires. — XXVIII, 44.
*Ravenoville-sur-Mer* (Manche). — XVII, 454.
*Ravenstein* (Seigneurie de). — XVIII, 65. — XXIV, 170, 482. — XXVII, 607.
RAVIER, g$^{al}$ de brigade. — XIX, 397. — XXVII, 56.
RAVINA (Pierre et Ange), négociants génois. — XXVIII, 385.
RAVOISÉ, de la Comm$^{on}$ des armes. — XX, 713.
RAYBAUD, professeur d'hydrographie. — XVIII, 631.
RAYET. adjud$^t$ g$^{al}$. — XVIII, 373.
RAYMON, chef de brigade. — XXV, 519.
RAYMOND, brigadier de gendarmerie à S$^t$-Didier. — XXVI, 676.
RAYMOND, tourneur à Marseille. — XXVI, 360, 757.
RAYMOND. ouvrier à la manufacture de Versailles. — XXVIII, 657.
RAYNAL (Alexandre), membre du ci-dev$^t$ Parlement de Toulouse. — XVIII, 268, 509.
RAYNAUD, secrétaire du repr. dans la Mayenne. — XX, 168, 194, 233, 234, 290, 499, 517, 641, 678, 694, 764, 784. — XXI, 39, 85, 119, 120, 167, 198, 242, 296, 471, 539, 540, 580, 581, 660, 789, 790, 834. — XXII, 62, 91, 134, 167, 287.
RAYOT, en mission pour l'exécution des réquisitions. — XVIII, 142.
*Ré* (Île de) [C-I]. — XIX, 5. — XX, 547. — XXI, 460, 497, 594. — XXVII, 51, 503, 665. — XXVIII, 574, 696.
REA, dit cap$^e$ Gédéon. — XIX, 614.
RÉAL (Guillaume André), repr. — XXI, 159. — XXII, 95, 140, 290, 521, 728, 729, 771, 826. — XXIII, 169, 268, 400, 448, 482, 521, 659, 771. — XXIV, 59, 73, 91, 92, 422, 425, 534, 574, 614, 654, 690, 692, 726, 782, 814, — XXV, 47, 63, 102, 107, 157, 172, 196, 310, 516, 530, 566, 675, 706. — XXVI, 31, 63, 167, 169, 220, 268, 300, 433, 587, 670, 716, 721, 722, 729, 733, 757. — XXVII, 36, 48, 107, 141, 174, 199, 258, 268, 269, 312, 313, 533, 534, 568, 629, 667, — XXVIII, 89, 121, 140, 371, 478, 542, 568, 640, 641, 656, 706.
RÉAL, commissaire des Guerres. — XXIV, 414, 670.
RÉAL, du « Journal des Patriotes de 1789 ». — XXVIII, 285.
RÉAU KERANGUEZ (François Louis), maréchal de camp. — XXVII, 446.
RÉAUX, comptable. — XX. 367.
*Rebelles.* Voir *Troubles.*
REBIÈRE, off. de santé. — XXI, 547.
REBOUL, courrier du C. de S. P. — XXV, 40.
REBOURS, garde-magasin à Fontainebleau. — XXII, 38.
REBOURS LABROSSE, commissaire des Guerres. — XXVI, 117.
REBUFFET, command$^t$ de la place de Landrecies. — XXIV, 479. — XXV, 429.
REBUZAT (Louis), négociant. — XX, 91.
*Recensement.* — XIX, 3. — XXV, 34.
*Receveurs.* — XXV, 465. — XXVI, 464, 536, 654. — XXVII, 148, 281, 299, 357, 409, 460, 573, 589, 634, 653. Voir *Trésorerie.*
RECOING, élève de l'École polytechnique, XXVIII, 6.
*Récollets* (Couvent des) à S$^t$-Germain-en-Laye. — XXI, 679. — XXII, 808.
— à Luxembourg. — XXIV, 300.
*Reconnaissance,* navire. — XX, 505.
RECOURT, aide de camp du g$^{al}$ Dubayet. — XXVII, 328, 484. — XXVIII, 213.
*Recouvrance* (Bassin de) à Brest. — XXV, 472.
REDAN, ordonnateur de la marine. — XIX, 32.
REDON, adjudicataire. — XXV, 272.
*Redon* (I-et-V). — XXII, 693. — XXIII, 736. — XXIV, 10. — XXV, 582. — XXVI, 643.
REDON (Vital Agricole), aide-chimiste à l'École centrale des Travaux Publics. — XVIII, 770.
REDON, agent maritime à Brest. — XXI, 68.
*Redoutable,* navire français. — XXI, 441.
*Reenen* (Hollande). — XIX, 542.
*Reffuveille* (Manche). — XXVI, 186. — XXVII, 455.
*Réflexions sur les campagnes du roi de Prusse.* — XXV, 640.
*Refuge* (Le), prison à Metz. — XVIII, 635.
*Réfugiés.* — XXV, 35, 398, 743. — XXVI, 25, 243. Voir *Batave* (Républ.) ; *Belges ; Étrangers ; Liégeois.*
RÉGARDIN-MARTINET, lieut. de gendarmerie. — XIX, 256.
*Régénérée,* navire. — XXI, 442.
RÉGENT, chirurgien major. — XXVI, 729.
*Régie, Régisseur.* — XXV, 245, 528. Voir *Receveurs.*
— des coches d'eau. — XXVI, 438, 440. — XXVII, 298. — XXVIII, 256.
— nat. de l'Enreg$^t$. — XXV, 717. — XXVIII, 21.
— des Douanes. — XXVIII, 21.
RÉGIME, fournisseur de fourrages et avoines. — XXVIII, 680, 681.
REGNARD, chef d'escadron. — XXVI, 708.
REGNAUD frères, volontaires savoisiens. — XX, 223.
REGNAULT, conducteur de charpentes. — XXII, 413.
REGNAULT, trésorier de la Comm$^{on}$ des salpêtres du Théâtre français. — XXIII, 72.
REGNAULT, cap$^e$. — XXVI, 41.
REGNAULT, soumissionnaire. — XXVI, 659.

7.

RÉGNIER (Marie Hyacinthe), fabricant d'armes. — XVIII, 364.
REGNIER, septembriseur. — XIX, 306.
REGNIER (Louis), inspecteur des manufact. — XXIII, 242.
RÉGNIER, fabricant de sabres. — XVIII, 210.
RÉGNIER, command¹ à Granville. - - XX, 25, 149.
RÉGNIER, g<sup>al</sup> de brigade. — XX, 594. — XXI, 317. — XXVIII, 129.
RÉGNIER, lieut., 100ᵉ demi-brigade. — XXVII, 224.
RÉGNIER, imprimeur à Paris. — XXVIII, 97.
REGNY (Aimé), de Gênes, fournisseur. — XXI, 699. — XXII, 139, 140.
REGOLEY, cadet, ouvrier imprimeur chez Volland. — XXVIII, 544.
Réguiny (Marais de) [Morbihan]. — XIX, 56.
REHFELD, assesseur du juge de paix de Bouxwiller. — XXIV, 86.
REIGNAC, agent des pêches en Méditerranée. — XIX, 198. — XXV, 664.
REIGNE, cap<sup>e</sup> d'infanterie. — XXIII, 776.
REIGNIÉ, père et fils, de Gênes. — XXVIII, 620.
REIGNIER (J.), inspecteur g<sup>al</sup> des magasins de Paris. — XX, 458. — XXI, 5.
*Reims* (Marne). — XVIII, 118, 119, 322, 348, 386, 545, 608, 609, 624. — XIX, 111, 116, 377, 378, 379, 613, 695, 696. — XX, 18, 31, 224, 252, 404. — XXI, 231, 258, 704, 705. — XXII, 63, 241, 486, 530. — XXIII, 277, 317, 493, 565, 566, 699, 790. — XXIV, 203. — XXVIII, 376, 659.
REINACH (Rég<sup>t</sup> suisse de). — XXI, 22. — XXIII, 109.
REINACH, Suisse. — XXIII, 540.
REINECKE (O.), constructeur de chaudières à salpêtre. — XIX, 63. — XX, 201, 202, 456. — XXII, 103, 104. — XXVI, 4.
REINHARD, des Relations extérieures, au C. de S. P. — XXV, 14.
REINOUARD, chirurgien à Embrun. — XXVI, 62.
*Relais* militaires. — XVIII, 5. — XXV, 31, 35, 86. — XXVII, 475. Voir *Etapes; Transports.*
*Religion.* — XXI, 567. — XXV, 19, 199, 200, 237, 402, 625, 755. — XXVI, 370, 412, 491, 540, 569, 726, 765. — XXVII, 45, 75, 76. Voir *Esprit* public; *Prêtres; Troubles.*
REME, négociant à Marseille. — XXVI, 735.
*Remiremont* (Vosges). — XXIII, 324. — XXVIII, 537. Voir *Libremont.*
REMOISSENET, command¹ à Orléans. — XXI, 561.
*Remontes* (Dépôts de). — XVIII, 391. — XXV, 7, 244, 713. — XXVI, 504. — XXVII, 80, 141.
REMUSAT et C<sup>ie</sup>, joailliers. — XXVIII, 620.
RÉMUZAT (Auguste), négociant à Alep. — XX, 91, 151.
RÉMY, agent des remontes. — XIX, 284.
RENARD, cap<sup>e</sup>. — XX, 103.
RENARD, vérificateur. — XXI, 174.
RENARD, adjoint au garde d'artillerie de l'arsenal de Lille. — XXII, 299.
RENARD (Louis Guillaume), agent de change ou courtier. — XXIII, 270.
RENARD, agent des subsistances. — XXIII, 483.
RENARD (Jacques), canonnier. — XXIII, 310.
*Renardière* (La) [?]. — XXVI, 638.
RENAUD, commissaire des Guerres. — XVIII, 276.
RENAUD ,g<sup>al</sup>. — XXI, 654. — XXIV, 32.

RENAUD, lieut. — XVIII, 450.
RENAUD (J.), lieut. des vétérans. — XXIV, 167.
RENAUDIÈRE, imprimeur à Paris. — XXVIII, 97.
RENAUDIN, contre-amiral. — XVIII, 128. — XX, 474, 511, 512. — XXI, 474, 816. — XXII, 120, 121. — XXIII, 339.
RENAUDOT, contre-amiral. — XXIII, 339, ne figure pas dans Six; lire Renaudin.
RENAULT, fournisseur. — XXVII, 342.
RENAULT (Louis Ch.), gendarme. — XXIV, 96.
RENAUT, sergent. — XIX, 557.
RENAUX, ingénieur des mines. — XXII, 496. — XXIII, 548.
RENCELIN, requis. — XXVI, 701. — XXVII, 127.
*Rencontre,* brigantin. — XX, 714.
RENDU, lieut. français prisonnier. — XXIV, 761.
RENÉ, palefrenier du Comité. — XX, 644. — XXVI, 57, 303.
RÉNIER, command¹ de la place de Toulouse. — XXVII, 197.
RENIQUE (A-G), lieut. de hussards. — XXVIII, 525,
*Rennes* (I-et-V). — XVIII, 76, 148, 277, 280, 282, 284, 295, 352, 444, 446, 459, 460, 461, 462, 465, 578, 593, 658, 739, 774. — XIX, 7, 36, 71, 129, 186, 213, 215, 247, 296, 313, 327, 399, 409, 449, 463, 466, 467, 468, 505, 506, 507, 543, 579, 580, 585, 586, 588, 624, 645, 661, 717, 755, 791. — XX, 23, 24, 164, 194, 306, 344. 378, 397, 443, 444, 524, 642. — XXI, 27, 28, 40, 221, 223, 225, 268, 307, 308, 351, 359, 385, 403, 409, 492, 538, 559, 576, 577, 594, 595, 599, 651, 734, 749, 767, 768, 785. — XXII, 89, 90, 130, 158, 165, 227, 229, 230, 284, 285, 315, 320, 321, 379, 397, 578, 580, 581, 582, 606, 627, 628, 676, 677, 678, 685, 707, 725, 816, 818, 819. — XXIII, 27, 52, 83, 96, 101, 145, 147, 149, 167, 173, 195, 204, 205, 220, 260, 287, 310, 313, 335, 349, 380, 471, 472, 522, 534, 535, 607, 648, 650, 677, 701, 714, 716, 756, 784, 785, 789. — XXIV, 13, 25, 27, 28, 30, 46, 104, 114, 192, 196, 198, 263, 327, 331, 532, 333, 334, 363, 398, 416, 443, 507, 514, 550, 750, 768, 773, 804, 806, 807, 808, 809. — XXV, 26, 27, 28, 52, 68, 84, 106, 112, 114, 199, 253, 259, 296, 298, 299, 301, 302, 303, 334, 360, 364, 394. 397, 415, 470, 506, 509, 548, 557, 581, 582, 601, 625, 649, 718, 748. — XXVI, 7, 45, 72, 73, 92, 155, 215, 256, 290, 291, 323, 350, 351, 393, 425, 426. 448, 462, 463, 514, 521, 599, 649, 694, 699, 713, 755. — XXVII, 11, 41, 52, 80, 101, 103, 126, 152, 159, 209, 229, 231, 426, 521, 631. — XXVIII, 135, 610.
RENO, marin. — XIX, 636.
RENOU, chef vendéen. — XXI, 224.
RENOUARD, courrier du C. de S. P. — XXV, 40, 403.
RENOUF (Jean), maître de forges à Danvou. — XX, 610.
RENOULT, conducteur d'artillerie. — XIX, 139.
*Rentes.* — XXVI, 98. — XXVII, 132. Voir *Trésorerie.*
RENUF, marin. — XIX, 636.
*Renuthier,* navire suédois. — XVIII, 306.
*Réole* (La) [Gironde]. — XX, 103, 220.
REP, quartier-maître. — XIX, 230.
REPELAER, commissaire des États généraux des Provinces-Unies. — XIX, 485, 582. — XX, 402. — XXI, 185.
*Réponse à l'Artillerie nouvelle.* — XXV, 639.

*Représentants* du peuple. — XXV, 12, 565. — XXVI, 205, 378, 382, 663, 689, 746.
— décrétés d'accusation ou de mise hors la loi. —
— XXVII, 121, 174, 205, 206, 300.
*Représentants* en mission (Décrets relatifs aux). — XVIII, 8 à 10, 21 à 39, 51, 53, 88, 89. — XX, 652.
— XXI, 239, 461, 762. — XXII, 185, 186, 747, 748, 783, 784. — XXIII, 454, 562. — XXIV, 43, 71, 99, 100, 133, 417, 440, 554, 613, 631, 632, 796, 797, 826. — XXV, 2, 21, 45, 61, 75, 103, 108, 140, 183, 184, 188, 240, 259, 277, 283, 322, 385, 387, 423, 444, 463, 497, 515, 527, 530, 545, 582, 593, 633, 642, 644, 698, 701, 716, 740, 758. — XXVI, 84, 121, 447, 541, 645. — XXVII, 31, 207, 422, 508. — XXVIII, 41.
*Représentants* en mission près les armées. — XXI, 81, 578, 641, 657, 692, 693, 694. — XXII, 45, 60, 61, 484, 811. — XXIII, 13, 65, 559, 573. — XXIV, 544, à 554, 583. — XXVI, 82, 196, 231, 291, 295, 322, 330, 344, 350, 369, 373, 386, 407, 442, 444, 486, 544, 545, 579, 581, 603, 698, 714, 728, 730, 733, 742, 750, 753, 755, 756. — XXVII, 14, 30, 36, 37, 74, 90, 128, 150, 154, 155, 156, 162, 178, 182, 184, 188, 204, 206, 231, 235, 239, 254, 285, 304, 314, 324, 351, 394, 418, 423, 447, 451, 459, 485, 486, 491, 504, 509, 514, 544, 560, 596, 616, 625, 626, 636, 638, 657, 667, 668. — XXVIII, 449, 450, 691, 692, 698.
*Représentants* en mission dans les départ<sup>ts</sup>. — XXV, 187, 196, 248, 258, 279, 290, 319, 396, 454, 570, 577, 596, 614, 632, 695, 696, 709, 735, 736, 767. — XXVII, 20, 66, 88, 91, 143, 160, 212, 231, 235, 248, 320, 339, 401, 498, 543, 544, 621, 632. — XXVIII, 71, 95, 387, 495, 674, 683.
*Représentants* en mission pour Paris. — XXIII, 453, 458. — XXVI, 63, 66, 91, 92, 125, 145, 166, 210, 212, 218, 242, 243, 263, 272, 295, 308, 332, 341, 355, 392, 395, 403, 425, 490, 547, 605, 623, 631, 661, 671, 681, 685, 692, 701, 751, 752. — XXVII, 16, 59, 77, 117, 123, 157, 158, 180, 186, 189, 325, 418, 428, 487, 489, 509, 537, 586, 616, 659, 667, 670. — XXVIII, 410, 687.
*Représentants* en mission dans les pays conquis. — XXV, 183, 387, 423, 444. — XXVI, 42, 294, 458, 478, 510, 604, 620, 708. — XXVII, 231, 236, 284, 297, 423.
*Représentants* en mission dans les colonies. — XXI, 435. — XXII, 546, 582, 765, 811. — XXIV, 476, 719. — XXV, 428. — XXVII, 511, 603.
*Républicain*, navire. — XIX, 161. — XXII, 265. — XXIII, 45, 217. — XXVI, 119.
*Républicain*, corsaire. — XX, 683. — XXV, 72. — XXVI, 289.
*Républicain*, navire de Cherbourg. — XIX, 334.
*Républicain français*, journal. — XIX, 653. — XXIII, 516. — XXVI, 726.
*République*, corvette. — XVIII, 531.
*République française*. — XXI, 700. — XXIII, 514, 515, 662, 671, 700, 701, 733. — XXV, 752, 755, 758.
REQUINSE, cap<sup>e</sup> des fédérés. — XXI, 345.
*Réquisitions*. — XVIII, 1, 5, 45, 52, 61, 112, 113, 132, 192, 225, 226, 227, 229, 230, 232, 233, 249, 264, 265, 273, 291, 308, 313, 318, 323, 326, 327, 343, 363, 386, 387, 388, 389, 393, 398, 405, 419, 420, 438, 482, 490, 516, 525, 563, 578, 600, 609, 622, 637, 651, 665, 666, 672, 696, 697, 700, 706, 718, 729, 752, 753, 756, 757, 767, 768, 784, 785, 796, 797, 808. — XIX, 1, 2, 6, 16, 21, 25, 26, 27, 37, 64, 65, 76, 81, 82, 83, 88, 89, 110, 111, 118, 131, 135, 139, 151, 167, 171, 194, 195, 196, 209, 222, 238, 240, 271, 272, 273, 278, 279, 283, 286, 289, 291, 308, 324, 325, 336, 346, 347, 349, 356, 357, 369, 377, 379, 387, 392, 393, 402, 405, 408, 416, 428, 436, 437, 452, 453, 476, 477, 478, 492, 510, 511, 529, 559, 561, 574, 576, 577, 578, 596, 597, 603, 607, 609, 610, 611, 612, 619, 631, 642, 655, 685, 705, 762, 781. — XX, 5, 29, 31, 32, 64, 65, 77, 93, 135, 136, 145, 148, 158, 173, 177, 198, 200, 244, 245, 266, 267, 273, 274, 280, 300, 301, 311, 342, 349, 356, 357, 363, 368, 371, 403, 444, 447, 454, 455, 467, 468, 502, 520, 522, 528, 536, 553, 565, 566, 567, 568, 582, 583, 586, 587, 592, 603, 612, 619, 626, 634, 658, 662, 686, 692, 694, 706, 709, 712, 713, 723, 730, 731. — XXI, 2, 3, 17, 18, 20, 22, 25, 47, 48, 64, 71, 93, 98, 99, 100, 117, 118, 123, 126, 127, 167, 168, 174, 181, 182, 196, 202, 204, 221, 227, 231, 232, 251, 252, 255, 258, 261, 264, 284, 292, 313, 318, 325, 327, 342, 343, 344, 349, 350, 357, 358, 359, 360, 361, 362, 381, 383, 385, 464, 480, 489, 494, 506, 534, 540, 552, 612, 614, 616, 617, 620, 622, 628, 640, 643, 657, 665, 669, 671, 691, 692, 697, 704, 708, 709, 714, 716, 724, 728, 739, 753, 755, 769, 786, 789, 793, 794, 806, 808, 824, 825, 826, 828, 829, 835. — XXII, 6, 16, 19, 27, 35, 36, 44, 50, 51, 63, 69, 71, 72, 86, 91, 105, 111, 153, 170, 176, 184, 197, 214, 225, 234, 253, 282, 294, 319, 426, 525, 641, 648, 655, 683, 690, 691, 692. — XXIII, 3, 18, 38, 61, 68, 99, 149, 151, 152, 156, 158, 159, 178, 180, 186, 187, 194, 276, 277, 292, 295, 296, 304, 319, 320, 350, 365, 414, 420, 421, 425, 431, 450, 459, 461, 466, 469, 482, 486, 487, 491, 492, 520, 551, 558, 561, 584, 601, 639, 737, 772, 792, 802. — XXIV, 5, 7, 63, 117, 196, 200, 202, 212, 214, 236, 279, 280, 281, 298, 307, 312, 350, 368, 375, 377, 393, 449, 457, 470, 481, 482, 493, 499, 500, 514, 532, 584, 585, 618, 649, 660, 687, 695, 744, 745, 750, 766, 809, 812, 824, 828, 849. — XXV, 1, 4, 6, 34, 35, 44, 45, 46, 49, 58, 74, 98, 101, 126, 131, 136, 140, 153, 154, 156, 164, 165, 173, 177, 182, 186, 187, 198, 203, 205, 207, 209, 213, 214, 242, 245, 269, 275, 276, 288, 298, 310, 320, 321, 346, 357, 376, 378, 384, 402, 406, 411, 417, 422, 438, 449, 451, 453, 456, 457, 458, 466, 479, 491, 496, 501, 509, 526, 534, 538, 556, 563, 582, 592, 610, 617, 628, 632, 639, 669, 674, 679, 687, 691, 696, 699, 701, 708, 712, 730, 732, 751, 753. — XXVI, 47, 48, 53, 88, 89, 91, 112, 116, 117, 125, 129, 131, 134, 140, 143, 166, 167, 168, 172, 175, 181, 182, 197, 200, 258, 260, 283, 287, 313, 316, 318, 344, 366, 367, 385, 388, 400, 411, 421, 422, 440, 441, 443, 445, 450, 451, 457, 476, 479, 480, 481, 488, 495, 498, 501, 528, 531, 536, 537, 540, 553, 562, 567, 576, 579, 594, 599, 600, 601, 607, 609, 613, 635, 639, 643, 644, 649, 650, 661, 670, 673, 682, 683, 686, 687, 688, 689, 697, 701, 702, 703, 705, 712, 721, 731, 752, 756, 764. — XXVII, 5, 6, 20, 27, 30, 32, 33, 53, 54, 57, 59, 64, 65, 71, 82, 90, 95, 96, 97, 106, 110, 113, 121, 127, 146, 147, 149, 162, 168, 170, 178, 181, 186, 191, 195, 199, 204, 205, 207,

210, 229, 232, 245, 255, 271, 274, 275, 278, 279, 280, 285, 293, 300, 315, 318, 333, 346, 369, 371, 391, 392, 395, 417, 419, 431, 441, 442, 445, 446, 456, 461, 479, 486, 505, 506, 515, 523, 537, 538, 539, 542, 559, 574, 576, 591, 601, 614, 629, 630, 631, 632, 633, 647, 651, 653, 654, 666. Voir *Céréales; Grains; Farines; Subsistances.*
*Réserve* (Bois de la), près La Fère. — XXIV, 38.
*Réserve du Fauconnier* (Adjudication de la). — XXVI, 726.
*Résine.* — XXVIII, 2.
RESMIS, soldat. — XXVI, 85.
RESNIER, envoyé extraordinaire près la Républ. de Genève. — XXVII, 348.
*Resno* (Forêt de). — XIX, 657. — XXI, 175.
*Résolue*, navire. — XXI, 442. — XXVI, 130.
RÉTA (J. Marie), courrier génois. — XXI, 173.
*Rethel* (Ardennes). — XIX, 309. — XX, 7.
RETIF, lieut. — XX, 650.
*Réty* (Mines de) [P.-de-C.]. — XIX, 493. — XXIV, 735.
*Retz* (Pays de) [Bretagne]. — XXVII, 595.
REUBELL, repr. — XIX, 122, 141, 498, 598. — XX, 660, 669, 695. — XXI, 85, 410, 421, 503, 587. — XXII, 53, 282, 596, 618, 640, 675, 761. — XXIII, 23, 57, 58, 61, 63, 135, 191, 199, 257, 284, 302, 348, 409, 440, 517, 569, 592, 605, 638, 662. — XXIV, 1, 23, 92, 105, 226, 257, 707, 714, 752. — XXV, 104, 193, 309, 514. — XXVI, 109, 120, 260, 261, 375, 411, 432, 526, 548, 588, 589, 641, 647, 648, 669, 761. — XXVII, 30, 45, 51, 84, 85, 107, 155, 159, 233, 259, 295, 355, 458, 460, 463, 528, 639, 641, 676. — XXVIII, 21, 47, 53, 58, 87, 93, 94, 110, 116, 117, 180 à 184, 203, 235, 363, 408, 476, 477, 567, 568, 592, 628, 678, 680, 681.
REUBELL, g$^{al}$. — XXI, 238, 341, 345.
REUILLY, aide de camp du g$^{al}$ Lefebvre. — XXVII, 404.
*Réunion-sur-Oise*, ci-dev$^{t}$ Guise (Aisne). — XVIII, 184. — XX, 45. — XXI, 263. — XXII, 362.
*Réunion* (Île de la). — XX, 46, 440, 508, 705, 775. — XXI, 6, 55, 217. — XXII, 340, 666. — XXIII, 777. — XXV, 72. — XXVI, 581, 628. — XXVII, 9, 90.
REUTRIEUNS, col$^{el}$. — XIX, 485.
*Réveil du peuple*, chanson. — XXI. 361, 566, 567, 569, 602, 696, 730, 795. — XXII, 515, 701. — XXIII, 299, 759. — XXIV, 600. — XXV, 625, 671, 758. — XXVI, 97, 103, 216, 374, 493. — XXVII, 363. — XXVIII, 38, 224, 514.
RÉVEILLON, fabricant à Blanzey. — XX, 610.
*Revel* (H-G). — XVIII, 419, 767. — XX, 32.
REVERCHON, repr. — XVIII, 176, 177, 179. — XXII, 275. — XXIII, 152, 237, 238. — XXVIII, 388.
*Rêveries*, du m$^{al}$ de Saxe. — XXV, 640.
REVERONY, professeur à l'École centrale des Travaux publics. — XVIII, 798. — XXIV, 477. — XXV, 485.
REVIGUES (Ant.), cultivateur. — XXII, 184.
REVIS. — XXV, 677.
*Révolution*, navire. — XXIII, 217, 498.
*Révolutionnaire*, navire français. — XXI, 441. — XXIII, 45. — XXVIII, 400.
*Révolutions de France et de Brabant*, journal. — XXV, 589.
*Revues.* — XXVII, 66, 142 (177).
REY, sous-lieut. — XXI, 300.
REY, adjud$^{t}$ g$^{al}$. — XXIII, 402. — XXVI, 305, 629.

REY, g$^{al}$. — XIX, 464, 465, 469. — XXIV, 196, 334, 514, 671, 774, 775. — XXV, 29, 510, 556. — XXVI, 132, 442. — XXVII, 472, 504, 509, 521, 522, 662. — XXVIII, 402.
REY (Emmanuel). — XVIII, 277.
REY, agent nat. du distr. de Quillan. — XX, 589, 590.
REY, adjoint à l'Agence d'extraction près l'A. des Alpes. — XIX, 5, 14.
REY (J-André Nicolas), volontaire. — XXII, 610.
REYBAUD-LANGE aîné. — XVIII, 623.
REYNA, prisonnier espagnol. — XXIV, 762.
REYNARD, exploitant de mine. — XVIII, 229.
REYNAUD, aide de camp. — XXVII, 216.
REYNAUD (Jean). — XXV, 193 (n.), 701 (n.).
REYNAUD, repr. — XXVI, 685.
REYNIER, g$^{al}$ de brigade. — XVIII, 474, XXVIII, 633.
REYNIER, commissaire ordonnateur. — XXII, 685.
REYNOEST, subrécargue. — XXV, 326.
*Reyssouze*, rivière. — XXII, 400.
RHEDON. — XXV, 756.
*Rheinfelden* (Allemagne). — XXVI, 761.
*Rheinfels* (Allemagne). — XVIII, 23, 24, 492, 812, 813. — XIX, 44. — XX, 73. — XXI, 282. — XXIII, 441.
RHEINVALOT, adjud$^{t}$ g$^{al}$, chef de b$^{on}$. — XXI, 104.
RHEINWALD, cap$^{e}$. — XVIII, 727. — XXV, 527.
*Rhenen* (Hollande). — XIX, 516, 517. — XXI, 429.
*Rhin*, fleuve. — XVIII, 286, 309, 337, 361, 492, 495, 566, 667, 812. — XIX, 94, 178, 193, 549, 628, 787. — XX, 88, 313, 325, 351, 389, 393, 418, 466, 467, 561, 562, 609, 695, 696, 760, 761, 762, 780, 800. — XXI, 24, 78, 115, 133, 192, 218, 219, 282, 289, 317, 319, 320, 373, 382, 387, 405, 406, 418, 448, 466, 472, 473, 484, 490, 567, 662, 687, 730, 731, 765, 779, 783. — XXII, 67, 87, 119, 157, 180, 190, 197, 201, 260, 284, 313, 314, 495, 552, 553, 662, 751, 753, 788. — XXIII, 50, 68, 69, 70, 94, 110-112, 113, 168, 192, 198, 231, 235, 252, 283, 284, 318, 333, 385, 387, 388, 440, 445, 517, 556, 578, 645, 802, 825. — XXIV, 23, 24, 120, 121, 191, 230, 258, 298, 365, 367, 450, 453, 494, 527, 539, 563, 608, 629, 669, 673, 745, 771, 801. — XXV, 104, 189, 192, 198, 223, 224, 226, 227, 253, 284, 288, 346, 359, 388, 449, 494, 531, 584, 585, 673, 683, 695, 700, 702, 745. — XXVI, 9, 44, 70, 127, 187, 240, 244, 245, 261, 262, 306, 457, 550, 590, 610, 633, 634, 638, 653, 655, 669, 764. — XXVII, 87, 155, 217, 266, 267, 282, 285, 321, 334, 337, 349, 350, 351, 355, 363, 403, 405, 406, 410, 425, 470, 494, 495, 528, 530, 561, 575, 576, 595, 596, 599, 607, 610, 611, 625, 626, 636, 639, 640, 657, 658. — XXVIII, 10, 15, 16, 17, 18, 42, 52, 54, 58, 109, 114, 115, 117, 118, 120, 121, 171, 181, 182, 185, 186, 220, 221, 284, 307, 309, 335, 370, 407, 408, 424, 425, 471 à 476, 484, 493, 494, 587, 588, 602, 603, 624 à 628, 637 à 639, 651, 652, 677, 679, 680, 682, 701, 702.
*Rhin* (Départ$^{t}$ du Bas-). — XVIII, 26, 150, 198, 213, 242, 339, 361, 568, 704, 789. — XIX, 39, 131, 189, 190, 258, 259, 266, 287, 298, 312, 337, 338, 365, 374, 408, 413, 414, 420, 421, 451, 452, 463, 501, 545, 573, 574, 591, 592, 638, 648, 702, 721, 743, 755. — XX, 17, 55, 74, 87, 95, 112, 322, 345, 370, 441, 452, 528, 561. — XXI, 12, 106, 464, 486, 545, 604, 838. — XXII, 38, 47, 100, 118, 536, 586,

728, 797. — XXIII, 31, 32, 50, 53, 70, 85, 108, 129, 174, 211, 234, 261, 351, 384, 445, 478, 493, 540, 576, 597, 618, 641, 654, 749. — XXIV, 54, 84, 118, 173, 235, 255, 308, 354, 371, 461, 493. 539, 629, 650, 673, 675, 789, 811, 835. — XXV, 31, 55, 86, 202, 366, 514, 534, 560, 561, 562, 583, 607, 628, 682, 686, 691, 704, 722, 725, 741, — XXVI, 13, 68, 121, 190, 219, 242, 339, 395, 424, 540, 641, 680, 762. — XXVII, 30, 45, 85, 154, 193, 247, 337, 460, 554. — XXVIII, 374, 537, 552.

Rhin (Départ<sup>t</sup> du Haut-). — XVIII, 26, 150, 198, 319, 339, 361, 568, 704, 789, 812. — XIX, 39, 131, 189, 190, 266, 287, 298, 312, 337, 338, 374, 413, 414, 420, 421, 463, 498, 545, 573, 574, 591, 638, 648, 688, 702, 721, 743, 754. — XX, 17, 55, 74, 87, 95, 112, 278, 322, 345, 452, 464, 465, 528, 560, 563, 698, 699. — XXI, 12, 106, 838. — XXII, 47, 335, 592, 728, 797. — XXIII, 32, 50, 53, 69, 85, 108, 129, 174, 211, 234, 242, 261, 351, 384, 445, 478, 493, 540, 576, 597, 618, 640, 654, 749, 825. — XXIV, 54, 84, 118, 173, 235, 255, 308, 354, 371, 461, 493, 629, 650, 672, 675, 811, 835. — XXV, 31, 55, 86, 202, 366, 514, 534, 560, 561, 562, 583, 607, 628, 682, 686, 704, 722, 741. — XXVI, 13, 68, 121, 242, 339, 395, 424, 432, 540, 588, 641, 648, 761, 762. — XXVII, 30, 85, 154, 155, 182, 193, 247, 337, 405, 459, 460, 554, 559. — XXVIII, 537.

Rhin (Région du). — XVIII, 23, 30, 60, 66, 152, 235, 241, 245, 246, 259, 286, 287, 357, 517, 746, 816. — XIX, 34, 44, 69, 70, 94, 208, 210, 408, 422, 444, 498, 517, 590. — XX, 73, 208, 209, 276, 389, 393, 417, 459, 465, 495, 496, 540, 549, 560, 561, 636, 673, 674, 697, 698, 726. — XXI, 8, 11, 73, 77, 287. — XXII, 261, 593. — XXVII, 87, 217, 321, 349, 355, 403, 405, 410, 470, 494, 561, 576, 595, 596, 599, 611, 625, 626, 639, 657, 658. — XXVIII, 108, 587, 588, 602.

Rhinau (B-R). — XX, 561. — XXIV, 629.

Rhodes (Île de). — XXIII, 513.

Rhône (Départ<sup>t</sup> du). — XVIII, 9, 75, 379, 403, 404, 422, 423. — XIX, 6, 121, 122, 259, 362, 369. — XX, 55, 56, 197, 224, 399, 431, 432, 477, 485, 678. — XXI, 87, 212, 243, 338, 461, 473, 605, 688, 697, 714, 800. — XXII, 63, 93, 139, 401, 555, 568, 711, 728, 822. — XXIII, 55, 118, 150, 178, 226, 236, 291, 318, 358, 360, 420, 430, 496, 545, 692, 764, 781, 808, 827. — XXIV, 33, 102, 122, 237, 270, 284, 354, 381, 478, 494, 531, 574, 689, 723, 753, 783, 837. — XXV, 57, 155, 178, 203, 204, 236, 516, 563, 585, 609, 654, 752, — XXVI, 25, 76, 102, 219, 308, 332, 352, 356, 376, 411, 412, 427, 433, 491, 528, 553, 588, 594, 613, 625, 651, 674, 675, 676, 709. — XXVII, 15, 38, 127, 143, 183, 211, 268, 296, 309, 310, 312, 385, 415, 434, 465, 497, 512, 556, 580. — XXVIII, 60, 204, 225, 226, 388, 430, 617, 654.

Rhône, fleuve. — XVIII, 241. — XIX, 63. — XXI, 94, 177. — XXIV, 530, 819. — XXV, 264, 481, 564, 610. — XXVI, 595, 638. — XXVII, 65. — XXVIII, 227, 228.

Rhône, flûte. — XXII, 73.

Rhône-et-Loire (Départ<sup>t</sup> de). — XVIII, 776. — XIX, 121, 122, 259, 487, 629. — XX, 140. — XXIII, 400. — XXIV, 233, 614, 814.

Rhuis (Presqu'île de) [Morbihan]. — XXVII, 521, 526, 661. Voir Ruis.

Rians (Var). — XX, 347.

Riaucourt (Forges de). — XVIII, 707.

Ribay (Le) [Mayenne]. — XXIII, 7.

RIBEC, professeur à l'École de chirurgie de Paris. — XXII, 649.

Ribérac (Dordogne). — XIX, 325.

RIBBOUD, maître pilote au port de La Montagne. — XIX, 336.

RIBOLLET, employé par le C. de S. P. — XVIII, 478.

RIBOUT, fournisseur de poudre pour Le Creusot. — XXI, 584.

RICARD, g<sup>al</sup>. — XXII, 47.

RICARD, chirurgien-major sur le *Juste*. — XXII, 180.

RICHARD, repr. — XVIII, 162, 294, 558, 633, 789. — XIX, 269. — XX, 170, 171, 180, 317, 326, 396, 410, 411, 415-421, 447, 464, 465, 552, 781, 782, 799. — XXI, 185-188, 189, 190, 267, 285, 307, 317, 364, 365, 408, 429, 518, 533, 570, 629, 646, 766, 777, 779, 783, 784, 801. — XXII, 9, 77, 83, 84, 109, 114, 115, 116, 227, 280, 281, 312, 378, 422-424, 516, 534-537, 595, 704, 750, 751, 758, 760, 778. — XXIII, 61, 231, 302, 303, 438, 440, 441, 463, 555, 569, 638, 646, 754, 817. — XXIV, 13, 21, 185, 189, 190, 229, 231, 297, 315, 323, 365, 406, 408, 414, 437, 455, 484, 559, 560, 562, 563, 564, 587, 613, 624, 668, 670, 674, 682, 707, 746, 767, 772, 800, 823. — XXV, 22, 25, 50, 103, 106, 110, 168, 187, 189, 223, 225, 248, 249, 334, 353, 381, 388, 497, 531, 546, 547, 552, 596, 621, 683, 717. — XXVI, 71, 126, 127, 156, 208, 245, 275, 276, 289, 293, 294, 305, 354, 355, 392, 393, 400, 401, 428, 455, 476, 477, 481, 482, 483, 484, 513, 543, 548, 564, 601, 607, 629, 646. — XXVII, 17, 68, 124, 238, 282, 288, 464, 512, 527, 579, 624, 647, 658, 663. — XXVIII, 19, 87, 138, 176, 247, 272, 304, 305, 307, 333, 334, 416, 513, 533, 569, 701, 702.

RICHARD, sous-chef de division. — XXIV, 821.

RICHARD, acheteur de chevaux et voitures en Suisse. — XVIII, 366.

RICHARD, sous-lieut. quartier-maître. — XX, 617.

RICHARD, de Marennes. — XIX, 6.

RICHARD, ex-cap<sup>c</sup>. — XXI, 103.

RICHARD, sous-lieut. au b<sup>on</sup> de la Haute-Garonne. — XXII, 438.

RICHARD, son frère. — XXII, 438.

RICHARD, commissaire ordonnateur en chef. — XIX, 202. — XXI, 736. — XXII, 137, 268.

RICHARD, commissaire des Guerres à Sedan. — XXIII, 247.

RICHARD et C<sup>ie</sup>, fabricants d'étoffes de coton à Sens. — XXIV, 701.

RICHAUD (Hyacinthe), repr. — XIX, 6, 121, 199, 631, 638, 639. — XX, 56, 198, 399, 432, 478, 537, 679. — XXI, 88, 212, 461, 473, 605, 620, 621, 688, 697. — XXII, 64, 139, 159, 392, 711. — XXVI, 427. — XXVII, 251.

RICHER, de l'École centrale des Travaux publics. — XIX, 455. — XXI, 49.

Richelieu (I-et-L). — XIX, 680.

RICHERÉ ou RICHERY, chef de la division navale de Toulon. — XXVII, 163, 436.

RICHIER, commissaire à la levée du 1/25. — XIX, 86.

RICHOMME, imprimeur. — XXVII, 614.

RICHON, g$^{al}$ de brigade, command$^t$ du Mont-Cenis. — XXVII, 269.
RICHON, command$^t$ le b$^{on}$ d'Orléans. — XXVI, 626.
RICHOU (Louis Joseph), repr. — XXII, 47, 728, 798. — XXIII, 33, 85, 109, 110, 169, 174, 211, 212, 213, 234, 250, 351, 445, 479, 494, 540, 576, 597, 619, 641, 654, 655, 656, 749, 824. — XXIV, 54, 85, 86, 87, 118, 119, 120, 173, 236, 255, 256, 308, 354, 371, 438, 461, 493, 561, 629, 650, 674, 675, 768, 789, 811, 836. — XXV, 13, 31, 55, 56, 86, 151, 172, 196, 203, 248, 328, 366, 515, 535, 561, 562, 583, 584, 608, 609 (n), 629, 682, 686, 699, 706, 724, 725, 726, 741. — XXVI, 13, 68, 121, 242, 395, 442. — XXVII, 86, 107.
RICHOU, de l'Eure. — XVIII, 731.
RICOIS (Anne), v$^{ve}$ de J-P Anthoine, meunière. — XXVIII, 608, 609.
RICORD, repr. — XIX, 8, 137. — XX, 682.
RICOURT et C$^{ie}$, négociants en cuivre, à Paris. — XX, 364.
RICROC, commissaire des Guerres à Alençon. — XXIII, 144. — XXV, 557.
RIDDE, ingénieur. — XX, 521.
RIDGEWAY, cap$^e$ du navire américain *Triton*. — XXV, 324.
RIEBEL, cap$^e$ de pontonniers, prisonnier. — XXVII, 267.
*Riec* (Finistère). — XXV, 510, 513.
*Riedisheim* (H-R). — XX, 58.
RIEFF, agent de l'habillement des troupes à Nancy. — XIX, 118.
RIEUTORD, adjud$^t$ g$^{al}$. — XXII, 306.
*Rieux* (H-G). — XVIII, 419. — XX, 32.
RIFFAULT (J.), commissaire des poudres au Ripault. — XIX, 710. — XXI, 424. — XXII, 103. — XXV, 165. — XXVI, 5.
RIFFLET, chef de brigade de cavalerie. — XX, 460.
*Riga* (Lettonie). — XIX, 364. — XXIV, 352.
RIGAU, chef d'escadron. — XVIII, 450.
RIGAUD (Jacques), agent de change ou courtier. — XXIII, 269.
RIGAUD, g$^{al}$ de brigade, tué à S$^t$-Domingue. — XXVI, 691.
RIGAUD, son fils. — XXVI, 690.
RICAUX, cap$^e$ de gendarmerie. — XXVIII, 470.
RIGOLET, secrétaire de direction des Ponts et Chaussées. — XXVII, 497.
*Rilzheim* (Allemagne). — XIX, 760. Voir CAUDEL.
*Rimogne* (Ardennes). — XXV, 33.
*Rimoux* (I-et-V). — XXIV, 774.
RINCHEVAL, employé du C. de S. P. — XXV, 676.
RINGAUD, défenseur de la patrie. — XXVII, 306.
*Riom* (P.-de-D). — XIX, 258. — XXV, 32, 58, 502. — XXVI, 656. — XXVII, 203, 212.
RIONDEL, aide-chimiste à l'École centrale des Travaux Publics. — XVIII, 770.
RIONET, employé aux chiourmes, à Toulon. — XXVIII, 489.
RIOU (J.), auteur dramatique. — XVIII, 612. — XIX, 418.
RIOUFFE, command$^t$. — XVIII, 144.
RIOUFFE, employé de la marine à Cannes. — XXVI, 371.
RIOULT D'AVENAY, chef de brigade. — XXV, 576.

*Ripault* (Poudrerie du) [I-et-L]. — XVIII, 471, 482. — XIX, 153, 710. — XX, 754. — XXI, 751. — XXV, 164. — XXVI, 4.
RIPNER, lieut. de vaisseau. — XXI, 566.
RIQUETTE, pharmacien. — XVIII, 545.
*Ris* (S-et-O). — XXVIII, 295.
RISSELBERGE (Pierre van), batelier de Gand. — XXVII, 60.
RISTON, enseigne non entretenu. — XX, 270.
RITTER, off. hanovrier, prisonnier. — XXV, 282.
RITTER, repr. — XVIII, 97, 173, 240, 271, 287, 382, 542, 543, 556, 675, 699, 749, 751. — XIX, 74, 302, 305, 319, 367, 651, 760, 795. — XX, 380, 382, 532, 533, 534, 682, 683, 684, 747. — XXI, 91, 109, 151, 158, 170, 173, 207, 274, 333, 699. — XXII, 66, 392. — XXVI, 349, 353. — XXVII, 36, 223, 582, 648, 649. — XXVIII, 89, 140, 143 à 145, 160, 216, 233, 285, 365, 656.
RITTER (X.), élève canonnier marin. — XXVIII, 238.
RITTIER, sous-lieut. — XX, 68.
*Ritzbuttel* (Fort) [Allemagne]. — XXII, 377.
RIVALTZ, ministre plénipotentiaire à Stockholm. — XXVII, 624.
RIVAU, marin. — XIX, 636.
RIVAIS (Paul), requis. — XVIII, 92.
RIVAUD, repr. — XXI, 218, 417, 839. — XXII, 171, 742. — XXIII, 32, 69, 318, 690, 762, 763. — XXIV, 33, 56, 221, 254, 259, 290, 391, 462, 525, 526, 527, 598, 613, 630, 703. — XXV, 18, 138, 152, 286, 414, 417, 443, 478, 536, 583, 608, 667, 686, 706, 742. — XXVI, 12, 22, 24, 53, 67, 209, 242, 279, 296, 299, 368, 374, 375, 487, 519, 526, 588, 589, 612, 613, 641, 647, 669, 680, 701, 761. — XXVII, 19, 30, 42, 44, 84, 85, 154, 171, 178, 182, 210, 219, 266, 293, 295, 308, 355, 362, 364, 531, 532, 550, 576, 600, 625, 639, 676. — XXVIII, 21, 37, 53, 71, 93, 94, 180 à 184, 203, 282, 365, 444, 476, 477, 567, 568, 604, 621, 678 à 682, 690, 705.
RIVAUD, commissaire des Guerres. — XXVI, 520. — XXVII, 14, 371.
RIVAUD (J.), g$^{al}$ de brigade. — XX, 68.
RIVAULT (R.), boulanger à Beauvais. — XXVIII, 79.
RIVAUT, chef de b$^{on}$. — XXIII, 461.
RIVAZ (P. Emmanuel), g$^{al}$ de brigade. — XX, 68. — XXVI, 687. — XXVIII, 551.
*Rive-de-Gier* (Loire). — XIX, 184. — XX, 438, 791.
RIVERY, armurier. — XXVII, 392.
*Rives* (Fabriques d'acide de) [Isère]. — XXVII, 143.
RIVET, dit Gourcy, chef d'escadron de chasseurs. — XVIII, 508.
RIVET, ex-cap$^e$. — XXVII, 618.
RIVET, brigadier de hussards. — XXVI, 701.
RIVIÈRE, rebelle. — XXVIII, 261.
*Rivière-Verdun* (Bailliage de). — XIX, 365.
*Rivières* (Repr. aux). — XXI, 656, 799. — XXII, 289, 352, 383, 487, 710. — XXIII, 175, 377, 419, 617, 669. — XXIV, 57, 117, 174, 204, 236, 270, 487, 688. — XXV, 54, 126, 153, 286, 309, 402, 451, 534, 563, 580, 601, 654, 672, 682, 687, 727, 751. — XXVI, 24, 53, 66, 91, 136, 156, 167, 209, 218, 242, 332, 395, 450, 528, 553, 594, 720, 764. — XXVII, 82, 159, 195, 257, 295, 309, 364, 427, 464, 485, 495, 629.
RIVOL, gendarme. — XXIII, 772.
RIVRAT, off. d'artillerie. — XVIII, 190.
*Rixouse* (La) [Jura]. — XIX, 355.

RIZ — 201 — ROB

*Riz.* — XVIII, 391. — XIX, 708, 722. — XX, 119, 157, 158, 316, 332, 387, 626, 702. — XXI, 342, 343, 366, 367, 588, 702, 703, 737, 807, 826, 833. — XXII, 2, 35, 69, 70, 72, 99, 101, 149, 150, 171, 175, 176, 195, 213, 234, 253, 267, 308, 320, 324, 332, 361, 409, 410, 411, 442, 443, 445, 471, 473, 482, 483, 493, 505, 525, 544, 559, 599, 623, 630, 631, 641, 643, 674, 675, 691, 693, 696, 697, 718, 737, 739, 804. — XXIII, 3, 37, 38, 64, 123, 154, 186, 219, 244, 324, 451, 483, 547, 583, 584, 686, 689, 699, 714, 736, 800. — XXIV, 2, 3, 38, 64, 82, 94, 95, 131, 154, 155, 179, 180, 210, 212, 241, 242, 275, 374, 395, 396, 432, 433, 446, 466, 467, 468, 469, 498, 537, 579, 580, 607, 698, 699, 700, 734, 735, 749, 759, 810. — XXV, 2, 10, 35, 67, 69, 70, 95, 96, 111, 128, 167, 208, 242, 247, 272, 295, 304, 315, 342, 373, 404, 423, 424, 431, 439, 455, 485, 518, 539, 586, 612, 617, 649, 650, 657, 671, 677, 679, 683, 693, 720, 727, 728. — XXVI, 2, 35, 57, 64, 65, 110, 130, 142, 177, 215, 219, 228, 229, 233, 256, 311, 318, 342, 364, 382, 417, 418, 441, 471, 500, 510, 533, 577, 638, 683, 724, 727, 739. — XXVII, 26, 35, 114, 130, 168, 225, 226, 252, 293, 318, 343, 360, 390, 416, 502, 537, 586.
*Roanne* (Loire). — XVIII, 755. — XIX, 104, 150, 410. — XXII, 151, 712, 714. — XXIV, 532. — XXV, 264, 276. — XXVIII, 316.
ROBART (Chevalier de). — XXVIII, 277.
ROBE, chef de brigade. — XVIII, 121.
ROBELIN (Cl.), voiturier par eau. — XXV, 662.
ROBERJOT (Ch.), repr. — XIX, 67, 208, 340, 441, 442, 484, 556, 641, 642, 643, 735, 740. — XX, 185, 187, 188, 212, 355, 358, 465, 496, 725. — XXI, 9, 70, 80, 115, 133, 166, 290, 489, 528, 569, 599, 687, 732, 819. — XXII, 73, 130, 282, 310, 313, 314, 597. — XXIII, 225, 332, 432, 489, 557, 625. — XXIV, 174, 409, 561, 679. — XXV, 142, 356, 381. — XXVI, 102, 327, 479, 608. — XXVIII, 554, 672, 673.
ROBERJOT, adjud$^t$ g$^{al}$. — XX, 68.
ROBERT, de Paris, repr. — XVIII, 20. — XXI, 597. — XXII, 417, 609. — XXIII, 141, 347, 489, 529, 530, 588, 706, 712, 713, 753. — XXIV, 67, 75, 258, 288, 323, 679.
ROBERT, lieut. de gendarmerie. — XXVII, 478.
*Robert-Espagne* (Meuse). — XXV, 440.
ROBERT (Germain), canonnier. — XXV, 62.
ROBERT, employé des postes. — XVIII, 276.
ROBERT neveu, pharmacien. — XXII, 716
ROBERT (Fr.), cap$^e$. — XIX, 76.
ROBERT, garde nat. à Laval. — XXI, 538.
ROBERT, fabricant de globes. — XVIII, 703.
ROBERT, cap$^e$. — XXIII, 8.
ROBERT (Jos.), cap$^e$ de hussards. — XXIII, 328.
ROBERT, cap$^e$. — XIX, 139.
ROBERT, hussard. — XXIII, 670. — XXIV, 167.
ROBERT, novice. — XXI, 68.
ROBERT, adjoint à l'inspecteur des forges des Ardennes. — XXII, 9.
ROBERT, m$^{al}$ des logis de dragons. — XXII, 170.
ROBERT (Gabriel), direct$^r$ d'hôpital. — XXII, 304.
ROBERT, g$^{al}$ de brigade. — XXVII, 56, 619.
ROBERT. — XXVI, 553.
*Robert*, navire américain. — XIX, 32. — XX, 343.
ROBESPIERRE (Maximilien), repr. — XVIII, 35, 206, 266, 442, 452, 714, 736. — XIX, 256, 299, 420, 508, 698, 792. — XX, 26, 138, 258, 479, 480, 517, 574, 623, 629, 740, 786. — XXI, 151, 229, 230, 567. — XXII, 80, 352, 771. — XXIII, 528, 579, 663, 826. — XXIV, 322, 545, 695. — XXV, 156, 521, 571, 681. — XXVI, 227, 410. — XXVIII, 203, 204, 285, 289, 290, 567.
ROBESPIERRE jeune, repr. — XIX, 8. — XX, 682.
*Robespierristes.* — XXI, 172, 229, 367, 391. — XXIII, 560, 561, 579, 663, 824, 826. — XXVII, 224.
ROBILLARD, garçon boulanger. — XVIII, 217.
ROBILLARD et C$^{ie}$, fabricants d'étoffes de coton à Sens. — XXIV, 701.
ROBILLARD, adjudicataire de bois. — XXVIII, 572.
ROBIN, command$^t$ de hussards. — XXV, 719.
ROBIN, repr. — XVIII, 403, 489, 490, 619, 651, 781. — XIX, 376, 611, 688, 706, 707, 744. — XX, 535, 566, 582, 586, 661. — XXI, 505, 805. — XXII, 331, 374, 620, 797. — XXIV, 614. — XXVI, 125, 212, 233. — XXVIII, 4, 99, 641, 675, 692.
ROBIN. — XXII, 336.
ROBIN, greffier et notaire à Herbault. — XX, 510.
ROBINE, administrateur de la Manche. — XX, 137, 138.
ROBINET, ingénieur des Ponts et Chaussées. — XVIII, 727.
ROBINOT, négociant. — XXII, 267.
ROBINSON (George), lieut. de vaisseau anglais, prisonnier. — XXI, 345.
ROBINSON (James Banks), prisonnier. — XXI, 556.
ROBINSON (Ch.), cap$^e$ de vaisseau anglais, prisonnier. — XXII, 746.
ROBLIN, sous-lieut. — XXVI, 88.
*Robion* (Vaucluse). — XXVIII, 230.
ROBQUIN, adjud$^t$ g$^{al}$, chef de b$^{on}$. — XX, 491.
*Roc-Libre*, ci-dev$^t$ Rocroi (Ardennes). — XVIII, 550, 725, 726, 770. — XIX, 285, 541. — XXII, 234, 235, 395. — XXIII, 140, 223.
ROCH, commissaire des Guerres. — XXVI, 359.
*Rochambeau*, g$^{al}$. — XIX, 410. — XXVIII, 485.
*Rochambeau*, corsaire. — XXV, 324.
ROCHE, secrétaire g$^{al}$ du distr. de Moutiers. — XXVI, 111.
*Roche* (La) [Ardennes]. — XIX, 53. — XXI, 329.
ROCHE (Bernard), enseigne de vaisseau. — XX, 124.
ROCHE, hussard. — XXI, 654.
ROCHE CAVILLAC, chef de b$^{on}$ d'artillerie. — XXII, 369.
*Roche Bernard* (La) [Morbihan]. — XXIII, 166, 373, 590. — XIX, 127, 248, 506, 664. — XX, 130. — XXI, 40, 706, 707. — XXIII, 311. Voir *Roche-Sauveur*.
*Roche-Sauveur* (La) [Morbihan]. — XVIII, 166, 373, 590. — XIX, 127, 248, 506, 664. — XX, 130. — XXI, 40, 706, 707. — XXIII, 311. — XXIV, 751. — XXV, 149. Voir *Roche Bernard* (La).
*Roche-sur-Yon* (La) [Vendée]. — XX, 712. — XXII, 136. — XXVI, 162. — XXVIII, 461.
ROCHEBRUN, imprimeur à Marseille. — XXII, 385. — XXIII, 70.
*Rochecorbon* (I-et-L.). — XXI, 175.
ROCHEFORT, père et fils. — XVIII, 751.
ROCHEFORT, chasseur. — XIX, 133.
*Rochefort* (C-I). — XVIII, 91, 143, 237, 263, 264, 284, 320, 325, 374, 375, 436, 488, 501, 527, 638, 639, 641, 642, 728, 743, 745. — XX, 66, 124, 130, 311, 335, 373, 445, 446, 447, 472, 553, 660, 661, 793. — XX, 81, 101, 148, 161, 162, 235, 257, 398,

438, 448, 449, 463, 502, 547, 641, 668, 704, 705, 714, 754, 757, 797. — xxi, 22, 68, 138, 139, 156, 281, 337, 359, 411, 442, 444, 446, 471, 496, 497, 555, 601, 617, 639, 661, 694, 834. — xxii, 18, 168, 218, 287, 288, 382, 383, 389, 459, 636, 638, 646, 681, 696. — xxiii, 42, 84, 208, 217, 384, 416, 472, 520, 537, 538, 539, 610, 611, 683. — xxiv, 48, 50, 56, 81, 150, 197, 200, 281, 339, 371, 394, 490, 709, 779. — xxv, 6, 234, 307, 320, 322, 410, 460, 493, 494, 520, 642. — xxvi, 58, 150, 206, 369. — xxvii, 58, 538. — xxviii, 103, 574, 610, 665.
*Rochefort-sur-Loire* (M-et-L). — xxi, 497. — xxvii, 191.
*Rochefort* (Morbihan). — xxvii, 522.
*Rochefoucauld* (La) [Charente]. — xxii, 27, 28.
Rochegude, repr. — xviii, 90.
*Roche-Guyon* (La) [S-et-O]. — xxvii, 557, 630.
Rochelin, maire d'Avignon. — xx, 291.
*Rochelle* (La) [C.-I]. — xviii, 91, 436, 636, 638, 743. — xix, 124, 130, 176, 282, 393, 394, 445, 446, 449, 482, 660, 793. — xx, 78, 125, 157, 158, 257, 448, 538. — xxi, 41, 138, 337, 411, 412, 468, 471, 496, 497, 601, 639, 661, 694, 834, 835. — xxii, 18, 22, 168, 287, 382, 459, 526, 681. — — xxiii, 72, 73, 208, 209, 384, 416, 472, 520, 537, 609, 683. — xxiv, 48, 50, 81, 200, 280, 339, 371, 477, 490, 709. — xxv, 121, 191. — xxvi, 58, 164. — xxvii, 343, 562, 605, 653. — xxviii, 137, 437, 480, 547, 574.
Rochereuil, agent pour l'approvision$^t$ en bois. — xviii, 502.
*Roches-des-Trois*, ci-dev$^t$ Rochefort-en-Terre (Morbihan). — xviii, 126, 590. — xix, 245, 246, 584, 623, — xxii, 580.
Rochet, fournisseur. — xviii, 425.
Rochet (J. Fr.), fermier des forges de Chessey. — xx, 80, 486.
Rochet, ex-command$^t$ de Philippeville. — xxii, 9.
Rockenbach, entrepreneur des bois et lumières de Strasbourg. — xxii, 38.
Rocimont, chef de brigade de dragons. — xxiv, 505.
*Rocroi* (Ardennes). — xviii, 550, 725, 726, 770. — xix, 285, 541. — xxii, 235, 395. — xxiii, 140, 123. Voir *Roc-Libre*.
Rode, chef de bureau à la tannerie de Sèvres. — xxv, 611.
*Rodez* (Aveyron). — xix, 614. — xx, 771. — xxvi, 308, 410, 733. — xxvii, 14, 46, 248, 323, 378, 435. — xxviii, 51.
Rodney-Bligh, commodore. — xviii, 57. — xxi, 719.
Rodrigue, de l'École de Mars. — xix, 62.
Rodrigue, sous-chef des bureaux civils au Havre. — xxi, 468. — xxii, 22.
Rodrigue (Edme), son frère, prisonnier. — xxi, 468. — xxii, 22.
*Roër*, rivière. — xviii, 309. — xxi, 348. — xxiii, 284.
*Rœulx* (Camp de) [Nord]. — xviii, 495.
Roger, courrier du C. de S. P. — xxv, 39.
Roger (Jos.), volontaire. — xviii, 121.
Roger, président du bureau de conciliation, de Metz. — xviii, 315.
Roger (René). — xix, 384.
Roger, cap$^e$ d'artillerie. — xxiv, 218.

Roger, off. de santé. — xviii, 72.
Roger, agent du repr. Laurent. — xx, 571, 572.
Rogers et Wolsey, Américains. — xxvii, 62.
Roget, adjud$^t$ g$^{al}$, chef d'État-major. — xviii, 31, 32, 55, 56, 68, 236, 410. — xix, 93, 244, 315, 624. — xxv, 435.
Rogier, sergent d'artillerie. — xxviii, 527.
Rognon, charpentier. — xxii, 715.
Rogon de Carcaradec, g$^{al}$. — xviii, 321.
Rohan, chef chouan. — xxv, 507.
Rohart, gendarme. — xxiii, 220.
Rohner, négociant. — xxv, 97.
Roinville, surveill$^t$ d'équipage de l'Agence des transports. — xxvi, 40.
*Roinville* (E-et-L). — xxi, 747.
*Roissy* (S-et-O). — xxviii, 464.
Roistrie (La). — xviii, 279, 280.
Rol, m$^{al}$ des logis. — xxi, 811.
Roland (Gervais), cocher du C. de S. P. — xviii, 383. — xxi, 610. — xxv, 690. — xxvi, 681, 726.
Roland, meunier à Corbeil. — xix, 746. — xx, 40.
Roland, commissaire à Marseille. — xx, 731.
Roland. — xxv, 422.
Rolet, canonnier. — xviii, 122.
Rolland, administrateur de la Moselle. — xviii, 315.
Rolland, direct$^r$ des équipages d'artillerie à l'A. du Rhin. — xviii, 567. — xix, 28, 432. — xx, 202. — xxii, 717.
Rolland, volontaire. — xxvi, 528.
Rolland, commissaire ordonnateur. — xxiv, 665. — xxv, 735. — xxvi, 117. — xxviii, 294, 413, 414, 670.
Rolland neveu, employé à l'arsenal de Paris. — xxiv, 791.
Rolland, direct$^r$ de l'arsenal de Paris. — xxii, 499.
Rolland, direct$^r$ des subsistances g$^{ales}$ de l'A. de Rhin et Moselle. — xxvii, 334, 335, 363.
Rolland (Nicolas), négociant à Marseille. — xxvii, 149.
*Rolleboise* (S-et-O). — xxvii, 651.
Rollin, brigadier de chasseurs. — xix, 597.
Rollin, inspecteur de l'atelier de Sillery. — xx, 67.
Rollot, chef d'escadron de hussards. — xx, 505.
*Romaine* (Frégate La). — xviii, 144. — xxiii, 468.
Romaingoux, inspecteur des subsistances militaires. — xviii, 248.
*Romainville* (Seine). — xxvi, 638.
Romainville, command$^t$ à Amiens. — xxiii, 255, 256.
Roman, commissaire ordonnateur. — xviii, 488. — xix, 68, 254, 255. — xxii, 542. — xxvi, 759. — xxvii, 150. — xxviii, 251.
Roman fils, créancier de la République. — xxvii, 656.
*Roman* (Forêt de). — xxvi, 136.
Romand, g$^{al}$. — xxiv, 172. — xxvii, 521, 661.
Romanet, g$^{al}$. — xviii, 198. — xxviii, 90, 552. Voir Lestranges.
*Romans* (Drôme). — xxi, 485. — xxiii, 542, 693. — xxiv, 163, 374, 391, 392. — xxv, 72. — xxvii, 121.
Rome (Émilian), canonnier. — xxvi, 62.
*Rome* (Italie). — xviii, 329. — xix, 275, 300, 385. — xxiii, 388. — xxv, 461.

*Rome* (Cour de). — XXII, 801.
ROME, du Guipuzcoa. — XXII, 517.
ROMÉ (C<sup>ne</sup>), ex-noble. — XVIII, 511.
ROMÉ DE LISLE (*Cristallographie* de). — XXIV, 158. — XXV, 641.
ROMERON, chef de la 1<sup>re</sup> division. — XXV, 574.
ROMET, agent de la Comm<sup>on</sup> des approvision<sup>ts</sup>. — XXII, 425, 426.
ROMET, fournisseur de voitures. — XXIII, 129, 130.
ROMIEU, sous-lieut. — XVIII, 6.
ROMIEU, off. de gendarmerie. — XXVIII, 362.
*Romilly* (Fonderie de). — XVIII, 363. — XX, 126. — XXI, 282. — XXVII, 63, 170 (177).
ROMIRON, employé à la section de la guerre. — XXVIII, 417.
ROMME, repr. — XVIII, 394, 395, 398, 476, 795. — XIX, 395. — XX, 438. — XXII, 6, 715. — XXIII, 404. — XXV, 275.
ROMME, neveu du repr. — XVIII, 375.
ROMME, agent provisoire de la Républ. à S<sup>t</sup>-Domingue. — XXVIII, 661, 662.
ROMON, off. destitué. — XXVII, 92.
*Romorantin* (L-et-C). — XVIII, 20. — XIX, 577. — XX, 639. — XXVIII, 128.
*Ronceau* (Forêt de). — XXV, 687. — XXVI, 66.
*Ronde-Haye* (La) [Manche]. — XX, 762, 763.
RONDEAU, command<sup>t</sup> l'escadre du Levant. — XXVI, 512.
RONDEAU, volontaire. — XVIII, 165.
RONDEAU, ex-cap<sup>e</sup> de cavalerie. — XVIII, 320.
RONDEL, adjud<sup>t</sup> g<sup>al</sup>. — XVIII, 305. — XXV, 214.
RONDEL, chirurgien à l'A. du Nord. — XXVIII, 416.
RONDONNEAU, chargé du dépôt des bois. — XIX, 65. — XX, 625. — XXI, 236.
RONEZ, cavalier. — XXII, 63.
RONNE et C<sup>ie</sup>, fournisseurs de riz. — XX, 626.
RONUS et C<sup>ie</sup>. — XXV, 230.
*Rood* (Athol), off. anglais. — XIX, 553.
*Roosendal* (Abbaye de) [Belgique]. — XXVI, 615.
ROPELAER (De), envoyé de la Hollande. — XVIII, 262.
*Roque* (La) [Eure]. — XXV, 677.
ROQUE (Nicolas), dit La Roque, g<sup>al</sup> de brigade. — XIX, 66.
*Roquemaure* (Gard). — XXVIII, 227.
ROQUES, chef de b<sup>on</sup>. — XXIII, 655. — XXIII, 157.
ROQUES, chasseur de la H<sup>te</sup>-Garonne. — XIX, 133.
ROQUESANTE, adjud<sup>t</sup> g<sup>al</sup> chef de brigade. — XVIII, 566. — XIX, 28. — XX, 649, 689, 719. — XXI, 145, 233, 235, 335, 390, 420, 421. — XXII, 64, 541. — XXIV, 764.
*Roquette* (Batterie de La), près Bordeaux. — XXII, 169. — XXIV, 638. — XXVI, 135.
RORBEL (André Eugène), aide-chimiste à l'École centrale des Tr. publ. — XVIII, 770.
*Rosas* (Baie de) [Espagne]. — XVIII, 360, 416, 670, 793. — XIX, 163, 345, 348, 349, 350, 351, 352, 526. — XX, 56, 57, 142, 143, 144, 421, 451, 680. — XXI, 282, 421. — XXIII, 215, 322, 394, 395, 625. — XXV, 158, 311, 340, 630. — XXVII, 64, 198. — XXVIII, 485.
*Roscoff* (Finistère). — XIX, 210, 213. — XXI, 439, 801.
ROSE, adjud<sup>t</sup>, g<sup>al</sup>. — XXI, 814. — XXII, 336, 340, 368.
ROSE, du 14<sup>e</sup> rég<sup>t</sup> d'infanterie. — XX, 587.
ROSEL, élève de l'École de Mars. — XIX, 481.
ROSELJE et C<sup>ie</sup>, tanneurs à Amsterdam. — XXVI, 602.

ROSELLE, fournisseur de viandes à Béthune. — XX, 366.
ROSENTHAL (Légion). — XX, 576.
ROSET, command<sup>t</sup> temporaire de la place de Paris. — XXIV, 822.
ROSIER, chasseur au b<sup>on</sup> du Gard. — XIX, 133.
ROSIER frères, négociants à Bordeaux. — XXVIII, 9.
ROSIÈRES, g<sup>al</sup> de division. — XX, 103.
ROSILLY, ex-contre-amiral. — XIX, 47, 384, 553. — XXII, 478.
*Rosinia*, brigantin du Sunderland. — XIX, 138.
ROSSARD aîné, vendéen. — XXVI, 386.
*Rosselgène* (Mines de plomb de), ci-dev<sup>t</sup> Saint-Avold. — XVIII, 471.
ROSSELIN, employé au contrôle de la marine, à Toulon. — XXVIII, 489.
ROSSERIE (Louis de La), chouan. — XXIII, 472.
ROSSI (J. B.), de Gênes. — XX, 162. — XXI, 506.
ROSSI, g<sup>al</sup> de division. — XXII, 182.
ROSSIGNEUX, père et fils, maîtres de forges à Pesmes. — XXIV, 143.
ROSSIGNOL, g<sup>al</sup>. — XXIV, 295.
ROSSIGNOL, inventeur. — XXVI, 640.
ROSSIGNOL, gendarme. — XXV, 244.
ROSSOLIN, ex-quartier-maître, trésorier des troupes de la marine. — XX, 491
ROSTAINE, cultivateur à Savigny. — XIX, 734.
*Rostrenen* (C-du-N). — XIX, 504, 753.
ROTROU, inspecteur des armes à Liège. — XIX, 141.
*Rotterdam* (Hollande). — XIX, 286, 582, 604. — XX, 107, 186. — XXI, 161, 532, 533, 774. — XXII, 83, 312, 741, 760. — XXIII, 303. — XXIV, 141, 622. — XXV, 22, 23, 353, 518. — XXVI, 424. — XXVII, 616. — XXVIII, 62.
ROUAN, cap<sup>e</sup>. — XXVII, 613.
ROUAULT (Jos. Yves), repr. — XXII, 616.
*Roubaix* (Nord). — XVIII, 448.
ROUBAUD, chirurgien. — XVIII, 2.
ROUBAUT, sous-contrôleur à Toulon. — XXV, 409.
ROUCHÉ, g<sup>al</sup> de brigade. — XXIV, 420. — XXV, 383.
ROUCAYROL, fils, candidat à l'École polytechnique. — XXVIII, 379.
ROUDES, off. de santé. — XX, 120.
ROUDIÈRES, lieut. réintégré. — XXV, 638.
ROUDILLON, chirurgien. — XXIV, 499.
*Rouelles* (Manufacture de) [H-M]. — XVIII, 600.
*Rouen* (S-I). — XVIII, 85, 93, 142, 363, 391, 449, 476, 510, 511, 584, 609, 637, 654, 679, 773. — XIX, 109, 118, 137, 237, 385, 440, 452, 491, 514, 556, 679, 715. — XX, 63, 104, 119, 188, 255, 308, 387, 621, 622, 674, 675, 676, 727, 754, 772. — XXI, 116, 117, 118, 119, 264, 350, 366, 384, 460, 480, 486, 487, 537, 550, 571, 573, 574, 575, 576, 625, 673, 733, 831, 833. — XXII, 33, 164, 182, 187, 188, 256, 257, 304, 387, 396, 445, 448, 457, 482, 483, 553, 579, 580, 604, 605, 626, 676, 705, 724, 764, 796, 815, 816. — XXIII, 7, 13, 24, 25, 52, 63, 64, 100, 101, 139, 305, 414, 468, 469, 492, 519, 533, 534, 571, 572, 588, 606, 640, 648, 649, 675, 676, 677, 710, 775, 817. — XXIV, 4, 7, 10, 47, 242, 302, 331, 350, 368, 384, 415, 486, 489, 556, 747, 768, 786, 829, 830. — XXV, 35, 128, 134, 145, 160, 177, 208, 229, 230, 232, 242, 254, 272, 294, 295, 319, 342, 354, 391, 404, 423, 432, 445, 455, 504, 579, 581, 613, 617, 623, 645, 649, 679,

681, 728, 729. — xxvi, 64, 110, 178, 229, 285, 287, 329, 373, 401, 403, 417, 441, 447, 484, 520, 591, 683, 686, 692, 696, 740, 760. — xxvii, 19, 79, 171 (177), 211, 213, 257, 296, 306, 329, 409, 421, 431, 469, 490, 515, 547, 551, 562. — xxviii, 24, 62, 85, 193, 194, 197, 277, 296, 329, 517, 565, 573, 591, 609, 675, 689, 703.
*Rouffach* (H-R). — xxvi, 740.
ROUGÉ frères, fournisseurs, de Liège. — xxvi, 457.
ROUGEREAU, volontaire, — xxvi, 528.
ROUGEMONT, repr. — xviii, 121. — xix, 528. — xx, 460.
ROUGET DE LISLE, off. du génie. — xxiii, 43, 157, 247, 248, 278, 581.
ROUGIÉ, commandant un bâtiment. — xxiv, 201.
ROUGIER LA BERGERIE, ex-législateur, cultivateur à Bléneau. — xxii, 688. — xxvi, 596.
ROUHIÈRE, commissaire ordonnateur. — xxi, 633. — xxiii, 660. — xxvi, 176. — xxviii, 355, 486, 619.
ROUILHAC, inspecteur g$^{al}$ des remontes. — xviii, 705.
ROUILLER, commis à l'hôpital de Neustadt. — xxvii, 632.
*Rouillère* (Camp de La) — xviii, 665.
ROUILLY, aide de camp du g$^{al}$ Lefebvre. — xxvii, 561.
ROUJOUX (Philippe), canonnier et aérostier à Meudon. — xxi, 481.
ROUME, agent de la Républ. à S$^t$-Domingue. — xxviii, 125.
ROUNEAU, juge du trib. de dist. de Mer. — xxv, 647.
ROUS, repr. — xxii, 802.
ROUSSE, médecin à l'A. des Pyr. Occident. — xxvi, 287.
ROUSSEAU (Jean), repr. — xxviii, 376.
ROUSSEAU, (J. J.), présid. du trib. de la 17$^e$ division. — xxv, 589.
ROUSSEAU, présid. du trib. de l'A. de l'Intérieur. — xxvi, 286.
ROUSSEAU, f$^e$ Menault, d'Étampes. — xxiv, 537, 538.
ROUSSEAU (Gabriel), aide de camp. — xviii, 724. — xxiv, 760.
ROUSSEAU père, fabricant de drap à Sedan. — xxiv, 760.
ROUSSEAU, lieut. de chasseurs à cheval. — xix, 66, 311.
ROUSSEAU, lieut-col$^{el}$ au rég$^t$ de Wurtemberg. — xx, 54.
ROUSSEAU, command$^t$ temporaire du château du Taureau. — xxi, 718. — xxv, 348.
ROUSSEAU (J.-J.). — xxi, 354, 520.
ROUSSEAU, pharmacien à l'A. du Nord. — xxv, 185.
ROUSSEAU-GELLINAT (Jeanne). — xxiv, 523.
ROUSSEL (Émile), envoyé à l'École normale. — xix, 149.
ROUSSEL, dit Saint-Hilaire, cap$^e$ de dragons. — xxiii, 261.
ROUSSEL, sergent au 8$^e$ b$^{on}$ du Bec d'Ambez. — xix, 794.
ROUSSEL (Jacques), maréchal ferrant à Illiers. — xx, 177.
ROUSSEL, adjoint à l'adjud$^t$ g$^{al}$ Delaunay. — xx, 737.

ROUSSEL, de Condrieu. — xxiv, 215.
ROUSSEL, cap$^e$ de dragons, terroriste. — xxvi, 203.
ROUSSEL, cartographe. — xxvi, 57.
ROUSSEL, élève de l'École normale. — xxvii, 205.
ROUSSEL DE SAINT-RÉMY. Voir SAINT-RÉMY.
ROUSSELOT, grenadier. — xxviii, 341.
ROUSSILLE CHAMSERU, médecin. — xviii, 483. — xix, 408. — xx, 543. — xxii, 178.
*Roussillon*. — xix, 178. — xx, 27, 519, 804.
ROUSSILLON, ex-Constituant, maire de Toulon. — xxvi, 360.
ROUSSOT, aide de camp. — xix, 636.
ROUSTAGNENCQ, ex-ordonnateur à S$^{te}$-Lucie-la-Fidèle. — xxvi, 510. — xxvii, 562. — xxviii, 211.
ROUSTAN (Henry Louis), lieut. de vaisseau. — xxi, 401.
*Routes*. — xix, 680. — xx, 149. — xxiii, 259, 360, 518, 542, 603, 670, 693. — xxiv, 7, 30, 33, 74, 145, 163, 576, 629, 630, 649, 654, 714, 728, 729. — xxv, 17, 78, 107, 232, 255, 264, 291, 303, 307, 335, 359, 375, 396, 397, 430, 436, 458, 477, 505, 538, 544, 626, 718, 748. — xxvi, 52, 62, 73, 75, 92, 112, 148, 158, 226, 279, 297, 311, 312, 330, 364, 385, 405, 434, 507, 523, 524, 572, 598, 599, 685, 695, 698, 700. — xxvii, 41, 91, 93, 99, 124, 139, 161, 318, 332, 376, 414, 423, 442, 559, 631, 632, 654. — xxviii, 84, 277, 677.
ROUVIÈRE, agent de la poste aux lettres. — xxiv, 373.
ROUX, ex-inspecteur g$^{al}$ des charrois. — xviii, 14.
ROUX, mareyeur à Étaples. — xix, 565.
ROUX (Benoit), dessinateur. — xxi, 65.
ROUX, ex-procureur à Gravelines. — xxi, 59.
ROUX, greffier à la gendarmerie du Gers. — xxii, 809.
ROUX de Toulon. — xxiv, 477.
ROUX, commis aux classes à Arles. — xxviii, 209.
ROUX, agent du commerce à Vermenton. — xxiii, 178.
ROUX, maître des forges de Montblainville et Champigneul. — xxiii, 275.
ROUX et C$^{ie}$. — xxv, 590.
ROUX, de Rimogne. — xxv, 34.
ROUX (Nicolas), sous-chef à Toulon. — xxv, 409.
ROUX, père et fils, employés au contrôle, de la marine, à Toulon. — xxviii, 488, 489.
ROUX, commis de l'arrièré de la marine à Toulon. — xxviii, 489.
ROUX, repr. — xviii, 318, 489, 490. — xix, 461. — xx, 459, 629. — xxi, 174, 503, 513, 640, 693. — xxii, 693. — xxiii, 22, 96, 342, 554, 696. — xxiv, 1, 105, 429. — xxv, 104.
ROUX-FAZILLAC, repr. — xxi, 622. — xxii, 583.
ROUX MONCLAR (Albert), négociant à Paris. — xxii, 244.
ROUXELIN-DUMESNIL, chirurgien. — xxv, 7.
ROUYER (V$^{ve}$), garde-magasin. — xviii, 195.
ROUYER, repr. — xxii, 111, 386, 445, 542, 544, 724, 782, 813. — xxiii, 63, 96, 250, 418, 419, 514, 588, 589, 634, 705. — xxiv, 104, 208, 209, 348, 427–430, 463, 602–606, 614, 695, 696, 712, 713, 714, 826, 827, 848. — xxv, 47, 91, 92, 138, 237, 266, 267, 313, 367, 368, 525, 567, 630. — xxvi, 3, 30, 54, 56, 80, 106, 173, 220, 223, 224, 225, 226, 268, 301, 310, 325, 332, 361, 377, 394, 413, 434, 435, 452, 453, 468, 529, 554, 571, 614, 631,

736, 737, 758. — xxvii, 21, 39, 50, 74, 128, 162, 163, 184, 250, 305, 323, 378, 436, 437, 438, 498, 647. — xxviii, 40, 123, 209, 269, 276, 285 à 291, 317, 330, 345, 355, 370, 371, 396, 462, 469, 470, 487, 488, 504, 673, 684.
Rouyer (Ch. Et.), adjud$^t$ g$^{al}$ à l'A. des Alpes. — xxv, 638.
Rouyer, instituteur. — xxvi, 559.
Rouzé, de la 1$^{re}$ réquisition. — xviii, 185.
Rouzet, repr. — xxi, 466, 597.
Rovère, repr. — xviii, 53. — xxii, 269, 332, 589. — xxv, 752. — xxvi, 366, 472. — xxvii, 25, 323. — xxviii, 208.
Roy (Denis Fr.), volontaire. — xviii, 292.
Roy, négociant à Bordeaux. — xxi, 809.
Roy. — xxvii, 168.
*Royal-Guyenne* (Rég$^t$ de). — xxii, 671.
*Royalisme, Royauté.* — xxi, 644, 648, 733, 738, 773, 785, 798, 826, 831. — xxii, 28, 124, 129, 136, 159, 160, 194, 195, 208, 256, 275, 381, 509, 609, 617, 625, 630, 698, 699, 702, 786, 787, 792, 817. — xxiii, 26, 95, 113, 117, 179, 190, 292, 294, 298, 305, 309, 310, 321, 347, 353, 358, 359, 473, 491, 494, 496, 536, 577, 579, 616, 642, 649, 657, 679, 715, 733, 744, 749, 750, 765, 787, 824. — xxiv, 26, 28, 80, 109, 110, 113, 114, 115, 117, 151, 301, 330, 517, 518, 519, 520, 528, 549, 569, 600, 617, 653, 695, 783, 806, 847. — xxv, 71, 88, 92, 114, 124, 145, 154, 228, 236, 446, 476, 477, 480, 559, 564, 624, 626, 655, 702, 747, 753. — xxvi, 27, 28, 45, 49, 75, 77, 92, 97, 126, 172, 224, 247, 412, 453, 489, 491, 493, 495, 521, 549, 551, 569, 573, 723, 762, 766. — xxvii, 42, 45, 104, 151, 250, 260, 271, 313, 326, 332, 361, 430, 438, 456, 459, 469, 489, 552, 567, 570, 628, 647, 661. — xxviii, 270, 332, 418, 459, 498, 509, 537, 542, 566, 567, 605, 613, 655, 683. Voir *Troubles*.
*Royaumont* (S-et-O). — xxviii, 519.
*Royaumont* (Manufact. de). — xxii, 152, 153.
*Roye* (Somme). — xix, 550. — xx, 503. — xxii, 304. — xxiii, 7. — xxiv, 167.
Royer, adjud$^t$ g$^{al}$. — xviii, 727.
Royer, commissaire des salpêtres et poudres. — xviii, 229. — xx, 504, 792.
Royer, repr. — xx, 549, xxvii, 535.
Royer, employé à la 2$^e$ d$^{on}$ des bureaux du C. de S. P. — xxv, 678.
Royer (Jean), salpêtrier. — xxviii, 593.
Royer, lieut. — xxvii, 647. — xxviii, 138, 578.
Royer-Préville, sous-chef des bureaux civils de la marine au Croisic. — xx, 256.
Royère, sous-lieut. au 1$^{er}$ b$^{on}$ d'Apt. — xxviii, 82.
Roze, adjud$^t$ g$^{al}$ à l'A. d'Italie. — xxi, 330.
Roze, agent principal des vivres à Narbonne. — xxiv, 202.
Rozier, consul. — xviii, 63.
*Rozoy* (Aisne). — xix, 111, 112, 114, 404, 520. —

xx, 625. — xxi, 669. — xxii, 44, 699, 790. — xxv, 69, 242.
Ruamps, repr. — xxi, 462.
Ruault, repr. — xx, 149, — xxi, 157. — xxii, 482. — xxiii, 30, 99, 169, 467, 478, 492. — xxiv, 3, 514, 825.
Rubel, direct$^r$ des fourrages. — xxvii, 19.
Ruby, g$^{al}$. — xviii, 540, 541.
Rüchel, g$^{al}$ prussien. — xix, 235.
Rudel, cap$^e$. — xxv, 526.
Rudelle, repr. — xxiv, 565.
Ruë, chef des bureaux civils de la marine. — xxviii, 419.
*Rue* (Somme). — xxi, 629. — xxiv, 382, 383.
*Rueil* (S-et-O). — xxiii, 247, 546. — xxvii, 562.
*Rueil-sous-Faye* (Vienne). — xxvii, 593.
Ruelle, ex-g$^{al}$ de brigade. — xxvii, 6.
Ruelle, repr. — xviii, 33, 447, 535, 592, 593, 656, 662, 712, 713, 742. — xix, 58, 221, 471, 496, 556, 588, 626. — xx, 304, 379, 577, 642, 716. — xxi, 214, 222, 224, 225, 266, 308, 353, 385, 578, 689, 785, 790. — xxii, 136, 228, 229, 285, 606, 607, 727. — xxiii, 145, 147, 167, 195, 227, 312, 313, 314, 361, 536, 651, 667, 777, 787, 788. — xxiv, 198-200, 441, 686, 687. — xxvi, 719.
Ruelle, agent de la Comm$^{on}$ des revenus nat. — xxviii, 576.
*Ruelle* (Fonderie de) [Charente]. — xxi, 280. — xxii, 28, 539, 564. — xxiii, 351. — xxv, 487. — xxvi, 198. — xxvii, 374, 592.
Rueppreciit et C$^{ie}$, négociants. — xxviii, 385.
*Rues* de Paris. — xxvii, 138. Voir *Paris* (Rues de).
*Ruffec* (Charente). — xviii, 578.
Ruffin, envoyé à Constantinople. — xviii, 787.
*Rugles* (Forges de) [Eure]. — xix, 710. — xxii, 236, 237, 643. — xxv, 70.
*Ruillé* (Mayenne). — xx, 499, 516.
Ruinet (Irène Christophe), aérostier. — xx, 627.
Ruis (Edmond), receveur pour les États génér$^x$ des Pays-Bas. — xxviii, 247.
*Ruis* (Presqu'île de) [Morbihan]. — xxv, 392, 399, 477, 512. — xxvi, 48, 95. — Voir *Rhuis*.
Ruiz (Manuel), off. espagnol prisonnier. — xxvii, 10.
Rulhière, cap$^e$. — xviii, 305.
*Rulsheim* (Hôpital militaire de). — xx, 366.
*Ruramonde* (Hollande). — xviii, 309, 336, 473. — xix, 49, — xxv, 93.
Rusca, adjud$^t$ g$^{al}$. — xxv, 214.
*Russie, Russes*. — xviii, 517. — xix, 590, 739. — xx, 631, 633, 664. — xxi, 186. — xxiii, 387, 389, 438. — xxiv, 223, 683. — xxvii, 404.
Russinger, fabricant de porcelaine. — xviii, 191, 192.
Rust Etenezer, Anglais. — xxi, 760.
*Ruth*, navire américain. — xx, 714.
Rutteau, chef d'escadron. — xxi, 104.
Rutterford, cap$^e$ anglais prisonnier. — xxiv, 176.
Rux, préposé aux convois militaires. — xviii, 73.

# S

*Saarbrück.* — XVIII, 246, 335, 611. — XX, 65, 370, — XXII, 260, 686. — XXV, 636. XXVIII, 595.
SABACON, cap$^e$. — XXVI, 41.
SABARDIN, g$^{al}$. — XVIII, 526.
SABATIER, médecin chef à Brest. — XVIII, 710.
SABATIER, cultivateur. — XXII, 294.
SABATIER, off. de santé des Invalides. — XXIV, 376.
SABATTIER, syndic des gens de mer de Toulon. — XXVIII, 489.
*Sablé* (Sarthe). — XVIII, 166, 413, 664, 688, 719. — XIX, 54, 107, 264, 316, 343, 586. — XX, 642. — XXI, 540, 541. — XXII, 676. — XXIII, 485. — XXVIII, 497, 498.
*Sables-d'Olonne* (Les) [Vendée]. — XVIII, 665. — XIX, 471, 472, 473. — XX, 139, 196. — XXII, 136. — XXIV, 685, 833, 834. — XXV, 120, 190, 306, 417. — XXVI, 161, 426, 567, 630, 700, 731, 748. — XXVII, 175, 239, 525, 661. — XXVIII, 200, 459, 461.
*Sablons* (Camp des). — XVIII, 84, 209, 470. — XIX, 239, 282. — XXIII, 363. — XXIV, 188, 394. — XXV, 604, 605. — XXVIII, 336.
SABONADIÈRE, agent de la Comm$^{on}$ des poudres. — XXIV, 559.
SABONADIÈRE, agent en Espagne. — XVIII, 576, 600.
SABONADIÈRE (J. Scipion), chef de bureaux des approvisionn$^{ts}$ au C. de S. P. — XXII, 468, 469.
SABOUREUX, g$^{al}$. — XXVI, 204. — XXVII, 56. — XXVIII, 445, 526, 577.
SABOURNY, exploitant de mine. — XVIII, 229.
SABREVOIS D'OYENVILLE, g$^{al}$ de brigade. — XXIII, 328.
*Sacey* (Manche). — XXVII, 456.
*Saché* (I-et-L). — XIX, 153.
SACY (DE). Voir DESACY, repr.
SADDE (Pascal Augustin), g$^{al}$. — XXII, 262.
SAGE, professeur de minéralogie. — XVIII, 275.
SAGE, cap$^e$ à l'École de Metz. — XX, 521.
SAHUC GUILLET et C$^{te}$ (cuirs). — XXVII, 175.
SAHUGUET, g$^{al}$ de division. — XXII, 564. — XXIV, 665. — XXVII, 620.
*Sahurs* (S-I). — XXIII, 64.
SAIGNES, surveillant des dépôts de cavalerie. — XIX, 171. — XX, 588. — XXI, 211.
SAIGNES, g$^{al}$ de brigade. — XXI, 401. — XXVIII, 526.
*Saillagouse* (P-O). — XXVIII, 608.
*Saillant* (Forges de) [P-de-D]. — XX, 542.
SAILLY (Armand, marquis de), maire d'Orléans. — XXVIII, 365.
*Sailly* (Somme). — XXV, 96.
SAIN, commissaire ordonnateur. — XIX, 550.
SAINSÈRE, cultivateur à Vaucouleurs. — XIX, 228. — XXII, 216.
SAINSÈRE, agent g$^{al}$ des hôpitaux. — XIX, 383. — XXI, 509.
*Saint-Affrique* (Aveyron). — XIX, 151. — XXI, 632. — XXIII, 697.
SAINT-AFFRIQUE (Bernard), repr. — XXIV, 636.
*Saint-Aignan* (Carismont) [L-et-C]. — XVIII, 20. — XX, 110, 334. — XXII, 80, 150.
*Saint-Amand* (?). — XVIII, 292. — XIX, 149.

*Saint-Amand-les-Eaux* (Nord). — XX, 799. — XXI, 126.
*Saint-Amand-Montrond* (Cher). — XIX, 528. — XXIV, 540. Voir Libreval
*Saint-Amarin* (Forges de) [H-R]. — XX, 17.
*Saint-André* (Fort) [Hollande]. — XVIII, 206, 685. — XIX, 443.
*Saint-André-au-Bois* (P-de-C). — XXV, 714.
*Saint-André-du-Bois* (Gironde). — XXVIII, 463.
*Saint-Antoine* (Fbg), à Paris. — XX, 405. — XXIII, 449, 453, 454, 564, 579, 761, 766, 794.
*Saint-Antoine* (Abbaye), à Sens. — XXVI, 335.
*Saint-Antonin* (Tarn). — XXI, 486.
*Saint-Arnoult* (S-et-O). — XXVIII, 44.
*Saint-Aubin* (Jura). — XXIII, 403.
*Saint-Aubin* (Manche). — XXVII, 456.
*Saint-Aubin* (Sarthe). — XVIII, 368. — XXI, 409.
*Saint-Aubin-de-Luigné* (M-et-L). — XVIII, 535.
*Saint-Augustin-des-Bois* (M-et-L). — XX, 195.
*Saint-Avold* (Moselle). — XIX, 232, 233. — XX, 370. — XXII, 260.
*Saint-Barthélemy* (Légion de). — XXVI, 451.
*Saint-Bel* (Mines de cuivre de) [Rhône]. — XVIII, 422, 423, 700. — XIX, 781.
*Saint-Bernard* (Italie). — XXV, 65.
*Saint-Bernard* (Abbaye de) [Belgique]. — XXIV, 615.
*Saint-Bily* (Morbihan). — XXIII, 757. — XXIV, 78.
*Saint-Brandan* (C-du-N). — XX, 524.
*Saint-Brieuc* (C-du-N). — XIX, 464, 466, 467, 469. — XX, 80, 230, 410. — XXI, 81, 82, 83, 158, 178, 359. — XXII, 61, 130, 228, 679. — XXVI, 48.
*Saint-Calais* (Sarthe). — XVIII, 139, 140. — XIX, 409, 410, 461. — XXII, 351.
*Saint-Calais-du-Désert* (Mayenne). — XIX, 713. — XX, 64, 102.
*Saint-Céré* (Lot). — XVIII, 403.
*Saint-Cernin* (Lot). — XX, 336.
SAINT-CERNIN, ex-off. d'infanterie. — XXI, 631.
*Saint-Chamas* (B-du-R). — XX, 171, 754. — XXII, 232.
*Saint-Chamond* (Loire). — XIX, 6.
*Saint-Chély* (B$^{on}$ de). — XX, 262.
*Saint-Christophe* (E-et-L). — XXV, 421.
*Saint-Claude* (Jura). — XIX, 116. — XXIII, 729. Voir Condat-la-Montagne.
*Saint-Clément-de-la-Place* (M-et-L). — XX, 195.
*Saint-Cloud* (S-et-O). — XIX, 782. — XX, 145. — XXI, 506, 613, 806. — XXII, 331. — XXIV, 105, 734. — XXV, 489.
SAINT-CRICQ (J. P.). — XVIII, 704.
SAINT-CRICQ, commissaire des Guerres. — XX, 737.
*Saint-Cyr* (Eure). — XVIII, 665.
*Saint-Cyr* (Vendée). — XXVIII, 111.
— (Camp de). — XVIII, 665.
— (Hôpital de). — XXIV, 739.
SAINT-CYR, g$^{al}$. — XVIII, 518. — XIX, 234, 422.
SAINT-CYR, adjud$^t$ g$^{al}$. — XXVII, 171.
*Saint-Denis* (Seine). — XVIII, 14, 93, 140, 391, 427, 438, 562, 601, 788. — XIX, 116, 404, 560, 576, 703. — XXI, 123, 402, 507, 589, 724. — XXII, 2, 5, 99 159, 175, 252, 341, 361, 365, 393, 442, 507, 641

691, 804. — xxiii, 136, 186, 253, 294, 330, 514, 600. — xxiv, 6, 7, 94, 375, 469. — xxviii, 24, 77, 195, 237, 375, 434, 546, 659, 687. Voir *Franciade*.
Saint-Denis et C$^{ie}$, maîtres de forges à Moulins-Renault. — xxvi, 558.
*Saint-Denis-sur-Loire* (L-et-C). — xix, 151.
*Saint-Denis-d'Orques* (Sarthe). — xviii, 171.
*Saint-Denis-du-Port* (S-et-M). — xxiv, 350.
Saint-Désiré Hurard, g$^{al}$ vendéen. — xxiii, 810.
*Saint-Didier* (H-L). — xxvi, 676. — xxviii, 539.
*Saint-Dié* (Vosges). — xxiii, 324.
*Saint-Dizier* (H-M). — xviii, 253. — xx, 30, 31, 537, — xxi, 50, 298, 625. — xxii, 619, 641. — xxiv, 470. — xxv, 70, 168, 695.
*Saint-Domingue.* — xviii, 144, 158, 445, 631, 681, 761. — xix, 30, 162, 581. — xx, 218, 465, 491, 494, 667, 669, 721. — xxi, 56, 68, 103, 618, 814, 815. — xxii, 108, 123, 155, 184, 192, 339, 415, 446, 477, 531, 613, 614, 652, 654, 746, 810. — xxiii, 33, 392, 403, 550. — xxiv, 417, 452, 476, 719, 818, 831. — xxv, 3, 380, 428, 715. — xxvi, 11, 12, 42, 253, 422, 540, 580, 691. — xxvii, 511, 603. — xxviii, 661 à 663.
— (Comm$^{on}$ de). — xx, 456. — xxii, 155, 654.
— (Expédition de). Voir *Repr. dans les colonies.* — xxii, 810. — xxiii, 76. — xxv, 472, 491. — xxvi, 20, 21, 130. — xxvii, 553. — xxviii, 699.
*Saint-Dyé* (L-et-C). — xxvii, 343.
*Saint-Émiland* (S-et-L). — xix, 152.
*Saint-Esprit* (Centre d'internement de prisonniers espagnols de). — xxv, 678.
*Saint-Esprit*, navire neutre. — xix, 618.
*Saint-Étienne* (Loire). Voir *Commune d'Armes.* — xviii, 9, 73, 176, 177, 178, 179, 180, 181, 380, 387, 569. — xix, 200, 276. — xx, 253, 411, 431, 486, 791. — xxi, 212, 501, 510, 622, 723, 748, 823. — xxii, 7, 8, 30, 94, 151, 290, 353, 498, 499, 609. — xxiii, 152, 214, 236, 357, 447, 494, 495, 542, 559, 656, 657, 780, 827. — xxiv, 97, 175, 308, 371, 488, 528, 529, 571, 572, 710, 726, 737, 753, 781, 812, 813, 837. — xxv, 86, 153, 264, 275, 367, 418, 451, 488, 515, 643, 660, 731, 742, 752. — xxvi, 25, 505, 535, 567, 651. — xxviii, 316, 538, 539, 655.
*Saint-Eustache*, colonie hollandaise. — xx, 494.
*Saint-Fargeau* (Yonne). — xx, 158. — xxi, 326. — xxii, 688, 710. — xxiv, 130, — xxvi, 166.
Saint-Félix, vice-amiral. — xxiii, 777.
Saint-Félix, g$^{al}$ de brigade. — xxv, 456.
Saint-Firmin, payeur g$^{al}$ du Calvados. — xxvii, 573.
*Saint-Florent* (Corse). — xviii, 269, 500, 542. — xix, 74, 305, 358. — xx, 217, 254, 382, 404, 435, 747, 749, 787, 788.
*Saint-Florent-le-Vieil* (M-et-L). — xxi, 16, 33, 135, 136, 137, 138, 169, 198, 199, 269, 270, 271, 272, 273, 296, 297, 298, 686. — xxii, 136, 321, 726. — xxiii, 145, 173, 314, 349. — xxv, 477. — xxvi, 649, 749. Voir *Mont-Glone*.
*Saint-Florentin* (Yonne). — xxi, 326, 705. — xxvi, 166. Voir *Mont-Armance*.
*Saint-Flour* (Cantal). — xix, 621. — xx, 502. — xxv, 196.
*Saint-Fulgent* (Vendée). — xxvi, 164.
Saint-Gal Geneste, ex-off. — xxviii, 578.
*Saint-Gall* (Suisse). — xxvi, 61.

*Saint-Gaudens* (H-G). — xxv, 122, 135, 660. — xxvii, 361.
*Saint-Geniez* (Aveyron). — xviii. 419. — xix, 333. — xx, 261, 262. — xxii, 139. — xxiii, 510, 511. — xxiv, 41, 42. — xxvi, 411.
Saint-Genys, chef de brigade à l'École centrale des Trav. publ. — xix, 455. — xxi, 49.
Saint-Georges, chef de brigade de chasseurs. — xxiii, 328. — xxiv. 500, 501. — xxviii, 102.
*Saint-Georges-sur-Fontaine* (S-I). — xxii, 705. — xxv, 670.
*Saint-Georges-les-Mines* (M-et-L). — xxiii, 682.
*Saint-Georges-sur-Loire* (M-et-L). — xxi, 273. Voir *Beau-Site*.
Saint-Germain, ministre de la Guerre. — xviii, 15.
Saint-Germain, command$^t$ le 23$^e$ chasseurs à cheval. — xxvii, 173.
*Saint-Germain-sur-École* (S-M). — xxvii, 630.
*Saint-Germain-des-Fossés* (Allier). — Voir *Puimourgont*.
*Saint-Germain-en-Laye* (S-et-O). — xviii, 301, 320, 331, 620, 621, 699. — xix, 101, 270, 271. — xx, 9, 502, 523, 751. — xxi, 19, 122, 309, 343, 344, 643, 679, 684, 703. — xxii, 331, 440, 469, 471, 737, 807, 808. — xxiii, 7, 123, 323. — xxiv, 130, 247, 274, 395, 498. — xxv, 83, 213, 422, 492, 730. — xxvi, 7, 142. — xxvii, 110, 651, 666. — xxviii, 77, 96, 277, 293, 300, 301, 364, 433, 434, 481, 576.
*Saint-Germain-sur-Indre* (I-et-L). — xxvi, 493.
*Saint-Germain-sur-Vienne* (I-et-L). — xviii, 449.
*Saint-Gervais* (Fonderie de) [Isère]. — xx, 707.
*Saint-Gildas* (L-I). — xxv, 427.
*Saint-Gilles* (Vendée). — xviii, 665. — xix, 636. — xxi, 214. — xxvi, 161, 406, 567, 630, 748. — xxvii, 239, 371. — xxviii, 179, 199. Voir *Port-Fidèle*.
Saint-Gilles, volontaire de la Dordogne. — xxii, 381, 382.
*Saint-Gingolph* (H$^{te}$-Savoie). — xix, 182.
*Saint-Girons* (Ariège). — xix, 136. — xx, 568. — xxv, 457.
*Saint-Goar* (Allemagne). — xxiii, 441.
*Saint-Gobain* (Aisne). — xviii, 737.
*Saint-Grégoire* (I-et-V). — xxv, 489.
Saint-Hilaire, (C$^{ne}$). — xx, 459.
Saint-Hilaire, g$^{al}$ de brigade. — xxviii, 145.
*Saint-Hilaire* (Prison de) [Loiret]. — xxviii, 446.
*Saint-Hilaire-du-Harcouët* (Manche). — xxvi, 186.
Saint-Hillier, g$^{al}$ de brigade. — xviii, 145, 183. — xxv, 638.
*Saint-Hippolyte* (Doubs). — xxiii, 150, 692, 727. — xxiv, 42. — xxv, 732. — xxvii, 544.
*Saint-Hippolyte-du-Fort* (Gard). — xviii, 251. — xx, 91, 502. — xxi, 809. — xxii, 119. — xxviii, 380.
*Saint-Hostien* (H-L). — xxviii, 539, 542.
*Saint-Hubert* (Belgique). — xix, 53, 440.
*Saint-Hubert* (Luxembourg). — xxiv, 252, 414, 621, 680.
*Saint-Hugon* (Isère). — xxi, 280.
Saint-Hwern, ci-dev$^t$ aide de camp de l'ex-g$^{al}$ Chollet. — xxv, 247.
*Saint-Jacques* (Italie). — xxiv, 757, 816.
*Saint-Jacques-des-Andelys* (Chapitre de). — xxvi, 383.

SAI — 208 — SAI

*Saint-Jacques-la-Boucherie* (église de Paris). — XXVII, 342.
*Saint-James* (Manche). — XXVII, 456.
*Saint-James* (Cabinet de). — XX, 655. — XXI, 285. — XXII, 488.
SAINT-JEAN, propriétaire du navire *Louise*. — XXI, 760.
SAINT-JEAN, négociant au Havre. — XXVII, 277, 503, 653. — XXVIII, 480.
*Saint-Jean* (Fort), près Mayence. — XXIII, 235.
*Saint-Jean* (Calvados). — XXIII, 204.
*Saint-Jean-d'Acre* (Syrie). — XXIII, 513.
*Saint-Jean-d'Angély* (C-I). — XX, 171, 754. — XXI, 104. — XXII, 110, 287, 780. — XXIII, 208, 700. — XXV, 664.
*Saint-Jean-Baptiste*, brick espagnol. — XXI, 139.
*Saint-Jean-Brevelay* (Morbihan). — XIX, 245, 715, 716, 717.
*Saint-Jean-du-Gard* (Gard). — XX, 261. — XXI, 636.
*Saint-Jean-de-Losne* (C-d'O). — XIX, 252, 655. — XX, 313.
*Saint-Jean-de-Luz* (B-P). — XVIII, 238. — XIX, 188. — XX, 336. — XXI, 41, 139, 238, 553. — XXII, 388, 516, 539, 554, 631, 681, 682. — XXIII, 14, 261, 477, 539, 540, 653, 686. — XXIV, 47, 83, 84, 100, 162, 187, 203, 233, 303, 387, 388, 419 à 421, 459, 460, 486, 597, 649, 821. — XXV, 107. — XXVII, 645.
*Saint-Jean-de-Monts* (Vendée). — XXVI, 161, 406, 426.
*Saint-Jean-Pied-de-Port* (B-P). — XXII, 708. — XXV, 570.
*Saint-Jean-de-Savigny* (Manche). — XXVIII, 635.
*Saint-Jeure* (H-L). — XXI, 723.
*Saint-Joseph*, navire. — XXI, 41.
*Saint-Juéry* (Fonderies de) [Tarn]. — XVIII, 625. — XX, 707. — XXVI, 638.
SAINT-JULIEN, chef de b<sup>on</sup> du génie. — XIX, 119.
SAINT-JULIEN, chef de b<sup>on</sup> d'artillerie. — XXIII, 223.
*Saint-Julien* (H<sup>te</sup>-Savoie). — XXVII, 160, 339.
*Saint-Julien-du-Sault* (Yonne). — XXIII, 3, 4.
*Saint-Junien* (H-V). — XIX, 38. — XXIV, 741.
SAINT-JUST, repr. —;XVIII, 568, 789. — XIX, 39, 139, 410, 421, 754. — XX, 88, 650. — XXI, 814. — XXII, 155, 778. — XXIII, 352, 825. — XXVI, 549.
*Saint-Lambert* (Domaine de) [Aisne]. — XXVIII, 27.
*Saint-Lambert-du-Lattay* (M-et-L). — XXI, 409, 410.
*Saint-Laud* (Paroisse de), à Angers. — XXI, 138.
SAINT-LAURENCE, sous-direct' de l'arsenal de Strasbourg. — XX, 17.
SAINT-LAURENT, chef de brigade d'artillerie. — XXII, 240. — XXVII, 4.
*Saint-Léger* (D-S). — XXVI, 98.
*Saint-Leu* (S-et-O). — XXIV, 277. — XXVI, 632.
SAINT-LEU, négociant. — XXV, 459.
*Saint-Lô* (Manche). — XVIII, 363. — XIX, 99. — XXII, 364, 578, 795. — XXIII, 26, 99, 259, 285, 381. — XXIV, 683. — XXV, 539, 587. — XXVI, 178. — XXVII, 343, 491. — XXVIII, 634, 635, 693, 701.
*Saint-Louis* (H-R). — XVIII, 26. — XIX, 688. — XXII, 335, 593. — XXIV, 433. — XXVI, 578.
*Saint-Louis* (Croix de). — XX, 155. — XXV, 151.
*Saint-Lubin-des-Joncherets* (Eure). — XVIII, 347. — XXVI, 385.
SAINT-LUC, ci-dev<sup>t</sup> comte, chef chouan. — XXVII, 492.

*Saint-Maixent* (D-S). — XVIII, 477. — XIX, 325. — XXIV, 474. — XXVI, 524, 630.
*Saint-Malo* (I-et-V). — XVIII, 90, 91, 107, 190, 218, 219, 263, 372, 462. — XIX, 40, 121, 129, 175, 212, 213, 282, 295, 296, 314, 327, 371, 401, 402, 464, 470, 480, 691, 716, 717, 755, 756, 764, 765, 791. — XX, 23, 268, 377, 608, 754. — XXI, 156, 436, 441, 442. — XXII, 130, 165, 237, 298, 340, 503, 629. — XXIII, 308. — XXIV, 196, 331, 334, 514, 708, 773, 774. — XXV, 249, 334.
*Saint-Mandé* (Seine). — XX, 312.
*Saint-Marc* (Atelier de la rue), à Paris. — XVIII, 626.
*Saint-Marc* (Haïti). — XXV, 380.
*Saint-Marcel* (Orne). — XXI, 215.
*Saint-Marcellin* (Isère). — XIX, 707. — XXIII, 150, 321. — XXIV, 164.
*Saint-Marcouf* (Îles) [Manche]. — XXV, 229, 431, 471, 622. — XXVI, 18, 320. — XXVII, 130. Voir *Marcouf*.
SAINT-MARTIN, pharmacien à l'A. de Sambre-et-Meuse. — XXVI, 181.
SAINT-MARTIN, aide de camp du g<sup>al</sup> Gouvion. — XXI, 176.
*Saint-Martin* (Île de Ré). — XIX, 5, 562. — XXVII, 421, 653.
*Saint-Martin* (Réserve de), en forêt de Bondy. — XVIII, 620.
*Saint-Martin-des-Champs* (S-et-O). — XXII, 667. — XXV, 485.
*Saint-Martin-de-Nigelles* (E-et-L). — XXIII, 546.
*Saint-Martin-de-Lantosia* (*Saint-Martin-de-Lantosque*) [A-M]. — XXIV, 318. — XXVII, 222.
*Saint-Martin-de-Seignanx*. — XXIV, 492.
SAINT-MARTIN-VALOGNE, repr. — XXII, 802. — XXVI, 577.
SAINT-MARTIN-VALOGNE, son frère. — XXIV, 476.
*Saint-Martin-du-Vivier* (S-I). — XXIV, 331.
*Saint-Maur* (Seine). — XVIII, 620. — XX, 520. — XXI, 745. — XXII, 150. — XXIII, 507, 508. — XXV, 8. — XXVI, 580.
*Saint-Maurice*, du Valais. — XXI, 243.
*Saint-Maximin* (Var). — XX, 347.
*Saint-Maximin* (Chapelle de), à Foucherans (Doubs). — XXIII, 727.
*Saint-Médard-d'Excideuil* (H-V). — XX, 541, 542.
*Saint-Méen* (Forêt de) [I-et-V]. — XIX, 505.
SAINT-MESME. — XVIII, 699.
SAINT-MESME, agent des subsistances. — XIX, 321.
*Saint-Michel* (Fort), près Venloo. — XIX, 49.
*Saint-Mihiel* (Meuse). — XX, 485. — XXII, 586.
*Saint-Nicolas* (Église), à Nantes. — XXVI, 370.
*Saint-Nicolas* (Fort) [Vendée]. — XXV, 306.
*Saint-Nicolas* (Ouvrage), à La Rochelle. — XXIV, 478.
*Saint-Nicolas* (Quartier de cavalerie), à Strasbourg. — XIX, 771.
*Saint-Nicolas-des-Champs* (Église), à Paris. — XXII, 413.
*Saint-Omer* (P-de-C). — XVIII, 771. — XIX, 277, 310, 549, 580. — XX, 754. — XXI, 212, 263, 326, 328, 629, 633, 752. — XXII, 269, 362, 443, 482. — XXIII, 89, 405, 431, 586, 743. — XXIV, 95, 131, 432. — XXV, 612, 694. — XXVI, 125, 208, 243, 280, 391, 684, 711, 759. — XXVII, 123, 137, 150, 158, 185, 482. — XXVIII, 50, 132, 454, 469, 513, 561, 563, 584, 612, 618.

*Saint-Palais* (B-P). — XVIII, 689. — XXIV, 420. — XXVIII, 506.
*Saint-Pancré* (Mines de fer de). — XXV, 694.
SAINT-PAUL (*Traité de fortification*, de). — XXIV, 157. — XXV, 640.
*Saint-Paul* (Manche). — XVIII, 574.
*Saint-Paul-le-Gaultier* (Sarthe). — XXI, 540, 541.
*Saint-Paul-lès-Romans* (Drôme). — XXI, 485.
*Saint-Paul-Trois-Châteaux* (Drôme). — XXVIII, 227, 232.
*Saint-Paul-sur-Ubaye* (B-A). — XXIII, 627.
*Saint-Peters*, navire hambourgeois. — XVIII, 398. — XXIV, 582. — XXVII, 62.
*Saint-Pétersbourg* (Russie). — XX, 655.
*Saint-Phal* (Aube). — XVIII, 198.
*Saint-Philbert-de-Grand-Lieu* (L-I). — XXVIII, 460.
SAINT-PHILIPPE, de Cayenne. — XXI, 682.
*Saint-Pierre* (Fort de) [Hollande]. — XVIII, 203. — XXIII, 235.
*Saint-Pierre-d'Autils* (Eure). — XX, 323.
*Saint-Pierre-et-Miquelon* (Îles). — XX, 438. — XXVI, 422, 747.
*Saint-Pierre-le-Moutier* (Nièvre). — XXIII, 272, 800. — XXIV, 236, 487. — XXVII, 590.
*Saint-Pierre-en-Scize* (?). — XXIII, 764.
*Saint-Pois* (Manche). — XXVII, 455.
*Saint-Pol* (P-de-C). — XX, 135, 315, 335. — XXI, 724, 728, 825. — XXII, 50, 51, 157, 362, 495, 693, — XXIV, 64, 770, 787. — XXV, 518. — XXVIII, 217, 313, 391, 469, 514, 515, 561, 563, 585, 630, 632.
*Saint-Pol-de-Léon* (Finistère). — XVIII, 727. — XIX, 213.
*Saint-Ponce* (Ardennes). — XXII, 741.
*Saint-Pons* (Hérault). — XIX, 782. — XXI, 19. Voir Thomières.
*Saint-Porquier* (Forêt de). — XXV, 272.
SAINT-PRIX, repr. — XX, 70.
*Saint-Quentin* (Aisne). — XVIII, 72, 184, 191, 250, 399, 737, 614, 764. — XX, 6, 177, 503, 582, 772, 773. — XXI, 104, 724. — XXII, 226, 362. — XXIII, 348. — XXIV, 64, 65. — XXV, 33, 39. — XXVII, 124. — XXVIII, 5, 377, 464, 519, 548, 695.
*Saint-Rambert* (Ain). — XIX, 762.
*Saint-Rambert-sur-Loire* (Loire). — XIX, 581.
SAINT-RÉMY (ROUSSEL de), inspecteur g$^{al}$ de l'artillerie. — XIX, 260. — XXIII, 367. — XXIV, 157, 502. — XXV, 407, 520, 539. — XXVII, 4. — XXVIII, 265, 417.
*Saint-Renan* (Finistère). — XVIII, 714.
*Saint-Roch* (Église), à Paris. — XIX, 153.
*Saint-Roch* (Fourneaux de). — XXI, 328.
*Saint-Rue* (D-S). — XXV, 670.
*Saint-Sébastien* (Espagne). — XVIII, 58, 79, 107, 131, 162, 239, 258, 425, 540, 576, 600, 606. — XIX, 131, 177, 187, 608, 755. — XX, 111, 259, 336, 448, 449, 526, 720. — XXI, 41, 42, 144, 234, 318, 338, 446, 499, 541, 797, 837. — XXII, 48, 359, 517, 666, 708. — XXIII, 67, 84. — XXIV, 48, 83, 143, 234, 307, 559, 598, 688, 821, 822. — XXV, 234. — XXVI, 98, 119, 132, 135, 165, 189, 217, 449, 486, 586. — XXVIII, 34, 427.
SAINT-SERNIN, chef de brigade d'artillerie. — XXIII, 162.
*Saint-Servan* (I-et-V). — XIX, 282. — XXVI, 120.

*Saint-Sever* (Landes). — XVIII, 233. — XIX, 131, 325. — XX, 789. — XXVII, 510, 645. Voir *Mont-Adour*.
*Saint-Sever* (Bois de) [Calvados]. — XXV, 622.
*Saint-Séverin* (Magasin), à Paris. — XVIII, 626.
*Saint-Silvain* (Calvados). — XX, 173.
SAINT-SULPICE, chef de brigade. — XXII, 810. — XXV, 45.
*Saint-Sulpice* (Somme). — XXVIII, 695.
*Saint-Sylvain* (M-et-L). — XX, 446.
*Saint-Six* (Forêt de) [Belgique]. — XXV, 648.
*Saint-Symphorien-de-Lay* (Loire). — XIX, 150, 680.
*Saint-Tammany*, navire américain. — XIX, 66.
*Saint-Thibault* (Oise). — XXI, 684.
*Saint-Thierry* (Marne). — XX, 252.
*Saint-Trond* (Belgique). — XVIII, 495, 558. — XIX, 30.
*Saint-Tropez* (Var). — XX, 91.
*Saint-Tugdual* (Morbihan). — XX, 282.
*Saint-Vaast* (Nord). — XIX, 68.
*Saint-Valéry-en-Caux* (S-I). — XXII, 580, 610. — XXIII, 25, 64, 100, 309, 817. — XXIV, 47, 154, 242, 350, 432, 768. — XXVI, 559. — XXVII, 277.
*Saint-Valéry-sur-Somme* (Somme). — XVIII, 797. — XIX, 197, 433. — XX, 571. — XXI, 29, 116, 804. — XXII, 481, 499, 610, 718, 772. — XXIII, 100, 159, 200, 201, 254, 255, 324, 451, 637, 670, 711, 753, 781, 782, 817. — XXIV, 19, 47, 72, 95, 107, 108, 140, 141, 167, 242, 350, 383, 410, 433, 742, 743, — XXV, 97, 493. — XXVI, 626, 729. — XXVII, 277.
*Saint-Vallier* (Rhône). — XIX, 259.
*Saint-Venant* (P-de-C). — XIX, 549. — XX, 366. — XXV, 142. — XXXII, 346.
SAINT-VINCENT, chef de brigade d'artillerie. — XXII, 526. — XXIV, 156, 585.
SAINT-VINCENT-NARCY, lieut. de gendarmerie. — XIX, 410.
*Saint-Vincent-sur-Craon* (Vendée). — XXVIII, 111.
*Saint-Wandrille* (S-I). — XXII, 772.
*Saint-With* (Belgique). — XVIII, 126.
*Saint-Yrieix* (H-V). — XXI, 101.
*Saint-Yves* (?) [Manche]. — XXVII, 455.
*Sainte-Agnès* (Couvent de), à Péronne. — XXIV, 360, 642.
*Sainte-Anne*, navire génois. — XIX, 618.
*Sainte-Anne-d'Auray* (Morbihan). — XXIII, 678.
*Sainte-Barbe-sur-Gaillon* (Eure). — XX, 568.
*Sainte-Barbe* (Camp de), près Quiberon. — XXV, 258, 434.
*Sainte-Florine* (H-L). — XX, 791.
*Sainte-Foy* (Gironde). — XIX, 176, 419. — XXIII, 492.
*Sainte-Hermine* (Vendée). — XXV, 121. — XXVI, 164.
*Sainte-Lucie* (Île). — XXII, 505. — XXIII, 100. — XXIV, 476. — XXVI, 510.
*Sainte-Lucie*, chaloupe canonnière. — XXI, 531.
*Sainte-Marguerite* (Île). — XVIII, 38. — XXVI, 761.
*Sainte-Marthe* (Eure). — XXI, 537.
*Sainte-Marthe* (Statue de). — XXV, 453.
*Sainte-Menehould* (Marne). — XVIII, 522. — XIX, 83. — XX, 251. — XXI, 176, 277, 755. — XXII, 63, 251, 493. — XXIII, 760. — XXIV, 341. — XXVI, 182. Voir *Montagne-sur-Aisne*.
*Sainte-Pazanne* (L-I). — XX, 196.
*Sainte-Suzanne* (?). — XVIII, 143.
*Saintes* (C-I). — XIX, 187. — XXI, 385. — XXIII, 84. — XXVII, 504.
*Saintonge* (Vins de). — XXVIII, 594.

*Saints* (Chaussée des). — XXII, 527.
SAISSAC (*Guerre des retranchements,* par). — XXIV, 157.
SALA, commissaire des Guerres. — XXVI, 42.
SALA (Ant.), négociant. — XXVI, 724.
SALADIN, repr. — XXI, 466, 597, 683. — XXII, 798. — XXIII, 54, 229, 354, 355, 447, 558, 679, 622, 726, 729. — XXIV, 45, 143, 220, 380, 571, 650. — XXV, 376. — XXVIII, 353, 700.
SALADIN, médecin, prof. de physique à Douai. — XX, 542.
*Salaires.* — XXV, 74, 100, 126, 128, 263, 342, 438, 451, 479, 486, 515, 536, 546, 556, 586, 615, 684, 733. — XXVI, 344, 389, 423, 536, 539, 566, 727. — XXVII, 14, 103, 105, 122, 199, 275, 393, 426, 427, 524, 590, 666. — XXVIII, 88. Voir *Ouvriers; Solde.*
SALART, inventeur d'une machine à tailler les limes. — XXI, 812.
SALAVILLE, commissaire des Guerres. — XXI, 451.
SALBATET. — XXIII, 209.
SALÉ, ingénieur de la marine. — XXI, 442.
*Salem.* — XIX, 614.
SALEMBIER, agent des Fourrages. — XIX, 322.
*Salemprise, Wiltz* et *Haut-Marteau* (Usines de). — XXVII, 29.
*Salers* (Cantal). — XXII, 110.
SALGADO, prisonnier espagnol. — XXV, 134 (n).
SALICETI, repr. — XVIII, 46, 47, 96, 97, 382, 500, 543, 619, 699. — XIX, 75, 302, 303, 305, 318, 319, 536, 651, 692, 754, 761, 795. — XX, 113, 217, 265, 368, 380, 385, 511, 682. — XXV, 568, 573. — XXVI, 574. — XXVIII, 285.
*Saligny* (Allier). — XVIII, 623.
*Salines.* — XVIII, 11, 471. — XIX, 163, 599, 763, 764. — XX, 360, 431, 629, 773. — XXI, 604. — XXII, 10, 244, 586, 742. — XXIII, 10, 118, 157, 586, 587, 742. — XXIV, 5, 538, 539, 780. — XXV, 691. — XXVI, 190, 209, 219. — XXVII, 20, 88, 160, 309.
*Salins.* — XX, 360.
*Salins* (Jura). — XIX, 28. — XX, 752. — XXIII, 705. — XXV, 691.
*Salins-Libre* (Meurthe). — XIX, 359. — XX, 266, 792. — XXII, 742. Voir *Château-Salins.*
SALIS, g<sup>al</sup> autrichien, prisonnier. — XXIII, 753. — XXV, 135
SALIS (Barth.), lieut. de gendarmerie. — 488.
SALIS (J. Marie). — XIX, 237.
*Salle* (Château de La) [E-et-L]. — XVIII, 326, 365.
*Salle* (La) [H-A]. — XX, 320.
SALLÉ (J. Fr.), inspecteur de la buffleterie. — XVIII, 248.
SALLÉ, m<sup>al</sup> des logis. — XXI, 103.
SALLES, cap<sup>e</sup> de canonniers. — XXII, 478.
*Sallenelles* (Patache de) [Calvados]. — XXVI, 206.
SALLES (Ch.), pharmacien à l'A. du Rhin. — XXV, 406.
SALM (M. de), prisonnier de guerre. — XXVII, 541.
SALM-SALM (Prince de). — XIX, 735. — XX, 154. — XXI, 813. — XXVI, 286, 640.
SALME, g<sup>al</sup>. — XIX, 517, 636.
SALMON, repr. — XX, 272.
SALOMON (Calan-Louis de Plumeliau, dit le g<sup>al</sup>). — XX, 283, 284. Voir PLUMELIAU.
SALOMON, fournisseur de viande. — XXI, 553. — XXVIII, 594.
*Salpêtre. Salpêtriers.* — XVIII, 224, 244, 245, 303,
330, 424, 488, 602, 610, 704, 737, 800. — XIX, 15, 62, 63, 334, 337, 382, 433, 750, 764, 765. — XX, 119, 120, 124, 135, 365, 456, 463, 629, 667, 729, 754. — XXI, 20, 153, 426, 749. — XXII, 46, 236, 771, 774. — XXIII, 72, 215, 700, 773. — XXIV, 375, 376, 582, 617. — XXV, 130, 131, 164, 209, 333, 443, 588, 614, 697. — XXVI, 3, 4, 314, 365. — XXVII, 393, 396, 435.
SALVA, commissaire des Guerres. — XXIV, 372.
SALVAR, chef chouan. — XXIII, 708.
SALVERTE (Eusèbe), employé au cadastre. — XXVI, 312.
SAMBOURE, chef de b<sup>on</sup> d'artillerie. — XXIII, 223.
*Sambre*, rivière. — XVIII, 304, 494, 495. — XIX, 209. — XXIII, 590, 591. — XXIV, 770. — XXV, 450. — XXVIII, 25.
— (Canal de la). — XXVII, 369, 370, 429, 615. — XXVIII, 25.
*Sambre-et-Meuse* (Dépar<sup>t</sup> de). — XIX, 365. — XX, 95. — XXI, 24. — XXVI, 761. — XXVIII, 104.
SAMBUC, lieut. de gendarmerie. — XX, 629.
*Sampigny* (Meuse). — XVIII, 49. — XXII, 651.
SAMPIT, maître de poste à Yvetot. — XXI, 671, 672.
SAMSON, caporal de carabiniers. — XXVII, 313, 568.
SAMUEL (Léopold), de Strasbourg, fournisseur. — XXVII, 347
SAMYON, aide de camp du g<sup>al</sup> Hesse. — XIX, 498. — XXI, 401.
*San Fernando* (Château de), à Figuières. — XVIII, 359, 415.
*San-Iago* (Bastion de), à Fontarabie. — XX, 260.
*San Premiano*, navire romain. — XXV, 715.
*San Remo* (Italie). — XXIV, 577.
*Sancerre* (Cher). — XVIII, 5, 700. — XIX, 528, 529. — XXII, 294.
*Sancoins* (Cher). — XXII, 175.
*Sancta Elisabeth,* navire génois. — XXVI, 207.
SANDEMONT, commissaire des Guerres. — XXV, 63.
SANDHERR (J. Mathieu), de Colmar. — XXIV, 493.
SANDOS, dit Chegarai (Thomas), adjud<sup>t</sup> g<sup>al</sup>. — XVIII, 693, 709. — XIX, 438. — XXI, 654.
SANDOZ, cap<sup>e</sup>. — XXIV, 319.
SANDRAS. — XXV, 34.
SANDRESCHY, enseigne. — XX, 439.
SANDS (Jos.), négociant américain. — XXI, 102.
SANGNIER, ex-cap<sup>e</sup> des chasseurs de la Somme. — XXVII, 618.
SANILLAC, secrétaire des repr. Dumas et Réal. — XXII, 140.
*Sanitas* (Le), manufacture d'armes près d'Orléans. — XX, 706.
*Sans-Culotte,* corvette. — XIX, 795. — XX, 533, 565, 643, 683, 748. — XXI, 90, 91, 208, 209, 259, 260, 273, 368. — XXIII, 217. — XXIV, 490.
*Sans-Culotte,* galiote. — XXVII, 256.
*Sans-culotte de Jemmapes,* corsaire. — XVIII, 476. — XXI, 128, 448.
*Sans-Culottine,* corvette. — XVIII, 281.
*Sans Pareil,* cutter. — XXI, 719. — XXII, 504. — XXVI, 391.
SANS-PEUR, chef chouan. — XX, 596. — XXII, 258, 259.
*Sans-Souci,* navire américain. — XIX, 578.
*Sans-Succès,* navire. — XXI, 711.
SANSON (Philippe), expert pour l'achat des chevaux. — XIX, 479.

*Santander* (Espagne). — XX, 448. — XXV, 627. — XXVI, 690. — XXVIII, 150.
SANTELLY, enseigne. — XX, 439.
SANTERRE. — XIX, 44.
SANTERRE, ex-g$^{al}$ de division. — XIX, 410. — XX, 460.
SANTERRE, meunier à Saint-Maur. — XXII, 150.
SANTIN, cap$^e$. — XXII, 390.
*Saône* (Doubs). — XXIII, 727.
*Saône*, rivière. — XXIII, 178. — XXV, 610. — XXVIII, 412.
*Saône* (Départ$^t$ de la H$^{te}$-.). — XVIII, 140, 785, 786. — XIX, 258, 259, 312, 396, 592. — XX, 80, 95, 241, 486, 487, 529, 611, 700. — XXI, 418, 545, 604, 630, 684. — XXII, 12, 118, 387, 586, 798. — XXIII, 39, 54, 168, 229, 242, 352, 402, 446, 619, 621, 622, 725, 726, 727, 802. — XXIV, 45, 143, 220, 380, 570, 650. — XXV, 376, 691. — XXVI, 187, 190, 219, 418, 558, 762. — XXVII, 87.
*Saône-et-Loire* (Départ$^t$ de). — XVIII, 43, 58, 361, 378, 388, 403, 404, 559, 595, 596, 622. — XIX, 7, 67, 152, 258, 279, 462, 613, 629. — XX, 20, 197, 221, 252, 320, 399, 678, 680, 685. — XXI, 43, 59, 87, 243, 338, 357, 376, 389, 461, 697, 714, 800, 807, 808. — XXII, 63, 139, 298, 401, 487, 555, 560, 711, 728, 822. — XXIII, 119, 130, 150, 221, 494, 541, 557, 623, 642, 692, 750, 781, 808, 827. — XXIV, 33, 68, 122, 237, 270, 279, 381, 478, 494, 614, 723, 753, 783, 837. — XXV, 87, 155, 178, 203, 236, 444, 516, 563, 585, 609, 654, 752. — XXVI, 25, 76, 102, 219, 308, 332, 352, 356, 376, 411, 412, 433, 491, 528, 553, 568, 594, 613, 625, 674, 675, 676, 732. — XXVII, 15, 38, 127, 183, 211, 268, 296, 309, 310, 312, 385, 415, 434, 465, 497, 512, 556, 580. — XXVIII, 388, 617.
*Sapeurs*. — XXVI, 609, 730, 753. — XXVII, 103, 140. — XXVIII, 381, 487. Voir *Armées; Génie; Troupes*.
SAPIN, secrétaire commis aux archives du C. des Finances. — XXVIII, 42.
SAPINAUD, chef chouan. — XIX, 587. — XX, 378, 598. — XXI, 15. — XXVI, 232, 386, 521, 567, 749. — XXVIII, 366.
*Sapogne* (Mines de fer de) [Ardennes]. — XXV, 694.
SAPPEY, sous-lieut. au 9$^e$ b$^{on}$ de l'Isère. — XXVIII, 610.
*Saragosse* (Espagne). — XIX, 178.
SARAZIN, adjud$^t$ g$^{al}$. — XVIII, 20.
*Sarcelles* (S-et-O). — XXV, 272, 612.
*Sardaigne* (Roi de). — XX, 656. — XXI, 8. — XXII, 16. — XXIII, 60, 203, 267, 280, 319, 515, 814, 815. — XXIV, 573, 599. — XXVI, 79, 254, 572, 582.
SARDET, adjud$^t$ g$^{al}$. — XXVI, 444.
SARDIN, employé au distr. de Niort. — XXVI, 346.
SARDY (Ch.), ingénieur. — XVIII, 725.
*Sare* (B-P). — XXIV, 52, 83.
SARGEANT (W. H.), cap$^e$ américain. — XIX, 578.
SARGEANT (John), de Boston, négociant au Havre. — XXVI, 311.
*Sarlat* (Dordogne). — XX, 663. — XXIII, 351.
SARPET, inspecteur g$^{al}$ des transports. — XXIII, 101.
SARRAZIN, employé à la section de la Guerre — XXVIII, 417.
*Sarre*, rivière. — XXI, 383, 716. — XXIII, 803, 805.
*Sarrebourg* (Moselle). — XVIII, 246, 357, 611. — XX, 65, 370. — XXI, 106, 107, 299. — XXII, 260. — XXIV, 472, 630.

*Sarreguemines* (Moselle). — XVIII, 315, 471, 635. — XIX, 106. — XX, 370, 658. — XXI, 106, 110. — XXII, 323, 324. — XXIII, 560, 561, 562. — XXVII, 229.
*Sarre-Libre*, ci-dev$^t$ Sarrelouis (Allemagne). — XVIII, 250, 315. — XIX, 202, 685. — XX, 370. — XXI, 106. — XXIII, 802, 805. — XXV, 592, 593, 696. — XXVII, 115. — XXVIII, 375, 644, 645.
*Sarre-Union* (B-R). — XIX, 298, 451. Voir *Bouquenom*.
SARRETTE, musicien. — XIX, 166. — XXI, 478. — XXV, 188.
SARRIA (Ant.). — XXIII, 254.
SARSACQ, des Ardennes, requis. — XXVIII, 63.
*Sarsfield* (Hotel de) à Rennes. — XXIV, 808.
*Sartène* (Corse). — XXI, 513.
*Sarthe*, rivière. — XXVIII, 500.
*Sarthe* (Départ$^t$ de la). — XVIII, 25, 140, 166, 171, 187, 221, 238, 254, 263, 282, 298, 325, 355, 411, 414, 436, 512, 554, 611, 656, 662, 688, 713, 716, 717, 718, 719, 720. — XIX, 35, 54, 90, 106, 107, 160, 233, 258, 263, 264, 265, 316, 343, 368, 389, 409, 417, 460, 461, 547, 582, 633, 713, 740. — XX, 64, 131, 214, 275, 279, 280, 314, 374, 427, 447, 471, 512, 514, 559, 593, 595, 628, 744. — XXI, 199, 492, 596. — XXII, 59, 102, 229, 351, 538, 795. — XXIII, 145, 165, 166, 205, 367, 484. — XXIV, 172, 337, 379, 517, 519, 521, 522, 592, 626, 627, 761. — XXV, 78, 112. — XXVI, 450, 712. — XXVII, 91, 262, 288, 377. — XXVIII, 261, 359, 360, 416, 496 à 500, 534.
*Sarzeau* (Morbihan). — XIX, 93. — XXV, 392, 394. — XVXI, 95. — XXVII, 522.
*Sas-de-Gand* (Belgique). — XIX, 44. — XX, 570, 627. — XXIV, 736. — XXV, 294, 389. — XXVI, 478.
SASSÉ, ingénieur en chef à Brest. — XXVIII, 339.
*Sassegnies* (Nord). — XIX, 68.
SATIRE LE RIS, négociant. — XVIII, 330.
SAUBONNARD, chef de b$^{on}$. — XXIV, 10.
SAUCENÉ père, suspect. — XVIII, 441.
SAUDEMONT, direct$^r$ des hospices militaires. — XIX, 578. — XX, 160. — XXIV, 739. — XXV, 440.
SAUDENET, direct$^r$ g$^{al}$ des hospices militaires. — XVIII, 138.
SAUDRET (W.), architecte anglais. — XXII, 746.
SAUGRIN, soumissionnaire. — XXVII, 138.
*Saukopf* (Ile de). — XX, 561.
*Saules* (Doubs). — XXIII, 727.
*Saulnot* (Saline de) [H$^{te}$-Saône]. — XX, 503. — XXI, 604. — XXV, 691.
*Sault* (Vaucluse). — XXVI, 137.
*Sault de Sabo* (Tarn). — XXVI, 638.
SAULTRIER, chef de b$^{on}$. — XXIII, 561.
*Saumeray* (E-et-L). — XXVI, 143.
*Saumur* (M-et-L). — XVIII, 454, 666, 731. — XIX, 627, 647, 667, 668, 680. — XX, 641, 757, 120, 377, 496, 580. — XXI, 700, 724, 792. — XXII, 136, 137, 188, 230, 458. — XXIII, 313, 647, 682. — XXIV, 40. — XXV, 35, 42, 68, 112, 191. — XXVI, 277, 398, 567, 656. — XXVII, 242. — XXVIII, 177, 292, 367, 368, 406, 457, 458.
SAUNAY (Bernard du), charpentier. — XVIII, 144.
SAUNIER, lieut. — XXI, 811.
SAUNIER, volontaire. — XXIII, 575, 748.
SAURAND, chef de brigade, inspecteur de la gendarmerie. — XXVIII, 137.

SAURAT, meunier à Meaux. — xx, 40.
SAURET, g$^{al}$. — xviii, 222. — xix, 345.
SAURINE, du Comité d'inspection du Palais nat. — xx, 95.
SAUSSER, cap$^e$. — xxi, 237.
*Saussote* (Bois de) [Marne]. — xxviii, 572.
SAUTEREAU, repr. — xviii, 511, 584. — xix, 118, 362, 491. — xxvi, 684.
SAUTEREAU, commissaire des Guerres. — xxv, 246.
SAUTTER, g$^{al}$. — xviii, 186.
SAUVAGE (Gabriel), de Gravelines. — xxiv, 609.
SAUVAGE, cap$^e$ au 1$^{er}$ b$^{on}$ d'Apt. — xxviii, 82.
SAUVAGE, préposé des douanes à Nord-Libre. — xxviii, 165.
SAUVAGEOT, volontaire. — xxiv, 376.
SAUVAGÈRE, cap$^e$ d'artillerie. — xxiii, 802. — xxiv, 638.
SAUVAN (Balthazar), aide-chimiste à l'École centrale des Travaux publics. — xviii, 770.
SAUVAN, cap$^e$. — xxvii, 465.
SAUVÉ. — xviii, 120.
SAUVÉ (Gervais), repr. — xxiii, 778, 779.
SAUVEGRAIN, direct$^r$ de la boucherie g$^{ale}$ de Paris. — xix, 115.
SAUVET, cap$^e$ au 2$^e$ b$^{on}$ du Gard. — xx, 564.
SAUVIAC, g$^{al}$. — xix, 159. — xxii, 656.
*Sauzay*, rivière. — xx, 700. — xxvii, 309, 485.
SAVANIER ou SAVAGNIER, fournisseur. — xxv, 534, 562.
SAVART, cap$^e$. — xviii, 474.
SAVART, instituteur à l'École polytechnique. — xxviii 22.
SAVARY, command$^t$ de la place d'Avesnes. — xviii, 603.
SAVARY, maître des forges de la Caillaudière. — xx, 201. — xxiii, 274. — xxv, 659, 660.
SAVARY, repr. — xix, 458, 459. — xxi, 56. — xxvi, 604, 620. — xxvii, 71, 208, 453, 563.
SAVARY (Ch.), lieut. — xix, 30.
SAVARY (Alexandre). — xix, 726.
SAVARY (J. B.). — xix, 726.
SAVARY, des bureaux de la Comm$^{on}$ de la marine. — xxi, 557.
SAVARY, maître de forges à Cauvin. — xxi, 749.
SAVARY, off. de santé. — xix, 534.
SAVARY, adjud$^t$ g$^{al}$. — xxii, 726. — xxiii, 53.
*Savenay* (L-I). — xxv, 398. — xxvi, 695. — xxviii, 624.
*Saverdau* (Verrerie de) [L-I]. — xix, 512.
*Saverne* (B-R). — xxii, 651. — xxv, 560, 628, 722, 723.
SAVERY et C$^{ie}$, maîtres de forges à S$^t$-Roch. — xxv, 164.
SAVIOT, command$^t$ temporaire à Aigues-Mortes. — xxii, 416.
*Savoie* (Province de). — xxiv, 599. — xxvi, 582.
*Savoie* (Départ$^t$ de la H$^{te}$.). — Voir *Mont-Blanc*.
*Savon*. — xviii, 18, 19, 390, 574, 587, 696, — xix, 5, 224, 578. — xxi, 93. — xxiii, 288. — xxv, 268, 525, 634. — xxvi, 380, 382. — xxvii, 461.
*Savone* (Italie). — xviii, 107, 271. — xix, 488. — xxiii, 400, 829. — xxiv, 696, 697, 731. — xxvi, 617. — xxviii, 332.
*Savonnerie* (Tapis de la). — xix, 785.
SAVOUREY, gendarme. — xxv, 732.

SAVOURNIN (J.-B., Auguste), command$^t$ l'artillerie à Rennes. — xix, 579.
SAVROT, cap$^e$. — xxiii, 401.
SAXE, pharmacien en chef à l'A. des Alpes. — xxv, 43.
*Saxe, Saxons*. — xx, 429, 765. — xxiii, 69, 389. xxiv, 324. — xxviii, 222.
SAY (Horace), off. du génie à l'École centrale des Travaux publics. — xix, 326.
SAYARD, maître de poste à Châlons-sur-Marne. — xxiv, 341.
*Sayn-Altenkirchen* (Comté de). — xxii, 190.
*Scarpe* (Fort de) [Nord]. — xxiii, 74. — xxiv, 542. — xxv, 635. — xxviii, 596.
*Scarpe*, rivière. — xxiv, 542.
*Sceaux-l'Unité* (Seine). — xxiii, 3.
SCELLIER, repr. — xxiv, 106.
SCÉPEAUX (Vicomte de), chef vendéen. — xx, 596. — xxi, 269. — xxiii, 314, 788. — xxiv, 47, 686. — xxv, 191, 391, 415. — xxvi, 93, 386, 426.
*Scévola*, navire. — xviii, 129, 130. — xxii, 765. — xxvi, 130.
*Scey-sur-Saône* (H$^{te}$-Saône). — xxiii, 725.
SCHAAL, g$^{al}$. — xix, 422. — xxi, 654.
SCHAEFFER, aide de camp du g$^{al}$ Chabot. — xxiv, 665.
SCHAFFER, d'Andlau. — xxiii, 351.
SCHARPLES (James), inventeur anglais. — xxii, 746.
SCHAUENBOURG, g$^{al}$. — xviii, 291, 568. — xxv, 138, 519, 527, 544, 608, 609. — xxvi, 67, 442.
SCHEEL (*Mémoires d'artillerie* de). — xxiv, 157.
SCHEINS, m$^d$ de fers. — xxviii, 132.
SCHELL, adjoint aux adjud$^{ts}$ g$^{aux}$. — xviii, 197.
SCHENBRIDGE, lieut. anglais prisonnier. — xxiv, 761.
*Schenck* (Fort de) [Hollande]. — xviii, 27, 28.
SCHÉRER, g$^{al}$ en chef. — xviii, 89. — xix, 139, 140, 488. — xx, 203. — xxi, 109, 311. — xxii, 9, 326, — xxv, 214. — xxvi, 26, 79, 326, 360, 495, 537, 564. — xxvii, 34, 128, 270, 387. — xxviii, 73, 143 à 145, 331, 332, 502, 503.
SCHÉRER, sous-chef des bureaux civils à Brest. — xx, 18. — xxi, 402.
SCHÉREK, commissaire de la marine. — xxii, 575, 576. — xxiii, 410.
SCHERER. — xxiv, 296. Voir GUESCHIRER (Augustin).
SCHETEINER (Michel), de Frankweiller. — xxii, 822.
SCHIELÉ, commissaire ordonnat$^r$ à l'A. du Rhin. — xxvi, 477.
*Schiermonnikoog* (Île de) [Hollande]. — xxi, 524.
*Schifferstadt* (Allemagne). — xxvii, 559.
SCHIFFERSTEIN, meunier. — xxiii, 384, 395.
SCHILLING (Bernard Grodt), lieut. de vaisseau. — xix, 335.
SCHILT, g$^{al}$. — xviii, 540, 541.
SCHLACHTER, g$^{al}$. — xviii, 635.
SCHLEPEGRELL, off. hanovrien prisonnier. — xxvi, 69, 208, 353.
*Schlestadt* (B-R). — xix, 501. — xx, 81, 585. — xxiii, 351, 384, 445, 478, 493, 494, 540, 576, 618, 641, 654, 656. — xxiv, 173, 629. — xxv, 562 n., 629, 704. — xxvi, 63, 317, 762. — xxviii, 341, 537, 699.
*Schlingstadt* (Allemagne). — xxviii, 16.
SCHLUTER (*La fonte des mines* de). — xxiv, 158. — xxv, 641.

SCHMIDT, élève pharmacien. — XXII, 340.
SCHMITT, lieut. de gendarmerie à Saverne. — XXV, 723.
SCHMITZ, patriote hollandais. — XVIII, 285, 286, 516.
SCHNAEEGANS frères, fournisseurs aux armées. — XXIII, 689, 806. — XXIV, 494, 672.
SCHNEIDER (Georges Louis), cap$^e$ de navire neutre. — XIX, 5.
SCHNEIDER, accusateur public. — XIX, 39.
SCHNEIDER, prêtre autrichien à Strasbourg. — XX, 88. — XXIII, 108.
SCHOEL, négociant en café. — XVIII, 708.
SCHOENMEZEL, g$^{al}$ de brigade. — XVIII, 90.
SCHOLL, command$^t$. — XIX, 497.
*Schönau* (B-R). — XX, 561.
SCHREIBER, inspecteur des mines. — XVIII, 679. — XX, 169. — XXI, 373, 454. — XXIII, 505, 506.
SCHREIBER-SEIGNEURET (C$^{ne}$), commissionnaire pour les subsistances de Paris. — XXVIII, 4.
SCHRODER (Peters), cap$^e$ de navire danois. — XIX, 257.
SCHROEDER, fondé de pouvoirs au Havre. — XIX, 399.
SCHROEDER, g$^{al}$. — XXIV, 259.
SCHUBART (De), envoyé du Danemark. — XXI, 185, 186.
SCHVASART (Ant.), prêtre brabançon. — XXI, 162.
SCHWEIZER, négociant en vins. — XX, 535. — XXI, 700. — XXVIII, 62.
SCHWEYNSER, fournisseur américain. — XXV, 379.
*Scie*, rivière. — XVIII. 574.
*Science de l'ingénieur*, de BÉLIDOR. — XXV, 640.
*Sciences*, Arts, fabriques et manufactures. — XX, 171. — XXV, 161, 614. — XXVII, 70, 280. — XXVIII, 2.
SCOTT, chef de b$^{on}$. — XXV, 519.
SCOTTO (J.), cap$^e$ d'un navire de commerce napolitain. — XXVII, 544.
*Scout*, brick. — XXIII, 217.
SCRIBE, sous-lieut. de chasseurs à cheval. — XIX, 678.
*Sea-Flower*, goélette américaine. — XXVI, 671.
SÉBASTIANI (Horace), aide de camp du g$^{al}$ Casabianca. — XXII, 685. — XXIV, 153, 742, 791. — XXVI, 40.
SEBIRE, cap$^e$ de vaisseau. — XXI, 254.
SECKINGEN (Comte de). — XXII, 788.
*Secours*. — XXV, 158, 182, 250, 265, 294, 338, 505, 508, 516, 551, 553, 554, 607, 623, 627. — XXVI, 169, 702. — XXVII, 263, 620. Voir *Gratifications; Indemnités*.
SECRÉTAN, concessionnaire d'asphalte. — XVIII, 701, 702.
*Sections coniques* de LA CHAPELLE. — XIX, 512.
— de L'HOSPITAL. — XXV, 641.
*Sections* de Paris. Voir *Paris* (Sections de).
*Sedan* (Ardennes). — XVIII, 49, 209. — XIX, 31, 327, 328, 363, 433, 454, 478, 495. — XX, 37, 159, 364, 404, 520. — XXI, 51, 176, 300, 358, 667, 809. — XXII, 69, 361. — XXIII, 124, 247, 275. — XXIV, 760. — XXV, 33, 425. — XXVII, 318. — XXVIII, 690.
*Sedlitz* (Sel de). — XXIII, 575.
*Seelust*, navire danois. — XXII, 183.
*Sées* (Orne). — XIX, 449, 460. — XX, 583. — XXI, 99. — XXV, 95. — XXVI, 178. — XXVII, 80, 432, 490, 520.
*Segno* (Italie). — XXIV, 696.

*Segny* (Ain). — XXI, 277.
*Segré* (M-et-L). — XVIII, 314. — XIX, 400, 519. — XX, 195, 445, 446, 595, 596, 597, 599, 642. — XXI, 37, 38, 169, 269. — XXIII, 147. — XXV, 361, 746. — XXVI, 397. — XXVII, 382, 517.
SEGUER, employé à la section de la guerre. — XXVIII, 418.
SEGUIN fils, employé aux ateliers d'armes à Blois. — XVIII, 565.
SÉGUIN (Armand), des tanneries de Sèvres. — XIX, 166, 167, 277, 434, 435, 440, 457, 787. — XX, 21, 172, 239. — XXII, 67. — XXIV, 352, 353. — XXV, 611.
SÉGUIN, commissaire des Guerres. — XX, 650.
SÉGUIN, fils, exploitant de bois. — XXV, 451.
SEGUIN, off. de la 131$^e$ demi-brigade. — XXVIII, 559.
*Ségur* (Mines de houilles de) [Aude]. — XVIII, 701.
SEGURET, chef de brigands de l'Aveyron. — XXVI, 765.
SÉHEL, auteur des *Mémoires d'artillerie*. — XXV, 639.
SEIGNAN-SERRE, lieut. de gendarmerie. — XVIII, 568, 772.
SEIGNEUR, commissaire des Guerres. — XVIII, 551. — XIX, 230.
SEIGNEUR, voiturier. — XXVII, 138.
SEIGNEUR, employé dans le port du Havre. — XXVIII, 368.
SEILLÈRE, fabricant de draps à Pierrepont. — XXVIII, 578.
SEILLIÈRE fils, de la fonderie de Ruelle. — XIX, 536.
*Sein* (Île de). — XIX, 213.
*Seine*, fleuve. — XVIII, 303, 305, 771. — XIX, 80, 501, 773. — XX, 30, 265, 266, 676. — XXI, 113, 118, 122, 518, 614, 804. — XXII, 619, 620, 731. — XXIV, 60. — XXV, 74, 231. — XXVI, 34, 139, 336, 437, 595. — XXVII, 96, 186. — XXVIII, 99, 433, 675.
*Seine* (Départ$^t$ de la). — XXII, 157. — XXVIII, 9, 146, 147, 205, 206, 257, 315, 498. Voir *Paris* (Départ$^t$ de).
*Seine*, frégate. — XVIII, 185.
*Seine* (Usine de la maison de). — XXI, 507. — XXII, 5.
*Seine-Inférieure* (Départ$^t$ de la). — XVIII, 319, 510, 526, 584, 636, 660, 711. — XIX, 137, 362, 385, 453, 460, 496, 547, 571, 715, 789. — XX, 10, 105, 149, 188, 189, 255, 341, 573, 621, 674, 727, 783, 797, 798. — XXI, 115, 157, 193, 280, 384, 403, 439, 486, 514, 537, 550, 571, 595, 643, 684, 691, 732, 761, 833. — XXII, 164, 187, 257, 370, 392, 396, 457, 482, 538, 553, 579, 604, 605, 626, 676, 705, 724, 764, 795, 796, 815. — XXIII, 13, 24, 25, 52, 63, 100, 244, 305, 307, 380, 382, 405, 469, 492, 519, 533, 571, 572, 606, 641, 664, 665, 675, 677, 736. — XXIV, 10, 154. 302, 331, 350, 368, 384, 415, 416, 432, 486, 489, 591, 613, 703, 747, 817, 829, 830. — XXV, 70, 111, 134, 145, 177, 229, 254, 294, 295, 337, 354, 391, 432, 445, 504, 579, 581, 623, 638, 644, 645, 649, 681, 698. — XXVI, 84, 178, 260, 329, 373, 401, 447, 484, 520, 591, 648, 671, 692, 696, 754, 760. — XXVII, 19, 79, 129, 212, 213, 257, 262, 288, 306, 329, 377, 409, 431, 432, 492, 515, 520, 546, 547, 551, 617, 671. — XXVIII, 85, 135, 154, 196, 296, 336, 517, 573.

*Seine-et-Marne* (Départ$^t$ de). — XVIII, 198, 403, 509, 762. — XIX, 8, 91, 102, 174, 359, 520, 521, 695, 741, 786. — XX, 299. — XXI, 27, 101, 112, 669, 704, 762. — XXII, 267, 362, 374, 440, 619, 693. — XXIII, 629, 735. — XXIV, 94, 350, 467, 656. — XXV, 372. — XXVI, 212. — XXVIII, 686.

*Seine-et-Oise* (Départ$^t$ de). — XVIII, 229, 487, 576, 809. — XIX, 364, 365, 385, 789. — XX, 177, 334, 338, 523, 573, 612, 739, 771, 798. — XXI, 97, 98, 211, 344, 403, 552, 643, 684, 691, 704, 724, 755, 761, 826. — XXII, 14, 20, 159, 184, 252, 332, 341, 362, 393, 471, 507, 661, 686, 776. — XXIII, 118, 136, 186, 253, 294, 331, 482, 600, 735, 797. — XXIV, 71, 94, 274, 285, 537, 587, 677. — XXV, 372, 730. — XXVI, 39. — XXVII, 503. — XXVIII, 24, 77, 101, 196, 240, 255, 274, 296, 304, 411, 479, 520, 664, 665.

*Seine-Port* (S-et-M). — XXIII, 628. — XXIV, 94.

SEING, adjud$^t$ g$^{al}$, commissaire des Guerres. — XXIV, 801, 802.

*Seinger*, garde d'artillerie. — XXII, 612.

SÉJOURNÉ, commissaire à la vente des huiles. — XXVIII, 192.

*Sel.* — XIX, 5, 6, 199, 546, 562, 679, 763. — XX, 61, 78, 92, 335, 360, 408. — XXI, 216, 460, 665, 666, 716. — XXII, 46, 260, 394, 742, 784, 815. — XXIII, 584. — XXVI, 90, 132, 181, 190, 612, 729. — XXVII, 43, 52, 88, 248, 277, 391, 421, 476, 503, 552, 562, 653. Voir *Salines*.

*Selingenstadt* (Allemagne). — XXVIII, 424, 473.

*Selle* (La) [Orne]. — XXIII, 204.

SELLEQUES, suspect. — XX, 622, 677.

*Selles* (L-et-C). — XXVI, 577.

SELLIÈRE, LAMBERT et C$^{ie}$, entrepreneurs de la fonderie de Ruelle. — XXV, 487. — XXVI, 199.

*Selve* (La) [Espagne]. — XXIV, 841. — XXV, 59.

SELZ ou Setz (Comte de), chef chouan. — XIX, 716. — XXIII, 470, 472, 678, 718.

*Semblançay* (I-et-L). — XX, 408.

SEMONVILLE, régisseur du château de la Salle. — XXVIII, 365.

*Semur* (C-d'O). — XIX, 252, 724. — XX, 312. — XXI, 747. — XXVI, 479. — XXVII, 278. — XXVIII, 610.

SENARMONT, cap$^e$. — XVIII, 121. — XXII, 416.

*Sénart*, Forêt de) [S-et-O]. — XXI, 63.

*Sénas* (B-du-R). — XXIV, 171.

SÉNAULT, salpêtrier à Orléans. — XX, 367.

SÉNÉCHAL, volontaire. — XVIII, 449.

SÉNÉCHAL, enseigne de vaisseau. — XX, 630.

SÉNÉCHAL (Marie Anne), f$^e$ Bellais, préposée au transport des fourrages à Hesdin. — XXV, 713.

*Sénégal.* — XVIII, 429. — XXII, 246.

SENGEL (Michel). contre-révolutionnaire. — XXIV, 119, 120.

SENIG, adjud$^t$ g$^{al}$. — XXV, 531, 702. — XXVI, 100. — XXVII, 83, 307. — XXVIII, 57, 252.

SENILLAC (J. J. L.), cap$^e$ aux chasseurs à cheval de la Montagne. — XVIII, 142.

*Senlis* (Oise). — XVIII, 676, 734. — XIX, 111, 340, 404, 562, 662, 761. — XX, 159, 545. — XXI, 478, 702, 802. — XXII, 772. — XXIII, 74, 91, 92, 188. — XXIV, 16, 349, 357, 466, 468, 498, 511, 588, 704. — XXV, 96, 272, 518, 580, 666, 693. — XXVI, 110, 148, 632, 696, 753. — XXVII, 124, 325. — XXVIII, 43, 99, 480, 609, 660.

*Sénones* (Vosges). — XXVIII, 7.

*Sens* (Yonne). — XVIII, 231. — XIX, 408, 708. — XX, 117, 703. — XXI, 807. — XXII, 294, 440, 698. — XXIII, 575, 615, 616, 653. — XXIV, 61, 238, 701. — XXV, 676. — XXVI, 34, 166, 335, 509, 557. — XXVII, 115, 370. — XXVIII, 6, 78.

*Sentilly* (Orne). — XVIII, 656, 657.

*Sentinelle* (La), journal de Louvet. — XXIV, 655.

SÉPEAUX, chouan. — XXVIII, 703, 704.

SEPHER, g$^{al}$. — XXV, 74.

SEPHER, aide de camp du g$^{al}$ Vial. — XXVI, 203.

*Serain* (I-et-L). — XX, 408.

SERANON, de Puget-Théniers. — XXIV, 319.

SERCEY, contre-amiral. — XIX, 775. — XXIII, 217.

SEREINE, employé p$^{al}$ à Toulon. — XXV, 409.

*Sérent* (Morbihan). — XIX, 718.

SERGENT, agent des subsistances g$^{ales}$. — XVIII, 18.

SERGENT, administ$^r$ au C. de S. P. — XXIV, 19.

SERGENT (Robert), envoyé à Gravelines. — XXIV, 609.

SERGENT, concierge, à Toulon. — XXVIII, 656.

*Sérieuse*, vaisseau de l'A. navale de la Méditerranée. — XX, 604.

*Sérione*, navire de Toulon. — XX, 27.

SERIZIAT, g$^{al}$ de brigade. — XXVII, 118. — XXVIII, 339, 428.

SEROUX, chef de brigade. — XIX, 240, 580. — XXI, 633.

SEROUX DE CAUMONT, aide de camp du g$^{al}$ Durtubie. — XXIV, 556.

SERRAIT, propriétaire du moulin de Bougival. — XXIII, 543, 549.

SERRE, d'Avignon. — XX, 158.

SERRE, surveillant temporaire à l'A. du Nord. — XXII, 218.

SERRE DE GRAS, g$^{al}$ de brigade. — XXI, 330. — XXV, 186, 276. — XXVII, 481.

SERREAU, requis. — XXVII, 195.

SERREJEAN, ingénieur. — XXVII, 219.

SERRES (J. J.), repr. — XVIII, 239, 299, 342, 343, 469, 584, 684. — XIX, 91, 268, 305, 306, 693. — XX, 479. — XXIII, 37. — XXIV, 378. — XXVIII, 28.

SERRES et FIATTES, commissionnaires. — XXVII, 225.

*Serrières* (S-et-L). — XVIII, 28.

SERS (Pierre), président du départ$^t$ de la Gironde. — XVIII, 270, 271.

SÉRURIER, g$^{al}$ de division. — XXIV, 318. — XXV, 63.

SERUZIER, professeur de dessin à l'École d'artillerie de Valence. — XVIII, 601.

SERVAN g$^{al}$ en chef. — XXII, 46. — XXV, 195, 279, 315, 348, 450, 549, 653, 750. — XXVI, 189, 331.

SERVAN fils. — XXII, 46.

SERVAN, cap$^e$. — XXV, 247.

SERVEAU, repr. — XIX, 247, 645.

SERVET, préposé à la subsistance des troupes en marche. — XXII, 697.

SERVIÈRE, repr. — XVIII, 198. — XIX, 488. — XXVII, 282, 302, 483. — XXVIII, 288, 291, 330, 387, 390, 504, 655.

SERVIEZ, command$^t$ à Belle-Isle. — XXI, 511.

SERVIEZ (Emmanuel), g$^{al}$ de brigade. — XVIII, 368. — XIX, 550.

SERVOIS, élève d'artillerie. — XVIII, 120.

*Servon* (S-et-M). — XXI, 372, 479.

SERWIS, amiral anglais. — XX, 758.

*Sète.* Voir *Cette*.

SEUGEUSE, chirurgien des pompiers de Paris. — XXI, 755.
SEUILHAC, chef d'escadron. — XVIII, 58.
SEUROT, lieut. de chasseurs à cheval. — XX, 379.
*Seux* (Vosges). — XXVIII, 537.
SEVAISTRE, command$^t$ du fort de Querqueville. — XXI, 511. — XXIV, 9.
SEVAISTRE, cultivateur dans l'Eure. — XXII, 38.
SEVAISTRE, chef d'escadron. — XXI, 104.
SEVAISTRE, inspecteur des dépôts de remontes. — XXVIII, 297.
SEVENNIER, ingénieur-élève des Travaux publics. — XXIII, 670.
*Severn*, navire américain. — XXII, 746. — XXVII, 62.
*Severn*, navire anglais. — XIX, 497.
SEVESTRE, repr. — XVIII, 26, 361, 388. — XIX, 105, 145, 202, 374, 591-592, 721, 743. — XX, 296, 630. — XXII, 720, 721. — XXIII, 376. — XXVI, 121. — XXVIII, 372, 446, 463, 466, 509, 510, 511.
SEVESTRE, employé au dépôt de remonte du Bec. — XXVII, 432, 520.
SEVESTRE, fabricant de drap à Elbeuf. — XVIII, 400.
*Séville* (Espagne). — XXVI, 690. — XXVIII, 150.
*Sèvres* (S-et-O). — XVIII, 229, 249, 575, 620. — XIX, 166, 225, 277, 356, 484, 435, 782, 787. — XX, 21. — XXI, 18, 98, 111, 398, 598, 666, 747. — XXII, 690. — XXIV, 352, 353. — XXV, 611. — XXVI, 417. — XXVIII, 61, 618.
*Sèvres* (Manufacture de porcelaine de). — XXI, 398, 681. — XXII, 644, 690, 696. — XXIV, 374. — XXV, 611. — XXVI, 270, 417. — XXVIII, 375, 645.
*Sèvres* (rue de), à Paris. — XXII, 492, 803.
*Sèvres nantaise et niortaise*, rivières. — XXIV, 578. — XXVI, 163, 748, 749. — XXVIII, 460.
*Sèvres* (Départ$^t$ des Deux-). — XVIII, 142, 477, 538. — XIX, 258, 259, 449, 647. — XX, 64, 161, 704. — XXII, 47, 170. — XXIV, 418. — XXVI, 386. — XXVII, 191.
*Sevrey* (S-et-L). — XXI, 620.
SEYMANDI, munitionnaire. — XVIII, 212. — XIX, 710. — XXI, 699. — XXVI, 116.
*Seyne* (B-A). — XIX, 257. — XXVI, 233.
*Seyne* (La) [Var]. — XX, 384. — XXV, 250.
SEYSSEL, cap$^e$ d'infanterie. — XVIII, 603.
*Sézanne* (Marne). — XVIII, 386, 387, 624, 771. — XIX, 83, 116, 378, 379. — XX, 31, 469, 629. — XXI, 61, 426, 427, 726, 740, 823. — XXII, 288, 322, 350, 518, 692. — XXV, 484. — XXVIII, 572, 643.
SÉZANNE (Louis), off. à l'A. des Pyr. Occident. — XXVII, 118.
SGANZIN, ingénieur. — XX, 540, 541. — XXV, 660. — XXVI, 367.
SHELDON, g$^{al}$. — XVIII, 709.
SHELDON, cap$^e$. — XXII, 99.
SHERLOCK, command$^t$. — XVIII, 766. — XXIII, 189.
SHIRVIN, peintre écossais. — XVIII, 631.
SHWEN (Gustave). — XIX, 656. Voir Ollivier.
SIAUD, adjoint aux adjud$^{ts}$ génér$^x$. — XXIII, 401.
SIAUVE, commissaire des Guerres. — XXV, 516.
SIBILLE, command$^t$ la felouque *Léonidas*. — XXVII, 135.
SIBYLE, inspecteur des équipages d'artillerie. — XXVI, 651.
SICARD, lieut. — XIX, 779.
SICARD, cap$^e$ de dragons. — XXI, 375.

SICARD (Jérôme), chirurgien en chef à l'A. des Alpes. — XXVI, 657. — XXVII, 259.
SIDNEY-SMITH, command$^t$ anglais devant le Calvados. — XXVIII, 316.
*Sieg*, rivière. — XXVII, 350, 403.
*Siegberg* (Allemagne). — XXVIII, 559.
*Siegbourg* (Allemagne). — XXVII, 402, 403, 625.
SIEMSEN, négociant à Altona. — XXVI, 579.
*Sierck* (Moselle). — XXIII, 248.
SIETAM (Peter Hans), cap$^e$. — XVIII, 507.
SIEYES, repr. — XX, 368, 660, 669. — XXI, 503, 518, 520, 667, 821. — XXII, 80, 88, 114-117, 222, 596, 618, 640, 675, 761. — XXIII, 23, 57, 58, 61, 63, 135, 192, 199, 257, 284, 302, 436, 439, 462, 515, 516, 517, 592, 593, 662. — XXIV, 1, 23, 105, 286, 448. — XXV, 104, 151, 193, 266. — XXVI, 108, 109, 120, 668. — XXVII, 51. — XXVIII, 34, 235, 351, 624 à 628.
SIÉYÈS, consul à Alicante. — XXVI, 560.
SIGAUD DE LA FOND (*Cours de physique* de). — XXIV, 158. — XXV, 640.
SIGNEMONT, g$^{al}$. — XIX, 241.
*Signy-le-Petit* (Ardennes). — XVIII, 725. — XXI, 329.
SIGNY, tourneur à Toulouse. — XVIII, 755.
SIJAS l'aîné, commissaire du Conseil exécutif. — XVIII, 630.
SIK (Joseph), négociant anglais, prisonnier libéré. — XX, 796.
*Silésie*. — XVIII, 286, 517. — XX, 81.
*Sillé-le-Guillaume* (Sarthe). — XVIII, 171, 411. — XIX, 264, 343. — XX, 64, 281, 593, 677. — XXVIII, 498, 534, 676.
*Sillery* (Atelier de cordonnerie de) [Marne]. — XX, 41, 67.
SILLERY (V.), cap$^e$ réintégré. — XXVI, 234.
SILLY, professeur de dessin à l'École d'artillerie de Metz. — XVIII, 757.
*Silveréal* (Canal de) [Gard]. — XXVII, 27.
SIMÉON (Fr.), volontaire. — XXVII, 631.
SIMÉON (Jos.), employé à la Comm$^{on}$ des secours publics. — XVIII, 212.
SIMON, chef de brigade. — XVIII, 121.
SIMON, sous-lieut. — XXII, 181.
SIMON, adjud$^t$ g$^{al}$. — XXII, 424. — XXV, 696.
SIMON (Fr.), charron. — XVIII, 438.
SIMON (Michel), sapeur. — XXIV, 470.
SIMON (Toussaint,) tambour-major. — XXV, 317.
SIMON, secrétaire de Merlin (de Thionville). — XXV, 561.
SIMON, gendarme. — XVIII, 254.
SIMONET, employé dans les bureaux de la marine. — XIX, 412.
SIMONET, requis. — XXVI, 701. — XXVII, 127.
SIMONIN, payeur des prisonniers français en Espagne. — XVIII, 153, 187, 324, 642. — XX, 109, 580.
SIMONIN (Laurent Nicolas), garde marteau des forêts du distr. de Baume. — XXVIII, 259.
SIMONIS, administrateur du Pas-de-Calais. — XXIV, 617, 618, 733, 766.
SIMONIS, vérificateur. — XXVIII, 98.
SIMONNET, doreur. — XXIV, 539, 540.
SIMONNET, chirurgien à l'A. du Nord. — XXVI, 421.
SIMONOT, requis. — XVIII, 231.
SINAU, adjoint à l'adjud$^t$ g$^{al}$ Sohoz. — XX, 788.
SINTIER, employé à l'approvision$^t$ de Paris. — XXVIII, 78.

*Sion-en-Valais* (Suisse). — XIX, 599.
SIONVILLE, adjud$^t$ g$^{al}$, chef de brigade. — XVIII, 474.
SIOT, de Paris, requis. — XXII, 210.
SIQUAL, secrétaire du commissaire des Guerres Lefèvre. — XXVIII, 166.
SIRET, chirurgien à l'A. des Alpes. — XXII, 743.
SIRUGUE, repr. — XXIV, 310, 311. — XXVI, 685. — XXVIII, 162.
SISCÉ BRESSOLLES, g$^{al}$ de brigade. — XX, 545.
SISER, garçon de bureau du C. de S. P. — XXVII, 501.
SISNERMANN, sous-lieut. — XXIII, 401.
*Sisteron* (B-A). — XIX, 636. — XX, 615. — XXII, 519.
SISTRIÈRES, g$^{al}$. — XXII, 821.
SITTER (A. J.), ambassadeur extraordinaire des Provinces-Unies. — XXIII, 671. — XXIV, 283.
SIX (Guillaume), chargé d'affaires des Provinces-Unies. — XIX, 722, 723. — XX, 402.
*Six Frères*, transport. — XX, 758.
*Six-Frères*, navire hollandais. — XXI, 128. — XXII, 448.
SKIPWITH, consul des États-Unis à Paris. — XVIII, 429. — XXVII, 562.
SMITH, lieut. de vaisseau anglais. — XXI, 34.
SMITH (Sidney), cap$^e$ anglais. — XXII, 53.
SMITH (Ebenezer), cap$^e$ américain. — XXV, 177 n.
SMITH, cap$^e$ command$^t$ le navire américain *l'Union*. — XXVII, 189.
*Smyrne* (Turquie). — XXI, 781. — XXIII, 513. — XXIV, 404. — XXVII, 621. — XXVIII, 238, 448.
SOBRY, de la Guillotière, requis. — XXII, 613.
*Sociétés populaires*. — XVIII, 467, 739, 744, 745, 811, 814, 815. — XIX, 33, 34, 52, 54, 192, 267, 301, 341, 424, 446, 513, 520, 647, 698. — XX, 23, 25, 26, 88, 251, 501, 743. — XXI, 230, 419, 544, 545, 787. — XXII, 92, 93, 138, 165, 318, 346, 399, 568, 589. — XXIII, 210, 576, 596, 674, 755, 776. — XXIV, 83, 112, 204, 322, 361, 370, 480, 549, 597, 623. — XXV, 521. — XXVII, 47, 108.
*Socoa* (Port du) [B-P]. — XXIV, 48. — XXV, 463.
*Sodedaine* (La) [Vendée]. — XXVI, 567.
*Soestdijk* (Hollande). — XXII, 78.
SOHOZ, adjud$^t$ g$^{al}$. — XX, 788.
*Soignolles* (S-et-M). — XXVIII, 78.
SOISSAC, auteur de la *Guerre des retranchements*. — XXV, 640.
*Soissons* (Aisne). — XVIII, 118, 119, 212, 318, 368, 608, 609, 736, 737, 771. — XIX, 24, 111, 112, 113, 377, 378, 407, 408, 410, 610. — XX, 80, 595, 737. — XXI, 58, 117, 357. — XXII, 123, 160, 224, 225, 307, 362, 418, 513, 609, 671, 673, 757, 786. — XXIII, 74, 190, 200, 317, 379, 566. — XXIV, 38, 203, 446, 642. — XXV, 70, 314, 594, 603, 669. — XXVII, 481. — XXVIII, 96.
*Soisy-sous-Etiolles* (S-et-O). — XXI, 63.
SOLAGES (Fr. Gabriel), concessionnaire des mines d'Alban et de Villefranche. — XVIII, 702, 795. — XXII, 645. — XXVI, 111, 638. — XXVII, 26.
SOLAGES, cap$^e$. — XXII, 412.
SOLAND, g$^{al}$. — XVIII, 589.
SOLARD (A.), auteur du *Dernier fils de France ou le duc de Normandie*. — XXIV, 104.
SOL-BEAUCLAIR, g$^{al}$ de division. — XXVII, 619.
*Solde, Traitement*. — XXV, 103, 114, 126, 146, 150, 162, 181, 211, 277, 285, 329, 334, 348,
352, 388, 401, 446, 456, 457, 478, 489, 500, 503, 521, 523, 531, 543, 549, 551, 553, 574, 579, 620, 668, 700, 732, 748. — XXVI, 17, 26, 40, 88, 112, 114, 151, 157, 206, 218, 230, 255, 269, 271, 279, 282, 300, 331, 390, 401, 440, 455, 456, 470, 475, 478, 497, 506, 509, 571, 593, 614, 627, 629, 650, 656, 660, 667, 715, 726. — XXVII, 43, 117, 128, 172, 260, 352, 373, 451, 495, 565, 590, 598, 625. — XXVIII, 65, 177, 521 à 523, 653. Voir *Administrations; Armées; Généraux; Officiers; Troupes*.
SOLDINI, cap$^e$. — XXII, 269.
*Soleil Levant*, navire américain — XXVI, 63. — XXVII, 375.
*Soleure* (Suisse). — XXVIII, 44.
*Solingen* (Allemagne). — XXVII, 350, 636.
*Solliès* (Var). — XIX, 199. — XXIII, 264, 265, 397.
SOLLILLAC (Baron de). — XIX, 583.
*Sologe* (Moselle). — XXIV, 630.
*Sologny* (S-et-L). — XXII, 487.
SOLVET, employé à l'Agence des hôpitaux militaires. — XXIV, 702.
*Sombreffe* (Belgique). — XVIII, 495.
SOMBREUIL, évêque de Dol. — XXVI, 49, 521.
*Somering* (B-R). — XX, 370.
*Somerset* (Comté de) [Angleterre]. — XXII, 54.
*Somlens* (?). — XXV, 175.
*Somme*, rivière. — XXI, 29. — XXIII, 17, 296. — XXVI, 550.
*Somme* (Baie de la). — XXI, 804. — XXIV, 140, 141, 167. — XXVI, 754.
*Somme* (Départ$^t$ de la). — XVIII, 46, 510, 560, 562, 584, 737, 809. — XIX, 102, 362, 500, 696. — XX, 82, 104, 128, 303. — XXI, 29, 59, 65, 69, 101, 117, 159, 250, 291, 292, 312, 348, 350, 360, 377, 380, 381, 464, 487, 509, 521, 524, 558, 563, 566, 643, 724, 727, 761, 772, 804, 824. — XXII, 14, 50, 52, 76, 126, 162, 194, 253, 275, 310, 344, 362, 370, 375, 394, 411, 418, 452, 469, 480, 507, 509, 532, 547, 551, 566, 567, 599, 622, 667, 700, 723, 739, 747, 784. — XXIII, 15, 16, 17, 56, 90, 91, 141, 169, 190, 254, 295, 296, 297, 342, 363, 380, 404, 431, 482, 484, 560, 601, 603, 644, 670, 705, 735, 737, 742, 752, 781, 804. — XXIV, 12, 17, 39, 72, 106, 138, 161, 166, 184, 292, 318, 358, 382, 410, 411, 433, 441, 446, 477, 478, 512, 560, 561, 588, 617, 642, 667, 742, 793, 817. — XXV, 70 n., 616, 638, 644. — XXVI, 373, 401, 520, 591, 648, 692, 696, 754, 760. — XXVII, 19, 209, 213, 306, 329, 409, 431, 515, 547, 551. — XXVIII, 177, 196, 202, 469, 548.
*Somme-Vesle* (Pont de) [Marne]. — XXIV, 341.
*Sommelières* (Fourneau de). — XXVIII, 126.
*Sommières* (Gard). — XIX, 633. — XX, 91.
*Sompuis* (Marne). — XXI, 756.
*Sone* (La) [Isère]. — XVIII, 747.
SONGEZ, médecin à l'A. d'Italie. — XXVII, 53.
SONGIS DES COURBONS (Nicolas Marie), direct$^r$ du parc d'artillerie de l'A. d'Italie. — XXVII, 402. — XXVI, 704.
SONGIS (Ch. L. Didier), g$^{al}$, command$^t$ l'artillerie à Lille. — XXI, 623, 624. — XXIV, 584. — XXVIII, 84.
SONGIS, chef de b$^{on}$. — XXIV, 10. — XXV, 405.
SONNERAT (Ch.), de la C$^{ie}$ Moreau (transports militaires). — XXIII, 777.
SONNEVILLE, artiste. — XXVI, 315.

SONTHONAX, commissaire à S¹-Domingue. — XXIII, 681. — XXIV, 370. — XXVI, 540.
*Sophie*, navire danois. — XXII, 37, 566.
SORBIER chef de brigade du génie. — XIX, 172, 193.
SORBIER, adjud¹ g^al de l'artillerie légère. — XXI, 457, 759.
*Sorbonne* (Atelier de la). — XIX, 119.
SOREL et C^ie, concessionnaires de mines dans la Manche. — XVIII, 574. — XXVIII, 24.
*Sorgues* (Vaucluse). — XXV, 757.
*Sorinières* (Les) [L-I]. — XXVI, 164.
SORLUS CRAUSE, g^al de brigade. — XVIII, 321. — XXI, 676. — XXII, 72.
*Sormonne*, rivière. — XIX, 618.
SORNAY, command¹ à Roche-Sauveur. — XX, 667.
SORNEC, fabricant de membres mécaniques. — XVIII, 544.
SORNET, adjud¹ g^al, chef de b^on. — XX, 788.
SORRE, fournisseur aux armées. — XXI, 625.
SORREL, du dépôt de Chantilly. — XXI, 174.
SORTEL, chef de b^on. — XXIII, 551.
*Souabe*. — XXI, 177. — XXII, 788, 789. — XXIII, 112. XXVII, 596. — XXVIII, 473.
*Souain* (Marne). — XXI, 75.
*Soubise* (C.-I). — XX, 716.
SOUBISE (Famille de). — XX, 743.
SOUBISE (V^ve). — XXV, 71.
SOUBRANY, repr. — XX, 506. — XXIII, 404. — XXIV, 309, 677.
*Souchez* (P-de-C). — XIX, 528.
*Soude*. — XVIII, 390. — XIX, 679, 788. — XXII, 108. — XXIV, 5.
SOUFESSE, employé à la Comm^on de marine. — XIX, 363.
SOUFFRAIN, révolté de Toulon. — XXIV, 309.
SOUHAM, g^al. — XVIII, 64.
*Souillac* (Lot). — XVIII, 476.
SOUILLARD aîné, requis. — XVIII, 165.
*Soulanger* (M-et-L). — XXI, 200.
SOULAVIE. — XVIII, 704.
SOULELIE, commissaire dans la Dordogne. — XVIII, 398.
SOULIER, adjud¹ g^al. — XXV, 214.
SOULIER (Melchior), du quartier g^al de l'A. des Indes Orient. — XXI, 216.
*Souliers* (Fourniture de). — XXV, 268, 436, 479, 489, 500, 717, 719, 720. — XXVI, 129, 219, 237, 263, 345, 465, 568, 602. — XXVII, 172, 292, 308, 334, 347, 370, 497, 539, 543, 558. — XXVIII, 3. Voir *Habillement* des troupes.
SOULIEZ, du Camela, sous-lieut. — XXV, 544.
SOULIGNAC (J. B.), repr. — XIX, 461, 475, 696. — XXI, 58. — XXIII, 82, 126. — XXIV, 43.
*Soullans* (Vendée). — XXVI, 406. — XXVIII, 159.
SOULT, négociant à Paris. — XXV, 677.
SOUPÉ, adjud¹ g^al. — XVIII, 400, 550. — XX, 195.
*Souper des Jacobins*, comédie. — XXII, 702.
*Souppes* (S-et-M). — XIX, 358.
SOUQUE, secrétaire de la légation auprès des Provinces-Unies. — XXVI, 643.
SOUQUE, chasseur. — XXV, 347.
*Souraide* (B-P). — XXIV, 52.
*Souterraine* (La) [Creuse]. — XIX, 325. — XX, 60. — XXI, 4.
*South-Carolina*, navire américain. — XXV, 378.
SOYE, courrier du C. de S. P. — XXV, 39.

SOYER, cap^e du *South-Carolina*. — XXV, 378.
SOYEZ, conducteur de farines. — XXVIII, 4.
*Spa* (Belgique). — XVIII, 126, 259. — XIX, 69. — XX, 734. — XXI, 127. — XXIII, 713. — XXV, 288. — XXVI, 327. — XXVII, 577, 663.
SPARRE, g^al de division. — XVIII, 568. — XX, 522. — XXV, 247.
*Spartiate*, navire. — XIX, 130, 793. — XXI, 494. — XXIII, 468.
*Spectacles*. — XXV, 452. Voir *Théâtres*.
*Spectateur français* (Le), journal. — XIX, 341.
SPETT (J. B. Alexandre), cap^e de hussards. — XX, 43, — XXII, 807.
*Spezzia* (La) [Italie]. — XVIII, 271. — XIX, 205. — XX, 382. — XXI, 274, 816.
SPILLEUX, négociant. — XVIII, 305.
*Spinarda* (Col de) [Italie]. — XXIV, 730, 849.
*Spirbach*, rivière (Allemagne). — XXVIII, 637.
*Spire* (Allemagne). — XXI, 319. — XXII, 260. — XXIII, 75, 113.
SPIRE et C^ie, fournisseurs aux armées. — XXIV, 471.
SPITALIER, cap^e. — XXVII, 224.
*Spithead* (Baie de) [Angleterre]. — XXIV, 82. — XXVI, 671. — XXVII, 237.
SPITAL, chef de brigade. — XXV, 118.
SPITZ, professeur de mathématiques. — XXV, 186.
SPOHER, fournisseur de peinture. — XIX, 533. — XX, 17.
*Sponek* (Allemagne). — XX, 561.
*Stade* (Allemagne). — XX, 696.
STAËL (M.), chargé d'affaires du gouvern¹ suédois. — XIX, 654.
STAËL (Madame de). — XXIV, 105.
STAHL (David), Danois. — XVIII, 759.
*Stahlberg* (Mines de mercure de) [Allemagne]. — XXIII, 505.
*Stains* (Seine). — XXI, 504. — XXIV, 734. — XXVII, 114.
STARHEMBERG, ministre autrichien. — XX, 552.
*Stathouder*. — XVIII, 94, 262. — XIX, 589, 600, 704, 737, 738. — XX, 153, 211, 353, 422, 557, 635, 655, 696. — XXI, 37, 71, 184, 286, 528, 529, 532, 533, 774. — XXII, 79, 596. — XXIII, 58, 59, 202. — XXIV, 622. — XXVI, 276, 430, 484, 549. — XXVII, 339. — XXVIII, 114, 247.
*Stathoudériens*. — XVIII, 334. — XIX, 286. — XX, 355. — XXI, 33, 34, 364, 429, 520, 766, 777, 821. — XXII, 113, 786.
*Statues*. — XXV, 237, 461, 755. Voir *Arts* S^te Marthe.
*Stavelot* (Belgique). — XVIII, 126. — XIX, 69. — XXV, 183. — XXVIII, 103, 104.
*Stevenswerdt* (Hollande). — XVIII, 336, 495. — XIX, 49.
STEGER, huissier-audiencier. — XXIII, 478.
STEINFER, boulanger à S¹-Germain-en-Laye. — XXIV, 274.
STEINMETZ, de Sarre-Libre. — XXVII, 115.
*Stenay* (Meuse). — XIX, 311. — XXV, 168. — XXVI, 559.
STENCK, major suédois. — XVIII, 605. — XIX, 16, 206.
STENGEL (Henri), g^al de brigade. — XIX, 411. — XX, 505. — XXII, 269. — XXIV, 611.
STEPHANI, employé aux subsistances militaires. — XVIII, 755.

STETTENHOFEN, g<sup>al</sup>. — XX, 45.
STEVENEL, de Châlons-sur-Marne. — XXIV, 582.
STÉVENOTTE, propriétaire des forges de Neupont. — XXVIII, 664.
STEVENS (Tobi), batelier de Gand. — XXVII, 60.
STEUCH (J. Henri), major suédois. — XXIII, 161. — XXIV, 156.
*Steweckans* (?) [Fort de] (Hollande). — XIX, 443.
*Stockholm* (Suède). — XIX, 418. — XX, 357. — XXII, 144. — XXVII, 624.
STOCQUART (J. B. Alexandre), médecin à Oudenarde. — XVIII, 195.
STOFFEL, de Schlestadt, cap<sup>e</sup> à la 42<sup>e</sup> demi-brigade d'infanterie. — XXVIII, 699.
STOFFLET, chef chouan. — XVIII, 100, 455, 457. — XIX, 587. — XX, 196, 378, 379, 576, 589, 598, 599, 642. — XXI, 15, 16, 120, 134, 135, 137, 169, 197, 198, 199, 224, 270, 271, 296, 297, 409, 410, 445, 576, 577, 735, 785. — XXII, 89, 134, 137, 228, 285, 320, 380, 381, 396, 606, 726, 811. — XXIII, 145, 148, 173, 312, 313, 314, 315, 349, 470. — XXIV, 199, 686. — XXV, 150, 191, 415, 746. — XXVI, 71, 161, 232, 386, 426, 521, 567, 585, 748. — XXVII, 133, 191, 241. — XXVIII, 366, 367, 460, 511, 703, 704.
STOKAME, chef de b<sup>on</sup>. — XIX, 550.
*Stolberg* (pays de Juliers) [Allemagne]. — XXIV, 174.
STOLTZENBERG, cap<sup>e</sup> hanovrien. — XXIII, 418, 663, 664.
STONE (ou STRONE), fournisseur de journaux anglais. — XXII, 612. — XXVII, 319.
*Statzheim* (relais de poste) [B-R]. — XXIV, 688.
STOUPPÉ, imprimeur à Paris. — XXVIII, 97, 192.
STOURY, command<sup>t</sup> de port. — XIX, 735.
STRAATMAN, lieut. — XIX, 551.
STRAM (Jean-Frédéric), maître charpentier. — XXV, 455.
*Strasbourg* (B-R). — XVIII, 470, 628, 705, 709, 727. — XIX, 65, 190, 241, 266, 337, 420, 451, 452, 456, 549, 573, 638, 685, 754, 771. — XX, 17, 37, 38, 55, 87, 88, 89, 90, 226, 241, 345, 388, 389, 407, 452, 490, 522, 561, 562, 585, 627, 685. — XXI, 360, 387, 432, 687, 838. — XXII, 38, 100, 217, 242, 261, 349, 686, 687, 717, 728, 788, 797, 822. — XXIII, 31, 32, 108, 109, 112, 174, 211, 212, 234, 261, 385, 445, 541, 576, 577, 578, 597, 618, 619, 641, 654, 655, 656, 657, 749, 750, 806, 823. — XXIV, 6, 54, 84, 85, 86, 102, 118, 119, 134, 173, 235, 255, 256, 279, 280, 436, 508, 526, 527, 629, 630, 638, 649, 688, 765, 771, 812, 835. — XXV, 13, 55, 56, 78, 107, 150, 151, 172, 214, 235, 355, 414, 458, 514, 515, 534, 535, 560, 561, 562, 583, 584, 589, 607, 608, 615, 629, 682, 686, 704, 722, 724, 725, 726, 741. — XXVI, 13, 42, 68, 107, 242, 273, 296, 299, 374, 375, 477, 487, 519, 551, 680, 711, 761. — XXVII, 19, 42, 44, 84, 85, 88, 157, 182, 193, 194, 210, 231, 246, 266, 292, 334, 335, 336, 337, 347, 362, 363, 405, 434, 451, 458, 460, 463, 504, 506, 530, 531, 554, 566, 595, 619, 639, 641. — XXVIII, 17, 110, 139, 264, 330, 341, 374, 537, 567, 587, 595, 705.
STREET (James), prisonnier de guerre. — XXII, 503.
STRUVE, professeur à Lausanne. — XIX, 512. — XXVIII, 663.
*Sture* (Vallée de) [Italie]. — XXVIII, 144.
STUART (J.), anglais. — XIX, 47.

STUPSCH, hollandais. — XXII, 313.
*Subsistances générales.* — XVIII, 1, 5, 16, 17, 18, 38, 43, 51. — XIX, 321. — XX, 524, 766, 805. — XXI, 115, 116, 117. — XXII, 317, 319, 425, 439, 451, 518, 549, 567, 576, 582, 608, 668, 671, 672, 676, 681, 682, 683, 687, 701, 705, 708, 709, 710, 722, 724, 730, 732, 737, 738, 745, 757, 765, 766, 774, 782, 783, 797, 798. — XXIII, 2, 3, 4, 13, 26, 58, 96, 97, 101, 139, 141, 145, 146, 148, 149, 163, 168, 172, 199, 208, 287, 295, 296, 303, 311, 323, 341, 342, 349. — XXIII, 362, 363, 364, 365, 371, 405, 412, 415, 503, 511, 514, 538, 543, 572, 583, 586, 595, 597, 603, 624, 636, 637, 647, 649, 656, 665, 676, 682, 686, 687, 688, 689, 691, 699, 702, 742, 743, 766, 772, 803, 805, 806. — XXIV, 14, 30, 60, 68, 76, 78, 81, 94, 114, 132, 153, 154, 173, 179, 180, 181, 184, 190, 202, 207, 211, 246, 247, 292, 297, 301, 302, 331, 384, 385, 411, 418, 432, 452, 453, 457, 458, 468, 516, 522, 523, 531, 534, 552, 558, 562, 567, 589, 591, 608, 618, 627, 633, 652, 654, 667, 668, 683, 700, 707, 714, 719, 725, 726, 727, 735, 738, 769, 772, 789, 790, 804, 814, 824, 825, 829, 831, 836, 843. — XXV, 3, 34, 67, 150, 167, 202, 203, 227, 266, 270, 288, 295, 304, 306, 316, 333, 335, 337, 362, 371, 389, 398, 437, 460, 472, 477, 484, 489, 491, 507, 517, 521, 528, 536, 555, 557, 593, 601, 609, 622, 642, 683, 686, 694, 712, 720, 737. — XXVI, 2, 6, 39, 58, 130, 379, 380, 382, 437, 465, 501, 506, 548, 623. — XXVII, 2, 21, 112, 114, 149, 184, 225, 276, 296, 367, 368, 398, 422, 435, 451, 496, 500, 524, 534, 557, 589. — XXVIII, 3, 4, 5, 9, 22, 23, 24, 42, 43, 44, 46, 52, 55, 61, 62, 76 à 78, 79, 84, 85, 98, 101, 118, 125, 126, 141, 148, 158, 159, 164, 165, 187, 195, 237, 244, 251, 252, 256, 259, 274, 283, 294 à 297, 320, 327, 328, 329, 336, 346, 347, 349, 350, 361, 367, 368, 370, 375, 376, 377, 378, 394, 412, 416, 422, 423, 434 à 438, 442 à 444, 448, 457, 459, 472 à 475, 479, 480 à 483, 497, 498, 517, 519, 522, 523, 546 à 548, 572, 574, 584, 586, 588, 590, 591, 604, 608, 609, 611, 615, 616, 620, 621, 643 à 647, 651, 657, 659, 660, 686, 693 à 695. Voir *Céréales; Commerce; Disette; Farine; Grains; Pain; Riz; Sucre*.
*Subsistances* militaires. — XXIV, 263, 264, 265, 272, 273, 289, 290, 297, 326, 396, 397, 399, 435, 481, 490, 514, 516, 551, 601, 608, 652, 670, 672, 693, 727, 738, 749, 750, 758, 786, 788, 797, 809, 819, 823, 842. — XXV, 13, 42, 62, 98, 100, 112, 119, 129, 147, 150, 177, 178, 201, 202, 223, 234, 237, 239, 244, 253, 266, 268, 270, 272, 291, 298, 300, 304, 310, 333, 334, 340, 357, 358, 362, 372, 394, 419, 432, 436, 443, 460, 476, 478, 479, 482, 485, 490, 497, 502, 507, 509, 514, 523, 535, 536, 541, 555, 568, 570, 608, 615, 649, 664, 665, 704, 707, 710, 717, 736. — XXVI, 16, 21, 29, 34, 47, 66, 84, 87, 99, 110, 129, 133, 147, 154, 181, 188, 219, 237, 262, 265, 272, 297, 300, 316, 331, 334, 341, 343, 350, 361, 367, 369, 373, 386, 397, 418, 422, 463, 464, 484, 505, 512, 536, 560, 571, 575, 582, 617, 623, 640, 642, 647, 657, 659, 674, 686, 737, 739, 760, 762. — XXVII, 7, 20, 30, 31, 50, 52, 57, 66, 86, 93, 120, 122, 133, 135, 139, 144, 147, 149, 154, 156, 158, 166, 171, 178, 182, 193, 199, 204, 212, 228, 235, 242, 247, 280, 285, 293, 306, 314, 333, 347, 354, 408, 409, 424, 441, 497, 517, 555,

586, 590, 600, 610, 640, 642, 644, 676. — xxviii, 118. Voir *Troupes.*
*Succès,* navire américain. — xxviii, 102.
Suchet, commandant le 4e bon de l'Ardèche. — xviii, 35.
Suchet, négociant à Lyon. — xxiv, 5.
Suchet, pharmacien à l'A. de l'Ouest. — xxv, 212.
Sucre, chef de bon. — xxvi, 260.
*Sucre.* — xviii, 639. — xx, 634, 635. — xxii, 267, 412, 743. — xxiv, 56, 584. — xxvi, 57, 215, 380, 382, 581. — xxvii, 62, 342, 537. Voir *Subsistances.*
Sucy, ordonnateur en chef dans l'A. d'Italie. — xxviii, 264.
*Sucy* (S-et-O). — xxiii, 186. — xxvii, 537.
*Sudbeveland* (Hollande). — xxi, 306, 484, 764.
*Sud-Libre,* ci-devt Fort-Bellegarde [P-O]. — xviii, 223. — xx, 730.
Sudergen (P.), cape du navire le *Mercure.* — xxviii, 384 à 386.
*Suède. Suédois.* — xviii, 439, 569, 605. — xix, 654, 739. — xxi, 189, 376, 531. — xxii, 373, 424, 534, 644, 696. — xxiii, 62, 161, 629. — xxiv, 213, 226, 410, 597, 609. — xxv, 677, 738. — xxvii, 592, 624. — xxviii, 385.
Suerter. — xviii, 49.
*Suette* (La), quartier gal de l'A. de l'Ouest. — xxiv, 289. — xxv, 354, 436.
Suffren (Bailli de). — xxiv, 99, 694.
Sugny, chef de brigade d'artillerie. — xix, 8. — xxii, 718. — xxvii, 370.
Suin, casernier à Châteaubriant. — xxvi, 558.
Suisse, chef de bon. — xxiv, 10.
*Suisse.* — xviii, 147, 150, 151, 152, 197, 273, 339, 366, 433, 439, 448, 480, 517, 519, 520, 530, 649, 668, 670, 692. — xix, 38, 63, 154, 235, 285, 287, 374, 375, 408, 492, 500, 512, 564, 565, 599, 618, 619, 679, 692. — xx, 1, 74, 75, 179, 336, 563, 696. — xxi, 11, 56, 57, 177, 224, 647, 689. — xxii, 246, 247, 335, 527, 536, 594. — xxiii, 50, 118, 161, 162, 190, 191, 321, 352, 385, 421, 439, 458, 483, 635, 663, 664, 689, 728, 729. — xxiv, 145, 296, 510, 729. — xxv, 195, 202, 282, 584, 668, 691. — xxvi, 13, 44, 78, 104, 196, 229, 318, 378, 379, 488, 540, 588, 703, 730, 761. — xxvii, 32, 154, 157, 266, 336, 394, 468, 631. — xxviii, 95, 356, 579, 640, 660, 686, 696.

*Suisses.* — xviii, 40, 216. — xix, 163, 692, 782. — xx, 178, 345, 360. — xxi, 22, 57. — xxiii, 62, 111, 540, 620, 661, 721. — xxiv, 435. — xxvii, 248. — xxviii, 585.
Suleau, off. au bon de Grandvilliers. — xxv, 639.
*Sulfate* de soude. — xviii, 11. — xix, 763, 764. — de fer. — xx, 707. — xxi, 65.
*Sulingenstadt* (Allemagne). — xxviii, 370.
Sullivan, interprète. — xix, 170.
*Sulpice* (Magasin), à Paris. — xxiii, 37.
Sulpice, adjudt gal. — xxv, 617.
*Sultz* (Salines de). — xxv, 691.
*Sunderland* (Angleterre). — xix, 138.
*Superbe,* vaisseau de Brest. — xx, 189.
Supersac, agent de la Commission des approvisionta. — xxii, 409. — xxviii, 299.
*Suresnes* (Seine). — xxi, 175. — xxii, 2.
*Surestaries,* xxvi, 64, 150, 678. — xxvii, 231, 375.
*Surgères* (C-I). — xviii, 320.
*Surjoux* (Asphalte de) [Ain]. — xviii, 702.
Surpoens (Pierre), enseigne entretenu. — xx, 796.
*Surprise,* canonnière. — xxiii, 254.
*Surtainville* (Manche). — xviii, 574. — xxiii, 29, 30. — xxiv, 328.
*Surveillante,* navire. — xxi, 442. — xxviii, 401.
*Suscinio* (Anse de) [Morbihan]. — xxvii, 522.
*Suspects.* — xx, 134. — xxii, 453. — xxv, 51, 92, 105, 119, 148, 155, 178, 201, 257, 697 n., 610. — xxvi, 171, 232, 361. — xxvii, 603.
Sutre, commissaire à Meudon. — xx, 148.
Suzamicq, gal de brigade. — xxii, 107.
*Suzanne,* brick anglais. — xix, 177.
*Suzanne,* navire français. — xxvi, 746.
*Suzanne Cornélia,* navire hollandais. — xxv, 326.
*Suze* (La) [Sarthe]. — xix, 160.
*Suzette,* navire. — xxviii, 142, 243.
Suvan (James) et Cie, commissionnaires. — xviii, 436. — xix, 679. — xx, 150, 535. — xxi, 700. — xxii, 288. — xxviii, 62.
Swedians, constructeurs. — xix, 62, 63. — xx, 201, 456. — xxii, 103.
Sylvestre, interprète. — xxi, 667.
Sylvi, prêtre de la Common d'évacuation. — xviii, 357.
Symes (Elias Dawes), cape de vaisseau américain. — xix, 363, — xx, 124.
*Synonymes Jacobites* (Les). — xxiii, 563, 602.
*Syrie.* — xx, 91.
Szeglinski, gal. — xviii, 255.

# T

TABAREAU, ex-directeur des postes à Lyon. — XXIV, 373.
TABARIÉ, commissaire des Guerres. — XXV, 735.
*Tableaux de la Révolution.* — XXII, 546.
*Tables du tir du canon*, par LOMBARD. — XXV, 640.
*Tactique*, de GUIBERT. — XXV, 640.
TAFFAIT, agent p$^{al}$ de la marine dans les Provinces-Unies, XXVII, 609.
TAFFIN, des mines d'Anzin. — XX, 267, 268. — XXIV, 244, 245.
TAIGNES, employé de la Trésorerie. — XXVIII, 518.
TAILLARD père, gendarme. — XXI, 751.
*Taillecavat-sur-le-Dret* (Gironde). — XXIII, 683, 684.
TAILLEFER, adjud$^t$ g$^{al}$ à Amiens. — XXI, 523, 564, 644, 645, 729, 773. — XXII, 345, 507. — XXIII, 15, 710, 711. — XXIV, 323. — XXVI, 708.
TAILLEFER repr. — XXIII, 710, 711.
TAILLEFER, fournisseur de fourrages. — XIX, 546, 549. — XX, 407, 408.
TAILLEUR artisan. — XXV, 733.
TAINVILLE, employé de la marine. — XIX, 411.
TAISAN, command$^t$ d'artillerie à Avignon. — XXIII, 479.
TAISAND, chef de b$^{on}$. — XXIII, 8.
TAINE (Jacques), accusateur militaire du trib. de la 17$^e$ division. — XXV, 589.
*Taisnières* (Nord). — XIX, 68.
TALARU (Mgr.), évêque de Coutances. — XXIV, 328.
TALBOT, sous-chef de division. — XXIV, 821.
*Talbot de Londres*, navire. — XX, 448.
TALBOUTIER, hussard. — XXV, 534.
TALLIEN, repr. — XX, 620. — XXI, 318, 503, 513, 587. — XXII, 640. — XXIII, 83. — XXIV, 1, 105, 307. — XXV, 32, 33, 46, 55, 93, 106, 113, 115, 191, 249, 258, 296, 301, 302, 305, 336, 360, 393, 396 n, 397, 416, 434, 435, 436, 472, 476, 497, 498, 499 n., 510, 513, 557, 597, 599 n., 606, 625, 646, 651, 720. — XXVI, 47, 74, 83, 120, 131, 246, 322, 351, 385, 404, 638. — XXVII, 438. — XXVIII, 619.
TALLOUARD (Denis), cap$^e$ caboteur. — XXIII, 778.
TALMA, artiste, off. de la garde nat. — XXV, 321.
TALMET, chef d'escadron. — XXII, 45. — XXIII, 76. — XXIV, 280, 661. — XXV, 122, 273, 369.
TALNET, fournisseur de voitures. — XXIII, 129, 130.
TALOT, repr. — XVIII, 458. — XX, 464, 465, 609, 761, 801. — XXI, 24, 31, 77, 78, 192, 193, 267, 384, 432, 467, 491, 515, 764, 770. — XXII, 22, 88, 107, 349, 603. — XXIII, 51, 94, 141, 441, 531, 532, 556, 570, 638, 646, 647, 805, 815. — XXIV, 24, 55, 121, 122, 145, 161, 183, 184, 254, 258, 260, 262, 299, 367, 390, 506, 643. — XXVIII, 282, 283, 313, 373, 374, 339, 391, 453, 454, 469, 513 à 516, 561 à 564, 569, 584 à 586, 630 à 633.
TALOUR-LAVILLENIÈRE, cap$^e$ de chasseurs à cheval. — XX, 103.
TAMBOISO, commissaire des Guerres. — XXVII, 347.
*Tamise*, fleuve. — XXI, 34, 307, 379, 765. — XXII, 53.
*Tamise*, frégate française. — XXI, 442. — XXII, 181, 503.
TAMISIER, lieut. au 1$^{er}$ bat$^{on}$ d'Apt. — XXVIII, 82.

*Tanargue* (District du) [Ardèche]. — XVIII, 419.
TANGUY, prêtre. — XIX, 126.
TANGUY (Pierre), déserteur. — XXII, 819.
*Tanneries, Tanneurs.* — XVIII, 299, 346. — XIX, 166. — XX, 587. — XXIII, 416. — XXIV, 474. — XXV, 98, 611. — XXVI, 388. — XXVII, 53.
TANNEVAUX, gendarme. — XX, 629.
TAPIER, commissaire ordonnateur à La Flèche. — XXI, 580.
TAPON-CHOLLET, fournisseur de chevaux. — XXII, 776.
TAPONIER, g$^{al}$ de division. — XXI, 10.
TAQUIN, off. des b$^{ons}$ de tirailleurs licenciés. — XXVIII, 533.
TARADE, off. d'artillerie. — XXVI, 25.
TARADE inspecteur à Moulins. — XXVIII, 449.
*Tarare* (Rhône). — XXVI, 492, 644.
*Tarascon* (B-du-R). — XVIII, 175, 287. — XIX, 136, 190. — XX, 83. — XXI, 160, 395. — XXII, 519, 520. — XXIV, 511. — XXV, 327, 481, 592, 754. — XXVII, 270, 558. — XXVIII, 227, 286, 290.
*Tarascon* (Ariège). — XX, 568. — XXIV, 5.
*Tarbes* (H-P). — XVIII, 205, 206. — XX, 44. — XXIII, 722. — XXIV, 499, 570, 763. — XXVI, 720.
*Tarcenay* (Doubs). — XXIII, 727.
*Tardière* (La) [Vendée]. — XXVI, 86.
TARDIF, acheteur de subsistances pour Elbeuf. — XXIII, 699.
TARDY (Marie Louis), cap$^e$ du génie. — XX, 649, — XXIII, 403. — XXVIII, 671.
TARGE, colonel. — XIX, 120.
TARGET, agent de la Commission des approvisionnements. — XVIII, 600.
TARGET, ex-chef de brigade du 13$^e$ chasseurs à cheval. — XXIII, 817.
TARGET. — XXI, 746.
*Tarn*, rivière. — XXVII, 26. — XXVIII, 25.
*Tarn* (Départ$^t$ du). — XVIII, 267, 319, 351, 404, 441, 594, 795. — XIX, 134, 318, 390, 449, 501, 574. — XX, 47, 95, 327, 572, 686, 707. — XXI, 486. — XXII, 47, 91, 169. — XXIII, 697, 735. — XXIV, 142, 173, 202, 217, 434. — XXV, 122, 124, 287, 382. — XXVI, 30, 121, 372, 446, 638, 703, 764, 765. — XXVII, 106, 195, 221, 249, 265, 308, 361, 436, 493, 514, 628. — XXVIII, 25.
TARTANAC, cap$^e$ de gendarmerie à Foix. — XXVIII, 597.
*Tartas* (Landes). — XIX, 131, 325, 598.
TARTERA fils, requis. — XXVI, 332.
TASSON, chef de b$^{on}$ du génie. — XXVIII, 485.
TASSY-MONTLUC (Maurice), émigré. — XXV, 196.
*Tatihou* (Île de) [Manche]. — XVIII, 475.
TATTEGRAIN, fournisseur. — XXVI, 342.
TAUFFERER, autrichien réfugié. — XXVI, 555.
TAULANNE, cap$^e$ d'infanterie. — XXI, 265. — XXII, 147.
TAUPIN (Jac.) propriétaire à Roissy. — XXVIII, 464.
TAUPIN, chef de la 183$^e$ demi-brigade. — XXV, 469.
*Taur* (Paroisse du), à Toulouse. — XIX, 121.
TAURÉ (Louis et Henri). — XIX, 86.

*Taureau* (Château du) [Finistère]. — XXI, 718. — XXIII, 375, 404. — XXV, 348.
TAVEAU, repr. — XXI, 56. — XXIII, 522.
*Tavernay* (S.-et-L.). — XXIII, 130.
TAVERNE, aide de camp du g<sup>al</sup> Champmorin. — XXIII, 367.
*Tavistock* (Angleterre). — XXII, 180, 503, 809. — XXIII, 778.
TEINTURIER, cap<sup>e</sup> de dragons. — XXI, 127. — XXVI, 234. — XXVIII, 240.
TEISSIER (Pierre), agent de la sect<sup>n</sup> des achats. — XX, 332. — XXII, 690. — XXV, 459.
TEISSIER, inspect. g<sup>al</sup> des ateliers de Paris. — XXII, 7. — XXV, 275.
*Télégraphe*. — XXV, 89, 615. — XXVI, 38, 181. — XXVII, 146, 171, 185, 237, 280, 634. — XXVIII, 366, 453.
*Télescope*. — XXVIII, 2.
*Télémaque*, navire. — XXV, 379.
TELLIER, repr. — XVIII, 403, 404, 596, — XIX, 122, 462, 629, 631, 638, 639. — XX, 198, 432, 537, 814. — XXVII, 348, 372, 467, 488, 540, 545, 563.
*Telm* (?) [sans doute Etel, Morbihan]. — XXIII, 65.
TEMBÉ (Pierre), inventeur de la cémentation de l'acier. — XVIII, 486.
*Téméraire*, navire. — XXI, 441. — XXV, 650. — XXVII, 642.
*Tempête*, navire. — XVIII, 165.
TEMPIÈS, lieut<sup>t</sup> de vaisseau. — XIX, 311.
*Temple* (Le), réserve en forêt de Bondy. — VIII, 620. — XXVIII, 99.
TEMPLE, agent à Nancy. — XIX, 427.
*Temple* (Sect<sup>n</sup> du), à Paris. — XXII, 71.
*Temple* (Prisonniers du). — XXIV, 305.
TENDAU (Simon), matelot. — XIX, 701.
*Tende* (Col de) [A-M]. — XXIII, 658, 659. — XXVI, 757.
TENDE (Louis), cap<sup>e</sup>. — XXII, 155.
TENÉCHAUD, maître de poste. — XIX, 667.
*Termine* (Col de) [Italie]. — XXIV, 696, 757. — XXV, 239.
*Ternes* (Poudrerie des), à Paris. — XXV, 424. — XXVI, 741.
TERNIER, cap<sup>e</sup> de grenadiers. — XIX, 236.
TERNOIS, quartier-maître de dragons. — XXV, 11, 696.
TERRADON, officier prisonnier. — XXI, 126.
TERRAS (Ant. Louis), cap<sup>e</sup> de vaisseau. — XXII, 505.
*Terre-Neuve* (Île de). — XVIII, 337. — XIX, 176. — XX, 608.
TERREIN, employé ordinaire à Toulon. — XXV, 409.
TERRET, cap<sup>e</sup>. — XXII, 614.
TERRET, négociant à Brest. — XXVIII, 5.
*Terreur. Terroristes*. — XVIII, 591. — XIX, 301. — XX, 470, 620. — XXI, 355, 419, 448, 449, 450, 451, 502, 575, 599, 600, 602, 644, 646, 648, 697, 729, 733, 738, 742, 773, 785, 798, 799, 831, 840. — XXII, 29, 31, 92, 93, 122, 124, 139,162, 163, 194, 195, 208, 256, 275, 326, 348, 359, 371, 398, 399, 403, 417, 418, 427, 428, 430, 479, 556, 579, 612, 674, 683, 699, 702, 711, 713, 767, 812, 823. — XXIII, 27, 54, 71, 95, 97, 102, 150, 174, 179, 182, 201, 210, 238, 262, 264, 292, 298, 299, 305, 319, 320, 321, 359, 391, 397, 432, 433, 442, 445, 465, 494, 496, 518, 537, 542, 546, 560, 561, 562, 563, 580, 613, 624, 642, 649, 650, 651, 652, 657, 658,

659, 687, 691, 693, 695, 696, 722, 723, 759, 764, 765, 790, 795, 824, 827, 829. — XXIV, 15, 26, 52, 59, 86, 90, 106, 109, 116, 127, 138, 139, 163, 166, 205, 271, 287, 294, 307, 322, 328, 335, 347, 361, 379, 389, 406, 442, 463, 464, 517, 518, 523, 528, 529, 544, 552, 560, 569, 577, 592, 599, 628, 641, 653, 678, 684, 687, 695, 709, 776, 777, 837, 847. — XXV, 87, 88, 92, 105, 123, 154, 156, 192, 236, 237, 258, 297, 320, 328, 369, 387, 448, 481, 497, 505, 506, 521, 535, 537, 546, 560, 598, 624, 625, 654, 656, 675, 705, 724, 726, 753, 755, 759. — XXVI, 31, 61, 77, 124, 126, 136, 172, 203, 224, 247, 358, 360, 395, 410, 413, 451, 453, 454, 462, 467, 489, 493, 551, 668, 676, 695, 720, 767. — XXVII, 22, 37, 40, 45, 96, 150, 161, 166, 221, 244, 270, 284, 291, 308, 313, 326, 331, 332, 373, 379, 455, 469, 492, 500, 516, 524, 526, 574, 606, 634, 669. Voir *Troubles*.
*Terrible*, navire français. — XXI, 441, 443. — XXII, 765. — XXVIII, 400.
TERRIER, chef de b<sup>on</sup>. — XXI, 435.
TERRIER, des Îles du Vent. — XXVII, 231.
TERROT, cap<sup>e</sup> de gendarmerie. — XVIII, 655.
TERRY (James), libraire anglais. — XXII, 746.
*Tersanno* (Italie). — XXIV, 731, 732.
*Tessé* (Maison), à Paris. — XIX, 727.
*Teste-de-Buch* (La) [Gironde]. — XXVI, 135.
TESTU (Ant. Jos.), cultivateur. — XXV, 713.
TESTU (C<sup>ne</sup>), v<sup>ve</sup> du repr. Viger. — XXVIII, 420.
TESTU, imprimeur à Paris. — XXVIII, 97.
TÉTARD, chirurgien à l'A. du Rhin. — XXIV, 279.
TEULIÈRES, imprimeur à Paris. — XXVIII, 96.
TEUNNU (?), soumissionnaire. — XXVII, 195.
TEXIER, ANGELY et MASSAC (C<sup>ie</sup>), négociants. — XXVII, 464. — XXVIII, 75.
*Texel* (Le) [Hollande]. — XIX, 735, 740, 786. — XX, 154, 212, 353, 418, 421, 425, 655. — XXI, 34, 283, 512. — XXII, 53, 117, 222, 516, 574. — XXV, 389.
TEXIER (J. A.), imprimeur. — XX, 500.
TEXIER et C<sup>ie</sup>, négociants en grains. — XXII, 129, 423.
TEXIER-NORBEC, auteur d'un ouvrage sur l'artillerie. — XXVI, 603.
THABAUD (Guillaume), repr. — XXIV, 70, 410, 614. — XXV, 22, 252 n., 290, 291, 594, 603, 604, 605. — XXVI, 85. — XXVII, 158, 483.
THABERT, vétérinaire. — XXVI, 179.
THALER, commis à l'hospice militaire de Strasbourg. — XX, 490.
THANORON, employé au contrôle de la Marine à Toulon. — XXVIII, 488.
THARREAU, aide de camp du g<sup>al</sup> Tharreau. — XXIV, 638.
THARREAU, g<sup>al</sup> de brigade. — XXIV, 638.
THAYER (James), cap<sup>e</sup> de navire. — XXIII, 5.
*Théâtre de la République*. — XIX, 24, 25. — XXVIII, 375.
*Théâtre* de la rue Feydeau. — XXVII, 114.
*Théâtre des Arts*. — XIX, 197, 528. — XXIII, 220.
*Théâtre Français*. — XXIII, 72. — XXVI, 336.
*Théâtres*. — XXV, 452. — XXVI, 97, 103, 216, 493, 686.
— de Paris. — XIX, 24, 25, 197, 528. — XXIII, 72, 220. — XXVI, 336. — XXVII, 114, 167.
*Theix* (Morbihan). — XVIII, 590.
*Thélusson* (Maison), à Paris. — XXIV, 635, 662.

THÉOBALD. — XXIV, 80. Voir CORMATIN.
*Thérèse-Isabelle*, navire. — XXI, 760.
THERMIER, cap<sup>ne</sup> des grenadiers. — XIX, 425.
Thermopyles, ci-dev<sup>t</sup> Saint-Marcellin (Isère). — XVIII, 389. — XX, 707. — XXIII, 321. — XXIV, 164.
THERNON, négociant à Bordeaux. — XXI, 3.
*Thétis*, navire. — XIX, 126, 218.
THEVENANDE (Cl. Fr.), de l'École centrale des Trav. publ. — XIX, 782.
THÉVENARD, vice-amiral. — XXIV, 606. — XXV, 368. — XXVI, 453.
THÉVEND, chef du service de la marine à Flessingue. — XXV, 389.
THÉVENIN, secrétaire du C. de S. P. — XXVIII, 657.
THEVET DE LESSERT, g<sup>al</sup> de brigade. — XX, 43.
THIAC, adjud<sup>t</sup> g<sup>al</sup>. — XXII, 306.
*Thianges* (Nièvre). — XVIII, 681.
THIBALLIER, chef de b<sup>on</sup> d'artillerie. — XXIII, 223.
THIBAUDIER-GRAVIGNON, condamné. — XXIII, 32, 212.
THIBAUDEAU, repr. — XVIII, 709. — XXII, 667. — XXIV, 153. — XXVI, 234. — XXVIII, 234, 245, 392 à 395, 492, 512, 531, 558, 581, 599, 622, 624 à 628, 647, 676.
THIBAULT, repr. — XXVI, 88, 646. — XXVII, 349, 399, 453, 476, 564, 624. — XXVIII, 278 à 280, 452, 453, 532, 600, 622.
THIBAULT, de Tavernay. — XXIII, 130.
THIBAULT jeune, fournisseur des hôpitaux de Paris. — XIX, 325, 326.
THIBOUST (Gabriel), command<sup>t</sup> en chef. — XXI, 666. — XXII, 809.
THIÉBAUD, comptable. — XX, 367.
THIÉBAULT (Dieudonné), cap<sup>e</sup> adjoint au 22<sup>e</sup> tirailleurs. — XXII, 546.
THIÉBAUT (Ant.), dragon. — XXVIII, 549.
THIÉBAUT DU ROSA, cap<sup>e</sup>. — XXIII, 45. — XXVI, 688.
THIÉNY, cultivateur. — XIX, 310.
THIÉRARD, cap<sup>e</sup>. — XXIV, 791.
THIERRY, g<sup>al</sup>. — XXVIII, 242, 272, 300.
THIERRY (Hippolyte), commerçant à Dunkerque. — XVIII, 141. — XX, 16.
THIERRY et C<sup>ie</sup>. — XIX, 431.
THIERRY, g<sup>al</sup>. — XVIII, 428. — XIX, 241. — XX, 672. — XXII, 526. — XXV, 279.
THIERRY, adjoint aux adjud<sup>ts</sup> génér<sup>x</sup> de l'A. de Sambre-et-Meuse. — XXVI, 318.
THIERRY, libéré du bagne de Rochefort. — XXII, 287.
THIERRY, procureur g<sup>al</sup> à Amiens. — XXIV, 106, 107.
*Thiers* (P-de-D). — XVIII, 88, 756. — XIX, 621. — XX, 91. — XXI, 759. — XXII, 697. — XXV, 109.
THIERY (Armand). — XVIII, 123.
*Thiéry* (Maison), dépôt nat<sup>l</sup>. — XXV, 12.
THIESSE, régisseur du dépôt des remontes de Thillier. — XXIII, 775.
THIEUX, émigré. — XXVII, 435. — XXVIII, 51.
*Thil* (Marne). — XX, 252.
*Thillay* (Le) [S-et-O]. — XXIV, 466.
THILLAYE (J. B. Ant.), élève à l'École de Santé. — XX, 198.
*Thilliers* (Les) [Eure]. — XXIII, 774, 775.
THILORIER, inventeur. — XXVI, 595.

*Thionville* (Moselle). — XVIII, 141, 149, 285, 299, 315, 568, 635. — XIX, 3, 4, 361. — XXI, 603. — XXII, 91, 92, 261, 391, 810. — XXIII, 32, 585, 802. — XXIV, 259, 829. — XXV, 254, 552. — XXVI, 83. — XXVII, 631. — XXVIII, 222, 335, 588.
THIRION, repr. — XXIII, 710.
THIRION, de Gonesse. — XX, 338.
THIRION. — XXI, 618.
THIROT, contre-amiral. — XVIII, 91.
THIROUX, conducteur de voiture. — XX, 102.
TIIIVAULT, agent de la commission du commerce. — XVIII, 5.
*Tholen* (Île de) [Hollande]. — XXI, 528.
THOLLON et C<sup>ie</sup>, de Lyon. — XXIV, 790, 791.
THOMAS aîné, adjudicataire de sucre. — XXIV, 584.
THOMAS, garde d'artillerie. — XVIII, 507.
THOMAS (Pierre), charretier d'artillerie. — XIX, 536.
THOMAS, commissaire des Guerres. — XXIII, 587. — XXV, 531.
THOMAS, m<sup>d</sup> de fer. — XVIII, 548.
THOMAS, off. de marine. — XX, 630.
THOMAS, cap<sup>e</sup>. — XXVII, 173.
THOMAS (Thomas), Anglais, tanneur. — XXVII, 112.
THOMAS, adjud<sup>t</sup> g<sup>al</sup> réformé. — XXVII, 205.
THOMAS, employé aux trains de bois. — XXVII, 195.
THOMAS, volontaire du 12<sup>e</sup> rég<sup>t</sup> de dragons. — XXVII, 169.
THOMAS, de la Légion de police g<sup>ale</sup>. — XXVII, 670.
THOMSON, négociant. — XXVIII, 385.
THOMAS, chef de b<sup>on</sup>. — XXV, 519.
THOMAS (Martial), lieut. — XXV, 736.
THOMAS. — XXVII, 307.
*Thomas*, navire. — XXII, 681.
THOMASSIN, directeur de correspondance des fourrages. — XVIII, 120.
THOMASSON, courrier du C. de S. P. — XXV, 40.
*Thomières*, ci-dev<sup>t</sup> Saint-Pons. — XXI, 19.
THOMMET, cap<sup>e</sup>. — XXVII, 465.
THOMY, prisonnier à Landrecies. — XX, 80.
*Thônes* (H<sup>te</sup>-Savoie). — XXI, 243.
*Thonnance* (Forge de) [H-M]. — XIX, 381.
*Thonon* (H<sup>te</sup>-Savoie). — XIX, 182. — XXVI, 488. — XXVIII, 568.
THOREL, cap<sup>e</sup> de cavalerie. — XXVII, 57.
*Thorens* (Verrerie de) [H<sup>te</sup>-Savoie]. — XXVI, 478.
*Thorigné* (Sarthe). — XXVIII, 534.
THORIN, fabricant de tourbe. — XXI, 64, 65.
*Thorn* (Pologne). — XXI, 780.
THORY, chef de brigade, command<sup>t</sup> la citadelle de Lille. — XXVIII, 552.
*Thouarcé* (Pont de) [M.-et-L.]. — XIX, 734.
*Thouars* (D-S). — XVIII, 732. — XX, 64, 685. — XXII, 47, 136, 314. — XXVI, 163, 501. — XXVIII, 368.
THOUARS, chef de b<sup>on</sup>. — XXVII, 121.
THOUIN-COLLIER, fournisseur de viande à Douai. — XX, 366. — XXII, 742.
THOUIN, agent en Hollande. — XXI, 37. — XXIII, 58, 348.
THOURON, élève à l'École de Châlons. — XXV, 458.
THOURON, adjud<sup>t</sup> g<sup>al</sup>. — XXVII, 446.
*Thoury* (L-et-Ch). — XVIII, 120.
THOUSSINS (Jean), charron. — XXVII, 186.
THOUVIN et DOUCET, bouchers à Clermont-Ferrand. — XXVIII, 482.
THUAIRE (Balthazar), requis. — XIX, 149.

THUAU-GRANDVILLE, sous-chef de division. — XXIV, 821.
THUÉ (Philippe Louis), chef des bureaux de la municipalité d'Orléans. — XIX, 440.
THUET, cap$^e$. — XXIV, 698.
*Thuile* (La) [Savoie]. — XXIII, 399, 400.
THUILLIER, chef d'escadron. XXV, 735.
*Thuin* (Belgique). — XXVII, 429.
*Thuit-Auger* (Le) [Eure]. — XX, 568.
THURING, ex-inspecteur g$^{al}$ des côtes. — XXII, 182. — XXIII, 8.
THURING, g$^{al}$ de brigade. — XXVI, 42. — XXVIII, 28, 242.
THURIOT, repr. — XVIII, 404, 529. — XX, 469.
THURMAN, chef d'escadron. — XVIII, 550, 610.
THUROT, cap$^e$ de vaisseau. — XXI, 294.
*Thury-Harcourt* (Château de) [Calvados]. — XXIV, 27.
*Tiel* (Hollande). — XIX, 416, 443, 516, 517, 739. — XX, 212.
TIERCE, cap$^e$ prisonnier. — XXI, 719.
TIERCELIN, postillon. — XIX, 610.
TIERCELIN, cap$^e$. — XXV, 638.
TIESSET fils. — XXV, 373.
TIESSET et C$^{ie}$, de Boulogne. — XXVI, 44.
TIGNOL, ex-chef de b$^{on}$. — XX, 225.
TIGNOLET, ex-adjud$^t$. — XXI, 359.
*Tigre*, navire. — XX, 369.
*Tilburg* (Hollande). — XXVI, 246.
*Tillières* (Bois de) [Eure]. — XXVIII, 90.
TILLOY, off. de santé. — XXIV, 280.
TILLY-DELAISTRE, g$^{al}$ de division. — XVIII, 551. — XX, 174, 595, 628. — XXI, 237.
TILLY, chargé d'affaires à Gênes. — XXII, 370.
*Tilly* (Haras du) [Calvados]. — XXV, 244.
*Times*, journal anglais. — XXVII, 319.
*Timoléon*, navire. — XXI, 90, 91, 208. — XXIII, 217.
TIOLIER, graveur à la Monnaie. — XXVI, 197.
TIOLLET, cap$^e$ de gendarmerie. — XXV, 752.
TINTELIN, préposé aux vivres. — XXIII, 6.
TIRARD (V$^{ve}$ Ch.). — XVIII, 772.
TIRELET, cap$^e$ d'artillerie. — XX, 609. — XXIII, 805.
*Tirlemont* (Belgique). — XVIII, 495. — XIX, 30. — XXIV, 224. — XXV, 552.
TISSERAND, gardien du magasin de la Maison des Carmes. — XXVIII, 589.
TISSOT, candidat concessionnaire. — XXVII, 391.
TISSOT, inspecteur des hôpitaux. — XIX, 463, 591. — XX, 296.
TISSOT, du Mont-Blanc. — XXIII, 587.
TIXIER, fournisseur de charbon. — XX, 79.
TIZON, inspecteur près la manufact. de Tulle. — XXII, 499.
*Toiles*. — XIX, 436, 634. — XX, 634. — XXI, 672. — XXVII, 20, 441.
*Toiles* à voiles. — XVIII, 42, 213, 265, 291, 487, 628. — XIX, 190, 228, 436, 456. — XX, 42, 634, 664, 676. — XXVI, 107, 333, 389, 414, 539.
*Toirano* (Italie). — XXIV, 849.
TOITOT, lieut. — XXVII, 323.
*Tola* (Espagne). — XXVI, 105.
TOLMET, chef d'escadron. — XXV, 519.
*Tolosa* (Espagne). — XVIII, 377, 541. — XXIII, 614, 687. — XXV, 450, 478, 607, 685. — XXVII, 412.
TOLOZAN, g$^{al}$. — XVIII, 184.
*Tombeau des Tyrans*, corsaire. — XXVI, 207.

TOMME, marin. — XIX, 636.
TONDUT, cap$^e$ de gendarmerie. — XXII, 218.
*Tongres* (Belgique). — XVIII, 495.
*Tonnant*, navire. — XXI, 89. — XXIII, 217.
*Tonneins-la-Montagne* (H-G). — XIX, 325. — XX, 151. — XXI, 472. — XXV, 508.
TONNELLÉ, chirurgien à l'A. du Rhin. — XXVI, 116.
*Tonnerre* (Yonne). — XVIII, 574. — XIX, 707. — XX, 568. — XXII, 479. — XXIV, 203. — XXV, 676.
TOPIN, chef de b$^{on}$. — XXVIII, 29.
TOPSENT, repr. — XVIII, 802. — XX, 410. — XXI, 85, 353, 440, 444, 495, 578, 641, 658, 659, 694, 801. — XXII, 24, 25, 26, 60, 61, 131, 159, 223, 317, 319, 458, 479, 484, 539, 567, 677, 680, 764, 796. — XXIII, 13, 65, 66, 573, 681. — XXIV, 112, 113, 264, 370, 416, 417, 458, 748, 749, 750, 808, 830, 832. — XXV, 27, 29, 85, 148, 171, 201, 233, 260, 261, 303, 329, 396, 433, 579, 597, 718. — XXVI, 21, 48, 94, 121, 129, 184, 296, 321, 330, 407, 603, 713, 754.
TORCHON, maître de postes. — XVIII, 648.
TORCHY (V$^{ve}$). — XVIII, 49.
*Torcy*, près Sedan. — XIX, 363.
*Torcy* (S-et-L). — XXI, 620. — XXV, 95.
*Torigni* (Haras de) [Manche]. — XXVI, 178. — XXVII, 491.
TORREC, négociant à Brest. — XXV, 712.
TORRES (Andreas). — XIX, 146.
TORRIGNY, lieut. de grenadiers. — XXII, 217.
*Tortequenne* (P-de-C). — XXV, 66.
*Toscane*. — XIX, 204, 205, 703. — XX, 254, 342, 343, 532, 579. — XXI, 380, 422, 699, 719. — XXII, 11, 99, 215. — XXIII, 113.
TOUFFAIT, agent principal de la Marine française dans les Provinces-Unies. — XX, 352. — XXII, 785. — XXV, 23, 353, 618. — XXVII, 103. — XXVIII, 38, 247.
*Toul* (M-et-M). — XVIII, 184, 197. — XIX, 613. — XXVI, 577.
TOULEC, maître-voilier. — XX, 630.
*Toulon* (Var). — XVIII, 20, 37, 281, 305, 697, 747. — XIX, 23, 74, 163, 205, 305, 336, 339, 351, 353, 363, 594, 621, 639, 759, 774, 794. — XX, 26, 42, 60, 83, 90, 91, 144, 156, 217, 380, 384, 385, 394, 433, 434, 462, 463, 510, 511, 512, 518, 519, 532, 533, 534, 630, 681, 689, 731, 746, 749, 754, 768, 786, 788. — XXI, 42, 45, 90, 91, 109, 146, 150, 156, 158, 170, 171, 172, 205, 206, 207, 208, 209, 223, 258, 259, 260, 273, 333, 336, 337, 367, 368, 369, 391, 392, 393, 394, 395, 421, 436, 452, 474, 475, 476, 501, 584, 585, 608, 688, 698, 771, 816, 840. — XXII, 31, 32, 53, 66, 81, 97, 119, 120, 121, 143, 145, 146, 184, 192, 193, 208, 209, 210, 211, 232, 243, 264, 265, 291, 303, 328, 357, 385, 392, 404, 405, 406, 407, 438, 465, 520, 550, 556, 588, 590, 598, 599, 635, 637-639, 648 ,684, 698, 756, 799, 808, 824, 825. — XXIII, 70, 183, 215, 216, 264, 265, 266, 323, 339, 340, 395, 396, 397, 398, 418, 423, 424, 495, 496, 497, 498, 499, 500, 541, 544, 545, 588, 589, 624, 625, 626, 634, 658, 659, 690, 691, 695, 705, 723, 731, 732, 733, 764, 765, 767, 768, 770, 794, 795, 824, 829. — XXIV, 16, 21, 34, 58, 59, 88, 89, 90, 100, 127, 128, 129, 145, 149, 150, 151, 165, 205, 208, 209, 233, 239, 245, 270, 271, 272, 284, 291, 309, 310, 346, 347, 348, 423-425, 427, 428-430, 463, 464, 465, 477, 488, 496,

575, 602, 604, 605, 606, 614, 616, 693, 694, 695, 712, 713, 714, 784, 815, 826, 827, 842, 843, 844, 845, 846, 847, 848. — xxv, 6, 47, 59, 60, 66, 89, 92, 105, 123, 138, 154, 167, 265, 267, 280, 281, 312, 322, 328, 367, 368, 408, 419, 482, 525, 566, 567, 576, 577, 630, 631, 642, 655, 664. — xxvi, 3, 30, 31, 54, 56, 80, 106, 107, 108, 124, 172, 173, 192, 202, 222 à 226, 268, 288, 301, 310, 333, 361, 370, 377, 393, 413, 434, 435, 452, 453, 468, 529, 530, 556, 571, 582, 614, 615, 647, 665, 666, 676, 736, 737. — xxvii, 20, 32, 39, 162, 163, 184, 250, 302, 305, 323, 378, 436, 437, 438, 498, 499, 544, 621, 647. — xxviii, 40, 210, 237, 244, 268, 269, 286 à 291, 317, 330, 345, 384, 387, 396, 462, 478, 479, 487, 488, 489, 504, 569, 570, 655, 684, 691. Voir *Port-de-la-Montagne*.

*Toulon* (Arsenal de). — xxiv, 602, 605, 606, 694, 847, 848. — xxv, 269, 281, 368, 482. — xxvi, 333, 615, 665. — xxvii, 499.

*Toulonnais*. — xviii, 270. — xxiii, 544, 545, 623, 624, 767, 768, 770. — xxiv, 88, 463. — xxv, 719.

TOULOTTE, pharmacien. — xxiii, 586.

*Toulouse* (H-G). — xviii, 120, 190, 267, 351, 404, 441, 509, 578, 594, 623, 755, 767, 768. — xix, 43, 121, 136, 146, 318, 346, 347, 449, 571, 574. — xx, 32, 37, 47, 106, 219, 327, 572, 651, 754. — xxi, 451, 486, 509, 813. — xxii, 2, 19, 150. — xxiii, 8, 243, 377, 383, 542, 590, 635. — xxiv, 17, 142, 173, 202, 404, 568, 736, 762, 818. — xxv, 122 à 124, 158, 642. — xxvi, 182, 360, 410, 451, 493, 496, 677, 703. — xxvii, 106, 195, 196, 197, 221, 226, 234, 265, 308, 361, 436, 493, 627, 628. — xxviii, 173, 536, 610.

*Toulouze* (Atelier), à Paris. — xix, 118.

TOUPRIANT, commis au secrétariat de la guerre. — xviii, 807.

*Tour de Sabran* (Vaucluse). — xxviii, 230.

TOURBE, adjoint du génie. — xix, 120.

*Tourbe, Tourbières*. — xviii, 487. — xxiii, 797. — xxiv, 658, 659. — xxv, 38. — xxvi, 577. — xxvii, 391. Voir *Charbon*.

TOURET, prisonnier à Landrecies. — xx, 80.

TOURETTE, pharmacien à l'hôpital de Blois. — xxiv, 499.

*Tourlaville* (Manche). — xix, 411. — xx, 61.

*Tournai* (Belgique). — xviii, 303, 579, 588. — xx, 135, 591. — xxi, 782. — xxiv, 159, 736. — xxviii, 104, 506.

*Tournan-en-Brie* (S-et-M). — xxi, 549.

TOURNAY, agent d'achats. — xx, 735. — xxi, 127.

TOURNÉ, employé. — xxii, 268.

TOURNIER, repr. — xix, 568.

*Tournelle* (Forêt de la). — xxi, 799.

TOURNEUR (Laurent), lieut. de vaisseau. — xxii, 180.

*Tournon* (L-et-G). — xviii, 273. — xxiv, 537.

*Tournon* (Maison de), à Paris. — xx, 19.

*Tournoux* (Camp de) [B-A]. — xxvi, 220, 434.

*Tours* (I-et-L). — xviii, 69, 471, 479, 565, 666. — xix, 134, 153, 183, 332, 380, 679, 680, 710. — xx, 408. — xxi, 175, 424, 471. — xxii, 62, 69. — xxiii, 95, 205, 299, 328, 701. — xxiv, 47, 58, 302, 338. — xxvi, 346, 538, 539, 673, 674. — xxvii, 120, 242, 381. — xxviii, 347, 394, 415, 509, 510.

*Tours* (Arsenal de). — xviii, 565. — xix, 156, 616. — xxi, 5. — xxii, 103.

TOURTON et C$^{ie}$, négociants à Paris. — xxii, 337.

*Tourville*, navire. — xxi, 441. — xxii, 765. — xxv, 472.

TOURVILLE, envoyé à l'École normale. — xix, 449.

TOURVILLE, g$^{al}$ de division. — xxiii, 483. — xxiv, 185. — xxv, 430. — xxviii, 281.

*Tourville* (Eure). — xviii, 302. — xxii, 38.

TOUSNEL, commissaire ordonnateur. — xxvi, 204.

TOUSSAINT, adjoint aux adjud$^{ts}$ g$^{aux}$. — xviii, 276.

TOUSSAINT, — xxi, 354.

TOUSSAINT, inspecteur du parc d'artillerie de Toulouse. — xxii, 390.

TOUSSAINT (Ch. Fr.). — xxiii, 68.

TOUSSAINT, commissaire des Guerres. — xviii, 398. — xxiv, 570.

TOUSSAIRE, ingénieur. — xviii, 681.

TOUSSON, préposé aux achats de l'Agence des subsistances. — xxviii, 295.

*Touvet* (Le) [Isère]. — xxvi, 535.

*Tracy* (Moulin de) [Yonne]. — xxvii, 629.

*Trainel* (Magasin de), à Paris. — xviii, 275. — xx, 701. — xxv, 102.

*Traité d'artifice*, de FRESCIES. — xxv, 640.

*Traité de calcul différentiel et intégral*, de COUSIN. — xxv, 641.

*Traité de chimie*, de CHAPTAL. — xxv, 641.

*Traité des fortifications*, de SAINT-PAUL. — xxv, 640.

*Traité des mines*, de VAUBAN. — xxv, 640.

*Traité de Physique*, de BRISSON. — xxv, 641.

*Traité de Bâle* (Prusse). — xxvii, 17.

*Traité de Bâle* (Espagne). — xxvii, 265, 359, 413, 446, 479.

*Traité* de paix avec le margrave de Hesse-Cassel. — xxvii, 359.

*Traité* de paix avec l'Empire. — xxvii, 607.

*Traité* de paix et d'alliance avec la Hollande. — xxvii, 358.

*Traitements*. — xxvii, 28, 36, 116, 138, 139, 140, 153, 218, 274, 365, 398, 615, 673. — xxviii, 130-132.

— (Augmentat. de). — xxvii.

— (Supplément de campagne). — xxvii.

— (Insuffisance des). — xxvii.

— en numéraire. — xxvii.

— en assignats. — xxvii.

*Traites* sur l'étranger. — xxvii, 319, 375, 376, 609, 640, 661. Voir *Commerce; Exportations*.

*Trajan*, navire français. — xxi, 441. — xxii, 765. — xxv, 472.

TRANCHANT, employé au secrétariat g$^{al}$ du C. de S. P. — xxvi, 556.

TRANEL, off. munic. d'Amiens. — xxi, 521.

*Transports* et convois militaires. — xviii, 73. — xxii, 334, 335, 501, 502. — xxiv, 313 à 315. — xxv, 62, 111, 134, 135, 157, 207, 227, 239, 245, 271, 289, 298, 311, 315, 316, 336, 339, 346, 355, 357, 363, 365, 375, 378, 394, 401, 431, 449, 461, 466, 477, 484, 487, 490, 505, 509, 541, 542, 543, 549, 552, 557, 568, 570, 572, 596, 616, 627, 663, 691, 692, 704, 710, 713, 714, 719, 734, 746, 747, 748. — xxvi, 6, 7, 9, 17, 26, 27, 29, 34, 40, 49, 53, 88, 136, 167, 172, 195, 199, 244, 279, 282, 324, 331, 335, 344, 347, 368, 389, 413, 443, 470, 495, 528, 531, 536, 539, 572, 575, 577, 580, 591, 594, 599, 601, 607, 609, 610, 613, 643, 666, 682, 688,

689, 695, 721, 760, 764. — xxvii, 65, 85, 93, 111, 145, 147, 167, 172, 178, 207, 210, 225, 278, 280, 292, 293, 325, 342, 376, 406, 420, 443, 478, 502, 504, 517, 524, 534, 538, 539, 542, 554, 571, 574, 575, 583, 587, 610, 617, 631, 634, 647, 648, 665. — xxviii, 40, 52, 55, 99, 118, 144, 262, 263, 464, 474, 475, 588, 603, 615, 618, 677. Voir *Agences; Armées; Commis; Navigation* intérieure; *Troupes.*
Trapa (Col de) [Italie]. — xxi, 453.
Trappes (S.-et-O.). — xviii, 620.
Trarbach (Allemagne). — xviii, 357, 518.
Traullé, command$^t$ amovible à Sedan. — xxi, 176.
Travanet, manufacturier à Royaumont. — xxii, 152.
Travaux publics. — xxvii, 590.
— (École centrale des). — xxvii, 28.
Trébalet, huissier du distr. du Bourg-l'Égalité. — xxvi, 228.
Trébiron (Île) [Finistère]. — xviii, 297.
Trécourt fils, négociant en vins. — xix, 380. — xx, 364, 663.
Trédion (Forêt de) [Morbihan]. — xxiii, 757.
Tréhoüart, repr. — xviii, 130, 218, 296, 338, 374, 446, 467, 479, 571, 612, 714, 715, 764. — xix, 35, 54, 90, 93, 129, 144, 161, 170, 212, 231, 232, 639. — xx, 189, 190, 307, 410, 475, 476, 515, 516, 526, 575, 740, 764. — xxi, 14, 15, 194, 250, 254, 353, 494, 638, 658. — xxii, 24. — xxv, 368.
Treignac (Corrèze.) — xx, 743.
Treillard, fournisseur d'acier. — xxvii, 143.
Treilhard, repr. — xix, 173, 608, 702, 753, 789. — xx, 26, 87, 179, 251, 620. — xxi, 366, 640, 794, 796. — xxii, 271, 584, 640, 667, 763. — xxiii, 201, 226, 335, 437, 591, 701. — xxiv, 1, 105, 112, 116, 448, 644, 768, — xxv, 93, 193, 550, 598, 676.
Treillage d'Agen, en forêt de S$^t$-Germain. — xviii, 620.
Treinneau, agent des subsistances g$^{ales}$. — xxiv, 173.
Trélon (Nord). — xxvi, 85.
Tremblade (La) [C-I]. — xxviii, 460.
Trémolat (Dordogne). — xxiv, 31.
Trémolet, chef d'escadron. — xxi, 401.
Trémont (M-et-L). — xxi, 270, 296.
Trempole, chef de b$^{on}$. — xxiii, 551.
Trente-un-Mai, navire. — xxii, 265. — xxiii, 215.
Tréon (E-et-L). — xxv, 422.
Tréouret-Kerstral, contre-révolutionnaire. — xxviii, 338.
Tréport (Le) [S-I]. — xviii, 306. — xxi, 681. — xxiii, 817. — xxiv, 768.
Trépot (Doubs). — xxiii, 727.
Tresette, lieut. de gendarmerie. — xviii, 255.
Trésin, agent des subsistances. — xx, 612.
Trésin, agent de la navigation intérieure. — xxiii, 451.
Trésor public. — xviii, 549, 632. — xix, 226, 476, 749. — xx, 39, 176, 203, 271, 317, 535, 549. — xxi, 130, 400, 594, 599, 745. — xxii, 514, 592, 645. — xxiv, 96, 216, 225, 435. — xxv, 161, 465, 539. — xxvi, 646, 696, 697. — xxvii, 16, 70, 82, 132, 134, 192, 222, 260, 272, 273, 292, 373, 400, 477, 512, 530, 603.
Trésorerie nationale. — xviii, 10, 45, 62, 164, 174, 197, 200, 208, 212, 247, 254, 300, 320, 347, 348, 385, 428, 526, 545, 581, 651, 681, 724, 755, 801. — xix, 5, 6, 25, 80, 119, 120, 136, 140, 150, 166, 189, 198, 199, 226, 228, 241, 250, 263, 278, 282, 326, 330, 331, 355, 358, 364, 380, 394, 398, 399, 476, 493, 529, 530, 546, 547, 558, 563, 611, 618, 708, 749, 763, 781. — xx, 3, 8, 34, 39, 40, 63, 81, 96, 100, 117, 122, 126, 162, 174, 227, 228, 294, 295, 299, 306, 316, 404, 408, 456, 507, 535, 541, 546, 547, 548, 549, 581, 585, 660, 663, 753, 774, 795. — xxi, 7, 56, 173, 210, 214, 237, 247, 261, 331, 401, 454, 455, 590, 610, 613, 616, 631, 634, 663, 665, 678, 754. — xxii, 11, 98, 99, 101, 173, 177, 216, 224, 243, 246, 247, 270, 278, 293, 367, 368, 409, 413, 440, 469, 490, 495, 542, 563, 591, 593, 613, 653, 661, 774, 806. — xxiii, 6, 173, 184, 197, 203, 211, 213, 222, 234, 319, 327, 349, 401, 437, 445, 501, 502, 503, 513, 583, 624, 635, 638, 698, 797, 806, 823. — xxiv, 10, 35, 36, 42, 69, 96, 98, 101, 178, 246, 249, 270, 291, 493, 543, 635, 636, 641, 646, 658, 662, 663, 664, 698, 702, 811, 817, 842. — xxv, 13, 31, 33, 36, 43, 53, 54, 58, 59, 60, 71, 75, 114, 127, 141, 150, 157, 159, 173, 181, 189, 202, 210, 214, 223, 239, 260, 264, 267, 270, 271, 275, 277, 291, 298, 314, 345, 348, 357, 365, 385, 386, 393, 401, 405, 426, 453, 465, 472, 473, 478, 502, 515, 518, 523, 540, 547, 549, 550, 569, 570, 571, 573, 576, 585, 590, 592, 611, 618, 620, 622, 642, 660, 676, 687, 715, 720, 734, 736, 748, 751. — xxvi, 1, 21, 27, 38, 40, 42, 46, 62, 64, 82, 107, 110, 141, 144, 147, 149, 151, 152, 154, 155, 194, 237, 239, 241, 250, 251, 270, 274, 277, 282, 292, 296, 297, 298, 321, 325, 333, 367, 382, 400, 414, 422, 423, 425, 444, 459, 478, 487, 490, 511, 512, 536, 538, 556, 566, 578, 582, 594, 600, 603, 621, 663, 667, 674, 677, 681, 709, 711, 724, 725, 726, 743, 744, 747, 762, 787. — xxvii, 6, 16, 19, 24, 25, 31, 37, 44, 64, 82, 85, 93, 95, 102, 103, 104, 110, 120, 145, 148, 154, 155, 159, 160, 175, 176, 182, 184, 192, 193, 194, 195, 210, 213, 222, 235, 246, 247, 273, 281, 285, 299, 300, 317, 319, 345, 351, 372, 373, 375, 376, 381, 390, 392, 396, 398, 399, 409, 438, 440, 445, 460, 468, 474, 501, 512, 517, 522, 524, 534, 548, 562, 572, 573, 579, 581, 585, 589, 590, 592, 599, 604, 605, 609, 620, 621, 622, 624, 629, 632, 634, 635, 640, 642, 650, 654, 655, 656, 663, 664, 666. — xxviii, 5, 8, 31, 45, 49, 63, 83, 84, 87, 89, 102, 128, 130, 152, 153, 188, 211, 241, 265, 266, 324, 383, 394, 418, 430, 465, 467, 478, 479, 497, 517, 519, 675. Voir *Administrations; Armées; Comité* de S.P.; *Fournisseurs; Receveurs; Trésor* public; *Troupes.*
Trèves (Allemagne). — xviii, 246, 357, 556, 675, 790, — xix, 297, 628. — xx, 214, 695. — xxi, 10, 204, 218, 373, 454, 662, 715, 716, 839. — xxii, 171, 742. — xxiii, 113, 226, 412, 413. — xxiv, 190. — xxvi, 17, 52, 297, 304, 320, 604. — xxviii, 287, 550, 574, 578, 610. — xxviii, 282, 638, 639.
Trévieu (Tarn). — xviii, 795.
Trévoux (Ain). — xxiv, 510, 675, 723, 725, 726, 753, 754, 755, 781, 782, 790, 795, 812, 837. — xxv, 57, 87, 155, 178, 203, 236, 383, 516, 550, 563, 565, 585, 609, 654, 743, 752, 754. — xxvi, 13, 25, 76. — xxvii, 296. — xxviii, 186.
Trévoux (Le) [Finistère]. — xxv, 512.
Treyer, chef d'escadron. — xxv, 735.

*Trezidy-Keriagun* (Le) [Morbihan]. — xx, 283.
*Trial*, goélette américain. — xxvi, 423.
TRIBERT (Paul Jérôme) commissaire des Guerres. — xviii, 709. — xxviii, 508.
TRIBERT. — xix, 436.
TRIBOUT, command$^t$ de la *Sainte-Lucie*. — xxi, 531.
*Tribun du peuple* (Le), journal. — xx, 23.
*Tribunal* de l'amirauté de S$^t$-Pierre, à la Martinique. — xxv, 325.
*Tribunal* de cassation. — xxvii, 422.
*Tribunal*. — xix, 258. — xxi, 761. — xxii, 619.
*Tribunaux*. — xxv, 16, 175. — xxvi, 108. — xxvii, 46, 422.
— civils. — xxiii, 140.
— de commerce. — xix, 34. — xxii, 45, 46, 659, 660, 780. — xxiii, 148, 149. — xxiv, 584, — xxv, 215. — xxvi, 740.
— criminels. — xxii, 401, 420, 428, 429, 547, 569. — xxiii, 9, 53, 142, 157, 212, 497, 613, 614, 719. — xxiv, 59, 83, 103, 406, 446, 467, 493, 523, 546, 808. — xxv, 176, 196. — xxvi, 93, 96, 176, 411, 655, 662, 674. — xxvii, 106, 314, 677.
— militaires. — xxi, 253, 431, 432, 770, 771. — xxii, 358, 378, 553, 555 à 558. — xxiii, 9, 13, 70, 724. — xxiv, 21, 32, 133, 137, 188, 277, 362, 405, 573. — xxv, 49, 135, 173, 187, 246, 317, 331, 362, 435, 474, 594, 603, 686, 713. — xxvi, 85, 93, 101, 246, 268, 302, 430, 448, 463, 477, 521, 529, 530, 655, 742. — xxvii, 10, 91, 107, 134, 188, 197, 203, 223, 242, 244, 254, 294, 333, 352, 383, 448, 459, 464, 519, 551, 555, 565, 616, 637, 664. — xxviii, 253.
— de police correctionnelle. — xxiv, 431. — xxv, 291, 335. — xxvi, 293, 739.
— révol$^{res}$. — xviii, 208, 221, 253, 303, 430, 457, 582, 594, 618, 668, 744, — xix, 34, 140, 141, 268, 307, 418, 507, 522, 626. — xx, 23, 346, 482, 505, 743. — xxi, 92, 230, 723. — xxii, 2, 45, 816. — xxiii, 136, 212, 562, 760, — xxiv, 103, 173. — xxv, 410, 674 n. — xxvii, 314.
*Tribune*, frégate. — xxvii, 602.
TRICARD, adjoint à l'adjud$^t$ g$^{al}$ Liébault. — xviii, 601. — xxvi, 708.
TRIDOULAT, quartier-maître. — xxvi, 182.
*Triel* (S-et-O). — xxiv, 142. — xxv, 729.
*Trieste* (Italie). — xx, 448.
TRIGAUT-GENESTE, cap$^e$ de gendarmerie à Bordeaux. — xxvii, 170.
TRIGNY (Jacobé de), g$^{al}$. — xxii, 369. — xxvii, 185. — xxviii, 586.
TRILLON, laboureur. — xxi, 811.
TRILLON fils, gendarme. — xxi, 811.
TRINCHARD, juré au tribunal révolutionnaire. — xix, 308.
TRINIER, examinateur de machines de guerre. — xx, 202.
*Trinité-Porhoët* (La) [Morbihan]. — xviii, 765.
*Trinité* (Fort de la), dit Bouton de Rosas (Espagne). — xix, 345, 350.
TRIQUET. — xix, 493.
TRISTAN, inspecteur des côtes de l'Ouest. — xx, 275, 276.
TRISTAN-BRISSION, adjud$^t$ g$^{al}$, chef de brigade. — xxiii, 802. — xxvii, 395.
*Triton*, brick anglais. — xx, 624.
*Triton*, navire américain. — xxv, 324.

*Triton*, navire belge. — xxvi, 644.
*Trizay* (E-et-L). — xxvi, 418.
TROMPETTE, concierge, à Toulon. — xxviii, 656.
TROËTTE fils, caissier en Suisse. — xix, 285. — xxi, 57. — xxii, 246, 247.
TROËTTE père. — xxi, 57.
TROGOFF (Auguste), cap$^e$ d'infanterie. — xxii, 322.
*Trois Amis*, brick américain. — xxi, 42.
*Trois Frères*, navire danois. — xviii, 402. — xxv, 281.
TROLEBAS, de Metz, terroriste. — xxiii, 560.
TROLLEY (V$^{ve}$). — xix, 344.
TROMELIN, contre-amiral. — xxiv, 81, 82.
TRON, directeur de la forge de La Noue. — xx, 243.
TRONQUOI, de l'arsenal de La Fère. — xx, 649.
TRONSON (Guill.), maître verrier. — xxvii, 453, 623.
*Trôo* (L-et-C). — xxvii, 422.
TROPENOT, command$^t$. — xix, 514.
TROSSEL, caporal. — xxii, 270.
TROTEREAU, inspecteur des vivres. — xviii, 367.
TROTOUIN, major g$^{al}$ de Stofflet. — xxi, 224.
TROTYANNE, inspecteur des forges dans la Meuse. — xx, 95.
TROU, fermier des forges de Bigny. — xviii, 171. — xxiv, 661.
*Trou d'Enfer* (Camp du), à Marly, près de Paris. — xxiv, 556. — xxv, 83, 184, 300, 605. — xxvi, 231, 342. — xxviii, 191.
*Troubles*. — xxv, 18, 26, 52, 57, 87, 88, 96, 105, 117, 122, 124, 125, 137, 139, 145, 147, 169, 170, 176, 201, 203, 228, 236, 237, 253, 256, 267, 287, 297, 303, 314, 327, 336, 343, 360, 363, 386, 392, 397, 410, 415, 419, 420, 457, 480, 481, 501, 504, 513, 537, 548, 556, 558, 578, 601, 610, 626, 647, 651, 654, 655, 684, 687, 688, 689, 701, 705, 712, 720, 726, 743, 749, 752, 753, 754, 755. — xxvi, 31, 46, 49, 54, 77, 97, 99, 100, 103, 108, 125, 127, 137, 191, 217, 223, 240, 243, 246, 247, 268, 286, 297, 321, 333, 350, 357, 361, 377, 393, 396, 403, 410, 412, 416, 423, 429, 435, 451, 452, 453, 456, 473, 477, 483, 485, 488, 491, 493, 496, 515, 522, 540, 545, 549, 552, 562, 573, 591, 593, 614, 616, 626, 632, 646, 686, 695, 700, 704, 705, 712, 717, 722, 723, 732, 737, 742, 748, 750, 751, 752, 755, 759, 762, 765, 766. — xxvii, 12, 15, 21, 22, 34, 37, 39, 42, 45, 65, 74, 78, 88, 92, 101, 106, 119, 127, 134, 151, 183, 189, 190, 191, 193, 197, 203, 207, 211, 214, 233, 249, 258, 260, 270, 284, 290, 306, 320, 323, 326, 327, 330, 332, 337, 341, 372, 378, 382, 401, 409, 410, 414, 424, 426, 432, 434, 438, 439, 443, 454, 455, 456, 473, 486, 487, 489, 498, 500, 509, 516, 518, 524, 526, 527, 540, 546, 567, 574, 622, 626, 647, 652, 659, 665, 667, 669, 671. — xxviii, 266, 315, 399, 418, 503, 510, 554. Voir *Prêtres*; *Troupes* (Indiscipline des); *Vendée*.
*Troupes*. — xxv, 24, 41, 43, 44, 52, 53, 58, 60 à 62, 70, 100, 105, 117, 135, 138, 147, 175, 184, 188, 198, 201, 229, 239, 241, 253, 257, 259, 262, 266, 274, 276, 289, 298, 300, 310, 312, 329, 332, 333, 334 à 336, 347, 350, 365, 367, 369, 372, 376, 397, 401, 407, 414, 430, 436, 439, 478, 486, 491, 503, 507, 508, 511, 514, 515, 519, 532, 537, 581, 583, 589, 594, 603, 604, 607, 608, 620, 628, 630, 632, 638, 648, 650, 660, 661, 667, 670, 680, 681, 696, 708, 716, 719, 740, 752, 758. — xxvi, 26, 51, 67,

72, 91, 99, 104, 127, 129, 154, 166, 168, 169, 187, 234, 235, 263, 264, 265, 295, 300, 303, 331, 356, 359, 372, 390, 392, 401, 429, 432, 451, 452, 456, 463, 469, 479, 488, 495, 496, 498, 502, 509, 531, 533, 540, 542, 549, 551, 553, 555, 562, 573, 579, 582, 583, 592, 593, 598, 599, 615, 625, 629, 635, 637, 644, 648, 649, 650, 660, 670, 693, 697, 712, 721, 739, 747, 752, 755, 764, 767. — xxvii, 1, 4, 8, 27, 30, 44, 59, 65, 66, 67, 82, 87, 91, 93, 97, 105, 106, 107, 119, 121, 122, 123, 128, 129, 141, 146, 147, 159, 160, 169, 170, 171, 172, 178, 181, 186, 190, 195, 197, 224, 229, 243, 249, 253, 270, 275, 278, 280, 283, 307, 314, 335, 362, 372, 383, 384, 394, 404, 408, 430, 433, 436, 445, 456, 465, 469, 493, 498, 500, 516, 521, 547, 549, 550, 554, 560, 566, 573, 586, 587, 588, 601, 615, 618, 620, 621, 623, 624, 629, 642, 645, 647, 648, 651, 668. — xxviii, 11, 12, 13, 26, 64, 72, 79, 141, 146, 147, 153, 154, 155, 156, 161, 162, 163, 167, 168, 169, 174, 175, 196, 218, 240, 242, 243, 252 à 254, 256, 272, 283, 329, 333, 392, 498, 512, 513, 521, 523, 575, 581, 586, 595, 628, 675. Voir *Armées; Habillement; Paris* (Force armée de); *Solde; Transports.*

*Troupes* (Esprit des). — xxv, 62, 178, 251, 300, 308, 329, 360, 367, 393, 476, 502, 506, 507, 566, 568, 610, 613, 627, 653, 704, 710, 750. — xxvi, 17, 22, 24, 26, 30, 80, 93, 99, 127, 131, 187, 190, 193, 217, 245, 248, 255, 282, 307, 309, 326, 374, 402, 429, 432, 435, 455, 466, 486, 496, 497, 517, 567, 590, 630, 633, 680, 721, 730, 758. — xxvii, 48, 74, 105, 106, 136, 154, 165, 181, 216, 220, 243, 259, 270, 285, 289, 302, 313, 332, 351 362, 381, 401, 430 494, 521, 567, 644.

— (État sanitaire des). — xxv, 553, 568, 751. — xxvi, 29, 55, 76, 255, 359, 414, 467, 493, 564, 582, — xxvii, 65, 163, 270, 436. Voir *Hôpitaux; Officiers* de santé.

— (Indiscipline des...). — xxv, 24, 27, 49, 73, 119, 121, 148, 171, 178, 201, 229, 236, 252, 253, 260, 261, 291, 303, 310, 317, 329, 331, 335, 346, 354, 360, 363, 365, 387, 388, 406, 415, 416, 417, 435, 436, 469, 489, 499, 500, 568, 570, 594, 599, 603, 604, 610, 618, 627, 667, 669, 686, 718, 747, 751. — xxvi, 85, 93, 99, 130, 131, 146, 162, 167, 214, 217, 221, 245, 292, 293, 302, 359, 367, 415, 420, 429, 455, 456, 463, 465, 474, 477, 483, 486, 488, 490, 495, 515, 517, 518, 519, 529, 530, 540, 544, 552, 562, 567, 591, 592, 631, 660, 686, 689, 699, 701, 704, 714, 716, 720. — xxvii, 37, 43, 65, 67, 71, 88, 105, 134, 145, 146, 170, 182, 189, 191, 203, 242, 244, 254, 259, 263, 275, 332, 334, 351, 352, 354, 356, 383, 407, 436, 448, 451, 456, 458, 464, 469, 491, 494, 517, 519, 551, 559, 564, 565, 601, 614, 625, 626, 641. — xxviii, 88, 476. Voir *Troubles.*

— (Renforts de). — xxv, 28, 29, 52, 66, 90, 112, 120, 121, 145, 148, 179, 181, 201, 206, 263, 297, 301, 303, 304, 312, 313, 336, 337, 340, 365, 386, 393, 394, 416, 433, 444, 466, 504, 510, 512, 548, 550, 558, 567, 569, 572, 582, 609, 625, 630, 651, 652, 744, 746, 754. — xxvii, 42, 77, 190, 235, 242, 331, 355, 380, 387, 394, 411, 452, 473, 510, 521, 522, 546, 548, 593, 595, 641, 643, 644, 668, 669, 672.

TROUPES (J.), charpentier de marine. — xviii, 508.

TROUSSEL, bibliothécaire du C. d'Instruction publique. — xxviii, 506.
TROUSSEL, tanneur à Compiègne. — xxvii, 53. — xxviii, 378.
TROUVÉ, cap$^e$ réintégré. — xxvi, 6.
*Trouville* (S-I). — xviii, 75. — xxiii, 464.
TROUVILLE, directeur de l'entrepôt des voitures de la République. — xix, 397. — xxi, 631. — xxv, 632. — xxvii, 560, 590. — xxviii, 507.
*Troyes* (Aube). — xviii, 704. — xix, 81, 82, 226, 406, 608, 740, 788, 789. — xx, 5, 48, 53, 54, 236, 290, 327, 428, 429, 430, 476, 559, 572, 577, 657, 639, 744. — xxi, 203, 263, 269, 431, 432. — xxii, 461, 486, 517, 540, 584–586, 622, 632–635, 669, 709, 710, 724, 813. — xxiii, 15, 136, 317, 384, 417, 445, 477, 493, 576, 577, 669, 748. — xxiv, 101. — xxvi, 501.
TRUBLET, cap$^e$ de vaisseau. — xxi, 556.
TRUC, de l'administration d'Orange. — xx, 471.
TRUGUET (Ant.) ex-militaire. — xix, 744.
TRUGUET, vice-amiral. — xxii, 478. — xxiii, 551, 587.
TRULLARD, repr. — xix, 169, 538.
TRUMEAU-VOYELLE, secrétaire du cabinet de minéralogie. — xviii, 700. — xxv, 38.
*Trumilly* (Oise). — xxiv, 511.
TRUPHÈME fils, commissaire des Guerres. — xxiv, 97, 792.
TRUPHÈME père, commissaire des Guerres démissionnaire. — xxiv, 792.
*Trye-Château* (Oise). — xxi, 761. — xxii, 791.
TUDIER, de Béziers, suspect. — xxiv, 711.
TUGNOT DE LANOYE, g$^{al}$. — xxvii, 56. — xxviii, 264, 299, 577, 596, 664.
*Tugny* (Aisne). — xviii, 90.
TUGOT (Luc), adjoint du génie. — xviii, 183.
*Tuilerie* (La). — xix, 28.
*Tuileries* (Palais et Jardin nat. des). — xix, 135, 724. — xxviii, 188, 189, 190, 191, 293, 382, 650.
*Tuileries* (Sect$^n$ des), à Paris. — xxiii, 449.
TULIN (Louis), volontaire. — xviii, 425.
*Tulle* (Corrèze). — xviii, 476, 479. — xix, 364, 365. — xx, 32, 295, 411, 622, 623, 663, 729, 742, 743. — xxi, 508, 622, 723. — xxii, 498, 499, 583, 680. — xxiii, 55, 682, 683, 758, 776. — xxv, 500. — xxvi, 480. — xxvii, 28, 392.
TUNCQ, g$^{al}$ de division. — xviii, 123, 322. — xx, 67, 161, 248, 522. — xxii, 582. — xxiv, 645. — xxv, 456, 617. — xxvi, 235, 287. — xxviii, 650.
*Tunis* (Tunisie). — xviii, 136. — xix, 140. — xxi, 394, 546. — xxiii, 49, 347. — xxviii, 357, 448, 612, 668.
TUPIGNY, cap$^e$. — xviii, 568.
TUPIGNY, de Ham. — xxiii, 8.
TUQUEY, aide garde-magasin. — xxi, 61.
TURBULL et C$^{ie}$, à Gibraltar. — xviii, 681.
*Turcs.* — xxi, 394, 732.
TURDILLE, propriétaire, à Paris. — xxv, 163.
TURGIS, sous-lieut. — xxvi, 477.
TURGON jeune, adjoint au g$^{al}$ Casabianca. — xxvi, 135, 586.
TURENNE. — xx, 209, 697.
— (Histoire de). — xxiv, 157.
— (Les campagnes de). — xxiv, 157. — xxv, 640.
TURGOT, ministre de Louis XVI. — xix, 704.

8.

*Turin* (Italie). — XVIII, 606. — XXII, 801. —XXIV, 784. — XXV, 564, 572. — XXVI, 124, 353, 664. — XXVII, 166.
Turin, de Strasbourg. — XXIV, 6.
Turpin de Crissé (Chevalier de). — XX, 446, 596. — XXI, 268, 269.
Turpin de Crissé (C$^{ne}$). — XX, 595. — XXI, 269.
Turpin, suspect. — XXIV, 356, 794. — XXV, 382.
Turreau, repr. — XVIII, 97, 173, 240, 271, 287, 382, 543, 675, 749, 751, 794, — XIX, 367, 376, 426, 780. — XX, 216, 414, 671, 770, 788. — XXI, 94, 152, 158, 207, 245, 396, 397, 642. — XXIII, 241. — XXIV, 799. — XXV, 378. — XXVI, 81. — XXVII, 102.
Turreau, g$^{al}$. — XXVI, 85.
Turret, membre du Bureau du commerce. — XXVI, 176.
Tusset, négociant à Boulogne. — XXVII, 422.
*Tyrannicide*, navire. — XXIII, 217.
Tyrol, commissaire civil aux Indes Orient. — XXIII, 777.
*Tyrannie décemvirale*. — XXV, 105, 118, 192, 597, 681. — XXVII, 219, 300, 420, 569, 637.
*Tyrol* (Montagnes du). — XXVI, 583.
Twan (James), fournisseur américain. — XXV, 379.

## U

*Uerdingen* (Allemagne). — xxvi, 245.
Uhieski, col<sup>el</sup>, command<sup>t</sup> à Wesel. — xxv, 503.
Uhle, cultivateur à Port-au-Pecq. — xxvi, 287.
*Union*, brigantin. — xix, 702.
*Union*, navire neutre. — xxv, 216.
*Union*, navire américain. — xxvii, 189, 440.
*Unité* (Sect<sup>n</sup> de L'). — xix, 95. — xxi, 200.
*Unité* (Raffinerie de salpêtre de l'). — xxviii, 239.
*Urcel* (Aisne). — xx, 707. — xxi, 65.
Urrutia (Joseph de). — xix, 525. — xx, 451, 452. — xxii, 64. — xxiii, 391, 393. — xxiv, 125. — xxvi, 79.
*Ursulines* de Pontoise (Maison des). — xxi, 803. — xxvi, 295.
— de Beauvais (Maison des). — xxiii, 88.
— d'Amiens. — xxiv, 360, 642.
*Urtubie* (Espagne). — xxiv, 303.
*Urville* (Calvados). — xxv, 98.
*Usines* flottantes. — xxi, 507. — xxv, 74.
*Ussel* (Corrèze). — xix, 621. — xx, 32, 119, 313, 663, 729, 743. — xxi, 508. — xxiii, 503, 504
*Ustaritz* (B-P). — xviii, 402. — xxiii, 208, 209. — xxiv, 54, 303, 597. — xxvi, 266, 650. — xxviii, 506.
*Utile*, frégate. — xxi, 20.
*Utrecht* (Hollande). — xviii, 124, 261, 308, 319. — xix, 286, 444, 517, 542, 582, 604, 704. — xx, 558, 609, 610, 621, 637, 655, 672, 674, 761. — xxi, 133, 162, 163, 164, 165, 266, 317, 363, 364, 381, 406, 518, 533, 569, 646, 766, 779, 819. — xxii, 57, 77, 82, 116, 226, 515, 534, 537, 595, 704, 750. — xxiii, 61, 439, 462, 815. — xxiv, 21, 189, 228, 229, 230, 246, 296, 297, 323, 363, 414, 455, 484, 622, 624, 682, 707, 823. — xxv, 24, 102, 226. — xxvi, 208, — xxvii, 528.
Uzepy, garçon de bureau du C. de S. P. — xxvi, 533, — xxvii, 474, 501.
*Uzerche* (Corrèze). — xx, 743.
*Uzès* (Gard). — xviii, 419, 767. — xix, 693. — xx, 91. — xxiv, 654. — xxvi, 266.

# V

VACHER, cap⁰ des volontaires de la H.ᵗᵉ-Loire. — xx, 587.
VACHOT g^al. — xviii, 240. — xx, 788. — xxi, 447. — xxii, 66. — xxiii, 155. — xxviii, 195, 417.
VACQUIER, de Nancy. — xxvii, 297.
VACQUIER. — xviii, 383, 469. — xix, 684.
VADIER, repr. — xix, 181, 307. — xxi, 462.
*Vado* (Italie). — xviii, 270, 287. — xx, 533. — xxii, 826, — xxiv, 696, 731, 757, 784, 816. — xxv, 20. — xxvi, 80, 582, 678. — xxvii, 166.
VADY. — xxii, 186.
VADY fils, soldat. — xxii, 187.
*Vaiges* (Mayenne). — xxi, 538. — xxii, 132.
VAILHEN, armateur. — xviii, 630. — xix, 254.
VAILLANT, commissaire près l'A. de Sambre et Meuse. — xviii, 369, 370, 488, 605. — xx, 737. — xxi, 650, 651. — xxv, 581.
VAILLANT. — xxii, 590.
VAILLANT, cap^e de la *Céleste*. — xxviii, 62.
*Vaine pâture*. — xxvi, 339.
*Vaison* (Vaucluse). — xxvi, 454.
VAISSIÈRE, charpentier de marine. — xxvi, 196.
VAKGNER, prisonnier à Landrecies. — xx, 80.
*Val d'Aran* (Division du). — xxvi, 268, 587.
*Val-de-Grâce* (Hôpital du). — xxviii, 128, 353.
*Val-Libre*, ci-devᵗ. Donjon (Le) [Allier]. — xviii, 361, 379, 622, 623. — xix, 357, 359. — xx, 199.
VALADE, marchand de fonte. — xxvi, 118. — xxviii, 8, 126, 127.
VALADE (V^ve), imprimeur à Paris. — xxviii, 97.
VALAIRELLE, administrateur du distr. de Toulon. — xxiv, 606.
*Valais* (Suisse). — xxi, 243.
VALAZÉ, ex-repr. — xxvii, 205.
VALCIN, g^al de brigade. — xxi, 433. — xxiv, 736.
VALCKEIRS, de Bruxelles. — xxiii, 436, 437. — xxiv, 454, 588.
VALDRUCHE. — xxi, 642, 817.
*Valence* (Drôme). — xviii, 389, 559. — xix, 134, 241, 276, 299, 424, 539. — xx, 607. — xxi, 502, 759. — xxii, 3, 232, 730, 731, 801. — xxiv, 463, 528, 529, 817. — xxv, 275, 343, 708, 755. — xxvi, 180, 665. — xxviii, 352.
*Valence* (Arsenal de). — xxi, 759. — xxii, 46. — xxiii, 221, 801. — xxvii, 178.
VALENCE, g^al. — xxiii, 183.
*Valence* (Espagne). — xxvi, 690.
*Valenciennes* (Nord). — xviii, 254, 303, 439, 495, 509, 529, 582, 633, 726. — xix, 60, 64, 68, 86, 102, 118, 119, 175, 233, 261, 262, 364, 365, 483, 697. — xx, 16, 92, 133, 134, 135, 153, 154, 180, 245, 267, 268, 326, 394, 395, 588, 663, 780, 781, 799. — xxi, 126, 212, 227, 350, 361, 623, 713, 728. — xxii, 51, 73, 117, 495, 542, 563, 570, 573, 739. — xxiii, 59, 74, 127, 283, 426, 434, 440, 633. — xxiv, 74, 142, 169, 244, 245, 360, 362, 557, 612, 643, 679, 715. — xxv, 222, 389, 420, 458. — xxvi, 195, 338, 658, 660, 717, 759. — xxvii, 157, 185, 226, 284, 297, 302, 345, 423, 654. — xxviii, 76, 160, 251, 321, 327, 480, 548, 647, 697.

VALENTIN, garde-magasin. — xxvii, 601. — xxviii, 580.
VALENTIN, munitionnaire. — xviii, 212. — xxi, 699.
VALENTIN, soldat. — xxvi, 85.
*Valentigny* (Aube). — xviii, 683.
*Valenton* (S-et-O). — xxviii, 347.
VALET, employé à la sectⁿ de la Guerre. — xxviii, 418.
*Valette* (La) [Var]. — xxvi, 361.
VALETTE, g^al. — xviii, 123. — xxvii, 48.
VALIER, cap^e de chasseurs. — xxiii, 76.
VALLABRÈGUE (J.), aide de camp. — xix, 438.
VALLADE, maître de forges à Jommelières. — xxiii, 149.
VALLARD, commissaire des Guerres. — xviii, 386.
VALLAT, chef de brigands. — xxvi, 411. — xxvii, 435.
VALLÉE, repr. — xix, 95, 459. — xxi, 479. — xxvii, 228. — xxviii, 208.
VALLÉE, cap^e. — xx, 45.
VALLÉE, aide de camp du g^al La Bourdonnaye. — xxii, 155.
*Vallenay* (Ardennes). — xxiv, 661.
VALLENBERG. — xxviii, 453.
VALLERAYE. — xviii, 353.
VALLET, commissaire des Guerres. — xxi, 650. — xxiii, 208.
VALLET, pharmacien. — xxiv, 739.
VALLETAUX, g^al de brigade. — xxiv, 809. — xxv, 201.
VALLETON, sous-lieutᵗ de hussards. — xxv, 638.
VALLIER, directeur de l'arsenal de Nantes. — xxi, 213.
VALLIER, v^ve Riouffe. — xviii, 144.
VALLIÈRE, agent de la Commission du commerce. — xviii, 196.
VALLOGNE, cap^e du génie. — xviii, 19.
VALLON, fabricant d'habillement. — xxi, 679.
VALMELLE, chasseur à l'A. des Pyr. Orient. — xxiv, 381, 728.
VABRE, cap^e de gendarmerie. — xxvi, 509. — xxvii, 115.
VACCA, consul génois à Finale. — xxiii, 733.
VACCANT, boulanger. — xix, 31.
*Vache* (Malle). — xxvii, 95, 592.
*Valognes* (Manche). — xviii, 574, 792. — xxii, 538, 795. — xxiii, 99, 170, 605, 649, 713, 755, 785, 807, 809. — xxiv, 172, 327, 513. — xxvi, 727. — xxvii, 615, 671. — xxviii, 24.
VALOIS, sous-lieutᵗ. — xviii, 760.
VALOIS, batelier. — xxv, 653.
VALOT, médecin à l'hôpital de Strasbourg. — xxiii, 445.
VALTEAU, commandᵗ du *Brutus*. — xx, 795.
VALTEAU, g^al. — xix, 262.
VALVILLE, de l'agence des armes à Bruxelles. — xx, 17.
VAN BOECOP, chef de brigade. — xix, 489. — xxi, 35.

VANBONBECK ou Vanbanbeck, commissaire nat. du trib. du distr. d'Hazebrouck. — XXV, 468, 595.
VAN BOCHUM, ouvrier imprimeur, chez Volland. — XXVIII, 544.
VAN BREUGHEL, de Bois-le-Duc. — XVIII, 261.
VAN CITTERS, hollandais. — XX, 424, 552.
VAN DAM, patriote hollandais. — XIX, 92.
VANDAMNE, g$^{al}$. — XVIII, 66, 686. — XIX, 443. — XXI, 35. — XXII, 78, 110, 117, 279, 312. — XXVIII, 67, 445, 679.
VANDEDEM DE GELDER, ambassadeur des Provinces-Unies en Turquie. — XX, 655.
VAN DE JEUDE, président de l'assemblée des sociétés hollandaises. — XXV, 24.
VAN DEN SPIELGEL, Grand Pensionnaire de Hollande. — XX, 187. — XXI, 185.
VANDERBORG, de Bruxelles. — XXVI, 400, 629.
VANDERBOUCK, prisonnier libéré. — XXVI, 231.
VANDERCRUSE, juge de paix à Dunkerque. — XIX, 535.
VANDERMONDE, examinateur à l'École centrale. — XX, 648. — XXV, 3.
VANDERNOOT, cap$^e$. — XXIV, 792.
VANDERSTRECK, enseigne entretenu. — XX, 796.
VANDERVEKEN, agent comptable aux magasins militaires de Lille. — XXVIII, 482.
VANDOEUVRE, employé au C. de S. P. — XXIII, 797. — XXIV, 249.
VANDORSTEN (Rudolph), déserteur hollandais. — XXI, 329, 330.
VAN DOUYER, col$^{el}$ hollandais. — XXIII, 418.
VAN GROSVALD, ambassadeur extraord. de la Républ. batave. — XXIII, 671. — XXIV, 283.
VANHÉE, négociant à Dunkerque. — XXII, 741.
VAN HELDEN, g$^{al}$. — XXV, 151. — XXVII, 463.
VAN LELYWELD, 1$^{er}$ commis des États génér$^x$ de Hollande. — XX, 187.
VAN LEYDEN, repr. du peuple en Hollande. — XXVII, 357.
VAN MOREL (Philippe), prisonnier anglais. — XXIV, 374.
VAN PARKER, négociant. — XXII, 176.
VAN RICKERVORSEL (A.), négociant hollandais. — XXVII, 408, 623.
VAN SITTERS (Famille des). — XXI, 529.
VAN STARCKENBORGH (P. B.), agent des États génér$^x$ de Hollande. — XX, 493, 494.
VAN VESSEM, chef d'escadron de hussards. — XXIII, 329.
VANCHÉE, négociant à Dunkerque. — XX, 505.
VANIOT, brigadier de gendarmerie à Étoges. — XXVI, 625.
VANNERET, requis. — XVIII, 6.
Vannes (Morbihan). — XVIII, 30, 31, 55, 56, 67, 126, 166, 217, 440, 466, 496, 590, 715, 764, 766, 792. — XIX, 36, 37, 55, 56, 57, 71, 93, 125, 126, 127, 128, 129, 214, 215, 219, 244, 245, 248, 249, 290, 291, 292, 293, 295, 313, 314, 315, 316, 449, 503, 505, 506, 542, 544, 582, 585, 586, 622, 624, 625, 663, 664, 715, 716, 717, 718, 757. — XX, 10, 50, 190, 282, 283, 286, 358, 378, 785, 802. — XXI, 230, 408, 600, 682, 787, 822. — XXII, 17, 24, 425, 578, 627, 628, 706, 707, 726, 819. — XXIII, 172, 260, 311, 341, 442, 470, 473, 596, 666, 707, 746, 757, 776, 803. — XXIV, 14, 29, 78, 81, 113, 231, 335, 369, 370, 507, 592, 687, 768, 809. — XXV, 27, 29, 114, 145, 149, 261, 300, 305, 392, 394, 433, 434, 435, 475, 476, 477, 504, 625, 651. — XXVI, 18, 47, 50, 52, 94, 95, 129, 196, 215, 216, 323, 405, 522, 523. — XXVII, 153, 290, 291, 330, 334, 520, 522, 523, 525, 661. — XXVIII, 200, 201, 401 à 405.
VANNIER, cap$^e$ de pompiers. — XXI, 425.
VAN ROBAIS, fournisseur de draps. — XIX, 310.
Vans (Les) [Ardèche]. — XX, 456. — XXVII, 274.
VANSTABEL, contre-amiral. — XVIII, 90, 772. — XIX, 772, 774. — XX, 343, 369, 756, 795. — XXI, 283, 401, 512, 555. — XXII, 12, 74, 574, 575, 759, 760. — XXIII, 409. — XXV, 293. — XXVII, 338.
VANTERBERGHE, hollandais. — XXIV, 168.
VANVELXEIM (J. B.), négociant à Bruxelles. — XXVII, 543.
VAQUER. — XXVII, 501.
Var (Départ$^t$ du). — XVIII, 232, 239, 299, 342, 468, 481, 505, 584, 600, 684, 695, 697, 749. — XIX, 91, 224, 268, 305, 390, 426, 449, 474, 516, 572, 683, 684, 693, 722. — XX, 84, 90, 91, 110, 113, 155, 237, 263, 264, 303, 320, 331, 347, 471, 478, 506, 521, 624, 681, 700, 704, 768, 786. — XXI, 94, 146, 148, 151, 160, 170, 172, 205, 206, 333, 367, 368, 391, 476, 486, 502, 546, 607, 663, 698, 742, 840. — XXII, 66, 96, 97, 209, 233, 271, 328, 355, 373, 556, 569, 684, 799. — XXIII, 497, 544, 589, 767. — XXIV, 88, 100, 125, 126, 128, 160, 208, 253, 291, 346, 477, 496, 574, 575, 614, 616, 655, 729. — XXV, 88, 169, 236, 327, 369, 438, 452, 480, 516, 537, 668, 742, 744. — XXVI, 14, 92, 124, 240, 266, 573, 717. — XXVII, 20, 108, 161, 198, 274, 282, 302, 305, 497, 535. — XXVIII, 285 à 291, 330, 372, 386, 387.
Var (Pont du). — XXII, 66.
Varades (L-I). — XXI, 136, 169, 269. — XXII, 606, 743. — XXIV, 47. — XXV, 397.
VARDON, repr. — XIX, 367. — XX, 465, 511, 681. — XXIV, 264, 648, 719, 831. — XXVII, 511, 603.
Vareddes (S-et-M). — XIX, 786.
Varenguebec (Manche). — XXVII, 455.
Varenne-Saint-Germain (La) [M-et-L]. — XVIII, 298.
Varennes (Meuse). — XX, 42.
VARÈRE, sous-chef de l'administrat$^n$ de la marine à Arles. — XXVIII, 209.
VARET, dit Picard, taillandier à Passy. — XXVII, 280, 369.
VARIGNY, agent des Vivres. — XIX, 322. — XXVIII, 352.
VARIN, g$^{al}$ de brigade. — XVIII, 171, 719. — XIX, 265, 343, 389. — XX, 374, 427, 428, 472. — XXVII, 56.
VARIN, receveur du distr. de Bayeux. — XXVII, 126.
VARLET, répétiteur à l'École d'artillerie de Douai. — XXVI, 644.
VARNESSON, g$^{al}$. — XXVII, 56.
VARNEY, adjoint aux adjud$^{ts}$ génér$^x$. — XIX, 550.
VARNIER, fournisseur aux A. — XXI, 625.
VARNIER, fabricant de papier. — XXII, 295.
VARNOTTE, conducteur de charrois. — XIX, 202.
Varzy (Nièvre). — XIX, 72. — XXVI, 594.
VASLET, chirurgien à l'A. de Sambre-et-Meuse. — XXIV, 499.
VASSAL, garde-magasin. — XXIII, 317.

VASSE et C^ie, négociants en vins. — XIX, 275.
VASSEILER, ex-inspecteur des postes à Lyon. — XXIV, 373.
VASSELET (Comte de), émigré. — XX, 443.
VASSERWAS (Philippe Fr. Roch de), cap^e. — XXIII, 248.
VASSEUR (Aug.), sous-lieut. — XXVIII, 671.
*Vassy* (Calvados). — XX, 539. — XXVII, 672. — XXVIII, 310.
VAST, commissaire des Guerres à Amiens. — XXII, 700, 701. — XXIV, 18.
VATABLE, des îles du Vent. — XXVII, 231.
VATAR, imprimeur du Comité. — XVIII, 224, 327, 383, 599. — XIX, 355, 356, 376. — XX, 23. — XXII, 522, 523. — XXIV, 550. — XXVI, 469. — XXVII, 439, 440.
VATAR, agitateur. — XIX, 588.
VATELLIN, canonnier. — XX, 629.
VATINEL, cap^e. — XXV, 10.
VATHJN, inspecteur des forges. — XXI, 254.
*Vauban* (Fort). — XIX, 408.
VAUBAN (Œuvres de). — XXIV, 157. — XXV, 640.
VAUCHELLE, employé à la poste aux chevaux. — XXIV, 373.
VAUCHER, émigré. — XXIII, 437.
VAUCHOT, adjud^t g^al, chef de brigade. — XIX, 481. — XXV, 214.
*Vaucluse* (Départ^t du). — XVIII, 34, 349, 392, 393, 600, 604, 709, 727, 810. — XIX, 298, 299, 424, 448, 460, 539, 668, 669, 670. — XX, 291, 292, 347, 470, 478, 495, 497, 508, 768. — XXI, 94, 453, 486, 502. — XXII, 48, 140, 391. — XXIII, 70, 153, 181, 479, 730, 731, 829. — XXIV, 44, 70, 83, 204, 239, 253, 341, 465, 614, 654, 655, 729. — XXV, 77, 88, 105, 169, 438, 452, 480, 537, 668, 709, 752, 755. — XXVI, 77, 136, 137, 170, 171, 220, 240, 454, 467, 489, 519, 614, 735, 766. — XXVII, 75, 88, 120, 127, 161, 228, 234, 258, 270, 323, 484. — XXVIII, 46, 83, 134, 226 à 232, 265, 325, 372, 386, 389, 390, 418.
*Vaucouleurs* (Meuse). — XIX, 227, 228. — XX, 685. — XXV, 214.
VAUDOYER, agent de l'habillement en Belgique. — XXII, 702, 703, 792. — XXIII, 47. — XXVII, 505.
*Vaudreuil* (Eure). — XIX, 686, 747, 762. — XX, 34, 675, 772.
VAUFLEURY (C^ne). — XIX, 135.
VAUFRELAND, dit Piscatory (Victor Fortuné), chef de brigade. — XVIII, 277.
*Vaugirard* (Seine). — XIX, 187. — XXI, 18, 19, 714. — XXIV, 154. — XXV, 485. — XXVI, 177.
VAUGONDY (Robert de). — XIX, 279.
*Vauguière* (Hérault) [domaine de Georges Combe]. — XXIV, 94.
VAUHÉE, négociant à Dunkerque. — XX, 78.
VAUQUELIN, professeur à l'École centrale. — XVIII, 328, 602.
VAUQUELIN, fondé de procuration. — XX, 76. — XXII, 506.
VAUQUIER, garde-magasin destitué. — XXVIII, 587.
*Vauthier*, près de Legé (L-I). — XXVIII, 460.
VAUTHIER, contre-amiral. — XVIII, 91.
VAUTHIER (Ch. Nicolas), aérostier à Meudon. — XIX, 277.
VAUTHIER, chef d'escadron de gendarmerie. — XXI, 553. — XXIV, 664.

VAUVERCEY, citoyen allant à l'Ile-de-France. — XXI, 281.
*Vaux* (Moulin de), près Étampes. — XXVII, 342.
*Vauxelles* (relai de poste). — XXIII, 791.
VAUXMORETS, chef de b^on. — XXIV, 10.
VAVIN, g^al de brigade. — XXVIII, 417.
VAVRAUD, pêcheur. — XIX, 251.
VAZOUR, canonnier. — XVIII, 601.
*Védène* (Vaucluse). — XXVI, 767.
*Vedette-Républicaine*, ci-dev^t Philippeville. — XVIII, 105. — XXII, 9.
VEDIÉ, ingénieur. — XVIII, 725.
VÉDY, cultivateur. — XXII, 20.
VEIGNY. — XXII, 89.
VEILHAN (Laurent), cap^e du génie. — XX, 268.
VEILLARD, négociant à Laval. — XXI, 538.
VEILLIET, cap^e de dragons. — XXV, 638.
VEILLOTTE (J.), volontaire. — XXIV, 688.
*Vélizy* (S-et-O). — XXI, 456. — XXVIII, 100.
VELU, fabricant de fonte. — XVIII, 754.
VELU, employé au distr. de Blois. — XXI, 248.
*Vémars* (S-et-O). — XX, 703. — XXII, 42, 43.
VENCE, contre-amiral. — XVIII, 232. — XXII, 316. — XXIII, 65, 84, 538, 803. — XXIV, 82, 201, 264, 386, 458.
*Vendée* (Départ^t de la). — XVIII, 31, 32, 56, 57, 59, 68, 142, 148, 167, 218, 258, 343, 352, 372, 410, 435, 452, 453, 454, 455-457, 461, 477, 533, 534, 536-538, 591-593, 659, 664, 712, 715, 720, 779, 792. — XIX, 7, 19, 42, 48, 58, 59, 87, 107, 129, 294, 300, 315, 370, 383, 386, 387, 388, 431, 446, 466, 471, 472, 473, 487, 505, 507, 516, 550, 588, 627, 644, 645, 661, 663, 664, 665, 669, 719. — XX, 65, 161, 164, 166, 188, 196, 215, 224, 279, 282, 287, 308, 374, 375, 377, 378, 397, 442, 446, 513, 514, 518, 576, 589, 594, 595, 597, 598, 599, 606, 642, 694, 704, 712, 716, 738, 776, 777, 785, 806. — XXI, 12, 15, 16, 25, 57, 134, 135, 214, 220, 222, 223, 240, 244, 266, 270, 309, 311, 380, 384, 445, 496, 498, 499, 518, 539, 577, 660, 706, 734, 768, 785, 786, 793, 834. — XXII, 59, 60, 86, 89, 90, 125, 134, 135, 137, 228, 230, 285, 286, 320, 321, 380, 382, 396, 508, 509, 512, 561, 579, 583, 604, 606, 629, 680, 726, 727, 811. — XXIII, 6, 146, 148, 174, 208, 213, 279, 293, 307, 312, 313, 314, 315, 342, 352, 473, 518, 532, 533, 631, 785, 788, 789. — XXIV, 104, 195, 198, 368, 516, 520, 545, 557, 566, 595, 654, 685, 806, 833, 834, 835. — XXV, 35, 52, 112, 117, 120, 137, 163, 190, 191, 237, 250, 256, 257, 260, 306, 393, 410, 416, 417, 466, 558, 626. — XXVI, 116, 155, 160, 161, 163, 232, 247, 386, 394, 406, 407, 426, 462, 487, 516, 518, 524, 527, 552, 649, 656, 699, 700, 712, 713, 720, 731, 741, 747, 748. — XXVII, 11, 42, 73, 92, 105, 189, 190, 191, 239, 240, 241, 290, 331, 355, 411, 449, 469, 516, 546, 549, 593, 633, 641, 642, 671. — XXVIII, 92, 107, 178, 201, 218, 310, 332, 395, 401, 402, 426, 460, 466.
*Vendéens*. — XVIII, 456, 457. — XIX, 233, 661. — XX, 194, 220, 513, 577, 589, 601, 642, 717. — XXI, 26, 27, 223, 224, 240, 409, 577. — XXII, 136, 285, 320, 381, 811. — XXIII, 319, 532, 533, 631, 647, 650, 787. — XXIV, 105, 200, 552, 833, 834. — XXV, 120, 190, 192, 306, 336, 396, 433, 477, 625, 720, 747. — XXVI, 76, 162, 247, 501, 514, 584. — XXVII, 354, 467. — XXVIII, 366, 511, 703.

VEN — 233 — VER

*Vendémiaire* (Journées des 13 et 14). — XXVIII, 13, 248, 270, 291, 315, 332, 333, 334, 337, 366, 367, 390, 400, 405, 406, 431, 446, 456, 458, 459, 462, 509, 516, 532, 566, 567, 577, 580, 581, 584, 596, 597, 613, 640, 703.
*Vendeuil* (Aisne). — XVIII, 191.
*Vendœuvres* (Indre). — XXIII, 276. — XXIV, 659.
*Vendôme* (L-et-C). — XVIII, 20. — XIX, 461. — XX, 64, 638. — XXI, 591, 705. — XXIII, 629. — XXIV, 338, 628. — XXVI, 286.
*Vendresse* (Forges de). — XXV, 588.
VENET, agent à Lausanne. — XIX, 537.
VENET, imprimeur à Yssingeaux. — XXIV, 104.
*Vengeance*, frégate. — XXII, 528.
*Vengeur* (Vaisseau Le). — XIX, 24. — XX, 53.
*Venise, Vénitiens*. — XIX, 398. — XXI, 301. — XXII, 809. — XXIII, 513. — XXIV, 404, 452. — XXVI, 724.
*Venloo* (Hollande). — XVIII, 23, 95, 202, 336. — XIX, 49. — XX, 348, 484. — XXI, 779. — XXII, 662, 775. — XXIV, 76, 482, 718. — XXV, 51, 224, — XXVII, 603. — XXVIII, 105, 247.
VENOIX, cap$^e$. — XVIII, 322, 439. — XIX, 66.
*Venteuil* (Marne). — XXII, 350.
*Ventoux* (Mont). — XVIII, 34. — XXIII, 153.
VENTTERMERT (J. J.), consul du Danemark à Bordeaux. — XXV, 202.
VENUTIA, g$^{al}$ espagnol. — XX, 804.
*Verberie* (Oise). — XX, 342.
*Verceil* (Régiment de). — XXIII, 399.
VERCHAIN, cap$^e$. — XVIII, 121.
VERDEAU (J. B.), adjudicataire de bois. — XVIII, 501.
VERDIER, neveu du repr. Mazade. — XXI, 259.
VERDIER, adjud$^t$ g$^{al}$. — XXVII, 481.
VERDIÈRE, g$^{al}$ de brigade. — XXVII, 543.
VERDIÈRE, commissaire de Gonesse. — XX, 338.
*Verdun* (Meuse). — XVIII, 72, 195, 516, 796, 797. — XIX, 25, 26, 30. — XX, 568, 714, 754. — XXI, 42, 321, 322, 640, 704. — XXII, 171, 308, 482, 493, 806. — XXIII, 189, 562, 566, 567. — XXV, 186. — XXVIII, 526.
*Verdun-sur-le-Doubs* (S-et-L). — XXI, 620.
VERDUN, émigré. — XX, 462.
VERGER, adjud$^t$ g$^{al}$. — XXIV, 611. — XXV, 575.
VERGER (Fr.) d'Orléans. — XXVI, 177.
VERGENNES, ex-ministre. — XVIII, 636.
*Vergerlem* (Digue de) [Hollande]. — XX, 654.
VERGÈS, administrateur du distr. de Céret. — XVIII, 804, 805.
VERGÈS, commissaire des Guerres. — XIX, 658.
VERGÈS (C$^{ne}$), f$^e$ divorcée d'Allemans. — XX, 462.
VERGEZ, chirurgien en chef à l'A. de Sambre-et-Meuse. — XX, 689. — XXVIII, 699.
VERGNE, de Tonneins-la-Montagne. — XX, 151.
VERGNES, commissaire des Guerres. — XXIV, 703. — XXV, 347.
VERGNIAUD, repr. — XXV, 566.
VERGNIÈS, inspecteur temporaire des mines. — XXII, 10.
VERHAGEN (Jacobus), hollandais. — XXI, 662.
VÉRINE, ingénieur. — XVIII, 309, 336, 443.
VÉRINE, chef de brigade du génie. — XIX, 358. — XX, 794. — XXI, 216. — XXII, 656.
VÉRION, command$^t$ de gendarmerie à Bruxelles. — XXIV, 287.

VÉRITÉ (J.-B.), teinturier au service de l'agence de l'Habillement. — XXVIII, 526.
VERJON, secrétaire du g$^{al}$ Dumuy. — XXI, 815.
VERMANDOIS, officier de santé. — XXIV, 377.
*Vermenton* (Moulin de) [Yonne]. — XXII, 68, 487. — XXIII, 176, 178. — XXV, 126.
VERMILLET, maître de forges. — XVIII, 482, 486.
VERMOELEN, fournisseur. — XXV, 45. — XXVI, 745.
VERMOND, ex-sous-contrôleur à la Martinique, prisonnier rapatrié. — XXVII, 176.
VERNE, cap$^e$ de gendarmerie. — XXII, 66, 392. — XXIII, 662.
VERNEREY, repr. — XIX, 258, 259, 593. — XXI, 545, 604. — XXII, 157, 586.
VERNERY, aide de camp du g$^{al}$ Blondeau. — XXV, 279.
VERNES, canonnier. — XXVI, 202.
VERNET (Marie-Félicité), f$^e$ Phélipeau. — XXV, 352.
*Verneuil* (Eure). — XXII, 237, 443. — XXIII, 137, 349, 595. — XXIV, 4, 212, 467. — XXVII, 632. — XXVIII, 57, 75, 90, 333, 441.
*Verneuil* (Salins de). — XX, 629.
VERNEY, tanneur. — XXVIII, 553.
VERNIAUX. — XXV, 677.
VERNIER, commissaire des Guerres. — XVIII, 399. — XX, 461.
VERNIER, repr. — XX, 176. — XXII, 200, 386, 640, 666. — XXIII, 23, 436, 459, 461, 701. — XXIV, 1, 92, 760. — XXV, 93, 580. — XXVI, 109. — XXVII, 68.
VERNIER, adjud$^t$ g$^{al}$ chef de brigade. — XXIII, 662. — XXVIII, 87, 110, 264.
VERNIER, quartier-maître au rég$^t$ de la Guadeloupe. — XIX, 203.
VERNIÈRE, exploitant de mine. — XVIII, 229.
VERNIÈRE, fournisseur de charbon. — XX, 79.
*Vernierfontaine* (Doubs). — XXI, 156.
VERNINAC, agent de la Commission des armes. — XXII, 238.
VERNINAC, envoyé extraord. près la Porte ottomane. — XXVI, 512.
VERNISY, messager pour Bâle. — XXIV, 700.
*Vernon* (Eure). — XVIII, 740. — XIX, 612. — XX, 323, 595, 775. — XXI, 744, 761, 762, 803, 829. — XXII, 58, 88, 214, 452, 762. — XXIII, 100, 139, 285, 403, 465, 605, 807. — XXIV, 76, 77, 404, 415, 589, 684. — XXV, 175, 328, 464, 657. — XXVIII, 238.
VEROLLOT, requis. — XXV, 628.
VERRAT, maître de forges. — XXVI, 313.
*Verre. Verreries*. — XXI, 504. — XXII, 151. — XXVI, 478. — XXVII, 62, 122, 453.
*Verrerie* (La), près Compiègne. — XXII, 304.
VERRIER (Fr.), soumissionnaire. — XXVIII, 43.
VERRIÈRES, g$^{al}$. — XXII, 655.
*Verrières* (Forêt de). — XIX, 271, 405. — XXII, 3. — XXV, 490.
VERRONAIS, imprimeur à Metz. — XXIV, 471.
*Versailles* (S-et-O). — XVIII, 229, 230, 301, 504, 619, 620, 621, 643, 682, 683, 684, 710, 733, 761, 774, 791, 802. — XIX, 33, 51, 54, 260, 334, 356, 360, 364, 404, 436, 531, 564. — XX, 62, 81, 91, 145, 202, 484, 490, 543, 573, 574, 587, 612, 657, 666, 740, 789, 790, 798, 799. — XXI, 98, 125, 372, 375, 549, 631, 643, 691, 703, 704, 746, 747, 806, 826, — XXII, 1, 14, 20, 159, 252, 253, 361,

COMITÉ DE SALUT PUBLIC. — TABLE. (XVIII-XXVIII.)   8 A

365, 387, 390, 393, 443, 475, 498, 502, 504, 643, 647, 691, 804. — xxiii, 38, 127, 136, 244, 253, 331, 509, 548, 549, 600, 772. — xxiv, 93, 137, 154, 175, 210, 211, 212, 395, 537, 541, 587, 677, 734, 759. — xxv, 167, 208, 315, 406, 456, 660, 677. — xxvi, 3, 57, 148, 311, 364, 385, 500, 504, 624, 638, 743, 744. — xxvii, 26, 58, 92, 116, 120, 316, 368, 416. 543, 666. — xxviii, 43, 77, 102, 239, 242, 255, 271, 276, 277, 278, 297, 298, 300, 320, 364, 372, 466, 479, 523, 524, 595.

*Versoix* (Douane de) [Suisse]. — xix, 535. — xxv, 611.

VERSTRATEN, agent en Belgique. — xxiv, 224, 469. — xxvi, 707.

VERTEUIL, ci-dev$^t$ accusateur public du Trib. révol. — xix, 418.

VERTEUIL, son frère, sous-chef de bureau civil à Toulon. — xxv, 410.

*Vertu*, frégate. — xxii, 382, 528.

*Verviers* (Belgique). — xxiii, 713. — xxv, 288. — xxvii, 578. — xviii, 437.

*Vervins* (Aisne). — xix, 711. — xx, 455, 582, 733. — xxii, 652. — xxiv, 700. — xxvi, 659. — xxviii, 61, 548.

VÉRY, maître de forges à Cousances (Meuse). — xxi, 68. — xxiii, 244.

*Vésinet* (Bois du) [S-et-O). — xviii, 620. — xxii, 469.

VÉSINS, chef de b$^{on}$. — xxvi, 288.

*Vesoul* (H$^{te}$-Saône). — xviii, 503, 561. — xix, 255, 396, 721. — xx, 241. — xxiii, 353, 354, 622, 727. — xxiv, 659, 662. — xxvi, 89. — xxvii, 87.

*Vestale*, frégate. — xxi, 89, 208. — xxvi, 274, 414.

*Vétérans*. — xxv, 444, 488. — xxvi, 110. — xxvii, 117, 120, 503. — xxviii, 301, 302. Voir *Invalides*.

*Vétérinaires*. — xxvii, 27, 55.

VETOUR-GREFFIN, commissaire à la Cour martiale de Toulon. — xxv, 409.

VETTER, de Mulhouse. — xx, 58.

VÊTU, élève à la tannerie de Sèvres. — xxv, 611.

VÉTU (Jos.), épicier à Dijon. — xix, 42.

*Veules-les-Roses* (S-I). — xx, 269.

*Veurdre* (Le) [Allier]. — xxv, 662.

VEXENAL, voiturier par eau. — xviii, 565.

*Vèze* (La) [Doubs]. — xxiii, 727.

*Vézelise* (M-et-M). — xx, 266, 730. — xxviii, 594.

VÉZIEN, lieut. de gendarmerie. — xxi, 103.

VÉZU, g$^{al}$ de division. — xxiii, 96. — xxiv, 429, 638, 694, 712, 786.

VIAL, g$^{al}$ de brigade. — xx, 69, 629, 737, — xxiii, 406. — xxiv, 664. — xxv, 135. — xxvi, 203.

VIALA, armurier à Montagne-du-Bon-Air. — xix, 433.

*Viala*, navire. — xxiii, 65. — xxviii, 218, 598.

VIALIS, chef de brigade du génie, directeur des fortifications. — xxiv, 146. — xxvii, 562.

VIALLA, adjud$^t$ g$^{al}$. — xxi, 758.

VIALLE, g$^{al}$ de division. — xx, 732. — xxv, 186, 279.

*Viande*. — xxiv, 279, 351, 385, 386, 451, 468, 471, 477, 500, 666, 691. — xxv, 20, 208, 304, 315, 375, 491, 497, 507, 590, 615, 634, 636, 649, 660, 703. — xxvi, 110, 115, 180, 233, 257, 272, 342, 382, 470, 506, 507, 640, 642, 660, 685, 738. — xxvii, 85, 91, 144, 171, 314, 347, 435, 497, 556,

661. — xxviii, 8, 46, 98, 124. Voir *Bétail; Subsistances*.

VIARD-VEAUMOINE, fermier des mines de La Machine. — xxi, 713, 714. — xxii, 151.

VIAUD MAÇON, marin à Blaye. — xix, 701.

*Vic* (?). — xx, 44.

*Vich* (Espagne). — xx, 805.

*Vichy* (Allier). — xviii, 565.

*Vicomté* (Maison de la), à Besançon. — xxiii, 80.

VICQ-D'AZYR. — xx, 454. — xxvi, 470. — xxvii, 584. — xxviii, 659.

*Victoire*, navire. — xx, 604. — xxi, 89, 90, 91, 208. — xxiii, 217. — xxvi, 529.

*Victoire*, navire suédois. — xxvii, 277.

VICTOR, g$^{al}$. — xviii, 223.

VICTOR femme, chef de chouans. — xxv, 302.

VICTOR-AMÉDÉE, roi de Sardaigne. — xxi, 9.

VIDAL, repr. — xviii, 34, 156, 187, 221, 269, 342, 360, 416, 499, 572, 607, 618, 642, 671, 673, 674, 695, 722, 794, 805. — xix, 135, 146, 148, 149, 163, 224, 235, 236, 242, 250, 345, 353, 425, 448, 509, 526, 527, 557. — xx, 110.

VIDAL, de Marseille. — xxviii, 231.

VIDALIN, repr. — xviii, 526. — xxii, 43.

VIDALOT DU SIRAT, g$^{al}$ de brigade. — xx, 794.

*Videlles* (S-et-O). — xxviii, 435.

VIÉ (C$^{ne}$) entrepreneur pour le transport de condamnés. — xxii, 211, 212.

VIEFOILLE (Ch. F.), volontaire, Moselle. — xx, 177.

VIEL, maître de bateau de pêche. — xviii, 631. — xxvi, 205.

VIEL, fournisseur aux armées. — xxi, 626.

VIEILH, membre de l'ex-trib. révol. de Rochefort. — xxv, 410.

VIELL., négociant en huile de lin. — xx, 333.

*Viella* (Gers ou H-P) — xix, 136.

*Vieille-Chapelle* (P-de-C). — xxv, 333.

*Vieille Cour* (Maison de la), à Paris. — xxiv, 282.

VIELLEVIGNE, cap$^e$ de hussards. — xx, 545.

*Vienne* (Jean-Louis). — xxv, 244.

*Vienne* (Autriche). — xviii, 287. — xx, 655. — xxii, 203, 788. — xxiii, 21. — xxiv, 296. — xxv, 25, 386, — xxvii, 529. — xxviii, 53, 95. — (Cour de). — xxvii, 267, 337.

*Vienne* (Départ$^t$ de la). — xviii, 142, 403, 429, 430, 568. — xix, 38, 149. — xx, 44, 64, 309, 600, 652, 776. — xxi, 60, 506. — xxii, 110, 711. — xxiv, 418, 523, 587. — xxvi, 234, 341.

*Vienne* (Isère). — xix, 554, 683. — xxi, 338, 339, 714. — xxii, 3, 519, 711, 781. — xxiv, 463, 638, 726, 741. — xxv, 156, 610. — xxvi, 433, 651. — xxviii, 382, 588.

*Vienne* (Départ$^t$ de la H$^{te}$). — xviii, 398, 403, 429, 600. — xix, 38, 461. — xx, 309, 410, 600, 652, 690, 776. — xx, 4. — xxi, 60, 101, 218, 506, 628. — xxii, 27, 399, 426, 539, 597, 766. — xxiii, 30, 148, 351, 426, 475, 720, 808. — xxiv, 129, 302, 478, 508.

VIENNET, repr. — xix, 554.

VIENNOT (Honoré et Jacques). — xviii, 364.

VIÉNOT détenu. — xix, 145.

VIÉNOT (J. B.), adjud$^t$ g$^{al}$. — xxi, 279.

*Vierge-de-Bon-Conseil*, navire ragusois. — xxv, 680.

*Vierge de la Cinta*, navire espagnol. — xxviii, 268.

*Vierge de Grâce*, navire toscan. — xxviii, 268.

*Vierge-de-Miséricorde*, tartane génoise. — XX, 8.
VIERS, lieut$^t$. — XX, 460.
*Vierzon* (Cher). — XVIII, 701. — XIX, 273, 528, 564. — XXI, 616. — XXII, 344, 418. — XXIV, 104.
VIEUBLED, meunier. — XXIV, 734.
VIEUSSEUX, g$^{al}$ de brigade. — XXIV, 319.
VIEUX (Héritiers). — XXI, 58.
VIEUXBOURG, contre-amiral. — XXII, 478.
*Vieux-Nord-Libre*, ci-dev$^t$ Vieux-Condé. — XX, 267, 268, 437, 610. — XXI, 713. — XXIV, 244, 245.
VIÉVILLE, commissaire des Guerres à Sarrelibre. — XXV, 696.
*Vigan* (Le) [Gard]. — XX, 91.
*Vigaroux*, médecin militaire. — XIX, 149.
VIGÉ, lieut$^t$. — XVIII, 6.
VIGER, ex-repr. — XXVII, 420.
VIGET, prisonnier libéré. — XXVII, 345.
VIGIÉ, agent de la Commission de commerce. — XX, 534.
VIGIEN, employé réintégré. — XIX, 553.
*Vigilance*, navire belge. — XXVI, 644.
VIGIER, agent de la commission de marine. — XVIII, 402.
VIGIER, aide de camp. — XIX, 567.
VIGNAT, sous-lieut. de gendarmerie. — XIX, 551.
VIGNE, aide de camp du g$^{al}$ Joba. — XXVII, 318.
VIGNES, prêtre. — XIX, 390.
VIGNERON, adjoint du génie à Ham. — XXVI, 146.
VIGNERON, cultivateur. — XIX, 728.
*Vigneux* (S.-et-O.). — XXVIII, 699.
VIGNOLLES, chef de brigade. — XVIII, 794. — XIX, 376.
*Vignory* (H-M). — XXVII, 6.
VIGNY, sous-lieut$^t$. — XXII, 26.
*Vigny* (Moulin de) [Nièvre]. — XXII, 68.
VIGOGNE (Philippe), command$^t$ du dépôt des remontes. — XVIII, 320, 331.
VIGUIER et C$^{ie}$, négociants en vins à Paris. — XVIII, 472.
VIGUIER, employé. — XXII, 268.
*Vihiers* (M.-et-L.). — XVIII, 477. — XXI, 16. — XXII, 136. — XXIII, 313, 314, 382. — XXVI, 397, 585. — XXVIII, 660.
*Vilaine*, rivière. — XVIII, 375. — XIX, 93, 506. — XXI, 100. — XXV, 305. — XXVI, 95. — XXVII, 433, 521, 661.
VILDIEU, cavalier. — XXII, 791.
*Villacoublay* (S.-et-O.). — XXI, 456.
VILLAIN, commissaire des Guerres. — XXVII, 33.
*Villamblard* (Dordogne). — XXV, 586.
VILLANTROYS, chef d'escadron. — XXI, 321. — XXII, 478. — XXIV, 70.
VILLAR, ministre de France à Gênes. — XVIII, 240, 763. — XIX, 426. — XX, 415. — XXI, 152, 422. — XXIII, 513, 733. — XXV, 206. — XXVI, 616. — XXVII, 74, 136, 415, 513.
VILLAR, chirurgien. — XXI, 126.
VILLAR, repr. — XIX, 247. — XXIV, 351.
*Villaréal* (Espagne). — XVIII, 540.
VILLARET, g$^{al}$. — XXVIII, 218.
VILLARET-JOYEUSE, vice-amiral. — XVIII, 91, 128, 131, 297, 580. — XXI, 427. — XXII, 316, 317. — XXIII, 66. — XXIV, 748, 809. — XXV, 433, 508.
VILLARS, ambassadeur de la République à Gênes. — XXVIII, 233, 234, 505, 656.
*Villars-la-Rixouse* (Jura). — XIX, 355.
VILLAUDRY, chef d'escadron. — XXV, 526.

VILLAUME, volontaire danois. — XX, 629.
VILLAUME, chef de b$^{on}$. — XX, 629. — XXIII, 551.
VILLAUME, volontaire. — XX, 629.
VILLAUME, de Colmar. — XXIII, 53.
VILLAVICENCIA, colonel espagnol prisonnier. — XXV, 732.
VILLÉ, ingénieur. — XVIII, 725.
VILLÉ (Jacques), cultivateur au Thil. — XX, 252.
*Ville-d'Avray* (S.-et-O.). — XVIII, 620. — XIX, 270. — XXI, 590. — XXII, 469, 804. — XXIII, 3. — XXIV, 210, 211. — XXVI, 417.
*Ville-sur-Aujon*, ci-dev$^t$ Châteauvillain (H-M). — XIX, 381.
*Ville-sous-Corbie* (Somme). — XXII, 623.
*Ville d'Archangel*, navire. — XIX, 712.
*Ville de Lorient*, flûte. — XXII, 666.
*Villedieu* (Manche). — XXII, 47. — XXV, 660. — XXVI, 313. — XXVII, 343.
*Villefort* (Lozère). — XXI, 59. — XXV, 19.
*Villefranche*. — XXVII, 52.
*Villefranche* (Rhône). — XVIII, 422, 423. — XX, 485.
*Villefranche* (Var). — XVIII, 176. — XXII, 590, 610. — XXVII, 135, 140.
*Villefranche-de-Lauragais* (H-G). — XVIII, 419.
*Villefranche-de-Rouergue* (Aveyron). — XVIII, 419. — XIX, 121, 576, 577. — XX, 32, 455. — XXII, 802. — XXIII, 730. — XXIV, 272. — XXVI, 111. — XXVIII, 535.
*Villefranche* (Hôpital militaire de). — XIX, 188. — XXII, 590, 610.
*Villejuif* (Seine). — XXV, 657.
VILLEMALET, g$^{al}$. — XVIII, 474.
VILLEMARD fils, chirurgien. — XXII, 414.
VILLEMET, chef d'escadron. — XXII, 242.
VILLEMETTE, Vendéen. — XXI, 240. — XXII, 512, 561.
VILLEMETTE, envoyé du g$^{al}$ Ferrand. — XXI, 323, 334.
VILLEMINOT, chef de b$^{on}$ des grenadiers de la Convention. — XXVI, 211.
*Villemonble* (Seine). — XXVIII, 125.
VILLENARDIN, command$^t$ de la *Spartiate*. — XXVIII, 36.
VILLENEUVE, cap$^e$. — XIX, 654.
VILLENEUVE, commis principal. — XXIV, 821.
VILLENEUVE (Ch.). — XXVI, 602.
VILLENEUVE (Sylvestre), major g$^{al}$ de la marine à Toulon. — XXVI, 453.
*Villeneuve-lès-Avignon* (Vaucluse). — XX, 563. — XXVIII, 227, 230.
*Villeneuve-sur-Lot* (L-et-G.) XIX, 325. — XXI, 796. — XXIII, 613, 738. — XXIV, 537.
*Villeneuve-d'Olmes* (Fonderie de) [Ariège]. — XXVIII, 435, 448.
*Villeneuve-sur-Yonne* (Yonne). — XIX, 271, 744. — XXI, 756. — XXII, 331. — XXIII, 3, 4, 219. — XXV, 677.
*Villepreux* (S-et-O). — XXIV, 734.
VILLERET, commissaire ordonnat$^r$ à l'A. des Côtes de Brest. — XXVII, 229.
*Villeroy* (Château de) [S-et-O]. — XVIII, 487.
VILLEROY, maître de forges à Hayange. — XXII, 646.
VILLEROY, condamné. — XXV, 635.
VILLERS, repr. — XVIII, 92, 218, 436, 638. — XIX, 211, 212, 341, 418, 647. — XX, 155, 164, 182, 307. — XXIII, 376. — XXVII, 555.

VILLERS, commissaire ordonnateur. — XXV, 378, 408, 466, 696.
*Villers* (Doubs). — XXIII, 727.
*Villers-Cotterets* (Aisne). — XVIII, 291, 292. — XIX, 24. — XXII, 152, 224, 672. — XXIV, 6. — XXVIII, 99.
VILLET, sous-chef de bureau. — XVIII, 501.
VILLETTE, chef d'escadron. — XXII, 779.
VILLETTE, déporté de la Guadeloupe. — XXII, 12.
VILLETTE (Hyacinthe), gendarme. — XXIV, 399.
VILLETTE, cap$^e$ de gendarmerie. — XXIV, 665.
*Villette* (La) [Seine]. — XXII, 175, 212.
*Villeurbanne* (Rhône). — XXIII, 151.
*Villeveyrac* (Hérault). — XVIII, 601.
VILLIARD, accusé de désertion. — XXVI, 420.
*Villiers* (district de). — XXIII, 682.
*Villiers-sur-Marne* (S-et-O). — XXII, 332. — XXVI, 416.
*Villiers-sur-Ouanne*, ci-dev$^t$ Villiers-Saint Benoit (Yonne). — XIX, 271.
*Villiers-la-Garenne* (Seine). — XXIV, 469.
*Villiers-sur-Seine* (S-et-M). — XXIV, 467.
*Villiers-sur-Tholon* (Yonne). — XXV, 478.
VILLIEZ DE NONCY, comptable. — XXV, 657.
VILLOT, chef de brigade. — XXIV, 638.
VILLOTTE, g$^{al}$. — XXII, 821.
VILLOY, imprimeur. — XIX, 482.
VILTZ (Comte de), émigré. — XXV, 532.
VIMEUX, g$^{al}$. — XVIII, 456. — XXI, 835. — XXVI, 203.
VIMONT (René) garde-magasin. — XVIII, 480.
*Vin. Vinaigre.* — XIX, 5, 6, 22, 23, 27, 40, 61, 238, 240, 252, 275, 317, 318, 325, 326, 380, 418, 430, 632, 633, 679, 684, 726, 743, 763. — XX, 35, 119, 156, 169, 205, 296, 297, 364, 535, 539, 560, 634, 635, 705, 775. — XXI, 1, 2, 3, 6, 21, 64, 174, 275, 700, 701, 716, 755, 809. — XXII, 35, 176, 474, 525, 741, 780. — XXIII, 124, 156, 220. — XXIV, 4, 8, 133, 451, 472, 475. — XXV, 98, 489, 493, 684, 707 n., 720, 734. — XXVI, 76, 109, 196, 215, 219, 272, 333, 342, 361, 463, 651, 722. — XXVII, 5, 43, 230, 256, 276, 343, 360, 399, 408, 418, 428, 552, 554, 623. — XXVIII, 5, 9, 62, 367, 573, 644.
VIN, commissaire. — XXVIII, 140.
VINAI (Martin), volontaire. — XIX, 134.
VICEANGROS, marin. — XIX, 636.
*Vincennes* (Seine). — XVIII, 228, 419, 620, 677, 770. — XIX, 405, 754. — XXI, 277, 456, 515, 751. — XXII, 150, 234. — XXIV, 507, 508. — XXIV, 2. — XXV, 8. — XXVI, 3, 179, 315, 577, 580, 644. — XXVII, 138. — XXVIII, 191, 293, 294, 300, 301, 302, 413, 481, 659.
*Vincennes* (Bois de). — XIX, 250, 559, 655, 781. — XX, 4. — XXI, 277, 745. — XXVI, 213, 580. — XXVIII, 99, 100.
VINCENT, g$^{al}$. — XX, 14, 200. — XXIV, 56. — XXV, 609.
VINCENT, chef de brigade. — XX, 736. — XXVIII, 47.
VINCENT, cap$^e$ du génie. — XX, 172.
VINCENT, chef de b$^{on}$ du génie. — XXVI, 688.
VINCENT (P. Ch. Victor). — XX, 228.
VINCENT, courrier du C. de S. P. — XXV, 40.
VINCENT (Bernard), enseigne de vaisseau. — XX, 667.
VINCENT, gendarme. — XX, 712.
VINCENT (Richard ou John), off. anglais. — XXII, 152.
VINCENT, command$^t$ temporaire de Cassel. — XXII, 337.

VINCENT, jardinier à Versailles. — XXIII, 38.
VINCENT, terroriste. — XXIII, 817.
VINCENT (P.), cultivateur à Romans. — XXVII, 121.
VINCENT (L. Gaspard). — XXVI, 684.
VINCHANT, lieut$^t$-colonel autrichien, prisonnier. — XXII, 203.
VINCHON, fabricant de papier à Lardy. — XXI, 670.
*Vindefontaine* (Manche). — XXVII, 455.
VINÉ, pharmacien à l'hôpital militaire de Rouen. — XXIV, 472.
VINET (Alexis), cap$^e$ des grenadiers du 2$^e$ b$^{on}$ de la 98$^e$ demi-brigade d'infanterie. — XXVIII, 79.
VINET, contrôleur de l'Ile-de-France. — XIX, 637.
VIOL, administrat$^r$ des domaines nat. — XXVII, 6.
VINOT, sous-lieut$^t$ de cavalerie. — XX, 225.
*Violay* (Loire). — XXVI, 764.
VIOLETTE (V$^{ve}$). — XVIII, 549.
VIONAT VIALIS, employé au bureau des armements de la marine à Toulon. — XXVIII, 489.
VIONI, de Tunis. — XXIII, 49.
VIOR, m$^d$ de vin à St-Germain-en-Laye. — XXVII, 651.
VIOU, lieut$^t$. — XXVII, 465.
VIQUY. — XXI, 744, 761, 762, 803. — XXIII, 100, 139, 285, 403, 466, 605, 807. — XXIV, 76, 404, 415, 561, 589, 684. — XXV, 176, 328, 464.
VIQUY fils, lieut$^t$. — XXI, 745.
*Vire* (Calvados). — XVIII, 64, 146, 426, 658. — XX, 539, — XXI, 365, 638. — XXII, 102, 164, 256, 314. — XXIII, 96, 203, 204, 226, 414, 519, 755, 810. — XXIV, 591. — XXV, 40, 143, 254, 554, 622, 677. — XXVI, 71. — XXVII, 672.
*Virginie*, frégate. — XVIII, 467. — XXV, 472.
VIRION (Nicolas), canonnier à Metz. — XXIV, 470.
VIRIVILLE, commissaire des Guerres. — XXVIII, 29, 465.
*Viroflay* (S-et-O). — XXII, 295.
VIRON, adjoint à l'E.M., du g$^{al}$ Lefèbre. — XXVII, 561.
*Viry-Châtillon* (S-et-O). — XXI, 704. — XXVIII, 506.
VISHER (G.-Elias), batave, lieut. au 87$^e$ rég$^t$. — XXVIII, 611.
*Visites* domiciliaires. — XXV, 538, 563, 610. — XXVI, 457. — XXVII, 498.
VITAL, g$^{al}$ de brigade du génie. — XIX, 533. — XXV, 687.
VITEL (Nicolas) bonnetier à Champeaux. — XXIII, 710.
VITEL fils, volontaire. — XXIII, 710.
VITET, repr. — XXIII, 376. — XXIV, 238, 755. — XXVII, 340. — XXVIII, 71, 223 à 225.
*Vitré* (I-et-V). — XVIII, 166, 314. — XIX, 467, 469, 519, 562, 661, 755. — XX, 304, 739. — XXI, 7, 14, 211. — XXII, 693. — XXIII, 205, 736, 737. — XXIV, 193, 498, 514, 607. — XXV, 423, 505, 582. — XXVI, 463.
*Vitry-sur-Seine* (Seine). — XVIII, 165.
*Vitry* (Marne). — XVIII, 771. — XIX, 83, 239. — XX, 30, 31. — XXI, 704.
VITTET. — XXI, 58.
*Vittoria* (Espagne). — XIX, 177. — XXV, 533, 607, 627, 672, 704. — XXVI, 132, 251. — XXVII, 412.
VITTOT, g$^{al}$. — XXII, 539.
*Vivarais*. — XIX, 300.
VIVARIO, chanoine d'Amay. — XX, 136.

Vivaux, maître de forges. — xx, 389. — xxii, 388.
Vitier (Verrerie en bouteille du) [Aisne]. — xxvii, 453.
Vivret, cap$^e$ d'artillerie. — xx, 617.
Vizre (Raymondo), aumônier de la frégate sarde l'*Alceste*, prisonnier. — xxv, 72.
Vliringhe (De), fournisseur de verres en Belgique. — xxiii, 19.
*Vlynem* (Digue de) [Hollande]. — xx, 654.
*Vodable* (P-de-D). — xix, 258.
Voillot, g$^{al}$. — xxiii, 399, 400, 401.
Voisin (Jos.), lieut$^t$. — xxii, 610.
Voisin, adjud$^t$ g$^{al}$. — xxii, 614. — xxvii, 173.
Voisin, directeur des postes à Saint-Quentin. — xxviii, 519.
*Voitures. Voituriers*. — xxv, 2, 31, 71, 207, 320, 346, 373, 384, 401, 404, 420, 466, 496, 501, 509, 520, 536, 541, 557, 558, 563, 575, 590, 594, 682, 687, 691, 713, 731, 734, 764. — xxvi, 47, 53, 61, 87, 143, 182, 199, 243, 283, 313, 335, 337, 344, 421, 443, 444, 470, 474, 496, 536, 594, 599, 601, 613, 643, 703, 728, 731, 738, 756. — xxvii, 52, 54, 56, 95, 96, 145, 171, 178, 186, 226, 245, 270, 293, 316, 367, 390, 391, 418, 445, 459, 461, 479, 505, 572, 583, 590, 653. — xxviii, 7, 22, 42. Voir *Transports*.
Volcler, ex-juge de la C$^{on}$ révol. de Mayenne. — xviii, 76.
Voldemar de Linange, otage. — xxvi, 7.
*Volewijk* (Hollande). — xxi, 458.
Volff, adjud$^t$. — xx, 407.
Volland, imprimeur à Paris. — xxviii, 97, 544.
*Volontaire*, navire de Lisbonne. — xx, 18.
*Vols. Dilapidations*. — xxv, 21, 30, 54. 142, 152, 230, 335, 358, 426, 445, 545, 569, 579, 603, 711, 732 n., 756. — xxvi, 29, 48, 66, 93, 171, 215, 253, 299, 301, 340, 343, 346, 465, 572, 574, 680, 704. — xxvii, 24, 47, 79, 87, 93, 182, 203, 207, 245, 270, 293, 307, 352, 356, 372, 383, 402, 414, 463, 520, 554, 605, 637, 645, 674.
*Voltaire* (Maison) pour l'École centrale des Tr. publ. — xviii, 798. — xxii, 543.
Voltaire (*Correspondance avec M. de Maryan...* de). — xxv, 641.
*Voltigeur*, corsaire. — xx, 738.
*Voltri* (Italie). — xxvi, 617.
*Voncq* (Ardennes). — xxiv, 137.
Vorsus, gendarme. — xxiii, 404.
*Vosges* (Départ$^t$ des). — xviii, 198. — xix, 266, 267, 440, 498, 576, 638. — xx, 55, 87, 345, 452, 627, 662, 486, 619, 804. — xxiii, 225, 352, 353, 354, 355, 356, 357. — xxiv, 392, 650. — xxv, 136. — xxvi, 83, 139, 339, 343, 536, 613, 731, 756, 762. — xxvii, 171, 178, 210. — xxviii, 78.
Voulland, repr., décrété d'arrestation. — xxvii, 281.
Voulland (C$^{ne}$), f$^e$ du repr. — xxvii, 281.
*Voulte* (Mines de La) [Ardèche]. — xviii, 575. — xxiii, 221. — xxv, 343.
Voutier, chef de b$^{on}$. — xxi, 633.
*Vouziers* (Ardennes). — xx, 119, 520. — xxi, 358.
Voxseur, de Passy-lez-Paris. — xxii, 495.
*Voyage de Kerguelen dans les mers du Nord*. — xx, 608.
*Voyage du capitaine Phipps au pôle boréal*. — xx, 608.
Voyard, agent principal des vivres. — xxii, 571, 573.
Voyart, agent en Belgique. — xxiii, 433.
Vrepy, garçon de bureau au C. de S. P. — xxv, 585.
*Vrigne-aux-Bois* (Ardennes). — xix, 495.
Vrigny, g$^{al}$. — xxviii, 313, 632.
Vuilhen, command$^t$ la *Fleur de mer*. — xix, 282.
Vuillé, de Nancy. — xx, 274.

# W

*Waal*, bras du Rhin. — XVIII, 27, 28, 308, 686. — XIX, 158, 159, 286, 366, 415, 416, 443, 444, 517, 542, 604. — XX, 181, 209, 413, 422, 673. — XXI, 287, 429, 484, 570, 820. — XXIV, 746.
WAALL (Laurent Peter). — XX, 63.
WACHE (Louis), postillon à la poste aux chevaux d'Arras. — XXV, 110.
WACHSLANDEN, adjud$^t$ g$^{al}$, chef de b$^{on}$. — XVIII, 50.
*Walcheren* (Île de) [Hollande]. — XIX, 786. — XX, 556. — XXI, 34, 306, 379, 484, 517, 528, 529, 530, 531, 764, 776, 821. — XXII, 74, 377, 575, 759. — XXVII, 339.
WALCKENAËR, Hollandais. — XXIII, 593.
WALEWARTE, prisonnier de guerre. — XXVI, 475.
WALKER, négociant à Dunkerque. — XXVI, 746.
WALKIERS, fournisseur à Bruxelles. — XXIII, 18, 19, 20, 21, 22, 706, 811, 812, 813. — XXVII, 477.
*Wallons*. — XXIV, 259, 299.
WALPOLE (C$^{ne}$), de Neuilly. — XIX, 282, 283.
WALTHER, g$^{al}$. — XXII, 290.
WALTON (Ant.), candidat à l'École polytechnique. — XXVIII, 609.
WALVECK. — XXVII, 345.
WAMSGANS, de Landau, détenu. — XXVI, 144.
*Wanel* (Somme). — XXII, 345.
WANRECUM, fournisseur aux armées. — XXIV, 494.
WAREMBOURG (Louis), meunier à Nœux. — XIX, 257.
WARENGHIEN, commissaire des Guerres. — XXIV, 679.
WARENGHIEN, de Douai. — XXII, 674.
*Warhem* (Nord). — XXV, 282.
WARMEJAUVILLE, commissaire des Guerres. — XXV, 276.
WARNESSON, g$^{al}$. — XXV, 735.
*Warneton* (Nord). — XXII, 626.
WARREN, command$^t$ une escadre anglaise. — XXIV, 668. — XXVIII, 404.
*Wassy* (H-M). — XXI, 298, 686.
*Wassy-Montreuil* (Forges de). — XXI, 625.
WATELOTTE, chef de b$^{on}$. — XVIII, 66.
*Waterloo* (Belgique). — XVIII, 495.
WATIEZ, chef de b$^{on}$. — XXVII, 318.
*Wattignies*, navire. — XXII, 204.
*Watton*, navire. — XXVIII, 209.
WEDURVE WIELAARD (C$^{ne}$), hollandaise. — XXI, 535. — XXII, 16.
WEHRLEUV, commissaire de Strasbourg. — XXII, 686, 687.
WEIDNER, sergent. — XXV, 279.
WEILAND-STAHL, concessionnaire. — XXVI, 314.
WEIL, fournisseur aux armées. — XX, 585. — XXI, 715.
WEILER, fournisseur de viande. — XX, 585.
WEISS (Baron de), ministre de Hesse-Cassel. — XXVI, 551.
*Weissenau* (Allemagne). — XVIII, 356, 517.
WELTER, commissaire des épreuves de Meudon. — XVIII, 253.
WELTZ (Comte de). — XXV, 174.

WENDEL (V$^{ve}$), propriétaire des forges d'Hayange. — XXII, 646.
WENDERFOSSE. — XXII, 196.
WENDLING, bottier. — XVIII, 475.
WERBROUCK, fournisseurs aux A., à Anvers. — XXIII, 18, 19, 22, 811, 812, 813. — XXIV, 258.
*Wervicq* (Nord). — XIX, 30.
*Wesel* (Allemagne). — XVIII, 66. — XX, 208, 609, 655, 670, 673, 760. — XXI, 24, 78, 164, 192, 279, 282, 406, 730, 731. — XXII, 594. — XXIII, 283, 284, 530, 645. — XXIV, 801, 802, 803. — XXV, 51, 503, 531, 741, 745. — XXVII, 83, 307, 405. — XXVIII, 57.
*Weser*, fleuve. — XX, 698, 699. — XXI, 72. — XXVIII, 114.
WESTERMANN, chef de brigade. — XXI, 215.
WESTERHOLZ, prisonnier hollandais. — XX, 525.
WESTERNHAGEN, off. hanovrien prisonnier. — XXVI, 69, 208, 353.
WESTPHAL (J. C.), de Hambourg. — XIX, 380.
*Westphalie*. — XVIII, 494. — XX, 466, 562, 563, 670, 696. — XXII, 594. — XXVI, 205. — XXVII, 349, 406, 610.
*Wetteravie* (Allemagne). — XX, 562.
*Wetzlar* (Allemagne). — XXVIII, 425.
WEYERS, cap$^e$. — XXIII, 248.
WHIPPEY, cap$^e$. — XX, 344.
WHITCOMB (Thomas), m$^d$ d'eau-de-vie. — XXII, 332.
WHITE (Carsten), command$^t$ de la *Dame Anne Marguerite*. — XXVI, 289.
WIBAUT, commissaire des Guerres. — XXVIII, 47.
WICKHAM (William), ministre d'Angleterre en Suisse. — XXVIII, 640, 641.
WIDEMER. — XVIII, 725.
WIED (Frédéric, prince de), otage. — XXII, 238.
WIED-RUNCKEL (Prince de). — XXVIII, 529, 530.
*Wieland Stahl* (Poudrerie de), à Montataire. — XVIII, 801. — XXII, 333.
*Wiesbaden* (Allemagne). — XVIII, 286. — XX, 562. — XXVII, 675. — XXVIII, 57, 58, 117, 220, 221, 441.
WIGNAUD, chef de b$^{on}$. — XXI, 814.
WILANE, ex-cap$^e$, réintégré. — XXVII, 618.
WILDER, cap$^e$. — XXV, 504, 645.
WILEZECK, col$^{el}$ autrichien prisonnier. — XXIII, 753. — XXV, 135.
WILHELMI, chef d'escadron prisonnier. — XX, 429.
WILKY, cap$^e$ du navire américain *Soleil Levant*. — XXVII, 375.
*Willemstad* (Hollande). — XIX, 735, 787.
*William et Amach*, navire anglais. — XIX, 138.
WILLIAM, domestique du col$^{el}$ Hompesch. — XXII, 640.
WILLIAMS (Samuel), cap$^e$ américain. — XXIV, 581.
WILLIAMS (William), prisonnier anglais échangé. — XXVII, 41.
WILLOT, g$^{al}$ de division. — XVIII, 431. — XIX, 58, 59. — XXII, 820. — XXV, 307, 530, 533, 627. — XXVII, 412, 418, 511. — XXVIII, 220.
*Wiltich* (Allemagne). — XX, 209, 697.

WIMPFFEN, g$^{al}$ de division. — XIX, 711. — XX, 45. — XXIV, 590. — XXV, 143, 302, 432. — XXVI, 404.
WINDHAM, g$^{al}$. — XXII, 376.
WINKELMANN. — XXII, 98.
WINTER, pharmacien. — XIX, 188.
WINTER, g$^{al}$ de brigade. — XXIII, 503.
*Winterthur* (Suisse). — XX, 705.
WIRION, g$^{al}$ de brigade. — XVIII, 400, 774. — XXIII, 433.
*Wissembourg* (B-R). — XIX, 451, 711, 760. — XXII, 587, 614. — XXIV, 649. — XXV, 86, 534, 734. — XXVI, 145. — XXVII, 461.
WISSEMBROUCK père et fils. — XIX, 260.
WITH, otage. — XVIII, 562.
WITHERSEIM, fournisseur. — XXIV, 354.
WITTINGHOFF, off. polonais. — XX, 522.
*Wohl-Zufrieden*, navire danois. — XXII, 12.
WOISEN, terroriste. — XXV, 387.
WOLF, adjud$^t$, beau-frère du repr. Dentzel. — XXIII, 424.
WOLF. — XIX, 50.
WOLFF, adjud$^t$ g$^{al}$. — XXI, 633.
WOLFF (Jean Godefroy), facteur de pianos à Paris. — XXVI, 589.
WOLFF (Jean-Traugolt), prisonnier de guerre. — XXVII, 589.
*Wolframsdorf* (Rég$^t$ prussien). — XVIII, 286.
*Wolfrath* (Rég$^t$ prussien). — XVIII, 286.
WOLSEY, américain. — XXVII, 62.

WOOD (James), agent pour le renvoi des prisonniers français. — XX, 758.
WOOD, lieut. de vaisseau anglais. — XXI, 436.
*Woodrap Sims*, navire. — XVIII, 508.
WOODWARD, américain. — XIX, 364.
*Workum* (Hollande). — XIX, 604.
*Worms* (Allemagne). — XIX, 422. — XX, 212, 561. — XXI, 319. — XXII, 98, 260. — XXIV, 525, 526. — XXVIII, 679.
WORTELEY (Georges), prisonnier anglais. — XIX, 514.
WOUTERS, cap$^e$. — XXII, 639.
WOUTES, march$^d$ de chevaux. — XXIII, 60.
WRAIN, employé à l'arsenal de Givet. — XX, 340.
*Wrow Jelsk*, navire hollandais. — XXVII, 64.
WUILLAUMEZ (Philibert), cap$^e$ de vaisseau. — XXI, 55.
*Wupper* (riv.). — XXVII, 350.
WURMSER, g$^{al}$ autrichien. — XXVII, 266, 336, 576. — XXVIII, 115, 120, 185, 222, 309, 407, 424, 473, 626, 627.
*Wurmser* (Hussards de). — XIX, 234.
*Wurtemberg* (Duc de). — XXIII, 386, 387, 388, 389. — XXVI, 526. — XXVII, 529, 583, 676. — XXVIII, 21, 53, 54.
— (Duché de). — XXVII, 576. — XXVIII, 55, 183, 184.
*Wurzbourg* (Bavière). — XXVIII, 185, 407.
*Wyk* (Hollande). — XVIII, 203.

## X

XAINTRAILLES, g<sup>al</sup> de brigade. — xx, 571.
*Xanten* (Hollande). — xxiv, 801.

XERENA, brigadier espagnol. — xxviii, 64.

# Y

Ydarga, col<sup>el</sup> espagnol prisonnier. — xxiv, 762.
Yernaux, fournisseur. — xxviii, 84.
*Yeu* (Île d') [Vendée]. — xxii, 136. — xxvii, 241. — xxviii, 178, 179, 459.
Yong (Piéter Nicolas de), cap<sup>e</sup> hollandais. — xxiv, 365.
*Yonne* (Départ<sup>t</sup> de l'). — xviii, 43, 319, 403, 420, 509, 762. — xix, 8, 91, 174, 520, 521, 616, 741, 744. — xx, 117, 147, 522, 612, 685, 703, 704. — xxi, 27, 112, 356, 514, 661, 697. — xxii, 294, 374, 440, 479, 619, 698. — xxiii, 3, 615, 616, 653, 735. — xxiv, 203, 204, 308, 341, 422, 616, 701, 751. — xxv, 219, 699, 752. — xxvi, 166, 212, 218, 677, 739. — xxvii, 207, 232, 629, 651. — xxviii, 546.
*Yonne*, rivière. — xix, 73, 576. — xx, 30, 700, 703, 704. — xxi, 113. — xxii, 289, 290, 619, 731. — xxiii, 175, 575. — xxiv, 61, 308, 422, 616. — xxv, 219, 752. — xxvi, 34, 437. — xxvii, 96, 186. — xxviii, 430, 517.
*York* (Duc d'). — xviii, 27, 28, 66, 94, 262. — xxvi, 550.
Young (J.), lieut. toscan prisonnier. — xxii, 215.
Young (William), volontaire. — xxiv, 598.
*Ypres* (Belgique). — xviii, 50, 277, 292. — xx, 569. — xxi, 567. — xxii, 626. — xxiv, 736. — xxviii, 104, 323, 381.

Yranda (Marquis de). — xxiv, 235, 266, 267, 268, 303, 306, 487, 721, 778. — xxvi, 11.
Yriarte (Chevalier d'). — xxiii, 751. — xxv, 195. — xxvi, 703.
Ysabeau (C. Alex.), repr. — xviii, 51, 285, 430, 497, 498. — xix, 270. — xx, 151. — xxi, 677. — xxii, 69, 246, 716. — xxiv, 536. — xxvii, 25, 372, 467, 488. — xxviii, 509, 513, 554, 629.
Ysabeau, garde magasin. — xviii, 140.
Ysabeau jeune, sous-chef de bureau. — xx, 7.
Yssautier, commissaire ordonnateur. — xxiv, 135.
*Yssel*, rivière. — xix, 517. — xx, 208, 415, 418, 673, 801. — xxi, 266, 821. — xxiv, 563, 669. — xxvi, 431, 543. — xxviii, 305, 307.
*Yssingeaux* (H-L). — xxiv, 104, 529. — xxv, 154. — xxviii, 535, 539 à 542, 682, 683.
Yvendorff, chef d'escadron. — xviii, 168.
*Yverdun* (?). — xxiv, 4.
Yvet, payeur du dépôt de bœufs à Pont-sur-Seine. — xii, 399.
*Yvetot* (S-I). — xviii, 609. — xix, 452. — xx, 568. — xxi, 157, 280, 571, 626, 671. — xxii, 579, 676, 725, 772, 796. — xxiii, 24, 64, 469, 675, 677, 698. — xxiv, 275, 415, 538. — xxv, 392, 404. — xxvi, 35, 229. — xxvii, 545.
Yvonnet, fournisseur. — xxvi, 685.

# Z

ZACHARIAS, fournisseur aux armées. — XXIII, 823. — XXIV, 101, 494, 672. — XXV, 151.
ZACARINI, cap$^e$ au 2$^e$ b$^{on}$ d'inf. légère. — XXVII, 313, 568.
ZAGU, pharmacien. — XXI, 509.
ZAEPFFEL père et fille. — XXIII, 261, 262.
*Zahlbach* (Redoute de), à Mayence. — XIX, 234.
*Zélande*. — XVIII, 578. — XIX, 740, 786. — XX, 137, 152, 185, 186, 321, 348, 353, 355, 411, 412, 413, 415, 421, 422, 423, 424, 551, 552, 556, 637. — XXI, 34, 185, 266, 316, 365, 518, 528, 529, 530, 764, 780, 782, 821. — XXII, 74, 83, 84, 117, 222, 280, 377, 422, 535, 536, 537. — XXIII, 303. — XXIV, 297, 668. — XXV, 25, 278. — XXVI, 70, 306, 431, 479, 601. — XXVII, 18, 527. — XXVIII, 176, 453.
*Zélé*, navire. — XXII, 484. — XXIII, 66.

ZÉLIN, cap$^e$. — XXVII, 465.
ZEUDE, off. au b$^{on}$ de Grandvilliers. — XXV, 639.
*Zeyst* (Hollande). — XIX, 704.
ZICKEL, cap$^e$ de gendarmerie à Nancy. — XXIII, 31.
ZILLERHARDS (Auguste Rudolph), prisonnier. — XXII, 152. — XXIII, 661.
ZIMMERMAN, détenu. — XXVI, 144.
ZINO (Dominique), soumissionnaire. — XXI, 102.
*Zoandan Velsaaren*, navire hollandais. — XIX, 311.
ZOTZ, cap$^e$ d'artillerie. — XXIV, 765.
ZUAMAVAR, du Guipuzcoa. — XXII, 517.
*Zubiri* (Espagne). — XVIII, 102, 103.
*Zufriedehet*, navire suédois. — XXII, 12.
*Zurich* (Suisse). — XXI, 177. — XXII, 565.
*Zutphen* (Hollande). — XXVI, 430.
*Zuyd-Beveland* (Île de) [Hollande]. — XXII, 377.
*Zuyderzee* (Hollande). — XX, 154, 418. — XXI, 528

**Bulletin d'histoire moderne et contemporaine (depuis 1715).** — Paris, Impr. nationale. 24,5 cm.

    Fasc. 1. — VII, 64 p., tabl. .................................................................... 3,50 F
    Fasc. 2. — p. 65-91 ............................................................................. 1,50 F
    *devenu :*

**Bulletin d'histoire moderne et contemporaine (depuis 1610).**

    Fasc. 3. — 107 p., fig., tabl., graph., 12 pl. h.-t. ..................................... 16,00 F
    Fasc. 4. — 59 p. ................................................................................ 5,00 F
    Table analytique des actes, bulletins, notices, inventaires et documents (1907-1960), par P. Bois et M. Bouloiseau. — 1963, in-8°, 80 p.

## COMMISSION D'HISTOIRE ÉCONOMIQUE ET SOCIALE DE LA RÉVOLUTION

**Collection de documents inédits sur l'histoire économique de la Révolution française.**

    Hyslop (B.). — Supplément au répertoire critique des cahiers de doléances pour les États généraux de 1789. — Paris, Impr. Firmin-Didot, 1952. — 25 cm., 247 p. ............... 16,00 F
    Faucheux (M.). — Un ancien droit ecclésiastique perçu en Bas-Poitou : le boisselage. — La Roche-sur-Yon, Impr. Henri Potier, 1953. — 25,5 cm., 149 p., cartes, dépl. .......... 11,00 F
    Lefebvre (G.). — Questions agraires au temps de la Terreur; 2ᵉ éd. rev. et augm. — La Roche-sur-Yon, Impr. Henri Potier, 1954. — 25 cm., 276 p. ................................... 6,00 F
    Bois (P.). — Les cahiers de doléances du Tiers état de la sénéchaussée de Château-du-Loir. — Gap, Impr. Louis-Jean, 1960. — 25 cm., LVIII. — 86 p. .............................. 15,00 F
    Ligou (D.). — Les cahiers de doléances du Pays et Jugerie de Rivière-Verdun. — Gap, Impr. Louis-Jean, 1960. — 25 cm., 168 p. ..................................................... 17,00 F

**Mémoires et documents.**

    Tome X. — Chamboux (Marcel). — Répartition de la propriété foncière et de l'exploitation dans la Creuse. Les paysans dans la Creuse à la fin de l'Ancien régime. — Paris, Presses universitaires de France, 1955. — 25,5 cm., 61 p., cartes, tabl. ........................... 10,00 F
    Tome XI. — Dupaquier (Jacques). — La propriété et l'exploitation foncière dans le Gâtinais septentrional. — Paris, Presses universitaires de France, 1956. — 25,5 cm., 273 p., cartes, fig., dépl. ...................................................................................... 35,00 F
    Tome XII. — Soboul (Albert). — Les campagnes montpelliéraines à la fin de l'Ancien régime. — Paris, Presses universitaires de France, 1958. — 25,5 cm., 157 p., cartes, dépl. ..... 18,50 F
    Tome XIII. — Structures sociales et problèmes économiques (1787-1798). Actes du 82ᵉ congrès national des sociétés savantes. — Paris, Impr. nationale, 1958. — 24,5 cm., 225 p., dépl. 17,00 F
    Tome XIV. — Contributions à l'histoire démographique de la Révolution française. — Gap, Impr. Louis-Jean, 1962. — 24,5 cm., fig., tabl., carte h.-t. ............................... 23,10 F
    Tome XV. — Lefebvre (G.). — Études orléanaises. — T. I. Contribution à l'étude des structures sociales à la fin du XVIIIᵉ siècle. — 1962, in-8°, 277 p. — T. II: Subsistances et maximum. — In-8°, 476 p., avec index général. ............................................ 11,00 F et 10,00 F
    Tome XVI. — Dehergne (J.). — Le Bas-Poitou à la veille de la Révolution. — 1963, in-8°, 315 p. ............................................................................................. 27,00 F
    Tome XVII. — Faucheux (M.). — L'insurrection vendéenne de 1793. Aspects économiques et sociaux. — 1964, in-8°, 412 p.

**Instructions, bibliographies et recueils de textes.**

    Reinhard (M.). — Étude de la population pendant la Révolution et l'Empire. Instruction. Recueil de textes et notes. — Gap, Impr. Louis-Jean, 1961, 19 cm., 72 p. — 1ᵉʳ supplément, 1963, in-8°, 75 p. ............................................................................. 5,00 F et 6,00 F
    Bouloiseau (M.). — Étude de l'émigration et de la vente des biens des émigrés, 1792-1830. — 1963, in-8°, 190 p. .......................................................................... 12,00 F

**Publications périodiques :**

**Bulletin d'histoire économique et sociale de la Révolution française.**

    Année 1959-1960. — 104 p. ................................................................. 9,00 F
    Année 1961. — 101 p. ........................................................................ 14,50 F
    Année 1962. — 203 p. ........................................................................ 25,00 F
    Année 1963. — 199 p.

*Vente directe :* Service de vente des catalogues de la Bibliothèque nationale, 61, rue de Richelieu, Paris (2ᵉ). RICHelieu 00.06.

*Commandes par correspondance :* Bibliothèque nationale, 58, rue de Richelieu, Paris (2ᵉ). C.C.P. Paris 9064-92.

www.ingramcontent.com/pod-product-compliance
Lightning Source LLC
Chambersburg PA
CBHW070653170426
43200CB00010B/2223